böhlau

Beate Neuss · Hildigund Neubert (Hg.)

MUT ZUR VERANTWORTUNG

Frauen gestalten die Politik der CDU

2013

BÖHLAU VERLAG KÖLN WEIMAR WIEN

Im Auftrag der Konrad-Adenauer-Stiftung e.V.
Herausgegeben von Beate Neuss und Hildigund Neubert

Konrad-Adenauer-Stiftung e.V.
Wissenschaftliche Dienste/Archiv für Christlich-Demokratische Politik
Rathausallee 12 53757 Sankt Augustin
Tel 02241/246 2240 / Fax 02241/246 2669
e-mail: zentrale-wd@kas.de
Internet: www.kas.de

Bibliografische Information der Deutschen Bibliothek:

Die Deutsche Nationalbibliothek verzeichnet diese Publikation in der
Deutschen Nationalbibliografie; detaillierte bibliografische Daten sind
im Internet über http://dnb.ddb.de abrufbar.

Umschlagabbildung: CDU Stadtverband Ludwigsburg
Archiv für Christlich-Demokratische Politik der Konrad-Adenauer-Stiftung (ACDP):
1, 2, 3, 7, 8, 9, 10, 11, 12, 13, 14, 16, 19, 20, 21; ACDP/Medienarchiv/o.A.:
5, 6, 17, 18; picture alliance/Kurt Rohwedder: 4; picture alliance/
Jochen Lübke: 28; picture alliance/Michael Kappeler: 25;
picture alliance/Fredrik von Erichsen: 27; Presseservice/Jutta Steponaitis: 15;
BPA/Sandra Steins: 24; BPA/Ole Krünkelfeld: 22; BPA/Steffen Kugler: 26;
CDU/CSU-Bundestagsfraktion/Christian Doppelgatz: 23.

Verlag und Herausgeberinnen danken den Rechteinhabern aller im Buch abgebildeten Fotos
für die freundliche Genehmigung zum Abdruck. Bei einigen Bildern gelang es trotz
intensiver Nachforschungen nicht, die Urheber ausfindig zu machen.
Honoraransprüche bleiben bestehen.

© 2013 by Böhlau Verlag GmbH & Cie, Köln Weimar Wien
Ursulaplatz 1, D-50668 Köln, www.boehlau-verlag.com
Alle Rechte vorbehalten. Dieses Werk ist urheberrechtlich geschützt.
Jede Verwertung außerhalb der engen Grenzen des Urheberrechtsgesetzes
ist unzulässig.

Satz: synpannier. Gestaltung & Wissenschaftskommunikation, Bielefeld
Druck und Bindung: freiburger graphische betriebe GmbH & Co. KG, Freiburg
Gedruckt auf chlor- und säurefreiem Papier
Printed in Germany

ISBN 978-3-412-22178-2

Inhalt

Angela Merkel
Grußwort 11

Beate Neuss
Zur Einführung 13

Marie-Elisabeth Klee
Verantwortung kann man nur tragen, wenn man informiert ist 23

Ursula Benedix-Engler
Ich habe immer versucht, mich als Christenmensch zu entscheiden 33

Roswitha Wisniewski
Ein Leben für Wissenschaft und Politik 45

Roswitha Verhülsdonk
Man muss lernen, wie man Politik macht 53

Maria Herr-Beck
Ich kämpfe fürs Unkraut 65

Dorothee Wilms
Es war eine andere Zeit 73

Ursula Lehr
Der Beginn einer umfassenden Seniorenpolitik 97

Erika Reinhardt
Politik erfordert Verantwortung 117

Marlene Lenz
Politisches Engagement für die Frauen in Europa 129

Editha Limbach
Man muss sich für seine Überzeugungen einsetzen 137

Else Ackermann
Das Gewissen ist der innere Gerichtshof des Menschen 143

Barbara Schäfer-Wiegand
Politik ist keine Lebensversicherung 169

Gertrud Dempwolf
Es war eine gute Zeit 183

Rita Süssmuth
In der Politik brauchen Sie Grundsätze und Kompromissbereitschaft 195

Birgit Breuel
Mit Überzeugung muss man anfangen 207

Bärbel Sothmann
Frauen sollten ihre Chancen nutzen 215

Renate Hellwig
Ich bereue nichts 233

Christa Thoben
Neugierde und Humor sind in der Politik wichtig 249

Doris Pack
Man muss seinen Weg selber finden 261

Hannelore Rönsch
Ich habe immer versucht, mir treu zu bleiben 271

Erika Steinbach
Recht und Ordnung sind Substanz eines pfleglichen Miteinanders 281

Dagmar Schipanski
Politiker brauchen Hartnäckigkeit, Selbstdisziplin und Strahlkraft 295

Ilse Falk
Starke Frau der leisen Töne 303

Brigitta Kögler
Alles hat seine Zeit 321

Friederike de Haas
Wer nicht fällt, erhebt sich nicht 335

Beatrix Philipp
Ich bin eine 1968erin! 347

Sabine Bergmann-Pohl
Wie die Politik mein Leben veränderte 355

Birgit Schnieber-Jastram
Politisches Engagement soll geprägt sein durch Herz und Verstand 369

Angelika Volquartz
Beteiligt euch und redet nicht nur 381

Susanne Tiemann
Interessante Erfahrungen in der Politik 391

Godelieve Quisthoudt-Rowohl
Erfahrungen einer „belgischen Deutschen" in der Politik 405

Ingrid Sehrbrock
Politik gestalten 415

Rita Pawelski
Geht nicht, gibt's nicht 429

Herlind Gundelach
Mein Weg in die Politik – Erfahrungen und Erkenntnisse 441

Maria Böhmer
Glaubwürdigkeit ist die wichtigste Währung in der Politik 461

Regina Görner
Politik für Union und Gewerkschaft 473

Carola Hartfelder
Das Volk hat ein langes Gedächtnis 485

Johanna Wanka
Nicht mehr versprechen, als man mit gutem Gewissen einhalten kann .. 497

Eva Wybrands
Nur wer seinen eigenen Weg kennt, kann nicht überholt werden 505

Katharina Landgraf
Das Tor zur Politik 523

Eva Möllring
Wer kein Ziel hat, erreicht es nie 533

Christa Reichard
Eine politische Tätigkeit erfordert Opferbereitschaft 545

Annette Schavan
Politik ist Marathon mit viel Geduld 555

Ingrid Fischbach
Vieles erreicht, noch lange nicht am Ziel 563

Christine Lieberknecht
Ich bin in die Politik gegangen, weil ich „Ermöglicherin" sein möchte .. 573

Hildigund Neubert
Zur Freiheit befreit 585

Emine Demirbüken-Wegner
In der Politik muss sich jeder freikämpfen 597

Monika Grütters
Eine Frau, die so gut sein will wie ein Mann,
hat einfach nicht genug Ehrgeiz 607

Annegret Kramp-Karrenbauer
Man darf sich bei Rückschlägen nicht entmutigen lassen 613

Elisabeth Winkelmeier-Becker
Nicht das Licht unter den Scheffel stellen 623

Andrea Milz
Das Leben ist schön 633

Ursula Heinen-Esser
Solidarität und Freiheit sind für mein Handeln ausschlaggebend 643

Claudia Crawford
Das Gegenteil von Macht ist Ohnmacht 651

Hildegard Müller
Man ist nicht nur verantwortlich für das, was man tut,
sondern auch für das, was man nicht tut 663

Aygül Özkan
Politische Aktivität ist sehr zeitintensiv 675

Julia Klöckner
Zukunft statt Vergangenheit 681

Katherina Reiche
Man muss seinen Weg finden 693

Kristina Schröder
Entweder man macht Politik, oder sie wird mit einem gemacht 703

Personenregister 711

Angela Merkel

Grußwort

Liebe Leserin, lieber Leser,
die vorliegende Publikation der Konrad-Adenauer-Stiftung „Mut zur Verantwortung – Frauen gestalten die Politik der CDU" gibt einen umfassenden Einblick über die Rolle von Frauen in der Politik und insbesondere der CDU in den vergangenen Jahrzehnten.

Anfangs noch reduziert auf Frauen- und Familienpolitik und nicht selten kritisch beäugt von männlichen Weggefährten, haben sich christlich-demokratische Politikerinnen in der Bundesrepublik ihren Platz erobert. Durch kluge und vorausschauende Politik haben sie sich Ansehen und Respekt erworben. Dass sie dabei so manchen Rückschlag verkraften und Zurückweisung überwinden mussten, geben die Autorinnen und Interviewpartnerinnen offen zu. Sie zeigen aber auch, welche Lösungs- und Auswege sie gefunden haben, um ihre Ideen und Vorhaben am Ende doch zum Erfolg zu führen. Sie sind Mandatsträgerinnen auf kommunaler sowie auf Kreis-, Landes-, Bundes- und Europaebene. Sie sind Parlamentspräsidentinnen, Ministerpräsidentinnen, Ministerinnen und Staatssekretärinnen. Ihre Erzählungen sind einzigartig und nicht vergleichbar. Jede dieser Frauen hat ihren eigenen Weg eingeschlagen und beschritten. Gemeinsam ergeben sie eine beeindruckende Bilanz erfolgreicher christdemokratischer Politik für unser Land.

Die Konrad-Adenauer-Stiftung ist in vielerlei Hinsicht Gedächtnis und wissenschaftliche Begleiterin christlich-demokratischer Politik. Ihr Blick auf christliche Demokratinnen zeigt in einer bisher nicht dagewesenen Breite und Tiefe, wie Frauen die CDU bis heute geprägt und gestaltet haben. Inzwischen übernehmen auch Musliminnen Verantwortung innerhalb unserer Partei und als Abgeordnete. Die Christdemokratie wird somit zu einem Beispiel für ein Wertefundament, das in unserer Gesellschaft mit Zuwanderung Zukunft hat.

Gleichzeitig bin ich optimistisch, dass sich durch das niedergeschriebene Zeugnis dieser 58 Christdemokratinnen zahlreiche weitere Frauen motiviert fühlen, politische Verantwortung zu übernehmen und zukünftig an der Gestaltung der Politik für unser Land mitzuwirken.

Ich danke der Konrad-Adenauer-Stiftung für diese interessante Publikation und wünsche allen Leserinnen und Lesern eine spannende Lektüre.

Mit freundlichen Grüßen

Dr. Angela Merkel

Beate Neuss

Zur Einführung

Der vorliegende Band ist ein bemerkenswertes Zeugnis von Christlichen Demokratinnen, die im geteilten und wiedervereinigten Deutschland an der Gestaltung von Politik mitgewirkt und zu deren gesellschaftlicher Entwicklung beigetragen haben. Ihre biografischen Selbstauskünfte zeigen, auf welch vielfältigen Lebenswegen die Entscheidung zum Schritt in die Politik zustande kam, und welche Situationen den Willen zur Mitgestaltung und den Mut zur Übernahme von politischer Verantwortung auslösten. In 58 Beiträgen schildern CDU-Politikerinnen ganz persönliche Erfahrungen auf ihren Wegen in der Kommunal-, Landes-, Bundes- und Europapolitik. Es ist zugleich ein lebendiges Stück Zeitgeschichte – eine Zeitreise jener Frauen, die in den letzten Jahren der Weimarer Republik oder unter nationalsozialistischer Diktatur geboren und aufgewachsen sind, Kriegszeit und die Not der Nachkriegsjahre erfuhren; jener, die die junge Bundesrepublik und die junge DDR, die Wirtschaftswunder- und Reformjahre, politische Drangsalierung Andersdenkender in der DDR und die Zeit der Maueröffnung und der Wiedervereinigung Deutschlands und schließlich die Politik im vereinten Deutschland erlebten. Damit entfalten sich Aspekte des gesellschaftlichen und politischen Lebens fast eines gesamten Jahrhunderts.

Die 58 christlich-demokratischen Politikerinnen geben sehr persönliche Auskünfte über ihre familiäre Herkunft, ihre Sozialisation, ihren privaten, beruflichen, aber vor allem ihren politischen Werdegang.[1] Um Unterschiede und Ähnlichkeiten in den verschiedenen Generationen erkennen zu können, sind die Beiträge nicht alphabetisch, sondern nach Geburt geordnet. Dadurch soll das jeweils Typische für eine Generation hinsichtlich ihrer sozio-politischen Prägung, des Einstiegs in das politische Engagement und der Reaktion der Umwelt auf die Übernahme politischer Aufgaben herausgestellt werden. Die Entscheidung für Geburtsjahrgänge als Zäsuren entsprang der Erwägung, dass politische Ereignisse je nach Region und sozialem Kontext sehr unterschiedlich prägend empfunden werden können. Sowohl den Interviews als auch den Politikerinnen, die ihre Biografien selbst verfassten, lagen strukturierte Leitfäden

---

1 Eine Sammlung von Biografien früher christlich-demokratischer Politikerinnen, geschrieben von ihnen nachfolgenden CDU-Frauen ist bereits in den 1980er Jahren erschienen: Renate Hellwig (Hg.): Unterwegs zur Partnerschaft. Stuttgart u. a. 1984. Ferner: Rita Süssmuth (Hg.): Mut zur Macht in Frauenhand. Herford 2001.

zugrunde, um vergleichbare Lebensereignisse und Informationen zu erhalten. Professor Dr. Hanns Jürgen Küsters, Dr. Ulrike Hospes und Ina vom Hofe M. A. führten die Gespräche, gelegentlich war auch ich beteiligt. Jeder Biografie ist ein kurzer Lebenslauf vorangestellt, der die Einordnung des Dargestellten erleichtern soll.

Es war ein steiniger Weg bis zur Partizipation von Frauen in der Politik, gar bis zur Wahl der ersten Frau ins Bundeskanzleramt – einer Christdemokratin. Der politische Aufbruch zur Emanzipation und Partizipation verlief in der Union mitunter schwerfällig. Durch ihre historische und kirchliche Verankerung lehnten konservative Parteien und das Zentrum zu Beginn des 20. Jahrhunderts die Parteimitgliedschaft von Frauen ab – ein Erbe, das in der christlich-demokratischen Frauengeschichte noch lange nachwirkte. Erst 1918 wurde in Deutschland das Frauenwahlrecht eingeführt; zum ersten Mal konnten Frauen 1919 wählen.

Der Krieg und die Nachkriegszeit forderten Frauen extrem. Sie hielten Familien auf der Flucht und in zerbombten Städten zusammen, versuchten abwesende oder gefallene Väter zu ersetzen, die Familie zu ernähren und ihren Beitrag zum Wiederaufbau des Landes zu leisten. In dieser Zeit sind unsere ersten Beiträgerinnen aufgewachsen und wurden von den Jahren der Diktatur und des Krieges geprägt. Von der Kriegsgeneration der Frauen erwarteten Männer häufig keine politische Beteiligung – Frauen im Übrigen mehrheitlich auch nicht. Was machte sie stark? Wie entstand politisches Interesse? Mit wenigen Ausnahmen berichten die Vertreterinnen der Kriegsgeneration von politisch interessierten Elternhäusern, oft von politisch aktiven Vätern. Die Mütter der jungen Frauen wurden oft als „stark" und zupackend wahrgenommen. Sie waren häufig ehrenamtlich engagiert, zudem aus Not oder aber auch damals schon zum Teil aus Neigung berufstätig. Meist hatten die Familien distanziert zum Nationalsozialismus gestanden und waren als aktive Christen angefeindet worden. Auffallend ist, dass das Verhältnis der Eltern häufig als partnerschaftlich empfunden wurde und sie eine gute, zumeist gymnasiale Bildung ihrer Töchter anstrebten. Nur in Ausnahmefällen musste die Tochter zurückstehen, um ihren Brüdern auf dem Bildungsweg den Vortritt zu lassen. Unter den porträtierten Frauen der älteren Generation haben rund zwei Drittel einen Hochschulabschluss, ein Drittel der Akademikerinnen ist zudem promoviert oder habilitiert – eine große Ausnahme in der damaligen Zeit.

Der Einstieg in die Politik ergab sich aus dem Alltag: „Es ging um ganz praktische Dinge" (Birgit Breuel), wie Fragen der Kinderbetreuung, Bildungs- und Schulpolitik – von Anfang an auch unter dem Aspekt der Vereinbarkeit von Familie und Beruf – und der Kommunalpolitik. Nicht selten bedurfte es des Anstoßes eines männlichen Parteimitgliedes oder Politikers, um den Schritt in die Partei und in die Kandidatur für ein Amt zu tun. Die Frauen erfahren sich „als allein auf weiter Flur" – sowohl in gehobenen Positionen im Beruf wie in politischen Ämtern waren und sind sie vielfach auch heute noch fast ausschließlich von Männern umgeben. So schlossen sich die wenigen aktiven Frauen schon vor der Gründung der beiden deutschen Staaten zonenübergreifend zusammen; 1951 gründeten sie dann in Westdeutschland den Bundesfrauenausschuss der CDU, der 1956 in Frauenvereinigung umbenannt wurde. Im Jahr 1988 erhielt die Vereinigung den Namen „Frauen Union der CDU". In den ersten Jahrzehnten wurde die Solidarität und das Netzwerk der Frauenvereinigung als besonders stützend empfunden. Viele der jüngeren und der aus dem Osten Deutschlands stammenden Politikerinnen suchen zwar Frauen als Partnerinnen für die Durchsetzung ihrer Ziele und bilden Netzwerke zur Unterstützung, aber oft neben bzw. außerhalb der Frauen Union, die erst mit der Übernahme eines Mandats in das Blickfeld rückt.

Die mittlere Generation der 1940er und 1950er Jahrgänge ist von der Nachkriegserfahrung und den gesellschaftlichen Veränderungen beeinflusst. Die deutsche Teilung ist für sie eine bedrückende Erfahrung. Das Zweite Vatikanische Konzil motiviert zu christlich geprägter Politik, und nicht zuletzt die Auseinandersetzung mit der Studentenbewegung und der Politik der 1968er Bewegung drängt sie, sich einzumischen und selbst zu gestalten. Gerade die intoleranten linken Gruppen an Universitäten, die gewalttätigen Anschläge gegen Sachen und schließlich gegen Personen wühlen auf und lassen eigenes Engagement als notwendig erscheinen. Wiederum sind es oft Themen aus der täglichen Lebenswelt, die primäre Aufmerksamkeit auf sich ziehen, wie die Schul- und Bildungspolitik. So erfahren wir, wie früh gewisse Inhalte – Vereinbarkeit von Familie und Beruf, Kindererziehung in der Familie bzw. in Kindergärten und Krippen, das Altern der Gesellschaft – bereits diskutiert wurden und wie schwer es fiel, Hürden abzubauen – was durchaus nicht immer an den Männern gelegen hat. In der CDU-West kommen Reformprozesse in Gang, in Pionierfunktion sorgen Frauen wie Helga Wex, Aenne Brauksiepe, Elisabeth Schwarzhaupt, Christine Teusch und Helene Weber für ein Umdenken und die Erweiterung der Programmatik der Partei: Der erste CDU-Kongress zum Thema „Frau und Arbeitswelt" findet 1964 in Bochum statt und greift damit ein Thema auf, dass die christlich-demokratischen Politikerinnen von Anfang an bewegt hatte. Kaum eine der (westdeutschen) Autorinnen in diesem Band vergisst den 33. Bundesparteitag in Essen 1985 zu erwähnen, auf dem die CDU die Leitsätze für eine neue Partnerschaft zwischen Mann und Frau verabschiedete. Er wird als „Highlight" und als Zäsur für die Frauenpolitik in der Union aufgefasst. Es folgen auf dem Bundesparteitag 1986 in Mainz Forderungen und 1988 in Wiesbaden Beschlussfassungen zur politischen Gleichstellung der Frauen. Auch institutionell erhält die Frauenpolitik einen neuen Stellenwert: Unter einer unionsgeführten Bundesregierung wird das Bundesministerium für Jugend, Familie und Gesundheit um das Ressort Frauen erweitert. Diese Aufbruchsstimmung erhielt durch die Wiedervereinigung einen neuen Schub mit den Politikerinnen aus den neuen Ländern.[2]

Die jüngere Generation der Frauen aus den Geburtsjahren zwischen 1960 und 1980 gingen mit einem anderen Selbstverständnis in die Politik und traten der CDU bei: Aufgewachsen oder aktiv geworden in den aufgeheizten Diskussionen mit den linken Bewegungen der 1970er Jahre, mit der Friedensbewegung und über den NATO-Doppelbeschluss waren es nicht mehr unbedingt die Probleme aus dem alltäglichen Leben, der Familien- und Bildungspolitik, die den Eintritt in die aktive Politik initiierten.

Das Themenspektrum erweiterte sich – parallel zum Selbstverständnis, dass es keine Domaine reservée für Männer gebe: „Alle Politikfelder sind relevant" (Andrea Milz). Die jüngere Generation hat den selbstverständlichen Anspruch, sich auch mit allen Themen befassen zu wollen. Junge Frauen unterscheiden in ihrer Lebensplanung nicht mehr zwischen „männlichen" und „weiblichen" Berufen. Dazu passt, dass das Netzwerk nun häufig die Junge Union wird. Es ist keine Frage: Der politische Druck, nun bereits deutlich mehr Frauen in Funktionen und Wahlämtern zu sehen, war zweifellos auch eine Ermutigung, ebenfalls die Mühen des politischen Arbeitens auf sich zu nehmen. Diese Generation erhält ab 1990 die Unterstützung von Frauen aus Ostdeutschland, die selbstverständlich mit Beruf und Familie aufgewachsen sind.

Die aus den neuen Ländern stammenden Frauen sind mit wenigen Ausnahmen erst in der Zeit nach der Friedlichen Revolution 1989 zur CDU gekommen. Einige von ihnen fanden ihren Weg zur CDU über die Bewegungen Demokratischer Aufbruch oder Neues Forum. Diejenigen, die bereits in der zweiten Hälfte der 1980er Jahre der (Ost-)CDU beitraten, taten dies, um im Rahmen der Gegebenheiten die als belastend empfundenen politischen Verhältnisse zu verändern und um Pressionen der SED zu entkommen. Sie alle sind beeinflusst durch das Aufwachsen in der Diktatur und der staatlich erzwungenen Enge des öffentlichen Lebens mit der Unterbindung von Meinungsfreiheit, den Lügen, der Bedrohung der Freiheit bei nicht-konformem Verhalten und der Reformunfähigkeit. Die Friedliche Revolution wird als Aufstoßen eines Fensters empfunden und die Sauerstoffzufuhr als befreiend, als Chance des Aufbruchs und des Gestaltens. Die Zeit dieser Phase ist psychisch und physisch extrem fordernd – und das bleibt auch so nach der Wiedervereinigung, in der das Leben auf den Kopf gestellt wird und alles vom alltäglichen Detail bis zur politischen und wirtschaftlichen Struktur neu gestaltet werden muss. Wer erfolgreich durch diesen Prozess gegangen ist, ist so leicht nicht mehr zu erschüttern.

---

2 Zur Frauenpolitik der Volkspartei CDU, der Entstehung der Frauen Union und der Wirkung von Angela Merkel auf die Personalpolitik und Entwicklung der CDU vgl. Sarah Elise Wiliarty: The CDU and the Politics of Gender in Germany. Cambridge 2010.

Fragt man nach Gewissensentscheidungen, die schwer fielen, so werden fast ausschließlich die ethischen Entscheidungen genannt, wie bei der Gesetzgebung zur Abtreibung (§ 218 StGB) und zur Präimplementationsdiagnostik – und zwar über Generationen- und Bundesländer hinweg. Die Gesetzgebung zur Abtreibung musste nach der Wiedervereinigung neu geregelt werden und war in der CDU heftig umstritten. An der Diskussion über die Fristenregelung mit Beratungspflicht, einem Kompromiss zwischen den früheren Gesetzen der Bundesrepublik und der DDR, die schließlich Gesetz wurde, beteiligten sich die CDU-Frauen zwar mit unterschiedlichen Auffassungen, aber einheitlich mit großem Verantwortungsgefühl für die schwierigen moralischen Aspekte und Lebenslagen von Frauen.

Die Porträts der 58 Frauen zeigen Gemeinsamkeiten – Überzeugungen, Erfahrungen, Strategien – aber auch Vielfalt. Frauen gehen, das wird in den Berichten deutlich, meistens nicht einer beruflichen Karriere wegen in die Politik. Sie rütteln nicht am Zaun des Kanzleramtes. Politik als Beruf: Das ergibt sich nicht als Ziel, sondern eher zufällig, weil sich eine Aufgabe stellt und die Mandatsträgerin anschließend weiter im politischen Bereich bleibt. Es mag sich in der jungen Generation ändern, aber es geht immer um Problemlösungen, nicht um die Wahl des Berufs Politikerin. Entsprechend nehmen die christlich-demokratischen Politikerinnen sich selbst als stärker an Sachargumenten orientiert wahr und sehen sich im Kommunikationsverhalten deutlich anders als Männer. Frauen äußern sich, wenn sie etwas beizutragen haben – und nicht um Duftmarken zu setzen und Präsenz zu zeigen. Da Kommunikationsmechanismen oft entscheidend für die Wahrnehmung und Durchsetzungsfähigkeit sind, dürften hier noch Veränderungen notwendig sein. So sehen das auch einige Frauen, so praktizieren es bereits einige der jüngeren Generation. Eine Karriere „Politik als Beruf", mit vielen Abwesenheiten von der Familie, funktioniert auch nicht so selbstverständlich, wie es bei den meisten männlichen Politikern der Fall sein dürfte: Die Zustimmung und Unterstützung des Partners und der Rückhalt der Familie ist für Frauen notwendig, „sonst gehen sie innerlich kaputt" (Birgit Breuel).

Es zeigt sich: Der Platz in der Männerwelt der Politik musste hart erkämpft werden, teilweise galt es, das Begehren, den Wahlkreis oder das errungene Mandat doch besser einem Mann zu überlassen, zurückzuweisen. Andere Frauen haben einzelne Männer als ihre Mentoren, Verbündete und verlässliche Förderer erlebt. Einen politisch einflussreichen Mann als Vermittler und Mitkämpfer für ein politisches Ziel zu gewinnen, wird oft als probates Mittel zum Erfolg erkannt. Solidarität und Frauennetzwerke sind vielen wichtig. Wie wichtig sie sind, erfahren die Protagonistinnen oft erst in der praktischen Politik, wenn sie die Mechanismen der männlichen Netzwerke beobachten. Einige haben jedoch auch erlebt, dass die Frauen, die es „geschafft" hatten, ihre solitäre Position erhalten wollten und nicht hilfreich für die Karriere ihrer Geschlechtsgenossinnen waren. Der politische Anspruch, mehr als eine Frau auf dem Wahlzettel stehen zu haben, war eindeutig fördernd. Denn dass Männer mehrheitlich die angestammten Plätze auf der Karriereleiter nicht voller Freude Frauen überlassen wollten, versteht sich von selbst, wie schon der betagte Konrad Adenauer erkannte: „Auch ich beobachte mit Bedauern, dass im allgemeinen der Mann die Frau nicht als gleichberechtigt im öffentlichen Dienst anerkennen will, weil er in ihr eine Konkurrenz sieht."[3] Die eine oder andere Frau brauchte „Mann" in der Politik schon – aber gleich mehrere? Maria Herr-Beck zitiert einen Lokalpolitiker: ‚„Eine Frau ist wie eine Blume, viele Frauen sind wie Unkraut.' Seitdem war mir klar, dass ich fürs Unkraut kämpfe."

Brauchen Frauen eine Quote bzw. ein Quorum, um sich und ihre Interessen durchzusetzen? Die Frage wird unterschiedlich beantwortet, eine Frauenquote gelegentlich als diskriminierend abgelehnt. Auffällig ist jedoch, dass etliche Politikerinnen die Quote zwar an und für sich ablehnen, ihre Notwendigkeit jedoch in ihrer politischen Laufbahn erkannten. Nur so scheint es ihnen möglich, dass überhaupt eine größere Anzahl von Frauen in sichtbaren politischen Mandaten und Ämtern Fuß fassen kann. „Wer keine Frauenquote will, muss die Frauen wollen" (Rita Süssmuth). Ein Mann, der keine Frauen auf der Funktionsebene um sich herum sieht, wird gemeinhin an seine (männlichen) Netzwerke denken, wenn Kandidaten für Ämter gesucht werden. „Ja, ich bin Quotenfrau. Darauf bin ich stolz, denn sonst hätte ich nie beweisen können, dass ich gut bin" (Doris Pack). Es wird nicht nur die frauenfreundlichere Programmatik der CDU, sondern auch das Beispiel der amtierenden Bundeskanzlerin, Angela Merkel, und von Bundes- und Landesministerinnen als äußerst hilfreich genannt, um das Bild der Frau in der Politik zu verändern. Und schließlich in der Tat: Volksparteien kennen jede Menge Quoten, die jedoch nicht offiziell kommuniziert werden. Es gilt Regionen und Landsmannschaften, Interessengruppen wie die Christlich-Demokratische Arbeitnehmerschaft sowie Konfessionen abzubilden, warum nicht auch ein Frauenquorum als Türöffner?

Die Diskriminierung von Frauen war (und ist) dabei keineswegs auf die Christlichen Demokratinnen oder die Politik beschränkt, auch das zeigen die Berichte. Kollegen anderer Parteien zeigen ebenfalls durch ihre Äußerungen, dass sie Frauen nicht als auf gleicher Ebene agierend sehen (möchten). Außerhalb der Politik, in der Wirtschaft, wird zuweilen genau so wenig die Kollegin, sondern die Frau gesehen, deren Aufstieg nicht gewünscht ist, wie die Darlegungen zeigen. So sind sich alle Frauen sicher, besser sein zu müssen als Männer, um eine Chance zu erhalten und sie nutzen zu können. „Männer zweifeln nicht

---

3 Zitiert nach: Felix Becker (Hg.): Konrad Adenauer: Die Demokratie ist für uns eine Weltanschauung. Reden und Gespräche (1946–1967). Köln 1998, S. 176.

an sich" (Rita Pawelski) – sollten sie es tun, dann zeigen sie es nicht, während Frauen sich selbstkritisch beobachten und Zweifel äußern.

Selbstkritisch beobachtend gehen Frauen auch mit ihrem äußeren Erscheinungsbild um. Welche Rolle spielt das Aussehen? Die Beiträgerinnen erklären mit großer Übereinstimmung, dass Frisur, Kleidung und dem Auftreten der Politikerin insgesamt eine größere Bedeutung zukommt als beim Mann. Das ist im politischen Alltagsstress eine zusätzliche Herausforderung. Angela Merkel zeigt jedoch, dass Kleidung auch politisch instrumentalisiert werden kann. Selbst wenn sie ausnahmsweise einmal nicht in der ersten Reihe auf dem „Familienfoto" eines Gipfels stehen sollte: Übersehen wird sie aufgrund der farbigen Blazer ohnehin keiner.

Das Verhältnis zur Macht – unterscheidet es Männer und Frauen? Hier gibt es wohl einen deutlichen Generationsunterschied. Die älteren Generationen mussten erst lernen, Macht als Instrument anzusehen, ohne das Ziele nicht durchgesetzt werden können. „Das Machtverständnis von Männern ist seit Jahrhunderten eingeübt, vorgelebt und nachgeahmt, während es naturgemäß aufgrund des geringeren politischen Engagements und der geringeren politischen Erfahrung bei Frauen nicht ausgeprägt ist" (Barbara Schäfer-Wiegand). Allerdings sind sich die Frauen bewusst, dass ihnen manches von Männern angewandtes Verhalten nicht zur Verfügung steht: Demonstratives Machtgehabe – auf den Tisch schlagen oder gar sehr laut werden – muss durch Kompetenz und Autorität ersetzt werden. Die vorliegenden Berichte vermitteln jedoch den Eindruck, dass sich die weibliche Einstellung zur Macht wandelt. Damit geht einher, dass auch die klassischen Ressorts auf dem Weg zur politischen Spitze eingefordert werden, wie es Annegret Kramp-Karrenbauer als erste Innenministerin auf ihrem Weg zur Ministerpräsidentin vormachte.

Nach wie vor unterschiedlich ist das Verhältnis zum politischen Amt: Da bei den meisten Frauen die politische Karriere nicht das Lebensziel war, fällt es ihnen vielleicht auch leichter, ein sachbezogenes Verhältnis zum Mandat aufzubauen. Dadurch kann man sich Auszeiten nehmen, wenn es familiär geboten ist, um anschließend erneut mit Geduld dicke Bretter zu bohren. Es ist möglich, auf eine Staatssekretärsstelle zu verzichten, um eine Oppositionsfraktion in einem Bundesland zu führen (Julia Klöckner). Mit der Möglichkeit, in den erlernten Beruf zurückzugehen, können auch Neuwahlen mit ungewissem Ausgang besser erscheinen als das weitere Dahinsiechen einer Koalition (Annegret Kramp-Karrenbauer). Politik ist kaum je das ganze Leben – die Familie ist ein wichtiger Ausgleich, der stabilisiert und erdet. Und eigene Kinder sind immer häufiger wichtiger Teil des Lebens, auch von Politikerinnen.

Das Buch entfaltet ein breites Panorama an individuellen Frauenbiografien. Allein die Herkunft aus verschiedenen Bundesländern und aus unterschiedlichen Glaubensüberzeugungen verbietet eine Generalisierung. Auch wird manches, was hier als typisch für die christlich-demokratischen Frauen herausgestellt wurde, ebenso auf CDU-Politiker zutreffen. Hier wurde lediglich versucht, charakteristische Merkmale herauszustellen, die in weiblichen Politikerbiografien häufiger anzutreffen sind – übrigens nicht nur in der CDU.[4]

Dabei zeigen die Beiträge übereinstimmend zwei herausragende Merkmale der christlich-demokratischen Frauenpolitik: das Streben nach der Vereinbarkeit von Familie und Beruf und nach einer gleichberechtigten Partnerschaft zwischen Männern und Frauen. Frauen bringen Intelligenz, Expertise, Pragmatismus und komplementäre Elemente in die Politik. Sie verbinden Politikbereiche. Auch hier können sich die CDU-Frauen auf Konrad Adenauer berufen: „Die Frau sieht in einer Frage eben noch andere Facetten, die da sind, und vielleicht ist ihr Gesamturteil noch besser als das des Mannes. Denn der Mann neigt zur Einseitigkeit, neigt dazu, das, was gerade in sein Ressort fällt, als das allein Wichtige anzusehen."[5]

Der Leserin, dem Leser sei das Buch ans Herz gelegt: Die biografischen Erzählungen von christlich-demokratischen Frauen aus den 1920 und 1930er Jahrgängen, die sich entschlossen, der CDU beizutreten, um sie mitzugestalten und zu verändern, dürfte in der heutigen Generation Überraschung auslösen. Wer in Schulklassen, Seminaren und Vorlesungen sitzt, in denen die Mitschülerinnen und Mitstudentinnen die Mehrheit stellen und oft die besseren Noten erbringen, wird erstaunt erfahren, dass die Entscheidung für ein Studium außergewöhnlich war oder aus Gründen der Sorge für die Familie zurückgestellt werden musste. Die mittlere Generation wird sich aus den Erzählungen wiedererkennen; der unmittelbaren Nachkriegsgeneration wird das Buch eine Rückkehr in ihre Jugend sein. Und der jungen Generation wird es eine Ermutigung sein, sich aktiv der res publica anzunehmen.

Die Porträts der CDU-Frauen machen Mut: Sie zeigen, dass Christliche Demokratinnen erfolgreich Politik gestaltet haben und bis an die Spitze von Bundesländern und sogar des Staates gelangt sind. Der Beruf der Politikerin macht bei aller Anstrengung Freude und ermöglicht in einer großen Bandbreite von Politikfeldern die Gestaltung unserer Gegenwart und Zukunft.

Für die Idee zur Aufarbeitung der Rolle der Frau in der Christlichen Demokratie bedanke ich mich besonders bei den Bundesministerinnen a. D. Dr. Dorothee Wilms und Professor Dr. Ursula Lehr, die das Projekt bei dem Ehrenvorsitzenden der Konrad-Adenauer-Stiftung e. V., Professor Dr. Bernhard Vogel, angeregt und mit Rat und Tat begleitet haben. Für diese Mithilfe sei ebenfalls der Präsidentin der letzten, frei gewählten Volkskammer, Dr. Sabine Bergmann-Pohl, gedankt.

In der Konrad-Adenauer-Stiftung hat Professor Dr. Hanns Jürgen Küsters die Entstehung des vorliegenden Bandes maßgeblich begleitet. Für Konzeption

---

4   Vgl. Birgit Meyer: Frauen im Männerbund. Politikerinnen in Führungspositionen von der Nachkriegszeit bis heute. Frankfurt/Main u. a. 1997.
5   Becker: Konrad Adenauer, S. 176.

und Umsetzung danke ich ihm und der Hauptabteilung Wissenschaftliche Dienste/Archiv für Christlich-Demokratische Politik ganz besonders.

Die Erstellung des Leitfragebogens, das Führen der Interviews und die Abstimmung der Texte mit der Gesamtkonzeption lag in der Verantwortung von Dr. Ulrike Hospes und der Projektleiterin Ina vom Hofe M. A.; diesen sowie den Abteilungsleitern PD Dr. Jürgen Nielsen-Sikora und Dr. Wolfgang Tischner sowie Dr. Kordula Kühlem und Denise Lindsay M. A. für die allgemeine Unterstützung bei Redaktion und Drucklegung gilt mein herzlicher Dank.

Zum Gelingen der Publikation haben vor allem die lesenswerten Beiträge und Interviews der Christdemokratinnen beigetragen, die ganz persönlich und in eigener Verantwortung über ihre politischen Erfahrungen berichten. Als Herausgeberinnen danken Hildigund Neubert und ich herzlich allen Beteiligten sowie der Bundeskanzlerin Dr. Angela Merkel. Die CDU-Frauen zeigen mit ihrem Beispiel „Mut zur Verantwortung" und ermuntern besonders junge Frauen, ihrem Weg zu folgen und sich für das Gemeinwesen zu engagieren.

Marie-Elisabeth Klee[*]

Verantwortung kann man nur tragen, wenn man informiert ist

Geboren am 13. Januar 1922 in Worms, verwitwet, 1940 Abitur, 1941 Hauswirtschaftliche Ausbildung in Obernkirchen, 1941–1942 Reichsarbeitsdienst, 1942 Studium der Geschichte an der Goethe-Universität Frankfurt am Main, 1942–1945 Tätigkeit in der Archivkommission des Auswärtigen Amtes, 1944: Archivassistentin, 1945 Heirat mit Dr. jur. Dr. phil. Eugen Klee (gest. 1956), 1947–1952 Unterstützung von Ehemann Eugen Klee als Landrat in Alzey, 1952–1955 Unterstützung von Ehemann Eugen Klee als Botschafter in Lateinamerika, 1957–1958 Dolmetscherstudium am Sprachinstitut in München, 1959 Eintritt in die CDU, 1960–1965 Vorsitzende der Frauenvereinigung Worms, 1961–1964 Vorsitzende „Freundschaftsbrücke", 1961–1972 Mitglied des Deutschen Bundestages, 1964–1970 Mitglied des Landesvorstandes der CDU Rheinland-Pfalz, 1964–1972 Vorsitzende der Frauenvereinigung Rheinhessen, 1964–1978 Mitarbeit in der Europäischen Frauen Union (EFU), 1965–1973 Vorstandsmitglied bzw. Vorsitzende der Außenpolitischen Kommission der EFU, 1965–1973 Mitglied in den Parlamentarierversammlungen des Europarates und der Westeuropäischen Union, 1969–1972 stellvertretende Vorsitzende der Parlamentarierversammlung der Westeuropäischen Union (WEU), 1973–1978 Leitung des Auslandsreferats des Kultusministerium in Rheinland-Pfalz, 1973–1978 Vertreterin der EFU beim Europarat.

Welche Faktoren haben Sie beeinflusst, in die Politik zu gehen?

Ich bin 1922 in Worms am Rhein geboren; so fiel meine Kindheit in die Zeit der französischen Besatzung des Rheinlands. Auch mein Elternhaus, der Majorshof, in Worms war zu weiten Teilen von den Franzosen beschlagnahmt. Der Jubel über die „Rheinlandbefreiung" war groß. Ich habe sie sehr bewusst erlebt, den Abzug der Franzosen über die Rheinbrücken. Das war sehr aufregend. Ein gewaltiger Fackelzug zog durch die Stadt. Es war die erste Nacht in meinem Leben, in der ich nicht zu Bett gehen musste. Und

---

[*] Das Interview führten Dr. Ulrike Hospes und Ina vom Hofe M.A. am 19.04.2012 in Bobenheim-Roxheim.

ausgerechnet der ehemalige Reichskanzler und Reichsminister des Auswärtigen, Gustav Stresemann, dessen weitsichtiger, vorausschauender Politik wir es verdankten, dass der Abzug der Franzosen fünf Jahre vor der vertraglich festgesetzten Frist erfolgte, konnte durch seinen plötzlichen Tod dieses große Ereignis nicht mehr erleben. Mein Vater, Ludwig Cornelius Freiherr von Heyl zu Herrnsheim, der unser Familienunternehmen, die „Lederwerke Liebenau", durch diese bewegten Zeiten lenkte, war verzweifelt. Seine Hoffnung auf eine dauerhafte Befriedung Europas war dahin. Aber es sollte alles noch viel schlimmer kommen: sechs Millionen Arbeitslose als Folge der Wirtschaftskrise, Enttäuschung und Verzweiflung über die Unfähigkeit der Politik dem entgegenzusteuern – und dann der Nationalsozialismus ... Meine Eltern haben immer geholfen, wo sie nur konnten.

Ihr Großvater, Cornelius Wilhelm von Heyl zu Herrnsheim war ebenso wie Ihr Vater, Ludwig Cornelius, politisch sehr aktiv in der Deutschen Volkspartei. Hat das für Ihr politisches Interesse eine Rolle gespielt?

Ich wurde in dem Sinne erzogen, dass man als Christ verantwortlich für die Mitmenschen, die Heimat und das Vaterland ist. Das war ganz selbstverständlich.

Des Weiteren spielte das Christentum eine wichtige Rolle bei uns in Worms. Im Welt-Lutherjahr 1933, als schon der schlimme Kirchenkampf ausgebrochen war, bin ich im Alter von elf Jahren mit Studenten um das Lutherdenkmal im Zentrum der Stadt gelaufen und wir sangen: „Wer will ein Streiter Christi sein und nicht ein Widerchrist." Ob man sich engagierte oder nicht, das war nie eine Frage. Man war in der Verantwortung dies zu tun. Meine Großmutter hat dies schon in vorbildlicher Weise getan. Sie kümmerte sich um die Familien der Arbeiter in der großen Lederindustrie, schuf Ausbildungsmöglichkeiten für junge Arbeiterinnen, gründete zahlreiche Kindergärten, ein Kinderheim für Waisenkinder, damit sie die Schule besuchten und einen guten Start ins Leben fanden, eine Entbindungsstation, ein Altersheim usw. Sie war in allem eine Partnerin meines Großvaters. So bereitete sie z. B. seine Einbringungsrede zum Jugendschutz im Reichstag vor. Natürlich wollte sie erleben, wie er diese im Plenum vortrug. Aber Frauen durften nicht einmal als Beobachter an den Sitzungen teilnehmen. So bestach sie einen Flurboten, der ihr ermöglichte hinter einer Gardine ihre Rede aus dem Mund ihres Mannes zu hören. Auch einiges von der Bismarckschen Sozialgesetzgebung stammt aus den Erfahrungen meiner Großmutter! Meine Mutter wiederum übernahm lebenslang mit großem Einsatz den Vorsitz des Trägervereins für immerhin noch 13 Kindergärten und das Altersheim. Auch sonst half sie wie und wo auch immer.

Sie haben davon gesprochen, dass der Glaube, das Christentum, eine wichtige Rolle in Ihrer Familie gespielt hat. Was ist Ihr Verständnis von christlich-demokratischer Politik?

Bei der CDU hat mich so sehr gefreut, dass beide Konfessionen zum ersten Mal in der Geschichte politisch zusammengearbeitet haben. Das war ein ganz wichtiger Punkt. Durch den Widerstand in der Nazizeit haben sich die Christen endlich kennengelernt. Das Christentum war auch das Fundament der Verständigung über die Grenzen in Europa hinweg. Auf dieser Vertrauensbasis konnten der französische Außenminister und Präsident des Europäischen Parlaments, Robert Schuman, der italienische Ministerpräsident, Alcide De Gasperi, und der deutsche Bundeskanzler Konrad Adenauer die Arbeit für ein geeintes Europa in Frieden und Freiheit aufnehmen.

Dann war für Sie auch klar, dass Sie nur in die CDU eintreten konnten?

Ja, hinzu kam, dass mein Mann auf Wunsch der CDU Landrat von Alzey wurde. Damals war es üblich, dass die Ehefrau der gleichen Partei angehörte.

Gab es konkrete Anlässe, um politisch aktiv zu werden?

Als „Frau Landrat" machte ich alle Veranstaltungen im Kreis mit, zu denen mich mein Mann mitnahm. Außerdem konnten sich die Mitglieder des Kreistages oder des Kreisausschusses nach ihren Sitzungen und vor ihrer oft mühsamen Heimfahrt bei uns mit einem einfachen Essen stärken. So nahm ich an den Gesprächen teil und konnte die Stimmung wahrnehmen. Das half auch meinem Mann. Es geht ja zumeist um ganz konkrete Aufgaben. Um nur eine zu nennen: Wie sollten die Flüchtlinge und Vertriebenen eine Existenz finden, wie bei uns Wurzeln schlagen? Ich wusste ja, welch furchtbarer Abschied hinter ihnen lag, hatte ich doch den Flüchtlingstreck durch ganz Schlesien 1945 erlebt.

Ich hatte in der Archivkommission des Auswärtigen Amts gearbeitet, die im Sommer 1945 nach der Invasion in den „Warthegau" verlagert worden war. Als die Russenoffensive begann, wurden der Hausherr, bei dem wir untergebracht waren, und mein Verlobter in den Volkssturm nach Lodz eingezogen. Die Hausfrau nahm mich mit ihren beiden Töchterchen im Pferdewagen bei grimmiger Kälte durch ganz Schlesien mit. Wunderbarerweise durften wir uns gesund und lebend in der Lausitz wiederfinden.

Ehe ich auf meinen beruflichen bzw. parteipolitischen Werdegang zu sprechen komme, kurz noch zu den inhaltsreichen Jahren in meiner weiteren Ehezeit: Mein Mann kehrte 1952 in seinen eigentlichen Beruf zurück und wurde zum Gesandten bzw. Botschafter für die sechs Republiken Mittelamerikas ernannt. Auch dort musste von Grund auf alles neu geschaffen werden, angefangen mit der Suche nach einer geeigneten Häuslichkeit. Seit dem Abbruch der diplomatischen Beziehungen zu Deutschland 1942 waren die Kontakte zu allen Ländern wie ausgelöscht. Es ging nun darum, sie wieder aufzubauen, sowohl zur Regierung, zu den Parlamenten, der Wirtschaft, der Bevölkerung, aber auch zu den dort lebenden Deutschen. Sie kannten sich untereinander kaum. Einige Familien waren noch zu Kaisers Zeiten nach dort gekommen, andere in der Notzeit nach 1918, später die jüdischen Emigranten nach dem Zweiten Weltkrieg. Heimatvertriebene die für sich und ihre Familien Überlebenschancen suchten. Gott sei Dank waren darunter keine Nazis! So hatten wir, abgesehen von den dienstlichen Kontakten, auch privat für die Deutschen jeden ersten und dritten Montagabend offenes Haus für ein Konzert auf der „Grundig-Musiktruhe" oder veranstalteten mit Gastprofessoren des „Instituto Alemán" Vortragsabende insbesondere von und mit den jüdischen Immigranten. Im Übrigen arbeitete ich neben den vielen Aufgaben als Frau des Botschafters mit im Land verantwortlichen Frauen des Roten Kreuzes und kümmerte mich um die Mayas und ihre jahrhundertealte Kultur. Es war eine unvergessliche Freude, als zu Weihnachten 1954 eine ganze Dorfgemeinschaft vom Vulkan El Salvador überraschend vor unser Haus zog und ein Weihnachtsoratorium aus dem 16./17. Jahrhundert vortrug.

1955 kehrten wir nach Deutschland zurück. Mein Mann wurde vom damaligen Außenminister, Dr. Heinrich von Brentano di Tremezzo, beauftragt, die deutsche Delegation bei den deutsch-österreichischen Verhandlungen zu leiten. So schwierig diese auch waren, es gelang ihm trotz seiner Erkrankung den Vertrag unterschriftsreif vorzulegen. Er starb dann Weihnachten 1956.

1961 sind Sie jedoch Bundestagsabgeordnete geworden. Wie kam es dazu?

Die bisherige Bundestagsabgeordnete, Frau Dr. Mathilde Gantenberg, suchte eine Nachfolgerin. Da entsann sich die CDU Rheinland-Pfalz meiner Person aufgrund der Landratsjahre meines Mannes. Er war dort unvergessen. Der Landkreis Alzey gehörte dem gleichen Wahlkreis an wie Worms und Oppenheim, dort genoss meine Familie Ansehen. Vater z. B. war unmittelbar nach der Einnahme unserer zerstörten Stadt durch die Amerikaner zwei Monate lang „Stadtältester", er trug die Verantwortung des Oberbürgermeisters. Bei mir trafen außerdem einige Eigenschaften zusammen, die dringend für eine Kandidatur gebraucht wurden: Frau, jung, evangelisch. So wurde ich von der Delegiertenversammlung der CDU Rheinland-Pfalz am 24. Juni 1961 auf einen sicheren Platz der Landesliste gewählt.

In den 1960er Jahren spielte die Konfession in der Partei eine wichtige Rolle?

Ja, das war auch ein Grund für meine Aufstellung als Kandidatin. Die Katholiken hatten in der Nazizeit wesentlich mehr Widerstand geleistet als die Evangelischen. Deshalb war es logisch, dass sie nach 1945 in der Politik eine größere Rolle spielten.

Es gibt ein Zitat von Ihnen zur Annahme eines politischen Mandats: „Wer ein solches Mandat übernimmt muss zum vollkommenen Einsatz bereit sein." War das bei Ihnen so: Politik und nichts anderes?

Ja, aber damit meine ich nicht die politische Karriere, sondern die Verantwortung für die übernommene Aufgabe und den Willen, sie freudig und mit aller Kraft zu erfüllen. In meiner ersten Bundestagsperiode von 1961 bis 1965 war ich Mitglied im Petitionsausschuss. Das bedeutete eine große Hilfe und Anregung nicht nur für die parlamentarische Arbeit, sondern auch für die Betreuung des großen Wahlkreises mit 116 Ortschaften. Ihm gehörten weitgehend die sitzungsfreien Wochen und die Wochenenden. Was gab es aber auch alles zu tun: eigene CDU-Veranstaltungen, Vorträge, Podiumsgespräche, Teilnahme an lokalen Ereignissen, überregionale Frauenveranstaltungen und vor allem auch regelmäßige Sprechstunden. Die Menschen kamen wirklich mit all ihren Problemen, gerade auch ihren persönlichen. An vielen Schicksalen nahm man da Anteil …

Außerdem gehörte ich dem Ausschuss für Jugend- und Familienfragen an und hatte die große Freude, Berichterstatter für die Gründung des deutsch-französischen Jugendwerks zu werden. Aufgrund meiner Kindheitserlebnisse war mir gerade die Aussöhnung mit Frankreich ein Herzensanliegen. Bis zu meinem Ausscheiden aus dem Deutschen Bundestag 1972 gehörte ich dem gesamtdeutschen Ausschuss an. Unvergesslich sind die Erlebnisse in Berlin kurz nach der Errichtung der Mauer in der Bernauer Straße und bei der Informationsreise entlang des Eisernen Vorhangs von Ratzeburg in Schleswig-Holstein bis nach Passau in Bayern. Ich musste dabei besonders an die Berichte meiner Internatsfreundinnen aus dem Stift Heiligengrabe in der Mark Brandenburg und meines Onkels über seine dramatische Flucht aus dem alten Familienbesitz Friedersdorf, nahe der Oder, denken.

Doch politisch war unser Ausschuss nur mitberatend und jedes Mal, wenn es spannend wurde, behielt sich der Vorstand die Informationen und die Beratung darüber vor. Aber dem Vorstand gehörte ausgerechnet William Borm an, der zuvor sieben Jahre wegen seines Einsatzes gegen die Berlin-Blockade in einem Ost-Berliner Gefängnis gesessen hatte. Es kam heraus, dass die Stasi den Kontakt zu ihm gehalten hat.

Zu Beginn meiner zweiten Wahlperiode im Deutschen Bundestag von 1965 bis 1969 wurde ich Abgeordnete in der Parlamentarierversammlung des Europarates.

Der Europarat ist die älteste europäische Institution und wurde am 5. Mai 1949 gegründet. Ihr gehören die Demokratien Europas an. Vor allem aber besteht die Parlamentarierversammlung nur aus nationalen Abgeordneten. Dadurch ist die unmittelbare Verzahnung zwischen den Anliegen der Bevölkerung der Mitgliedsstaaten, ihrer Parlamente und ihrer Regierungen möglich. Ich gehörte bis zu meinem Ausscheiden aus dem Deutschen Bundestag dem Kulturausschuss des Europarates an, der sich unter anderem eingehend mit Fragen der Bildung von Frauen und der Vereinbarkeit von Familie und Beruf beschäftigte. Außerdem war ich das deutsche Mitglied im Unterausschuss Denkmalschutz. Der Schwiegersohn von Winston Churchill, Lord Duncan Sandys, war unser Vorsitzender. Er regte sich – ebenso wie wir – über die freiwillige Zerstörung wertvoller Bausubstanz auf, die auch nach den unermesslichen Verlusten durch den Krieg ständig zunahm. Ziel war, durch eine europaweite Initiative einen Stimmungswandel zu erreichen. Es hat große Freude gemacht, unter dem Motto „Eine Zukunft für unsere Vergangenheit" das europäische Denkmalschutzjahr vorzubereiten.

Außerdem war ich Mitglied im „Ausschuss für die nichtvertretenen Nationen" (non member countries), der sich mit der Einhaltung der Menschenrechte in den Diktaturen Europas, d. h. vor allem in den kommunistischen Staaten, beschäftigte. Es wurde behauptet, der Ausschuss sei ein „Kaltes Kriegskomitee" und sollte deshalb aufgelöst werden. Ich war stellvertretende Vorsitzende des Ausschusses. Da taten wir uns zu dritt zusammen: Ein ehemaliger holländischer Kommunist, der inzwischen Sozialdemokrat geworden war, ein belgischer Jude – Liberaler –, der nach Bogotá vor den Deutschen geflohen war, und ich. Wir haben gestreikt. Dann wurde uns das ganze Ausschusssekretariat weggenommen: „Wenn der Ausschuss weiter bestehen soll, dann müssen Sie jetzt selber einen Bericht schreiben." Wir haben uns zusammengesetzt, aber die Männer sagten: „Wir können nicht über Weihnachten den Bericht schreiben." Da übernahm ich es, beschaffte mir aus vielerlei Quellen Material und schrieb über die kulturelle Situation und die Lage der Kirchen und Religionsgemeinschaften in Osteuropa. Prof. Dr. Horst Ferdinand, der in der Bundestagsverwaltung für Internationales zuständig war, sorgte dafür, dass der Bericht bereits Ende Januar 1968 in den Amtssprachen englisch und französisch vorlag. Er wurde im Ausschuss akzeptiert und so kam es im Mai 1968 zu einer harten Auseinandersetzung in der Plenarsitzung der Parlamentarierversammlung des Europarates. Aber wir haben gewonnen! Einer unserer Hauptgegner war der Präsident des belgischen Senats, der Christdemokrat Paul Struye. Er war außer sich, denn zum ersten Mal erlitt er eine parlamentarische Niederlage, und das auch noch durch einen Nicht-Frankophonen, Nicht-Juristen, eine Deutsche und eine Frau. Schlimmer ging's nicht! Als er mir kurz danach in der Lobby begegnete, kam er auf mich zu, umarmte mich und sagte: „Vous avez gagné Madame, je vous en felicite, soyons des amis à toujours." (Sie haben gewonnen Madame. Ich beglückwünsche Sie, lassen Sie uns Freunde sein, für immer.) Darüber freue ich mich heute noch.

Zugleich wurde man als Mitglied des Deutschen Bundestags auch in die „Parlamentarierversammlung der Westeuropäischen Union (WEU)" entsandt, deren Aufgabe es war, die Anliegen der europäischen Mitgliedsstaaten innerhalb der NATO zu koordinieren. Mitglieder waren die sechs EWG-Staaten: Deutschland, Frankreich, Italien, Belgien, Niederlande und Luxemburg sowie auch Großbritannien. Es war eine große Ehre für mich, als ich 1970 als erste Frau zur Vizepräsidentin dieser Parlamentarierversammlung gewählt wurde.

Selbstverständlich habe ich mich in dieser Zeit auch für die „Europäische Frauen Union (EFU)", d. h. dem Zusammenschluss der christdemokratischen und konservativen Frauen Europas, eingesetzt. Eine Zeitlang war ich Vorsitzende des Außenpolitischen Ausschusses der EFU und später, als ich nicht mehr im Deutschen Bundestag war, die Vertreterin beim Europarat. Das bedeutete allerdings, nur durch persönliche Kontakte die Verbindung zum politischen Geschehen des Europarates zu vermitteln.

Auch in der Frauenvereinigung Rheinhessen haben Sie sich engagiert?

Ja, natürlich! Es standen gerade damals in der Aufbauphase so viele Probleme für Frauen an, dass ständige Kontakte mit ihnen dringend erforderlich waren. Im Übrigen bemühte ich mich, ihnen die Bonner Politik zu erklären und sie zur aktiven politischen Mitwirkung zu gewinnen.

Gab es während Ihrer politischen Tätigkeit Anlässe oder Konflikte, bei denen es Ihnen schwergefallen ist, sich der Parteipolitik unterzuordnen?

Natürlich muss man lernen, dass man bei politischen Entscheidungen nicht nur einseitig seine eigene Meinung durchsetzen kann. Man muss das Problem, das gelöst werden muss, von allen Seiten betrachten und über die langfristige Auswirkung nachdenken. Dann begreift man, dass Politik nur die Kunst des Möglichen ist. Sehr schwergefallen ist mir die Abstimmung über die Ostverträge. Nach einer harten dreitägigen Debatte in der Fraktion, die aber keine Lösung gebracht hatte, wurden wir gebeten, uns mit einem Kollegen, der gegensätzlicher Meinung sei, zur Enthaltung zu verabreden. Ich habe mich zur gewünschten Abstinenz gequält, auf mein Nein zu verzichten. Später musste ich aber feststellen, dass mein Partner doch mit Ja gestimmt hatte. Das hat mich natürlich verletzt.

Vermischen sich Personal- und Fachentscheidungen?

Auch Personalentscheidungen waren natürlich belastend, z. B. entbrannte in der CDU/CSU-Bundestagsfraktion ein Streit zwischen den Atlantikern und Gaullisten. Unsere Kandidaten für die Nachfolge von Bundeskanzler Ludwig Erhard waren der damalige Ministerpräsident von Baden-Württemberg und vorheriges Mitglied des Europaparlamentes, Kurt Georg Kiesinger, und der Bundesminister des Auswärtigen, Gerhard Schröder. Ich habe Gerhard Schröder sehr geschätzt – aber er war Atlantiker. Kurt Georg Kiesinger war dagegen Gaullist, mit besten Beziehungen zu Frankreich. So habe ich Kiesinger gewählt.

Warum haben Sie 1972 nicht mehr für den Deutschen Bundestag kandidiert? Wollten Sie den Wechsel nach Europa?

Nein, ich habe für Richard von Weizsäcker auf eine Kandidatur und damit auf eine Karriere in Europa verzichtet. Ich konnte unseren damaligen Landesvorsitzenden der CDU Rheinland-Pfalz, Helmut Kohl, nur zustimmen, dass Weizsäcker als Vorsitzender des Evangelischen Kirchentages und Inhaber weiterer wichtiger Ämter in der Evangelischen Kirche der richtige Kandidat für die Lutherstadt Worms und die Bundespolitik war, auch dank seiner akademischen Bildung. Leider wurde er schon bald, nachdem er 1976 nochmals kandidiert hatte, nach Berlin berufen und musste den Wahlkreis verlassen. Der damalige Ministerpräsident Bernhard Vogel holte mich dann als „Auslandsreferent" in das Kultusministerium von Rheinland-Pfalz.

Gab es Ihres Erachtens geschlechtsspezifische Unterschiede oder Gemeinsamkeiten in der Politik?

Gemeinsam ist die Verantwortung, in der man steht. Zwischen Mann und Frau habe ich eigentlich nur Kooperationen erlebt. Ich war an den Umgang mit Männern gewöhnt – war ich doch in einer Großfamilie mit vier Brüdern aufgewachsen und hatte eine wunderbare partnerschaftliche Ehe erlebt. So habe ich, weil ich als Frau mein Amt als Bundestagsabgeordnete versah, auch immer wieder Vorteile dadurch gehabt. Wer wird z. B. nach kurzer Zeit Vorstandsmitglied der Deutsch-Atlantischen Gesellschaft? Natürlich fehlten mir Grundqualifikationen, die andere hatten. Aber ich hatte Eigenschaften, die für Frauen damals nicht üblich waren – Auslandserfahrung, Sprachkenntnisse in Französisch, Englisch, Spanisch.

Unter den Frauen war es natürlich etwas schwieriger. Die Konkurrenz untereinander war stärker. Aber insgesamt war die Zusammenarbeit auch auf den verschiedenen Ebenen erfreulich und gut.

Wie war der Umgang mit Politikerinnen in der Öffentlichkeit?

Bei Frauen kam es viel mehr auf die Äußerlichkeiten an. Wenn die Männer schlampig aussahen, hieß es: „Ach, der hat die Nacht gearbeitet." Bei einer Frau hingegen sagte man, sie könnte gefälligst mehr für sich sorgen. Die Öffentlichkeit war kritisch, was für Frauen neben allem anderen belastend war.

Was sind Ihre persönlichen Prinzipien und Grundsätze, die Ihr politisches Handeln bestimmt haben?

Das ist ganz klar die Verantwortung! Verantwortung sich gründlich zu informieren, sich aufgrund der Sachkenntnis seine Meinung zu bilden und dann zu dieser Meinung zu stehen. Wichtig für mich ist auch der Dreiklang – Heimat, Deutschland und Deutschland in der Welt. Außerdem Vertrauen schaffen! Man muss die Sache im Gesamten betrachten. Man darf die Dinge nicht einseitig sehen.

Ich empfinde Dankbarkeit, unendliche Dankbarkeit – für mein Elternhaus, dass ich im Christenglauben aufwachsen und dann eine wunderbare partnerschaftliche Ehe erleben durfte und dass danach Aufgaben auf mich zukamen, für die ich mich ganz und gar und von Herzen einsetzen konnte ... Und welch ein Geschenk, dass sich die Zielvorstellungen unserer Verantwortlichen und unsere Wunschträume von damals erfüllten: Frieden in Europa, Leben in der Freiheit eines demokratischen Rechtsstaates – und die Wiedervereinigung Deutschlands ohne Blutvergießen unter unserem Bundeskanzler Helmut Kohl.

Haben Sie jemals an einen Ausstieg aus der Politik gedacht?

Nein. Man konnte soviel helfen, Erfahrungen machen und sich einbringen. Man muss die Saat von der Spreu trennen. Es gab so enorm viel zu tun. Enorm viel! Es gab natürlich auch Phasen, in denen man nicht so glücklich war, klar. Aber in der Politik muss man immer versuchen, das Beste zu wählen. Das war die Politik der CDU.

Gibt es Ratschläge, die Sie jungen Frauen oder jungen Politikerinnen aufgrund Ihrer eigenen Tätigkeit mit auf den Weg geben können?

Wenn irgendwo ein Problem auftaucht, dann muss man auf dieser Grundlage das Problem angehen. Ich erinnere mich an eine Tagung in Eichholz mit meiner alten Schule aus der Mark Brandenburg in Heiligengrabe. Die mitgefahrene Äbtissin sagte uns: „Ihr seid zur Verantwortung erzogen. Verantwortung kann man nur tragen, wenn man informiert ist."

Ursula Benedix-Engler*

Ich habe immer versucht, mich als Christenmensch zu entscheiden

Geboren am 12. September 1922 in Neurode, verwitwet, 1932–1937 Progymnasium Neurode, 1937–1940 Kaufmännische Lehre, 1943 Abitur, 1943–1944 Studium der Betriebswirtschaftslehre an der Handelshochschule Leipzig und der Universität Breslau, 1944 Einzug zur Reichsarbeitsdienst-Flak, 1945–1947 Arbeit als Hilfslehrerin, 1947–1950 Studium der Wirtschaftspädagogik an der Universität Köln, Abschluss: Dipl.-Handelslehrerin, 1950–1967 Lehrerin an der Kreisberufsschule und an verschiedenen Berufs- und Berufsfachschulen in Uelzen, 1953 Eintritt in die CDU und Mitglied des Kreis- und Bezirksvorstandes, 1964 Mitglied des Stadtrates Uelzen, 1967–1972 Mitglied des Landtages von Niedersachsen, 1970–1989 stellvertretende Landesvorsitzende der CDU Niedersachsen, 1971–1990 Vorsitzende der Frauenvereinigung/Frauen Union in Niedersachsen, 1972–1983 Mitglied des Deutschen Bundestages, 1972–1990 stellvertretende Vorsitzende der Bundesfrauenvereinigung/Bundes-Frauen Union, 1973–1979 Mitglied des Bundesvorstandes der CDU.

Welche Ereignisse waren für Ihre politische Sozialisation bedeutsam?

Die Erfahrungen, die ich während der nationalsozialistischen Zeit und später in der Sowjetischen Besatzungszone gemacht habe, haben in mir den Entschluss aufkommen lassen: Sollte ich noch einmal die Chance haben, in einem freien Land zu leben, dann musst du dich einbringen! Das hatte ich mir geschworen. Bis dahin hat es sehr lange gedauert, denn die Umstände waren so, dass man zunächst um seine Existenz ringen musste und an politische Aktivität gar nicht denken konnte.

Wurden in Ihrem Elternhaus politische Diskussionen geführt?

Ja. Mein Vater war politisch interessiert, aber nicht so, dass er einer Partei angehörte. Wir waren nach dem Zweiten Weltkrieg arme Flüchtlinge und mussten sehen, dass wir wieder eine Existenz bekamen.

---

* Das Interview führten Dr. Ulrike Hospes und Ina vom Hofe M. A. am 30.05.2012 in Emden.

Wie war das Rollenverständnis in Ihrem Elternhaus zwischen Ihrer Mutter und Ihrem Vater?

Vor Beginn des Zweiten Weltkrieges arbeiteten beide gemeinsam in ihrem Betrieb in Neurode, einer Lebensmittelgroßhandlung mit Spirituosenfabrik und Weinimport. Jeder hatte die gleichen Aufgaben, sie waren sehr harmonisch miteinander. Meine Mutter war eine moderne Frau. Sie spielte damals schon Tennis, fuhr Rollschuh, Ski und Auto. Meine Eltern führten eine gutbürgerliche Ehe und haben gedacht, dass ich als einziges Kind den Betrieb übernähme. Ich hatte nach dem Abschluss des Progymnasiums und der höheren Handelsschule in Glatz bereits eine zweieinhalbjährige Lehre im Fach Groß- und Außenhandel absolviert, als ich den Wunsch äußerte, zu studieren. Ein Studium war für die Betriebsübernahme nicht notwendig. Meine Eltern waren deshalb zunächst wenig erfreut. Aber ich überzeugte sie.

Sie haben sich entschieden, zum Studium nach Leipzig zu gehen, weg von Ihrer Familie. Wie kam es dazu?

Ich brauchte für mein Studium Abitur, das ich jedoch nicht auf einem, bei uns in der Nähe gelegenem humanistischem Gymnasium machen wollte, sondern auf einem Wirtschaftsgymnasium! Die gab es damals nur in Trautenau und Leipzig. Das war der Grund, warum ich nach Leipzig ging. Das hat allerdings zu Hause heftigen Widerstand ausgelöst. Meinen Vater höre ich immer noch: „Ausgerechnet in den Sündenpfuhl Leipzig!" Aber ich war entschlossen. Aus Trotz kam ich ein Jahr lang nicht wieder nach Hause. Ich hatte zunächst kein Zimmer und habe bei einer Freundin gewohnt. Es war alles sehr improvisiert, aber ich habe das Abitur geschafft und begann ein Studium der Betriebswirtschaftslehre an der Handelshochschule Leipzig. Doch als in Leipzig die ersten Bomben fielen und die Studenten mindestens einmal, manchmal auch zweimal in der Woche in der Uni Feuerwache halten mussten, bewarb ich mich in Breslau zum Weiterstudium. Ich hatte in den Jahren 1943/44 noch ein schönes Studentenleben in der damaligen schlesischen Hauptstadt, bis nach dem Sommersemester 1944 auch die Breslauer Universität geschlossen wurde. Im Oktober 1944 wurde ich zur RAD-Flak eingezogen. Unsere Aufgabe war die Skoda-Werke in der Tschechei zu schützen.

Anfang März 1945 wurden die Nachrichten von der Ost- und Westfront immer beängstigender. Ich war mittlerweile Scheinwerfer- und Zugführerin, verantwortlich für die anderen Flakhelferinnen. Ende März 1945 schien die Situation aussichtslos. Es lag alles in Trümmern.

Ich organisierte heimlich ein Pferdefuhrwerk. Ich hatte das schon länger mit einem degradierten Offizier aus der Nachbarstellung besprochen, mit dem ich mich öfter konspirativ traf. Vier Kameradinnen musste ich leider zurücklassen, damit die Geräte bedient wurden. Mit den anderen fuhren wir eines Nachts durch brennende Dörfer bis zur deutschen Grenze in Furth am Walde. Ein deutscher Offizier ließ uns sofort an die Wand stellen. Ich bettelte und flehte und versprach, sofort zurückzufahren und mich noch vor dem Morgengrauen von der Zugbefehlsstelle zu melden. Er hatte ein Einsehen und wir fuhren im Galopp zurück. In der nächsten Nacht sagte ich meinen Mädels: „Los, jetzt quer durch die Wälder." Wir erlebten auf der Flucht Deutschland in Trümmern. Es war furchtbar. Nicht nur, dass man selber mit Blasen an den Füßen und kaum etwas zu Essen sich mühsam schleppte, sondern die Tatsache, dass wir glaubten, das wird nie mehr etwas mit Deutschland. Wir hatten aber noch das Ziel: nach Hause, nach Schlesien. Wir konnten uns nicht vorstellen, dass ganz Schlesien besetzt war. Eines Tages platzte dieser Traum, wir erfuhren, dass alle Deutschen aus Schlesien verjagt wurden. Nun brach es in uns zusammen.

Ich sagte: „Ich gehe jetzt zum Bauern, ich will nicht verhungern." Eine Freundin kam mit und wir arbeiteten auf unterschiedlichen Bauernhöfen. Ich konnte nicht einmal einen Ochsen von einer Kuh unterscheiden und also auch nicht melken. Das hatte ich natürlich verschwiegen. Allerdings wusste ich mir zu helfen, z. B. beim Melken traten die Kühe hin und her, als ob man gar nicht darunter sitzt. Aus Verzweiflung habe ich mich an die Kuh gelehnt und angefangen zu singen. Da blieb die Kuh stehen und gab Milch. Mein ganzes Opern- und Operetten-Repertoire habe ich den Kühen dargeboten. So konnte ich auf dem Bauernhof bleiben, bis man mich als Lehrerin in dem Dorf Prießen, in der Sowjetischen Besatzungszone, einsetzte.

In der Zeit kam es auch zu meiner ersten politischen Aktivität. Im Rahmen eines Gottesdienstes lernte ich einen Rechtsanwalt kennen. Ich erzählte ihm von meinem Schwur, politisch aktiv zu werden, wenn die Zeiten reif sind. Er meinte: „Das ist jetzt der richtige Augenblick." Er sei auch in die Partei eingetreten. – „Welche Partei?" „Das kann nur die SPD sein. Das ist die einzige Partei, die sehr alt und international ist. Sie sitzt fest im Sattel und wird sich durchsetzen können." Ich sagte: „Ich bin skeptisch. Ich fürchte, es läuft auf eine Fusion zwischen der KPD und der SPD hinaus." – „Nie im Leben. Da kennen Sie die SPD aber schlecht. Das würde keiner mitmachen." Ich erwiderte: „Wenn man so allerlei geboten bekommt sind die Menschen in dieser Not zugänglich. Ich traue dem Frieden nicht." Er gab mir die Beitrittserklärung zur SPD mit. Doch ich habe sie beim nächsten und übernächsten und den folgenden Treffen nicht unterschrieben zurückgebracht. 1946 erfolgte die Fusion zwischen SPD und KPD tatsächlich. Die CDU gab es in dem Dorf nicht, und so bin ich in die Liberal Demokratische Partei eingetreten, die später in der DDR, wie alle bürgerlichen Parteien, zur Blockpartei wurde. Ich dachte, dass ich damit meinen Beitrag leiste und sammelte gleich erste Erfahrungen: Bei einer Wahl musste ich als Lehrerin Beisitzerin beim Urnengang sein und erlebte, wie man uns die

Urne nach kurzer Zeit wegnahm und eine andere hinstellte. Sie wurden einfach vertauscht. So fing die Demokratie im Osten an.

Wie erging es in all der Zeit ihren Eltern? Sie wussten wahrscheinlich gar nicht, wie Sie Ihre Eltern jemals wiederfinden sollten?

Nein, zwei, drei Jahre habe ich nichts von ihnen gewusst. Sie auch nicht von mir. Bahnhöfe waren in den ersten Jahren nach dem Krieg Zentren der Nachrichtenübermittlung. Dort erfuhr ich, dass meine Eltern in einem Dorf namens Varbitz bei einem Bauern untergekommen waren. Es war ein kleines Dorf an der Grenze der SBZ, aber glücklicherweise noch im Westen. Allerdings bedeutete das für mich, dass ich einen schwarzen Grenzgang wagen musste, um meine Eltern wiederzusehen. Nach einem abenteuerlichen Übergang traf ich meine Eltern wieder. Insgesamt habe ich in der kommenden Zeit siebenmal schwarz die Grenze übertreten, um meine Eltern zu sehen. Ich wurde dreimal erwischt und eingesperrt.

Meine Eltern konnten auf ihrer Flucht fast nichts retten, außer einem Sack. Aber in dem Sack waren mein Abiturzeugnis und meine Semesterbücher. Diese Bücher habe ich einer Freundin aus Köln geschickt. Wir hatten wieder Kontakt nach Ende des Zweiten Weltkrieges und sie meinte: „Für Betriebswirtschafts- und Volkswirtschaftslehre kannst du dich in Köln nicht melden. Aber melde dich mal für Wirtschaftspädagogik." Sie schlug mir einen späteren Wechsel der Studienfächer vor. Ich folgte ihrem Rat und wurde immatrikuliert. Bei Nacht und Nebel musste ich aus dem Dorf, in dem ich als Lehrerin arbeitete, verschwinden. Ich schaffte es und schlug mich bis nach Köln durch. Meine Freundin wohnte bei ihren Verwandten. In der Wohnung wohnten schon so viele Verwandte, dass dort kein Platz mehr für mich war. Ich fand eine Unterkunft bei einer Witwe, gebürtig aus Danzig. Sie vermietete mir ihre ehemalige Küche. Abgeteilt war diese nur durch Papier. Es gab keine Zwischenwände, keinen Ofen, nichts. Geld hatte ich nicht, so musste ich anstelle der Miete jeden Tag nach Köln-Frechen fahren und Kohlen klauen.

In der Zeit ging es um das Überleben und eine neue Existenz. Trotzdem sind Sie schon 1953 in die CDU eingetreten. Wie kam es dazu? War Ihr Leben soweit wieder hergestellt, dass Sie eine Existenz hatten und sich politisch engagieren konnten?

Ja, genau. Ich hatte Wirtschaftspädagogik in Köln zu Ende studiert und bin zum Referendariat nach Uelzen gegangen, wo meine Eltern inzwischen wohnten. Es war die Zeit, in der es auch in der Kommunalpolitik hieß, „und eine Frau brauchen wir noch für die Liste." Drei Parteien interessierten sich für mich:

Vertreter vom BHE – Bund der Heimatvertriebenen – die Deutsche Partei, die in Niedersachen damals die aufstrebende Partei war, und die CDU. Die CDU hatte damals nur zwei Sitze. Ich dachte mir: Die Deutsche Partei ist eine rein niedersächsische Angelegenheit und wird sich auf Dauer nicht halten. Der BHE ist eine Entwicklungsgeschichte und wird sich auf Dauer nicht halten. Also gehe ich in die CDU. Ich habe kandidiert und es passierte mir etwas Typisches: Jemand von der CDU rief mich an einem Sonntag an: „Ich gratuliere Ihnen, Sie sind haushoch gewählt worden. Das ist wunderbar. Aber wir möchten Sie bitten, zu verzichten, denn der Mann auf Platz vier ist für uns so wichtig." Das war meine erste Erfahrung mit einer Kandidatur.

Trotzdem sind Sie dabei geblieben?

Vier Jahre später waren ganz andere Personen aktiv und so kam die Anfrage wieder an mich. Ich habe mich wieder bereit erklärt und wurde haushoch gewählt. Damit begann meine politische Tätigkeit. Ich kam auch gleich in den Verwaltungsausschuss, in das kleine Gremium, das sozusagen alles vorbereitet. Früher nannten sich die Mitglieder Senatoren. Das war natürlich ein toller Titel, aber der war schon abgeschafft.

Sie haben sich auch in der Frauenvereinigung engagiert. Wie kam es dazu? Gehörte das als Frau in der Politik dazu?

Ich musste wirklich erst einmal laufen lernen, habe mich eigentlich nie irgendwohin gedrängt. Die führende Person in der niedersächsischen Frauenvereinigung war Margot Kalinke. Sie lud zu Fahrten nach Luxemburg und Paris ein, ich fuhr mit und fiel ihr wohl auf. Sie war der Meinung, dass ich für den Niedersächsischen Landtag kandidieren solle. Doch ich hatte gar nicht die Absicht, und schließlich entschied sich die Frauenvereinigung zur Aufstellung von Dr. Maria Henze. Aber die Männer in der CDU waren mit der Wahl nicht einverstanden. Unerhört. Der niedersächsische Abgeordnete Ulrich Goerdeler, mein späterer Ehemann und Abgeordnete Arthur Engler und der damalige Fraktionsvorsitzende Bruno Brandes waren der Meinung, dass es besser wäre, mich zur Landtagswahl aufzustellen. So kam Dr. Goerdeler eines Abends bei mir vorbei und verkündete mir die Botschaft. Ich sagte: „Nein, das kann ich nicht. Was soll ich denn im Landtag?" Er verstand die Welt nicht mehr. Jetzt trägt man einer Frau das Mandat an, und sie sagt nein. Wieder ein paar Wochen später kamen sie erneut. Inzwischen hatte ich mich erkundigt und wusste, dass ich als Lehrerin zurück in den Beamtendienst konnte. In der ganzen Familie war nicht ein Beamter mit sicherem Einkommen. Diese

Sicherheit wollte ich, zumal bei der Existenzlage meiner Eltern, nicht aufs Spiel setzen. Aber es reizte mich jetzt die Möglichkeit, sich mit Mitte 40 noch mal auszuprobieren. Also sagte ich zu. Da hatte ich noch gar nicht bedacht, dass dies entgegen dem Votum der Frauenvereinigung war. Jetzt begann die Auseinandersetzung mit der Frauenvereinigung und meiner Förderin Margot Kalinke. Das war furchtbar! Es gab so viele Anrufe und Beschimpfungen. Doch es gab kein zurück, und ich wurde niedersächsische Landtagsabgeordnete.

Sie engagierten sich in der Bildungs-, Familien- und Frauenpolitik. Es war damals die spannende Zeit der 1968er?

Das kann man wohl sagen. Ich wurde gleich in den Kessel geworfen und musste mich im Kippelsaal der Stadthalle in Hannover Herrn Peter von Oertzen von der SPD und einer schreienden Studentenversammlung stellen. Wenig später teilte Margot Kalinke ohne Vorbereitung mit, sie kandidiere nicht mehr. So wurde ich ad hoc zur Vorsitzenden gewählt.

Mussten Sie in Ihrer politischen Tätigkeit Entscheidungen fällen, die mit Ihrem Gewissen schwer zu vereinbaren waren?

Eine bestimmte Entscheidung gab es nicht. Aber ich hatte oft regelrecht Bauchschmerzen, weil ich wusste, ich durchschaue das ganze Gefüge nicht bis ins letzte Detail. Ich lernte, dass man sich an einen Kollegen wenden musste, der Fachmann ist. Davon habe ich oft Gebrauch gemacht. Heutzutage ist es noch schwieriger. Sie bekommen so viele Vor- und Unterlagen. Sie können gar nicht alles durcharbeiten. Das ist unmöglich. Sie müssen sich noch mehr auf andere Kompetente verlassen, auch wenn das nicht sehr befriedigend ist.

Wie war die Einstellung in Ihrem privaten Umfeld zu Ihrer politischen Tätigkeit?

Sie war nicht negativ. Ich kann nicht sagen, dass ich irgendwelche Nachteile erfahren hätte. Mein Mann war selber Politiker. Ich hatte gute Rückendeckung, erfuhr sehr viel Verständnis und bekam viele Informationen. Das war eigentlich ideal, überhaupt war unsere Ehe so einvernehmlich, wie es das wohl nur selten gibt.

Während Ihrer Tätigkeit im niedersächsischen Landtag wurden Sie 1972 gefragt, ob Sie für den Deutschen Bundestag kandidieren wollen, und haben sich entschiede, anzutreten. Gab es Unterschiede in der Zusammenarbeit von Männern und Frauen auf Landes- und auf Bundesebene? Oder waren das ähnliche Strukturen, die Sie vorfanden?

Es war doch anders. Im niedersächsischen Landtag hatte ich inzwischen ein gewisses Ansehen durch meine Kompetenz. Darum wollte ich auch im Landtag bleiben, weil ich dachte, hier kann ich wirklich etwas bewirken, gerade damals in der Schul- und Hochschulpolitik und vor allem in der dualen Ausbildung. Ich hatte mir ein Terrain erarbeitet und in Bonn musste ich wieder völlig neu anfangen. Ich wollte nicht nach Bonn. Doch die Anfrage habe ich meinem Vorsitz der Frauenvereinigung zu verdanken. Es kamen die Frauen aus Hildesheim, Hannover und von überall und sagten: „Wir haben dich als Vorsitzende gewählt. Du musst uns in Bonn vertreten." So biss ich in den sauren Apfel und fing wieder von vorn an.

Ich hatte das große Glück, im Deutschen Bundestag als Anfängerin neben Herrn Prof. Karl Carstens, dem späteren Präsidenten des Deutschen Bundestages von 1976 bis 1979, zu sitzen. In Bonn brauchte ich die Unterstützung der Männer, einen Protegé, mit Herrn Carstens hatte ich einen. Wohin er gewählt wurde, zog er mich nach. Er hatte als Fraktionsvorsitzender einen kleinen Beraterkreis von fünf Leuten, ich gehörte dazu. Als er Präsident des Deutschen Bundestages wurde, kam ich auch ins Präsidium.

Wurden Sie von den Männern auf das Frauenthema reduziert, oder konnten Sie mit Ihrer Sachkompetenz punkten?

Ich konnte meine Sachkompetenz einbringen. Sie hat mir sehr geholfen, wenn es um Fraueninteressen ging. Ich konnte da sogar ziemlich erpresserisch vorgehen.

Haben Sie Strategien der Männer angenommen?

Zunächst habe ich angefangen, ein Netzwerk aufzubauen, Frauen zu animieren. Aufgrund meiner Erfahrung in der Kommunalpolitik fing ich dort mit Seminaren und Weiterbildung für Frauen an. Zunächst war ich nicht sehr erfolgreich, weil Frauen immer gleich die Blockade der Männer erlebten. Mühsam ging es voran: Aus einer Frau wurden drei, vier im niedersächsischen Landtag. Es zeigte sich, wenn wir mehr Frauen waren, hatten wir schon ein Gewicht einzubringen. Schwierig konnte es mit der Solidarität unter den Frauen sein, denn immer wieder mussten wir erleben, wer sich mit den Männern gemein machte, hatte mehr Chancen.

Waren das erst nur Netzwerke innerhalb der CDU und der Frauenvereinigung? Oder haben Sie auch in Richtung anderer Parteien geschaut und versucht, Frauenthemen durchzubringen?

Es gab gewisse Gemeinsamkeiten, überparteilich haben wir schon einiges gemacht. Wir haben uns zum Beispiel dafür stark gemacht, dass wir einen gewissen Anteil von Frauen in der Politik brauchen. Das wollten wir gemeinsam durchsetzen. Das ist da und dort gelungen.

So etwas wie eine Quote?

Ja. Ich war ursprünglich nicht für eine Quote. Ich dachte, wir Frauen packen das so. Aber dann merkte ich, es geht doch nicht.

Auch die Bundesvorsitzende der Frauenvereinigung, Helga Wex, war am Anfang gegen die Quote: „Wir können das so, wir brauchen keine Quote, wir sind doch Frau genug, und Kompetenzen haben wir auch." Aber man stößt sehr schnell an die Grenzen. Ich hatte in der Kommunalpolitik inzwischen einige sehr tüchtige Frauen. Sie wurden gebraucht und wurden sogar Fraktionsvorsitzende, aber nur wenn kein anderer Mann gefunden wurde. Wenn die Frau sich bewährte, wurde sie dann auch akzeptiert. Es ging eigentlich nur über diesen Weg.

Beim CDU-Bundesparteitag 1985 in Essen ging es um die Gleichberechtigung von Mann und Frau. Hatten Sie das Gefühl, dass sich danach in der CDU wirklich etwas geändert hat? Oder war das mehr ein Feigenblatt-Beschluss?

Ich meine, doch. Es ist ein langer Zeitraum inzwischen vergangen, aber es gibt keinen anderen Weg als dicke Bretter zu sägen. Immer wieder, immer wieder bohren und immer wieder. Die Frauen in der Politik bei uns, vor allen Dingen Bundeskanzlerin Angela Merkel, sind natürlich ein Ansporn.

Angela Merkel steht immer so souverän da. Was muss sie nicht alles leisten, schon rein physisch! Es ist doch phänomenal, überall in der Welt wird man angesprochen. „Ihr könnt froh sein, ihr habt Merkel." Natürlich ist sehr viel Neid dazu gekommen, aber wenn man eine solche Frau an der Spitze hat, ist es doch leichter, Frauenpolitik zu machen. Mit Bildungsministerin Annette Schavan und der ersten deutschen Frauenministerin Rita Süssmuth war ich zusammen in Moskau und im damaligen Leningrad, heute Sankt Petersburg. Wir hatten sehr engen Kontakt, mit einigen anderen auch, beispielsweise mit Ursula von der Leyen. Ihr Vater, der damalige niedersächsische Ministerpräsident Ernst Albrecht, und ich haben zusammen im Landtag begonnen und gemeinsam Wahlkampf gemacht. In der der Partei und in der Fraktion war ich Stellvertreterin, deshalb begegneten wir uns oft. Ich habe ihn sehr geschätzt.

Was sind Ihre persönlichen Prinzipien und Grundsätze, die Ihr politisches Handeln bestimmt haben?

Wenn auch eher unbewusst, haben mich die christlichen Wurzeln geprägt. Das sind meine Grundsätze im Handeln. Ich habe immer versucht, mich als Christenmensch zu entscheiden. Mein Mann war Mennonit und wir hatten einen mennonitischen Freundeskreis, unter anderem mit einem mennonitischen Pastor zum Freund. Wir hatten häufig eine größere Diskussionsrunde.

Was waren Ihre größten Erfolge?

Mein größter Erfolg ist, dass es die CDU/CSU als Fraktionsgemeinschaft noch gibt. Ich saß mit ein paar CSU-Kollegen in meinem Zimmer im Langen Eugen in Bonn, als im Fernsehen der damalige bayerische Ministerpräsident Franz Josef Strauß zum Kreuther Trennungsbeschluss 1976 sprach. Ich versuchte ihnen klar zu machen, was dieser Beschluss bedeutet, und sagte: „Morgen soll beschlossen werden, die Fraktionsgemeinschaft aufzulösen. Ihr verliert, wir verlieren. Es gibt nie mehr einen gemeinsamen Beschluss. Jeder wird seine Besonderheiten betonen. In einer Auseinandersetzung verschärfen sich die Standpunkte. Es ist für alle Zeiten vorbei." Da sagten sie zu mir: „Franz Josef Strauß ist doch gleich zu Hause. Rede mit ihm." – Ich willigte ein, aber verlangte einen Zeugen. Dem CSU-Abgeordneten Dr. Albert Probst fiel die Zeugenrolle zu. Als wir Franz Josef Strauß – ich sehe ihn heute noch mit seinen Hosenträgern – trafen, sagte er: „Na, Benedix, was willst du denn wieder?" Dann ging es los. Da sind die Fetzen geflogen zwischen uns. Er wollte nicht klein beigeben. Ich versuchte ihm immer wieder klarzumachen, was das bedeutet. Ich sagte: „Der Einzige, der von seinem Ansehen her verkraften kann den Beschluss zurückzunehmen, sind Sie. Alle anderen können keinen Rückzieher vertragen." – „Ich soll den Umfaller machen." Ich sagte: „Es gibt keinen anderen Weg." Wir haben bis zum Morgengrauen miteinander gerungen und sind dann auseinander gegangen, nicht wissend, wie es ausgehen wird. Am nächsten Morgen wurde ich aus einer Sitzung gerufen, Albert Probst meldete: „Er hat wirklich zurückgezogen." Wir vereinbarten absolute Geheimhaltung.

Des Weiteren habe ich als neues Organ bei der Frauen Union die Kreisvorsitzenden-Konferenzen in Hannover eingeführt, um somit die Verantwortlichen vor Ort zu informieren und nicht nur wechselnde Delegierte.

Ich habe einen großen Anteil daran, dass es heute noch eine duale Ausbildung gibt und sie sogar wieder an Bedeutung gewinnt. Bis in die Reihen der

CDU hinein war sie einem Generalangriff ausgesetzt, nur weil ich mich mit dem Präsidium der Handwerkskammer kurz geschlossen hatte, konnten wir den Angriff abwehren.

Was waren Misserfolge oder Enttäuschungen, die Sie während Ihrer politischen Zeit hinnehmen mussten?

Enttäuschungen habe ich viele erlebt; vor allen Dingen Vertrauensmissbrauch. Persönlich war es nicht immer einfach. Zum Beispiel baten mich eines Tages die Frauen, für den CDU-Bundesvorstand zu kandidieren. Ich meinte, dass ich das nicht könne. „Niedersachsen ist schon mit zwei Männern vertreten." – „Du gehst nicht für Niedersachsen, du gehst für die Frauenvereinigung." Ich sagte: „Dann lasst mich erst mal mit den anderen beiden Männern reden." Ich ging zu einem der Kandidaten und sagte: „Würdest Du Dich durch meine Kandidatur gefährdet sehen?" – „Nein. Du kandidierst ja für die Frauen. Wir sind stellvertretende Landesvorsitzende. Wir sehen uns nicht gefährdet." Also habe ich zugesagt. Dann passierte es: Ich wurde gewählt und ein Mann nicht. Es gab große Auseinandersetzungen! Ich sollte auch nicht mehr in Niedersachsen kandidieren, sollte boykottiert werden. Ich fand es schlimm, dass er nicht zu unserer Vereinbarung gestanden hat. Das war eine ganz große Enttäuschung.

Hatten Sie persönliche Vor- oder Nachteile durch Ihre politische Aktivität?

Nein, nicht wirklich. Einmal sagte ein Direktor des Arbeitsamtes zu mir: „Wissen Sie, ich habe Sie immer geschätzt. Aber dass Sie sich in die Niederungen der Politik begeben haben, das empört mich. Das hätte ich Ihnen nie zugetraut. Jetzt sind Sie bei mir unten durch. Dieses schmutzige Geschäft!" Ich erwiderte: „Und warum sind Sie nicht in der Politik? Wir haben doch die Verantwortung, es sauber zu machen, wenn es schmutzig ist." Da konnte er nichts mehr sagen. So etwas ist mir öfter passiert.

Haben Sie jemals darüber nachgedacht, aus der Politik, aus der CDU auszusteigen?

Nein, es war für mich selbstverständlich weiterzumachen. Im Nachhinein muss ich sagen, soweit es in meinem Ermessen lag, habe ich alles richtig gemacht und nichts zu bereuen.

Was würden Sie heute jungen, politisch engagierten Frauen mit auf den Weg geben wollen?

Selbstverständlichkeiten schaffen, sich der Kompetenz bewusst sein, selbstbewusst auftreten. Das habe ich damals nicht gekonnt. Wenn ich daran denke, wie ich in der letzten Bank saß und mir vor meiner ersten Landtagsrede vor lauter Angst alle Zettel herunterfielen … Heute ist es anders geworden. Glücklicherweise ist es nicht mehr so, dass eine Frau in der Politik Erstaunen hervorruft. Es wird akzeptiert und das ist toll.

Roswitha Wisniewski

Ein Leben für Wissenschaft und Politik

Geboren am 23. September 1926 in Stolp, 1946 Abitur, 1946–1960 Studium der Germanistik und der Philologie an der Humboldt-Universität bzw. der Freien Universität Berlin, Abschluss: Habilitation, 1960–1964 Dozentin an der FU Berlin, 1964–1967 Professorin an dem Deutschen Department der Cairo University, 1967–1994 Professorin für ältere deutsche Sprache und Literatur an der Universität Heidelberg, 1972 Eintritt in die CDU, seit 1974 Bezirks- und Ehrenvorsitzende der Frauenvereinigung bzw. der Frauen Union Nordbaden, 1976–1994 Mitglied des Deutschen Bundestages, 1977–1980 Stadträtin in Schwetzingen, 1986–1993 Mitglied des Wissenschaftlichen Beirats der „Kulturstiftung der Deutschen Vertriebenen", 1986–1994 Mitglied des Bundesvorstandes der Frauen Union, seit 1995 Vizepräsidentin des Ostdeutschen Kulturrats bzw. der Stiftung Deutsche Kultur im östlichen Europa – OKR, 2003–2011 Vorsitzende des Vereins zur Förderung der deutsch-polnischen Zusammenarbeit.

„Meine Eltern sind kein Kirchhofsgemüse"

1926 wurde ich in der Stadt Stolp – heute polnisch Slupsk – in der preußischen Provinz Pommern geboren. Meine politische Sozialisation begann – jedenfalls bewusst – als ich etwa zwölf Jahre alt war und an einem Schulungsseminar für Jungmädel teilnahm. Dieser nationalsozialistischen Jugendorganisation hatte ich bei der Aufnahme in die Oberschule für Mädchen beitreten müssen. Wir tagten in einem wunderschön an der Ostsee gelegenen Heim. In den politischen Unterrichtungen gab es deutliche Aussagen. Eine davon war: „Hört nicht auf eure Eltern! Sie sind Kirchhofsgemüse. Ihr seid die Zukunft!" Ich meldete mich und sagte: „Meine Eltern sind kein Kirchhofsgemüse. Sie sind klug und tüchtig." Die Folgen waren unangenehm: Einbestellen zum Rapport bei einer hohen Führerin (doch die erschien nicht), Ausschluss aus meiner bisherigen Jungmädelgruppe etc. Ich dachte nach und kam darauf, dass es wohl das christliche Gebot, die Eltern zu lieben und zu ehren, gewesen war, das mich zu dem kleinen Aufstand veranlasst hatte.

Bald gab es weitere Anlässe zu politischer Reflexion über Nationalsozialismus und Christentum. So wurden z. B. von der Hitlerjugend (HJ) organisierte Filmvorführungen, an denen wir teilzunehmen hatten, auf den

Sonntagvormittag gelegt, um uns vom Kirchenbesuch abzuhalten. Prozessionen an katholischen Feiertagen durften nur noch rund um die auf einem Hügel gelegene Kirche durchgeführt werden und nicht mehr in Straßen der Stadt. Dann wurde der Pfarrer unserer Gemeinde, mit dem meine Eltern gut befreundet waren, wegen regimekritischer Äußerungen und Durchführung von Gottesdiensten in polnischer Sprache für Gastarbeiter verhaftet. Die „Reichskristallnacht" mit dem Brand der Synagoge bewirkte tiefes Erschrecken. Ebenso war ich entsetzt über einige Telefonate, mit denen sich jüdische Mitschülerinnen verabschiedeten, weil die Familien Deutschland eiligst verließen. Gedanken über Freiheit und Toleranz lenkten später erneut den Blick auf die Bibel und führten immer mehr zu der Einsicht, dass im Christentum viel politische Substanz enthalten ist.

Der Einmarsch der sowjetischen Armee

1945 brach der Schrecken des Krieges voll über Stolp herein. Die sowjetische Armee stieß über die mühsam hergestellten Verteidigungsgräben, an deren Errichtung auch wir Jugendlichen in monatelangen Einsätzen beteiligt gewesen waren, hinweg in die Stadt und das Umland hinein. Die gesamte Innenstadt wurde niedergebrannt, und es ereigneten sich die bekannten Untaten, deren Verurteilung nicht nur nach christlichem Verständnis weit verbreitet war und ist.

Als unsere Häuser und all unser Hab und Gut enteignet wurden und die Familie, völlig verarmt, die fluchtartige Ausreise aus Pommern antrat, da musste ich an den Sinn des Gebots „Du sollst nicht stehlen" denken.

Die Flucht nach Berlin

In Berlin erfuhren wir, was Erbarmen und verantwortungsvoller Einsatz für andere bedeuten, als wir – sehr verzweifelt – von Verwandten liebevoll aufgenommen wurden, die selbst in einem durch Luftangriffe halbzerstörten Haus notdürftig eher vegetierten als lebten.

Für mich kam nach all diesen Erlebnissen und den aus ihnen – zugegeben teilweise naiv – abgeleiteten Erkenntnissen nur die Zuwendung zu einer Partei in Frage, die auf christlichen Grundlagen ruht, und die die Freiheit für die einzelne Persönlichkeit mit der sozialen Verantwortung für alle verbindet. Die von den Eltern vorgelebte und uns Kindern vermittelte christliche und politische Lebensauffassung kam damit voll zum Tragen.

1946 begann ich mein germanistisches Studium an der Humboldt-Universität in Berlin. Die Universität befand sich im sowjetischen Sektor Berlins, und es dauerte nicht lange, bis ideologische Beeinflussung und politische Gängelung im Sinne marxistischer Auffassungen – etwa bei der Analyse von Dichtungen – spürbar wurden. Als 1948 in West-Berlin die Freie Universität gegründet wurde, gehörte ich zu den ersten Studierenden, die sich dort immatrikulierten und am Aufbau beteiligten.

Nach Abschluss der Habilitation (im Januar 1960) stand ich wie so viele Privatdozentinnen und Privatdozenten vor der Frage, wie es beruflich weitergehen sollte. Zwar war ich noch als Assistentin angestellt und erhielt 1964 für einige Jahre eine Dozentenstelle – aber wie sollte ich, was immer noch notwendig war, auf Dauer zum Familienunterhalt beitragen? Für Frauen bestand in jener Zeit kaum eine Chance, auf eine Professur berufen zu werden. Da kam die Aufforderung, eine Professur an der Cairo University zu übernehmen. Zwar war auch dies keine Professur auf Dauer, doch durch Auslandszulagen war sie gut dotiert, und auch Verlängerungen schienen nicht ausgeschlossen. Aber wie sollte eine Frau im Orient als Professorin wirken können?

Der Ruf nach Kairo

Mein Staunen war groß, als ich in Kairo erfuhr, wie es zur Neugründung des Deutschen Departments an der Cairo University gekommen war. Offenbar war dies das Werk einiger junger Ägypterinnen, die deutsche Schulen in Kairo besucht hatten und Germanistik studieren wollten. Sie bestürmten ihre einflussreichen Väter, die Gründung eines solchen Departments durchzusetzen – und das gelang nach vielen Bemühungen. Für uns deutsche Professoren war dieser Vorgang bezeichnend für das bewunderungswürdige Funktionieren des oft unterschätzten indirekten Einflusses von Frauen im Orient im familiären wie im öffentlichen Leben.

Unsere Studentinnen zeichneten sich durch glänzende Deutsch-Kenntnisse aus, die den Aufbau eines Germanistik-Studiums, wie es in Deutschland üblich ist, ermöglichten. Sie trugen europäisch geprägte Kleidung und hatten weitgehend auch die europäischen Lebensformen übernommen. Dies hinderte nicht, dass sie von tiefer Frömmigkeit geprägt waren. Im Studium zeigte sich das an einem besonderen Interesse an islamischer und christlicher Mystik.

Es gab und gibt also in Ägypten und namentlich in den Universitätsstädten eine starke Zahl von bürgerlich-europäisch ausgerichteten Menschen, die für das Land von hoher Bedeutung sind, weil sie für Bildungseinrichtungen, für weltweit agierende Firmen und Medien und für die gesamten modernen Lebensansprüche unverzichtbar sind. Hier wachsen kluge und tatkräftige Frauen heran, die dazu beitragen, dass sich das in den ländlichen Bereichen noch stark im altüberkommenen Patriarchat verharrende Leben allmählich verändert.

Zurück in Deutschland

1967 erhielt ich einen Ruf auf den Lehrstuhl für ältere deutsche Sprache und Literatur an der Universität Heidelberg. Wie sensationell das war, zeigte sich in der ersten Fakultätssitzung, an der ich teilnahm. Der Dekan forderte die Kollegen auf, sich von den Plätzen zu erheben, um das Faktum zu würdigen, dass zum ersten Mal seit 1386, dem Gründungsjahr der Universität Heidelberg, eine Frau auf einen Lehrstuhl der Philosophischen Fakultät berufen wurde. Ich sah darin den Aufruf, durch gezielte Förderung von weiblichen wissenschaftlichen Nachwuchskräften dazu beizutragen, dass mehr Frauen in die wissenschaftlichen Spitzenpositionen gelangten. In einigen Fällen ist das auch gelungen. Ich selbst hatte keine Förderung durch Frauen erfahren, weil es einfach keine Frauen in den entsprechenden hohen Positionen gab. Dafür gab es aber offensichtlich immer wieder Männer in Spitzenpositionen, die sich nicht scheuten, sich dafür einzusetzen, dass auch Frauen in Führungspositionen gelangten. Das war keineswegs selbstverständlich. In einer Studie steht zu lesen, dass 1960 nur elf Prozent der Hochschullehrer den Einsatz einer Frau als Hochschullehrerin bedingt (neun Prozent) oder uneingeschränkt (zwei Prozent) befürworteten.

Unendlich viel Unterstützung erhielt ich aber stets durch Frauen und ebenso auch durch Männer in untergeordneten Positionen. Durch ihre Leistungen in Forschung und Lehre trugen sie dazu bei, dass immer wieder Studierende von hoher Qualität heranwuchsen. Und das ist schließlich die wichtigste Aufgabe einer Hochschul-Institution und wird namentlich auch von der Leitung erwartet.

Mein Eintritt in die CDU

Seit 1968 nahmen die Studentenunruhen an der Universität Heidelberg teilweise erschreckende Formen an. Auch das Germanistische Seminar war davon stark betroffen. Vorlesungen wurden gestört, den Professoren die Mikrophone weggerissen, Klausur- und Gremiensitzungen wurden verhindert, diffamierende und drohende Plakate versuchten einzuschüchtern. Es wurde zunehmend auch darauf gedrungen, den Marxismus als Fundament allen Denkens zu etablieren und die Lehre auf diese Grundlage zu stellen. Als dies alles sehr schlimm und kaum noch erträglich wurde, beschloss ich, politisch aktiv zu werden. Ich trat 1972 der CDU bei.

In der CDU war in den 1970er Jahren eine starke Erneuerungsbewegung zu bemerken. Das kam mir und vielen „Seiteneinsteigern" zugute. Gerade auch wir Frauen wurden nicht als Fremdkörper, sondern als notwendige und willkommene Verstärkung empfunden. Die CDU Baden-Württemberg war gerade mit starken Umstrukturierungen beschäftigt. Dies betraf in besonderem Maße auch die Frauenvereinigung. Sie musste im Grunde genommen völlig neu konzipiert werden; denn es gab meist nur einzelne wenig zusammenhängende Gruppierungen namentlich in größeren Städten. Ich wurde 1974 zur Vorsitzenden der CDU-Frauenvereinigung im Bezirk Nordbaden gewählt und stand vor der Aufgabe, eine Organisation aufzubauen und betriebsfähig zu machen, die von einzelnen „Kontaktfrauen", über Ortsverbände und Kreisverbände bis zum Bezirksverband und darüber hinaus zum Landesverband mit den jeweils notwendigen Gremien reichte. „Mein" Bezirksverband Nordbaden erstreckte sich östlich des Rheins von Mannheim und dem südlichen Teil des Odenwaldes bis zum Nordrand des Schwarzwaldes. Entsprechend groß war der Arbeitsaufwand. Aber er lohnte sich. Noch nie habe ich eine solche lebendige Begeisterung erlebt wie in diesen Jahren der Erneuerung der Frauenarbeit in der CDU. Überall entstanden Ortsverbände, formten sich Kreisverbände neu. Von den aktiven Frauen strahlte eine ungeheure Wirksamkeit aus. Eigene Veranstaltungen, Teilnahme an CDU-Tagungen, Wahlkampfeinsätze, Zeitungsartikel, sogar eine eigene Zeitschrift unter der Leitung von Frau Professor Gottzmann ließen die Frauenvereinigung zu einem unübersehbaren Faktor der CDU werden. Jetzt konnten Frauen auch die Förderung anderer Frauen vornehmen. Das äußerte sich vor allem in der Zahl von Mandaten, die mit Frauen besetzt wurden. In die Gemeinde-, Kreis- und Stadtparlamente wurden immer mehr Frauen gewählt. Zwei Landtagsmandate, ein Bundestagsmandat und ein Mandat des Europäischen Parlaments wurden im Bezirk Nordbaden von Frauen errungen.

Der Einzug in den Deutschen Bundestag

1976 zog ich – auch für mich selbst überraschend – über die baden-württembergische Landesliste in den Deutschen Bundestag ein. Bei der Bundestagswahl 1982 konnte ich den Wahlkreis Mannheim Süd, der bis dahin stets von der SPD gewonnen worden war, für die CDU erringen. Der großartige Einsatz der zuständigen Kreis- und Ortsverbände der CDU und der Frauenvereinigung hatte das erreicht. Um das Bundestagsmandat wahrnehmen zu können, wurde ich teilweise von meinen universitären Aufgaben befreit. Ein Kollege übernahm die Vertretung in Lehr- und Verwaltungsaufgaben, jedoch musste ich die Leitung des Lehrstuhls weiterhin ausüben. Wieder war engste und reibungslose Zusammenarbeit mit Kollegen, Mitarbeiterinnen und Mitarbeitern gefragt. Und die funktionierte hervorragend. Erhebliche Schwierigkeiten entstanden nur durch neuartig etablierte Führungsstrukturen wie z. B. die Drittelparität, durch die in wichtigen Gremien Studenten und Mitarbeiter nicht aber die für Forschung und Ausbildung verantwortlichen Professoren Mehrheitsentscheidungen fällen konnten.

Im Deutschen Bundestag widmete ich mich daher sofort und an erster Stelle der Wissenschaftspolitik. Es galt, die Handlungsfähigkeit der Universitäten wiederherzustellen. Nach der Regierungsübernahme 1982 durch Helmut Kohl konnte daran konkret gearbeitet werden. Die damalige Bundesministerin für Bildung und Wissenschaft, Dr. Dorothee Wilms, begann eine umfassende Novellierung des Hochschulrahmengesetzes, und ich war glücklich, als Berichterstatterin der CDU/CSU-Bundestagsfraktion daran maßgeblich mitwirken zu können.

Frauenförderung

Unter den vielen Themen, die im Bereich der Wissenschaftspolitik behandelt werden mussten, besaß für mich das Problem der Frauenförderung eine hohe Priorität. Die Ausgangslage war deprimierend. Für das Jahr 1960 wurde ermittelt, dass unter den Lehrstuhlinhabern, also in der höchsten universitären Stellenkategorie, von 2906 Stelleninhabern nur 18 (= 0,6 Prozent) Frauen waren. In einer eigenen kleinen Untersuchung fand ich heraus, dass sich diese Zahlen bis 1978 nur wenig positiv verändert hatten. An der Universität Heidelberg gab es unter 211 Lehrstuhlinhabern nur drei weibliche.

Da Lehrstuhlinhaber in besonderer Weise für die Auswahl und die Heranbildung wissenschaftlichen Nachwuchses verantwortlich waren und immer noch sind, stimmte es besonders nachdenklich, dass in jener Zeit an der Universität Heidelberg 259 männlichen Assistenten nur 25 weibliche gegenüberstanden, und dass viele Frauen nach ihrer wissenschaftlichen Qualifikation durch Promotion und Habilitation die Universitäten verließen, um eine aussichtsreichere und mehr Anerkennung verheißende berufliche Karriere außerhalb des Hochschulbereichs anzustreben. Die heutige Diskussion um die Quotenproblematik zeigt, dass es immer noch keine befriedigenden Fortschritte gibt, zumal der Qualitätsanspruch als Voraussetzung bestehen bleiben muss.

Im Deutschen Bundestag war ich als Mitglied des Innenausschusses an vielen wichtigen parlamentarischen Arbeiten beteiligt. Daneben hatte ich einige besondere Aufgaben wahrzunehmen. Dazu gehörte vor allem die parlamentarische Umsetzung der Wiedergutmachungspolitik So mussten Fragen der Entschädigung jüdischer Mitbürgerinnen und Mitbürger, die durch nationalsozialistische Eingriffe und durch Emigration geschädigt worden waren, geklärt werden. Es musste aber z. B. auch ein Konzept für die Beteiligung des Bundes an Gedenkstätten für die Opfer des Nationalsozialismus beraten werden, und dies führte schließlich zu dem viel beachteten Beschluss, eine zentrale Gedenkstätte in der Neuen Wache in Berlin einzurichten.

Zu den erfreulichsten Ereignissen meiner Zeit im Deutschen Bundestag gehört für mich, dass nach langen Gesprächen mit den Bundesländern ein Unterausschuss des Innenausschusses eingerichtet wurde, der sich der kulturpolitischen Arbeit des Bundes besonders annehmen sollte. Da das Grundgesetz die Kulturpolitik den Bundesländern zuordnet, wurde mit dieser Gründung ein Neuanfang gesetzt, und die bundespolitische Dimension der Kulturpolitik wurde sichtbar gemacht und anerkannt. Als Vorsitzende des neuen Unterausschusses erwuchsen mir interessante Aufgaben.

Meine frühere wissenschaftliche Tätigkeit in Ägypten lebte fort, als ich zur Vorsitzenden der Deutsch-Ägyptischen Parlamentariergruppe des Deutschen Bundestages gewählt wurde. Die Pflege der Kontakte zur ägyptischen Regierung, dem ägyptischen Parlament und wichtigen deutschen und ägyptischen Institutionen machten viele Reisen nach Ägypten notwendig; und andererseits war die Betreuung hoher Persönlichkeiten des ägyptischen öffentlichen Lebens – bis hin zu glanzvollen Empfängen – in Deutschland eine anspruchsvolle Aufgabe, die unvergessliche Begegnungen und erfolgreiche Wirkungsmöglichkeiten mit sich brachte.

Der Ausstieg aus der Politik

Da ich 1994 als Professorin emeritiert wurde, beschloss ich, auch auf eine erneute Bundestagskandidatur zu verzichten. Ich freute mich darauf, endlich wieder uneingeschränkt wissenschaftlich tätig sein zu können, hatte allerdings nicht bedacht, dass die Wahrnehmung mancher Ehrenämter viel Zeit und Kraft erfordert.

So übernahm ich 2003 (bis 2011) den Vorsitz des Vereins zur Förderung der deutsch-polnischen Zusammenarbeit, der vor allem die Europäische Akademie in Kulice (Külz) in ihrem so überaus notwendigen engen deutsch-polnischen Zusammenwirken unterstützt. Das in der Nähe von Nowogard (Naugard) gelegene ehemalige Gutshaus der Familie von Bismarck ist durch den Einsatz des langjährigen Bundestags- und Europa-Abgeordneten Dr. Philipp von Bismarck zu einer bekannten und viel besuchten Begegnungs- und Tagungsstätte geworden. Bei allen Veranstaltungen wirken sowohl deutsche wie polnische Repräsentanten des öffentlichen wie des privaten Lebens aus beiden Ländern mit. Gegenseitiges Verständnis und freundschaftliche Verbundenheit wachsen durch dieses gemeinschaftliche Wirken in erfreulichem Maße heran.

Umso bedauerlicher ist das jetzt drohende Ende dieser erfolgreichen deutsch-polnischen Zusammenarbeit im symbolträchtigen Külz-Kulice; denn die Universität Stettin, der die Gutsanlage nach grundlegender Renovierung kostenlos übereignet wurde, will die gesamte Anlage nun verkaufen und hat der Akademie die Räumlichkeiten gekündigt. Niemand weiß zurzeit, ob die Begegnungsstätte mit der bisherigen Zielsetzung erhalten bleiben wird.

Eine andere mir besonders wichtige ehrenamtliche Aufgabe ist die Vizepräsidentschaft im Ostdeutschen Kulturrat, heute „Stiftung Deutsche Kultur im östlichen Europa – OKR", die den gesamten Bereich der deutschen Kultur in den ehemaligen deutschen Ostgebieten umfasst.

Im Kontext mit diesem Arbeitsgebiet kann ich von einem großen Erfolg berichten, der sich später teilweise zum Misserfolg entwickelte. Im Zuge meiner Abgeordnetentätigkeit gelang es, zusammen mit dem Bundesinnenministerium ein Programm zur Einrichtung von Stiftungsprofessuren zu entwickeln, deren Hauptarbeitsgebiet die wissenschaftliche Aufarbeitung und Vermittlung der deutschen Kultur in den ehemals deutschen Regionen im östlichen Europa sein sollte. Sie wurden fünf Jahre hindurch vom Bund finanziert und wurden danach vom jeweiligen Bundesland übernommen. Mehrere Professuren wurden eingerichtet und begannen eine äußerst erfolgreiche Arbeit. Doch als die Inhaber der Professuren das Ruhestandsalter erreichten, verweigerten einige der inzwischen durch die Reform der Hochschulautonomie in ihrer Entscheidungsfreiheit gestärkten und durch manch anderen Bedarf dazu veranlassten Universitäten die Fortsetzung dieser in mehrfacher Hinsicht auch politisch bedeutungsvollen Arbeit.

Wie so oft war also auch meine eigene politische Mitwirkung dem Wechsel der Entwicklungen unterworfen, und doch sind die dabei erworbenen Einsichten und Erfahrungen unvergesslich, und manches wirkt weiter.

Roswitha Verhülsdonk*

Man muss lernen, wie man Politik macht

Geboren am 26. April 1927 in Oberspay, verwitwet, zwei Kinder, 1947 Abitur, 1947–1949 Studium der Philologie an der Johannes Gutenberg-Universität Mainz, 1964 Eintritt in die CDU, 1966–1970 Vorsitzende der Frauenvereinigung Koblenz, 1966–1972 Referentin für Jugend- und Erwachsenenbildung in katholischen Bildungswerken und Volkshochschulen, 1969–1977 Vorsitzende der Frauenvereinigung Rheinland-Pfalz, 1972–1994 Mitglied des Deutschen Bundestages, 1977–1992 stellvertretende Bundesvorsitzende der Frauenvereinigung, 1980–1986 Vorsitzende der Gruppe der Frauen der CDU/CSU-Bundestagsfraktion, 1985–1990 Mitglied des Bundesvorstandes der CDU, 1986–1990 stellvertretende Vorsitzende der CDU/CSU-Bundestagsfraktion, 1991–1994 Parlamentarische Staatssekretärin im Bundesministerium für Familie und Senioren.

Welche Faktoren waren für die Entwicklung in Ihrer politischen Sozialisation bedeutsam?

Mein Vater war Saarländer, eines von 16 Kindern eines Bergmanns. Er wurde vom Dorfpastor zum Studium ausersehen, verließ früh das Elternhaus, wurde Lehrer und direkt in den Ersten Weltkrieg eingezogen. Kurz danach fielen zwei Brüder. Er überlebte an der Frankreich-Front, an der Maginot-Linie. Als er wiederkam, war durch den Versailler Vertrag das damalige Saargebiet französisches Protektorat, abgetrennt vom Reich. Mein Vater konnte daher als Beamter dorthin nicht zurück. Er kam in die Gemeinde Spay und wurde, wie das so üblich war, der Lehrer des ganzen Dorfes. Er gründete einen Turnverein, eine freiwillige Berufsschule, einen Männergesangverein, leitete den Kirchenchor, spielte die Orgel, war Zentrumsvorsitzender, richtete eine Bibliothek ein. Als die Nazizeit sich abzeichnete, hielt er als Zentrumsvorsitzender dagegen. Kurz nach der Machtübernahme der NSDAP gab es ein Sängerfest. Mein Vater sagte dort in einer politischen Rede, die Leute sollten Adolf Hitler nicht unterstützen. Die Katholiken hatten ihn sowieso nicht gewählt. Meine Mutter und ich waren auch auf dem Sängerfest. Sie brachte mich nach Hause, holte meine

---

* Das Interview führten Dr. Ulrike Hospes und Ina vom Hofe M.A. am 10.05.2012 in Koblenz.

noch recht kleine Schwester bei Freunden ab und brachte uns Kinder ins Bett. In der Nacht kam mein Vater nicht heim. Er wurde am nächsten Tag ohnmächtig am Rheinufer mit ausgeschlagenen Zähnen schwer verletzt in den Büschen gefunden. Polizei und Rettungswagen wurden benachrichtigt, und mein Vater wurde weggebracht. Nach vier Tagen erfuhr meine Mutter, dass er in Schutzhaft genommen worden war und in Koblenz im Gefängnis saß. Er kam nach sechs Wochen völlig verändert nach Hause. Mental, aber auch im Aussehen, denn er hatte keine Schneidezähne mehr, kam mir unheimlich gealtert vor – ich war sechs Jahre alt! Mein Vater wurde danach zum 1. Januar 1934 von der Schulbehörde in das „Kommunistendorf" Metternich, das heute ein Stadtteil von Koblenz ist, versetzt. Aufgrund der roten Arbeiterbevölkerung, einer Ziegelei, einer Kalkbrennerei und eines Eisenwerkes war es verschrien.

Ich war gerade in Metternich in die Schule gekommen. Mein Vater hielt sich fortan weitgehend zurück mit seiner Kritik am Nazisystem. Aber meine Mutter konnte den Mund nicht halten. Folglich wurde sie immer wieder auf die Gauleitung bestellt und verhört. Wir haben die ganze Zeit in Angst gelebt. Als ich zehn Jahre alt wurde, kam ich in den Bund Deutscher Mädchen und hatte eine strohdumme Scharführerin. Sie schrieb Antrittsbefehle immer für Sonntag morgens während des Hochamts. Sie hingen in einem Glaskasten am Geländer der Schule, versehen mit vielen Fehlern. Ich nahm rote Tinte und strich die Fehler an, wie das mein Vater mit den Schulheften machte. Wer hatte schon rote Tinte? Natürlich nur die Lehrerstochter! Mir wurde also von dem Orts-Nazi mitgeteilt, dass ich nicht mehr erscheinen dürfe. Mein Vater meldete mich im Turnverein an, damit ich integriert war. Dies also zu meiner Herkunftsfamilie.

Im Krieg war ich Schülerin am Hilda-Gymnasium in Koblenz. Ich war in der zwölften Klasse, als sich die Bombenangriffe auf Koblenz häuften. Als auch der Bunker und die Schule teilweise getroffen worden waren, wurde die Schule nach Thüringen verlegt. Mein Vater entschied, dass seine Töchter in Metternich bleiben. Er wurde dienstverpflichtet. Da er im Ersten Weltkrieg ein Lungenemphysem durch einen Halsschuss erlitten hatte, woraufhin die Luftröhre verwachsen war und er nur pfeifend atmen konnte, war er nicht wehrtüchtig. Er wurde eingesetzt, um eine Volksküche zu leiten. So konnte er mir Suppe und Brot mitbringen, denn ich war trotz der täglichen Bombenangriffe geblieben. Meine Schwester und Mutter waren zwischenzeitlich bei Freunden in Spay untergekommen. Als die Amerikaner nach Koblenz einrückten, war die Zivilbevölkerung fast völlig evakuiert.

Bei der Ankunft der amerikanischen Panzer habe ich mit meinem besten Schulenglisch einem Amerikaner gesagt, dass wir in der Nacht die Panzersperren geöffnet hätten, die ein Stückchen weiter in Lützel waren. Die deutschen Soldaten waren am Tag zuvor abgerückt und hatten die Brücken gesprengt. Acht Tage später wurde die Stadt besetzt, und die Zivilbevölkerung kam zurück, konnte aber zum Teil nicht in ihre Häuser, denn die Amerikaner hatten 100

Häuser beschlagnahmt, um ihren Stab, ihren Kommandeur usw. unterzubringen. Ich fungierte häufig als Dolmetscherin zwischen der Zivilbevölkerung und den Amerikanern, so dass mich die Amerikaner mittlerweile gut kannten und zur Entnazifizierung dienstverpflichteten. Die Amerikaner erzählten, dass sie Naziakten gefunden hatten und wussten, dass meine Familie politisch unbelastet war. Mein Vater wurde zum provisorischen Bürgermeister von Metternich eingesetzt.

Der Krieg war zu Ende. Im November 1945 begann die Schule. Das Gymnasium wurde wieder geöffnet, und ich musste die zwölfte Klasse zu Ende, die 13. und das Abitur machen. Ich habe am 13. August 1947 das französische Zentralabitur gemacht und konnte aufgrund meiner guten Noten direkt studieren. Während meines viersemestrigen Studiums der Philologie habe ich mich im AStA engagiert. Mein späterer Mann, Redakteur beim Rheinischen Merkur, fragte mich, ob ich die Universitätsberichterstattung übernehmen könnte.

Mein Mann hatte im Dritten Reich erst Jura studiert, wechselte aber, weil er wusste, dass er unter den Nazis keine Stelle bekäme, zur Musik und arbeitete beim Musikverlag Schott. Als der Rheinische Merkur am 1. Mai 1945 gegründet, von den Franzosen zugelassen und lizenziert worden war, wurden Feuilleton-Redakteure gesucht. Mein Mann ging also dorthin. So lernten wir uns kennen und beschlossen bald zu heiraten. Studium und Heiraten gleichzeitig ging finanziell nicht, denn man musste Studiengebühren zahlen. Also entschieden wir uns, dass ich mit dem Studium aufhörte. Wir wollten sofort Kinder haben, da mein Mann einen vergleichsweise freien Beruf hatte und sowieso etliches älter war als ich. Wir bekamen zwei Kinder.

Wie kam es zu Ihrer Tätigkeit in der CDU und nicht bei einer anderen Partei?

Ich bin durch das Zweite Vatikanische Konzil von Johannes XXIII., das im Jahr 1962 eröffnet wurde, zum Eintritt gekommen. Da gab es eine Konstitution „Die Kirche in der Welt", die mich sehr faszinierte. Darin stand zu lesen, der Christ habe die Welterfahrung in die Kirche einzubringen und die kirchlichen Interessen, das kirchliche Weltbild in der Politik zu vertreten. Also trat ich 1964 der Partei bei. 1966 wurde ich Kreisvorsitzende der Frauenvereinigung, 1969 bereits Landesvorsitzende und kam in den CDU-Landesvorstand.

Eine andere Partei kam überhaupt nicht in Frage. Mein Vater war nach dem Zweiten Weltkrieg direkt der CDU beigetreten. Ein Onkel meines Mannes war zusammen mit dem späteren Ministerpräsidenten Peter Altmeier Gründungsmitglied der CDU in Koblenz, und mein Mann war ebenfalls Anfang der 1950er Jahre der CDU beigetreten.

Ich habe bis heute nie einen Zweifel an dem Entschluss gehabt. Nicht immer mit allem, was meine Partei machte, war ich einverstanden, aber schlau genug zu wissen, dass das gar nicht anders sein kann.

Wie war die Unterstützung in Ihrem Elternhaus bei Ihrer politischen Tätigkeit?

Mein Vater unterstützte meine Tätigkeit. Er hatte selber als Ortsvorsitzender und im Kreisparteiausschuss kleine Ämter. Meine Mutter war eine Pessimistin und ist 20 Jahre lang immer gestorben, bis sie wirklich gestorben ist. Aber sie war eine großartige Oma. Meine Mutter war der Meinung, ich lebte gegen meine Natur. Deswegen bin ich immer wieder von ihr daran erinnert worden: „Irgendwann wirst du mal Hausfrau werden müssen." Dem Schicksal bin ich dann doch entgangen.

Gab es für Sie einen konkreten Anlass, politisch aktiv zu werden?

Ja. Ich wurde gefragt, ob ich für die Kommunalwahl 1964 bereit wäre, für den Ortsverband Metternich zu kandidieren. Ich habe einen hinteren Listenplatz erhalten und wurde damit nicht in den Rat gewählt. Aber ich hatte Lunte gerochen und besuchte danach eifrig alle Parteiveranstaltungen auf der Kreisebene, zumal es mit Besuchen von Bundeskanzler Konrad Adenauer oder Staatsrechtler Adolf Süsterhenn sehr spannend war. Auch der zweite Ministerpräsident des Landes Rheinland-Pfalz, Peter Altmeier, ging in meinem Elternhaus ein und aus, tauschte sich mit meinem Vater über bildungspolitische und andere Fragen aus. Ich saß oft dabei und hörte zu. Dabei habe ich festgestellt, dass es nötig ist, Frauen besser zu informieren und zu interessieren. Ich übernahm die Frauenvereinigung und machte politische Bildungsarbeit.

Als Sie 1972 in den Deutschen Bundestag einzogen, haben Sie dazu beigetragen, dass Frauen- und Familienpolitik auch auf Bundesebene diskutiert wurde?

Ja. Ich wurde 1969 von der Frauenvereinigung aufgefordert, bei der damaligen Bundestagswahl unter ferner liefen auf der Landesliste zu kandidieren. In Rheinland-Pfalz war damals Richard von Weizsäcker Kandidat. Er tat sich mit sozialpolitischen Themen schwer und hatte von dem damaligen Sozialminister Heiner Geißler und damaligen Kultusminister Bernhard Vogel gehört: „Da ist doch die Frau Verhülsdonk, die ist auch Kandidatin. Nehmen Sie sie bei Ihren Wahlveranstaltungen für den sozialpolitischen Teil mit." Mit dieser Arbeitsteilung waren wir immer wieder unterwegs. Weizsäcker wurde gewählt, ich nicht. Aber damit hatte ich sozusagen den Fuß in der Tür für die 1972er-Wahl, denn es war alter Brauch, dass eine Frau auf der Liste sein muss. Ich bekam Platz sieben, der eigentlich nicht aussichtsreich erschien. Doch es reichte. Plötzlich stand ich vor der Frage: Was mache ich jetzt im Deutschen Bundestag?

Egon Klepsch war Landesgruppenvorsitzender und gehörte dem „Teppichhändler-Ausschuss" an. Mit der Mentalität eines Teppichhändlers musste man dort für seine Kollegen gute Ausschussplätze aushandeln. Klepsch war ein großartiger „Teppichhändler" und brachte es tatsächlich fertig, mir den einzigen Frauenplatz der CDU im Ausschuss „Arbeit und Sozialordnung" zu verschaffen. Er war frei geworden, weil die niedersächsische Abgeordnete Margot Kalinke ausschied. Sie kannte mich durch die Frauenvereinigung und war begeistert, dass ich ihre Nachfolgerin wurde. Mit der Einarbeitung in das Rentenrecht habe ich begonnen: Was war 1957? 1963? 1967? Was wurde geändert? Warum? Wer war wofür, wer war wogegen? Was ist herausgekommen? Wie hat es gewirkt? Dann nahm ich mir das ganze Familienrecht vor. Das war durch das Scheidungsrecht aktuell. Als ich besser informiert war als meine männlichen Kollegen, sprach sich das in der Fraktion herum und ich musste Termine, Diskussionen übernehmen.

Es gab im Deutschen Bundestag eine Hierarchie. Die Staatsmänner, Außenpolitiker und Rechtspolitiker hielten sich für die Kategorie Nr. 1. Es folgten die Finanzpolitiker und die Haushaltsleute und zum Schluss die „Sopos" – das ist „die Kaste der Unberührbaren". Das sind die, die sinnlos das Geld im Land verstreuen. Aber die Leute aus dem Ausschuss „Arbeit und Sozialordnung" sind deshalb wieder wichtig, da sie die großen Summen der Rentenversicherung, Arbeitslosenversicherung oder der Krankenversicherung verwalten – das können nur Männer machen. In der Kommunalpolitik überlässt man den Frauen in der Sozialpolitik gerne das Klein-Klein.

Haben Sie bei dieser Hierarchie weitere Erfahrungen mit offiziellen oder inoffiziellen Quoten gemacht?

Ja. Die Quote war: Eine Frau reicht. Es gab hin und wieder Frauen, die an der Hand von wichtigen Männern als Seiteneinsteigerinnen in die Politik hineinkamen, in der Jungen Union mit ihrem Freund auftauchten, aber eigentlich nicht interessiert waren. Sie schadeten uns eher als dass sie nützten. Ich setzte sowohl in der Kirche wie in der Frauenvereinigung auf Frauenbildung und fing an, Frauen aufzubauen. Dabei habe ich ihnen klarmachen müssen: Auch wenn ihr Kinder und genug zu tun habt, müsst ihr euch wirklich engagieren und da sein, dann kann man etwas machen. In Koblenz erreichten wir, dass wir als CDU schon mal fünf Frauen im Stadtrat hatten. Wir fingen an, Netzwerke aufzubauen.

Wie schwierig war es in der damaligen CDU, diese neuen Strukturen durchzusetzen?

Das war in der CDU Rheinland-Pfalz vergleichsweise leicht, weil der damalige rheinland-pfälzische Ministerpräsident Helmut Kohl mit Hannelore Kohl eine Frau hatte, mit der wir sehr gut kooperierten.

Als es um die frauenpolitischen Programme ging, die wir unter der Vorsitzenden der Frauenvereinigung Helga Wex und mir als ihrer Stellvertreterin in der Oppositionszeit der 1970er Jahre entwickelt hatten und nach der Oppositionszeit vernünftig umsetzen wollten, haben wir angefangen, das Thema Vereinbarkeit von Familie und Beruf auf das politische Tapet zu bringen.

Beim Essener Bundesparteitag 1985 stand das Thema Frauenpolitik mit den „Leitsätzen der CDU für eine neue Partnerschaft zwischen Mann und Frau" auf der Tagesordnung. 500 Frauen waren auf unser Betreiben als Gäste mit Stimmrecht aus den Verbänden eingeladen worden. Was passierte? Nach der Eröffnung dieses Tagesordnungspunktes durch Helmut Kohl verließen die Männer scharenweise den Saal, standen herum und tranken Bier. Ich ging daraufhin direkt zu Helmut Kohl und sagte: „Das ist skandalös. Jetzt debattieren unsere Gäste mit uns über unser Programm, und die Männer sind draußen." Da ging er persönlich heraus, trieb sie hinein, und sie mussten zuhören. Es haben sich viele über mich, auch aus Rheinland-Pfalz, geärgert, weil ich Helga Wex geholfen hatte, das Programm durchzusetzen. Die Folge war, dass beim nächsten Landesparteitag, auf dem ein Wahlprogramm mit entsprechenden Passagen über Frauen in der Politik beschlossen wurde, der Widerstand hochkam. Ich sei doch Familienpolitikerin; wie könne ich es verantworten, die Frauen aus den Familien herauszuholen ...

Wenn man sich das so vor Augen führt, gab es zu Ihrer aktiven Zeit genau die gleichen Stichworte, die auch heute in der Politik genannt werden: Vereinbarkeit von Familie und Beruf, damals Erziehungsgeld, heute Elterngeld, Ehe- und Familienrecht, Quotenregelung. Haben Sie das Gefühl, dass sich die Themen geändert haben? Sind sie gleich geblieben?

Als ich in den Deutschen Bundestag kam, gab es eine heftige ideologische Auseinandersetzung um das Rollenbild der Frau. Die CDU vertrat das traditionelle Familienbild, die SPD das der berufstätigen Frau. Entsprechende Reformgesetze wurden von der sozialliberalen Regierung umgesetzt. Es gab einen Erziehungsurlaub für Erwerbstätige, der aber den anderen Frauen nicht zugestanden wurde. Das waren in der Zeit schwere ideologische Auseinandersetzungen, die sich an ganz bestimmten Themen manifestierten: an den Sexualstrafrechtsreformen, am Familienrecht, am Scheidungsrecht. Es ging weg vom Schuldscheidungsrecht hin zum Zerrüttungsscheidungsrecht, das sich in Europa schon überall durchgesetzt hatte. Ich war durch den Ausschuss „Arbeit und Sozialordnung" mit dem Scheidungsrecht gut vertraut, war Berichterstatter für den Versorgungsausgleich. Beim neuen Scheidungsrecht habe ich versucht, soviel wie möglich für Frauen herauszuholen. Ich habe durchgesetzt, dass bei Scheidungsverfahren die Frau einen Anwalt bekommen muss, der sie bei den Scheidungsfolgen berät und vertritt. Wir waren uns darüber im Klaren, dass die Männer die Frauen aufs Kreuz legen, weil sie emotional mehr betroffen sind.

In die Diskussion des § 218 StGB bin ich schon durch die Mitgliedschaft im Zentralkomitee der Katholiken hineingeraten. Es war das einzige Mal, bei dem ich in Gewissensprobleme in der Politik geraten bin. Als katholische Frau teilte ich die Meinung meiner Kirche: Abtreibung kommt nicht in Frage, ist moralisch nicht zu verantworten, Kinder haben ein Lebensrecht. Auf der anderen Seite sah ich die Konfliktlagen. Der Sozialdienst katholischer Frauen berichtete uns, was alles an schrecklichen Problemen passiert, schwangere Frauen, die von ihren Partnern verlassen werden, weil sie ein Kind bekommen usw.

Als unter dem kommissarisch gewählten CDU-Fraktionsvorsitzenden Kurt Georg Kiesinger eine Sondersitzung zum Thema Sexualstrafrecht anberaumt wurde, wurde von den Männern auf höchstem sozialethischem Niveau über das Lebensrecht gesprochen. Die Frauen kamen überhaupt nicht vor, die Konflikte auch nicht. So ging das eine ganze Weile weiter. Dann nahm ich ein Blatt Papier, Helga Wex saß mir gegenüber, und darauf schrieb ich: „Helga, hier muss doch eine Frau etwas sagen." Machte ein Kügelchen, warf es ihr zu, sie fing, schrieb etwas darauf, warf es zurück. Ich machte auf und las: „Denkste?" Das heißt sie war nicht geneigt, sich einzumischen. Ich meldete mich und sagte: „Die große Mehrheit von uns will nur eine strenge medizinische Indikation ins Gesetz schreiben. Aber wir müssen uns mit den Konflikten bei Vergewaltigungen und schweren Behinderungen auseinandersetzen. Wir machen Politik nicht nur für überzeugte Christen, das Gesetz gilt für alle. Ich bin für den Gesetzentwurf, der bereits von Friedrich Vogel als Leiter des innen- und rechtspolitischen Arbeitskreises der CDU/CSU-Fraktion mit drei Indikationen ausgearbeitet wurde." Es kam eine Debatte in Gang. Am Ende gab es eine Abstimmung über den Drei-Indikationen-Gesetzentwurf, und er bekam eine Mehrheit und wurde in der Nacht noch eingebracht.

Die Diskussion um das Sexualstrafrecht wurde mit der Wiedervereinigung erneut geführt. Hatten Sie das Gefühl, das ist eine Wiederholung von 1972?

Ja, aber von einem anderen Ausgangspunkt her. Mittlerweile war durch die Reform des Beratungswesens beim § 218 StGB auch im Westen eine andere Debatte entstanden. Die CDU-Kollegen aus den neuen Ländern kamen größtenteils aus dem kirchlichen Bereich. In den 1970er Jahren hatten beide christlichen Kirchen an einem Strang gezogen und einen gemeinsamen Leitfaden zur Reform des § 218 StGB aufgelegt. Diesen hatte man in der DDR zur Kenntnis genommen, so dass wir parteiintern, fraktionsintern relativ wenig Probleme hatten, als wir das westdeutsche Recht überleiteten. Aber wir hatten sehr wohl Probleme mit der Bevölkerung. Sie betrachtete das Recht auf Abtreibung als eine Sache, die sie in jedem Falle finanziert haben wollte, ohne jegliches Verfahren und Beratungswesen.

Gab es keine Probleme zwischen den Politikerinnen der ehemaligen Ost-CDU und West-CDU?

Die Präsidentin der Volkskammer Sabine Bergmann-Pohl hat schon mit uns darüber diskutiert. Aber ich war in dem Ausschuss „Deutsche Einheit" als stellvertretende Fraktionsvorsitzende, denn die Ausschüsse „Deutsche Einheit 1 und 2" wurden im Wesentlichen hochkarätig besetzt, also mit Leuten, die Überblick und Durchblick hatten. Ich war für die Überleitung der sozialen, familienpolitischen Gesetze in diesem Ausschuss mit zuständig.

Bundeskanzler Helmut Kohl, der sich sehr wohl darüber im Klaren war, was den ostdeutschen Kollegen zugemutet wurde, sagte zu mir: „Können Sie nicht die ‚Sopos' aus der Volkskammer und die, die hier schon in den sozialen Ausschüssen bei uns sind, eine Woche nach Berlin in den Reichstag einladen und mit ihnen die Gesetze durchgehen, damit sie wenigstens einen Ahnung haben, was sie beschließen?" Das habe ich gemacht. Im Reichstag in einer sitzungsfreien Woche – Angela Merkel und Lothar de Maizière waren selber mit dabei – bin ich mit ihnen ein Gesetz nach dem anderen durchgegangen und stellte fest, sie müssen erst einmal die Verfassung kennenlernen und die Instanzenzüge, welche Aufgaben Bund, Länder und Gemeinden haben. Als ich montags darauf in den Fraktionsvorstand kam, begegnete mir am Eingang Helmut Kohl und sagte: „Na, wie war es denn?" – „Anstrengend, aber sie haben jetzt wenigstens eine gewisse Ahnung." Da fragte er mich: „War Angela Merkel auch dabei?" – „Ja", sagte ich. – „Wie finden Sie sie?" – „Sie war die einzige, die immer die richtigen Fragen gestellt hat." Da hieb er mir seine Pranke auf die Schulter, dass ich in die Knie ging. Er sah sich bestätigt in seiner Einschätzung.

Gibt es ein unterschiedliches Machtverständnis bei Männern und Frauen?

Ja. Frauen wollen zwar vernünftige Dinge durchsetzen, aber ihnen geht es nicht vorwiegend um Macht, sondern um das Ergebnis. Wenn sie erkannt haben, dass es notwendig ist, für Ergebnisse auch wichtige Ämter inne zu haben, kandidieren sie. Doch häufig fielen sie durch, weil Männer nur Männer wählten. Das änderte sich erst, als wir 1996 eine Quasi-Quote, das sogenannte Quorum in der CDU verabschiedeten. Frauen mussten lernen, sie einzuklagen. Wenn eine Wahl in einem Orts- oder Kreisverband stattfand, und es waren keine Frauen als Kandidaten auf der Liste, hatten sie ein Recht auf Wiederholung der Wahl. Damit machte man sich unbeliebt. Also riet ich den Frauen, die wichtigen

Männer gleich mit ins Boot zu holen, damit sie selber Druck ausüben und sagen konnten: „Da sind genügend Frauen auf der Liste, die müsst Ihr auch wählen." Und ich habe immer gesagt: „Wir müssen taktisch vorgehen, wir müssen die richtigen Frauen vorschlagen." Was haben wir in der Frauen Union gemacht? Wir haben Bündnisse für Anträge auf Parteitagen mit den CDA-Leuten und der Jungen Union geschlossen. Alle stellten fest, im Dreierbündnis sind wir stärker als alleine. So haben wir uns langsam hochgearbeitet. Unsere Hauptaufgabe war ein funktionierendes Netzwerk.

Waren sich die Frauen immer einig?

Nicht unbedingt. Es war so, dass vor allen Dingen die sogenannten ehemaligen „Eine-Frau-Quoten-Frauen" lange Zeit noch andere weggebissen haben. Die rheinland-pfälzische Landtagsabgeordnete Susanne Hermans war über lange Zeit die Frau, die Hof gehalten hat, an der Seite von Helmut Kohl. Sie war die Patentante seines Sohnes Walter. Sie war nicht an Konkurrenz interessiert. Ich habe schließlich gegen sie für den rheinland-pfälzischen Landtag kandidiert, obwohl ich nicht vorhatte, in den Landtag zu gehen. Ich habe den Männern lediglich zeigen wollen, dass wir Frauen uns nicht damit abfinden, dass automatisch die eine Frau jahrelang den Platz besetzt und andere Frauen verhindert.

Was sind geschlechtsspezifische Unterschiede oder Gemeinsamkeiten zwischen Männer und Frauen in der Politik?

Die wenigen Frauen, die unter die Männer gerieten, stellten in der Regel das Gleiche fest: Die Atmosphäre, in der sich Politik abspielte, war Frauen ein Graus. Das war geradezu abschreckend. Verrauchte Hinterzimmer – alle rauchten auch noch Pfeife, weil Helmut Kohl Pfeife rauchte. Die Pfeife wurde das Instrument der CDU-Männer. Die Augen tränten. Das Gesprächsklima hat man schnell ändern können. Man konnte sie zwingen, sich mit einem Thema auseinanderzusetzen. Wenn sie in der Kommunalpolitik bestimmte Gelder nicht freigeben wollten für einen sozialen Zweck, konnte man sich auch mal mit ihren Ehefrauen zusammentun. Ich habe ein paar Mal die Ehefrau von Franz Josef Strauß, Marianne Strauß, um Hilfe gebeten. Ich kannte sie gut, weil ihre Schwester Bürgermeisterin in meinem Wahlkreis war und Marianne öfter zu Besuch kam. Der Stil bei Frauen war ein anderer. Vor allen Dingen waren Frauen nicht daran interessiert, Endlossitzungen mit Wein und Bier bis 23 Uhr zu machen, sondern die Tagesordnung zu eröffnen, abzuhandeln, abzuschließen und nach Hause zu gehen. Das musste man auch erst einmal durchsetzen.

Was sind persönliche Prinzipien und Grundsätze für Ihr politisches Handeln?

Das sind dieselben Prinzipien, wie zu der Zeit, als ich anfing. Mich hat aufgrund meiner religiösen Heimat das christliche Menschenbild überzeugt und die Erkenntnis, daraus eine Politik zu gestalten, die freiheitlich und solidarisch ist. Obwohl die Gesellschaft sich „entchristlicht", sind die Konsequenzen aus dem christlichen Menschenbild heute noch politikfähig. Anhand der Wahlergebnisse sieht man, dass dieses Menschenbild und die daraus resultierende Politik konkurrenzfähig gegenüber jeder anderen politischen Ideologie sind.

Was waren Ihre größten Erfolge in Ihrer politischen Tätigkeit?

Für mich war es immer wichtig, dass ich an Stellen war, an denen ich auch etwas bewirken konnte. Deswegen war mein Ziel in der Fraktion, in den Fraktionsvorstand zu kommen, möglichst auch stellvertretende Vorsitzende zu werden, um im Vorfeld Einfluss auf Tagesordnungen nehmen zu können und die Art und Weise, wie Dinge durchgesetzt wurden. Die Durchsetzung des Erziehungsgeldes und die Anerkennung der Rentenzeiten für die Kindererziehung waren Meilensteine, die ohne Frauen nicht gelaufen wären. Eine kleine Episode: Der Mittelstand hatte behauptet, die Arbeitswelt ginge unter, wenn die Frauen Erziehungsurlaub bekämen, und Rente für Kindererziehung sei doch keine Aufgabe der Rentenversicherung. Ein furchtbarer Streit entbrannte in der Partei, in der Fraktion. Dann hatten der damalige Bundesminister für Arbeit und Sozialordnung, Norbert Blüm, und die Frauenvereinigung schließlich durchgesetzt, dass der Antrag auf der Tagesordnung zur Entscheidung stand. Morgens um halb sieben, ich war noch in Koblenz, klingelte am Tag der Entscheidung das Telefon. Norbert Blüm war am Apparat. Er war der Einbringer des Gesetzentwurfes und sagte zu mir: „Roswitha, ich will mit dir noch gerade besprechen, wie wir es machen. Ich bringe das Gesetz ein, du bist der erste Debattenredner." Ich sagte: „Ich weiß, was ich zu sagen habe, ich habe mir das wohl überlegt." Dann sagte er noch zu mir: „Also, Roswitha, wir Frauen müssen heute zusammenhalten."

Was waren Misserfolge oder Enttäuschungen, die Sie erlebt haben? Gehört dazu das personalpolitische Karussell, auf das Sie gesetzt wurden, als es um die Ministernachfolgerin von Rita Süssmuth 1988 ging?

Das habe ich nicht als Niederlage empfunden. Ich hatte die Ochsentour der Parteiarbeit gemacht. Ich war lange Jahre im Landesvorstand. Ich wusste, was es heißt, wenn unter den Ländern ein Ausgleich gesucht werden muss. Man musste kompetente Leute, die richtigen Leute haben, aber sie mussten auch aus dem richtigen Landesverband kommen.

Als mich schließlich Helmut Kohl 1991 fragte, ob ich bereit wäre, als Staatssekretärin ins Familienministerium zu gehen, hatte ich das gar nicht auf meiner Tagesordnung. Ich verstand mich als Parlamentarierin und hatte genügend Einfluss. Helmut Kohl sagte zu mir: „Ich brauche eine Frau aus Hessen als Ministerin. Ich bin der Meinung, Hannelore Rönsch ist gut. Ich weiß, dass sie fachfremd ist. Sie braucht jemanden an der Seite, der die nötige Sachkompetenz hat. Wollen Sie das nicht machen?" Ich habe dann darüber ein Wochenende lang nachgedacht, mich mit meinem Mann beratschlagt und angenommen.

Was sind Ihre Wünsche oder Ratschläge für die Zukunft an junge politische interessierte Frauen?

Ich würde ihnen raten, ein Stück weit die Ochsentour zu machen, nicht den Versuch zu machen, als Seiteneinsteiger gleich oben zu landen, weil sie mal etwas Kompetentes zu irgendeinem Thema gesagt haben, sondern wirklich zu lernen, wie man Politik macht. Ich würde ihnen raten, wenn es geht, in die Kommunalpolitik zu gehen und Netzwerke mit anderen Frauen aus Politik und Verbänden zu knüpfen. Das habe ich immer getan, weil ich der Meinung bin, dass man auch ein Stück Bringschuld in der Gesellschaft hat. Sich eine sachgerechte Meinung zu bilden, ist ganz wichtig.

Maria Herr-Beck*

Ich kämpfe fürs Unkraut

Geboren am 8. Juni 1928 in Alzey, verheiratet, zwei Kinder, 1947 Abitur, 1947–1951 Studium der Rechtswissenschaften an der Johannes Gutenberg-Universität Mainz, Abschluss: Erstes Staatsexamen, 1952–1955 Rechtsreferendariat und Zulassung zur Rechtsanwältin, 1958 Promotion zum Dr. jur., 1962 Eintritt in die CDU, 1962–1970 Vorsitzende der Frauenvereinigung Mainz, 1964 stellvertretende Kreisvorsitzende der CDU Mainz, 1964–1981 Mitglied des Stadtrates Mainz, 1970–1990 Vorsitzende der Frauenvereinigung/Frauen Union Rheinhessen-Pfalz, 1971–1981 Mitglied des Landtages von Rheinland-Pfalz, 1975–1979 stellvertretende Vorsitzende der CDU-Fraktion im Landtag von Rheinland-Pfalz, 1980–1981 Vizepräsidentin im Landtag von Rheinland-Pfalz, 1981–1990 Staatssekretärin im Landesministerium Rheinland-Pfalz für Soziales, Gesundheit und Umwelt.

Wie erfolgte Ihre Sozialisation?

Maria Herr-Beck: Mein Geburtsjahrgang ist 1928. Als der Zweite Weltkrieg zu Ende ging, war ich 17 Jahre alt. Wir waren zunächst unter amerikanischer und dann unter französischer Besatzung. Ich stamme aus Alzey (Rheinland-Pfalz), bin aber in Wiesbaden (Hessen) in die Schule gegangen. Das hing damit zusammen, dass in der Zeit des Nationalsozialismus bei uns in der Oberschule vor Ort für Mädchen plötzlich Kochen als Unterrichtsfach eingeführt wurde, während die Jungen weiterhin wissenschaftlich unterrichtet wurden. Meiner Mutter war jedoch eine gute schulische Ausbildung sehr wichtig. Eine Mädchenschule in Mainz führte Kochen nicht ein. Doch dort gab es keinen freien Schulplatz. Da wir Verwandte in Wiesbaden hatten, fragte und überzeugte sie dort den Direktor, mich aufzunehmen. Während der französischen Besatzungszeit wurde der Rhein gesperrt, weil angeblich rechts des Rheins die Pest ausgebrochen sei. Eine Telefonverbindung konnte nur zwischen Ärzten hergestellt werden. Meinen Bruder, der Arzt der Uniklinik in Mainz war, rief der Vater einer Klassenkameradin,

---

* Das Interview führten Dr. Ulrike Hospes und Ina vom Hofe M. A. am 24.05.2012 in Mainz. Das Gespräch wurde als Generationengespräch mit Frau Dr. Maria Herr-Beck und ihrer Tochter Marianne Herr aufgezeichnet.

ebenfalls Arzt, an. Über ihn bekam ich einen Impfausweis und konnte dann samstags wieder nach Alzey fahren.

1947 habe ich schließlich Abitur gemacht und danach Jura studiert, sehr ungewöhnlich für eine Frau in dieser Zeit. Mein Vater war auch Jurist und arbeitete als Anwalt. Ich war dabei, als ein Bekannter bei einem Besuch zu ihm sagte: „Was, Ihre Tochter studiert?" Da hat er nur erwidert: „Sie ist genauso gescheit wie mein Sohn. Warum soll sie nicht studieren?" Er war ebenso fortschrittlich wie seine Frau. Meine Mutter hätte auch gerne selbst studiert. Aber das war damals gar nicht denkbar. Sie hatte eine Ausbildung als Fürsorgerin und hat dann später in Alzey das weibliche Deutsche Rote Kreuz, eine Untergliederung des Deutschen Roten Kreuzes, ehrenamtlich gegründet.

Wie was das Rollenverständnis in Ihrem Elternhaus?

Maria Herr-Beck: Das war ausgesprochen fortschrittlich.

Spielte denn nach 1945 Politik eine Rolle in Ihrem Elternhaus?

Maria Herr-Beck: Ja. Mein Vater hat sich von Anfang an dafür interessiert. Allerdings war er in keiner Partei Mitglied.
Marianne Herr: Mein Großvater hatte keine parteipolitische Funktion, aber er wurde nach dem Krieg als Landrat berufen. Seine Berufung hing damit zusammen, dass der katholische Pfarrer von der Besatzung gefragt worden war, wer unbelastet wäre und eine solche Funktion übernehmen könnte. Meine Großmutter ist erst mit über 80 Jahren in die CDU in Alzey eingetreten. Mit Beginn der politischen Aktivität meiner Mutter hat sie auch Versammlungen besucht.

Was ist Ihr Verständnis von christlich-demokratischer Politik?

Maria Herr-Beck: Das Christliche hat für mich im ganzen Leben eine Rolle gespielt. Mein Vater war Pfarrerssohn. Die Kirche und der Glaube sind für mich ein wichtiger Inhalt. Es hätte für mich keine andere Alternative gegeben.

Gab es einen konkreten Anlass, warum Sie politisch aktiv geworden sind?

Maria Herr-Beck: Als Juristin bin ich 1961 von einer pensionierten Lehrerin gefragt worden, ob ich einen Vortrag über das Gleichberechtigungsgesetz von 1957 bei der Frauenvereinigung halten könne. Das Gesetz betraf die rechtliche

Stellung der Frau in der Ehe, die in der vorherigen Fassung durch die gesellschaftlichen Entwicklungen überholt war. Im Anschluss wurde ich häufig gebeten, doch in die CDU einzutreten. Letztlich bin ich nach einem Besuch der besagten Lehrerin, Frau Vogel, bei dem sie mich bat, als Vorsitzende für die Frauenvereinigung in Mainz zu kandidieren, 1962 CDU-Mitglied geworden.
Marianne Herr: Das Gleichberechtigungsgesetz war der Einstieg, aber meine Mutter hat die Verbindung zwischen Recht und Politik stets gehabt. Insbesondere das Scheidungsrecht war ihr Schwerpunkt, für sie tägliche berufliche Praxis. Politisch kam meine Mutter ziemlich schnell in den Stadtrat. Für den Kommunalwahlkampf 1964 wurde ein Plakat mit folgendem Slogan entworfen: „Unser zweiter Mann ist eine Frau". Im Stadtrat war sie z. B. im Haupt- und Finanzausschuss und Wohnbau-Aufsichtsrat. In diese Ausschüsse kommt auch heute nicht jeder hinein – das sind Bereiche, die immer noch mit zu wenigen Frauen besetzt sind.
Maria Herr-Beck: Bei den Landtagswahlen in Rheinland-Pfalz 1972 fragte mich Helmut Kohl als damaliger Vorsitzender der CDU, ob ich kandidieren wolle. In der sechsten Wahlperiode waren mit Susanne Hermans, Ursula Starlinger und Loni Böhm lediglich drei Frauen in der CDU-Fraktion im Landtag. Also habe ich zugestimmt. Dann sagte Kohl noch: „Sie brauchen nichts zu machen, ich mache die Werbung." Es musste erst einmal innerhalb der Partei geworben werden.

Sie haben die Frauenvereinigung in Mainz mit aufgebaut. Wie schwierig war es damals, Frauen für die Politik zu motivieren?

Maria Herr-Beck: Es waren natürlich nicht so viele Frauen wie heute – heute ist es ja quer gestreut, aber es war schon möglich. Wir haben uns auch gut verstanden.

Wie war die Einstellung in Ihrem privaten und beruflichen Umfeld zu Ihrer politischen Tätigkeit? Haben Sie Unterstützung erfahren?

Maria Herr-Beck: Außenstehende waren meistens ungeheuer erstaunt, nicht nur über meine politische Aktivität, sondern alleine schon über mein Jurastudium, meine Tätigkeit als Anwältin – trotz Heirat und zwei Kindern. Privat hatte ich große Unterstützung.
Marianne Herr: Wir hatten Kindermädchen, die uns geholfen haben. Das ging eigentlich immer. Problematisch wurde es, wenn das Kindermädchen krank war. Dann musste ein Plan B her, insbesondere für die Essensversorgung. Wenn meine Mutter bei Gericht war, erschien mein Vater mit einer Frau aus dem Anwaltsbüro, die Grießbrei kochte, oder es wurde einfach Hähnchen geholt. Anfangs, als wir klein waren, war ganztags ein Kindermädchen da. Vieles in

der Hausarbeit hat meine Mutter häufig jedoch selbst gemacht. Mein Vater hat sich daran überhaupt nicht beteiligt. Meine Mutter war auch als Bezirksvorsitzende der Frauenvereinigung sehr aktiv, hatte also viele Samstagstermine wahrzunehmen. Als meine Schwester und ich schon etwas älter waren, haben sie oder ich unserem Vater Essen erwärmt. Er hat zwar nicht geholfen, aber auch keine Ansprüche gestellt.

Er hat nie von Ihnen verlangt, mit der Politik oder dem Beruf aufzuhören?

Marianne Herr: Zur Zeit der Stadtratstätigkeit fand er es, insbesondere für die gemeinsame Kanzlei gut, wenn meine Mutter bekannter wurde. Meine Mutter lebte durch die Selbstständigkeit ein Teilzeit-Modell, was damals offiziell so nicht existierte. Sie war in Mainz eine bekannte Scheidungsanwältin, wovon es nicht so viele gab, so dass viele Frauen zu ihr gekommen sind. Hinzu kam, dass sich alles in einem Viertel in Mainz abspielte und die Fußwege in der Regel nicht länger als fünf Minuten waren. Ganz wichtig war, dass wir zum Mittagessen immer einen großen Familientisch hatten. Jeder konnte seine Erfahrungen, seine Pläne, seine Erlebnisse schildern.

Wie haben Sie als Tochter die politische Tätigkeit Ihrer Mutter empfunden?

Marianne Herr: Es war nicht immer so einfach. Ich erinnere mich noch an eine Situation, als Helmut Kohl meiner Mutter vorschlug, für den Deutschen Bundestag zu kandidieren. Sie entschied sich dagegen. Kinder sind zwar anpassungsfähig, aber das wäre für mich und meine Schwester eine ziemliche Umstellung gewesen. Wir hatten uns alle ganz gut arrangiert mit diesem Modell. Zu diesem Zeitpunkt war meine Mutter Landtagsabgeordnete. Das System funktionierte, weil alles sehr nahe beieinander lag: die Kanzlei, der Landtag, unsere Wohnung. Selbst als sie Staatssekretärin war, kam sie zum Mittagessen noch nach Hause. Sie hat sich fahren lassen, was wegen der Nähe eigentlich ein Witz war, aber sie sagte: „Wenn ich laufe, treffe ich unterwegs so viele Leute, dass die Mittagspause schon herum ist, bis ich hier bin."

Natürlich hatte meine Mutter wenig Freizeit. Aber eine Belastung für die Ehe war es nicht, weil mein Vater wie ein Workaholic auch bis spät abends noch gearbeitet hat.

Da ich in meiner Jugend selber politisch in der Schüler Union aktiv war, konnte ich die Situation ganz gut nachvollziehen. Wir trafen uns manchmal bei Veranstaltungen oder auf dem Heimweg. Das war für mich nicht belastend, aber meine Mutter war auch noch ehrenamtliche Schulelternbeiratsvorsitzende. Diese Situation war weitaus belastender, weil ich als Tochter von Maria Herr-Beck bekannt war. Mein eigener Nachname „Herr" schützte mich sonst bis zu einem gewissen Punkt vor der Bezeichnung „Tochter von".

Gab es Gewissensentscheidungen, die Ihnen in Ihrer parteipolitischen Tätigkeit schwergefallen sind?

Maria Herr-Beck: Nein. Da kann ich mich zumindest an keine erinnern.

Gibt es ein unterschiedliches Machtverständnis zwischen Mann und Frau? Wie haben Sie die Männer wahrgenommen? Wie wurden Sie als Frau von den Männern wahrgenommen?

Maria Herr-Beck: Die Frauen hatten zu einem hohen Prozentsatz damals noch keinerlei Verständnis und Interesse für Politik. Die, die mitgemacht haben – wie beispielsweise Hanna-Renate Laurien, die damalige Kultusministerin von Rheinland-Pfalz – haben in der Regel zusammengehalten.
Marianne Herr: Was meine Mutter durchaus bemängelte, waren die männlichen Seilschaften, all diese Abend-Stammtisch-Runden. Sie selbst war nur bei Veranstaltungen und ist im Anschluss zu ihrer Familie nach Hause gegangen. Insofern hatte sie kein Netzwerk, wie es Männer pflegten. Als sie Staatssekretärin war, hat meine Mutter versucht, Frauenseilschaften zu knüpfen.

Dazu richtete sie einen Frauenstammtisch über Parteigrenzen hinweg ein, der Frauensolidarität bewirken und ein Gegengewicht zu den männlichen Seilschaften darstellen sollte. Daran nahmen die ersten Gleichstellungsbeauftragten (z. B. der Universität Mainz) und andere Frauen in wichtigen Funktionen teil. Während der Tätigkeit meiner Mutter suchte sie auch die erste Gleichstellungsbeauftragte für Rheinland Pfalz aus, die später eine Stabstelle beim Ministerpräsidenten erhielt.

Haben Sie Erfahrung mit der Frauenquote gemacht?

Maria Herr-Beck: Wir haben Mitte der 1960er Jahre eine Quote erkämpft, nach der in der neuen Kreissatzung der CDU mindestens eine Frau unter Anzahl der Beisitzer X sein musste. Dabei hörte ich auch den Spruch: „Eine Frau ist wie eine Blume, viele Frauen sind wie Unkraut." Seitdem war mir klar, dass ich fürs Unkraut kämpfe!

Spielte in der Öffentlichkeit bei Frauen zu Ihrer Zeit das Aussehen eine Rolle?

Maria Herr-Beck: Es gab damals nur wenige Frauen in der Öffentlichkeit. Sicherlich wurde darauf geachtet. Ich habe auch sehr viel Wert auf meine Kleidung und Frisur gelegt.

Was sind Ihre Prinzipien oder Grundsätze in Ihrem politischen Handeln gewesen?

Marianne Herr: Nicht nur zu legalisieren, sondern auch die Rahmenbedingungen für Frauen zu schaffen. Das war schon immer ihr Ziel. Überhaupt das Recht zu haben, gleichberechtigt anerkannt zu sein. Dieser Weg war von meiner Großmutter geebnet worden. Familie und Beruf mit starkem Organisationstalent unter großem zeitlichem und kämpferischem Kraftaufwand vereinbart zu haben zum Wohle der CDU und der politischen Veränderung, und darauf bis heute glücklich zurückzublicken.

Wissen Sie noch, was Ihr größter Erfolg in der Politik war?

Maria Herr-Beck: Die Ernennung zur Staatssekretärin war ein großer Erfolg. Das war spannender als die Tätigkeit als Vizepräsidentin im Landtag Rheinland-Pfalz, weil es mehr Gestaltungskraft hatte. Allerdings musste ich mit der Staatssekretärstätigkeit meinen Beruf als Anwältin aufgeben.

Was waren Niederlagen oder Enttäuschungen?

Marianne Herr: Die Spaltung der Mainzer CDU hat sie getroffen. Wir hatten als Kreisvorsitzenden in Mainz einmal einen Minister, Dr. Heiner Geißler. Anders hätte man damals die CDU nicht mehr zusammenhalten können. Die Folgen des provozierten Rücktritts des Ministerpräsidenten Bernhard Vogel, der Niedergang der CDU-Regierung sowie die Wahlniederlage waren enttäuschend.

Gab es persönliche Vorteile oder auch Nachteile, die Sie durch Ihre politische Tätigkeit hatten?

Maria Herr-Beck: Das kann ich nicht mehr beurteilen. Aber ich empfinde mein Leben als absolut befriedigend. Es war anstrengend, aber auch sehr lebendig.

Hatten Sie einmal den Gedanken, aus der Politik, aus der CDU auszusteigen?

Maria Herr-Beck: Nein.

Was sind Ihre Wünsche oder Ratschläge für die Zukunft an junge politische Interessierte Frauen?

Maria Herr-Beck: Im Vergleich zu damals sind mittlerweile viele Frauen in der Politik – das ist toll. Aber es ist wichtig, nicht zu vergessen, dass es bis dahin nicht einfach war. Wenn heutzutage gesagt wird: „Ich habe die Quote nicht nötig", gilt auch zu überlegen, warum sie sie nicht benötigen – nämlich, weil andere vorgekämpft haben.

Dorothee Wilms

Es war eine andere Zeit

Geboren am 11. Oktober 1929 in Grevenbroich, 1950 Abitur, 1950–1956 Studium der Volkswirtschaftslehre an der Universität zu Köln, Abschluss: Dipl.-Volkswirt; Dr. rer. pol., 1956–1973 Institut der deutschen Wirtschaft Köln, zuletzt Mitglied der Geschäftsführung, 1961 Eintritt in die CDU, 1973–1985 Vorsitzende der Frauen Union Rheinland, 1974–1976 Hauptabteilungsleiterin Politik und stellvertretende Bundesgeschäftsführerin der CDU-Bundesgeschäftsstelle, 1976–1994 Mitglied des Deutschen Bundestages, 1980–1982 Parlamentarische Geschäftsführerin der CDU/CSU-Bundestagsfraktion, 1982–1987 Bundesministerin für Bildung und Wissenschaft, 1987–1991 Bundesministerin für innerdeutsche Beziehungen, seit 1991 ehrenamtliche Leitungsfunktionen in gemeinnützigen Institutionen.

Kindheit und frühe Jugend

Lasse ich meine Gedanken zurückschweifen in die eigene Vergangenheit, in die Jahre meiner Jugend, meiner Studienzeit oder ersten Berufstätigkeit, lasse ich meine Erfahrungen als Frau in Beruf und Politik an mir vorüber ziehen, dann wird mir überdeutlich bewusst, wie sehr sich die Welt seit Mitte des vorigen Jahrhunderts geändert hat. Wer kann heute – erfreulicherweise – noch ermessen, was der Zweite Weltkrieg mit seinem Bombenkrieg für die Menschen, vor allem für Kinder, bedeutete? Wer kann sich noch vorstellen, dass eine gehobene allgemeine und berufliche Bildung für eine junge Frau als weniger wichtig angesehen wurde? Nachfolgend sollen deshalb auch solche Ereignisse und Entwicklungen aus meiner Vita Erwähnung finden, an denen der politische und gesellschaftliche Wandel vor allem für die Situation der Frau besonders deutlich wird.

Meine Kindheitserinnerungen gliedern sich bis heute in die Zeiten „vor und nach dem Krieg". Geboren am 11. Oktober 1929 in der niederrheinischen Kleinstadt Grevenbroich wuchs ich als einziges Kind wohl behütet in einem katholisch und bürgerlich geprägten Elternhaus auf, in dem feste Wert- und Ordnungsvorstellungen ihren Platz hatten. Die Mutter führte den Haushalt, der Vater ging in seinem Beruf als Bürgermeister des Städtchens auf. Das rege Gespräch in der Familie über Kultur, Politik oder gesellschaftliche Probleme im Kleinen wie im Großen war selbstverständlich. Die Zeit der nationalsozialistischen Diktatur brachte für das Kind zunächst wenig Neues mit sich; die paar

Jahre als NS „Jungmädel" haben mich kaum beeindruckt oder gar geprägt: ich habe wenig Erinnerungen daran.

Das uns Kinder ebenso wie die Erwachsenen beherrschende Ereignis war der Beginn des Zweiten Weltkrieges 1939 – es war wie eine Zäsur. Er brachte uns in Grevenbroich im Frühjahr 1940 die ersten britischen Fliegerbomben und damit den Beginn des Luftkriegs. Da war ich 10 Jahre alt, und ich war 15 Jahre, als der Krieg zu Ende ging. Dazwischen lagen über vier Jahre, in denen der Fliegeralarm ständig zunahm, erst nur bei Nacht, später bei Tag und Nacht. Der Schulunterricht fand ab 1943 nur noch mit Unterbrechungen statt. Viele Stunden verbrachten wir im Luftschutzkeller; die Angst verschüttet zu werden oder die Zerstörung des Wohnhauses zu erleben, wurde für alle zum vorherrschenden Gefühl, ja zum Albtraum, der mich auch noch Jahre danach nachts aus dem Schlaf reißen konnte.

Im Herbst 1944 folgte die obligatorische Evakuierung der Zivilbevölkerung angesichts der sich nähernden Kriegsfront bei Aachen mit hörbarem Artilleriefeuer und der nun fast pausenlosen Tieffliegerangriffe. Über neun Monate verbrachte ich mit der Mutter sehr primitiv untergebracht in einem kleinen Dorf des Bergischen Landes – ohne Schule. Dort erlebten wir die kriegerische Eroberung durch amerikanische Truppen im März 1945; der Krieg war endlich zu Ende und die Nazis weg! Eine neue Zeitrechnung unter dem britischen Besatzungsregime begann für uns. Die ersten Nachkriegsjahre wieder zurück in Grevenbroich waren Jahre des Notbehelfs, der Jagd nach Lebensmitteln und der absoluten Einfachheit des Lebens.

Schulbesuch

Meine alte Schule, zunächst noch stark beschädigt, nannte sich jetzt Humanistisches Gymnasium und arbeitete in Form der Koedukation, aber die Mädchen waren in großer Unterzahl. Vieles hatte sich jedoch gegenüber früher geändert: Keine braunen Uniformen mehr, keine Nazi-Propaganda, stattdessen hörten wir von den schrecklichen Verbrechen der Nazis an den Juden und an anderen Menschen und Völkern. Wir waren schockiert und entsetzt! So etwas sollte nie mehr geschehen durch Deutsche! Wir nahmen gerne das uns vermittelte demokratische Gedankengut auf und standen den „Umerziehungsmaßnahmen" der britischen Besatzungsmacht positiv gegenüber. Im Vordergrund aber stand ganz klar unser Streben, das Schulpensum ordentlich und schnell zu absolvieren; wir waren durch den Krieg alle älter als üblich. Ich war über 20 Jahre alt, als ich endlich mein Abiturzeugnis in der Hand hatte. Aber nicht alle Mädchen dachten so wie ich: Noch sehr vom traditionellen Lebensstil geprägt, erschien vielen von ihnen ein Abitur als nicht so erstrebenswert: „Man heiratet ja doch!" Die althergebrachten Familienleitbilder wirkten übermächtig. Vergessen wir auch nicht, dass damals überhaupt nur weniger als 10 Prozent eines Geburtenjahrgangs Abitur machten.

In diesen ersten Jahren nach Kriegsende herrschte in meiner Heimatstadt trotz großer materieller Not und Kriegszerstörungen aber auch Aufbruchsstimmung. Gerade wir jungen Menschen schauten nach vorne! Wir lebten zwar noch – wie auch später als Studenten – materiell sehr bescheiden, aber wir waren voller Leistungsbereitschaft und Zukunftshoffnung. Ich denke gerne an diese Jahre zurück, da wir Schüler auch zur geistigen Offenheit angehalten wurden. Mit den einfachsten Mitteln gelang uns beispielsweise mit Hilfe großartiger Lehrer eine hoch gelobte Theateraufführung von Schillers „Die Räuber". Wir genossen den Aufbruch in uns bislang von den Nazis politisch versperrte Welten von Musik, Theater und Literatur etwa aus den USA. Ich erlebte in Grevenbroich auch die ersten politisch-demokratischen Anfänge mit, etwa indem wir Primaner im ersten Bundestagswahlkampf 1949 Plakate klebten und Handzettel verteilten; dabei kam für uns eigentlich nur die CDU infrage, die in Grevenbroich damals stets große Mehrheiten holte.

Studienzeit

Es gab für mich nie den geringsten Zweifel, nach dem Abitur studieren zu wollen. Erfreulicherweise befand ich mich da im besten Einvernehmen mit meinen Eltern. Dies war nicht ganz selbstverständlich, denn Vater und Mutter waren keine Akademiker und in unserer Gegend studierten auch erst sehr wenige Mädchen. So erregte mein Studienwunsch doch erstaunte Aufmerksamkeit in der weiteren Familie; denn eigentlich galt eine „gute Partie" für junge Frauen immer noch als vorrangig. Ich erinnere mich, dass Studentinnen, vor allem in Medizin und Jura, ihr Studium abbrachen, wenn sie einen passenden Ehepartner gefunden hatten – heute beinahe unvorstellbar.

Im Sommersemester 1950 begann ich an der Universität zu Köln ein Studium in den Fächern Germanistik und Geschichte, um nach dem Wunsch meines Vaters Studienrätin zu werden, wie es eben für Mädchen weithin üblich war. Aber die germanistischen Vorlesungen und Übungen sagten mir nicht zu, und ich vollzog schnell einen Studienwechsel zur Volkswirtschaftslehre, Sozialpolitik und Soziologie, vergaß aber auch die Vorlesungen in Geschichte nicht ganz. Ich vermute, dass die interessierte Atmosphäre in meinem Elternhaus, die durch viele auch politische Gespräche geprägt war, mich letztlich in diese Studienrichtung geschoben hat.

Die Situation der jungen Frauen an den Universitäten war Anfang der 1950er Jahre doch erheblich anders als heute. Insgesamt studierten überhaupt nur wenige Prozent eines Geburtenjahrgangs und davon waren z. B. 1965 erst ca. 25 Prozent Frauen, 1950 waren es sicher noch weniger gewesen. Die meisten Studentinnen fanden sich in den verschiedenen Philologien und Lehramtsstudiengängen; in den Wirtschafts- und Sozialwissenschaften („Wi-So-Fakultät") in Köln waren schätzungsweise 15–20 Prozent Frauen, davon wollten wiederum die meisten Diplom-Handelslehrerin werden. Ich meine mich zu erinnern, dass ich 1956 als einzige Frau vor dem universitären Auditorium stand, um meine Promotionsurkunde in Empfang zu nehmen.

Während meiner Studienzeit in der Wi-So-Fakultät habe ich meiner Erinnerung nach keine wissenschaftliche Assistentin erlebt, geschweige denn eine Professorin – und ich habe dies auch nicht als Mangel empfunden! Die wenigen Kommilitoninnen wahrscheinlich auch nicht! Wir waren stolz, dass wir es nun bis in die Universität geschafft hatten. Überdies war ich es von der Schule her gewöhnt, fast nur unter Männern zu sein. Ich vermisste deshalb auch kein weibliches Vorbild, an dem ich mich in der Universität hätte orientieren können! Mein ganzes Streben ging dahin, gerade als junge Frau ein gutes Examen zu machen. Frauenförderpolitik war damals überhaupt kein Thema an der Hochschule!

Die äußeren Studienbedingungen waren schlecht, vieles in und an der Universität war noch kriegszerstört. Bücher gab es nur wenige, man schrieb in den Vorlesungen und Seminaren alles mit oder kaufte für wenig Geld illegal kopierte Vorlesungsmanuskripte! Aber die geistige Lebendigkeit unter den Studenten war groß; bei Professoren wie Studenten blühte die Diskussionsfreude, denn in der jungen Bundesrepublik waren viele Grundsatzfragen, etwa die der Wirtschaftsordnung, noch keineswegs endgültig geklärt. Die Entscheidung zwischen Freiheit und Diktatur oder zwischen Sozialer Marktwirtschaft und Zentralverwaltungswirtschaft war – auch angesichts der Entwicklungen in der DDR – für uns keineswegs nur eine theoretische. In und zwischen den politischen Parteien waren die Auseinandersetzungen um gesellschafts- und wirtschaftspolitische Ordnungsfragen noch lange nicht beendet. Auch die Politik von Bundeskanzler Konrad Adenauer war unter Studenten keineswegs unumstritten. Ich hatte mich – mit Ausnahme der Pläne zur Wiederbewaffnung – immer zu ihm bekannt, weil ich vor allem seine Hinwendung zur westlichen Wertegemeinschaft für entscheidend hielt, wodurch wenigstens die junge Bundesrepublik aus der internationalen Isolierung heraus zu den europäischen Nachbarn geführt wurde. „Europa" wurde für mich zur politischen Vision!

Es wird heute oft nachgefragt, ob und inwieweit sich die damalige Studentengeneration mit den Strukturen und Verbrechen der noch nicht so lange zurückliegenden NS-Diktatur auseinandergesetzt habe. Ich kann mich sehr wohl an erregte Diskussionen im engeren Kommilitonenkreis erinnern. Hier trafen oft ehemalige Anhänger des braunen Regimes auf erklärte Gegner des Systems; diese Diskussionen waren im Gegensatz zu späteren Zeiten von tiefer persönlicher Betroffenheit geprägt. Zudem wirkten in uns allen die Kriegserlebnisse nach, die jeder von uns in irgendeiner Form erlitten hatte. Insgesamt aber ist festzuhalten, dass wir letztlich doch mehr über unsere Gegenwartsprobleme als

Studenten und über unsere Hoffnungen für eine bessere Zukunft gesprochen haben. Unser Blick war ohne Zweifel mehr nach vorne gerichtet; wir wollten endlich weg vom Elend der NS-Diktatur, der Kriegs- und Nachkriegszeit! Unser ganzes Sinnen und Trachten galt der Aufgabe, die aktuellen schwierigen Lebens- und Studienbedingungen zu meistern und das Studium möglichst schnell erfolgreich zu absolvieren, um dann, so hofften alle, endlich beruflich Fuß zu fassen. Unser Blick ging nach vorne, der Wiederaufbau der zerstörten Welt im ideellen wie im materiellen Sinne war unser Ziel!

Der finanzielle Spielraum für uns Studenten war sehr knapp. Es wurden von den Hochschulen noch Studiengebühren erhoben, und es gab nur wenige bescheidene Ansätze für eine staatliche Förderung („Honnefer Modell"), an der ich aber nicht partizipieren konnte, da mein Vater mir die Studiengebühren bezahlte. Alles andere habe ich mir dazu verdient, etwa durch Nachhilfestunden bei Schülern. Während der Semesterferien arbeitete ich als Werkstudentin in der Kreissparkasse oder in der Lagerbuchhaltung eines großen Aluminiumwalzwerks. Es war für Studentinnen nicht leicht, einen Arbeitsplatz zu finden, da die Werkstudentenplätze eigentlich für Männer gedacht waren. Mit dem selbstverdienten Geld finanzierte ich im Laufe der Jahre erste kleine Studentenreisen ins Ausland. Ich glaube, heute kann niemand mehr ermessen, was es für uns bedeutete, nach den schrecklichen Jahren der Diktatur und des Krieges frei ins Ausland fahren zu können, wenn auch mit strengen Grenzkontrollen. Ich sah erstmals unzerstörte Städte – ein unglaubliches Erlebnis damals!

Während der letzten Studienphase schloss ich mich mehr politisch orientierten offenen studentischen Gruppen an, so dem gerade neu gegründeten Ring Christlich-Demokratischer Studenten (RCDS) sowie einer Gruppe von Studenten und einigen Studentinnen, die sich der katholischen Soziallehre verpflichtet fühlten, dem „Ketteler Kreis". Einigen von ihnen bin ich später in Beruf und Politik wieder begegnet! Da für mich aber eine schnelle und vor allem gute Beendigung des Studiums stets im Vordergrund stand, hielt sich mein aktives Engagement für solche Gruppen in Grenzen. Damals waren gute Examina für junge Frauen eine der wichtigsten Voraussetzungen, um schnell und Erfolg versprechend beruflich Fuß zu fassen.

Im Deutschen Industrie-Institut und späteren Institut der deutschen Wirtschaft

Nach Ablegung der Prüfung als Diplom-Volkswirt 1954 – hier sei angemerkt, dass bis in die 1980er Jahre noch alle Titel in der maskulinen Form geführt wurden – war ich bestrebt, möglichst schnell Geld zu verdienen und finanziell unabhängig vom Elternhaus zu werden. Daneben wollte ich promovieren. Es war damals für junge Frauen nicht ganz einfach, eine entsprechend qualifizierte Arbeitsstelle zu finden: wegen der noch weit verbreiteten generellen Vorbehalte in Wirtschaft und Gesellschaft gegenüber akademisch ausgebildeten Frauen und weil immer noch ehemalige Kriegsteilnehmer bei der Einstellung Vorrang hatten. Ich lernte zu meinem Glück die damalige Bundestagsabgeordnete Aenne Brauksiepe kennen, durch deren Vermittlung ich ab Herbst 1954 im Deutschen Industrie-Institut in Köln, dessen Direktor der CDU-Bundestagsabgeordnete Dr. Fritz Hellwig war, als studentische Halbtagskraft in der Bibliothek – neben dem Promotionsstudium – arbeiten konnte. Dort musste ich Archivbestände handschriftlich „kartieren", darunter auch marxistische Literatur. Da dies eine kurze inhaltliche Durchsicht voraussetzte, lernte ich erstmals Schriften von Marx, Engels, Kautsky, Bebel oder Rosa Luxemburg kennen, was sich 30 Jahre später für mich als recht nützlich erwies; ich verstand ein wenig mehr von der SED-Ideologie!

Im Sommer 1956 schloss ich meine Promotion erfolgreich ab. Hier sei eine kleine Anmerkung erlaubt: Vor meiner Promotion war ich im Institut „das Fräulein Wilms", danach „die Frau Dr. Wilms". Nicht zuletzt deshalb hielt ich damals eine Promotion für junge Frauen für unabdingbar; ich fand die alte Anredeform herabwürdigend. Zu bemerken ist allerdings, dass ich nach dem Krieg noch alte Lehrerinnen kennen lernte, die voller Standesstolz besonderen Wert auf die Anrede „Fräulein" legten.

Im Jahr zuvor, im Herbst 1955, war ich im Industrie-Institut fest eingestellt worden als „Assistentin für Mädchen- und Frauenfragen". Ich war die erste Akademikerin in der Abteilung und die zweite im Institut überhaupt und stieß keineswegs sofort bei allen weiblichen Angestellten auf Gegenliebe. Die Abteilungssekretärin beispielsweise teilte mir erst nach meiner energischen Aufforderung eine Schreibkraft zu, so wie es bei den Herren selbstverständlich war. Beim Industrie-Institut wie bei den Spitzenorganisationen der Wirtschaft gab es im Laufe der Jahre zwar einige Referentinnen, aber insgesamt blieben die wenigen Akademikerinnen in den Wirtschaftsverbänden doch immer eine zwar fachlich geachtete, aber letztlich – nach Meinung der Herren – nicht zu Höherem berufene Minderheit. Einige Kolleginnen suchten und nutzten – so wie ich – daher jede Gelegenheit zu Außenkontakten; andere arbeiteten mit hoher Sachkompetenz mehr im Verborgenen, um voran zu kommen.

In den Spitzenverbänden der Wirtschaft und ihren Ausschüssen und Beiräten herrschte damals ein ausnehmend höflicher und korrekter Umgangston, fast altmodisch könnte man ihn heute nennen; für uns wenige Frauen war dies einerseits ganz angenehm und verbesserte das Arbeitsklima; manche ältere Herren aber wussten uns nicht so recht einzuordnen – waren wir doch weder „Schreibpersonal" noch „Gattinnen" der Kollegen.

Im Großen und Ganzen habe ich mich als junge Frau in den „Männergesellschaften" im Bereich der Wirtschaft, aber später auch in anderen Bereichen zu behaupten gewusst, war ich doch dieses Umfeld aus Schul- und Studienzeiten gewohnt. Oft war ich die „erste" Frau oder auch die „einzige" auf der mir zugewiesenen höheren Position. In dieser vom männlichen Lebensstil geprägten Welt war der Umgangston auf meiner Seite kameradschaftlich oder höflich kollegial; sich als Frau „anzubiedern" verbot sich von selbst, wäre auch nicht goutiert worden. Für die meisten Kollegen war ich zunächst keine Konkurrenz; denn Frauen hatten eben keine große Chance aufzusteigen, und manche der fachlich befähigten Frauen wollten es aus persönlichen Gründen auch nicht: Sie sahen ihren Lebensmittelpunkt mehr in ihrer Familie, in der damals viel stärker als heute die Frau die täglichen Lasten allein zu bewältigen hatte. Ich hatte mehr den Ehrgeiz, mein fachliches Können unter Beweis zu stellen, wusste ich doch schon aus der Schule, dass die „Jungens" nicht besser waren als wir Mädchen.

Im Institut hatte ich mich zunächst mit den Fragen der Bildung und Berufstätigkeit von Frauen und Mädchen zu befassen. Dies war dort ein neues Fachgebiet, so dass ich ziemlich freie Hand in der Gestaltung hatte. Im Laufe der Jahre erweiterte sich mein Aufgabengebiet im Institut auf die gesamte berufliche und betriebliche Bildungsarbeit. Ich wurde stellvertretende Leiterin der Abteilung Bildungs- und Gesellschaftspolitische Fragen und 1972 Mitglied der Geschäftsführung des Instituts der deutschen Wirtschaft (IW), wie das Deutsche Industrie-Institut inzwischen hieß. Diese Funktionen mag man heute als nicht besonders bemerkenswert ansehen; damals war eine solche Beförderung für eine Frau aber außergewöhnlich und bis dahin im Bereich der Wirtschaftsverbände auch noch nicht vorgekommen. Rückblickend denke ich, dass Fleiß, Einsatzfreude, aber auch Glück mir diesen Aufstieg ermöglicht haben. Auch damals haben Nachwuchskräfte hart gearbeitet, aber ob wir so bedingungslos gefordert worden sind, wie es heute oft üblich ist, wage ich zu bezweifeln; denn es gab weder Internet noch Handy mit ihren pausenlosen Anforderungen!

Meine konkreten Arbeitsfelder im IW im Laufe der Jahre waren beispielsweise: statistische, soziologische und pädagogische Analysen der allgemeinen und beruflichen Bildung, speziell der betrieblichen Aus- und Weiterbildung; praktische Mitwirkung in Bildungsveranstaltungen von Betrieben, Verbänden und Kammern, Gewerkschaften, kirchlichen Akademien, gesellschaftlichen Gruppen und Jugendsozialorganisationen; Mitwirkung in zahlreichen Ausschüssen und wissenschaftlichen Beiräten der Wirtschaft und bei Ministerien des Bundes und des Landes Nordrhein-Westfalen. Daneben habe ich mich in vielen Publikationen und Vorträgen zu den einschlägigen Themen geäußert. Damals legten die großen Unternehmen viel Gewicht auf die Aus- und Weiterbildung ihrer Mitarbeiter, oft in Zusammenarbeit mit „ihren" Gewerkschaften. Im Rahmen solcher Maßnahmen geschah auch schon einiges für eine wenigstens schmale Ausbildung der vielen, oft noch ungelernten Mädchen und Frauen etwa in der chemischen Industrie, der Elektroindustrie oder der Textil- und Bekleidungsindustrie. Ihnen wurde manches Bildungsprogramm von verständnisvollen Betriebsleitern vermittelt. Hier haben sich besonders Unternehmerinnen hervorgetan, die solches Handeln auch in ihrer „Vereinigung von Unternehmerinnen" propagierten. Damals wuchsen die ersten Bemühungen, Mädchen verstärkt in gewerblich-technischen Berufen auszubilden. In zahlreichen Vorträgen und Diskussionen innerhalb der Wirtschaft, in Aufsätzen und Interviews habe ich für eine fundierte berufliche Bildung der Mädchen und jungen Frauen gerade auch in „neuen" Berufen plädiert. Ohne eine solche erschienen mir Gleichberechtigung und berufliches Fortkommen der Frauen nicht möglich. Dabei hielt ich es im Sinne besserer Arbeitschancen für dringend erforderlich, auch bislang ungewohnte Berufe für Frauen zu öffnen, insbesondere im sich damals allmählich entwickelnden Sektor der Informationstechnologie. Dazu war allerdings bei den Jugendlichen wie bei den Ausbildungsbetrieben viel Überzeugungsarbeit vonnöten.

Umstrittene Bildungspolitik

Mitte der 1960er Jahre setzte in der Bundesrepublik eine hochpolitische Diskussion über Bildungspolitik als Gesellschaftspolitik ein. Vor allem von linken Politikern hagelte es Kritik an den Zuständen im vorhandenen Bildungswesen. Man forderte Reformen, um sich, wie es hieß, endlich der internationalen Entwicklung anzupassen und, um jungen Menschen „Chancengleichheit" im Bildungswesen zu bieten.

Das gegliederte Schulwesen wurde angegriffen, die integrierte Gesamtschule als Inbegriff der modernen Schulform propagiert. Von den aufbegehrenden Studenten wurde der Begriff der „antiautoritären Erziehung" aufgegriffen, aber auch in den eigenen Reihen gelebt. Alte Erziehungsziele und -regeln verschwanden; seither ist z. B. der Begriff der „Autorität" nahezu unbekannt! Es tobte ein heute kaum mehr nachzuvollziehender emotionaler und ideologischer Streit um die beste Bildungspolitik als Gesellschaftspolitik im Sinne von: „Bildungsreform ist Gesellschaftsreform". Letztlich ging es um die Frage: Gerechtigkeit oder Gleichheit als oberste Maxime der Gesellschaftspolitik? Ich selbst habe mich immer zum Begriff der Chancengerechtigkeit bekannt, weil er meines Erachtens die Hauptaufgabe der Bildungspolitik gut verdeutlicht, nämlich dem einzelnen Menschen, seinen Begabungen und Neigungen in der Pädagogik gerecht zu werden. Dem entspricht ein in sich differenziertes Schul- und Bildungswesen mit staatlichen, betrieblich/überbetrieblichen und freien Bildungsträgern. Die Benachteiligten und die Begabten sind auf diese Weise am besten zu fördern.

Diese politisch brisante Diskussion ist auch im Kontext mit den sogenannten „68er Studentenunruhen" zu sehen. Für diesen „Aufstand" hatte ich wie viele meiner Altersgenossen letztlich wenig Verständnis. Wir waren froh, zwanzig Jahre nach Krieg und Nachkriegszeit Unordnung und Chaos hinter uns gelassen und wirtschaftlichen und kulturellen Aufschwung erlebt zu haben. Selbstverständlich sahen auch wir jetzt Reformbedarf hier und da, aber den galt es vernünftig durchzusetzen und nicht mit „Gewalt gegen Sachen", später auch gegen „Personen", also durch militantes Auftreten in der Öffentlichkeit oder in Universitäten. Außerdem empfand ich angesichts der SED-Diktatur in der DDR den gedanklichen Rückgriff vieler Linker auf die marxistische oder neomarxistische Theorie als völlig verfehlt. So beteiligte ich mich recht aktiv an der damaligen politisch-pädagogischen Diskussion durch zahlreiche Referate und Veröffentlichungen. Ich reiste zu Vorträgen und Seminaren über die aktuellen bildungs- und gesellschaftspolitischen Themen kreuz und quer durch die Bundesrepublik und war wiederum oft die einzige Frau bei solchen Veranstaltungen.

Stellvertretende CDU-Bundesgeschäftsführerin – Neuausrichtung der Partei

Im Sommer 1973 fand an der Spitze der Bundes-CDU der Führungswechsel von Rainer Barzel zu Helmut Kohl, damals Ministerpräsident in Rheinland-Pfalz, statt. Der neue Generalsekretär, Kurt Biedenkopf, trat kurz danach an mich heran mit der Frage, ob ich in der CDU-Bundesgeschäftsstelle als Hauptabteilungsleiterin und stellvertretende Bundesgeschäftsführerin, also auf Leitungsebene, tätig werden wolle. Er hatte seinerseits bei seiner Wahl versprochen, dort erstmals eine Frau in eine Führungsposition einzusetzen. Ich sagte zu und trat im Januar 1974 meinen Dienst an. Vom Institut der Wirtschaft war ich ohne Bezüge beurlaubt worden und erhielt ein Rückkehrrecht zugesichert, was mir ein Gefühl der Unabhängigkeit gegenüber der Politik gab; dies war mir auch später immer wichtig – vielleicht noch ein Relikt aus der Nazi-Zeit. Ich wollte nie „meine Seele an der Garderobe einer Partei" abgeben (so redeten wir damals!).

Der Parteivorsitzende Kohl und der Generalsekretär Biedenkopf setzten auf eine neue Ausrichtung der CDU, insbesondere auf eine inhaltliche und organisatorische Modernisierung der Partei, um ihr ein zeitgemäßes Gesicht zu geben. Dies war auch notwendig angesichts der wenig überzeugenden Situation der Partei nach der verlorenen Bundestagswahl 1972. Die CDU war weithin noch eine Honoratiorenpartei mit wenigen weiblichen und jugendlichen Mitgliedern; sie sollte nunmehr zu einer Mitgliederpartei entwickelt werden und auch interessanten „Seiteneinsteigern" Chancen zum Mittun bieten. Außerdem sollte sie kampagnefähig werden unter Einsatz aller damals verfügbaren alten und neuen Medien. Für die Wahlkämpfe in den Ländern und im Bund wurden neue Strategien und Methoden entworfen; die Beobachtung amerikanischer Wahlkampfmethoden war selbstverständlich geworden. Wichtig war aber vor allem eine inhaltliche Neuorientierung der CDU in Anbetracht der großen gesellschaftlichen und politischen Veränderungen der vorausgegangenen Jahre. Wofür stand eine moderne CDU? Was sollte das neue Frauen- und Familienbild der CDU sein? Es wurden neue politische Ziele und Inhalte sowohl in der Innen- wie in der Außenpolitik erarbeitet und formuliert; damit wurde den sich wandelnden Verhältnissen in der Gesellschaft wie in der Weltpolitik Rechnung getragen.

Innerhalb kurzer Zeit nach dem Führungswechsel 1973 entwickelte sich in der CDU auf allen Ebenen eine große politische Begeisterung, alle wollten aktiv mitwirken. Neue Mitglieder, insbesondere junge Leute und Frauen, traten in großer Zahl der Partei bei. Keiner scheute sich, auch in der Öffentlichkeit für die CDU Zeugnis abzulegen, etwa durch schwarz-rot-goldene Autoaufkleber, Abzeichen, Plaketten, Fähnchen usw. Solche Emotionen in und für die CDU habe ich seitdem nie mehr erlebt! Der überwältigende Bundestagswahlerfolg der Unionsparteien 1976 unter Leitung von Helmut Kohl kam also nicht von ungefähr.

Bezüglich der Präsenz von Frauen in den Spitzengremien der CDU war es damals so, wie ich es aus der Wirtschaft gewohnt war: Es gab eine oder vielleicht zwei Frauen im Präsidium: Dr. Hanna-Renate Laurien und Dr. Helga Wex. Dabei ist allerdings nicht zu vergessen, dass es in den 1950er und 1960er Jahren in allen politischen Parteien kaum 20 Prozent weibliche Mitglieder gab. 1976 waren im CDU-Bundesparteivorstand nur etwa neun Prozent Frauen. Auch die Zahl der weiblichen Abgeordneten im Deutschen Bundestag war lange Zeit außerordentlich gering. Magere 7,1 Prozent waren es 1949, und auch 1976 lag die Quote mit 7,3 Prozent kaum höher.

In dieser Zeit öffneten sich auch für mich neue politische Aktionsfelder: 1975 wurde ich in die NRW-Wahlkampfmannschaft von Heinrich Köppler, dem Spitzenkandidaten der CDU in NRW, berufen; leider haben wir die Wahl damals knapp verloren. Dann bot sich die Möglichkeit, mich um ein Bundestagsmandat für die Wahl im Herbst 1976 zu bewerben; denn neben der Arbeit in Bonn war mein aktives Engagement in den CDU-Gliederungen (Frauenvereinigung Rheinland, Kreispartei Neuss-Grevenbroich) weitergegangen. Anfang 1976 wurde mir von der CDU-Kreispartei in Köln angeboten, in einem Kölner Wahlkreis für die CDU bei der Bundestagswahl im Herbst 1976 anzutreten. Dort gab es eine gewisse Tradition, eine Frau in den damals vier Bundestagswahlkreisen aufzustellen. Vor mir waren es Aenne Brauksiepe und Hanna-Renate Laurien gewesen. Da mir auch ein sicherer Landeslistenplatz von der CDU in Nordrhein-Westfalen in Aussicht gestellt wurde, sagte ich zu. Nach einer langen Vorstellungstour durch den Wahlkreis, bei der mich die Vorsitzende der Kölner Frauenvereinigung begleitete und mir dank ihrer Kenntnis der Örtlichkeiten und der Kölner Mentalität unentbehrlich war, wurde ich von der Kölner CDU nominiert. Mit Einzug in den Deutschen Bundestag im Oktober 1976 endete zum Jahresschluss auch formell meine Tätigkeit in der Bundesgeschäftsstelle. Beim Bundestagswahlkampf im Herbst 1976 gehörte ich zu einer breit aufgestellten „Mannschaft" des Kanzlerkandidaten Helmut Kohl, der zwar die Wahl hoch gewann, aber die Bundesregierung wegen einer SPD/FDP-Koalition nicht bilden konnte.

Rückblickend stelle ich heute fest, dass ich eigentlich über den Beruf in die Politik und zu politischen Mandaten und Ämtern gekommen bin. Ich habe nicht die „Ochsentour" vom CDU-Ortsverband aufwärts durchlaufen und bin auch nicht als Interessenvertreterin einer bestimmten gesellschaftlichen Gruppe „entsandt" worden. Ein Grund dafür mag darin liegen, dass ich meine berufliche Tätigkeit immer sehr breit ausgelegt und vieles „nebenher" gemacht habe, so beispielsweise ab 1961 sechs Jahre nebenamtlich Wirtschaftkundeunterricht an einer Höheren Fachschule für Sozialarbeit (mit Betriebspraktika). Auch gehörte ich um 1970 sechs Jahre lang dem Stadtrat meiner Heimatstadt Grevenbroich an. Mein Arbeitgeber war sehr großzügig! Ich habe aber auch ohne Zweifel vom herrschenden Zeitgeist profitiert: Ende der 1960er Jahre wurde es bei den Führungskräften in allen Bereichen gleichsam modisch, eine Frau in die Führungsetage zu holen – ohne Zweifel ein Ergebnis des immer lauter werdenden Rufes nach mehr Frauengleichberechtigung. So war ich auf vielen Stationen meines beruflichen und politischen Lebens die erste und lange Zeit oft auch die einzige Frau auf der entsprechenden gehobenen Funktionsebene. Mir war das alles sehr bewusst, und ich war bemüht, mein Bestes zu geben – ob es immer gelang, mögen andere entscheiden!

Kampf um ein modernes Frauenbild in der CDU

1961 war ich in die CDU eingetreten, da die Bundestagsabgeordnete Aenne Brauksiepe mich gebeten hatte, als „junge Frau" auf dem bevorstehenden Kölner CDU-Bundesparteitag 1961 unter den Augen von Bundeskanzler Konrad Adenauer einen Diskussionsbeitrag zur Stellung der Frauen im Beruf zu leisten, damals eine recht neue Thematik für einen CDU-Bundesparteitag. In den folgenden Jahren entfaltete ich keine besonderen Aktivitäten in den Gliederungen der CDU, da ich mich voll auf mein berufliches Fortkommen konzentrierte. Ich nahm jedoch aktiv an den großen Veranstaltungen der CDU-Frauen teil. So erinnere ich mich an die überwältigende Wahlveranstaltung 1961 in der Essener Gruga-Halle mit etwa 15.000 Frauen in Gegenwart von Bundeskanzler Adenauer, Helene Weber, Aenne Brauksiepe und anderen. Auch 1968 gelang es, die Gruga-Halle mit über 8.000 Frauen zu füllen, als man Franz Josef Strauß und Aenne Brauksiepe zujubelte. Diese Frau verstand es nicht nur, riesige Hallen mit ihrer lebendigen und mitreißenden Rhetorik zu füllen, sondern sie ging auch mit Hilfe der Bundesfrauenreferentin Marlene Lenz daran, das Frauenbild in der CDU allmählich zu ändern. Das Thema „Frau und Beruf" wurde in den Vordergrund geschoben. So fand im Dezember 1964 in Bochum ein Kongress der Frauenvereinigung und der CDU erstmals zu dem Thema „Frau und Arbeitswelt morgen" statt; ich nahm daran als Referentin und Diskutantin teil.

Diese Thematik galt damals in der Partei als ziemlich sensationell und war durchaus umstritten, denn immer noch dominierte das Frauenbild der Hausfrau und Mutter. Ich erinnere mich, wie in CDU-Versammlungen bei

Personalvorstellungen Männer dann besonders viele Stimmen bekamen, wenn sie darauf verwiesen, dass die eigene Ehefrau gerade als Nicht-Berufstätige mit ihm sehr glücklich sei. Eine betont verkündete große Zahl eigener Kinder erhöhte meist noch die Stimmenzahl für den Mann! Bei den wenigen Frauen, die sich bei Parteiwahlen stellte, war es meist genau umgekehrt: Der Hinweis auf mehrere eigene Kinder war nicht gerade förderlich! 1969 fand ein weiterer Kongress der Frauenvereinigung statt unter dem Titel „Die Frau im Spannungsfeld unserer Zeit". Dieses Spannungsfeld war eben der Spagat zwischen Beruf und Familie, der damals vor allem zu Lasten der Frauen und ihres Berufes ging.

Es sei hier erläuternd daran erinnert, dass in den 1950er und 1960er Jahren eine Berufstätigkeit von Ehefrauen in der Bundesrepublik generell eher die Ausnahme als die Regel war. Nur allein stehende Frauen arbeiteten oder Hausfrauen aus den unteren sozialen Schichten aus Finanznot. Ich habe oft erlebt, dass Facharbeiter voller Stolz kundtaten: „Meine Frau braucht nicht zu arbeiten, ich verdiene genug." Dass die Situation der Frauen in der DDR eine ganz andere war, sah man bei uns sehr kritisch, ja ablehnend und keineswegs als vorbildhaft!

1971 fand der Wechsel im Bundesvorsitz der Frauenvereinigung von Aenne Brauksiepe zu Helga Wex statt. Dies war mehr als ein Generationenwechsel, es war auch eine Schwerpunktverlagerung in der Thematik der Frauenvereinigung. Immer mehr trat in den Mittelpunkt der Diskussion die Frage, wie man als Frau Beruf, Ehe und Kinder „unter einen Hut" bringen könnte und vielleicht zusätzlich noch ein Mandat in der Politik. Letztlich musste die Frauenvereinigung dabei einen Zweifrontenkrieg in den 1970er bis Anfang der 1980er Jahre führen: einmal gegen die Traditionskompanien in der CDU, meist Männer, aber auch gegen Frauen, die lautstark für die Rolle der Frau mehr oder weniger ausschließlich als Mutter und Hüterin der Familie fochten. Außerhalb der CDU war ein teilweise aggressiver Feminismus erstarkt, der in Öffentlichkeit und Medien bewusst provokativ und lautstark für mehr sexuelle Freiheit, für eine Freigabe der Abtreibung, für leichtere Ehescheidung, für eine uneingeschränkte Gleichberechtigung zwischen Mann und Frau auf allen juristischen und gesellschaftlichen Ebenen plädierte. Ich erinnere hier nur an das öffentliche Bekenntnis bekannter Schauspielerinnen, Journalistinnen und Autorinnen in großen Demonstrationen und in Illustrierten, selbst abgetrieben zu haben. Mir gingen diese Forderungen oft zu weit, ich fand manche Äußerungen und bildlichen Darstellungen sogar abstoßend, viele CDU-Frauen empfanden wohl ähnlich. Im Rückblick muss ich allerdings feststellen, dass diese radikale Art vielleicht etwas im Sinne einer größeren rechtlichen wie faktischen Selbständigkeit der Frauen bewegt hat.

Eine ohne Zweifel damals notwendig gewordene Reform des § 218 StGB hatte in der CDU und auch in der Bundestagsfraktion heftige Debatten ausgelöst, wobei wohl die große Mehrheit in der Partei und bei den Frauen gegen eine Fristenlösung stand. In dem Zusammenhang sei daran erinnert, dass durch die

Erfindung und Ausbreitung der Anti-Baby-Pille Anfang der 1960er Jahre schon einmal eine „Revolution" im Selbstverständnis der Frauen stattgefunden hatte; Mentalität und Verhalten der Frauen gerade in Fragen einer Familienplanung hatten sich gegenüber früher bereits grundlegend verändert.

Unter Helga Wex und CDU-Generalsekretär Heiner Geißler wurden in der CDU die Begriffe der „Wahlfreiheit" und der „Partnerschaft" geprägt, um der CDU-Frauenpolitik eine Richtung zu geben. Der Essener Bundesparteitag 1985 war dem Spannungsfeld der Frau zwischen Beruf und Familie und ihren gesellschaftlichen Verpflichtungen gewidmet. „Wahlfreiheit in Partnerschaft" wurde als Zielbestimmung für diese Problematik in das Parteiprogramm aufgenommen. Wichtig war, dass sich die gesellschaftlichen Veränderungen für die Frau nicht gegen die Männer, wie beim militanten Feminismus, sondern in Partnerschaft mit ihnen vollziehen sollten. Helmut Kohl, der Bundesparteivorsitzende, unterstützte diese Programmatik voll.

Wir Frauen wussten natürlich alle, dass mit der Prägung der Begriffe das Problem der Frauen zwischen Beruf und Familie nicht gelöst war, sondern dass dafür erst zahlreiche rechtliche und faktische Veränderungen erforderlich sein würden. Aber, und das war das Entscheidende, die CDU und die CDU-Frauen hatten eine politische Richtung: Emanzipation bedeutete für sie nicht die totale Loslösung von dem einen oder anderen Leitbild der Frau, sondern den Versuch, die Frau in ihrer freien Entscheidung zu sehen, sich dem einen oder anderen Lebensbereich oder beiden zusammen zuwenden zu können – und dies nicht gegen die Männer gerichtet, sondern in Partnerschaft mit ihnen. Dies war auch eine klare Frontstellung gegen den damals vorherrschenden radikalen Feminismus.

Die Formel „Wahlfreiheit in Partnerschaft" war für die CDU viele Jahre sehr erfolgreich, galt sie doch politisch als problemorientiert und emanzipatorisch aufgeschlossen, ohne alte Traditionen völlig über Bord zu werfen. Aber auch dies sei nicht verschwiegen: Selbst dieser Begriff der Wahlfreiheit war nicht so ohne weiteres einer konservativen Männerwelt in der CDU zu vermitteln. Ich erinnere mich an manche harten, oft auch ironischen Debattenbeiträge von Männern auf Parteitagen zu dieser Thematik. Landsmannschaftliche Verschiedenheiten und Traditionen spielten dabei auch eine Rolle.

Der Regierung Kohl gelang es ab Mitte der 1980er Jahre, zahlreiche frauen- und familienfördernde Maßnahmen durchzusetzen im Sinne einer Emanzipation der Frau, etwa die Anrechnung von Erziehungszeiten bei der Rente oder die Einführung eines Erziehungsurlaubs für junge Mütter. In meinen Augen bedeutet gerade die Anrechnung von Erziehungsjahren auf die Altersrente den entscheidenden Schritt, weil hierdurch erstmals Berufstätigkeit und Familientätigkeit rechtlich vergleichbar wurden. Dass es bis heute noch an vielen juristischen und tatsächlichen Voraussetzungen fehlt, um wirkliche Wahlfreiheit für die Frauen zu ermöglichen, ist eine Binsenwahrheit.

Landesvorsitzende der Frauenvereinigung der CDU-Rheinland

Schon seit den 1960er Jahren gehörte ich dem Landesvorstand der CDU-Frauenvereinigung (später: Frauen Union) Rheinland an; 1973 stellte ich mich zur Wahl als Landesvorsitzende gegen die langjährige Vorsitzende Maria Stommel MdB und gewann. In diese Führungsaufgabe investierte ich in den folgenden Jahren viel Fleiß, Energie und Ideen, um die Frauen in der Vereinigung politisch zu motivieren und für Mandate zumindest auf Orts-Ebene zu gewinnen. Ich habe mich als Vorsitzende bemüht, Frauen noch „politischer" zu machen, sie zusätzlich für weitere Themengebiete zu interessieren neben den Bereichen Schule und Soziales. Ich gebe aber zu, dass meine Bemühungen bei den Frauen nicht immer auf fruchtbaren Boden fielen; der familiäre Bezug war bei ihnen damals noch sehr stark; man konzentrierte sich am liebsten auf „Frauenthemen". Nach zwölf Jahren Leitung der Landesfrauenvereinigung und durch das Amt der Bundesbildungsministerin seit Oktober 1982 zeitlich zusätzlich beansprucht, hielt ich es im Jahr 1985 für richtig, einer jüngeren Kollegin den Weg frei zu machen; ich schlug die Parlamentarische Staatssekretärin Irmgard Karwatzki MdB als meine Nachfolgerin vor, die das Amt dann auch jahrelang sehr erfolgreich und hoch anerkannt ausübte.

Gerade die politische Arbeit mit den Frauen und für sie hat mir in den vielen Jahren große Freude und Befriedigung verschafft, und wir haben damals doch einiges für die Frauen in Familie, Beruf und Politik erreicht. „Wahlfreiheit" und „Chancengerechtigkeit" für Mädchen und Frauen – das waren unsere Zielvorstellungen. Die später aufkommende Forderung nach einer „Quote" (Quorum) für Frauen in Parteien, Parlamenten oder in Führungspositionen wichtiger Institutionen war damals noch wenig akut und hat mich politisch kaum mehr beschäftigt; sie kam erst gegen Ende meiner frauenpolitisch aktiven Zeit auf. Ich stand und stehe ihr mit einer gewissen Skepsis gegenüber. Gerät sie womöglich mit dem Demokratieverständnis in Konflikt? Stehen zu den fälligen Gelegenheiten immer genügend fähige und engagierte Frauen bereit? Was ist, wenn eine Quote nicht ausgefüllt werden kann? Je mehr die fachliche Qualifikation bei immer mehr Frauen ansteigt und ebenso ihr Streben nach einem immer hart zu erkämpfenden Aufstieg, umso mehr werden Frauen wie selbstverständlich auch in Führungspositionen hineinwachsen. Hierbei mag der demographische Faktor hilfreich sein.

Mitglied des Deutschen Bundestages von 1976 bis 1994

In allen fünf Wahlperioden von 1976 bis 1994, in denen ich dem Deutschen Bundestag angehörte, bin ich über die Landesliste der CDU von Nordrhein-Westfalen gewählt worden. Der Wahlkreis Köln III, in dem ich stets kandidierte und den ich all die Jahre hindurch politisch betreute, bestand aus den Stadtbezirken Neu-Ehrenfeld, Nippes und Chorweiler. Hier lernte ich hautnah und zeitaufwändig kennen, wie viele Vereine und Gruppen es in den einzelnen Vierteln (in Köln: Veedel) einer Großstadt gibt, die jeweils den Besuch der politischen Mandatsträger bei ihren Veranstaltungen erwarten. So waren Abende und Wochenenden immer voll ausgefüllt.

1976 bis 1980: Bildungspolitik

In meiner ersten Wahlperiode im Deutschen Bundestag von 1976 bis 1980 wurde ich ordentliches Mitglied im Ausschuss für Bildung und Wissenschaft und stellvertretendes Mitglied im Wirtschaftsausschuss. Meine Aktivitäten lagen im Bildungsausschuss und dort vor allem bei der beruflichen Aus- und Weiterbildung im dualen System zwischen Betrieb und Berufsschule, dem Rückgrat des erfolgreichen deutschen Berufsbildungssystems. Themen wie die Aus- und Fortbildung der Frauen und die Weiterbildung der Arbeitnehmer beschäftigten mich intensiv, gerade wegen der sich damals anbahnenden Entwicklungen in der Informationstechnologie und den strukturellen Veränderungen in der Wirtschaft.

In der CDU/CSU-Bundestagsfraktion schloss ich mich selbstverständlich der „Frauengruppe" an, die in jeder Sitzungswoche tagte. Ich erinnere mich, dass ich anfangs immer wieder darauf drängte, auch mehr „nicht frauenrelevante" Themen auf die Tagesordnung zu setzen, damit wir Frauen uns noch stärker in andere Fachgebiete und Fachausschüsse sachkundig einbringen könnten als bis dahin üblich. Aber die Gruppe verstand sich doch in erster Linie mehr als „pressure group" für die Frauenprobleme – und wurde in der Fraktion wohl auch so gesehen.

Meine Zeit als Geschäftsführerin der CDU/CSU-Bundestagsfraktion

Im Oktober 1980 wurde ich erneut über die CDU-Landesliste von Nordrhein-Westfalen in den Deutschen Bundestag gewählt. Ich blieb im Bundestagsausschuss für Bildung und Wissenschaft, wurde aber zusätzlich – für mich völlig unerwartet – vom Fraktionsvorsitzenden Kohl zur Parlamentarischen Geschäftsführerin bestellt – als erste Frau in diesem Amt. Seitdem gibt es übrigens in der CDU/CSU-Fraktion immer eine weibliche Parlamentarische Geschäftsführerin, mehr sind es aber bislang auch nicht geworden!

Ich wurde auf diese Weise Mitglied im Ältestenrat des Bundestages und im engeren wie im weiteren Vorstand der Fraktion. Das war spannend; ich schaute hinter die Kulissen der parlamentarischen Arbeit und lernte vor Ort die Abläufe des doch recht komplizierten parlamentarischen Systems kennen. Dabei wurde mir immer klarer, dass Politik wirklich die Kunst des Kompromisses ist. Ich sah aber auch, wie unterschiedlich der politische Elan und das fachliche Können der Abgeordneten im politischen Alltagsgeschäft waren und wie viel Arbeit im Stillen, verborgen vor den Augen der Öffentlichkeit, geleistet wurde. Nicht jeder „Medienliebling" leistete die effektivste Arbeit!

Von den Bundestagskollegen wurde ich in der neuen Rolle als „PGF" zwar akzeptiert; aber es hat zunächst ohne Zweifel bei älteren und selbstbewussten männlichen Abgeordneten auch Vorbehalte gegen die „Frau" gegeben, etwa wenn es um die Gestaltung der parlamentarischen Fragestunde ging. Da ich nun in Fraktionssitzungen vorne am Vorstandstisch saß, konnte ich gut das Diskussionsverhalten der Kolleginnen und Kollegen beobachten. Ich fühlte mich zunehmend in einer Beobachtung gestärkt, die ich schon früher auch anderswo gemacht hatte: Frauen verhielten sich bei Diskussionen in der Regel anders als Männer. Diese trugen ihre Argumente und Sichtweisen selbst immer dann noch vor, wenn alles schon vorher von anderen mehrfach geäußert worden war. Ihnen ging es offensichtlich mehr um die eigene Selbstdarstellung, als um die Sache. Frauen dagegen verzichteten schnell auf ihre Wortmeldung, wenn ihre fachlichen Ansichten bereits zum Ausdruck gekommen waren. Dadurch gab es immer mehr Wortmeldungen von Männern als von Frauen; Männer prägten den Diskussionsstil. Ich denke, dass vielen Frauen in der Politik, jedenfalls damals, mehr an der Durchsetzung eines sachlich begründeten Anliegens gelegen war als an der Herausstellung der eigenen Person. Aber vielleicht hat sich dies im Laufe einer gewachsenen Gleichberechtigung der Frauen geändert!

Von der Geschäftsführerin zur Bundesministerin für Bildung und Wissenschaft

Nach dem erfolgreichen konstruktiven Misstrauensvotum gegen Bundeskanzler Helmut Schmidt und seine sozial-liberale Koalition am 1. Oktober 1982 bildete der neue Kanzler Helmut Kohl schon am 4. Oktober sein Kabinett; ich wurde zur Bundesministerin für Bildung und Wissenschaft ernannt; die erste Frau für dieses Ressort. Vor dem Misstrauensvotum brodelte in der Bundestagsfraktion die Gerüchteküche: Wer wird Bundesminister und in welchem Ressort? Wird es eine oder mehrere Frauen geben? Eigentlich konnte Kohl nicht ohne eine Ministerin antreten, da seit 1961 kein Bundeskabinett mehr ohne eine Ministerin geblieben war, meist für das Ressort Jugend und Familie. Viele tippten damals auf Dr. Helga Wex, die stellvertretende Fraktionsvorsitzende. Ich vermute, dass es deshalb Enttäuschungen gab, als mein Name fiel. Bis 1985 blieb ich die einzige Frau im Kabinett; dann wurde Professor Dr. Rita Süssmuth als Familienministerin berufen. Ihre Nachfolgerin wurde 1988 Professor Dr. Ursula Lehr. Beide Ministerinnen gehörten zunächst dem Bundestag nicht an. Die Kolleginnen in der Fraktion sahen es damals wie auch später gar nicht gern, wenn

Frauen „von außen" in das Amt einer Bundesministerin berufen wurden, denn das bedeutete für sie wieder eine Aufstiegschance weniger!

Ich war zunächst nicht nur die einzige Frau im Kabinett, sondern auch die erste „Chefin" im Bundesministerium für Bildung und Wissenschaft (BMBW). Mein neues Amt ging ich zunächst mit gemischten Gefühlen an, auch ein wenig mit „Bammel": Fachlich fühlte ich mich kompetent, aber ich fragte mich, wie füllt man die Rolle als Ministerin aus? Wie verhält man sich als Frau? Vorbilder dafür hatte ich keine, aber ich hatte ja schon mehrfach Führungsfunktionen im Beruf bekleidet, und so habe mich dann relativ schnell im neuen Milieu eingewöhnt. Parlamentarischer Staatssekretär wurde Anton Pfeifer.

Ich ließ mich anreden mit „Frau Minister", so wie auch später alle meine Ernennungs- und Entlassungsurkunden lauteten – es waren sechs Stück! Erst Jahre danach wurden durch Gesetz die Amtstitel auch in der weiblichen Form vergeben. Mich hat aber die alte neutrale Form nie gestört, im Gegenteil! Da das Wort „Minister" aus dem Lateinischen kommt, verträgt es eigentlich keine Endung auf „in". Außerdem habe ich immer mit Vor- und Zunamen unterzeichnet. Die erst Jahre später üblich gewordene weibliche Anrede habe ich nie vermisst! Meine langjährige Mitarbeiterin aus dem Bundestag, Helga Kumpfmiller, nahm ich als vertraute Sekretärin mit, ebenso einen Referenten; als Büroleiter und Persönliche Referenten holte ich mir jüngere, der CDU nahe stehende männliche Beamte / Angestellte aus dem Ministerium. Es waren zumeist Juristen, deren Rat mir, der Nichtjuristin, wichtig erschien. Mit diesem System bin ich gut gefahren. In der damaligen Männerwelt der Beamtenschaft schien es mir besser, als Frau nicht nur mit Frauen im eigenen Umfeld zu agieren. Außerdem war damals die Auswahl an jüngeren Damen im Höheren Dienst, die uns politisch nahe standen, noch nicht allzu groß. Die wenigen, die ich im Laufe der Jahre kennen lernte und die teilweise kurzzeitig in meinem Büro tätig waren, haben später fast alle Karriere gemacht.

Es ist hier nicht der Ort, um alle Aktivitäten aus der Amtszeit als Bildungs- und Wissenschaftsminister aufzuzeigen, deshalb nur einige Hinweise. 1982 übernahm die Regierung Kohl einen überschuldeten Bundeshaushalt. Einsparungen bei den öffentlichen Ausgaben waren also angesagt. Dem Bundesbildungsminister oblag es, die Kürzung bzw. Streichung der BAföG-Sätze (Bundesausbildungsförderung) für Schüler und Studenten durchzusetzen, was zu massiven und lautstarken Protesten in der Öffentlichkeit, aber vor allem in Schulen und Hochschulen führte, zum Teil angeheizt von den Medien. Hochschulen konnte ich oft nur unter Polizeischutz besuchen, in Hörsälen kam es zu tumultartigen Szenen, manches rohe Ei flog auf mich zu. Ich war die „Buhfrau" der jungen Leute. Kein gutes Gefühl!

Anfang der 1980er Jahre gab es eine große Ausbildungsstellenknappheit: Viele Jugendliche aus den geburtenstarken Jahrgängen blieben ohne Ausbildung. Zahlreiche Betriebe hatten in den Vorjahren ihre Ausbildung eingestellt oder verringert angesichts einer zugespitzten linken politischen Agitation gegen die betriebliche

Berufsbildung nach dem zynischen Motto „Ausbildung ist Ausbeutung". Das erfolgreiche „duale System" der beruflichen Ausbildung musste also wieder gestärkt werden. Es galt, das Vertrauen der Betriebe in die berufliche Bildungspolitik dieser Bundesregierung zu gewinnen durch viele Besuche und Vorträge in der Wirtschaft – auch der Kanzler schaltete sich ein – sowie durch zielgerichtete organisatorische und finanzielle Unterstützungsmassnahmen. Der Erfolg gab uns recht: Nach wenigen Jahren sank die Ausbildungs- und Berufsnot der Jugendlichen in der Bundesrepublik rapide – im Gegensatz zu anderen europäischen Ländern!

Der Ausbildung von Mädchen – gerade in neuen technischen Berufen – widmete ich eine hohe Aufmerksamkeit. Leider konzentrierte sich das Interesse der Frauen immer noch zu sehr auf die traditionellen Frauenberufe. Auch die Förderung benachteiligter und ausländischer Jugendlicher war mir ein Anliegen. Ebenso wurden auch hochbegabte Jugendliche von mir als besonders förderungswürdig gesehen. Für alle diese Gruppen wurden spezielle Förderprogramme aufgelegt beziehungsweise mit erhöhtem Mitteleinsatz weitergeführt. Von Begabten- oder gar Eliteförderung zu sprechen, war Anfang der 1980er Jahre allerdings politisch noch wenig opportun. Die Ideologie der 1970er Jahre „gleiche Bildung für alle" spukte noch zu sehr in den Köpfen der Menschen. Trotzdem haben wir gerade im Bereich der Wissenschaft zahlreiche Initiativen entwickelt, um begabte junge Wissenschaftler zu fördern.

Wichtig war mir auch eine Hochschulreform durch eine Änderung des geltenden Hochschulrahmengesetzes von 1976. Die Hochschulen litten damals unter dem großen Ansturm der Studenten aus geburtenstarken Jahrgängen; deshalb hieß das politische Ziel: Die Hochschulen offen halten und ihnen die entsprechenden finanziellen Mittel dafür geben. Die Hochschulen und ihre Leitungen waren damals auch sehr eingeengt durch überzogene Mitbestimmung und eine Vielzahl von Gremien – eine Folge der 68er Studentenunruhen. Hier galt es, wieder mehr Freiheit in der Forschung und für die Hochschulleitung zu ermöglichen, sie vom Druck der „Räte und Gremien" zu befreien. Dies gelang mit der Novellierung des Hochschulrahmengesetzes im Jahre 1985. Übrigens ging es im novellierten Gesetz unter anderem auch um eine gezielte Förderung besonders begabter junger Wissenschaftler sowie um die Förderung von Frauen an den Hochschulen – eine wenig beliebte Forderung. Damals konnte man weibliche Dozenten und Professoren noch mit der Lupe suchen!

Bundesministerin für innerdeutsche Beziehungen

Die Berufung zur Bundesministerin für innerdeutsche Beziehungen (BMB) nach der Bundestagswahl 1987 durch Bundeskanzler Kohl kam für mich wie für die Öffentlichkeit völlig überraschend und war bedingt durch den Wunsch der FDP, das BMBW nunmehr für sich zu reklamieren. Darauf war ich nicht gefasst. Aber es war mir sofort klar: Wenn ich dem Ruf des Kanzlers nicht folge, geht meine politische Laufbahn langsam dem Ende zu – und das wollte ich auch nicht. So erklärte ich mich in dem entscheidenden Gespräch mit Kanzler Kohl nach kurzem Zögern bereit, diese wichtige Aufgabe zu übernehmen. Dann reizte es mich auch, eine neue Herausforderung anzunehmen. Niemand konnte damals allerdings ahnen, welche weltpolitischen Ereignisse gleichsam vor der Tür standen! Obwohl früher mehr den gesellschafts- und bildungspolitischen Themen zugewandt, stellte ich mich rasch der ungewohnten Lage und begann, mich intensiv in die neuen fachlichen Aufgaben einzuarbeiten. Dies gelang relativ schnell; die Leitung eines Ministeriums war mir geläufig.

Nicht so einfach zu bewältigen war für mich anfangs die Begegnung mit den Repräsentanten der Vertriebenenverbände, die es bislang gewohnt waren, dass ein Mann aus ihren Reihen Minister im BMB wurde, und jetzt dies: eine Rheinländerin und eine Frau! Es war nicht immer ganz einfach! Ganz anders dagegen die Aufnahme in europäischen Hauptstädten, die ich besuchte, um unter anderem Vorträge über das geteilte Deutschland zu halten; hier war man Frauen auch für „internationale Themen" schon eher gewohnt. Nur von der Teilung Deutschlands hatte man dort wenig Ahnung.

Ich kann hier nicht das ganze Aufgabenspektrum des innerdeutschen Ministeriums aufblättern, aber doch auf einen Tatbestand hinweisen, der heute weithin in Vergessenheit geraten ist. Seit dem Grundlagenvertrag mit der DDR 1972 hatte das Bundeskanzleramt die Federführung für Verhandlungen mit der DDR. Das innerdeutsche Ministerium existierte für die DDR-Regierung praktisch nicht, weil sie die Bundesrepublik als Ausland betrachtete, es gab für sie keine „innerdeutschen Beziehungen". Bei allen Verhandlungen mit der DDR über Reiseverkehr, Umweltschutz usw. arbeiteten jedoch Beamte des BMB mit. Familienzusammenführung, Gefangenenfreikauf wurden als „humanitäre Aufgaben" vom BMB verhandelt. Das Ministerium wirkte vor allem in die Bundesrepublik hinein, um dort den Willen zur Wiedervereinigung Deutschlands wach zu halten – ein politisches Hauptziel der Regierung Kohl. Für viele, vor allem junge Menschen in der Bundesrepublik war die DDR ein fremdes Land geworden!

Ich selbst fuhr mehrfach halboffiziell mit Dienstwagen und Referent in die DDR, die Stasi immer im Schlepptau. Da es einen innerdeutschen Minister nach SED-Ansicht aber nicht gab, wurde ich von offiziellen Stellen geschnitten; ich traf mich deshalb mit Kirchenvertretern, Sozialarbeitern, Museumschefs usw. Auf diese Weise bin ich 1987/88/89 in der DDR weit herumgekommen und habe viele teilweise bewegende Eindrücke gewonnen; ich sah den desolaten Zustand vieler Städte, Betriebe und sozialer Einrichtungen und machte mir deshalb nach der Wende keine Illusionen über die Situation in den neuen Bundesländern.

Erwähnen möchte ich den Besuch von SED-Generalsekretär Honecker in Bonn im September 1987. Ich stand in einer innerlichen Abwehr vor dem Kanzleramt angesichts von Hymne und Fahne der DDR. Ich war in die Verhandlungen voll eingebunden – eine der Vorbedingungen für den Besuch. Helmut Kohls Tischrede am Abend, als er auf die Vision einer deutschen Wiedervereinigung hinwies, war für mich wie ein stiller Triumph.

Über die vielen, so bewegenden Ereignisse in den Monaten des Herbstes und Winters 1989/1990, der Friedlichen Revolution in der DDR, ist viel berichtet worden. Wegen der Fülle der persönlichen Erinnerungen will ich hier nur drei Stationen kurz streifen, da sie mir bis heute so besonders präsent sind.

Ich habe den Mauerfall in Berlin am 9. November 1989 unmittelbar und direkt erlebt: Ich nahm an einem Historikerkongress im Reichstag am Abend des 9. November teil und wurde ungewollt zum „Tatzeugen" und am nächsten Tag zum „Grenzgänger", als ich am Übergang Invalidenstraße nach Ost-Berlin hineinspazierte unter dem Grinsen von Vopos!

Nachhaltig beeindruckt war ich von der Rede Helmut Kohls vor den Trümmern der Dresdner Frauenkirche am 19. Dezember 1989. Ich stand direkt hinter ihm und konnte die Reaktion der Menschen auf dem Platz genau beobachten. Von dem Tag an wusste ich auch gefühlsmäßig: die deutsche Einheit kommt! Unvergesslich ist für mich auch der 5. Oktober 1990: An diesem Tag fand die erste Sitzung eines gesamtdeutschen Kabinetts in Bonn statt, an dem die fünf „Bundesminister für besondere Aufgaben" aus der ehemaligen DDR, unter anderen Lothar de Maizière und Dr. Sabine Bergmann-Pohl, teilnahmen. Frei gewählte deutsche Minister an einem Kabinettstisch – und das zwei Jahre nach dem Bonner Besuch von Erich Honecker! So kann Geschichte spielen! Im Wahlkampf für die erste freie Volkskammerwahl in der DDR am 18. März 1990 war ich, wie wir alle, für die „Allianz für Deutschland" im Einsatz. Dabei sollte nicht vergessen werden, dass, zum Teil gegen den Willen der CDU-Bundesführung, die noch zu viel „Blockpartei" fürchtete, schon sehr frühzeitig viele CDU-Mitglieder aus der Bundesrepublik, darunter besonders viele Frauen, in die nunmehr offene DDR fuhren, um der dortigen „Ost-CDU" helfen. Ohne diese Unterstützung wäre der Wahlsieg der „Allianz" möglicherweise nicht so groß ausgefallen!

Das Bundesministerium für innerdeutsche Beziehungen wurde am 18. Januar 1991 aufgelöst; es hatte sich durch die Wiedervereinigung Deutschlands selbst überflüssig gemacht. Denn es war nicht so strukturiert, als dass es die praktische Umsetzung der Wiedervereinigung hätte maßgeblich befördern können. Diese Aufgabe oblag eindeutig den einzelnen Fachressorts der Bundesregierung mit ihrem Sachverstand.

Abgeordnete des Deutschen Bundestages 1991 bis 1994

Nach dem Ausscheiden aus der Bundesregierung am 18. Januar 1991 war ich nach mehr als acht Jahren als Ministerin froh, wieder frei von amtlichen Verpflichtungen zu sein und mich ausschließlich der parlamentarischen Arbeit widmen zu können. Beide Ministerämter hatten mich gefordert, aber auch erfüllt und innerlich befriedigt. Aber nun war doch in mir der Wunsch stark geworden, wieder „Freifrau" zu sein und nicht eine „Magd" des fremdbestimmten Terminkalenders. Und auch dies bleibe nicht unerwähnt: Ständige Medienpräsenz war auch damals in Bonn – sicherlich weniger als heute – für eine Ministerin notwendig. Aber ich war es inzwischen ein wenig leid geworden, zu jeder Gelegenheit und Uhrzeit den Medien zur Verfügung zu stehen. Ich hatte großartige Journalisten kennen gelernt, die mir durch argumentative Gespräche oft in den eigenen Überlegungen weiterhalfen. Aber es gab auch nervende, oft wenig kundige Vertreter dieser Branche, die einem die Lust am Argumentationsaustausch durch kaum Sachkenntnis verratende Fragen nahmen. Die erkennbare Abhängigkeit der fachlichen und politischen Beurteilung eines Politikers und seines Bekanntheitsgrades von den Medien hat mich im Laufe der Jahre doch zunehmend gestört. Ergänzend sei erwähnt, dass es unter den guten „politischen" Journalisten damals in Bonn kaum Frauen gab, während ich in der bildungspolitischen Sparte einige ganz hervorragende und äußerst sachkundige Journalistinnen kennen gelernt hatte.

Im Deutschen Bundestag gehörte ich nunmehr dem Auswärtigen Ausschuss und dessen Unterausschuss „Auswärtige Kulturpolitik" an. Hauptthema war dort die Problematik der Rückführung kriegsbedingt verlagerten Kulturguts. Wir verhandelten auch in Moskau – ohne Erfolg! Mir fiel übrigens damals auf, dass es im Auswärtigen Ausschuss kaum weibliche Mitglieder gab, es war ein „Männerausschuss". Überhaupt ist festzuhalten, dass sich die Kolleginnen der Fraktionen keineswegs gleichmäßig auf die einzelnen Bundestagsausschüsse verteilten, es gab „Männer- und Frauen-Ausschüsse", was die Besetzung betraf!

In dieser 12. Legislaturperiode standen die fachlichen Probleme bei der Umsetzung der einzelnen Abmachungen aus dem Vertrag zur Deutschen Einheit von 1990 stark im Vordergrund der parlamentarischen Beratungen. Es sei daran erinnert, dass die notwendige Änderung des § 218 StGB, der „Abtreibungsparagraph", verschoben werden musste, weil hier zunächst keine Einigung zwischen den Abgeordneten aus Ost und West zu erzielen war; er wurde erst 1995 neu gefasst. Auch bei anderen Fragen bestanden zunächst große Meinungsverschiedenheiten zwischen den Abgeordneten aus West und Ost, auch zwischen den Frauen, so beispielsweise in der Beurteilung der Situation der Familien oder der Kinderbetreuung, die sich in der Bundesrepublik anders darstellte als in der ehemaligen DDR. In der Bundesrepublik herrschte damals noch weitgehend das bürgerlich-christlich geprägte Familienbild, in dem in erster Linie die Familie, die Mutter, für die Kindererziehung und -betreuung vor allem in der frühkindlichen Phase verantwortlich ist. In den neuen Bundesländern herrschte als Erbschaft der DDR weitgehend noch das SED-geprägte Familien- und Erziehungsmuster vor. Die meisten „West"-Abgeordneten waren damals nicht bereit, diese „DDR-Verhältnisse" auf die Bundesrepublik insgesamt zu übertragen. So wurden in vielen neuen Bundesländern Kinderbetreuungseinrichtungen geschlossen. Heute – mehr als 20 Jahre später – zeigt sich ein umgekehrtes Bild: Viele Politiker und Frauen bevorzugen eine außerfamiliäre frühkindliche Erziehung der Kinder – ohne ideologische Ausrichtung. Aber Erziehung orientiert sich immer an Wertvorstellungen. Leider wird die Debatte darüber in der Bundesrepublik kaum geführt!

Im März 1992 wurde ich gebeten, Mitglied der ersten Enquetekommission des Deutschen Bundestages „Aufarbeitung von Geschichte und Folgen der SED-Diktatur in Deutschland" zu werden; anderthalb Jahre lang übte ich auch die Funktion der Obfrau für die CDU/CSU-Fraktion aus. Dann war ich Berichterstatterin für das hoch politische und parteilich umkämpfte Kapitel „Deutschlandpolitik". In dieser Kommission ist hart und kämpferisch Geschichtspolitik betrieben worden; „Geschichtsbilder" wurden geformt. Es ging letztlich um die geschichtspolitische Deutungshoheit über 40 Jahre Ost- und Deutschlandpolitik der alten Bundesrepublik und über die politisch-moralische Bewertung des SED-Regimes in der DDR.

Das wichtigste Ergebnis dieser Kommission ist die umfangreiche Veröffentlichung aller Vorträge, Diskussionen und Anhörungen im Wortlaut, zusammengefasst in neun Bänden: „Aufarbeitung von Geschichte und Folgen der SED-Diktatur" (Bonn 1995). Diese Publikation hat den großen Vorteil gegenüber allen späteren Veröffentlichungen über die DDR und das SED-Regime, dass die Erinnerungen der Zeitzeugen noch relativ frisch und unverfälscht und die besuchten Örtlichkeiten wie Haftanstalten oder Untersuchungsgefängnisse noch im alten desolaten Zustand waren. Beeindruckend waren für mich, aber wohl für alle Abgeordneten, die Berichte der Menschen, die in der DDR Opfer des dortigen SED- und Stasi-Systems geworden waren. Trotzdem wurde gegen Ende der Arbeit in der Kommission sehr kontrovers darüber diskutiert, wie die untergegangene DDR als politisches System unter der Herrschaft von SED und Stasi zu bezeichnen sei. Der alte „Totalitarismus-Streit" aus der Geschichtsdebatte der 1980er Jahre warf noch seine langen Schatten! Aber nach langen und heftigen Diskussionen konnte die SED-Herrschaft in der Schlusserklärung der Enquetekommission im Plenum des Bundestages doch als das bezeichnet werden, was sie war: eine Diktatur, die zweite Diktatur auf deutschem Boden – wenn sie auch nicht in allen ihren Zielen und Auswirkungen gleichzusetzen ist mit der noch grausameren Nazi-Diktatur der Jahre 1933 bis 1945 in Deutschland. Es wurde noch einmal deutlich, dass die Freiheit wirklich der Kern der deutschen Frage war. Bis heute bin ich davon überzeugt, dass gerade diese erste Enquetekommission des Deutschen Bundestages über die untergegangene DDR Hervorragendes geleistet hat, um die geschichtliche Situation im geteilten Deutschland seit 1945 und besonders in 40 Jahren SED-Herrschaft transparent zu machen.

Es ist uns allen vielleicht erst über zwei Jahrzehnte später so ganz bewusst geworden, dass mit dem Ende der Teilung Deutschlands und Europas eine historische Epoche zu Ende gegangen ist. Wir stehen heute politisch, ökonomisch-sozial und technologisch vor einer völlig anderen Situation als damals; dies haben wir um 1990 so nicht ahnen können. Es sind Probleme auf der Tagesordnung, deren Lösungen nicht mit den Erfahrungen der Vergangenheit allein zu bewältigen sind. Auch auf die Frauen sind neue Anforderungen und Erwartungen zugekommen; mögen sie mit Phantasie und Elan und auf der Basis einer festen Wertordnung bewältigt werden!

Ehrenamtliche Engagements

Nach Ende meiner Ministeramtszeit habe ich nach und nach auch wieder interessante ehrenamtliche Aufgaben übernommen, was mir von früher so vertraut war. Ich wurde vielfältig angesprochen, meist für Leitungsfunktionen im Ehrenamt bei gemeinnützigen Institutionen. Ich habe gerne solche Aufgaben angenommen und häufig für eine Reihe von Jahren ausgeübt, weil sie mich innerlich bereichert haben und mir viel Freude bereiteten. Ich fühlte mich aber auch verpflichtet, etwas von dem zurückzugeben, was ich in vielen Jahren an Erfahrung und Förderung selbst erfahren hatte.

Nur stichwortartig seien hier einige Institutionen angeführt, in denen ich von Anfang der 1990er Jahre bis etwa 2011 zu unterschiedlichen Zeiten engagiert war: Besonders verbunden fühlte und fühle ich mich mit den „Adenauer-Stiftungen": der Konrad-Adenauer-Stiftung, wo ich eine kurze Zeit die kommissarische Leitung hatte (1991) und zwischen 1991 und 2005 dem Vorstand angehörte, und der Stiftung Bundeskanzler Adenauer Haus in Rhöndorf, wo ich nach wenigen Monaten als Vorstandsvorsitzende von 1992 bis 2011 Kuratoriumsvorsitzende war.

Bei der Vereinigung der ehemaligen Bundestagsabgeordneten war ich von 2000 bis 2004 Präsidentin. Beim Internationalen Bund für Sozialarbeit gehörte ich von 1991 bis 2003 dem Vorstand an, mehrere Jahre als Vizepräsidentin.

Außerdem habe ich im Jahre 2001 die unselbständige „Dorothee Wilms Stiftung" beim Stifterverband für die deutsche Wissenschaft gegründet, die sich der Förderung der Geisteswissenschaften widmet und hierbei besonders junge Wissenschaftlerinnen berücksichtigt.

Ich war und bin dankbar dafür, dass ich solche Aufgaben intensiv und mit großer Freude wahrzunehmen in der Lage war und teilweise noch bin.

Ursula Lehr

Der Beginn einer umfassenden Seniorenpolitik

Geboren am 5. Juni 1930 in Frankfurt am Main, verheiratet, zwei Kinder, 1949 Abitur, 1949–1954 Studium der Psychologie, Philosophie, Germanistik und Kunstgeschichte an der Goethe-Universität Frankfurt am Main und der Rheinischen Friedrich-Wilhelms-Universität Bonn, Abschluss: Dr. phil., Diplom-Psychologin, 1955–1960 Forschungsassistentin an der Rheinischen Friedrich-Wilhelms-Universität Bonn, 1960–1968 wissenschaftliche Assistentin an der Rheinischen Friedrich-Wilhelms-Universität Bonn, 1968 Habilitation an der Rheinischen Friedrich-Wilhelms-Universität Bonn, 1969 Akademische Rätin der Rheinischen Friedrich-Wilhelms-Universität Bonn, 1969 apl. Professorin der Abteilung Entwicklungspsychologie, 1972–1976 Lehrstuhlinhaberin für Pädagogik und Pädagogische Psychologie an der Universität zu Köln und Direktorin des Pädagogischen Seminars, 1976–1986 Professorin für Psychologie und Leitung des Psychologischen Instituts der Rheinischen Friedrich-Wilhelms-Universität Bonn, 1986 Gründung des Instituts für Gerontologie an der Universität Heidelberg, 1986 Eintritt in die CDU, 1988–1991 Bundesministerin für Jugend, Familie, Frauen und Gesundheit, 1991–1994 Mitglied des Deutschen Bundestages, 2001 Marie Curie-Lehrstuhl der Europa-Universität Yuste/Spanien, 2004–2008 Präsidentin der Vereinigung der ehemaligen Mitglieder im Deutschen Bundestag und des Europäischen Parlaments, 2009 Vorsitzende der Bundesarbeitsgemeinschaft der Senioren-Organisation (BAGSO).

Die 1930er Jahre

Im Juni 1930 wurde ich als erstes Kind meiner Eltern, Georg Josef Leipold und seiner Ehefrau Gertrud, in Frankfurt am Main geboren. Wir wohnten damals in einer modernen, gerade neu erbauten Siedlung am Stadtrand, dem Tor zum Taunus. Wir waren eine bürgerliche Familie; das Gehalt meines Vaters als Bankbeamter ließ uns nicht hungern, aber es musste gerechnet werden. Als ich fünf Jahre alt war, wurde meine Schwester geboren, vier Jahre später, kurz vor Ausbruch des Zweiten Weltkrieges, mein Bruder.

Das Familienleben war sehr harmonisch; an Sonntagen wurden – nach dem Kirchenbesuch – Ausflüge, manchmal per Rad, in den Taunus nach Kronberg, Königstein oder auch zur Saalburg unternommen; der kleine Schrebergarten an der Nidda bot wochentags Naherholung, Gelegenheit zu körperlicher Aktivität und gesunder und preiswerter Ernährung. Meine Mutter, eine äußerst perfekte Hausfrau, die sich – soweit wir Kinder es beobachten konnten – mit meinem Vater bestens verstand, war aber irgendwie in ihrer Hausfrauenrolle unglücklich. Sie selbst, Jahrgang 1905, war die Älteste von 12 Kindern, aufgewachsen auf einem Bauernhof in Schlesien. Sie wollte unbedingt einen Beruf erlernen, durfte aber nicht. Und auch ein mehrmaliges Vorsprechen ihrer Lehrer bei meinen Großeltern, sie doch auf die Lehrerbildungsakademie zu schicken, wurde abgelehnt. „Sie muss helfen, ihre Geschwister großzuziehen!" habe es seitens ihrer Eltern geheißen. Ihre vier jüngeren Brüder, die alle im Zweiten Weltkrieg in Russland gefallen sind, haben studiert; ihre jüngeren Schwestern durften dann wenigstens eine ordentliche Berufsausbildung machen. So erklärt es sich vielleicht, dass mir von frühester Kindheit eingeimpft wurde, in unserer Familie werden Jungen und Mädchen gleich behandelt! Ebenso war für mich von früher Kindheit an völlig klar, dass ich sowohl eine Familie als auch unbedingt einen Beruf haben wollte – und dass ich auch als Mutter berufstätig sein werde.

In meinem tief katholischen Elternhaus, das die Zentrumspartei unterstützte, wurde viel über politische Themen diskutiert, die Absetzung Brünings sehr bedauert, Adolf Hitler und die NSDAP von Anfang an abgelehnt. In meiner Kindheit begleitete ich meine Eltern zu Wahlen; das Wahllokal war gegenüber unserer Wohnung. Ich habe damals im Vorschulalter schon mitbekommen, dass diese Wahlen keine freien Wahlen waren, dass es indirekt eine Wahlpflicht gab und die „Goldfasanen" in unserem Viertel herumspionierten. Eines Tages stand solch ein „Goldfasan" vor unserer Tür und drohte meiner Mutter, sie ins KZ zu bringen, wenn sie weiterhin nicht nur sonntags, sondern gelegentlich auch wochentags in die Frühmesse ginge. An manchen Sonntagen wurden nach der Kirche still und heimlich die Hirtenbriefe von Kardinal Graf v. Galen ausgetauscht – man lebte in ständiger Angst, erwischt zu werden.

1937 wurde ich in die für unser Viertel zuständige Volksschule eingeschult und mir wurde immer wieder klar gemacht, dass ich in der Schule ja nicht über Politik und Kirche sprechen dürfe und Dinge, die ich zuhause gehört habe, ja nicht ausplaudern dürfe. Wenn der Lehrer in die Klasse eintrat, hatten wir uns zu erheben, die rechte Hand zu strecken und brav „Heil Hitler" zu grüßen. Vor und nach den Ferien versammelte sich die ganze Schüler- und Lehrerschaft im Schulhof, hisste die Hakenkreuz-Flagge und sang mit gestrecktem erhobenem Arm „Die Fahne hoch" und dann „Deutschland, Deutschland über alles …" – Das war mir zuwider. Ich erinnere mich an die Wahlplakate aus dieser Zeit „Ein Volk – ein Reich – ein Führer" (ein „Vierer"), das – ich hatte gerade mein Schulzeugnis bekommen – mein Vater spöttisch umdeutete „ein Volk, ein Reich, vier Einser".

Ich hatte Angst vor den Nazis, denen unsere sehr aktiv katholische und kirchlich gebundene Familie ein Dorn im Auge war, besonders, nachdem ein

„Goldfasan" aus der Nachbarschaft mitbekommen hatte, dass jüdische Besucher (Kollegen meines Vaters) bei uns ein und aus gingen.

In Erinnerung ist mir noch die Pogromnacht, der 9. November 1938. Als Achtjährige war ich entsetzt über die eingeschlagenen und ausgeraubten Geschäfte in unserer Straße, vor allem aber über kaputte Puppen, Teddybären und sonstiges Spielzeug, das man aus einer Nachbarwohnung auf die Straße warf. Es war ein dumpfes Gefühl eines großen Unrechts, das da geschah, über das man nicht diskutieren durfte.

Die Kriegs- und Nachkriegszeit

Der 1. September 1939 Kriegsbeginn! In den folgenden Jahren veränderte sich das Leben. Verdunklung, Sirenengeheul, Fliegeralarm, angsterfüllte Stunden im Luftschutzkeller, später im Luftschutzbunker, einschlagende Bomben (und am nächsten Tag Bombensplitter in den Kratern sammeln), ein zerstörtes Frankfurt, Lebensmittelkarten, Kleiderkarten mit Punkten für Textilien und Schuhe, Verpflichtung zur Aufnahme von Untermietern in die ohnehin kleine Wohnung, Evakuierung, Flüchtlingsschicksale. Gleichzeitig Angst vor den Nazis.

Der Arbeitgeber wollte meinen Vater zwingen, in die NSDAP einzutreten. Da er sich weigerte, drohte man mit einer Versetzung nach Gleiwicz oder Entlassung. So wurde er entlassen, aber dann doch – ohne Parteimitgliedschaft – in eine erheblich niedrigere Gehaltsstufe wieder eingestellt.

Ich selbst musste aber 1940, als Zehnjährige, zu den Jungmädeln. Ich empfand das als ziemlich unpolitischen Verein, was sicher unserer Gruppenführerin zu verdanken war, für die Spiel und Sport wichtiger waren als parteipolitische Schulung. 1944 verweigerte ich dann eine Aufnahme in den BDM; da wir der Fliegerangriffe wegen evakuiert wurden, ging man der Sache auch nicht nach.

Kriegsende, Ende der Nazi-Herrschaft, bedeutete für uns ein großes Aufatmen, wenngleich jetzt die große Hungerzeit begann. Allmählich normalisierte sich das Leben; die Schulen öffneten wieder – und ich engagierte mich sehr in der Jugendarbeit, erlebte schöne Stunden in der katholischen Pfarrjugend, übernahm selbst eine Jugendgruppe, machte Fahrten mit den mir anvertrauten zwölf bis dreizehnjährigen Mädchen – und hatte rückblickend eigentlich großes Glück, dass bei den riskanten Unternehmungen (Proviant musste gesammelt werden, die Milch in den Bauernhöfen zusammengebettelt werden; Schlafen im Zelt zu damaliger Zeit ohne gepolsterte Schlafsäcke war nicht gerade komfortabel; Lagerfeuer, Nachtwanderungen) keine größeren Probleme auftraten. Der Umgang mit den vier bis fünf Jahre jüngeren Mädchen aus der Pfarrei aus sehr unterschiedlichen Familien sensibilisierte mich für die Entwicklung im Jugendalter.

Dann begannen die Vorbereitung auf das Abitur (Herbst 1949) und der Kampf um Studienplätze, die nach einem Punktsystem (Militärdienst, Gefangenschaft,

Kriegsdienst, Einsatz im sozialen Bereich, ergänzt durch Abiturnoten und Beurteilungen aufgrund eines Aufnahmegespräches) vergeben wurden. Als „Einsatz im sozialen Bereich" galt ein Ferien-Praktikum in Frankfurt, Bettinastraße 64, bei der Bundesgeschäftsstelle der CDU/CSU, vermittelt durch Bruno Dörpinghaus, der auch in Ffm.-Niederrad wohnte und den ich durch unsere Pfarrgemeindearbeit kannte. Ich half dort u. a. bei der Herausgabe des „Deutschland-Union-Dienstes".

Germanistik, Kunstgeschichte, Philosophie waren die von mir gewählten Fächer. Ich wollte nicht in den Schuldienst; eher schwebte mir ein Lektorat in einem Verlag vor, aber zunächst interessierte mich jeweils das Fach an sich. Da mir bereits vor der mündlichen Abiturprüfung signalisiert wurde, dass mir an der Johann-Goethe-Universität Frankfurt ein Studienplatz sicher sei, nahm ich die erst am Morgen des Prüfungstages mitgeteilten fünf Prüfungsfächer sehr gelassen hin.

Sechs Wochen nach dem Abitur überraschte ich meine ehemaligen Lehrer mit einer Verlobungsanzeige, ein halbes Jahr später mit der Hochzeitsanzeige („Pfarrjugendführerin heiratet Pfarrjugendführer"). Mein Mann war persönlicher Referent von Bruno Dörpinghaus, der damals mit Eugen Kogon und Walter Dirks die hessische CDU aufbaute (Mitgliedsnummer 3) und Generalsekretär der Arbeitsgemeinschaft der christlich-demokratischen und christlich-sozialen Union Deutschlands war. Mein Mann selbst hatte eine dreistellige Mitgliedsnummer der CDU.

Beruflicher und parteipolitischer Werdegang

Da nicht, wie wir gehofft hatten, Frankfurt, sondern Bonn zur Bundeshauptstadt gewählt wurde, wurde auch die Bundesgeschäftsstelle der Arbeitsgemeinschaft der CDU/CSU nach Bonn verlegt. Ein Grund, zu heiraten und zusammen nach Bonn zu ziehen, wo wir zum 1. Mai 1950 eine Zwei-Zimmer-Dachwohnung in der Argelanderstraße 178 im Haus des CDU-Wirtschaftsdienstes bekamen. Ich studierte seit dem 2. Semester an der Uni Bonn Philosophie und Psychologie.

Zum ersten Parteitag der CDU, vom 20.–22. Oktober 1950, der weitgehend von der Bundesgeschäftsstelle organisiert wurde, begleitete ich meinen Mann und Bruno Dörpinghaus nach Goslar.

Hausfrau und Studium in Bonn ließ sich sehr gut vereinen, auch als eineinhalb Jahre später unser erster Sohn geboren wurde. Mein Mann war sehr partnerschaftlich eingestellt (in dieser Zeit eine Ausnahme!) und unterstützte mich sehr. Kinderwagen schiebende Männer waren Anfang der 1950er Jahre eine Lachnummer und wurden verspottet. So schaffte ich es, dass ich trotz Haushalt, Mann und Kind ohne familiäre und anderweitige Unterstützung 1954, mit 23 Jahren, mein Psychologie-Studium erfolgreich mit dem Dr. phil. abschließen konnte.

Dass ich selbst in diesen Jahren keine Zeit für parteipolitische Aktivitäten hatte, kann man wohl verstehen. Eine von mir erstrebte Anstellung im Studienbüro für Jugendfragen (Bonn, Haager Weg) wurde vom damaligen Chef Prof. Holzamer (später Intendant des ZDF) abgelehnt mit der Begründung: „Eine Mutter mit Kind nehmen wir nicht"; man vertröstete mich mit einem Expertisen-Auftrag „Zur Acceleration in der jugendlichen Entwicklung".

Neben der Erarbeitung dieser Expertise war ich als Forschungsassistentin (mit 100 DM Monatsgehalt) in einem 1955 bewilligten DFG-Projekt „Zur Frage der Leistungsfähigkeit älterer Arbeitnehmer", das Hans Thomae eingeworben hatte, tätig. Uns interessierte die Entwicklung im Erwachsenenalter generell, – in einer Zeit, in der alle entwicklungspsychologischen Lehrbücher mit dem Jugendalter endeten. Mit unserer Angestellten-Untersuchung hofften wir, Entwicklungsprozesse auch jenseits des Jugendalters etwas erhellen zu können. Die Ergebnisse zur Frage der (männlichen) Leistungsfähigkeit im mittleren Erwachsenenalter (Lehr und Thomae, 1958) waren eindeutig: ein altersbedingter Leistungsknick war nicht nachzuweisen. Wenn Probleme im beruflichen Bereich erlebt wurden, dann waren sie im Zusammenhang mit spezifischen Belastungssituationen in der familiären oder partnerschaftlichen Beziehung oder mit nachkriegsbedingten Konstellationen zu sehen. – Die Thematik des „älteren Arbeitnehmers" beschäftigte mich die nächsten 45 Jahre immer wieder (Veröffentlichungen: Lehr 1970, 1987, 1992).

1957 hat sich unsere Familie vergrößert; der zweite Sohn wurde geboren. Doch ich hatte nie daran gedacht, meine berufliche Tätigkeit zu unterbrechen oder gar aufzugeben. Mit tatkräftiger Unterstützung meines Mannes und dann zeitweise auch mit Hilfe von Au-pair-Mädchen gelang es uns bestens, Beruf und Familie miteinander zu verbinden, ohne dass ein Familienmitglied darunter Schaden litt.

1962 bekam ich dann eine Planstelle als wiss. Assistentin am Psychologischen Institut der Universität Bonn. Biografische Forschungen waren für mich ein Schwerpunkt in der Entwicklungspsychologie. Eine interessante Erkenntnis ergab sich aus dem Studium der Frauenbiografien bei der Analyse von Belastungssituationen. Meine Studien zur „Veränderung der Daseinsthematik der Frau im Erwachsenenalter" (1961) haben das erbracht, was Jahre später Brody (1981) unter dem Thema „The woman in the middle" diskutierte. Belastungen der Frau im fünften Lebensjahrzehnt ergaben sich nicht primär durch körperliche Veränderungen, die man als „Klimateriumsbeschwerden" weitgehend erwartet hatte, sondern durch Veränderungen im familiären sozialen Bereich, die man nicht erwartet hatte: hier kam es zu einem Rollenkonflikt mit sehr gegensätzlichen Rollenanforderungen. Einerseits war man als Mutter erwachsener Kinder und Schwiegerkinder gefordert, andererseits als Tochter alternder und oft hilfsbedürftiger Eltern. In einer Arbeit „Die Wechseljahre – ein sozialpsychologisches Problem?" nahm ich kritisch zur damals diskutierten „Midlife-Crisis" Stellung. In einer späteren Studie über „ältere Töchter alter Eltern" (Lehr & Wand, 1986) gingen wir der Frage der Belastung von 55- bis 70-jährigen Frauen, die noch für einen alten Elternteil zu sorgen hatten, gezielt nach – ein Thema, das 25 Jahre später auch von der Politik aufgegriffen wurde.

Ein weiteres DFG-Projekt machte es mir möglich, Studien zur Berufstätigkeit der Frau auf biografischem Hintergrund durchzuführen. 500 Frauen- und 160 Männerbiografien bildeten schließlich die Grundlage meiner sehr umfassenden Habilitationsschrift „Die Frau im Beruf – eine psychologische Analyse der weiblichen Berufsrolle" (1968). Die systematische Analyse vieler individueller Berufsentwicklungen über mehrere Jahrzehnte hinweg ließ den Einfluss der gesamten biografischen Situation, wie sie durch erfahrungs- und erlebnisbedingte, persönlichkeitsbedingte, gesellschaftliche und epochale Momente bestimmt wird, deutlich werden.

Ich ahnte mit Recht voraus, dass die männlichen Kollegen in der Fakultät, in der es nur eine Professorin (aber nicht in Bonn habilitiert) gab, hier besondere Maßstäbe ansetzen würden. Ich war – zumindest nach dem Krieg, nach 1945 – die erste Frau, die diesen Schritt in der würdigen philosophischen Fakultät (bestehend damals aus 67 Professoren) wagte. Meine Habilitationsschrift begutachteten zwölf Kollegen, bei denen ich mich vorher vorzustellen hatte. Der Philosoph, Prof. Martin, meinte kritisch, an der Arbeit könne er nichts aussetzen, aber für mich als Frau wäre das wohl doch nicht der richtige Weg. Er fragte nach dem Beruf meines Ehepartners (eine Frage, die männlichen Habilitanden nie gestellt wurde) und wies schließlich auf die „verheerenden Zustände" an der Universität Heidelberg hin, wo zurzeit eine Frau Dekanin sei: „Sie müssen mir versprechen, nie Dekanin zu werden." Ich versprach es – und konnte dieses mein Versprechen halten, denn als ich an der Reihe war, an der Universität Heidelberg das Dekanat zu übernehmen, wurde ich Bundesministerin. Das Habilitations-Kolloquium vor fast vollständig versammelter Fakultät verlief erfreulich; die Venia für Psychologie wurde mir erteilt. Schon seit 1967 war ich akademische Rätin, 1970 wurde ich zur „wissenschaftliche Rätin und Professorin (H3)" ernannt.

1971 bekam ich einen Ruf auf einen Lehrstuhl an die Universität Utrecht, gleichzeitig einen Ruf auf einen Lehrstuhl für Pädagogik in der Philosophischen Fakultät der Universität Köln und schließlich einen Ruf auf einen Lehrstuhl für Pädagogische Psychologie in der Phil. Fak. der Uni Bonn. Ich entschied mich für die Universität Köln, wo ich zum Sommer-Semester 1972 meine Tätigkeit begann. Damals veröffentlichte ich mein Buch „Psychologie des Alterns", das 1972 in 1. Auflage erschien, im Jahr 2007 mit jeweiligen Überarbeitungen und Ergänzungen die 11. Auflage erreicht ha, und ins Niederländische, Italienische, Spanische, Türkische und Japanische übersetzt wurde.

Im Januar 1968 hat die Deutsche Gesellschaft für Gerontologie einen kleinen Kreis von Experten unterschiedlichster Fachrichtungen nach Nürnberg zu einem Symposion „Flexibilität der Altersgrenze" eingeladen. Wirtschaftswissenschaftler,

Betriebswirte, Mediziner, Psychologen, Juristen, Pädagogen, Sportwissenschaftler und Städteplaner diskutierten miteinander. Über die verschiedenen Disziplinen hinweg sprach man sich in seltener Einigkeit für eine Flexibilität aus. Viele Menschen über 65 „arbeiten weiter, und zwar nicht etwa, weil sie sonst verhungern müssten, sondern weil sie weiterarbeiten wollen und können"; andererseits wurde festgestellt, „dass Menschen in vor allem körperlich schwer belastenden Berufen früher als mit 65 in den wohlverdienten Ruhestand treten, ist selbstverständlich" (R. Schubert, 1969, S. 3).

Begründet wurde diese Forderung einer Öffnung der Lebensarbeitszeit mit den vielen Erkenntnissen wissenschaftlicher nationaler und internationaler Forschung, denen zu folge die Anzahl der Jahre wenig aussagt über Fähigkeiten, Fertigkeiten, Erlebens- und Verhaltensweisen. Hier werden lebenslange eigene Erfahrungen, konkrete Herausforderungen in der bisherigen Entwicklung, körperliches, geistiges und soziales Training ausschlaggebender als das chronologische Alter. So sind alle Altersnormen zu hinterfragen – auch die feste Altersgrenze mit 65 Jahren!

Die damalige Forderung der Wissenschaft stieß bei Politikern auf offene Ohren. Der damalige Arbeits- und Sozialminister Hans Katzer hatte auch mich zu einem Hearing in den Deutschen Bundestag eingeladen, das zu dem Ergebnis führte, eine Flexibilität der Lebensarbeitszeit herbeizuführen – doch die angestrebte Öffnung der Lebensarbeitszeit wurde nicht realisiert. Die sich verschlechternde wirtschaftliche Lage, die Zunahme der Arbeitslosenzahlen, führte geradezu in eine entgegengesetzte Richtung: Vor-Ruhestand, Frühverrentung.

Als Wissenschaftlerin wurde ich 1970 von der damaligen Bundesministerin für Familie Käthe Strobel (SPD) in die Sachverständigenkommission zur Erarbeitung des 2. Familienberichtes „Familie und Sozialisation – Leistungen und Leistungsgrenzen der Familie hinsichtlich des Erziehungs- und Bildungsprozesses der jungen Generation" berufen. Er wurde 1974 der damaligen Familienministerin Katharina Focke (SPD) übergeben. Dieser Bericht erntete in den Reihen der CDU manche Kritik, da er sich auch für eine außerhäusliche Betreuung im Kleinkindalter aussprach.

Käthe Strobel startete den ersten Modellversuch für Tagesmütter, an dem 250 Frauen teilnahmen, die tagsüber Kleinstkinder berufstätiger Mütter gegen einen Staatszuschuss von 320 DM monatlich bei sich zuhause betreuten (betreute sie zwei Kinder, bekam sie 525 DM, bei drei Kindern 630 DM). Die Tagesmütter bekamen eine vorbereitende und praxisbegleitende Kurzausbildung. Unter Katharina Focke wurde dieses Programm fortgesetzt. In der Sendung „PRO und CONTRA" des Süddeutschen Rundfunks am 9. Mai 1974 mit Emil Obermann kam es zu einem heftigen Schlagabtausch zwischen der Journalistin Gisela Marx (PRO) und der Psychagogin Christa Meves (CONTRA), bei dem als „Sachverständige im Kreuzverhör" Katharina Focke, die Bundestagsabgeordnete Helga Wex (CDU), Theodor Hellbrücke (Prof. f. Pädiatrie in München) und – da ich verhindert war – an meiner Stelle Hans Thomae (Prof. f. Psychologie in Bonn) diskutierten. (Diese Diskussion ist im Wortlaut abgedruckt in: Ursula Lehr: „Die Rolle der Mutter in der Sozialisation des Kindes", Steinkopff, Darmstadt, 1974, 2. A. 1978). Der emotionale und unsachliche Angriff von Christa Meves, die eine 24-stündige mütterliche Anwesenheit forderte, gegen die mit Fakten belegten Aussagen von Hans Thomae veranlassten mich zu einer kritischen Literaturanalyse, die zu einer Versachlichung der Diskussion beitragen sollte und die in dem oben genannten Buch veröffentlicht ist. Ich wagte es sogar, mit einem Kapitel über „Die Rolle des Vaters und mögliche Auswirkungen auf die Sozialisation des Kindes" das Buch abzuschließen. Mein Vorwort endet mit: „Möge das Buch dazu beitragen, jene Mütter, die sich zu einer Fortsetzung ihrer Berufstätigkeit entschließen, davon zu überzeugen, dass es nicht auf die Quantität der Zuwendung zum Kind ankommt, sondern auf die Qualität. Die Qualität der Mutter-Kind-Interaktion kann jedoch bei zeitweiliger Trennung sogar besser sein als bei dauernder Anwesenheit." Viele junge Frauen haben sich bei mir später für diese Schrift bedankt. Und noch heute kommen immer wieder – mittlerweile ältere – Frauen auf mich zu und sagen, wie sehr sie gerade dieses Buch bestärkt habe, berufstätig zu bleiben – trotz Familie.

Ich beschäftigte mich, auch angeregt durch die damalige politische Diskussion Anfang der 1970er Jahre, wissenschaftlich verstärkt mit Fragen der Sozialisation. Es ging mir zum einen um den Sozialisationsfaktor Familie, zum anderen um die Sozialisation geschlechtsspezifischer Verhaltensweisen, um die Rolle der Frau in unserer Gesellschaft. Ich kämpfte für die Frauen, ohne „Emanze" zu sein. Meine Auffassung: „Es ist schlimm, eine Stelle nicht zu bekommen, weil man eine Frau ist – aber es ist noch schlimmer, eine Stelle nur zu bekommen, weil man eine Frau ist!"

Der Ruf an die Universität Bonn

1976 folgte ich dann einem Ruf auf den neugeschaffenen C4-Lehrstuhl für Entwicklungspsychologie an die Universität Bonn. 1979 erhielt ich einen Ruf auf einen C4-Lehrstuhl Psychologie an die Universität Frankfurt. Als Frankfurterin hätte vieles dafür gesprochen, diesen Ruf anzunehmen, auch wenn die Ausstattung (Räume, wissenschaftliches Personal) nicht gerade optimal war; bei der Landesregierung in Wiesbaden schien man sich unter Gerontologie gar nichts vorzustellen zu können und erklärte, dies gehöre allein in die medizinische Fakultät. Also blieb ich an der Uni Bonn.

1982 bat mich Wolfgang Bergsdorf (CDU), Leiter der Abt. Inland im Presse- und Informationsamt der Bundesregierung Kohl für die Reihe „Analysen und Perspektiven" einen „leicht lesbaren, kurzen Beitrag zum Thema Familie zu schreiben". Die Schrift erschien 1982 unter dem Titel „Familie in der Krise?

Ein Plädoyer für mehr Partnerschaft in Ehe, Familie und Beruf" und enthält manches, was heute als „moderne Familienpolitik" gefordert wird, weist u. a. Mann und Frau Aufgaben sowohl in der Familie als auch im Beruf zu.

1983 berief mich der damalige Bundesminister für Jugend, Familie und Gesundheit Heiner Geißler (CDU) in die Sachverständigenkommission zur Erarbeitung des 4. Familienberichtes „Situation der älteren Menschen in der Familie" und übertrug mir den Vorsitz. Im Dezember 1985 konnten wir den Bericht der damaligen Familienministerin Rita Süssmuth (CDU) übergeben. Auch hier waren Themen angesprochen (Vereinbarkeit Beruf und Pflege), die heute die aktuelle Politik bestimmen.

Zu Beginn der 1980er Jahre wurden die Senioren in Baden-Württemberg selbst aktiv. Das Katholische Altenwerk in Freiburg, unter Leitung von Prälat Dr. Alois Stiefvater 1962 als Erwachsenen-Bildungswerk gegründet und in der aktivierenden Seniorenarbeit, dem ehrenamtlichen Einsatz von Senioren fortschrittlich, wandte sich mit Unterstützung des damaligen Landtagsabgeordneten Alfred Löffler (CDU) an den Ministerpräsidenten Lothar Späth und forderte, Seniorenpolitik nicht nur der Medizin zu überlassen, sondern auch etwas für die aktiven Senioren zu tun. Sie forderten einen Lehrstuhl für Gerontologie. Lothar Späth, sehr zukunftsorientiert, setzte eine Kommission ein – und die Universität Heidelberg bekam den Zuschlag.

1986 bekam ich einen Ruf auf den neugeschaffenen Lehrstuhl für Gerontologie an der Universität Heidelberg. Ein „Institut für Gerontologie" musste gegründet werden – keine leichte Aufgabe, zumal es dafür keine Vorbilder gab. Eine Studienordnung und eine Prüfungsordnung zum „Diplom-Gerontologen" mussten geschaffen und dann von der Fakultät, dem Senat und dem Ministerium abgesegnet werden. Da man Alternsvorgänge nur interdisziplinär erforschen, verstehen und beeinflussen kann, musste der Kontakt zu Medizin, Pädagogik, Soziologie und Sportwissenschaft aufgenommen werden. Die ersten Studenten kamen zum Winter-Semester 1988/89.

1987 wurde ich vom Ministerpräsidenten Lothar Späth (CDU) mit der Leitung einer interdisziplinär zusammengesetzten Kommission beauftragt, die den Zukunftskongress 1988 des Landes Baden-Württemberg zum Thema „Altern – Herausforderung und Chance" vorzubereiten hatte. Der Kongress im Neuen Schloss in Stuttgart war ein großer Erfolg; er brachte die Thematik „demografischer Wandel" in die öffentliche Diskussion und lenkte das Augenmerk sowohl auf älter werdende Individuen als auch auf die älter werdende Gesellschaft und ließ in Arbeitsgruppen Möglichkeiten und Wege aufzeigen, diesen Herausforderungen zu begegnen. Die Arbeitsgruppe „Forschung und Wissenschaft" forderte u. a. die Gründung eines Deutschen Zentrums für Alternsforschung – eine Idee, die sich sieben Jahre später realisierte.

Mitte der 1980er Jahre wurde ich vom Bundeskanzleramt beauftragt, eine Expertise „Zur Situation der älter werdenden Frau – Bestandsaufnahme und

Perspektiven bis zum Jahr 2000" auszuarbeiten (erschienen 1987). Bei der Vorstellung des Buches im Herbst 1987 hatte ich das erste persönliche Gespräch mit Helmut Kohl.

Mein Institut für Gerontologie konnte im WS 1988/1989 seine ersten Studenten begrüßen, der Lehrbetrieb lief gerade gut an, als ich von Juliane Weber ins Bundeskanzleramt gerufen wurde und Helmut Kohl mir antrug, das Bundesministerium für Jugend, Familie, Frauen und Gesundheit zu übernehmen. Für mich kam dieser Ruf völlig überraschend, zumal ich gerade erst der Partei beigetreten war und außer verschiedenen wissenschaftlichen Expertisen keine eindeutigen parteipolitischen Meriten gesammelt hatte. „Meine Partei" war zwar immer die CDU, aber ich war nicht Mitglied, zumal ich keine Zeit hatte, mich neben Familie und Beruf mit vielen Nebenaufträgen noch parteipolitisch zu engagieren. Allerdings 1976 war die verlorene Bundestagswahl (CDU 48,6 Prozent, SPD 42,6 Prozent, FDP 7,9 Prozent) und die Bildung der sozialliberalen Regierung für mich Anlass, einen Aufnahmeantrag bei der Bonner CDU zu stellen. Statt einer freundlichen Begrüßung bekam ich nur eine formale Benachrichtigung über die zu zahlenden Beitragssätze. Daraufhin ließ ich den Vorgang ruhen. 1986 dann bin ich Mitglied der CDU geworden, unter anderem auch, weil mich die Persönlichkeit von Helmut Kohl, aber auch die von Lothar Späth, überzeugt hat.

Die Anfrage Helmut Kohls

Von der plötzlichen Anfrage von Helmut Kohl war ich zunächst gar nicht begeistert und erbat mir Bedenkzeit. Es war sehr schwer für mich, mein Institut für Gerontologie jetzt zu verlassen bzw. mich von der Universität beurlauben zu lassen. Als jedoch der Kanzler mich bat, die Seniorenpolitik voranzutreiben (der Grund, ausgerechnet mich zu berufen), konnte ich nicht mehr ablehnen, hatte ich doch Jahrzehnte lang gefordert, den Seniorenfragen in der Politik mehr Beachtung zu schenken. Nach zweitägiger Bedenkzeit und Diskussionen in der Familie und Regelungen der Institutsarbeit begleitete mich mein jüngerer Sohn ins Bundeskanzleramt. Ich hatte Helmut Kohl noch gefragt, ob er mein kleines Buch „Familie in der Krise?" gelesen hatte; er bejahte und hatte nichts gegen den Inhalt einzuwenden. So stimmte ich zu, das mir angetragene Amt der Bundesministerin für Jugend, Familie, Frauen und Gesundheit zumindest für die laufende Legislaturperiode zu übernehmen. In den gut zwei Jahren glaubte ich, der Seniorenpolitik eine Richtung geben zu können und zu zeigen, dass diese mit einer Renten- und Pflegepolitik alleine nicht abgedeckt ist. Dann wollte ich auf jeden Fall wieder zurück in mein Institut – als eine der wenigen weiblichen Lehrstuhlinhaber zu dieser Zeit an deutschen Universitäten.

Die Zeit als Bundesministerin

Mir war von vorneherein klar, dass die Situation als „Seiteneinsteigerin" nicht leicht sein würde. Die meisten weiblichen Abgeordneten der CDU waren enttäuscht, dass nicht einer aus ihren Reihen das Amt angetragen wurde, wofür ich auch Verständnis hatte. Außerdem zählte ich ja nicht zur Fraktion. In der erst 1985 gegründeten Senioren-Union war ich verankert; mit Gerhard Braun, dem Seniorenbeauftragten der CDU, hatte ich schon lange vor der Übernahme meines Ministeramtes engen Kontakt, doch die Senioren-Union selbst hatte damals in der CDU keine anerkannte Stellung. Mir fehlte das in der Politik notwendige Netzwerk. Die einzige Frau im Kabinett war zu dieser Zeit Dorothee Wilms, die sehr zu mir gehalten und mich immer wieder beraten hat. Eine große Stütze waren meine beiden Staatssekretäre, Anton Pfeifer und Werner Chory, die ich von meiner Vorgängerin im Amt, Rita Süssmuth, übernommen hatte.

Ich hatte den Eindruck, dass einige der (weiblichen) Abgeordneten geradezu darauf warteten, dass ich „ins Fettnäpfchen" trete. Und das geschah auch sehr bald.

Kindergartenöffnung schon für Zweijährige?

Schon vor meiner Ministerzeit wurde eine Ausstellung in den Räumen des Ministeriums „Zur Geschichte des Kindergartens" (Pestalozzi, Fröbel, Montessori) organisiert. Das zuständige Referat erarbeitete mir einen „Redetext", der vom Referatsleiter, Unterabteilungsleiter, Abteilungsleiter und – da es der erste öffentliche Auftritt war – vom Staatssekretär korrigiert und dann abgezeichnet mir vorgelegt wurde. Ich ließ das Manuskript links liegen (was die Mitarbeiter, die sich so große Mühe gegeben hatten, frustrierte) und sprach frei, denn schließlich hatte ich jahrelang Entwicklungspsychologie gelehrt und kannte mich in dem Bereich bestens aus. Ich stellte fest, dass nach neueren Untersuchungen ein Kind ab zwei Jahren ohne Probleme in den Kindergarten gehen kann, was angesichts der vielen Alleinerziehenden, der vielen Abtreibungen, aber auch der Entwicklung der Kinder wegen notwendig wäre, denn „Kinder brauchen Kinder für ihre Entwicklung".

Ein Ausschnitt aus der Aufzeichnung meiner Rede, die dem Kindergartenmuseum in NRW vorliegt, folgt: „Anlässlich der Eröffnung der Ausstellung ‚Die Geschichte des Kindergartens in Deutschland' am 16. Januar 1989 in Bonn regte Bundesministerin Ursula Lehr an, den Kindergarten für die Zweijährigen zu öffnen: ‚Der Kindergarten ist kein ‚notwendiges Übel', weil Vater und Mutter berufstätig sind und die Kinder untergebracht werden müssen; der Kindergarten ist kein Ersatz für die Familie, sondern der Kindergarten ist für das Kind eine wünschenswerte wichtige Ergänzung der familiären Umgebung. Der Kindergarten ist eine Einrichtung, die die Entwicklung des Kindes fördert – und dies nicht erst im Alter von drei Jahren. Das Kind ist von Geburt an ein ‚soziales Wesen', gewiss nicht nur auf die Mutter gerichtet. Studien belegen die sehr große Bedeutung der Zuwendung des Vaters, schon in den allerersten Lebenstagen und Lebenswochen. Abgesehen davon, dass es eine kindliche Betreuung allein durch die Mutter auch in früheren – von manchen unserer Zeitgenossen oft idealisierten – Zeiten nicht gab, wissen wir heute, dass das Kind schon von klein an den Umgang mit mehreren Menschen, auch mit Gleichaltrigen, braucht. Gleichaltrige Kinder stellen andere Anforderungen an das Ein- und Zweijährige und fördern seine Entwicklung dadurch. Kleinkinder untereinander entwickeln andere Verhaltensweisen, andere Interaktionsweisen, gehen anders miteinander um als Kinder mit ihren Müttern und Vätern oder mit sonstigen Erwachsenen." (Georg W. Geist, 2008, http://www.kindergarten-museum.de/aktuelles/besuche/armin_laschet/).

Das führte zu großer Unruhe in der Bevölkerung und zu Tausenden von Protestbriefen. „Familienministerin macht Familie kaputt", „Familienministerin will DDR-Verhältnisse" waren die Zeitungsüberschriften auch seriöser überregionaler Zeitungen. Meinen Einwand, ich wäre nicht an der DDR sondern an der „école maternelle" in Frankreich orientiert, überhörte man geflissentlich. Ich wurde in die Fraktionssitzung zitiert und erntete dort heftigste Kritik (MdB Pfeffermann: „Hätte man Gertrud Höhler das Ministeramt gegeben, wäre das nicht passiert") und von keiner Seite eine Unterstützung; die meisten der weiblichen Abgeordneten hüllten sich in Schweigen. Schließlich bekam ich – datiert vom 8. Februar – einen persönlichen Brief von Helmut Kohl, der heute von historischem Wert ist:

„Liebe Frau Lehr,

beigefügt übersende ich Ihnen Kopien einiger Schreiben von Herrn Prof. Dr. Pechstein, die er mir in den letzten Tagen übersandt hat, mit der Bitte um Kenntnisnahme.

Nach Ihrer „Kindergartenäußerung" erreichten mich viele Briefe aus der Partei, die dieses Thema mit äußerster Verbitterung behandeln. Ich halte es für dringend geboten, dass Sie möglichst rasch in einer überlegten und ruhigen Weise dazu Stellung nehmen, damit wir bald eine entsprechende Beruhigung erreichen. Der Bayerische Ministerpräsident und die CSU-Landesleitung haben mich ebenfalls angesprochen, so dass zu erwarten ist, dass dieses Thema auch in der Koalition eine große Rolle spielen wird.

Wir sollten auf alle Fälle in dieser Woche nochmals miteinander telefonieren.

Mit freundlichen Grüßen

Ihr Helmut Kohl"

Ich habe nie meine diesbezügliche Meinung geändert, aber ich war eben still, habe dieses Thema ruhen lassen. Ich war – im Gegensatz zu Frau von der Leyen 20 Jahre später – in der parteipolitischen Praxis zu unerfahren, um die Idee der Kindergartenöffnung für Zweijährige durchzusetzen. Die heutige Entwicklung betrachte ich mit Genugtuung.

Die Novellierung des Kinder- und Jugendhilfegesetzes

Aus meiner Ministerzeit möchte ich erwähnen, dass es mir – nachdem meine Vorgänger/innen es mehrmals erfolglos versucht hatten – endlich gelungen ist, die Novellierung des seit 1927 existierenden Kinder- und Jugendhilfegesetzes 1990 durchzubringen, in welchem dem Präventionsgedanken mehr Gewicht gegeben wird als den Bestrafungsmaßnahmen. Gerne hätte ich darin das „Recht auf einen Kindergartenbesuch für Dreijährige" festgeschrieben, scheiterte jedoch. Ich erinnere mich an einen Besuch 1989 bei dem niedersächsischen Ministerpräsidenten Ernst Albrecht, der dies strikt ablehnte: „Kleine Kinder gehören in die Familie und nicht in den Kindergarten."

Der erste Altenbericht

Im Februar 1989 konnte ich – nach einiger Überzeugungsarbeit – im Kabinett die Beauftragung einer Sachverständigenkommission zur Erarbeitung des 1. Altenberichtes „Die Lebenssituation älterer Menschen in Deutschland" durchsetzen. Obwohl die finanziellen Kosten kaum zu Buche schlugen (die Sachverständigen arbeiteten ohne Honorar), war bei manchen Kabinettskollegen ein Widerstand spürbar (Verdrängung des Themas „Alter"?). Das Parlament stimmte ohne Gegenstimme und Enthaltung zu.
    Da zu diesem Zeitpunkt bereits sieben „Kinder- und Jugendberichte der Bundesregierung" vorlagen (1965, 1968, 1972, 1978, 1980, 1984, 1986), außerdem vier „Familienberichte der Bundesregierung" (1968, 1974, 1979, 1985), war es höchste Zeit, auch einen „Bericht zur Lage der älteren Menschen" von einer Sachverständigenkommission erarbeiten zu lassen. Der erste Teilbericht wurde mir am 14. Mai 1990 übergeben. Hier waren bereits die Hauptthemen „Erhaltung und Steigerung der Kompetenz im Alter" und „Prävention und Rehabilitation zur Verhinderung von Pflegebedürftigkeit" diskutiert. Eine andere wesentliche Feststellung war damals schon: „Ältere sind keine homogene Gruppe" – das Hauptthema des 6. Altenberichtes „Altersbilder".
    Nach der Wiedervereinigung der beiden deutschen Staaten wurde der Auftrag erweitert, die Sachverständigenkommission durch Prof. Dr. Werner Ries (Medizin, Universität Leipzig), und Prof. Dr. Jörg Schulz (Medizin, Berlin-Buch),

ergänzt und die Situation in den „neuen Ländern" mit einbezogen, so dass der Bericht erst am 3. November 1992 der damaligen Bundesministerin für Familie und Senioren, Hannelore Rönsch, übergeben werden konnte. Bei der Vorstellung des ersten Altenberichtes sagte sie: „Wir alle in Politik und Gesellschaft sind gefordert, Rahmenbedingungen für ein zufriedenes, für ein aktives und lebenszugewandtes Altern zu schaffen. Die erste Grundlage hierfür ist die weitere Korrektur des Altersbildes in unserer Gesellschaft: ... Ich möchte an dieser Stelle deshalb an uns alle, aber auch ganz besonders an die Medien appellieren, endlich einen Beitrag zu einem realistischen und zu einem differenzierten Altersbild in der Öffentlichkeit zu leisten ..."

Nach Vorlage des 1. Altenberichtes wurde vom Parlament beschlossen, in jeder Legislaturperiode einen Bericht zur Lage der älteren Generation erarbeiten zu lassen. Damit wurde endlich der Seniorenpolitik eine größere Beachtung geschenkt.

Das Psychotherapeutengesetz

In den Zuständigkeitsbereich meines Ministeriums fiel auch das Gesetz zur Berufsausübung „nicht-medizinischer Psychotherapeuten", gegen dessen Namen ich erst einmal erfolgreich protestierte (seit wann definiert man etwas vom Negativen her: „nicht-medizinischen"?). Frau Schleicher, die für die Mediziner-Ausbildung zuständige Referatsleiterin im Ministerium, war gegen dieses Gesetz, leistete zumindest passiven Widerstand und erklärte das mit ihrer Überlastung. Daraufhin stellte ich einen jungen, sehr aktiven Mitarbeiter ein, Johannes Beermann (heute Staatsminister und Chef der sächsischen Staatskanzlei), der sich nur diesen Fragen widmen sollte und der auch erfolgreich dieses Gesetz vorangebracht hat, auch wenn es erst nach meiner aktiven politischen Zeit verabschiedet wurde. An letzterem waren zum Teil die Psychologen und ihre Vertretungen selbst schuld, die ich zu einem Hearing eingeladen hatte, die sich aber untereinander in vielen Punkten nicht einigen konnten.

Gesetz zur Regelung der Ausbildung der Altenpfleger

Ein weiteres Problemfeld 1989/90 war die Ausbildung der Altenpflegeberufe. Zu dieser Zeit existierten in der Bundesrepublik 70 verschiedene Ausbildungs- und Prüfungsordnungen – mit unterschiedlichen Zugangsbedingungen, mit einer Ausbildungszeit von sechs Wochen bis zu drei Jahren, mit erheblichen Kosten für die Ausbildung über kostenfreie Ausbildung bis hin zu Verdienstmöglichkeiten während der Ausbildung durch begleitende praktische Tätigkeit. Mit einiger Mühe gelang es, ein gemeinsames Gesetz zur Ausbildung der Pflegeberufe zu erarbeiten, weitgehend in Anlehnung an die Ausbildungs- und Prüfungsordnung von Baden-Württemberg. Mit Hilfe des Deutschen Vereins für öffentliche und private Fürsorge, damals noch in Frankfurt am Main-Praunheim, veranstaltete das Ministerium eine Tagung mit Vertretern aller relevanten Ausbildungsstellen, die den Entwurf diskutierten und hinterher einstimmig verabschiedeten. Auch die Abstimmung zwischen den Ressorts war erfolgt, so dass der Entwurf dem Kabinett vorgelegt werden konnte. Da meldete sich der damalige bayerische Staatsminister für Unterricht, Kultur und Wissenschaft, Hans Zehetmair, zu einem Besuch bei mir im Ministerium in Bonn an. Er kritisierte, dass in der Ausbildungsordnung zu wenig sozialpsychologische Aspekte verankert wären und bat um entsprechende Ergänzungen. Damit rannte er bei mir als Psychologin offene Türen ein. Mein Unterabteilungsleiter Tack setzt sich mit den entsprechenden Beamten des Zehetmair-Ministeriums zusammen und erarbeitete die Einfügungen. Der Gesetzentwurf ging glatt durch das Kabinett und auch durch das Parlament und wir rechneten fest damit, dass der Bundesrat auch zustimmt. Völlig überraschend trat dort Herr Zehetmair auf und lehnte das Gesetz ab mit der Begründung, der Bund sei nur zuständig für die Ausbildung von Gesundheitsberufen, hier seien aber so viele sozialpsychologische Aspekte drin und deswegen falle es in die Länderzuständigkeit. Ich war sprachlos über diese Hinterlistigkeit. Das hat mich so tief getroffen, dass ich Helmut Kohl meinen Rücktritt angeboten hatte, – die Universität Heidelberg hätte sich gefreut und mich mit offenen Armen empfangen. Die Gesetzesvorlage kam dann noch einmal ins Kabinett und wurde durch Helmut Kohls persönlichen Einsatz verabschiedet, doch – da sich die Legislaturperiode dem Ende neigte wurde der Gesetzentwurf danach auf Eis gelegt. Interessant ist, dass auch meine Nachfolgerinnen Hannelore Rönsch (CDU), Claudia Nolte (CDU) und Christine Bergmann (SPD) es nicht schafften. Erst Renate Schmidt (SPD) gelang es, eine bundeseinheitliche Ausbildung der Altenpflegeberufe durchzusetzen; das Gesetz trat am 1. August 2003 in Kraft. Doch im Rahmen der 2009 erfolgten Förderalismus-Reform musste es gewisse Aufweichungen erfahren.

Die Wiedervereinigung

Am 9. November, 13.00 Uhr, Abflug in der Kanzlermaschine, Bundeskanzler Helmut Kohl war eingeladen zu einem Staatsbesuch in Polen bei Ministerpräsident Mazowiecki. Da bei dieser Gelegenheit ein deutsch-polnisches Jugendabkommen zu unterzeichnen war, war ich als zuständige Ministerin Mitglied der Delegation. Am Abend während des Staatsbanketts, zu dem der polnische Ministerpräsident ins ehemalige Palais der Fürsten von Radziwill eingeladen hatte, wurde die höchst feierliche Stimmung durch ein Geraune unterbrochen: „Die Mauer ist gefallen". Helmut Kohl bekam während des Dinners ständig

Nachrichten zugesteckt; es verbreitete sich eine Stimmung zwischen Hoffnung, Unglauben, Unsicherheit – und jeder war froh, als das Essen zu Ende war und in einem Nebenraum der Mokka eingenommen wurde, wo wir dann Näheres erfahren haben. Wir unterbrachen den fünftägigen Polen-Aufenthalt und flogen am 10. November morgens nach Berlin, erlebten einen unschönen Empfang Am Roten Rathaus, einen begeisterten Empfang vor der Gedächtniskirche, kehrten aber am 11. November wieder nach Warschau zurück und absolvierten das vorgesehene Programm.

In den folgenden Tagen und Wochen gab es für mein Ministerium enorm viel zu tun. Ich reiste fast wöchentlich in die ehemalige DDR, besuchte Krankenhäuser und überbrachte Medikamente, besuchte Feierabend-, Alten- und Pflegeheime und Kindergärten. Ich bewunderte die engagierten, einsatzbereiten Pflegekräfte, die manchmal hilflos der Situation gegenüberstanden, aber Übermenschliches geleistet haben. Nachfolgend einige Beispiele, die mich sehr beeindruckt haben und die immer wieder ins Gedächtnis kommen, wenn andere Menschen über die „Errungenschaften" der DDR sprechen.

Da waren in einem Heim nahe des ehemaligen „eisernen Vorhangs" Bewohner (man sprach noch von „Insassen") im ersten Stock untergebracht, 20 in einem Raum, alle lagen Bett an Bett. Von aktivierender Pflege konnte keine Rede sein. Trotz geöffneten Fernstern ein beißender Uringeruch. Die Schwester entschuldigte sich: „Wir haben keine Waschmaschine und keine Windeln. Wir müssen die Bettwäsche auf den Lastwagen verladen und in die Nähe von Rostock (!) fahren; das dauert vier Wochen, bis sie gewaschen wieder zurückkommt ..." Die alten Menschen waren geradezu im 1. Stock „gefangen"; Rollstühle gab es nicht, einen Aufzug gab es nicht. Die Küche war im Erdgeschoss; das Essen musste jeweils einzeln die Treppe hochgetragen werden und war immer kalt, bis es verteilt wurde.

In einem anderen Altersheim in einer Großstadt hatte man, da es keine Rollstühle gab, kreativ einen „Stuhl zum Rollen" hergestellt: an einen Holzsessel montierte man vier Holzräder (von jeweils einem Schubkarren als Kinderspielzeug) „damit wir unsere Alten wenigstens die 20, 30 Meter zum Arztzimmer fahren können".

Erschütternd waren auch Besuche in Krankenhäusern: Da konnten notwendige Operationen nicht durchgeführt werden, weil die Chirurgen keine passenden OP-Handschuhe geliefert bekamen, nur zu kleine (die platzten) oder zu große, in denen die notwendige Feinfühligkeit nicht gegeben war; „die Form, mit der man OP-Handschuhe der mittleren Größe herstellen konnte, war kaputt". Daraufhin orderten wir von Bonn aus jede Menge Einweghandschuhe. Als ich zwei Monate später das gleiche Krankenhaus (es lag direkt hinter der „hessischen Grenze") wieder besuchte, waren die Einweghandschuhe nach Gebrauch säuberlich gewaschen auf der Leine zum Trocknen aufgehängt „man konnte ja nie wissen ...".

In einem anderen Krankenhaus, das ich zusammen mit meinem Abteilungsleiter „Gesundheit", Prof. Dr. Manfred Steinbach, besuchte, wies man betroffen auf mehrere Todesfälle in der Frühgeborenen-Station hin, weil die Inkubatoren nicht funktionierten und Ersatzteile nicht zu beschaffen waren.

Ebenso wurden wir konfrontiert mit dem Fehlen von Dialyse-Geräten. „Wir müssen leider Scharfrichter spielen, wenn wir zu entscheiden haben, wer an das eine vorhandene Gerät kommt", sagte der betreffende Arzt. Über 60-Jährige haben von vorneherein überhaupt keine Chance. Daraufhin beschaffte mein Ministerium zusammen mit der Deutschen Gesellschaft für Dialyse entsprechende Geräte, die über das Rote Kreuz ausgeliefert werden sollten, aber zunächst seltsamerweise nicht abgerufen wurden. Man war offenbar misstrauisch und meinte „Wir wollen Menschen keine Hoffnungen machen, wenn wir hinterher die Behandlung doch einstellen müssen".

In einer großen Klinik einer Großstadt besuchte ich eine chirurgische Station, ein Saal mit an die 20 Betten mit Fuß- und Beinamputierten, meist Diabetikern. Manche berichteten, dass sie bereits die zweite oder sogar dritte OP hinter sich haben. Da die entsprechenden Diagnosegeräte fehlten, „schneidet man mein Bein scheibchenweise ab" wurde geklagt.

Hier hatte meine Nachfolgerin, Hannelore Rönsch, viel zu tun. Sie gründete eine Stiftung „Daheim im Heim", mit der notwendige Anschaffungen (Waschmaschinen, Bad- und Kücheneinrichtungen u. a.) für Alten- und Pflegeheime in der DDR getätigt werden konnten.

Gegen Ende der Legislaturperiode schrieb ich Helmut Kohl einen Brief und bat um Entlassung aus dem Amt, weil ich mich wieder meinem Heidelberger Lehrstuhl und meinem Institut widmen wollte, zumal meine Vertretung emeritiert wurde. Doch so ganz kam ich von der Politik nicht los. Man legte mir schon Anfang 1990 nahe, einen Wahlkreis zu übernehmen, da ich sonst als Ministerin nichts mehr durchbringen würde. Als Frankfurterin übertrug die CDU Hessen mir den bisher stets von der SPD gewonnenen Werra-Meißner-Kreis mit Sitz in Eschwege, sicherte mich aber auf der Landesliste ab.

Die 12. Wahlperiode 1991–1994

Ich tauschte meine Ministerrolle mit der – von vorneherein nur auf vier Jahre geplanten – Rolle einer Bundestagsabgeordneten und hatte somit das erste Mal die Chance, den Plenarsaal vom Eingang her zu betreten (was nur Abgeordneten gestattet war) und nicht – wie zuvor im „Wasserwerk" in Bonn – nur durch die Hintertür auf die Regierungsbank zu gelangen. Ich bekam die Erlaubnis, 25 Prozent meiner Tätigkeit mich meinem Institut für Gerontologie in Heidelberg zu widmen und wieder dessen Leitung zu übernehmen; jeweils montags hatte ich Hauptvorlesung und Seminar, rund sechs Stunden Lehrtätigkeit. Das mir dafür zustehende Gehalt von rund 2.500 DM bekam ich von meiner Vergütung als Abgeordnete abgezogen.

Mein Ministerium wurde in drei Ministerien aufgeteilt. Das BM Familie und Senioren bekam Frau Hannelore Rönsch, das BM Jugend und Frauen übernahm Frau Dr. Angela Merkel und das BM Gesundheit Frau Gerda Hasselfeldt. Meinen drei Nachfolgerinnen sprach ich bei der Übergabe Mut zu und versicherte ihnen, dass dieser Wechsel meinem Wunsch entsprach.

Als Abgeordnete arbeitete ich im Bundestagsausschuss „Bildung und Wissenschaft" und dann als stellvertretende Vorsitzende der – auf Antrag von Anke Fuchs (SPD) und mir beantragten und 1991 vom Bundestag eingesetzten – Enquete-Kommission „Demografischer Wandel". Diese Enquete-Kommission arbeitete auch in der 13. und 14. Legislaturperiode weiter; ich selbst wurde nach meiner Abgeordnetenzeit als Wissenschaftliche Sachverständige zur Mitarbeit in dieser Kommission aufgefordert.

Am 20. Juni 1991 war im Deutschen Bundestag die Hauptstadtdebatte – eine wirklich schwere Entscheidung. Ich sprach mich für Bonn aus und war damals über den Ausgang der Abstimmung sehr enttäuscht. Heute muss ich sagen, Berlin war doch eine richtige Wahl.

Am 25. Juni 1992 war die Bundestagsdebatte zum § 218 – eine Gewissensentscheidung. Aus meiner vor nunmehr 20 Jahren gehaltenen Rede: „Wir schützen werdendes Leben nur dann, wenn wir Frauen Beruf und Familie ermöglichen, wenn wir Frauen nicht direkt oder indirekt den Platz allein im Haushalt oder bei den Kindern zuweisen, wenn wir für eine qualifizierte Tagesbetreuung auch von Kleinstkindern Möglichkeiten schaffen, sie zumindest nicht ablehnen. Die junge Mutter, die trotz Kleinkind berufstätig sein will, sollten wir nicht als Rabenmutter abstempeln. Diejenigen, die mit mehr oder minder gewichtigen Gründen die Mutter unbedingt an den Herd binden, haben sicherlich nicht zu einer Verbesserung des Schutzes des ungeborenen Lebens beigetragen. Hier ist ein Wandel in der Einstellung der berufstätigen jungen Mutter gegenüber notwendig.

Eine Fristenlösung lehne ich aus vielen Gründen ab. Unser Leben darf in keiner Phase zur Disposition gestellt werden. Auch wenn es die Befürworter der Fristenlösung nicht wollen, ist zumindest nicht auszuschließen, dass sich dann, wenn an einer Stelle das Lebensrecht beschnitten wird, sich auch an anderen Stellen Schleusen öffnen. Zum Schluss einige Zahlen aus Holland: In einer Verlautbarung des niederländischen Ärztebundes heißt es, das bei 129.000 Todesfällen über 60-jähriger insgesamt 19.675, das sind 15,3 Prozent, das Leben durch aktive Euthanasie beendet wurde, davon 8.655 mit ausdrücklicher Absicht des Kranken, aber in 11.575 Fällen ohne ausdrückliche Bitte des Kranken. Schon heute ist bei unserer älteren Bevölkerung die Angst, pflegebedürftig zu werden, sehr groß. Hoffentlich wird angesichts der Diskussion über die Einschränkung des Lebensrechts daraus nicht die Angst, dass auch das Leben von pflegebedürftigen alten Menschen eines Tages zur Disposition steht."

Die Rückkehr nach Heidelberg

Nach Beendigung der 12. Legislaturperiode kehrte ich 1994 wieder ganz an die Universität Heidelberg zurück. Gewisse Zeitungen mit den großen Buchstaben kritisierten damals: „Für zwei Jahre Ministertätigkeit erhält Lehr eine hohe Pension". Sie mussten es zurücknehmen: Ich bekomme für meine Zeit als Politikerin keinen Pfennig/Cent Pension von der Bundeskasse. Mit meiner Pension als Universitätsprofessorin bin ich durchaus zufrieden.

1995 – andere bereiten sich mit 65 Jahren spätestens auf die Pensionierung oder Emeritierung vor – wurde ich vom Minister für Wissenschaft und Forschung des Landes Baden-Württemberg als Gründungsdirektorin des Deutschen Zentrums für Alternsforschung an der Universität Heidelberg berufen, das ja bereits auf dem Zukunftskongress 1988 gefordert wurde und durch eine Kommission von Wissenschaftlern vorbereitet wurde. Da mein eigener Lehrstuhl aber gerade ausgeschrieben und erst 1997 wieder besetzt wurde (mit meinem Wunsch-Nachfolger Andreas Kruse, der dann erst nach drei Jahren seine Professur in Greifswald aufgeben konnte), hatte ich noch die Vertretung mit entsprechenden Lehrverpflichtungen, gleichzeitig aber das DZFA, das Deutsche Zentrum für Alternsforschung, aufzubauen.

Vielleicht ist noch erwähnenswert, dass ich 1987 zum Honorarprofessor an der Universität Bonn ernannt wurde und 1988 die Ehrendoktorwürde der Universität Fribourg/Schweiz verliehen bekam, 2009 die der Universität Vechta. 1994 erhielt ich die Große Universitätsmedaille der Universität Heidelberg. 1994 wurde ich zum korrespondierenden Mitglied der Österreichischen Akademie der Wissenschaften (Mathematisch-naturwissenschaftliche Klasse) berufen, 1998 ebenso zum korrespondierenden Mitglied in der mathematisch-naturwissenschaftlichen Klasse der Sächsischen Akademie der Wissenschaften zu Leipzig. 1984 erhielt ich das Bundesverdienstkreuz der Bundesrepublik Deutschland I. Klasse; 1995 das Große Verdienstkreuz des Verdienstordens der Bundesrepublik Deutschland und 1998 die Verdienstmedaille des Landes Baden-Württemberg.

Mit 68 Jahren wurde ich 1998 nach 48-jähriger Tätigkeit im Öffentlichen Dienst, in der ich keine einzige Lehrveranstaltung wegen Krankheit ausfallen lassen musste, emeritiert.

Die nachberufliche Zeit

Im Jahr 2000 wurde ich auf den Marie-Curie-Lehrstuhl der Europa-Universität Yuste/Extremadura (Spanien) berufen als einzige Frau unter 22 Männern, als einzige Psychologin und Gerontologin, als eine von drei deutschen Wissenschaftlern neben Kollegen aus England, Frankreich, Belgien, Österreich, Italien, Spanien. Ein bis zweimal im Jahr halte ich dort Blockseminare.

Nun hatte ich Zeit, in der Senioren-Union der CDU aktiv zu werden, auch wenn ich hier kein Amt anstrebte. Zu Vorträgen wurde ich in ganz Deutschland eingeladen.

Als wissenschaftliche Sachverständige habe ich in der vom Landtag Niedersachsen eingesetzten Enquete-Kommission „Demografischer Wandel in Niedersachsen" mitgearbeitet, außerdem in verschiedenen Kommissionen, die sich mit Gesundheits- und Alternsfragen befassen (Kuratorium Deutsche Altershilfe, Bertelsmann, Bundeszentrale für gesundheitliche Aufklärung, Beirat Gesundheitsstadt Berlin, Expertendialog der Bundeskanzlerin zum Thema Demografischer Wandel u. a. m.).

Von 2004 bis 2008 wurde ich – auf Vorschlag von Dorothee Wilms, meiner Vorgängerin in diesem Amt – zur Präsidentin der Vereinigung der ehemaligen Mitglieder des Deutschen Bundestages und des Europäischen Parlamentes gewählt – eine schöne Aufgabe, die so viel Spaß gemacht hat, dass ich noch zwei weitere Jahre als Beisitzerin dem Vorstand angehörte. Natürlich wurde und wird bei den „Ehemaligen" weiter politisiert, doch die Grenzen der Parteizugehörigkeit verflachen bei vielen Themen.

2009 wurde ich zur Vorsitzenden der BAGSO, der Bundesvereinigung der Senioren-Organisationen gewählt – ein Ehrenamt, das mehr als ein 40-Wochenstunden-Job bedeutet. Schließlich gehören zur BAGSO 110 Bundesverbände, die insgesamt etwa 13 Millionen Seniorinnen und Senioren vertreten. In Fachausschüssen werden seniorenpolitische Themen diskutiert, Stellungnahmen erarbeitet – und den entsprechenden politischen Gremien weitergereicht. So arbeite ich heute noch eng mit dem Ministerium, das ich vor 22 Jahren einmal geführt habe, zusammen. 2012 haben wir den 10. Deutschen Seniorentag in Hamburg organisiert, der von Bundespräsident Gauck („Ich bin einer von Ihnen") eröffnet wurde und von 20.000 Teilnehmern besucht wurde. Auch unsere Bundeskanzlerin hat zu den Senioren gesprochen und deren Aktivitäten gewürdigt und Herausforderungen und Chancen des demografischen Wandels klar aufgezeigt.

Ich freue mich, dass Seniorenthemen in der Politik angekommen sind, dass das Alter nicht nur unter dem Aspekt der Rente und Pflege diskutiert wird – so wichtig dies auch ist. Und dazu konnte ich – seit meinem 28. Lebensjahr – meinen Beitrag leisten.

Erika Reinhardt

Politik erfordert Verantwortung

Geboren am 30. Januar 1932 in Freistadt/Oberösterreich, verheiratet, zwei Kinder, 1951–1954 Ausbildung als Säuglings- und Kinderkrankenschwester in Wien, Abschluss: Diplom, 1954–1955 Aufenthalt in Rom, 1955–1957 Berufsausübung im Kinderkrankenhaus in Linz/Donau, 1957 Heirat und Umzug nach Stuttgart, 1975–1984 Mitglied des Bezirksbeirates Stuttgart-Wangen, 1978 Eintritt in die CDU, 1984–1990 Mitglied und stellvertretende Fraktionsvorsitzende der CDU des Gemeinderates Stuttgart, 1984–1991 Vorsitzende der Kommunalpolitischen Vereinigung, 1990–2002 Mitglied des Deutschen Bundestages, 1994–2010 stellvertretende Bundesvorsitzende der Senioren-Union, 1997–2005 Vorsitzende der Senioren-Union Baden-Württemberg.

Meine politische Laufbahn

Es gibt sicherlich verschiedene Gründe, um in die Politik einzusteigen, aber ich bin sicher, dass die Beweggründe von Frauen andere sind als die der Männer, zum Beispiel, wenn man in einer sehr politischen Familie groß geworden ist, politische Diskussionen zum Alltag gehörten, oder man sich immer schon für Politik interessierte, sich einbringen, mitgestalten, mitentscheiden wollte, wird man eher den Einstieg in die Politik finden. Aber sicher steht bei den Frauen die Karriere in seltenen Fällen an vorderster Stelle.

Meine politische Laufbahn begann wie bei vielen Frauen, über den vorpolitischen Raum, über das ehrenamtliche Engagement.

1957 kam ich durch die Heirat nach Stuttgart und ahnte nicht, dass ich mich eines Tages politisch engagieren würde. Ich war zwar immer politisch interessiert, las täglich die Zeitung, aber sich politisch zu engagieren war unvorstellbar und doch passierte es.

Meinen Beruf als Dipl.-Säuglings- und Kinderkrankenschwester gab ich bald auf und widmete mich ganz meiner Familie, der Erziehung unserer beiden Töchter. Als meine älteste Tochter 1970 von der Grundschule ins Gymnasium wechselte, begann für mich, ohne es zu ahnen, die „vorpolitische Tätigkeit".

Bereits am ersten Elternabend, ich hatte zu einigen Punkten Stellung bezogen, wurde ich als Elternklassensprecherin auserkoren und zehn Tage später wurde ich Elternbeiratsvorsitzende des gesamten Gymnasiums. Ein Amt, das mir zuflog und von dem ich nicht wusste, wie ich es ausfüllen sollte. Aber das hat sich rasch geändert und ich hatte klare Zielvorstellungen. Ausstattung von Fachräumen, Lehrerversorgung, Schulausbau, Sporthallenbau, die Einrichtung einer Cafeteria, denn die Oberstufenreform stand 1978 bevor und wir brauchten eine Versorgung der Schüler mit Essen usw. Es gab viel zu tun und es machte Freude im Team mit Eltern, Schulleitung, Lehrern und Schülern etwas zu bewegen. Der Erfolg sprach für sich und ich habe rasch gelernt, dass im Team viel zu erreichen ist, vorausgesetzt man kennt das Ziel.

Ein Beispiel, dass sich Einsatz lohnt, möchte ich doch erwähnen. Ich war schon viele Jahre erfolgreich für die Schule tätig, als 1978 die Oberstufenreform eingeführt wurde. Es war dringend notwendig, Räume zu finden, um den Schülern über die Mittagszeit einen Aufenthalt mit Essensangeboten zur Verfügung stellen zu können. Eine Cafeteria wie bereits erwähnt, war das Ziel. Der Weg war schwierig. Es mussten viele Hürden überwunden werden, ob bei den Behörden oder auch im Haus selbst geeigneten Raum zu finden. Doch Überzeugung macht erfinderisch. Wir haben es geschafft! Die Räume waren gefunden, die Ausstattung von Küche und Aufenthaltsraum nahm Formen an und nun mussten nur noch die Eltern und Lehrer überzeugt werden, dass wir mit einem Team von Eltern auch die Versorgung mit einem Essen schaffen. Es war großartig, Mütter waren bereit für die Schüler zu kochen, es gab mehrere Gruppen, so dass jede Gruppe nur alle drei Wochen Dienst hatte. Zur Einführung der Oberstufenreform war alles fertig, Lehrer und Schüler waren bereit, den Küchendienst/Abwasch zu übernehmen, denn eine Spülmaschine konnten wir uns noch nicht leisten.

Das war ein toller Erfolg, um den uns so manche Schule beneidet hat, denn damals war eine Cafeteria an einer Schule neu und es macht zugleich deutlich, dass Frauen einfach praktisch denken, handeln und umsetzen. Das war 1978, und heute im Jahre 2012 funktioniert diese Betreuung durch Eltern immer noch. Dieses Beispiel zeigt uns, dass es nicht immer der Ruf nach dem Staat sein muss, sondern dass man mit Kreativität im Miteinander viel erreichen kann.

Denn Lebenschancen sind nicht nur eine Frage der individuellen Gestaltungsspielräume, sondern auch des Zusammenhalts unserer Gesellschaft. Keiner lebt für sich allein, jeder ist auf Gemeinschaft angewiesen.

Wie kam ich nun zur CDU?

Ganz einfach, es ging um einen Schulneubau: In dem Schulkomplex des Gymnasiums waren auch eine Realschule und eine Schule für Lernbehinderte untergebracht. Ein Neubau für die Schule der Lernbehinderten wurde zwar immer von der Kommune versprochen, aber laufend verzögert. Es war also ein Punkt erreicht, wo ich mich zum Handeln verpflichtet fühlte, denn wir brauchten dringend Unterrichtsräume und Räume für die oben erwähnte Cafeteria.

Deshalb habe ich kurz entschlossen 1974 zu einer öffentlichen Veranstaltung eingeladen und dazu alle Stadtratsfraktionen, denn sie waren vor allem meine Ansprechpartner, eingeladen. Ich erinnere mich noch an die heiße, kontroverse Diskussion, aber am Ende haben wir gesiegt. Dem Neubau stand nichts mehr im Wege, die Finanzierung wurde gesichert. Und im Anschluss an diese Veranstaltung sprach mich einer der Politiker an und meinte: „Wie ich sie einschätze, stehen sie bei der CDU?" Meine Antwort: „Ja sicher, die christlichen Werte waren für mich immer der Maßstab meines Handelns und so gesehen ist die CDU schon meine politische Heimat, aber geben Sie sich keine Mühe, ich gehe in keine Partei."

Er gab nicht auf und meinte: „Es geht um die Besetzung des Bezirksbeirats in dem Stadtbezirk in dem ich wohne." Jetzt war ich hellwach, denn da hatte ich als Bürgerin und Mutter zweier Kinder einiges vorzubringen. Und da gab es plötzlich ein „Ja" von mir. Ich habe mich bereit erklärt, für die CDU im Bezirksbeirat ab 1975 mitzuarbeiten, aber so lange ich Schularbeit machte, trat ich nicht in die Partei ein. Jeder wusste zwar, wo ich stehe, aber ich wollte für meine Elternarbeit frei sein. Nun begann ich politisch zu denken und zu handeln und, obwohl mir die große Schule der Politik fehlte oder vielleicht gerade deshalb, gewann ich sehr rasch das Vertrauen der Bürger. Nun wurde mir bewusst, politisches Engagement zahlt sich aus. Ich konnte mit meinen Mitstreiter/innen für den Stadtbezirk viel erreichen und plötzlich war ich mittendrin in der Politik.

Das politische Geschehen

Klare Zielvorstellung, Verantwortungsbereitschaft, Solidarität, Überzeugungskraft und Hartnäckigkeit waren für mich immer eine wichtige Voraussetzung, um eine Sache umzusetzen.

Wir hatten Erfolg. Die Kelter – eine Presse für Weingewinnung – wurde ausgebaut, das Sängerheim erhielt einen Zuschuss zum Bau, eine Kindertagesstätte wurde gebaut, Spielplätze und die Sporthalle saniert, der Stadtbezirk wurde in das Stadtsanierungsprogramm aufgenommen und wir stellten als CDU den ersten Antrag für eine Wohn- und Pflegeeinrichtung. Die Bürger im Stadtbezirk nahmen die CDU plötzlich durch unsere Aktivitäten wahr. Mit viel Freude und Engagement habe ich von 1975 – seit 1978 dann als Mitglied in der CDU – bis 1984 das Amt als Bezirksbeirätin wahrgenommen und habe dabei viel gelernt.

Es war nicht mein einziges Ehrenamt. Das Gymnasium hatte kurz bevor meine Kinder mit der Schule 1978 fertig wurden, 1977 einen Schulverein gegründet, den ich als Vorsitzende übernahm. Ich übte dieses Amt bis 1987 aus. In meiner Zeit als Elternbeiratsvorsitzende gehörte ich natürlich auch überregionalen Gremien an. Wie beispielsweise dem Schulartenausschuss der Gymnasien, dessen

Vorsitz ich zwei Jahre inne hatte. Ferner war ich Mitglied im Vorstand der Gymnasien Nord-Württembergs. Eine weitere für mich zukunftsweisende Aufgabe war der Aufbau der Beratung „Studium und Berufswahl" für die Stuttgarter Gymnasien. Es war ein wichtiger Baustein und ich bin sicher, der Grundstein für die heutigen Beratungszentren.

Als 1984 die Gemeinderatswahlen anstanden, kam die CDU auf mich zu und fragte mich, ob ich nicht für den Stadtrat kandidieren möchte. Ein verlockendes Angebot, das ich gerne annahm, denn ich hatte inzwischen erkannt, dass mein Weg in die Politik zu gehen richtig war. Man kann für die Gesellschaft nur etwas erreichen, wenn man bereit ist, sich mit seinem Engagement, seinem Wissen und Können einzubringen.

Ich nahm das Angebot an und musste mich im Kreisvorstand der CDU vorstellen, darlegen warum ich kandidieren möchte und wo ich meine Arbeitsschwerpunkte im Stadtrat sehe. Das war kein Problem, ich hatte auch hier klare Vorstellungen. Als ehemalige Kinderkrankenschwester war mir der Sozialbereich wichtig, also wollte ich in den Sozialausschuss. Dann hatte ich viel Erfahrung im Schulbereich gesammelt, wusste worum es ging und deshalb wollte ich auch in den Verwaltungsausschuss. Dort geht es nicht nur um die Finanzen, sondern auch um den gesamten Schulbereich. Da Sport ein wichtiger Bereich ist, bat ich, mich als Stellvertreterin in den Sportausschuss zu schicken.

Da ich ein gutes Wahlergebnis erzielt hatte, waren mir die Positionen, die ich anstrebte, sicher. Auch hier wurde deutlich, dass Männer sich selbstverständlich für den Verwaltungs-, Wirtschafts- Planungs- und Sportausschuss entscheiden und man von Frauen, auch selbstverständlich, annimmt, dass sie in den Sozialbereich gehen. Aber man sollte es nicht verallgemeinern, und ich denke, hier hat sich auch in den letzten Jahren viel verändert.

Nun war ich seit 1984 im Stadtrat der Stadt Stuttgart und ich entwickelte, neben dem Engagement und der Verantwortung, politische Leidenschaft.

Die Aufgaben waren vielfältig, interessant und ich habe gelernt, dass auch Kompromisse zur Politik gehören. Die Verantwortung wurde größer, man war stärker mit den Vorstellungen der Bürger konfrontiert und man musste lernen abzuwägen, was ist machbar, sinnvoll und wo muss man deutlich machen, dass die Vorstellungen nicht realisierbar sind. Was nicht immer große Begeisterung bei den Bürgern hervorrief. Aber meine Geradlinigkeit hat sich während meiner ganzen politischen Laufzeit bewährt.

Der Bürger ist weitaus mündiger, als wir manchmal in der Politik glauben

Er verträgt auch schlechte Nachrichten, nur erwartet er von der Politik, dass er mit seinen Anliegen ernst genommen wird. Vertrauen beruht immer auf Gegenseitigkeit.

1984 wurde ich auch Vorsitzende der Kommunalpolitischen Vereinigung und hatte dieses Amt bis 1991 inne, dann gab ich den Vorsitz ab. Es war für mich eine sehr reizvolle Arbeit, ich konnte wichtige Themen aufgreifen, wie z. B. Energieversorgung, Sicherheit, Infrastruktur, Rettungsdienste, sie mit Fachleuten und im Vorstand diskutierten, konkrete Vorschläge ausarbeiten, um sie an den Deutschen Städtetag, die Landesverbände und natürlich an die CDU-Fraktion im Stadtrat weiterzuleiten Das war eine Aufgabe, die mir lag, ich übernahm Verantwortung und es ging um konkrete Punkte, die wir zu einem Ziel brachten, wenn auch leider nicht immer erfolgreich.

So erinnere ich mich an das Thema der Rettungsdienste. Ich hatte zu unserem Gespräch die Polizei, alle Rettungsdienste, die Feuerwehr, Vertreter vom ÖPNV und natürlich die Stadtplaner eingeladen. Es ging schlicht darum, dass die Straßenbahn inzwischen eigene Schienen bekam, die in einem eigenem Kiesbett lagen, abgetrennt von der Straße und kein Auto in einem Notfall auf diese Schienen ausweichen konnte. Anlass für dieses Thema war für mich ein Brand in einer Fabrik. Sie brannte Mitte der 1980er Jahre ab, weil die Feuerwehr wegen Stau und dem eigenen Gleisbett der Straßenbahn nicht durchkam.

Das heißt, es musste geklärt werden, wie kann man in Zukunft gewährleisten konnte, dass der Rettungswagen, oder die Feuerwehr im Einsatz trotz eigenem Gleisbett der Straßenbahn, über das man nicht fahren kann, bei einem Stau keine Verzögerung erleidet. Mein Vorschlag war, an bestimmten Stellen Querungsmöglichkeiten über das Gleisbett zu schaffen.

Die Diskussion war hart aber sachlich, leider brachte sie für mich keine zufriedenstellende Antwort. Die Aussage „Es gibt dann Ausweichrouten" war mir zu wenig. In Zukunft wollte man stärker auf diesen Punkt achten. Das ist nur ein Beispiel von vielen und hat gezeigt, sich einmischen ist gut und notwendig, nur muss es frühzeitig geschehen. Die Weichen beim ÖPNV waren längst gestellt, lange bevor ich in den Stadtrat kam und somit alles entschieden.

Was die Frauenpolitik betrifft, so war sie für mich eine Querschnittsaufgabe in allen Bereichen der Politik. Ob im Verkehrsbereich, in der Sicherheit, im Sozialen – immer war auch darauf zu achten, die Belange der Frauen zu berücksichtigen.

Aber spezielle Frauenpolitik, sich engagieren in der Frauen Union, habe ich nie betrieben. Obwohl ich die Quote immer abgelehnt habe und sie heute noch ablehne, hat die Entscheidung der Quotenregelung bei der SPD ein Umdenken bei den Männern in der CDU bewirkt. Plötzlich war man der Meinung, auch Frauen müssen bessere Chancen auf den Weg in die Politik bekommen.

Ich würde es sehr begrüßen, wenn sich mehr Frauen in der Politik engagieren würden. Politik bekäme ein anderes Gesicht, Frauen denken und handeln anders als Männer. Sie sind sachlich orientiert, aber lassen auch ihre Gefühle sprechen, haben ein gutes Durchsetzungsvermögen, wobei ihnen sicherlich ihr Charme oder ihre Diplomatie, ihr Fingerspitzengefühl immer gute Wegbegleiter sind.

Der Spruch: "Frauen sollen Frauen unterstützen" ist allgegenwärtig, aber ist es tatsächlich so?

Meine Erfahrung ist eine andere. An was es lag, ob an mir oder am Konkurrenzdenken, weiß ich nicht. Leider habe ich schlechte Erfahrungen gemacht. Dagegen hatte ich während meiner ganzen politischen Tätigkeit die volle Unterstützung der Männer.

Im vorpolitischen Raum hatte ich immer mit Frauen zusammengearbeitet und es gab nie Probleme, die begannen erst als ich Stadträtin wurde, also im politischen Bereich.

1989 standen die nächsten Stadtratswahlen an, ich war inzwischen stellvertretende Fraktionsvorsitzende und Sprecherin im Sozialausschuss. Ich hatte das Vertrauen der Bürger/innen und wurde erneut mit einer überwältigenden Mehrheit wiedergewählt.

Ein Jahr später 1990, erhielt ich die Chance für den Deutschen Bundestag zu kandidieren, denn der langjährige Bundestagsabgeordnete in meinem Wahlkreis, der sich große Verdienste erworben hatte, kandidierte nicht mehr. Die Entscheidung habe ich mir nicht leicht gemacht, aber ich hatte kommunalpolitische Erfahrung, eine gute Grundlage für den Einstieg in die hohe Politik, die Anerkennung und das Vertrauen der Bürger und der Zeitpunkt für eine Kandidatur war politisch hochinteressant.

Meine inzwischen erworbene Leidenschaft für politisches Gestalten motivierte mich zu Kandidatur. Nun stand das klärende Gespräch mit meiner Familie an. Mir war vor allem die Meinung meines Mannes wichtig, denn die Töchter waren bereits verheiratet und aus dem Haus. Mein Mann war zwar noch im Beruf, aber der Ruhestand war absehbar und meine Kandidatur würde bedeuten, es gibt in Zukunft nur eine Wochenendehe. Doch meine Familie stand geschlossen hinter mir, und ich bin ihr heute noch dankbar, dass sie mich auf meinem politischen Weg unterstützt und begleitet hat. Der Kandidatur stand nun nichts mehr im Wege. Der Wahlkreis, den ich übernahm, war nicht einfach, er war stark SPD orientiert. Umso größer war für mich die Herausforderung und der Ehrgeiz, diesen Wahlkreis direkt zu holen.

Nun kam mir mein Bekanntheitsgrad durch die Arbeit im Eltern/Schulbereich, im Bezirksbeirat und im Stadtrat zugute und Bürgernähe habe ich seit 1970 praktiziert. Die Chance, das Direktmandat zu erringen, war gering, aber mit Mut, dem entsprechenden Kampfgeist und einem verlässlichen Wahlkampfteam schaffte ich 1990 den Einzug in den Deutschen Bundestag mit einem Vorsprung von 3,7 Prozent vor dem SPD-Kandidaten. Das gute Ergebnis war Freude und Ansporn zugleich.

Es war eine spannende Zeit und die Herausforderungen groß

Die Wiedervereinigung Deutschlands, das erste gesamtdeutsche Parlament, das in Berlin im Reichstag zusammentrat und ich mittendrin, das war ein Gefühl, das sich nicht beschreiben lässt.

Es lagen große Aufgaben vor uns, die es gemeinsam zu bewältigen galt. Die Einheit musste mit Leben erfüllt werden, der Aufbau Ost wurde vorbereitet und strukturiert, schließlich sollten blühende Landschaften entstehen. Barrieren waren zu überwinden. Und auch wenn es heute manche nicht gerne hören, es entstanden blühende Landschaften, auf die wir stolz sein können. Die Weichen waren gestellt. Wichtige Gesetze wie die Rentenreform und das Pflegegesetz wurden verabschiedet, man setzte sich mit den Veränderungen in unserer Gesellschaft auseinander und wie sie zu bewältigen sind. Es war eine Fülle von Aufgaben, denen wir uns zu stellen hatten.

Gleich zu Beginn ging es natürlich auch um die Besetzung der Ausschüsse. Da hatte ich klare Vorstellungen und mein Ziel stand fest. Einen Sitz im Verkehrsausschuss, ein schwieriges Unterfangen, denn der ist fast eine reine Männerdomäne, und man war überrascht von meinem Wunsch, aber es war mir wichtig, denn der Bundesverkehrswegeplan wurde neu aufgelegt und da durfte die Stimme von Stuttgart, der Landeshauptstadt mit ihren Verkehrsproblemen, nicht fehlen. Einen Sitz im Ausschuss für Familie, Senioren, Frauen und Jugend, schließlich war das ein Bereich, von dem ich einiges an Erfahrung mitbrachte, und einen Sitz im Ausschuss für Wirtschaftliche Zusammenarbeit und Entwicklung. Alle drei Sitze waren mir sicher.

Ein Journalist hat einmal über mich geschrieben: „Hartnäckig und zielstrebig verfolgt sie ihre Ziele". Ja, das war wohl mein Motto. So habe ich zwei Straßen für Stuttgart durchgesetzt, die eine wurde in den vordringlichen Bedarfsplan aufgenommen, hier hätte man sofort zu bauen beginnen können, das Geld stand bereit, und die zweite und wichtigste, die Ostumfahrung Stuttgart, wurde in den Verkehrswege-Bedarfsplan aufgenommen.

Das war ein harter Kampf auch mit den eigenen Kollegen in der Arbeitsgruppe, denn jeder hatte eine wichtige Straße, die er in die Planung bringen wollte, und kurz vor der Abstimmung wollte man mich noch umstimmen, ich sollte doch auf eine Straße verzichten. Aber ich blieb hart!

Der Erfolg war groß, leider folgte bald eine bittere Enttäuschung

Der Stadtrat in Stuttgart muss vor Baubeginn über das Planfeststellungsverfahren abstimmen. Was passierte? Es gab Gegner vom Straßenbau und so wurde die Planfeststellung mit einer Mehrheit von einer Stimme abgelehnt. Für 76 Mio. hatte ich mich umsonst eingesetzt. Das sind Rückschläge, die man nicht einfach wegsteckt. Die zweite Enttäuschung folgte während der rot-grünen Bundesregierung. Auf Antrag der SPD-Abgeordneten aus Stuttgart wurde die Ostumfahrung Stuttgart aus dem Verkehrswegeplan herausgenommen. Stuttgart erstickt im Stau, aber Rot-Grün nimmt die wichtigste Entlastung aus der Planung. Das war wie eine Ohrfeige für unsere Bürger in Stuttgart.

Natürlich gab es auch Entscheidungen, bei denen es mir besonders schwer fiel zuzustimmen. Ein solcher Fall war die Entscheidung zum § 218 StGB. Es war während meiner ganzen politischen Tätigkeit die schwierigste Gewissensentscheidung, die ich zu treffen hatte, gerade als Kinderkrankenschwester. Der Entscheidung gingen viele Diskussionen voraus und es war nicht einfach einen Kompromiss zu finden, dem die Mehrheit zustimmen konnte, und eine Mehrheit für die CDU war notwendig. Denn die SPD und die Grünen hatten ihren eigenen Gesetzentwurf, der von einer großzügigen Freiheit der Frau ausging, also Abtreibung faktisch legalisieren wollte. Umso wichtiger war es, einen Entwurf vorzulegen, den die Mehrheit im Bundestag mitträgt, denn es war auch ein wichtiges Signal nach außen.

Aber Entscheidungen zu treffen, gehört auch zur Verantwortung

Als ich noch ganz neu im Deutschen Bundestag war, wandte sich eine Hebamme aus meinem Wahlkreis an mich mit einem Problem, das mir so nicht bekannt war. Neugeborene die Tod auf die Welt kommen, existieren juristisch nicht. Das war ein Zustand, der für viele Familien nach neun Monaten Schwangerschaft, dann ein totes Kind, das nie existiert hat, unerträglich. Ihre Bitte war, sich dieses Problems anzunehmen.

Ich habe, nachdem ich mich mit der Sache befasst hatte, eine Änderung im Personenstandsgesetz vorgeschlagen und dazu einen Entwurf vorgelegt. Meine Fraktion hat dem so zugestimmt und nun musste es zum Koalitionspartner. Hier lag es ewig, wurde nicht verabschiedet trotz häufigem Nachhacken meinerseits und der generellen Zustimmung der Koalition. Grund für die Verzögerung, die damalige Ministerin wollte das Personenstandsgesetz grundsätzlich ändern und für gleichgeschlechtliche Partnerschaften öffnen und da war ihr meine Änderung willkommen, aber ihre Formulierung war noch nicht so weit.

Es hat eine ganze Legislaturperiode gebraucht, bis endlich mein Vorschlag zur Gesetzesänderung umgesetzt wurde. Von da an konnten Familien auch bei einer Totgeburt das Kind ins Familienbuch eintragen lassen, sofern sie das wünschten und das Kind wurde nicht mehr anonym beerdigt.

Zwar ein Erfolg, aber er hat mir deutlich gemacht, dass es auch bei einfachen Korrekturen in einem Gesetz innerhalb einer Koalition Hürden geben kann, die ich in Zukunft zu übergehen wusste.

Bereits 1994 war ich gewähltes Mitglied im Fraktionsvorstand und damit näher an Informationen und Entscheidungen. Die Arbeit im Ausschuss Familie,

Senioren, Frauen und Jugend machte mir viel Freude und ich erinnere mich daran, dass wir viele neue Förderungen für Kinder und Familien einführten, was zwar einerseits gut war, aber andererseits wurde nie gefragt – gibt es etwas, das durch die Einführung neuer Maßnahmen aus dem Förderkatalog gestrichen werden könnte?

Das war für mich Anlass, eine Aufstellung zu machen, auf der alle Förderungen für Kinder und Familien seit 1982 zusammengefasst waren. Das war eine gute Grundlage für unsere zukünftigen Arbeiten und Diskussionen im Ausschuss, vor allem mit den anderen Fraktionen, die immer gerne gefordert haben, aber nie nach der Finanzierung fragten. Später hat die Fraktion diese Aufstellung übernommen und ich hoffe, sie hat sie weiterentwickelt.

Als Mitglied in der Enquete-Kommission „Demografischer Wandel" kam eine umfangreiche Arbeit auf mich zu. Es musste viel gelesen und ausgearbeitet werden. Mit Wissenschaftlern, Fachleuten aus den verschiedenen Bereichen, Abgeordneten aus allen Fraktionen haben wir gemeinsam Lösungsansätze gesucht und erarbeitet, um auf die Veränderungen der Demografie politisch für die Zukunft vorbereitet zu sein. Bereits acht Jahre harte Arbeit lagen hinter uns, gute sachbezogene Ausarbeitungen waren erstellt und wir hätten zufrieden sein können.

Doch dann kam der schwierigste Teil, die Empfehlungen an die Politik. Nun wurden die unterschiedlichen Positionen der Parteien deutlich. Die CDU/CSU und die FDP waren für mehr Eigenverantwortung, die SPD und die Grünen wollten mehr Staat. Man konnte sich auf keine gemeinsamen Empfehlungen an die Politik einigen.

Das heißt, man stand plötzlich vor der Frage, entweder keine Empfehlungen an die Politik, denn eine Einigung war aussichtslos, oder eine Empfehlung mit einer abweichenden Meinung der Opposition. Das wiederum hätte keinen guten Eindruck auf Verbände und Organisationen gemacht. Da die grundsätzliche Arbeit dieser Enquete-Kommission sehr gut war, es hervorragende Dokumentationen gab, beschloss man, keine Empfehlung an die Politik abzugeben. Es blieb bei der gemeinsamen Dokumentation von, ich glaube sechs Bänden, die für alle Organisationen, Verbände und natürlich für die Politik zur Verfügung stand.

Die sichtbarsten Erfolge waren in der Entwicklungspolitik. Es gab eine gute fraktionsübergreifende Zusammenarbeit von Frauen, vor allem wenn es um Themen wie Kinderarbeit, Kinderprostitution oder Kindersoldaten ging.

Auch bei Frauenprojekten war man sich rasch einig. Ich erinnere mich an Frauenprojekte wie die Kleinstkredite oder die Aids-Waisen. Großmütter als Paten für Aids-Waisen, sie bekamen für jedes Kind, das sie aufnahmen, eine kleine finanzielle Unterstützung. Entwicklungspolitik war greifbar und sichtbar.

Große Unterstützung für Hilfen fand ich immer bei Firmen und Unternehmen. Denn von jeder Reise brachte ich Ideen mit, wie man unbürokratisch helfen kann. So konnte ich gespendete Medikamente für ein Kinderkrankenhaus nach Karakalpakistan am Aralsee übermittelt, die Konrad-Adenauer-Stiftung in Usbekistan war mir bei der Übermittlung sehr behilflich. Oder eine alte Schusternähmaschine ging an ein Drogenprojekt in Medellin/Kolumbien. Schuhe für Kinder vom 1. bis zum 18.Lebensjahr gingen nach Kasachstan in ein Waisenhaus, das war nur mit Hilfe einer Schuhfabrik möglich. Die schwierigste Sache war Schlachtmesser für ein Landwirtschaftsprojekt nach Kuba zu bringen, aber auch das ist gelungen. Als ich in Nord-Korea war, besuchten wir auch ein Krankenhaus in einem ländlichen Gebiet. Ich war über den Zustand erschüttert und ließ mir von dem Arzt eine Liste geben über die notwendigsten Medikamente und Instrumente, die sie brauchen. Das alles musste so geschehen, dass unsere Aufpasser es nicht merkten.

In meinem Berliner Büro wieder angekommen, setzte ich mich mit der Weltapotheke in Verbindung und bat um Zusammenstellung der notwendigen Medikamente und Instrumente. Bis auf einige wenige Instrumente hat alles geklappt und es kam alles, Dank der Botschafterin, gut in dem Krankenhaus an. Wie überhaupt die Botschaften, aber vor allem auch die Konrad-Adenauer-Stiftung in den verschiedenen Ländern und das oft unter schwierigen Verhältnissen, hervorragende Arbeit leisteten.

Warum erwähne ich dies alles? Weil es die Lichtblicke einer Abgeordneten sind, die bei einer nicht immer leichten Aufgabe, einen für Vieles entschädigen.

Aber es gab auch Enttäuschungen. Es war in der Zeit der rot-grünen Bundesregierung 1998 bis 2002, wir waren in der Opposition. Es ging um das Thema Kindersoldaten. Ich hatte einen Antrag an die Bundesregierung vorbereitet und da es ja ein Thema war, das gerade uns Frauen stark berührte, trat ich mit der Sprecherin der Grünen und der SPD vom Ausschuss mit dem Vorschlag einen gemeinsamen Antrag zu stellen in Kontakt. Man war mit meinem Entwurf einverstanden.

Bei gemeinsamen Besprechungen wurden noch Vorschläge oder Änderungen eingebracht, die ich dann jeweils einarbeitete. So weit so gut, die Diskussion im Plenum stand an, die Kollegin von den Grünen kam kurz vorher zu mir und teilte mir mit, es täte ihr sehr leid, aber sie können nicht mitstimmen, denn die SPD, ihr Koalitionspartner, werde einen eigenen Antrag einbringen und somit seien sie gebunden. Ich traute meinen Ohren nicht, denn wir hatten wochenlang diskutiert, und ich hatte alle Wünsche der SPD berücksichtigt. Es war tatsächlich so, man sprach gegen den Antrag der CDU/CSU, hatte seinen eigenen und fühlte sich als Sieger. Im Grunde war er von uns abgeschrieben, mit kleinen sprachlichen Änderungen. Es kam zur Abstimmung, der SPD/Grüne Antrag ging natürlich durch. Da ich aber in meiner Rede mit Hintergedanken so eindringlich darauf hinwirkte, man möge doch unseren Antrag nicht ablehnen, schließlich wären wir einer Meinung, sondern wenn schon nicht zustimmen, dann sich der Stimme enthalten. Meine Rechnung ging auf. Die Grünen, die ja bei uns mitmachen wollten, haben sich enthalten und damit war unser Antrag genauso angenommen wie der der SPD. Die Ministerin war verärgert, konnte es nicht fassen und verließ ihre Regierungsbank, aber es war entschieden. Ein kleiner Triumph für die CDU.

Politik erfordert Verantwortung

Für mich war die Zeit in der Politik eine Chance und ein Gewinn und ich wünsche mir, dass auch die Menschen, für die ich arbeitete und mich einsetzte davon profitierten. Politik erfordert Verantwortung, Kompetenz, Engagement, Mut, Verlässlichkeit, Durchsetzungsvermögen, Fingerspitzengefühl, aber auch Kampfeswillen. Vertrauen gewinnen ist eine wichtige Voraussetzung und das erreicht man nur, wenn man bereit ist, den Menschen zu zuhören.

Es ist wichtig, ein Ziel zu haben, aber nicht fanatisch zu sein. Menschlichkeit und Würde des Menschen müssen auf allen Gebieten höchste Priorität haben. Es ist nicht ausschlaggebend, ob man über die Ochsentour oder als Quereinsteiger in die Politik kommt. Wir brauchen Beide. Eines sollte nie fehlen: Lebens- und Berufserfahrung.

Wir brauchen in den Parlamenten einen gesunden Querschnitt unserer Bevölkerung ob Beruf oder Geschlecht. Ich würde es begrüßen, wenn christliche Werte in unserer Politik wieder eine stärkere Rolle spielen würden. Mitmenschlichkeit, Toleranz, Verantwortungsbereitschaft und Solidarität sind Tugenden und Werte, auf die wir gerade in der Politik nicht verzichten dürfen.

Mein Ausstieg aus der Politik erfolgte nach zwölf Jahren im Deutschen Bundestag – von 1990 bis 2002 – freiwillig. Ich feierte meinen siebzigsten Geburtstag und mein Mann war nicht mehr ganz gesund. Es war unser beider Wunsch, noch ein paar Jahre gemeinsam, ohne Terminzwang, verbringen zu können.

Marlene Lenz*

Politisches Engagement für die Frauen in Europa

Geboren am 4. Juli 1932 in Berlin, 1950 Abitur, 1951–1954 Studium an der Universität Heidelberg, Abschluss: akademisch geprüfte Übersetzerin für Englisch und Französisch, 1954–1956 Volontärin bei der Union Européenne des Féderalistes (französische Europa-Union), 1956–1958 Mitaufbau der neu gegründeten Deutsch-Atlantischen Gesellschaft in Bonn, 1957 Eintritt in die CDU, 1957–1972 Tätigkeit bei der EG-Kommission im Kabinett Jean Rey und in der Generaldirektion für Auswärtige Beziehungen; zwischenzeitlich beurlaubt, 1963–1966 und 1968–1972 Frauenreferentin der Bundesgeschäftsstelle der CDU und Bundesgeschäftsführerin der Frauenvereinigung, 1968–1973 Generalsekretärin der Europäischen Frauen Union, 1971 Mitglied des Vorstandes der Union Christlich-Demokratischer Frauen (UCDF), 1971–1975 Vorsitzende der Informationskommission der Europäischen Frauen Union (EFU), 1972–1975 Referentin im Büro für Auswärtige Beziehungen der CDU-Bundesgeschäftsstelle, 1975–1977 wissenschaftliche Assistentin bei der CDU/CSU-Bundestagsfraktion und Mitglied des Vorstandes der EFU, 1976–1999 Vorsitzende der Europa-Sektion der Frauen der CDU/CSU, 1977–1979 wissenschaftliche Assistentin in der Enquete-Kommission „Frau und Gesellschaft" des Deutschen Bundestages, 1977–1981 Vorsitzende der Politischen Kommission der EFU, 1978–1983 Vizepräsidentin der EFU, 1979–1999 Mitglied des Europäischen Parlamentes, 1986–1996 Präsidentin der Frauen der Europäischen Volkspartei (EVP), 1987–2000 Mitglied des Zentralkomitees der Deutschen Katholiken (ZdK) und Mitglied des Stiftungsrates/Kuratorium von Donum Vitae.

Wie hat sich Ihre politische Sozialisation entwickelt? Welche Faktoren haben Sie beeinflusst, in die Politik zu gehen? Wurde das Interesse bereits in Ihrem Elternhaus geweckt?

Mein politisches Interesse wurde durch meine Familie geprägt. Ich hatte einen politisch sehr, sehr engagierten Vater, der Mitbegründer der CDU in Berlin war.

---

* Das Interview führte Ina vom Hofe M. A. am 24.10.2012 in Bonn.

Nach meinem erworbenen Abitur 1950 in München, sind wir nach Bonn umgezogen. Ich habe dort noch ein Jahr Zuhause gewohnt und im Büro meines Vaters ausgeholfen, bis ich mich für das Sprachenstudium an der Universität Heidelberg entschied. Dort studierte ich von 1951–1954 und schloss das Studium in den Fächern Französisch und Englisch als akademisch geprüfte Übersetzerin ab.

Über Politik wurde gerade zu der aktiven Zeit meines Vaters viel diskutiert. Meine Mutter war zwar nicht aktiv, aber auch sehr interessiert. Sie stammte aus einer Familie, die immer politisches Interesse hatte. So war es selbstverständlich, dass ich – genau wie mein älterer Bruder – ebenfalls sehr politisch und historisch interessiert war.

Wie würden Sie das Rollenverständnis in Ihrem Elternhaus beschreiben?

Darüber ist nie geredet worden. Meine Mutter war nicht berufstätig, hatte vier Kinder und sorgte für die Familie.

Über Fragen der Emanzipation habe ich gelegentlich mit meinem Bruder gestritten, der mich gerne damit ärgerte. Ich habe mich aber früh zur Wehr gesetzt und hatte keine Schwierigkeiten. In der Ausbildung der Kinder wurden keine Unterschiede gemacht.

Was ist Ihr Verständnis von christlich-demokratischer Politik? Und warum haben Sie sich der CDU zugewandt und keiner anderen Partei?

Mein Verständnis für politische Aktivität wuchs mit den Jahren. Über die Auseinandersetzung von Konfessionsschulen entwickelte ich ein zunehmendes Bewusstsein für christliche Fragen. Das „C" in dem Namen CDU hatte damals auch noch eine andere Bedeutung als heute. Das „C" war ein Markenzeichen, gerade gegenüber den Sozialisten und den Freien Demokraten. Eine andere Partei wäre für mich nie in Frage gekommen. Mein Vater ist früh gestorben. Mein Bruder und ich waren der Überzeugung, wir müssen etwas in seinem Sinne tun, und so war es selbstverständlich, in die CDU und keiner anderen Partei einzutreten.

Der konkrete Anlass für Ihre politische Tätigkeit war somit der Tod Ihres Vaters. Wie kam es dann dazu, dass Sie sich sehr stark auf die Europapolitik konzentriert haben?

Erstens war ich sehr davon überzeugt, dass der europäische Gedanke der richtige war, in dem Bewusstsein, dass es nie wieder einen Weltkrieg geben dürfte. Zudem war mein Vater auf diesem Gebiet zeitweilig Verbindungsmann zwischen der CDU und der entsprechenden französischen Partei (MRP). Er hatte mich als Volontärin in die französische Europa-Union (Union Européenne des Féderalistes) vermittelt.

Zusätzlich zur Europapolitik engagierten Sie sich in der Frauenpolitik. Wie kamen Sie dazu?

Ich war in Brüssel bei der Kommission und im Kabinett des belgischen Kommissars Jean Rey. Er war sehr deutschfreundlich. Ich arbeitete für seinen Kabinettschef, ebenfalls sehr deutschlandfreundlich.

Nach der Versetzung in die Generaldirektion für Auswärtige Beziehungen hatte ich genug von der Beamtenlaufbahn, die mich nie gereizt hat. Aenne Brauksiepe, die damalige Vorsitzende der CDU-Frauenvereinigung, wollte, dass ich das Frauenreferat der CDU übernehme und da habe ich mir gesagt: „Eigentlich wolltest du immer etwas mit Politik zu tun haben, also mache es jetzt auch, wo es die Chance gibt." Das habe ich getan. Das war natürlich materiell nicht unbedingt das Richtige. Die Leute haben zu mir gesagt: „Was? Sie gehen da weg?" Ich hatte keine Ahnung von Frauen. Die Männer sagten: „Was machen Sie? Frauen?" Aber Frau Brauksiepe hat mir ziemlich schnell beigebracht, worum es ging. Als Referentin in der CDU-Bundesgeschäftsstelle übernahm ich die Aufgabe der deutschen Sektion der Europäischen Frauen Union. Da habe ich ziemlich schnell gelernt, wie wichtig es ist, sich für die Belange von Frauen einzusetzen.

Sie wurden Vorsitzende der Europa-Sektion der Frauen. Konnten Sie damit Ihre Schwerpunkte verbinden?

Ja. Die Frauenvereinigung hatte – schon unter Helene Weber und später Aenne Brauksiepe – gemeinsam mit der Österreicherin Lola Solar eine Europäische Frauen Union (EFU) im Visier und diese 1954 gegründet. Dr. Maria Probst war Präsidentin der EFU. Sie konnte schimpfen wie ein Kutscher, haben wir immer gesagt. Aber sie konnte auch ganz „Grande Dame" sein. Hochintelligent, sehr temperamentvoll. Ich kam mit ihr gut zurecht. Das Thema fand ich spannend. Es war international, und es machte meine Parteiarbeit interessanter, als mich nur mit den Landesgeschäftsführern herumzuschlagen, die die Frauen nicht fördern wollten.

Wenn Sie heute die Diskussionen um frauenpolitische Themen mitbekommen, haben Sie den Eindruck, dass sich etwas im Laufe der Jahre verändert hat?

Es hat sich etwas verändert, das Ganze wird auf einer höheren Stufe diskutiert. Die Frauen sind natürlich heute viel weiter. Wie sagte Aenne Brauksiepe immer: „Eine Frau kann arbeiten, muss arbeiten können, aber sie muss nicht verpflichtet sein, zu arbeiten." Das war damals schon sehr fortschrittlich.

Wie war die Einstellung in Ihrem privaten Umfeld zu Ihrer politischen Tätigkeit?

Es war für die Meisten noch etwas ungewöhnlich, aber akzeptiert.

Mussten Sie Entscheidungen treffen, die Sie mit Ihrem Gewissen nur schwer vereinbaren konnten?

Nein, dem habe ich mich widersetzt. In der Abtreibungsfrage bin ich nach wie vor strikter Gegner, aber ich gehöre zu den Mitbegründerinnen von Donum Vitae. Es gibt viele Frauen in echter Not, die ich nicht alle verdammen kann. Das hat die Kirche natürlich nicht besonders gern gesehen, bis heute.

Haben Sie selber Erfahrungen mit der Frauenquote oder mit der gläsernen Decke gemacht?

Die gläserne Decke war damals noch sehr stark ausgeprägt, auch in der Partei. Es gab sehr wenige Frauen im Deutschen Bundestag. Diejenigen, die es gab, waren jedoch meistens sehr stark. Allerdings kann ich mich gut erinnern, wie ich ins Europäische Parlament kam und mich ein Konkurrent angiftete: „Sie kommen nur rein, weil Sie eine Frau sind." Da habe ich gesagt: „Ja, bin ich. Tut mir leid. Aber das wird sich nicht ändern." Man lernte, so etwas abblitzen zu lassen.

Inwieweit gab es beruflich aktive Frauen auf europäischer Ebene?

In den Sekretariaten gab es – wie überall – viele Frauen. Dabei waren zum Beispiel die Französinnen und Belgierinnen viel selbstbewusster als die deutschen Frauen.

Inwiefern spielten Frauenfragen auf europäischer Ebene eine Rolle oder stand die Nationalität mehr im Vordergrund?

Frauenfragen wurden nicht in der nationalen Schärfe behandelt. Im Frauenausschuss des Europäischen Parlaments waren wir uns zum Beispiel über die Parteigrenzen hinweg meistens schnell einig über bestimmte Fragen, jedoch nicht bei den ideologisch besetzten Themen. Als damals die Ostfrauen dazu kamen, hat sich das noch verstärkt. Es gab zwar keine Gleichberechtigung in der DDR, aber sie hatten einen anderen Zugang zu dieser Frage. Um ein praktisches Beispiel zu geben: Ich hatte eine sehr viel jüngere Kollegin aus der DDR, die mit der ersten freien Wahl ins Europäische Parlament kam. Im Frauenausschuss gab es eine heftige Debatte. Die Sozialdemokratinnen behaupteten, in der DDR wäre alles besser gewesen. Meine Kollegin, sie hatte zwar noch kein Stimm-, aber Rederecht, stand auf und erklärte, wie es war: „Natürlich gab es Kindergärten, aber da mussten die Kinder zwischen fünf und sechs Uhr morgens abgeliefert werden, weil die Frauen berufstätig waren." Sie war ebenfalls Mutter und hat eingehend geschildert, wie sie es erlebt hat. Das hat Eindruck gemacht.

Gibt es ein unterschiedliches Machtverständnis von Männern und Frauen?

Ja, teilweise schon. Die Männer haben oft die Karriereleiter im Kopf. Die Frauen – es ist nicht so, dass sie es nicht hätten – schauen doch mehr auf ihre menschliche Umwelt, wobei es dort auch Ausnahmen gibt. Ich habe die Erfahrung gemacht, dass einige Frauen, wenn sie oben angekommen waren, nicht mehr viel für die Frauenförderung getan haben. Sie haben zwar viel davon geredet, aber selber nicht so gefördert.

Gibt es Unterschiede im Kommunikations- und Arbeitsstil zwischen Männern und Frauen?

Im Kommunikationsprozess würde ich das bejahen. Frauen tendieren dazu, auf die Menschen einzugehen. Sie sehen eigentlich mehr den Menschen, während Männer stärker auf die Sache zusteuern.

Gab es gegenseitige Unterstützung, auch parteiübergreifend auf EU-Ebene?

So allgemein kann man das nicht sagen, aber wenn Frauen von einer Sache überzeugt sind, sind sie weniger fraktionsabhängig. Man folgte in der großen Linie schon der Partei. Aber insgesamt habe ich immer festgestellt – außer bei den Frauen, die, wie es bei Männern auch vorkommt, um jeden Preis Karriere machen wollten –, dass es immer welche gab, die etwas unabhängiger dachten.

Welche Rolle spielten Netzwerke?

Man hatte natürlich als Frauenvereinigung viele Verbindungen zu den anderen Frauenverbänden, nicht nur zu den konfessionellen, auch zum Deutschen Frauenring. Zu den drei konfessionellen Frauenverbänden waren die Verbindungen sowieso gegeben. Frauen hatten damals ihre Netzwerke über ihre Verbände. Das hat sich heute sehr gewandelt.

Wie würden Sie den Umgang mit Frauen in der Öffentlichkeit beschreiben?

Das hat sich in den Jahren sehr weiter entwickelt. Wir hatten damals einen Arbeitskreis Medien. Dort haben wir zum Beispiel verschiedene Werbefilme vorgeführt. Es war interessant zu sehen, dass bei den Männern das Idealbild der Frauen, vorwiegend die Hausfrau und Familienmutter war. Dagegen ist nichts einzuwenden, aber es dürfen nicht nur diese Frauenbilder sein. Die Frau in der Arbeitswelt gehörte damals schon dazu.

Was sind Ihre persönlichen Prinzipien und Grundsätze, nach denen Sie in der Politik gehandelt haben?

Mein Ziel war die Gleichberechtigung zu erreichen. Mir kam in meiner politischen Laufbahn sicherlich zugute, dass ich von Natur aus niemand bin, die sich sehr leicht anpasst und nachgibt.

Was waren Ihre größten Erfolge?

Ich habe letztlich erreicht, was ich mehr oder weniger anstrebte, nämlich in die Politik zu gehen und ins Europäische Parlament zu kommen, denn Europa war mir vertraut.
    Allgemein war die Frauenfrage bei mir immer ein wichtiges Thema. Im Parlament waren es sehr stark die Menschenrechte, die eine Rolle spielten. Bei den Menschenrechten habe ich mich besonders mit Lateinamerika beschäftigt.
    Doch ich habe mir hinterher überlegt, warum ich nicht noch weitergekommen bin – und bin zu der Antwort gekommen, dass ich dafür nicht angepasst genug war.

Was waren Misserfolge oder Enttäuschungen, die Sie erlebt haben?

Der Übergang von der Frauenpolitik zur internationalen Politik war nicht einfach. Im Büro für Auswärtige Beziehungen hatte ich die Hoffnung gehabt, mehr von internationaler Politik zu hören. Das war aber nicht der Fall. Als man mir die Aufgabe einer wissenschaftlichen Assistentin für die Enquete-Kommission „Frau und Gesellschaft" im Deutschen Bundestag antrug, nahm ich das gerne wahr.

Enttäuschungen gab es in der Hinsicht, dass Frauen, die man selber mit aufgebaut hatte, nachher nicht mehr kooperationsfähig waren, weil sie nur sich selber sahen.

Gab es für Sie jemals den Gedanken aus der CDU auszusteigen?

Nein. Das kommt für mich nicht in Frage. Es gab für mich keine Alternative.

Was würden Sie jungen politisch engagierten Frauen als Wunsch oder als Ratschlag mit auf den Weg geben wollen?

Nicht zu konformistisch zu werden, sondern ihren eigenen Kopf zu behalten. Auch wenn das manchmal karrierebremsend sein kann, ist es sehr viel befriedigender nach dem eigenen Gewissen zu handeln.

Editha Limbach

Man muss sich für seine Überzeugungen einsetzen

Geboren am 1. Februar 1933 in Berlin, verheiratet, vier Kinder, 1939 Abitur, 1952–1956 Studium der Geschichte und Sozialwissenschaften an der Rheinischen Friedrich-Wilhelms-Universität Bonn und der New York University, seit 1956 Journalistin/Redakteurin/Hausfrau, 1960 Eintritt in die CDU, 1960–1970 stellvertretende Kreisvorsitzende der Jungen Union, 1970–1988 stellvertretende Kreisvorsitzende der CDU Bonn, 1975–1988 Mitglied des Stadtrates Bonn, 1987–1998 Mitglied des Deutschen Bundestages.

Der Vermieter war CDU-Mitglied

Als wir 1960 nach Lengsdorf – damals noch selbstständige Gemeinde im Landkreis Bonn – zogen, fiel mir so manches auf, was ich für verbesserungswürdig hielt – zum Beispiel bei der Schulwegsicherung, an der Bushaltestelle, bei der Straßenführung. Unser Vermieter war der Bürgermeister und CDU-Vorsitzende, also sprach ich ihn an und machte ihn auf meine Feststellungen aufmerksam. Da meinte er, wenn mich das alles so interessiere und ich Verbesserungsvorschläge hätte, sollte ich doch Mitglied der örtlichen CDU werden und unmittelbar an der Gestaltung unseres Ortes mitwirken. Nach kurzer Überlegung stimmte ich zu und trat der CDU bei. Das war der eigentliche Beginn meiner politischen Laufbahn.

Ein weiterer wichtiger Schritt ergab sich durch meine Mitgliedschaft in der Jungen Union, zu der ich aufgrund meines Alters – 27 Jahre – als CDU-Mitglied automatisch gehörte. Bei der JU-Kreisversammlung trat ein Kandidat für den stellvertretenden Vorsitz an, den mein JU-Bezirksverband auf keinen Fall wählen wollte. Und da man der Meinung war, die beste Chance ihn zu verhindern, wäre eine weibliche Gegenkandidatur, drängte man mich zu kandidieren; ich ließ mich überreden – und zu meiner Überraschung wurde ich auch mit großer Mehrheit gewählt. Eine Begebenheit, bei der deutlich wurde, dass es auch von Vorteil sein konnte, eine Frau zu sein.

Als stellvertretende JU-Kreisvorsitzende wurde ich dann regelmäßig als Gast zu den Vorstandssitzungen des CDU-Kreisverbandes Bonn-Land eingeladen; so ergab sich manche Gelegenheit, meine „frauliche" Ansicht der Dinge in die Diskussion einzubringen, nicht immer – aber oft – mit Erfolg.

Kandidatenaufstellung

Ein besonderes Erlebnis hatte ich bei der Aufstellung der Kandidaten für die Kommunalwahl in den 1960er Jahren. Da für die Stimmbezirke zum Gemeinderat nur männliche Direktkandidaten vorgeschlagen waren, beschloss die Mitgliederversammlung des Ortsverbands Lengsdorf zu Beginn der Sitzung einstimmig, den ersten Listenplatz – der bisher immer zu einem Mandat geführt hatte – mit einer Frau zu besetzen. Eine Mitbewerberin und ich freuten uns – eine von uns würde es also werden. Aber es kam dann ganz anders; denn als nach der Aufstellung der Direktkandidaten der erste Listenplatz zu besetzen war, wurde keine von uns Frauen, sondern der Vorsitzende der Ortsbauernschaft vorgeschlagen und auch gewählt, was meine Kollegin so ärgerte, dass sie im Zorn die Versammlung verließ. Ich habe das Spiel etwas gelassener gesehen, habe weiter kandidiert und wurde einstimmig auf den zweiten Listenplatz gewählt. Das sicherte zwar nicht den Einzug in den Gemeinderat bei der Kommunalwahl, aber die Mitgliedschaft als sachkundige Bürgerin in zwei Ausschüssen, in denen meine Mitarbeit durchaus erwünscht war.

Dass es Frauen in den 1960er Jahren oft schwerer hatten als Männer, selbst wenn es um die Wahl in recht bescheidene Positionen ging, zeigt folgende Begebenheit. Als ich für den Vorsitz in der Schulpflegschaft der Grundschule kandidierte, fragte mich eine andere Mutter, ob es denn nicht richtiger sei, wenn ein Mann kandidiere, der könne doch vermutlich besser gegenüber der Verwaltung für die Anliegen der Elternschaft und der Schule eintreten. Nun, ich blieb bei meiner Kandidatur, wurde gewählt und konnte durch meine Tätigkeit beweisen, dass auch Frauen für ein solches Amt geeignet sind.

Die CDU Bonn-Land hatte mich als eine der Delegierten für den Landesparteitag gewählt. Also erreichte mich die Einladung zum Parteitag nach Aachen – leider ein für mich sehr ungünstiger Termin. Denn an diesem Samstag war mein Mann auf Dienstreise und meine Mutter, die sonst gerne die Kinder betreute, war aus beruflichen Gründen nicht abkömmlich. Freundlicherweise bot meine Nachbarin an, sich um die beiden älteren Kinder zu kümmern, aber für den Fünfjährigen fand ich keine Betreuung, also beschloss ich, ihn mitzunehmen. Das war zu dieser Zeit gänzlich ungewöhnlich – denn Kinderbetreuung bei Parteitagen gab es noch nicht. Schon beim Betreten des Tagungsgebäudes macht mich ein Ordner darauf aufmerksam, dass Angehörige nur auf die Empore dürften; er war äußerst überrascht, als ich ihm meinen Delegiertenausweis zeigte und darauf bestand, mit meinem Sohn den Tagungssaal zu betreten. Vorsichtshalber nahm ich in der allerletzten Reihe Platz und packte für meinen Sohn die mitgebrachten Bilderbücher und Malsachen aus. Die Bundestagsabgeordnete Frau Dr. Wolf kam zu mir und setzte sich demonstrativ neben uns. Und irgendwann im Verlauf des Parteitages meinte sie, so jemand wie ich müsste in den Bundestag. Ich habe nur gelacht, auf die schwierige Situation einer Mutter mit Kindern verwiesen und gefragt, wie das wohl gehen sollte. Aber Frau Dr. Wolf blieb bei ihrer Meinung und wurde eine kluge Förderin meines politischen Engagements.

Neuordnung des Kreisgebietes und der CDU

Im Zuge der „Raumordnung" – Neuordnung des Gebietes um die Bundeshauptstadt Bonn – bei der die bis dahin selbstständigen Städte Bonn und Bad Godesberg sowie Teile des Kreisgebiets Bonn-Land zu einer Stadt Bonn zusammengelegt wurden, ergab sich auch die Frage nach der Neuordnung der CDU. Bis dahin gab es die Kreisverbände Bad Godesberg, Bonn und Bonn Land. Bad Godesberg und Bonn wurden eigene Bezirksverbände der Bonner CDU – auf der rechten Rheinseite entstand der Bezirksverband Beuel und im linksrheinischen Raum der Bezirksverband Hardtberg, zu dem außer Röttgen, das sich schon früh für die Zugehörigkeit zu Bonn ausgesprochen hatte, die heutigen Ortsverbände Brüser Berg, Duisdorf und Lengsdorf gehörten.

Die Raumordnung führte auch zu einer Diskussion um die Frage, ob in dem neuen CDU-Kreisverband das Mitgliederprinzip, wie schon bisher in Bad Godesberg, oder das Delegiertensystem wie bisher in den übrigen Teilen des Kreisverbands gelten sollte. Ich gehörte zu einer kleinen Gruppe jüngerer Mitglieder, die sich mit großem Engagement und zum Schluss auch mit Erfolg für das Mitgliederprinzip einsetzten. Das hatte auch positive Folgen für die Beteiligung von Frauen an Führungspositionen, weil in der Regel eine große Zahl engagierter weiblicher Parteimitglieder an den Versammlungen teilnahm, die so sowohl bei Sachentscheidungen, als auch in Personalfragen mit entscheiden konnten. Das hat sicher auch dazu beigetragen, dass ich zur stellvertretenden Kreisvorsitzenden und weitere Frauen zu Kreisvorstandsmitgliedern gewählt wurden.

Einsetzen für Überzeugungen

Eine wichtige Voraussetzung für mein Engagement in der Politik war auch, dass ich von meiner Mutter gelernt habe, dass man sich für seine Überzeugungen einsetzen muss, ohne dabei mit dem Kopf durch die Wand zu gehen. Eine kluge Argumentation hilft da oft mehr.

So ist mir noch gut in Erinnerung, wie meine Mutter in der Zeit des Nationalsozialismus in wichtigen Fragen agierte. Ein Beispiel möchte ich erwähnen. Die örtliche Kreisleitung der NSDAP hatte die sonntägliche Jugendfilmstunde eingeführt, für die Kinder ab zehn Jahren – die ja automatisch der Hitlerjugend angehörten – eine Pflichtveranstaltung, die am Sonntagmorgen um 10.00 Uhr beginnen sollte, „Antreten" um 9.45 Uhr. Die sonntägliche Kindermesse war um 9.00 Uhr – also zeitlich nicht vereinbar. Deshalb suchte meine Mutter die zuständigen Mitarbeiter der Kreisleitung der NSDAP auf und wies darauf hin, dass „Pflichterfüllung" ein hohes Gut sei, für katholische Kinder aber auch der Besuch der Sonntagsmesse Pflicht sei. Beide Verpflichtungen – Gottesdienst und Jugendfilmstunde – ließen sich jedoch durchaus vereinbaren, wenn die Jugendfilmstunde um eine Stunde verschoben würde. Dann könnten die katholischen Kinder erst in die Messe und anschließend zur Jugendfilmstunde gehen. Und siehe da – sie hatte mit ihrer Argumentation Erfolg: Die Jugendfilmstunde wurde zeitlich um eine Stunde verlegt.

Erst viel später habe ich begriffen, wie mutig, aber auch klug, meine Mutter damals gehandelt hat. Diese Erfahrung habe ich in meiner politischen Tätigkeit gut nutzen können: Immer versuchen, das als richtig erkannte durchzusetzen, aber nicht mit dem Kopf durch die Wand, sondern mit klugem Abwägen und der richtigen Argumentation.

Keine Gleichbehandlung

Auch am Ende meines Studiums musste ich die Erfahrung machen, dass in den 1950er Jahren von wirklicher Gleichbehandlung von Männern und Frauen noch nicht die Rede sein konnte. Ich wollte mein Studium mit der Promotion abschließen und hatte von meinem Geschichtsprofessor ein entsprechendes Thema bekommen. Als ich nach fast zweijähriger Arbeit – u. a. Studien in den entsprechenden Archiven in Aachen, Düren und Jülich (Computer und Internet standen uns ja noch nicht zur Verfügung) – meinen Doktorvater zum abschließenden Gespräch aufsuchte, traf ich im Seminar einen Studienfreund meines Mannes, Assistent eines anderen Professors. Wir kamen ins Gespräch und er erkundigte sich nach dem Inhalt meiner Dissertation. Als ich ihm das Thema nannte, erschrak er und meinte: Aber das haben wir doch als Forschungsauftrag vergeben. Ziemlich irritiert habe ich dann meinen Doktorvater darauf angesprochen, er bestätigte die Vergabe des Forschungsauftrags und meinte dann: „Aber das ist doch nicht so schlimm, sie sind ja inzwischen verheiratet und brauchen die Promotion nicht mehr." Als ich erwiderte, mein Studienziel sei aber die Promotion und nicht die Heirat gewesen, bot er mir dann doch an, über ein neues Thema nachzudenken. Da ich aber inzwischen unser erstes Kind erwartete und eine Reihe von Vortragsverpflichtungen in der Erwachsenenbildung übernommen hatte, musste ich die Absicht zu promovieren aufgeben, weil ich die erforderliche Zeit für die Fahrt zu den Archiven und die Arbeit dort vor Ort nicht mehr aufbringen konnte.

Dass ich große Teile meiner Arbeit für eine Festschrift zum 150-jährigen Bestehen des Landkreises Jülich verwenden konnte, für die ich auch ein angemessenes Honorar erhielt, war dann ein kleiner Trost.

Wichtige Voraussetzung: gut vorbereitete Sacharbeit

In der Kommunalpolitik – zunächst als sachkundige Bürgerin in diversen Ausschüssen, dann als Mitglied im Rat der Gemeinde Lengsdorf und später im Rat der Stadt Bonn – habe ich gelernt, dass gut vorbereitete Sacharbeit und ständiger Kontakt zu den Bürgerinnen und Bürgern wichtige Voraussetzungen für erfolgreiches politisches Handeln sind. Natürlich gehört auch dazu, sich von fachkompetenten Mitgliedern der Verwaltung beraten zu lassen und die notwendige Zeit – auch an Wochenenden – für Bürgerkontakte und gemeinsame Beratungen aufzubringen. Und ohne die Bereitschaft meiner Familie, mein politisches Engagement zu unterstützen, hätte ich diese Aufgaben nicht meistern können. Ein weiterer Beleg dafür, dass Frauen es zu dieser Zeit oft schwerer hatten, sich politisch zu engagieren, als die Männer, für die es sozusagen selbstverständlich war, dass ihre Frauen die politischen Aktivitäten ihrer Partner unterstützten.

In diese Zeit fällt auch eine Begebenheit, die deutlich macht, dass politisches Engagement für Frauen schwieriger war als für Männer. Ein Nachbar fragte meinen Mann, warum er mir denn erlaube, mich so stark politisch zu engagieren. Mein Mann war ziemlich irritiert und meinte, er habe mir nichts zu verbieten oder zu erlauben, es sei schließlich meine Sache, wie stark ich mich politisch betätigen wolle. Das fand der Nachbar sehr ungewöhnlich, aber auch bemerkenswert.

Die Zeit im Deutschen Bundestag

In der 11., 12. und 13. Legislaturperiode war ich Mitglied des Deutschen Bundestages, zunächst gewählt über die Landesliste Nordhein-Westfalen, wo ich einen „Frauenplatz" errungen hatte, dann zweimal als Wahlkreisabgeordnete in Bonn. Den Platz auf der Landesliste hatte ich Dank der Unterstützung der Frauen Union, aber auch vieler männlicher Delegierten erhalten. Bei der Bewerbung um die Direktkandidatur im Wahlkreis musste ich mich gegen zwei männliche Mitbewerber durchsetzen. Auch hier kam mir sicher zugute, dass im Bonner CDU-Kreisverband eine Mitglieder- und nicht eine Delegiertenversammlung über die Bundestagskandidatur zu entscheiden hatte. Viele weibliche Mitglieder waren eigens zu der Aufstellungsversammlung gekommen, um meine Kandidatur zu unterstützen, und freuten sich mit mir über den Erfolg.

Auch im Deutschen Bundestag habe ich erlebt, dass es durchaus unterschiedlichen Umgang mit Männern und Frauen gab – sowohl bei der Besetzung der Ausschüsse als auch bei hervorgehobenen Positionen, übrigens nicht immer zum Nachteil der Frauen.

Aber natürlich gab es auch unter den Frauen immer wieder Konkurrenzsituationen, aber auch Solidarität, manchmal über die Fraktionsgrenzen hinweg. Ein Beispiel möchte ich erwähnen. In einer Diskussionsrunde im Plenum war ich die einzige Sprecherin der CDU/CSU-Fraktion, der eine Redezeit von 15 Minuten zustand. Nach gut zwölf Minuten beendete ich meinen Beitrag, was ein Kollege der SPD mit dem Zwischenruf kommentierte: „Mehr ist Ihnen wohl zum Thema nicht eingefallen", womit er nicht ganz Unrecht hatte. Aber die amtierende Sitzungsleiterin, Frau Bundestagsvizepräsidentin Annemarie Renger (SPD), stellte fest: „Die Kollegin Limbach hat in freier Rede und ohne Manuskript – so wie es die Geschäftsordnung des Bundestages vorsieht – ihre Argumente überzeugend vorgetragen", was den Kollegen veranlasste, sich für seine Bemerkung zu entschuldigen.

Abschließend kann ich nur feststellen, dass ich in meiner ganzen politischen Laufbahn immer wieder erfahren habe, wie wichtig und richtig es war, dass sich im Parlamentarischen Rat diejenigen – nicht zuletzt die vier weiblichen Mitglieder – durchgesetzt haben, die für eine entsprechende Formulierung in unserer Verfassung – dem Grundgesetz – eintraten und Artikel 3 durchsetzten in dem es heißt: „(1) Alle Menschen sind vor dem Gesetz gleich. (2) Männer und Frauen sind gleichberechtigt."

Ich bin mir ziemlich sicher – ohne diese Formulierung im Grundgesetz und die sich daraus ergebenden Regelungen hätten es die Frauen im politischen Alltagsleben noch schwerer gehabt und hätten wahrscheinlich politisch weniger erfolgreich handeln können.

Else Ackermann

Das Gewissen ist der innere Gerichtshof des Menschen *

Geboren am 6. November 1933 in Berlin, 1952 Abitur, 1952–1957 Studium der Humanmedizin an der Humboldt-Universität zu Berlin, Abschluss: Medizinisches Staatsexamen, 1958–1960 Pflichtassistenz im Kreiskrankenhaus Rüdersdorf bei Berlin, 1959 Promotion zum Dr. med. an der Medizinischen Fakultät der Humboldt-Universität, 1960–1965 wissenschaftliche Assistentin am Lehrstuhl für Pharmakologie und Toxikologie der Medizinischen Fakultät (Charité), 1965–1975 Oberassistentin an der Medizinischen Akademie „Carl Gustav Carus" in Dresden, 1969 Habilitation im Fach Klinische Pharmakologie an der Medizinischen Akademie „Carl Gustav Carus" in Dresden, 1975–1989 wissenschaftliche Oberassistentin am Zentralinstitut für Krebsforschung (ZIK) der Akademie der Wissenschaften der DDR (AdW) in Berlin-Buch, 1985 Eintritt in die CDU in der DDR, 1986–1999 Ortsverbandsvorsitzende der CDU Neuenhagen, 1989–2008 Mitglied der Gemeindevertretung Neuenhagen, 1990 Dozentin am Lehrstuhl für Klinische Pharmakologie der Charité, 1990 Mitglied der Volkskammer, 1990 Mitglied des Deutschen Bundestages bis Ablauf der Wahlperiode 12/1990, 1990–1991 Dozentin am Lehrstuhl für Klinische Pharmakologie der Charité, ab März amtierende Direktorin des Lehrstuhls, 1991–1994 Mitglied des Deutschen Bundestages, 1995–1998 Dozentin am Lehrstuhl für Klinische Pharmakologie der Charité, 1996–2008 Vorsitzende der CDU-Fraktion in der Gemeindevertretung Neuenhagen.

Kindheit, Krieg, Schule

Die Familie, in der ich aufwuchs, war wie die Familie meiner Großmutter mütterlicherseits, typisch großstädtisch und preußisch geprägt, also religiös tolerant, aber protestantisch. Mein Großvater mütterlicherseits stammte wie die meisten Berliner aus dem katholischen Oberschlesien mit einem hohen Anteil an Bürgern jüdischen Glaubens. Er hatte eine jüdische Großmutter aus Ratibor,

---

* In Anlehnung an das Zitat: „Das Bewusstsein eines inneren Gerichtshofes im Menschen ist das Gewissen." Immanuel Kant: Metaphysik der Sitten. Dritte Auflage Leipzig 1919, S. 289.

deren Eltern eine Brauerei besessen hatten. Als junger Mann, Jahrgang 1868, zog er in die preußische Hauptstadt Berlin, um der jüdischen Stigmatisierung zu entkommen, heiratete und ließ sich bald wieder nach preußischem Recht scheiden, wohl wissend, dass ihn die katholische Kirche exkommuniziert. Er gehörte keiner christlichen Partei an. Seine zweite Frau, meine Großmutter, war Protestantin, gebar 1903 und 1904 die Mädchen Margarete, meine Mutter, und Else, meine Tante, die in meinem späteren Berufsleben eine dominierende Rolle spielte. Mein Vater, Jahrgang 1890, hatte zwei ältere Schwestern, unverheiratet, aber berufstätig. Sie stammten aus der Stadt Spandau, die nach dem Ersten Weltkrieg eingemeindet wurde. Auch diese Familie war protestantisch, aber nicht religiös.

Die Familie, in der ich aufwuchs, war weiblich dominiert und wegen der Kinderlosigkeit der Frauen, bis auf meine Mutter, klein, aber einander in Liebe zugetan und besonders in der Kriegs- und Nachkriegszeit immer füreinander in Berlin da, bis die Mauer uns für lange Zeit trennte, denn Spandau gehörte zu West-Berlin. Die Frauen hatten alle einen Beruf erlernt und diesen auch erfolgreich ausgeübt. Ich war eine von vielen deutschen Halbwaisen nach Ende des Zweiten Weltkrieges. Mein Vater, ein Techniker, später Reichsbahnamtmann auf dem Riesengüterbahnhof des Anhalter und Potsdamer Bahnhofs, wurde am 6. Juni 1945 aus der Wohnung in der Berliner Hagelberger Straße abgeholt und in eines der Schweigelager im ehemaligen Konzentrationslager Oranienburg gebracht. Er verstarb in der sowjetischen Besatzungszone im Dezember 1945 – die offizielle Benachrichtigung erhielt ich erst nach der Wiedervereinigung 1993. In einer von Männern dominierten Gesellschaft mussten besondere Verhaltensweisen von den Frauen entwickelt werden, um den Überlebenskampf in der Nachkriegszeit zu überstehen.

Ich wuchs in Berlin in einem Mietshaus in der Möckernstraße im Bezirk Kreuzberg, mit Blick auf den riesigen Güterbahnhof, auf. Es hatte kein Hinterhaus, aber eine Promenade in der Hornstraße, und die benachbarte Großbeerenstraße (die Straßennamen wurden nach Schlachten während des Freiheitskrieges 1812 in Preußen benannt), mündete direkt in den Kreuzberg, eine Erhebung, auf der früher Wein angebaut worden war. Meine Mutter – sie hatte das Lyzeum besucht und das Zeugnis einer examinierten Krankenschwester der Charité in den 1920er Jahren erworben – hatte sich ganz der Erziehung ihrer beiden Mädchen gewidmet.

Zu Kriegsbeginn im Jahr 1939 war ich fünf Jahre alt. Österreich gehörte inzwischen zu Großdeutschland, und meine Eltern beschlossen im August, mit beiden Kindern nach Tirol zu verreisen. Kaum waren wir in unserer Pension angekommen, erhielt mein Vater ein Telegramm von seiner Dienststelle am Anhalter Bahnhof, sofort zum Dienst zu erscheinen. Über die Gründe erfuhren wir Kinder nichts. Meine Mutter tat so, als wäre nichts Besonderes passiert. Wir erhielten im Urlaub gutes und ausreichendes Essen, in Berlin hingegen waren

Nahrungsmittel in Vorbereitung eines Krieges bereits rationiert. Wir machten Ausflüge bis nach Italien und reisten nach einiger Zeit wieder mit dem Zug nach Berlin. Es geschahen auf dieser Rückreise merkwürdige Dinge, die ich mit meinem kindlichen Verstand nicht einordnen konnte, weil mir niemand die Situation erklärte. Der Zug hatte große Verspätung und wurde über Salzburg und die inzwischen besetzte Tschechoslowakei zum Berliner Anhalter Bahnhof geleitet. Unterwegs begegneten uns immer wieder Güterzüge mit Soldaten, die winkten und einen fröhlichen Eindruck auf mich machten. Meine Mutter unterhielt sich unentwegt mit einer Reisenden, deren Ehemann Wehrmachtsoffizier war. Diese Reisende informierte sie über die politische Situation.

Ende des Monats August 1939 fuhren wir ohne meinen Vater zu meiner Großmutter in das Haus nach Neuenhagen bei Berlin. Alles schien in Ordnung, und wir wollten mit dem „Schwarzen Zug" am Sonntagabend nach Berlin zurück, zunächst zum Schlesischen Bahnhof, dem späteren Ostbahnhof, um dann mit einer Straßenbahn nach Kreuzberg zu fahren. Am Bahnhof Neuenhagen kam der Zug pünktlich, aber er war mit jungen Männern vollgestopft, die alle dasselbe Gepäck mit sich zu führen schienen. Später entnahm ich den Gesprächen, dass die wehrpflichtigen jungen Männer einen Einberufungsbefehl erhalten hatten. Das bedeutete Krieg.

Der nächste Zug war ebenfalls überfüllt, und für die kleine Familie ohne Mann gab es kein Fortkommen. Erst am nächsten Tag gelang die Rückfahrt. So bin ich als 5-Jährige ungewollt und unwissend Zeugin des Beginns des Zweiten Weltkrieges geworden. Von diesem Tag an war nichts mehr so, wie es gewesen war. Für den Rest meines Lebens befand ich mich im hortus bellicus.

Die ersten Bombenangriffe begannen bereits 1940, zunächst vereinzelt, dann im Laufe des Krieges verstärkt und mit gewaltiger Zerstörungskraft. Die Kinderlandverschickung (KLV) wurde nun auch gegen den Willen der Eltern intensiviert und die meisten Schulen wurden geschlossen.

Am 24. März 1944 wurde unser Berliner Mietshaus in der Möckernstraße 102 von einer Luftmine getroffen, stürzte in sich zusammen und begrub die Bewohner des Hauses, darunter auch meine Mutter. Es gab einen Toten, die anderen Bewohner retteten sich über die Notausgänge in völliger Dunkelheit und mit Hilfe von Taschenlampen, deren Licht vom Kalkstaub verschluckt wurde. Die Führung übernahm der Luftschutzwart und geleitete die verstörten Menschen in den unterirdischen Nachbarkeller und von dort ins Freie. Die Überlebenden an diesem Angriffstag wurden zunächst in eine Schule gebracht und versorgt. Die meisten von ihnen waren Frauen, erschöpft, weinten, starrten vor sich hin oder entluden ihre Wut über die Verantwortlichen dieses Krieges in unkontrollierten Attacken. So lief eine ältere Mitbewohnerin unseres zerstörten Wohnhauses auf das übergroße Hitlerbild in der Aula der Schule und schrie: „Du Aas, Dir scheiß ich ins Gesicht." Nichts passierte, wie meine Mutter erzählte. Die Menschen waren in einer Schockstarre und mit sich selbst beschäftigt. Diese Wutausbrüche der überlebenden Zivilisten wurden für eine begrenzte Zeit strafrechtlich nicht mehr verfolgt, mehr aus Vernunft als aus Toleranz.

Wir Kinder, meine Schwester und ich, waren zu diesem Zeitpunkt in einem Kinderlandverschickungslager in Oberschlesien beziehungsweise bei Verwandten in einem Dorf in der Nähe von Glogau, einer Kreisstadt in Niederschlesien, heute in Polen.

Meine Mutter war nach diesem Bombenangriff am nächsten Morgen – immer noch staubbedeckt und um Jahre gealtert – nach Neuenhagen gefahren, um zunächst Unterkunft in dem Haus ihrer Mutter, Emilie, zu finden. Viel Zeit zum Nachdenken hatte sie nicht. Sie gab zwar zu, durch den materiellen Verlust der Wohnung befreit von der Last zu sein, ständig ein bürgerliches Leben verteidigen zu müssen. Sie wusste aber auch, dass der Höhepunkt des Krieges noch nicht erreicht war und Schreckliches auf uns und die vielen anderen Menschen wartete. In der Gewissheit, dass die deutschen Reichsgrenzen bald durch die anrückenden sowjetischen Truppen überrannt werden würden, galt ihre Sorge ihren beiden Töchtern, die noch in Schlesien evakuiert waren. Meine Schwester rief nach jedem Angriff auf Berlin zu Hause an, bekam aber an diesem Abend keinen Anschluss. Ein Vertreter meines Vaters gab schließlich den besorgten Fragen meiner Schwester nach und musste zugeben, dass unser Wohnhaus getroffen und zerstört worden war. Meine Schwester war inzwischen 16 Jahre alt und ungewöhnlich selbständig. Ohne den Schulleiter zu benachrichtigen, setzte sie sich in einen Zug, fuhr nach Berlin und weiter nach Neuenhagen. Einen Tag später fuhr sie im Auftrag meiner Mutter, die meinte, in der Stunde der Gefahr müsse die Familie zusammenbleiben, über Glogau in das Dorf Gramschütz, um mich heimzuholen. Dort besuchte ich die einklassige Dorfschule, in der mehrere Klassen gleichzeitig autoritär unterrichtet wurden. Wer nicht gehorchte, verspürte den Rohrstock. Nach nur drei Monaten war diese für mich befremdliche Unterrichtsform zu Ende.

Die eigenmächtige Entscheidung meiner Schwester, die evakuierte Schule in Tost in Richtung Reichshauptstadt ohne Genehmigung des Schulleiters, der die Verantwortung für die Kinder und Jugendlichen hatte, zu verlassen, hatte in Berlin ein Nachspiel. Der Direktor der Schule hatte nämlich den Vorgesetzten meines Vaters über das Verhalten seiner ältesten Tochter informiert und ihm mit einer Disziplinarstrafe gedroht. Die Auseinandersetzung war sehr lautstark, denn schließlich kämpften die Eltern um die Sicherheit ihrer Kinder, die sie in dem fernen Schlesien bedroht sahen. Die Vernunft siegte zumindest in dieser bedrohlichen Situation. So wurde ich in Neuenhagen eingeschult, machte eine Aufnahmeprüfung für die Oberschule, das spätere Einstein-Gymnasium in Neuenhagen, und meine Schwester besuchte die Oberschule in der Stadt Strausberg, einer alten Garnisonsstadt, in der nach dem Krieg das Verteidigungsministerium der DDR angesiedelt war.

Am 3. Februar 1945 gab die Jägerleitstelle Voralarm. Meine Schwester war zu dieser Zeit im Rote-Kreuz-Einsatz auf dem Bahnhof Friedrichstraße in Berlin, um Flüchtlinge und Verwundete weiterzuleiten. Mit dem ersten Sirenenton verließ sie den Bahnhof und fuhr mit der U-Bahn Richtung Belle-Alliance-Straße. In letzter Minute erreichte sie unser Wohnhaus mit dem rettenden Luftschutzkeller. Das war aber erst der Anfang des Wahnsinns. Mein Vater entkam nur aufgrund seiner guten Ortskenntnisse. Dieser Bombenangriff auf Berlin mit seiner zerstörerischen Wucht war für uns auch das Ende der massiven Bombardierungen in diesem Krieg. Es gab nicht mehr viel zu zerstören. Was noch stand, wurde von den Siegern gebraucht, etwa große Teile der Wohnsiedlungen in der Nähe des Tempelhofer Flughafens.

Meinen Vater sah ich so gut wie nicht mehr in unserer Wohnung. Vielleicht kam er nachts nach Hause, wenn die Kinder bereits schliefen. Im Februar 1945 brachte er vier Ukrainer, die als Zwangsarbeiter auf dem Güterbahnhof des Anhalter Bahnhofs arbeiteten, in unsere Wohnung. Meine Mutter hatte nun die Aufgabe, Essen zu kochen. Wir rückten alle zusammen und aßen. Die Ukrainer holten die Bilder ihrer Angehörigen hervor, die Jungen trugen russische Uniformen und kämpften gegen Deutschland. Die Verständigung war schwierig, aber mit wenigen deutschen und russischen Wörtern kam irgendwie ein Gespräch zustande. So saßen wir alle friedlich beieinander und warteten auf das Ende des Krieges. Auf dem Güterbahnhof waren etwa 2000 Fremdarbeiter damit beschäftigt, zerstörte Bahngleise wieder zu reparieren und die Versorgung der Bevölkerung mit Lebensmitteln, vor allem Milch für die Kinder, zu sichern. Das geschah in den letzten Kriegswochen für Berlin ausschließlich durch die Deutsche Reichsbahn. Als der Beschuss mit den sogenannten Stalinorgeln begann, kam plötzlich das Gerücht auf, dass die letzten Güterwagen für die Bevölkerung freigegeben waren. Meine Mutter und meine Schwester – ich musste Zuhause bleiben – eilten unter Beschuss auf das Bahngelände, auf dem Hilfskräfte die Waggons, vor allem mit Kartoffeln, leer schaufelten. Für uns reichte es nicht mehr, aber meine Mutter ergatterte noch einen Sack grüner Kaffeebohnen, die man zwar nicht essen, aber gegen Kartoffeln tauschen konnte. Als letzter Akt wurden die Geschäfte freigegeben nach dem Motto „Rette sich, wer kann." Das war selbst für mich ein sehr beunruhigendes Zeichen, weil uns jetzt nur Chaos, Ungewissheit und mit Sicherheit Hunger erwarteten.

Für uns war der Krieg noch nicht vorbei. Jedes Haus wurde von Offizieren der Roten Armee im Hinblick auf versteckte Wehrmachtssoldaten kontrolliert. Alle Hausbewohner wohnten während der Kampfhandlungen auf engstem Raum im Keller. Meine 17-jährige Schwester war auf einer Liege unter Betten und Decken versteckt. Ich wusste zwar nicht warum, wurde aber instruiert, zu schweigen und mich an meiner Mutter festzuhalten.

Dann waren die Russen plötzlich da. Es war die Vorhut für den Sturm auf die Reichskanzlei, auf den Anhalter Bahnhof mit dem Luftschutzbunker. Der Krieg war vorbei. Ein sichtbares Zeichen war für mich eine endlose Marschkolonne von gefangenen deutschen Soldaten durch die Hagelberger Straße Richtung

Belle-Alliance-Straße, geführt von russischen Soldaten und abgeschirmt von der Bevölkerung. Einige Frauen entdeckten unter den Gefangenen ihre Söhne oder Ehemänner, eilten auf sie zu und wurden mit Gewehrkolben abgedrängt. Für mich als Kind war es ein erschütterndes Erlebnis. Mein Vater tauchte einige Tage später auf – kurz bevor er endgültig im Juni 1945 aus unserer Wohnung abgeholt wurde. Er hatte nach der Sprengung der Möckernbrücke durch die SS die daraus folgende Flutung der unterirdischen Bahn mit dem Wasser des Landwehrkanals aufgrund seiner Ortskenntnisse überlebt, indem er über einen Ausgang auf die Straße entkam. Der Sturm auf die Reichskanzlei hatte begonnen. Für die verwundeten deutschen Soldaten im S-Bahnhof Anhalter Bahnhof gab es keine Rettung. Mein Vater brachte einen Koffer mit nach Hause. In dem Koffer befanden sich Kleidungsstücke, darunter ein Strickkleid, das ich sehr liebte und noch einige Jahre trug, obgleich ich immer ein schlechtes Gewissen dabei hatte.

Mein Vater ging weiterhin zu seiner Dienststelle, beklagte aber immer wieder, dass jeden Tag Lokomotiven beschlagnahmt und abtransportiert wurden. Das bedeutete, dass Lebensmittel aus dem Umland für die noch drei Millionen hungrigen Bürger nicht ausreichend herangeführt werden konnten. Für die neue Besatzungsmacht war die Versorgung selbst der Soldaten ein Problem. Tatsächlich waren die Vorräte verbraucht, aber russische Gulaschkanonen tauchten auch in unserer Straße auf, und die Soldaten verteilten überwiegend Suppe an Kinder. Ich bettelte auch, aber es reichte nicht für mich. Für viele Jahre beherrschte mich immer ein Hungergefühl, das durchaus begründet war. Gehungert wurde in ganz Europa. Gefährdet waren vor allem die großen Städte. Wer konnte, zog aufs Land. Es begann der Alltag unter einer Militärregierung.

Bedingungslose Kapitulation und Waffenruhe

Mit dem Ende des Krieges begann wieder der Schulunterricht in einer Schule ohne Fensterscheiben im Bezirk Kreuzberg. Die neue deutsche Verwaltung unter dem Befehl der sowjetischen Militärregierung erließ zunächst Anordnungen, die die Gesundheit betrafen. Die Seuchengefahr war enorm groß. Es fehlte vor allem an sauberem Wasser, das die Berliner aus den städtischen Brunnen holen mussten. Dazu gesellte sich die Unterversorgung. Um Lebensmittelkarten zu erhalten, musste sich jeder gemeldete Bewohner Berlins an einem bestimmten Tag in einer vorgeschriebenen Arztpraxis gegen Typhus impfen lassen. Unsere Familie war inzwischen um zwei Klassenkameradinnen meiner Schwester, einem Zwillingspaar, das aus Landsberg an der Warthe wieder zurück in ihre Heimatstadt Berlin wollte und Unterkunft bei uns suchte, angewachsen. Sie waren am 22. November 1943 ausgebombt worden und hatten ihre Eltern bei diesem Großangriff verloren. Wochen nach der Impfung, die mit unsterilen

Injektionskanülen vorgenommen worden war, weil aus Energiemangel Spritzen nicht in ausreichendem Maß sterilisiert werden konnten, erkrankten meine Mutter, meine Schwester und die Zwillinge an Hepatitis B. Ich blieb gesund, weil der Impfstoff gewechselt wurde, wie ich angstvoll beobachtet hatte.

Dann begann die Jagd auf Frauen. Der Begriff Vergewaltigung war mir als 11-Jährige aus den Wehrmachtsnachrichten bekannt, ohne zu wissen, was er tatsächlich bedeutete. Eines Nachts im Mai 1945, wir Kinder schliefen in unseren Betten, im Nebenzimmer, mit dem Kinderzimmer durch eine Tapetentür verbunden, ertönte in der Wohnung ein ohrenbetäubender Krach von splitterndem Holz und polternden Schritten. Die Tür zu unserem Kinderzimmer wurde aufgerissen, drei sowjetische, bewaffnete Soldaten mit grell leuchtenden Taschenlampen rissen mir die Bettdecke vom Körper – ich nur mit einem Hemdchen bekleidet und mit einem Teddybären im rechten Arm – beleuchteten meinen Kinderkörper und stapften wieder aus dem Zimmer. Meine Mutter war durch den Lärm sofort wach geworden, ergriff meine Schwester und rannte zum Vordereingang, klopfte bei den Nachbarn mit beiden Fäusten und schrie: „Kommandant", wohl wissend, dass die Wohnungsinhaber noch im Keller wohnten. Das Wunder geschah: Die drei sowjetischen Soldaten stürmten die Vorderhaustreppe hinunter und verschwanden. Es war die Zeit der Frauen, sich selbst zu schützen. Mein Vater stand in seiner Nachtkleidung im Schlafzimmer. Ohnmächtige Hilflosigkeit hatte ihn gezeichnet.

Der Hunger entkräftete die Menschen und machte sie anfällig für Krankheiten. Im Juni 1945 erkrankte meine Mutter mit hohem Fieber, wurde bettlägerig und erkannte uns nicht mehr. Ein Arzt stellte Typhus fest. Er konnte nicht helfen. Antibiotika für diese Erkrankung gab es weltweit noch nicht. Meine Mutter war in der Inkubationszeit geimpft worden und hatte somit Chancen zu überleben. Ich sah nur noch in besorgte Gesichter, auch bei meiner Tante Else, sie kam jeden Tag zu Fuß aus der Charité, denn mein Vater war nicht mehr da und meine Schwester war zu jung, um im Todesfall meiner Mutter für mich und sich selbst zu sorgen. Beinahe wäre ich Vollwaise geworden. Es schien uns wie ein Wunder, dass meine Mutter sich langsam wieder erholte.

Am 1. Juli marschierten die Amerikaner in Kreuzberg ein. Von nun an gab es nur noch Weißbrot aus kanadischem Weizenmehl und geschälte Kartoffeln aus Kanistern, das heißt die USA ernährten die hungernden Berliner aus ihren Armeebeständen.

Im Verlauf des Sommers erkrankte meine Mutter an Hepatitis B, übertragen durch die Typhusimpfung. Sie verlor ihre Arbeit als Krankenschwester im Urbankrankenhaus. Wir waren mittellos, dafür war die Militärregierung nicht zuständig, und die zivile Verwaltung erschöpfte sich in einem erfolglosen Kampf gegen den allgegenwärtigen Mangel. Uns fehlte das Geld, um die Miete zu bezahlen und die spärlichen Lebensmittel auf Karte zu kaufen. Meine Schwester ging nicht mehr in die Schule und verdingte sich mit 17 Jahren bei den

Amerikanern. So war ich mit meiner Muter allein, besuchte aber inzwischen die Luise-Henriette-Schule in Mariendorf im amerikanischen Sektor. Jeden Morgen lief ich durch eine Trümmerlandschaft zu einer Freundin. Dann fuhren wir mit der Straßenbahn, für die wir kein Geld hatten, in die Schule.

Eines Tages nahm mich meine Mutter mit zum Anhalter Bahnhof zu einem von Sträuchern und Bäumen bewachsenen Eckgrundstück inmitten der Stadt, das übersät war mit Munitionsresten und mit vielen Munitionskisten, die noch prall gefüllt waren. Diese Kisten waren jetzt Gold wert. Meine Mutter stürzte sich energisch auf die Munitionskisten, warf die Munition mit ihren immer noch gelben Händen heraus und zertrat die Holzkisten, sammelte die Bretter auf und stapelte diese zu Bündeln, die man mit den Händen nach Hause tragen konnte. So arbeiteten wir stundenlang bis ein Mann erschien. Er verwies meine Mutter auf die Lebensgefahr, in der sie sich mit ihrem Kind befand und drohte mit der Polizei, die es nicht gab. Wortlos packten wir die Bretter zusammen, liefen bepackt nach Hause und waren zufrieden, weil der nächste Tag gesichert war.

Der Nachkriegsfrieden und Schulbesuch im Kalten Krieg

Jetzt am Ende meines Lebens stelle ich mir immer wieder die Frage, was ich als zehn Jahre altes Mädchen wirklich gedacht habe, wenn ich von Gräueln im Krieg und vor allem von den Flüchtlingen und später den Vertriebenen aus den deutschen Ostgebieten gehört habe. Ich kann nicht ausschließen, dass sich die Erinnerungen an schreckliche Ereignisse überlagern mit Berichten aus Zeitschriften, Dokumentationen, Gesprächen und sogar Büchern über die Nazizeit, die jetzt erst erschienen sind und möglicherweise meine eigenen Erlebnisse in der Tiefe meines Bewusstseins verfälschen. Es scheint eher so zu sein, dass viele Traumata ausgedünnt oder sogar gelöscht werden, um Platz zu schaffen für kleine Glücksempfindungen im täglichen Leben.

Ich war als nunmehr 11-Jährige wie die Mehrzahl meiner Klassenkameraden vaterlos. Tatsächlich waren in dem Jahrhundertwinter 1946/1947 die Schulen teilweise geschlossen, weil es an Heizungen fehlte, oder die Beschulung erfolgte im Schichtunterricht. Auch das Haus in Neuenhagen war wegen Brennstoffmangel nicht zu bewohnen. So wohnten wir behelfsmäßig in der Charité bzw. trugen die geklauten Kohlen in einer Aktentasche mit der S-Bahn nach Neuenhagen.

Im Land Brandenburg hatten 1945/1946 keine Versetzungen stattgefunden, weil die Ausfälle an Schulstunden diese nicht gerechtfertigt hätten. Irgendwie hatten aber einige Schüler und Schülerinnen den Anschluss doch geschafft und durften eine Klasse überspringen. Ich gehörte dazu, hatte aber enorme Schwierigkeiten, weil ich weder Mathematik- noch Lateinunterricht gehabt hatte. So blieb mir nichts weiter übrig, als in den Lateinheften meiner Mutter – sie holte noch in den Kriegsjahren das Abitur nach – die lateinischen Konjugationen und Deklinationen auswendig zu lernen. Ein Lateinlehrer alten Stils machte Latein im Intensivunterricht zur ersten Fremdsprache. Der Englischunterricht war ebenfalls von hoher Qualität, weil er von einer älteren promovierten Lehrerin, die noch in London ihre Sprachkenntnisse vervollkommnet hatte, gestaltet wurde. Da sie gleichzeitig Deutschunterricht erteilte, standen immer die Klassik wie auch die schriftliche Ausdrucksform und der Drill in Grammatik und Interpunktion im Mittelpunkt des sprachlichen Unterrichts. Dann kam die russische Sprache dazu, für die es keine Lehrer gab. Wir hatten Glück, weil eine Baltendeutsche mit deutscher Staatsangehörigkeit für den Russischunterricht gewonnen werden konnte.

Nach der 10. Klasse verließen mehrere Schüler und Schülerinnen die Einstein-Oberschule. Ein Junge aus meiner Klasse war 1951 in der 11. Klasse plötzlich verschwunden. Er stammte aus einer russischen Emigrantenfamilie, die nach der Oktoberrevolution aus der Sowjetunion mit drei Kindern nach Deutschland floh. Seine Muttersprache war Russisch, er sprach aber auch perfekt Deutsch, weil er in Deutschland aufgewachsen war. Später erfuhr ich, dass er in den USA lebte. Er war zum Schuldirektor, einem alten kränklichen und ewig misslaunigen promovierten Geschichtslehrer gerufen worden, der sich mit ihm über seine berufliche Zukunft unterhalten wollte. Der ahnungslose Aljoscha mit seinen Geschwistern in West-Berlin fabulierte über seine beruflichen Vorstellungen, die sich auf West-Berlin konzentrierten. Das Gespräch wurde abgebrochen. Aljoscha fuhr nach Hause und berichtete seiner Mutter über das Gespräch. Aufgrund ihrer trüben Erfahrungen mit der sowjetischen Herrschaft und deren Vernichtungswillen gegenüber politischen Abweichlern gab sie ihm den Rat, sofort mit dem Fahrrad an der Kontrollstelle nach Berlin in Hoppegarten vorbei nach West-Berlin zu entkommen. Der Lehrer hatte nämlich die Polizei benachrichtigt, dass ein Schüler die DDR in Richtung Westen verlassen könnte. Das liegt nun mehr als ein halbes Jahrhundert zurück und ist von großer Tragweite. Der Lehrer an einem Gymnasium, der auch eine Fürsorgepflicht für die Schüler hat, denunziert einen seiner Schutzbefohlenen bei der Polizei, wohl wissend, dass er ihm die Zukunft verbaut und möglicherweise auch noch sein Leben gefährdet. Ich sehe keinen Unterschied mehr zwischen den gnadenlosen Häschern des nationalsozialistischen Deutschland und den gewissenlosen Denunzianten in der noch jungen DDR, den neuen Friedensaposteln in einem neuen Staat ohne demokratische Legitimation, der DDR, die eine Gesinnungsherrschaft mit totaler Unterwerfung aufbauen wollte. Sechs Schülerinnen waren in der sprachlichen Abteilung übriggeblieben und bereiteten sich auf das Abitur 1952 vor. Nach erfolgreicher Prüfung entschied ich mich für ein Studium der Human-Medizin an der Humboldt-Universität in Berlin.

Meine Studienzeit und die Dramatik des 13. August 1961 in Ost-Berlin

Über meine Zulassung zum Studium war ich sehr glücklich. In die Zeit meines Studiums fielen der 17. Juni 1953 und der Aufstand der Ungarn im Oktober/November 1956. Die Parteinahme für die tapferen Ungarn war auch unter den Studenten nicht zu übersehen. Ich erinnere mich an eine Versammlung im Hörsaal der Zahnklinik, in der sehr engagiert für die Ungarn Stellung bezogen und über Grußbotschaften diskutiert wurde. Die Versammlung wurde rasch beendet, weil plötzlich Mannschaftswagen der Volkspolizei den Hörsaal einkreisten und die Auflösung der Versammlung gefordert wurde. Wir gehorchten, teilten uns in kleine Gruppen und resignierten bald. Wir fühlten uns auch von den Westmächten allein gelassen. Nicht wenige Studenten verließen die DDR über West-Berlin und versuchten, ihr Medizinstudium in West-Berlin oder in der Bundesrepublik fortzusetzen. Der Machtanspruch der Sowjetunion und ihrer Satrapen blieb aber ein Thema und endete erst 1989.

Das Fach Pharmakologie und Toxikologie interessierte mich fortan. Nach der Pflichtassistenz und dem allgemein medizinischen Jahr in einem Kreiskrankenhaus, universitäre Einrichtungen waren für politisch nicht ausgewiesene Anwärter zunächst unerreichbar, bewarb ich mich bei dem führenden Pharmakologen Friedrich Jung. Ich wurde eingestellt und mit präparativen chemischen Arbeiten über das Hämoglobin betraut. Nach fünf Jahren an diesem Institut, zwischenzeitlich mit vielfältigen Lehraufgaben, erhielt ich 1965 die Anerkennung als Facharzt für Pharmakologie und Toxikologie.

Am 12. August 1961, einem Sonnabend, machten sich einige wissenschaftliche Mitarbeiter des Instituts für Pharmakologie und Toxikologie der Charité mit zwei Autos auf zu einem Wochenendurlaub an der Ostsee. Übernachtet wurde in einer Scheune auf einem Bauernhof. Am nächsten Morgen überraschte uns die schreckliche Nachricht aus dem Radio, dass die Grenze zwischen Ost- und West-Berlin durch DDR-Truppen geschlossen worden sei. Kriegsangst beherrschte uns. Wir packten sofort unsere Sachen und fuhren mit unseren Autos nach Berlin zurück. Am Montag, dem 14. August, war die Schließung der Grenze das beherrschende Thema und der Schluss gezogen, dass die DDR wirtschaftlich am Ende sei. Einige Mitarbeiter verabschiedeten sich sofort, weil es noch Fluchtmöglichkeiten gab. Andere resignierten und passten sich den Verhältnissen an. Professor Friedrich Jung trat 1963 in die SED ein. Andere taten es ihm nach und wurden mit Ämtern im Zentralkomitee der SED und an Universitäten der DDR belohnt.

Habilitation in dem Fach Klinische Pharmakologie

Bereits in den frühen 1960er Jahren wurde im Institut für Pharmakologie und Toxikologie ein toxikologischer Bereitschaftsdienst eingerichtet. Die zunehmende

Zahl von Vergiftungen vor allem von Kindern mit Arzneimitteln, chemischen Stoffen aller Art und auch Pflanzen machte eine Auskunft und Beratung rund um die Uhr notwendig. Eingesetzt wurden nur Ärzte mit einer Facharztausbildung. Der Conterganskandal hatte die Bereitschaft erhöht, sich mit den Ursachen besonders schwerwiegender Nebenwirkungen zu beschäftigen. Friedrich Jung hatte in seiner Funktion als Vorsitzender der Arzneimittelkommission und mit seinen profunden Kenntnissen zwischen chemischer Struktur der Arzneimittel und ihren Wirkungen rechtzeitig die Zulassung von Contergan als Medikament verhindert. Trotzdem waren die fatalen Nebenwirkungen dieses Medikaments in einigen Fällen in der DDR nicht zu verhindern. Contergan wurde illegal eingeführt.

In Schweden wurde in den 1960er Jahren das Fach Klinische Pharmakologie etabliert. Die Einrichtung dieser Disziplin an den medizinischen Fakultäten in Schweden wurde besonders von dem Ordinarius für Pharmakologie und Toxikologie und Dekan in der Medizinischen Akademie „Carl-Gustav-Carus" in Dresden aufmerksam verfolgt, der eine selbständige Abteilung auf dem Klinikgelände etablierte. Die Leitung übernahm Karl Feller, ein in Leipzig ausgebildeter Pharmakologe, der sich im Land nach geeigneten Mitarbeitern umsah. So tauchte er eines Tages auch in Berlin auf und bot mir eine Tätigkeit an. Ich sagte zu und begann als Oberärztin einen wichtigen beruflichen Abschnitt an der Medizinischen Akademie „Carl-Gustav-Carus". Karl Feller trat 1946 – aus sowjetischer Kriegsgefangenschaft in einem erbärmlichen Zustand entlassen – in die gerade gegründete CDU in Leipzig ein, um dort Medizin zu studieren. Über die CDU sprachen wir wenig. Mein Chef war katholisch, stammte aus Königsberg und suchte nach dem Krieg und seiner russischen Gefangenschaft mit schrecklichen Erlebnissen nach einem politischen Neuanfang. Der CDU konnte ich damals noch nichts abgewinnen. Schließlich stand sie im Schatten der SED und wurde von ihr so sehr beherrscht, dass sie ihre Eigenständigkeit als politische Sammlung der Christen und ihrer Kultur verloren hatte. Meine Meinung war allerdings von dem rauen Umgangston in der Hauptstadt Berlin geprägt und bedurfte einer Korrektur. Tatsächlich bekam ich jeden Tag Gelegenheit, mein von Vorurteilen geprägtes Weltbild über Sachsen und in besonderem Maße über Dresden, einschließlich meines Vorgesetzten, zu verändern.

In dem Institut, in dem ich fortan meiner wissenschaftlichen Arbeit nachging, bestand ein politisch sehr tolerantes Klima. Natürlich war ich mit meiner Berliner Vergangenheit ein fremder Vogel in dieser konservativen Stadt, in der man sich gern an den letzten König erinnerte.

Eigentlich war die wissenschaftliche Arbeit, die nach nur drei Jahren in die Habilitation mündete, die erweiterte thematische Fortsetzung des Amerikaners Samuel Mitja Rapoport, einem österreichischen Juden aus Russland, der rechtzeitig in die USA auswanderte, über Hämoglobin und Erythrozytenstoffwechsel im Institut für Physiologische Chemie und den Arbeiten von Friedrich

Jung über Blutgifte, im Krieg begonnen von Robert Havemann am Institut für Pharmakologie und Toxikologie in Berlin. Ich veröffentlichte meine Ergebnisse in einer anerkannten internationalen Zeitschrift und habilitierte im Juni 1969 im Fach Klinische Pharmakologie über den „Mikrosomalen Elektronentransport in der menschlichen Leber". Dieser Termin war wichtig, weil nur bis zum 30. Juni 1969 nach dem alten deutschen System habilitiert werden durfte. Außerdem standen mir, so ich mich an den Termin hielt, 200 Mark pro Monat zusätzlich zum Gehalt zu. Diese Vergünstigung entfiel nach der Wiedervereinigung. Nach 1990 brauchte ich deshalb keinen Antrag auf Anerkennung der Habilitation zu stellen.

Bereits 1970 erhielt ich eine Einladung zu einem Studienaufenthalt im „Karolinska Institutet" in Stockholm von dem dortigen Lehrstuhlinhaber, der mir aus Veröffentlichungen bekannt war, um meine Methoden zu diesen Arbeiten in seinem Institut fortzusetzen. Unglücklicherweise hatte aber gerade ein mir gut bekanntes Arzt-Ehepaar die DDR illegal verlassen, so dass mein Antrag erst einmal nicht bearbeitet wurde. Es handelte sich um einen üblichen Vorgang.

Erst im Januar 1971 durfte ich nach Stockholm reisen und dort meine Arbeiten in den folgenden sechs Monaten durchführen. Es war eine glückliche Zeit mit wunderbaren Menschen und exzellenten Arbeitsbedingungen, von denen ich und andere in der DDR nur träumen konnten. Im Sommer 1971 kehrte ich in die DDR zurück mit der düsteren Ahnung, dass mir dieses Glück nicht noch einmal beschieden sein würde. Der Kontakt mit den Schweden blieb bis zum Ende meiner wissenschaftlichen Arbeiten bestehen und überdauerte sogar die Wiedervereinigung.

Meine Auslandserfahrungen in einem kapitalistischen Land ließen sich in Dresden nicht umsetzen. Möglicherweise galt ich als privilegiert, da ich nicht einmal SED-Mitglied war und trotzdem in das westliche Ausland fahren durfte. Dazu musste man aber ungewöhnliche Leistungen vollbringen und einen Vorgesetzten haben, ein CDU-Mitglied, der sie auch anerkannte. Politisch waren wir immer einer Meinung. Ich bin übrigens zu keinem Zeitpunkt für die herrschende Partei, die SED, geworben worden. Nach Ende meiner Forschungsarbeit in Stockholm kehrte ich wie selbstverständlich in die DDR zurück. Meinen Dresdener Kollegen und vor allem meinem Chef, der mir sehr vertraute, hätte ich berufliche und auch private Probleme in einem für Westdeutsche unvorstellbaren Ausmaße bereitet, wenn ich die DDR illegal verlassen hätte. Das musste mein Chef, Professor Feller, in Dresden ein paar Jahre später erleiden, als aus einer Delegation, die er leitete, sich ein Delegationsmitglied in den Westen absetzte. Mein Chef wurde fast jeden Abend im Institut von der Staatssicherheit verhört und dann erpresst. Drei Möglichkeiten wurden ihm zur Wahl offeriert: Eintritt in die SED (kam nicht infrage, weil er CDU-Mitglied war), Verpflichtung zur Mitarbeit für die Staatssicherheit, um Staatstreue zu beweisen, oder berufliche Schikanen für einen Lehrstuhlinhaber an einem Universitätsinstitut. Erst nach der Wiedervereinigung hatte er mir davon berichtet. Seine Wahlmöglichkeiten waren begrenzt.

Zu keinem Zeitpunkt wollte ich die DDR verlassen. Ausschlaggebend waren meine Liebe zur Heimat und die Fürsorge für meine Angehörigen in Neuenhagen. Meine Schwester war von Neuenhagen nach Berlin verzogen. Meine Tante Else war, wie meine Mutter, seit dem 60. Lebensjahr berentet. In Dresden, meiner neuen Arbeitsstelle, wohnte ich in einer Einraumwohnung von 24 Quadratmetern, eine Luxuswohnung für Dresdener Verhältnisse. Am Wochenende fuhr ich nach Neuenhagen, im Sommer mit dem Auto, im Winter mit der Deutschen Reichsbahn. Der Samstag war immer der Staatsbibliothek Unter den Linden vorbehalten. Der Rest der Zeit am Wochenende beschränkte sich auf den Haushalt und Garten. Ein Privatleben kannte ich nicht. Allmählich machten sich bei den Damen typische Altersbeschwerden mit Bewegungseinschränkungen bemerkbar. Ein Umzug nach Neuenhagen schien unumgänglich. Ich musste also versuchen, in Berlin wieder Fuß zu fassen, um den fürsorgerischen Ansprüchen für meine nächsten Angehörigen gerecht zu werden, für eine Parteilose ein fast aussichtsloses Unterfangen – trotz aller wissenschaftlicher Reputation. Ein Angebot an einer mitteldeutschen Universität mit einer entsprechenden Stelle an einer neu zu gründenden Abteilung für Klinische Pharmakologie schlug ich aus. Ich hegte eine Abneigung gegenüber einer Führungsperson, mit der ich aber im Falle einer Berufung als Parteilose hätte eng zusammenarbeiten müssen. Im Zweifelsfall musste der Ehrgeiz, die Laufbahn mit einer Professur in der DDR abzuschließen, der Vernunft weichen. So verließ ich Dresden 1975 und nahm eine neue Arbeit am Zentralinstitut für Krebsforschung der Akademie der Wissenschaften in Berlin-Buch auf.

Meine Zeit am Krebsforschungsinstitut der Akademie der Wissenschaften

Als ich 1975 mit meiner neuen Forschungsaufgabe am Krebsforschungsinstitut der Akademie der Wissenschaften begann, war gerade eine Neuerung für die wissenschaftlichen Reisekader eingeführt worden. Wer zu einem Kongress in das „kapitalistische Ausland" fahren wollte, musste nach der neuen Regelung ernannt werden, wofür einzig der Chef des Instituts oder der Klinik verantwortlich war. Der Kreis der Reisekader wurde dadurch sehr eingeschränkt. Die politische Zuverlässigkeit der Reisekader war eine conditio sine qua non. Die Zugehörigkeit zur SED war zwar nicht Bedingung, aber erwünscht.

Die Empörung über diese neue Regelung, die von ganz oben kam, führte zu systemkritischen Äußerungen der wissenschaftlichen Mitarbeiter. Eine neue Runde zur Beschränkung von Kongressbesuchen in das NSA (nichtsozialistisches Ausland) war eingeläutet. Ein wesentlicher Grund war der Mangel an Devisen, der vorgeschoben schien und eher überlagert war von der Überlegung staatlicher Stellen, den Fluchtabsichten der Wissenschaftler durch überzogene Kontrollen einen Riegel vorzuschieben. Die Wissenschaftler saßen in einer politischen Falle. Sie durften zwar wissenschaftlich arbeiten, aber sie mussten jetzt ihre Ergebnisse an den ernannten Reisekader abgeben, der zunächst der Vorgesetzte und in der Regel SED-Mitglied war. Es kam auch vor, dass aus Sicherheitsgründen derjenige zu einem Kongress in das NSA reisen durfte, der mit dem eigentlichen wissenschaftlichen Thema nicht vertraut war. Trotz dieser Einschränkungen war es mir 1976 gelungen, die Genehmigung zur Ausreise zu einem Kongress in Besançon in Frankreich zu bekommen, um dort noch Forschungsergebnisse aus meiner Dresdner Zeit vorzutragen. Ich befand mich jedoch in der merkwürdigen Situation, dass ich zwar die begehrte Ausreise in das NSA in meinem Reisepass besaß, aber nicht rechtzeitig die Einreiseerlaubnis nach Frankreich erhielt. Diese Ausnahmesituation zwischen Ost und West war dem Umstand geschuldet, dass eine Rentnerin aus der DDR auf einer Veranstaltung in West-Berlin vom Recht der freien Rede Gebrauch und mit einer realistischen Beschreibung des Arbeiter- und Bauernstaates mit seiner sozialistischen Ideologie ihrem Ärger Luft gemacht hatte. Diese Meinungsäußerung wurde von der Westpresse aufgenommen und verbreitet. Die DDR-Regierung reagierte mit Entrüstung ob der Verleumdungskampagne und behinderte den Interzonenverkehr. Die Westmächte antworteten mit einer Verzögerung der Bearbeitung von Einreiseanträgen in ihr Hoheitsgebiet, in meinem Fall nach Frankreich. Mich traf diese Entscheidung hart. Ich bekam nie mehr eine Chance, zu einem Kongress in das westliche Ausland zu fahren.

Die politische Lage spitzte sich Ende der 1970er Jahre zu. Am 1. Januar 1979 brach plötzlich nach einem milden Weihnachtsfest ein ungewöhnlich kalter Winter mit Dauerfrost bis Ende März über die DDR herein. Nichts ging mehr. Die Energieversorgung kollabierte, weil in den Tagebauten in der Lausitz und Sachsen auf den Förderbändern die nasse, jetzt gefrorene Braunkohle nicht mehr transportiert werden konnte. Die Folgen waren katastrophal. Die Wirtschaft der DDR hat sich von diesem Energiezusammenbruch nie mehr erholt, und die Sowjetunion hatte zunehmend ihre eigenen Sorgen. Zu Weihnachten 1979 begann sie mit der Besetzung Afghanistans, die einen Sturm der Entrüstung in dem Elfenbeinturm Akademie der Wissenschaften auslöste. Das Problem zunehmender Unbotmäßigkeit verschärfte sich 1980 durch den Arbeiterstreik in Danzig in unserem Nachbarland Polen. Hier schieden sich die Geister, weil man auf der einen Seite den Streik der polnischen Arbeiter mit polnischer Schlamperei und Faulheit gleichsetzte und auf der anderen Seite sofort die politische Dimension der Solidarność, der ersten freiheitlichen Gewerkschaft im sozialistischen Lager, erfasste. Es bestand Ansteckungsgefahr, zumal viele Polen in der DDR arbeiteten. Die politischen Diskussionen nahmen zu und damit auch die Polarisierung, die ihren Ausdruck allein dadurch fand, dass immer mehr DDR-Bürger einen Ausreiseantrag stellten.

Kirche im Sozialismus

In dieser Zeit suchte ich in meiner Heimatgemeinde Neuenhagen Kontakt zu einem Pfarrer einer der beiden evangelischen Kirchen. Er hieß Dietmar Linke und gehörte zur jüngeren Generation. Die Zeit war aus meiner Sicht reif, die DDR in Frage zu stellen. Dazu bedurfte es aber eines öffentlichen Raumes, der nicht von der SED kontrolliert wurde. Das konnte nur die Kirche sein. Dietmar Linke war für mich ein Pfarrer neuen Typs. Er war noch jung und bot eine Vielzahl von Gesprächsthemen an, für die es in der sozialistischen Öffentlichkeit kein Forum gab, an denen aber großes Interesse bestand und an denen ich immer häufiger teilnahm, weil sich mir die Freiheit des Wortes bot, die ich bisher so sehr vermisst hatte. Es war ein vielversprechender Anfang in dem trostlosen sozialistischen Alltag.

Der Atheismus war vom Staat verordnet, und die evangelische Kirche musste einen Weg finden, um ihre Existenz auch im Interesse der Christen der DDR zu retten. Die Erwartungen waren hoch. Immerhin gab es ein Sekretariat für Kirchenfragen, besetzt mit einem Staatssekretär als Ansprechpartner für die Bischöfe. Tatsächlich gelang es dem evangelischen Theologen und Bischof Albrecht Schönherr, das Problem der Entchristianisierung in der DDR durch die neue Formel „Kirche im Sozialismus" zunächst durch Zugeständnisse zu entschärfen. Die DDR-Führung erklärte Verhandlungsbereitschaft, indem sie die Grenzen der Kirche aufzeigte, und der Bischof verpflichtete sich, die amtierenden Pfarrer zu überzeugen. Das gelang nicht in Neuenhagen, als Pfarrer Linke die vorgegebene Leitlinie überschritt. Der Bischof legte ihm nahe, sich auf die Vermittlung des Evangeliums zu beschränken, um den mühsam ausgehandelten Frieden zwischen sozialistischem Staat und Kirche nicht zu gefährden. Aber Pfarrer Dietmar Linke beugte sich nicht.

Das Misstrauen der Obrigkeit war erwacht. Ich selbst habe den Auftritt von zwei Agents provocateurs während einer Lesung mit einem sehr bekannten Schriftsteller in der Kirche erlebt, der die DDR schließlich verließ und in West-Berlin eine neue berufliche Karriere begann. Es waren zwei laut pöbelnde Männer, die die Lesung zu verhindern suchten. Das Ziel war klar. Der Pfarrer sollte so verunsichert werden, dass er über die Mahnungen des Bischofs, gesteuert durch die Staatsmacht, einlenkte und sich zurückzog. Er beugte sich nicht, und deshalb kam 1983 das Aus für ihn. Als ich von der bevorstehenden Ausreise in den Westen, die einer Ausweisung gleichkam, hörte, wollte ich mich von Pfarrer Linke verabschieden, verpasste aber den 22. Dezember 1983, seinen Ausreisetermin und ging zum Bischof Schönherr, in der Hoffnung, ihm einen Brief an Pfarrer Linke geben zu können.

Beim Sichten meines politischen Nachlasses fiel mir ein maschinengeschriebener Brief über Pfarrer Dietmar Linke in die Hände, den ich sorgfältig aufbewahrt hatte. Im Sommer 2012 beschrieb ich auf meiner Homepage die politisch skandalöse Ausweisung des Pfarrers auf Betreiben der bischöflichen Obrigkeit. Die Ausweisung liegt nun fast 30 Jahre zurück und der Pfarrer, Opfer der Abteilung Dekonstruktion der Staatssicherheit der DDR mit bischöflichem Segen für mich nicht vergessen, aber unerreichbar in West-Berlin oder in der Bundesrepublik. Eines Tages im September 2012 meldete sich Dietmar Linke telefonisch bei mir zu Hause und erzählte mir das Trauerspiel seiner politischen Ausweisung aus der DDR, gegen die er sich gewehrt, aber unter Androhung eines Gerichtsverfahrens mit einer Freiheitsstrafe seine Vertreibung aus Neuenhagen nicht hatte verhindern können. Jetzt beginne ich mit seiner Rehabilitation in Neuenhagen. Es wird meine letzte politische Aktion zur Aufarbeitung der schmutzigen Vergangenheit der DDR sein.

Während des Gesprächs, das ich mit Bischof Schönherr 1983 führte, verhielt er sich abwehrend und bedachte den ausgewiesenen Pfarrer mit unfreundlichen Worten. Das war wiederum ein Grund für mich, das Gespräch so rasch wie möglich zu beenden. Er nahm meinen Brief an Pfarrer Linke entgegen und versprach mir, diesen in West-Berlin, in das er ständig einreisen könne, dem Adressaten zu übergeben. Völlig selbstverständlich gestand er mir, dass er einen Pass besäße, der ihm erlaube, jederzeit über die streng bewachte Staatsgrenze in Berlin aus- und wieder einzureisen. Damit stand er auf derselben Stufe wie hohe Staatsfunktionäre in der Regierung, in leitenden Positionen in Wissenschaft, Forschung und Wirtschaft und auch in der CDU-Ost. Aus der evangelischen Kirche in Neuenhagen zog ich mich zurück. Über Freunde hörte ich von interessanten Veranstaltungen der Stefanusstiftung in Berlin-Weißensee. Dort gab es eine große Kirche, mehrere Veranstaltungsräume und sogar eine Großküche. Ich ließ mich auf die Einladungsliste setzen und nahm regelmäßig bis 1989 an den Veranstaltungen teil.

1985 wurde Michail Gorbatschow Generalsekretär der KPdSU. Dieser Mann sorgte sofort für eine Überraschung für die DDR-Bürger, weil er sich mit einem Buch mit dem Titel „Glasnost und Perestroika" vorstellte. Eine Erneuerung dieses wie ein zu lange getragenes verschlissenes Kleidungsstück wirkenden politischen Systems befeuerte die überall diskutierenden Klubs auf allen Ebenen und arrondierte mit zunehmender Geschwindigkeit die staatliche Ordnung. Sie wurde ab sofort hinterfragt. Das hatte es noch nie gegeben. In dieser aufgeheizten Situation wurde ich unerwartet von einem Mitglied des CDU-Ortsverbandes in Neuenhagen gefragt, ob ich nicht der CDU beitreten wolle mit der Begründung: „Je schlechter die Zeiten, desto eher müsse man Gutes tun." Das war auch meine Meinung, aber für den Beitritt in eine Partei konnte ich mich zunächst nicht entschließen. Die Werber waren aber hartnäckig und überredeten mich, an einem Ausflug nach Praedikow, einem Dorf in Märkisch-Oderland, teilzunehmen und dort einen Pfarrer mit dem bemerkenswerten Namen Caesar zu besuchen.

Ich bin der CDU-Ost mit ihren Mitgliedern aus Neuenhagen jetzt noch dankbar, dass sie mich zu diesem Ausflug einluden. In der DDR gab es in abgelegenen

Regionen völlig unerwartet Nischen, in denen Menschen ein eigenes Leben führten, weil es ihnen versagt war, ein anderes Leben inmitten der Gesellschaft zu führen, oder sie sich von diesem abgestoßen fühlten. Auch dieses Leben war eine Ausreise in ein anderes Land, aber ohne die Schikanen an einer Grenze, die ihn oder sie aus der Staatsbürgerschaft entließ. Es gab also Möglichkeiten in einem entwürdigenden Umfeld seine Würde zu bewahren und in aller Stille Gutes zu tun, nämlich als Seelsorger den Menschen nahe zu sein. Diesen Pfarrer gibt es noch in Praedikow. Er hat auf andere Art und Weise der Gewaltherrschaft widerstanden.

Kurze Zeit später trat ich der CDU-Ost bei. Die Werbung hatte einen Sinn, denn der damalige Vorsitzende, ein Student an der Fachhochschule für Bauwesen in Cottbus, jetzt Technische Universität, wollte den Vorsitz abgeben, um sich mehr seinem Studium widmen zu können. Die Werbung um meine Person spielte sich in einem privaten Friseursalon ab, der von einer ehemaligen Klassenkameradin geführt wurde. Alle Familienmitglieder waren in der CDU-Ost. Ich widerstand zunächst tapfer, weil ich mich mit der CDU, einer kleinen Blockpartei in völliger Abhängigkeit von der SED, noch nicht beschäftigt hatte. Eigentlich wollte ich zunächst nur mitlaufen und abwarten. Man ließ mir aber keine Zeit, und so wurde ich ohne Gegenstimme zur Vorsitzenden gewählt. Ich kann nicht ausschließen, dass dieser Wahlakt nur deshalb so wichtig war, weil eine Vorstandswahl anstand und niemand den Posten in dieser schwierigen Zeit übernehmen wollte. Weil ich parteipolitisch unerfahren war, von alten Parteikadern sowieso keinen Rat angenommen hätte, machte ich das, was ich aus meiner Erfahrung für richtig hielt, nämlich die politische Lage in der DDR zu klären, die Diskussion darüber mit den Mitgliedern in Gang zu bringen, Entscheidungen zu treffen und diese schriftlich zu dokumentieren. Alle Einladungen zu den Versammlungen enthielten ein Thema, auf das sich jeder vorbereiten konnte und das dem Vorsitzenden in Frankfurt an der Oder, der Bezirkshauptstadt, zugestellt wurde. Der war sichtlich froh, dass überhaupt etwas geschah und ließ mich gewähren. Das erste Thema war: „Brauchen wir mehr Demokratie?"

Die politische Lage in der DDR erreichte im Januar 1988 einen Höhepunkt, als SED-Mitglieder auf einer Demonstration in Berlin-Friedrichsfelde auf Plakaten mehr Demokratie von unten forderten. Die Strafe folgte auf dem Fuß. Einige mussten aus der DDR ausreisen mit dem Recht der späteren Rückkehr. Die Spannung nahm in einem unerträglichen Maße zu, und die Menschen begannen offen, ihren Ausreisewunsch zu verkünden. Die politische Auswirkung von Perestroika und Glasnost durch Michail Gorbatschow erweckte enorme Hoffnungen und erreichte auch die Presse. So ermöglichte die „Berliner Zeitung" ein Interview des ehemaligen sowjetischen Kommandanten der Berliner Charité im Sommer 1945 in Neuenhagen. Das Interview hat tatsächlich in unserem Haus stattgefunden und ist von der „Berliner Zeitung" abgedruckt worden. Dieser ehemalige Offizier der Roten Armee hat an die Zukunft gedacht und Jahrzehnte nach Ende des 2. Weltkriegs in der Ära Gorbatschow mit Hilfe einer Zeitung aus der DDR Verbindung zur Charité aufgenommen. Auf seine Tätigkeit in der Charité als Offizier der Roten Armee in dieser Funktion muss er nach 50 Jahren stolz gewesen sein.

Die Charité war eine der in Europa berühmtesten medizinischen Forschungsstätten und den Russen wohlbekannt. Die Schwester meiner Mutter, für mich Tante Else, ledig, immer für andere selbstlos da, war 1945 Oberschwester der Chirurgischen Universitätsklinik der Charité unter der Leitung von Professor Ferdinand Sauerbruch, verehrt auch von den russischen Offizieren, der neuen Siegermacht nach der Schlacht um Berlin. Für den damaligen Kommandanten der roten Armee war es eine Ehre, nach mehr als 50 Jahren mit der damaligen Oberschwester, meiner Tante, der Vertreterin der Besiegten, in dieser dramatischen Zeit mit der bedingungslosen Kapitulation der deutschen Wehrmacht am 8. Mai 1945 ein entspanntes Gespräch führen zu dürfen. Der „Berliner Zeitung", damals das SED-Blatt für die Hauptstadt der DDR, Berlin, sei Dank, dass sie die Zeichen des Umbruchs erkannt hat und somit Initiatorin dieses Gesprächs war. Eine neue Epoche mit sichtbaren Zeichen der Versöhnung hatte begonnen.

Der CDU-Ortsverband in Neuenhagen entwickelte sich allmählich zu einem politischen Kraftzentrum. Im Frühjahr 1988 hatte sich die politische Lage in der DDR soweit zugespitzt, dass wir beschlossen, an die CDU-Führung in Berlin-Ost, Sitz am Gendarmenmarkt, einen Brief zu schreiben, um der Parteiführung unsere Sorgen mitzuteilen und Vorschläge für Lösungen zu unterbreiten. Die Zeit drängte, und die brisanten Probleme mit Auflösungserscheinungen in der DDR-Gesellschaft diktierten mir den Text zu diesem „Neuenhagener Brief", der schließlich in einer spannenden Mitgliederversammlung, von der Staatssicherheit angepeilt, verabschiedet und dann von mir an den damaligen langjährigen Vorsitzenden der CDU-Ost, Gerald Götting, auf den Weg gebracht wurde. Wir waren zunächst enttäuscht, weil keine Reaktion der Parteiführung Klarheit brachte.

Kontakte zu anderen Ortsverbänden im Norden oder Süden der DDR hatten wir in Neuenhagen zunächst nicht. Wir wollten nur eine Antwort auf unseren Brief. Nach einer langen Schweigeperiode setzten Gegenreaktionen ein, die mich an meiner Arbeitsstelle in der Akademie der Wissenschaften mit voller Wucht trafen. Ich wurde meines Postens als stellvertretende Bereichsleiterin mit sofortiger Wirkung im März 1989 enthoben und musste meinen Rückzugsraum in dem Institut verlassen. Dafür hatte ich aber volle Unterstützung bei meinen Kollegen. Die Staatssicherheit hatte mich unter Mitwirkung der staatlichen Leitung kalt gestellt und ein Ermittlungsverfahren gegen mich eingeleitet mit dem Ziel, mich in einem Gerichtsverfahren, das naturgemäß entsprechend dem Strafgesetzbuch der DDR mit einer Freiheitsstrafe enden musste, aus dem Verkehr zu ziehen.

Dann überstürzten sich die Ereignisse. Die Kommunalwahl am 7. Mai 1989 brauchte Kandidaten. Die CDU trat mit fünf Kandidaten an, mehr waren in der

Liste der Nationalen Front nicht vorgesehen. Ich war dabei. Die Auszählung der Stimmen wurde zum ersten Mal von sehr kritischen Bürgern begleitet, die mehrmals durch wütende Zwischenrufe die Auszählung unterbrachen. Der Verdacht auf Wahlmanipulationen bestätigte sich, als das Wahlergebnis in der Kreisstadt Strausberg noch vor der Auszählung der Stimmen in Neuenhagen verkündet worden war. Bereits am nächsten Tag begannen die Einsprüche gegen das Wahlergebnis. Die Lage war von nun an extrem angespannt und blieb so bis zur Maueröffnung am 9. November 1989.

Die politische Situation in Neuenhagen, hervorgerufen durch die CDU, die über ihren Schatten gesprungen war, hatte sich inzwischen bis nach Frankfurt an der Oder herumgesprochen. Eine Gruppe systemkritischer Journalisten der CDU-Zeitung „Neue Zeit" hatte sich zusammengeschlossen, um einen offenen Brief zu formulieren und diesen als landesweiten Aufruf an die mehr als 350 Geschäftsstellen der CDU zu verschicken. Gemeinsam mit einem guten Freund aus dem Neuenhagener Ortsverband fuhr ich am 9. Oktober 1989 zunächst in das Pfarrhaus nach Altlandsberg. Wir stiegen dort in einen Kleinbus um und fuhren nach Sachsendorf in der Nähe von Frankfurt. In einem Einfamilienhaus wurde dieser Aufruf in einer Nachtsitzung von den Journalisten und einigen Gästen verfasst und mir zur Korrektur übergeben, verbunden mit dem Auftrag, den Text 350mal zu vervielfältigen und dann zu verschicken. Ich erinnerte mich an einen Theologen der Stefanus-Stiftung in Berlin-Weißensee, der in Berlin-Buch wohnte und den ich am nächsten Tag nach telefonischer Ankündigung aufsuchte und ihm meine Bitte vortrug. Diese kirchliche Einrichtung hatte für ihre eigenen Zwecke moderne Kopierer aus Westdeutschland. Es war ein schwieriges Unterfangen, den Mitarbeiter der Stiftung zu überzeugen, die 350 Kopien für einen nichtkirchlichen Auftrag anzufertigen, aber er willigte schließlich ein, weil ihm meine Argumente, die alte staatliche Führung mit der SED an der Spitze abzulösen, einleuchteten. Zwei Tage später nahm ich das Paket in Empfang und begann mit einigen politischen Freunden, den Aufruf an alle Geschäftsstellen der CDU in der DDR zu verschicken. Der Erfolg war überwältigend. In der CDU formierten sich Putschisten – die SED hatte es bereits vorgemacht – und sie enthoben Gerald Götting seines Postens als Vorsitzender der CDU-Ost. Als erste Blockpartei wählte die CDU am 15. Dezember auf dem vorgezogenen Parteitag einen neuen Vorstand und Lothar de Maizière zu ihrem Vorsitzenden. Zeitgleich hatte die SED, immer noch die wichtigste politische Kraft im Land, ihren Parteitag ebenfalls in der Karl-Marx-Allee und nannte sich fortan PDS. Für uns war damit der Weg frei für einen Neuanfang mit der Allianz für Deutschland. In dieser gewannen aber zunehmend neue politische Gruppierungen wie „Demokratischer Aufbruch", „Demokratie jetzt" und „Deutsche Soziale Union" an Einfluss, weil sie unbelastet von der sozialistischen Vergangenheit schienen, aber durchsetzt waren von inoffiziellen Mitarbeitern. Diese hatten wir in Neuenhagen und auch in anderen Regionen der DDR längst erkannt und ausgegrenzt. So standen wir enttäuscht im Schatten von Splittergruppen, durchsetzt von Stasi-Spitzeln, die später alle zur CDU stießen. Dafür klebte uns zu Unrecht immer der Stallgeruch einer SED-hörigen CDU-Ost an.

Die erste freie Wahl zur Volkskammer

Der Wahltermin am geschichtsträchtigen 18. März 1990 bescherte der Allianz für Deutschland eine überzeugende Mehrheit. Alle demokratischen konservativen christlichen Kräfte unter der Führung der CDU-Ost gewannen diese für die Wiedervereinigung entscheidende Volkskammerwahl. Lothar de Maizière, Vorsitzender der CDU-Ost, trat als zukünftiger Ministerpräsident an, um dieses Regierungsamt zu übernehmen.

Ich war Mitglied des Rechtsausschusses und hatte zu Rechtsfragen, die sich aus der Wiedervereinigung ergaben, genug zu tun, ohne deren Tiefe in der ehemaligen DDR ergründen zu können. Mein neuer Schwerpunkt war die Rentenüberführung nach bundesdeutschem Muster für die Menschen in der DDR. Da ab 1. Juli 1990 nur die Deutsche Mark als neues Zahlungsmittel gültig war, mussten auch die Renten bis dahin neu errechnet werden, um die Zahlung der Renten zu gewährleisten. Das war eine logistische Meisterleistung. Dieses Rententhema hatte ich mir nicht ausgesucht und war auch nicht damit beauftragt worden. Da ich aber, mit Einschränkung, Berlinerin war, wurde ich von anderen Abgeordneten gebeten, in Schloss Niederschönhausen in Berlin-Pankow die dort im Auftrag der Regierung de Maizière tagende Rentenkommission zu befragen und diese den Abgeordneten meist unbekannten Kenntnisse über die Rentenpolitik in der DDR zu übermitteln.

Noch im September 1990 fanden die Zwei-plus-Vier-Verhandlungen statt. Die nächste Bundestagswahl im Dezember 1990 stand bevor. Aus der Volkskammer wurden 144 Abgeordnete gewählt, die bis zur Bundestagswahl Mitglieder des Deutschen Bundestages waren. Ich gehörte zu den Gewählten und nahm an den nun folgenden Bundestagssitzungen teil. Vieles verstand ich nicht, weil es mir auch thematisch, wie das Schicksal der Indianer in den USA, fremd und deplaziert schien.

Bei Ablauf der Wahlperiode Ende 1990 schied ich zunächst aus dem Deutschen Bundestag aus. Ich hatte mich um einen Kandidatenplatz beworben, unterlag aber bei der Wahl um den Spitzenkandidaten im Wahlkreis und nahm auf der Landesliste den zweiten Platz hinter Lothar de Maizière ein. Er zog in den Deutschen Bundestag ein, und ich nahm die Stelle eines Oberarztes am Lehrstuhl für Klinische Pharmakologie an der Charité an. Der Leiter dieser Einrichtung war ein treuer Parteigänger der SED. Wir waren aber distanziert freundschaftlich verbunden. Es begannen die Seminare und Vorlesungen in üblicher Weise mit einigen neuen Studenten aus den alten Bundesländern.

Im Laufe der Monate stellte sich heraus, dass der Institutsleiter für klinische Studien mit Androgenen zur körperlichen Leistungssteigerung an Sportlern teilgenommen hatte. Diese Versuche waren offiziell streng geheim, aber bekannt. Viele olympische Medaillen wurden durch dieses hormonelle Doping für die DDR erzielt. Ich erzwang mit Zustimmung der Mitarbeiter eine sofortige Aussprache und empfahl dem Institutsleiter dringend, das Amt niederzulegen. Die zuständige Senatsabteilung favorisierte eine andere Lösung, die aber ein friedliches Zusammenarbeiten mit diesem Vorwurf ausschloss. So wurde ich amtierende Direktorin mit allen Pflichten in Lehre und Forschung in einer Zeit der großen Unsicherheit. Die Ablösung der bisherigen Führungskräfte an den Universitäten der ehemaligen DDR war beschlossene Sache. In der Zwischenzeit sollten demokratisch gewählte Gremien über die Zukunft, das heißt das Verbleiben dieser häufig nach politischen Gesichtspunkten berufenen Führungskader, wie es in der DDR hieß, entscheiden, indem sie Vorschläge machten. Für die Klinische Pharmakologie war diese Vorentscheidung bereits gefallen, und ich nahm zügig Gespräche mit dem Schwesterinstitut für Klinische Pharmakologie an der Freien Universität in West-Berlin auf und gewann Verständnis und Freunde.

Die neue Behörde zur Aufarbeitung der Staatssicherheit in der DDR unter Leitung von Joachim Gauck öffnete zunehmend ihre Archive und trug langsam zur Aufklärung bei, indem sie Namen von Persönlichkeiten des öffentlichen Lebens preisgab. In der Gerüchteküche brodelte es, und der Name Lothar de Maizière fiel immer häufiger. Ich war laut Landesliste die nächste Kandidatin für das Bundestagsmandat, also die Nachrückerin. Diese Entscheidung schien mir voller Probleme, und so suchte ich Rat in dem West-Berliner Institut für Klinische Pharmakologie, in dem ein alter erfahrener Klinischer Pharmakologe den Lehrstuhl noch innehatte. Er riet mir, das Mandat anzunehmen und wollte sich kommissarisch um den Ost-Berliner Lehrstuhl an der Charité bemühen, bis über eine endgültige Berufung der Bewerber aus West-Berlin entschieden sei.

Im Oktober 1991 wurde ich als Nachrückerin auf der brandenburgischen Landesliste der CDU vom Deutschen Bundestag bestätigt. Zu dieser Zeit begann gerade die Diskussion um den § 218 StGB, über den es in der Volkskammer und im Deutschen Bundestag unterschiedliche Meinungen gab. Ich hatte meine Entscheidung bereits in der Volkskammer getroffen und war mit den übrigen Abgeordneten der brandenburgischen Landesgruppe für die Fristenlösung, die in der DDR gegolten und sich bewährt hatte. Ich trat einer bereits bestehenden Vierergruppe bei und legte mich auch sofort schriftlich mit einer ausführlichen Begründung fest, die ich dem Fraktionsvorsitzenden übergab. Ich gestehe, dass mir diese Entscheidung nicht leicht gefallen ist, weil die Fristenlösung ein Tötungsdelikt ist. Jeder Abgeordnete konnte frei entscheiden, denn es gab keinen Fraktionszwang. Die Diskussion zu diesem Thema war in allen Fraktionen sehr ernst und im Bewusstsein großer Verantwortung geführt worden, und ich habe lernen müssen, dass man auch Meinungen, die nicht mit den eigenen übereinstimmen, achten sollte. Jeder Einwand gegen die Fristenlösung war berechtigt und aus moralischen Gründen immer konfliktreich.

Ein nächstes Konfliktthema war das Rentenüberleitungsgesetz (RÜG), also der Anspruch der Bürger der DDR auf eine Altersrente. Die Volkskammer hatte eine Entscheidung getroffen, die vom Deutschen Bundestag nicht übernommen wurde. Finanzielle Überlegungen mögen eine Rolle gespielt haben. Die Kernfrage war aber, nicht ob, sondern wie und in welcher Höhe eine Altersversorgung an Rentner mit einer staatsnahen Beschäftigung aus der gesetzlichen Rentenversicherung gezahlt werden soll. Der gesetzliche Rahmen war festgelegt. Es gab eine Beitragsbemessungsgrenze, bis zu der ein Rentenanspruch bestand. Die Geister schieden sich aber bereits in der Volkskammer, weil man Angestellten der Staatssicherheit oder auch DDR-Ministern, wie der Ministerin für Volksbildung, Margot Honecker, zwar eine Rente zustand, aber nicht in voller Höhe. Die Diskussion entbrannte vor allem bei den ostdeutschen Abgeordneten der CDU-Fraktion, die eine Gleichbehandlung ablehnten und sich über den Begriff der Staatsnähe stritten.

1993 stand eine Neufassung des RÜG an, das ich in dieser Form wie andere aus den neuen Bundesländern nicht mittragen wollte. Die Debatte zu diesem Thema war unausgereift und zunehmend politisch gehässig. 1993 hatte ich das ungute Gefühl, dass hier ein Racheakt gegen ostdeutsche Intellektuelle vollzogen wird. In einem demokratischen Land wie der Bundesrepublik Deutschland gab es auch Berufsverbote, die Betroffenen wurden aber vom demokratischen Staat anständig alimentiert, angeblich, weil sie keine Schuld auf sich geladen hatten. Dazu hatten sie aber in der Bundesrepublik keine Gelegenheit. Der Deutsche Bundestag hatte sich dazu hergegeben, ein politisches Rentenrecht durchzusetzen.

Mit einigen Abgeordneten der CDU aus den neuen Bundesländern hatte ich mich der Zustimmung zu der neuen Fassung des RÜG verweigert und dies dem Fraktionsgeschäftsführer angemeldet.

Das RÜG trat in Kraft, aber zugleich formierten sich empörte Wissenschaftler aus der DDR, die vor dem Bundesverfassungsgericht klagten. Im Jahr 1999 wurde das Urteil gefällt: Es machte aus dem RÜG einen Scherbenhaufen mit Empfehlungen für Veränderungen durch den Gesetzgeber. Das Ergebnis ist trotzdem niederschmetternd. Ich bekomme nun eine Rente in einer Höhe, die ich vorher nicht beklagt habe, die aber identisch ist mit der, die Frau Honecker, ehemalige Bildungsministerin der DDR, erhält. So bin ich ungerechtfertigt in die politische Nähe von Frau Honecker gerückt worden.

Der berühmte Professor Otto Prokop kommentierte seine Rente nach der Wiedervereinigung mit den Worten: „Ich weiß jetzt, was ich wert bin, nämlich so viel wie mein Hausmeister." Die wissenschaftliche und geistige Elite der DDR, viele von ihnen von westdeutschen Wissenschaftlern wegen ihrer überragenden Leistungen auch international anerkannt, wurden nur mit einer Rente nach SGB VI lebenslänglich bedacht. Damit waren sie auch von wissenschaftlichen Arbeiten und Besuchen von Kongressen ausgeschlossen. Es war eine lautlose geistige Enteignung wissenschaftlicher Kapazitäten. Ich bin auch betroffen.

Die letzten vier Berufsjahre waren unter der Leitung des neuen Lehrstuhlinhabers von der Freien Universität (West-Berlin) für mich unbeschwert und frei von Zwängen. Nach vier Jahren schied ich 1998 aus dem Lehrbetrieb mit 65 Jahren aus und beziehe seitdem eine Rente nach SGB VI.

Kommunalpolitik, aber keine Parteipolitik

Seit 1993 war ich Gemeindevertreterin in der CDU-Fraktion in meiner Heimatgemeinde Neuenhagen. Der Bürgermeister dieser amtsfreien Gemeinde war ebenfalls CDU-Mitglied und Mitautor des „Neuenhagener Briefes". Die CDU genoss Ansehen in der Gemeinde, weil sie bereits in den 1980er Jahren konsequent für eine Demokratisierung des erstarrten Parteiensystems unter Führung der SED eingetreten war. Politische Veränderungen mussten nach meiner Auffassung und Erfahrung immer von unten kommen, in der DDR also in den Kommunen in unmittelbarer Nähe zu den Menschen. Dazu gehörte in der DDR nach meiner Auffassung auch die Konkurrenz der CDU – nur für diese Partei kann ich sprechen – mit der führenden SED, indem man überzeugende Argumente anbietet, um kommunale Probleme zu lösen. Diese Haltung habe ich nach der Wiedervereinigung nicht aufgegeben und somit auch eine Zusammenarbeit mit der immer noch dominanten PDS zu keinem Zeitpunkt ausgeschlossen. Die Kommunalpolitik ist nur in Ausnahmefällen Parteipolitik, Zusammenarbeit mit den Fraktionen also Voraussetzung für von Vernunft getragene Beschlüsse. An der Basis in den Kommunen lernt man die Politik, wie man sie in den gesetzgebenden Körperschaften leisten muss. Sie ist die Schule der Politik für jeden, der den Ehrgeiz hat, im Deutschen Bundestag politische Karriere zu machen.

Für mich gab es Erfolge und Misserfolge. Im Alter von 65 Jahren nach insgesamt 14 Jahren gab ich den Vorsitz des CDU-Ortsverbandes ab. Vorsitzende der CDU-Fraktion war ich von 1996 bis 2008. Ich war jetzt Rentnerin und konnte mich ohne Zeitdruck der Kommunalpolitik zuwenden. Das Rententhema war abgeschlossen. Es gab aber eine Dauerbaustelle durch die im Deutschen Bundestag, von der FDP ursprünglich geforderte, beschlossene Restitution von enteigneten Grundstücken in der DDR mit dem Gesetz zur Regelung offener Vermögensfragen (VermG). Vorwiegend waren es Westgrundstücke, deren Eigentümer mehrheitlich in West-Berlin oder in der Bundesrepublik wohnten und keinen Zugang mehr zu ihren ehemaligen Grundstücken, bebaut oder auch nicht bebaut, hatten. Die Restitutionsansprüche waren häufig nicht legitim und führten zu großer Verärgerung der legitimen Eigner, die jahrelang auf eine rechtskräftige Entscheidung warteten. In vielen Fällen mussten die Ämter für offene Vermögensfragen oder die Verwaltungsgerichte eine Entscheidung treffen, die manchmal erst nach mehr als zehn Jahren ihren Abschluss fand und nicht immer als gerecht empfunden wurde.

In Neuenhagen war die Rede von etwa 2000 Grundstücken, die entschädigungslos restituiert werden sollten, weil sie entsprechend dem oben genannten Gesetz nicht redlich erworben worden wären. Die Bezeichnung „redlich" spielte bei den Restitutionsfragen nach der Wiedervereinigung beider deutscher Staaten eine entscheidende Rolle, weil, wenn nicht redlich erworben, Unredlichkeit des Grundstückserwerbs in den 1930er und 1940er Jahren den jetzigen Eigentümern, eingetragen im Grundbuch, vorgeworfen wurde. Dieser Vorwurf war nahe einer strafbaren Handlung, weil sie dem Käufer unterstellte, die damalige Situation der Rechtlosigkeit des Verkäufers, eines Juden, des Maklers Friedrich Jolowicz, schamlos ausgenutzt zu haben, der Erwerb also unredlich gewesen sei. Grundlage war das Gesetz zur Regelung offener Vermögensfragen, das ich als Mitglied der CDU-Fraktion des Deutschen Bundestages mitgetragen hatte. Ich fühlte mich somit verantwortlich für die vielen Grundstückseigentümer mit ihren Familien in meiner Heimatgemeinde Neuenhagen.

Durch Zufall kam ich in die Situation, eine alte Dame, hoch in den 80ern, zu beraten und ihr meine Hilfe anzubieten. Diese bestand nach Durchsicht aller Unterlagen, einschließlich des Kaufvertrags, darin, an das zuständige Landesamt für Offene Vermögensfragen in Frankfurt an der Oder einen Brief zu schreiben. Die Antwort nach kurzer Zeit bestätigte die Befürchtung, dass ihr Grundstück mit einem Restitutionsanspruch belastet sei. Anspruchberechtigt war jetzt die Jewish Claims Conference (JCC). Die Lage spitzte sich derartig zu, dass zwei Großveranstaltungen zu diesem Thema mit mehr als 200 Betroffenen sowie dem Präsidenten des Landesamtes zur Regelung offener Vermögensfragen (LAROV) abgehalten wurden. Ich saß am Vorstandstisch und gab meine Sicht der Dinge nach guter Vorbereitung bekannt. Wenige Tage später erhielt ich vom zuständigen Amtsgericht in Strausberg eine Unterlassungsklage wegen meiner in der Versammlung zu Recht erhobenen Vorwürfe über die Höhe der von mir genannten Abschläge bis zu 60.000 DM, um damit wieder frei über die Grundstücke verfügen zu können. Ich empfand diese Forderung als unredlich, willigte aber in die Unterlassung ein, weil ich ansonsten, wenn ich den Prozess verloren hätte, 500.000 DM hätte bezahlen müssen. Alle meine Aktivitäten zu diesem besonderen Fall der Restitution stellte ich sofort ein und begründete diese Entscheidung in der Presse.

Erst im Juni 2007 fällte das angerufene Bundesverwaltungsgericht in Leipzig das Urteil zu den Jolowicz-Grundstücken, dem größten Restitutionsverfahren im Land Brandenburg. Die unterlegene JCC und die Erben nach Friedrich Jolowicz riefen als letzten Versuch das Bundesverfassungsgericht in Karlsruhe an, das sich nach weiteren drei Jahren 2010 nur auf das Urteil des BVerwG berief und dieses bestätigte, ein Triumph des Rechtsstaates zur Überraschung der Kläger, also der JCC. Dieser Versuch der JCC, der zu einer Verzögerung der Klärung der Rechtsansprüche der Eigentümer mit rechtsgültigen Kaufverträgen geführt hatte, war der irrigen Vorstellung geschuldet, Jolowicz sei jüdischer Mischling ersten Grades gewesen, obgleich er nachweisbar in seinen Geschäften als

Großparzellierer nicht eingeschränkt gewesen war. Das ist für mich ein Lob auf den Rechtsstaat. Ich kann mit Genugtuung sagen, dass ich in dem Restitutionsverfahren trotz aller erlittenen Nachteile auf der richtigen Seite gestanden habe, ohne Rechtswissenschaften studiert zu haben.

Die Rolle der Frau in der DDR

Da ich in der DDR den größten Teil meiner schulischen, universitären und beruflichen Ausbildungen genossen habe, muss mein Lebensweg von dem meiner westdeutschen Kolleginnen abweichen.

Mein Leben war geprägt von einer ständig wachsenden Bedrohung meiner Existenz im Beruf und im Privatleben, ausgelöst durch ein politisches System mit den typischen Defiziten einer nicht vom Volk gewählten Demokratie, das unter der Vorherrschaft einer Partei, der SED, über das Volk der DDR herrschte und keinen Widerspruch duldete, wenn diese Vorherrschaft infrage gestellt wurde. Den kleineren sogenannten bürgerlichen Parteien einschließlich der CDU war die Rolle eines politischen Steigbügelhalters zugedacht, ich denke hier besonders an die bedrohten Christen in einer angestrebten atheistischen Gesellschaft, die sie angstvoll garantierten, dabei in Kauf nehmend, dass sie in eine totale Abhängigkeit der SED gerieten. Diese Abhängigkeit musste in dem anstehenden Reformprozess gebrochen werden. Trotz alledem war es ein Glück, dass es sie gab. Alle Parteien trennten sich zunächst von ihrer Führung und suchten ihren Platz in der Demokratie. Die CDU war die erste Partei in diesem Reigen. Das war ein Glücksfall für den Prozess der Wiedervereinigung.

In der zweiten Hälfte der 1980er Jahre wurde ich ein politisch agierender Mensch, weil die politische Veränderung in der Sowjetunion in Wirklichkeit einen Zusammenbruch dieses Weltreichs mit auch unwägbaren Konsequenzen bedeutete. Der Berufsweg war trotz der Habilitation versperrt, die persönliche Freiheit bedroht, die Zukunft unsicher. Die Politik war kein Ausweg, sondern plötzlich eine zwingende Notwendigkeit. Dabei spielte das Geschlecht überhaupt keine Rolle. Hinzu kommt die in der DDR übertriebene und falschzüngige Frauenförderung, die in Wirklichkeit keine war oder nur dann griff, wenn man sich mit der Politik der herrschenden Partei, der SED, identifizierte. Ledige Frauen gab es eigentlich nicht, weil sie nicht dem Bild der sozialistischen Frau mit mindestens zwei Kindern entsprach. Ich wusste um mein Außenseiterdasein, störte mich aber nicht daran. Der Beruf war mein Leben, und ich konnte ihn besser packen, wenn ich allein blieb, ohne darunter zu leiden. Frauenvereinigungen sind für mich eine grässliche Vorstellung, und eine Mitarbeit in der Frauen Union habe ich immer abgelehnt. Die Funktion einer Frauenbeauftragten oder besser einer Gleichstellungsbeauftragten in einem Krankenhaus, diese Funktion habe ich in der Charité ausgeübt, braucht man meiner Meinung nach nicht.

Deshalb fehlen mir auch die prägenden Erfahrungen der in der Bundesrepublik aufgewachsenen Frauen. Der Begriff der Ochsentour ist mir völlig fremd. Ich hätte ihn auch wegen meiner wissenschaftlichen Qualifikation nicht gebraucht, weil ich mich nicht zu einer Ochsentour hätte erniedrigen lassen. Genauso lehne ich Quoten ab, weil sie nur bedeuten, dass Frauen diese benötigen und deshalb eine Herabwürdigung sind. Vom Ministerium für das Fach- und Hochschulwesen mit Blick auf meine Zukunft als Lehrstuhlanwärter in der DDR wurde mir bedeutet, dass ich behandelt werden würde wie ein Mann! Schließlich gaben die Männer vor, wie man es machen muss, um vorwärts zu kommen. Ich meldete mich so oft wie möglich zu Diskussionsbeiträgen und sprengte auch Themen in Wissenschaft und Politik mit provokanten Feststellungen. Das war die harte Schule in der untergehenden DDR, als man keine Rücksicht mehr auf das Denkgebäude des Sozialismus nehmen musste. Diese politische Befreiung öffnete das Tor zu geschlossen geglaubten Denkgebäuden in Philosophie und Geschichte.

Post scriptum

Aus Altersgründen mache ich mir Gedanken über einen Ausstieg aus der Politik. So wie das Leben ist, so ist auch die Mitgliedschaft in der CDU zeitlich begrenzt. Die Partei ist zwar nicht Heimat für mich, aber in einer stürmischen geschichtlichen Epoche Deutschlands eine wehrhafte Burg gewesen, die ich nicht freiwillig verlasse. In der dem Untergang geweihten DDR lief ein Ermittlungsverfahren der Staatssicherheit gegen mich, das zwangsläufig zu einem Parteiausschluss hätte führen müssen, bevor das politische Strafverfahren eingeleitet worden wäre. Die DDR, die vom ersten bis zum letzten meine ungewollte Heimat war, verstarb nahezu lautlos mit einem leichten Seufzer unter dem Jubel der Menschen, die durch das geöffnete Gittertor ihres langjährigen Gefängnisses stürmten. Das Ermittlungsverfahren wurde nicht einmal formal eingestellt, weil die ermittelnde Behörde in letzter Minute in Panik versuchte, alle Spuren ihrer Missetaten zu vernichten. Meine Akte ist verschwunden.

Zwanzig Jahre später wurde, um mich parteipolitisch zu vernichten, ein Parteiausschlussverfahren gegen mich auf der unteren Parteiebene inszeniert, in dem ich 2009 aber rehabilitiert worden bin. Mit diesen beiden Parteiausschlussverfahren in zwei politisch extrem unterschiedlichen politischen Systemen bin ich wahrscheinlich die Einzige in Deutschland. Trotz alledem habe ich noch viel vor. Mich entmutigt nichts mehr; denn meine Devise heißt für mich als alte Lateinerin: Patriae inserviendo consumor[**]: Dem Vaterland dienend, verzehre ich mich.

[**] Es handelt sich um ein Zitat von Otto von Bismarck.

Barbara Schäfer-Wiegand *

Politik ist keine Lebensversicherung

Geboren am 18. Oktober 1934 in Borken, verheiratet, 1954 Abitur, 1954–1960 Studium der Philologie an der Albert-Ludwig-Universität Freiburg und der Université de Poitiers, Frankreich, Abschluss: Staatsexamen, 1960–1980 Gymnasiallehrerin im Höheren Schuldienst Baden-Württemberg 1975 Eintritt in die CDU, 1979–1995 Mitglied des Landtages von Baden-Württemberg, 1980–1995 Mitglied des Bezirksvorstandes der CDU Nordbaden, 1984–1992 Landesministerin für Frauen, Familie, Arbeit und Gesundheit in Baden-Württemberg, 1985–1995 Vorsitzende- und Ehrenvorsitzende der Frauen Union Baden-Württemberg, 1987–1992 Mitglied des Bundesvorstandes der CDU.

Welche Faktoren haben für Ihre politische Sozialisation eine Rolle gespielt?

Ich bin ein Kriegskind und habe deutliche Erinnerungen an den Nationalsozialismus, an Kriegs- und Nachkriegszeiten. Mein Vater ist in Stalingrad gefallen, meine Mutter war mit drei Kindern allein. Sie war ausgebildete Sozialarbeiterin und hat schon sehr frühzeitig einen eigenständigen Beruf ausgeübt. Das war untypisch für Frauen ihrer Generation. Vor allen Dingen war es auch ungewöhnlich, im Bereich des sozialen Engagements als Frau hauptberuflich tätig zu sein. Sie hat ihre berufliche Erfahrung genutzt, um im Krieg beim Winterhilfswerk mitzumachen und sich in der NS-Frauenschaft zu engagieren. Im Rückblick muss ich sagen, dass sie damals nicht ideologisch agiert hat. Dazu hat sicher beigetragen, dass ihr Schwager als „Halbjude" von der Gestapo verfolgt wurde. Seine Einweisung in ein KZ konnte sie im letzten Augenblick verhindern. Ich habe ihre Lebensleistung immer sehr bewundert, sie war mir ein großes Vorbild.

Die Frage nach dem klassischen Rollenverständnis im Elternhaus erübrigt sich hier.

Ich war die Älteste. Alle drei Kinder haben eine starke Mutter erlebt, die die zwei Töchter besonders geprägt hat. Meine Mutter war außerdem sehr bildungsbewusst

---

* Das Interview führte Ina vom Hofe M. A. am 17.09.2012 in Karlsruhe.

und hat darauf geachtet, dass ihre Kinder eine gute Schulausbildung, wenn möglich ein Studium absolvieren. Zwei von drei Kindern haben das auch geschafft. Die Jüngste hat einen anderen beruflichen Weg erfolgreich eingeschlagen. Meine Mutter hat uns Kinder im christlichen Glauben erzogen und die Familie hat sich rege am kirchlichen Leben beteiligt.

Warum haben Sie sich 1975 für den Eintritt in die CDU und keine andere Partei entschieden? Spielte das „C" dabei eine maßgebliche Rolle?

Ich habe 1972 einmal einen Wahlaufruf für die FDP unterschrieben. Das war mein erster Kontakt mit Parteien. 1975 habe ich mich dann sehr bewusst für die CDU entschieden, nicht zuletzt wegen der von ihr verteidigten christlichen Werte.

Wie genau würden Sie Ihr Verständnis von christlich-demokratischer Politik beschreiben?

Die CDU muss sich mit all ihren Aktivitäten, ihren Zielsetzungen an einem christlichen Menschenbild und Weltverständnis messen lassen. Das habe ich von Anfang an bejaht.

Gab es einen konkreten Anlass für Ihren Eintritt in die CDU?

Ich habe eine klassische Frauenbiographie hinter mir. Ich war die ersten 20 Jahre mit meiner Ausbildung beschäftigt, habe Philologie studiert und bin durch die Bindung an meinen ersten Ehemann in den baden-württembergischen Schuldienst eingetreten. Dort habe ich mein Referendariat, das zweite Staatsexamen gemacht und war anschließend Ehefrau und Gymnasiallehrerin für die Fächer Latein, Französisch, Geschichte und Gemeinschaftskunde. Über die Gemeinschaftskunde habe ich mich mit der Politik beschäftigt und auseinandergesetzt, aber aufgrund einer ernsthaften Erkrankung meines ersten Ehemannes keine Zeit für politische Betätigung gehabt.

Ich bin zunächst 1968 ein ehrenamtliches Engagement eingegangen: Ich war Vorsitzende eines Bürgervereins, der mich als erste Frau zur Vorsitzenden wählte (1968–1994). Alle anderen 20 Bürgervereine in der Stadt wurden von Männern geleitet. Ich habe in meinem Ehrenamt damals schon wichtige Erfahrungen gesammelt für ein vielleicht – irgendwann einmal – größeres politisches Engagement, das ich jedoch zu der Zeit überhaupt nicht vor Augen hatte, weil es meinem Mann deutlich schlechter ging. Mein Mann verstarb 1975. Nach seinem Tod kamen Freunde aus der CDU auf mich zu, um mich zum Mitmachen zu ermutigen. Von da an habe ich aktiv in der CDU mitgewirkt. Es hat mir Freude gemacht, mit Menschen aus allen Schichten und Berufen über Politik in dieser bewegten Zeit der 1970er Jahre zu diskutieren und nach neuen Wegen zu suchen. Auch das Schicksal hat meinen Weg bestimmt: Ich wurde 1976 Zweitkandidatin des damaligen Justizministers Dr. Traugott Bender, der in Karlsruhe seinen Wahlkreis hatte. Er war verantwortlich für die RAF-Inhaftierten in Stammheim. Er ist 1979 völlig unerwartet verstorben. Damit war ich als Nachrückerin im Landtag von Baden-Württemberg. Ich habe den Wahlkreis Karlsruhe Ost bei der Landtagswahl 1980 erfolgreich verteidigt, wie auch bei drei weiteren Landtagswahlen.

Aufgrund der Erfahrungen in meinem ehrenamtlichen Engagement in der Bürgergemeinschaft habe ich schon sehr früh erkannt, dass ein anderes Verhältnis zu Frauen in unserer Gesellschaft aufgebaut werden muss. Ich habe im Lehrerkollegium Kolleginnen gehabt, die mehrere Kinder hatten – und große Schwierigkeiten, Familie und Beruf miteinander zu vereinbaren. Ich wurde als sogenannte Seiteneinsteigerin auch nicht von allen Parteifreunden in der Partei willkommen geheißen. Die Freundschaft und Verbundenheit unter Frauen hat mir damals gut getan. Das war mein erstes politisches Thema.

Das zweite Thema war sicherlich die gesundheitliche Versorgung der Bevölkerung, weil ich durch die schwere Krankheit meines ersten Mannes in diesem Bereich tiefere Einblicke erhalten hatte, etwa in die Notfallversorgung, in die Krebsbehandlung, in die Möglichkeiten der klassischen Medizin, der Homöopathie, des ärztlichen Engagements und vieles mehr. Das dritte Thema hat mich sozusagen aus der damaligen Zeit besonders bewegt: Freiheit oder Sozialismus. Das Schicksal der Menschen in der DDR, wo ich auch Verwandte hatte, darunter der schon erwähnte Onkel, der aus nichtigem Anlass in der DDR zu zehn Jahren Arbeitslager im berüchtigten Arbeitslager Bautzen verurteilt worden war, hat meine Familie sehr bewegt und mich zu heißen Diskussionen über das geteilte Deutschland und politische Systeme in unserer Zeit veranlasst. Derart gut besuchte Wahlversammlungen wie zwischen 1975 und 1980 habe ich später nur selten erlebt.

Ihre politische Karriere begann auf kommunaler Ebene?

Ich habe als Mitglied der CDU mich auf allen Ebenen der Parteiarbeit engagiert: im Kreisvorstand, im Bezirksvorstand, im Landesvorstand, im Bundesvorstand, und seit 1979 in der CDU-Frauen Union. Dieses Engagement führte zur Wahl als Landesvorsitzende der CDU-Frauen Union Baden-Württemberg.

Wie viel Gewicht hatte die Frauenvereinigung innerhalb der Partei?

Das beschränkte sich anfangs auf die Zuarbeit in Arbeitskreisen der Partei in jeder Form, auch mit Kaffeekochen und Kuchenbacken. Durch die steigende

Mitarbeit von Frauen in anderen Parteien wurde der CDU bewusst, dass sie sich um Frauen bemühen musste. 1980 fand ein erstes Frauenforum im Landtag in Anwesenheit des damaligen Fraktionsvorsitzenden Erwin Teufel statt. Wurden Frauen bis dahin im Wesentlichen als Familienfrauen gesehen, Frauenpolitik also identisch betrachtet mit Familienpolitik, änderte sich das Frauenbild der Gesamtpartei mithilfe der Frauen Union sehr rasch. Ministerpräsident Lothar Späth berief mich 1984 als Sozialministerin ins Kabinett. Es gab eine erste Frauenbeauftragte in der Partei: Annemarie Engelhardt. Im Sozialministerium habe ich eine Abteilung für Frauenpolitik geschaffen und eine erste Abteilungsleiterin für Frauenpolitik, Dr. Orla-Maria Fels, eingesetzt.

Wie sehr konnte die Frauenvereinigung thematische Schwerpunkte setzen, auch mit Blick auf das Thema Quote?

Die CDU-Frauenvereinigung in Baden-Württemberg hat durchaus sehr bewusst mit Vorschlägen in die Partei hinein agiert. Unser Ziel war es, den Frauenanteil in der Partei auf allen Ebenen zu erhöhen und damit auch die Chancen der Frauen bei der Verteilung von Ämtern und Mandaten. Wir hatten eine kleine Zeitschrift, unser Sprachrohr, in der wir sogar ein Reißverschlussverfahren für Listenwahlen innerhalb der CDU gefordert haben, also 50 Prozent. Aber wir waren uns bewusst, dass der Erfolg sich nur langsam einstellen würde, vor allem mit dem Erscheinen einer jungen Generation von Töchtern, die, gut ausgebildet, als berufliche Aufsteigerinnen ihren CDU-Vätern selbstbewusst Paroli boten, wenn es um Fragen der gesellschaftlichen und politischen Gleichstellung von Frauen ging. Langsam ging es mit der Beteiligung von Frauen innerhalb der CDU voran, es ist ein ständiges Auf und Ab. Bei der Verteilung von Ämtern und Mandaten gibt es bis heute noch immer heftige Verteilungskämpfe. Die Parteiräson der Vorstände, mehrheitlich männlich besetzt, hält sich dabei zurück: Eine Mehrheit von Männern sieht ihre Chancen auf Ämter und Mandate bei weiblichen Mitbewerbern schwinden und ist nicht bereit, mit guten Politikerinnen Macht zu teilen. Nur wenn sich übergeordnete Gremien der CDU für eine Steigerung des Frauenanteils bei Ämtern und Mandaten durch zwingende Beschlüsse stark machen, könnte es gelingen, Frauen auf Dauer mehr Chancen einzuräumen und sie nicht wie seit Jahrzehnten allein zu lassen und zu entmutigen. Wir benötigen mutige Männer, denen die stärkere Beteiligung von Frauen eine größere Attraktivität der CDU für die Wähler verspricht.

In den 1980er Jahren konnte die Frauen Union immerhin das Bild der Frauen in der Partei wie auch in der Öffentlichkeit erweitern: Sie schaffte es, die Probleme der erwerbstätigen Frauen, auch der erwerbstätigen Familienfrauen in der Politik der CDU zu platzieren und Themen wie Vereinbarkeit von Familie und

Beruf (Landeserziehungsgeld für das 3. Lebensjahr eines Kindes, mehr Kindergartenplätze, Flexibilisierung der Kindergartenöffnungszeiten, Projekte für ganztägige Kindergartenbetreuung), Chancen von Familienfrauen als Rückkehrerinnen in den Beruf, alleinerziehende Frauen (Programm Mutter und Kind), mehr Frauen in naturwissenschaftlich-technische Berufe, die Situation der Älteren (das hohe Alter ist ja überwiegend weiblich) zum politischen Thema zu machen. Ein hochaktuelles Thema war die Gewalt gegen Frauen in unserer Gesellschaft und die Einrichtung von Frauenhäusern in allen Stadt- und Landkreisen. 1992 hat die CDU Baden-Württemberg auf Antrag der Frauen Union innerhalb des Landesverbandes der CDU Baden-Württemberg eine Drittelquote für parteiinterne Listenwahlen beschlossen, also eine Minimallösung, aber ein Anfang war gemacht.

Das war dann schon ein Vorläufer für das verabschiedete Quorum in der Bundespartei 1996. Haben Sie selber Erfahrung mit Quoten oder auch mit der sogenannten gläsernen Decke gemacht?

Frauen kommen in die Partei in der Regel nicht mit einem ausgeprägten Machtbewusstsein. Wäre es so, würden sie sich unter den Männern nur schlecht behaupten können, da ihnen die für einen solchen Zweck notwendigen Anhängerinnen fehlen. Macht bedeutet ja zunächst einmal Anhänger zu sammeln. Man erwirbt Macht durch Ansehen und Vertrauen. Korrumpierende Macht lockt mit Versprechungen auf persönliche Vorteile für die eigene Gefolgschaft. Die Methoden des Machterwerbs sind Männern traditionell innerhalb der Parteien wie auch in der gesamten Gesellschaft vertrauter als Frauen. Deshalb tun sich Frauen in der Politik oft schwerer.

Das Rudelverhalten der Männer mit Leitwölfen an der Spitze kennen Frauen auch in Beziehung zu Frauen nicht. Sie agieren stattdessen zunächst individuell und selbstbezogen, mit Blick auf Männer, nicht unbedingt auf Frauen, wenn es um politische Unterstützung geht. Die fatale Wirkung dieses Verhaltens müssen Frauen entweder persönlich erfahren, sprich erleiden, oder sie müssen das politische Geschäft vorab erlernen. Hier spielt die Frauen Union eine wichtige Rolle. Sie übt sich in Solidarität mit Frauen und vermittelt politisches Knowhow. Das zu nutzen, kann man nur jeder CDU-Frau empfehlen.

Ich habe es nicht immer leicht gehabt, es war gelegentlich richtig hart, Mehrheiten für politische Vorstellungen zu finden. Politische Leidenschaften können bis in den Bereich des persönlichen Miteinanders verletzend sein. Eigene Mehrheiten zu finden, gelingt nicht immer. Was tun, wenn sich männliche Mehrheiten abwenden? Ein Tipp aus dem politischen Nähkästchen: Es gibt „einen dritten Weg", nämlich einen Mann mit Mehrheiten vom eigenen Plan vorab überzeugen und in den Ring schicken.

Gab es Entscheidungen, die Sie mit Ihrem Gewissen schwer vereinbaren konnten?

In der Diskussion um die Novellierung des § 218 StGB gab es über viele Jahre innerhalb der CDU eine Bandbreite von Meinungen. Ich habe jene radikale Meinung, jedes Kind muss ausgetragen werden, nicht geteilt. Für mich stand außer Zweifel, dass es eine kriminologische und eine medizinische Indikation gibt, wenn es um das Leben, die Gesundheit und die Psyche der Mutter geht. Es gab natürlich auch in der Gesellschaft viele unterschiedliche Meinungen. Mir war es ganz wichtig, dass Beratungsgespräche angeboten würden und dass diese Beratung auch verpflichtend gemacht würde, weil es die einzige Chance der Gesellschaft ist, einer Mutter in ihren Nöten zu helfen. Ich habe deswegen die soziale Indikation, die als dritte Indikation vorgeschlagen worden ist, gutgeheißen.

Eine weitere riesige Herausforderung war die Verbreitung von HIV und AIDS 1985/86. Es war zu der Zeit noch nicht üblich, über sensible geschlechtsbezogene Themen offen und öffentlich miteinander zu reden. Insofern war das Thema eine ganz schwierige gesellschaftliche Auseinandersetzung, bei der ich aber keine andere Lösung gesehen habe als die, ein politisches Konzept zur Beherrschung und zum Angehen dieser neuen Seuche aufzustellen. Das Konzept ruhte auf drei Säulen: Information, Prävention, also auch der besonders umstrittenen Verteilung von Kondomen, und der medizinischen Behandlung von AIDS-Kranken. Das war nicht leicht durchzusetzen. Ich war erfreulicherweise auch mit meiner damals noch neuen CDU-Kollegin Bundesministerin Rita Süssmuth in der Vorgehensweise sehr einig. Mein Abteilungsleiter hatte gerade an der Weltgesundheitskonferenz in San Francisco teilgenommen. Dort wurde 1985 HIV / AIDS als neue globale Seuche vorgestellt. Er kam mit diesem neuen Wissen nach Stuttgart zurück und wir haben umgehend angefangen, unser Programm auszuarbeiten. Wir haben in allen Gesundheitsämtern Beratungen angeboten, Kondome verteilt, Blutuntersuchungen, einen HIV-Test entwickelt, medizinische Versorgung und Pflegemöglichkeiten gesucht. Im Schwarzwald erklärten sich die Gengenbacher Franziskanerinnen bereit, in ihrem Hospiz in Oberharmersbach die ersten AIDS-Kranken aufzunehmen und zu pflegen; das Hospiz existiert bis heute. Das war mutig, man wusste ja noch nicht genau, wie die Übertragungswege des HIV-Virus waren. Die allgemeine Hysterie war groß, und die kommunalen Kliniken hatten zunächst befürchtet, dass sich bei Aufnahme von AIDS-Kranken Krankenhauspersonal, Patienten und Ärzte anstecken könnten. Es gab einen bundesweit verbreiteten politischen Vorschlag, alle HIV-Infizierten zu kasernieren! Frau Kollegin Süssmuth und ich sind dem entschieden entgegengetreten. Ich bin den Gengenbacher Ordensschwestern sehr dankbar für ihr mutiges Verhalten damals und ihrem von christlicher Caritas getragenem Engagement für AIDS-Kranke bis auf den heutigen Tag.

Das Konzept ist vom Landtag akzeptiert worden. Aber schlimm war, dass ich zwar im Parlament stehende Ovationen von anderen Fraktionen bekommen habe, nur nicht von der CDU. Deren Abgeordnete haben zum Teil den Saal verlassen. Das musste ich erst einmal verkraften. Ich habe es durchgestanden, ich habe versucht, die Ablehnung zu verstehen und habe den Kollegen längst verziehen. Das ist im Übrigen auch so ein ursprüngliches Bedürfnis von Frauen, sich bei den politischen Freunden beliebt machen zu wollen. Das geht, wie man sieht, nicht immer. Man muss irgendwann mit der eigenen Meinung Flagge zeigen oder man verrät die eigene Überzeugung.

Gibt es ein unterschiedliches Machtverständnis von Männern und Frauen?

Das Machtverständnis von Männern ist seit Jahrhunderten eingeübt, vorgelebt und nachgeahmt, während es naturgemäß aufgrund des geringeren politischen Engagements und der geringeren politischen Erfahrung bei Frauen nicht ausgeprägt ist. Dies ist ein ganz entscheidender Punkt, den man Frauen so bald wie möglich und immer wieder, wenn sie politisches Interesse zeigen, vermitteln muss, damit sie den Weg richtig gestalten, den sie gehen wollen. Der Gedanke, der auch schon nicht mehr neu ist, Mentorinnen aufzusuchen und zu vermitteln, die Frauen politische Anleitung geben, ist gut und richtig, vorausgesetzt, die Chemie zwischen den Akteurinnen stimmt. Auch entsprechende Mentoring-Seminare können hilfreich sein.

Bei der Einführung des Netzwerkes „Frauen fördern Frauen" der Bundes-Frauen Union habe ich noch mitgewirkt. Ich war bis 2004 noch im Bundesvorstand der Frauen Union als Schatzmeisterin tätig.

Verändert sich der Kommunikationsstil, wenn Männer und Frauen miteinander agieren?

Natürlich verändert er sich, weil Männer unter sich anders reden. Nach außen hin sachbezogen, unter der Decke, insgeheim machtbezogen, nicht mehr nur sachbezogen. Dieses Machtbewusstsein gründet sich auf Seilschaften, die jemand vertritt und von denen er sich akzeptiert und in der Sache unterstützt sieht. Das machen Frauen von sich aus nicht. Frauen sind von Natur aus eher Einzelkämpferinnen, sehr wohl für die Sache, nicht für eigene Anhänger oder Anhängerinnen. Darin sehe ich das unschätzbare gemeinsame Anliegen von Männern wie Frauen: Sie haben ein großes Interesse, auch viel Freude, Politik zu gestalten, sie tun es auf unterschiedlichen Wegen. Sie kommen traditionell aus unterschiedlichen Erfahrungswelten: Männer stärker aus ihrer beruflichen Verankerung und Sozialisation, Frauen stärker aus ihrer familiären Erfahrungswelt. Eine Volkspartei muss sich diese Erfahrungen zunutze machen, wenn sie alle Kreise der Bevölkerung von ihren politischen Konzepten überzeugen will. Deshalb ist es so wichtig, durch Männer und Frauen originäre politische Konzepte zu entwickeln.

Deswegen braucht man auf der einen Seite die unterstützenden Seilschaften und auf der anderen Seite viel Geduld. Nicht verzagen, wenn einmal etwas nicht klappt. Man muss auch einstecken können und nicht gleich resignieren. Ich habe sehr viele Frauen erlebt, die resigniert haben auf diesem Weg. Frauen neigen dazu, die Schuld oder das Versagen bei sich selbst zu suchen, fälschlicherweise.

Wer hat Sie in Ihrer politischen Tätigkeit unterstützt?

Ohne Traugott Bender wäre ich vermutlich nicht in den Landtag von Baden-Württemberg gekommen. Der Ministerpräsident von Baden-Württemberg, Prof. Lothar Späth (1978–1990), hat mich als Sozialministerin in sein Kabinett berufen. Wir haben uns sehr gut verstanden, obwohl er sich der Wirtschaftspolitik stärker verbunden fühlte, war ihm eine innovative Gesellschafts- und Sozialpolitik sehr wichtig. Beispielhaft sei nur der Vorstoß des Landes Baden-Württemberg 1988 im Bundesrat zur Einrichtung einer kapitalgedeckten sozialen Pflegeversicherung erwähnt, die mit einigen Abänderungen verwirklicht wurde. Ich denke gerne an Annemarie Griesinger, meine Vor-Vorgängerin im Amt. Sie war 1980–1984 noch Ministerin für Bundesratsangelegenheiten in Bonn. Sie hat mich sehr unterstützt. Ich habe viel Unterstützung durch Erwin Teufel, den langjährigen Fraktionsvorsitzenden und Nachfolger von Lothar Späth als Ministerpräsident (1991–2005), erfahren. Mehr Frauen in Führungspositionen der Partei und der Gesellschaft war eines seiner Leitthemen. Frauen hatten in seinen Kabinetten wie auch in leitenden Positionen der Landesverwaltung immer ihren Platz. In der Zeit der großen Koalition erhielt Baden-Württemberg z. B. die erste Regierungspräsidentin: Gerlinde Hämmerle (MdB a. D. SPD), Regierungspräsidentin für das RP Nordbaden. Rita Süssmuth und Maria Böhmer waren mir immer vertraut als Vorsitzende der Bundes-Frauen Union. Den Aufstieg von Angela Merkel hat die Frauen Union Baden-Württemberg kräftig unterstützt. Unendlich viele Frauen in der Frauen Union Baden-Württemberg haben meine Vorstellungen mitgetragen, ich bin ihnen sehr dankbar. Es war eine große Freude und Bereicherung meines Lebens, mit so vielen Experten und Expertinnen im Sozialministerium Baden-Württemberg Sozialpolitik gestalten zu können. Viele Parteifreunde und -freundinnen im Wahlkreis haben meine Wiederwahlen unterstützt.

Haben Sie erlebt, dass es parteiübergreifende Themen gab, für die Frauen gemeinsam gekämpft haben?

Auf kommunaler Ebene ist diese Zusammenarbeit üblich. Wir haben in Karlsruhe vier Fraktionen und vier Frauen als Fraktionsvorsitzende. Das ist wirklich eine gute Aufstellung. Wenn sie sich verständigen, können sie gemeinsame Ziele durchsetzen. Innerhalb der Kommunalpolitik ist das auch einfacher. Auf der landes- und bundespolitischen Ebene gibt es durchaus Zusammenarbeit in Gesprächsform unter Frauen. Ich habe als Landtagsabgeordnete einen Versuch gemacht, einen fraktionsübergreifenden Frauenkreis zu bilden. Zum Beispiel zum Thema Gewalt gegen Frauen. Das wurde von meinen Fraktionskollegen nicht gern gesehen. Die Gespräche haben deswegen zwar nicht aufgehört, aber einen gemeinsamen Vorstoß gab es nicht.

Je höher die politische Ebene ist, umso schwieriger ist es, weil das Abstimmungsverhalten in den Fraktionen zu einem bestimmten Gesetzesvorschlag vorbereitet wird. Da kommt es darauf an, ob Frauen sich mit ihrer Sicht der Dinge durchsetzen. Da sie aber in der Regel nicht die Mehrheit in der Fraktion haben, sind sie mit einer anderen Sicht der Dinge nicht unbedingt erfolgreich. Es wird dann schwierig.

Gibt es einen anderen Umgang mit Frauen in der Öffentlichkeit als mit Männern?

Ich glaube schon, dass Frauen in der Öffentlichkeit, auch bei den Medien heute eine größere Akzeptanz haben. Aber ich glaube nicht, dass die Medienvertreter bei Männern oder Frauen anders urteilen. In der Öffentlichkeit haben Frauen, auch durch ihre größere Präsenz im Erwerbsleben, heute einen anderen Status als früher. Früher waren sie Einzelkämpferinnen, auf bestimmte, meist klassische Bereiche wie die Familien-, Bildungs- oder Sozialpolitik konzentriert. Das Erscheinungsbild der Frauen in Wirtschaft und Gesellschaft wie auch ihr politisches Engagement ist bunter und vielfältiger geworden. Damit werden sie auf der politischen Bühne weniger als Frauen und mehr als Politikerinnen gewichtet. Das ist eine gute Entwicklung. Aber es gilt, aufmerksam zu sein: Machos und Machiavellisten sterben nur langsam aus!

Was sind Ihre persönlichen Prinzipien und Grundsätze, nach denen Sie in der Politik handeln?

Ich bin Katholikin und insofern habe ich ein christliches Menschenbild und Weltverständnis, das meine Vorstellungen leitet. Ich habe auch versucht, mich an der christlichen Sozialethik zu orientieren, wie sie der katholische Theologe Oswald von Nell-Breuning niedergeschrieben hat. Es geht dabei um das Weltbild. Wir können als Christen keine Heilsversprechungen machen, denn es gibt keine heile Welt und wird sie auch in Zukunft nicht geben, gerade für die Sozialpolitik ein wichtiger Hinweis. Unser Sozialstaat heute hat ein gewaltiges Ausmaß erreicht, er droht unfinanzierbar zu werden. Die Sozialausgaben sind der größte Ausgabenposten im Bundeshaushalt, und jedes Jahr machen wir neue Schulden. Dennoch sind wir als Christen aufgerufen, solidarisch zu tun, was möglich ist, um offenkundige Not bei Mitmenschen zu beheben.

Totalitäre Ideologien treten dagegen mit einem solchen Heilsversprechen an die Menschen heran. Sie versprechen für die Aufgabe der individuellen Freiheit und die Unterstützung ihrer Ideologie die Befreiung des einzelnen von materieller Not. Welch schrecklicher Irrweg! Der Zusammenbruch der DDR 1989 hat gerade die Deutschen in den neuen Bundesländern hart getroffen.

Der zweite Grundsatz, den Oswald von Nell-Breuning geprägt und als eine Regel guten gesellschaftlichen Zusammenlebens erkannt hat, ist das Subsidiaritätsprinzip: Nicht der Staat ist der Heilsbringer für alles und jeden, sondern jeder Mensch hat Kräfte, sich selbst zu helfen, soweit das möglich ist. Dazu benötigt er in erster Linie die Hilfe der Gesellschaft. Zusätzlich benötigt er die Unterstützung der gesellschaftlichen Kräfte (Verbände, Vereine, Institutionen) wie auch die unterschiedlichen föderalen Strukturen im sozialen Miteinander dort, wo er sich nicht selbst helfen kann. Die letzte – und nicht die einzige – Ebene der Gesellschaft zur Hilfestellung ist der Staat.

Was sind Ihre größten Erfolge, Misserfolge bzw. Enttäuschungen gewesen?

Ein politisches Jahrhundertereignis war der Zusammenbruch des Sozialismus in der DDR und im Ostblock. Die Wiedervereinigung Deutschlands war eine große Herausforderung für alle politisch Verantwortlichen in Ost und West. Schon am 23. Dezember 1989 waren meine Mitarbeiter und ich in Begleitung des damaligen Caritasdirektors Axtmann und mit fünf Lastzügen voll gespendeter medizinisch-technischer Geräte in Dresden, um dort in den Krankenhäusern erste Hilfe zu leisten. Ich denke mit großer Dankbarkeit an die spontane Hilfsbereitschaft baden-württembergischer Unternehmen im Gesundheitssektor zurück.

Diese Hilfestellung zwischen Baden-Württemberg und Sachsen entwickelte sich ständig weiter. Eine Reihe hervorragender Mitarbeiter aus dem Sozialministerium meldete sich freiwillig zur Unterstützung beim Wiederaufbau der staatlichen Verwaltung in Dresden. Die Kontakte von Minister zu Minister mit der neuen Landesregierung in Dresden waren eng und vertraut. In der neuen Landesregierung unter Ministerpräsident Kurt Biedenkopf bekleideten zunächst ehemalige baden-württembergische Landesbeamte hohe Ämter.

Zu den Erfolgen rechne ich natürlich die Arbeit im Sozialministerium Stuttgart in jedem Bereich, in dem es um die Hilfestellung für Familien mit Kindern ging, zum Beispiel die Einführung des Landeserziehungsgeldes, das Programm Mutter und Kind für Alleinerziehende, die Bereitstellung einer ausreichenden Zahl von Kindergartenplätzen mit dem Ziel der besseren Vereinbarkeit von Familie und Beruf.

Die Frauenpolitik hat mich sehr beschäftigt. Auch im Seniorenbereich habe ich mich sehr engagiert, weil sich damals schon eine demographische Entwicklung anbahnte, die uns in Zukunft sehr viel schwächere, jüngere und sehr viel stärkere, ältere Jahrgänge bringen wird. Diese Entwicklung hat an Dramatik bis heute nur zugenommen. „Aktiv und selbstbestimmt im Alter" war ein Programm zur Unterstützung der Aktivität der Älteren, ein Geriatriekonzept für alle Stadt- und Landkreise konzentrierte sich auf die Wiederherstellung von Gesundheit und Selbstbestimmung im Alter.

Die Zahl der Pflegebedürftigen wird vorhersehbar größer werden. Wir haben den ersten Entwurf einer Pflegeversicherung im Bundesrat eingebracht. Die landesweite Einführung von sogenannten Hilfe-, Anlauf- und Vermittlungsstellen machte Baden-Württemberg zum Vorreiter der heutigen bundesweit eingeführten Pflegestützpunkte.

Schwierig zu erreichen war auch die ambulante Versorgung von psychisch kranken Menschen durch den sogenannten SPDi, den sozialpsychiatrischen Dienst, der landesweit entsprechend den Sozialstationen zuständig für psychisch Pflegebedürftige agieren konnte. Die Umsetzung der Krankenhausbedarfspläne, verbunden mit der Schließung kleiner Krankenhäuser und der Konzentration von Abteilungen, z. B. auch der Geburtshilfe, war ausgesprochen nervenaufreibend. Es gab verschiedene Untersuchungsausschüsse im Landtag, die mir nicht gefallen haben. Nach Beendigung meiner Tätigkeit in Regierung und Parlament habe ich mit anderen zusammen die Stiftung „Hänsel+Gretel"– Damit Kinder nicht verloren gehen" in Karlsruhe gegründet. Es gibt unendlich viele Möglichkeiten, nach der Politik mit den Erfahrungen aus der Politik für die Gesellschaft aktiv zu sein. Zu den Enttäuschungen zähle ich die schleppende Ausgestaltung der Frauenquote innerhalb der CDU. Wenn es um die Beteiligung von Frauen in der Politik geht, ist noch sehr viel zu tun.

Was hätten Sie sich bei der Ausgestaltung der Quote anders vorstellen können?

Es geht immer um zwei Aspekte: Um den Aspekt Quote ja – oder nein, denn jede Quote hat auch einen Beigeschmack für Frauen, nämlich den eines mitleidigen Zulassens von Frauen, damit Männer sich ihrer Mehrheit ungestört erfreuen können. Es geht dabei eben nicht um die Bewertung der Persönlichkeit, Fähigkeiten und Leistungen einer Frau. Diese Leistungen von Frauen sollten aber in der Politik wie auch in der Gesellschaft noch sehr viel stärker gewürdigt werden, und zwar zum Vorteil des Ansehens der Politik! Denn nichts ist überzeugender als eine harmonische Zusammenarbeit von Männern und Frauen in allen Bereichen. Das heißt im Ergebnis: Keine Quote wäre mir lieber, ich sehe aber, dass die Entwicklung ohne Quote viel zu viel Zeit für die Beibehaltung des Status quo lassen würde und den gesellschaftlichen Fortschritt behindert. Betrachten wir sie doch als eine zeitweilig notwendige Stütze!

Hat sich diesbezüglich etwas durch eine Bundeskanzlerin geändert?

Es sind inzwischen mehr Frauen in der Spitze unseres Staates tätig. Aber es hakt immer noch in der Mitte und an der Basis der Parteienhierarchie. Ich weiß nicht, wie es sich in den anderen Parteien verhält, aber in der CDU fehlen Frauen in verantwortlichen Positionen vor allen Dingen im Mittelfeld. Männer lehnen sich gern zurück und verweisen auf die Bundeskanzlerin, Bundesbildungsministerin, Bundesarbeitsministerin, Bundesfamilienministerin, setzen sich jedoch nicht ausreichend für Frauen in den mittleren Positionen der Parteienverantwortlichkeit wie auch der staatlichen Gemeinschaft ein. Dazu gibt es viele Jungpolitiker, auch Jungpolitikerinnen, die meinen, eine Karriere machen zu müssen, die „vom Kreißsaal über den Hörsaal in den Plenarsaal" führt, bei der es dann im weiteren Verlauf nur darum geht, eine Stufe auf der Karriereleiter höher zu kommen. Die Politik ist jedoch ein Arbeitsfeld, in dem die Bedürfnisse der Menschen im Vordergrund stehen und Politiker eine dienende Funktion haben, keine Funktion der Machtausübung zum Selbstzweck, der individuellen Machtbereicherung oder nur der Selbstdarstellung.

Hatten Sie den Gedanken, aus der Politik, aus der CDU auszusteigen?

Nein, den Gedanken habe ich nie gehabt. Auch wenn ich manches sehe, was mir nicht gefällt. Für mich kommt keine andere Partei in Frage. Auch wenn es manchmal echte Enttäuschungen innerhalb der Partei gibt, würde ich die Partei nicht verlassen. Ich habe dort auch viele Freunde und Freundinnen gewonnen, die ich schätze und nicht missen möchte.

Was sind Ihre Wünsche und Ratschläge an junge Frauen in der Politik?

Es ist immer schwierig, Ratschläge ins Blaue hinein zu geben, weil junge Frauen natürlich eine eigene Sozialisation, ihren eigenen Bildungs- und Berufsweg, ihre eigenen Vorstellungen haben. Aber ich will einmal bei den Männern anfangen.

Männer sehen Frauen gerne als Objekt, beurteilt nach dem Äußeren, und Frauen haben auch sehr viel Freude daran, sich als solches darzustellen. Lieb zu sein, nett zu sein, schön zu sein, macht Freude, ich bekenne mich selber dazu. Nur in der Politik kommt es letztlich auf etwas ganz anderes an, nämlich Ziele zu formulieren, Wege zu finden, das Ziel zu erreichen, also harte Sacharbeit zu betreiben. Und von dieser Sacharbeit andere zu überzeugen. Da helfen kein schönes Kleid und kein lackierter Nagel, es geht wirklich um den Wettbewerb von Zielen und von Wegen. Das verlangt eben sehr viel mehr, aber das ist im Grunde genommen das, was dann einer Frau auch Respekt einbringt. Das muss man sich frühzeitig klarmachen. Es gibt viele Frauen, die diesen Weg richtig einschlagen und verfolgen. Aber man kann auch nicht erwarten, dass jeder Weg zu einem höheren Amt führt. Mir war es immer sehr wichtig, unabhängig von der Politik zu sein, einen Beruf zu haben, mit dem ich jederzeit selbständig sein und der Politik bei Bedarf den Rücken kehren konnte. Politik ist ein Amt auf Zeit, und wenn man das Gefühl hat, man kann nicht mehr so viel beitragen, erreichen, dann sollte man ihr durchaus den Rücken kehren, ohne Bedauern und Versagensängste. Es gibt viele neue Gestaltungsmöglichkeiten in der Berufswelt wie auch im Ehrenamt. Und vor allem: Politik ist keine Lebensversicherung; das ist ein Punkt, der von Jungpolitikern beiderlei Geschlechts mitunter falsch gesehen wird.

Gertrud Dempwolf[*]

Es war eine gute Zeit

Geboren am 3. Februar 1936 in Mönchengladbach, verheiratet, ein Kind, 1953–1956 Ausbildung als zahnärztliche Assistentin, seit 1966 Landfrau in einem landwirtschaftlichen Betrieb in Osterode, 1970 Eintritt in die CDU, 1976–1983 Mitarbeiterin der Bundestagsabgeordneten Ursula Benedix-Engler, 1979–1991 Mitglied des Kreistages Osterode, 1983–1991 Vorsitzende der Frauen Union Hildesheim, 1984–1998 Mitglied des Landesvorstandes der CDU Niedersachsen, 1984–1998 Mitglied des Deutschen Bundestages und Mitglied der Gruppe der Frauen der CDU/CSU-Bundestagsfraktion, 1989–1998 Aussiedlerbeauftragte der CDU/CSU-Bundestagsfraktion, 1994–1998 Parlamentarische Staatssekretärin im Bundesministerium für Familie, Senioren, Frauen und Jugend.

Welche Faktoren haben Sie in Ihrer politischen Sozialisation beeinflusst?

Meine beiden Großväter waren schon politisch tätig. Auch meine Mutter war immer politisch, und als Konrad Adenauer Bundeskanzler wurde, hat sie gesagt: „Gott sei Dank, endlich der richtige Mann am richtigen Ort." Wir hatten ein Radio – Fernsehen gab es noch nicht – und konnten Nachrichten hören. Wir waren politisch bereits als Kinder auf dem Laufenden.

In den Jugendjahren schwächte sich mein Interesse etwas ab, aber dann habe ich 1961/62 meinen Mann kennengelernt. Mein zukünftiger Schwiegervater war als Ratsherr in Lasfelde/Osterode tätig, als seine Ehefrau einmal zu ihm sagte, als ich auch dort war: „Gleich, Heinrich, beginnt deine Gemeinderatssitzung." Ich fragte, ob ich als Zuhörerin mitgehen dürfe. Daraufhin sagte unsere Tante Anna: „Frauen gehen da nicht hin." Ich bin dennoch hingegangen, habe mich hingesetzt, mir die Sitzung angehört und gedacht: „Lieber Himmel: Alt gewordene Männer!" Der jüngste war mein Schwiegervater, mit knapp 70 Jahren. Das war der erste Eindruck.

---

[*] Das Interview führten Dr. Ulrike Hospes und Ina vom Hofe M. A. am 25.07.2012 in Osterode.

Wie war das Rollenverständnis in Ihrem Elternhaus?

Ich habe einen Bruder, der zwölf Monate jünger ist als ich, und unsere jüngere Schwester. Wir hatten im Zweiten Weltkrieg alles verloren und schlimme Bombennächte erlebt. Unser Vater kehrte erst sehr spät aus der Kriegsgefangenschaft zurück. Wir mussten gemeinsam im Haushalt mithelfen. Unsere Mutter hatte damals eine Arbeit aufgenommen, damit wir über die Runde kamen. Bei uns Zuhause war es so, dass die großen Sachen mein Vater entschied und die kleinen Dinge meine Mutter – aber die großen kamen nicht vor. Dadurch, dass ich die Älteste war, hatte ich mehr Pflichten zu erfüllen.

Aber in der Schulbildung wurde kein Unterschied gemacht?

Nein, da wurde kein Unterschied gemacht. Ich hätte sehr gerne Medizin studiert, aber unsere Familie hatte nicht die finanziellen Mittel. Wir waren überhaupt froh, dass wir nach dem Zweiten Weltkrieg, nach der Evakuierung in Mönchengladbach wieder ein paar Möbel, etwas zum Essen, etwas zum Anziehen hatten. Ich habe als zahnärztliche Assistentin, heute Helferin, eine Ausbildung gemacht. Das ist ein Beruf, den es heute in der Form nicht mehr gibt. Damals waren Zahnärzte noch Dentisten. Während der Ausbildung und nach meinem Examen arbeitete ich bei einem Zahnarzt. Wir machten zum großen Teil die Prothetik noch selber. Dentallabors gab es in der Form noch nicht. Dann habe ich geheiratet und ging nach Lasfelde/Osterode.

Warum sind Sie in die CDU und in keine andere Partei eingetreten?

Eine andere Partei kam für mich von Haus aus überhaupt nicht in Frage. Das Wort Genosse war für uns, als ich ein Kind war, ein Schimpfwort, ganz negativ besetzt. Allein daher hätte ich mich nicht überwinden können, in die SPD einzutreten. Mein Bruder ist ein FDP-Mann, und das gab schon oft heftige Diskussionen in der Zeit der rot-gelben Koalition. Auch aus sachlichen Gründen hätte ich keine andere Partei wählen können. Einigkeit und Recht und Freiheit, Gleichberechtigung der Frauen, Gleichheit für Männer und Frauen waren unsere Schlagworte. Wichtig waren die Familie und das christliche Glaubensbild. Wir können uns zwar manchen Schnitzer leisten, aber so lange unser „C" da vorne steht, denke ich, hat der liebe Gott ein Einsehen und verzeiht uns eine ganze Menge.

Wie kam es zu Ihrem politischen Engagement?

1971 kandidierte mein Mann für den Stadtrat. Wir waren zwischenzeitlich eingemeindet worden. Er gewann das Mandat der CDU. Bei einem Treffen der Ratsherren und ihren Frauen – ich hatte in der Zeit 1972/73 erfahren, dass es eine Frauenvereinigung der CDU auf Landesebene gibt – motivierte ich die Frauen, uns aktiv einzusetzen. Die Vorsitzende der Frauenvereinigung hieß Ursula Benedix. Wir luden sie nach Osterode ein und gründeten die CDU-Frauenvereinigung auf Ortsebene. Ich war bereit, für den Kreistag zu kandidieren, weil doch in einer Kommune eine ganze Menge ansteht. Schwierig vor Ort war, dass sich Frauen um politische Dinge nicht kümmerten. Sie hatten ihre Arbeit, bekamen ihre Kinder und zwei Tage später waren sie wieder im Stall und kümmerten sich um Vieh und Haushalt. Um an der Situation etwas zu ändern, muss man politisch aktiv sein. Ansonsten können sie reden, so viel sie wollen, das hört keiner.

Der damals für uns zuständige Bundestagsabgeordnete, Dr. Rudolf Sprung aus Goslar, verkündete eines Tages, nicht mehr in Osterode-Northeim, sondern an seinem Wohnort Goslar zu kandidieren. Wir Frauen überlegten uns, Frau Benedix den Wahlkreis anzubieten. Sie wohnte zu der Zeit in Uelzen und war gerade in den Deutschen Bundestag eingezogen. Es war schwierig, da sie schon zwei andere Wahlkreise hatte, die sie auch um ihre Kandidatur gebeten hatten. Aber sie sagte: „Gut, ich komme mal vorbei, wir können darüber reden." In Northeim wollte auch noch ein Mann kandidieren, aber den wollten wir Frauen alle nicht. Wir wollten Frau Benedix. Es war eine aufregende Zeit. Wir gründeten den Zirkus Benedix, waren Tag und Nacht unterwegs. Morgens um 6 Uhr standen wir alle an den Fabriktoren und haben Reklame gemacht, zwei Stunden später Annoncen in Zeitungen aufgegeben, Flugblätter hergestellt. Kurz und gut: Sie gewann den Wahlkreis als Kandidatin und zog über die Liste in den Bundestag ein; ich wurde ihre Mitarbeiterin. Ich kümmerte mich um alles, was anlag. 1983 wurde ich Bezirksvorsitzende der Frauenvereinigung Hildesheim, und Frau Benedix teilte mit, nicht mehr für den Bundestag zu kandidieren, weil sie heiratete. Ich habe meinen Hut in den Ring geworfen. Aber die Northeimer CDU hatte zwei, drei Delegierte mehr und Dr. Hans-Peter Voigt wurde Bundestagsabgeordneter. Doch mit Platz 33 auf der Landesliste hatte ich den ersten Platz als Nachrückerin inne und rückte durch das Ausscheiden von Horst Schröder am 22. März 1984 in den Deutschen Bundestag nach. Ich hatte drei Jahre keinen Wahlkreis, bis ich meinen Wahlkreis in Hannover bekam.

Würden Sie Ihre politische Laufbahn als Ochsentour bezeichnen, die man in einer Partei machen muss, um nach oben zu kommen?

Ich hatte nie vor, ins Parlament und diese Ochsentour zu gehen. Das hat sich so ergeben. Ein Schritt folgte dem anderen. Als Frau Benedix damals aufhörte, sagte sie: „Warum willst du das nicht machen?" Aber gleichzeitig waren auch noch andere Frauen da, die bereit waren. Bevor ich überhaupt groß darüber nachgedacht habe, habe ich gesagt: „Ja, das mache ich."

Wie hat es sich ergeben, dass Sie sich besonders für die Frauen- und Familienpolitik, später auch für die Aussiedlerpolitik engagiert haben?

Schon als ich Mitglied des Kreistages war, war ich hier die einzige Frau in drei Gemeinden, die politisch aktiv war. Wenn ich unsere Nachbarsfrauen ermunterte, mitzumachen, zu Veranstaltungen zu kommen, waren sie zu geschafft. Sie waren abends gar nicht mehr in der Lage, irgendetwas zu tun. Für diese Frauen – ich gehörte damals auch zum Vorstand der jungen Landfrauen hier in Osterode – wollte ich etwas erreichen. Trotz Schwangerschaft arbeiteten sie bis zum letzten Tag, bekamen ihre Kinder und gingen wieder an die Arbeit. Es gab keinen Mutterschutz, kein Altersgeld, es gab gar nichts. Sie waren echt benachteiligt, und im Falle einer Scheidung waren immer die Frauen diejenigen, die den Kürzeren zogen. Familienpolitik war ein Thema, was zu der Zeit ziemlich vernachlässigt wurde. Es gab kaum Frauen im Deutschen Bundestag, und über Familienpolitik wurde nicht geredet. Es gab kein Kindergeld, keine Ausbildungshilfe, kein Bafög. Wenn es damals Bafög gegeben hätte, hätte mein Leben auch anders ausgesehen.

Ich bin auch heute noch der Meinung, dass eine gut funktionierende Familie das Beste ist, was man haben kann. Die ganzen Probleme, die wir überall sehen, hängen auch damit zusammen, dass die Familien zum Teil nicht mehr funktionieren. Wenn Kinder sich zu Hause geborgen und wohlfühlen, werden es nachher auch vernünftige Erwachsene. Hinzu kam die Seniorenpolitik. Es war wichtig, dass man auch daran denkt, was passiert, wenn Menschen älter werden. Wer gab schon früher die Großmutter ins Heim? Das war nicht möglich. Häusliche Pflege, Essen auf Rädern sind wichtige Stützen heutzutage. Wir hatten damals mit Hermann Schnipkoweit einen Sozialminister, der viel für die häusliche Pflege, für Sozialstationen getan hat. Diese Dinge gab es alle nicht, als ich anfing. Das hat sich im Laufe der Zeit erst geändert.

Unsere Bundesvorsitzende der Frauenvereinigung Helga Wex, ihre Stellvertreterin Ursula Benedix und das Bundesvorstandsmitglied der Frauenvereinigung Renate Hellwig machten sich stark für das Familienbild in der Gesellschaft. Das färbte natürlich auf uns ab. Wir hatten auch Frauen, die sich für Wirtschaft, Wissenschaft interessierten, aber es musste auch diejenigen geben, die den familiären Zusammenhalt im Blickfeld hatten.

Hatten Sie das Gefühl, dass sich nach dem Essener Parteitag 1985, als es um die Gleichstellung von Mann und Frau ging, die Wahrnehmung des Themas und die Umsetzung in der Partei geändert haben?

Wir haben nie locker gelassen. Wir mussten immer laut sein, wir mussten uns immer bemerkbar machen. Sicher, auch Sozialminister Heiner Geißler und Bundeskanzler Helmut Kohl haben sich zu diesem Frauenbild geäußert. Es hat sich natürlich nach und nach einiges geändert. Aber so etwas geschieht nicht über Nacht, das braucht seine Zeit. Ich meine, das Frauenbild heute ist ein ganz anderes, als das vor 20 Jahren. Sicher war das für unsere Männer schwer, mit uns umzugehen, weil wir immer wieder in diese Kerbe zur Gleichstellung von Mann und Frau bohrten. Es hat etwas gebracht, aber man kann so etwas nicht messen wie an einer Skala.

Was waren Ihre Erfahrungen mit Quoten?

Ich habe mich nie als Quotenfrau gefühlt. Durch das Quorum ab 1996 musste bei Dreien eine Frau dabei sein. Manchmal mussten wir händeringend Frauen suchen. Es war gar nicht so einfach, Frauen dazu zu bringen, diese Aufgaben zu übernehmen, denn es war harte Arbeit. Rund um die Uhr war ich Politikerin. Wenn ich zu Hause war, habe ich für die Familie versucht, die Politik zurückzustellen. Ich war dann mal ein, zwei Tage oder halbe Tage hier, habe ein normales Privatleben gezeigt, und war Montagmorgen um 7 Uhr schon wieder auf der Autobahn oder im Zug in Richtung Bonn oder im Wahlkreis unterwegs. Es gab nicht viele Frauen, die das gerne machen wollten.

Ihr Mann war Kommunalpolitiker. Hat er Sie immer unterstützt?

Ja. Anders ging es nicht. Er und unsere Tochter haben meine politische Tätigkeit mitgetragen. Auch in den Wahlkämpfen waren die beiden immer dabei.

Gab es Gewissensentscheidungen, die Sie in Ihrer politischen Tätigkeit fällen mussten?

Wer nicht? Die Entscheidung um den § 218 StGB war schrecklich. Ich finde, dass jede Frau für sich selber fühlen muss, wie weit sie gehen kann. Ich würde heute das Gesetz nicht verändern wollen. Aber das sind letztlich Entscheidungen, die man keiner Frau abnehmen kann.

Gibt es ein unterschiedliches Machtverständnis von Männern und Frauen in der Politik?

Ich kann nur für mich sprechen. Ich bin immer emotional an Dinge herangegangen, habe nicht überlegt, ob es für mich nützlich oder schädlich ist, wenn ich Dinge so betrachte. Aber am Ende gibt es bei Entscheidungen eine Mehrheit, der man sich beugen muss. Das war in der Fraktion oft der Fall. Wenn man eine andere Meinung hatte, musste man diese Meinung mit dem Fraktionsvorsitzenden besprechen. Entweder konnte man sich enthalten oder aber man stimmte der Mehrheit zu, denn in der Demokratie ist die Mehrheit ausschlaggebend.

Haben sich Frauen gegenseitig dabei unterstützt Mehrheiten zu gewinnen?

Wir trafen uns einmal in der Woche in der Frauengruppe, um Dinge zu besprechen. Ich hätte nichts unterstützt, was von einer Kollegin gekommen wäre, wenn ich nicht eingesehen hätte, dass sie Recht hat. Meistens fanden wir eine gemeinsame Lösung.

Neben der Sachpolitik spielt die Personalpolitik eine nicht zu unterschätzende Rolle. Sie haben schon gesagt, dass Ursula Benedix Sie gefördert hat, und Sie haben Rita Pawelski geholt. Wurde Nachwuchs gezielt aufgebaut?

Auch das war nicht geplant. Es hat sich so ergeben. Rita Pawelski war damals Bezirksvorsitzende der Frauen in Hannover. Sie war meine Mitarbeiterin, auf die ich mich blind verlassen konnte. Als ich nachher die Möglichkeit hatte, mich für Rita einzusetzen, habe ich das getan, weil ich wusste, dass sie die Fähigkeiten, den Biss und die Ausdauer hat. Gezielte Förderprogramme gab es damals noch nicht. Wir haben uns aber als Frauen gegenseitig im Wahlkampf unterstützt. Ich bin nach Bremen zu Ingeborg Hoffmann, nach Hildesheim zu Hanna Neumeister, nach Duisburg zu Irmgard Karwatzki oder nach Kassel zu Anneliese Augustin gefahren. Frau Augustin hatte beispielsweise Probleme im Wahlkampf. Böse Leute hatten den Strom bei einer Veranstaltung abgedreht, aber ich hatte meinen Lautsprecher dabei, sonst wäre sie mit der Stimme gar nicht durchgekommen. So hat sie an dem Abend gewonnen.

Sie haben zu Ihrer aktiven Zeit die Wiedervereinigung miterlebt, somit auch den Zusammenschluss der Ost- und West-CDU. Wie war die Zusammenarbeit mit den Politikerinnen aus der Ost-CDU?

Wir waren uns schon sehr fremd. Aber das hat sich im Laufe der Zeit geändert. Ich denke an Sabine Bergmann-Pohl, die eine hervorragende, liebe Kollegin war, aber ich denke auch an Ute Schmidt, die ich damals während des Wahlkampfes in Leipzig erlebt habe. Mit dazu gehörten auch Claudia Nolte, Angela Merkel und der spätere Verkehrsminister Günther Krause. Man musste sich erst kennenlernen. Die Fraktion war mit einem Mal groß, aber das Glücksgefühl war enorm. Die Zonengrenze war hier in Osterode nicht weit weg. Wir haben dort Veranstaltungen am 17. Juni gemacht, z. B. Sternfahrten mit der Frauen Union und gelbe Fähnchen an die Bäume gebunden. Als 1989 die Grenze geöffnet wurde und die Menschen herüberströmten, kamen viele von drüben, die mich mit meinem Namen angesprochen hatten. Das waren die Vopos, Leute von der Deutschen Volkspolizei. Sie hatten in ihren Löchern gesessen, wenn wir unsere Reden hielten. Viele Jahre konnte ich nicht in die DDR einreisen. Ich und alles, was Dempwolf hieß, standen auf der schwarzen Liste. Leute, die mit mir nichts zu tun hatten, aber Dempwolf hießen, haben sich deshalb bei mir beschwert.

Nach dem Mauerfall war ich 14 Tage in Leipzig und habe Wahlkampf gemacht. Ich werde nie vergessen, wie die Menschen auf uns zugeströmt sind und wie wir gelebt haben. Ich wohnte bei einer Frau, die ich überhaupt nicht kannte. Sie hatte mir ihre Wohnung zur Verfügung gestellt und war zu ihrer Schwester gezogen. Ich bin in die Mensa zum Essen gegangen, weil man nichts kaufen konnte, und wenn man ins Lokal wollte, musste man vorher bestellen.

Gab es parteiübergreifende Themen, die gepusht wurden?

Ich hatte immer ein gutes Verhältnis z. B. zu Ulla Schmidt. Aber die Parteidisziplin ließ eine enge Zusammenarbeit oft nicht zu. Bei manchen Themen, die nicht so wichtig waren, konnte man eine Menge zusammen machen, aber unter dem Strich war doch die Grenze da. In der Fragestunde wurde ich als Parlamentarische Staatssekretärin immer wieder in die Zange genommen. Aber wenn die Fragestunde zu Ende war, kamen die SPD-Frauen und fragten: „Gehen wir jetzt zusammen einen Kaffee trinken?" Obwohl ich manchmal doch ziemlich sauer war, sind wir dann zusammen Kaffee trinken gegangen, denn das gehörte zum Procedere dazu.

Wie war der Umgang mit Politikerinnen in der Öffentlichkeit? Gab es Unterschiede zwischen Männern und Frauen?

Eigentlich nicht. Es gibt immer Menschen, mit denen man lieber zusammen ist und ich denke, wir gehen respektvoll miteinander um. Jeder versucht das Beste zu geben.

Haben Sie als Parlamentarische Staatssekretärin von Bundesministerin Claudia Nolte direkt mitbekommen, dass immer wieder die Rüschenbluse von Frau Nolte thematisiert wurde? Wie hat man das im Ministerium wahrgenommen?

Ich kann Ihnen sagen, darüber haben wir gelacht. Ich erinnere mich an eine Situation, als Claudia Nolte mir sagte, dass sie abends in einer Sendung von Harald Schmidt zu Gast sei. Ich erwiderte: „Bist du verrückt? Das kannst du nicht machen." „Doch. Ich gehe dahin, ich mache das. Du wirst schon sehen." Als die Sendung begann, machte ich den Fernseher an und sah, wie Harald Schmidt vorher noch mit anderen Gästen lamentierte. Dann kam Claudia Nolte. Sie hatte eine Jeans an, die Rüschenbluse, hohe Stöckelschuhe, toll geschminkt, marschierte auf ihn zu. Er kriegte den Mund gar nicht mehr zu, und dann sagte sie: „Bevor Sie etwas sagen, die schenke ich Ihnen", nahm die Rüschen ab und gab sie ihm. Schmidt war so verdutzt, so platt, dass er im ersten Moment nur sagen konnte: „Was sind Sie für eine toughe Frau." Das können nur Frauen! Ich habe vor meinem Fernseher gesessen und gedacht: „Oh man, ich wollte es ihr ausreden. Gut, dass ich das nicht getan habe."

Gibt es persönliche Prinzipien und Grundsätze, nach denen Sie gehandelt haben?

Ich musste das, was ich gemacht habe, auch immer verantworten können. Ich denke, dass das vielleicht uns Frauen so eigen ist – wir machen zwar viel mit dem Bauch, kontrollieren aber mit dem Kopf.

Was würden Sie rückblickend als die größten Erfolge bezeichnen?

Für mich ist der größte Erfolg die deutsche Wiedervereinigung. Außerdem ist für mich ein Erfolg, dass wir die Russland-Deutschen, die unter fürchterlichen Verhältnissen in Russland gelebt haben, dort die Deutschen waren und hier die Russen sind, wieder nach Deutschland zurückholen konnten bzw. ihnen ermöglichten, vor Ort zu bleiben. Ich war oft mit dem damaligen Parlamentarischen

Staatssekretär im Bundesministerium des Inneren, Horst Waffenschmidt, in Sibirien, im Altai und überall da, wo Russland-Deutsche waren. Die alten Leute haben mir immer gesagt: „Wir möchten in Heimaterde begraben sein." Wenn wir nach Sibirien in ein deutsches Dorf kamen, konnten wir das schon vorher sehen, denn die Häuser und Straßen waren blitzblank. Wenn wir dann ankamen, saßen alle im Gemeindehaus und warteten auf uns und sangen „Am Brunnen vor dem Tore" – mitten in Sibirien. Sollte man diesen Menschen sagen, die ihr Leben lang auf diesen Moment gewartet hatten, dass sie nicht nach Hause kommen können? Das ging nicht. Dafür haben wir sehr gearbeitet und es ist uns gut gelungen. Die meisten, die wollten, sind hier. Es waren zum Teil unglaubliche Erlebnisse. Wenn ich Weihnachten in Friedland war und gerade wieder ein Transport mit Rückkehrern eingetroffen war, sagten die älteren Leute uns oft: „Wir danken dem Bundeskanzler Helmut Kohl, dass er uns nach Hause hat gehen lassen. Hier können wir jetzt sterben." Dass nachher von den Kindern welche dabei waren, die mit mussten, obschon sie drüben in ihrer Umgebung anders akklimatisiert waren und sich hier nicht wohlgefühlt haben, gehörte auch dazu.

Ein weiterer Erfolg war die Annahme des Schicksals der Wolfskinder. Ich sah im Fernsehen den Bundestagsabgeordneten Wolfgang von Stetten in Litauen bei den Demonstrationen 1989, wo er einige Deutschstämmige getroffen hat. Sie haben ihm erzählt, dass sie in Königsberg geboren sind, in Litauen unter litauischem Namen leben, aber Deutsche sind. Er erzählte mir davon während einer Fraktionssitzung im November und sagte: „Für dich als Aussiedlerbeauftragte ist das gut zu wissen. In Litauen leben auch Deutsche. Ich bin im Dezember wieder da, komm' doch mit." Kurz vor Weihnachten habe ich Spenden, Geld, Kekse und Schokolade gesammelt. Eine Woche vor Weihnachten bin ich von Frankfurt mit einer litauischen Maschine nach Vilnius geflogen. Ich hatte einen Pelzmantel und eine Pelzmütze an, zwei schwere Koffer und einen ganzen Kleinbus voll Kekse dabei. Ich bin dann erst einmal an den litauischen Schalter und habe denen erzählt: „Ich fahre nach Litauen, aber das alles, was hier auf dem Wagen steht, muss in die Maschine. Das kann ich als Handgepäck nicht mitnehmen." Ich habe die Personen am Schalter so lange bearbeitet, bis sie die ganzen Kisten als mein Gepäck in die Maschine gepackt haben. Außerdem hatte ich 10.000 Deutsche Mark im Brustbeutel und musste damit durch die Sperre. Auch das hat geklappt. Aber ich musste die zwei Koffer zum Teil über das Rollfeld tragen, bis dann irgendjemand vom Personal die Koffer in die Maschine packte. Was für ein Flugzeug! Da brauchte man sich nicht anzuschnallen. Der Sitz wackelte wie ein Küchenstuhl. Es war ein Sonntag, ich musste so schnell wie möglich von Vilnius nach Kaunas, da hatte Wolfgang von Stetten alle in einem großen Raum versammelt. Die Versammlung begann um 18 Uhr. Um 21 Uhr landete ich erst in Vilnius. Schließlich holte mich jemand von der Botschaft ab und wir fuhren so schnell es ging nach Kaunas. Als ich abends um 23 Uhr ankam, waren noch alle in dem ungeheizten Saal. Ich ging hinein, von Stetten kam mir entgegen, stellte mich auf eine Bühne und sagte dann: „Da ist sie, sie ist Gott sei Dank gelandet." Es standen dort ungefähr 100 Leute und sangen das Deutschlandlied. Alles heulte und Tränen flossen in Srömen. Von da an haben wir mit dem Auswärtigen Amt angefangen, alle erst einmal zu registrieren.

Sind sie alle nach Deutschland gekommen, oder sind die meisten in Litauen geblieben?

Sie sind zum Teil nach Deutschland gekommen, sie sind aber auch zum Teil in Litauen geblieben. Aber sie haben den deutschen Pass und können kommen, wenn sie wollen. Sie bekommen hier, wenn sie nachweislich Deutsche sind, knapp 600 Euro Rente. Davon können sie in Litauen leben, in Deutschland nicht. Darum sind einige wieder zurückgegangen. Es war eine ganz wichtige Sache, dass man sich um die Deutschen gekümmert hat. Herr von Stetten macht es heute noch hervorragend.

Was waren Misserfolge oder vielleicht Enttäuschungen, die Sie in Ihrer politischen Tätigkeit erfahren haben?

Mit so vielen Illusionen darf man gar nicht losgehen. Wenn irgendetwas schief gegangen ist, hat sich das am anderen Tag wieder relativiert. Klar ist man manchmal enttäuscht, aber dann auch mehr von unseren Wählern oder von uns Nahestehenden, für die man eine Menge getan hat und die einen anschließend nicht mehr kennen, weil man so viel über sie weiß.

Hatten Sie das Gefühl, persönliche Vor- und Nachteile aufgrund Ihrer politischen Tätigkeit zu haben?

Nein. Das kann ich nicht sagen.

Hatten Sie jemals den Gedanken, aus der Politik auszusteigen?

Nein.

Was würden Sie heute jungen, politisch engagierten Frauen mit auf den Weg geben wollen?

Auf die Menschen zugehen, aktiv sein, sich an die Konrad-Adenauer-Stiftung wenden, dort an Seminaren teilnehmen. Vor allen Dingen, dass man erst einmal gründlich überlegt, bevor man mit der Presse spricht und Dinge an die große Glocke hängt, die man nachher lieber nicht gesagt hätte. Man muss auch die körperliche Kraft haben, alles auszuhalten. Aber es muss auch Spaß machen. Man trifft Gleichgesinnte, man trifft Freunde, es bleibt so viel hängen, und hinterher, wenn man zu Hause sitzt und so wie heute darüber nachdenkt, was man eigentlich gemacht hat, kann ich nur sagen: Es war eine gute Zeit.

Rita Süssmuth*

In der Politik brauchen Sie Grundsätze und Kompromissbereitschaft

Geboren am 17. Februar 1937 in Wuppertal, verheiratet, ein Kind, 1956 Abitur, 1956–1961 Studium der Romanistik und Geschichte an den Universitäten Münster, Tübingen und Paris, 1962–1966 wissenschaftliche Assistentin an den Universitäten Stuttgart und Osnabrück, 1964 Postgraduiertenstudium in Erziehungswissenschaften, Soziologie und Psychologie, Abschluss: Promotion zum Dr. phil., 1966–1969 Dozentin an der Pädagogischen Hochschule Ruhr in Bochum, 1969–1980 Professorin für Erziehungswissenschaften an der Pädagogischen Hochschule Ruhr in Bochum, 1980–1985 Professorin für Erziehungswissenschaften an der Universität Dortmund, 1981 Eintritt in die CDU, 1982–1985 Direktorin des Instituts „Frau und Gesellschaft", 1985–1986 Bundesministerin für Jugend, Familie und Gesundheit, 1986–1988 Bundesministerin für Jugend, Familie, Frauen und Gesundheit, 1986–2001 Bundesvorsitzende der Frauenvereinigung/Frauen Union, 1987–1998 Mitglied des Präsidiums der CDU, 1987–2000 Mitglied des Deutschen Bundestages, 1988–1998 Präsidentin des Deutschen Bundestages.

Wie hat sich Ihre politische Sozialisation entwickelt?

Meine politische Sozialisation ist durch das Nazi-Regime und den Zweiten Weltkrieg bestimmt gewesen. Natürlich habe ich in meiner Kindheit keine Ahnung davon gehabt. Mein Vater war im Krieg, meine Mutter pendelte mit den Kindern zwischen Wuppertal und Wadersloh. Sie war immer noch im Juweliergeschäft ihrer Eltern tätig, bis es 1943 ausbrannte. Eine der schlimmsten Erinnerungen ist der Phosphorbrand in Wuppertal, als ich sechs Jahre alt war. Ich war nicht dabei, mir wurde aber davon berichtet, und ich muss Ihnen sagen, ich habe bis vor wenigen Jahren ständig brennende Menschen gesehen, die in die Wupper sprangen. Meine Patentante habe ich über Jahre im Traum immer wieder als verkohlte Puppe im Treppenhaus gesehen. Diese Erlebnisse waren prägend für mich. Aber nicht, dass Sie meinen, ich sei schon als Kind politisch gewesen. Nein, das war ich nicht. Ich bin geprägt worden durch diese

---

* Das Interview führten Prof. Dr. Hanns Jürgen Küsters und Ina vom Hofe M. A. am 12.11.2012 in Düsseldorf.

furchtbaren Bedrohungen und Ängste. Dazu gehören auch die Erlebnisse in der Nachkriegszeit: wie sich Zwangsarbeiter, befreite Kriegsgefangene rächten und niederbrannten, zerstörten, was ihnen, wie man so sagt, vor die Flinte kam, wie beispielsweise das Abschießen unseres Kronleuchters oder wie sie den Flügel meiner Eltern bis oben hin mit Suppe füllten und oben drauf in rotem Lack die Zeichen der Sowjetunion schrieben. Oder als ich sah, wie sie mit Stiefeln Geige und Gitarre meiner Eltern zertrampelten – so etwas vergisst man nicht. Ich erinnere mich auch noch gut an die Angst meiner Mutter in jeder Nacht vor Vergewaltigungen. Ich habe das später erst einordnen können. Die ersten zehn Lebensjahre haben mich nachhaltig geprägt.

Wie war das Rollenverständnis in Ihrem Elternhaus? Hat dies auch eine Form der Prägung für Sie gehabt?

Ja, ich bin in einem Elternhaus groß geworden, in dem es keine spezifische Mädchenrolle gab. Wir lebten 1943 in einem Dorf. Für meine Eltern war immer klar, dass es keinen Unterschied zwischen Mädchen und Jungen in der Bildung gibt. Ich habe später oft gesagt, ich gehöre eigentlich zu der Gruppe katholisches Mädchen vom Lande. Aber die Bestrebungen in diesen Familien waren andere, als sie angenommen wurden. Zutreffend war, dass für die ärmere Bevölkerung galt, was in den 1960er Jahren gesagt wurde: dass nur sechs Prozent der Arbeiterkinder überhaupt an Gymnasien und Universitäten vertreten waren.

Bei allem Unheil, was die Jahre von 1939 bis 1945 gebracht haben, je älter ich werde, desto bewusster wird mir, dass ich ein Elternhaus erlebt habe, das geistig unterwegs war. Man sagt oft, diese Generation nach dem Krieg hätte nur Materielles im Sinn gehabt. Natürlich ging es auch bei meinen Eltern um Überleben und Wiederaufbau, aber nicht nur. Meine Eltern waren Linkskatholiken, das wusste ich damals noch nicht, aber „Walter Dirks" lag bei uns monatlich auf dem Tisch. Und es war ein offener Geist. Meine Eltern kamen aus katholischen und evangelischen Familien. Sie waren neugierige, unternehmerische Menschen und engagierten sich in der Jugendbewegung. Von daher muss ich sagen, in diesem Elternhaus habe ich gelernt: „Hör nicht auf zu fragen. Frag, ob nicht der andere auch Recht haben kann, ob deine Betrachtung die einzig mögliche ist." Das verdanke ich meinem Elternhaus.

Was sind Ihre Erfahrungen mit der Interessenvertretung der Frauen?

Das war kein Thema, weil es sie nicht gab. Bis zum Eintritt in mein Berufsleben bin ich ausschließlich von Männern gefördert worden. Und wir haben damals auch nicht problematisiert, wenn es hieß: „Ja, und was machst du, wenn du heiratest? Machst du weiter?" „Nein, da höre ich auf." Das war eine Selbstverständlichkeit.

Ich habe keine einzige weibliche Professorin erlebt, erst ein, zwei Jahre nach meinem Studium. Mein Hauptförderer war sicherlich mein Vater, aber dann waren es Professoren aus der Romanistik, aus der Philosophie, aus der Geschichte. Ich hätte bei drei unterschiedlichen Menschen promovieren können, die mich wirklich nicht nur gefördert, sondern auch sehr interessiert gemacht haben. Ich hätte mein Leben lang studieren können, wenn ich nicht hätte auch arbeiten müssen. Ich habe weder dort noch bei der ersten und zweiten Assistentur Benachteiligungen erfahren. Ich war erst an der Universität Stuttgart tätig, habe die Arbeit aber wegen der Krankheit meines Vaters unterbrochen und hatte dann eine weitere Stelle an der Pädagogischen Hochschule Osnabrück. Ich habe auch dort keine diskriminierende Erfahrung gemacht, nur die Eifersüchteleien zwischen Professoren.

Erst als ich mich auf meine erste Dozentur beworben habe, gab es einen Paukenschlag: Ich hielt meine Vorlesung, es folgten das Seminar und das Kolloquium. Nach dem sogenannten wissenschaftlichen Teil stellte sich die Frage: Ist diese Frau geeignet oder nicht geeignet? Es lief alles sehr gut, bis der persönliche Teil kam. Die erste Frage lautete: „Wieso haben Sie gewagt, sich zu bewerben, obwohl Sie wussten, dass ein Familienvater mit acht Kindern sich auch beworben hat?" „Ja", sagte ich, „das weiß ich, aber er hat längst eine volle Professur, ich fange gerade erst an, warum sollte ich mich nicht bewerben?" Dann kam die nächste Frage: „Ihr Mann ist Akademischer Rat. Was passiert, wenn Sie vor ihm eine Dozentur bekommen?" Ich habe mir die Aggressivität verkniffen, mich diszipliniert und gesagt: „Das werden wir beide schon regeln." Das reichte auch nicht und es folgte die dritte Frage: Was wäre, wenn ich schwanger würde? Nun ging es nicht mehr um den Beruf und so sagte ich: „Wieso eigentlich nicht?" „Ja, aber das wird schwierig für die Berufsausbildung."

Das war für mich ein Schlüsselerlebnis. Die Frauenfrage war in mir erstmalig entbrannt. Ich habe mich fortan in Frauenliteratur der ersten Frauenbewegung vertieft. Die zweite stand noch bevor. Ich habe ein ganz anderes Verhältnis zu Diskriminierung und Benachteiligung bekommen.

Abgesehen davon habe ich die Stelle bekommen. Als ich dann schwanger war, sagte ein wohlmeinender Kollege zu mir: „Frau Süssmuth, sagen Sie bitte nicht, dass Sie wegen der Geburt nicht zur Landeskonferenz kommen." In der Situation habe ich dann erklärt, ich hätte eine Grippe, und wir haben unsere Tochter Claudia immer „Grippe-Claudia" genannt.

Was hat Ihr Verständnis für christlich-demokratische Politik geprägt?

Ich bin erst im Studium ein politisch interessierter Mensch geworden und hatte in Münster die Gelegenheit, christliche Soziallehre bei Prof. Höffner zu hören. Die vertrat und lebte auch mein Vater. Er war Lehrer und in der Jugendarbeit tätig. Er machte mit den Jugendlichen sowohl Schauspiel als auch Musik, war in der Kirchengemeinde tätig. Sein Interesse galt der Theologie. Wenn Sie mich fragen, was mich beim Christentum gehalten hat, dann waren es einzelne Menschen. Heute ist sicherlich der wichtigste Partner mein Ehemann. Wenn ich ganz tief im Keller war, vertraute ich auf Gott. Und die Botschaft der Nächstenliebe, das Erlösende in dieser christlichen Botschaft: Jeder kann einen Neuanfang starten, hat mein gesamtes Leben bestimmt. Darüber rede ich nur selten. Manchmal wünsche ich mir auch von meiner Partei, dass sie den Geist des Neuen Testamentes verbunden mit dem Beistandsgeist des Alten Testamentes noch viel stärker politisch aufsaugen würde. Manchmal frage ich mich: Wo stehen die Christdemokraten eigentlich mit ihrem Denken? Dann verstehen Sie auch, warum so ein Radikaler wie Heiner Geißler heute so viele Menschen, jüngere wie ältere, anspricht. Ich teile nicht alle seine Auffassungen, aber das ist ein konsequenter Christ.

Als Sie 1981 in die CDU eingetreten sind, hat das „C" für Sie eine bedeutende Rolle gehabt?

Ja, denn es war entscheidend für meine Überzeugungen und politischen Einstellungen. Das Christliche hat eine wichtige Rolle gespielt. Es war eine Phase des Umbruchs, der Aufklärung und Emanzipation. Über Fragen der Emanzipation habe ich geschrieben und veröffentlicht. Aber die Frage, die bis heute bleibt, ist: Was haben wir mit unserem Freiheitsverständnis gemacht? Ist das nur noch ein ich-bezogenes „Meine Freiheit"? Aufgewachsen bin ich eigentlich in dem Geist von Verbindlichkeit und Verantwortlichkeit. Freiheit heißt Ja und Nein zu einer Verantwortung zu sagen; davon ist viel verloren gegangen. Deswegen finde ich ganz entscheidend, dass diese Fragen wieder aufkommen. All diese ethischen Fragen müssten eigentlich wieder leitend sein. Denn was uns in der Politik abhanden gekommen ist, sind die ethischen Dimensionen. Ethische Fragen gehören nicht mehr in die Mitte unseres Denkens, sondern sind an die Ränder gewandert. Natürlich haben wir dafür besondere Ethik-Kommissionen, aber das sind Krückstöcke, genauso wie die Quote, die Frauenbeauftragten und Behindertenbeauftragte. Wir brauchen sie als Krückstock. „Wer die Quote nicht will, muss die Frauen wollen", das habe ich oft gesagt und musste lernen, dass es nicht ohne die Quote geht.

Gab es einen ganz konkreten Anlass, warum Sie politisch aktiv geworden sind?

Ich war politisch aktiv, bevor ich in eine Partei gegangen bin. Ich habe mich zunächst im Familienbund Deutscher Katholiken engagiert. Auch das war für mich nicht irgendeine Verbandstätigkeit, sondern eine familienpolitische Verbandstätigkeit. Ich bin politisch aktiv geworden, weil ich in diesem Themenbereich Familie, Familienbildung, Kinder arbeitete. Aber das erste Thema waren nicht die Frauen, sondern Kinder, Jugendliche, Familie. Und das war immer auch eine politische Stellungnahme. Ich war im Zentralkomitee der deutschen Katholiken. Dort hatte ich zwei Texte eingebracht. Einer hieß: „Allein erziehend, aber nicht allein gelassen". Darauf bin ich heute noch stolz. Das andere Papier hieß „Nichteheliche Partnerschaften". Es ging mir darum zu klären, ob ich von vornherein sagen kann, dass diese Art von Bindung geringer ist. Macht die Ehe, die Institutionalisierung eine höhere Bindungsqualität? Das habe ich verneint. Es macht Sicherheiten aus, Verlässlichkeiten, aber sagt nur wenig über innere Bindung aus. Diese Papiere sind dann veröffentlicht worden. Mein aktives politisches Interesse war zunächst kein parteipolitisches, sondern ein soziales und gesellschaftspolitisches.

Es ging mir auch darum, eine offene Einstellung zu gesellschaftlichen Veränderungen zu gewinnen, sie nicht nur negativ zu sehen. Insofern bin ich sehr viel früher politisch gewesen als mit meinem Eintritt in die Partei. Dieser war nicht so sehr ein Akt schwieriger Entscheidung. Jahrelang galt für mich, als Wissenschaftlerin kann ich nicht gleichzeitig parteipolitisch sein. Doch dann bin ich 1969 nach Bochum berufen worden und hatte ständig politisch mit Marxismus und Studentenbewegung zu tun. Ich habe dabei sehr viel gelernt, auch für die spätere Politik. In dieser Zeit wurde ich auch häufiger von Frauenverbänden, aber dann auch im Ruhrgebiet speziell von der CDU Frauenvereinigung eingeladen. Eines Abends sagten sie: „Also Frau Süssmuth, Sie sind jetzt schon so viel bei uns gewesen, jetzt könnten Sie eigentlich auch unserer Partei beitreten." Das habe ich dann gemacht. Der politische Findungsprozess war natürlich verbunden mit einer jahrelangen Auseinandersetzung, aber es fiel eigentlich mehr wie eine selbstverständliche Frucht vom Baum.

Was dann vielleicht auch bedeutet, dass Ihr Parteieintritt oder Ihre Parteitätigkeit eher als Seiteneinstieg bezeichnet werden kann?

Ich war durchaus als junge Dozentin, dann Professorin, politisch interessiert. Seit 1971 war ich Mitglied im wissenschaftlichen Beirat für Familienpolitik im Familienministerium. Die Parteimitgliedschaft hatte mit Seiten- oder Haupteinsteigern noch gar nichts zu tun, sondern nur mit der Entscheidung: Ich werde Parteimitglied. Das Thema Seiteneinsteigerin kam erst zur Sprache mit der Anfrage des Bundeskanzlers als Ministerin tätig zu werden. Ich hatte nie vor, in die aktive Politik zu gehen. Das war in der Tat von der Seite. Ich habe mich nicht vom Ortsverein über die verschiedenen Stufen hochgearbeitet, sondern gleichsam den Weg über meine fachwissenschaftlichen Themen in die Politik genommen. Da hatte ich allerdings ein starkes Interesse. Die Frauenfrage hielt ich für so überfällig und ich erwischte eine günstige Situation in der CDU. Auch heute kann ich noch sagen, wenn ich gefragt werde, warum ich mich für die CDU entschieden habe, dass ich in der SPD viel weniger bewirkt hätte. Die SPD war damals weiter als die CDU und natürlich auch anders ausgerichtet.

Aber, ob ich diesen Schritt gehen sollte, habe ich zunächst lange überlegt, zumal das Forschungsinstitut „Frau und Gesellschaft" für mich etwas Wunderbares war. Und es ist auch viel bewirkt worden. Mir war auch bewusst, dass ich zwar in mehreren Sachbereichen mit Ausnahme der Gesundheitspolitik fachlich gut vorbereitet war, aber eigentlich von Politik und ihrem Alltag wenig Ahnung hatte.

Wie haben Sie das erlernt, „Learning by Doing"?

Es begann eine neue Lern- und Lebensphase, ein risikoreiches Abenteuer. Es blieb mir nichts anderes übrig. Ich musste am zweiten Tag nach meiner Amtseinführung im Deutschen Bundestag eine Rede über Formaldehyd halten. Die war mir auf DIN A 5 Blättern aufgeschrieben worden. Von Formaldehyd hatte ich nicht mehr Ahnung wie jeder Zeitungsleser. Ich habe gedacht, ich bekomme diese Rede nicht bis zu Ende gesprochen, denn ich steckte voller Ängste wegen potentieller Fragen. Ich rechnete nicht unbedingt mit Höflichkeit, sondern übertrug in gewisser Weise den Hörsaal auf den Deutschen Bundestag und fragte mich: Was antwortest du nur? Ich dachte, ich kann nur sagen, dann müssen Sie noch ein paar Wochen warten. Ich bekam kaum Luft. Dabei war ich gewöhnt vor vielen Menschen zu sprechen und dachte, du musst sofort eine Atemschule besuchen und Rhetorik lernen. Dazu ist es nicht gekommen. Ich hatte keine Zeit.

Wenn Sie mich jetzt fragen, was hat den Ausschlag gegeben, sich da hinein zu vertiefen? Ich habe gemerkt, das ist eine andere, aber sehr zentrale Welt. Ich muss eine neue Sprache lernen. Das habe ich dann auch mit Eifer betrieben. Die Menschen müssen mich verstehen können. Du kennst deine Fachsprache, aber du musst so sprechen, dass die Menschen dich verstehen.

Ich hatte eine ganz schlechte Prognose in den Medien. Da hieß es: Die Frau kommt von außen, Seiteneinsteiger, in einem halben Jahr ist sie weg. Das hat meinen Ehrgeiz provoziert. „Das wollen wir doch mal sehen!" Ich bin in die Politik eingestiegen, weil ich nach den Jahren des Forschens, Erkennens, besseren Verstehens etwas verändern wollte. Das war mein entscheidendes Motiv.

Ich sollte eigentlich nur ein gutes Marketing bis zu den Wahlen in 18 Monaten machen. Aber das war mir nicht genug, so dass ich Themen wie Kinderbetreuung, ein neues Jugendhilfegesetz wie auch die Frauenfrage anpackte.

Diese 18 Monate bis zur Bundestagswahl 1987 waren zwar einerseits vom frauenpolitischen Impetus bestimmt, aber andererseits war ich wenige Wochen im Amt, als Aids alles andere überschattete. Das war eine große existenzielle Herausforderung für die Gesundheits- und Gesellschaftspolitik. Es war eine unbekannte nicht erforschte Krankheit, die sich schnell ausbreitete. Zur Krankheit kamen schwierige Fragen im Umgang mit Sexualität, mit dem katholischen Milieu, das ohnehin Schwierigkeiten mit Körperlichkeit, Frauen, Sexualität und Kondomen hatte. Die Menschen hatten eine panische Angst vor Ansteckung und Ausgrenzung. Wir wussten wenig über die Infektionswege und lernten, dass die Aids-Hilfen oft mehr Erfahrung und Wissen hatten, als die Ärzte. Es gab wenige Forscher in der Welt. Ich hatte einen kompetenten und engagierten Staatssekretär, Werner Chory. Wir kamen auf die Idee, die Besten in der Welt an einen Tisch zuholen. Helmut Kohl stimmte dem zu. Die Forscher haben vorgetragen, was sie bisher wussten, woran sie forschten, was aus ihrer Sicht der beste Weg war sowohl zum Schutz der Betroffenen als auch zur Nichtverbreitung der Krankheit. Das fand breite Zustimmung: Prävention durch Aufklärung. Das war schon unser erster kleiner Erfolg und dann ist es uns gelungen, beispielsweise Musikbands oder Priester zur Mithilfe bei der Aufklärung zu gewinnen.

Ich werde nie den bewegenden Gottesdienst mit Aids-Infizierten und -Kranken in einer Hamburger Kirche vergessen. Aids war Thema, aber sie merkten – Lichter in der Hand haltend – es ging um sie, ihr Hoffen und Bangen und sie spürten, wie einladend und dazugehörig sie in diesem Raum aufgenommen waren und in das Gespräch mit Gott, das Beten eingeschlossen waren.

Ist damals Heiner Geißler wirklich die entscheidende Figur gewesen, um Sie in dieses Ministeramt hineinzuhieven?

Heiner Geißler hat mich angesprochen und eingeladen zur Vorbereitung des Essener Parteitages 1985. Dabei lernte ich einen sensiblen, nachdenklichen Heiner Geißler kennen. Ich bin abends nach der ersten Sitzung nach Hause gekommen und habe zu meinem Mann gesagt: „Ich habe heute einen völlig neuen Geißler kennengelernt: nicht den Generalsekretär, den Wadenbeißer, sondern eine tief nachdenkende, sehr dialektisch argumentierende Persönlichkeit mit einer Aufgeschlossenheit für Frauenfragen." Ich hatte zwar schon früher bemerkt, dass er sich auch um Frauenhäuser kümmerte, aber für mich war dieses Bild des hart und auch polemisch zuschlagenden Debattenredners im Parlament doch ausschlaggebend gewesen. Ich habe mich bei der Vorbereitung des Essener Frauenparteitags intensiv engagiert.

Als das Kanzleramt im Juli 1985 anrief, war ich gerade auf dem Weg zur Redaktion der Zeitschrift Brigitte. Der Kanzler wolle einen Termin mit mir – so hieß es am Telefon. Und ich habe gedacht, interessiert er sich für Frauenforschung? Also fragte ich, welche Unterlagen ich mitbringen sollte. Antwort: „Keine, er möchte mit Ihnen sprechen." Der Bundeskanzler hat mir dann in dem Gespräch vermittelt, Heiner Geißler müsse sich wieder mehr um die Partei kümmern, es ginge auf die Wahlen zu und sie suchten einen Nachfolger, ob ich mir das vorstellen könne. Ich war perplex, sagte zunächst gar nichts und dachte spontan, wer hat mich denn vorgeschlagen?

Was hat die Institutionalisierung von Frauenpolitik bedeutet?

Die Einrichtung eines Frauenministeriums verbunden mit Jugend, Familie und Gesundheit war ein richtiges Signal. Wer in der Gesellschaft keine Rolle spielt, nicht namentlich vorkommt, der hat auch keinen Stellenwert. Das gilt gleichfalls für Behinderte, für Migranten, für Kranke. Der Name im Ressort sagt zunächst noch nichts über Kompetenzen aus, aber er zeigt zumindest, dass diese Gruppe ihren Stellenwert hat. Insofern war es mir schon wichtig, dass die Frauen nicht in der Bezeichnung Familie aufgingen, sondern einen eigenen über Familie hinausgehenden Status erhielten. Das war in anderen Ländern längst der Fall. Es ging um die Geschlechterfrage. Daher war es wichtig, dass es ein Frauenressort gab. Ich füge aber gleich hinzu, dass sehr bald der Kampf um die Zuständigkeit begann. Keiner wollte Kompetenzen abgeben, weder der Sozialminister noch der Finanzminister. Ich war ständig gezwungen, mit den alten Instrumenten die neue Politik zu machen.

Wir erreichten schließlich Teilzuständigkeiten und Mitentscheidung bei Erziehung, Pflege, Betreuung von Kranken, soziale Sicherung der Frau, Frauenerwerbstätigkeit, Gewalt gegen Frauen.

Ich habe über die Frauen viel gelernt, wurde zwar angegriffen als eine Emanze, eine Feministin, aber das gehört zu den Kraftanstrengungen praktischer und gesellschaftlicher Veränderungen. Es hat den großen Durchbruch damals für die Frauen in der CDU gegeben. Umso trauriger macht mich, dass wir eine bestimmte politische Richtung, die wir erkannt haben, nicht durchhalten, Frauen verunsichern in ihrem Selbstverständnis, ihrer familiären, beruflichen und gesellschaftspolitischen Rolle. Noch immer ist die Vereinbarkeit von Familie und Beruf nicht hergestellt, obwohl 70 Prozent der Frauen erwerbstätig sind.

Gibt es ein unterschiedliches Machtverständnis von Männern und Frauen?

Früher hätte ich ja gesagt, heute sage ich das nicht mehr. Denn es ist eine Tatsache – empirisch belegt –, dass Frauen stärker ausgerichtet sind auf Problemlösungen in der Sache. Aber Frauen haben auch lernen müssen, ihren Einfluss zu nutzen. Bei Macht im Sinne von Einflussnahme benötigen sie Menschen, die sie unterstützen. Dazu brauchen sie Machtzirkel. Bei Frauen, die mir sagen, ich will nichts mit Macht zu tun haben, habe ich immer sehr viel Engagement darauf verlegt zu verdeutlichen, dass Menschen Macht brauchen, um Einfluss nehmen zu können, um selbst stark zu werden, andere stark zu machen und auch unsere Sachverhalte durchzubringen.

Gibt es gegenseitige Unterstützung, auch fraktionsübergreifend, von Frauen?

Ja, ich habe das sehr stark praktiziert, aber nicht immer wird dies auch von den Parteien gerne gesehen. Sie fragen, wo bleibt unser eigenes Profil, wenn das Ergebnis zu stark interfraktionell geprägt ist. Aber wir hätten beispielsweise im Parlament die Strafbarkeit der Vergewaltigung in der Ehe ohne interfraktionelles Zutun nicht erreicht. Auch in der Frage zum § 218 StGB gab es am Ende ein sehr starkes interfraktionelles Bündnis, nicht institutionalisiert, aber wir haben viel miteinander gesprochen und beraten, uns auch gemeinsam gefreut, wenn etwas durchgesetzt wurde. Das ist auch heute noch so.

Rita Pawelski, Vorsitzende der Frauengruppe meiner Fraktion, hat natürlich auch über die eigene Fraktion hinaus Verbündete gesucht. Sie brauchen Macht. Das Problem ist oft, dass Frauen um Macht in Form von Ämtern kämpfen, wenn die Männer schon drüber entschieden haben.

Inwieweit mussten sie in Ihrer politischen Karriere Entscheidungen treffen, die Sie mit Ihrem Gewissen nur schwer vereinbaren konnten?

Es begann bereits, bevor ich das Ministeramt übernommen habe, als ich dem Bundeskanzler sagte: „Ich habe in der Paragraph-218-Frage eine andere Position. Wir werden mit der Strafe das Problem nicht reduzieren." Seine Antwort lautete: „Wir finden schon eine Lösung." Aber als es zu der Entscheidung kam, hat er später schon erwartet, dass ich jener Gruppe in der Fraktion zustimme, die der Letztentscheidung der Frau nicht zustimmt. Ich hätte diese Zustimmung nicht mit meinem Gewissen vereinbaren können. Ich habe dann mit dem hoch renommierten Professor für Strafrecht, Albin Eser, einen Gesetzentwurf erarbeitet, in dem die Beratung verpflichtend ist. Das mochte die Opposition nicht, aber es ging darum, den Letztentscheid bei der Frau zu belassen. Wir können das Kind nicht gegen die Mutter schützen. Eine zweite solche Entscheidung, die ich Ihnen nenne, war keine Gesetzesabstimmung, sondern betraf den Präsidentschaftskandidaten Steffen Heitmann. Ich habe wochenlang mit mir gekämpft, ob ich etwas sage oder nicht. Doch dann habe ich in der Fraktion kritische gefragt nach seinen für mich nicht nachvollziehbaren Einstellungen zu Frauen und zum Umgang mit dem Nationalsozialismus. Ich musste das zur Sprache bringen, aber es ist mir sehr schwergefallen, denn ich wusste, was über mich hereinprasseln würde. Umso mehr hat mich das Lob meiner Tochter, sie sei stolz auf mich, dass ich es gemacht habe, aufgebaut. In solchen Situationen ist familiärer Rückhalt besonders wichtig.

Das waren die beiden schwierigsten Entscheidungen. Bei der Vergewaltigung in der Ehe habe ich interfraktionell gearbeitet. Man kann schon parteiübergreifend etwas bewegen.

Äußerst schwierig war das Thema Migration und Integration. Ich wurde zur Außenseiterin ohne Unterstützung in der Fraktion. Annäherung war eine Reihe von Jahren völlig aussichtslos, bis Angela Merkel 2005 erklärte, das Problem müssen wir jetzt endlich produktiv anfassen. Sicherlich wurde wieder eine Unterscheidung zwischen Integration und Migration gemacht, mit dieser Entscheidung gelang ein Durchbruch zunächst bei der Integration ohne neue Zuwanderung. Auch bei der Zuwanderung von Fachkräften streiten wir nicht mehr darüber, ob wir ein Einwanderungsland sind, sondern suchen Migration und Integration mit den Migranten zu gestalten. Aus Blockaden werden Lernprozesse. Veränderung ist möglich. Bei Widerständen dürfen wir nicht aufgeben.

Was sind Ihre persönlichen Prinzipien und Grundsätze, nach denen Sie in der Politik gehandelt haben?

In der Politik brauchen Sie Grundsätze, Überzeugungen und Kompromissbereitschaft. Für mich war eine ganz wichtige Grundfrage: Was trägt dieses Gesetz zum Wohle der Menschen bei? Meine Wunschlosung war: Teilhabe statt Ausgrenzung, das ist bis heute so.

Ebenso wichtig ist hier die Frage der sozialen Gerechtigkeit, zum Beispiel die Alterssicherung von Frauen und Bildungschancen für alle. Für mich sind Teilhabe und soziale Gerechtigkeit Leitplanken. Der Mensch erfährt seinen Wert über Teilhabe. Ich werde gebraucht, sei es in oder außerhalb der Familie. Wir könnten noch viel mehr Menschen für das öffentliche Engagement gewinnen, wenn wir sie erfahren ließen, dass sie nicht ohnmächtig sind, sondern mitgestalten können. Das gilt auch für ältere Menschen. Betreuung und Pflege sind wichtig, doch für mich geht es um Aktivierung, so lange wie es eben geht. Das ist eine zutiefst menschliche und christliche Haltung.

Haben Sie jemals darüber nachgedacht, aus der CDU oder auch aus der Politik auszusteigen?

Nein. Natürlich wusste ich, dass ich in Kirche und Partei Akzeptanzprobleme hatte, doch da habe ich gedacht, euch verlasse ich schon gar nicht, das hättet ihr gern. Nein, ich bleibe und arbeite weiter – auch bei Niederlagen. Und bei der Politik ist es auch so. Wenn Sie einmal weggehen, können Sie nichts mehr bewirken. Ich kann mich zwar schmollend entfernen, aber mir war es eigentlich wichtig, immer noch einmal zu versuchen, was ich mit anderen bewirken kann. Und auf Rückschläge folgen auch meistens wieder Erfolge. Durchhalten lohnt sich. Das habe ich beim Thema Aids, bei den Frauen und in der Migrationsproblematik erlebt. Ich gebe nur auf, wenn es wirklich aussichtslos ist.

Was würden Sie jungen, politisch interessierten Frauen raten, die in die Politik gehen wollen?

Meine wichtigste Botschaft ist: Bleibt ihr selbst. Lasst euch nicht durch Drohungen fügsam machen. Wenn ihr wirklich von etwas überzeugt seid, ist es richtig durchzuhalten und kreativ zu sein, aber gebt eure Überzeugung nicht auf. Glaubt vor allem nicht, dass ihr höher bewertet werdet, wenn ihr ständig nachgebt. Dann wird euch immer mehr abverlangt und ihr seid immer weniger ihr selbst. Wer nicht wagt, der nicht gewinnt. Und ich würde jungen Menschen gerne zurufen: Tretet für eure Überzeugungen ein. Wenn nicht in der Demokratie, wo dann? Der Einsatz für Veränderungen zum Besseren lohnt sich.

Birgit Breuel*

Mit Überzeugung muss man anfangen

Geboren am 7. September 1937 in Hamburg, verheiratet, drei Kinder, 1956 Abitur, 1956–1959 Studium der Politikwissenschaft in Hamburg, Oxford und Genf, 1959 Eintritt in die CDU, 1959–1961 Direktionsassistentin im Hamburgischen Weltwirtschaftsarchiv (HWWA), 1961–1962 Direktionsassistentin bei der Finanzzeitschrift International Report in New York, 1970–1978 Mitglied der Hamburgischen Bürgerschaft, 1978–1986 Landesministerin für Wirtschaft und Verkehr in Niedersachsen, 1986–1990 Landesministerin für Finanzen in Niedersachsen, 1990–1991 Mitglied der Geschäftsleitung der Treuhandanstalt, 1991–1995 Präsidentin der Treuhandanstalt, 1995–2000 Generalkommissarin der Weltausstellung Expo 2000.

Was hat Sie in Ihrer politischen Sozialisation geprägt?

Mein Elternhaus war sehr politisch. Ich habe Politikwissenschaften studiert, aber nicht zu Ende, da ich 1959 geheiratet habe. Der entscheidende Schritt für mich, aktiv in die Politik einzusteigen, kam zur Schulzeit meiner Kinder. Ich war unzufrieden mit der Schulpolitik: unzureichender Unterricht und Materialien, nicht genügend Lehrkräfte, zu große Klassen. Es ging um ganz praktische Dinge, keine grundsätzlichen Fragen. Im Elternrat bekam ich mit, wie die Behörden unsere Verbesserungsvorschläge ad acta legten. Also entschloss ich mich, in die Politik zu gehen, um an Einfluss zu gewinnen und mitgestalten zu können.

Ein weiterer wichtiger Punkt, der mich in meiner politischen Tätigkeit prägte und mich zur politischen Aktivität veranlasste, hängt mit der deutschen Teilung zusammen. Ich war 1959 mit meinem Mann an der damaligen Zonengrenze im Harz, als dort die Mahnfeuer für die deutsche Einheit brannten. Die deutsche Teilung war ein Thema, das mich sehr berührte. Ich war später mit meinen Kindern beispielsweise in der DDR – es waren sehr einprägsame Erlebnisse! Meine Kinder wollten sehen, wie ein solches Land geteilt hinter Mauern, unfrei, aussieht. Einer meiner Söhne bekam in Leipzig im Hotel einen solchen Wutanfall, dass ich dachte, wir würden am nächsten Tag verhaftet werden.

---

* Das Interview führten Dr. Ulrike Hospes und Ina vom Hofe M. A. am 04.07.2012 in Hamburg.

Wie würden Sie das Rollenverständnis in Ihrem Elternhaus beschreiben? Anlässlich des 70. Geburtstages Ihres Vaters wird die Geschichte erzählt, dass beim Abendessen Frauen nicht am Tisch saßen.

Das stimmt. Es saßen nur meine Mutter und meine Schwägerin mit am Tisch. Die anderen Frauen kamen nach dem Abendessen hinzu. Mein Vater war wunderbar, aber er war eben ein Patriarch und fand das gut so. An ihm hatte sich das Familienleben auszurichten.

Gab es Unterschiede in der Erziehung für Sie als Tochter einerseits und für Ihren Bruder andererseits?

Ein bisschen schon. Mein Bruder war beispielsweise auf dem Christianeum, das in Hamburg als besonders gute Schule galt. Wir Töchter gingen auf weniger anspruchsvolle Gymnasien und mussten später darum kämpfen, studieren zu dürfen. Aber das haben wir geschafft. Mein Vater hat es dann akzeptiert, doch es war neu für ihn.

Was ist Ihr Verständnis von christlich-demokratischer Politik? Warum haben Sie sich der CDU und keiner anderen Partei zugewandt?

Für mich ist das Wort Eigenverantwortung ein entscheidendes. Die CDU war und ist auch heute noch weitgehend die Partei, die den Menschen nicht nur in den Mittelpunkt stellt, sondern auch von ihm erwartet, dass er selber sein Leben verantwortet und nur Hilfe in Anspruch nimmt, wenn es wirklich unvermeidlich ist. Eigenverantwortung ist für die Gestaltung des eigenen Lebens ein ganz entscheidender Punkt.

Andere Parteiprogramme erfüllten für Sie diesen Punkt nicht?

Nein. Die Sozialdemokraten, die damals die große Alternative waren, waren sehr staatsorientiert und haben dem Staat mehr Kompetenz zugeordnet, als die CDU es getan hat. Die Freien Demokraten waren mir an manchen Stellen zu liberal. Insofern war für mich die CDU die richtige Partei.

Hatten Sie bei Ihren ersten politischen Schritten das Gefühl, gefördert zu werden? War man froh und dankbar, dass eine engagierte, junge Frau auftauchte?

Mein Mann und ich beschlossen, als wir aus New York nach Hamburg zurückkamen, uns aktiv in die Parteiarbeit einzuschalten. Wir haben im Ortsverband viele Mitglieder geworben. Mein Mann wurde stellvertretender Kreisvorsitzender. Ich wurde Ortsvorsitzende von Blankenese. Zunächst wurde versucht, meinen Eintritt in die Hamburgische Bürgerschaft 1970 zu verhindern. Ich fiel damals aus der Rolle: eine junge Mutter mit drei Kindern, unabhängig, nicht immer die Meinung der Parteivorsitzenden teilend. Insofern war das damals ein interessantes Zusammenleben.

Sie haben mit der Schulpolitik den Einstieg in die Politik gesucht, sind dann letztlich bei der Finanz- und Wirtschaftspolitik gelandet. Wie kam es dazu?

Bereits in meinem Elternhaus spielten diese beiden Themen eine große Rolle. Je mehr ich davon mitbekam, desto mehr interessierte es mich. Ich habe auch andere Themen wie z. B. ehrenamtliche Sozialhilfe über viele Jahre verfolgt. Aber es war nicht mein Leidenschaftsthema.

Haben Sie Unterschiede festgestellt zwischen den Politikern, die abhängig sind von der Politik, und denen, die eine gewisse Selbständigkeit im Berufsleben mit sich bringen?

Ich bin immer ein Anhänger davon gewesen, dass Politiker, die Mandate übernehmen, vorher ein Berufsleben haben sollten. Sie sind dann besser geerdet. Mir ist übrigens auch die Lösung in den USA sympathisch, nach der ein Präsident nur acht Jahre regieren kann. Politiker, die auf Dauer im Parlament sind, sind zumeist keine kreativen Köpfe mehr. Sie verbrauchen sich im Laufe der Zeit. Insofern sehe ich schon einen Unterschied. Aber umgekehrt stellt sich die Frage natürlich auch: Wenn jemand ein Mandat erworben hat – wie und wo auch immer –, wie kommt er hinterher zurück ins Berufsleben? Das ist bei uns in Deutschland ein ungelöstes Problem und fördert das Klammern an das Mandat – aus meiner Sicht eine ungute Sache.

Neben Ihrer politischen Aktivität haben Sie sich noch um Haushalt, Mann und drei Kinder gekümmert. Wurden Sie von Ihrer Familie unterstützt?

Total. Bei uns entschied immer ein kleiner Familienrat. Meine Kinder waren schon größer, als ich in die Politik ging. Mein Mann war immer sehr, sehr loyal und hilfsbereit. Aber ich habe nur gemacht, was die vier Männer auch akzeptiert haben. Anders geht es gar nicht. Sie müssen den Rückhalt der Familie haben, sonst gehen sie innerlich kaputt. Die vier waren immer sehr großzügig mit mir. Das war schon toll, auch wenn es nicht einfach war.

Haben Sie Erfahrungen mit der so genannten gläsernen Decke oder Quote gesammelt? Gab es diese Quoten-Diskussion auch zu Ihrer Zeit und um Ihre Person?

Um meine Person nicht. Ich habe mich für die Quote nie begeistern können. Ich gebe zu, dass man darüber im Laufe der Jahre etwas nachdenklicher wird. Einerseits kämpften Frauen für andere Frauen den Weg frei. Das hat auch mir geholfen, sonst wäre ich wahrscheinlich nie in das Kabinett des niedersächsischen Ministerpräsidenten Ernst Albrecht gebeten worden. Auf der anderen Seite finde ich es kränkend, dass man aufgrund seines Geschlechts eine Position bekommt und nicht aufgrund der eigenen Leistung. Ich verstehe die Enttäuschung der Frauen gut, die jahrelang kämpfen und diese gläserne Decke nicht durchstoßen können. Auch wenn ich in dieser Frage etwas zwiespältig bin, bin ich im Prinzip nach wie vor gegen die Quote.

Gab es Gewissensentscheidungen, die Ihnen in Ihrer parteipolitischen Tätigkeit schwergefallen sind?

Sie müssen als Politiker in einem Parlament zu vielen Themen Entscheidungen treffen. Sie müssen sich, da Sie nicht alle Fragen selbst beantworten können, auf Fachleute verlassen. Wir hatten damals in Niedersachsen viele Debatten zum Thema Kernenergie. Das war schwierig, weil ich zwar die Zusammenhänge verstand, aber nicht wie Kernkraftwerke oder Endlager im Detail funktionieren. Dennoch müssen Sie politische Entscheidungen treffen. Häufig sind es auch Gewissensentscheidungen, die schwerfallen.

Gab es wiederkehrende Themen oder Ereignisse, mit denen Sie sich während Ihren unterschiedlichen politischen Funktionen beschäftigten?

Bei der Weltausstellung und auch bei der Treuhandanstalt ging es immer wieder um das Thema Nation. Man würde vermuten, dass eine Nation, die nach so langen Jahrzehnten wieder zusammenfindet, in einen Glückstaumel ausbricht – tat sie aber nicht. Ich war damals viel im Ausland. Dort wurde nicht verstanden, warum es sich bei uns mit der Wiedervereinigung nicht ganz anders emotional abgespielt hat. Die Deutschen haben keine klare Beziehung zu ihrer Nation. Sie haben nach wie vor wenig Freude daran, sich zu ihrem Land zu bekennen. Sie finden immer noch zu wenige Patrioten. Das hat mit unserer Vergangenheit zu tun, das ist klar. Beim Fußball geht es noch am ehesten. Die Weltmeisterschaft 2006 hat enorm geholfen.

Die Expo war die große Chance, zehn Jahre nach der Einheit Deutschland als Nation selbstbewusst und frohgemut zu präsentieren. Die ganze Welt war da.

Doch die Deutschen waren nicht stolz auf ihr Land, sie wollten nicht als Nation wahrgenommen werden. Das ist ein Thema, das einen schon sehr beschäftigen kann.

Gibt es ein unterschiedliches Machtverständnis zwischen Mann und Frau?

Erst mal gibt es von außen unterschiedliche Betrachtungsweisen. Ein energischer Mann ist ein toller Kerl. Eine energische Frau wird oft als Zicke oder als keine richtige Frau mehr wahrgenommen. Das Thema ist nach wie vor virulent. Meiner Erfahrung nach sind Frauen bei Machtfragen teamorientierter, dennoch ganz schön kampfstark. Männer sind wiederum eitler. Das spielt bei Macht eine große Rolle.

Genauso wie die Verlagerung von Entscheidungen in die abendliche Politik nach den Sitzungen. Beim Bier treffen zumeist Männer die eigentlichen Entscheidungen. Waren Sie in solchen Kreisen auch dabei? Oder wurden Sie gar nicht hinzugebeten?

Doch, ich wurde dazugebeten. Aber ich bin nie hingegangen, weil ich nichts von dieser Biertrinkerei und dem Schulterklopfen halte. Über Sachfragen konnte man mit mir zu jeder anderen Gelegenheit reden. Doch ich habe mich nie ausgeschlossen gefühlt. Es war mir, ehrlich gesagt, ziemlich egal.

Sie waren nicht in der Frauenvereinigung, später Frauen Union eingebunden. Gab es Differenzen zwischen Ihnen und der Vereinigung?

Nein.

Haben Sie gegenseitige Unterstützung oder eher Behinderung von Frauen erfahren?

Gerade in der Hamburgischen Bürgerschaft gab es eine oder zwei, mit denen ich heute noch Kontakt habe, die ich immer sehr geschätzt habe, sowohl persönlich als auch politisch. Für meine Zeit in Niedersachsen trifft das so eigentlich nicht zu. Ich hatte allerdings in meinem eigenen Umfeld viele Frauen: persönliche Referentinnen und fast immer eine Kabinettsreferentin. Gut ausgebildete Mitarbeiterinnen: Es hat sich herumgesprochen, dass die Frauen mindestens genauso gute Examen schaffen wie die Männer, teilweise sogar im Schnitt besser. Trotzdem kam nie eine Frau wirklich oben an. Während meiner Zeit als Ministerin in Niedersachsen habe ich mit der Finanzverwaltung lange korrespondiert und diskutiert, weil es keine Frauen in hohen Positionen gab. Schließlich sagte jemand: „Frau Minister, warum regen Sie sich auf, wir wollen keine Frauen. Eine Frau wird krank, bekommt ein Kind, ist zickig. Warum nicht so lassen, wie es ist!"

Ich habe noch versucht, in Niedersachsen für Frauen Teilzeitarbeit auf Referentenebene einzuführen. Es waren Referenten, die für Redenschreiben und ähnliches zuständig waren. Sie haben sich verpflichtet, sich gegenseitig auszutauschen. Das hat ein paar Jahre gut geklappt. Aber das Modell ist dann eingeschlafen, als ich weg war. Es war den Versuch wert. Das Modell einer Teilzeitarbeit sollte auch auf höheren Verantwortungsebenen eine Option werden.

Gab es Männer, die Sie auf Ihrem Weg gefördert haben?

Der damalige niedersächsische Ministerpräsident, Ernst Albrecht, hat mich in sein Kabinett berufen, mir eine Chance gegeben. Er hat es still ertragen, was ich gemacht habe, manchmal großartig gefunden, manchmal weniger gut. Meine Privatisierungspolitik ließ ihn verzweifeln, weil ich alle aufgebracht habe – von VW bis zu Post und Bundesbahn. Aber wir haben uns immer loyal untereinander ausgetauscht. Es hat nie persönliche Diskrepanzen gegeben. Dann gab es Altbundeskanzler Helmut Kohl, mit dem ich viel zu tun hatte in meiner späteren Zeit. Das war eine nüchterne, aber vertrauensvolle Zusammenarbeit.

Wie würden Sie den Umgang mit Politikerinnen in der Öffentlichkeit beschreiben? Haben Sie damit persönlich Erfahrungen gesammelt?

Es gibt immer noch eine gewisse Herablassung gegenüber Frauen in der Politik. Die Medien pflegen ihre alten Klischees. Bei Frauen spielen Äußerlichkeiten nach wie vor eine große Rolle. Kleidung und Frisuren sind ein Thema. Ich glaube schon, dass es noch viele Menschen gibt, die lieber einen Mann zum Chef, Bundespräsidenten oder Bundeskanzler haben.

Welche Erfahrungen haben Sie selbst in der Treuhandanstalt gemacht, als Sie nach dem tragischen Attentat auf Präsident Detlev Karsten Rohwedder dessen Nachfolge antraten? Haben sich die Mitarbeiter anders verhalten, oder haben sie die Frau an der Spitze akzeptiert?

Wir hatten bei der Treuhandanstalt eine gewaltige nationale Aufgabe: die Überführung einer ganzen Planwirtschaft in eine Soziale Marktwirtschaft. Als Detlev

Rohwedder starb und ich seine Nachfolgerin wurde, war das einfach so. Sein Tod war natürlich ein großer Verlust. Er hat Großartiges geleistet, aber die Arbeit musste weitergehen. Es ging gar nicht anders. Meine Mitarbeiter verhielten sich mir gegenüber absolut kooperativ und loyal.

Was waren Ihre persönlichen Prinzipien und Grundsätze in Ihrer politischen Tätigkeit?

Über die Eigenverantwortung haben wir bereits gesprochen. Ein weiteres wichtiges Thema ist für mich die Zivilgesellschaft, Bürgergesellschaft. Meine Lieblingsthemen in der Politik waren Subventionsabbau, Privatisierung, Bürokratieabbau. Alles nur begrenzt erfolgreich. Ich erinnere mich an Zeiten, in denen ich irgendwann einen Rappel bekam, weil sich so wenig bewegte. Obwohl die meisten wussten, dass ich in vielen Dingen recht hatte, wurden meine Themen nicht unterstützt, weil sie nicht in die politische Landschaft passten.

Oder es nicht genug Wählerstimmen beim nächsten Mal bringt?

Das ist ein ganz wichtiger Punkt, der heutzutage noch gravierender geworden ist. Heute muss zudem alles medientauglich sein, bevor man überhaupt in der Sache nachdenkt. Meine Haltung dazu ist, dass Sie immer versuchen müssen, authentisch zu bleiben. Ich habe immer versucht, meinen politischen Vorstellungen treu zu bleiben. Da gab es auch Niederlagen. An Angela Merkel bewundere ich ihre verlässliche Authentizität. Bei allen Problemen, die sie hat, ist sie immer sie selbst. Das ist schon stark.

Hatten Sie einmal den Gedanken, aus der Politik, aus der CDU auszusteigen?

Nein, nie. Ich habe immer Lust an Politik gehabt. Es hat mich immer gereizt und gefordert, mich für meine politischen Überzeugungen einzusetzen.

Gab es Nachteile, die Sie in Kauf nehmen mussten aufgrund Ihrer politischen Aktivität?

Die, die alle kennen: Politiker haben zu wenig Zeit für ihre Familien. Es geht überhaupt nur, wenn die Familie zu einem hält, auch und gerade in schwierigen Zeiten. Auch habe ich vermisst, Freundschaften richtig pflegen zu können.

Was würden Sie als größten Erfolg, Misserfolg oder Enttäuschung beschreiben?

Als großen Erfolg habe ich empfunden, dass wir mit der Treuhand die Überleitung der Planwirtschaft der DDR in die Soziale Marktwirtschaft geschafft haben. Heute, über 20 Jahre später, stehen die neuen Bundesländer gut da. Auch die Planung, Gestaltung und Durchführung der Expo 2000 in Hannover war eine große Anstrengung, die schließlich erfolgreich war.
Als Misserfolg habe ich empfunden, dass ich die Bundesregierung nicht für die Vermögensbildung der Ostdeutschen gewinnen konnte. Auch bei der Privatisierung von Bischofferode habe ich mich schlecht gefühlt: Die Belegschaft der Kaligrube trat in den Hungerstreik. Aus Sicherheitsgründen wurde mir geraten, nicht vor Ort zu sprechen. Ich hätte trotzdem hingehen sollen.

Gibt es auch einen Erfolg, an den Sie sich gerne erinnern?

Wir haben in Niedersachsen eine Menge in Sachen Wirtschaft und Finanzen geschafft. Wir haben enorm gespart und den Haushalt in Ordnung gebracht, was der Nachfolger Ernst Albrechts, Gerhard Schröder, leider nicht fortgeführt hat.
 Bei der Treuhandanstalt haben wir die richtigen Wege beschritten: Es gab keine sinnvolle Alternative. Es war eine unglaubliche Kraftanstrengung und Leistung aller Treuhandanstalt-Mitarbeiter und für mich eine Freude, dieses tolle Team zu führen.

Was sind Ihre Wünsche und Ratschläge für die Zukunft an junge politisch engagierte Frauen?

Wenn man politisch interessiert ist, sollte man in eine Partei eintreten. Leider leben wir heute in einer Zeit, die eigentlich mehr eine Projektgesellschaft geworden ist. Die Menschen wollen sich nicht mehr lange verpflichten, weder in einer Partei noch in der Kirche noch in der Gewerkschaft noch sonst irgendwo. Das halte ich für beunruhigend. Also ich würde dafür plädieren, sich zu engagieren, in irgendeiner Form für die Gesellschaft einzusetzen. Die Demokratie braucht Staatsbürger und Politiker, die Überzeugungen haben und für diese kämpfen.

Bärbel Sothmann

Frauen sollten ihre Chancen nutzen

Geboren am 20. August 1939 in Neuruppin, 1961 Großhandelskaufmann, 1970 Betriebswirtin, 1962–1990 Mitarbeiterin des Battelle-Institut e. V. Frankfurt am Main, 1972 Eintritt in die CDU, 1979–1980 Vorsitzende der Frauenvereinigung Hochtaunus, 1980–2002 Mitglied des Kreisvorstandes der CDU Hochtaunus, 1980–2009 Mitglied der Mittelstandsvereinigung, 1987–2007 Mitglied des Vorstandes des Stadtverbandes der CDU Bad Homburg, seit 1990 Mitglied des Vorstandes der Frauen Union Hessen, 1990–2002 Mitglied des Deutschen Bundestages, 1990–2002 Mitglied des Bundesvorstandes der Frauen Union, 1994–2000 Vorsitzende der Gruppe der Frauen der CDU/CSU-Bundestagsfraktion, 1995–1998 stellvertretende Vorsitzende des CDU Bundesfachausschusses „Bildung, Forschung und Kultur", 1996–2000 Vorsitzende, seit 2007 Ehrenvorsitzende der Frauen Union Hessen, 1996–2002 Mitglied des Präsidiums der CDU Hessen, 1999–2002 Vorsitzende der Arbeitsgruppe „Internationale Menschenrechte und Gewalt gegen Frauen" im CDU Bundesfachausschuss „Frauenpolitik", 2012 Verleihung des Bundesverdienstkreuzes am Bande

Der Zweite Weltkrieg in Stettin

Am 20. August 1939, wenige Tage vor Beginn des Zweiten Weltkrieges, wurde ich in Neuruppin in der Mark Brandenburg geboren. Ein Jahr später zog die Familie nach Stettin, wo mein Vater als Regierungsbaumeister eingesetzt wurde. Hier in Stettin erlebte ich die Schrecken des Krieges. Fliegerangriffe, Bombardements, ständiges Aufsuchen des Luftschutzkellers, zerbombte brennende Häuser, verletzte und sterbende Menschen und die riesigen Flüchtlingstrecks, die von Ost nach West zogen. Mein drei Jahre älterer Bruder musste als schulpflichtiges Kind Stettin verlassen. Er wurde zu unserer Großmutter nach Schwerin gebracht.

Ein unvergessliches Erlebnis, das sich mir in das Gedächtnis eingebrannt hat, war für mich ein Angriff der Engländer, die ihre Bomben auf die Stadt abwarfen und auch die Kirche, die wir aus meinem Kinderzimmerfenster sehen konnten, trafen. Der Kirchturm war von einem Volltreffer in Brand gesetzt worden. Meine Mutter hatte mich auf dem Arm, und wir schauten uns beide das Inferno an. Der Glockenturm brach plötzlich zusammen und stürzte samt Glocke in die Kirche hinein. Ich werde den Klang der berstenden Glocke nie vergessen. Zu meiner Mutter soll ich gesagt haben: „Nun ist der liebe Gott aber sehr böse auf die Menschen."

1945, kurz vor Kriegsende, gelang es meiner Mutter, mit mir in einem der letzten Züge aus Stettin herauszukommen. Da der Zug umgeleitet wurde, kamen wir nicht an unser Ziel Schwerin, sondern landeten in Berlin-Erkner, wo der Zug auf freier Strecke hielt. Wir nutzten die Gelegenheit, mit Hilfe der Mitfahrenden schnell auszusteigen und schlugen uns zu meinen in Berlin-Schöneberg in der Belziger Straße wohnenden Großeltern mütterlicherseits durch. Ganz Berlin stand in Flammen, und es war ein Wunder, dass wir unser Ziel überhaupt erreichten.

Die Reise nach Schwerin zum Bruder

Wenige Wochen später trafen meine Mutter und ich in Schwerin bei meiner Großmutter ein. Endlich war ich wieder mit meinem Bruder zusammen. Das Haus meiner Großmutter war inzwischen voll besetzt mit Einquartierungen von aus den Ostgebieten Geflohener und von ausgebombten Menschen. Schwerin wurde erst von den Engländern, dann den Amerikanern besetzt, bevor schließlich die „Ruhmreiche Rote Armee" unser Land „befreite" und ein unsägliches Regime begann, das dann letztlich in der Gründung der DDR mündete.

1946 wurde ich eingeschult. Ich ging sehr gern in die Schule, eine Woche vormittags, die darauf folgende Woche nachmittags. Dieser dauernde Wechsel wurde wegen der fehlenden Unterrichtsräume jahrelang nötig. Wir waren 62 Schülerinnen und Schüler in einer Klasse. Unser Schulsystem bestand aus acht Jahren Grundschul- und vier Jahren Oberschulbesuch mit abschließendem Abitur. Die Oberschule durften nur wenige Schüler besuchen, aus meiner Klasse waren es drei. Im Winter mussten wir Brennmaterial mitbringen. Viele Kinder waren unendlich arm, sie hatten nicht genug zu essen, besaßen kaum warme Kleidung, Schuhe wurden aus alten Autoreifen geschnitten.

1950 zogen wir nach Rostock. Ich war mittlerweile zehn Jahre alt und hatte in diesen wenigen Jahren schon so viel erlebt, dass ich bereits erste Vorstellungen hatte, was und wofür ich leben wollte.

Langsam entwickelte sich bei mir ein Gespür für die immer schwieriger werdende politische Lage. So erfuhren wir beispielsweise, dass eines Tages der Vater eines Klassenkameraden abgeholt wurde, weil er angeblich republikfeindliche Äußerungen gemacht haben sollte. Die Familie wusste zunächst nichts über seinen Aufenthaltsort. Immer mehr Schulkameraden und -kameradinnen verließen mit ihren Familien die inzwischen gegründete Deutsche Demokratische Republik. Sie waren meist ganz einfach verschwunden, sie hatten die DDR fluchtartig verlassen, um in Westdeutschland ein neues Leben in Freiheit beginnen zu können.

Der Druck, Mitglied bei den Jungen Pionieren, für ältere Jugendliche Mitglied der FDJ (Freie Deutsche Jugend) werden zu sollen, wuchs. Die Kirche wurde zum Feindbild erklärt, und die Jugendweihe wurde zum Maß der Anpassungsfähigkeit. Mir gegenüber hielten sich meine Eltern mit politischen Gesprächen zurück. Ich war ja das „Kind". Aber es blieb mir nicht verborgen, dass sie mit dem System größte Probleme hatten.

Die Arbeit meines Vaters als Leiter des Wasserstraßen-Amtes Schwerin, später des gesamten Ostsee-Bezirkes, war wesentlich durch politische Attacken gegen einen „Kapitalisten" und „Junker" (er war keines von beidem) gestört. Zum großen Problem wurde es, dass mein Vater nicht gewillt war, dem Staatssicherheitsdienst „genehme" Berichte bei der Beurteilung seiner Mitarbeiter abzugeben.

Der Besuch von Stasimitarbeitern

Ich werde nie vergessen, wie eines Tages Stasimitarbeiter in meine Oberschule kamen und mich zu einem Gespräch aus der Turnhalle herausholten. Es wurde mir ein Fotoapparat in die Hand gedrückt, mit dem ich Unterlagen aus dem Schreibtisch meines Vaters fotografieren sollte. Alle Menschen, die in verantwortlichen Positionen tätig wären, würden überprüft, ob nicht subversive Handlungen gegen den Arbeiter- und Bauernstaat vorlägen. Das sei natürlich im Falle meines Vaters, einem Mann, der eine sehr wichtige Schlüsselposition inne habe, reine Routinesache, erklärte man mir. Ich merkte sehr schnell, dass meine abwehrende Haltung nichts nützte, nahm völlig verängstigt und verwirrt die Kamera und übergab sie wie vereinbart am folgenden Vormittag einem Abholer. Auf dem 12-Bilder-Rollfilm sahen die Stasileute die Aufnahme einer Streichholzschachtel mit dem Aufdruck „Welthölzer", die ich im Schreibtisch meines Vaters fand und von allen Seiten fotografiert hatte. Ich wurde daraufhin einbestellt, gerügt, beschimpft und unter Drohungen entlassen. Meinen Eltern erzählte ich von diesem Vorgang erst viele Jahre später. Ich wollte sie einfach nicht verunsichern und ihnen zusätzliche Sorgen ersparen.

Politik im regionalen Umfeld

Meinen Vater versuchte man wiederholt zu einer Mitgliedschaft in der SED zu zwingen. Er wurde daraufhin Mitglied der CDU. Hier ließ man ihn in Ruhe und erwartete auch keine Mitarbeit von ihm. Ich hatte mich noch als Schülerin einer Gruppe von Studenten angeschlossen, die mit einer kleinen Offsetmaschine Flugblätter druckten, die über Missstände in der DDR wie z. B. über Verhaftungen berichteten. Wir verteilten sie unter teilweise dramatischen Umständen in der Uni Rostock und an die Bevölkerung. Diese Gruppe machte es sich vorrangig zur Aufgabe, Menschen, die kurz vor einer Verhaftung aus politischen Gründen standen, zu warnen. Genau genommen machte ich hier meine ersten politischen Erfahrungen.

Die Flucht aus der DDR

Am 20. August 1957, meinem 18. Geburtstag, verließ unsere Familie fluchtartig die DDR. Die berufliche Tätigkeit meines Vaters war durch Repressalien immer weiter eingeschränkt, und die Gängelung wurde für ihn immer unerträglicher. Mein Vater erhielt außerdem Hinweise, dass seine Situation gefährlicher würde. Allein seine Kompetenz hatte ihn bis dahin vor einer Verhaftung bewahrt, denn er wurde gebraucht, man konnte auf ihn so leicht nicht verzichten. Auf verschiedenen Wegen trafen wir bei meinen Großeltern, die inzwischen in Berlin-Tempelhof lebten, ein. Einen Tag später meldeten wir uns im Aufnahmelager für DDR-Flüchtlinge Berlin-Marienfelde als Flüchtlinge an und wurden entsprechend registriert. Während unseres Berlin-Aufenthaltes gingen Stasi-Mitarbeiter vor dem Haus, in dem meine Großeltern wohnten und wir vorübergehend Unterkunft fanden, auf und ab. Sie lauerten meinem Vater auf und versuchten, ihn mit Versprechungen wieder in die DDR zurückzuholen. Aus diesem Grund sollte unsere Familie schnellstens aus Berlin ausgeflogen werden. Bis zum Ausflug mit einer französischen Maschine nach Westdeutschland verging dann doch einige Zeit, denn in einer Zeitung war eine Kurzmeldung über die Flucht meines Vaters mit seiner Familie veröffentlicht worden, worauf es aus dem Hessischen Ministerium für Wirtschaft und Verkehr in Wiesbaden eine Anfrage gab, ob der Sothmann, von dem die Presse berichtet habe, der Regierungsbaumeister sei, mit dem der Anfragende früher zusammengearbeitet hatte. Mein Vater wurde daraufhin gebeten, sich umgehend mit Wiesbaden in Verbindung zu setzen und sich dort zu bewerben. Man könnte ihn dringend für den Bau von Autobahnen gebrauchen. So kam unsere Familie nach Hessen, und zwar nach Frankfurt am Main, und nicht wie vorgesehen nach Bremen. Mein Vater übernahm in Wiesbaden im Ministerium das Referat Verkehr, später im Frankfurter Autobahnamt das Dezernat Autobahnneubau.

Mein Eintritt in die CDU

Da ich aus einer Theologen- und Pädagogen-Familie stamme (mein Vater war als „Baumensch" ein Abweichler) und unsere Erziehung sich auch in diesem Sinne vollzog, ist das „Christliche" in meinem Leben von grundsätzlicher Bedeutung und Prägung. Insofern stand es für mich schon nach der Flucht aus der DDR außer Frage, sollte ich mich einmal einer Partei anschließen, könnte es nur die CDU sein.

„Die CDU kann Politik nur in christlicher Verantwortung machen, denn unsere Partei ist eine christlich-soziale, liberale und wertkonservative Volkspartei. Sie ist für jeden offen, der Würde, Freiheit und Gleichheit aller Menschen anerkennt." So steht es in dem immer wieder fortentwickelten und neu beschlossenen Grundsatzprogramm, das zuletzt am 3. Dezember 2007 auf dem Bundesparteitag in Hannover, auch mit meiner Stimme, verabschiedet wurde. Zu diesen Grundsätzen stehe ich, und ich habe meinen Schritt, in die CDU eingetreten zu sein, nie bereut.

Der Einstieg in die Politik

Der Neuanfang in der Bundesrepublik war nicht einfach. Aber wir waren froh und unendlich dankbar, alle zusammen nun im demokratischen Teil Deutschlands in Freiheit leben zu dürfen. Ich machte eine Lehre in einem Frankfurter Buchkommissionshaus, wo ich Anfang 1961 meinen Gesellenbrief als Großhandelskaufmann erwarb.

1962 wechselte ich zum Battelle-Institut e. V., einem Frankfurter Auftragsforschungs-Institut. Aufgeschlossene Mitarbeiter, ein Arbeitsplatz mit herausfordernden Aufgaben, Vorgesetzte, die nicht nur forderten, sondern auch förderten, ließen mich von 1962 bis 1990 in diesem Institut tätig sein.

1964 wurde ich Verwaltungsassistentin in der Direktion, während dieser Zeit machte ich neben der Berufstätigkeit meinen Betriebswirt. 1971 wurde ich Direktionsassistentin und dann Abteilungsleiterin verschiedener Abteilungen – zusätzlich Datenschutzbeauftragte –, zuletzt war ich Leiterin des Bereichs Beschaffung.

Mein Einstieg in die Politik vollzog sich schleichend, und zwar zunächst durch die Beteiligung an Wahlkämpfen, und das bereits lange vor meinem Eintritt in die CDU 1972. Die Einsicht, sich selbst einbringen zu müssen, wenn man politisch etwas verändern möchte, war bei mir zwar schon früh vorhanden, aber aktiv zu werden, konnte ich mir aus beruflichen Gründen nicht früher leisten. 1976 wurde ich Mitglied der Europa Union des Kreisverbandes Hochtaunus und dort auch Mitglied des Vorstandes.

1978 gründete ich einen Arbeitskreis für CDU Frauen im Hochtaunus, in dem wir uns mit allen aktuellen politischen Themen auseinandersetzten, denn es zeigte sich immer wieder, dass Frauen auf Parteitagen und Parteiversammlungen kaum mitredeten, sie trauten sich oft nicht, weil sie rhetorisch nicht so geübt waren. 1979 und 1980 war ich dann Kreisvorsitzende der CDU Frauen Union Hochtaunus, deren Ehrenvorsitzende ich seit 2002 bin.

Als Großhandelskauffrau und Betriebswirtin war es für mich klar, dass ein Engagement in der CDU auch mit der Unterstützung des Mittelstandes einhergehen muss. Ich war von 1980 bis 2009 Mitglied der Mittelstandsvereinigung und zeitweise in den Vorständen auf kommunaler und später auch auf Bundesebene aktiv. Ich leitete z. B. die MIT-Kommission „Neue Technologien" in unserer Fraktion in Bonn.

Ab 1981 war ich für etwa ein Jahr Stadtverordnete und stellvertretende Fraktionsvorsitzende im Bad Homburger Stadtparlament. Das war zwar nur eine kurze Zeit, in der ich jedoch vieles über die kommunalpolitischen Abläufe, die Hessische Verfassung, die Hessische Gemeindeordnung, das parlamentarische Gemeinwesen sowie die Behandlung und den Umgang von und mit Frauen in einem mehrheitlich von Männern geführten kommunalen Parlament erfahren habe. Leider musste ich dieses interessante Mandat frühzeitig wieder abgeben, da es mit meiner sehr zeitintensiven beruflichen Arbeit und Verantwortung nicht vereinbar war, nachdem sich mein Arbeitsbereich stark erweitert hatte.

Ich hatte nie eine politische Karriere ins Auge gefasst, da mich mein Beruf voll und ganz forderte und auch befriedigte. Somit hatte ich nie das Problem, eine „Ochsentour durch die CDU" machen zu müssen. Was meinen späteren Einzug in den Bundestag betrifft, war ich in der Tat eine echte Seiteneinsteigerin.

Kandidatur für den Deutschen Bundestag?

Im Juni 1989 überraschte mich ein CDU-Mitglied aus meinem Stadtverband mit der Frage, ob ich mich bereit erklären würde, für den nächsten Bundestag zu kandidieren. Der amtierende Bundestagsabgeordnete unseres Wahlkreises trat nicht wieder an, und die Bad Homburger CDU wollte gern einmal einen eigenen Vertreter nach Bonn schicken. Die Entscheidung fiel mir nicht leicht, denn ich würde einen sehr gut honorierten Arbeitsplatz, der mich voll ausfüllte, aufgeben, sollte ich gewählt werden. Zu bedenken war auch, dass Mandate wie man weiß keine „Erbhöfe" sind, sondern auf Zeit vergeben werden, was bedeutet, dass nach vier Jahren das AUS kommen kann, sollte man nicht wieder gewählt werden. Andererseits hätte ich die Chance, mit 50 Jahren meinem Leben eine Wende zu geben und noch einmal nach 28 Jahren Tätigkeit im Battelle-Institut in Frankfurt etwas ganz Neues beginnen zu können. Ende September entschied ich mich, die Möglichkeit einer Kandidatur für den Deutschen Bundestag wahrzunehmen.

Zwei Monate später, am 9. November 1989, geschah dann das Unfassbare, woran die meisten Menschen in Ost- und Westdeutschland nicht mehr geglaubt hatten: Die Mauer, die unser Volk getrennt hatte, öffnete sich. Und am 3. Oktober 1990 war unser geteiltes Land nach 45 Jahren wieder vereinigt.

1990 zog ich als direkt gewählte Abgeordnete für den Wahlkreis 133 (Hochtaunus, Oberlahn, Eppstein, Kelkheim) in den ersten gesamtdeutschen Bundestag ein. Ich hatte das große Glück, dass ich im Bundestag die Ausschüsse, deren Arbeitsgebiete meinem besonderen Interesse entsprachen, wählen durfte. Und mein größtes Interesse galt natürlich auf Grund meiner langjährigen Berufstätigkeit in einem Forschungsinstitut der Forschungspolitik. Deshalb gehörte ich von Beginn meines Mandates 1990 bis zum Ende 2002 dem Ausschuss für Forschung und Technologie (späterer Name: Ausschuss für Bildung, Wissenschaft und Forschung) an.

Das Zusammenwachsen Deutschlands

Nach der Wiedervereinigung musste im Rahmen des Zusammenwachsens der alten und neuen Bundesländer auch die Forschungslandschaft neu gestaltet werden. Dafür besuchten wir 1991 die wichtigsten Forschungszentren der ehemaligen DDR wie die Jenoptik Carl Zeiss Jena GmbH, Berlin-Adlershof, Dresden-Rossendorf, das Umweltzentrum Leipzig-Halle u. s. w. und waren erstaunt, welche hochqualifizierten Forschungs-Leistungen wir dort teilweise vorfanden. Auf einer Dienstreise durch Mecklenburg-Vorpommern 1991 durfte ich den damaligen Bundesforschungsminister Prof. Dr. Heinz Riesenhuber begleiten. In Schwerin und Rostock, meiner ehemaligen Heimat, die ich nach vierunddreißig Jahren erstmals wieder sah (!), sollten zwei Technologie- und Gründerzentren, die vom BMFT finanziert wurden, eingeweiht werden. Ich übernahm daraufhin für meine Fraktion für die ersten Jahre mit viel Freude die Begleitung aller Technologie- und Gründerzentren in Mecklenburg-Vorpommern.

Ich gehörte außerdem dem Ausschuss für Umwelt, Naturschutz- und Reaktorsicherheit an, aber nur für eine Legislaturperiode, weil ohnehin die meisten Themen auch im Forschungsausschuss behandelt wurden. Darüber hinaus arbeitete ich in der Enquete-Kommission „Schutz der Erdatmosphäre" (kurz Klima-Enquete) mit, deren Ergebnisse die Grundlage für den damaligen Umweltminister Töpfer bei den Verhandlungen auf der Klima-Konferenz in Rio bildeten. Weiterhin war ich stellvertretende Vorsitzende des Bundesfachausschusses „Bildung, Forschung und Kultur".

Meine wohl wichtigsten Berichterstattungen im Forschungsausschuss betrafen den Verkehr, die Verkehrslenk- und Leitsysteme, den Transrapid und die Entwicklung und Optimierung von High-Tech-Batterien für Elektromobile, wobei ich den E-Mobil-Flottenversuch auf Rügen begleitete.

Frauen in der Politik und die Gruppe der Frauen

Am Anfang meiner Berufstätigkeit habe ich die Tatsache, dass es Bereiche gab, die fast ausschließlich von Männern dominiert wurden, noch gar nicht als Problem gesehen. Persönlich hatte ich keine Nachteile, sondern hatte im Gegenteil das große Glück, von meinen männlichen Vorgesetzten akzeptiert und gefördert zu werden. Ich selbst änderte meine Einstellung, als ich anfing, politisch aktiv zu werden, ein total von Männern beherrschtes Feld. Überall wo ich hinsah, nahm ich plötzlich die Beschränkungen von Frauen wahr.

Mehr als die Hälfte der Bevölkerung in der Bundesrepublik sind Frauen, darum ist es wichtig, dass die Frauen bei allen politischen Entscheidungen ihre Sicht der Dinge einbringen, denn diese Sicht unterscheidet sich von der des Mannes. Schon Konrad Adenauer stellte fest: „Die Frau sieht manche Dinge eben anders als der Mann, damit sage ich gar nicht, dass der Mann sie richtiger sieht. Die Frau sieht in einer Frage eben noch andere Facetten, die da sind, und vielleicht ist ihr Gesamturteil noch besser als das des Mannes." Und Rita Süssmuth hat in diesem Sinne immer dafür geworben: „Frauen haben eine andere Sicht der Dinge …", das bedeutet, Frauen müssen gleichberechtigt bei allen politischen Fragen einbezogen werden. Unsere Gesellschaft ist nur dann zukunftsfähig, wenn sich die weibliche und die männliche Sicht der Dinge zu einem Gesamtbild ergänzen.

1994 wählte die Gruppe der Frauen der CDU/CSU-Bundestagsfraktion mich zu ihrer neuen Vorsitzenden, diese Aufgabe nahm ich sechs Jahre wahr. Die Gruppe der Frauen (GdF) ist eine der fünf „Soziologischen Gruppen" der Fraktion. Die Vorsitzende der GdF ist damit Mitglied des Fraktionsvorstandes und kann dort direkt Einfluss nehmen. Für die Erfüllung der Aufgaben stehen ihr zusätzlich ein Büro und Mitarbeiter/innen zur Verfügung. Die Aufgabe der GdF besteht in der Förderung und Unterstützung der Frauen im parlamentarischen Alltag. Das beginnt bereits mit dem Versuch der Einflussnahme durch die Vorsitzende auf die Postenvergabe jeweils am Anfang einer Legislaturperiode für die Arbeit im Parlament. Diese lag zu meiner Zeit allein in „Männerhand", was zur Folge hatte, dass die meisten interessanten und einflussreichen Positionen an die männlichen Fraktionsmitglieder vergeben wurden. Die GdF setzt sich mit den politischen Vorgängen, die im Parlament beraten werden, auseinander und bringt ihre Meinung und Kritik, Änderungs- und sonstigen Wünsche in Fraktion, Arbeitsgruppen, Ausschüssen und Plenum ein. Das gilt nicht nur für frauen- und sozialpolitische Themen. Frauenpolitik ist eine Querschnittsaufgabe, die alle gesellschaftlichen und politischen Bereiche umfasst. Speziell bei der Änderung und/oder Ergänzung von Gesetzen prüft die GdF kritisch, ob auch die Belange der Frauen ausreichend Berücksichtigung finden.

So war uns beispielsweise ein ganz wichtiges Anliegen die Reform der gesetzlichen Rentenversicherung in Bezug auf die Berücksichtigung von Kindererziehungszeiten. Es sind die Frauen, die wegen der Betreuung, Erziehung und auch Pflege von Kindern nicht oder nur eingeschränkt erwerbstätig sein können, was dazu führt, dass sie geringere Ansprüche aus der gesetzlichen Rentenversicherung haben. 1999 trat dann endlich das Rentenreformgesetz in Kraft, wonach die durch die Kindererziehungszeiten bedingten Nachteile bei der Altersversorgung im weiteren Umfang ausgeglichen werden. Aber das reicht noch lange nicht, Opposition und Regierung sind sich darin einig, dass eine Ausweitung der Leistungen angestrebt werden muss, um der Altersarmut von Frauen entgegenzuwirken.

Ein Hauptanliegen der GdF ist, mehr Chancengleichheit für Frauen in allen gesellschaftlichen Bereichen, wie in der Wirtschaft und Politik, auch in Wissenschaft und Forschung zu erzielen. Welche Rahmenbedingungen müssen wir schaffen, dass Frauen nicht nur typisch weibliche Berufe anstreben, sondern vermehrt technische und naturwissenschaftliche Fächer studieren und in diesen Berufen eine Karriere anstreben? Bereits im Elternhaus und in der Schule müssen die Vorurteile gegen Frauen in naturwissenschaftlich-technischen Berufen abgebaut und damit alte Rollenklischees über Bord geworfen werden. Frauen dürfen den Anschluss an die Wissens- und Informationsgesellschaft nicht verpassen. Sehr hilfreich war bei allen Diskussionen in diesem Zusammenhang übrigens auch meine Mitgliedschaft im Ausschuss für Familie, Senioren, Frauen und Jugend des Bundestages.

Aber ganz besonders wichtig war mir bei der Mitarbeit an diesen Themen meine Mitgliedschaft im Bundesvorstand der CDU Frauen Union Deutschland (1990 bis 2002) wie auch die seit 1990 bis heute bestehende Mitgliedschaft im Landesvorstand der CDU Frauen Union Hessen, deren Vorsitzende ich von 1996 bis 2000 war und deren Ehrenvorsitzende ich heute bin. Aufgrund dieser Mitgliedschaften war ich auch in der Lage, eine Mittlerrolle zwischen Bundes- und Landespolitik bis hin zur kommunalen Ebene für die Frauen wahrzunehmen, zumal ich auch von 1996 bis 2002 Mitglied des CDU-Präsidiums Hessen war.

Nur gemeinsam können wir es schaffen, die nach wie vor bestehenden Benachteiligungen von Frauen in Politik, Wirtschaft und Gesellschaft abzubauen, denn wir sind noch immer weit entfernt von einer Chancengleichheit auf allen Ebenen der Gesellschaft. Das heißt, Frauen müssen sich auch politisch stärker engagieren – das fängt bereits auf der kommunalen Ebene an –, sie müssen Karriere in Männerdomänen anstreben und bereit sein, in wichtige Entscheidungsgremien aufzusteigen.

Grundvoraussetzung in der Politik ist, dass Frauen vermehrt in entscheidenden Positionen vertreten sind, und das ist für mich nur über eine verbindliche Quote zu erreichen. Deshalb habe ich mich immer vehement für die Einführung der Quote eingesetzt und werde dieses Ziel auch weiterhin unterstützen. Als ich 1990 in den Bundestag einzog, waren in unserer Partei von 319 Abgeordneten 44 weiblich, das entsprach einem Frauenanteil von ca. 14 Prozent. Heute, nach über zwanzig Jahren, haben wir, die CDU, es gerade einmal auf 19 Prozent geschafft und sind damit immer noch Schlusslicht im Vergleich mit allen anderen Parteien.

Die Weltfrauenkonferenz in Peking

1995 nahm ich als Mitglied der Deutschen Regierungsdelegation an der 4. Weltfrauen-Konferenz in Peking teil. Dort hatten wir Gelegenheit, uns nicht nur mit den Regierungsdelegationen aus aller Welt, sondern auch mit den Frauen der Nichtregierungsorganisationen (NGO), das sind Mitglieder von Frauenverbänden, Interessengruppen und Parteien, auszutauschen. In unseren Gesprächen wurde sehr deutlich, dass über alle politischen und kulturellen Grenzen hinweg, die Probleme von Frauen weltweit vergleichbar sind. Frauen leiden in der ganzen Welt weitaus stärker als Männer unter Gewalt, Armut, Diskriminierung und Unterdrückung. In einem Bericht der Vereinten Nationen wurde dazu gesagt: „In keiner Gesellschaft der Welt gab es eine Chancengleichheit." Und das gilt auch heute noch. Darum forderten die Teilnehmerinnen der CDU/CSU-Bundestagsfraktion auf dieser Konferenz u. a.: „Die Unteilbarkeit von Menschenrechten muss weltweit akzeptiert werden. In jedem Land müssen die spezifischen Hindernisse der Gleichberechtigung beseitigt und eine Verbesserung der gesellschaftlichen, sozialen und wirtschaftlichen Lage von Frauen erreicht werden." Fazit der 4. Weltfrauenkonferenz war: „Die Zukunft der Menschheit ist abhängig von der Zukunft der Frauen."

Die Ausbildung der Frauen

Die bessere Ausbildung der Frauen bei uns heute – 1996/1997 hatten erstmals mehr Frauen als Männer ein Studium begonnen und eine weitere Studie von 2001 zeigte, dass weibliche Studenten sogar ehrgeiziger und zielstrebiger als die männlichen Kommilitonen sind und auch im Durchschnitt zu besseren Abschlüssen kommen – hat nicht zu mehr Gleichbehandlung im Berufsleben geführt. Noch immer gilt: Gut ausgebildete und hochqualifizierte Frauen können ihre Kenntnisse und Fähigkeiten nur selten in eine wissenschaftliche oder berufliche Karriere umsetzen, was speziell für Führungspositionen zutrifft, solange sie weiter vor die Entscheidung Familie oder Beruf gestellt werden. Zwar setzen noch viele Frauen auf das alte Rollenverständnis „Familie und Kinderbetreuung" und hoffen, dass ihre Ehe für immer hält. Doch die stetig steigende Scheidungsrate, die zunehmende Zahl der alleinerziehenden Mütter und die erschreckend hohe Altersarmut speziell der Frauen, macht ein Umdenken in der Gesellschaft überfällig.

Die Politik kann und darf den Menschen nicht vorschreiben, wie ihr Lebensentwurf auszusehen hat. Sie kann und muss aber die Rahmenbedingungen bereitstellen, um eine echte Wahlmöglichkeit für Familie und/oder Beruf zu eröffnen. Die CDU hatte viel zu lange am konservativen Frauenbild festgehalten, eine Neubewertung der Rolle der Frau war aufgrund der veränderten Lebensformen längst fällig.

Umfragen haben ergeben, dass junge Frauen vermehrt alles wollen, nämlich Karriere, gutes Einkommen und Kinder, sie akzeptieren es nicht mehr, dass nur Frauen zur Wahl zwischen Karriere und Kind gezwungen sind, während der

Aufstieg der Männer nichts mit dem Familienstand zu tun hat. Unsere Gesellschaft muss endlich begreifen, dass nur eine partnerschaftliche Arbeitsteilung zwischen Männern und Frauen zu echter Chancengleichheit führt.
Es muss aber auch im Interesse von Wirtschaft und Gesellschaft liegen, die vorhandenen Kompetenzen von Frauen stärker zu nutzen, gerade im Hinblick auf den zunehmenden Fachkräftemangel und nicht zuletzt aufgrund des demografischen Wandels. Das setzt voraus, dass verstärkt familienfreundliche Arbeitsbedingungen geschaffen werden, die sich an den Bedürfnissen der Frauen orientieren, d. h. es müssen flexiblere, familiengerechte Arbeitszeiten- und Arbeitsformen (z. B. Heimarbeit) angeboten werden, wie auch der zügige weitere Ausbau von bedarfsgerechten Kinderbetreuungsangeboten erfolgen muss. Ich erinnere, seit 1996 haben Kinder im Alter von drei bis sechs Jahren einen Rechtsanspruch auf einen Kindergartenplatz! Weiterhin müssen mehr ganztägige Kinderbetreuungsangebote auch für Kinder unter drei Jahren und mehr Ganztagsschulen vorgehalten werden.

Zur Erfüllung dieser Voraussetzungen sind die Familien, der Staat und die Politik, wie auch alle Arbeit gebenden Institutionen, d. h. die gesamte Gesellschaft gefordert

Zur Gleichberechtigung der Frauen in allen Berufsfeldern gehört auch die Beteiligung der Frauen in der Bundeswehr. Bis 1999 war die Bundeswehr kein Thema für Frauen, sie wurden seit 1988 nur im Militärmusikdienst und im Sanitätsdienst eingesetzt.
 Der Vorstoß Mitte 1999 des damaligen Bundesverteidigungsministers Rudolf Scharping (SPD) aufgrund der Klage einer Frau vor dem Europäischen Gerichtshof, die Bundeswehr auch für Frauen für den Waffendienst zu öffnen, wurde von der GdF grundsätzlich begrüßt. Die Öffnung der Bundeswehr für Frauen in vielen Sparten, wie beispielsweise in Bereichen der Logistik, Ausbildung, Nachrichten- und Informationstechnik, war längst überfällig. Was allerdings den Dienst der Frauen an der Waffe betraf, so stand dem zu diesem Zeitpunkt unser Grundgesetzartikel 12a entgegen, in dem es hieß: „Sie [Frauen] dürfen auf keinen Fall Dienst mit der Waffe leisten."

Frauen in der Bundeswehr?

Schon 1996 hatte ich anlässlich einer Delegationsreise nach Israel, bei der es u. a. auch um grundsätzliche Fragen zur Situation der Frauen in Israel ging, bei einem Besuch im Übungszentrum des Frauencorps der Israelischen Armee in Zifrin Gespräche zum Thema „Frauen und Armee" geführt. Israel hat ja die

Wehrpflicht für Frauen, die es in keinem europäischen Staat gibt. Um sich aufgrund der neuen Situation ein umfassendes Bild über die Erfahrungen von Frauen als gleichberechtigte Mitglieder in den Streitkräften zu verschaffen, unternahm der Bundestagsausschuss für Familie, Senioren, Frauen und Jugend Mitte 2000 unter meiner Leitung eine Delegationsreise nach Israel. Wir führten mit dem Stellvertretenden Verteidigungsminister Ephraim Sneh auch ein Gespräch über „Frauen im Militär". Wir besuchten die vier Militärbasen Tel Ha´Shomer (Tel Aviv), Mah´abei Sadeh, Ba´Alish und Tsrifin, und diskutierten dort mit vielen Soldatinnen, angefangen mit Rekrutinnen bis zu Offizierinnen, wie auch mit der Brigadegeneralin Suzi Yogev, Oberkommandierende des Frauencorps. Dabei wurde kein Thema und kein Problem ausgespart, wie z. B. auch die Frage nach sexuellen Übergriffen in der Armee. Wir erfuhren: Die israelischen Frauen sind in der Regel hoch motiviert, fleißig, zielstrebig und sehr selbstbewusst, weil sie einen Beitrag zur Verteidigung ihres Landes leisten können. Frauen dienen in allen Einheiten, auch Kampfverbänden, zusammen mit Männern. Die Gleichberechtigung von Frauen ist durch das Gleichstellungsgesetz weitgehend durchgesetzt, in der Praxis gibt es jedoch Nachholbedarf, z. B. bei Frauen in Offizierspositionen. Es gab zu der Zeit in der Armee 9 Prozent weibliche Offiziere, darunter 21 weibliche Generäle. Nach Anfangsproblemen sind die Frauen von den Männern inzwischen auch als Vorgesetzte akzeptiert.

Die intensiven Gespräche und Diskussionen mit der IDF (Israel Defense Force) waren für unsere Entscheidungen sehr hilfreich. Seit dem 1. Januar 2001 sind nun auch in Deutschland für die Frauen alle Laufbahnen bei der Bundeswehr uneingeschränkt möglich. Die Verfassung wurde dafür wie folgt geändert: „Sie [Frauen] dürfen auf keinen Fall zum Dienst mit der Waffe verpflichtet werden." Damit waren auch die Forderungen der GdF erfüllt.

Die Einstellung meines Umfeldes zu meiner politischen Tätigkeit

Meine Entscheidung, 1972 in die CDU einzutreten und politisch aktiv zu werden, hat weder an meinem Arbeitsplatz noch in meinem beruflichen Umfeld oder im privaten Bereich zu Problemen geführt. Ich konnte mich immer offen zu meiner politischen Heimat bekennen, wie aber auch ich keine Probleme mit anders Denkenden habe.

Die Quotenfrage

Ich war nie eine Quotenfrau. Hätte ich aber über die Quote eine Position erlangt, hätte mich das nicht gestört, denn ich sehe darin keine persönliche Abwertung. Wie ich bereits anmerkte, bin ich eine Verfechterin der Quotenregelung, solange wir unsere Ziele der Gleichstellung von Frauen und Männern nicht anders erreichen können.

Im CDU-Papier „Das Frauenquorum in der CDU" heißt es dazu: „Unser Grundsatz: Der Bundesvorstand und die Vorstände der Landes-, Bezirks-, Kreis-, Stadt-/Gemeinde- bzw. Stadtbezirksverbände und der Ortsverbände der Parteien sowie die Vorstände der entsprechenden Organisationsstufen aller Bundesvereinigungen und Sonderorganisationen der CDU sind verpflichtet, die rechtliche und tatsächliche Gleichstellung von Frauen und Männern in der CDU in ihrem jeweiligen Verantwortungsbereich durchzusetzen." Und dabei geht es zunächst einmal nur um den ersten Schritt. Denn es heißt: „Frauen sollen an Parteiämtern in der CDU und an öffentlichen Mandaten mindestens zu einem Drittel beteiligt sein."

Um das richtige Konzept, die Gleichstellung von Frauen und Männern auch in den Entscheidungsgremien der Wirtschaft endlich voranzubringen, wird heute immer noch gestritten. Den Verfechtern, dies allein den Unternehmen durch eine Selbstverpflichtung (Flexiquote) zu überlassen, steht die Meinung gegenüber, dass nur die Einführung einer gesetzlichen Frauenquote zielführend ist. Nach meiner Auffassung werden wir ohne die Frauenquote auch in den nächsten Jahren keine Erfolge in Bezug auf die Durchsetzung von mehr Gleichberechtigung haben, das hat uns die Vergangenheit gelehrt: In den oberen Führungsebenen in den Konzernen hat sich nichts Wesentliches geändert. In der CDU-Fraktion soll der Widerstand gegen ein Gesetz für Frauen in Führungspositionen schwinden. Es wird damit gerechnet, dass in der nächsten Legislaturperiode in der Wirtschaft die Quote kommen wird, aber bitte nicht nur für die oberste Etage, sondern für alle Führungsebenen.

Gewissensentscheidungen

In unseren Fraktionssitzungen bemühten sich die Mitglieder natürlich bei den anstehenden Entscheidungen, zu einem gemeinsamen Ergebnis zu kommen. Verschiedentlich war es ein schwieriger Prozess, einen Konsens zu finden, der sich dann in einer einheitlichen Meinung in der Abstimmung widerspiegelte. Und wenn das nicht gelang, stellte sich die Frage: Soll ich mich an die „Fraktionsdisziplin" halten, oder stimme ich gegen die eigene Fraktionsmeinung?

Für mich gab es nur wenige Entscheidungen, die ich nach langen Diskussionen letztendlich doch nicht mittragen konnte. In diesen Fällen informierte ich selbstverständlich meinen Fraktionsvorsitzenden. Es ging z. B. um den § 218 StGB, den Schwangerschaftsabbruch, der nach der Wiedervereinigung neu gesetzlich geregelt werden musste und uns bis zur Gesetzesreife fünf Jahre beschäftigte, oder das Stammzellgesetz zur Regelung von Einfuhr und Verwendung embryonaler Stammzellen, das im April 2002 verabschiedet wurde.

Geschlechtsspezifische Unterschiede und Gemeinsamkeiten

Männer sollen sich in Gegenwart einer Frau etwas mehr zurückhalten oder anders ausgedrückt, sich mehr kontrollieren. Bei Diskussionen während meiner politischen Tätigkeit habe ich schon manchmal gestaunt, mit welcher Nonchalance und Selbstverständlichkeit „Mann" schnell das Wort an sich riss und die eigene Meinung zur allgemeingültigen erhob. Aber grundsätzlich stelle ich fest, dass sich im Kommunikations- und Diskussionsstil der Männer in Gegenwart von Frauen insofern etwas verändert hat, dass sie zur Kenntnis nehmen mussten, dass die Frauen ihnen nicht nur fachlich gewachsen sind, sondern auch sehr viel selbstbewusster auftreten und sich nicht mehr alles bieten lassen.

Was wir Frauen leider nicht früh genug geschafft haben, sind Netzwerke zu knüpfen, obwohl es uns die Herren schon lange mit Erfolg vorgemacht haben. Rita Süssmuth hat jahrzehntelang unermüdlich und unerschrocken „gepredigt", dass Frauen sich zu Frauenbünden zusammenfinden müssen, nach dem Motto: Einigkeit macht stark. Will man etwas erreichen, muss man sich Verbündete suchen, um seinen Forderungen Nachdruck zu verleihen. Bürgerinnen und Bürger haben das schon lange begriffen. Sie setzen ihre Möglichkeiten ein und gründen, wenn sie z. B. Entscheidungen nicht akzeptieren, eine Bürgerinitiative, um ihre Interessen durchzusetzen.

Im Bundestag haben sich die Frauen der CDU zur „Gruppe der Frauen" (GdF) zusammengeschlossen und sind so auch ein Machtfaktor in der Fraktion. Und auf Kommunal-, Landes- und Bundesebene haben sich die Frauen der CDU in der Frauen Union zusammengefunden, um ihre Forderungen mit geballter Kraft gezielt und mit einer Stimme voran zu treiben. Doch junge Frauen sieht man dort seltener, denn viele können politische Aktivitäten zusätzlich neben Familie und Beruf einfach nicht leisten.

Frauen, die es in der Wirtschaft, im Öffentlichen Dienst oder in der Politik bis in die Führungsebene geschafft haben, sollten Frauen in ihrem Tätigkeitsbereich unterstützen und fördern. Leider habe ich häufig feststellen müssen, dass viele Frauen, sind sie erst einmal in entscheidende Positionen gewählt bzw. aufgerückt, für ihre Geschlechts-Genossinnen nicht mehr viel tun. Dabei könnten gerade sie als „Vorbild" junge Frauen ermutigen, eine Karriere anzustreben, und ihnen den Weg dahin aufzeigen und vielleicht sogar ebnen. Auch Mentorinnen können hilfreich sein, Frauen in ihrer politischen Entwicklung weiterzubringen.

Abgeordnete sind als Volksvertreter „Öffentliche Personen" und werden daher besonders aufmerksam und kritisch nicht nur von ihren Wählerinnen und Wählern, sondern auch von den Medien wahrgenommen und sollten darum ein gepflegtes Erscheinungsbild abgeben. Für unsere Fraktion galt, angemessen, sprich seriös, im Plenum zu erscheinen – und das gilt für mich für alle öffentlichen politischen Auftritte. In den zwölf Jahren meiner Mitgliedschaft im Deutschen Bundestag habe ich in unserer Fraktion keine besonderen Vorkommnisse in Bezug auf gewagtes oder unangemessenes Äußeres bemerkt, das gilt aber auch für die anderen Parteien. Einzig die Grünen waren eine mehr „bunte" Gesellschaft.

Im Gegensatz zu den Herren, bei denen sich kaum jemand dafür interessiert, ob sie jeden Tag denselben Anzug tragen, wie die Krawatte aussieht oder wie ihre Frisur sitzt, schaut man bei den Frauen schon genauer hin und erwartet von ihnen, dass sie auch Abwechslung in ihre Garderobe bringen und möglichst immer „toll" aussehen. Dabei ist die Frisur der Frauen ein Thema für sich! Ich finde es einfach absurd, dass sich die Medien jahrelang mit der Frisur unserer Kanzlerin beschäftigen können.

Meine Lebensbilanz

Auf die Frage nach den Prinzipien und Grundsätzen meines politischen Handelns, kann ich nur antworten: Es sind die gleichen, die für mich grundsätzlich auch für mein Handeln im persönlichen Umfeld gelten.

Voraussetzung ist zunächst einmal der faire und ehrliche Umgang miteinander und die Akzeptanz unterschiedlicher Meinungen. Einerseits soll und muss man seinen Standpunkt engagiert und mutig vertreten und auch hart für eine Sache streiten. Andererseits wird man aber ohne Kompromissbereitschaft selten erfolgreich sein. Kurz gesagt: Disziplin, Toleranz, Glaubhaftigkeit, Verlässlichkeit sind für mich Grundvoraussetzung für eine erfolgreiche Arbeit im Interesse der Bürgerinnen und Bürger, das gilt auch für die Auseinandersetzungen mit dem „politischen Gegner".

Erfolge und Misserfolge

Eine gründliche Vorbereitung sowie Beharrlichkeit bei der Findung eines gangbaren Weges zur Lösung anstehender Probleme sind der Schlüssel, Vertrauen zu schaffen und Anerkennung zu finden. Aber einen persönlichen Erfolg kann sich der Einzelne selten alleine auf die Fahne schreiben, bundespolitische Erfolge sind in der Regel das Ergebnis gemeinsamer Bemühungen, auch über Parteigrenzen hinweg. Trotzdem kann ein engagierter Einsatz manchmal auch ganz persönliche Anerkennung finden: Als Mitglied des Forschungsausschusses war ich 1994 Berichterstatterin für die Novellierung des Tierschutzgesetzes für meine Fraktion im Bundestag. Ein sehr schwieriges Thema. Ich besuchte hierfür einige Universitäten und Forschungs-Institutionen, um mich vor Ort über die Notwendigkeit und den Umfang von Tierversuchen zu informieren.

Nach der Debatte zur Novellierung des Tierschutzgesetzes im Bundestag erhielt ich einige Zuschriften von Wissenschaftlern verschiedener Forschungseinrichtungen: So schrieb z. B. Prof. Dr. med. R. Klinke, Klinikum der Johann

Wolfgang Goethe-Universität, Geschäftsführender Direktor: „Trotz jahrelanger Bemühungen, die in meinem Falle z. B. bis auf das Jahr 1985 zurückgehen, in denen wir Wissenschaftler uns bemüht haben, Politikern unsere Situation darzustellen, waren Sie die erste, die wirklich unsere Argumente geprüft und ernst genommen hat. Ja mehr noch, Sie haben sich aktiv bemüht, unsere Situation nachzuvollziehen. Fast alle anderen wussten es schon immer von vornherein besser. So kann ich nur hoffen, dass Sie auch dem neuen Bundestag wieder angehören werden."

Über viele Jahre als Berichterstatterin für Verkehr war für mich ein vorrangiges Thema der Transrapid. Das Scheitern dieses Projektes gehört für mich zu den großen Enttäuschungen. Die Magnetschnellbahn, die eine Spitzengeschwindigkeit von 500 km pro Stunde erreichen und damit auch Kurzflüge überflüssig machen sollte, war als High-Tech-Export-Schlager für Deutschland geplant. Wir hatten zu der Zeit mit unserer Technologie weltweit die Nase vorn. Ein Ende 1991 fertiggestelltes Gutachten hatte die Einsatzreife des Transrapids bescheinigt, und damit konnte die Planung für den Bau einer ersten Anwendungsstrecke begonnen werden.

Anfang 1994 entschied die Bundesregierung, die Realisierung einer ersten Magnetschnellbahnstrecke für den Transrapid zwischen Hamburg und Berlin. 1998 sollte mit dem Bau der Referenzstrecke planmäßig begonnen werden. Im Februar 2000 kam dann das AUS für den Transrapid Hamburg – Berlin durch die Bundesregierung unter Gerhard Schröder. Den Todesstoß für das bis dahin weltweit einzigartige High-Tech-Produkt „Made in Germany" kann ich bis heute nicht nachvollziehen.

Viel sichtbarer werden Erfolge im unmittelbaren Kontakt mit den Menschen, d. h. bei der Wahlkreisarbeit. Der Einsatz für die Bürgerinnen und Bürger, unabhängig von deren Parteizugehörigkeit, hatte für mich in all den Jahren Priorität. Ich konnte bei der Lösung vieler Probleme behilflich sein, so bei Problemen mit Bundesbehörden, bei Wehr- und Zivildienstangelegenheiten, bei Vermögensfragen in den Neuen Bundesländern, bei der Familienzusammenführung von Aussiedlern, bei Anträgen für Fördermittel des Bundes, z. B. für Existenzgründungen, sei es bei der Vermittlung von Gesprächen einiger Ärzte aus dem Hochtaunuskreis mit dem Gesundheitsminister und vieles mehr. Jeder Brief aus meinem Wahlkreis wurde von meinem Büro in Bonn, später Berlin bearbeitet und beantwortet. Ich war immer wieder erstaunt, wenn Rückmeldungen kamen mit dem Kommentar: „Wenn Sie die Angelegenheit leider auch nicht beeinflussen können, so haben Sie uns wenigstens geantwortet, und dafür danken wir Ihnen." Mehr als 11.000 Bürgerinnen und Bürger aus meinem Wahlkreis konnte ich während meiner Abgeordnetenzeit in Bonn und Berlin begrüßen. Darauf bin ich sehr stolz! Sie waren angereist, um den Arbeitsplatz und das Arbeitsumfeld ihrer Abgeordneten kennen zu lernen, sich ein realistisches Bild über die Arbeitsabläufe des Deutschen Bundestages auch außerhalb des Plenarsaales zu machen und natürlich auch, um die anstehenden politischen Probleme direkt vor Ort zu diskutieren.

Ende September 2000 lud ich zum ersten Mal eine Behinderten-Gruppe, und zwar eine Multiple-Sklerose-Selbsthilfegruppe aus meinem Wahlkreis nach Berlin ein. Die Organisation dieser Fahrt gestaltete sich schwieriger, als ich mir das vorgestellt hatte, da sie auf die speziellen Bedürfnisse der MS-Patienten abgestimmt werden musste, denn zwölf Teilnehmer waren auf den Rollstuhl angewiesen. Die Fahrt wurde ein toller Erfolg, die Teilnehmerinnen und Teilnehmer waren total begeistert und glücklich. Ich werde nie den Anblick vergessen, wie die Gruppe der Rollstuhlfahrer vergnügt die Kuppel des Reichstages eroberte, geschoben von ihren Begleitern und anderen helfenden Händen. Das war dann der Grund, immer auch behinderte Menschen nach Berlin einzuladen.

Die Förderung der Jugendlichen lag mir besonders am Herzen. Regelmäßig beteiligte ich mich deshalb am Parlamentarischen Patenschaftsprogramm, das Stipendien für einjährige Aufenthalte in den USA vergibt. Ich habe die Auswahl und die Patenschaft für zahlreiche Jugendliche aus meinem Wahlkreis übernommen, von denen heute noch einige mit mir in Verbindung stehen. Aber auch die Präsenz in meinem Wahlkreis war mir sehr wichtig. Sie kostete viel Kraft, da der Wahlkreis 133, gemessen an der Einwohnerzahl, rund 30 Prozent über dem Durchschnitt der Wahlkreise lag. Erst nach meinem Ausscheiden aus dem Bundestag trat die Neuordnung der Wahlkreise in Kraft, danach ist unser Wahlkreis jetzt um 6,4 Prozent kleiner als der „Durchschnittswahlkreis". Auf unzähligen Veranstaltungen habe ich über die Bundespolitik und die Auswirkungen neuer Gesetze für die Bürgerinnen und Bürger vor Ort informiert und mit ihnen darüber diskutiert.

Ein Ausstieg aus der Politik?

Das ständige Pendeln zwischen Bonn, später Berlin und Bad Homburg, die Fülle der Ämter und die ständige Präsenz in einem überdurchschnittlich großen Wahlkreis hatte bei mir nach zwölf Jahren deutlich Spuren hinterlassen, auch gesundheitlich. Ganz abgesehen davon hatte das Privatleben ebenfalls gelitten und war zuletzt fast bei „Null" gelandet.

Der Neuzuschnitt meines Wahlkreises war damit für mich der richtige Zeitpunkt, 2002 nicht erneut für den Deutschen Bundestag zu kandidieren. Der Abschied fiel mir nicht leicht. Es war eine politisch hoch interessante, aufregende Zeit mit vielen tollen Erlebnissen und Begegnungen. Ich bin so dankbar, dem ersten gesamtdeutschen Bundestag angehört zu haben, und dass ich den Umzug in mein geliebtes Berlin erleben durfte, dem ich natürlich am 20. Juni 1991 zum Kummer meiner Mitarbeiterinnen zugestimmt hatte. Dafür tolerierte ich, dass an meinen Bürotüren große Schilder hingen: „Bonn – wir bleiben!" Ich habe so viele interessante Menschen während meiner Abgeordnetenzeit kennenlernen dürfen. Unvergesslich bleibt mir eine Begegnung 1996 mit Mutter Teresa in Kalkutta und der gemeinsame Besuch ihres Sterbehauses. Das Treffen war zustande gekommen, nachdem ich den Auftrag erhielt, anlässlich eines Indienbesuchs, bei dem es um Forschungs- und Sozialprojekte, die von der Bundesrepublik finanziert, bzw. finanziell unterstützt wurden, ging, Mutter Teresa einen Scheck für ihr laufendes AIDS-Projekt zu übergeben.

Dieser Besuch in Mutter Teresas „mother home" hatte einen so nachhaltigen Eindruck bei mir hinterlassen, dass ich nach meiner Bundestagszeit in Bad Homburg einen Hospiz-Verein mitbegründete, dessen Vorstand ich einige Jahre angehörte und wo ich heute – nach der Ausbildung zur Hospizhelferin – Sterbebegleitungen mache. Und in meinem Präsidentenjahr im Lions Club Hofheim Rhein-Main (Hessens Erster Damen Lions Club) war mein Projekt „AIDS-Aufklärung" an Hofheimer Schulen, das nun schon seit acht Jahren erfolgreich weitergeführt wird.

Wünsche und Ratschläge

Eine gute Schul- und Berufsausbildung ist die Basis nicht nur für die berufliche Entwicklung, sondern auch für die Arbeit und Karriere in einer Partei. Junge politisch engagierte Frauen sollten daher alle Möglichkeiten wahrnehmen, um sich politisch zu informieren (Presse und andere Medien) und weiterzubilden (z. B. auch über die Konrad-Adenauer-Stiftung). Hilfreich ist für einen jungen Menschen, sich einer politischen Jugendorganisation (z. B. Junge Union) anzuschließen, um schon frühzeitig zu lernen, sich mit dem anderen Geschlecht mit politischen Themen auseinanderzusetzen und dabei auch ihre rhetorischen Fähigkeiten zu trainieren. Bereits in der Jungen Union entwickeln sich die ersten Seilschaften – leider bisher nur unter Männern –, die in der Regel für deren spätere Karriere sehr hilfreich waren. Was sagt uns das? Auch die Frauen sollten „Seilschaften" bilden.

Wenn man in der Politik mitreden und etwas verändern möchte, sollte man sich einer Partei seiner Wahl anschließen und sich bereits auf kommunaler Ebene engagieren und versuchen, ein Mandat in einem Gemeinde- oder Stadtparlament zu übernehmen. Um speziell Frauen zu unterstützen und Frauenthemen voran zu bringen, sollten junge Frauen sich mit Gleichgesinnten zusammenschließen und z. B. in die Frauen Union eintreten.

Frauen sollten grundsätzlich Frauen unterstützen, das gilt nicht nur in der Politik, sondern auch, wenn sie in leitender Funktion in einem Unternehmen tätig sind.

Junge Frauen waren noch nie so frei, gut ausgebildet und selbständig wie heute, sie sollten diese Freiheit und ihre Chancen aber auch nutzen.

Renate Hellwig

Ich bereue nichts

Geboren am 19. Februar 1940 in Beuthen, 1959 Abitur, 1959–1964 Studium der Rechtswissenschaften an der Ludwig-Maximilians-Universität München und an der Technischen Universität Berlin, 1967 Promotion zum Dr. jur., 1969 Referentin im Bundesministerium für Arbeit und Sozialordnung, 1969–1972 Referentin für Öffentlichkeitsarbeit im Kultusministerium Baden-Württemberg, 1970 Eintritt in die CDU, 1972–1975 Mitglied des Landtages von Baden-Württemberg, 1972–1975 Vorsitzende der Frauenvereinigung Nordwürttemberg, 1975–1980 Staatssekretärin im Landesministerium Rheinland-Pfalz für Soziales, Gesundheit und Umwelt, 1975–1989 Mitglied des Bundesvorstandes der Frauenvereinigung/Frauen Union, 1980–1998 Mitglied des Deutschen Bundestages, 1983–1987 Vorsitzende der Europakommission des Deutschen Bundestages, 1985–1998 Mitglied des Bundesvorstandes der CDU, 1987–1991 Vorsitzende des Unterausschusses Europa des Auswärtigen Ausschusses im Deutschen Bundestag, 1991–1994 Vorsitzende des Europaausschusses des Deutschen Bundestages.

Familiäre Einflüsse meiner politischen Sozialisation

Mein Vater war Goldschmiedemeister und hatte einen schönen großen Werktisch, an dem auch wir Kinder sitzen durften. Schon im Alter von ca. 12 Jahren saß ich oft bei ihm und diskutierte über sein Leben in der Nazizeit. Er erklärte mir, dass er als Juwelier, dessen Lieferanten und Kunden oft Juden waren, schon bald das Verbrecherische am Nazitum erkannt und zutiefst abgelehnt hatte. Seine „arischen" Freunde wollten davon nichts wissen. Er musste sogar befürchten, dass sie ihn ob seiner nazifeindlichen Äußerungen denunzierten. „Du kannst dir nicht vorstellen, wie schnell in einer Diktatur das Recht auf freie Meinungsäußerung flöten geht und man seine unkonventionellen Ansichten mit dem Leben bezahlen muss." Ich war davon gar nicht beeindruckt: „Wenn alle, die heute erklären, sie hätten sich in den Schweigewiderstand zurückgezogen, offen protestiert hätten, dann wäre Hitler nicht an die Macht gekommen" – seine Antwort: „Wir haben jetzt von den Amis eine Demokratie geschenkt bekommen. Statt dich mit den Fehlern deines Vaters zu beschäftigen, mach' du doch jetzt alles besser. Geh' in die Politik und mach' den Mund auf, bevor wir wieder in eine Diktatur abrutschen und du dann die offene Rede mit dem Leben bezahlen musst. Schütze und pflege du das junge Pflänzlein Demokratie. Ich bin gar nicht sicher, ob wir Deutschen nach unserer Vergangenheit reif genug sind, diese Demokratie zum Erfolg zu führen." So hat er früh die Weichen gestellt, dass ich später politisch aktiv wurde.

Wir waren überhaupt eine diskussionsfreudige Familie. Meine Eltern waren kritische Wähler der FDP, keine Mitglieder. Wir Kinder debattierten selbstverständlich bei aktuellen politischen Problemen mit. Ich war immer erstaunt, wie wenig politisch informiert und interessiert meine Mitschülerinnen auch im Gymnasium waren.

Politische Anfänge als Schülerin

Während der Schulzeit war ich jahrelang Klassensprecherin und fühlte mich verantwortlich für den Interessenausgleich zwischen den Lehrern und den Schülern unserer Klasse. Das hätte mir ein Jahr vor dem Abitur beinahe den Rauswurf aus der Schule eingebracht. Unsere Klasse war von einer Filmgesellschaft als Statisten in einem Aufklärungsfilm ausgesucht worden, in dem eine schwangere Schülerin gegen die damaligen Vorurteile der Gesellschaft ankämpft. Alle Lehrer waren mit einer 14-tägigen Unterrichtspause während der Filmaufnahmen einverstanden. Nur unsere junge Mathelehrerin wollte uns unbedingt in dieser Zeit eine Schularbeit schreiben lassen. Ich behauptete ihr gegenüber, dass sie mit Schadensersatzansprüchen der Filmgesellschaft rechnen müsse und der Aufnahmeleiter bestätigte dies. Sie gab sich zufrieden, wir schrieben die Arbeit eine Woche später, aber dann beschwerte sie sich doch bei unserem Klassenlehrer. Der wiederum wollte der Nachfolger des Rektors werden, machte ein Riesentheater und berief mehrere Lehrersitzungen ein; erreichte aber doch nicht die Mehrheit für meinen Schulverweis. Ich lernte von Anfang an, dass Politik auch ihre gefährlichen Seiten hat. Später habe ich einmal nachgeprüft, dass alle MdBs schon als Schüler entweder Klassensprecher oder Vorsitzende in einer Jugendorganisation waren.

Studentenzeit und Politik

Während des Studiums war ich für drei Semester, vom Herbst 1959 bis Sommer 1962 an der West-Berliner Uni, studierte Jura und war auch im Studentenparlament. Dabei lernte ich, dass die sogenannten Fachschaftsvertretungen im Vergleich zu den politischen Studentenverbindungen nicht in der Lage waren, sich zu gemeinsamen Beschlüssen zusammenzufinden. Dadurch wuchs mein Verständnis für die politischen Parteien, die damals noch als „Quasi-Nachfolgerinnen" der NSDAP einen schlechten Ruf hatten.

Nach meiner Rückkehr nach München im vierten Semester beeilte ich mich sehr, das Studium schnellstmöglich abzuschließen. Mein Vater hatte mir das Versprechen abgenommen, dass ich mein Studium unterbreche und das Juweliergeschäft solange weiterführe, bis mein drei Jahre jüngerer Bruder seine Lehre abgeschlossen habe und das Geschäft übernehmen könne. Also machte ich schon nach sechs Semestern mein erstes Staatsexamen. In den damals noch obligatorischen dreieinhalb Jahren Referendarzeit promovierte ich parallel über „Den Zuverlässigkeitsbegriff im Gewerberecht". Während der Referendarzeit hatten wir in der Regierung von Oberbayern einen gemeinsamen Mittagstisch von jungen Beamten und Referendaren. Einer der Beamten erzählte uns, dass er vergeblich schon zwei Leitzordner voll Anträge an die damals noch EWG-Kommission geschrieben hätte, um einen Praktikumsplatz zu bekommen. Ich erklärte daraufhin kess, wenn ich einen wollte, würde ich hinfahren und solange von Tür zu Tür gehen, bis ich ihn hätte. „Wetten, dass Sie das auch nicht schaffen", hielt er mir entgegen. Ich wollte nicht kneifen und ging die Wette ein, obwohl ich damals zur EWG noch kein besonderes Verhältnis hatte. Also fuhr ich mit meinem uralten Karman Ghia hin und ging eine Woche von Tür zu Tür bis ich die Praktikumsstelle hatte – letzte Station Samstagnacht, ich musste es schaffen, mein Geld war alle. Ich hatte von früh 9.00 bis 23.00 Uhr vor der Tür des Kommissarvertreters gesessen, der den ganzen Tag mit einer Ministerratssitzung beschäftigt war und immer nur an mir vorbeirauschte. Als er um 23.00 Uhr erschöpft ins Büro kam, fragte er nur: „Sind sie diejenige, die einen Praktikumsplatz will?" Auf mein Ja hin seine kurze Antwort: „Sie haben ihn!"

Ich war überglücklich, wollte aber nach diesem Praktikum in den bayerischen Staatsdienst eintreten, da ich im zweiten Staatsexamen die Staatsnote geschafft hatte (damals nur 30 Prozent der Juraabsolventen). Als ich mich dem Ministerialbeamten vorstellte und ihm sagte, dass ich gerne komme, aber erst nach meinem halben Jahr Praktikum bei der EWG, erklärte er mir in gutem Bayerisch: „Entweder Sie keman glei oder gor net. Denn wann's erst moi in Brüssel warn, hams nimmer des richtige bayerische Bewusstsein." – Dieser Spruch hat mich für 30 Jahre aus Bayern vertrieben.

Die Anfänge im Berufsleben

Nach dem Studium war ich – nach einem Praktikum bei der EWG – Referentin im Bundessozialministerium. Auf einem Empfang der weiblichen CDU-Bundestagsabgeordneten fragte ich die damalige Familienministerin Aenne Brauksiepe, auf welchem Posten ich die besten Chancen hätte, ein Bundestagsmandat zu erreichen. Ich hatte die Optionen, in Bonn zu bleiben, Beamtin in Brüssel zu werden oder eine Stelle beim Kultusminister Wilhelm Hahn in Stuttgart anzutreten. Sie empfahl mir, nach Stuttgart zu gehen. In Brüssel sei ich „zu weit vom Schuss", in Bonn gebe es schon zu viele Anwärter, da sei „die Provinz" doch am besten.

In Stuttgart war ich Referentin für Öffentlichkeitsarbeit bei Wilhelm Hahn in den „wilden 1968ern". Die Studenten verbrannten Strohpuppen, als „KuMi Hahn" bezeichnet, im Schlosshof vor dem Ministerium und von den Schulen hagelte es wilde Protestbriefe der Eltern, Lehrer und Schüler. Auch in der Fraktion wurde das Murren über den unpopulären, arroganten Minister immer lauter. Ich gründete eine „Schulzeitung", die ich bei den Stuttgarter Nachrichten wie eine einfache Zeitung in Druck gab. Sie wurde kostenlos an alle Schulen mit einer beträchtlichen Auflage verteilt und sie hatte einen breiten Leserbriefteil, in dem die Schreiben aus den Schulen zusammen mit einer Antwort aus dem Ministerium veröffentlicht wurden. Den Beamten war die schnelle Beantwortung der vielen Schreiben oft „zu anstrengend". Also setzte ich die Antwort auf und ließ sie mir vom Abteilungsleiter, notfalls vom Minister selbst genehmigen. Natürlich richtete ich mir auf Seite eins eine persönliche Kommentarspalte, mit Bild, ein, die als sehr humorvoll galt. Die heftigen Proteste der Opposition und die damit verbundenen Landtagsdebatten machten die Schulzeitung immer populärer. So brachte ich die Studentenzeitungen auch dazu, mir eine Spalte in ihren Blättern zu genehmigen. Bei Studentendemonstrationen ging ich zusammen mit ein paar jungen Beamten am Rande mit und wir verteilten Flyer mit den Argumenten des Ministeriums, bekamen dafür auch anerkennende Presseberichte. Als größtes Übel entdeckte ich jedoch, dass nicht der Minister selbst, sondern sein sehr arroganter Ministerialdirektor der Verbindungsmann im Kulturausschuss zur CDU-Landtagsfraktion war und dort die Abgeordneten nicht umwarb, sondern „anwies", den Gesetzentwürfen des Ministeriums zuzustimmen. Ich erklärte dem Minister, dass dies die Hauptursache für die Spannungen zwischen ihm und der Fraktion sei, er müsse entweder selbst in die AK-Sitzungen gehen oder mich schicken. Er entschloss sich für mich, zum Entsetzen des Herrn Ministerialdirektors. Das Verhältnis zur Fraktion verbesserte sich dadurch sehr schnell. Die Fraktion erklärte mir aber, wenn ich schon die CDU-Kulturpolitik so entschieden vertrete, müsse ich doch wohl auch in die CDU eintreten. Ich trat also in die Stuttgarter CDU ein.

Schwerpunkte als Landtagsabgeordnete: Kultur- und Frauenpolitik

Bald darauf bot mir die Stuttgarter CDU einen damals noch „linken" Wahlkreis für die Landtagswahl 1972 an. Ich wurde Landtagsabgeordnete und hochschulpolitische Sprecherin. Mit Hilfe von Lothar Späth, dem damaligen Fraktionsvorsitzenden, setzte ich, gegen den anfänglichen Widerstand des Ministeriums, die Einführung der Berufsakademie durch sowie die Entrümpelung der Prüfungsinhalte und damit verbunden die Verkürzung der Studienzeiten. In der CDU wurde ich in den Landesvorstand gewählt. Der damalige Ministerpräsident Hans Filbinger machte mich zur Vorsitzenden eines Arbeitskreises „Familie" und beauftragte mich, für den nächsten Parteitag ein Programm für die Partei zu entwerfen. Ich konnte meinen Arbeitskreis von zwei entscheidenden Neuerungen überzeugen: „Erstens die Einkommen sowie die damit erworbenen Rentenansprüche von Mann und Frau gehören unabhängig davon, wie viel der eine oder andere verdient, zu gleichen Teilen beiden und beide sind gleichberechtigt bei der Entscheidung, wie das Einkommen verwendet wird. Ziel sei es, auf diesem Wege das so hoch gelobte Frauenbild der CDU als nicht berufstätige Familienmutter nicht nur theoretisch, sondern auch praktisch sofort und nachhaltig aufzubessern. Die CDU setzt sich für ein vom Staat gewährtes Erziehungsgeld für den Ehepartner ein, der zugunsten der Kindererziehung vorübergehend auf eine Berufstätigkeit verzichtet."

Auf dem Landesparteitag 1974 waren bei der Entscheidung über diese Anträge mehr Delegierte außerhalb des Saales als in dem Saal ... Umgesetzt wurden diese Beschlüsse, wie allgemein bekannt, nur sehr unzulänglich. Aber die Bundes-CDU wurde darauf aufmerksam und 1975 fand ein Bundesparteitag in Mannheim statt, auf dem ähnliche Beschlüsse gefällt wurden.

Vorstandsmitglied in der Frauenvereinigung

1975 wurde ich in den Vorstand der Frauenvereinigung gewählt. Die Bundesvorsitzende der Frauenvereinigung, Helga Wex, hatte gleichzeitig das Erziehungsgeld für Mütter oder Väter mit Kleinkindern als Programmvorschlag der Frauenvereinigung entwickelt und brachte dies 1975 als Antrag auf dem Mannheimer Parteitag ein. Dieser Antrag wurde auch angenommen; mein Vorschlag, die Einkommen in einer Ehe gleichmäßig auf beide Partner zu verteilen, allerdings nur in sehr verwässerter Form. Jedenfalls ergab sich nun eine enge Zusammenarbeit zwischen Helga Wex und mir bei der weitergehenden Programmgestaltung für die Frauenvereinigung. Helga Wex machte auch vor den anderen Vorstandsmitgliedern kein Hehl daraus, dass sie mich später gerne als ihre Nachfolgerin, als Vorsitzende der Frauenvereinigung hätte. Wir haben gemeinsam in kleinem Kreis auch Umweltprogramme ausgearbeitet, die mit viel Elan von der Frauenvereinigung verabschiedet wurden, aber leider nur wenig Resonanz in der Gesamtpartei fanden. Nach dem Motto: „Dafür ist doch die Frauenvereinigung nicht zuständig."

Staatssekretärin des Sozialministeriums in Rheinland-Pfalz

1975 kam die Esslinger CDU auf mich zu, ob ich nicht für sie 1976 zur Bundestagswahl antreten wolle, ihr bisheriger MdB höre auf. Ich gewann auf Anhieb die

Vorentscheidung in Esslingen. Da rief mich am nächsten Morgen Heiner Geißler an, damals Sozialminister in Rheinland-Pfalz, ob ich nicht Staatssekretärin bei ihm werden wolle, der bisherige Staatssekretär gehe in den Ruhestand. Was ich damals nicht gleich durchschaute, war, dass Helmut Kohl den von mir geschlagenen Kandidaten in Esslingen als MdB und somit mich als Staatssekretärin „aus dem Weg" räumen wollte. Ich fühlte mich der Esslinger CDU verpflichtet und lehnte erst ab; auf Anraten von Späth ging ich dann doch nach Mainz.

Die fünf Jahre in Mainz von 1975 bis 1980 sind auch heute noch für mich ein „Highlight". Mein Vorgänger war leidenschaftlicher Krankenhausbauer und hatte das Land mit zu vielen und zu großen Projekten total verschuldet. Heiner Geißler war Generalsekretär und ging zusammen mit Helmut Kohl schon 1976 nach Bonn, blieb aber offiziell Minister; praktisch hatte ich freie Hand. Ich kürzte zusammen mit dem Finanzminister den Krankenhausbau auf ein erträgliches Maß, kümmerte mich intensiv um die Vermehrung der Teilzeitarbeitsplätze, setzte mich im öffentlichen Dienst und auch in den Firmen praktisch für die Verbesserung der Karrierechancen von Frauen ein und machte das Ministerium bei den Juraabsolventen populär aufgrund der neuen demokratischen Entscheidungsstrukturen und der freieren Arbeitsgestaltung. Die besten Absolventen hatten sich früher im Finanz- und Innenministerium beworben, jetzt bewarben sie sich bei uns.

Als die Frage anstand, ob in Rheinland-Pfalz im Sozialministerium ein zusätzlicher Umweltstaatssekretär eingerichtet werden sollte, setzte ich mich mit Nachdruck für dieses Vorhaben ein. Für meine Kollegen Staatssekretäre war dies unverständlich: „Da wird Ihnen doch eine wichtige Aufgabe im Sozialministerium entzogen." Mir war es wichtiger, dass die Umweltpolitik ein größeres Gewicht bekam. In der Zeit habe ich mich auch mit Klaus Töpfer, dem 1978 ernannten Umweltstaatssekretär, prima vertragen und wir diskutierten gerne stundenlang über „Umweltverbesserungspläne". Er ist dieser Aufgabe ja auch mit viel Erfolg treu geblieben.

Bundestagsabgeordnete für den Wahlkreis Neckar-Zaber

Als Heiner Geißler 1980 seinen Abschied nahm, erklärte mir der neue Minister gleich zu Beginn, dass „dieses Haus keine zwei Minister ertrage". Ich erinnerte mich an das Versprechen von Lothar Späth, der mich jederzeit nach Baden-Württemberg zurückholen wollte, sobald ich es wünschte. Er machte mir den Vorschlag, ich solle doch versuchen, den für 1980 neu geschaffenen Bundestagswahlkreis „Neckar-Zaber" (teils im Kreis Ludwigsburg und teils im Kreis Heilbronn) zu „erobern", erst mal als CDU-Kandidatin und dann möglichst auch als gewählte Abgeordnete. Ich schaffte beide Hürden und war dann für diesen Wahlkreis 18 Jahre lang, von 1980 bis 1998, Bundestagsabgeordnete.

Mitglied des Bundesvorstandes der CDU

Parallel hierzu nahm ich auch weiter an der Programmgestaltung für die Bundesparteitage der CDU und der Frauenvereinigung teil. 1981 machte mich Norbert Blüm – seit 1977 Vorsitzender der CDA – zur Vorsitzenden einer Familienkommission der CDA, die den „Bundes-Familienparteitag" der CDA vorbereiten sollte. Fast die ganze Kommission folgte meinem Vorschlag, die Gleichberechtigung von Mann und Frau zum Themenschwerpunkt zu machen, nur einige wenige waren der Meinung, Themenschwerpunkt müsse die „Mütterlichkeit der Frau und ihr Verzicht auf eine eigene Karriere zugunsten der Kinder" sein. Der damalige Generalsekretär der CDA, Heribert Scharrenbroich, stand gegen seinen „Vorgesetzten" Blüm tapfer zu meinem Entwurf. Heute ist er Vorsitzender von CARE Deutschland-Luxemburg und hat Ursa und mich für die Mitarbeit bei CARE gewonnen. Beide Entwürfe wurden damals auf Wunsch des Vorsitzenden am Parteitag zur Abstimmung vorgelegt. Nach außen entstand der Eindruck, die CDA habe sich gegen die Gleichberechtigung und für die Mütterlichkeit entschieden. Das warf ein so schlechtes Bild auf die Gesamt-CDU, dass der Generalsekretär Heiner Geißler 1985 einen Bundesparteitag in Essen einberief, auf dem Rita Süssmuth erstmalig für die CDU als eine der Programmgestalterinnen auftrat. Auf diesem Parteitag wurde ich auf Vorschlag der baden-württembergischen Landes-CDU in den Bundesvorstand gewählt, dem ich bis 1998 angehörte.

Im Vorfeld des Parteitages verkündete Geißler, dass er im Herbst als Gesundheitsminister zurücktreten werde, um sich ganz der Aufgabe als Generalsekretär widmen zu können. Daraufhin schlug ich dem Bundesvorstand der FU vor, er müsse jetzt verlangen, dass endlich eine zweite Frau, neben der amtierenden Deutschlandministerin Dorothee Wilms, ins Kabinett gerufen werden müsse, sonst sei der ganze Frauenparteitag nur ein Feigenblatt. Die Damen machten sich alle Hoffnung auf den Posten und fürchteten den Vorsitzenden durch so eine Presseerklärung „zu verärgern". Also machte ich diese Presseerklärung allein auf eigene Kappe und hatte auch große öffentliche Resonanz. Helmut Kohl verkündete zu Beginn des Parteitages, dass Rita Süssmuth die Nachfolgerin von Heiner Geißler werden solle. Ich erfuhr über Umwege seine Äußerung zu meiner Person: „Er sei nicht so dumm wie Edward Heath und hole sich eine Thatcher ins Kabinett." Damit hatte ich sowieso nicht gerechnet. Im Bundesvorstand der CDU musste ich dann immer wieder erleben, dass ich trotz meiner Wortmeldung nicht dran kam, weil dem Herrn Vorsitzenden meine Beiträge zu „sperrig" waren.

Relativ kurz nach der Berufung von Rita Süssmuth zur Bundesfamilienministerin starb 1986 die langjährige Vorsitzende der FU, Helga Wex. Heiner Geißler und auch Frauen aus dem Vorstand der FU rieten mir, doch als ihre Nachfolgerin zu kandidieren. Ich fragte aber zunächst Rita Süssmuth, ob sie für den Vorsitz kandidieren werde, dann würde ich auf eine Kandidatur verzichten. Sie versicherte mir daraufhin, dass sie mit dem neuen Ministeramt sehr ausgelastet sei und es gerne sehen würde, dass ich Bundesvorsitzende werde, da wir ja ähnliche Ansichten hätten. Also kandidierte ich. Der Vorsitzende Helmut Kohl war gerade mit einer der Spendenaffären beschäftigt. Als er an dieser Front Erleichterung spürte, mischte er sich nachhaltig in die FU-Vorsitzendenfrage ein und erklärte sowohl Heiner Geißler als auch Rita Süssmuth, dass er darauf bestehe, dass Rita gegen mich kandidieren müsse. Beide teilten mir das auch prompt mit großem Bedauern mit und schlugen vor, sie würden auch für die FU das Amt des Generalsekretärs schaffen und ich solle das dann werden. Dies war jedoch wieder nicht mit dem Vorsitzenden abgesprochen und ich erklärte den beiden, ich bleibe bei meiner Kandidatur. Es sehe ja auch miserabel aus, wenn ich jetzt dem FU-Vorstand, der bereits mit großer Mehrheit hinter meiner Kandidatur stand, erklären würde, aus Angst vor einer Niederlage ziehe ich meine Kandidatur zurück. Also kandidierte ich und ging in Schönheit unter, u. a. auch weil die ehemalige Ministerin Elisabeth Schwarzhaupt mit dem Argument für Frau Süssmuth kämpfte: „Wenn eine Ministerin Vorsitzende werden wolle, dann dürfe man ihr das schon deswegen nicht verweigern, weil man sonst das Ministeramt beschädige ..." Nach meiner Niederlage wurde ich zwar haushoch als Beisitzerin in den FU-Vorstand gewählt, aber meine Kraft, für Frauenfragen zu kämpfen, war irgendwie erschöpft.

1984 hatte ich ein Buch über die CDU-Frauen „Die Christdemokratinnen – Unterwegs zur Partnerschaft" herausgegeben, in dem mehrere CDU-Frauen Mitautorinnen waren. Zum Teil beschrieben sie wichtige bekannte Vorläuferinnen der CDU aus dem 19. Jahrhundert, zum Teil ihren eigenen politischen Weg. Das Buch war Teil einer Trilogie, da auch die SPD- und die FDP-Frauen ein vergleichbares Buch verfassten.

Verfechterin für Europa im Deutschen Bundestag

Im Deutschen Bundestag war ich 18 Jahre lang Mitglied im Finanzausschuss. Dennoch würde ich mich nicht als Finanzpolitikerin bezeichnen. Mein Interesse war konkret darauf gerichtet, möglichst zu verhindern, dass durch eine verschleierte Steuerpolitik die Großunternehmen im Vergleich zu dem Mittelstand unangemessene Steuervorteile erhalten. Bei der familienspezifischen Gestaltung des Steuerrechtes ging es mir vor allem darum zu verhindern, dass die Berufstätigkeit der Ehefrauen bestraft und die Alleinberufstätigkeit des Ehemannes unangemessen bevorzugt wird. Auch heute noch wäre es wichtig, bevor man nach mehr sozialem Ausgleich durch Sozialgesetze verlangt, die mangelnde Gerechtigkeit in der Steuergesetzgebung unter die Lupe zu nehmen. Natürlich war ich den CDU-Kollegen in diesem Ausschuss ein „rotes Tuch".

Als in der Fraktion nach der Wiedervereinigung es als unerlässlich diskutiert wurde, den westlichen Grundstücksbesitzern ihr Eigentum im Osten zurückzugeben, kämpfte ich darum, dass ein vergleichbarer Milliardenaufwand für die Familienunterstützung aufgebracht werden müsste.

Das Praktikum bei der EU hatte mich zur engagierten Verfechterin für die Europäische Einigung und die damit verbundene Gesetzgebung gemacht. Jetzt im Deutschen Bundestag war wieder Gelegenheit, an dieses „Hobby" anzuknüpfen.

Die europäische Gesetzgebung lag fest in der Hand der Verwaltung, bei den Ministerräten und der Europäischen Kommission. Das Europäische Parlament hatte noch keinen maßgeblichen Einfluss darauf und die nationalen Parlamente waren an der europäischen Gesetzgebung erst dann interessiert, wenn es „zu spät" war, also wenn ein erlassenes europäisches Gesetz ihrer Meinung nach nationalen Interessen widersprach.

1983–1987 war ich Vorsitzende der Europakommission im Deutschen Bundestag. Wie in den Ausschüssen entsprach die Zahl der Kommissionsmitglieder der Stärke der Fraktionen im Deutschen Bundestag, sie hatte jedoch im Gegensatz zu den Ausschüssen nur beratende Funktion. Ihr Vorteil war jedoch, dass sie zur Hälfte mit Europa-Abgeordneten der deutschen Fraktionen im Europaparlament besetzt war, die volles Stimmrecht hatten und gerne die Gelegenheit nutzten, bei uns mitzuarbeiten. In ihrer besten Zeit hatte die Europakommission sowohl den zuständigen Bundesminister als auch den zuständigen Kommissar als Gesprächspartner geladen und konnte so unmittelbar die Abwägung zwischen europäischen und nationalen Interessen nachvollziehen und dem Deutschen Bundestag zur Abstimmung vorlegen. Dabei lernte ich, wie wichtig es wäre, dass alle Mitgliedsstaaten in ihren nationalen Parlamenten rechtzeitig die europäischen Gesetzesvorhaben erörtern müssten, um dem „Eurofrust" in den nationalen Parlamenten und der jeweiligen Bevölkerung entgegenzuwirken.

1987 wurde aus der Kommission ein Unterausschuss des Auswärtigen Ausschusses und die Europaabgeordneten hatten nur noch beratende Funktion. Ich blieb dessen Vorsitzende. 1991 wurde endlich der ordentliche Europaausschuss eingeführt, dessen Vorsitzende ich bis 1994 war. Als Missionarin in Sachen Europa besuchte ich die Parlamente der Mitgliedsstaaten und es gelang mir auch, dort erfolgreich für die Einrichtung von Europaauschüssen zu werben. Darüber hinaus sollten nun diese nationalen Ausschüsse sich besser untereinander abstimmen, um – vergleichbar wie im Ministerrat – durch Kompromisse zwischen verschiedenen nationalen Interessen eine konsensfähige europäische Lösung zu finden. So entstand, von mir maßgeblich betrieben und von den Parlamentspräsidenten aus Frankreich und Deutschland (Rita Süssmuth) aus der Taufe gehoben, die „COSAK", die Konferenz der Europaausschüsse der nationalen Parlamente unter Beteiligung des Europaparlamentes. Sie tagte im Turnus halbjährlich in den verschiedenen Mitgliedsstaaten und stieß insbesondere im Veranstaltungsstaat jeweils auf außerordentlich großes Interesse.

Zum Stichwort „gläserne Decke". Zu der Zeit hatte ich auf dem europäischen Parkett als Initiatorin der nationalen Europaausschüsse und der COSAK einen beträchtlich guten Ruf. Umso entsetzter waren alle meine Kollegen, als sie erlebten, dass bei der Tagung der COSAK in Bonn der Bundeskanzler ein absolutes Presseverbot verhängt hatte und die Tagung der COSAK in Bonn wie in einer Diktatur unter eine totale Nachrichtensperre gestellt worden war. Noch heute kommt mir die Galle hoch, wenn ich daran denke, dass ich damals dagegen nichts ausrichten konnte.

1993 brachte ich das Buch heraus: „Der Deutsche Bundestag und Europa", in dem Rita Süssmuth, Wolfgang Schäuble und die Vertreter aller Fraktionen zum Thema „Europa" Stellung nahmen. Als im Jahre 1994 der Europaausschuss an die SPD überging, kandidierte ich in der CDU-Fraktion für den Vorsitz des Europaarbeitskreises in der Fraktion, was gleichzeitig die Sprecherfunktion für die CDU-Fraktion im Ausschuss beinhaltet. Bereits 15 Sprecher waren gewählt worden. Als letztes stand jetzt die Wahl des europapolitischen Sprechers an. Bisher waren nur Männer Sprecher geworden und alle waren aus dem ehemaligen Westdeutschland. Jetzt hieß es: „Es muss eine Frau gewählt werden oder ein Vertreter aus dem Osten." Gegen mich kandidierte der West-Berliner, der von den Ostdeutschen zu einem der „Ihren" erkoren wurde. Er wurde auch gewählt. Ich war halt nicht mehr in der Gnade des großen Vorsitzenden.

Umweltpolitikerin im Deutschen Bundestag

Für mich brach die letzte Legislaturperiode an. An der Front um die Gleichberechtigung der Frau war ich abgeräumt, an der Europafront auch. Jetzt blieb mir nur noch mein dritter Interessenschwerpunkt: der Umweltschutz. Ich war Mitglied im Umweltausschuss und dort Verbindungsperson zur EU. Zusammen mit einigen engagierten Beamten in der Kommission kämpften wir um EU-Regelungen für die Senkung des Schadstoffausstoßes der Kraftfahrzeuge und um die besondere Förderung der Drei-Liter-PKWs. Natürlich war die deutsche Autoindustrie nur sehr bedingt kooperativ, da ja deutsches Markenzeichen das starke, schnelle Auto war und bleiben sollte. Es war wieder einmal ein Bereich, in dem ich gegen Windmühlen zu kämpfen hatte. Mit kleinen Schritten kamen wir ein wenig voran, z. B. bei der Verringerung des Schadstoffausstoßes der Kraftfahrzeuge und bei Absichtserklärungen der Autoindustrie „für die Zukunft". Etwas war mir damals schon ein Graus: Der Lobbyismus der Verbände, die mit dem Mittel bombastischer Essenseinladungen die Abgeordneten für ihre Ideen gewinnen wollten. Auch da war ich in den Gesprächen „zu sperrig", wie meine Kollegen mir oft vorwarfen. Mir war es allerdings unverständlich, wie man seine Ansicht aufgrund eines feinen Essens so leicht dahinschmelzen lassen konnte.

Auf Bundesebene wurde eine Umweltplakette eingeführt, mit der Betriebe ausgezeichnet werden sollten, die sich über das gesetzlich vorgeschriebene Maß hinaus durch besondere Umweltfreundlichkeit auszeichnen würden. Verlangt wurde, dass durch gemeinsame Anstrengungen von Vorstand und Belegschaft zum Beispiel der Strom-, Wasser- und Papierverbrauch von Jahr zu Jahr entscheidend verringert wird. Ich besuchte einerseits die Betriebe, die sich für diesen Wettbewerb angemeldet hatten, und warb dann in anderen Betrieben meines Wahlkreises dafür, sich diesem Wettbewerb anzuschließen.

Überhaupt hatte ich für mich eine besondere Wahlkreisarbeit entdeckt: die Firmenbesuche mit Umsetzung der dabei gewonnenen Erfahrungen in Partei und Fraktion. So war ich besser und praktischer informiert als die Kollegen, die sich nur auf die Bonner Gespräche mit den Verbandsvertretern verließen.

In diesen letzten vier Jahren im Deutschen Bundestag schuf ich mir ein weiteres Betätigungsfeld. Da ich die Betriebe in meinem Wahlkreis gut kannte und auch stolz auf ihre Leistungen war, wollte ich sie auch in Bonn bekannt machen. Ich organisierte mit ihnen gemeinsam jeweils einwöchige Ausstellungen in der baden-württembergischen Landesvertretung in Bonn. Die Regionen Zabergäu, Bottwartal, Neckartal, Bietigheim-Bissingen usw. wetteiferten darum, wer das beste Eröffnungsfest organisierte, bei dem natürlich einheimische Weine und Speisen reichlich angeboten wurden. Gleichzeitig vermittelte ich direkte Gespräche zwischen den Betriebsinhabern und den Bundesbeamten, deren Gesetzesvorhaben sie für verbesserungsfähig hielten. Die Macht der Bundesbeamten ist in der Regel größer als die der Bundestagsabgeordneten.

Frauen in der CDU

In meinem Buch von 1975 „Frauen verändern die Politik" habe ich schon beschrieben, wie Männer in der Politik „Seilschaften" bilden und auf diesem Wege sich gegenseitig in wichtige Positionen „hochziehen". Solche Seilschaften unter Frauen gab es nicht, und wie ich auch heute feststellen muss, gibt es immer noch nicht. Die löblichen Versuche bleiben leider meist im Ansatz stecken. Viele Frauen ziehen es vor, von den Männerseilschaften „mitgezogen" zu werden. Nach meiner Erfahrung glauben Frauen einfach nicht an Frauennetzwerke. Die FU in der CDU wurde zu meiner Zeit von den jungen, auf Karriere bedachten Frauen als nicht geeignet für Aufstiegschancen angesehen. Es war wichtiger, sich entweder im jeweiligen Landesverband, in der Wirtschaftsunion oder in der CDA, ja sogar eher noch bei den Vertriebenen „in die Seile zu hängen". Ich habe von Anfang an bei der Frauenvereinigung mitgearbeitet, was mir bei den Männern den Ruf „verbissene Frauenrechtlerin" einbrachte, der natürlich eher schadete als nützte.

In der Zeit von 1972–1975 in der Landtagsfraktion waren wir nur zwei Frauen – Toni Menzinger als ältestes und ich als jüngstes Fraktionsmitglied.

Damals hatte ich nicht den Eindruck, die Männer benähmen sich anders, wenn wir anwesend waren. Im Gegenteil, an ein Vorkommen erinnere ich mich noch deutlich. Ich hatte in der Fraktion wieder einmal entschieden für ein Gesetz gegen die Diskriminierung von Frauen argumentiert. Ein Kollege war über meine Rede so empört, dass er aufsprang, auf mich zukam und mir eine Ohrfeige gab. Ich schlug sofort zurück und wir hätten uns richtig geprügelt, wenn die Kollegen ihn nicht gleich „in die Zange" genommen hätten. Soviel hatte ich schon sehr früh in meinem Leben begriffen: „Wehr' dich rechtzeitig, solange es möglich ist, sonst wirst du gleich untergebuttert."

So konnte ich auch erleben, dass die Kollegen mich gerne provozierten. So zum Beispiel ein Dialog zwischen Günther Oettinger und Erwin Teufel in meiner Anwesenheit: „Kannst du dir erklären, warum die Frauen seit über 2000 Jahren unterdrückt werden?" – „Ja, weil es sich bewährt hat." Meine Bemerkung dazu: „So alt schon und immer noch Kindsköpfe …" Auch später in der baden-württembergischen Landesgruppe der Bundestagsfraktion hatte ich nicht den Eindruck, dass sich die Kollegen gesitteter benahmen, wenn wir Frauen dabei waren.

Persönliche Grundsätze

Es war mir immer wichtig, mich nicht um eines persönlichen Vorteils willen zu „verbiegen". „Sage deine Meinung und stehe zu ihr, auch wenn andere dir davon abraten, weil es schlecht ankommt." Es ist in einer Demokratie und damit auch in einer demokratisch ausgerichteten Fraktion immer eine Gratwanderung zwischen Solidarität und persönlicher Aufrichtigkeit. Ich habe innerhalb der Fraktion um eine Mehrheit für meine Ansicht gekämpft, auch wenn „es nicht gut ankam". War dann jedoch entschieden, dass die Mehrheit eine andere Auffassung vertritt, habe ich im Plenum mit der Fraktion gestimmt, weil ich es als unsolidarisch ansah, wegen einer Sachfrage die Regierungsmehrheit zu gefährden. In Grundsatzfragen, wie zum Beispiel der Abtreibungsgesetzgebung, wurden sowieso die Fraktionszwänge aufgehoben und jeder Abgeordnete konnte seiner Ansicht entsprechend abstimmen.

Persönlich würde ich mich als Kämpfernatur bezeichnen. Mit Engagement und Freude habe ich um die Mehrheit für meine Auffassungen gekämpft, konnte aber auch ohne jede Verbitterung verlieren. Mir war es wichtig, die Freude an der politischen Arbeit zu behalten und im Reinen mit meinem Gewissen zu sein. Jedes Intrigieren hinter dem Rücken anderer war mir zuwider und man konnte mich auch nicht dafür gewinnen. Ich wollte allen Kolleginnen und Kollegen immer offen in die Augen schauen können. „So wirst du nie was", bekam ich gelegentlich zu hören und meine Antwort war dann immer: „Es ist mir wichtiger etwas zu sein, als etwas zu werden." Ich selbst habe das Gefühl, das auch immer durchgehalten zu haben, ein gutes Gefühl. Mit Edith Piaf kann ich singen: „Ich bereue nichts."

Natürlich bleiben bei so einer offensiven Einstellung Enttäuschungen nicht aus. Das sachliche Argument unterliegt nicht selten den Ansichten der Interessen-Vertreter, die für ihre Klientel im Deutschen Bundestag agieren und sich oft nur dieser verpflichtet fühlen. Bei den meisten Kollegen in der Fraktion wusste man schon bevor sie das Wort ergriffen, wie sie argumentieren werden, weil sie einer bestimmten Gruppierung angehörten und immer schön brav deren Argumente vertraten. Ich war, wie die Kollegen zu sagen pflegten, in dieser Hinsicht „unberechenbar", weil ich mich so einem „komischen Ding" wie der Gerechtigkeit verpflichtet fühlte, und die ist nun nicht von einer Gruppierung gepachtet.

Ausstieg aus der Politik?

Mit der Bundestagswahl 1998, dem Verlust meines Wahlkreises und meinem Rücktritt aus dem Bundesvorstand habe ich die Zeit meiner politischen Aktivität beendet. Das Ende war für mich gleichzeitig ein Anfang für ein neues, ganz anderes Leben. Als erstes zog ich zurück nach München, habe an der Uni München begonnen, evangelische Theologie zu studieren und angefangen, ein Privatleben zu haben. Inzwischen sind 14 Jahre vergangen, die ich gerne als Teil meines dritten Lebens bezeichne. Mein erstes Leben waren die Jahre der Ausbildung, des Studiums und des Berufseinstiegs, mein zweites Leben war das Leben in und für die Politik und mein drittes Leben begann eben mit dem Renteneinstieg.

Im dritten Leben haben sich andere Prioritäten herausgebildet. Wahrscheinlich die wichtigste ist für mich, dass ich endlich meine Veranlagung und mein Leben als Lesbierin nicht mehr verheimlichen und beschönigen muss. Ich weiß, heute ist das für Politiker aller Parteien, selbst der CDU, kein Problem mehr, aber zu meiner Zeit war es eben leider noch ein Problem. Es war eigentlich allen bekannt, wie und was ich war, aber alle, selbst die Wohlmeinendsten gaben mir den dringenden Rat mich nicht zu outen, das sei – noch! – in der CDU unmöglich. Jetzt habe ich endlich – seit nunmehr acht unendlich glücklichen Jahren – eine Lebenspartnerin, die sich offen zu mir als Lebenspartnerin bekennt. Wenn ich an all die Jahre des ständigen Versteckspiels, der Verleugnung dieses wichtigen Bestandteils meiner Person zurückdenke, so kommt es mir vor, als hätte ich damals im Korsett des „Armen Heinrich" gelebt und die eisernen Bande sind mit einem Krachen gesprungen. Wir verkehren in den Kreisen des Regenbogens und müssen allerdings dort immer noch erleben, dass jüngere Berufstätige sich an ihrem Arbeitsplatz nicht zu outen wagen, um ihre Karriere nicht zu gefährden. Ich wünsche mir so sehr, dass die Toleranz gegenüber Homosexuellen weiter voranschreitet.

Ratschläge an politisch engagierte Frauen

Der Kampf um die Gleichberechtigung der Geschlechter ist auch weiterhin für alle politisch engagierten Frauen eine unverzichtbare Aufgabe. Wir erleben mitten in Deutschland, im Land des Artikels 3 des GG, dass Frauen in den muslimischen Minderheiten unterdrückt werden, dass Frauen und Kinder misshandelt werden und dass Frauen nicht annähernd gleichberechtigt in Führungspositionen vertreten sind. Als ich meine politische Karriere begann, habe ich meine Aufgabe wie folgt beschrieben: Die tapferen Suffragetten des 19. Jahrhunderts haben uns Frauen den Weg zur Ausbildung und zum Studium und damit die Möglichkeit der Emanzipation erkämpft. Wir müssen, auf ihrem Erfolg aufbauend, weiter in Sachen Gleichberechtigung vorankommen, nicht nur national, auch international. Ich bin jetzt, zusammen mit meiner Lebenspartnerin, bei CARE Deutschland-Luxemburg ehrenamtlich aktiv. Mit Erschütterung müssen wir feststellen, wie in den sogenannten Entwicklungsländern Frauen auch heute noch brutal unterdrückt werden. CARE hilft mit vielen kleinen „Zellen" vor Ort Abhilfe zu schaffen. Frauen werden unterstützt, die in Afrika erfolgreich gegen die Beschneidung der Mädchen kämpfen, in Indien geht es um die Frauen, die es schaffen, den verstoßenen Witwen, die sich geweigert hatten, zusammen mit dem verstorbenen Ehemann verbrannt zu werden, in Nähmaschinenfabriken einen eigenen Lebensunterhalt aufzubauen usw. Es ist erschütternd, wie wenig die Gleichberechtigung in der übrigen Welt bisher vorangekommen ist. Wenn wir hier in Deutschland blind sind für die Zustände um uns herum, ist die Gefahr einer rückschlägigen Entwicklung bei uns keineswegs auszuschließen.

Ich möchte mich jedoch nicht nur an die jungen Frauen wenden, die erst am Anfang ihrer politischen Karriere sind. Mir geht es auch um die Frauen, die wie ich, ihre politische Karriere hinter sich haben und sich fragen, was sie in ihrem Ruhestand noch Sinnvolles tun können. So berechtigt ich es ansehe, erst einmal die Freiheit von einem stressvollen Terminkalender zu genießen und einfach zu tun, was einem Spaß macht, so wichtig ist es meines Erachtens auch, irgendwie ehrenamtlich tätig zu werden, um sich auch noch im Alter nützlich fühlen zu können. Wir waren zum Beispiel erst Verwalterinnen von zwei kirchlichen Kindergärten und sind jetzt Nachhilfelehrerinnen an einer Hauptschule mit bis zu 80 Prozent Ausländerkindern. Man mag solche Aktivitäten wie „einen Tropfen auf einen heißen Stein" empfinden. Wenn möglichst alle Rentner sich so eine „Miniaufgabe" wählten, würde man in der Sozialpolitik viel Geld sparen und das soziale Klima erwärmt sich dadurch wie von selbst. Wir sehen es geradezu als Verpflichtung an, nicht nur die Renten zu genießen, sondern dafür auch etwas für die Gemeinschaft zu tun.

Jetzt, mit über 70 Jahren, muss ich mir eingestehen, dass mein Leben zu kurz ist, noch mehr in Angriff zu nehmen, als ich bisher getan habe. Ich bewundere diejenigen, die in ihrem Leben mehr erreicht haben als ich: Mahatma Gandhi,

Klaus Töpfer, Angela Merkel oder auch Wolfgang Schäuble. Aber ein Einzelleben hat eben doch nur – aufs Ganze gesehen – eine sehr begrenzte Durchsetzungskraft. Es fällt mir nicht leicht, mich damit abzufinden. Meine Bitte an alle diese Leserinnen ist, das Bestmögliche an politischer Durchsetzungskraft aus ihrem Leben herauszuholen – am Ende wird es immer weniger sein, als sie erhofft haben – aber viel Weniges gibt doch ein größeres Ganzes.

Christa Thoben[*]

Neugierde und Humor sind in der Politik wichtig

Geboren am 1. August 1941 in Dortmund, 1961 Abitur, 1961–1966 Studium der Volkswirtschaftslehre in Münster, Wien und Innsbruck, Abschluss: Dipl.-Volkswirtin, 1966–1978 wissenschaftliche Referentin im Rheinisch-Westfälischen Institut für Wirtschaftsforschung in Essen, 1969 Eintritt in die Junge Union, 1970 Eintritt in die CDU, 1978–1980 Geschäftsführerin der Industrie- und Handelskammer in Münster, 1980–1990 Mitglied des Landtages von Nordrhein-Westfalen, 1985–2000 Mitglied des Bundesvorstandes der CDU, 1989–2000 Mitglied des Präsidiums der CDU, 1990–1995 Hauptgeschäftsführung der Industrie- und Handelskammer in Münster, 1995–1998 Staatssekretärin im Bundesministerium für Raumordnung, Bauwesen und Städtebau, 1999 stellvertretende Bundesvorsitzende der CDU, 1999 Senatorin für Wissenschaft, Forschung und Kultur in Berlin, 2004–2005 Beauftragte für den Aufbau des Regionalverbandes Ruhr, 2005–2010 Landesministerin für Wirtschaft, Mittelstand und Energie in Nordrhein-Westfalen.

Wie hat sich Ihr politisches Interesse entwickelt?

Ich bin in einem Elternhaus groß geworden, in dem es selbstverständlich war, sich bürgerschaftlich zu engagieren. Mein Vater war in der Vollversammlung der Industrie- und Handelskammer aktiv und meine Mutter leitete den Katholischen Frauenbund.

Das Rollenbild war für die damalige Zeit sehr modern. Meine Mutter hat vor dem Zweiten Weltkrieg Stoffe entworfen. Dafür ist sie, für diese Zeit recht ungewöhnlich, als Frau alleine zwischen Mailand und Königsberg gereist. Sie hat häufiger davon erzählt, was man auf Reisen als Frau alleine alles nicht machen konnte. Zum Beispiel hätte sie abends nicht in ein Restaurant gehen können, in Begleitung homosexueller Männer hingegen war das kein Problem. Alles andere hätte ausgesehen, als ob sie jemanden suche. Glücklicherweise gab es in der Modebranche viele homosexuelle Männer.

---

[*] Das Interview führten Dr. Ulrike Hospes und Ina vom Hofe M. A. am 27.04.2012 in Düsseldorf.

Mit der Geburt ihrer drei Kinder blieb sie zu Hause. Aber für meinen Vater war eine selbstständige Frau normal. Ich bin die Älteste und habe nie gehört: „Du bist ein Mädchen, und bestimmte Dinge solltest du nicht machen."

Welche Erfahrungen haben Sie mit Politik in Ihrem Umfeld gemacht? Wie kam es zu Ihrer politischen Aktivität?

Ich habe mich früh politisch interessiert. Doch selber politisch aktiv wurde ich erst nach Abschluss des Studiums. Ich arbeitete zu dieser Zeit in der empirischen Wirtschaftsforschung als wissenschaftliche Referentin in Essen.

Für eine mögliche Parteimitgliedschaft standen drei Parteien zur Auswahl. Die FDP, die SPD und die CDU. Bei der FDP bekam mein Vater als Kaufmann oft Einladungen zu Veranstaltungen. Als er merkte, dass ich Interesse daran hatte, gab er sie mir. So habe ich zum Beispiel eine Veranstaltung mit dem damaligen Mitglied im geschäftsführenden FDP-Landesvorstand von Nordrhein-Westfalen, Otto Graf Lambsdorff, besucht. Es waren rund 30, 40 Leute dort. Graf Lambsdorff redete so, als wüssten sie über alles Bescheid. Ich habe Herrn Lambsdorff daraufhin ganz fröhlich gefragt: „Sagen Sie mal, glauben Sie, dass Sie damit große Teile der Bevölkerung erreichen?" Er fand die Frage provozierend und so führte ich weiter aus, dass die eigentliche Aufgabe doch sei, die Bevölkerung zu überzeugen. Kurzum: Die FDP war nichts für mich.

Die SPD kam für mich fachlich nicht in Frage. Sie war der Auffassung, der Staat könne alles planen. Das war nach meiner Ausbildung falsch. Bei der CDU hingegen fand im Rahmen von wirtschaftspolitischen Überlegungen nichts statt. Es haben sich lediglich ein paar Unternehmer gemeldet und ihre Interessen formuliert. Ich habe mir überlegt, wenn ich bei der CDU mitmache, wäre ich Teil des Fortschritts.

So entschied ich mich für eine Mitgliedschaft in der Jungen Union und für die Gründung einer Arbeitsgemeinschaft: „Was muss man tun, um den Wirtschaftsteil der Zeitung zu verstehen?" Ich habe Artikel verteilt, die wir bei wöchentlichen Treffen besprochen haben.

Was ist Ihr Verständnis von christlich-demokratischer Politik? War es bei Ihnen ausschließlich die Wirtschaftspolitik, die für den Eintritt in die CDU ausschlaggebend war?

Ja, eindeutig. Interessanterweise wurde ich häufiger zu einigen klerikalen Veranstaltungen von Seiten der evangelischen und katholischen Kirche eingeladen. Ich bin katholisch. Das wollte ich auch nicht ändern, aber ich glaube, ich bin ein ziemlich liberaler Katholik. Bei Vorträgen habe ich auch darüber referiert, was eigentlich das christliche Menschenbild für eine Gesellschaftsordnung bedeutet. Es geht dabei nicht um Frömmigkeit. Im Kern muss man akzeptieren, dass wir vorläufige Antworten geben. Wir haben nicht die ganze Wahrheit und müssen bereit sein, dazuzulernen, anderes aufzunehmen. Die Frage ist daher: Wie geht man mit Unvollkommenheit um? Diese Argumentation war mir wichtig. Das ist auch bis heute so geblieben.

Doch nicht das ‚C' war der Grund, dass Sie in die CDU gegangen sind, sondern die Wirtschaftspolitik.

Ja. Aber es passt von den ordnungspolitischen Überzeugungen und vom Menschenbild gut zusammen.

Sie haben sich stark für die Wirtschaftspolitik engagiert. Welche Themen lagen Ihnen noch am Herzen?

Familie und Umweltschutz waren die Felder, die mich immer sehr beschäftigt haben.

1999 haben Sie für rund vier Monate als Senatorin für Wissenschaft, Forschung und Kultur einen kurzen Ausflug nach Berlin gemacht.

Ja. Den Hintergrund muss man kennen, sonst fragt man sich, was da passiert ist. Ich war bei Klaus Töpfer, damaliger Bundesminister für Raumordnung, Bauwesen und Städtebau, Staatssekretärin, als er Beauftragter für den Bonn/Berlin-Umzug wurde. Wir haben den Umzug organisatorisch begleitet. Ich war dazu viel in Berlin und es ergab sich die Möglichkeit, Senatorin für Wissenschaft, Forschung und Kultur in Berlin zu werden. Die Kombination Kultur und Wissenschaft gefiel mir. Aber ich habe es nicht lange ausgehalten. Das war die eigentliche Macke in meiner politischen Laufbahn. Insbesondere die Haushaltspolitik wollte ich nicht mittragen. Deswegen bin ich nach wenigen Monaten zurückgetreten.

Sie mussten in Ihrer politischen Laufbahn zweimal Ihre Meinung bei einer Kampfkandidatur überzeugend vertreten: Einmal, als es um die Wahl des Fraktionsvorsitzes 1987 und ein anderes Mal, als es um den CDU-Landesvorsitz in Nordrhein-Westfalen 1999 ging. Gab es viele Unterstützer, oder hatten Sie das Gefühl, dass Ihnen Steine in den Weg gelegt wurden?

Bei der ersten Runde um den Fraktionsvorsitz war eine ganze Reihe an Bösartigkeit unterwegs, seitens der Presse, aber auch durch Hauptamtliche, die bei der CDU-Fraktion arbeiteten. Es ging im Kern um die Auseinandersetzung mit den Grünen. In Interviews wurde ich gefragt, wie ich mir das Verhältnis zu den Grünen vorstelle. Mit Überzeugung – und die gilt noch heute – habe ich gesagt, wenn sie ihr Verhältnis zur Gewalt geklärt hätten, müsse man reden können. Daraus wurde eine Pressekampagne gemacht. Mir wurde vorgeworfen, ich störe den zeitgleich stattfindenden hessischen Wahlkampf. Die Veröffentlichungen hatten mit dem, was ich wirklich gesagt hatte, nichts mehr zu tun.

Bei der Kandidatur zum Landesvorsitz war es lockerer, weil ich für etwas anderes stand. Ich bin damals bewusst unter der Überschrift „Ran an die Wirklichkeit" angetreten und habe anhand von Beispielen verdeutlicht, wo die CDU noch zu weit von der Realität der Menschen entfernt ist. Hinterher, als Jürgen Rüttgers Ministerpräsident wurde, sagte er: „Hier hast du den Groschen, ich nehme jetzt dein Zitat."

Sie wechselten häufiger zwischen Ihren beiden Standbeinen Politik und Wirtschaft. Wussten Sie, dass es temporäre Ausstiege waren?

Nein, das wusste ich nicht. Als ich als erste Frau in Deutschland Hauptgeschäftsführerin in der Industrie- und Handelskammer Münster war, musste ich eine schwere Entscheidung treffen. Ich hatte damals einen befristeten Vertrag über sieben Jahre. Aber es waren erst fünf Jahre vergangen, als Klaus Töpfer mich 1995 als Staatssekretärin haben wollte. Der Abwägungsprozess war nicht einfach. Mein damaliger Chef, Carl-Hinderich Schmitz, der Präsident der Kammer, ein ganz angenehmer Mensch, hatte ein offenes Ohr und wir überlegten gemeinsam, was gut sei für die Kammer und für mich. Es war klar, dass ich keine Rückfahrkarte in die Kammer bekommen konnte. Entweder wagte ich den Schritt oder ich blieb. Wir hatten ausgerechnet, dass ich bei Beendigung der Legislaturperiode 58 Jahre wäre. Doch der Präsident der Kammer war sehr zuversichtlich, dass bei meinen Qualifikationen und Kontakten wieder etwas folgen würde.

Haben Ihnen Ihre Wirtschaftserfahrungen in der Politik geholfen?

Natürlich. Der spätere Ministerpräsident des Freistaates Sachsen, Kurt Biedenkopf, hat in Bochum sein Bundestagsmandat gehabt. Ich habe sehr viel von ihm in meinem Leben gelernt. Wir haben eng zusammengearbeitet. 1980 fragte er mich plötzlich, ob ich nicht in den nordrhein-westfälischen Landtag gehen wolle, weil viele aus dem Wirtschaftsausschuss in den Deutschen Bundestag wechselten. Ja, und da war es plötzlich soweit. Ich war froh, dass ich bei der IHK bereits zu meiner Zeit als Mitglied in der Jungen Union darauf aufmerksam gemacht hatte, dass es irgendwann sein könnte, dass ich in den Landtag einziehe.

Wie war es für eine Frau, in wirtschaftspolitischen Fragen Ansprechpartner zu sein?

Für mich war es ganz einfach, weil ich es gewohnt war. Für die Männer hingegen war es eine größere Umstellung. Fürsprecher meiner Person war insbesondere der Hauptgeschäftsführer der Industrie- und Handelskammer, Dr. Heinrich Altekamp. Er war sehr aufgeschlossen und mit einer Frau verheiratet, die an einer Frauen-Universität in den USA studiert hatte. Er wollte mich für die Geschäftsführung der Industrie- und Handelskammer haben. Es gab darüber größere Auseinandersetzungen in der Männerrunde.

Das Gremium hat die Veränderungen abgewogen und kam zu dem Ergebnis, dass sie sich nun in der montäglichen Sitzung die nicht salonfähigen Witze vom Wochenende nicht mehr so gut erzählen konnten.

Wichtig war vielleicht auch, dass ich ganz bewusst nicht gemacht habe, was von einer Frau erwartet wurde. Ich habe beispielsweise absichtlich nicht Schreibmaschine schreiben gelernt. Ich dachte mir, wenn ich es kann, werde ich hinterher dazu gebraucht. Und es war richtig: Irgendwann wurde es eng und Maschinenschreiber gesucht. Jeder erwartete, dass die Frau das kann. Gott sei Dank konnte ich es nicht.

Haben Sie bewusst die Junge Union für Ihren politischen Einstieg gewählt und nicht die Frauen Union?

In die Frauen Union wäre ich nie gegangen. Dazu war ich viel zu selbstbewusst. Ich bin in einer Zeit aufgewachsen, in der ich noch erlebt habe, wie Mädchen früher von der Schule abgehen mussten, damit sich die Eltern das Schulgeld für die Jungen leisten konnten.

Zu meiner Zeit war Leni Fischer in Westfalen-Lippe, später in Nordrhein-Westfalen, Vorsitzende der Frauen Union, damals noch Frauenvereinigung. Als es darum ging, dass die Junge Union gerne ein zweites Mitglied im Landesvorstand haben wollte, wurde mir gesagt, dass ich als Frau, kandidieren solle. Ich war einverstanden. Doch plötzlich hatte ich Streit mit der Frauenvereinigung, denn meine Kandidatur wurde als Gegenkandidatur zu Frauen aus der Frauen Union verstanden.

Ging es in der Frauenvereinigung damals um politische Themen oder eher um Personalpolitik?

Es ging um ganz viel Personalpolitik. Ich mit meinem Themenschwerpunkt – da hätte die Frauenvereinigung gar nicht gewusst, was sie mit mir machen soll. Ein Thema war bereits die Vereinbarkeit von Familie und Beruf. Aber ich war noch zu modern, weil ich mich für Betriebskindergärten einsetzte. Das war damals in der CDU nicht mehrheitsfähig. Heute muss ich manchmal lachen, wenn jemand aus der CDU beanstandet, dass wir zu wenige Betriebskindergärten haben. Dabei waren wir es doch, die den Ausbau verhindert haben. Es ist ganz gut, wenn man sich an solche Dinge erinnert.

Warum engagierten Sie sich 1988 in der Antragskommission zur Gleichstellung von Frauen in der CDU?

Mir war das Thema sehr wichtig. Ich wollte es moderner aufgestellt wissen. Der Mann nimmt jede Quote und schämt sich nicht: ob evangelisch, katholisch, aus Ostwestfalen, Ingenieur oder Landwirt.
　Im Rahmen einer Kandidatur fragten mich Journalisten, ob ich glaube, ich sei gleichberechtigt. Ich antwortete: „Nein." – „Warum denn nicht?" – Ich sagte: „Ich darf nicht genauso viel dummes Zeug erzählen wie ein Mann." Dann wurde ich gefragt: „Kann ich das schreiben?" – „Ja, ich bitte darum."

Gab es in Ihrer parteipolitischen Tätigkeit Entscheidungen, die Ihnen schwergefallen sind?

Nein. Ich habe mir immer Mühe gegeben, mich ausreichend zu informieren, bevor eine Entscheidung anstand. Bei der Diskussion um die Präimplantationsdiagnostik und den § 218 StGB zum Schwangerschaftsabbruch fand ich es schwierig abzuwägen. Beim § 218 hatte ich den Eindruck, für eine etwas andere Lastenverteilung zwischen Mann und Frau sorgen zu müssen. Es ist schlichtweg nicht richtig, dass es allein das Problem der Frau ist. Ich habe darüber in der Vollversammlung der IHK gesprochen, weil ich mir dachte, dort sitzt die richtige Meute. Ich habe ganz fröhlich gesagt: „Diese ganze Debatte hätten wir nicht, wenn jeder Mann zu jedem Kind stehen würde, das er zeugt." Es war spannend zu sehen, wer alles einen roten Kopf bekam.

Bei der Diskussion um die PID habe ich Streit mit der katholischen Kirche bekommen, was zu der Frage führte, ob ich überhaupt katholisch sei. Bei einem Treffen mit dem Erzbischof von Köln, Joachim Kardinal Meisner, habe ich ihm gesagt, dass er die Stammzellen entweder taufen oder beerdigen müsse, wenn er seine Aussagen ernst nehme. Daraufhin wurde er ganz ruhig und erzählte, dass kürzlich im Bistum bei der Zusammenlegung von zwei Krankenhäusern überlegt werden musste, was mit einem Kühlschrank, der embryonale Stammzellen enthielt, geschehen sollte. Der Kühlschrank wurde samt Inhalt einem anderen Krankenhaus geschenkt.

Man muss für seine Überzeugungen werben. Man hat keinen Anspruch darauf, dass man sich immer durchsetzt. Aber man muss bei seiner Überzeugung bleiben, denn es ändert sich alle paar Jahre wieder etwas. Dann ist ein vergleichbares Thema aktuell und man muss wieder abwägen.

Gibt es ein unterschiedliches Machtverständnis zwischen Männern und Frauen?

Sie können das unterschiedliche Verständnis unheimlich gut bei Bundeskanzlerin Angela Merkel und Männern ablesen. Wenn sie etwas nicht verstanden hat, wenn ihr etwas nicht gefällt, sagt sie es. Männer sind es gewohnt, ihre Unsicherheit nicht sichtbar zu machen. Bei meiner Tätigkeit als Ministerin gab es einen Mann, der eine Vorlage bewerten sollte und mir sagte: „Ja, aber was soll ich Ihnen denn aufschreiben? Ich weiß ja noch gar nicht, was Sie wollen." Daraufhin habe ich gesagt: „Sagen Sie mal, sind Sie gescheit? Wozu bezahlen wir Sie? Sie müssen doch imstande sein, eine Vorlage zu bewerten und mir Ihre Pro- und Kontraargumente aufzuschreiben. Dafür sind Sie da, und dann können wir darüber reden."

Ist das auch ein Unterschied im Kommunikationsstil?

Mit Sicherheit. Aber man muss Macht auch haben wollen, um gestalten zu können. Wie man mit Zweifeln umgeht, ob man sie ausspricht oder nicht, gehört auch dazu. Eine Entscheidung unter Unsicherheit schaffe ich nur, wenn ich gute Leute habe, die wissen, dass sie mir sagen sollen, wenn etwas nicht passt. Das einfache Abnicken von Entscheidungen braucht man nicht.

Ist das Arbeiten mit Männern also anders als mit Frauen?

Das ist unterschiedlich. Wenn sich Männer daran gewöhnt hatten, eine Frau als Vorgesetzte zu haben, funktioniert es gut. Aber wenn es ein Störgefühl gibt, wird es schwierig. Der Einzige, der sich mitunter in der Anfangszeit schwer getan hat, eine Frau als Vorgesetzte zu haben, war mein Staatssekretär Jens Baganz. Er fragte mich einmal: „Was passiert eigentlich, wenn wir uns nicht einig werden?" Da habe ich geantwortet: „Dann habe ich recht. So sind die Aufgaben verteilt."

Ich glaube übrigens, dass Personalteams, in denen auch Frauen vertreten sind, bessere Beurteilungen abgeben. Im Rahmen einer Düsseldorfer Messe erörterte die damalige Vorsitzende des Deutschen Juristinnenbundes, Frau Dr. Helga Stödter, dass Männer bei der alleinigen Leitung der Personalabteilung in der Regel nur die fachliche Kompetenz beurteilen. Dass aber für die Zusammenarbeit auch immer wichtig ist, ob zwei Personen gut zusammenarbeiten können, wird nicht bedacht.

Frauen bringen eine größere Selbstkritik mit. Das ist wirklich ein Element, auf das man als Personalverantwortlicher achten sollte. Männer sind häufiger eitler als Frauen und strotzen vor Selbstgewissheit.

Gibt es bei Männern den Vorteil eines größeren Netzwerks?

Ja, diese Clubgedanken bis hin zu „Wie viel haben wir in der Nacht zusammen gesoffen" waren bei der Jungen Union schon vorhanden. Aber ich würde daraus nicht schließen, dass Frauen es genauso machen müssen. Ich habe an diesen reinen Frauenbünden keinen Spaß.

Haben Sie sich bewusst andere Netzwerke und andere Kontakte gesucht?

Ja, wobei die zwangsläufig entstehen. Ich hatte immer, auch als ich Abgeordnete war, einen eigenen „Klüngel" zwischen Wissenschaft und Verwaltung im Hintergrund. Wir haben uns alle paar Wochen getroffen, denn ich war nicht in der Exekutive und musste sehen, woher ich das Wissen bekam. Nur Bücher zu lesen, reicht nicht aus.

Gab es konkrete Anlässe, bei denen Sie etwas für die Interessenvertretung der Frau bewirken konnten?

Ja, häufig. Ich war nicht in der Frauen Union aktiv, und ich war auch nicht in irgendwelchen feministischen Organisationen, aber dass ich viel für die Chancen von Frauen getan habe, würde ich schon sagen, wie beispielsweise das Engagement in der Kommission zur Gleichstellung der Frau oder die Förderung von jungen Frauen. Das halte ich für selbstverständlich.

Hat man Ihnen vorgeworfen, als Frau zu ehrgeizig zu sein?

Nein. Das ist mir nicht passiert. Das hatte aber auch etwas damit zu tun, dass ich mich nie besonders anstrengen musste. Die Gelegenheiten boten sich fast von allein, egal ob in Politik oder Wirtschaft.

Ist der Umgang mit Politikerinnen in der Öffentlichkeit ein anderer als mit Männern?

Ja, aber dazu tragen Frauen manchmal auch bei, weil sie als attraktiv wahrgenommen werden möchten. Frauen werden stärker nach dem Äußeren beurteilt.

Gibt es persönliche Prinzipien und Grundsätze für Ihr politisches Handeln?

Ja. Mein allererster Grundsatz ist, wirklich gut informiert zu sein. Ich weiß, dass es eine Neigung gibt, wenn man gut formulieren kann, ohne Sachkenntnisse zu diskutieren. Das habe ich nie gewollt. Es ist anstrengend, gut informiert zu sein, aber man fühlt sich sicherer. Ich finde es ungeheuer wichtig. Außerdem glaube ich, muss man neugierig bleiben. Es gibt immer wieder etwas, was man nicht weiß. Wie geht man damit um? Will ich es auch noch wissen, oder reicht mir das, was ich habe? Sich zu informieren und neugierig zu bleiben, ist ganz wichtig.

Was waren Ihre größten Erfolge und Misserfolge, die Sie in Ihrer politischen Karriere hatten?

Ich habe das ganze berufliche und politische Leben als wunderschön und erfolgreich empfunden. Dass mal etwas schiefgeht, ist normal, sonst hätten wir keine freiheitliche Ordnung. Aber wenn Sie so viele Möglichkeiten und Chancen haben, kann man sich sehr glücklich schätzen.

Natürlich war es zwischendurch anstrengend. Aber die Politik hat mir nie geschadet, nutzen kann sie aber auch nicht, wenn Sie nicht die Unabhängigkeit behalten. Es muss Ihnen Freude machen, was Sie tun. Aber das Wirken in die Gesellschaft hinein, geht am besten über die Politik.

Engagiert habe ich mich auch immer für die aktive Bürgerschaft. Wir müssen die Gesellschaft wieder von unten erfinden, nicht von oben gute Ideen haben. Wie schaffe ich es, dass sich die Menschen zusammentun und eine gemeinsame Lösung finden? Ich sage mal umgekehrt: Wenn Sie sich politisch gar nicht engagiert haben, ist es in der Wirtschaft kaum möglich, sich die Abläufe in der Politik vorstellen zu können. Es hat mir manches Mal geholfen, bei der IHK meine politischen Erfahrungen einzubringen. Es geht doch nicht darum, sich nur in der Vollversammlung der IHK zu einigen. Man darf nicht übermütig sein mit dem, was man glaubt zu wissen. Ich bin manchmal im Ruhrgebiet durch eine Einkaufsstraße gegangen und habe in die Gesichter geschaut und mir gesagt: „Schau mal, die dürfen alle wählen. Wie bilden sie sich ihr Urteil?" Das ist die eigentliche Frage.

Gab es Gedanken und Motive für einen Ausstieg aus der Politik bzw. aus der CDU?

Nein, weil Politik ein spannendes Aufgabenfeld ist. Aber es ist nicht einfach, sich immer wieder zu fragen: Wie bekommt man das hin, was man in der Gesellschaft für wichtig hält? Wo kann man helfen, dass das mehr Leute begreifen? Mich hat immer interessiert, wie ich es normalen Menschen begreifbar mache. Ich weiß inzwischen, es geht fast nur über konkrete Beispiele. Das ist etwas, was ich auch von Kurt Biedenkopf gelernt habe.

Ist es manchmal desillusionierend festzustellen, dass man die Menschen nicht erreicht?

Desillusion kenne ich nicht. Dann waren meine Beispiele falsch. Es nutzt nichts, wenn ich mich jammernd in die Ecke setze. Also muss ich einen nächsten Anlauf wagen. Wir machen alle Fehler. Es gibt für alles Beispiele.

Was sind Ihre Wünsche und Ratschläge an junge Frauen in der Politik?

Neugierig sein, sich für Sachverhalte interessieren, Förderung. Es ist gut, dass wir die Zukunftsakademie NRW haben. Sie ermöglicht die Förderung von Nachwuchstalenten der CDU und fördert politische Nachwuchskräfte durch Seminare, Praktika und die Betreuung durch erfahrene Funktions- und Mandatsträger aus den Reihen der CDU Nordrhein-Westfalen. Ich habe eine sehr gute Frau dort erlebt. Sie hat mich eine kurze Zeit begleitet.

Neben Neugierde ist Humor sehr wichtig. Es gibt immer wieder Situationen, die schwierig sind, und wenn kein Humor da ist, verletzt man sich. Eine tolle

Frau, die viel Humor hatte, war Aenne Brauksiepe. Bei allem Kämpferischen war sie nie verbittert und hatte immer gute Laune. Sie hat mir sehr imponiert. Für die damaligen Verhältnisse hat sie die Vereinbarkeit von Familie und Beruf gelebt. Auf dem CDU-Bundesparteitag vom 25. bis 27. März 1979 in Kiel, als die Ballettgruppe aus Paris „Folies Bergères" abends „oben ohne" auftrat und sich die anderen Frauen aufregten, ging Aenne Brauksiepe nach vorne und sagte: „Kinder, so können wir das nicht machen." Da wurde es ruhig und sie fügte hinzu: „Da hilft nur eins: Vom nächsten Parteitag an übernehmen wir das Ballett."

Doris Pack*

Man muss seinen Weg selber finden

Geboren am 18. März 1942 in Schiffweiler, geschieden, zwei Kinder, 1962 Abitur, 1962–1965 Studium der Pädagogik an der Universität des Saarlandes, Abschluss: Staatsexamen, 1963 Eintritt in die CDU, 1965–1974 Tätigkeit als Grund- und Hauptschullehrerin, 1967–1974 Mitglied des Gemeinderates Bübingen, 1973–1999 Vorsitzende der Frauen Union Saar, 1974–1976 Mitglied des Stadtrates Saarbrücken, 1974–1983 und 1985–1989 Mitglied des Deutschen Bundestages, 1981–1983 und 1985–1989 Mitglied in der Parlamentarischen Versammlung des Europarats und der Westeuropäischen Union (WEU), 1983–1985 Rektorin im saarländischen Kultusministerium, seit 1989 Mitglied des Europäischen Parlamentes, 1989–2009 stellvertretende Bundesvorsitzende der Frauen Union, 1989–1994 stellvertretende Vorsitzende der Delegation für die Beziehungen zu Jugoslawien/Südosteuropa, seit 1994 Mitglied des Vorstandes der Fraktion der Europäischen Volksparteien (EVP) des Europäischen Parlamentes, 1994–2009 Vorsitzende der Delegation für die Beziehungen zu den Staaten Südosteuropas, seit 2000 Vorsitzende der EVP-Frauen, seit 2009 Vorsitzende des Ausschusses für Kultur und Bildung im Europäischen Parlament.

Was hat Sie in Ihrer politischen Sozialisation geprägt?

Ich komme aus einem sehr politischen Elternhaus. Mein Großvater war in der Preußenzeit in der Zentrumspartei, mein Vater in der Christlichen Volkspartei tätig. Er ist dann in die CDU eingetreten, als sie Anfang der 1950er Jahre gegründet wurde. Von meinen Geschwistern bin ich allerdings die Einzige, die in die Politik ging.

Meine politische Sozialisation hat sich im Saarland abgespielt, das zu meiner Kindheit unter französischer Besatzung bzw. später unter einer französisch ausgerichteten Regierung stand. Ich habe das Referendum über die Abstimmung des Saarstatus 1955 erlebt und erfahren, wie tief die Gräben waren zwischen denen, die das Statut befürworteten, und denen, die es ablehnten. Als das Referendum positiv ausging – d.h. negativ für das Saarstatut – wurde es von der

---

* Das Interview führten Dr. Ulrike Hospes und Ina vom Hofe M. A. am 20.06.2012 in Brüssel.

französischen und deutschen Regierung umgedeutet in dem Sinn, dass wir zurück nach Deutschland wollten. Dabei hieß die Frage nicht: „Wollt ihr zurück nach Deutschland?", sondern: „Wollt ihr das Saarstatut?" Die Mehrheit lehnte es ab.

Ich wuchs also als Kind zwischen zwei Welten auf und habe festgestellt, dass die Franzosen – auch wenn sie es sich natürlich bezahlen ließen – uns sehr schnell gehen ließen. Diese Zeit der Pseudo-Besatzung und die Möglichkeit, dass es eine versöhnliche Geste eines Nachbarlandes gab, mit dem wir Krieg geführt hatten, waren sehr beeindruckend.

Mein Vater drängte frühzeitig darauf, enge Beziehungen nach Frankreich zu knüpfen. Insofern war das deutsch-französische Verhältnis für mich von Anfang an eine positive Erfahrung.

Wie war das Rollenverständnis in Ihrem Elternhaus?

Ich war zehn Jahre jünger als mein Bruder und neun Jahre jünger als meine Schwester. Mein Vater war Rektor an der Schule, meine Mutter Hausfrau. Aber sie war eine unheimlich belesene Frau. Sie hat immer bedauert, dass sie keine höhere Schulbildung genossen hat. Bei acht Geschwistern, ein Mädchen und sieben Jungs, war das damals nicht möglich. Ihre Brüder haben außer einem alle studiert. Sie hat nie verstanden, warum ich die Schule nicht ernster nehme. Meine Mutter war immer daran interessiert, dass wir eine gute Ausbildung bekommen und hatte null Verständnis für meinen mangelnden Eifer und meine oft schlechten schulischen Noten.

In welcher Situation haben Sie die Chance ergriffen und sind in die Politik gegangen?

Da ich die Jüngste war, habe ich mich dazu entschlossen, freiwillig ins Internat zu gehen, um nicht als Kind alleine zuhause zu sein. Als ich 18 war, hat mich mein Vater als Au-Pair nach Frankreich geschickt. Ich war – wie schon gesagt – ziemlich faul und er wollte unbedingt, dass ich endlich ordentlich Französisch lerne. In Frankreich habe ich einen Franzosen kennengelernt, mit dem ich bis zum 23. Lebensjahr zusammen war. Wir wollten heiraten. Ich wollte in Frankreich als Lehrerin arbeiten. Kommunizieren konnten wir nur über Briefe und Telefon, Letzteres war teuer, also haben wir uns täglich Briefe geschrieben. Während des Studiums begann ich, mich in der Jungen Union zu engagieren. Im Laufe der Zeit wurde mir immer klarer, dass ich gar nicht in den jungen Mann verliebt war, sondern in Frankreich und Paris. Lehrerin wollte ich immer noch werden. Aber ich wollte in die Politik gehen und habe in der Jungen Union begonnen, Bildungspolitik zu machen. Darüber kam ich in die Kommunalpolitik.

Von der Kommunalpolitik wechselten Sie in die Bundes- und Europapolitik.

Ich war im Gemeinderat Bübingen und habe mit engagierten Mitbürgern aus einer „roten" Gemeinde eine „schwarze" gemacht. Mittlerweile war ich mit einem politisch interessierten und in der CDU aktiven Mann verheiratet. Im Gemeinderat habe ich erfahren, wie man Politik macht. Danach habe ich für den saarländischen Landtag kandidiert. Ich hatte einen Listenplatz, von dem mich jedoch männliche Machenschaften durch interne Absprachen vertrieben haben. Aus heutiger Sicht bin ich froh, nicht gewählt worden zu sein. Als es im Saarland eine Neugliederung der Kreise und Gemeinden gab, haben wir größere Einheiten gebildet, und ich kandidierte für die Stadt Saarbrücken, da das Dorf Bübingen eingemeindet wurde. Auf der sogenannten Gebietsliste stand ich auf Platz zwei und zog damit in den Stadtrat ein.

Für die Bundestagswahl 1972 haben wir Mitte 1971 – ich hatte gerade mein zweites Kind bekommen – die Liste bei einer Delegiertenversammlung mit dem damaligen Ministerpräsidenten und Landesvorsitzenden Franz-Josef Röder erstellt. Den ersten Platz erhielt immer der Ministerpräsident, auch wenn er dann nicht in den Deutschen Bundestag wechselte. Der zweite Platz musste mit einem evangelischen Christen, der dritte mit einem Arbeitnehmervertreter und der vierte Platz mit einer Frau besetzt werden. Von den Vieren ist immer allerhöchstens einer, derjenige auf Platz zwei, eingezogen. Als es um die Besetzung des vierten Listenplatzes ging, schaute Herr Röder in die Runde und fragte mich. Es war jedoch klar, dass ich auf diesem Platz keine Chance hatte, in den Deutschen Bundestag einzuziehen. Ich habe aber gerne zugestimmt. Doch bei dieser Wahl haben wir im Saarland zum ersten Mal zwei Leute über die Liste hineinbekommen. Da der Ministerpräsident das Mandat nicht annahm, zogen die Plätze zwei und drei in den Deutschen Bundestag ein. Aber Listenplatz Nummer drei, Werner Ferrang, verstarb 1974 an Meningitis, die er sich auf einer Afrika-Reise zugezogen hatte. Also las ich an einem Samstagmorgen in der Zeitung: „Pack rückt nach." Ja, ich bin eine Quotenfrau. Darauf bin ich stolz, denn sonst hätte ich nie beweisen können, dass ich gut bin.

Wie vollzog sich dieser plötzliche Wandel in Ihrem Leben?

Es war alles sehr hektisch, weil in die Zeit die Abstimmung über den § 218 StGB fiel. Es ging um jede Stimme. Werner Ferrang war noch nicht beerdigt, da musste ich schon nach Bonn.

Zu meiner Bundestagszeit war ich in der Parlamentarischen Versammlung des Europarates und habe Bildungspolitik, ein bisschen Frauenpolitik und Regionalpolitik gemacht. Ich bin zeitgleich noch im Stadtrat geblieben, da ich nicht wusste, ob ich bei der nächsten Bundestagswahl erneut aufgestellt werde. Es war eine schwierige Zeit, geprägt von vielen Reisen zwischen Bonn und Saarbrücken: Trotz Gegenwind bin ich 1976 und 1980 auf dem dritten Landeslistenplatz wieder aufgestellt worden und in den Deutschen Bundestag eingezogen.

Bei der vorzeitigen Bundestagswahl 1983 kandidierte ich bei erneutem Gegenwind. Vor mir stand jemand, für den sich aus den Kreisverbänden einige Männer stark gemacht hatten. Allerdings beging dieser Kollege zwei Jahre später Selbstmord, so dass ich 1985 erneut für einen Toten in den Deutschen Bundestag nachrückte. Während meiner zwischenzeitlichen Auszeit von 1983 bis 1985 arbeitete ich beim saarländischen Bildungsministerium und habe dort das Kindergarten-Referat geleitet. Ich hatte gerade meine Schulratsprüfung bestanden, als ich plötzlich wieder entscheiden musste, ob ich erneut in den Deutschen Bundestag gehe. Gestützt von meinen beiden Kindern, die mich dazu ermutigten, habe ich „Ja" gesagt. Dieser Schritt war nicht einfach, zumal ich mich 1981 von meinem Mann hatte scheiden lassen.

Meine Eltern hatten nach meines Vaters Pensionierung mit bei mir im Haus gelebt, so dass ich mit weniger Gewissensbissen erneut meiner Arbeit in Bonn nachgehen konnte.

Ich habe dann mit dem damaligen Parteivorsitzenden der CDU Saar, Werner Scherer, geredet und ihm mitgeteilt, dass ich nur in den Deutschen Bundestag nachrücke, wenn ich 1987 nicht wieder gegen Gott und die Welt kämpfen muss. Er sicherte mir Unterstützung zu. Trotzdem habe ich 1987 wieder einen Gegenkandidaten gehabt. Aber den habe ich überwunden.

1989 standen die Wahlen zum Europäischen Parlament an. Ich wurde bereits zum zweiten Mal gefragt, ob ich kandidieren möchte. Auch wenn es bedeutete, dass ich gegen meinen ehemaligen Professor kandidieren musste, sagte ich zu. Es war furchtbar. Mir wird heute noch schaurig dabei, denn ich habe ihn sehr geschätzt. Ich setzte mich durch und bin seitdem fünf Mal für das Europaparlament aufgestellt worden. Ich bin mit Leib und Seele Europäerin und vor allen Dingen Parlamentarierin. Das kann man im Europaparlament besser sein als in einem nationalen Parlament. Im nationalen Parlament bist du Teil einer regierungstragenden oder einer die Regierung stürzen wollenden Fraktion. Das gefiel mir nicht sonderlich. Ich habe mich im Deutschen Bundestag angepasst, allerdings habe ich mich 1988 einmal gegen die Regierung, gegen meine Fraktion gestellt. Es ging um die Abstimmung über die Steuerfreiheit für Flugbenzin für Privatflieger. Ich hatte zuvor dem Vorsitzenden der CDU/CSU-Bundestagsfraktion, Alfred Dregger, mitgeteilt, dass ich nicht dafür stimmen werde. Ab da versuchten der damalige Bundesminister für besondere Aufgaben, Wolfgang Schäuble, der damalige Präsident des Deutschen Bundestages, Philipp Jenninger, sowie verschiedene andere Leute mich zu überreden, doch dafür zu stimmen. Ich sagte nur: „Ihr beißt euch an mir die Zähne aus. Ich mache das nicht. Ich finde es unsinnig. Das muss nicht sein." Am Morgen vor der Abstimmung war ich auf dem Weg zum Frühstück, als auf einmal Bundeskanzler Helmut Kohl neben mir ging und sagte: „Na, Pack? Ich habe gehört, Sie stimmen dagegen." – „Sie haben mir viele geschickt, aber ich habe jedem gesagt, ich kann nicht." – „Dann stürzt die Regierung." Da erwiderte ich: „Herr Bundeskanzler, wenn das wahr wäre, dass die Regierung stürzt, dann stimme ich für dieses Gesetz und lege im Anschluss mein Amt nieder, da ich es meinen Wählern versprochen habe." Er schaute mich an: „Na, dann machen Sie, was Sie wollen."

Gab es Gewissensentscheidungen, die Sie fällen mussten?

Das kann ich jetzt nicht mehr sagen. Aber ich habe z. B. nicht für die Aufnahme Rumäniens und Bulgariens in die Europäische Union gestimmt. Meiner Meinung nach waren die beiden Länder noch nicht bereit. Wenn ich länger im Deutschen Bundestag gewesen wäre, hätte ich vielleicht mehr Schwierigkeiten gehabt. Aber hier im Europäischen Parlament habe ich sie nicht. In meiner eigenen Landespartei konnte ich eigentlich immer meine Meinung sagen, ohne dadurch Probleme zu haben.

Als Sie erstmalig 1974 in den Deutschen Bundestag einzogen, stimmten Sie über den § 218 StGB ab. War das keine Gewissensentscheidung?

Sicher, aber sie fiel mir nicht schwer, da ich eine gefestigte Meinung hatte. Auch im Europäischen Parlament haben wir häufig unnötige Debatten, wenn es um körperliche Selbstbestimmung, also im weitesten Sinne um Abtreibung geht. Unnötig, weil dies rein nationale Gesetzgebung ist. Ich bin katholisch, manchmal auch praktizierend. Ich war aber zum Beispiel bei den Vergewaltigungen auf dem Balkan immer dafür, dass abgetrieben werden kann. Ich kann niemanden zwingen, unter diesen Umständen ein Kind zu bekommen. Das maße ich mir nicht an.

Bis 1989 war jede Kandidatur ein Kampf. Dann sind Sie stellvertretende Bundesvorsitzende der Frauen Union geworden. Hatten Sie damit eine Hausmacht?

Ich hatte immer Unterstützung von einigen männlichen Persönlichkeiten in der Partei, die mich getragen haben, zum Beispiel der damalige Vorsitzende der Jungen Union und spätere stellvertretende saarländische Ministerpräsident Peter Jacoby, der ehemalige saarländische Ministerpräsident Peter Müller, der damalige Landesvorsitzende Werner Scherer und Minister Schacht, Vorsitzender der CDA. Mit der Frauen Union alleine hätte es nicht gereicht. Ich musste auch bei den Granden in der Partei Unterstützung haben.

Merken Sie Unterschiede, ob Sie in Deutschland oder auf europäischer Ebene unterwegs sind? Werden im Europäischen Parlament Geschlechterunterschiede oder Sachfragen thematisiert?

Wir haben hier auch das Problem der Vertretung der Frauen in den Gremien. Aber das liegt unter anderem daran, dass nicht Männer oder Frauen, sondern Vertreter der jeweiligen nationalen Delegation gewählt werden. Ich habe jetzt 23 Jahre Balkanpolitik auf dem Buckel. Das könnte ich nicht, wenn das Thema Frau – Mann hier eine Rolle spielte; auf dem Balkan waren die Politiker in der Regel männlich.

Gibt es ein unterschiedliches Machtverständnis von Mann und Frau? Oder ist es eher ein Unterschied der Kulturen?

Ich glaube, es handelt sich in Europa mehr um den Unterschied der Kulturen, bin jedoch der Auffassung, dass so etwas persönlich bestimmt ist. Es kommt darauf an, wie der einzelne veranlagt ist. Man muss sich nicht vermännlichen, aber man muss manchmal den Ellbogen benutzen und egoistisch sein Ziel verfolgen. Aber vor allen Dingen muss man die Macht wollen. Wenn Sie die Macht nicht wollen, wenn Sie meinen, Sie würden überallhin getragen, können Sie es vergessen.

Die Europäische Frauen Union spielt in diesen ganzen Überlegungen eigentlich gar keine Rolle?

Nein, die Vereinigung der EVP-Frauen, deren Vorsitzende ich bin, hat damit gar nichts zu tun. Das ist eine Vereinigung in der Partei, wie die Jungen und die Arbeitnehmer auch ihre bilden. Natürlich bin ich immer froh, wenn ich Kolleginnen habe, die ich auch in meine Veranstaltungen locken kann, aber wir sind alle in den nationalen Delegationen oder in unserer eigenen Arbeit eingebunden. Es ist ein zusätzliches Engagement, dem ich mich widme, weil ich glaube, dass der Partei eine solche Formation gut tut.

Gibt es parteiübergreifende Themen von Frauen innerhalb des Europäischen Parlaments?

Anfang 2012 habe ich gemeinsam mit der Vizepräsidentin der Europäischen Kommission, Viviane Reding, und dem Fraktionsvorsitzenden der Europäischen Volkspartei im Europäischen Parlament, Joseph Daul, zum Thema

Frauenquote in die Konrad-Adenauer-Stiftung nach Berlin eingeladen. Viele Männer in meiner Fraktion waren verwundert, wie ich dazu kam, so etwas zu organisieren. Es war eine tolle Veranstaltung, bei der man die Vielschichtigkeit und die verschiedenen Herangehensweisen an das Thema sah. In Sachen Frauenquote haben wir, glaube ich, eine sehr hohe Übereinstimmung unter allen weiblichen Abgeordneten.

Zwischen den Frauen?

Ja. Sicherlich gibt es auch Frauen, die die Quote nicht wollen. Aber denen erkläre ich dann immer, dass ich auch eine Quotenfrau bin. Sie sind dann meistens ganz erstaunt. Ich hätte keine Chance gehabt, wenn ich nicht auf dem Frauenplatz hereingekommen wäre. Quote ist nichts Schlimmes. Männer sind immer eine Quote, eine regionale, berufliche oder religiöse. Denken Sie nur an den Aufstellungsmodus bei meiner ersten Kandidatur im Saarland.

Ich schreibe vor Europawahlen als Vorsitzende der EVP-Frauen an die Parteivorsitzenden und bitte darum, auch Frauen in das Europäische Parlament zu schicken. Geantwortet haben beim ersten Mal drei der Herrschaften, unter anderem der jetzige ungarische Ministerpräsident Viktor Orbán. Er schickte vier Frauen. Andere haben gedacht „Was geht mich die Alte an?", nicht geantwortet und auch keine oder wenig Frauen nominiert. Inzwischen aber haben manche Länder Frauenquoten; das hilft.

In Deutschland beklagen die meisten immer noch, dass das Aussehen der Frauen eine zu große Rolle in den Medien spielt. Ist das in Europa auch ein Thema?

Das Aussehen der Frauen spielt hier keine Rolle. Natürlich bin ich immer gepflegt und gut angezogen, aber weil es mir gefällt. Das bin ich.

Was sind Ihre persönlichen Prinzipien und Grundsätze in Ihrem politischen Handeln?

Mein persönlicher Grundsatz ist, mich nicht verbiegen zu lassen. Mein Vater hat mir, als ich gerade in die Junge Union und in den Gemeinderat gekommen war, gesagt: „Mädchen, wenn du weitergehst, denk' daran, bleib' dir treu." Das habe ich gehalten. Ich habe mich nirgendwo anders verhalten, als ich mich hätte verhalten wollen.

Was waren Ihre größten Erfolge?

Zu meinen größten Erfolgen in der Gesetzgebung zählt das COMENIUS-Programm, ein Programm, das die Zusammenarbeit von Schulen innerhalb der Europäischen Union fördert. Ich war von Anfang an der Meinung, dass es keinen Zweck hat, wenn wir nur ERASMUS als Förderprogramm für Studenten der Europäischen Union haben. Wir müssen auch Kinder früh fördern.
Zum anderen habe ich die Erwachsenenbildung in der EU eingeführt. Das war ganz schwer. Die Südländer haben gesagt: „Machen wir nicht." Also musste zunächst zusammen mit der Kommission ein Wortlaut gefunden werden, der das meinte, was ich wollte, ohne es direkt zu benennen. Prof. Rita Süssmuth hat mir dabei sehr geholfen. Wir sind beide stark in den Volkshochschulen engagiert. Vier Jahre später wurde das Thema in einem neuen Programm GRUNDTVIG ein Selbstverständnis – auch im Süden.

Dann habe ich zusammen mit einem Kollegen der grünen Partei aus Südtirol während einer Reise nach Albanien überlegt, dass wir eigentlich ein Jugend-Freiwilligenprogramm, einen Freiwilligendienst, bräuchten. Mit Hilfe einer mündlichen Anfrage zu diesem Thema mit einer Resolution, die die Kommission zum Handeln aufforderte, gelang uns drei Jahre später die Einführung des Europäischen Jugendfreiwilligendienstes.

Haben Sie Misserfolge oder Enttäuschungen erlebt?

Die Ränkespielchen vor der Aufstellung zum Bundestag 1982 waren verletzend. Ich hatte Schwierigkeiten, damit fertig zu werden, weil ich die unterschwelligen Vorwürfe und Gerüchte nicht widerlegen konnte. Insbesondere ging es um meine damalige Scheidung. Ich war verletzt, aber dann habe ich das Leben in die Hand genommen. Ich habe zwei Kinder und meine Eltern gehabt, ich musste mich kümmern und habe geschaut, wie es weitergeht.

Haben Sie jemals darüber nachgedacht, aus der Politik auszusteigen?

Nein. Das ist mein Leben, ich konnte mein Hobby zum Beruf machen. Wenn Sie für eine Idee, vor allen Dingen für die europäische Idee, wirklich so brennen wie ich, dann ist das toll, wenn Sie daran auch arbeiten können. Da habe ich Glück gehabt. Ich bin meiner Partei wirklich sehr dankbar, dass ich jetzt fünf Mal in dieses Parlament gewählt wurde.

Was sind persönliche Ratschläge, die Sie jungen politischen Frauen mit auf den Weg geben können?

Man muss seinen Weg selber finden. Man muss auch wissen, was man kann. Man sollte nicht meinen, man könnte alles, sondern man muss für sich einen Bereich herausfinden, in dem man so etwas wie ein Alleinstellungsmerkmal gewinnen kann. Natürlich müssen Politiker auch generell zu fast allen politischen Sachverhalten Stellung nehmen können. Deswegen muss man viel lesen und kommunizieren. Was man nicht machen soll – das machen leider sehr viele Männer – in Bereichen, in denen man nichts oder wenig weiß, Ahnung vorgaukeln. Ich habe immer zugegeben, wenn ich zu einem Thema nicht viel wusste. Frauen sind dazu eher bereit. Die Leute sind dankbar, wenn man so etwas offen sagt. Sie wissen ja auch nicht alles.

Frauen müssen mutig sein und nicht meinen, sie müssten zurückstehen. Sie müssen sich etwas zutrauen und anderen das auch zeigen. Bescheidenheit und vornehme Zurückhaltung sind im politischen Alltag nicht zielführend. Starker Wille und Mut sind nötig.

Hannelore Rönsch

Ich habe immer versucht, mir treu zu bleiben

Geboren am 12. Dezember 1942 in Wiesbaden, verwitwet, ein Kind, 1960 Mittlere Reife, Höhere Handelsschule, 1960–1962 Tätigkeit beim Bundeskriminalamt in Wiesbaden, 1962–1983 Mitarbeiterin der Nassauischen Heimstätte in Wiesbaden, 1963 Eintritt in die CDU, 1967 Ortsbeirats- und Vorstandsmitglied der CDU sowie stellvertretende Kreisvorsitzende der Jungen Union Wiesbaden, 1974–1980 Stadtverordnete in Wiesbaden, 1980–1983 ehrenamtliche Stadträtin in Wiesbaden, 1983–2002 Mitglied des Deutschen Bundestages, 1990–1998 stellvertretende Vorsitzende der CDU Hessen, 1991–1994 Bundesministerin für Familie und Senioren, 1992–2011 Vorsitzende des Kuratoriums der Stiftung „Daheim im Heim", 1994–2000 stellvertretende Vorsitzende der CDU/CSU-Bundestagsfraktion, seit 1995 stellvertretende Vorsitzende der Werner-und-Gretchen-Neumann-Stiftung, 1998–2000 Mitglied des Präsidiums der CDU Hessen, seit 2000 Präsidentin des Deutschen Roten Kreuzes im Landesverband Hessen.

Politische Sozialisation

Ich wurde 1942 in Wiesbaden-Schierstein als Hannelore Heinz geboren. Mein Vater, Landwirt und Winzer, starb 1946 in russischer Kriegsgefangenschaft. Meine verwitwete Mutter betreute, unterstützt von einer Tante, neben den zwei eigenen Kindern zeitweise auch vier Kinder des Bruders, die durch einen Bombenangriff zu Waisen geworden waren. So war meine frühe Kindheit stark durch die Entbehrungen der Kriegs- und Nachkriegszeit geprägt. Mutter und Tante waren trotz der schwierigen Lebensumstände stark in der evangelischen Heimatgemeinde engagiert.

Ich absolvierte nach der Volksschule die mittlere Reife und besuchte die Höhere Handelsschule. Ein Privileg, denn die Älteren mussten nach der Volksschule eine Lehre beginnen, um zum Familienunterhalt beizutragen. Als Vertrauensschülerin und Klassensprecherin nahm ich schon mit 14 Jahren an politischen Seminaren bei der Landeszentrale für Heimatdienst, heute die Landeszentrale für politische Bildung, teil. Die familiären Umstände, die Erziehung durch zwei sozial engagierte Frauen, die Wochenendseminare – all das weckte mein soziales und politisches Interesse.

Meine Erfahrungen mit Politik im regionalen Umfeld – Das politische Wiesbaden der 1950er und 1960er Jahre

Nach der Höheren Handelsschule arbeitete ich von 1960 bis 1962 beim Bundeskriminalamt. Anschließend ging ich zur Nassauischen Heimstätte, wo ich die nächsten zwei Jahrzehnte als Mieterberaterin tätig war. Die Nassauische Heimstätte, die 1922 in Wiesbaden als Wohnungsfürsorge-Gesellschaft gegründet worden war, übernahm im Nachkriegsdeutschland eine führende Rolle beim Wiederaufbau der zerstörten Städte Frankfurt, Wiesbaden, Gießen, Hanau, Offenbach und Wetzlar. Die Schaffung sozialen Wohnraums war per Gesetz zur gemeinnützigen Aufgabe erklärt worden. Ich nahm sowohl die Strukturen an meinem Arbeitsplatz als auch die Politik im regionalen Umfeld als stark sozialdemokratisch dominiert wahr. Vor allem den Widerspruch zwischen den von der SPD postulierten Ansprüchen hinsichtlich einer sozialen Politik und Gesellschaft und der von den Sozialdemokraten gelebten Realität empfand ich als nicht tragbar. Es missfiel mir, dass diese Stadt und dieses Land als Eigentum betrachtet und zu einem guten Stück gutsherrschaftlich bewirtschaftet wurden. So entschloss ich mich 1963, der CDU beizutreten. Zunächst allerdings ohne die Absicht, tatsächlich politisch aktiv zu werden, etwa durch die Übernahme eines Mandats auf Landes- oder gar Bundesebene.

Beruflicher und parteipolitischer Werdegang – Anlässe, um politisch aktiv zu werden

1966 bezogen mein Mann, Claus Rönsch, und ich mit unserer 1965 geborenen Tochter Viola als die ersten Bewohner eine Wohnung in der von der Nassauischen Heimstätte gebauten Großsiedlung Wiesbaden-Klarenthal. Heute ein Stadtteil mit mehr als 10.000 Einwohnern und einer ausgezeichneten Infrastruktur war Klarenthal 1966 kaum mehr als eine Ansammlung von Mehrfamilien- und Hochhäusern. Busverbindungen, Kindertages- oder Begegnungsstätten, Schulen, Einkaufsmöglichkeiten oder einfach nur befestigte Straßen gab es damals noch nicht. Mit dem einzigen Telefonanschluss weit und breit waren wir im eigenen Wohnzimmer mit den Problemen der Neu-Klarenthaler konfrontiert – immerhin 98 Prozent der Wohnungen waren sozialer Wohnungsbau. Verstärkt wurde dieser Einblick in die Nöte der Bewohner durch meine Tätigkeit als Mieterberaterin bei der Nassauischen Heimstätte. Aber auch bei den sich gerade erst entwickelnden politischen Strukturen des neuen Ortsteils war die sozialdemokratische Dominanz zu spüren. Der Wunsch, nicht einfach nur Mitglied der CDU zu sein, sondern wirklich politisch aktiv zu werden, wurde immer drängender. So wurde in der Folgezeit in unserem Wohnzimmer die Gründung der CDU Klarenthal vorbereitet. Auch die Etablierung eines Ortsbeirats für Klarenthal wurde hier diskutiert und für notwendig befunden. Schließlich musste der neue Stadtteil bei zu erwartenden 10.000 Einwohnern eine eigene politische Vertretung haben.

Über die Arbeit im Ortsbeirat, Interessenvertretung für alle wichtigen Angelegenheiten, die Klarenthal betreffen, wurde zunächst mein Mann Stadtverordneter. Aber auch ich wurde von den Parteifreunden immer stärker gedrängt, mich als Stadtverordnete aufstellen zu lassen. Förderer, Fürsprecher und Mentor war vor allem Prof. Wilhelm Fresenius, der als „Vater der deutschen analytischen Chemie" in die Wissenschaftsgeschichte eingegangene Wiesbadener Ehrenbürger. Er war zwanzig Jahre für die CDU in der Stadtverordnetenversammlung und dort CDU-Fraktionsvorsitzender. Fresenius förderte mich nicht nur, er forderte mich auch. So rückte ich 1974 ins Stadtparlament nach. Ich profitierte dabei sowohl von dem Umstand, dass ich eine der wenigen Frauen in der CDU war und zudem noch der evangelischen Konfession angehörte. Auf Grund dieser Konstellation hatte ich an gar keiner Stelle eine Ochsentour zu machen, ich wurde meist mehr gedrängt, als dass ich mich hineingeworfen hätte. Die nächsten sechs Jahre war ich Stadtverordnete, ab 1980 dann als ehrenamtliche Stadträtin zuständig für die Bereiche Wohnungsbau und Soziales.

Mein Verständnis von christlich-demokratischer Politik und meine Zuwendung zur CDU und nicht zu einer anderen Partei

Neben Wilhelm Fresenius wurde ich von einer Reihe weiterer Persönlichkeiten in meiner politischen Biografie beeinflusst. Hier ist zunächst vor allem Alfred Dregger zu nennen. Ich bin bis heute tief beeindruckt von seiner Aura und Ausstrahlung, von der Gradlinigkeit und Deutlichkeit, mit der er seine politischen Ideale vertrat. Bei Alfred Dregger habe ich mich politisch wiedergefunden. Er hat uns als CDU in Hessen das aufrechte Gehen gelehrt und unser Selbstbewusstsein als Mitglieder der CDU wesentlich gestärkt. Die CDU als politische Heimat machte ich für mich auch an ganz konkreten politischen Fragestellungen fest. So konnte ich mit der Ostpolitik der Sozialdemokraten nichts anfangen. Die CDU war in meinen Augen viel eindeutiger, wenn es darum ging, gegenüber der Sowjetunion, aber auch gegenüber der DDR, auf so grundsätzlichen Forderungen wie der Reisefreiheit zu bestehen.

Eine Friedenspolitik wie Willy Brandt sie betrieben hat, habe ich absolut akzeptiert, etwa die Festschreibung der polnischen Westgrenze, das war für mich unbedingte und zwingend notwendige Versöhnungspolitik, aber darüber hinaus war mir die SPD meist einfach zu beliebig.

1983, nach zehn Jahren Politik in und für Wiesbaden, folgten Nominierung und Kandidatur für den Deutschen Bundestag. Durch die Wahl Hans-Joachim Jentschs zum Wiesbadener Oberbürgermeister war der Wahlkreis frei geworden. Wir jungen Stadtverordneten haben damals bei einer Klausurtagung zusammengesessen und haben das Anforderungsprofil an einen Bundestagsabgeordneten, der unsere Stadt vertreten sollte, festgeschrieben. Wir waren uns einig, dass dieser Abgeordnete in der Lebensmitte stehen und aus der Kommunalpolitik kommen sollte. Es sollte ein Wiesbadener sein, jemand, der sich in Wiesbaden auskennt und im Wiesbadener Vereinsleben zuhause ist. Es war klar, dass der Kandidat nur über die Liste in den Deutschen Bundestag würde einrücken können, wenn er sich – abgesehen von seiner fachlichen Eignung – durch etwas Besonderes auszeichnen würde. In den 1980er Jahren, in denen die Listen zu einem großen Teil von Männern dominiert waren, lag es nahe, eine Frau aufzustellen. Und innerhalb der Wiesbadener CDU war dann auch schnell klar, dass ich diejenige sein soll. Ich wollte dies zunächst unter keinen Umständen, ich habe mich in meinem Umfeld, im Magistrat, an meinem Arbeitsplatz, sehr wohl gefühlt. Auch hier war es wieder Wilhelm Fresenius, der mich zur neuen Aufgabe ermutigte: „Es gibt da überhaupt kein Vertun, Du machst das!" Und dann, nach einem sehr intensiven Wahlkampf, war es eine riesige Freude, als ich abends ins Rathaus kam und mir gesagt wurde, dass ich den Wahlkreis direkt gewonnen hätte.

Prägende Erfahrungen mit offiziellen und inoffiziellen Quoten

Auch beim Einzug in den Deutschen Bundestag hatte ich – wie schon auf lokaler Ebene – keine Ochsentour durchzustehen. Ich war Frau und ich war evangelisch, das war mein Vorteil. Obwohl ich meine politische Karriere zu einem guten Teil meinem Geschlecht zu verdanken habe, halte ich nicht viel von der Frauenquote. Ein Vorsitzender, eine Vorsitzende – diese Besetzung nach Quote, wie sie zum Beispiel die Grünen praktiziert haben, empfand ich immer als sehr künstlich und zwanghaft. Frauen können den Weg in die Politik auf Grund ihres Könnens und Wissens aus eigener Kraft schaffen. Eine Quotierung birgt zudem die Gefahr, dass Frauen trotz hervorragender Leistungen im Verdacht stehen, nur wegen der Quote im Amt zu sein, und verhindert so, dass die Leistungen auch anerkannt werden. Trotzdem habe ich auf dem Parteitag 1996 in Hannover für die Frauenquote von 33 Prozent gestimmt – aus Solidarität mit den Parteifreundinnen.

Besonderes Engagement für bestimmte Themen

Nach meinem Einzug in den Deutschen Bundestag arbeitete ich im Ausschuss Raumordnung, Bauwesen und Städtebau. Ich wurde für diesen Ausschuss zur Obfrau meiner Partei gewählt und saß außerdem im Untersuchungsausschuss „Neue Heimat", der sich mit der Aufklärung von Korruption und Misswirtschaft innerhalb des gleichnamigen, gewerkschaftseigenen Wohnungsbaukonzerns beschäftigte. Das war für mich natürlich ein Schock. Ich war immer sozialpolitisch engagiert, war seit dem ersten Tag im Beruf in der Gewerkschaft. Und nun waren die Verfehlungen durch die Führer der Gewerkschaft begangen worden. Nach meiner Tätigkeit im Untersuchungsausschuss bin ich aus der Gewerkschaft ausgetreten.

Im Ausschuss für Bildung, Wissenschaft, Forschung, Technologie und Technikfolgenabschätzung war die Neuregelung des BAföG mein großes Thema. In meiner ersten Rede im Deutschen Bundestag überhaupt rechtfertigte ich die Pläne der Bundesregierung, die Förderungshöchstdauer zu begrenzen und das BAföG auf ein Volldarlehen umzustellen. Außerdem engagierte ich mich im Bereich Entwicklungspolitik, Wohnungsbau und in der Arbeitnehmergruppe, wodurch ich in die aktuellen sozialpolitischen, aber auch arbeitsmarktpolitischen Themen involviert war.

Gewissensentscheidungen

1989 fiel die Mauer, 1990 wurde Deutschland wiedervereinigt und 1991 fanden die ersten gesamtdeutschen Wahlen statt. Für mich ist die deutsche Wiedervereinigung ein großartiges Geschenk, denn in einer für Deutschland einmaligen historischen Situation hatte ich die Möglichkeit, die Zukunft meines Landes in so entscheidenden Bereichen wie der Familien- und Sozialpolitik mitzugestalten. Die Wiedervereinigung war für mich politisch das größte Ereignis überhaupt. Ich selbst hatte nie die Hoffnung darauf aufgegeben, ohne allerdings zu glauben, dass sie in meiner politisch aktiven Zeit wahr werden würde. 1991 wurde ich von Helmut Kohl in das Amt der Bundesministerin für Familien und Senioren berufen.

In dieser Funktion war für mich die Neuregelung des § 218 StGB ein wichtiges Anliegen. Zum Zeitpunkt der Wiedervereinigung galt in der DDR die Fristen-, in Westdeutschland hingegen die Indikationsregelung. Mit der Fristenregelung konnte jede Frau bis zur zwölften Schwangerschaftswoche auch ohne ärztliche Beratung einen Abbruch vornehmen lassen. Bei der Indikationslösung war ein Schwangerschaftsabbruch demnach verboten und enthielt eine Strafandrohung gegen die Mutter und den behandelnden Arzt. Nur wenn die Schwangere in „besonderer Bedrängnis" handelte, d.h. bei Vorliegen einer medizinischen, eugenischen, kriminologischen oder sozialen Indikation, sollte von einer Bestrafung abgesehen werden.

Nach 1989 war es notwendig, aus den Modellen in Ost und West ein gesamtdeutsches zu entwickeln. Für mein ethisches Empfinden war es ausgesprochen schwer, wenn in den Debatten über einen ‚himbeergroßen Blutklumpen' gesprochen wurde. Ich habe einfach ein anderes Verständnis von werdendem Leben.

Die Auseinandersetzung wurde lange und heftig geführt. Quer durch und auch innerhalb der einzelnen Fraktionen wurden die verschiedensten Positionen verteidigt. Bis zur endgültigen Regelung dauerte es durch das wiederholte Eingreifen des Bundesverfassungsgerichtes noch bis 1995. Seither gilt der Kompromiss, nach dem Abtreibungen in den ersten drei Schwangerschaftsmonaten rechtswidrig sind, jedoch straffrei bleiben, wenn sich die Frau mindestens drei Tage vor dem Eingriff beraten lässt. Mit dieser Regelung war ich dann relativ einverstanden. Begleitende soziale Maßnahmen sollten die Entscheidung für das Kind erleichtern, so etwa die Einführung der Erziehungszeiten auch für Väter oder die Schaffung eines bundesweiten Rechtsanspruchs auf einen Kindergartenplatz für alle Drei- bis Sechsjährigen, der seit 1996 gilt.

Eine weitere Diskussion, deren Anfänge in meine Amtszeit fielen, waren der Umgang sowie die Risiken und Möglichkeiten der Präimplantationsdiagnostik (PID). 1990 war in England das erste Kind zur Welt gekommen, bei dem zellbiologische und molekulargenetische Untersuchungen durchgeführt worden waren, um eine Erbkrankheit auszuschließen. Das warf schwierige ethische Fragen auf. Diente diese neue Form der Pränataldiagnostik der Selektion und trug so zur Diskriminierung von Behinderten bei? Oder sollte man die PID im begrenzten Umfang zulassen, um Paaren, die durch Erbkrankheiten vorbelastet sind, die Entscheidung für ein Kind zu erleichtern? Hinzu kam, dass nach der noch bis 1995 geltenden embryopathischen Indikation Kinder, bei denen eine Behinderung zu vermuten war, auch in der Spätschwangerschaft noch abgetrieben werden konnten. In dieser Auseinandersetzung waren für mich nicht allein die Anhörungen von Ärzten und Experten prägend, sondern in besonderem Maße die Gespräche mit Behinderten und Behindertenverbänden sowie mit den Eltern behinderter Kinder. Abgesehen von der erheblichen seelischen Belastung, die ein Abbruch in der Spätschwangerschaft für jede Frau bedeutet, waren es auch die Eltern der Kinder mit Behinderung, die mir immer wieder bestätigt haben, wie wunderbar und einzigartig ihr Kind ist: „Und dieses wunderbare Kind hätten wir dann nicht bekommen." Ich plädierte dafür, der werdenden Mutter, häufig durch das soziale Umfeld wie Familie oder Partner zum Abbruch gedrängt, einen Arzt, einen Psychologen und wenn gewünscht einen Pfarrer zu Seite zu stellen. Die endgültige Entscheidung liege letztendlich bei der Frau. Sie sollte diese Entscheidung aber so gut informiert wie möglich treffen.

Geschlechtsspezifische Unterschiede und Gemeinsamkeiten in der Politik

Die Arbeit im Deutschen Bundestag war in meiner Wahrnehmung stark von einzelnen Gruppierungen und Machtzirkeln geprägt. 1983 waren von 498 Bundestagsabgeordneten lediglich 59 Frauen, das entspricht einem Verhältnis von knapp neun zu eins. Deshalb war für mich der Donnerstagnachmittag in den Sitzungswochen, wenn sich die Frauengruppe traf, ein wichtiger Termin. Wenn man als Frauengruppe nicht geschlossen war, hat man gegen die Machtzirkel der Männer nichts bewirken können. Deshalb fehlte mir das Verständnis für die weiblichen Abgeordneten, die diese Chance zum Austausch und zur Zusammenarbeit nicht nutzten. Diejenigen, die meinten, man müsste dort nicht mitarbeiten, haben sich schon ein Stück weit aus der Solidarität ausgeklinkt, weil die Männer in ihren Machtzirkeln natürlich die Positionen vergeben haben. Diese Frauen waren es dann auch, die sich mit dem „Frauenticket" von Männern nach oben haben schieben und sich als Alibifrau haben benutzen lassen, häufig gegen die Interessen der Frauengruppe. Auch innerhalb des Netzwerkes von Frauen hat es mir oft an Solidarität gefehlt. Frauen, die es in höhere politische Positionen geschafft und die so die Möglichkeit gehabt hätten, andere Frauen zu fördern, haben diese Chance nicht genutzt, sondern sich ebenso wie die männlichen Kollegen von machtpolitischem Denken und Kalkül leiten lassen und in ihrer Exklusivität eingerichtet. Und diese nicht vorhandene Solidarität hat mich dann auch ein Stück weit zurückziehen lassen.

Geschlechtsspezifische Unterschiede in der Politik sehe ich vor allem bei Machtverständnis und Streitkultur. So habe ich während meiner gesamten politischen Karriere immer wieder beobachtet, dass das Machtverständnis von Männern viel selbstverständlicher ist. Ausnahmen kenne ich nur wenige. Die erste Frau, bei der ich ein solch ausgeprägtes Machtverständnis kennengelernt habe, war Angela Merkel. Die junge Ostdeutsche war im Kabinett Helmut Kohl Bundesministerin für Frauen und Jugend. Wir sind uns zuerst bei einem Treffen der CDU-Frauen in Berlin begegnet, verabredeten unmittelbar nach unserer Ernennung einen Termin unter vier Augen, um die Arbeit der beiden Ressorts abzustimmen. Angela Merkel beeindruckte mich durch ihr Durchsetzungsvermögen und die gute Menschenkenntnis, mit der sie die besten und kompetentesten Mitarbeiter für ihre Ideen gewann und sich in einem für sie völlig neuen Umfeld durchsetzte. Das und ihre Fähigkeit zum analytischen Denken haben mich tief beeindruckt. Mir war von Anfang an klar, dass diese Frau ein großes politisches Potential hat.

Bei anderen Kolleginnen habe ich häufig beobachten müssen, dass sich Frauen in Auseinandersetzungen zu leicht vom dominanten Auftreten der Männer haben beeindrucken lassen. Viele Frauen sind in Diskussionen von ihren Positionen zurückgewichen, haben sie verändert oder gar aufgegeben. Trotzdem gab es immer wieder Themen, bei denen die Frauen parteiübergreifend und gemeinsam die Initiative ergriffen haben, so etwa während des Jugoslawienkonfliktes, als die Politikerinnen aller Parteien die Ächtung von Vergewaltigung und menschenverachtender Behandlung von Kriegsgefangenen forderten.

Umgang mit weiblichen Politikerinnen: Kleidung, Aussehen, Stil

Für mich sind gepflegtes Auftreten und Contenance von Politikern und Politikerinnen eine Selbstverständlichkeit. Als ich 1983 zum ersten Mal bei der Eröffnungssitzung im Deutschen Bundestag war, war mir vollkommen bewusst, von den Bürgern in meinem Wahlkreis nach Bonn geschickt worden zu sein. Das war für mich etwas ganz Besonderes, ein festlicher Anlass, und ich habe mich auch entsprechend gekleidet. Umso größer war der Schock über die Kleiderordnung der neu in den Deutschen Bundestag eingezogenen Grünen: Die Haare bis weit über die Schultern, lange Bärte, Hosenbünde, die den Blick auf behaarte Gesäßhälften freigaben, Holzschuhe, an denen noch feuchte Ackerkrume klebte. Für die Medien waren vor allem bei weiblichen Abgeordneten Aussehen und Kleidungsstil häufig von größerem Interesse als die politischen Inhalte, so etwa bei der jährlichen Wahl zur „Miss Bundestag". Diese Reduzierung von Politikerinnen fand und finde ich unerträglich und dreist.

Persönliche Lebensbilanz

Meine Zeit als Ministerin unter Helmut Kohl empfinde ich als großes berufliches Glück. Auch heute noch bin ich dem Altkanzler dankbar für die Berufung und die damit verbundene Möglichkeit, Deutschlands Wiedervereinigung mitzugestalten. Trotzdem stand ich nach der Bundestagswahl 1994, bei der die schwarz-gelbe Regierung – wenn auch nur knapp – bestätigt wurde, nicht wieder als Ministerin zur Verfügung. Für mich hatte schon früh festgestanden, dass es bei dieser einen Legislaturperiode bleiben würde, hatte ich als Ministerin doch Entscheidungen personeller und politischer Art zu treffen und umzusetzen, die ich so nicht länger mittragen wollte. Obwohl ich nach der gewonnenen Wahl wieder aufgefordert wurde, das Amt erneut zu übernehmen, blieb ich bei meiner Entscheidung.

Von 1994 bis 2000 bin ich unter Wolfgang Schäuble stellvertretende Vorsitzende der CDU/CSU-Bundestagsfraktion geworden. Rückblickend kann ich sagen, waren diese sechs Jahre die beste Zeit meiner politischen Karriere. Ich bin bis heute dankbar, dass mich Wolfgang Schäuble mit diesem Amt betraut hat. Er ist sicher kein einfacher, weil sehr streitbarer Kollege, aber es war eine wirklich gute, fruchtbare Zeit.

Beides – das Festhalten an der einmal getroffenen Entscheidung, nicht wieder als Ministerin zur Verfügung zu stehen, sowie die Freude an der konstruktiven Auseinandersetzung mit Wolfgang Schäuble – steht für mein Selbstverständnis. Ich habe immer versucht, mir treu zu bleiben und durch mein politisches Handeln keine schlaflose Nacht zu haben. Schlaflose Nächte ließen sich nicht immer vermeiden, so etwa bei der Diskussion um die Neuregelung des § 218 StGB.

Hier habe ich lange gegrübelt und gesucht. Ich war bei diesem Thema auch Suchende und habe mich bei der ganzen Debatte sehr alleine gelassen gefühlt – auch und vor allem von meiner evangelischen Kirche. Hilfreiche Gespräche und Rat erfuhr ich vom heutigen Kardinal Karl Lehmann, damals noch Bischof in Mainz und Vorsitzender der Deutschen Bischofskonferenz.

Ein Projekt, das ich ins Leben gerufen habe, und das ich auch in der Folgezeit mit großer Entschlossenheit vorgetrieben habe, ist die Stiftung „Daheim im Heim". Als Ministerin für Familie und Senioren übernahm ich auch die Verantwortung für 1400 Pflege- und Behinderteneinrichtungen in den neuen Bundesländern. Gleich mit Amtsantritt besichtigte ich dort deshalb zahlreiche Alters- und Pflegeheime. Kaum eines hatte einen Aufzug, häufig musste eine Wanne für achtzig Bewohner reichen. Ebenso schockierend waren die Erlebnisse in Eisleben, wo ich eine Woche lang die Mitarbeiter einer Sozialstation begleitete. Auch hier allerorts Mangel – und das der Generation, die durch Krieg- und Nachkriegszeit sowieso schon vieles entbehren musste. Wir sind ein Volk, wir haben eine gemeinsame Geschichte, eine Sprache, eine Kultur, nur hatten wir das Glück, auf der freien Seite zu leben. Auf der Seite, die seit Konrad Adenauer und Ludwig Erhard eine Wirtschafts- und Sozialpolitik betrieben hat, von der alle profitierten und wo Gesellschaftspolitik und Menschenbild auf ganz anderen Werten bas   ierten.

Erste Schätzungen im Jahr 1991 berechneten die Sanierungskosten auf 16 Milliarden DM. Ein Großteil der Häuser war entweder unmittelbar von der baupolizeilichen Schließung bedroht, massiv sanierungsbedürftig oder musste mittelfristig in Stand gesetzt werden. Meine politische Erfahrung sagte mir, dass diese Situation allein mit Hilfe staatlicher Unterstützung nicht zu bewältigen wäre. So gründete ich kurz entschlossen die Stiftung „Daheim im Heim" und machte mich auf die Suche nach Unterstützern und Gleichgesinnten. Am 18. Dezember 1991 überreichte mir Erivan-Karl Haub, Geschäftsführer der Tengelmann-Gruppe, einen Scheck in Höhe von 100.000 DM als Gründungseinlage für die Stiftung. Auch viele weitere Persönlichkeiten des öffentlichen Lebens, aus Politik, Kunst und Gesellschaft ließen sich für die Idee der Stiftung begeistern und schon bald standen 500.000 DM für die Stiftungsziele zur Verfügung.

Mit Wolfgang Schäuble, der im Zuge der CDU-Spendenaffäre im Februar 2000 zurücktrat, gab ich den stellvertretenden Fraktionsvorsitz auf und bin 2002 nach fast zwanzig Jahren aus dem Deutschen Bundestag ausgeschieden. Trotzdem war klar, dass ich auch in der nachberuflichen Zeit aktiv sein wollte. Noch bis 2011 war ich Vorsitzende des Kuratoriums der Stiftung „Daheim im Heim", seit 1995 außerdem stellvertretende Vorsitzende der Werner-und-Gretchen-Neumann-Stiftung. Im Jahr 2000 wurde ich gefragt, ob ich als Präsidentin des DRK Landesverbandes Hessen zur Verfügung stünde. Ob als Stadtverordnete in Wiesbaden auf lokaler Ebene oder als Bundestagsabgeordnete und Ministerin auf Bundesebene – während meiner politischen Laufbahn hatte ich immer wieder mit dem Deutschen Roten Kreuz zu tun. Die positiven Erfahrungen und die Grundsätze der Internationalen Rotkreuz- und Rothalbmondbewegung wie Menschlichkeit und Universalität ließen mich nicht lange überlegen. Mit großer Freude nahm ich dieses Amt an und stürzte mich in die Arbeit. Seither mache ich mich für Themen wie aktives Altern, ehrenamtliches Engagement und in den letzten Jahren immer stärker für die interkulturelle Öffnung des DRK stark.

Auch im Privatleben gibt es Veränderungen. Meine Tochter ist erwachsen und hat selbst Kinder. Mit meinem Mann, der 2010 starb, lebte ich zu diesem Zeitpunkt nicht mehr zusammen. Die Beanspruchung durch die politische Karriere, die häufige Abwesenheit und zu einem guten Teil auch der berufliche Erfolg hatten die Beziehung immer stärker belastet und schließlich zur Trennung geführt.

Trotzdem ziehe ich eine positive Bilanz meiner politischen Karriere und meines Lebens: Es war mir nicht in die Wiege gelegt, dass ich mal Bundestagsabgeordnete oder Bundesministerin werden sollte. Das hat mich einen Lebenshorizont erreichen lassen, der mir nicht vorgeschrieben war. Jungen Frauen rate ich, sich treu zu bleiben und sich nicht verbiegen zu lassen. Frauen neigen manchmal dazu, sich zu wenig zuzutrauen. Sie sollten immer daran denken, dass sie genau so viel können wie ein Mann. Mir hat immer geholfen, mit großem Selbstverständnis an alles heranzugehen.

Erika Steinbach[*]

Recht und Ordnung sind Substanz eines pfleglichen Miteinanders

Geboren am 25. Juli 1943 in Rahmel, verheiratet, 1960 Schulabschluss der Mittleren Reife, 1960–1967 Privates Musikstudium der Violine, 1967–1970 Studium der Verwaltungswirtschaft und Informatik, Abschluss: Diplom, 1970–1977 Tätigkeit als Diplom-Verwaltungswirtin und Informatikerin, zuletzt Oberamtsrätin beim Kommunalen Gebietsrechenzentrum Frankfurt, 1974 Eintritt in die CDU, 1977–1990 Stadtverordnete und Fraktionsassistentin der CDU, seit 1990 Mitglied des Deutschen Bundestages, 1994 stellvertretende Kreisvorsitzende der CDU Frankfurt, 1994 Mitglied des Landesvorstandes der CDU Hessen, seit 1998 Präsidentin des Bundes der Vertriebenen (BdV).

Wie hat sich Ihre politische Sozialisation entwickelt? Welche Faktoren haben Sie beeinflusst, in die Politik zu gehen?

Während meiner Kinder- und Jugendzeit war ich völlig unpolitisch. Über Politik wurde weder in der Schule noch zu Hause gesprochen. Meine Eltern sind regelmäßig wählen gegangen, aber ich wusste nicht, was sie wählten. Heute weiß ich, dass sie immer CDU gewählt haben.

Da ich engagiert Geige spielte und mir mein Geigenstudium mit Nacht- und Schichtdiensten bei der Post verdiente, wurde Politik erst ein Thema für mich, als der Weg für ein dauerhaftes Musikerleben aufgrund einer Verletzung an der Hand nicht mehr gangbar war.

Ich wurde Inspektoranwärterin bei der Stadt Frankfurt und damit konfrontiert, dass es sich eigentlich gehöre, in die SPD einzutreten. Das fand ich nicht angemessen und ich habe es ignoriert.

Das war jedoch noch nicht ausschlaggebend für mein politisches Engagement, sondern das, was sich auf Frankfurts Straßen abspielte: die Krawalle, die massive Gewalt, das Anstecken von Kaufhäusern und Autos. Wer berufstätig war, hatte keine Möglichkeit, ordnungsgemäß nach Hause zu kommen, weil zur Zeit der 1968er alles drunter und drüber ging. Für mich war klar: So geht

---

[*] Das Interview führten Prof. Dr. Hanns Jürgen Küsters und Ina vom Hofe M.A. am 18.10.2012 in Berlin.

es nicht weiter. Freiheit, Demonstrationsfreiheit ja, aber nicht auf Kosten der Einschränkung der Freiheiten der anderen Menschen.

Somit haben der Zweite Weltkrieg und die Flucht mit Ihrer Mutter und Ihrer Schwester keine Rolle für Ihre politische Sozialisation gespielt?

Das habe ich als Kleinstkind nicht wahrgenommen. Wir wollten Westpreußen mit der Wilhelm Gustloff, auf der wir glücklicherweise keinen Platz mehr bekommen haben, verlassen, um der marodierenden Roten Armee nicht in die Hände zu fallen. Wir sind dann mit einem anderen Schiff, der Pelikan, zwei Tage später in See gestochen. Bei der Überfahrt wurde das Begleitschiff der Marine versenkt. Die Pelikan ist mit einem anderen Schiff kollidiert, aber hielt sich über Wasser. So landeten wir zunächst in Schleswig-Holstein. Der Satz eines Bauern zu meiner Mutter: „Ihr seid ja schlimmer als die Kakerlaken," ist ihr bis zu ihrem Lebensende nachgegangen.

Von dort ging es 1948 nach Berlin, weil die Großmutter und der Stiefgroßvater dort lebten. Das waren neue Erlebniswelten: eine völlig zerstörte Stadt, aber eine sehr liebevolle Mutter und hilfsbereite Berliner. Nachdem mein Vater aus russischer Kriegsgefangenschaft – Ende 1949 / Anfang 1950 – nach Hause kam, war die nächste Station Hanau.

Wie war das Rollenverständnis Ihrer Eltern?

Ganz traditionell. Mein Vater war der Ansicht, dass Mädchen keine so gute Berufsausbildung benötigen, da sie sowieso heiraten. Als die Kinder erwachsen waren und meine Mutter, die Tiere über alles liebte, in einer Tierhandlung arbeiten wollte, sagte er: „Kommt nicht in Frage, ich kann dich ernähren." Er meinte dies nicht böse, sondern aus der Zuversicht in seiner Rolle als Ernährer der Familie. Dieses Rollenverständnis traf man allerdings auch noch sehr viel später in Deutschland ganz selbstverständlich an.

Das war damals die Gesetzeslage, das darf man nicht verkennen?

Ja, das darf man wirklich nicht gering schätzen. Als Sprecherin für den Menschenrechtsbereich ist mir auch bei der täglichen Arbeit bewusst, dass all die Rechte, die wir als Rechte der Frauen weltweit einfordern, in historischen Zeiträumen gedacht in Deutschland erst seit kurzer Zeit als geltendes Recht umgesetzt sind. Deshalb erscheint es mir manchmal ziemlich überheblich, wie wir andere Länder und andere Familienstrukturen von oben herab betrachten. Das ändert nichts daran, dass es richtig und notwendig ist, weltweit für die Rechte der Frauen einzutreten. Selbst in Deutschland haben wir – etwa mit Blick auf das misslungene rot-grüne Prostitutionsgesetz – noch erheblichen Nachholbedarf.

Wie haben Ihre Eltern die Phase der 1950er Jahre wahrgenommen? War es die positive Entwicklung, das wirtschaftliche Partizipieren am Aufschwung?

Es war eine Zeit geprägt von harter Arbeit und bitterer Armut. Als mein Vater zurück war und wir in Hanau ein Zimmer hatten, schliefen meine Eltern in einem Bett und im gleichen Zimmer in einem anderen Bett meine Schwester und ich. Da gab es keine Toilette, keinen Herd, keine Waschmaschine. Täglich für alle genug zu Essen auf den Tisch zu bekommen, war bestimmt nicht leicht.

Im Sinne welcher Wertvorstellung wurden Sie erzogen?

Darüber habe ich nie nachgedacht. Es war wichtig, dass man ordentlich ist, sich wäscht, anzieht und dass wir sonntags zu Hause zusammen gegessen haben. Wir waren regelmäßig im Kindergottesdienst. Wir sind evangelisch und haben im Kinderchor gesungen. Das war für uns ganz normal, ohne Zwang. Das normale Leben war für mich schön geordnet, weil meine Eltern sich alle Mühe gaben, uns eine heile Welt zu schaffen. Es gab kein Selbstmitleid und keine Ausreden für Nachlässigkeit.

Hat es in dieser Zeit für Sie persönlich in der Schule eine Rolle gespielt, dass Sie Vertriebene waren?

Ich habe es nicht so empfunden. Ich kann mich nur erinnern, dass ich mich in der Schule wunderte, dass eine Klassenkameradin das „R" so rollte. Sie kam aus Litauen, was sie irgendwann einmal erzählt hat. Dann hatten wir im Gymnasium, in der Sexta, eine Englischlehrerin, die rollte auch so das „R". Sie war eine Russlanddeutsche. Mein erster Gymnasialklassenlehrer war Sudetendeutscher. Es waren verschiedene Dialektformen, die im alltäglichen Leben zusammengewürfelt waren.

Wie würden Sie Ihr Verständnis von christlich-demokratischer Politik beschreiben?

Das Faszinierende an der CDU und den Unionsparteien ist, dass wir nicht ideologisch sind, sondern dass wir das, was ein menschliches Leben an Werten ausmacht, in unserer Partei als Fundament ansehen. Darum beharre ich auch so sehr darauf, dass wir deutlich machen: Die CDU ist christlich, sozial, liberal und konservativ. Ich bin überzeugt, dass, ein Konservativer auch immer liberal ist. Er lässt dem anderen seine Meinung, seine Werte. Das gehört für mich zusammen. Die CDU ist wie ein Tisch, der auf drei Beinen steht. Man kann kein Bein wegnehmen. Wenn man das macht, fällt das ganze schöne Porzellan herunter. Unsere Gesellschaft ruht auf einem festen Fundament, zu dem die christliche Soziallehre genauso gehört wie die Aufklärung und das Wertesystem der westlichen Demokratien. Wir schützen diese Fundamente.

Spielte für Sie bei Ihrem Eintritt in die CDU das „C" eine Rolle?

Überhaupt nicht. Mein Weg in die CDU führte über die Straßenkrawalle in Frankfurt und über ein spezielles Erlebnis: Als ich Inspektoranwärterin war, entschied der Seminarleiter: „Heute gehen wir alle auf den Römerberg demonstrieren." Wir gingen, uns wurde befohlen, zu gehen. So, wie man es in Diktaturen gemacht hat. Das fand ich unangemessen. Dann habe ich mich umgeschaut, wer denn Abhilfe schaffen könnte mit diesen Dingen, die mir zutiefst gegen den Strich gegangen sind: auf der einen Seite die politische Bevormundung, auf der anderen Seite das Geschehen auf der Straße.

In Hessen war zu dieser Zeit Alfred Dregger der führende Christdemokrat. Er traute sich was. Ich gewann den Eindruck, dass er der chaotischen Situation Herr werden könnte. Er könnte der politischen Gängelung und den Straßenkämpfen ein Ende setzen. Ich habe mit meinem Mann gesprochen – er ist mein bester Ratgeber – und meinte: „Ich würde ganz gern in die CDU eintreten. Der Dregger traut sich was." Da sagte er: „Wenn du meinst, dann mach' das doch." Mein Mann hat mich immer unterstützt, vor allem in entschlossenen Richtungsentscheidungen. Ich war grundsätzlich eher schüchtern. Er hat mir in schwierigen Situationen viel Selbstvertrauen gegeben und gesagt: „Du kannst das. Du kannst das sogar besser als die anderen." Ich habe das von mir selbst eher selten geglaubt. Mein Vater fragte, wenn ich im Zeugnis drei Einsen hatte, warum es nicht sechs Einsen waren. Mein Vater hat immer betont, was noch zu verbessern sei. Mein Mann hat mich über Erfolg angespornt: „Du kannst das besser als die anderen. Trau' dich." 1974 bin ich in die CDU eingetreten und habe damals viel an den Informationsständen geholfen. Wir wurden als CDU beschimpft und bespuckt, aber wir haben uns nicht weggeduckt, sind diesem Druck der Straße nicht gewichen. Wir haben dagegen gehalten: „Wir stehen hier für eine gute Sache. Wir wollen keine antiautoritäre Erziehung." Das war eines der Themen, was damals ganz heiß diskutiert wurde. Es ist dem Mut und der Standhaftigkeit dieser CDU-Generation zu verdanken, dass sich die CDU in vielen gesellschaftspolitischen Fragen zum Wohle Deutschlands durchgesetzt hat.

Die Ostverträge haben keine Rolle gespielt?

Nein, die spielten nach meiner Erinnerung in den Diskussionen auf der Straße keine Rolle. Mich haben eigentlich die Themen vor Ort bewegt. Die Diskussion um die Ostverträge und die Verfassungsgerichtsentscheidungen dazu haben damals andere geführt.

Sie haben Ihre ersten politischen Schritte in der Kommunalpolitik gemacht und sind später auf Bundesebene in die Politik eingetreten?

Ja, ich war Späteinsteiger, nicht sozialisiert in der Schüler-Union oder Jungen Union. Deutschlandtage und die Übung in der Organisation von Mehrheiten auf Parteitagen waren mir fremd. Was ich nicht richtig begreifen konnte, waren die offen ausgetragenen Kämpfe um Gruppeninteressen innerhalb der CDU. Da haben sich etwa in Frankfurt CDA und Mittelstand bis aufs Messer bekämpft. Im Einzelfall war nicht immer ersichtlich, ob die jeweiligen Gruppen sich der Themen und Inhalte bemächtigten oder ob die Inhalte die Gruppen formten. Ich habe immer wieder versucht zu vermitteln: „Meine Güte, ich bin in eine Partei eingetreten, nicht in die CDA oder in die Mittelstandsvereinigung, sondern in die CDU. Die Vereinigungen sollen gemeinsam an einem Strang ziehen." Ich war davon überzeugt, dass auch die anderen einst in die CDU eingetreten sind, um gemeinsam Ziele und Werte zu vertreten. Das mit den Konflikten innerhalb der CDU hat sich glücklicherweise inzwischen sehr geglättet.

Welche Rolle spielte für Sie die Frauen Union?

Ich hatte für die Frauen Union damals wenig Zeit und auch nicht das richtige Verständnis. Ich war Informatikerin und habe vorher Geige gespielt in einem Orchester, in dem mehr Männer als Frauen saßen. Da kommt es immer auf die Leistung an. Wer gut spielt, wird genommen. Manche Orchester machen bei Probespielen einen Vorhang davor, so dass man nicht weiß, wer dahinter spielt. Das finde ich toll, weil das wirklich neutral ist. Ich war der Annahme, frauenspezifische Vertretungen braucht man nicht, da sich die Frauen durch Qualität durchsetzen können. Es gab aber auch Zeiten, als interessierte Kreise verkündeten, Frauen könnten bestimmte Positionen nicht richtig ausfüllen, nicht Bundesminister oder Bundeskanzler sein. Das Gegenteil war und ist der Fall und wurde unter Beweis gestellt.

Welche innere Haltung steckt dahinter, überhaupt politisch aktiv zu werden?

Auf der einen Seite steckt die Tatsache dahinter, dass man das menschliche Miteinander regeln und auch dafür sorgen muss, dass Spielregeln eingehalten werden. Es kann nur eine friedliche Gesellschaft geben, wenn man Spielregeln einhält, und die CDU hat deutlich gemacht, dass sie darauf drängen wird, dass die Spielregeln wieder eingehalten werden. Recht und Ordnung ist die Substanz eines pfleglichen Miteinanders und etwas für das Deutschland weltweit angesehen ist.

Sie haben gerade schon gesagt, dass Sie sehr stark von Ihrem Mann ermutigt und auch unterstützt worden sind. Wer hat Sie noch unterstützt?

Ich hatte zunächst keine Förderer in der Partei, die Wege geebnet hätten. Es war doch hauptsächlich mein Mann. Meine Geschwister sind alle nicht in einer Partei und stehen mit beiden Beinen fest im ganz normalen Leben. Meine Eltern haben begeistert Anteil genommen. Alles, was sie über mich gelesen haben, hat sie interessiert. Sie waren als Eltern stolz auf mich. Als es dann hart wurde in den Auseinandersetzungen, vor allem nachdem ich BdV-Präsidentin geworden bin, gab es natürlich auch die üblichen, ablehnenden Kommentare gegenüber einem BdV-Präsidenten oder einer BdV-Präsidentin. Da sagte mein Vater immer öfter: „So ist doch die Erika gar nicht." Angehörige verkraften Auseinandersetzungen übrigens viel schwerer als der betroffene Politiker. Ich habe sehr traurige Entwicklungen in Familien von Kollegen gesehen, die heftige Attacken der Presse sehr persönlich genommen haben. Ich für meinen Teil weiß, woher manche der Angriffe gegen mich kommen. Ich versuche auch, die Kontrahenten zu verstehen, und kann es zumeist für mich einsortieren und auch relativieren, so dass es mich innerlich nicht so sehr verletzt.

Wie kam es zu Ihrer Bewerbung um ein Stadtverordneten-Mandat?

Das war zunächst gar nicht beabsichtigt, also eigentlich ein Zufall. Ich war damals Projektleiterin für die Automatisierung der hessischen Bibliotheken. Auch damals habe ich oft bis in die Nacht hinein gearbeitet. Die erfahrenen Parteifreunde, die in meinem Frankfurter Stadtbezirk die Liste für die Kommunalwahl 1977 aufgestellt haben, sagten mir: „Frau Steinbach, Sie sind so aktiv, wir nehmen Sie mit auf die Liste." Ich war beruflich sehr eingebunden und auch erst drei Jahre in der Partei engagiert; ich versuchte also abzuwinken. Für die Parteifreunde war dieses „Nein" nicht entschlossen genug. Ich ließ mich überzeugen und Sie sehen, ich habe selten erlebt, dass ich, weil ich weiblichen Geschlechts bin, diskriminiert worden wäre. Im Gegenteil, es hieß immer: „Können wir noch eine Frau nehmen." Dann hat das Gremium getagt und mich wie versprochen auf Platz 54 gesetzt. Das war unter normalen Bedingungen überhaupt keine aussichtsreiche Startposition, um Stadtverordnete zu werden. Aber dann kam der glänzende Wahlsieg von Walter Wallmann, und es war passiert: Ich war Stadtverordnete. Wir waren gerade in den Bayerischen Wald gefahren, als ein Bekannter anrief und berichtete, dass ich Stadtverordnete sei. „Wie bitte? Na gut, ich habe A gesagt, dann sage ich auch B." Gesagt, getan. Ich hatte zuvor keinerlei parlamentarische Erfahrung, konnte aber feststellen, dass Kommunalpolitik wirklich interessant ist. Es ist eine herausfordernde Aufgabe und auch enorm strapaziös. Wir haben die Sitzungen zum Teil bis nachts um eins gehabt, und am nächsten Morgen ging es gleich beruflich weiter. Rücksichten auf müde Mandatsträger gab es damals nicht.

Auch wenn es so nicht genannt worden ist, war dies eine Erfahrung mit einer Quote?

Dass solche Listen austariert werden und man schaut, dass Evangelische und Katholische berücksichtigt werden, hat es immer gegeben, ohne dass es feste Quoten gegeben hätte. Denken Sie nur an die regionale Ausgewogenheit von Landeslisten oder in der Vergangenheit an die Vertriebenen. Beteiligung muss angemessen und flexibel gehandhabt werden. Andernfalls würden wir auch in Teufels Küche kommen. Die Spitzen der Partei müssen auch immer berücksichtigen, für was die Partei stehen kann. Stellen Sie sich mal vor, wofür man alles Quoten einführen könnte: Arbeiter, Soldaten, Bauern. Das macht die Arbeit nicht besser. Darum sage ich, ich bin strikt gegen Quoten und für Qualität.

Wie kam es dazu, dass Sie sich den Interessen der Vertriebenen angenommen haben?

Solange ich in Frankfurt Stadtverordnete war, war unser Stadtvorsteher, Hans-Ulrich Korenke, sehr engagiert in der Deutsch-Israelischen Gesellschaft. Er war Vorsitzender und hat gesagt: „Frau Steinbach, werden Sie doch Mitglied der Deutsch-Israelischen Gesellschaft." Wir haben eine große jüdische Gemeinde in Frankfurt, mit denen hatte ich einen guten Kontakt. Das jüdische Schicksal in Deutschland hat mich sehr bewegt. Ich weiß welchen Stellenwert Israel für die Deutschen hat. Es war also folgerichtig, mich auch in der Deutsch-Israelischen Gesellschaft zu engagieren. Ich wollte aber auch nachhaltig und dauerhaft aktiv etwas tun. Als Schirmherrin der Women's International Zionist Organisation in Frankfurt ist mir das über ein Jahrzehnt nach eigenem Empfinden gut gelungen.

Einen Erinnerungsstein, den mir die Mitstreiterinnen geschenkt haben, bewahre ich in Berlin auf meinem Schreibtisch auf. Ich sehe ihn jeden Tag vor mir und denke dankbar daran zurück, dass mir die Gelegenheit gegeben war, mich für das jüdische Schicksal engagieren zu können.

Über eine Kampfkandidatur wurde ich Wahlkreiskandidatin für Frankfurt. Der Wahlkreis wurde frei und ich sagte, dann kandidiere ich für den Deutschen Bundestag. Mir machte Politik mittlerweile viel Freude und ich hielt mich durchaus für sattelfest. Damals wurden die Einzelkandidaturen noch über den parteiinternen Ausschuss vorbereitet, was heute glücklicherweise nicht mehr gemacht wird. Die Frankfurter Gruppierungen und Lager in der CDU führten dazu, dass noch eine weitere Kandidatin antrat. Ich habe zwei Drittel der Stimmen bei der Abstimmung erhalten und hatte ordentlichen Rückenwind. Der Hauptkonkurrent im Wahlkreis war Dr. Diether Dehm von der SPD, der heute bei der Partei Die Linke ist. Ich habe meine Unterstützer nicht enttäuscht und gemeinsam haben wir das Mandat errungen.

Als frisch gewählte Abgeordnete des Deutschen Bundestages wurde ich natürlich mit dessen soziologischen Gruppen konfrontiert. Bernhard Jagoda aus meiner hessischen Landesgruppe wusste gut über seine Kollegen Bescheid und stellte fest: „Frau Steinbach, Sie sind doch auch Vertriebene." Das konnte ich nicht ganz leugnen, schließlich stammt meine väterliche Linie ursprünglich aus Schlesien. Die Arbeitsgruppe der Flüchtlings- und Vertriebenenabgeordneten war die Hinwendung der CDU zu diesen Menschen. Am Anfang der Legislaturperiode wurde der Vorsitzende der Gruppe gewählt. Hartmut Koschyk wurde Vorsitzender, aber es fehlte noch ein Stellvertretender. Plötzlich sagte Jagoda: „Das macht Frau Steinbach." So einfach beginnen gelegentlich große Geschichten. Zu der Zeit war ich keineswegs Mitglied im BdV oder in einer Landsmannschaft. Eines Tages kam der Bundesvorsitzende der Landmannschaft Westpreußen zu mir ins Büro und sagte: „Frau Steinbach, Sie sind doch in Westpreußen geboren. Wollen Sie nicht Mitglied bei uns in der Landsmannschaft werden?" In der Politik sagt man eigentlich nicht gleich zu allem ja. Ich ließ mir die Unterlagen geben, habe sie mir angeschaut und mir gesagt: „Na gut, das mache ich." Kurz darauf wurde ich für das Präsidium des BdV als Beisitzerin vorgeschlagen, und so kam eins zum anderen.

Also die teilweise sehr emotionalen Diskussionen 1990 um die Frage der Anerkennung der Oder-Neiße-Grenze, die ihren Ursprung zu Beginn der 1970er Jahre in den Ostverträgen hatten, haben keine Rolle gespielt?

Die Diskussion Anfang der 1970er Jahre hat meinen Mann, der kein Vertriebener ist, viel mehr bewegt als mich damals. Natürlich haben wir die Frage des Grenzbestätigungsvertrages in der Gruppe der Vertriebenen ganz intensiv debattiert und sie gemeinsam abgelehnt, weil wir gesagt haben, es nützt nichts, nur die Grenze zu bestätigen, alle anderen Fragen offen zulassen und damit sehenden Auges unnötige Unstimmigkeiten zu provozieren. Wir wollten gerne, dass auch die Minderheitenfragen und die private Eigentumsfrage endgültig abgehandelt und entschärft werden. Das hat sich leider als richtig erwiesen.

Als ich 1998 BdV-Präsidentin wurde, musste ich mir überlegen: Wie gehe ich jetzt mit diesem Thema Vertreibung um? Was mache ich jetzt aus diesem Amt? Im Verband waren damals über zwei Millionen Mitglieder.

Von Wilhelm Schöbel gab es mehrere Veröffentlichungen in der FAZ, in denen er beschrieb, dass die Deutschen sich mit sich selbst versöhnen müssten, was die Thematik Vertreibung anbelangt. Das war für mich der richtige Ansatz damit umzugehen und auf dieser Basis dann später die Stiftung Zentrum gegen Vertreibung zu gründen – in dem Willen, dass es hier eine dauerhafte Gedenkeinrichtung gibt. Das hat unerhörten Schwung in den Verband gebracht. Es hat übrigens auch versöhnend gewirkt auf die sehr unterschiedlichen und in Teilen auch zerstrittenen Gruppierungen innerhalb des Verbandes.

Diese Versöhnungsarbeit wollte ich auf breite Schultern laden und durch aktive Arbeit mit Leben füllen. Dafür braucht man Geld. Woher bekomme ich das Geld dafür? Ich habe alle Gemeinden in Deutschland angeschrieben: „Werde Pate unserer Stiftung." Die Resonanz war überwältigend positiv: Wir haben jetzt 450 Patenstädte, die auf der Internetseite des Zentrums gegen Vertreibungen nachlesbar sind. Wir haben die Länder Hessen, Bayern, Baden-Württemberg, Niedersachsen als Patenländer gewinnen können. Wir hoffen, dass Sachsen bald als Patenland dazu stößt. Mit fünf Cent pro Einwohner haben sie sich alle eingebracht, so dass wir arbeiten konnten. Leider ist mit meinem viel zu früh verstorbenen Mitstreiter und Mitvorsitzenden der Stiftung, Peter Glotz, mein Fürsprecher bei der Sozialdemokratie von uns gegangen. Liest man die Debatten der frühen Bundesrepublik nach, waren die Sozialdemokraten einst die glühendsten Redner für die Belange der Vertriebenen.

War die Abstimmung der Anerkennung der Oder-Neiße-Linie im Deutschen Bundestag eine Gewissensentscheidung? Mussten Sie in Ihrer bisherigen politischen Tätigkeit eine Entscheidung treffen, die sie nur schwer mit Ihrem Gewissen vereinbaren konnten?

Nein, die Anerkennung der Oder-Neiße Linie war bei mir keine Gewissensentscheidung. In den Bereich der Gewissensentscheidungen fallen Abstimmungen über Grenzen für mich nicht. Die Grenzen in Europa haben sich immer wieder verschoben. Teile des heutigen Deutschland gehörten zeitweilig zu Dänemark, England, Schweden oder Frankreich. Die Anerkennung der Oder-Neiße-Grenze war eine rationale Entscheidung. Es ist nur Unrecht, die Menschen zu vertreiben, zu misshandeln, umzubringen. Das haben in der Geschichte der Bundesrepublik alle Bundesregierungen einhellig festgestellt, später grundsätzlich auch die Vereinten Nationen. Selbst manche der Vertreiberstaaten wie Ungarn oder die Slowakei sagen dies offen. Ich begrüße das sehr, weil es uns zu einem leichteren und besseren Miteinander in Europa führt.

Gewissensentscheidungen sind für mich vielmehr die Fragen, die mit dem menschlichen Leben zusammenhängen. Das muss jeder für sich selbst prüfen und definieren: Bei PID etwa habe ich mich nicht ganz so schwergetan wie manche Kollegen, weil etwas, was noch in einer Petrischale ist, für mich noch nicht als begonnenes Leben erscheint. Aber andere sehen das anders. Wie gesagt: Das muss jeder für sich entscheiden.

Gibt es ein unterschiedliches Machtverständnis bei Männern und Frauen?

Ich weiß nicht, wie Männer denken, ich weiß nur, wie ich denke. Ich kann nicht sagen, ob es ein unterschiedliches Verständnis gibt. Ich habe mir darüber nie den Kopf zerbrochen, weil das Wort Macht für mich kein Kriterium ist, weil ich nie nach Macht gestrebt habe, sondern mich immer eine Aufgabe gereizt hat. Ich denke, es wird Frauen geben, die zielgerichtet einen Weg einschlagen, was mit der Vokabel Macht verbunden ist, doch es gibt genauso Männer. Vielleicht gibt es etwas mehr Männer, weil sie daran ihr Selbstwertgefühl hängen, als es Frauen gibt. Das mag sein. Aber ich habe mich damit nicht konkret auseinandergesetzt. Was ist Macht? Die Möglichkeit auf etwas Einfluss zu nehmen? Da hat wohl jeder Politiker seine ganz eigene Art mit den Dingen umzugehen, seinen ganz eigenen Stil.

Gibt es unterschiedliche Kommunikations- und Arbeitsstile?

Jeder Mensch ist einmalig, Politiker auch. Jeder hat seinen ganz eigenen Stil. Es gibt naturgemäß sehr gewinnende Persönlichkeiten unter den Kollegen und Kolleginnen. Es gibt aber auch genauso unerträgliche Frauen wie unerträgliche Männer.

Sie sind die erste Frau in dieser Funktion in Ihrem Verband. Gab es diesbezüglich keine Kritik?

Man sagt immer, Frauen in Führungspositionen gibt es zu wenige. Ich war eine der ersten, die ein Ehrenamt in so einem riesigen Verband hatte. Das hat innerhalb des Verbandes niemanden gestört. Worüber ich durchaus überrascht war, denn es war eine Kampfkandidatur. Der Vorsitzende des größten BdV-Landesverbandes Nordrhein-Westfalen war mein Kontrahent. Er wäre eigentlich im Vorteil gewesen, denn er war schon lange vernetzt innerhalb des BdV.

Standen Sie nie in einem Spannungsverhältnis oder in einer Konfliktsituation aufgrund Ihrer Rolle als Frau in der Familie und Ihrer politischen Tätigkeit?

Ich lebe sicherlich eine Sondersituation. Erstens haben wir keine Kinder. Das wäre organisatorisch eine ganz andere Herausforderung gewesen. Zum Zweiten hat mein Mann als Chefdirigent einen unorthodoxen Beruf. Er arbeitet an Wochenenden, an Feiertagen, Weihnachten, Ostern, Pfingsten. Er hatte schon deshalb immer Verständnis für meine zeitaufwändige Tätigkeit. Insofern hat sich dieses Spannungsverhältnis für mich nicht ergeben.

Ist der Umgang mit Frauen in den Medien ein anderer als mit Männern?

Mein Eindruck ist schon, dass Äußerlichkeiten von Frauen in den Medien eine größere Rolle spielen. Ich erinnere mich noch daran, wie Angela Merkel am Anfang oft auf eine ganz unfaire Art und Weise beschrieben wurde. Unerträglich fand ich das. Aber es gab genauso erbärmliche Kampagnen gegen Helmut Kohl oder Franz Josef Strauß, als ob ein fülliger Politiker dümmer als ein schlanker Volksvertreter wäre. Das sind dann Fragen des Niveaus. Etwas anderes sind historisch geprägte Stereotype.

Ich habe immer sehr gute Kontakte zu den Polen-Korrespondenten der Süddeutschen, der FAZ gehabt. Sie waren für mich sehr hilfreich wenn es darum ging, meine eigene Rolle zu reflektieren. Mir ist vor allem Thomas Urban im Gedächtnis, der mir einmal sagte: „Frau Steinbach, Ihre blonden Haare und Ihre Größe spielen schon eine Rolle bei den Polen. Sie entsprechen dem polnischen Klischee des Deutschen – und zwar des Deutschen, wie sie sich ihn schon während der Kriegszeit immer vorgestellt haben." Oder sich vorstellen sollten. Wie wir aus der Aufarbeitung der Geschehnisse in Prag 1945 wissen, hat das Aussehen auch Norweger oder Schweden das Leben gekostet.

Welche Prinzipien oder Grundsätze prägen Ihr politisches Handeln?

Wahrhaftigkeit. Ich möchte mich immer selbst im Spiegel betrachten können. Das ist für mich ganz wichtig. Und Angst darf man nicht haben. Man muss sich trauen, Dinge, von denen man überzeugt ist, versuchen durchzusetzen.

Nach welchen Prinzipien führen Sie den Bund der Vertriebenen?

Ich versuche, jeden, der im Verband ist, in seiner Würde zu schützen. Aber bei Themen, von denen ich wirklich überzeugt bin, teile ich das auch mit. Es gibt Dinge, die nicht elementar sind und ausdiskutiert werden können. Aber es gibt auch elementare Themen und Fragen. Als wir das Konzept für unsere Stiftung beschlossen haben, gab es natürlich heftige Debatten, aber ich habe es als Tischvorlage präsentiert, es nicht vorher verschickt, und dann ging es darum, überzeugend zu argumentieren.

Es gab eine Situation, bei der ich im wahrsten Sinne des Wortes richtig mit der Faust auf den Tisch geschlagen habe: als einer unserer Vizepräsidenten, Paul Latussek, sich antisemitisch verhalten hat. Da habe ich gesagt: „Wir müssen ihn abwählen. Wenn wir das nicht machen, bleibe ich nicht mehr Präsidentin." Ich habe eine Sonderbundesversammlung durchgesetzt, die öffentlich war, was manche zunächst verhindern wollten. Doch auch da habe ich mich durchgesetzt. Ich war davon überzeugt, dass wir einen offenen Umgang mit einer solchen Frage brauchen. Wir haben eine öffentliche Bundesversammlung in der Katholischen Akademie abgehalten und ihn abgewählt. Aber das war ein hartes Stück Arbeit, zumal es auch ein Zwiespalt war. Es gab schon dieses Gefühl der Solidarität aufgrund der öffentlichen Angriffe gegen Latussek. Ich bin sehr solidarisch, aber das konnte ich nicht tolerieren. In anderen Fragen stelle ich mich auch bei rauem Gegenwind vor meine BdV-Mitstreiter. Unsere beiden Vizepräsidenten, die ungerechtfertigt angegriffen worden sind – Arnold Tölg und Hartmut Saenger –, hatten die unsachliche und ehrabschneidend geführte Debatte um ihre Person nicht verdient. Sie sind als engagierte Demokraten und ganz integre CDU-Mitglieder schon seit Jahrzehnten aktive Träger unseres Gemeinwesens. Die verteidige ich sofort gegen falsche Vorwürfe.

Was waren Ihre größten Erfolge?

Es ist sicher ein großer Erfolg, dass es die Bundesstiftung Flucht, Vertreibung, Versöhnung gibt. Das wäre nicht gelungen ohne den BdV, die Stiftung Zentrum gegen Vertreibung, die Paten und Unterstützer oder ohne das Engagement von Peter Glotz und mir. Das halte ich für einen Erfolg. Es ist schön, dass sich viele prominente Unterstützer auf dem langen Weg an unsere Seite gestellt haben. Dieser Teil deutscher und europäischer Geschichte ist ein Teil unserer nationalen Identität; er geht nicht nur die Vertriebenen, sondern alle etwas an. Ich sage immer: Immanuel Kant gehört nicht nur den Ostpreußen, große Teile unserer Geisteswelt wären nichts ohne Kant. Gerhart Hauptmann gehört nicht nur den Schlesiern, er gehört allen Deutschen, die Literatur lesen. Oder Gustav Mahler oder Rudi Böhm, dessen böhmische Herkunft in seinen Sinfonien deutlich herauszuhören ist. Das ist Kulturgut von uns allen. Darüber müssen die Menschen sich bewusst sein.

Wie gehen Sie mit den öffentlichen Angriffen von polnischer Seite um?

Ob das jetzt Polen oder die innere Politik in Deutschland ist, ich versuche zunächst einmal, mich in den jeweils anderen hineinzuversetzen. Warum reagiert er so, warum sagt er es so, wie er es sagt? Ich habe es den polnischen Vertretern nie übel genommen. Erstens wusste ich, dass sie mit meinem Vorgänger, Herbert Czaja, und mit dem CDU-Vertriebenen-Politiker Herbert Hupka die polnischen Kinder erschreckt haben: „Wenn Ihr nicht brav seid, dann holen wir den Czaja oder den Hupka." Das waren die Feindbilder zu der Zeit.

Dass man mit der Materie in Polen wunderbar Politik machen kann, liegt auf der Hand. Ich bin 1999 nach Warschau gefahren und habe dort an der Kardinal-Stefan-Wyszyński-Universität einen Vortrag gehalten. Die Anwesenden – es waren alle Professoren von der Universität – sagten: „Frau Steinbach, Sie entsprechen nicht dem Klischee, was hier in Polen von Ihnen vorhanden ist." Dann war ich in Grünberg an der Universität, habe mit Donald Tusk damals eine Podiumsdiskussion gemacht, als er noch nicht Präsident war. Es war eine sehr umgängliche Tonart.

Politik besteht zum Teil auch im Verfolgen von Interessen. Ich trenne also zwischen den Menschen und dem, was sich politisch tut. Was ich aber hier in Deutschland wirklich übel genommen habe, war das negative Anheizen des polnischen Klimas von deutscher Seite. Hier wurde für den Preis eines Linsengerichts, für den kurzfristigen innenpolitischen Vorteil mit dem Feuer gespielt und die langfristigen Interessen beider Völker geschädigt. Das war unverantwortlich.

Haben Sie jemals den Gedanken gehabt, aus der Politik, aus der CDU auszusteigen?

Nein. Ich habe mich gelegentlich schon mal über Positionen von führenden Köpfen der CDU gewundert. Der Vorsitzende der CDU/CSU-Bundestagsfraktion, Volker Kauder, betonte zeitweilig in Interviews, dass die CDU keine konservative Partei sei. Das passte weder zu meinem Empfinden von der Basis noch zu unseren Programmen oder den Reden der Bundeskanzlerin. Da habe ich ihm eine SMS geschickt: „Lieber Volker, jetzt hast du gerade wieder ein paar Mitglieder weniger." Das hat ihn bestimmt nicht gefreut. Das Konservative ist Teil meines Drei-Säulen-Modells. Wir sind nicht nur konservativ, aber auch. Ich ärgere mich darüber, mache dem auch Luft. Man muss dann von innen ein wenig stabilisierend wirken. Manchmal wäre ich auch mit der einen oder anderen Situation, mit der einen oder anderen Frage anders umgegangen, als es die Parteispitze tut. Aber jeder hat seinen eigenen Stil und vor allem ganz eigene Beweggründe und Informationen, die sein Gegenüber vielleicht einfach nur nicht kennt.

Was sind Ihre Wünsche oder auch Ratschläge an junge politisch interessierte Frauen?

Sowohl Frauen als auch Männern rate ich, sich überhaupt für Politik zu interessieren. Wenn ich Jugendgruppen oder Schulklassen zu Besuch habe, sage ich immer: „Wer sich nicht für Politik interessiert und es einfach geschehen lässt, mit dem wird am Ende Politik gemacht. Man kann (selbst wenn er noch so gering ist) nur Einfluss nehmen, wenn man mitmacht." Wer nicht mitmacht, kann nur wenig bewirken. Dann darf er sich aber auch nicht beschweren, dass er nur alle paar Jahre wählen darf. Der Bürger sollte Bürge sein für die Demokratie. Schließlich muss die Demokratie jeden Tag neu erarbeitet werden. Politik ist interessant und spannend. Ich rate aber auch immer dazu, mit der Kommunalpolitik anzufangen. Durchzustarten von der Universität in den Deutschen Bundestag halte ich nicht für förderlich. Hier fehlt oft die nötige Lebenserfahrung aus der Berufswelt. Es ist auch wichtig zu wissen, wie Kommunalpolitik funktioniert, und es ist wichtig, die Erfolge eigenen Handelns vor Ort zu sehen. Auf bundespolitischer Ebene hat man dieses Erfolgserlebnis höchst selten. Kommunalpolitik ist elementar. Man lernt nicht nur das Handwerkszeug, sondern auch den Umgang mit Menschen. Das können Frauen übrigens oft besser als Männer.

Dagmar Schipanski

Politiker brauchen Hartnäckigkeit, Selbstdisziplin und Strahlkraft

Geboren am 3. September 1943 in Sättelstädt, verheiratet, drei Kinder, 1962 Abitur, 1962–1967 Studium der Angewandten Physik an der Technischen Hochschule (TH) Magdeburg, 1967–1985 Assistentin bzw. Oberassistentin an der TH Ilmenau, 1976 Promotion zum Dr.-Ing., 1985 Habilitation an der TH Ilmenau, 1985–1990 Dozentin an der TH Ilmenau, seit 1990 Professorin für Festkörperelektronik an der TH Ilmenau, 1990–1993 Dekanin der Fakultät für Elektrotechnik und Informationstechnik der TH Ilmenau, 1994–1995 Prorektorin für Bildung an der Technischen Universität (TU) Ilmenau, 1995–1996 Rektorin der TU Ilmenau, 1996–1998 Vorsitzende des Wissenschaftsrates der Bundesrepublik Deutschland, 1999 Kandidatin der CDU/CSU für das Amt des Bundespräsidenten, 1999–2004 Landesministerin für Wissenschaft, Forschung und Kunst in Thüringen, 2000 Eintritt in die CDU, 2000–2006 Mitglied des Präsidiums der CDU, 2004–2009 Mitglied und Präsidentin des Landtages von Thüringen, seit 2006 Mitglied im Bundesvorstand der CDU, seit 2011 Rektorin des Studienkollegs zu Berlin.

Meine Sozialisation

Ich bin in den Wirren des Zweiten Weltkrieges in einem kleinen thüringischen Dorf am Fuße des sagenumwobenen Hörselberges geboren. Mein Vater war Pfarrer in Sättelstädt, aber zu meiner Geburt als Soldat im Krieg, so dass meine Mutter die Gemeindearbeit übernommen hatte. Als ich ein halbes Jahr alt war, fiel mein Vater bei den Kämpfen in Italien. Meine Mutter zog mit mir in ihr Elternhaus zurück, da das Pfarrhaus an den Nachfolger, Flüchtlinge aus dem Osten Deutschlands, übergeben wurde. Hier, auf dem Bauernhof meiner Großeltern wurde ich frühzeitig mit der Not der Nachkriegszeit konfrontiert. Flüchtlinge kamen und gingen, viele Menschen aus der Stadt baten um Essen, niemand ging ohne Gaben aus dem Haus. Ich erlebte unbewusst eine still geübte Nächstenliebe, die mich tief geprägt hat.

Mein Großvater wurde nach 1945 ehrenamtlicher Bürgermeister der Gemeinde und hatte somit für ankommende Flüchtlinge Wohnraum zu akquirieren, das zivile Leben wieder in Gang zu bringen und die Verhandlungen mit den Sowjets zu führen. Als Kind verstand ich nicht alles, aber ich spürte die ständige Unruhe und Unsicherheit und das Leid der Menschen, obwohl ich selbst außerordentlich gut in der Großfamilie behütet war.

Meine Mutter heiratete im Jahr 1949 den Ingenieur Wolfgang Gebhardt aus Ilmenau, einem kleinen Städtchen in Thüringen, das dann meine Heimat wurde. Mit Beginn der Schulzeit begann die Diskussion um die Pionierorganisation, der ich nicht beitreten sollte, da wir kirchlich gebunden waren. In jenen Jahren wurde die sozialistische Propaganda gerade gegen die Kirche intensiv eingesetzt. Für mich war der Glaube an Gott selbstverständlich und gelebte Realität, so dass ich dann auch konfirmiert wurde und nicht zur Jugendweihe ging. Das bedeutete alles eine frühzeitige Konfrontation mit politischen Fragen, die mich ein Leben lang begleitete.

So wurde mein Großvater 1953 verhaftet und beschuldigt, das Ablieferungssoll, mit dem jeder Bauer belegt wurde, mit Absicht nicht erfüllt zu haben. Das war ein schweres politisches Vergehen und wurde zu dieser Zeit mit hohen Strafen belegt. Auf diese Weise konnte man sogleich den aufrechten Bürgermeister und Landtagsabgeordneten der Bauernpartei, der von den Sowjets nicht geliebt wurde, aus dem Amt werfen. Nur der Volksaufstand am 17. Juni 1953 rettete meinen Großvater vor langer Haft. Somit spielte die Politik in meiner Familie immer eine sehr große Rolle. Wir diskutierten, wir hörten die Berichte über die Kämpfe am 17. Juni in Berlin, in Halle, in Jena. Selbstverständlich hörten wir nur die Nachrichten der verbotenen „Westsender", den meist gehassten RIAS. Das bedeutete aber auch, für mich als Schülerin, dass mein zu Hause eine andere Welt als die äußere war, das bedeutete zugleich Schweigen, Verinnerlichen, viel mit sich selbst abmachen.

Was sich damals bei mir ganz stark ausprägte, war das Gefühl der Ohnmacht und des Ausgeliefertseins. Das verstärkte sich noch bei dem Kampf um den Besuch der Oberschule, der mir als Pfarrerstochter verwehrt wurde, obwohl ich recht begabt war. Erst der Verweis meines Stiefvaters auf seine Verfolgung im Nazi-Regime, er war als Vierteljude kurz vor dem Abitur von eben jener Oberschule relegiert worden, deren Besuch mir jetzt verweigert wurde, führte zu der sehnlichst erhofften Zulassung für mich. In dieser Zeit habe ich viel über die Grenzen der Verweigerung nachgedacht, über Sinn und Möglichkeiten der Einflussnahme. Ich habe dann versucht, über die Kultur auf das sozialistische Geschehen Einfluss zu nehmen, im Kabarett durch Satire beispielsweise, doch waren auch hier enge Grenzen gesetzt.

Doch Hoffnung gab es immer für mich, begründet im Glauben und auch durch meine große Jugendliebe, die ich kennengelernt hatte und mit der ich noch heute verheiratet bin. Durch Rückzug in die Privatsphäre entzog man sich der Partei, die immer Recht hatte und überall Einfluss nehmen wollte. Eine solche Zeit des äußeren Drucks und eigener innerer Freiheit erfordert eine starke gegenseitige Stütze in der Familie. Hier war der Ort der freien Gedanken, der freien Rede und der inneren Ruhe, hier konnte man Kraft tanken. Wir debattierten auch mit wenigen, ausgewählten Freunden. Wir alle teilten die Auffassung, dass Aufbegehren sinnlos sei, aber die Anpassung zunehmend schwieriger wurde.

Berufliche Tätigkeit

Für mich war meine berufliche Tätigkeit als wissenschaftliche Assistentin ein sehr guter Ausgleich, bei der wissenschaftlichen Arbeit, bei der Vorbereitung von Vorlesungen und Seminaren setzte man sich mit neuen Erkenntnissen und Ergebnissen auseinander. Man führte selbst Experimente durch, konzipierte Messreihen, verglich eigene Schlussfolgerungen mit der Literatur. Hier waren die Gedanken nicht eingeengt, wenn auch die experimentelle Ausstattung begrenzt war. Aber auch hier war der Gedankenaustausch oftmals eine einseitige Strömung, da wir nicht nach dem Westen reisen durften, um an internationalen Konferenzen teilzunehmen und die internationale Literaturbeschaffung zunehmend erschwert wurde.

In diesen Jahren meiner politischen Passivität analysierte ich als Physikerin oft die Situation, aber die notwendigen Schlussfolgerungen prallten an der Mauer, die unser Land durchzog, unbarmherzig ab. So war es für mich 1989 eine große Befreiung, als wir auf die Straße gingen, unseren Unmut artikulierten und wir zunehmend von gleichgesinnten Andersdenkenden umringt waren. Es war anfangs ein freudiges Erstaunen, dann ein bewusstes Mittun, die Isolierung zu durchbrechen und letztlich freier Bürger in einem freien Land zu sein. In jenen Tagen haben mein Mann und ich uns geschworen, uns aktiv einzumischen, das neue Leben zu gestalten und uns nie wieder passiv zu verhalten. Für meinen Mann bedeutete dies den Beitritt zum Demokratischen Aufbruch, einer christlichen Partei, die sich den Wiederaufbau zum Ziel gesetzt hatte und die Übernahme eines kommunalen Wahlmandats. Für mich bedeutete es die Umgestaltung meiner Arbeitsstätte, der Technischen Hochschule Ilmenau, zu einer autonomen universitären Bildungseinrichtung mit akademischer Selbstverwaltung, fern von jeglicher parteilichen Einflussnahme.

Politisch aktiv

So habe ich 1989 begonnen, aktiv politisch zu gestalten, wenn ich auch erst Jahre später in die CDU eintreten sollte. Anfang der 1990er Jahre galt es, neue Strukturen zu etablieren, Personal zu evaluieren, moderne Geräteausstattungen zu beschaffen – alles bei laufendem Lehr- und Forschungsbetrieb. Bei dieser Aufgabe hatten wir Hilfe aus den alten Ländern, aber die eigentlichen Weichenstellungen mussten von uns aus der ehemaligen DDR kommen. Wir kannten die alten Strukturen von Partei und Gewerkschaft, wir wussten, was „sozialistische Kaderpolitik" bedeutete. So begann ein zähes Ringen um jeden Lehrstuhl und jede Mitarbeiterstelle, mit Evaluationen fachlicher Leistungen, persönliche gesellschaftliche Beurteilung und Überprüfung der Mitarbeit beim Staatssicherheitsdienst der DDR. Senat, Fakultätsräte und ein neuer Rektor wurden frei gewählt, ein bewegender Moment!

Ein solch komplexer Prozess geht nicht ohne Irritationen und Fehler ab, aber am Ende des langen Weges stand eine neue wettbewerbsfähige Universität, die heute nationales und internationales Ansehen genießt. Für mich bedeutete dies, politische Verantwortung zu übernehmen als Dekanin, als Prorektorin und als Rektorin. Mein größtes Anliegen war dabei, zukunftsfähige Strukturen und Studiengänge zu etablieren, die nicht ein Plagiat der alten Bundesländer sind, sondern eigenes Profil aufweisen. Das erforderte einen enormen Einsatz und das Entwerfen von Visionen, die wiederum in vielen Diskussionen und zähem Ringen zwischen Ost und West durchgesetzt werden mussten. Hier ist ganz entscheidend, eine realistische Zielvorstellung zu entwickeln. Mir kamen meine über Jahre geübten analytischen Fähigkeiten zugute. Die größte Freude war für mich, dass ich jetzt auch die Schlussfolgerungen durchsetzen konnte und sie nicht an der „Mauer des Sozialismus" scheiterten. Für den Politiker bedeutete das Hartnäckigkeit, Selbstdisziplin und Strahlkraft. Das sind die Eigenschaften, die nach meiner Meinung unabdingbar für politische Erfolge sind. Es bedeutet aber auch, Überzeugungskraft und Durchsetzungsvermögen, geschicktes Argumentieren. Diese Fähigkeiten musste ich mir hart erarbeiten, denn in der Naturwissenschaft sprechen die Fakten für sich, man muss erklären, nicht überzeugen und Mehrheiten organisieren.

Ich war dann elf Jahre (1992–1998, 1999–2004) Mitglied des Wissenschaftsrates der Bundesrepublik Deutschland, dem Beratergremium der Bundesregierung Deutschland und der Regierungen der Länder für Wissenschaftspolitik. Zwei Jahre (1996–1998) war ich Vorsitzende dieses Gremiums. Dem Wissenschaftsrat gehören Wissenschaftler aus Hochschulen und außeruniversitären Forschungseinrichtungen, Persönlichkeiten des öffentlichen Lebens und Vertreter der Regierungen der Länder und des Bundes an, die in der Vollversammlung gemeinsame Empfehlungen zur Evaluation und Entwicklung der Wissenschaftslandschaft beschließen. Für mich ist die Zusammensetzung und Arbeitsweise beispielhaft, da hier Wissenschaft und Politik zu gemeinsamen Entscheidungen gezwungen sind, sie müssen ihre Argumente austauschen und zu Kompromissen finden. Das erhöht das Verständnis für die Interessen der Wissenschaft und die Zwänge der Politik. Ich würde mir für viele offene Probleme in unserem Land solch enge Verzahnung von Fachleuten und Politikern wünschen, damit sachgerechte und politisch realistische Entscheidungen getroffen werden. Struktur und Arbeitsweise des Wissenschaftsrates sind effektiver als Beratergremien, bei denen Mitglieder nach Belieben ausgetauscht werden können und deren Ratschläge oftmals überhört werden. Für die Energiewende, die Bildungspolitik und die Gesundheitspolitik wäre es nach meiner Meinung möglich durch solche Gremienstrukturen effizienter in der Politik zu handeln.

Während meiner Tätigkeit im Wissenschaftsrat haben wir die Empfehlungen zur Umgestaltung der Wissenschaftslandschaft in den neuen Ländern erarbeitet, denen eine intensive Evaluation jeder Universität, jeder Fachhochschule, jedes

Forschungsinstituts vorausging. Die Empfehlungen waren sorgfältig abgewogen in dem Bewusstsein, Gutes zu bewahren und neue Möglichkeiten für Forschung und Bildung im Osten Deutschlands zu etablieren. Dabei wurde auf die Qualitätskriterien größter Wert gelegt und ich musste oft bei ost- und westdeutschen Missverständnissen ausgleichen. Doch zeichnete sich dieses Gremium im rasanten Wiedervereinigungsprozess durch Gründlichkeit, Einfühlungsvermögen und konstruktives Herangehen aus. Heute ist die Wissenschaftslandschaft in den neuen Ländern gut entwickelt, international anerkannt und nimmt Spitzenpositionen in Grundlagen- und angewandter Forschung ein.

Ich selbst konnte seit 1999 als Ministerin für Wissenschaft, Forschung und Kunst von Thüringen im Kabinett von Bernhard Vogel wichtige Akzente für den Freistaat durch die Forschungsbauten auf dem Beutenberg-Campus, weiteren Ausbau der Universitäts- und Fachhochschullandschaft, die Grundsteinlegung für die Anna-Amalia-Bibliothek, Neuerrichtung von Fraunhofer-, Max-Planck-, Leibniz- und Landesinstituten setzen. Mein besonderes Anliegen war in dieser Zeit die Unterstützung der Industrie, denn nur die Schaffung von Arbeitsplätzen konnte Thüringen aus der Krise der Arbeitslosigkeit bringen, die unsere volle Aufmerksamkeit seit 1990 erforderte. Deshalb initiierte mein Ministerium Programme für Existenzgründungen aus der Wissenschaft. Wir bündelten die Potenziale von betriebswirtschaftlichen, juristischen und naturwissenschaftlich-technischen Lehrstühlen, um Business-Pläne zu erstellen. Ebenso wurden die Banken in diese Programme einbezogen. Die vielen High-Tech und Software-Firmen in Jena, Ilmenau, Schmalkalden, Nordhausen und Erfurt zeigen die Richtigkeit der damaligen politischen Entscheidungen. Für mich war die Forschungs- und Bildungspolitik ein wesentlicher Faktor für die Wiederentstehung eines wirtschaftlich und geistig prosperierenden Landes. In dieser Zeit war Ministerpräsident Bernhard Vogel mein geduldiger Berater und Mentor. Sein Führungsstil und seine politische Klugheit bei schwierigen Entscheidungen waren für mich prägend.

Bis zum Jahr 2000 war ich politisch tätig, ohne einer Partei anzugehören, so auch 1999, als ich für das Amt des Bundespräsidenten kandidierte

Die beiden Volksparteien CDU und CSU vertreten die Werte, die mich mein Leben lang begleitet haben: christlicher Glaube und christliches Menschenbild, Freiheit für den einzelnen in Verantwortung vor Gott und den Menschen, Solidarität mit den Schwachen, Bewahrung der Schöpfung, Toleranz gegenüber anderen Lebensauffassungen. So war es für mich eine große Freude und Ehre, als ich gefragt wurde, ob ich kandidieren werde. Erst nach eingehender Beratung mit meiner Familie, meinem Mann und den drei erwachsenen Kindern habe ich zugesagt. Ich gebe ehrlich zu, bei der Zusage wusste ich nicht, was auf mich zukommt. Aber für mich war entscheidend, dass zehn Jahre nach der

Wiedervereinigung die Sicht der Menschen aus den neuen Ländern eine größere öffentliche Aufmerksamkeit erfährt. Wie oft wurde in dieser Zeit festgestellt, dass die Gräben zwischen Ost und West wieder aufreißen, dass wir zu große Unterschiede in den Lebensauffassungen haben. Ich wollte unseren unterschiedlichen Erfahrungshintergrund den Menschen erklären, unsere Schlussfolgerungen erläutern und gegenseitiges Verständnis wecken. Ein Anliegen, das in der deutschen Öffentlichkeit mit großem Interesse und mit Sympathie aufgenommen wurde. Noch heute werde ich auf der Straße von Bürgern auf meine Kandidatur angesprochen, um über „Ost" und „West" zu diskutieren.

Meine weitere Zielstellung war und ist bis heute die Verankerung der Fragen von Bildung und Wissenschaft als Chance für die Bundesrepublik Deutschland darzustellen, so wie ich sie beim Aufbau der neuen Länder selbst gestaltet habe. Wissenschaft und Forschung sind die Grundlagen für neue Arbeitsplätze, für wirtschaftliches Wachstum und somit für die Zukunftsfähigkeit Deutschlands. Der technische und geistige Fortschritt der vergangenen Jahrhunderte wurde wesentlich durch die Wissenschaft bestimmt, sie prägte entscheidend das Leben der Menschen, sie erleichterte, verbesserte und veränderte es. Die Menschen nutzen heute selbstverständlich neue Verkehrstechnik, moderne Unterhaltungselektronik, intelligente Robotertechnik, den Computer, das Netz, eine beliebig große Zahl von Innovationen, die aus dem Alltag nicht mehr wegzudenken sind. Und trotzdem prägt unsere Gesellschaft Technikfeindlichkeit. Nach meiner Meinung muss man aber Chancen und Risiken in gleicher Weise betrachten und der Wissenschaftler muss verantwortungsvoll mit seinen Kenntnissen umgehen. Ich habe in meiner politischen Tätigkeit immer wieder versucht, das Vertrauen in die Wissenschaft zu stärken, indem ich ihre Objektivität erklärt und ihre unendlich großen noch unerforschten Möglichkeiten erläutert habe. Das ist mir auch heute noch eine wichtige politische Zielstellung.

Mein drittes Anliegen war, die Vereinbarkeit von Beruf und Familie, ein immerwährendes Thema, tiefer in der Gesellschaft zu verankern. Ich selbst bin seit 46 Jahren verheiratet, wir haben drei Kinder und ich war nach 5-jährigem Studium 42 Jahre berufstätig mit der Unterbrechung von drei Jahren nach der Geburt der Kinder. Mir hat mein Beruf in der Wissenschaft und Lehre immer sehr viel Freude bereitet, sich ständig mit neuen Entwicklungen auseinandersetzen, immer auf Fragen der Studenten Antworten finden, Patente und Veröffentlichungen erarbeiten, Prototypen für die Industrie erstellen, eine enorme Herausforderung. Deshalb habe ich auch im Wissenschaftsrat die Arbeitsgruppe „Chancengleichheit für Frauen in der Wissenschaft" geleitet und wir haben 1999 eine entsprechende Empfehlung vorgelegt. Bei der Zusammensetzung der Arbeitsgruppe habe ich bewusst auf eine gleichberechtigte Zusammenarbeit von Frauen und Männern Wert gelegt, nicht eine einseitig weibliche Betrachtungsweise. Es war außerordentlich interessant, männliche und weibliche Gedankenwelt und Vorstellungen zu vergleichen, Unterschiede herauszuarbeiten und letztendlich Lösungen anzubieten. Bedauert habe ich, dass die männlichen Wissenschaftler meinem Vorschlag nicht zugestimmt haben, jungen Frauen längerfristige Arbeitsverträge anzubieten, damit sie bei Bedarf eine Kinderpause einlegen können, ohne das Ziel Promotion aus den Augen zu verlieren. Noch heute „hangeln" sich unsere jungen Wissenschaftler von Projekt zu Projekt und haben kaum Zeit für Familiengründung und Familienphasen. Zur Vereinbarkeit von Familie und Beruf gehören selbstverständlich die Bereitstellung von Kindergarten- und Kinderkrippenplätzen und die Ganztagsbetreuung der Schulkinder. Ich habe in der DDR gelebt, da war das alltäglich geübte Praxis. Der ideologische Einfluss, den das DDR-Regime auf die Kinder nahm, war verwerflich, die Grundstruktur der Versorgung aber erhaltenswert. Das haben wir in den neuen Ländern auch getan. Deshalb kann ich die heutige Diskussion über Kinderbetreuung in den alten Ländern nur mit Kopfschütteln verfolgen. Schaut doch mal zu uns, hier sind wir Vorbild!

Für mich war Familie und Beruf nie „doppelte Belastung", sondern doppelte Freude

In der Familie sind Mann und Frau gleichberechtigt, aber auch gleich verpflichtet. Beide sind für die Erziehung der Kinder verantwortlich, beide ergänzen einander, sie akzeptieren gegenseitig ihre Freiheit in Verantwortung füreinander. Man ist füreinander da und muss nicht ständig seine Rechte gegen den Anderen durchsetzen, je mehr man auf die Persönlichkeit des Anderen und die der Kinder eingeht, umso mehr kommt für alle zurück. Ich konnte mich bei meinen vielfältigen beruflichen und politischen Verpflichtungen immer auf die Unterstützung meiner Familie verlassen, wofür ich sehr dankbar bin.

Nachdem ich viele Jahre Politik im Sinne der CDU betrieben habe, ohne Mitglied der Partei zu sein, bin ich im Jahr 2000 in die CDU eingetreten, als das Ansehen der CDU auf einem Tiefpunkt angekommen war infolge der Spendenaffäre um Bundeskanzler Helmut Kohl. Mit meinem Eintritt wollte ich ein Zeichen der Achtung und des Respekts für diese Volkspartei setzen. Die CDU hat den Menschen Westdeutschlands nach 1945 einen beispiellosen Erfolg durch die Einführung der Sozialen Marktwirtschaft ermöglicht. Nach 1990 ist unter Führung der CDU mit Bundeskanzler Kohl an der Spitze die Wiedervereinigung in einem rasanten Tempo mit Milliardenbeträgen vorangetrieben worden. Deshalb gehört dieser Partei mein Vertrauen, besonders in Krisenzeiten. Auch in der jetzigen Zeit der Schuldenkrise in Europa hat die CDU ihre Fähigkeit zur Problemlösung wiederholt eindrucksvoll bewiesen. Für mich ist Europa unsere Zukunft und ich sehe mit Freude, wie selbstverständlich die junge Generation in diesem Europa ohne Grenzen, einem Europa mit einer Währung, lebt, reist, arbeitet und studiert. Diese Generation hat die Zukunft angenommen. Wir müssen deshalb den europäischen Gedanken weiterentwickeln.

Ein Wort zur viel diskutierten Frage des Mitwirkens von Frauen in der Politik

Oft wird gefragt, ob die CDU-Politik in den letzten Jahren weiblicher geworden ist. Dann kann ich auf den ersten Blick antworten: Ja, wir haben viel mehr Frauen in politisch verantwortlichen Positionen. Aber der Politikstil hat sich nach meiner Wahrnehmung leider nicht geändert. Weibliche Netzwerke werden den männlichen Netzwerken entgegengesetzt. Die in langen Jahren eingeübten männlichen Rituale sind übernommen worden. Bei meinem Ausscheiden aus der aktiven Politiklaufbahn bin ich immer wieder an die „gläserne Decke" gestoßen, die sowohl von Männern als auch von Frauen aufgespannt war.

Da wir als CDU den sozialen Fragen zu Recht unsere besondere Aufmerksamkeit widmen, eine kurze Schlussfolgerung aus meiner Sicht: Für mich ist die beste Sozialpolitik die Schaffung von Arbeitsplätzen. Dann erhält der Mensch seine Stellung in der Gesellschaft, er kann für sich selbst sorgen und seine Fähigkeiten entfalten. Deshalb ist es heute auch unangemessen, dass Leute ihren Arbeitslohn über Sozialleistungen „aufstocken" müssen, um ein würdiges Leben führen zu können. CDU-Politik muss dafür sorgen, dass die Arbeitswelt sozialverträgliche Löhne zahlt. Und ich weise schon heute auf das riesige Problem der Altersarmut hin, das mit niedrigen Löhnen und unterbrochenen Arbeitskarrieren verbunden ist. Hier können in den nächsten Jahren in den neuen Ländern soziale Spannungen entstehen, da eine große Zahl von Menschen durch den industriellen Zusammenbruch arbeitslos wurden und bis zum heutigen Tag keine feste Anstellung erhalten haben. Hierher gehört auch die Rentenfrage der Frauen, die vor 1990 Kinder geboren haben und im Haushalt tätig waren. Im Bundesvorstand der CDU möchte ich mich für die Lösung dieser Probleme einsetzen.

Wünsche und Ratschläge

Für die Zukunft wünsche ich mir, dass alle Politiker in unserer Partei mehr den aufrechten Gang aus Gewissensgründen und Überzeugung und nicht aus Populismus und taktischen Erwägungen gehen. Ich bin davon überzeugt, dass die CDU als Volkspartei eine gute Zukunft hat, wenn sie ihre Werte aktiv lebt und in diesem Sinne die täglichen Probleme meistert und Visionen für unser Land entwickelt. Als der Sozialismus zusammenbrach, sagte mir ein Genosse: „Ich glaube jetzt nur noch an die Naturgesetze." Ich konnte ihm antworten: „Ich weiß, dass die Naturgesetze objektiv wirken, aber ich weiß auch, dass seit 2000 Jahren der christliche Glaube den Menschen in seinem Leben leitet, ihm Hoffnung und Zuversicht gibt." Ich rate deshalb unserer Partei, dem „C" eine größere Aufmerksamkeit zu schenken, damit es sich entfalten kann.

Ilse Falk

Starke Frau der leisen Töne

Geboren am 21. September 1943 in Bevensen, verheiratet, vier Kinder, 1961–1962 Reifensteiner Landfrauenschule, 1962–1964 Gartenbaulehre, 1984 Eintritt in die CDU, 1984–1997 Presbyterin der evangelischen Kirche Xanten-Mörmter, 1989–2010 Vorsitzende der Frauen Union Kreis Wesel, 1989–1996 Stadtverordnete im Rat der Stadt Xanten, 1990–2009 Mitglied des Deutschen Bundestages, seit 1995 Mitglied des Bundesvorstandes des Evangelischen Arbeitskreises der CDU/CSU, 2001–2005 Parlamentarische Geschäftsführerin der CDU/CSU-Bundestagsfraktion, 2001–2009 Mitglied des Bundesvorstandes der Frauen Union, 2005–2009 stellvertretende Vorsitzende der CDU/CSU-Bundestagsfraktion.

Engagement für die CDU

So war das eigentlich immer in meinem Leben. Wenn ich mich einmal für etwas entschieden habe, blicke ich nicht mehr zweifelnd zurück, ob diese Entscheidung denn wohl wirklich richtig ist, sondern nehme die Herausforderung an und tue alles dafür, sie so zu lösen, dass ich vor mir selber bestehen und gut mit dem Ergebnis leben kann. Nicht anders war es bei meinem Eintritt in die CDU – ich würde es nicht mit einer passiven Mitgliedschaft bewenden lassen, sondern mich nach Kräften engagieren und sehen, wohin das denn wohl führen würde. Ehrgeiz, „etwas zu werden", war dabei auf jeden Fall keine Motivation. Gesellschaft mitgestalten, Erfahrungen einbringen, das war es, was ich wollte. Dass ich mich allerdings bereits sechs Jahre später, 1990, als Abgeordnete im ersten gesamtdeutschen Bundestag wiederfinden würde, um dort 19 Jahre lang ein Mandat für die CDU wahrzunehmen, daran hatte weder ich noch irgendjemand sonst auch nur im Traum gedacht.

Wie war es dazu gekommen?

Die Entscheidung, in eine Partei einzutreten, war mir, wenn auch gut begründet, nicht leicht gefallen. Mich in aller Öffentlichkeit zu einer bestimmten politischen Richtung zu bekennen, mich als CDU-Mitglied zu „outen", war alles andere als selbstverständlich. Heute kann ich diese Scheu nicht mehr wirklich verstehen, erinnere mich aber noch sehr gut an meine Hemmungen!

Zwei Gründe gab es für meine Entscheidung: Einmal war da der äußere Anstoß durch den Vorsitzenden des CDU-Ortsverbandes, der um Mitglieder warb, weil er bei anstehenden Wahlen Unterstützung brauchte. Mein Mann war schon lange Mitglied, aber ich war viel zu beschäftigt damit, die große Familie zu managen und „nebenbei" meinem Mann die Buchhaltung in seinem Vermessungsbüro abzunehmen. Um Parteipolitik hatte ich mir bis dahin nicht so viele Gedanken gemacht. Nun sah ich aber ein, dass man irgendwann wirklich alt genug ist, sich zu entscheiden und klar Position zu beziehen. Ich sagte also „ja". Dass gleichzeitig unsere 19-jährigen Zwillingstöchter, die sich schon viel früher für Politik interessiert hatten, in die CDU eintraten und in der Jungen Union aktiv wurden, war dabei für uns Eltern zwar verblüffend, aber auch besonders schön.

Der zweite Grund lag tiefer

Ich bin seit 1964 mit einem Siebenbürger Sachsen verheiratet und hatte durch ihn zum ersten Mal Einblick in den real existierenden Sozialismus bekommen. Mein Mann war 1959 nach zehnjährigem Warten auf den Pass mit seiner Familie nach Westdeutschland ausgereist, weil es in der Heimat kaum mehr eine Chance auf ein selbstbestimmtes Leben, geschweige denn auf eine freiberufliche Existenz gab. Als Sohn eines Rechtsanwalts war er „ungesunder sozialer Herkunft", konnte gerade noch sein Abitur machen, durfte aber nicht studieren, sondern musste sich stattdessen in einem kleinen, weit abgelegenen Ort, in den die Familie evakuiert worden war, zwangsweise als Tagelöhner verdingen, um die Familie zu unterhalten. Ich hatte Klassenkameraden von ihm kennengelernt, die zum Teil abenteuerliche Erfahrungen bis hin zur Flucht über hermetisch verschlossene Grenzen gemacht hatten. Oder Jahre im Zuchthaus verbracht hatten, weil sie in der Abgeschiedenheit einer Berghütte in jugendlichem Leichtsinn die „Großen Führer" des Kommunismus parodiert hatten.

Ich selber bin ein sehr freiheitsliebender Mensch und in meiner behüteten Jugend nie wirklich mit Unfreiheit konfrontiert worden. In Niedersachsen geboren und aufgewachsen, hatten wir keinerlei verwandtschaftliche Beziehungen in den sozialistischen Ostblock und für mich als Richtertochter waren das freie Wort, die freie Berufswahl, freies Reisen und die Freiheit der Religionsausübung und der persönlichen Lebensgestaltung eine absolute Selbstverständlichkeit. Durch meinen Mann lernte ich, dass die Einhaltung der Menschenrechte wie Freiheit und freie Meinungsäußerung mitnichten selbstverständlich sind. Das, was wir so positiv zu Hause erlebt hatten, nämlich sich für Recht und Gerechtigkeit auf der Grundlage des eigenen Gewissens einzusetzen, bedeutete in anderen politischen Systemen ein Höchstmaß an Zivilcourage und war oftmals überhaupt nicht möglich. 1984, als ich in die CDU eintrat, lebten wir noch mitten im Kalten Krieg, und der Gedanke, diese Freiheiten durch geänderte Machtverhältnisse möglicherweise eines Tages nicht mehr zu haben, beunruhigte und erschreckte mich. So war es schließlich nur noch ein kleiner Schritt hin zu der Erkenntnis, wie wichtig es ist, sich gerade in einer Demokratie zu engagieren und sich damit für die Mitarbeit in einer Partei zu entscheiden.

Für mich kam nur die CDU in Frage

Nicht, dass ich alles gut an ihr gefunden hätte, aber das Wichtigste, ihre Grundwerte Freiheit, Solidarität und Gerechtigkeit auf der Grundlage des christlichen Menschenbildes, überzeugten mich. Mit diesen Werten war ich groß geworden, und das war es, was ich schützen und weitergeben wollte.

In die Wiege gelegt war es mir allerdings ganz sicher nicht, dass ich eines Tages Politikerin würde. Bei uns zu Hause war Politik kaum ein Thema – jedenfalls nicht Parteipolitik. Nach den schlimmen Erfahrungen des Dritten Reiches, die das Leben meiner Eltern in seiner ersten Hälfte geprägt hatten, war es ihnen das Wichtigste, dass wir Kinder frei und selbstbewusst aufwuchsen, im Respekt vor Mensch und Natur, dass wir Autorität achten lernten, aber nicht fürchten! Darüber verloren sie nicht viele Worte, sondern lebten es uns vor. Erst Jahre später, als ich längst erwachsen war, wurde mir bewusst, wie sehr mich dieses liberale Elternhaus geprägt hat.

Meine Sozialisation

Ich bin 1943 als drittes von fünf Kindern geboren und obwohl die äußeren Umstände nicht im Geringsten dem entsprachen, was man heute als notwendig für das Aufwachsen von Kindern betrachtet, erinnere ich mich nur an eine sehr fröhliche Kindheit in der Geborgenheit der Familie. Ich habe nur vage Erinnerungen an das zerstörte Nachkriegsdeutschland, an Flüchtlinge und überbelegte Wohnungen, an Erzählungen vom Krieg, von Not und Elend. Die Eltern hatten Brüder im Krieg verloren und viele Freundinnen hatten keine Väter mehr. Dass ich diese Bilder und Entbehrungen nie als Bedrohung empfunden habe, ist das große Verdienst meiner Eltern, die es fertig gebracht haben, dass die Familie immer Ort der Sicherheit und des Friedens war.

Wir hatten einen Vater, der sich als Richter Prozessakten mit nach Hause nahm und häufig nachmittags an seinem Schreibtisch saß und arbeitete. Wir durften ihn zwar nur in dringenden Fällen stören, aber er war da! Er war ein eher distanzierter Vater, der nicht so viel mit uns spielte und unternahm, sondern der uns viel vorlas und uns teilhaben ließ an seinem Beruf. Wenn er schwierige Fälle zu entscheiden hatte, bezog er häufig die Familie mit ein, und wir alle haben früh gelernt, für Gerechtigkeit einzutreten und Menschen in ihrer individuellen Würde zu sehen und zu achten.

Unsere Mutter war die spontanere, offenere, die jedem einzelnen ihrer Kinder Wärme und Geborgenheit gab, den großen Haushalt unter den wirtschaftlich schwierigen Bedingungen der Nachkriegszeit führte und die wahrnehmbare Erziehungsarbeit machte. Erst als wir Kinder schließlich alle aus dem Haus waren, fand sie hin und wieder mehr Zeit für sich und nahm mit Interesse Gesprächs- und Diskussionsangebote der Kirche zu Glaubensfragen und gesellschaftlichen Themen wahr. Voller Begeisterung erzählte sie mir, dass sie das gerne intensivieren wolle und sich vorstellen könne, in diesem Bereich Aufgaben zu übernehmen. Dazu kam es nicht mehr – viel zu früh starb sie mit 58 Jahren an Krebs.

Dass Kirche und Gemeindeleben immer eine wichtige Rolle in der Familie spielten, lag nicht zuletzt daran, dass beide Eltern aus Pfarrhäusern kamen. Praktizierte Nächstenliebe, Wahrhaftigkeit, Bereitschaft, Verantwortung zu übernehmen, und das, was Jahre später unter der Überschrift „Bewahrung der Schöpfung" zum Thema wurde, war bei uns schon früh selbstverständlich. Fürsorge für Andere und Gastfreundschaft waren wichtige und prägende Erfahrungen. Man kümmerte sich um die, die Hilfe nötig hatten, und so ist es sicher nicht verwunderlich, dass Albert Schweitzer mein großes Vorbild war, als ich so um die 14 Jahre alt war und am liebsten in die Missionsarbeit gegangen wäre. Es kam dann zwar ganz anders – aber solch intensive Entwicklungsphasen prägen einen ja doch nachhaltig.

Doch zurück zum Jahr 1984, dem Jahr, an dessen Ende ich in die CDU eintrat, an dessen Anfang ich aber bereits in das Presbyterium unserer Evangelischen Kirchengemeinde gewählt worden war und damit einen ersten Schritt heraus aus der Familie in eine ehrenamtliche Tätigkeit getan hatte – mal abgesehen davon, dass ich vorher in Klassenpflegschaften aktiv und dann viele Jahre Vorsitzende des Fördervereins unseres Gymnasiums war. Bis dahin war mein absoluter Mittelpunkt die Familie mit all ihren Aufgaben gewesen, durch die ich mich niemals eingeengt gefühlt habe. Im Gegenteil – ich war dankbar, dass wir uns das leisten konnten und glücklich, so frei in der Gestaltung meines, bzw. unseres Lebens zu sein und habe das nach Kräften genutzt. Aber jetzt fing es an, mir Spaß zu machen, meine Ideen und Erfahrungen auch in andere Arbeit einzubringen.

Parteiarbeit bedeutete den Beginn von etwas ganz Neuem

Schule und Kirchengemeinde waren mir ja vertraut, aber wie eine Partei funktioniert, war Neuland für mich. Was macht ein Stadtverband? Wie werden Kandidaten für den Stadtrat aufgestellt? Was bedeutet Fraktion? u. v. m ... Rückblickend vielleicht naive Fragen – aber alles dieses lag halt fernab meiner bisherigen Aufgaben! Gerade richtig kamen da Angebote der Konrad-Adenauer-Stiftung zur politischen Bildung, die ich dankbar annahm und fortan eifrig Seminare besuchte und allmählich die Zusammenhänge verstand. Das war auch gut so, denn bereits 1986 wurde ich stellvertretende Stadtverbandsvorsitzende und übernahm damit Verantwortung in der Partei vor Ort. Ich wurde Sachkundige Bürgerin im Schulausschuss und gründete noch im selben Jahr einen Arbeitskreis „Umwelt", um dieses wichtige und drängende Thema durch verstärkte Information bewusster zu machen. Dabei ging es mir in erster Linie um praktische Hilfen im Alltag. Kompetente Referenten und Referentinnen klärten auf über gesunde Ernährung ohne Zusatzstoffe, unbehandelte Lebensmittel, umweltbewusstes Gärtnern usw. Alles Themen, die zu dem Zeitpunkt aus meiner Sicht noch viel zu wenig diskutiert wurden, und mit denen wir uns gezielt an die Verantwortlichen in der Familie wandten.

Die Wahl in den CDU-Kreisvorstand 1987 brachte dann erste Erfahrungen über die Stadtgrenzen hinaus, ich lernte andere Orts- und Stadtverbände kennen und bekam Anregungen aus der jeweiligen Arbeit.

Kirchenarbeit

Parallel zu dieser Parteiarbeit lief – gewachsen aus der kirchlichen Tätigkeit – die Mitarbeit in der „Eine-Welt-Gruppe Xanten" und der Aufbau eines „Dritte-Welt-Ladens", wie der heute immer noch mit großem Erfolg geführte „Weltladen" damals hieß. In dieser Arbeit war es mir besonders wichtig, dass nicht partei(!)politische Interessen dominierten. Deshalb war ich froh, dass sich aus ersten Anfängen recht bald eine sehr aktive ökumenische Gruppe bildete, für die einerseits im Mittelpunkt stand, durch den Verkauf von fair gehandelten und produzierten Waren Menschen jenseits unserer Grenzen zu unterstützen, aber andererseits und mir mindestens so wichtig, auch mit Kunden ins Gespräch zu kommen und Nachdenken anzuregen über die Situation der Entwicklungsländer, über unsere Verantwortung in der Welt und über unsere persönliche Lebensweise.

Alle diese Aufgaben brachten mich – nicht so verwunderlich – immer wieder mit ebenfalls engagierten Frauen zusammen, und ich fing an, die Rolle der Frau in Politik und Gesellschaft genauer zu betrachten. Offensichtlich war gleichberechtigtes Wahrgenommenwerden im öffentlichen Leben mitnichten so selbstverständlich, wie ich es als einziges Mädchen in der Mitte von vier Brüdern erlebt hatte. Ernst genommen zu werden bei politischen Diskussionen, bei Wahlen zu kandidieren und auch gewählt zu werden – viele Frauen machten da recht negative Erfahrungen. Ich nahm also rege teil an der Arbeit der Frauen Union in Xanten und wurde 1988 deren Vorsitzende. Nun war es an mir, Themen aufzugreifen, die die Frauen an mich herantrugen – aber auch Themen zu setzen, die mir wichtig waren. Das machte Spaß und ließ mich immer deutlicher erkennen, wie sehr sich die Gesellschaft im Umbruch befand und wie es im Alltag um die Gleichberechtigung zwischen Frauen und Männern tatsächlich stand.

Die Frauen Union

Doch nicht genug damit – wenig später kamen Vorstandsfrauen der Kreis Frauen Union auf mich zu, um mich davon zu überzeugen, dass ich bei den anstehenden Wahlen als Kreisvorsitzende kandidieren solle. Der Kreisvorstand wurde zu der Zeit von heftigen personellen Turbulenzen geschüttelt und man suchte eine ausgleichende, möglichst unbelastete Kandidatin. Was tun? Wollte ich wirklich den Schwerpunkt auf Frauenpolitik legen? Heftige Diskussionen in der Familie folgten und mein Mann riet mir dringend ab: Ob schon mal irgendjemand mit Frauenpolitik etwas geworden sei?? Offensichtlich hatte er ehrgeizigere Vorstellungen über meine Rolle in der Politik! Mich aber reizte diese Aufgabe und außerdem war ich neugierig, wie ich wohl mit dieser neuerlichen Herausforderung zurechtkäme.

Ich bin also angetreten und habe in meiner Bewerbungsrede deutlich gemacht, warum. Zitat: „Wenn ich heute für die Frauen Union antrete, bedeutet das nicht etwa, dass ich ausschließlich Fraueninteressen vertreten will, sondern dass sich hier die Möglichkeit bietet, die Sichtweise der Frauen zu vielen Arbeitsgebieten in die Gesamtpolitik der CDU einzubringen. Frauen können in besonderer Weise dafür eintreten, dass die Partei offen und sensibel ist für Anfragen aus der Gesellschaft. Sie müssen als engagierte Mitglieder den Politikern helfen, die Probleme der Basis zu erkennen und Lösungsmöglichkeiten anbieten! Wenn wir Beteiligung an politischen Entscheidungsprozessen verlangen, müssen wir auch zu Initiative bereit sein! Frauen Union bedeutet für mich: Nicht die Männer ausgrenzen, sondern gemeinsam mit ihnen die erkannten Probleme lösen." Übrigens mein Grundsatz bis heute! Dass es für erfolgreiches Arbeiten notwendig ist, als Frauen in den verschiedenen Gremien der Partei vertreten zu sein und dafür zu sorgen, dass ein besserer Informationsfluss zwischen Bund, Land, Bezirk und Kommune die Sachthemen voranbringt, war mir dabei sehr bewusst. Und – was ich damals vermutete, hat sich in den vielen Jahren aktiver Politik bestätigt: Frauen haben häufig nicht nur ein besseres Gespür für das, was die Gesellschaft bewegt, sondern sie gehen in aller Regel sehr viel pragmatischer und lösungsorientierter an Probleme heran. Vielleicht hängt das zusammen mit ihrer traditionellen Rolle als Mutter, die zu Hause gewohnt ist, einerseits einen möglicherweise großen Haushalt strategisch zu planen, aber andererseits immer wieder schnell auf Ungeplantes zu reagieren! Es wird spannend zu beobachten sein, ob sich daran etwas ändert, wenn Frauen und Männer sich zunehmend Familien- und Erwerbsarbeit teilen.

Ich wurde mit großer Zustimmung zur Vorsitzenden der Frauen Union im Kreis Wesel gewählt, und ich muss sagen, es war nicht die schlechteste Entscheidung in meinem Leben. Von nun an hatte ich eine starke Frauenmacht an meiner Seite. Gemeinsam haben wir Wahlen bestritten, haben Frauen in Parteiämter gebracht und gemeinsam haben wir für die Frauen in einer sich dramatisch ändernden Gesellschaft gekämpft. Ich selber habe niemals aufgegeben, mich für die Gleichwertigkeit von Familien- und Erwerbsarbeit einzusetzen – unabhängig davon, ob jeweils ausschließlich oder in den buntesten Kombinationen. Wohl wissend, dass die politischen Rahmenbedingen eine solche Wahlmöglichkeit auch zulassen müssen.

Das war also Anfang 1989, am Beginn eines unglaublich spannenden Jahres für mich – aber viel, viel mehr natürlich für unser Land! Im August nahm ich zum ersten Mal als Delegierte an einem Bundesparteitag teil – und an was für einem! Solche Widersprüche und Turbulenzen habe ich später nie wieder erlebt. Führende CDU-Strategen probten den Aufstand gegen Helmut Kohl als Parteivorsitzendem und die Bundesministerin für innerdeutsche Beziehungen, Dr. Dorothee Wilms, berichtete voller Empathie über ihre Begegnung mit Flüchtlingen aus dem sozialistischen Teil Deutschlands!

Die Ereignisse in der DDR begannen sich zu überschlagen

Am 1. Oktober wurde ich bei den Kommunalwahlen als Stadtverordnete gewählt, um fortan unser kleines Dorf Obermörmter im Rat der Stadt Xanten zu vertreten. Wieder eine neue Erfahrung! Und dabei allein blieb es nicht – denn ebenfalls im Herbst wurde mir die Frage gestellt, ob ich mir vorstellen könne, 1990 als Bundestagskandidatin anzutreten. Ich? In die Bundespolitik? Wann ich mich denn entscheiden müsse, habe ich gefragt. Nun, jetzt sei Samstag. Bis Anfang der Woche hätte man doch gerne eine Antwort! Um Himmels willen, was nun? Mir schwirrte der Kopf, der Familienrat tagte, Telefondrähte liefen heiß. Drei unserer vier Kinder waren bereits im Studium und der Jüngste mit 15 Jahren auch recht selbständig. Viel entscheidender würde die zu erwartende Veränderung für meinen Mann sein, denn bisher hatten wir eine klare Aufgabenteilung: Er war der Hausherr und ich die Herrin des Hauses und abends trafen wir uns häufig zu gemeinsamer Arbeit im Büro. Und wenn ich wirklich im Deutschen Bundestag landen würde, bedeutete das wochenweise Abwesenheit, und wenn keine Sitzungswochen waren, Wahlkreisarbeit im heimischen Wahlkreis, vorrangig zu Zeiten, wenn Ehrenamtliche aktiv sind und „ihre" Abgeordnete zu Veranstaltungen einladen – nämlich abends und am Wochenende! Aber auch er ermutigte mich und so sagte ich schließlich „ja" zur Kandidatur! Natürlich war das viel zu früh für mich, natürlich fehlten mir noch jede Menge Erfahrungen für ein solches Amt, aber – eine solche Frage wird einem kaum ein zweites Mal gestellt! Und zunächst musste ich ja auch erstmal von der Parteiversammlung als Kandidatin für die Bundestagswahl 1990 gewollt und gewählt werden!

Als wahrer Segen erwiesen sich in dieser Situation „meine" CDU-Frauen. Sie warben für mich, sie kämpften für mich und machten mir Mut. Sie ließen mich spüren, wie stolz sie seien, dass eine von ihnen als erste Frau in diesem Wahlkreis für den Deutschen Bundestag antreten sollte. So wurde ich sozusagen auf Händen in die entscheidende Delegiertenversammlung getragen und setzte mich bereits im ersten Wahlgang – wohl gegen die allermeisten Erwartungen – gegen die beiden anderen Bewerber durch. Nun hatte ich A gesagt und von Stund an hieß es, auch B zu sagen und mit einem ordentlichen Schwung ins kalte Wasser zu springen. Es galt, mich bekannt zu machen, die eigenen Parteimitglieder und potentielle Wählerinnen und Wähler zu überzeugen – und Funktionsträger der Partei auf Landesebene von meinen Qualitäten so zu überzeugen, dass ich auf der Reserveliste eine chancenreiche Absicherung bekäme, weil dieser Wahlkreis noch nie von einem CDU-Kandidaten direkt gewonnen wurde! Diese Freude blieb erst 2009 meiner Nachfolgerin vorbehalten. 1990 gab es weder Quote noch Quorum, aber in der Partei wuchs allmählich das Bewusstsein dafür, dass die Beteiligung von Frauen auf allen Ebenen wichtig sei. Außerdem sprach für mich offensichtlich auch die große Familie, die Selbständigkeit meines Mannes und – sehr verblüffend – die Tatsache, dass ich evangelisch bin.

Während im November die Mauer in Berlin fiel, die innerdeutsche Grenze zusammenbrach, Menschen in Ost und West sich in den Armen lagen und wir Anfang 1990 mit der Frauen Union Kontakte zu Frauen in der ehemaligen DDR knüpften, begann ich meinen ersten Wahlkampf. Und schon wurde mein erstes Problem offensichtlich: Nicht an Ideen und Gründen, warum man mich wählen sollte, mangelte es mir, sondern ich hatte nie gelernt, öffentlich Reden zu halten! Was war zu tun? Ein Rhetorik-Kurs bei der Konrad-Adenauer-Stiftung? Gesagt, getan! Aber was so leicht geklungen hatte, endete für mich ziemlich ernüchternd. Denn mit der Aufgabe, mich aus dem Stand und vor dem Mikrofon, zu dem Thema „Moral in der heutigen Gesellschaft" zu äußern, war ich hoffnungslos überfordert. Voller Panik verlor ich den Faden (den ich sowieso noch nicht wirklich gefunden hatte) und brach nach wenigen Sätzen meine „Rede" ab. Nie wieder habe ich mich zu einem Rhetorik-Kurs getraut und lieber damit gelebt, nicht die glänzende, schlagfertige Rednerin zu sein, sondern mich auf gut vorbereitete, inhaltsreiche Reden zu beschränken. Jahre später ist mir noch einmal solch ein Fiasko passiert: Ich sollte zur Eröffnung eines Pflegezentrums sprechen, hatte mir eine nette kleine Rede überlegt und stellte dann auf der Fahrt von Bonn in den Wahlkreis fest, dass ich die Rede auf meinem Schreibtisch vergessen hatte! Eigentlich kein Problem – wenn ich nicht die fixe Idee gehabt hätte, genau die Rede zu halten, die ich mir aufgeschrieben hatte. Das musste schief gehen. Und so stand ich dann am Rednerpult und alles, was ich bis dahin nur aus Beschreibungen kannte, trat ein: Mein Mund wurde trocken, die Zunge klebte am Gaumen, kein Glas Wasser in der Nähe (wahrscheinlich hätten meine Hände sowieso zu stark gezittert, um daraus trinken zu können!) und ich versuchte dagegen an zu reden – beruhigte mich zwar allmählich, hatte aber zu allem Übel das deutliche Gefühl, viel zu lang und grottenschlecht zu sein. Dieses Erlebnis hat mich noch lange verfolgt und mir jeden Mut genommen, im Deutschen Bundestag jemals frei zu reden!!

Was mir allerdings wohl wirklich liegt, ist auf Menschen zuzugehen, mich auf ihre Anliegen einzulassen und sie nach Kräften zu unterstützen – vorausgesetzt, dass nicht schon von vornherein offensichtlich ist, dass der Sache kein Erfolg beschieden sein würde. Reiner Aktionismus würde nur zu Enttäuschungen führen!

Der Wahlkampf war aufregend

Begleitet von einem nimmermüden Team lernte ich meinen Wahlkreis mit seinen damals sechs (später nach der Wahlkreisreform zehn) Städten und Gemeinden, die Vertreterinnen und Vertreter der eigenen Partei und die des „Gegners" kennen – und viele Bürgerinnen und Bürger, die sich für Politik interessierten oder die ich dafür gewinnen wollte. Als Seiteneinsteigerin und ohne die berühmte „Ochsentour" in der Partei durchlaufen zu haben, musste ich mal wieder viel Neues lernen und ganz sicher habe ich den Parteifreundinnen und -freunden in meiner Unbefangenheit manches zugemutet. Aber es hat funktioniert! Gemeinsam haben wir viele gute Veranstaltungen gemacht, Bundes- und Landespolitiker gaben uns die Ehre und am Ende reichte auch der Platz auf der Reserveliste für den Einzug in das erste gesamtdeutsche Parlament in Bonn.

Ich glaube inzwischen, dass es viele Vorteile hatte, dass ich nicht schon in der Schüler Union sozialisiert war, dass ich nicht die typische Politikersprache „draufhatte" – und dass ich zwar gewinnen wollte, aber nicht musste, da ich durch meinen Mann wirtschaftlich unabhängig war! Und wenn mir bei Veranstaltungen oder beim Straßenwahlkampf ein bestimmtes Handeln abgefordert wurde – „andernfalls wähle ich Sie nicht!" – konnte ich gelassen bleiben. Wichtig war allein, eine klare eigene Meinung zu haben – nicht nur im Wahlkampf, sondern bei allen politischen Entscheidungen – und authentisch zu bleiben.

In Bonn angekommen, machte ich wahr, was ich auch angekündigt hatte, und meldete mein Interesse für Familien-, Frauen- und Jugendpolitik als erste Wahl an und stellvertretend wollte ich gerne im Ausschuss für Entwicklungspolitik mitarbeiten. Es kam ein bisschen anders, weil Helmut Kohl als frisch gewählter Kanzler der Einheit beschloss, aus dem Familienministerium ein Ministerium für Familie und Senioren zu machen und eines für Frauen und Jugend, was auch zwei entsprechende Parlamentsausschüsse bedeutete. Ich musste mich mal wieder entscheiden! Aber so gerne ich auch gleich in die Familiepolitik eingestiegen wäre, ich wählte den Ausschuss für Frauen und Jugend, in dem ich fortan als ordentliches Mitglied mitarbeiten wollte. Ich gebe zu, dass dabei auch eine gewisse Neugier auf die neue Ministerin aus Ostdeutschland mitspielte – auf Angela Merkel! So fügte es sich, dass wir uns bereits am Beginn unserer politischen Wege begegneten, ohne zu ahnen, dass wir in den späteren Jahren immer wieder unmittelbar miteinander zu tun haben würden. Zunächst aber stellte sich heraus, dass nicht nur im Ministerium die Ministerin und ihr Parlamentarischer Staatssekretär, Peter Hintze, neu waren, sondern auch in unserer Arbeitsgruppe von CDU und CSU waren ausschließlich Parlamentsneulinge. Claudia Nolte wurde Arbeitsgruppenvorsitzende und damit Sprecherin und ich fand mich plötzlich als Obfrau, also stellvertretende AG-Vorsitzende wieder, verantwortlich für den reibungslosen Ablauf der Sitzungen und Abstimmungen. Ich glaube, ich war die erste Ob*frau* der Fraktion!

Da war ich mal wieder völlig ahnungslos in ein Amt gewählt, nach dessen Inhalt ich mich erstmal bei einem erfahrenen Kollegen erkundigen musste. Mit der Zeit lernte ich dann, wie begehrt und umkämpft Fraktionsämter, also auch das der Obfrau oder des Obmannes, sind. Als vier Jahre später die beiden Ministerien zum Bundesministerium für Familie, Senioren, Frauen und Jugend wieder zusammengeführt wurden und Claudia Nolte mit 28 Jahren jüngste Bundesministerin wurde, wurde ich erneut zur Obfrau gewählt und behielt dieses Amt bis 2001. Arbeitsgruppenvorsitzende konnte ich nie werden, da diese Funktion im „Familienausschuss" traditionell der CSU vorbehalten war.

Das mag jetzt alles ganz locker und leicht klingen – aber tatsächlich brauchte ich natürlich schon eine geraume Zeit, um mich überhaupt zurecht zu finden. Dabei half mir nicht nur die äußerst erfahrene Sekretärin, die mich an der Hand nahm und mir den parlamentarischen Alltag erklärte, sondern es gab da auch die „Gruppe der Frauen", ein Zusammenschluss der weiblichen Abgeordneten der CDU/CSU. Wir trafen uns regelmäßig in den Sitzungswochen, besprachen Persönliches und Politisches, die Vorsitzende vertrat die Frauen in der Fraktionsführung – gemeinsam waren wir stark! Zugleich lernten wir uns bei diesen Treffen besser kennen, wurden miteinander vertraut und das Einleben gelang viel schneller. Hier fand ich Gleichgesinnte und Multiplikatorinnen für meine Themen und die Kolleginnen ebenso für ihre vielfältigen Themen – denn die Frauen waren inzwischen in allen Ausschüssen vertreten. Hier fühlte ich mich in all den Jahren ausgesprochen wohl!

Konzentration auf die Parteiarbeit

Nachdem ich sowohl mein Stadtratsmandat nach einigen Jahren aufgegeben hatte als auch das Amt als Presbyterin, weil beides einfach nicht mit der häufigen Abwesenheit zu vereinbaren war, konzentrierte ich mich in der Partei auf zwei Bereiche. Zum einen wurde ich Mitglied im Bundesvorstand der Frauen Union (Vorsitzende der Frauen Union im Kreis Wesel blieb ich noch bis 2010) und zum anderen im Bundesvorstand des Evangelischen Arbeitskreises der CDU/CSU. Die Mitarbeit in beiden Vereinigungen bedeutete mir sehr viel, waren sie doch wichtige Impulsgeber für das Mandat. Das Engagement als christliche Politikerin fand dann auch recht bald einen weiteren Ort, den Gebetsfrühstückskreis des Bundestages. Hier treffen sich in Sitzungswochen Abgeordnete fraktions- und konfessionsübergreifend freitags zum gemeinsamen Frühstück, das den Rahmen bildet für das eigentliche Anliegen: gemeinsames Gebet und geistlicher Impuls eines Mitglieds dieser Gruppe mit anschließender Diskussion. Hier lernte man sich, losgelöst von Parteipolitik, in ganz anderer Weise kennen, als es der Parlamentsalltag normalerweise zulässt. Eine wunderbare Chance! In meiner letzten Legislaturperiode war ich eine von zwei Leitenden dieses Kreises, was mich sehr bereichert hat.

Doch zurück zur eigentlichen Arbeit als Parlamentarierin

Ich merkte bald, dass das Engagement für Familie, Senioren, Frauen und Jugend nicht eben prestigeträchtig war, und alle, die sich zu Höherem berufen fühlten, zog es sehr schnell in wichtigere Ausschüsse. Ich glich dieses vorgebliche Manko durch meine Mitgliedschaft als stellvertretendes Mitglied im Rechtsausschuss aus. Als Richtertochter und Mutter eines Juristen fand ich mich gut gerüstet, mich dort zu Wort zu melden und meine Sicht der Dinge in unjuristischer Sprache einzubringen. Später habe ich häufig Berichterstattungen aus dem Bereich des Familienrechts übernommen. Überhaupt hatte ich mich ja mit meiner Leidenschaft für Familien- und Frauenpolitik Themen verschrieben, die ausgesprochene Querschnittsthemen sind und eigentlich alle gesellschaftlichen Bereiche berühren. Zudem erforderten die heftigen gesellschaftlichen Veränderungen mit der wachsenden Vielfalt individueller Lebensentwürfe die Anpassung der Rahmenbedingungen. Da waren neben der Familien- und Frauenpolitik sowohl Bildungs- als auch Arbeits- und Sozialpolitik gefragt.

Für mich bedeutete die Befassung mit diesen Veränderungen auch Auseinandersetzung mit meinen bisherigen Überzeugungen und Erfahrungen. Hatte ich mich doch als Mutter von vier Kindern in meinem eigenen Leben zunächst ausschließlich auf die Familie konzentriert, gab stolz „Hausfrau" als Beruf an und änderte diese Berufsangabe erst später in „Familienmanagerin", weil ich fand, dass dieser Begriff viel deutlicher die äußerst vielseitigen Aufgaben einer Hausfrau und Mutter trifft. Für mich war deshalb die große Herausforderung, den Wandel der Frauenrolle politisch zu begleiten, ohne alles Bisherige für wertlos zu erklären und über Bord zu werfen. Familien- und Erwerbsarbeit sollten gleichwertig nebeneinander stehen und so kombinierbar sein, dass weder die Mütter noch die Kinder dabei zu kurz kämen. Von den Vätern war zunächst noch nicht so viel die Rede. Erst später wurde deutlich, dass es die Frauen im Kampf um gleiche Rechte versäumt hatten, auch die Pflichten neu zu verteilen.

Nahm man aber die Forderungen der Frauen nach wirklicher Gleichberechtigung ernst, musste man sie auch als Problem der Männer begreifen. Denn einerseits wurden die Frauen in dem Maß, in dem sie sich stärker im Beruf engagierten, unweigerlich zu Konkurrentinnen (was natürlich genauso für politische Ämter gilt!), und andererseits erwarteten sie zu Recht, dass sich die Männer stärker als bis dahin in der Familie engagierten. Glücklicherweise hat sich im Laufe der Jahre der Blick hierfür geschärft, Väter nehmen Elternzeit und wünschen sich mehr Zeit für die Familie, Arbeitgeber reagieren – wenn auch noch viel zu zögerlich – sensibler auf Wünsche nach flexiblen Arbeitszeiten. Aber die Forderung nach mehr Frauen in Führungsämtern führt auch im Jahr 2012 noch zu heftigen Kontroversen.

Aber es waren ja nicht nur diese Fragen, die mich beschäftigten. Hinzu kam eine Vielzahl schwieriger Themen, die unserem Ausschuss federführend überwiesen wurden, zu denen ich geredet und für die ich zum Teil die Berichterstattung übernommen habe. Ich denke da an die heißen Diskussionen um den § 218 StGB, der nach der Wiedervereinigung einer Neufassung bedurfte, an die Kindschaftsrechtsreform, an die Verabschiedung des ersten Transplantationsgesetzes und die Auseinandersetzung mit der zunehmenden häuslichen Gewalt. In der Zeit der rot-grünen Koalition wurden wir konfrontiert mit der Reform des Prostitutionsgesetzes und mit dem Lebenspartnerschaftsgesetz, in dem es um eine weitgehende Gleichstellung homosexueller Partnerschaften mit der Ehe ging.

Besonders das Lebenspartnerschaftsgesetz bedeutete das Aufbrechen von Tabus und sehr grundsätzliche gesellschaftliche Veränderungen, auf die wir als Union kaum vorbereitet waren und für die wir überhaupt erst einmal sprachfähig werden mussten. Eine kleine „Aufklärungsschrift" mit dem Titel „Zwischentöne" habe ich damals für die Kolleginnen und Kollegen zusammengestellt und um Verständnis für etliche berechtigte Forderungen geworben. Einige wenige haben mich deswegen scharf angegriffen – was mir einmal mehr deutlich gemacht hat, von wie entscheidender Bedeutung es ist, wie wir grundsätzlich mit Anderssein umgehen. Ich habe mir die Entscheidung über dieses Gesetz nicht leicht gemacht und viel über eine angemessene Antwort nachgedacht. Besonders verletzt hat mich in den Diskussionen, wenn mir Unchristlichkeit vorgeworfen wurde – sind wir nicht alle Kinder Gottes und gerade in unserer Unverwechselbarkeit und Einzigartigkeit genau so wie wir sind von ihm gewollt? Daraus folgerte für mich, die Forderung nach einer ganzen Reihe von Rechten für berechtigt zu halten, eine Gleichstellung mit der Ehe allerdings nicht, weshalb ich den Gesetzentwurf am Ende abgelehnt habe. Aber ich gestehe gerne, dass mir die Achtung, die mir über Fraktionsgrenzen hinweg für meine Reden entgegengebracht wurde, gutgetan hat.

Wieder ganz anders, aber mindestens so schwierig war die Auseinandersetzung mit bioethischen Fragen, die mit heftig fortschreitender Forschung immer häufiger Antworten des Gesetzgebers notwendig mach(t)en. Fragen, bei denen wir als Christen besonders gefordert sind. Ich denke da an die intensiven Diskussionen zur Pränataldiagnostik (PND), Präimplantationsdiagnostik (PID), Organtransplantation und die Forderung nach Zulassung embryonaler Stammzellen für Forschungszwecke. Allen Themen ist gemeinsam, dass sie sich sehr grundsätzlich auseinandersetzen mit Fragen des Lebensrechts, des individuellen Lebenswerts, der Verfügbarkeit von Leben und seiner „Vernutzung" für andere. Mich haben gerade diese Themen in besonderer Weise berührt, weil sie in eine Zeit fielen, in der unsere Zwillingstöchter von schwerer Krankheit betroffen waren und wir auch kleinsten Hinweisen auf neue Heilmethoden voll verzweifelter Hoffnung nachgingen. Vergeblich. Sie starben 1999 im Abstand weniger Monate mit 33 Jahren an Multipler Sklerose nach extrem unterschiedlichen Krankheitsverläufen – Charlotte nach Jahren im Rollstuhl und Bettina nach 14 Monaten im Wachkoma.

Gerade diese Erfahrungen mit Krankheit und Sterben, die Hilflosigkeit angesichts eines Schicksals, das wir nicht abwenden konnten, das wir aber schließlich akzeptieren mussten, haben mich maßgeblich in meinen politischen Entscheidungen bestimmt: Ich habe jeder Forschung und möglicher Therapie, die für ihr Handeln die Zerstörung von Leben – gleich in welchem Stadium – fordert, eine klare Absage erteilt. Recht auf Heilung um *jeden* Preis? Das Leben eines Menschen verwerfen für ein vermeintlich wertvolleres? Ein abgestuftes Lebensrecht, bei dem der Mensch Definitionsmacht über seinesgleichen erhält? Eine solche Zukunft kann ich mir nicht vorstellen!

Umzug von Bonn nach Berlin

Im Spätsommer 1999 zogen der Deutsche Bundestag und Teile der Regierung nach Berlin um. Plötzlich waren wir nicht mehr dominierendes Element in einer Stadt, die sich immer mehr vom Provisorium zur endgültigen Hauptstadt entwickelt hatte, sondern eine vergleichsweise kleine Insel im Getriebe einer nach der Teilung heftig aufgewachten Millionenstadt. Überwiegend noch in notdürftig renovierten – oder besser: übergepinselten – Büros untergebracht, hieß es nun, sich vertraut zu machen mit hinzukommenden Menschen und neuen Wegen. Rheinländischer Singsang vermischte sich mit Berliner Schnauze. Unvollkommenes wurde in der Regel mit (Galgen-)Humor und größtmöglicher Gelassenheit ertragen. Allerdings sagt sich das für eine Abgeordnete leicht – die Hauptlast des Umzuges lag eindeutig auf den Mitarbeitenden!

Als CDU/CSU waren wir seit der Wahl 1998 in der Opposition – vielleicht in der neuen Situation gar nicht so schlecht zum Eingewöhnen – aber auch eine völlig neue Erfahrung für mich, wenngleich sich meine Aufgaben und Funktionen nicht geändert hatten.

Parlamentarische Geschäftsführerin

Einschneidende Veränderungen kamen für mich erst 2001, als der damalige Fraktionsvorsitzende Friedrich Merz mich zu meiner großen Überraschung als Parlamentarische Geschäftsführerin der Bundestagsfraktion vorschlug. Die bisherige „PGF" war als Senatorin nach Hamburg berufen und dass ihr wohl wieder eine Frau folgen würde, war „unvermeidlich", denn sie war die einzige Frau unter den fünf Geschäftsführern gewesen. Dass ich das werden könnte, ahnte ich seit der Landesgruppensitzung am Abend vorher. Als ich aber bis zum Mittag des Fraktions-Sitzungstages nichts mehr hörte, war für mich das Thema eigentlich beendet. Wie erstaunt war ich, als ich gegen 13 Uhr für 14:30 Uhr zum Gespräch mit dem Vorsitzenden gebeten wurde! Ein paar Fragen, kurzes Abwägen, Zusage eine Viertelstunde später. Wahl in der Fraktion gegen halb vier, erste schriftliche Information über die Aufgaben der Geschäftsführung mit vager Benennung meiner zukünftigen Schwerpunkte noch während der Fraktionssitzung, nach der Sitzung „ausführliche", etwa halbstündige, Einweisung mit Aushändigung der Fraktionsgeschäftsordnung und Hinweis, wo ich mein neues Büro fände. Das war's – ich war mal wieder von jetzt auf gleich in einem neuen Amt! Ein Amt, das mit sich brachte, dass ich nicht mehr ordentliches Mitglied in einem Ausschuss war, sondern nur noch stellvertretend und stattdessen zuständig für die fraktionsinternen Abläufe und eine Vielzahl von damit verbundenen Aufgaben. Um es gleich vorweg zu sagen: Ich glaube, dieses Amt war das, das mir am meisten „auf den Leib geschnitten" war. Hier kamen mir meine vielfältigen Erfahrungen aus 36 Jahren Familienmanagement sehr zustatten: Organisation, Planung, Führungsverantwortung im Zentrum der Fraktion, Plenardienst an Sitzungstagen, und nicht zuletzt der intensive Umgang mit den Kollegen und Kolleginnen bei Fraktionsveranstaltungen (erfreulich!) oder auch bei der Genehmigung oder Verweigerung (selten und nicht so erfreulich!) von Dienstreisen und auch die enge Zusammenarbeit mit den Fraktionsmitarbeitenden – es war eine intensive, gute Zeit, deren Ende 2005 ich sehr bedauert habe.

In dieser, meiner vierten Wahlperiode hatte ich begonnen, darüber nachzudenken, wann ich denn wohl aufhören wollte ... Aber hier wurde mir weiteres Nachdenken abgenommen. Indem Gerhard Schröder und Franz Müntefering den Anstoß für die Auflösung des Deutschen Bundestages ein Jahr vor dem regulären Termin gaben, nahmen sie mir die Entscheidung aus der Hand! So kurzfristig konnte keine vernünftige Nachfolge geregelt werden. Und ich gebe gerne zu, dass es mir nicht schwer fiel, doch noch einmal anzutreten – es machte mir nach wie vor Spaß und außerdem war ich gespannt, wie es unter der neuen Bundeskanzlerin Angela Merkel weitergehen würde. Denn dass sie es schaffen könnte, lag nach der „Flucht" der SPD aus der Verantwortung auf der Hand.

Es wurde dann tatsächlich ein sehr knapper Sieg für die CDU/CSU, der nur eine wirkliche Option zuließ: die Bildung einer großen Koalition mit den Sozialdemokraten. Zum ersten Mal nahm ich an Koalitionsverhandlungen teil und erlebte das spannende Kräftemessen zweier starker Frauen – auf der einen Seite die bisherige Ministerin Renate Schmidt, die, wie ich fand, ihre Aufgabe sehr gut gemacht hatte und nun enttäuscht war, dass ihre Fraktion das

Ministerium den Christdemokraten überlassen hatte, und auf der anderen Seite die neue, energische kommende Ministerin Dr. Ursula von der Leyen. Parallel liefen intern heftige Personaldebatten, wer welches Amt übernehmen solle. Viele Gesichtspunkte waren zu berücksichtigen: Länderproporz, Geschlecht, Konfession – und auch Kompetenz sollte nicht ganz außer Acht gelassen werden! Als Angela Merkel in kleiner Frauenrunde, in der es um die Berücksichtigung von Frauen im Personal-Karussell ging, die Frage stellte: „Wo seht Ihr Euch denn eigentlich selbst?", war meine klare Antwort: „Am liebsten weiter als Parlamentarische Geschäftsführerin, auf jeden Fall nicht als Parlamentarische Staatssekretärin (ich wollte mich unter keinen Umständen in die Abhängigkeit eines Ministers / einer Ministerin begeben) – und, wenn es unbedingt sein muss, als Stellvertretende Fraktionsvorsitzende."

Es musste offensichtlich sein! Am Tag der Kanzlerinnenwahl eröffnete mir der bereits wiedergewählte Fraktionsvorsitzende Volker Kauder, dass ich als seine Stellvertreterin, eine von insgesamt acht, den Bereich Familie, Senioren, Frauen und Jugend übernehmen solle (der mir ja vertraut war), dazu Arbeit und Soziales (heftiges Neuland für mich, jedenfalls was den enormen Umfang dieses Ressorts angeht), sowie Arbeitnehmer und Kirchen. Fortan nahm ich möglichst regelmäßig an den Arbeitsgruppensitzungen meiner Sachgebiete teil, war Bindeglied zwischen Fraktionsführung, den Fachpolitikern und der Fraktion einerseits, und andererseits waren intensive Kontakte zur Regierung und zur Koalitionsfraktion SPD notwendig. Das war in einer großen Koalition durchaus eine Herausforderung, und so konnte ich mich glücklich preisen, wirklich kompetente Fachreferenten und -referentinnen zu haben sowie ebensolche Mitarbeiterinnen im Vorzimmer, dem „Herz" eines jeden Büros. Das gleiche galt für die Wahlkreismitarbeiterin im Berliner Büro als auch für den Wahlkreis, wo ich mich auf meine langjährige Mitarbeiterin absolut verlassen konnte.

Die letzte Legislaturperiode

Was ich allerdings angesichts der Belastungen dann doch aufgeben musste, war mein Berliner Salon, zu dem ich gut fünf Jahre lang mit einer Freundin in die Parlamentarische Gesellschaft eingeladen hatte: Der Salon „Aus der Art" führte interessante und interessierte Menschen aus Kultur und Politik zusammen. Er wurde jeweils eingeleitet mit einem Impuls unserer Ehrengäste zu ganz unterschiedlichen Themen, um anschließend den Gästen die Chance zu geben, sich im persönlichen Gespräch kennen zu lernen. Für mich als begeisterte Gastgeberin waren diese Abende natürlich immer ein besonderes Highlight. Darauf zu verzichten, war ein echter Wermutstropfen!

Die Jahre meiner letzten Legislaturperiode waren fordernde Jahre, aber ich mochte die inhaltliche Arbeit, war glücklich, wenn uns gute Kompromisse bei strittigen Themen gelangen und fühlte mich getragen von der Sympathie der Kollegen und Kolleginnen – nicht nur der eigenen Fraktion. Wovor ich mich allerdings bis zum Schluss scheute, waren öffentliche Auftritte in den Medien, die ich auf ein Minimum beschränkte und an zu viel Redezeit im Plenum war mir auch nicht gelegen. Glücklicherweise sind die Begabungen unterschiedlich verteilt und es gab andere, die das liebend gerne machten und sich damit durchaus Sporen verdienten für die eigene Karriere.

Dennoch bin ich sicher, dass ich in Verhandlungen, Hintergrundgesprächen, Kommissionen, Fraktionsgremien usw. viel durchsetzen konnte und Spuren hinterlassen habe. Als mich meine Mitarbeiterinnen zum Abschied mit einem „Buch" überraschten, für das sie Wegbegleiter um einen Abschiedsgruß für mich gebeten hatten, war ich sehr berührt von der großen Wertschätzung, die mir in teils sehr persönlichen Worten entgegengebracht wurde. Stellvertretend für Viele mag stehen, was mir ein sehr geschätzter Kirchenmann schrieb: „ … Dank für viele Jahre parlamentarische Arbeit mit Herzblut, Dank für Ihr Engagement über das Geforderte hinaus, Dank für die Hilfe zu Gunsten der Schwächsten, Dank für Ihren Gerechtigkeits- und Gemeinwohlsinn … In zahlreichen Politikfeldern, insbesondere in der Familienpolitik, im Bereich Arbeit und Soziales und in der Zuwanderungspolitik haben Sie sich stark engagiert und Vieles im Sinne Ihrer christlichen Ideale umgesetzt. Sie erreichten Ihre Ziele ohne Diffamierungen, Polemiken und Herabsetzungen. Wie würden das Lebenspartnerschaftsgesetz, der Krippenausbau, die Unterhaltsrechtsreform, die Regelungen zur Spätabtreibung, das Contergansstiftungsgesetz und das Zuwanderungsrecht ohne Ihr segensvolles Wirken heute geregelt sein? Ihre Handschrift ist da, wie in vielen anderen Gesetzen unübersehbar …". Welch große Anerkennung nach arbeitsreichen Jahren!

„Verlässlich, glaubwürdig, authentisch, kompetent, unaufgeregt, offen und zugewandt – aber auch zielstrebig und hartnäckig im politischen Streit, respektvoll gegenüber politisch Andersdenkenden, dabei fest verwurzelt in christlichen Werten" – so finde ich mich in dem Buch beschrieben.

Das macht mich zugegebenermaßen stolz, weil es die Attribute sind, die ich für Politikerinnen und Politiker für unabdingbar halte und die ich bei so manchen vermisse, die „dem Volk" nach dem Munde reden und ihre Entscheidungen von Meinungsumfragen abhängig machen, in dem irrigen Glauben, sich damit profilieren zu können! Zugleich sind sie auch der Kern dessen, was es unerheblich macht, ob Mann oder Frau ein politisches Mandat wahrnimmt – wichtig ist allein, wie man es ausfüllt. Erst dieses „Wie" entscheidet darüber, ob einem Türen geöffnet werden, ob einem Vertrauen entgegengebracht wird, ob auch „frau" ernst genommen wird und die Chance bekommt, sich durchzusetzen. „Starke Frau der leisen Töne" – das war in einem Wahlkampf das Motto, mit dem wir geworben haben. Ich glaube, das traf sehr gut meine Art Politik zu machen.

2009, am Ende meiner fünften Legislaturperiode, war dann wirklich Schluss mit dem Deutschen Bundestag. 19 Jahre, davon acht Jahre in spannenden, aber auch kräftezehrenden Fraktionsämtern, waren genug. Ich freute mich auf ein Leben „danach", auf Zeit für die Familie, Zeit für meinen Mann, der inzwischen sein Büro einem Nachfolger übergeben hatte, für Kinder und Enkelkinder, auf Muße zum Lesen und für den Garten ...

Die Zeit nach der Politik

Ein Jahr lang habe ich das ziemlich konsequent durchgehalten, aber dann überwog die Lust auf ehrenamtliche Aufgaben doch wider alle Vernunft! Heute sorgen vier Aufgaben auf verschiedenen Ebenen dafür, dass das Leben nicht zu langweilig wird: In unserem Dorf haben wir einen Verein gegründet zur Förderung der Dorfgemeinschaft; dann gibt es den Verein „Die Wippedippes", Freundeskreis Körperbehinderter, den ich vor vielen Jahren zusammen mit unserer Tochter Charlotte gegründet und viel zu lange vernachlässigt habe; in der Otto-Pankok-Stiftung bin ich zwar nur Beiratsmitglied, gleichwohl erfordert die „Neupositionierung" des Otto-Pankok-Museums im Rahmen eines Wettbewerbs vollen Einsatz; und seit Ende 2011 bin ich Vorsitzende des 2008 gegründeten Dachverbands der Evangelischen Frauen in Deutschland e.V (EFiD), was noch einmal eine große Herausforderung bedeutet!

Wieder – wie so oft in den zurückliegenden Jahren – droht das Privatleben zu kurz zu kommen und ich stehe vor der Frage, ob meine Freude an dem was ich mache, das Zurückstehen meiner Familie tatsächlich rechtfertigt? Wie oft waren mein Mann und die Kinder für mich da, wenn ich – ganz besonders in den Zeiten von Krankheit und Trauer – mutlos war und aufgeben wollte: Wäre es jetzt nicht an mir, allmählich aufzuhören? Ich werde darüber nachdenken ... und endlich damit anfangen, mehr Ordnung in mein unsortiertes Leben zu bringen, um Zeit zu gewinnen. Gleich morgen fange ich damit an und jetzt sofort höre ich mit dem Schreiben auf – sonst fällt mir wohlmöglich noch mehr ein, was ich tun könnte!

Brigitta Kögler

Alles hat seine Zeit

Geboren am 5. Februar 1944 in Chemnitz, verheiratet, zwei Kinder, 1962 Abitur, 1962–1964 Ausbildung als mikrobiologische Assistentin in Jena, 1964–1969 Studium der Rechtswissenschaften an der Universität Jena, 1965–1968 Mitglied der National-Demokratischen Partei Deutschlands (NDPD), 1969–1975 Bereichsjustitiarin bei Carl Zeiss Jena, 1976 Anwaltspraktikum, seit 1976 Rechtsanwältin in Jena, 1989 Mitbegründerin des Demokratischen Aufbruchs (DA), 1989 stellvertretende Vorsitzende des Demokratischen Aufbruchs, 1989–1990 Mitglied am Zentralen Runden Tisch der DDR, 1990 Abgeordnete der Volkskammer, 1990 Eintritt in die CDU.

Die Familie

Der Mensch hat keinen Einfluss darauf, in welche Welt er hinein geboren wird. Aber die Herkunft, die Familie prägt, auch der Verlust einer Familie durch Krieg, Vertreibung, etc. sind prägende Einschnitte. Auch meine zerbombte Geburtsstadt Chemnitz war prägend für mich. Die Bilder der Ruinen von Chemnitz sind abrufbar geworden, aber auch die schöne Schwimmhalle im Bauhaus-Stil, das prachtvolle Theater, die wie ein Wunder mitten in den Ruinen, bald wieder funktionsfähig, stehen geblieben waren. Ich trainierte in dieser Schwimmhalle und besuchte das Theater und war gerade erst in die Schule gekommen. Ein Landhaus ohne Strom, Wasser aus dem Brunnen war meiner Restfamilie 15 km vom bombenzerstörten Chemnitz entfernt geblieben, also Zuflucht auf dem Lande bei allgemein großer Nachkriegsnot, aber für mich trotzdem Geborgenheit. Schulunterricht bei Lehrern, die den Krieg glücklich überlebt hatten – überhaupt nur zwei Lehrerinnen habe ich damals kennengelernt (Musik und Handarbeit). Religionsunterricht anfangs in der Aula der Schule bei einem Pfarrer, der sieben Sprachen beherrschte und die Bibelgeschichten wunderbar zu erzählen verstand. Dann gab es auch schon die neu errichtete Kirche und das gerade einmal fünf Jahre nach dem Ende des Krieges, der Familien auseinander gerissen und Städte vernichtet hatte.

Ich wurde Mitglied der Pionier-Organisation und FDJ

Ich war und fühlte mich überlebensgestärkt sowieso, immer wieder wurde ich als Vorsitzende einer Pioniergruppe oder als Freundschaftsratsvorsitzende von den Mitschülern gewählt. Da war ich kein politischer, sondern ein aktiver Mensch, der alles mit Begeisterung aufnahm. Schon die Akzeptanz, die man als Kind erlebt, beflügelt. Akzeptanz schafft aber auch Freiraum und Freiheit. Die in der DDR übliche sozialistische Jugendweihe abzulehnen und stattdessen am Konfirmandenunterricht und an der Konfirmation teilzunehmen und die Mitschüler als Gruppenratsvorsitzende zu dieser gemeinschaftlichen Entscheidung zu ermutigen, war wohl mein erstes Demokratieerlebnis. Die Familien der Mitschüler standen dahinter, denn Religiosität war nach dem Krieg auch im Osten noch gegeben. Meine Umwelt forderte immer Entscheidungen von mir. Mit elf Jahren wollte ich Richterin werden. Der all zu früh ausgeprägte Berufswunsch hatte Ursachen. Die Familie war schon wegen meiner Jungpionier-Aktivitäten entsetzt – fünf Jahre nach dem Zweiten Weltkrieg wieder ein Halstuch und Uniform zu tragen wie beim BDM (Bund Deutscher Mädchen) konnte nur politisch und gefährlich sein und wurde mir von der Familie verboten. Ich widersetzte mich. Allzu viel Widerstand der Familie gegen den Schuldirektor war aber auch wieder gefährlich. Das Ergebnis: Alle meine Schulkameraden und ich besuchten den Religionsunterricht und waren aktive Junge Pioniere. Ernsthafte Probleme stellten sich deshalb in dieser Zeit in unserer ländlichen Schule, in dem Dorf mit neuer evangelischer Kirche nicht ein. Nach 1990 berichteten mir meine alten Kinderfreunde aus Falkenau, dass mit fast hundertprozentiger Wahlbeteiligung zu 100 Prozent die FDP gewählt worden wäre. Sie waren alle stolz darauf und erklärten, dass wir doch alle auch schon zu DDR-Zeiten ein wenig anders gewesen wären als der Rest der DDR. Jedenfalls meine Herkunft prägte mich in meiner Unabhängigkeit schon frühzeitig.

Die Jahre der Erfahrungen mit dem Sozialismus in der DDR

Ich war Leistungssportlerin – Ski-Langlauf – besuchte eine Kinder- und Jugendsportschule, ich wurde gefördert, wie man bekanntlich in der DDR als Sportler gefördert werden konnte: Internat, Training, technische Ausrüstung, Kleidung entsprechend der Sportart wurden kostenlos zur Verfügung gestellt, Wettkämpfe an den Wochenenden, Trainingslager in den Ferien, disziplinierter Tagesablauf – eine gute Zeit. Es fehlte an fast nichts, wenn man nichts anderes kannte. Aber da gab es Ereignisse, die das Schicksal anderer betraf. Da war die Mitschülerin Rothild. Durch einen Sportunfall, weil sie eine bestimmte medizinische Behandlung ablehnte, wurde ihre Zugehörigkeit zu den Zeugen Jehovas offenkundig. Zum Ende der 12. Klasse war das. Sie wurde vom Abitur ausgeschlossen.

Dann folgte der 13. August 1961: Mauerbau. Ich verdiente mein Taschengeld an der Ostsee als Rettungsschwimmerin in jenem Sommer. Meine Rettungsschwimmerkollegin, Medizinstudentin, erstes Studienjahr, aus Berlin-Kleinmachnow gelangte an diesem verhängnisvollen Wochenende nicht mehr in ihr

Elternhaus. Die Gefahr eines Militärschlages hat sich uns durch die vor Berlin errichtete Panzersperre ins Gedächtnis eingeprägt. Der Gedanke, dieser Gefahr durch Flucht über die Ostsee zu entgehen, war naheliegend. Nach Dänemark oder Schweden aufzubrechen, wurde unter Freunden an jenem Augustwochenende 1961 ernsthaft erwogen, aber wieder aufgegeben. Ein Jahr vor dem Abitur alles stehen und liegen zu lassen, war für mich keine Alternative – also blieben wir und schauten nur auf die Kampfschiffe der Nationalen Volksarmee vor der Ostseeküste. Die Sommerferien gingen gespenstig und bedrückend zu Ende. Danach war das Leben in der DDR ein anderes. Eine spätere Hiobsbotschaft war, dass eine andere Sportschülerin versucht hatte nach Jugoslawien über die Grenze zu gelangen, sie wurde auf der Flucht erschossen. Ich habe ihre Gestalt noch in meinem Gedächtnis, sie war zeitweise in der gleichen Trainingsgruppe gewesen. Jene Rettungsschwimmer-Freundin Hannelore aus den Sommerferien 1961, die das so hautnah erlebte Mauerbau-Kriegszustands-Ereignis mit mir teilte, hat Jahre später einen Fluchtversuch unternommen, wurde verraten – Gefängnis, eine gebrochene Biografie einer Ärztin, die sie geworden war. Kleinmachnow war mit ringsum Stacheldrahtzaun noch mehr Gefängnis als anderswo in der DDR.

Die Studienzeit in Jena

Nach dem Abitur stand mir zwar die Welt nicht offen, aber nach einer Aufnahmeprüfung und nach Aufnahmekriterien personal-politischer Art, die ich zwar damals nicht kennen konnte, wurde ich an der Friedrich-Schiller-Universität in Jena für das Jurastudium immatrikuliert. Der Dekan der Fakultät erklärte mir damals nach bestandener Aufnahmeprüfung, mein Berufswunsch Richterin mit meiner Familienbiografie zwischen Ost und West wäre wohl nicht zu realisieren, aber schließlich würde bis dahin noch viel Wasser die Saale hinabfließen! Nachdenken ist im Studium förderlich und Nachdenken in einer Demokratie erwünscht und in einer Diktatur nicht zu verbieten und auch bei einem Jurastudium in der DDR nicht zu verhindern gewesen, wenn man es denn wollte. Der Kampf um die Wahrheit ist immer ein Einzelkampf. Die DDR sollte eine Demokratie sein, sie nannte sich so. Moderne Demokratien verfügen über drei Elemente mindestens: Die private Autonomie von Bürgern, d. h. ein selbstbestimmtes Leben zu führen, die demokratische Staatsbürgerschaft, d. h. ein freier und gleicher Bürger in der politischen Gemeinschaft zu sein und eine unabhängige politische Öffentlichkeit ermöglichen, um die Willensbildung zwischen Staat und Bürger herzustellen. Die Verfassung der DDR bot auch den rechtsstaatlichen Schutz des Privaten, selbst Grundfreiheiten waren für alle Bürger garantiert. Ich stellte bald fest, das war nur der Text der Verfassung, aber nicht die Wirklichkeit.

Gelehrt wurde auch an der Uni in Jena Rechtsphilosophie bei Prof. Haney und fakultativ Rechtsgeschichte und Römisches Recht bei Prof. Buchda. Wer es wissen wollte, konnte außer Marxismus-Leninismus, Politische Ökonomie und Recht der Wirtschaftsleitung sich auch mit dem Kantschen Rechtsprinzip befassen. Voltaire konnte man auch nachlesen, der schon etwa 1750 den Herrschenden den Rat erteilt hatte, sie täten besser daran, all ihren Untertanen Lust zu machen, im Lande zu bleiben und den Freunden ins Land zu kommen. Anders als zu Voltaires Zeiten begnügte sich Walter Ulbricht nicht damit, das Verlassen der DDR zu verbieten, sondern es wurde diese unsägliche Mauer errichtet und die Grenzbefestigung mit Selbstschussanlagen. Das kostete ungezählten Menschen Gesundheit und Leben; eine Zahl, die bis zum heutigen Tag nicht genau bekannt ist.

Deutschland in der Nacht

Prof. Gerhard Riege sei gedankt, dass ich durch seine Vorlesungen zum Staatsangehörigkeitsgesetz der DDR von 1967, für das er federführend in dieser Zeit der Autor geworden ist, gezwungen war, über „Deutschland in der Nacht" nachzudenken. Schließlich fühlte ich mich mit Selbstverständlichkeit als deutsche Staatsangehörige ohnehin und nach dem jus soli und nach dem jus sanguinis war ich es gleich zweimal wie fast alle 17 Mio. DDR-Bewohner. Ich lebte in der DDR und war schon mit meiner Geburtsstadt nach dem jus soli DDR-Bürger geworden. Nach dem auch in der DDR anerkannten jus sanguinis konnte ich die deutsche Staatsangehörigkeit nie verloren haben. Dieser Staatsangehörigkeitsstatus ist auch immer internationale Staatenpraxis geblieben. Das was als Staatsangehörigkeitsdoktrin der Bundesrepublik Deutschland von Prof. Riege in Abrede gestellt wurde, brachte für mich eine ganz persönliche Betroffenheit mit sich, d. h. mir meine deutsche Staatsangehörigkeit zu nehmen.

Das politische Ziel der DDR nach dem 13. August 1961 war, die Bundesrepublik zum Vertrag über eine getrennte Staatsangehörigkeit zu zwingen. Gott sei gedankt – die Regierung der Bundesrepublik hat das verhindert. Das Ziel der DDR, die Einheit einer Nation zu zerstören, wäre für mich unannehmbar gewesen. Es sei erinnert an 1990, als Helmut Kohl auf dem Balkon des Opernhauses von Leipzig stand und zigtausende skandierten: „Wir sind ein Volk". Die Einheit der deutschen Nation mindestens war im kollektiven Gedächtnis geblieben. Es hatte offensichtlich auch etwas damit zu tun, dass zwei Drittel der DDR-Bevölkerung Familienbindungen im Westen hatten, ein Drittel der Bevölkerung der Bundesrepublik in der DDR, so dass die Einheit eines Volkes unterdrückt, aber nicht zerstört werden konnte. Im Studium verhalf mir der zwar partei- und linientreue Staatsrechtslehrer Prof. Riege zu grundlegenden Erkenntnissen über die Einheit einer Nation und über die deutsche Staatszugehörigkeit. Auch wenn in seinen Schriften und Vorlesungen das Versprechen aus der 1949er Verfassung „Deutschland ist eine unteilbare demokratische Republik" gerade nicht vorkam. 25 Jahre später, als ich die Sitzungen des Verfassungsausschusses der letzten, aber ersten frei gewählten Volkskammer der DDR als Abgeordneter der DA/CDU-Fraktion leitete, saß mir Prof. Riege als einer der 66 Abgeordneten der PDS gegenüber. Während des Jurastudiums mitten unter ca. 45 Kommilitonen, die etwa zu 80 Prozent entweder Delegierte des MfS, des MdI oder der Zollverwaltung waren, gehörten mindestens zu ca. 90 Prozent der Sozialistischen Einheitspartei an. Widerstreitender Gedankenaustausch zu politischen Themen oder eigene Gedanken im Staatsrecht waren so gut wie ausgeschlossen. Ohne einen Prolog über den festen Klassenstandpunkt gab es ohnehin keine Verlautbarung, die einer gewagt hätte. Der Verdacht, vom sozialistischen Klassenstandpunkt abzuweichen, konnte folgenschwer sein. Unerträglich diese Art der abverlangten Einheitssprache. Ich musste dem etwas entgegensetzen.

Der Eintritt in die National-Demokratische Partei Deutschlands

Kurz entschlossen trat ich einer Blockpartei bei, der NDPD. Das sorgte unter all den Genossen um mich herum keineswegs für Aufregung, weil sie das für eine gelenkte Strategie hielten, um nach dem Prinzip des Demokratischen Zentralismus die Gleichschaltung zu sichern. Außerdem, das MfS war so geheim, das diese selbst nicht wussten, was die einzelnen Behörden taten. Das aber stellte ich erst im Nachhinein fest anhand der Akten. Meine begonnene parteipolitische Karriere beendete ich im Herbst 1968 dann auch schon wieder. Zunächst war ich aber Vorsitzende des Parteiverbandes in einem Wohnbezirk der Stadt Jena geworden. Als Jurastudentin, jung, engagiert, war ich den Parteifreunden, das waren Handwerker, Lehrer, übriger Mittelstand (es gab erst 1976 die Verstaatlichung von Kleinbetrieben), frühere Offiziere, willkommen. Ich war Delegierte des Parteitages 1967 in Magdeburg gewesen. Siegfried Dallmann, Jurist von der Uni Jena während der NS-Zeit, aus Berlin, Mitglied des Parteivorstandes der NDPD ab Gründung, und Arno von Lenski, ebenfalls Parteivorstand, wurden zu meinen Förderern. Nach meinem Studium sollte ich ein hauptamtliches Parteiamt übernehmen. Gefördert worden war ich aber nicht als Quotenfrau, sondern als Quote für die NDPD im Rahmen der Nationalen Front der DDR. Von einer Frauenförderung in der DDR konnte ohnehin keine Rede sein, nicht einmal in der SED und schon gar nicht in einer Blockpartei oder Wirtschaft. Sie waren aber gleichberechtigt bei der Arbeit, aber auch nicht gleichberechtigt in der Bezahlung ihrer Leistungen. Auch wenn Frauen bessere Ergebnisse in akademischen Berufen erzielten, wurde ihnen die Reputation oft verwehrt und damit auch eine Bezahlung entsprechend ihrer Leistungen. Mädchen mit statistisch besseren Abiturzeugnissen gab es auch schon in der DDR. Sie wurden für naturwissenschaftliche Studienrichtungen, wie Physik, Chemie und Mathematik beworben mit dem Ergebnis: Sie blieben auch an den Universitäten in der Minderheit.

Brigitta Kögler

Unter allen Eliten in der DDR blieben die Frauen im Nachteil

An der Rechtswissenschaftlichen Fakultät fand ich mich mit fünf weiteren Studentinnen unter ca. 45 Studenten im Studienjahrgang wieder. Berufsausbildung nach dem Abitur war Pflicht für ein Studium. Alles wurde gelenkt und geleitet. So wurde ich, was ein Privileg war, an einem immerhin renommierten Institut der Akademie als mikrobiologische Assistentin ausgebildet und zunächst in die Fachrichtung Chemie „gelenkt". Um sich Lebens- und Berufswünsche zu erfüllen, musste man wohl zu jeder Zeit Hindernisse überwinden, sich durchsetzen, was auch grundsätzlich nicht zu beklagen sei. Dass aber Frauen überhaupt in der DDR gefördert worden wären, ihnen alle Wege offengestanden hätten, um sich im Beruf zu verwirklichen, weil es schließlich Krippen- und Kindergartenplätze gegeben hätte – mit Verlaub – das ist eine geschichtsklitternde Mär. Richtig ist, es bestand eine Arbeitspflicht: § 249 StGB/DDR als Tatbestand „Asoziales Verhalten" konnte drohen. Die Arbeitsplätze für Frauen mit zwei bis drei Kindern, die, um der Einkommensnotwendigkeit zu genügen, frühmorgens sechs Uhr die Kinder aus dem Haus brachten und um sieben Uhr an der Werkbank standen, waren grau in grau, wenn auch nicht überall ganz so trist wie im Leuna-Werk, im Stickstoffwerk Piesteritz oder im Stahlwerk Riesa.

Und wie erging es den akademischen Karrierefrauen?

Bevor meine Freundin A. zum Beispiel die Professur für Medizin erhielt, musste sie Mitglied der SED werden, dann folgte die Pflicht, ein Jahr an der Internats-Parteischule in Bad Blankenburg zu absolvieren. Die 40-jährige gestandene Wissenschaftlerin fand sich mit einer 20-jährigen Brigadierin aus einem Produktionsbetrieb in einem Zimmer mit blau-weiß karierter Bettwäsche, Spind, zwei Stühle, Tisch – Standard NVA-Kaserne – wieder. In Verbundenheit mit der Arbeiterklasse musste auch die Professorin Vorlesungstexte über Marxismus-Leninismus haargenau im Sprachduktus wiedergeben, wie in der Vorlesung gehört – man erinnere sich an die Texte des Neuen Deutschland. Exemplarisch auch die berufliche Karriere meiner Freundin V. als promovierte, habilitierte Archäologin (Frau in der Antike und andere Veröffentlichungen). Weil sie kein Reisekader war, konnte sie an internationalen Symposien oder Grabungen in Griechenland, Italien nicht teilnehmen – die Stätten der Antike wurden ihr vorenthalten. Die geistigen Beschränkungen in der DDR waren überall gegenwärtig. Kein Wunder, dass so viele Richtung Westen die DDR verließen. Das System beförderte seinen eigenen Untergang und zwar systematisch. Selbst die Genossen der Sozialistischen Einheitspartei hatten einen einheitlichen Sprachgebrauch zu verinnerlichen.

Die Gleichschaltung war in der DDR Programm und nahm keinen aus. Die Nomenklatura hat sich selbst auch nicht davor verschont. Höchstens die Eliten aus den Naturwissenschaften konnten sich einigermaßen, wenn auch mit Mühe, fernhalten. Dafür aber musste das Parteilehrjahr sein. Fast vergessen ist inzwischen, dass Dienst- und Arbeitszeiten an den Universitäten und anderswo mit Gewerkschaftsversammlungen und Parteilehrjahr als Pflichtveranstaltungen ausgefüllt waren. Die turnusmäßige ideologische Runderneuerung gehörte zum Berufsalltag von fast jedermann – sachfremd, zeitraubend. Keiner war dafür zu begeistern in der Republik. Es war auch nicht nutzbringend, aber jeder hatte Arbeit. Vergessen ist im Osten und nicht wahrgenommen im Westen, wie der Arbeitsalltag der viel gelobten, gleichberechtigten, kinderbetreuenden Haus- und Ehefrauen in der DDR realiter ausgefüllt war. Die Frauen waren in der DDR doppelt belastet und bekamen weniger Geld (was statistisch belegt ist). Sie meisterten aber dennoch alles bestens.

Der Alltag in Ost und West

All das, was kaum einer Frau im Westen je zugemutet worden wäre oder sie sich selbst nicht zugemutet hätte, war ihr Leben. Der Alltag in Ost und West war also tatsächlich sehr anders. Keine Frau im Osten kam auf die Idee eine Feministin zu werden oder sich auch nur als solche zu bezeichnen. Eines Tages stand Prof. Axel Azzola, jener Verteidiger von Ulrike Meinhof in meinem Anwaltsbüro – er war zu einem Symposium an die Universität in Jena eingeladen. Ich erinnere mich an dessen unverhofften Besuch und an dessen für mich unverständliche Frage, ob ich denn eine Feministin wäre. Damit weiß ich bis heute nicht viel anzufangen. Seine Frage kam wohl daher, dass an meinem Kanzleischild „Rechtsanwalt" stand, weil wir uns in der DDR grundsätzlich nicht als „Rechtsanwältinnen" oder „Ärztinnen" bezeichneten. Dass ich das ...INNEN bis heute nicht mag, weil es die deutsche Sprache verdirbt, will ich bekennen. Im Russischen und in anderen slawischen Sprachen ist die weibliche Sprachendung wohlklingend und selbstverständlich. Einen Fortschritt aber für Gleichberechtigung der Frauen haben die feministischen Wortendungen in diesen Sprachländern bis heute nicht gebracht. Ich bin also keine Feministin geworden, obwohl es kein wirklich gleichberechtigtes Frauenbild je in der DDR gegeben hat. Ich nehme für mich in Anspruch, die Realität in der DDR einigermaßen wahrgenommen zu haben. Das Ungemach in der DDR betraf Männer und Frauen, wenn auch die Frauen mehr, weil sie leidensfähiger und geduldiger gewesen sind. Für mich selbst habe ich Benachteiligungen und Diskriminierungen nicht zugelassen – zu keiner Zeit. Als mir in den 1990er Jahren eine zwar ehrenvolle Leitungstätigkeit einer Institution angeboten wurde, für mich eine geminderte Ostvergütung erfunden wurde und dem Stellvertreter aus den Altländern die reguläre Vergütung zukommen sollte, habe ich abgelehnt. In Zeiten der Prüfung steht man vor einer Herausforderung.

Der Sozialismus forderte Bindung und Unterordnung – ganz dem System des Demokratischen Zentralismus entsprechend

Die Anfangserfahrung in der DDR war Hoffnung, die nach dem 13. August 1961, und nach dem Aufmarsch gegen den Prager Frühling im August 1968 verlorenging. Das war die Erfahrung der damaligen Jugend, die entweder aus der DDR ausgereist war oder dann 1989 auf die Straße ging. Die Bindung und Führung, die die Menschen im Faschismus angelockt hatte, war im Sozialismus durch Unterordnung und Hoffnung ersetzt worden. Die Diktaturen bedingten sich. Die schicksalhafte Zeit in der DDR habe ich erkenntnisreich durch das Jurastudium und später als Rechtsanwältin erlebt und nach 1990 über die Stasiakten vertiefen müssen. Dass das MfS über mich ab dem ersten Studienjahr eine Akte führte mit dem Ziel, mich für seine Dienste zu vereinnahmen zum Beispiel erfuhr ich Jahre später. Nachdem ich das vehement abgelehnt hatte, war das erledigt, aber dafür folgte bis November 1989 eine nicht endende Bespitzelung und Berichterstattung.

Wer nicht für uns ist, ist gegen uns

Die IM als Berichterstatter waren Kommilitonen, Professoren, Anwaltskollegen, Mandanten, Freunde. Kaum ein Betroffener hatte in der DDR überhaupt eine Vorstellung über die Sammelwut des MfS zum Schutze des Sozialismus. Die Wut darüber kam erst später. Was allgegenwärtig war: Die geistige Bevormundung, die Unfreiheit – auch ich wollte die Kultur des Abendlandes kennenlernen, den Kölner und Aachener Dom, Speyer, Mainz, Bamberg sehen, einmal in Rom und einmal in Athen gewesen sein – die Begrenztheit der DDR war die Wirklichkeit. Das sollte der vermeintlich substantielle Wille des Volkes sein – so meinte es die SED anmaßend mit der wohl bekannten zynischen Rechtfertigung: Die Souveränität der DDR gebiete den Schusswaffengebrauch; jeder DDR-Bürger hat die Pflicht, Gesetze einzuhalten und ein Fluchtversuch mit Todesfolge ist selbst verschuldet. 1988/1989 war das Maß voll, auch für mich. Leidenschaftliche Vernunft hatte mich immer daran gehindert, meine Heimat zu verlassen. Es galt in der DDR etwas zu verändern. Ich machte mich auf. Ich suchte Gleichgesinnte. An den Frauenbund dachte ich als Plattform, da relativ unverdächtig, aber immerhin als Massenorganisation in der Volkskammer der DDR vertreten. Ich war fest entschlossen, eine neue Partei zu gründen und Verbündete zu suchen. Es ergab sich jedoch unter Freunden, die ich in Jena hatte, Ende 1988/Anfang 1989 mit dem Mathematiker Professor Wechsung, dem Chemiker Dr. habil. Walter Werner, einem Mediziner, der dann doch ausreiste, ein konspirativer Gesprächskreis. Wir konzipierten eine neue DDR-Verfassung, ein neues Wahlgesetz in Vorbereitung auf die Wahl im Mai 1989. Es erschienen dann auf Anregung eines Lehrers mehrere Abiturienten bei mir zu Hause, um mich über Infos zu einem „Freiheitsprojekt" zu gewinnen. Ganz im Sinne der leidenschaftlichen Vernunft warnte ich diese Jugendlichen vor der drohenden Gefahr, von der Schule gewiesen zu werden. Die Antwort: Wenn alle Angst haben, ändert sich nie etwas. Einer dieser mutigen Schüler ist im Übrigen heute Vorsitzender Richter an einem Landgericht.

Die Gründung des Demokratischen Aufbruchs

Am 1. September 1989 machte ich mich auf, Pfarrer Schorlemmer in Wittenberg zu treffen. Ich hatte ihn im ZDF gesehen, fand ihn mutig und charismatisch. So erfuhr ich von ihm am 1. September 1989 von der im August 1989 in Dresden verabredeten Bildung einer politischen Vereinigung Demokratischer Aufbruch am 1. Oktober in Berlin. Davor hatte ich Edelbert Richter aus Weimar kennengelernt. Wolfgang Schnur ist mir besonders von einer Protestveranstaltung, die im Augustinerkloster in Erfurt stattfand, auf der ich das erste Mal vor mehreren Tausend Menschen sprach, in Erinnerung geblieben. Er sprach frenetisch, aber mehrdeutig. So blieb der Gesamteindruck. Bei den Veranstaltungen im Herbst 1989 im Augustinerkloster in Erfurt, bei Treffen mit Schorlemmer am 1. September (ausgerechnet am Weltfriedenstag, der in der DDR gefeiert wurde), beim Treffen in der Wohnung von Ehrhart Neubert – die Staatssicherheit war immer gegenwärtig oder saß mitten unter uns, verhinderte manches, immer nach deren Befehlslinie gegen die Opposition in der DDR: neutralisieren, paralysieren, vernichten. Die politische Interessenlage der Aktivisten der Bürgerbewegung war sehr unterschiedlich. Die Bildung der politischen Vereinigung Demokratischer Aufbruch ging ganz überwiegend von Pfarrern der evangelischen Kirche aus, wozu Rainer Eppelmann, Rudi Panke, Edelbert Richter, Friedrich Schorlemmer und Ehrhart Neubert gehörten, die die Kirche im Sozialismus einerseits verinnerlicht hatten und die ihnen andererseits zu weit gegangen war. Der Institution evangelische Kirche stand ich sehr viel ferner, durch meinen Ehemann der katholischen Kirche näher, was aber auch etwas mit der Position der katholischen Kirche gegenüber der Staatsführung der DDR zu tun hatte. Jede Art von Beliebigkeit irritierte mich, nicht nur in der Parteienpolitik, bis heute. An jenem 29. Oktober 1989, den wir als den eigentlichen Gründungstag des Demokratischen Aufbruchs ansehen, kam es zur Wahl des Vorstandes. Ich erzielte die höchste Stimmzahl deshalb, weil ich dafür eintrat, dass sich der Demokratische Aufbruch als Partei gründen solle. Das fand die absolute Zustimmung der dort anwesenden Delegierten, die aus der ganzen DDR angereist waren. Ich sollte daher Vorsitzende werden. Ich lehnte ab. Wolfgang Schnur wurde daraufhin mit der zweithöchsten Stimmzahl Vorsitzender. Ich erklärte mich bereit, dessen Stellvertreterin zu werden. Ich dachte pragmatisch, als ich erklärte, eine neue Partei und eine Frau an der Spitze – da könnten unter den damaligen Verhältnissen in der DDR Stimmverluste eintreten. Ich war von Anfang an für die Parteigründung und ich wollte auf das Programm Einfluss nehmen. Schnur sprach sich gegen eine Parteigründung aus und hätte es fast geschafft, den DA als Partei zu verhindern. Er hatte vergessen, den Demokratischen Aufbruch als Partei nach dem gerade verabschiedeten Parteiengesetz der DDR (das es vorher nicht gab) anzumelden. Das kam auf einer erweiterten Vorstandssitzung in Magdeburg nach seiner Wahlkampfrede in Halle zu Tage. Angela Merkel war nicht Vorstandsmitglied, aber von jeher pragmatisch, sie war gegenwärtig. Als ich Wolfgang Schnur nach der alles entscheidenden Registrierung des DA als Partei fragte, – das war ein Tag vor Anmeldeschluss für die Volkskammer – reagierte er entsprechend ertappt. Ob absichtsvoll oder nur vergessen – das lässt sich nicht mehr aufklären. Ich bat Angela Merkel die Anmeldung vorzunehmen. Damit war der DA zunächst gerettet, aber die Niederlage bei den ersten freien Wahlen nicht zu verhindern gewesen.

Die erste freie Wahl zur Volkskammer

Am 8. März 1990, zehn Tage vor der Wahl, kam in allen Medien die Nachricht, Schnur ist ein Stasi-Informant. Vorausgehend, wir waren gerade auf Wahlkampftour in Dresden, als wir Schnur nach den ersten Gerüchten schon zur Rede stellten, leistete er den Eid darauf, kein IM gewesen zu sein. Der Vorstand sprach ihm das Vertrauen aus. Der Eid war falsch. In der Zeit der oppositionellen Aktivitäten Ende der 1980er Jahre war die Angst vor Verrat und Verhaftung allgegenwärtig. Als es um die Macht ging, nachdem die wichtigste Vorarbeit für die erste frei gewählte Volkskammer geleistet war, keine Gefahr mehr bestand, schieden sich erneut die Geister. Die Zeit für eine innerparteiliche Konsolidierung war zu kurz und die Spaltung des DA auf dem Parteitag am 16. Dezember 1989 in Leipzig nicht zu verhindern gewesen. Ich beschwor Friedrich Schorlemmer regelrecht die Geschlossenheit zu erhalten und dass eine neue Partei ihre Zeit brauche, um die unterschiedlichen Ziele parteipolitisch auf einen Nenner zu bringen. Aber da kam nur die Ablehnung der Deutschen Einheit und überhaupt des Zehn-Punkte-Programms von Helmut Kohl – der allgegenwärtige Vorwurf, wir würden uns an den Westen verkaufen.

Der Traum vom besseren Sozialismus wurde weiter geträumt. Dass zum Beispiel selbst Edelbert Richter, Weimar, zur SPD wechselte und andere auch – akzeptiert. Wir lebten in einer Zeit des Umbruchs 1989/1990 – Verhältnisse wie zu anderen Umbruchzeiten 1914, 1917, 1945 in der Geschichte auch, wo die Orientierung fehlte. Heute ist Edelbert Richter Mitglied der Linkspartei. Ich bemühe mich, Widersprüche zu verstehen. Das theoretisch Unvereinbare, führt oft zu dramatischen Resultaten – wobei ich wieder bei der Beliebigkeit angekommen bin, die nun seit über 20 Jahren zunehmend alle Geistes- und Gesellschaftsbereiche und insbesondere die Parteienpolitik, auch der CDU, prägt. Deshalb ist auch ein Wechsel von einer Partei zur anderen – orientierungslos. Man weiß immer weniger woran man ist. Aber zurück zur Umbruchzeit 1989/1990. Wir zogen mit vier DA-Abgeordneten in die Volkskammer ein. Das reichte schon nicht für eine Fraktionsbildung, auch nicht für Ausschüsse und nicht für Rederecht im Plenum. Bereits wahlmathematisch hatte ich im Wahlkreis Jena, Bezirk Gera, auch als Spitzenkandidatin für den DA keine Chance gehabt. Nach dem Debakel mit Schnur, erfolgte ein Wahlkreistausch mit Chemnitz. Ein DA-Mitstreiter aus Limbach-Oberfrohna, Wolf-Dieter Beyer, trat seinen Wahlkreis an mich ab und kandidierte für den Landtag. Eine Zusammengehörigkeit von Abgeordneten, auch das gab es im DA. Der neutralisierende Zugriff des MfS im stasipräsenten Jena auf den dortigen DA-Ortsverband war noch möglich. Der DA hatte übrigens ein früheres Stasibüro mit immer noch funktionierender Abhörtechnik zugewiesen erhalten. In Berlin war Schnur nach jeder Sitzung der Informant an seinen Führungsoffizier. In Jena saßen im Ortsverband gleich mehrere mit am Tisch. Ergebnis der Volkskammerwahlen: CDU 41 Prozent, SPD 21 Prozent, PDS 15 Prozent, alle übrigen weit abgeschlagen und ganz am Schluss mit 0,9 Prozent der DA. Die Allianz für Deutschland war die Hilfestellung für die Deutsche Einheit. Die CDU-Ost wurde der große Sieger und der DA der große Verlierer. Ich mochte den Freudentaumel auf der CDU-Wahlparty in Berlin kaum ertragen, wollte nicht hingehen. Wir standen dann auch betroffen am Rande. Volker Rühe war so ziemlich der Einzige, der nach dem DA fragte in dieser Stunde der Enttäuschung. Rainer Eppelmann wurde trotzdem Minister für Frieden und Abrüstung und war damit sehr glücklich an seinem vorläufigen politischen Ziel angelangt. Er sprach sich weiter für die Unabhängigkeit des DA aus und hatte an einer Fraktionsbildung mit der CDU kein Interesse. Undemokratisch stellte ich im Alleingang den Antrag, den DA in die CDU-Fraktion aufzunehmen. Es kam zu einer überwältigenden demokratischen Zustimmung der CDU-Abgeordneten und fortan existierte der DA als DA/CDU-Fraktion in der deutschen Geschichte bis zur vollendeten Deutschen Einheit weiter.

Am Zentralen Runden Tisch hatte ich bereits für den DA gegen den Entwurf einer neuen Verfassung für die DDR gestimmt, Schnur war gerade abwesend. Als stellvertretende Vorsitzende des Verfassungsausschusses in der Volkskammer konnte ich verhindern, dass keine neue DDR-Verfassung zur Abstimmung ins Plenum gelangte, sondern ein einfaches Verfassungsgesetz, womit verfassungsrechtlich die Überleitung zum Grundgesetz, also zur Deutschen Einheit geebnet war. Ich habe mich in der kurzen Parlamentszeit um Überblick und Wesentliches bemüht mit den Möglichkeiten, die einem Parlamentarier eröffnet sind. Ein weiteres Podium bot mir der gemeinsame Ausschuss Deutsche Einheit von Volkskammer/Deutschem Bundestag. Nachdem die Deutsche Einheit nach dem mehrheitlichen Willen, aber gegen zahlreiche Widerstände vollbracht war, stand auch für mich die Frage, welche politischen Interessen ich weiterverfolgen sollte. Zum Ende der Volkskammer war die Kooptierung in das Europäische Parlament beschlossene Sache.

Der Sprecher der Thüringer CDU-Landesgruppe argumentierte jedoch, dass der Sitz, der auf mich als DA-Abgeordnete entfiel, aber dem Freistaat Thüringen zugeordnet sei. Da mein Wahlkreis aber im Freistaat Sachsen gewesen wäre, könnte die Sitzzuteilung nicht auf mich entfallen. Für den Landtag hatte ich wegen der Kooptierung für das Europaparlament nicht kandidiert. Ich hatte mich nicht doppelt abgesichert! War das ein Fehler, habe ich mich gefragt.

Die Wiedervereinigung

Nach dem 3. Oktober 1990 war für mich als politisches Aufgabengebiet die Integration des wiedervereinten Deutschlands in Europa mitzugestalten, das Ziel gewesen. Daran wurde ich gehindert. Dass ich mich ganz entscheidend auch für die CDU-Ost in der Allianz für Deutschland eingesetzt hatte, zählte nicht, aber wohl, dass ich einmal erklärt hatte, erst nach dem 3. Oktober 1990 in die gesamtdeutsche CDU eintreten zu wollen.

Den DA als neue Partei gab es auf der politischen Bühne nach dem 3. Oktober 1990 nicht mehr. Eppelmanns Wunsch, den DA als selbständige Partei zu erhalten, war 1990 ohne realistische Perspektive, die Fusion mit der CDU strategisch – uns fehlte zur übermächtigen CDU-Ost die Organisationsstruktur, uns verband aber das „C" in unserem christlich-konservativ, ökologisch orientierten Parteiprogramm.

Die Zeit zwischen 1989/1990 ist für mich ein Zeitraum wie zehn Jahre zusätzlich gelebt. Intensive politische Arbeit, in der ich mir auch bewusst war, in einer historisch bedeutenden Umbruchzeit an der Geschichte beteiligt zu sein. Ich bekenne, ich wäre gern in der Politik geblieben, aber hätte ungern einen Platz als Hinterbänkler eingenommen als Versorgungsmodell. Ich bin aber deshalb nicht enttäuscht über die Vorgänge der Verdrängung. Es hat immer etwas mit Personen zu tun, denen man gerade begegnet ist, die selbst um die Macht kämpften. Ich selbst gefalle mir am besten in meiner beruflichen Unabhängigkeit, in der Entscheidungen zu treffen sind, die ich zu verantworten habe.

Nach 1990 hatten sich mir viele außerparlamentarische Betätigungsfelder eröffnet, nicht nur in einer unabhängigen Bundesregierungskommission an der Seite von Prof. Krasney und vorausgehend mit Prof. Papier. Da gibt es noch die Aktion Gemeinsinn, die älteste unabhängige Bürgerbewegung als stellvertretende Vorsitzende viele Jahre an der Seite von Prof. C. C. Schweitzer. Allerdings, in den letzten zehn Jahren hat sich zunehmend die Wahrnehmung über die Auflösung der Gesellschaft aufgedrängt. Das zu verhindern, ist eine ganz entscheidende Aufgabe für die CDU. Die Umbruchzeit 1989/1990 liegt inzwischen über 20

Jahre zurück, das heißt aber nicht, dass die Zeiten der Prüfung damit ihr Ende genommen hätten. Eine christlich-demokratische Partei muss sich nicht von der von den Massen und den Medien geforderten Beliebigkeit vor sich hertreiben lassen. Damit sind keine Wahlen zu gewinnen. Helmut Kohl hat die Wahl ganz entscheidend 1990 gewonnen, weil er eine Zukunft für das wiedervereinigte Deutschland vermittelte, das heißt ein Zusammengehörigkeitsgefühl, was schon in der Weimarer Republik verlorengegangen war. Das hat Deutschland gebraucht und von Deutschland ausgehend ist diese Zusammengehörigkeit zu vermitteln. Nichts hätte mich so sehr gestört, wie das Gefühl als gewählter Politiker existentiell abhängig von einem Mandat zu sein. Ein Mandat ist immer eine befristete Aufgabe, die allerdings zu erfüllen auch ganzen Einsatz und Unabhängigkeit fordert. Wenn man schon nach Ratschlägen gefragt wird: Kein Politiker, egal ob Mann oder Frau, sollte mit gerade einmal 30 Jahren in ein hohes politisches Amt gedrängt werden. Alles hat seine Zeit.

Friederike de Haas

Wer nicht fällt, erhebt sich nicht

Geboren am 16. August 1944 in Bielatal, verheiratet, vier Kinder, 1963 Abitur, 1963–1965 Ausbildung zur Säuglings- und Kinderkrankenschwester, 1965–1975 Säuglings- und Kinderkrankenschwester in der Medizinischen Akademie Dresden, dem Diakonissenkrankenhaus Dresden und dem Sportmedizinischen Dienst Dresden, 1975–1990 Hausfrau, 1990 Eintritt in die CDU, 1990 Gründungsmitglied der Frauen Union Ost-West und der Frauen Union Sachsen, 1990–2009 Mitglied des Sächsischen Landtages, 1990–1994 Parlamentarische Staatssekretärin für die Gleichstellung von Frau und Mann, 1994–1999 Sächsische Staatsministerin für die Gleichstellung von Frau und Mann, 2004–2009 Sächsische Ausländerbeauftragte.

Ich wurde 1944 als zweite von vier Schwestern geboren. In der Sächsischen Schweiz wuchs ich auf. Meine Eltern führten eine Arztpraxis, meine Großväter waren Pfarrer in Sachsen. Dieser familiäre Hintergrund prägte uns Kinder von Anfang an. „Der Mond ist aufgegangen", „Müde bin ich, geh zur Ruh'" und „Breit aus die Flügel beide" begleiten mich noch heute. Es war ein Zuhause voller Stabilität und wir Kinder wussten, dass wir hier liebevoll angenommen und umsorgt sind. Das Dorfleben hat die ersten zehn Jahre meines Lebens geprägt. Die finanzielle Not in den Nachkriegsjahren stand für uns Kinder nicht im Vordergrund, sondern das Toben und Spielen mit Gleichaltrigen und die Neugier auf Neues. Dann kam der gemeinsame Schulbesuch und die Christenlehrestunden. Ganz besonders erinnere ich mich an die Auswirkungen des 17. Juni 1953. An die Sperrstunden und die Sorge der Eltern, ob es auch alle pünktlich nach Hause schafften. Zum ersten Mal bemerkte ich, dass auch Erwachsene Angst haben können.

Der Umzug nach Dresden

Im Sommer 1955 zogen wir nach Dresden. Neues musste erlernt und kennengelernt werden; die Stadt in ihrer Zerstörung ebenso wie ein völlig neues, soziales Umfeld und eine andere Schule. Hier wurden wir zu Nicht-„Arbeiter- und Bauernkindern". Ich hatte das Glück, nach der Grundschule auf die „Kreuzschule" wechseln zu können. Und das, obwohl ich keiner der Jugendorganisationen der DDR angehörte und konfirmiert wurde. Dass ich, wie wir alle, dabei den „humanistischen Zug" der Schule mit Latein und Griechisch besuchte, war selbstverständlich.

Ein Erlebnis werde ich wohl nie vergessen.

Nach den großen Ferien, im Sommer 1961, zurück in der Schule, kommentierte meine Klassenlehrerin den Bau der Mauer mit dem Satz „Jetzt haben wir Euch, und bilde Dir ja nicht ein, eine Ausbildung beim Staat zu bekommen!"

Was muss sie, was muss die politische Führung von uns gedacht haben? Abzuhauen, „rüber zu machen" kam für uns nicht in Frage, obwohl das Nachdenken über „bleiben und gehen" bis zum Ende der DDR stets präsent war. Für meine Eltern war gleichwohl klar, dass eben nicht „ubi bene, ibi patria" (Cicero) zu gelten habe, sondern vielmehr dort zu sein, wo wir als Christen hingestellt werden. Denn nicht das eigene Schicksal sei ausschlaggebend, sondern allein unser Wirken. Meine Eltern hatten die Praxis und Patienten zu versorgen. Sie waren dadurch für viele Menschen Ansprechpartner, mitunter Seelsorger und es war mehr als Pflichtgefühl, das uns in der DDR bleiben ließ.

1963 legte ich mein Abitur an der Dresdner Kreuzschule ab. Aber ich hatte mich bewusst gegen eine Mitgliedschaft in einer Jugendorganisation und damit der SED entschieden. Ein Studium war deshalb nicht möglich. So begann ich eine Ausbildung zur Säuglings- und Kinderkrankenschwester am Paul-Gerhardt-Stift in Wittenberg, dem damals größten Krankenhaus der Inneren Mission. Dort war von 1974 bis 1991 der spätere Ministerpräsident Sachsen-Anhalts, Wolfgang Böhmer, Chefarzt. Ich kam nach Dresden zurück und arbeitete, nun plötzlich gern genommen, an der Medizinischen Akademie und zuletzt im Diakonissenkrankenhaus. Denn weg, weg nach drüben, wollte ich durchaus. Deshalb hatte ich auch in der Medizinischen Akademie gekündigt. Eine neue Anstellung fand ich in einer der beiden konfessionellen Einrichtungen in Dresden – dem Diakonissenkrankenhaus.

Familienzeit

Aber es kam anders – ich lernte dort meinen späteren Mann kennen, wir heirateten 1974 und seit der Geburt unseres ersten Sohnes im Dezember 1975 bis zur Friedlichen Revolution war ich Hausfrau und leitete, wie ich auch sagen könnte, einen ökotrophologischen Betrieb mit inzwischen vier Kindern – bis 1980 machten zwei Töchter und ein weiterer Sohn die Familie komplett. Mein Leben war damals geprägt von der Arbeit in der Kirchengemeinde, den Auseinandersetzungen in der Schule unserer Kinder und vielen Besuchen aus Ost wie West.

Nach der Wiedervereinigung habe ich mir, wie viele andere DDR-Bürger auch, meine Stasi-Akte aushändigen lassen. Es war überraschend und erschreckend gleichermaßen, was da geschrieben stand. Nach einem Ermittlungsbericht aus dem Jahr 1970 sollte ich noch nicht einmal das Abitur gemacht haben, auch sei ich „gesellschaftlich in keiner Weise in Erscheinung getreten" und hielte mich „im Hinblick auf eventuelle negative Äußerungen absolut zurück". Festgehalten wurden zudem Gespräche mit Freunden und Verwandten aus der Bundesrepublik. „Durch Hinweise [...] ist ersichtlich, dass die Genannte eine offene feindliche Haltung gegenüber den gesellschaftlichen Verhältnissen in unserer Republik bezieht. Sie hetzt gegen den Schutzwall [...] und bringt ihren Unwillen darüber zum Ausdruck, dass sich westliche Regierungen auf Verhandlungen mit der DDR; die sie als ‚menschliches Gefängnis' bezeichnet, überhaupt einlassen. In diesem Zusammenhang hetzt sie gegen die Sicherungsmaßnahmen zum Treffen Brandt/Stoph und bringt ihre Hoffnung zum Ausdruck, dass es nicht zu einer Anerkennung der DDR kommt."

Die Ostpolitik Willy Brandts wollte den „Wandel durch Annäherung" und eine Entspannung im Verhältnis der beiden Machtblöcke im Großen sowie der beiden deutschen Staaten im Kleinen bringen. Die politische Öffnung nach Osten führte zur Anerkennung der DDR, zwar nicht völkerrechtlich, wohl aber staatsrechtlich, als Nation. Die CDU hatte dies bis zum Machtwechsel in der Bundesrepublik 1969 stets verhindert. Es ist deshalb nicht erstaunlich, dass in den Augen vieler DDR-Bürger eher die SPD den politischen Ton angeben sollte. Doch es war 1989 die CDU mit Bundeskanzler Helmut Kohl, die den Weg zur Deutschen Einheit zunächst bereitete und dann beschritt.

Das Aufwachsen in der DDR hat Jede und Jeden auf eine besondere Weise geprägt. Die komplette Durchorganisation jedes Lebensabschnitts, die gewünschte Verabschiedung von der Individualität, das Fernhalten der Bürgerinnen und Bürger von der Politik, sofern sie andere Vorstellungen verfolgten, die allumfassende soziale Fürsorge durch den Staat und die stets präsente Ideologisierung haben sich nachdrücklich auf Denken und Handeln der Menschen ausgewirkt. Es gab dabei vielfach Misstrauen und Abneigung gegenüber „denen da oben" und ein Staatsverständnis wurde geprägt, das wenig auf Eigenverantwortung und Subsidiarität setzte, sondern vielmehr auf eine Versorgungsmentalität, die jedem zustehe. Volker Braun hat dies als „gebremstes Leben" bezeichnet. Das war es in der Tat.

Was auch immer geschah – in Familie, Freundes- und Bekanntenkreis, in der Gesellschaft – war für mich, im Nachhinein betrachtet, keine bewusste politische Prägung. „Den Mantel nach dem Wind zu hängen", galt nicht. Position beziehen, Haltung haben – darum ging es. Das war für mich selbstverständlicher Alltag. Wir waren ohnehin Außenseiter und so erzogen uns unsere Eltern zu einer kritischen Grundhaltung, die es auch zu leben galt.

Kennen Sie das – Außenseiter zu sein?

Kennen Sie das – eine politische und gesellschaftliche Sozialisation im Privaten, entgegen der Norm? Kennen Sie das – wenn Ihnen nicht erlaubt wird, den Weg einzuschlagen, den Sie gehen wollen? Das waren zwei Drittel meines bisherigen Lebens in der DDR – eher das privat Gelebte.

Doch dann kam der Herbst 1989. Die Montagsdemonstrationen. Der 9. November. Der Tag, an dem die Mauer fiel. Die Grenzen waren offen. Wir waren frei. Die Menschen in der DDR hatten offen und demonstrativ ihre Meinung vertreten. Sie haben Haltung gezeigt und gekämpft.

Nach fast vierzig Jahren Staatlichkeit hörte die DDR auf zu existieren und die Menschen wurden in ein neues politisches System geworfen. Die Umstellungen, die zu bewältigen waren, konnten dabei nicht von jedem gemeistert werden. Viele blieben auf dem Weg in eine neue Gesellschaft zurück. Einige konnten den Anschluss wieder finden, einige nicht. Insbesondere der Verlust des Arbeitsplatzes, die Unsicherheit über die zukünftige Entwicklung und die allgemeine Ungewissheit, wie es nun weitergehen würde, bestimmten den Alltag. Die Verunsicherung der Menschen war förmlich mit Händen zu greifen. Die Freiheit, der sie jetzt gegenüberstanden, war scheinbar überwältigend. Viele hatten nicht gelernt, dass sie sich auch in den Grenzen der DDR hätten Freiheiten nehmen können. Freilich: Viele mussten einen Preis dafür zahlen, und viele wollten oder konnten das nicht.

Der absolute Bruch mit dem Althergebrachten, mit dem bekannten und vertrauten Lebensumfeld, das fast völlige Verschwinden von allem, was bekannt war und dessen Ersetzung durch Neues und Fremdes, ließ viele Menschen hadern. Sie waren gezwungen, sich völlig neu zu orientieren und einen neuen Weg zu finden. Und so überwog oft das persönliche (Über-)Leben das gesellschaftliche. Doch auch dafür musste neu Verantwortung übernommen werden. Es mussten neue, unbelastete Personen das öffentliche Leben gestalten – in der Bildung, der Wirtschaft, der Verwaltung und auch in der Politik. Das Land brauchte neue Leute, die die alten Zöpfe abschnitten und anpackten, um ihre Heimat wieder aufzubauen. Und ich wollte dabei sein, aktiv mitwirken, die Entwicklung meiner Heimat vorantreiben. Ich musste etwas tun. Ich musste losgehen. Ich musste mich engagieren. Denn ich wollte mir nicht vorwerfen (lassen), nur zu reden und nicht anzupacken. Ich entschied mich, in die Öffentlichkeit zu treten. Ich wollte Vorbild sein – für andere Menschen, für meine Kinder. Ich wollte durch mein Wirken andere ermutigen, es mir gleich zu tun – den Mund aufzumachen, eine dezidierte Haltung einzunehmen und damit etwas zu erreichen.

Es ist der Beginn meines „öffentlichen Lebens"

Die Erfahrungen, die dezidierte Haltung während der DDR-Zeit waren immer eine Hilfe. Für mich war es in der Situation der Wendezeit wichtig, etwas zu tun, herauszutreten aus einem Leben voller verdeckter und vorsichtiger Bewegungen – immer ausgerichtet auf die Selbstbehauptung in einem autoritären, die einzelnen Bürger bevormundenden System. Mit meinem Engagement stieß ich in vielen Bereichen auf Probleme, die ich nicht vorausgesehen hatte. Ich begegnete Widerständen, die mich wütend machten. Selbst dann, als ich mich für die CDU, als der Partei der Einheit entschieden hatte. Was will die denn hier – sagten die Blicke aus den Herren-Runden. Ich kam aus keiner der Demokratiebewegungen der damaligen Zeit, das musste fast schon suspekt sein.

Erfahrungen, wie denn Politik zu machen sei, hatte ich nicht. Trotzdem fand ich mich als zweite der Landesliste für den Sächsischen Landtag. Wir waren, bis auf wenige Ausnahmen, Quereinsteiger. Die sogenannte „Ochsentour" war uns fremd. Zudem hielt sich das Verständnis im Freundeskreis in Grenzen, nahe Verwandte haben sich für andere Parteien entschieden. Es gab plötzlich die Freiheit der Entscheidung, sich aus vielen Angeboten das je Eigene zu suchen und zu finden. Erst nach und nach erfuhr ich, wer wo tätig wurde. Und auch erst nach und nach konnten die unterschiedlichen Entscheidungen respektiert werden.

Bis zu den Herbstdemonstrationen und Kundgebungen, wie auf der „Cockerwiese", hatte ich angenommen, dass wir einen bestimmten Stand an Gleichberechtigung erreicht hätten. Doch es gab nur wenige Frauen, die sich zu Wort meldeten. Auch die Runden Tische waren männerdominiert. Warum nur sollten meine Erfahrungen als Frau plötzlich weniger wert sein als die Erfahrungen der Männer? Warum sollte ich den Mund halten und hinnehmen, was die Herren sagten? Und dann rief einer der Aktiven, es war Dr. Hans Geisler, der später zum Sächsischen Staatsminister für Soziales berufen wurde, den Frauen plötzlich zu: „Wenn eine Parteifrau da ist, dann gebe ich auch meinen Posten ab." Mein künftiger Weg musste mich also zwangsläufig in die Politik führen. Selbstverständlich mit Mandat. Ich nutzte die Aufbruchstimmung, kandidierte in der Dresdner CDU und wurde schließlich am 14. Oktober 1990 in den Sächsischen Landtag gewählt. Ich blieb bis 2009, dreimal wurde ich in meinem Wahlkreis wiedergewählt.

Bereits im Spätherbst 1990 ernannte mich Ministerpräsident Kurt Biedenkopf zur Parlamentarischen Staatssekretärin für die Gleichstellung von Frau und Mann. Vier Jahre später, 1994, wurde ich Staatsministerin für die Gleichstellung von Frau und Mann und blieb dies bis 1999, als mein Ressort nach der Landtagswahl als Leitstelle im Sächsischen Staatsministerium für Soziales aufging. Auch in meiner Funktion als Sächsische Ausländerbeauftragte, die ich von 2004 bis 2009 innehatte, habe ich mich wieder für Frauen eingesetzt, beispielsweise hinsichtlich der geschlechtsspezifischen Fluchtgründe bei der Asylgewährung.

Frauenpolitik

Frauenpolitik hat nicht erst seit der Friedlichen Revolution eine große Rolle für mich gespielt. Erste Kontakte hatte ich über meine Schwester zur feministischen

Theologie. Später organisierte ich eigene Frauenkreise in unserer Gemeinde. Frauenpolitische Themen wurden hinter verschlossenen Türen oder im kirchlichen Raum diskutiert. Die Frauenpolitik der DDR war eine staatlich organisierte „Mutti-Politik", die darauf abzielte, Kinder möglichst schnell dem sozialistischen System und Frauen möglichst schnell wieder der Wirtschaft zuzuführen. Diese Politik trug zu einer Desensibilisierung für Geschlechterfragen bei, da es eine große Akzeptanz der von Männern für Frauen gemachten Politik gab. Auch trugen Erfolgsmeldungen über das erreichte Ausmaß der Emanzipation der Frauen dazu bei, dass sich bei vielen die Meinung festsetzte, geschlechtsspezifische Ungleichheiten gäbe es nicht mehr.

Ohne Zweifel haben die sozialpolitischen Maßnahmen und der hohe Beschäftigungsgrad der Frauen in der Zeit der DDR deren Selbstvertrauen gestärkt und so schien durch die offizielle Staatspolitik der DDR verwirklicht, was in Westdeutschland in jahrzehntelangen Kämpfen durch die Frauenbewegung noch immer nicht wirklich erreicht ist. Ich erinnere mich noch gut an die Hoffnungen der Westfrauen, von unserem scheinbaren Emanzipationsvorsprung profitieren zu können. Aber auch umgekehrt hofften wir Ostfrauen, von unseren Geschlechtsgenossinnen im Westen lernen zu können – was das Kämpfen für und das Durchsetzen der eigenen Positionen angeht.

Alle mussten ihr Leben radikal umstellen. Politische, ideologische und kulturelle Muster wurden aufgebrochen, galten nicht mehr und mussten neu geordnet und zusammengesetzt werden. So viel Anfang war nie und so viel Ende, auch nicht in der Frauenpolitik.

Das zeigte sich nicht nur auf der Ebene von Gesetzgebung und Regierung. Frauen wurden am Kabinettstisch respektiert. Um Entscheidungen wurde mitunter gerungen. Ich erinnere mich an heftige Debatten, zum Beispiel bei der Diskussion um den Rechtsanspruch auf einen Kindergartenplatz im sogenannten Sächsischen Kitagesetz*. Das Verständnis unserer Westkollegen, warum ein solches Gesetz, das nur Geld koste, überhaupt notwendig sei, hielt sich in Grenzen. Schließlich war Sachsen dennoch das erste Land, das ein solches Gesetz verabschiedete. Oder das Sächsische Frauenfördergesetz**. Es wurde parteiübergreifend heftig diskutiert, mitunter verrissen. Ich hätte zwar gern klarere Regeln gehabt, aber es fand sich schließlich eine für alle tragbare Lösung. Auch durch die Unterstützung von Fraktionskollegen! Das Frauenfördergesetz hat bis heute Gültigkeit. Darauf bin ich stolz.

---

* Genauer Wortlaut: Sächsisches Gesetz zur Förderung von Kindern in Tageseinrichtungen (Sächs. KitaG).

** Genauer Wortlaut: Sächsisches Gesetz zur Förderung von Frauen und der Vereinbarkeit von Familie und Beruf für Frauen im öffentlichen Dienst im Freistaat Sachsen (Sächs. FFG).

Die Institutionalisierung der Frauenbewegung

Zu Beginn meiner Tätigkeit stand für mich die Sensibilisierung der Frauen für die Notwendigkeit von Vereinsgründungen im Fokus. Es brauchte Gleichgesinnte, mit denen sie sich austauschen konnten, Verbündete, um etwas zu erreichen. Die zahlreichen Gründungen von Vereinen und Verbänden belegen dies eindrucksvoll. Die Frauen in der CDU, zu denen ich mittlerweile gehörte, organisierten sich in der Frauen Union. Es gab Startschwierigkeiten. Die Holprigkeit, die mit dem Aufbau der vielen Vereine und Verbände einherging, machte auch vor der Frauen Union nicht halt. Es war für mich selbstverständlich, Verantwortung in erster Reihe zu übernehmen, denn ich wollte gemeinsam mit anderen Frauen Politik machen. Von Frauen für Frauen. Oft wurden wir von anderen Frauen und vor allem von Männern dafür belächelt und galten als „Paradiesvögel" oder „Killerbienen". Je nachdem, mit welcher Kraft wir welche Themen bearbeiteten. Es musste so Vieles in Angriff genommen werden. Zum Beispiel die Veränderung der Situation von Frauen auf dem Arbeitsmarkt ebenso wie die Errichtung von Frauenhäusern zum Schutz vor häuslicher Gewalt und viele andere frauenpolitische Themen. Dazu gehörte auch die Diskussion über die gesetzliche Regelung des Paragraphen 218 StGB. Das zähe Ringen um einen Kompromissvorschlag, den alle mittragen könnten, war nicht leicht. Er ging quer durch alle Parteien. Es betraf Männer wie Frauen. Es wurde an Grundfesten gerüttelt. Eine ähnlich heftige Debatte entspann sich Jahre später bei den Themen Stammzellforschung oder heute der PID.

Frauen sind in der Politik noch immer rar gesät. In der CDU ist ca. ein Viertel der Mitgliedschaft weiblich. Sollten Frauen unter dieser Voraussetzung nicht besonders zusammenhalten und sich gegenseitig stützen und fördern? Leider ist meist das Gegenteil der Fall und die Solidarität unter Frauen wenig stabil. Der Gedanke, eine gleich starke und intelligente Frau neben sich zu haben, ist schon für viele Männer schwierig. Für Frauen ist es mitunter fast unerträglich.

Frauen müssen lernen, Spannungen auszuhalten, eine Haltung zu haben, diese zu vertreten und vor allem durchzusetzen. Auch dann, wenn in politischen Diskussionen schon die Augen rollen, weil sich noch eine Frau zu Wort meldet. Das „was will die denn noch" kenne ich, damit umzugehen war – und ist teilweise weiterhin – eine Herausforderung, die es zu meistern gilt.

Ich erlebe das bei Männern noch immer anders. Selbstverständlich, das lässt sich kaum abstreiten, befördert ein gutes Arbeitsklima das eigene Tun. Es kommt aber nicht darauf an, mit jedermann gut Freund zu sein. Männer verstehen das besser. Sie arbeiten nach dem Motto: „Wir kennen uns, wir helfen uns." Und dies auch, wenn sie ihr Gegenüber nicht mögen. Was Männer in diesem Punkt einfach besser können, ist zu differenzieren zwischen Beruf und Privatleben. Frauen haben dieses Prinzip bis heute nicht verinnerlicht. Sie meinen, sie würden aufgrund ihrer Leistung und ihres Fleißes irgendwohin befördert. Nein, es ist der Zwang in den

Chefetagen, wenigstens eine Quotenfrau vorweisen zu können in der Männerriege. Und die darf dann auch nur ein sogenanntes weiches Ressort innehaben, die „harten" seien ohnehin nur von Männern zu bewältigen. Es geht immer um Macht und deshalb muss jede Position immer wieder neu, immer wieder hart erkämpft werden.

Dass es in Sachsen kein eigenständiges Ressort mehr gibt, das sich dezidiert und ausschließlich um die Gleichstellung kümmert, bedauere ich sehr. Von einem eigenständigen Ressort, mit Anbindung an höchster Stelle ging es über eine „Leitstelle für die Gleichstellung von Frau und Mann" zu einer „Leitstelle für die Gleichstellung von Frau und Mann, Familie und Gesellschaft" hinunter zum Referat „Familie und Gesellschaft, Gleichstellung von Frau und Mann", das von einem Mann geleitet wird. Zwar gibt es formal betrachtet noch immer einen Ansprechpartner. Aber trotzdem bleibt die Frage: Was ist gewollt, und soll wirklich noch Entscheidendes in Richtung Gleichstellung passieren?

Mit einer kontinuierlich steigenden finanziellen Ausstattung konnte ich bis 1999 einen Haushalt aufbauen, der sich allein für die Förderung von Frau und Mann im Millionenbereich bewegte. Dazu kamen die Mittel der einzelnen Fachressorts. Durch die Anbindung in der Staatskanzlei konnte ich damals weisungsunabhängig agieren und musste mich nicht dem Dienstweg zur Hausspitze beugen.

Was uns heute fehlt und was wir dringend wieder brauchen, ist ein Bewusstsein für die Notwendigkeit von Gleichstellungspolitik. In den ersten zehn Jahren des Freistaates Sachsen wurde viel erreicht. Das lag insbesondere an der Erkenntnis der politischen Elite, dass Frauen die Hälfte unserer Gesellschaft sind und nicht einfach ignoriert werden können. Dass Politik gemacht werden muss – von Frauen für Frauen. Dazu gehörte die Anbindung des Amtes der Parlamentarischen Staatssekretärin und ab 1994 Staatsministerin für die Gleichstellung von Frau und Mann an höchster Stelle – in der Sächsischen Staatskanzlei – ebenso wie ein eigener Haushaltstitel und die selbstverständliche Wahrnehmung einer Querschnittsaufgabe in die anderen Ressorts, denn jede politische Entscheidung hat jeweils andere Auswirkungen auf Frauen und Männer, jeder Haushaltsplan hat deshalb auch mit Frauen zu tun. Diese Erkenntnis ist nach und nach verschwunden. Mir geht es nicht um Luxus für Frauen. Es geht um die Verbesserung der Bedingungen innerhalb der Gesellschaft, um Anerkennung, um die Notwendigkeit und Wertschätzung der geleisteten Arbeit; und diese drückt sich eben auch in Zahlen aus.

Zu Beginn des Freistaates herrschte, nicht nur der Frauenpolitik gegenüber, eine Offenheit im Umgang miteinander, im Umgang mit neuen Ideen, die mir später in dieser Form nie wieder begegnete. Natürlich gab es auch Kritiker. Eine meiner damaligen Fraktionskolleginnen fand die Berufung angesichts „dringenderer" Aufgaben unnötig, sie sei ja schließlich gleichberechtigt. Bis zum Ende der ersten Legislaturperiode hatte sie Erfahrungen machen müssen, die sie schmerzlich in die Realität holten und zu einer ihr neuen Sichtweise verhalfen. Seit dieser Zeit unterstützte sie mich und frauenpolitische Vorhaben.

Doch es ging stets um das Wohl des Landes, um den Wiederaufbau der Heimat. Es ging um den Menschen. Mein Eindruck ist heute, dass häufig nicht mehr für die Politik, sondern immer mehr von der Politik gelebt wird. Dabei kommen politische Themen und der dazugehörige Diskurs zu kurz. Es ist das Streitgespräch, das uns voran bringt, das Meinungen bildet und Entscheidungen herbeiführt.

Eine eigene Meinung haben und diese, wenn nötig, auch gegen den Mainstream zu vertreten, ist wichtig. Dies wird honoriert. Und, macht es nicht auch Spaß, ein scheinbar festes Gefüge durcheinander zu bringen und aufzubrechen? Neues einzubringen, Diskussionen anzuregen? Das ist mein Demokratieverständnis. Eine kluge, streitbare Partnerin ist letztlich auch eine interessantere und ergiebigere Gesprächspartnerin als eine stille, aber bei allen beliebte graue Maus.

Viele junge Frauen wollen heute nicht mit Frauenpolitik in Verbindung gebracht werden. Von Gleichstellung oder einer Frauenquote wollen sie nichts wissen. Sicherlich kann gerade die Quote ungewohnte Blüten treiben. Für fast alles gibt es inzwischen eine Quote. Wollen sie lieber den Proporz? Für die Herkunft, ob Stadt oder Land, das Alter, die Religion, für Arbeiter wie Intellektuelle. Und für alle funktioniert sie und ist auch gewollt, ja ungeschriebenes Gesetz. Nur bei Frauen soll es anders sein!? Der Titel Quotenfrau hat mich nie geschreckt. Besteht doch die Hälfte der Gesellschaft aus Frauen, und das sollte sich in politischen wie anderen Positionen widerspiegeln. Solange es aber Widerstand gibt, ist die Quote als „Krücke" notwendig, weil „eine gute Frau schaffe es auch ohne sie" eben nicht funktioniert.

Frauenpolitik allein ist leider oft kein Thema, das ernst genommen wird. Frauen, die dieses Thema bearbeiten, werden schnell in die Schublade Emanze gesteckt – und das prägt! Sie wollen deshalb auch nichts mit „Frauen und Gedöns" zu tun haben.

Zudem wird Frauenpolitik als „weiches" Thema klassifiziert, das zeigt allein schon die Verankerung der finanziellen Förderung bei und die institutionelle Verknüpfung mit dem Sozialen. Frauen sind aber nicht a priori Wesen, die der sozialen Förderung bedürfen. Dennoch: Soziales, Verbraucherschutz, Wissenschaft sind „weiche" Themen. Einfluss, Erfolg und Macht gibt es nur bei den „harten" Themen zu holen. Darüber hinaus ist Frauenpolitik ein gesellschaftspolitisches Thema und geht, anders als beispielsweise bei dem ebenso wichtigen gesellschaftspolitischen, aber inzwischen akzeptierten, Thema Umweltpolitik, schnell ins Persönliche.

Solange „harte" Themen wichtiger scheinen als „weiche", sind sie beliebter und attraktiver; scheinen sie ein guter und schneller Weg zu sein, um voranzukommen. Und solange „weiche" Themen nicht die gleiche Anerkennung bekommen, werden es sowohl Themen als auch Mitstreiter schwer haben im täglichen Geschäft.

Klar ist auch und für viele schwer zu akzeptieren: Frauen tun Dinge, erledigen ihre Arbeit anders als Männer. Weil sie eine andere Perspektive haben. Weil sie ihre Umgebung anders wahrnehmen und verarbeiten. Sie fragen nicht: „Warum muss es so sein?" Sie fragen: „Kann das nicht anders gemacht werden?" So, dass alle Beteiligten besser klar kommen. Sie brechen unbewusst eingefahrene Denkmuster auf. Das kommt nicht immer an. Letztendlich führt dies oft dazu, dass Frauen sich in solchen Fällen zurückhalten. Nicht, weil sie nicht kämpfen könnten, sondern, weil sie (sich) nicht (ver-)kämpfen wollen.

Meine politische Zeit

In den vergangenen 22 Jahren habe ich viele politische Ämter innegehabt. Zunächst u. a. als erste Frauenpolitikerin oder später als Sächsische Ausländerbeauftragte. Ich war Kreisvorsitzende der Frauen Union in Dresden und Vorsitzende der CDU in Dresden. Ich bin Landesvorsitzende der Senioren Union und inzwischen deren stellvertretende Bundesvorsitzende. Ich weiß, wie Gremienarbeit und Lobbyismus funktionieren. Ich weiß, dass ich für meine Ziele kämpfen und Verbündete finden muss. Ich weiß inzwischen, wie ich mich korrekt anzuziehen habe, welche Brille ich tragen muss, dass die Frisur sitzt, um bei Kandidaturen den richtigen Eindruck zu erzielen. Das Aussehen kommt vor dem Inhalt.

Wir sind in Sachen Gleichstellung noch lange nicht am Ziel, auch wenn es klar im Grundgesetz formuliert ist. Wenn auf höchster Ebene nach wie vor um die Frauenquote gestritten wird, schwächen wir uns selbst und werden von den Männern nicht ernst genommen. So wird Gleichstellungspolitik nicht funktionieren.

Im Rückblick bleibt zunächst die Erkenntnis, dass die jeweils unterschiedlichen Sozialisationen noch immer unser Leben prägen. Das Leben und Erleben während der DDR wie in der Bundesrepublik. Noch immer sind Freundeskreise weitgehend unter sich. Die ersten Jahre nach der Wiedervereinigung waren von Begeisterung und dem Willen geprägt, mitzumachen. Es ist Ernüchterung eingekehrt. Nicht zuletzt bedingt durch eine Vielzahl westdeutscher „Aufbauhelfer", die meinten, uns die DDR erklären zu müssen.

Meine Familie war in den zwanzig Jahren aktiver Politik immer eine große Stütze. Zu Treffen mit Freunden und dem Bekanntenkreis kam es in dieser Zeit sicherlich seltener. Regelmäßig nahmen wir dennoch Vieles zum Anlass, um das eine oder andere Fest zu feiern. Runde Geburtstage und Hochzeitstage sowieso.

Zum Schluss

Ein spanisches Sprichwort sagt: „Wer nicht fällt, erhebt sich nicht". Das habe ich selbst mitunter leidvoll erfahren, aber es hat mich stark gemacht. Gerade das immer wieder Aufstehen! Frustrationen, die den Gedanken des Hinschmeißens mit sich brachten, gab es dennoch genug. Aber wenn es nicht beim ersten Mal klappt, wird es eben eine zweite Runde geben müssen. Demokratische Spielregeln sind vielfältig, sie zu beherrschen, sind das A und O. Das gilt auch in der Frauenpolitik. Vielen scheint diese Haltung unmöglich. Für mich war und ist es wichtig, trotz aller persönlichen Kränkungen präsent zu bleiben. „Ich vertraue auf Gott und fürchte mich nicht. Was können Menschen mir antun?" (Psalm 56,12) hat mir stets geholfen.

Auch nach dem Ausscheiden aus der aktiven Politik bin ich weiter in den unterschiedlichsten Gremien unterwegs. Es ist eine neue Erkenntnis, aus der Warte der aktiven Seniorin Impulse in die Politik zu geben. Die Erfahrungen der vergangenen zwanzig Jahre sind dabei eine große Hilfe. Das „nicht aufhören, anzufangen" eine Stärkung.

Als ich mich entschieden habe, in die Politik zu gehen, war die Zeit für Quereinsteigerinnen ideal. Die Friedliche Revolution war eine Ausnahmesituation. Es wäre schön, gäbe es diese Möglichkeit auch heute noch ganz selbstverständlich, denn dann wäre der frauenpolitische Blick zumindest freier. Wichtiger aber ist es, und dazu würde ich raten, zu klären, ob

erstens die Familie mein Vorhaben unterstützt. Sie ist der einzige Rückzugsort bei Frustration! Denn nur hier kann ich schimpfen;

ich zweitens Verbündete finde, denen ich vertrauen kann und die den geplanten Weg mitgehen. Es ist wichtig, diese auch weiter zu „pflegen";

sich drittens jemand mit dem „Dienstweg" auskennt. In der Frauenpolitik sind manchmal unkonventionelle Wege nötig und der Dienstweg kann nicht immer eingehalten werden. Aber ich muss immer wissen, wie es eigentlich geht.

Schließlich ist es gut, sich immer wieder klar zu machen, dass es unmöglich ist, in diesem Politikfeld „Jedermanns Liebling" sein zu wollen und zu können.

Von Konrad Adenauer stammt das Zitat: „Machen sie sich erst einmal unbeliebt, dann werden sie auch ernst genommen."*** Für die Frauenpolitik und damit meine Erfahrungen stimmt das jedenfalls.

*** Es handelt sich hierbei um ein nicht belegtes Zitat.

Beatrix Philipp

Ich bin eine 1968erin!

Geboren am 7. Juli 1945 in Mönchengladbach, zwei Kinder, 1965 Abitur, 1965–1972 Studium in Freiburg, Frankfurt am Main und Neuss, Abschluss: Staatsexamen, 1970 Erste Staatsprüfung für das Lehramt an Grund- und Hauptschulen, 1972 Zweite Staatsprüfung, 1972–1982 Lehrerin an der Katholischen Grundschule St. Franziskus Düsseldorf, 1972 Eintritt in die CDU und Junge Union, 1975–1985 Mitglied des Rates der Stadt Düsseldorf (ab 1980 jugendpolitische Sprecherin der CDU-Ratsfraktion), 1982–1985 Schulleiterin an der Katholischen Grundschule am Paulusplatz Düsseldorf (1985 bis zum Ruhestand 2010 beurlaubt), 1985–1994 Mitglied des Landtages von Nordrhein-Westfalen (ab 1990 schulpolitische Sprecherin der CDU-Landtagsfraktion), seit 1994 Mitglied des Deutschen Bundestages.

Die politische Sozialisation

Geboren in Mönchengladbach, aufgewachsen in Duisburg und Erbach, habe ich nach dem Abitur 1965 das Studium für das Lehramt an Grund- und Hauptschulen aufgenommen und in Freiburg im Breisgau, Frankfurt a. Main und Neuss studiert. Gerade meine Studienzeit Ende der 1960er Jahre in Frankfurt hat mich in meinem politischen Denken sehr geprägt. Den Wechsel meines Studienortes nach Frankfurt hatte ich ganz bewusst gewählt, da ich dort die Möglichkeit sah, über das eigentliche Studienfach hinaus in möglichst viele Fachbereiche Einblick nehmen zu können: Der sogenannte Blick über den Tellerrand hinaus; schwerpunktmäßig besuchte ich Vorlesungen und Seminare im medizinischen, juristischen und philosophischen Bereich. Im Laufe meiner späteren Aufgaben ist mir dies sehr zugute gekommen.

In den 1960er Jahren waren politische Strömungen an den Universitäten stark zu spüren. Ein Motor der Studentenbewegung war der „Sozialistische Deutsche Studentenbund" (SDS). Die bei der Mutterpartei SPD wegen ihrer DDR-freundlichen Einstellung in Ungnade gefallene und 1961 ausgeschlossene Studentenvereinigung wurde immer mehr zum Auffanglager der „Neuen Linken". Der SDS entwickelte sich zu einer antiautoritären, linken Organisation mit anarchistischen Ansätzen und spielte eine wesentliche Rolle in der sogenannten Außerparlamentarischen Opposition (APO). Die Hauptakteure waren Rudi Dutschke und Daniel Cohn-Bendit.

Die APO beeinflusste ab Mitte der 1960er Jahre weite Teile der Studentenbewegung mit Rudi Dutschke an der Spitze. Sie sah sich als einzige Gegenkraft zur herrschenden Regierung, da es durch die Große Koalition im Parlament so gut wie keine Opposition gab. Die APO protestierte vehement gegen die geplanten Notstandsgesetze und prangerte die Untätigkeit der Bundesregierung gegen den Vietnamkrieg an. Als Protestformen etablierte sie „Go-ins", „Sit-ins" und „Teach-ins". Dabei handelte es sich um die Belagerung von Hochschulräumen, öffentlichen Plätzen und Einrichtungen, wo APO-Mitglieder mit Reden, Plakaten und anderen Aktionen auf ihre Anliegen aufmerksam machten und den laufenden Betrieb der Universität blockierten. Ich selbst habe erlebt, wie z. B. Daniel Cohn-Bendit mit einer Gruppe eine Veranstaltung der Abteilung für Erziehungswissenschaften massiv störte. Die Studierenden im Plenum riefen: „Danny raus, Danny raus!" Plötzlich wurde „Juden raus!" gerufen. Dies wiederholten die Anwesenden im gesamten Saal, weder wissend, dass Cohn-Bendit Jude war und sie selbst schon gar nicht von nationalsozialistischem Gedankengut geprägt waren. Später hieß es, Cohn-Bendit habe es selbst gerufen. Mich jedoch hat damals mehr als beunruhigt, dass jemand das Instrument der Massenpsychologie so beherrschte und damit versuchte, intellektuelle Köpfe durch Parolen zu manipulieren. Das hatte mit demokratischer Meinungs- und Willensbildung nichts zu tun.

Die 1968er-Bewegung war vor allem eines: Kritik an den bestehenden Verhältnissen in jeder nur denkbaren Hinsicht und dabei war ihre destruktive Kraft weitaus größer als ihre konstruktive. In Forschung und Lehre wurde alles in Frage gestellt. Herbert Marcuse war einer der führenden Köpfe der „Frankfurter Schule" mit der Theorie, erst einmal Strukturen zu zerstören, um dann zu schauen, was an die Stelle treten solle. Auch Rudi Dutschke und viele seiner Weggefährten sträubten sich, konkrete Alternativen zur kapitalistischen Gesellschaft erkennbar zu beschreiben. Bevor ich zweifellos notwendige Änderungen einleite, wollte ich wissen, was an die Stelle treten würde. Diese Kenntnis schien mir Voraussetzung zu sein, um eine Entscheidung für oder gegen eine Veränderung treffen zu können. Meine Erfahrungen mit der APO ließen mich den Entschluss fassen: Ich wollte mehr tun, als nur wählen gehen und die Gestaltung unserer Gesellschaft nicht linken Ideologen überlassen.

Zum Abschluss meines Studiums wählte ich für meine Examensarbeit ein Thema aus dem Bereich der Psychologie. Es lautete: „Verwahrlosung im Kindes- und Jugendalter". Ich hatte während des Studiums Lehrveranstaltungen von Prof. Berthold Simonsohn besucht, der sich in der Tradition der psychoanalytischen Pädagogik der 1920er Jahre sah und auch für Lehrerstudenten an der Frankfurter Universität und vor allem am Sigmund-Freud-Institut sozialpädagogische Themen anbot. Er war der Auffassung, dass angesichts des fortschreitenden Funktionsverlustes der Familie, sich der Erziehungsauftrag auf die Schule verlagere und damit der erzieherischen Kompetenz des Lehrers eine wachsende

Bedeutung zukomme. Für meine Examensarbeit konnte ich im Jugendamt der Stadt Frankfurt Akten von Familien einsehen und auswerten, in denen Kinder und Jugendliche wegen Verwahrlosung aufgefallen waren. Drei Aspekte haben mich dabei zutiefst betroffen und maßgeblich dazu beigetragen, mein politisches Engagement zu intensivieren: Was Kindern zugemutet wird, was Kinder im Stande sind auszuhalten und was Eltern sich gegenseitig und ihren Kindern antun.

Im Mittelpunkt der pädagogischen Auseinandersetzung stand damals die Frage, was in Kindern „veranlagt/vererbt" seit und was von außen – durch Eltern und Lehrer – beeinflussbar sei. Die Zwillingsforschung (René Spitz) schien Antworten zu geben. Bei den späteren Schulreformen spielte das bei der Frage „Ganztagsschule" noch einmal eine große Rolle.

Heirat und Umzug nach Düsseldorf

Noch vor Ende meines Studiums heiratete ich, bekam mein erstes Kind, eine Tochter, und zog nach Düsseldorf. Dies hatte zur Folge, dass ich 1970 meine Erste Staatsprüfung an der Pädagogischen Hochschule Rheinland, Abteilung Neuss, ablegen musste. Es folgte meine Referendarzeit an der Katholischen Grundschule St. Franziskus in Düsseldorf-Mörsenbroich. Während dieser Zeit brachte ich mein zweites Kind, einen Sohn, zur Welt, legte 1972 die Zweite Staatsprüfung ab und war seitdem als Lehrerin an dieser Schule tätig.

Der politische Anfang im Ehrenamt

1972 war auch das Jahr, in dem ich in die CDU und gleichzeitig in die Junge Union eingetreten bin. Nach Abschluss meines Studiums wollte ich nun tatsächlich mehr tun, als nur wählen zu gehen. Aufgrund meiner Examensarbeit lag mir die Familienpolitik besonders am Herzen, ebenso wie sozialpolitische Fragestellungen. Das Subsidiaritätsprinzip – die Hilfe zur Selbsthilfe – sollte ein Leitfaden meines politischen Handelns werden. Dort, wo Menschen oder Familien die notwendigen Leistungen nicht allein erbringen können, muss die Gemeinschaft, z. B. über staatliche Leistungen oder das Engagement von Hilfsorganisationen, helfend eingreifen.

In meinem Ortsverband Rath/Mörsenbroich traf ich auf Maria Hölters, Willi Schüßler, Heinz Hardt, Helmut Münter und andere. In der Jungen Union begleiteten mich Gabriele Gratz, Winnie Rosenbaum, Werner Schulte, Joachim Erwin, der spätere Oberbürgermeister von Düsseldorf, sowie Hille Schüßler, Schriftführerin der JU und spätere Ehefrau von OB Joachim Erwin.

Der Vorschlag, für den Rat der Landeshauptstadt Düsseldorf zu kandidieren, kam von meinem Ortsverbandsvorsitzenden Helmut Münter. Ich besprach diesen

Vorschlag mit meinem damaligen Schulleiter Georg Metzmacher. Unterstützung erhielt ich ebenfalls von der damaligen Schulrätin Lydia Wortmann, Mitglied im Verein katholischer deutscher Lehrerinnen (VkdL). Sie vertrat schon damals die Auffassung: Wenn eine Frau ein Mandat angeboten bekommt, muss sie die Chance ergreifen! Widerstand leistete zunächst Willi Terbuyken, langjähriges Mitglied im Rat der Stadt Düsseldorf und später mein treuester Berater und Freund. Er war der Auffassung, dass ich mich als junge Mutter besser um meine Kinder kümmern sollte, anstatt in die Politik zu gehen. Die Junge Union half, einen intensiven und erfolgreichen Wahlkampf zu führen, und so gehörte ich von 1975 bis 1985 dem Rat der Stadt Düsseldorf an. Als jüngstes Ratsmitglied steckte man mich in den Jugendwohlfahrtsausschuss und in den Ausschuss für öffentliche Einrichtungen. Da ich einen Pilotenschein besaß, wurde ich auch für den „Ausschuss für Zivile Verteidigung" vorgesehen. In der zweiten Ratsperiode wurde ich Sprecherin der CDU-Ratsfraktion im Jugendwohlfahrtsausschuss. Auch ein Wechsel aus dem Ausschuss für öffentliche Einrichtungen in den Sozialausschuss wurde vorgenommen.

Meine Zeit im Sozialausschuss war geprägt durch eine intensive und vertrauensvolle Zusammenarbeit mit den Wohlfahrtsverbänden

Josef Mühlemeier von der Caritas Düsseldorf und Pfarrer Konrad Seidel von der Diakonie Düsseldorf sind hier stellvertretend zu nennen. Ich wurde Mitglied der Christlich-Demokratischen Arbeitnehmerschaft (CDA) in Düsseldorf, einer Vereinigung der CDU, in der Politik auf der Grundlage des christlichen Menschenbildes, der katholischen Soziallehre und der evangelischen Sozialethik gestaltet wird. Sieben Jahre war ich stellvertretende Vorsitzende der CDA, bis ich zur Vorsitzenden der Frauenvereinigung, wie sie damals noch hieß, gewählt wurde. Vorsitzende der Frauen Union in Düsseldorf, dann im Landes- und Bundesvorstand der Frauen Union machten Frauenpolitik zu meinem Schwerpunktthema, das mich auch nicht mehr „verlassen" hat. Dr. Helga Wex, Dr. Dorothee Wilms, Irmgard Karwatzki und Dr. Rita Süssmuth: Der Kreis „mutiger" Frauen in der CDU wuchs – mit immer noch zu verbessernden Ergebnissen. Mein Ziel war es, mich für Arbeitnehmerinteressen, für die Interessen der Frauen und gerechte soziale Sicherungssysteme einzusetzen, ebenso für Kinder und Familien, für Rentner und für Menschen mit Behinderungen. Sich einzumischen, nicht wegzusehen prägte mein Handeln.

Meine Wegbegleiter und Unterstützer

Als meine Vorbilder, Wegbegleiter und Unterstützer in der CDA sind zu nennen: Josef Kürten, ehemaliger Stadtjugendführer des Bundes der deutschen katholischen Jugend (BdkJ) in Düsseldorf, ehemaliges Mitglied im Jugendwohlfahrtsausschuss, Bürgermeister und von 1979 bis 1984 Oberbürgermeister der Landeshauptstadt Düsseldorf. Gottfried Arnold, von 1970 bis 1981 Vorsitzender des CDU-Kreisverbandes Düsseldorf und seit 1977 Mitglied der CDA, Mitglied des Deutschen Bundestages von 1961 bis 1983. Anton Ulrich, von 1964 bis 1984 Fraktionsvorsitzender der CDU-Ratsfraktion. Heinz Hardt, Mitglied des Landtages von 1970 bis 2005, ehemaliger Vorsitzender der CDA Düsseldorf und von 1994 bis 1998 Bürgermeister der Landeshauptstadt Düsseldorf.

Die Kommunalpolitik ist mein bestes Rüstzeug für Politikgestaltung. Politische Entscheidungen berühren fast alle Lebensbereiche. Daher ist es wichtig, sich selbst politisch einzubringen und politisch aktiv zu sein. Kommunalpolitische Entscheidungen sind im unmittelbaren Umfeld direkt zu spüren. Oft sind es die „kleinen Dinge", die große Wirkungen haben: die Versorgung mit Wasser und Strom, die Sanierung oder der Neubau von Schulen, Kinderspielplätzen, Schwimmbädern, Sporthallen und Sportplätzen, die Pflege von Grünanlagen und Parks, die Sanierung von Straßen, die Sicherstellung des öffentlichen Nahverkehrs. Auch Freizeitangebote für Jugendliche, die Unterhaltung der Oper oder der Museen sind freiwillige Aufgaben, die uns das Leben in unserer Stadt angenehmer machen. Heute nennt man das „weiche Standortfaktoren". Als Kommunalpolitiker/in gewinnt man Einblick in alle entscheidungsrelevanten Bereiche der Kommune. Ist es also wichtiger, für die Renovierung der Schule Mittel bereit zu stellen oder sollte mit dem Geld ein neuer Spielplatz gebaut werden? Soll eine Sporthalle realisiert werden oder erhält der Verein einen zweiten Kunstrasenplatz? Ratsmitglieder müssen auch bei begrenzten finanziellen Mitteln Entscheidungen abwägen, Kompromisse suchen und dann zum Wohle aller Bürgerinnen und Bürger die Entscheidung treffen. Schon dort lernt man, dass Etatberatungen stets eine Frage der Prioritätensetzung sind.

1977 wurde meine Ehe geschieden – damals für eine CDU-Politikerin schwierig. Kritik kam vor allem aus den Reihen der Frauen. In dieser Situation hatte ich mich um die Leitung der Katholischen Grundschule Paulusplatz beworben. Insbesondere CDU-Frauen waren der Auffassung, dass eine geschiedene Frau nicht Rektorin einer katholischen Schule werden könne. Erst als der damalige Stadtdechant Bernard Henrichs sich für mein Anliegen einsetzte, wurde ich 1982 zur Schulleiterin ernannt. Am Rande sei bemerkt, dass die Schulkonferenz bei einer Gegenstimme (einer Frau) bereits für mich gestimmt hatte.

Eine geschiedene CDU-Politikerin konnte man sich auch nicht als Vorsitzende der Frauen Union Düsseldorf vorstellen. Dennoch setzte ich mich in einer Kampfabstimmung gegen meine Gegenkandidatin Frau Schubert von der Mittelstandsvereinigung durch. Mein eigentliches Ziel war es, die Frauen Union „überflüssig" zu machen. Ich war der Auffassung, dass Frauen nicht Frauen wählen, sondern Parteien, die verstärkt die Interessen von Frauen berücksichtigen. Je mehr Frauen also in der Partei sind, desto intensiver werden frauenrelevante

Themen behandelt und desto höher ist die Wahrscheinlichkeit, dass Frauen diese Partei wählen. Ein Meilenstein in der Geschichte der Frauen Union war der 1985 in Essen abgehaltene Bundesparteitag, der sich – durch Heiner Geißler als Generalsekretär initiiert – ausschließlich mit dem Thema „Frau und Gesellschaft" auseinandersetzte.

Auf Vorschlag der Düsseldorfer Landtagsabgeordneten Maria Hölters wurde ich in den Landesvorstand der Frauen Union NRW gewählt. 1986 folgte die Wahl in den Bundesvorstand der Frauen Union, dem Prof. Dr. Rita Süssmuth vorstand.

Zentrale Forderungen der Frauen Union waren u. a. die Gleichstellung von Frau und Mann in allen Lebensbereichen, die Gestaltung einer familienfreundlichen Arbeitswelt, der Ausbau familienergänzender Kinderbetreuung, die politische Beteiligung der Frauen auf allen Ebenen, die Einführung eines Erziehungsgeldes, flexible Arbeitszeiten und qualifizierte Teilzeitarbeitsplätze, der Abbau der Frauenarbeitslosigkeit, Bekämpfung von Diskriminierung, die Einrichtung von Gleichstellungsstellen und die Installierung von Frauenförderplänen, der Schutz vor sexueller Belästigung am Arbeitsplatz. Dies ist nur eine Auswahl der Themenbereiche, mit der sich auch die Frauen Union Düsseldorf an der Basis beschäftigte. Viele der Forderungen von vor 25 Jahren haben auch heute noch nicht an Aktualität verloren.

Politik als Beruf: Abgeordnete im Landtag von Nordrhein-Westfalen

Maria Hölters gehörte in der CDU zum Arbeitnehmerflügel. Sie war eine ausgewiesene Fachfrau für die Themen Jugend, Familie, politische Bildung. Damals bedauerte sie, dass es in der Bildungspolitik zu viele „Reißbrettkonstrukteure" gab, die sich Dinge ausdachten, die sich mit der Praxis nicht in Einklang bringen ließen. Nach dem Ausscheiden von Maria Hölters übernahm ich den Wahlkreis 45, Düsseldorf II und zog erstmalig 1985 über die Landesliste in den Landtag von Nordrhein-Westfalen ein. Als Lehrerin widmete ich mich der Schulpolitik und wurde zur schulpolitischen Sprecherin der CDU-Landtagsfraktion gewählt. Das differenzierte Schulsystem kommt meiner Auffassung nach dem christlichen Menschenbild am nächsten. Nicht ein Weg für alle, sondern der richtige Weg für jeden, ohne in eine Sackgasse zu führen: Anschlüsse müssen immer möglich sein. Die Bildungspolitik der CDU bedeutet Chancenreichtum statt Gleichmacherei. In einem differenzierten Bildungswesen kann jedes Kind individuell gefördert werden. Neben Grund-, Haupt- und Realschulen und Gymnasien haben auch die Förderschulen ihren Stellenwert. Je nach Grad und Form der Behinderung brauchen Kinder eine besondere pädagogische Betreuung und Förderung, denen die anderen Schulen aus verschiedenen Gründen nicht nachkommen können. Kinder, unabhängig von ihrem Handicap, der Ausstattung der Schule mit zusätzlichem Personal zu integrieren, bedeutet, ihre bestmögliche Förderung zu gefährden.

Ein weiteres Thema, das mich nachhaltig beschäftigte, ist die Koedukation – das gemeinsame Unterrichten von Jungen und Mädchen. Seit Mitte der 1960er Jahre nahezu flächendeckend an weiterführenden Schulen eingeführt, sollten dadurch beiden Geschlechtern gleiche Bildungschancen eingeräumt und Benachteiligungen von Mädchen im Bildungssystem behoben werden. Schon früh war ich der Auffassung, dass Jungen und Mädchen unterschiedliche Zugänge zu Lerninhalten haben und verschiedene Lernumgebungen benötigen. Es muss daher in einzelnen Fächern möglich sein, zeitweise geschlechtsspezifisch zu differenzieren. Bewahrenswertes sollte erhalten bleiben, Neues hinzugefügt werden. 1994 schied ich aus dem Landtag NRW aus, weil ich in den Deutschen Bundestag gewählt wurde.

Politik als Beruf: Abgeordnete im Deutschen Bundestag

Seit 1994 bin ich Mitglied des Deutschen Bundestages. Während ich bis 2005 immer über die Landesliste Nordrhein-Westfalen in den Bundestag eingezogen bin und der Wahlkreis für die CDU nie gewonnen wurde, gewann ich 2009 erstmals meinen Düsseldorfer Wahlkreis direkt.

Da ich aus einem Arzthaushalt stamme und ursprünglich Medizin studieren wollte, habe ich von Kindesbeinen an in Gesprächen mit meinem Vater diverse medizinische Themen diskutiert. Dies war mit einer der Beweggründe, in der ersten Legislaturperiode ordentliches Mitglied im Gesundheitsausschuss zu werden. Für den Erhalt der Naturheilmittel habe ich mich im Gesetzgebungsverfahren nicht nur eingesetzt, sondern regelrecht dafür gekämpft – mit Erfolg!

Im selben Zeitraum war ich Berichterstatterin im Gesetzgebungsverfahren zum ersten Transplantationsgesetz. Ein Thema, das jeden betreffen kann, einer gesetzlichen Regelung bedurfte und einen Grenzbereich tangiert, in dem jeder Mensch für sich persönlich eine Entscheidung treffen muss.

Um als Nicht-Juristin Mitglied im Innenausschuss zu werden, bedurfte es einer gewissen Hartnäckigkeit. Als Berichterstatterin zum Datenschutz habe ich mich mit den zunehmenden, technologisch bedingten Kontroll- und Überwachungsrisiken sowohl im Verhältnis Staat/Bürger als auch beim Umgang der Wirtschaft mit personenbezogenen Daten auseinandergesetzt. Datenschutz muss aber dort an Grenzen stoßen, wo die innere Sicherheit aufgrund terroristischer oder krimineller Aktivitäten in Gefahr gerät. Das ist dann allerdings auch mit Einschränkungen der persönlichen Freiheit verbunden. Ich kann nicht verstehen, dass Bürger dem Staat weniger trauen als irgendwelchen Firmen, denen sie bedenkenlos sämtliche Daten überlassen.

Ein weiterer Schwerpunkt meiner Arbeit im Innenausschuss ist die Aufarbeitung der Arbeit des Staatssicherheitsdienstes (Stasi) der ehemaligen DDR. Trotz Aktenvernichtungen durch die Stasi lagern immer noch insgesamt rund

112 Kilometer Schriftgut und 15.500 Säcke mit zerrissenen Akten in den Archiven der Behörde für die Unterlagen des Staatssicherheitsdienstes der ehemaligen Deutschen Demokratischen Republik. Ich habe mich für die Finanzierung des Pilotprojekts „Virtuelle Rekonstruktion vorvernichteter Stasi-Akten" eingesetzt. Diese Akten mit historisch besonders bedeutsamem Inhalt sollen über die sogenannte Schnipselmaschine – ein speziell entwickeltes Verfahren des Fraunhofer Instituts – wiederhergestellt werden. Ich fühle mich den Opfern gegenüber verpflichtet, die Aufarbeitung der DDR-Diktatur zu ermöglichen und konsequent fortzuführen. Aus der Kenntnis der Diktatur Demokratie schätzen zu lernen, muss ein Ziel der Aufarbeitung sein.

Nach 19 Jahren professioneller Arbeit in der Politik bin ich nicht müde geworden, mich für die Belange der Bürgerinnen und Bürger einzusetzen, getreu meinem Wahlspruch: „Nicht reden, machen!" Dennoch werde ich am Ende der Legislaturperiode aus dem Bundestag ausscheiden und mich vermehrt meiner Familie und Freunden widmen, insbesondere den vier Enkelkindern.

Politikerin ist ein Beruf, der sehr zeitintensiv ist, der keine „normalen" Arbeitszeiten kennt und bei dem das Privatleben immer hintenan gestellt werden muss. Es müssen Entscheidungen getroffen werden, die in Gesetzgebungsverfahren aus allen Blickwinkeln heraus betrachtet und bewertet werden. In einer Demokratie wird um Entscheidungen gerungen, die im Ergebnis oft ein Kompromiss sind. Kompromissbereitschaft und Kompromissfähigkeit sind also unabdingbare Voraussetzungen für die Arbeit als Politikerin. Und in meiner Partei: Vor allem ein fester Standpunkt mit christlich geprägten Koordinaten.

Sabine Bergmann-Pohl

Wie die Politik mein Leben veränderte

Geboren am 20. April 1946 in Eisenach, verheiratet, zwei Kinder, 1964 Abitur, 1964–1966 Praktikum im Institut für Gerichtsmedizin an der Humboldt-Universität zu Berlin, 1966–1972 Studium der Humanmedizin an der Humboldt-Universität zu Berlin, 1972–1979 Facharztausbildung für Lungenkrankheiten, 1980 Promotion zum Dr. med., 1980–1985 Ärztliche Leiterin der Poliklinischen Abteilung für Lungenkrankheiten und Tuberkulose in Berlin-Friedrichshain, 1981 Eintritt in die CDU in der DDR, 1985–1990 Ärztliche Direktorin in der Bezirksstelle für Lungenkrankheiten und Tuberkulose in Ost-Berlin, 1987 Mitglied des Bezirksvorstandes der CDU Berlin, 1990 Mitglied und Präsidentin der ersten frei gewählten Volkskammer und amtierendes Staatsoberhaupt der DDR, 1990–2002 Mitglied des Deutschen Bundestages, 1990 Bundesministerin für besondere Aufgaben, 1991–1998 Parlamentarische Staatssekretärin im Bundesministerium für Gesundheit.

Der Beginn: erst Amerikanische, dann Sowjetische Besatzungszone

Mein Leben wäre anders verlaufen, wenn Eisenach, wo ich am 20. April 1946 geboren wurde, in der Amerikanischen Besatzungszone verblieben wäre. Doch im Juli 1945 übergaben die Amerikaner Thüringen an die Sowjetischen Streitkräfte in Deutschland.

Meine Mutter war 1943 mit meinen Geschwistern wegen der Bombenangriffe von Berlin zu Verwandten nach Thüringen gezogen. Mein Vater, 1945 aus dem Krieg kommend, konnte in einem Eisenacher Krankenhaus arbeiten und dann zwei Jahre später die Chefarztstelle eines Krankenhauses in dem kleinen idyllisch gelegenen Thüringer Städtchen Ruhla übernehmen. Meine Kindheit verlief trotz der von großen Entbehrungen geprägten Nachkriegszeit unbeschwert, denn viele Patienten bezeugten meinem Vater ihre Dankbarkeit, indem sie Lebensmittel als Geschenke mitbrachten. Aber Rationierungen und Lebensmittelmarken sind ebenso in meiner Erinnerung, denn sie gehörten in dieser Zeit zu unserem Leben.

1952 eingeschult wurde allen Kindern am ersten Schultag ungefragt das blaue Halstuch der „Jungen Pioniere" umgebunden. Dieser Akt politischer Willkür macht deutlich, wie Kinder und Jugendliche durch die Einbindung in diese Organisation bereits von Schulbeginn an politisch beeinflusst wurden. Das Ziel war die Erziehung zu einer sozialistischen Persönlichkeit und dem Bekenntnis, sich bedingungslos dem Diktat der Arbeiter- und Bauern-Macht und der SED-Führung zu unterwerfen. Eltern, die das nicht duldeten, wurden politisch diskreditiert und den Kindern die weitere Zukunft erschwert. Deutliche Erinnerung habe ich auch an den 17. Juni 1953. Meine Eltern saßen stundenlang vor dem Radio und verfolgten die Berichterstattungen aus Berlin. Sie sprachen von einer drohenden Kriegsgefahr.

1957 bekam mein Vater die Chance, eine Tätigkeit als Oberarzt und leitender Unfallchirurg im Krankenhaus Berlin-Friedrichshain anzunehmen. Sowohl für meine Mutter als auch für meinen Vater und meinen Bruder, alles gebürtige Berliner, war es eine Rückkehr in ihre Heimat. Meine Schwester hatte zu dieser Zeit die DDR bereits verlassen und lebte in Frankfurt a. Main. Wir bezogen eine Wohnung in einem Neubau in Berlin-Hohenschönhausen. Meine Schule lag in unmittelbarer Nähe des Gefängnisses der Staatssicherheit, wovon wir damals natürlich nichts ahnten. Der Gebäudekomplex befand sich in einer für die Bevölkerung gesperrten Straße.

Meine Großeltern wohnten in West-Berlin, in Kladow am Glienicker See. Die „Staatsgrenze" teilte diesen See in Ost und West. Bereits während der Thüringer Zeit verbrachte ich meine großen Ferien in Kladow. Ab 1957 war ich dann fast jedes Wochenende dort. Oft haben meine Großeltern mit meinen Eltern darüber diskutiert, warum sie nicht nach West-Berlin übersiedelten, was damals möglich war. Mein Vater hielt das nicht für notwendig, denn die Grenze war für ihn und uns ohne Probleme passierbar. Er hatte offensichtlich auch nicht den Mut für einen Neubeginn, denn er war in Ost-Berlin ein angesehener Unfallchirurg.

Jugendweihe oder Oberschulplatz

Ein politisch prägendes Ereignis in meinem jungen Leben war 1959 ein Gespräch mit dem Direktor unserer Schule. Mehrere Mitschüler und ich, alles Konfirmanden, wurden vor die Alternative gestellt: entweder Jugendweihe oder Ablehnung eines Oberschulplatzes. Wir hatten uns bis dahin geweigert, an den Schulungen für die Jugendweihe teilzunehmen. Unser Pfarrer reagierte pragmatisch, er konfirmierte uns ein Jahr nach der Jugendweihe mit dem Argument, wir sollten uns nicht die Zukunft verbauen. Es begann nun ein Leben zwischen äußerer Anpassung und innerem moralischem Widerstand. Der Mauerbau 1961 hatte auch meine Familie schwer getroffen. Meine Großeltern sah ich wohl noch drei Mal, denn sie zogen aus Altersgründen zu ihrer Tochter nach Bonn. Auch meine Schwester konnte uns lange nicht besuchen, denn sie galt als republikflüchtig.

Nach dem Abitur 1964 bekam ich zunächst keinen Studienplatz, da mehr Kinder aus Arbeiter- und Bauernfamilien berücksichtigt wurden als Kinder der Intelligenz (60 Prozent: 40 Prozent). Ich erhielt aber die Möglichkeit, zwei

Jahre als Laborhilfskraft in der Gerichtsmedizin der Charité bei Prof. Dr. Prokop, einem international anerkannten und renommierten Rechtsmediziner, zu arbeiten und wurde dann von diesem Institut zum Studium der Medizin delegiert. 1972 erhielt ich meine Approbation als Ärztin und begann eine Facharztausbildung im Klinikum Berlin-Buch. Wegen der Geburt meiner Kinder 1974 und 1977 unterbrach ich diese Ausbildung für jeweils ein Jahr.

Zu meiner Überraschung erhielt ich kurz nach meiner Facharztprüfung und der Promotion zum Dr. med. 1980 das Angebot, die Leitung einer Poliklinischen Abteilung für Lungenkrankheiten und Tuberkulose mit ca. 30 bis 35 Mitarbeitern zu übernehmen. Mit 34 Jahren die Jüngste unter den neuen Kolleginnen und Kollegen und dazu mit zwei kleinen Kindern war das eine ziemlich große Herausforderung für mich.

Die Auseinandersetzung mit der Rolle der Frau

Die politischen Auseinandersetzungen im Deutschen Bundestag zehn Jahre später über die Rolle der Frau und Mutter in unserer Gesellschaft und die Kompatibilität von Beruf und Familie waren für mich wenig verständlich. Ich kannte keinen „emanzipatorischen Kampf", denn für mich war es nach sechs Jahren Studium und über fünf Jahren Facharztausbildung selbstverständlich, auch mit zwei Kindern meinen Beruf als Ärztin auszuüben. Die Vereinbarkeit von Familie und Beruf war kein Thema für mich. Sie war nicht immer leicht, aber mein beruflicher Erfolg brachte keine Nachteile für meine Familie. Die Versorgung der Kinder in der Kinderkrippe und im Kindergarten und die selbstverständliche Hilfe meines Mannes gaben mir den notwendigen Rückhalt für meine berufliche Tätigkeit. Obwohl das tägliche Leben in der DDR von einer Mangelwirtschaft geprägt und damit auch beschwerlich war, versuchten wir, unsere Freizeit überwiegend den Kindern zu widmen. Frauen haben meines Erachtens ein Recht auf die Entscheidung für Familie, Kinder und Beruf. Es bedarf aber der Hilfe des Staates, dafür die notwendigen Rahmenbedingungen (z. B. bezahlbare Krippen-, Kindergarten- und Hortplätze sowie schulische Ganztagsbetreuung) zu schaffen. Auch die Arbeitgeber müssen sich diesen Themen stärker öffnen bis hin zu einer flexiblen Arbeitszeit.

Meine damalige Entscheidung, beruflich eine leitende Tätigkeit zu übernehmen, sah ich zunächst als eine fachliche Herausforderung. Dass mich diese Entscheidung allerdings zu einem politischen Bekenntnis drängen würde, ahnte ich zunächst nicht. Als dann Monate später eine ärztliche Kollegin und SED-Mitglied mir mitteilte, dass die SED mich für einen Parteieintritt werben wollte, war ich in großer Sorge. Mitglied einer Partei zu werden, war bis zu diesem Zeitpunkt für mich unvorstellbar. Auch die sogenannten Blockparteien, die für die Entwicklung in der DDR mit verantwortlich waren, stellten für mich keine

Alternative dar. Da ich aber eine SED-Mitgliedschaft kategorisch ablehnte und auch dem politischen Druck in diesem Zusammenhang entgehen wollte, gab es eigentlich nur den Weg in eine Blockpartei.

Eintritt in die CDU

So entschloss ich mich nach Gesprächen mit meiner Familie und mit Freunden schweren Herzens, in die CDU einzutreten. Die Wahl der CDU sollte auch ein Bekenntnis zu meinem christlichen Glauben sein. In meinem Ortsverband fand ich dann Gleichgesinnte, die mich aufklärten, dass eine CDU-Mitgliedschaft durchaus nicht immer Karriere fördernd sei.

Als 1984 die Stelle des Ärztlichen Direktors für Lungenkrankheiten und Tuberkulose, eine nachgeordnete Einrichtung des Magistrats von Ost-Berlin, vakant wurde, erhielt ich das Angebot, diese Stelle zu übernehmen. In Vorbereitung auf die Übernahme dieser Funktion wurde mir in einem Gespräch mit dem damaligen Bezirksarzt mitgeteilt, dass meine „Westkontakte", insbesondere zu meiner Schwester, die inzwischen mit ihrer Familie jedes Jahr in der DDR die Ferien mit uns verbrachte, nicht mehr erwünscht seien. Das wurde von mir entschieden abgelehnt. Die berufliche Kompetenz war offensichtlich dann doch ausschlaggebend gewesen, denn ich erhielt trotz dieser eindeutigen politischen Haltung die Berufung in diese Funktion. Ein Jahr später durfte ich sogar zur Silberhochzeit meiner Schwester für einige Tage nach Nordrhein-Westfalen fahren. Meine Kinder blieben als „Pfand" in der DDR und bekamen natürlich kein Besuchsrecht bei ihrer Tante in der Bundesrepublik.

Beruflicher Gestaltungsraum

Die Tätigkeit als Ärztliche Direktorin der Bezirksstelle für Lungenkrankheiten und Tuberkulose ermöglichte mir einen größeren beruflichen Gestaltungsspielraum. So optimierte ich z. B. neben meinen administrativen Aufgaben, Gutachtertätigkeit und ärztlichen Sprechstunden die Betreuung von Asthmapatienten und chronisch obstruktiven Lungenkrankheiten durch die Einstellung einer Psychologin und baute die Raucherberatung aus, die ich bereits in der Poliklinik initiiert hatte. Auch die freiwillige Erfassung von Bürgern mit starken Rauchgewohnheiten im Rahmen von Röntgenreihenuntersuchungen und deren engmaschige Untersuchung als Krebsvorsorgeuntersuchung war kein Problem, denn datenschutzrechtliche Bestimmungen spielten eine untergeordnete Rolle. Eine politische Beeinflussung fand nicht statt bis auf politische Weiterbildungen, die jeder Leiter einer Einrichtung über sich ergehen lassen musste. Ich konnte diese bei der CDU durchführen, die ebenfalls politische Schulungen anbot.

Problematisch waren zunehmende Engpässe im Rahmen der Arzneimittelversorgung. Darüber hinaus hatten die medizinisch-technischen Rahmenbedingungen lange Diagnostikzeiten zur Folge. Die Versorgung von Patienten mit seltenen Lungenkrankheiten war nicht optimal. Sie oder deren Angehörige klagten über mangelnde Informationsmöglichkeiten. Selbsthilfegruppen gab es nicht, sie waren politisch nicht erwünscht, denn alles was sich der politischen Kontrolle entzog, war verboten. Solche Missstände waren Veranlassung, mich stärker gesellschaftlich zu engagieren. Das „Aktiv Gesundheitswesen" der CDU ermöglichte das. So war es möglich, Gespräche von Betroffenen oder kirchlichen Vertretern mit staatlichen Organen zu organisieren.

Die Hoffnung der Politik von Michail Gorbatschow

Die Politik Gorbatschows war für mich motivierend, denn ich verband damit die Hoffnung auf mehr Demokratie und Selbstbestimmung in der DDR. Ich habe allerdings eine eindeutige politische Stellungnahme der Ost-CDU in dieser Zeit vermisst. Die große Ausreisewelle im Sommer und Herbst 1989 wurde ebenso wenig kommentiert wie die Demonstrationen und Friedensbewegungen unter dem Dach der Kirchen. Es gab keine Aufbruchsstimmung. Bei uns im Bezirksverband wurden politische Diskussionen unterbunden. Was konnte man auch von einer Partei erwarten, die sich in ihrer politischen Außendarstellung und Meinung nur unerheblich von der SED unterschied. Hinzu kam, dass etliche Mitarbeiter in der Führung Zuträger der Staatssicherheit waren.
Auch mein Ortsverbandsvorsitzender war Inoffizieller Mitarbeiter der Staatssicherheit, was wir natürlich damals nicht vermuteten.
Der 9. November 1989 war für mich ein Tag der Befreiung von Mauer, Stacheldraht, staatlicher Bevormundung, Stasiüberwachung und Reden „mit gespaltener Zunge". Die sich verändernden politischen Ereignisse waren damals so rasant, dass man praktisch keine Nachrichtensendung verpassen durfte. So habe ich am Abend des 9. November ebenfalls die legendäre Pressekonferenz mit Günter Schabowski verfolgt. Seine Aussagen zur Reisefreiheit hatte ich allerdings so interpretiert, dass nun für die ganze Familie die Möglichkeit besteht, die Verwandtschaft in der Bundesrepublik besuchen zu können. Der Spontaneität vieler Ost-Berliner Bürger, aber auch anderer Grenzbewohner ist es zu verdanken, dass die Mauer in dieser Nacht fiel. Wir haben dann das Wochenende bei einer Cousine in West-Berlin verbracht und ich vergesse nie, wie wir auf der Bornholmer Brücke mit Hunderten von Menschen wie bei einer Massendemonstration von Ost nach West die Grenze passierten. Der Kurfürstendamm war eine Festmeile, und Ost- und West-Berliner lagen sich in den Armen. Doch einige Tage später bewegte uns alle die Frage, wie geht es jetzt weiter? Wird die Grenze weiterhin durchlässig bleiben und wie wird die Reaktion der DDR-Regierung

sein. Uns bewegte auch die Frage, was nutzt uns die Reisefreiheit, wenn wir mit der DDR-Währung eine Reise in die Bundesrepublik gar nicht finanzieren können. Diese Zeit war also nicht nur von Hoffnungen geprägt, sondern auch von Zukunftsängsten. Keiner ahnte im Dezember 1989, dass bereits ein Jahr später die Wiedervereinigung Deutschlands vollzogen sein würde.

So bewegte auch mich die Frage, wie wird meine weitere berufliche Entwicklung sein

Zunächst hatten wir aber nur ein Ziel, mit der ganzen Familie bei meiner Schwester Weihnachten und Silvester zu feiern. Wir fuhren am 23. Dezember 1989 in Marienborn über die Grenze. Die Ausweiskontrolle war mit einem unsicheren Gefühl verbunden, denn sicher war man sich damals noch nicht, ob man ohne Komplikationen von Ost nach West und auch wieder zurück die Grenze passieren konnte.

Nach dem Fall der Mauer kam es sehr schnell zur Kontaktaufnahme zur West-Berliner CDU. Unser Kreisverband Weißensee erhielt bereits im Dezember 1989 eine Einladung zur Weihnachtsfeier der Schöneberger CDU. Ich erinnere mich noch sehr gut an dieses Treffen, denn ich hatte eine heftige Auseinandersetzung mit Frau Laurien. Sie war gerade von einer Veranstaltung des „Demokratischen Aufbruch", einer oppositionellen politischen Vereinigung, die sich inzwischen zu einer Partei in der DDR konstituiert hatte, gekommen. Frau Laurien erklärte mir, dass sie eine Zusammenarbeit mit der Ost-CDU sehr kritisch sähe. Für sie käme nur ein Zusammenwirken mit dieser neuen Partei in Frage. So dachten viele in der West-CDU. Auch der damalige Generalsekretär Volker Rühe wollte keine engere Zusammenarbeit mit uns. Insgesamt aber waren die Kontakte zu den West-Berliner CDU-Freunden eine Bereicherung, denn sie unterstützten unser Bemühen, die gesellschaftlichen Veränderungen aktiv mitzugestalten.

In diesem Zusammenhang wurde ich von vielen aus Ost und West angesprochen, für die erste frei zu wählende Volkskammer zu kandidieren. Ich zögerte zunächst, weil ich meinen Beruf nicht aufgeben wollte. Nach mehreren Gesprächen gab ich dann doch meine Zustimmung unter dem Vorbehalt, neben dem politischen Mandat meinen Beruf als Ärztin weiter ausüben zu können. Welch eine Illusion!

Entgegen aller Prognosen gewann die Allianz für Deutschland die Volkskammerwahl

Das Ergebnis war ein eindeutiges Bekenntnis zur Einheit Deutschlands und damit ein wichtiger Bestandteil des Demokratisierungsprozesses, der sich im ganzen Land bereits vollzog. Die Demokratie, die bereits Jahrzehnte früher mit Hilfe der westlichen Besatzungsmächte in der Bundesrepublik Wirklichkeit geworden war, hatte nun in ganz Deutschland gesiegt – und das aus eigener Kraft. Eine bemerkenswerte Tatsache deutscher Geschichte! Meine Entscheidung, mich an diesem Prozess zu beteiligen, hatte weitreichende persönliche Folgen. Die Fraktion schlug mich für die Funktion der Volkskammerpräsidentin vor und auf Grund einer Verfassungsänderung wurde ich dann auch amtierendes Staatsoberhaupt.

Eine Unterstützung durch den Vorsitzenden der CDU der DDR, Lothar de Maizière, fand nicht statt. Im Gegenteil, die Zusammenarbeit zwischen unseren Büros verlief keineswegs reibungslos.

So wurde ich ohne Vorbereitung nach meiner Wahl mit dem bisherigen Apparat der Volkskammer konfrontiert. Der Schöneberger CDU-Kollege und Bundestagsabgeordnete Jochen Feilcke bot mir daraufhin an, mich zu unterstützen. Schließlich habe ich Lothar de Maizière in seiner Funktion als Parteivorsitzender aufgefordert, mir eine vertrauenswürdige Persönlichkeit für das Amt des Leiters des Sekretariats der Volkskammer zu empfehlen. Er schlug mir Adolf Niggemeier vor. Dieser war Mitglied des Sekretariats des CDU-Hauptvorstandes und, wie sich nach der Wiedervereinigung herausstellte, als Informant für die Staatssicherheit tätig. Adolf Niggemeier hat nach seiner Enttarnung in der Presse behauptet, in der Führung der Ost-CDU hätten viele von seiner IM-Tätigkeit gewusst. Sein Wirken in der Volkskammer hatte eine entsprechende Qualität.

Aber er war nicht der einzige IM, der in der freigewählten Volkskammer tätig war. Als ich einen Pressechef suchte, wurde mir von dem Fraktionskollegen Peter Mugay, einem Journalisten, jemand empfohlen. Der Pressechef hat mir durch sein taktloses Benehmen und seine Tätigkeit sehr geschadet. Auch das erfuhr ich erst viel später. Peter Mugay, hat noch bis in die 1990er Jahre als Chefredakteur in der Märkischen Allgemeinen Zeitung gearbeitet. Nach Zeitungsberichten waren seine Stasi-Akten nach dem Fall der Mauer zerrissen worden. Damit fühlten sich diese Leute sicher. Er wurde dann aber durch Rekonstruktion der Akten enttarnt. Was aus meiner Sicht besonders belastend ist, dass er sich laut Zeitungsbericht 1976 – offensichtlich aus eigener Überzeugung – durch Denunziation von Kollegen dem Ministerium für Staatssicherheit empfahl. Zwei Mitarbeiter, ein erfahrener ehemaliger Staatssekretär aus Niedersachsen, Herr Dr. Weert Börner, und der spätere Büroleiter von Bundespräsident Richard von Weizsäcker, Herr Dr. Hansjörg Dellmann, haben mich in meiner Arbeit sehr unterstützt. Sie waren mir eine große Hilfe bei der Bewältigung der Aufgaben als Volkskammerpräsidentin und als amtierendes Staatsoberhaupt. Auch meine unmittelbaren Mitarbeiter, wie meine Sekretärin Frau Pahlke, die mich schon als Ärztin viele Jahre begleitet hatte, und mein Büroleiter, Herr Dr. Gerhard Schmidt, waren Vertrauenspersonen, auf die ich mich verlassen konnte.

Der politische Handlungsbedarf war enorm und verlangte von uns ein ungeheures Arbeitspensum. Was nun folgt, war eine bedeutende Zeit in der Geschichte des deutschen Parlamentarismus. Die letzte Wahlperiode der Volkskammer war die kürzeste Lehre und härteste Bewährungsprobe in Sachen Politik. Mit 164 Gesetzen, davon drei Staatsverträgen und 93 Beschlüssen war der Umfang der Arbeit gewaltig – und die Zahl der Probleme auch. Im Schnittpunkt noch nicht überwundener Vergangenheit und noch kaum begonnener Zukunft galt es, politisch die Gegenwart und die gesetzlichen Grundlagen für die kommende Zeit zu gestalten. Und das unter einem ungeheuren Zeitdruck. Bei aller Kritik an Unvollkommenem bleibt die Frage theoretisch:

Wer hätte es wie besser machen können?

Erschwerend kam hinzu, dass kaum einer von uns parlamentarische Erfahrungen besaß. Das Bewerten von Röntgenbildern und medizinischer Diagnosen helfen kaum bei der Zügelung eines politisch emotional aufgeladenen Parlamentes. Mir hat es im doppelten Sinne schlaflose Nächte bereitet. Hinzu kamen sehr unzureichende Arbeitsbedingungen. Die Plenartagungen der früheren Volkskammer hatten nur ein bis zwei Mal im Jahr stattgefunden. Wir haben in dem halben Jahr neben den vielen Ausschusssitzungen 39 Plenartagungen durchgeführt. Die Gesetzgebung befasste sich mit den notwendigen wirtschaftlichen gesellschaftlichen Veränderungen in der DDR, wie z. B. der Änderung des Wehrdienstgesetzes, dem Gesetz über die Selbstverwaltung der Gemeinden und Landkreise (Kommunalverfassung), einem neuen Richtergesetz, Parteiengesetz, Gesetz über die Grundsätze des Finanzwesens, Treuhandgesetz usw. Eine Aufzählung aller Gesetze, die uns beschäftigt haben, würde den Rahmen dieses Beitrages sprengen. Hinzu kam die Verabschiedung der Gesetze für die Vorbereitung der Währungs-, Wirtschafts- und Sozialunion und des Einigungsvertrags. Ein weiterer wichtiger Bestandteil unserer Aufgaben war z. B. auch die Einsetzung eines Sonderausschusses zu Kontrolle der Auflösung des MfS/AfNS und der Bildung einer Regierungskommission zur Aufklärung der Vermögenswerte aller Parteien und Massenorganisationen im In- und Ausland. Erinnern möchte ich auch an die Auseinandersetzungen mit der Bundesrepublik über den Umgang mit den Akten der Staatssicherheit. Ich bin froh, dass wir uns damals mit der Bildung der „Stasi-Unterlagenbehörde" durchsetzen konnten. Sie ist nach wie vor ein wichtiger Bestandteil der Aufarbeitung der DDR-Vergangenheit.

Aufgrund der unzureichenden Arbeitsbedingungen fehlte es an Vielem. Es gab für die Abgeordneten keine Arbeitsräume, nicht genügend Telefone. Moderne Technik wie Computer oder Handys waren Utopie.

Ein Vizepräsident wurde mit der Schaffung von erträglichen Arbeitsbedingungen für die Abgeordneten beauftragt. Selbst die Unterkunft in Berlin wurde zu einem Problem, denn wir tagten fast täglich. Viele kamen dann in einem Hotel in Berlin-Lichtenberg, Ruschestraße, einem ehemaligen Gebäude der Staatssicherheit, unter.

Aber unsere Arbeit war nicht nur von der Gesetzgebung geprägt, wir waren auch mit vielen Problemen des täglichen Lebens beschäftigt. So begrüßten mich z. B. eines Morgens Kühe und Schweine vor der Volkskammer. Sie waren von aufgebrachten Bauern dorthin gebracht worden, um auf die landwirtschaftlichen Probleme aufmerksam zu machen.

Die parlamentarische Arbeit

Als wir mit unserer parlamentarischen Arbeit begannen, war man in Ost und West noch überzeugt, dass der Weg bis zur Wiedervereinigung vielleicht drei bis vier Jahre dauern würde. Aber sowohl die außenpolitische als auch die innenpolitische Entwicklung belehrte uns eines Besseren. Über 600.000 gut ausgebildete Menschen verließen nach dem Mauerfall die DDR und der Ruf nach Wiedervereinigung wurde immer lauter. Die Bürger der DDR hatten sich ihre Freiheit erkämpft und wollten nun die Einheit Deutschlands. Damit war der Weg für die Volkskammer und auch den Deutschen Bundestag klar vorgezeichnet. Bundeskanzler Helmut Kohl und seine Bundesregierung unterstützten diesen Weg intensiv. Die Zustimmung Frankreichs, Englands, der Vereinigten Staaten von Amerika und der Sowjetunion zu erreichen, war für Helmut Kohl eine große Herausforderung. Das Vertrauen der Westmächte in ihn, seine Garantie für eine friedliche und demokratische Grundordnung in einem vereinigten Deutschland und sein fester Wille für ein vereinigtes Europa machten diese Zustimmung möglich. In diesem Zusammenhang sei an den Zwei-plus-Vier-Vertrag erinnert, der eine wichtige Voraussetzung für die Wiedervereinigung war.

Ein Charakteristikum der frei gewählten Volkskammer will ich noch hervorheben. Das war die Neigung aller Abgeordneten zu großer Sachlichkeit in den Diskussionen – auch über Parteigrenzen hinweg. Der Prozess der Wiedervereinigung erforderte klares und zielgerichtetes Handeln. Nur so war die gewaltige Aufgabe zu meistern. Hinzu kam, dass wir von vornherein wussten, dass wir nicht viel Zeit haben würden. Nicht etwa eine Legislaturperiode war uns zugedacht, nein, wir sollten so schnell wie möglich für unsere Selbstauflösung sorgen.

Die geschichtliche Bedeutung der Volkskammer und auch der Regierung de Maizière treten bei der Beurteilung des Jahres 1990 leider oft in den Hintergrund. Unsere Aufgabe war damals nicht zu unterschätzen. Sie war schwierig und mit vielen Problemen verbunden, und sie war ohne Vergleich in der Welt. Nach einer turbulenten Nachtsitzung konnte ich am Morgen des 23. August 1990 gegen 2:30 Uhr den Beschluss der Volkskammer über den Beitritt der DDR zum Geltungsbereich des Grundgesetzes der Bundesrepublik Deutschland am 3. Oktober 1990 bekannt geben. Damit waren die deutschen Hürden für die Wiedervereinigung genommen.

Am 3. Oktober 1990 wurde ich zur Ministerin für besondere Aufgaben ernannt und drei Monate später zur Parlamentarischen Staatssekretärin im Bundesministerium für Gesundheit. Die parlamentarische Arbeit im Deutschen Bundestag, in den Fraktionen und den Ausschüssen stellten mich wie auch die anderen Abgeordneten aus den neuen Ländern vor ganz neue Herausforderungen.

Wir kamen mit anderen Erfahrungen und einer anderen Sozialisation in ein seit Jahrzehnten funktionierendes System. Das musste zwangsläufig zu Diskrepanzen und Auseinandersetzungen führen. Es wurde von uns Anpassung und Akzeptanz der seit Jahren herrschenden Rahmenbedingungen im Parlament und in den Ministerien verlangt. Wir hatten nichts zu hinterfragen, denn schließlich kamen wir aus einem System, was nicht überlebt hatte. Wir wussten wenig voneinander und besonders die Kolleginnen und Kollegen, die wenig oder keinen Kontakt in die DDR gehabt hatten, ließen eine große Unkenntnis über unser bisheriges Leben erkennen. Hinzu kam, dass wir auch Konkurrenten waren. Manche Kollegen, die sich nach der Bundestagswahl 1990 bestimmte Funktionen ausgerechnet hatten, mussten zugunsten ostdeutscher Kollegen zurückstehen. Was mich besonders gestört hat, war die mangelnde Bereitschaft zur Anerkennung unserer bisherigen Lebensleistungen.

Natürlich war Vieles für uns neu

Was wusste ich schon von dem gegliederten Krankenkassensystem oder den Sozialgesetzbüchern, insbesondere dem SGB V. Ich hätte mir jedoch gewünscht, dass auch unsere Erfahrungen im Beruf und Leben die westdeutschen Kollegen interessiert hätten. Erst viel später, nachdem man sich besser kannte, haben diese Erfahrungen eine Rolle gespielt. Da waren aber bereits viele Chancen vertan. Ich möchte einige wenige Beispiele aus dem Gesundheitswesen nennen: Bei allem Mangel hatten wir z. B. eine sehr gut strukturierte Betreuung von chronisch Kranken (z. B. Krebserkrankungen, Diabetes mellitus, Rheumaerkrankungen etc.) vom Hausarzt über den Facharzt bis in die spezialisierte Betreuung im Krankenhaus. Erst fast zwei Jahrzehnte später hat man die Disease Management Programme (DMP) im SGB V eingeführt.

Es sei auch an die heftigen Auseinandersetzungen über die Polikliniken erinnert. Besonders die Kassenärztliche Bundesvereinigung aber auch andere waren nicht zu überzeugen, dass eine fachübergreifende Diagnostik und Therapie unter einem Dach von Vorteil sein könnte; nicht nur für die Patienten aufgrund kurzer Wege, sondern auch kostensparend für die GKV. Heute gibt es Medizinische Versorgungszentren (MVZ). Diese Liste ließe sich beliebig fortsetzen. Auch das in der DDR geschaffene und international anerkannte Krebsregister wurde nicht fortgeführt. Heute bedauert man das.

Als im Bundesministerium für Arbeit und Sozialordnung (BMAS) die Diskussion über die Einführung der Pflegeversicherung begann, wurde ich in die Runde der Fachbeamten eingeladen. Ich versuchte deutlich zu machen, dass zwischen der reinen Pflegeleistung und der medizinischen Pflege es fließende Übergänge gäbe und eine strikte Trennung aus meiner Sicht nicht praktikabel sei. Meine praktischen Erfahrungen als Ärztin und meine Beharrlichkeit waren nicht erwünscht. Ich wurde nicht mehr an der Diskussion beteiligt.

Kurze Zeit später wurde Horst Seehofer (damals Parlamentarischer Staatssekretär im BAMS), der sich als mein entschiedener Gegner in diesen Fachdiskussionen erwies, Bundesminister für Gesundheit. Trotz der Anfangsschwierigkeiten hat sich ein Vertrauensverhältnis aufgebaut, denn er lernte sehr schnell die Vorteile meines medizinischen Wissens zu schätzen. So bekam ich u. a. in meine Zuständigkeit das Bundesgesundheitsamt mit über 2000 Mitarbeitern. Das versetzte mich in die Lage, mit den Fachbeamten des Ministeriums und den Wissenschaftlern des Bundesgesundheitsamtes die für die Regierungsarbeit wichtigen Themen zu diskutieren. So habe ich rechtzeitig die Gefahr von BSE (bovine spongioforme Enzephalopathie) erkannt und wir konnten entsprechende nationale und internationale Maßnahmen zur Bekämpfung dieser Erkrankung ergreifen, um nur wenige Beispiele zu nennen. Gegen den Widerstand einiger Beamter habe ich dann eine Überprüfung der nachgeordneten Einrichtungen des Bundesgesundheitsamtes durch den Wissenschaftsrat angeregt und durchgesetzt, in deren Ergebnis es zu einer Restrukturierung einiger Institute, insbesondere des Robert-Koch-Institutes kam, welches heute als Nationales Referenzzentrum zur Überwachung wichtiger Infektionserreger auch europäisch und international anerkannt ist. Übrigens kam es wenige Jahre später zu einer fachlichen Auseinandersetzung zwischen dem Arbeitsministerium und dem Gesundheitsministerium wegen der kaum zu trennenden Kosten der Pflegeversicherung und der medizinischen Behandlungspflege. Ein Problem, auf welches ich bereits vor der Einführung der Pflegeversicherung hingewiesen hatte.

Die Arbeit der Gruppe der Frauen

Gewöhnungsbedürftig waren für mich anfangs auch die Bemühungen der Gruppe der Frauen, sich im politischen Alltagsgeschäft mehr Gehör zu verschaffen. Offensichtlich funktionierten die „Seilschaften" bei den Männern sehr viel besser. Die Frauen, zahlenmäßig unterlegen, versuchten gemeinsam Strategien zu entwickeln. Das war nicht nur ein Problem in unserer Partei, sondern auch in anderen Parteien.

Ich kannte solche Diskussionen und Anerkennungsdefizite aus meinen Erfahrungen in der DDR nicht. Bei aller Doppelbelastung durch Kinder, Haushalt und Beruf hatte ich immer eine große Anerkennung nicht nur bei meinen Patienten, sondern auch im Kollegenkreis erfahren.

Hinzu kamen die sehr emotional belasteten Diskussionen bei einigen politischen Entscheidungen. Als Beispiel möchte ich die Diskussionen um die Neugestaltung des § 218 StGB und das Embryonenschutzgesetz nennen. Das war für mich manchmal an der Grenze des Erträglichen, denn einige Kollegen machten auch nicht vor persönlichen Verletzungen halt. Wir waren plötzlich „Rabenmütter", die ihre Kinder aufgrund ihrer beruflichen Karriere in die Krippen „abschoben". Differenzierte Betrachtungen und Erfahrungsaustausche waren kaum möglich, denn man hörte uns oft gar nicht zu.

So legten einige Spitzenbeamte im Ministerium für Gesundheit z. B. wenig Wert auf meine Erfahrungen im Gesundheitswesen der DDR. Darauf angesprochen, sagte mir viele Jahre später ein Beamter: „Auch wir waren politisch verblendet." Ich glaube, das bringt es auf den Punkt.

Viele unserer Hinweise und Erfahrungen fanden aufgrund von Ignoranz und Arroganz kein Gehör. Das hatte zur Folge, dass den ostdeutschen Kollegen in ihren Wahlkreisen in den ersten Jahren nach der Wiedervereinigung immer wieder Vorwürfe gemacht wurden. Die Funktionsträger aus den Neuen Bundesländern hatten die Möglichkeit, einmal im Monat in einer Gesprächsrunde mit den Abteilungsleitern oder Staatssekretären der Bundesministerien unter dem Vorsitz des Kanzleramtsministers ihre speziellen Probleme anzusprechen. Leider fanden wir nicht immer Gehör, denn die Unwissenheit über die Strukturen in der ehemaligen DDR war auch dort sehr verbreitet. So haben wir immer wieder auf die Notwendigkeit der Fortsetzung von wichtigen Forschungsaktivitäten in den Neuen Ländern hingewiesen. Leider gab es bei der Evaluierung der DDR-Forschung aus unserer Sicht viele Fehlentscheidungen, die irreversibel waren.

Wir vermissten die notwendige Flexibilität bei den Beamten, um den Herausforderungen der gesellschaftlichen Veränderungen gerecht zu werden. Man versuchte mit den Erfahrungen aus der Bundesrepublik Staat und Gesellschaft in den Neuen Ländern zu verändern, ohne auf die Besonderheiten der gesellschaftlichen Entwicklung der DDR Rücksicht zu nehmen bzw. unsere Erfahrungen und Ratschläge einzubeziehen. So hörten wir auf unsere Vorschläge oft den Satz: „So was haben wir ja noch nie gemacht", oder „Das ist rechtlich nicht möglich".

Frustration und Resignation waren bei mir oft die Folge

Die Menschen in den neu hinzugekommenen Bundesländern erhofften sich nach der Wiedervereinigung nicht nur mehr Freiheit, Demokratie und Wohlstand, sie hofften auch auf Anerkennung ihrer fleißigen Arbeit. Gearbeitet wurde in den 40 Jahren der DDR ebenso wie im Westen, allerdings unter anderen ökonomischen Rahmenbedingungen mit einer unterschiedlichen Effizienz der Wirtschaftssysteme. Das Leben gestaltete sich unvergleichlich schwieriger, der Mangel war überall. Hier gab es Missverständnisse. Die Menschen mussten sich plötzlich für

40 Jahre erzwungenen Lebens im Sozialismus rechtfertigen. Ihre Berufe, ihre Lebensleistungen wurden hinterfragt und oft negativ bewertet. Das führte zu Anerkennungsdefiziten und schließlich auch zu einer weit verbreiteten „Ostalgie". Sie mussten Anpassungsleistungen an ein völlig neues und für sie unbekanntes Gesellschafts- und Rechtssystem vollbringen. Solche Veränderungen in so kurzer Zeit mussten die Westdeutschen nie ertragen. Und damit wurde der Erfolgsdruck auf uns ostdeutsche Bundestagsabgeordnete auch besonders groß.

Bei allen vermeidbaren Defiziten im Vereinigungsprozess bin ich heute froh, was in den letzen 22 Jahren geschafft wurde. Ich sehe die von Helmut Kohl prognostizierten „blühenden Landschaften". Städte und Dörfer erstrahlen heute in neuem Glanz. Vieles wurde saniert; historische Altbausubstanzen wurden vor dem Abriss gerettet. Unwürdige Bedingungen in Krankenhäusern, Altenheimen und Schulen z. B. wurden beseitigt. Das konnte nur geschehen durch einen riesigen Transfer von Geldleistungen im Rahmen des „Aufbau Ost" und die Solidarität unserer westdeutschen Mitbürger (wobei ich bei Vorträgen in den alten Ländern immer darauf hinweisen muss, dass der Solidaritätsbeitrag von allen Mitbürgern in West und Ost bezahlt wird).

2002 habe ich nicht mehr für den Deutschen Bundestag kandidiert, obwohl viele Kollegen mich dazu ermuntert hatten. Für mich war aber der Ausflug in die Politik ein zeitlich begrenzter. Ich hatte den Verlust meiner ärztlichen Tätigkeit nie ganz verwunden. „Vollblutpolitiker" war ich nicht und wollte es nicht sein.

In der politischen Diskussion war der Erfahrungsaustausch auch über die Parteigrenzen für mich immer wichtig. So habe ich trotz meiner bürgerlichen Haltung zum Leben bei den Beratungen in den Ausschüssen und den parlamentarischen Debatten die Argumente von Kollegen anderer Parteien in meine Entscheidungen einbezogen. Es ist gut, für politische Überzeugungen zu kämpfen, jedoch nicht mit Scheuklappen. Es ist nicht ehrenrührig, zuzugeben, wenn man sich geirrt hat. Intrigen und Häme dem politischen Gegner gegenüber waren für mich nie ein Mittel in der politischen Auseinandersetzung. Ich habe viele Freunde in meiner Fraktion und meiner Partei gefunden, aber auch etliche Kollegen anderer Parteien hatten und haben meine Sympathie. Ich bin froh und dankbar, dass ich den Prozess der Wiedervereinigung mitgestalten durfte.

In den letzten Jahren habe ich mich ehrenamtlich im Deutschen Roten Kreuz, dem Internationalen Bund und anderen Gremien erfolgreich engagiert. Meine politischen Erfahrungen haben mir dabei sehr geholfen. Durch mein ehrenamtliches Engagement möchte ich heute meinen Teil an der Gestaltung der Gesellschaft leisten. Und ich habe auch festgestellt, dass meine Familie, mein Mann, meine Kinder und meine Freunde, die viele Jahre auf mich verzichten mussten, auch ein Anrecht auf meine Gesellschaft und Fürsorge haben. Das ist ebenfalls ein wichtiger Teil meines Lebens geworden.

Birgit Schnieber-Jastram

Politisches Engagement soll geprägt sein durch Herz und Verstand

Geboren am 4. Juli 1946 in Hamburg, verheiratet, zwei Kinder, 1957–1966 Besuch eines Gymnasiums und einer staatlichen höheren Handelsschule in Hamburg, 1966–1970 Arbeit in Werbe- und Public-Relations-Agenturen in Hamburg und Bonn, 1970–1979 Redakteurin beim Verlag Märkte & Medien GmbH in Hamburg, 1981 Eintritt in die CDU, 1983–1994 Leiterin des Hamburger Wahlkreisbüros des CDU-Bundestagsabgeordneten und Bundesministers der Verteidigung Volker Rühe, 1986–1994 Mitglied der Hamburgischen Bürgerschaft, 1992–2010 stellvertretende Landesvorsitzende der CDU Hamburg, 1994–2001 Mitglied des Deutschen Bundestages, 1998–2000 Vorsitzende der Arbeitsgruppe Arbeit und Soziales und sozialpolitische Sprecherin der CDU/CSU Bundestagsfraktion, 2000–2001 Parlamentarische Geschäftsführerin der CDU/CSU-Bundestagsfraktion, 2001–2004 Senatorin für Soziales und Familie der Freien Hansestadt Hamburg, 2004–2008 Senatorin für Soziales, Familie, Gesundheit und Verbraucherschutz sowie Zweite Bürgermeisterin der Freien Hansestadt Hamburg, 2008 Mitglied der Hamburgischen Bürgerschaft, seit 2009 Mitglied des Europäischen Parlamentes.

Politik war Zuhause gelebter Alltag

In der Zeit, in der ich aufgewachsen bin, war es nicht selbstverständlich, dass sich Kinder – vor allem Mädchen – mit Politik beschäftigen. Deswegen bin ich meinen Eltern sehr dankbar, dass Politik bei uns zuhause gelebter Alltag war: Mutter Abgeordnete, Vater Pastor. So war öffentliches Engagement immer ein Thema und eine Selbstverständlichkeit. In der Gemeinde meines Vaters in der Nachkriegszeit war es oft das ganz praktische Engagement, das vorgelebt wurde. Ich erinnere aus Kindertagen die Verteilung von Milchpulver genauso wie immer volle Kirchen. Diese Seite der Politik, also die alltägliche Problemlösung und Zusammenarbeit, hat mich während meiner gesamten Laufbahn mehr interessiert als parteipolitische Diskussionen um Dogmen oder ganz große Visionen. Zu dieser Grundhaltung mag auch die damals in Pastorenfamilien mehr als unübliche Scheidung meiner Eltern beigetragen haben, die für uns Kinder und mich als einziges Mädchen dann ein besonderer Einschnitt war, der mich sicherlich auch für mein späteres politisches Engagement geprägt hat.

Deswegen spielt noch heute die Interessenvertretung von Frauen für mich eine große Rolle, deswegen ist es für mich unverständlich, dass man heute eine „Herdprämie" fordern kann, ohne daran zu denken, dass bei hohen Scheidungsraten neben dem Wohl der Kinder auch die Eigenständigkeit der Frau wichtiger ist denn je. Die Zahl der Frauen, die nach Scheidungen Hartz IV beziehen, spricht eine deutliche Sprache, und das geänderte Scheidungsrecht fordert von Frauen die eigenständige Versorgung. Auch deswegen habe ich in meiner Funktion als Senatorin für Soziales und Familie maßgeblich dafür gesorgt, dass wir in Hamburg heute so gut dastehen in der Kinderbetreuung – qualitativ wie quantitativ.

Ich hatte keine andere Chance, als bei der CDU zu landen

Vielleicht ist es Zufall, bei welcher Partei politisch interessierte Menschen landen. Es hängt sicher von der Familie ab, in die man hineingeboren wird. Und ich hatte eigentlich keine andere Chance, als bei der CDU zu landen. Wie schon gesagt: Meine Mutter war CDU-Abgeordnete in der Hamburgischen Bürgerschaft. Viele Freunde kamen aus der Jungen Union; einer von ihnen wurde mein Mann und ist es bis heute. Andere haben sich um die Frauenförderung verdient gemacht, ganz besonders der ehemalige Verteidigungsminister Volker Rühe, aber auch Dirk Fischer aus Hamburg. Auch spätere Kollegen aus der Hamburgischen Senatsmannschaft unter Ole von Beust zählten zu diesen Freunden: Dr. Wolfgang Peiner, damals Finanzsenator, und Gunnar Uldall, ehemaliger Wirtschaftssenator. Es war ein gutes Gespann in dieser Senatsmannschaft, geprägt von guten Ideen und konstruktiver Zusammenarbeit. So kam es, dass ich mich menschlich in der großen Volkspartei CDU, die auch Platz hat für liberale Geister, bis heute zuhause fühle – nicht ohne gelegentlich Kritik zu äußern, nicht ohne für neue Ideen und Fortschritt zu kämpfen.

Einer der wesentlichen inhaltlichen Punkte, für die ich mich immer engagiert habe, ist die Europapolitik der Union. Ich habe anfangs gesagt, dass ich eigentlich kein großer Anhänger von Visionen bin. Als Hamburger kann ich da eher der skeptischen Grundhaltung Helmut Schmidts etwas abgewinnen. In der Frage Europa ist das jedoch anders. An diesem Projekt führt für Deutschland kein Weg vorbei. Dieses Europa ist inzwischen auch keine bloße Vision mehr, sondern unser Schicksal. Gerade wir Deutschen müssen uns dieser Aufgabe stellen – auch der Verantwortung, die mit einer Führungsrolle einhergeht und die uns noch nicht immer leicht fällt, z. B. wenn uns andere Länder um Hilfe bitten, aber wegen dieser Abhängigkeit gleichzeitig Ressentiments fühlen. Wir haben jetzt die Chance, aus wohl verstandenem eigenem Interesse solidarisch zu sein, also weil wir es wollen und nicht, weil wir es aus historischen Gründen müssen. Denn: Kaum ein Land hat von Europa so profitiert wie Deutschland. Die CDU hat sich dieser Verantwortung für Europa gestellt – auch wenn es nicht immer einfach war. Ich setze mich dafür ein, dass das auch in der jetzigen Krise so bleibt. Insofern ist es für mich aus der heutigen Rückschau als Europaabgeordnete nicht nur – wie oben gesagt – eine Fügung gewesen, dass ich in dieser Partei heimisch geworden bin, sondern eine glückliche Fügung.

Erste Erfahrungen auf St. Pauli

Ich kann mich noch recht gut an den ersten Start erinnern: das war in den Büroräumen der Jungen Union, die oft Treffpunkt waren für ihre Mitglieder. Irgendwann fragte mich ein befreundetes Landesvorstandsmitglied, ob ich nicht Bezirksvorsitzende im JU-Bezirksverband Hamburg St. Pauli werden wolle – Hamburgs Rotlichtbezirk. Es folgten Wahlen und das erste politische Mandat – als erste und damals einzige Frau in so einer Funktion in der damals eher männlich dominierten JU. So lernt man also Politik „von der Pike auf": Veranstaltungen planen, Mitglieder werben und motivieren, um Positionen ringen und sie auch vertreten.

Später forderte mein Beruf andere Prioritäten. Arbeit in Bonn, dann wieder Hamburg. Und bei starker beruflicher Auslastung gab es für Politik keine Zeit. Erst nach der Geburt unserer beiden Kinder, der damals üblichen Aufgabe des Berufes und dem Engagement in Schule und Kreiselternrat, gab es den zweiten Start. Auslöser war diesmal ein zufälliges Treffen mit Volker Rühe auf dem Harburger Markt. Das Wiedersehen hatte Folgen: Engagement in der Hamburger Politik, Deputierte in der Schulbehörde, Mitarbeit in Ausschüssen der Bezirksversammlung Harburg und Mitarbeiterin des Bundestagsabgeordneten Rühe. Und daneben natürlich auch die übliche Parteiarbeit: Präsenz an Informationsständen, nicht selten mit den Kindern, Verteilen von Infomaterial oder Besuch von Parteiveranstaltungen. Letztere sind übrigens meist nichts für Frauen, die zu dieser Zeit eigentlich gerade die Kinder ins Bett bringen.

Schule und Soziales waren lange meine Themen

Natürlich war meine politische Arbeit stark geprägt durch die persönlichen Erfahrungen: Schule und Soziales waren meine Themen. Die Sozialpolitik blieb es über eine lange Zeit und im weitesten Sinn habe ich auch heute im Europäischen Parlament damit zu tun. 1986 wurde ich Mitglied der Hamburgischen Bürgerschaft, arbeitete im Sozialausschuss und wurde später Sprecherin und Vorsitzende. 1994 wechselte ich in den Deutschen Bundestag, wo ich ebenfalls im Sozialausschuss startete, dann sozialpolitische Sprecherin der Bundestagsfraktion wurde und später parlamentarische Geschäftsführerin. Mit mindestens einem weinenden Auge habe ich mich dann 2001 in Berlin verabschiedet, um in Hamburg Senatorin für Soziales und Familie und später 2. Bürgermeisterin zu werden. Ein großer Wechsel – von der Bundespolitik ins viel kleinere Hamburg und es hat einige Zeit gedauert bis ich mich wieder gewöhnt hatte an das Hamburger Rathaus. Übrigens Besichtigung empfohlen: In der Architektur des Rathauses zeigt sich auch sehr schön das Verhältnis zwischen Männern und Frauen. Über dem Eingang findet sich natürlich die Stadtgöttin Hammonia. Aber auch die konkreten Leistungen der Frauen für die Hansestadt werden an der „Frauensäule" in der Rathausdiele gewürdigt. Andererseits zeigt sich hier auch ein traditionelles Frauenbild. Unter den 64 geehrten Bürgern der Hansestadt sind fünf Frauen. Sie wurden – anders als die Männer – nicht für ihre politischen Leistungen geehrt, obwohl es hier auch viele bedeutende Hamburger Frauen, z. B. die Pionierin der Mädchenerziehung Caroline Rudolphi, gegeben hätte, sondern für ihre Wohltätigkeit. Ich will diese Würdigung damit nicht schmälern, aber dieses Bekenntnis der Bauherren des Rathauses zur Rolle der Frau war eigentlich schon damals nicht mehr auf der Höhe der Zeit.

Ich blicke also heute zurück auf ganz unterschiedliche Tätigkeiten: Oppositionsarbeit in der Hamburgischen Bürgerschaft, Abgeordnetenarbeit im Bundestag – in Regierungs- und Oppositionszeiten, Regierungsverantwortung in Hamburg und schließlich auf die Arbeit im Europäischen Parlament, die so anders ist, als die Tätigkeit in anderen Parlamenten. In Europa werden nicht nur unterschiedliche Sprachen gesprochen, es gibt auch unterschiedliche Mentalitäten. Das macht die Arbeit so interessant und vielfältig und jede Abstimmung wieder zu einem spannenden Erlebnis. Denn: Eine offizielle Fraktionsmeinung gibt es sehr oft gar nicht.

Unterstützung von Mann, Kindern und Freunden

All diese Aufgaben hätte ich sicher nicht bewältigen können ohne die Unterstützung meines Mannes, ohne die Mitarbeit meiner Kinder, die so vorzüglich durch die Schule gekommen sind, dass ich mir nie Sorgen machen musste und ohne die Hilfe von Freunden, Nachbarn und Au-Pairs, die unsere Kinder zum Sport oder zur Musik gefahren haben, die mit ihnen gespielt oder sie versorgt haben, wenn von uns niemand im Haus war.

Frauenförderung

Das Thema Frauenförderung war in der CDU nie ein großes Thema. Dennoch war den meist männlichen Führungskräften jedenfalls zu meiner Zeit bewusst: Frauen sind wichtig für eine moderne Großstadtpartei. Sie repräsentieren viele Themen und dort, wo sie Verantwortung tragen, kommen auch mehr Frauen nach.

So habe ich in meiner Zeit als Ortsvorsitzende in der Harburger CDU erlebt, dass Frauen sich vermehrt für politisches Engagement interessierten und es sich selbst auch zutrauten. Dennoch: Die CDU betreibt eine halbherzige Diskussion in der Frauenförderung. Die Einführung des „Quorums" in der Zeit von Rita Süssmuth und Heiner Geißler hat in Wirklichkeit wenig gebracht. Wie oft habe ich bei der Aufstellung von Kandidaten das Spielchen erlebt, dass es angeblich keine Frau gibt und am Ende ein Mann auf dem Frauenplatz kandidierte. Wer sich heute die Parlamente anguckt, der sieht, dass die CDU weniger Frauen hat als je zuvor und der sieht auch, dass die Grünen mit ihrer Quote viel Erfolg hatten über die vergangenen Jahre. Ob Katrin Göring-Eckardt, Renate Künast, Krista Sager aus Hamburg oder auch Claudia Roth, sie alle sind gestandene Frauen und eben nicht „Quotenfrauen". Wer will, der findet auch Frauen, die Lust haben auf Engagement und oft sind es genau diese Frauen, die besonders gut sind. Es ist einfach Blödsinn zu behaupten, sie würden sich schämen, weil sie mit der Quote in Amt und Würden gekommen seien. Solche Sätze kommen nur von Männern, die ihre Sessel nicht frei machen wollen. Im Übrigen: Auch die Männer kommen über die Quote ins Parlament!

Der wichtigste Grund dafür, dass ich für Gleichstellung eintrete, ist nicht in erster Linie das Interesse der Frauen, sondern das Interesse der Gesellschaft. Ohne Gleichstellung (und auch eine Integration der Migranten) verschenken wir ein gewaltiges produktives Potenzial. Dabei denkt man angesichts des Fachkräftemangels zuerst an die Wirtschaft, aber eine Gleichstellung der Frauen zeitigt eben auch Fortschritte in ganz anderen gesellschaftlichen Bereichen. Das ist mir übrigens durch meine Beschäftigung mit der Entwicklungspolitik noch einmal ganz deutlich vor Augen geführt worden. Und ich bin der festen Überzeugung, dass das konservativ ist. Denn Konservatismus bedeutet eben auch eine Haltung, „dass neue Dinge vollbracht werden müssen, die es wert sind, bewahrt zu werden", wie der Schriftsteller Gerd-Klaus Kaltenbrunner es ausgedrückt hat. Das gilt für ein geeintes Europa genauso wie für die Gleichstellung.

Eingangs habe ich gesagt, dass es bei Politik nicht um die Umsetzung einer Idealvorstellung, sondern manchmal eben nur um die Entscheidung für das kleinere Übel handelt. Ich war nicht immer dieser Meinung, aber ganz besonders die Entwicklung in meiner Heimatstadt Hamburg hat dazu beigetragen, dass ich heute eine entschiedene Quotenverfechterin bin. Keine Frau mehr im Bundestag? Noch vier Frauen in der Bürgerschaft. Das entspricht in etwa dem Status der 1960er Jahre; und in den Bezirksparlamenten sieht das alles nicht viel anders aus. Da hat übrigens auch die Frauen Union nie geholfen, auch weil sie innerhalb der CDU oft nicht wirklich ernst genommen wird. Nicht von vielen Frauen und von den Männern schon gar nicht. Ich habe versucht, während meiner Zeit immer solidarisch mit der Frauen Union zu sein, aber wirklich Zeit hatte ich neben all den Aufgaben dafür nicht.

EU ist Vorreiter in Geschlechterpolitik

Die EU ist auf diesem Gebiet der Gleichstellung zwischen den Geschlechtern ein Vorreiter. Da ist es erstaunlich, dass Frauen der EU gegenüber recht kritisch eingestellt sind. Durchschnittlich nur 39 Prozent der Frauen fühlten im Jahr 2009 ihre Interessen durch die EU vertreten (dagegen etwa 47 Prozent der Männer). Außerdem haben die Frauen vergleichsweise weniger Vertrauen in die Union als die Männer. Das ist eigentlich unverständlich, denn bisher war die EU die treibende Kraft, was die Rechte der Frauen angeht. Und das, obwohl dieser Politikbereich hauptsächlich in der Verantwortung der Mitgliedstaaten liegt. Die EU hat dennoch über arbeitsrechtliche Richtlinien einiges erreicht, z. B. die Richtlinien zum Grundsatz des gleichen Entgelts, zur Gleichbehandlung in den betrieblichen Systemen sozialer Sicherheit und zur Gleichbehandlung hinsichtlich eines Zugangs zu Beschäftigung.

Daneben hat die EU einzelne Projekte gestartet, die sich mit der Situation der Frauen in Europa beschäftigen. Ganz oben steht das Gender Mainstreaming: Nach diesem Konzept sind alle politischen Maßnahmen stets daraufhin zu prüfen, wie sie sich auf die Lebenssituation von Frauen und Männern auswirken und gegebenenfalls neu zu überdenken. Außerdem wurde ein Europäisches Gleichstellungsinstitut gegründet: Es führt europaweite Analysen über die Gleichstellung von Frauen und Männern durch – etwa zu Verdienstunterschieden, Karriere-Chancen für Frauen, Erleichterung der Rückkehr in den Job nach der Karenz und der generellen Vereinbarkeit von Beruf und Familie.

Rechtlich sind Frauen und Männer in der EU gleichgestellt. Aber diese Rechte lassen sich nicht immer genießen! Denn de facto besteht noch eine gewisse Ungleichheit. Etwa bei Bezahlung, Vereinbarkeit von Beruf und Familienleben oder Anstellung. Es gibt also eine quantitative Annäherung, aber keine qualitative!

Deshalb bleibt noch viel zu tun: strukturelle und individuelle Ursachen müssen beseitigt werden, etwa die Vereinbarkeit von Beruf und Familie. Auffällig ist auch, dass die Unterschiede zwischen Frauen und Männern nach der Geburt des ersten Kindes zunehmen: Das ist kein guter Anreiz für Mutterschaft!

Viele Gründe für die Ungleichheit liegen aber jenseits der Gesetzgebung! Etwa die Stereotypen bei der Berufswahl. Frauen müssen künftig stärker in den sogenannten MINT-Berufen (Mathe, Informatik, Naturwissenschaften, Technik) vertreten sein. Das lässt sich erreichen durch: Entsprechende Wissensvermittlung schon in Kindertagesstätten, gezielte Werbung von Einrichtungen und Unternehmen bei Mädchen, Projektförderungen der Länder oder auch neu gestaltete Studiengänge.

Was die demokratische und institutionelle Vertretung angeht, ist darauf hinzuweisen, dass Frauen 51,2 Prozent der europäischen Bevölkerung bilden, aber nur ungefähr 34 Prozent der Sitze im Europäischen Parlament einnehmen. Dennoch ist das Europäische Parlament ein Vorreiter im Hinblick auf die Förderung der

Gleichstellung der Geschlechter. Der Anteil der von Frauen eingenommenen Sitze hat sich gegenüber 1979 mehr als verdoppelt, und nach den verfügbaren Daten sind über 3000 Frauen beim Parlament beschäftigt, was 58,5 Prozent des gesamten Personals entspricht. Doch nur 23,6 Prozent der Referatsleiter sind weiblich, während das Präsidium 2006 die Zielvorgabe von 40 Prozent bis 2009 festgelegt hat.

Nach den letzten Wahlen zum Präsidium und zu den Vorsitzen der parlamentarischen Ausschüsse ist die Zahl der gewählten Frauen leider zurückgegangen. Im Vergleich zum Beginn der Wahlperiode ist die Zahl der Vizepräsidentinnen von sechs auf drei von 14 gesunken und die Zahl der weiblichen Ausschuss- und Unterausschussvorsitzenden von zehn auf acht von 22. Seit 1979 waren nur zwei Frauen Präsidentinnen des Europäischen Parlaments: Simone Veil – zu deren Ehren nun auch der Vorplatz des Parlamentes benannt wurde – in der allerersten Wahlperiode und Nicole Fontaine von 1999 bis 2002. Auch hier bleibt also noch viel zu tun. Am Ende müssen wir selbstverständlich dahin kommen, dass die Gleichberechtigung so weit verwirklicht wird, dass man Bewerber tatsächlich wieder ausschließlich nach Qualifikation auswählen kann. Das schaffen wir allerdings meiner Überzeugung nach nur mit dem Umweg über die Quote. Nur so können die Altherrennetzwerke überhaupt erst einmal aufgebrochen werden.

Mehr Gewissensentscheidungen sind gefragt

Es gibt in allen Parlamenten immer wieder Fragen, die zu besonderem Nachdenken veranlassen und bei denen sich die Meinungen auch nicht zusammenbringen lassen. Meine erste Diskussion dazu hatte ich im Deutschen Bundestag. Es war die Abtreibungsdebatte und es ging unter anderem darum, ob man Frauen bestrafen soll, die abgetrieben haben. Das waren schwere Diskussionen und ich bin noch heute froh, dass das deutsche Gesetz Frauen nicht mehr unter Strafe stellt. Ähnlich schwierig sind Diskussionen über die Gentechnik, die sogenannte Präimplantationsdiagnostik (PID) oder den neuartigen Bluttest bei Risikoschwangerschaften. Letztere werden schon jetzt durch die Amniozentese festgestellt, doch die ist für Schwangerschaft und Kind risikoreich. Warum also nicht der ungefährlichere Bluttest mit der gleichen Fragestellung?

Wenn man mit Gentechnik tatsächlich Krankheiten heilen kann, wenn man werdenden Eltern, die häufig schon viele leidvolle Erfahrungen hinter sich haben, auf eigenen Wunsch Angst und Sorge nehmen kann, wenn man dazu beiträgt, dass nicht nur wohlhabende Bundesbürger sich solche Leistungen im europäischen Ausland kaufen können, dann – so denke ich – kann man nicht bei uns die Forschung oder Zulassung verbieten. In diesem Zusammenhang wundere ich mich über die Position von sonst ausdrücklich auf Fortschrittlichkeit bedachten Denkern wie etwa Jürgen Habermas. In seiner Debatte mit

Papst Benedikt XVI. hat er im Prinzip rückschrittliche Thesen vertreten, d. h. das klassische „wenn etwas Risiken birgt, dann machen wir es lieber gar nicht". Das ist meiner Erfahrung nach keine haltbare Position: Langfristig sind wir verpflichtet, uns mit den Gefahren und Chancen neuer Techniken auseinanderzusetzen – eine bloße Ablehnung ist unsinnig oder sogar fahrlässig und verkennt die verbesserten Lebensbedingungen, die uns der medizinische Fortschritt im vergangen Jahrhundert gebracht hat – trotz der stets vorhanden, aber bewältigbaren Risiken! Konservatismus bedeutet nicht Beharren und Sturköpfigkeit, „nicht ein Hängen an dem, was gestern war, sondern ein Leben aus dem, was immer gilt", hat der französische Moralist Antoine de Rivarol richtig bemerkt. Neue Herausforderungen und Situationen erfordern eben manchmal auch ganz neue Lösungen – der Blick in die Vergangenheit kann dabei Orientierung geben, sollte aber nicht der einzige Maßstab sein.

Aktuell erlebe ich auch im Europäischen Parlament solche Diskussionen. So wird unglaublich heftig darüber gestritten, ob in Entwicklungsländern Verhütungsmittel verteilt werden sollten, ob Frauen nach Vergewaltigung eine Abtreibung zu erlauben ist u. ä. Bei meiner Beschäftigung mit der Entwicklungspolitik habe ich auch eine ganz neue Perspektive auf die Gleichstellung von Frauen gewonnen. Das liegt natürlich an den ganz anders gelagerten Fragestellungen, aber diese Einsichten lassen sich zumindest begrenzt auch auf die europäische Situation anwenden. Vielleicht können wir sogar von neuen Antworten, die die Entwicklungsländer auf diese Herausforderung finden, lernen. Die Unterstützung und Gleichstellung von Frauen stellt sich hier als echte Querschnittsaufgabe dar. Ich habe das weiter oben schon angesprochen. Eine Verbesserung ihrer Situation führt zu entsprechenden Verbesserungen in den verschiedensten Bereichen, wie z. B. der Stabilität nach Konflikten, der Gesundheit von Kindern, der Wirtschaftskraft, des kulturellen Lebens und der Minderung des bzw. der Anpassung an den Klimawandel.

Es gibt auch Diskussionen, die eigentlich viel unproblematischer sind, die aber dennoch das Grundverständnis von CDU und CSU berühren. Welch' quälende Diskussion haben wir geführt um Gesamtschulen und Gymnasien, um Hauptschulen und Stadtteilschulen. Auch in Hamburg waren Hauptschulen längst zu Restschulen verkommen, doch die letzten Verfechter des alten Schulsystems wollten die Realität immer noch nicht sehen. Einmal dreigliedrig – immer dreigliedrig. Genauso die Diskussion um die Ganztagsschule: Immer mehr Elternpaare sind berufstätig, aber die Schule endet um 13.00 Uhr. Das entspricht nicht den veränderten Arbeitsgewohnheiten, das nützt weder Eltern noch Kindern und das gibt es in kaum einem europäischen Nachbarstaat.

Und was haben wir für eine Diskussion um das Erziehungsgeld und die Frage gehabt, ob es auch den Vätern zusteht. Für viele Christdemokraten war das undenkbar. Die ersten Väter, die sich mit ihrem Nachwuchs auf den Spielplatz gesetzt haben, wurden als „Weicheier" bezeichnet. Für mich ist klar: Dieser

Weg muss weiter gegangen werden, denn Gleichberechtigung erzielt man nur, wenn man auch gleiche Pflichten in der Familie hat. Und wer sagt denn, dass Männer nicht auch Kinder erziehen können. Vielleicht anders, aber ebenso gut!

Sicher gibt es auch eine Reihe geschlechtsspezifischer Unterschiede zwischen Männern und Frauen in der Politik

Frauen sind zumeist viel stiller, brauchen nicht den großen Auftritt oder die große Bühne, sondern arbeiten eher zielorientiert. Das führt meist – nicht immer – dazu, dass sie sich und ihre Anliegen nicht so gut verkaufen können. Auch mit dem Netzwerken ist es noch nicht so weit her. Die jüngere Generation ist sicher besser, aber das Zusammenarbeiten von Frauen war über viele Jahre geprägt von übler Nachrede und Neid – es war also eher ein Gegeneinanderarbeiten. Bei gegenseitiger Unterstützung kann wirklich mehr daraus werden!

Das zeigen übrigens parteiübergreifende Arbeitsgruppen, die oft wirklich nicht nur menschlich angenehm, sondern auch sehr effektiv sind. Wie oft haben wir im Deutschen Bundestag parteiübergreifend Diskussionen zu Rente oder Abtreibung gehabt und wie oft haben wir auf diesem Weg wirklich viel erreicht. Ohne große Medienbegleitung, sondern vielmehr in aller Stille. Was bei Männern oft mit großem Brimborium abläuft, das geschieht bei Frauen viel unspektakulärer.

In gemeinsamen Sitzungen gibt es ein ähnliches Bild: Während die Frauen zumeist sachbezogen arbeiten, legen Männer mehr Wert auf Selbstdarstellung. Und das Gesprächsklima ist sicher am konstruktivsten, wenn Frauen und Männer gemeinsam diskutieren.

Es ist keine Frage: Frauen werden in der Öffentlichkeit mit anderen Maßstäben gemessen als Männer. Hat es je einen „Mister Bundestag" gegeben? Aber eine „Miss Bundestag" sehr wohl, mit ausgiebiger Berichterstattung. Und bei Frauen wird so ziemlich alles beurteilt, die Frisur, die Kleidung, überhaupt das Aussehen. Eines der besten Beispiele ist übrigens unsere Kanzlerin, die sich ja mit der Übernahme dieses Amtes auch mehr als deutlich verändert hat. Und jedes neue Outfit wird öffentlich registriert. Also: Korrekte Kleidung, eine gute Frisur, am besten noch gutes Aussehen, sind schon von Bedeutung. Wäre schön, wenn das auch für die Männer Gültigkeit hätte. Den Anblick manch' schuppenübersäter Jacketts könnte man sich dann ersparen.

Und noch einmal: Ohne meine Familie hätte ich all diese Aufgaben so nicht bewältigen können. Der familiäre Rückhalt, die häusliche Diskussion, hat mir immer wichtige Resonanz auf meine Arbeit gegeben und hat mir den Rücken freigehalten – auch finanziell. Denn: Ein wesentliches Prinzip für das Engagement in der Politik war für mich immer die finanzielle Unabhängigkeit. Nur wenn man nicht angewiesen ist auf ein Mandat, wenn man frei ist in seiner Entscheidung, dann hat man auch die Freiheit, Ideen und Grundsätze in politisches

Handeln umzusetzen. So ist politisches Engagement für mich unglaublich interessant und vielfältig.

Selten hat man im Leben die Möglichkeit, so viele unterschiedliche Lebensbereiche kennenzulernen, mit so vielen Menschen in Kontakt zu kommen, Probleme zu analysieren und ganz persönlich zu helfen. Es gibt eine Unzahl von persönlichen Begegnungen, an die ich gern zurückdenke. Es gibt eine Unzahl von kleinen Geschichten, wo ich Menschen wirklich helfen konnte. Es gibt viele treue Fans, die meine Arbeit seit vielen Jahren begleiten, es gibt ungeheuer engagierte Mitarbeiter in Behörden und in meinen Büros, denen ich für ihren Einsatz danke. Es gibt aber auch all die Gespräche, in denen Institutionen immer wieder immer mehr Geld fordern, ohne sich über eigene Reserven Gedanken zu machen.

Zwischenbilanz meines politischen Engagements

Meine größten Erfolge habe ich sicher in meiner Regierungszeit in Hamburg erlebt. Ausbau des Kinderbetreuungssystems in einer für das gesamte westliche Bundesgebiet vorbildlichen Weise. Sogar mit Anfragen aus dem europäischen Ausland wurden wir damals bombardiert. Dazu die stadtteilnahen kostenlosen Angebote, die frühe Hilfen für Mütter und ihre Kinder bieten. Sprachkurse für Frauen und endlich ein Integrationsbeirat, in dem die verschiedenen Migrantengruppen erstmals mitbestimmen konnten, was in Hamburg passieren muss, damit Integration auch gelebt wird. Wer, wenn nicht die lange hier lebenden Migranten, kann uns besser sagen welche Probleme es im Alltag gibt, wo Diskriminierungen stattfinden, warum es so schwer ist, einen Ausbildungsplatz zu finden. Am Ende stand ein Integrationskonzept für die Stadt, das sich sehen lassen kann und das letztlich auch in dem Staatsvertrag zwischen der Freien und Hansestadt Hamburg und den muslimischen Verbänden gipfelte. In diesem Staatsvertrag wird geregelt, was eigentlich längst eine Selbstverständlichkeit sein sollte. Dies betrifft unter anderem schulfrei an islamischen Feiertagen, Religionsunterricht oder Bestattungsrituale. Natürlich müssen alle Mitbürger das Recht auf eine Bestattung nach eigenem Ritus haben. Wenn einige unserer Mitbürger aber z. B. für ihr eigenes Grab in der Türkei sorgen müssen, also die Rückwanderung nach dem Tod schon eingeplant werden muss, dann ist es doch klar, dass diese Bürger niemals endgültig in Deutschland ankommen.

Aber es gab auch schwierige Diskussionen, wie etwa die um die geschlossene Unterbringung oder die um vernachlässigte Kinder. In einem Stadtstaat landen letztlich alle Probleme – auch wenn sie im Bezirk zu verantworten sind – vor den Füßen der verantwortlichen Senatorin. Nur gut, dass meine Kinder zu diesem Zeitpunkt nicht in Hamburg waren, sondern außerhalb studierten. Das Lesen der Zeitungen blieb ihnen – dem Internet sei Dank – dann allerdings doch nicht erspart, und meist waren sie viel betroffener, viel sorgenvoller, als ich, die ich um die Hintergründe besser Bescheid wusste.

So richtige Enttäuschungen habe ich in keinem Amt erlebt. Vielleicht persönliche Angriffe und sicher auch Nachteile. Einer ist der doch recht hohe Bekanntheitsgrad, der einen ständig verfolgt. Beim Einkaufen, beim Spaziergang – immer ein Kommentar, oft gut gemeint. All das erlebt man übrigens sehr viel weniger als Abgeordnete des Deutschen Bundestages oder des Europaparlamentes. Da ist man für die Medien weit weg. Und wichtige Gesetze oder Regelungen, ob aus Berlin oder Brüssel, sind für lokale Medien sowieso uninteressant.

Im Mittelpunkt meiner heutigen Arbeit steht die Entwicklungszusammenarbeit

Das ist mehr als Sozialpolitik für arme Länder. Hier geht es inzwischen viel weniger um die Verteilung von bestimmten Geldreserven und Spenden, sondern um die Entwicklung von Gesellschaften im weitesten Sinne. Und auch hier müssen wir lernen, dass es langfristig nicht immer unbedingt sinnvoll ist, sich auf die Sicherung der alten Pfründe zu versteifen. Manchmal muss man etwas aufgeben, um auf ganz anderem Gebiet gewinnen zu können. Ein Beispiel hierfür ist z. B. die Rohstoffförderung durch internationale Unternehmen in Afrika. Aufgrund fehlender Regeln können diese Unternehmen viele Milliarden an Steuergeldern am Fiskus der ärmeren Länder vorbeischleusen. Aber nicht nur das: Neben diesem Geld, das den Bürgern ärmerer Ländern verloren geht, werden die europäischen Bürger dann auch noch herangezogen, wenn im Rahmen von klassischer Entwicklungspolitik für die Umweltverschmutzung und sozialen Auswirkungen dieser Aktivitäten gezahlt wird. Da wäre es doch sinnvoller, gleich für Transparenz und Offenlegung zu stimmen – auch wenn das für die Unternehmen geringe Einbußen bedeutet. Die Entwicklungsländer hätten dann jährlich etwa soviel Geld mehr in der Tasche, wie sie über zehn Jahre an EU-Entwicklungsgeldern erhalten würden. Die Unternehmen könnten ihrerseits direkt für angerichtete Schäden zur Verantwortung gezogen werden, könnten dann aber auch auf der Ebene einer echten und nachhaltigen (weil gerechten!) Partnerschaft mit den Entwicklungsländern verhandeln. Hier gilt das Gleiche, wie bei der Frage der Gleichstellung oder der Gentechnik: „Wer nichts verändern will, wird auch das verlieren, was er bewahren möchte", hat ein deutscher Politiker richtig festgestellt.

Ich denke, diese Arbeit wird ein guter Abschluss mit einer richtigen Perspektive. Mehr als 30 Jahre engagierter aktiver Politik liegen hinter mir, also: Zeit abzutreten und der jungen Generation Platz zu machen für frische Ideen mit neuer Kraft. Aus der CDU werde ich nicht austreten solange es meine Partei ist, solange sie sich Europa auf die Fahnen schreibt, die Menschenrechte achtet, andere Religionen respektiert und Menschen aller Herkunft und Hautfarbe nicht diskriminiert.

Jungen politisch interessierten Frauen, wünsche ich, dass sie – neben vielen anderen Aufgaben – die Kraft finden für dieses Engagement, das immer von Herz und Verstand geprägt sein sollte und nicht von der Tatsache, dass man sonst keinen richtigen Job hat.

Angelika Volquartz[*]

Beteiligt euch und redet nicht nur

Geboren am 2. September 1946 in Uelzen, verheiratet, ein Kind, 1967 Abitur, 1967–1973 Studium der Biologie und Geografie an der Christian-Albrechts-Universität zu Kiel, Abschluss: Staatsexamen, 1973–1985 Realschullehrerin in Kiel, 1978 Eintritt in die CDU, 1982–1986 Bürgerliches Mitglied im Schulausschuss in Kiel, 1985–1992 Schulleiterin in Kiel, 1986–1992 Bürgerliches Mitglied im Schulleiterwahlausschuss in Kiel, seit 1989 Mitglied des Landesvorstandes, 2001–2012 stellvertretende Landesvorsitzende der CDU Schleswig-Holstein, 1990–1992 Mitglied der Ratsversammlung Kiel, 1992–1998 Mitglied des Landtages von Schleswig-Holstein, 1993–2003 Kreisvorsitzende der CDU Kiel, 1998–2003 Mitglied des Deutschen Bundestages, 2000–2010 Mitglied des Bundesvorstandes der CDU, seit 2000 Mitglied der Mittelstandsvereinigung, 2003–2009 Oberbürgermeisterin der Landeshauptstadt Kiel.

Wie hat sich Ihre politische Sozialisation entwickelt?

Ich bin nicht parteipolitisch erzogen worden, wohl aber politisch. Meine Eltern waren in keiner Partei. Nur mein Bruder ist von der Wiege in die Politik, in die Junge Union, gegangen. Ich bin erst sehr viel später dazu gekommen. Aber dadurch, dass wir mit meinen Eltern und Großeltern viel über Politik gesprochen haben, war schon als Schülerin ein politisches Interesse vorhanden. Wahlen wurden sehr ernst genommen. Auch als ich noch nicht wählen durfte, ging ich mit meinen Eltern ins Wahllokal. Ich wurde also zu politischem Denken erzogen, ohne parteipolitisch zu sein.

Dann kam ich zum Studium nach Kiel, lernte meinen Mann kennen, der sich beruflich mit Parlamentsfragen beschäftigte. Er war Historiker von Beruf, Journalist und nachher Mitarbeiter in der schleswig-holsteinischen Landtagsverwaltung. So wurde ich immer stärker in das Allgemeinpolitische hineingebracht.

---

[*] Das Interview führten Dr. Ulrike Hospes und Ina vom Hofe M. A. am 11.06.2012 in Berlin.

Wie würden Sie die Interessenvertretung der Frau in Ihrer Familie beschreiben?

Ich wurde nicht geschlechtsspezifisch, sondern als Kind und Heranwachsende erzogen! Der einzige Unterschied zwischen meinem Bruder und mir war, dass er alleine abends weggehen durfte und meine Eltern sich um mich als Mädchen naturgemäß mehr sorgten. Meine Eltern, besonders meine Mutter, die für den Jahrgang 1913 unglaublich fortschrittlich war, – das habe ich aber erst später begriffen – sagten immer: „Du musst lernen, einen guten Schulabschluss, eine gute Ausbildung machen, und du musst selbständig sein und für dich sorgen können." Das war ihre Devise. So wurden sie und ihre Schwester schon von den Eltern erzogen, was sehr ungewöhnlich in der Zeit war. Mein Vater war sowieso dafür, dass ich möglichst selbständig und aktiv war. Ich habe mächtig Glück gehabt, ohne es damals zu realisieren.

War das Verhältnis Ihrer Eltern traditionell geprägt?

Nein. Das klassische Rollenverhalten war bei meinen Eltern nicht gegeben. Mein Vater war Jahrgang 1919 und damit sechs Jahre jünger als meine Mutter. Das war für damalige Verhältnisse ungewöhnlich. Außerdem war mein Vater Vollwaise, und das sind sicher besondere Voraussetzungen, die den Lebensweg begleiten. Meine Mutter hat spät, mit über 30 Jahren, geheiratet und fing wieder als Krankenschwester an zu arbeiten, als mein Bruder 14 und ich zwölf Jahre alt waren. Sie hat nachher, gemeinsam mit meinem Vater, für die Familie gesorgt. Meine Eltern waren Partner.

Inwiefern war für Sie das „C" in Ihrer Entscheidung, der CDU beizutreten, von Bedeutung?

Ich bin kein sonntäglicher ständiger Kirchgänger, aber ich bin verankert im Glauben, ohne dass ich das vor mir hertrage. Auch da spielt mein Elternhaus eine Rolle. Mein Vater hatte immer die Bibel am Bett, um für sich darin zu lesen. Er war katholisch, meine Mutter protestantisch. Das war damals sehr schwierig, und führte zu einer stärkeren Auseinandersetzung mit dem Glauben. Ich halte sehr viel vom gelebten Glauben, aber das „C" war für den CDU-Eintritt nicht maßgeblich.

Gab es für Sie einen konkreten Anlass, um in die CDU einzutreten?

Mein konkreter Anlass war die Bildungspolitik. Ich habe alle demokratischen Parteien auf Parteitagen besucht, bevor ich eine Entscheidung traf. Dann drohte bei uns in Kiel die Umwandlung der gesamten Schullandschaft in Gesamtschulen. Als damals junge Lehrerin hielt ich es nicht für sinnvoll, ein ganzes Schulsystem auf den Kopf zu stellen. Ich stellte mir die Frage: Kann ich als einzelne irgendetwas tun, um daran zu arbeiten, dass das nicht geschieht? Es gab damals starke Elterninitiativen, die sehr erfolgreich waren. Ich ging zu Peter Bendixen, dem Vorsitzenden des CDU-Kreisverbandes Kiel und später sehr erfolgreichen Kultusminister bei uns in Schleswig-Holstein, und führte mit ihm ein ausführliches Gespräch über bildungspolitische Ziele der CDU. Danach war für mich die Entscheidung gefallen: Wenn ich zu 51 Prozent mit den Zielen einer Partei übereinstimme, kann ich auch eintreten, und das habe ich dann aus bildungspolitischen Gründen getan. Zu der Zeit arbeitete ich in einem Bildungszentrum mit 3.000 Kindern und stellte mir vor, wir hätten nur noch solche schulische Einheiten. Das war für mich nicht mit Wohlbehagen verbunden.

Als Sie mit Anfang 30 in die CDU eintraten und sich um die Bildungspolitik kümmern wollten, stießen Sie da auf Entgegenkommen und wurden mit Aufgaben betraut? Oder mussten Sie sich den Weg durch die Partei erst bahnen?

Ich wurde sehr schnell respektiert, weil ich durch das Studium, meine praktische Tätigkeit als Lehrerin und meine Erfahrungen als Mutter und Elternvertreterin einen Beitrag leisten konnte, der authentisch war. Das wurde erkannt und auch positiv aufgenommen. Es gab lediglich eine kleine Auseinandersetzung mit Peter Bendixen, der nachher genau wie ich Bildungspolitik in der Landtagsfraktion machen sollte. Als ich ihm mitteilte, ich würde auch in Kiel antreten, sagte er: „Aber nur über die Frauen Union, nicht für unsere Kreispartei und nicht als Bildungspolitikerin." Da habe ich ihm geantwortet: „Ich werde als Bildungspolitikerin und Mitglied dieser Kreispartei antreten." Wie es dann auch geschehen ist.

Sie sind von der Landespolitik in die Bundespolitik und dann wieder zurück in die Kommunalpolitik. Wie kam es zu diesem Ausflug auf Bundesebene?

Ich bin 1993 Kreisvorsitzende geworden. Als Kreisvorsitzende hat man Sorge dafür zu tragen, dass die unterschiedlichen Ebenen mit guten Kandidaten und Kandidatinnen besetzt bzw. gewählt werden. Ich fühlte mich sehr wohl in der Landespolitik. Dann stand die Bundestagswahl 1998 vor der Tür. 1997 entfachte die Diskussion um die Kandidatur. Ich bin an Repräsentanten der Wirtschaft herangetreten, zu denen ich sehr gute Verbindungen hatte und habe gefragt, ob sie mir einen Kandidaten nennen können. Der damalige Landesvorsitzende der CDU Schleswig-Holsteins, Ottfried Hennig, war bereit, Quereinsteiger auf die Liste zu nehmen. Wir brauchten für Kiel immer die Liste. Nach sechs Wochen teilten die Wirtschaftsvertreter mir mit, dass sie niemanden gefunden hätten, aber bereit wären, mich zu unterstützen, wenn ich kandidiere. Doch ich wollte gar nicht nach Bonn, sondern im Land bleiben. Meine Partei hat mich daraufhin bearbeitet und gesagt: „Du bist die einzige, die einen Platz auf der Liste bekommt, der erfolgreich sein kann. Deshalb musst du kandidieren." Also habe ich doch zugestimmt. Das ging aber nicht so reibungslos. Ein Wettbewerber aus unserer Partei, der unbedingt kandidieren wollte, hat alle Register gezogen. Ich bin letztendlich gewählt worden und bekam auf der Liste Platz 2. Dadurch bin ich in die Bundespolitik gekommen und habe damit alle Ebenen erlebt: Kommunalpolitik, Landespolitik, Bundespolitik.

Hatten Sie das Gefühl, aufgrund Ihrer Kompetenz gefragt worden zu sein? Oder gab es hinter den Kulissen eine Diskussion um die Frauenquote?

Nein, das hat keine Rolle gespielt. Als wir das Quorum unter Helmut Kohl eingeführt haben, wurden wir Schleswig-Holsteiner böse verdonnert, weil wir zu einem großen Teil nicht für das Quorum gestimmt hatten. Ich war nicht in der Frauen Union, aber ich habe nachher den Stellenwert der Frauen Union begriffen, ihn respektiert, auch akzeptiert. Ich selber habe nahezu überhaupt keine Begegnungen mit dem Thema gehabt. Natürlich wurde gesagt: „Du bekommst als Mitglied des Landesvorstandes und als Frau einen Platz auf der Landesliste." Aber ich bin immer über meine Kompetenz gekommen. Das ist etwas, was mich begleitet hat, auch beruflich beim Sprung von der Lehrerin halbtags zur Schulleiterin. Das hatte es zuvor nie gegeben.

Wie kam es, dass Sie von der Bundespolitik wieder zurück nach Kiel gingen?

Ich hatte in Berlin und Kiel Mitarbeiter, mit denen ich eines Tages zum Essen zusammensaß, als jemand sagte: „Sie müssen als Oberbürgermeister-Kandidatin antreten." Ich antwortete: „Nein. Das mache ich nicht, das ist eine verlorene Geschichte."

Dann kam unser damaliger Fraktionsvorsitzender im Rathaus, Arne Wulff, zu mir. Er hatte sechs Jahre zuvor kandidiert und wollte mich nun überreden, anzutreten, um einen Achtungserfolg zu holen. Mein Mann entgegnete darauf nur: „Ich habe ja alles mitgemacht, aber das ist eine Sache, die nur schiefgehen kann. Mach' das nicht." Alle meine Mitarbeiter, bis auf diesen einen, der mich gefragt hat, sagten: „Das machen Sie nicht." Ein halbes Jahr nach der Bundestagswahl 2002 fand die Oberbürgermeisterwahl statt. Arne Wulff hat mit mir im Oktober 2002 einen Spaziergang in Kiel gemacht und brach meinen Widerstand, als er entgegnete: „So. Ich mache dir jetzt einen Heiratsantrag. Also du musst annehmen." "Oh, in Gottes Namen." Dann kam ich nach Hause und sagte zu meinem Mann, dass ich es machen werde. Er war überhaupt nicht begeistert, aber am Ende hat er die Kandidatur unterstützt. Es hat ja geklappt!

Mir fehlten 70 Stimmen im ersten Wahlgang, um gleich zu gewinnen. Im zweiten Wahlgang sprach sich die FDP für mich aus. Des Weiteren wurde ich im Wahlkampf stark von der damaligen CDU/CSU-Fraktionsvorsitzenden, Angela Merkel, unterstützt. Vor dem ersten Wahlgang hatten wir gemeinsam eine große Veranstaltung in Kiel gemacht. Nach dem Ergebnis des ersten Wahlganges sagte Merkel nochmals ihr Kommen zu. Die Wahl fiel in die Phase, als sie sich für eine klare Unterstützung der USA und Großbritanniens in der Irakfrage aussprach und damit für Aufregung sorgte. Ich sagte ihr: "Du brauchst eigentlich nicht zu kommen. Es ist eine Kommunalwahl." Sie entgegnete: "Ich weiß genau, warum ich nicht kommen soll. Ich komme. Ich verspreche dir auch, kein Wort über den Irak zu verlieren, nur Kommunales." Sie kam erneut und es war wieder eine tolle Veranstaltung. Danach sind wir zum Mittagessen durch die Holstenstraße, der Fußgängerzone in Kiel, gelaufen und haben Matjes mit Bratkartoffeln in einem Café gegessen. Die Leute waren begeistert. Währenddessen haben wir über die Vereinbarkeit von Familie und Beruf gesprochen. Sie hatte im Auto einen Artikel aus der Bunten über mich gelesen: "Der blonde Wirbelwind aus dem Norden". Es war ein Artikel über mich und meine Familie.

Wie lassen sich Beruf und Familie in der Politik vereinbaren?

Zur Zeit meiner Kandidatur zur Oberbürgermeisterin war unsere Tochter schon zum Studium ausgezogen. Aber ich habe immer gearbeitet. Als ich während des Studiums schwanger wurde, habe ich nur ein Semester ausgesetzt. Mein Mann unterstützte mich. Wenn es nicht anders ging, nahm er unsere Tochter mit ins Büro. Irgendwie fanden wir immer eine Lösung. Auch meine Eltern waren eine große Hilfe, obwohl sie selbst arbeiteten.

Haben Sie ein anderes Verantwortungsbewusstsein bei Müttern und Vätern in der Politik wahrgenommen? Gingen Mütter nach ihren politischen Terminen eher nach Hause zu den Kindern, während die Väter doch noch das eine oder andere Bierchen getrunken und weiter Politik gemacht haben?

Da habe ich unterschiedliche Erlebnisse auf der Kommunal-, Landes- und Bundesebene gemacht. Auf der kommunalen Ebene war es so, dass durchaus jüngere Mütter und vereinzelt auch jüngere Väter dabei waren. Aber mehrheitlich waren die Väter älter. D. h. diese Frage stellte sich nicht mehr. Dennoch ist es so gewesen, dass Männer häufiger im Anschluss zusammensaßen als Frauen.

Als ich Orts- und Kreisvorsitzende war, saß ich auch ab und an dabei. Aber ich habe meinem Mann und unserer Tochter ein Signal gegeben, dass es später wird, während ein Mann in der Regel einfach bleibt.

Auf der Landesebene war es so, dass die Frauen, mit denen ich in der Fraktion zusammengearbeitet habe, entweder keine oder ältere Kinder hatten. Unsere Tochter war dann auch nicht mehr zu Hause. D. h. ich konnte mich frei bewegen und war nur meinem Mann gegenüber in der Verantwortung. Auf der Bundesebene habe ich wiederum junge Mütter miterlebt. Natürlich haben sie Einschränkungen hinnehmen müssen und sich anders verhalten als Männer, weil die Kinder entweder noch gestillt werden mussten oder sie einfach nach Hause wollten. In Berlin oder vorher in Bonn ist Politik wirklich ein Abendgeschäft.

Gab es Entscheidungen, die Ihnen besonders schwergefallen sind?

Ja. Es gab zum Teil dramatische Diskussionen um die embryonale Stammzellenforschung, auch bei uns in der Bundestagsfraktion. Ich bin entschieden dagegen, dass man eine medizinische Wohltat, etwas, was den Menschen retten kann, für Familie oder Freunde annimmt, wenn man es vorher nur in einem anderen Land erforschen lassen wollte. Das ist für mich ein Stück Unehrlichkeit. Es hat darüber heiße Diskussionen gegeben. Der Vorsitzende der CDU/CSU-Bundestagsfraktion, Volker Kauder, hat diesbezüglich mal zu mir gesagt: „Jeder darf seine Meinung sagen. Wenn man diese Meinung hat, sie vertritt und sie begründet vertritt, dann haben wir das zu respektieren." Wir haben diese Diskussion auch im CDU-Bundesvorstand geführt. Wolfgang Schäuble war, wie eine Reihe anderer beispielsweise die heutige Parlamentarische Staatssekretärin im Bundesministerium für Umwelt, Naturschutz und Reaktorsicherheit, Katherina Reiche, für die fortschrittlichere Variante, und Bundeskanzlerin Angela Merkel war für die strikte Einhaltung. Nach der Abstimmung sagte Merkel zu mir: „Hättest du nicht mit mir stimmen können?" „Nein, an der Stelle nicht." Ich konnte es nicht, weil es gegen mein Gewissen ist. Das hat sie natürlich respektiert, wie wäre es auch anders bei ihr denkbar.

Eine andere Gewissensentscheidung war die Abstimmung zum § 218 StGB. Ich saß noch im Landtag, und wir bekamen eine Vorgabe von Helmut Kohl via Ottfried Hennig. Aber unter dem Strich konnten wir frei entscheiden. Ich war dafür, dass unter bestimmten Umständen eine Abtreibung erlaubt sein soll, aber da hat sich im Laufe meines Lebens eine Wandlung vollzogen. Was es für eine Mutter bedeutet, kann man in der Theorie gar nicht erfassen. Ich wüsste nicht, wie ich heute entscheiden würde. Bei der Stammzellen-Entscheidung hingegen würde ich heute genauso wieder entscheiden wie damals.

Gibt es Unterschiede im Machtverständnis und in Lösungsansätzen von Männern und Frauen?

Ja. Der Machtanspruch ist mir in die berühmte Wiege gelegt worden, ohne dass ich das wusste. Ich habe immer versucht, Frauen deutlich zu machen, dass Macht nichts Unanständiges ist, sondern man nur mit Macht auch etwas bewegen kann. Ich muss damit nur ordentlich umgehen. Männer haben Machtnetzwerke. Frauen haben sich diese erst im Laufe der Jahre aufgebaut bzw. sind noch dabei. Dieses Strippenziehen, was einfach notwendig ist in vielen Fällen, habe ich in den zehn Jahren gelernt, als ich Kreisvorsitzende war.

Männer haben von vornherein einen anderen Machtanspruch, gehen damit anders um. Frauen haben häufig den Anspruch „wir". Männer müssen „wir" lernen. Frauen haben „wir" auf der Agenda, wenn sie auf die Welt kommen. Ich hatte sehr gute Mitarbeiter, ein enges Team von sieben Leuten mit unterschiedlichen Zuständigkeitsbereichen. Wenn wir schwierige Fragen zu klären hatten, sagte einer der Kollegen: „Was sagt Ihnen Ihr Bauchgefühl?" Ich entschied, er erwiderte: „Wird so gemacht." Er war einer der wenigen, der Zugang zu diesem Ansatz hatte.

Ein Schlüsselerlebnis hatte ich 1989, als ich zum ersten Mal für den Landesvorstand kandidierte. Ich nannte Schulleiterin als Beruf. Doch ein Delegierter sagte mir: „Nein. Sie müssen sagen: Ich führe eine Schule." Das ist bei mir haften geblieben für alles, was danach kam. Das sind Schlüsselworte.

Zeigen sich im Kommunikationsstil oder im Arbeitsverhältnis Unterschiede, wenn Frauen anwesend sind?

Es kommt auf die Thematik und die Branche an. Wenn ich mit Wirtschaftsleuten zusammen war, dann erfuhr ich als Chefin vom Rathaus eine zusätzliche Aufmerksamkeit. Ein Mann würde in der Funktion die gleiche Aufmerksamkeit erhalten, egal, wie diese Runde zusammengesetzt ist. Bekomme ich als Frau aber eine zusätzliche Aufmerksamkeit, was Höflichkeit und Umgangsformen anbelangt, ist es ganz wichtig, dass dieses Verhalten nicht im Charmanten endet! Sie müssen schnell zur Sachlichkeit kommen. Sie müssen Autorität haben, sonst kommen sie nicht an. Meine Kinder in der Schule haben immer gesagt: „Wenn wir Ihren Schritt hören, dann gehen wir schnell auf den Platz." Sie haben keine Angst vor mir gehabt, sondern Respekt. Diejenigen – und da trifft es jetzt Frauen und Männer gleichermaßen – denen kein Respekt entgegengebracht wird, gehen unter. Männern würde man vielleicht ein bisschen mehr Schonzeit geben, während bei Frauen schnell eine abfällige Bemerkung „typisch Frau, kann das nicht, hat auch keinen Sinn" gemacht wird. Das ist schon ein Unterschied zwischen Mann und Frau. Aber sobald der Respekt da ist, gibt es keine geschlechtsspezifischen Unterschiede mehr.

Respekt, Kompetenz und Autorität sind die eine Seite. Hilfreich bei allen Entscheidungsprozessen sind Netzwerke, Bündnisse, gute Kontakte. Stimmt es, dass sich Frauen schwerer damit tun, diese Netzwerke zu gründen und zu pflegen?

Der Meinung bin ich schon. Frauen wollen alle mitnehmen.

Wie kann man es ihnen beibringen?

Hilfreich ist sicherlich die Mentorentätigkeit, die teilweise durchgeführt wird. Wenn die richtigen Frauen – d. h. die im positiven Sinne das Männliche und Weibliche in sich vereinen – vermitteln: „Führen heißt, Macht ist etwas Gutes!" Frauen, die schon in Führungsfunktionen oder in der Politik auf der Bundesebene angekommen sind, beherrschen solch ein Verhalten etwas besser, weil sie gezwungen sind, damit umzugehen. Wichtig ist, dass Frauen sich gegenseitig unterstützen. Erfahrene Frauen müssen den weniger Erfahrenen beibringen, was man machen muss, damit man erfolgreich ist. Sie müssen das Konkurrenzdenken ausschalten. Klar ist aber auch, dass Frauen sich auch Männer als Verbündete suchen müssen. Wenn nur ein Platz auf der Liste ist, kämpft jeder für sich, ob Mann oder Frau. Aber wenn es mehrere Optionen gibt, dann muss man sehen, dass man von denen, die Mangelware sind – und das sind die Frauen – mehr platziert. Die Ellbogen müssen zwischendurch eingesetzt werden, sonst geht es nicht. Sie dürfen nicht permanent ausgefahren sein, aber jeder muss wissen, dass ich welche habe. Das ist ein schwieriger Prozess.

Hatten Sie die Möglichkeit, diese aktive Forderung auch zu betreiben?

Ich habe das gerade im Landtagswahlkampf mit zwei Frauen bei uns in Kiel praktiziert.

Wurden Sie mehr von Männern oder mehr von Frauen gefördert?

Ich bin im Wesentlichen von Männern in einer männerdominierten Partei gefördert worden.

Gab es parteiübergreifende Initiativen oder auch Themen, bei denen sich Frauen zusammengetan haben?

Parteiübergreifende Initiativen gab es nicht unter der Überschrift Frauen. Ich habe zwei einschneidende Diskussionen erlebt, die parteiübergreifend waren.

Das waren die bereits erwähnten Diskussionen um die embryonale Stammzellenforschung und die Frage der Regelung des § 218 StGB. Aber das war keine Männlein-Weiblein-Frage.

Was sind Ihre persönlichen Prinzipien, nach denen Sie in der Politik oder auch im Leben handeln?

Toleranz, Nächstenliebe, Ehrlichkeit, Aufrichtigkeit, Mitgefühl und die Daseins-Berechtigung eines jeden Menschen zu sehen.

Gab es Situationen, die Sie als Erfolg, Misserfolg oder Enttäuschung beschreiben würden?

Der größte Erfolg ist, dass wir ein Kind haben. Ein großer Erfolg ist, dass ich als Lehrerin mit halber Stelle, ohne je einen Schulleiter-Lehrgang gemacht zu haben, Schulleiterin geworden bin und damit die siebte Frau von 179 Realschulleitern damals war. Ein weiterer großer Erfolg ist das Gewinnen der Oberbürgermeisterwahl gewesen. Das war sensationell nach 57 Jahren eines sozialdemokratischen Oberbürgermeisters. Mein größter Misserfolg ist, dass ich es nicht wieder geworden bin.

Haben Sie je darüber nachgedacht, aus der Politik auszusteigen?

Ich war ein Jahr im Landtag in Schleswig-Holstein, und unsere Zeitung hat über meine Frisur geschrieben. Ich war so schockiert und erbost, habe abends zu Hause Rotz und Wasser geheult und zu meinem Mann und unserer Tochter gesagt: „Ich bin doch bescheuert, aus meinem schönen Schulleiter-Beruf herausgegangen zu sein. Das war so toll, das will ich wieder. Ich will das mit der Politik alles gar nicht mehr." Beide haben an meinem Bett gestanden und gesagt: „Du hast so recht. Jetzt schlafen wir aber erst mal." Am nächsten Morgen haben sie gefragt: „Und, ist alles wieder gut?" Das war der einzige Ausstiegsgedanke.

Unerfreulich war ebenfalls, als mich Sozialdemokraten in Kiel angefangen haben, „Püppi" zu nennen, um mich zu diskreditieren. Obwohl ich mich geärgert habe, habe ich nach außen gelassen reagiert. Dann wurde es aber ganz übel mit diesem Begriff, als die erneute Wahl zum Oberbürgermeister 2009 anstand und SPD-Mitglied Peer Steinbrück an den Oberbürgermeister-Kandidaten der SPD, die SMS schickte „jetzt hauen wir Püppi aus den Pumps". Das ist frauenfeindlich, widerlich.

Was sind Ihre Wünsche und Ratschläge an junge Frauen in der Politik?

Bevor sie den ersten Schritt machen, sollten sie sich in allen demokratischen Parteien informieren. Man muss sich die Breite der politischen Diskussion anschauen. Das ist enorm wichtig. Was das Praktische anbetrifft, muss man nicht unbedingt die Ochsentour gehen, aber sich in der Kommunalpolitik, in der Landespolitik, in der Bundespolitik genau umschauen. Die europäische Ebene lasse ich einmal außen vor, die muss ich allerdings auch im Blick für die Meinungsbildung haben. Mein Ratschlag ist: Arbeitet im Kommunalen auf einem Gebiet, das euch liegt und hört zu. Zuhören ist etwas ganz Wichtiges – bei denen, die schon etwas geleistet haben oder leisten. Sucht Menschen, die euch menschlich, inhaltlich und kompetenzmäßig zusagen.

Beteiligt euch und redet nicht nur, sondern legt etwas auf den Tisch und erhebt damit den Anspruch, dass ihr intellektuell einen Beitrag leisten könnt, mit dem man politisch für das eine oder andere Thema eine Weiterentwicklung erkennen kann – oder eine Bestätigung der Diskussion. Führt Diskussionen mit Gleichaltrigen, die nicht in der Politik sind, um zu sehen, wie ihr wirkt. Sagt konkret, was ihr wollt.

Ganz wichtig ist auch Teamfähigkeit. Ich habe über 4.000 Mitarbeiter im Rathaus gehabt. Sie müssen auf der einen Seite sehr teamfähig sein, aber auf der anderen Seite sagen können: „Bis hierhin und nicht weiter". Sie müssen Entscheidungen treffen und nicht jedem nach dem Munde reden.

Susanne Tiemann

Interessante Erfahrungen in der Politik

Geboren am 20. April 1947 in Schwandorf, verheiratet, drei Kinder, 1966 Abitur, 1966–1971 Studium der Rechtswissenschaften an der Ludwig-Maximillian-Universität München, 1969 Eintritt in die CSU, 1971–1973 Rechtsreferendariat am Oberlandesgericht München, 1974 Promotion zum Dr. jur., 1975 Niederlassung als Rechtsanwalt in München, ab 1980 in Köln seit 1986 Fachanwalt für Sozialrecht, 1980 Wechsel zur CDU, 1986 Lehrauftrag der Juristischen Fakultät der Rheinischen Friedrich-Wilhelms-Universität Bonn, 1995 Ernennung zum Honorarprofessor, 1987–1994 Vertreterin der Freien Berufe Deutschlands im Europäischen Wirtschafts- und Sozialausschuss, 1988–2000 Mitglied des Präsidiums des Bundesverbandes der Freien Berufe, seit 1988 Vorsitzende des Ausschusses „Europa" der Gesellschaft für Versicherungswissenschaft und -gestaltung, 1990–1997 Präsidentin des Europäischen Verbandes Freier Berufe (SEPLIS), 1990–1992 Vizepräsidentin des Europäischen Wirtschafts- und Sozialausschusses, 1992–1994 Präsidentin des Europäischen Wirtschafts- und Sozialausschusses und Präsidentin des Bundes der Steuerzahler, 1992–1993 Mitglied der vom Präsidium des Deutschen Bundestages eingesetzten Kommission zur Überprüfung des Abgeordnetenrechts, 1993 Preis „Frau für Europa" des Deutschen Rates der Europäischen Bewegung, 1994–1997 Vizepräsidentin der Weltunion der Freien Berufe (UMPL), 1994–2002 Mitglied des Deutschen Bundestages, seit 1996 Beraterin in Kommissionen der Deutschen Bischofskonferenz, 1998–2012 Professor an der Katholischen Hochschule Nordrhein-Westfalen für Verwaltungsrecht und Sozialmanagement, 2006–2011 Prorektorin für Forschung und Weiterbildung, 2002 Humboldt-Plakette des Bundesverbandes der Freien Berufe, seit 2009 Beraterin im Päpstlichen Rat für die Familie.

Politische Sozialisation

Ein konservatives und katholisch geprägtes Elternhaus in der Oberpfalz war es, in dem ich aufgewachsen bin. Die Frage der Emanzipation von Frauen wurde in den 1950er Jahren hier nicht aufgeworfen. Die Rollenverteilung zwischen Männern und Frauen war eine selbstverständliche, Ehe und Familie ein zentral anzustrebendes Ziel. Hierfür wurden wir als Mädchen erzogen. Dies tat aber der gleichzeitigen und ebenso selbstverständlichen Aufgabe eines Jeden, nach Bildung auf möglichst hohem Niveau zu streben, keinen Abbruch. An unsere schulischen Leistungen wurden hohe Anforderungen gestellt. Gleichzeitig legten meine Eltern großen Wert darauf, bei ihren Kindern von Anfang an den Sinn für die Bedeutung der Menschenrechte zu wecken, für Wahrheit, Freiheit und soziale Verantwortung, Einstellungen, die durch das katholische Gymnasium weiter gestärkt und vertieft wurden.

Meine Familie – höhere Beamte und Unternehmer – war seit jeher politisch interessiert, aber in dieser Hinsicht selbst zurückhaltend. Tat sich mein Großvater verschiedentlich als aktiver Förderer junger Menschen hervor, die eine Berufung zum Abgeordneten spürten, hielt er sich doch selbst zurück und zog das Sprichwort „Politisch Lied ein garstig Lied" eigener politischer Aktivität vor.

Selbst entwickelte ich früh großes Interesse für alles, was den Staat und öffentliche Belange angeht. Die Zeitschrift „Das Parlament", insbesondere mit ihrer wörtlichen Wiedergabe der Parlamentsdebatten, schien mir in mancher Unterrichtsstunde auf dem Gymnasium interessanter und bildete meinen regelmäßigen Lesestoff.

Das Jura-Studium

Nachdem ich mich auf Anregung meines Vaters statt für die geliebte Musik für ein Jura-Studium an der Universität München entschieden hatte, konzentrierten sich meine Vorlieben hier – nicht zuletzt auch unter dem Einfluss meines Mannes – auf Staatsrecht und Staatsphilosophie, aber auch auf das öffentliche Recht insgesamt. Hier sollten sich auch später meine Schwerpunkte in meiner anwaltlichen Tätigkeit finden. Zudem begab ich mich auf die Suche in der Parteienlandschaft, um mich zu orientieren, allerdings zunächst auf sozialdemokratischem Terrain. Politiker wie der damalige Münchener Oberbürgermeister Hans-Jochen Vogel standen mir als Studentin gern für Fragen zur Verfügung oder ermunterten mich zu künftigem politischem Engagement, wie etwa der damalige Fraktionsvorsitzende der SPD Helmut Schmidt.

Nach meiner Heirat traten mein Mann und ich der CSU bei. An unserem damaligen Wohnort München übernahmen wir kleinere parteipolitische Engagements – er als Ortsvorsitzender in einem sozial prekären Viertel, ich als Vorsitzende der dort desolaten Frauen Union, die sich trotz erheblicher Bemühungen auch nicht wiederbeleben ließ. Wegen unseres beruflich bedingten Umzugs nach Köln wechselte ich später in die CDU.

Von München nach Köln

Meine Tätigkeit als Rechtsanwalt und Fachanwalt für Sozialrecht für verschiedene Verbände der Heilberufe führte mich zu einem intensiven Engagement in der Verbändelandschaft. In zahlreichen Veröffentlichungen behandelte ich Zusammenhänge und Probleme des Sozial- und Gesundheitswesens, insbesondere unter den Aspekten von Eigenverantwortung, sozialer Verantwortung und Subsidiarität. In dieser Zeit hatte ich verschiedentlich Kontakte mit Vertretern der FDP, die mich in dieser Arbeit ermunterten.

In meiner beruflichen Tätigkeit erfuhr ich schnell Anerkennung als Spezialistin in meinem Fach, aber auch als Beraterin in politischen Zusammenhängen. Das Thema Emanzipation oder gar Emanzipationsschwierigkeiten waren mir fremd. In der damals noch viel mehr als heute durchweg von Männern geprägten Verbändelandschaft, in der auch harte Auseinandersetzungen an der Tagesordnung waren, aber auch in der Beziehung zu sonstigen Klienten, gab es die Frage der Akzeptanz einer Frau nicht, vielmehr nahm ich in dieser Landschaft immer eine singuläre Rolle ein, die für mich vorteilhaft und angenehm war.

Tätigkeit im Europäischen Wirtschafts- und Sozialausschuss

Einen Höhepunkt in meinem Lebenslauf stellt sicher die Tätigkeit im Europäischen Wirtschafts- und Sozialausschuss (EWSA) dar. Hier wurde ich (auf Anregung aus Kreisen der FDP, die von den Freien Berufen gern aufgegriffen wurde) 1987 als Vertreterin der Freien Berufe Deutschlands als Mitglied bestellt. Die sachliche Arbeit in diesem Gremium, das mit seinen Stellungnahmen die Europäische Kommission und den Rat – heute auch das Europäische Parlament – berät, und die Zusammenarbeit mit den Vertretern der gesellschaftlichen Gruppen der anderen Mitgliedstaaten – Spiegelbild der Vielfalt der europäischen Gesellschaft – entsprachen mir sehr. So wirkte ich hier auch an der Erstellung des ersten Entwurfs der Charta der Sozialen Grundrechte der Arbeitnehmer, dem Vorläufer der jetzigen Europäischen Grundrechte-Charta, mit, ebenso wie an einer ersten Stellungnahme zum Zeitplan für den Euro, der damals noch als Utopie erschien. Als Vizepräsidentin des EWSA, besonders aber anschließend 1992 bis 1994 als Präsidentin dieses europäischen Organs, konnte ich eine aktive Rolle in der europäischen Politik verfolgen, vor allem in Kooperation mit dem damaligen Präsidenten der Europäischen Kommission Jacques Delors, der mich schon bei unserem ersten Gespräch sofort mit großer Sympathie aufnahm und mich beim Aufbau eines Dialogprozesses für das Europa der Bürger, was für den Wirtschafts- und Sozialausschuss eine ganz neue Aufgabe darstellte, tatkräftig unterstützte. Ähnliche gute Beziehungen ergaben sich zu einer ganzen Reihe damaliger Kommissare wie dem für den Binnenmarkt zuständigen Martin Bangemann oder dem Sozial-Kommissar Padraigh Flynn. Auch mit dem seinerzeitigen Präsidenten des Europäischen Parlaments, Egon Klepsch, verband mich gute Zusammenarbeit. Natürlich gab es auch hier ganz grundsätzlich Aufmerksamkeit für eine Frau an der Spitze einer solchen

Institution. Immer aber standen sachliche und persönliche Wertschätzung im Vordergrund. Dies wurde auch deutlich bei meinen zahlreichen und durchweg sehr konstruktiven Gesprächen anlässlich Besuchen in – besonders europäischen – Staaten mit den dortigen Regierungen bis hin zu Regierungschefs wie z. B. dem damaligen portugiesischen Premierminister und heutigen Präsidenten Anibal Cavaco Silva oder auch dem luxemburgischen Premier und späteren Kommissionpräsidenten Jacques Santer, begleitet von seinem damaligen Wirtschaftsminister Jean-Claude Juncker. Als Präsidentin des EWSA durfte ich aktiv teilnehmen an der Vollendung des Binnenmarktes durch die Einheitliche Europäische Akte, an der allmählichen Herausbildung einer sozialen Dimension der europäischen Integration, für die der EWSA eine bedeutende Mahnerrolle einnahm, für die Entwicklung von europäischen Grundrechten, für den Kontakt mit den wirtschaftlichen und gesellschaftlichen Vertretungen der EFTA – sowie der Maghreb – und afrikanischen Länder und immer wieder für das „Europa der Bürger" als Voraussetzung der Akzeptanz der europäischen Vereinigung durch die Menschen in Europa. Zudem durfte der EWSA noch „Hebammenfunktion" für den damals neu gegründeten Ausschuss der Regionen wahrnehmen, der zunächst auf organisatorische Hilfe angewiesen war.

Die europäische Tätigkeit brachte einen intensiven Einstieg in verbandspolitische Aktivitäten mit sich: im Präsidium des Bundesverbandes der Freien Berufe, als Präsidentin der Europäischen Vereinigung der Freien Berufe SEPLIS und als Vizepräsidentin der Weltunion der Freien Berufe UMPL. In dieser Rolle begegnete ich im internationalen Raum auch einer ganzen Anzahl von Frauen, die – ebenfalls in selbstverständlicher Weise – verantwortungsvolle Funktionen in ihren Verbänden wahrnahmen.

Nachdem der Bund der Steuerzahler (BdSt) durch meine umfangreiche Tätigkeit für die Freien Berufe durch einen Vortrag auf mich aufmerksam geworden war, trug er mir ab 1992 seine Präsidentschaft an. Ich nahm dieses Angebot an, weil ich eine verbandliche Vertretung der Steuerzahler angesichts der natürlichen Neigung des Staates zu Aufgaben- und Ausgabenmehrung für bedeutungsvoll hielt. Die Rolle einer solchen Lobby brachte die Einarbeitung in steuerpolitische und -rechtliche Zusammenhänge mit sich, die ich versucht habe, möglichst sachlich in den politischen Raum hinein zu vertreten. Neben dem Hausthema des Bundes der Steuerzahler, den Abgeordnetendiäten, bemühte ich mich um grundlegende Aussagen zur Sozialen Marktwirtschaft und der ihr zugrundeliegenden Balance zwischen Eigeninitiative und staatlicher Steuerungsfunktion. Insgesamt brachte mich diese Tätigkeit eher in Frontstellung gegenüber manchen politischen Institutionen bzw. wurde es von diesen so empfunden. So wurde ich von der Bundestagsfraktion der CDU/CSU zu einem Gespräch gebeten, nachdem ich wieder einmal Entwicklungen in der Abgeordnetenvergütung kritisiert hatte. Überraschenderweise verlief die Unterhaltung freundlicher, als sie begonnen hatte. Schließlich wurde ich in meiner Eigenschaft als Präsidentin des Bundes der Steuerzahler in eine der in regelmäßigen Abständen aufeinanderfolgenden Kommissionen zur Neuregelung der Finanzierung der Abgeordneten berufen, in der allerdings damals meine Vorschläge zu einem Abbau der Altersversorgung zugunsten einer höheren laufenden Vergütung mit Eigenverantwortung für die Abdeckung der eigenen Altersrisiken wenig Gehör fanden. Unnötig zu erwähnen, dass auch in dieser Funktion das Frauenthema nur insoweit erheblich war, dass die erstmalige Präsidentschaft einer Frau Aufmerksamkeit erregte. In den Medien war ich jedenfalls damals überaus häufig vertreten und geradezu umworben.

Familiäre Unterstützung

All diese Funktionen hätte ich unter keinen Umständen wahrnehmen können, wenn mich nicht mein Mann dabei mit Zustimmung und organisatorischer Hilfe in jeder Hinsicht unterstützt hätte. Allerdings verwundert es mich im Rückblick doch, mit welch relativen Unbekümmertheit ich mich neben drei Kindern in all diese Arbeiten stürzte. Dies bedeutete organisatorische Improvisation und physische wie psychische Doppelbelastung, die ich heute rückblickend nicht mehr verantworten könnte und wollte. Aus heutiger Sicht würde die Sorge für meine Kinder und meine Familie absoluten Vorrang genießen.

Nachdem in dieser Zeit eigentlich immer mehr die Überzeugung in mir gewachsen war, nicht aktiv in der politischen Arbeit mitwirken zu wollen, kam die Aufforderung zur Kandidatur für den Deutschen Bundestag für mich sehr überraschend durch den damaligen Landesvorsitzenden der CDU in Rheinland-Pfalz, der mir damals nur sehr wenig bekannt war. Dies geschah gerade, nachdem ich etwas frustriert in meine Anwaltskanzlei zurückgekehrt war von einer Tagung des Deutschen Beamtenbundes, auf der ich mit Herrn Verheugen eine Auseinandersetzung darüber geführt hatte, dass sich Politiker nicht als „politische Klasse" begreifen sollten – was er selbst aber unter gesellschaftssoziologischen Aspekten heftig verteidigte. Es bedurfte nach dem Telefonat aus Rheinland-Pfalz jedenfalls sehr langer und schwieriger Überlegungen, in deren Verlauf ich zahlreiche und sehr unterschiedliche Ratschläge einholte. Auch ein persönlicher Besuch des Landesvorsitzenden bei mir zuhause, in der er mir vor Augen hielt, dass er mich angeblich dringend für die personelle Erneuerung der Partei und künftige Regierungsteams in Rheinland-Pfalz brauche, überzeugte mich eigentlich nicht, zumal die ganze Angelegenheit einigermaßen überfallartig vor sich ging: Ich sollte bereits im Verlauf der nächsten Wochen dem Landesvorstand vorgestellt und dann vom Bezirksparteitag auf Platz sieben der Landesliste nominiert werden.

Meine Entscheidung für die Kandidatur fiel dann doch, veranlasst durch die Überlegung, dass es auf die Dauer nicht befriedigend sein könne, nur politisches Handeln zu kritisieren, und dass aus vorgängiger Kritik nachgängige

Verantwortung zum aktiven Tun folge. An der Richtigkeit der Entscheidung hatte ich letztlich immer noch Zweifel und habe ich heute noch. Dies gilt besonders, weil ich den Bund der Steuerzahler mit einer solchen Entscheidung während der kommenden Vorstandssitzung überraschen und enttäuschen musste. Dies entspricht in keiner Weise meinen eigenen Grundsätzen von höflichem Umgang miteinander und tut mir heute noch leid, denn dort gab es viele Männer und Frauen, mit denen ich sehr gut, konstruktiv und zum Teil freundschaftlich zusammengearbeitet habe. Dass der Präsident des BdSt kein politisches Amt wahrnehmen kann, liegt auf der Hand und war mir vollkommen klar. Dass mein Abschied von diesem Amt so schnell und unharmonisch vor sich gehen musste, ist schmerzlich und soll hier nicht vertieft werden. Verständlich ist mir jedenfalls die Bemerkung meines damaligen Vizepräsidenten, dass ein Bundestagsmandat doch für eine Präsidentin des Bundes der Steuerzahler zu wenig sei, um ihr Amt aufzugeben. Es müsste schon ein weitergehendes Angebot sein, so sagte er.

Erste Erfahrung mit der Emanzipation

Bei der Aufstellung der Landesliste machte ich übrigens dann meine erste Erfahrung mit Emanzipation: Hier ging es darum, ein ausgeglichenes Männer-Frauen-Verhältnis herzustellen. Ich nehme an, dass die Ausgeglichenheit dieser Geschlechterreihe für den Landesverband auch einer der Hauptgründe war, einen Quereinsteiger überhaupt zu akzeptieren. Denn dort herrschte grundsätzlich tiefe Skepsis gegenüber Zuwachs von außen. Wurde diese nicht offen gezeigt, um den Landesvorsitzenden nicht zu beschädigen, war sie doch im Verhalten einzelner Vertreter(innen) deutlich spürbar. Außerdem war es für mich eine ganz neue Erfahrung, in welcher abschätzigen oder bevormundenden Weise manche dieser Herren über ihre Frauen sprachen.

Ich bemühte mich jedenfalls, mich in die jeweiligen Mentalitäten einzufühlen, versprach, mich mit Rheinland-Pfalz zu identifizieren, besuchte sogar eine Karnevalsveranstaltung in Mainz, machte mich so gut wie möglich mit allen wichtigen Parteivertretern bekannt und stürzte mich anschließend mit Verve in den Bundestagswahlkampf. Eine Einführung durch den Landesvorsitzenden erhielt ich nach der initiierenden Pressekonferenz und einer gemeinsamen Wahlkampfreise dabei weitgehend nicht. Auch von meiner früheren Steuerzahlerfunktion wurde kein propagandistischer Gebrauch gemacht, so dass ich mich fragen musste, warum ich denn geholt worden war. Der kühle Händedruck Helmut Kohls, nachdem ich ihm auf einem Landesparteitag vorgestellt worden war, bestärkte mich in der Annahme, dass die ganze Angelegenheit mit ihm nicht ausreichend abgestimmt war. Im Vorfeld der späteren Landtagswahl in Rheinland-Pfalz wurde ich zwar in das engere Team des Spitzenkandidaten der CDU einbezogen und engagierte mich sehr im Wahlkampf, spürte aber schon den hinhaltenden Widerstand meiner rheinland-pfälzischen Kollegen und – entgegen der ursprünglich aufgezeigten Perspektive für meinen Einstieg in die Politik – die augenscheinliche Verunsicherung des Landesvorsitzenden, sich mit mir als Quereinsteiger näher festzulegen, zumal er wohl auch nicht unvoreingenommen über mein parlamentarisches Wirken, aber auch meine parteiinterne Vortragstätigkeit informiert wurde. Nach der verlorenen Wahl wechselte auch relativ schnell der Landesvorsitz, was aber – auch angesichts neu aufgebrochener parteiinterner Probleme – meine Einbindung in die Landespartei nicht wesentlich intensivierte.

Herausheben möchte ich in diesem Zusammenhang die rheinland-pfälzische Frauen Union, die mich regelmäßig zu ihren Vorstandssitzungen in Mainz einlud, was ich gern wahrgenommen habe. Die freundliche Aufnahme, die ich von den meisten Vorstandsmitgliedern erfuhr, habe ich sehr geschätzt und gern in Sachfragen mitgearbeitet, gerade auch in den Klausurtagungen an verschiedenen Orten in Rheinland-Pfalz, bei denen sich auch sehr freundliche persönliche Bekanntschaften ergaben.

In der Fraktion wurde ich nach der Bundestagswahl als bisherige Kritikerin interessiert beäugt, letztlich aber von den meisten freundlich begrüßt. Wie in fast jedem Gremium, und so auch im Deutschen Bundestag, ist es die Liebenswürdigkeit und Wertschätzung einzelner Kolleginnen und Kollegen, die wahrgenommen und hervorgehoben werden muss und die sich bei vereinzelten Treffen bis heute fortsetzt.

Allerdings war es für mich nach allen Funktionen, die ich eingenommen hatte, doch mit gewisser Schwierigkeit verbunden, mich in die besondere Arbeitsweise des Parlaments einzufinden. Nicht dass es mir so sehr schwer gefallen wäre, mich, wie der frühere bayerische Finanzminister Kurt Faltlhauser meinte, „wieder hinten anzustellen". Immerhin wurde ich gleich in den Fraktionsvorstand gewählt. Was mir zu schaffen machte, war der Gegensatz zur europäischen sachlichen Arbeit auf hohem Niveau. Es ist eben ein Unterschied, ob Experten in ihren Bereichen fachkundig über ein bestimmtes Problem und seine Lösung diskutieren, oder ob die Abgeordneten als Vertreter aller Bildungs- und Gesellschaftsfacetten unter politischen Aspekten sich im Machtgefüge der parlamentarischen Demokratie auseinandersetzen. Ungewohnt war für mich der persönliche Angriff, der nicht selten sachliche Argumentation ersetzt. Schwer erträglich fand ich das Zurückstellen sachlich erforderlicher Problemlösungen zugunsten wahltaktischer Erwägungen. Und noch schwerer einzusehen war für mich, dass die nämliche Haltung, die man in der Regierungszeit vertreten hatte, als Opposition in der gleichen Sache urplötzlich nicht mehr akzeptierbar und völlig unsinnig hingestellt wurde. Auch eine neue Erfahrung kam in einem kleinen Aperçu zum Ausdruck: Bei der ersten Klausurtagung des Rechtsausschusses meinte unser rechtspolitischer Sprecher, es sei gut, wenn auch eine Frau teilnehme, dann benähmen sich die Männer besser. Ich fragte mich natürlich, wie sie sich sonst benehmen.

Sitzungen im Fraktionsvorstand

Die Sitzungen des Fraktionsvorstandes verdeutlichten, dass dieses Gremium in der Regel weder über ein Mehr an Information noch an Entscheidungsbefugnissen verfügt als die Fraktion selbst. Sehr schnell begriff ich, dass in der Fraktion Wortmeldungen nicht unbedingt erwünscht waren, es sei denn, man wurde vom Geschäftsführenden Fraktionsvorstand aufgefordert, eine Angelegenheit sachlich aufzuarbeiten und zu analysieren. Man musste lernen, dass die Willensbildung im Geschäftsführenden Vorstand erfolgt und Widerspruch dagegen in der Fraktion als wenig angebracht begriffen wird. Diese Stromlinienförmigkeit der Meinungsbildung ist wohl in einem Parlament ein unverzichtbares Instrumentarium des Zusammenhalts der Machtblöcke, unter Aspekten der Unabhängigkeit der Abgeordneten für mich aber immer noch problematisch. Dabei darf nicht vergessen werden, dass der einzelne Abgeordnete angesichts der Komplexität der unterschiedlichen Beratungs- und Entscheidungsmaterien in der Regel überfordert ist, sachkundig über Materien abzustimmen, mit denen er nicht schwerpunktmäßig befasst ist – ganz abgesehen davon, dass die Informationen, die ihm über die jedem Bürger zugänglichen Medien hinaus zur Verfügung stehen, sich eher bescheiden ausnehmen. Das gängige Verfahren bei namentlichen Abstimmungen, bei denen die einzelnen Fraktionsgeschäftsführer neben der Abstimmungsurne stehend die dann vom abstimmenden Abgeordneten einzuwerfende Karte deutlich aufzeigen, ist Ausweis dieser Schwierigkeiten. Hinzu kommt die nicht selten anzutreffende Problematik, dass angesichts der Eile, mit der ein Gesetzgebungsvorhaben vorgeblich zu verabschieden ist, den beratenden Ausschüssen umfangreiche Volute von Gesetzentwürfen einschließlich zahlreicher Änderungsanträge am Vortag der Ausschussberatungen oder nicht viel früher durch die federführenden Ministerien zugeleitet werden. Entsprechend schwierig gestaltet sich eine fundierte Durchdringung der Materie. Dass das Bundesverfassungsgericht häufig – insbesondere in Fragen der Europa-, Verteidigungs- und Finanzpolitik – eine stärkere Parlamentsbeteiligung anmahnen musste, ist Ausweis solcher Defizite.

Die Mitarbeit in Ausschüssen

Mitgearbeitet habe ich in einigen Ausschüssen mit zahlreichen Berichterstattungen, so dass ein Magazin – man weiß um die Fragwürdigkeit solcher Aussagen – mich schon zu den fleißigsten Abgeordneten zählte: Rechtsausschuss, Finanzausschuss, zeitweise im Ausschuss für Arbeit und Soziales sowie als Stellvertreter im Ausschuss für die europäischen Angelegenheiten und im Haushaltsausschuss. Hier habe ich teilweise interessante Erfahrungen machen können.

So stieß ich als Beauftragte für europäische Fragen im Ausschuss für Arbeit und Soziales mit meinen Berichten auf sehr bescheidenes Interesse, obwohl die soziale Dimension des Binnenmarktes damals gerade im Entstehen begriffen war. Dafür hielt ich besonders in dieser Zeit enge Beziehungen zum Arbeitsministerium und seiner für EU-Sachen zuständigen Abteilungsleiterin, mit der ich gemeinsam insbesondere gegen die Veränderung des Einstimmigkeitsprinzips in sozialen Angelegenheiten im Ministerrat kämpfte.

Im Ausschuss für die Angelegenheiten der Europäischen Union war ich – obwohl nur stellvertretendes Mitglied – mit der ständigen Berichterstattung zu sozialen Fragen beauftragt, was ich mit großem Engagement unternahm, obwohl ich mich erst an die gebotene Kürze der Berichterstattungen gewöhnen musste. Bemerkenswert war hier die mangelhafte Information des Ausschusses, der durch die Bundesregierung meist erst dann einbezogen wurde, wenn auf europäischer Ebene bereits Fakten gesetzt waren, was immer wieder auf unseren scharfen Protest im Ausschuss stieß. Leider konnte ich diese Tätigkeit in der zweiten Legislaturperiode nicht mehr fortführen, da der Ausschussvorsitzende Hintze Berichterstattungen nur den Vollmitgliedern vorbehielt.

Im Finanzausschuss konnten wir mit vereinten Kräften die Vorlage unseres eigenen Ministeriums für eine Erbschaftssteuerreform zunichtemachen und unsere abweichenden Vorstellungen durchsetzen – ein im Hinblick auf parlamentarische Entscheidungsfindung durchaus erfreulicher, aber auch singulärer Vorgang. Zu den bemerkenswerten Projekten im Finanzausschuss gehörte auch das Vorhaben einer Steuerreform auf der Grundlage der sogenannten Petersberger Beschlüsse. Zu der entsprechenden Vorbereitungskommission wurde auch ich hinzugezogen – auf Betreiben der damaligen Parlamentarischen Staatssekretärin im Bundesfinanzministerium. Ziel war die Vereinfachung des Steuerrechts durch Abbau von Ausnahmetatbeständen. Eine solche Steuerreform war besonders durch den früheren Bundesfinanzminister Stoltenberg, mit dem ich im Fraktionsvorstand, aber auch später, in schönem Einvernehmen argumentierte, schon für einen viel früheren Zeitpunkt in der Legislaturperiode angemahnt worden. Den Sitzungsmarathon unserer Finanzarbeitsgruppe und dann des Finanzausschusses bis zum Teil spät in die Nacht empfand ich als angenehme Sacharbeit, wobei die Beamten des Ministeriums zu bewundern waren, die diesen Sitzungen bis zu Ende zu folgen und bis zum nächsten Morgen zahlreiche Änderungen in der Gesetzesvorlage einzuarbeiten hatten. Gerade im Hinblick auf meine früheren Tätigkeiten empfand ich die wiederholten Aufforderungen, die uns aus dem Finanzministerium erreichten, als interessant, noch einmal so und so viele Millionen „abzugreifen". Bemerkenswert war dabei vor allem auch, mit welchem Eifer sich vor unserem Sitzungssaal im „Langen Eugen" bei den Beratungen und Abstimmungen des Finanzausschusses die Vertreter der verschiedensten Verbände scharten, um die Abschaffung von Steuerbegünstigungen zu verhindern. Umso bedauerlicher, dass die Reform dann am Bundesrat scheiterte. Sie war eben zu spät in der Legislaturperiode auf den Weg gebracht worden.

Zu den interessanten Erlebnissen zählten für mich natürlich auch die Beratungen über die Euro-Einführung. Unter dem Eindruck der aktuellen europäischen Schuldenkrise sei hervorgehoben, dass weder der Finanz- noch der Rechtsausschuss, dem ich gleichzeitig bzw. später angehörte, eine Zustimmung zur Einführung der neuen Währung gegeben hätten, wenn nicht die Stringenz der Beitrittskriterien ebenso wie entsprechende Sanktionen bei ihrer Überschreitung, aber auch die Vertragsklausel eingeführt worden wären, nach der kein Mitgliedstaat die Schulden der anderen übernimmt. Was hieraus geworden ist, mag die Vergeblichkeit gesetzgeberischen Handelns manifestieren, wenn vertragliche Vorgaben schließlich einfach nicht eingehalten werden. In dieser Zeit wurde ich als überzeugte Euro-Vertreterin vielfach zu Vorträgen gebeten, etwa auch von der Konrad-Adenauer-Stiftung in Schloss Eichholz, um die Notwendigkeit einer einheitlichen europäischen Währung, ihre Chancen und Risiken, darzulegen, und vielfach musste ich auch zum Teil sehr heftige Diskussionen mit Euro-Skeptikern bestreiten, die heute auch zu den Klägern vor dem Bundesverfassungsgericht gehören.

Nachdem ich im Rechtsausschuss in den ersten Jahren mit den jeweiligen Plenarbeiträgen zur Haushaltsdebatte beauftragt wurde, war ich in meiner zweiten Legislaturperiode von 1998 bis 2002, als wir in der Opposition waren, ganz vorwiegend mit Gesetzgebungsvorhaben befasst, die Steuern, Finanzen und Unternehmensführung betrafen. Bei solchen Vorhaben hielt sich das politische Auseinandersetzungspotential in Grenzen und machte weitgehend sachlicher Diskussion Platz. So wichtige Gesetze wie etwa das Gesetz zur Kontrolle und Transparenz im Unternehmensbereich KonTraG wurden im Ausschuss vielfach einstimmig beschlossen. Entsprechend uninteressant waren dann die Diskussionen im Plenum, die mit schöner Regelmäßigkeit auf den späten Abend angesetzt wurden, wo nur noch die Berichterstatter selbst und einige Unverdrossene anwesend sind, so dass wir unsere Reden sehr oft in Einmütigkeit zu Protokoll gaben. Gefragt war ich besonders auch in diesem Zusammenhang, wie bereits anlässlich der geplanten Steuerreform, für Vorträge, so in Kommissionen des Wirtschaftsrates, der mich dann auch in seinen Vorstand berief, oder bei den großen Wirtschaftsverbänden ebenso wie bei den Steuerberater- und Wirtschaftsprüfervertretungen. Auch im Parlamentskreis Mittelstand arbeitete ich mit. Überhaupt ergaben sich weiterhin enge Verbindungen mit der Verbändelandschaft, nicht nur anlässlich von Empfängen und Sommerfesten

Attraktiv gestaltete sich für mich auch die Arbeit als stellvertretendes Mitglied des Haushaltsausschusses. In dieser Eigenschaft war ich gleichzeitig Mitglied des Rechnungsprüfungsausschusses und hier für viele Projekte Berichterstatter. Da ich über das Thema „Die staatsrechtliche Stellung der Finanzkontrolle des Bundes" promoviert habe, deren Drucklegung damals auch vom Bundesrechnungshof gefördert worden war, war ich in dieser Thematik zuhause. Die Kontakte zu den Vertretern des Bundesrechnungshofes, die mich in Vorbereitung meiner Berichterstattungen regelmäßig in meinem Büro besuchten, gestalteten sich eng und außerordentlich konstruktiv, so dass beide Seiten am Ende der Legislaturperiode mit Bedauern voneinander Abschied nahmen.

Zu den interessanten Erfahrungen gehört auch mein zeitweiliges Mitwirken im Richterwahlausschuss. Das Aushandeln der Ernennungen zwischen den Parteien, das zunächst befremdlich erscheinen mag, trägt letztlich zur Ausgewogenheit der Judikatur in Deutschland bei, die in den höchsten Gerichten nicht nur mit fachlicher Qualifikation, sondern letztlich auch immer mit der jeweiligen politischen Einstellung verbunden ist.

Schwierige Gewissensentscheidungen stellten auch für mich vor allem die Gesetzgebungsvorhaben zu Abtreibung und Genforschung dar. Es ist schwer zu akzeptieren, dass grundlegende Fragen, die Leben und Menschenwürde betreffen, mit wirtschaftlichen Interessen und Anliegen der Forschung auf gleicher Höhe abgewogen werden sollen. Wohl wissend, dass es eine Art Kampf gegen Windmühlenflügel war, schloss ich mich bei der Beratung und Abstimmung über die sogenannte verbrauchende Genomforschung der gegnerischen Gruppe an. Es war schwer mit anzusehen, wie fraktionsübergreifend sich eine Mehrheit für unsere Ablehnung zu bilden begann, die dann aber durch Kompromissvorschläge zunichtegemacht wurde. Hier zeigt sich der unüberwindbare Gegensatz zwischen Prinzipien und Werten auf der einen Seite, demokratischer Konsensfindung und Nachgeben gegenüber wirtschaftlichen Interessen auf der anderen Seite. Die letzte Legislaturperiode meines Mandats war im Übrigen geprägt vom Beginn einer gesellschaftlichen Umorientierung, die sich im politischen Handeln sehr zielstrebig umsetzte. Symptomatisch hierfür war die Legalisierung der Prostitution, vor der gerade auch Sozialverbände gewarnt hatten und gegen die ich als Berichterstatterin zu argumentieren hatte, was ich nicht ohne Emotion tun konnte.

Die Vereinbarkeit von Beruf und Politik

Während der gesamten Zeit meines Bundestagsmandats von 1994 bis 2002 habe ich meine berufliche Tätigkeit beibehalten. Es war für mich wesentlich, mich nicht von meinem Mandat abhängig zu machen, sondern finanzielle und deshalb auch sachliche Unabhängigkeit zu bewahren. Das unterschied mich von vielen Kolleginnen und Kollegen und war besonders nach dem Umzug nach Berlin zeitlich nicht leicht zu bewältigen, jedenfalls ziemlich anstrengend, wollte man der parlamentarischen Arbeit in verantwortungsvoller Weise folgen und keine Abstimmungen versäumen, was mir doch durch häufiges Hin- und Herreisen relativ gut gelang.

Die Bedingungen waren nicht so, dass ich mich ganz auf die Politik konzentrieren konnte, die Integration in Landesgruppe und Partei auch nicht so intensiv, als dass ich mich voll in die politische Tätigkeit hätte hineinstürzen können. Dass ich keinen Wahlkreis vertrat, in dem ich mich hätte engagieren können, war wiederum einer weiteren Verwurzelung wenig zuträglich, ohne die aber politische Tätigkeit heute auch nicht sinnvoll praktiziert werden kann. Zudem erlaubten es mir weder meine Familie noch mein Beruf zumindest in der Bonner Zeit, mich an privaten Zusammenkünften mit Kollegen zu beteiligen, die während der Sitzungswochen in der Parlamentarischen Gesellschaft oder dem Bierkeller des Wasserwerks stattfanden. Reisen von Abgeordneten stand ich – nicht nur wegen meiner Steuerzahlervergangenheit – prinzipiell vorsichtig gegenüber. So unternahm ich nur eine einzige Reise während meiner Zeit im Deutschen Bundestag, nämlich zur Tagung der Weltbank nach Washington. Und auch gemeinsame Reisen der Landesgruppe fand ich nicht unbedingt notwendig. Dagegen fuhr ich gern nach Einladung durch Joachim Hörster mit nach Algerien, um gemeinsam mit ihm den versammelten Vertretern der algerischen Parteienlandschaft die Soziale Marktwirtschaft zu erklären und damit wirklich sinnvolle Aufklärungsarbeit zu leisten.

So war ich eigentlich ohne Bedauern fest entschlossen, bereits nach der ersten Legislaturperiode von der Politik wieder Abschied zu nehmen. Wenn ich für eine nochmalige Kandidatur dann doch zur Verfügung stand, geschah das nur auf Drängen des Landesgruppenvorsitzenden Joachim Hörster, der mir von Anfang an mit Sympathie und sachlicher Unterstützung begegnete. Die Landesliste bedurfte einer weiteren weiblichen Kandidatin, um ausgewogen zu sein. So engagierte ich mich ein weiteres Mal im Bundestagswahlkampf, wie schon in den vergangenen Kampagnen mit dem besonderen Charme, dass ich mangels Wahlkreises nicht nur in einem Bereich des Landes, sondern in ganz Rheinland-Pfalz gefragt war und solche Veranstaltungen auch gern wahrnahm, auch wenn sich teilweise nach stundenlanger Fahrt im Hinterzimmer eines Gasthofs ein Grüppchen treuer Parteifreunde einfand, vor denen ich meine Vorstellungen zu grundlegenden Fragen, meist finanz- oder europapolitischer Art, entwickelte. Hier habe ich weite Teile von Rheinland-Pfalz, vor allem aber viele liebenswürdige Menschen kennengelernt, so dass ich diese Kampagnen trotz der damit verbundenen Strapazen nicht missen möchte.

Interessant waren meine Erfahrungen bei der Besetzung des Geschäftsführenden Fraktionsvorstandes nach dem Rücktritt von Wolfgang Schäuble als Fraktionsvorsitzendem. Der designierte neue Fraktionsvorsitzende fragte mich, ob ich das Ressort Wirtschaft und Finanzen übernehmen wolle. Dass diese Anfrage nicht ausreichend reflektiert war, war für mich von vornherein klar, wollten doch aus meiner Landesgruppe zwei andere Kolleg(inn)en für den Geschäftsführenden Vorstand kandidieren. Meine grundsätzliche Bereitschaft wurde von großen Landesgruppen und auch der damaligen Vorsitzenden der Gruppe der

Frauen begrüßt, erregte aber in der eigenen Landesgruppe eine derartige Aufregung, dass ich von einem solchen Vorhaben Abstand nahm und die beiden Kolleg(inn)en unterstützte. Was hätte mir eine Konfrontation für die Sacharbeit genützt, wenn der betreffende Kollege doch so großen Wert auf das Amt legte?

Frauenspezifische Interessenvertretung

Die Sitzungen der Gruppe der Frauen gehörten zu meinen neuen Erfahrungen eigener frauenspezifischer Interessenvertretung. Ich habe sie trotzdem recht regelmäßig besucht, weil dort ein liebenswürdiger und sachlicher Ton herrschte. Hier fanden häufig auch Überlegungen statt, wie man Kolleginnen insbesondere bei der Besetzung von Ämtern und Funktionen eine gewisse Förderung zukommen lassen konnte.

Insgesamt unterscheidet sich der Arbeitsstil von Frauen, und das nicht nur im Parlament, in einigen wesentlichen Punkten von dem der Männer. Sie sind in der Regel ruhiger, zielstrebiger und sachlicher, abgesehen von einigen Kolleginnen, die es sich durchaus zum Ziel gesetzt haben, wie Männer aufzutreten. Diese gleichen sich gern und oft den Männern in Redeweise und sogenanntem Outfit an. Zum Teil wird es auch von ihnen erwartet, vielmehr meinen Frauen dies oft. Allerdings war es zu meiner Zeit noch nicht so weit, dass man mit weiblicher Kleidung im Plenum mit Pfiffen begrüßt wurde, wie dies kürzlich in der französischen Nationalversammlung der Fall war.

Im Ernstfall aber, wenn es um Konkurrenzen geht, verhalten sich Frauen nicht anders als Männer. Ich habe jedenfalls erlebt, dass der Kontakt zu einer Kollegin weitgehend abgebrochen war, nachdem ich eine Kandidatur erwog, von der sie sich Konkurrenz befürchtete. Grundsätzlich lässt sich feststellen: Wenn einzelne Personen Ämter einnehmen, in gewisser Weise also an die Macht kommen, nehmen sie – von wenigen Ausnahmen abgesehen – ähnliche Verhaltensmuster an. Ich habe Politikerinnen erlebt, mit welchen ich in freundlichem Gespräch war, die mir selbst in früheren Positionen meinen Preis des Rates der Europäischen Bewegung als „Frau für Europa" verliehen haben, mir dann in höherer Position sehr hoheitsvoll gegenübertraten und mich schließlich kaum mehr kannten. Und eines haben Männer und Frauen als Politiker gemeinsam – Männer noch etwas mehr als Frauen: Sie hören sich gern reden und hören nicht mehr zu. Ich habe dafür immer ein gewisses Verständnis gehabt, weil Politiker in den Dimensionen der Selbstüberzeugung und -darstellung leben (müssen). Und sie meinen es in diesem Moment nicht böse. Aber für das menschliche Zusammensein ist es etwas hinderlich.

Vereinbarungsgemäß habe ich zwei Legislaturperioden im Deutschen Bundestag absolviert, von denen ich eine in Bonn als Angehörige der Mehrheitsfraktion, die andere weitgehend in Berlin erlebte. Im Ergebnis brachte für mich diese

Phase politischer Arbeit – nach Anwaltsberuf sowie der Phase meines verbandspolitischen und europäischen Engagements teilweise interessante Erkenntnisse, was die parlamentarische Arbeit, die Einfluss- und Durchsetzungsmöglichkeiten des demokratisch gewählten Gesetzgebers und das Verhalten der Menschen in politischen Ämtern angeht. Meine Studenten jedenfalls, die ich jederzeit zu eigenem politischen Engagement ermuntert habe, haben in den anschließenden Jahren meiner Hochschultätigkeit diese Erfahrungen mit größtem Interesse aufgenommen.

Godelieve Quisthoudt-Rowohl

Erfahrungen einer „belgischen Deutschen" in der Politik

Geboren am 18. Juni 1947 in Etterbeek/Belgien, verheiratet, vier Kinder, 1965 Abitur, 1966–1973 Studium der Chemie an der Universität Leuven, Abschluss: Dr. rer. nat., 1972–1973 Stipendiatin am Max-Planck-Institut für Biophysikalische Chemie, 1974–1978 wissenschaftliche Mitarbeiterin an der Medizinischen Hochschule Hannover, 1979–1989 Akademische Rätin am Institut für Angewandte Sprachwissenschaft der Universität Hildesheim, 1986 Eintritt in die CDU, seit 1989 Mitglied des Europäischen Parlamentes, 1990–1996 Mitglied des Bundesvorstandes der Frauen Union, 1990–1998 Mitglied des Bezirksvorstandes der CDU Hildesheim, seit 1990 Mitglied des Vorstandes der CDU Niedersachsen, 1999–2007 Quästorin und Mitglied des Präsidiums des Europäischen Parlaments, 1994–2012 Mitglied des Bundesvorstandes der CDU, 2005–2009 Vorsitzende des Stadtverbandes der CDU Hildesheim.

Vorgeschichte

Ich bin in Brüssel geboren und habe in der historischen Universitätsstadt Leuven (Löwen) studiert. Meine Eltern waren belgische Christdemokraten und „super klassisch": Mein Vater ging arbeiten, meine Mutter war zu Hause. Aber: meine Mutter hatte ein erstklassiges Abitur abgelegt und hat nur wegen der deutschen Besatzung während des Zweiten Weltkriegs nicht studieren können. Ihre Mutter und ihre Tante waren berufstätig. So bin ich aufgewachsen mit einem doppelten Rollenbild der Frauen: eine Großmutter berufstätig, die andere auf dem Land Hausfrau, eine berufstätige Großtante und eine nicht-berufstätige Mutter ... Wahrscheinlich habe ich mehr oder weniger bewusst vor allem ab der Pubertät ständig Vergleiche gezogen.

Wir waren fünf Kinder und haben in unserer Familie sehr viel diskutiert. Ja, meine Erinnerung ist, dass bei Tisch ständig über wirklich alles gesprochen wurde. Meine Familie war praktizierend katholisch. Die katholische Kirche, die ich damals in Belgien erlebt habe, nach dem Zweiten Vatikanischen Konzil, war recht progressiv. Typisch für die damalige Säulengesellschaft in Belgien war, dass ich mich nur innerhalb der katholischen „Säule" bewegte: Kindergarten, Schule und dann Universität.

Die Universitätsstadt Leuven ist eine mittelalterliche Kleinstadt, mit fast ebenso viel Studenten wie Einwohnern. Man konnte jeden Abend zwischen zehn interessanten Vorträgen und 20 noch interessanteren Partys wählen. Das war anders, als Uni heute ist ...

Meine Studentengeneration war sehr gerechtigkeitsbewegt, es war die Zeit der Befreiungstheologie und der Entstehung der „Aktion Misereor". Der „dritte Weg" der katholischen Bischöfe in Mittelamerika bewegte uns und manche meiner Kommilitonen fühlten eine Berufung, in den Favelas Brasiliens zu arbeiten – einige haben es tatsächlich realisiert. Mitte der 1960er Jahre haben wir demonstriert für „Leuven Vlaams", das war gegen die französische Abteilung der Universität auf flämischem Gebiet gerichtet! Die zweite damals populäre Parole „bourgeois buiten!" („Bürger raus!") kam mir dagegen nicht über die Lippen, wollte ich doch meine Herkunft nicht verleugnen. Diese Ziele waren die der christdemokratischen Studenten, ein Äquivalent des RCDS, die damals im herkömmlichen Sinne „links" waren.

Warum ich nach Deutschland gekommen bin?

Ich war 25, fand Belgien beengt, alle meine Freundinnen waren schon verheiratet und hatten Kinder, und ich wollte mal weg ... Da kam das Stipendium der Max-Planck-Gesellschaft gerade richtig. Es führte mich nach Göttingen: Mein Doktorvater Leo de Maeyer war Mitglied der Max-Planck-Gesellschaft und hatte einer Laborgemeinschaft mit Manfred Eigen, der 1967 den Nobelpreis bekam. Das war ein Paradies für die Forschung.

Parteipolitik oder überhaupt gesellschaftliches Engagement hatte ich damals überhaupt nicht mehr im Kopf: Ich wollte meine Doktorarbeit fertig schreiben (die ich 1973 in Leuven erfolgreich verteidigte, dort wurde ich dann promoviert).

Ich habe mich auch nie darum gekümmert oder gesorgt darüber, dass ich eine Frau bin – ich habe einfach geforscht. Mein Promotionsthema kreiste um die Auswertung von Exponentialgleichungen: Was passiert, wenn eine Reaktion innerhalb von Millisekunden eine sprunghafte Störung erfährt? Die Parameter wurden gemessen und ausgewertet, die Arbeit war sehr mathematisch. Ich habe sehr viel in „Fortran 5" programmiert – damals hieß das: Pappkarten lochen. Auch die schwierigere Maschinensprache „Assembler" zu programmieren fand ich – im Gegensatz zu manchen anderen – sehr spannend: mit 10 Lochkarten konnte man in dem Rechner alles ändern. Dass ich damals die einzige Doktorandin war, habe ich nicht bewusst wahrgenommen.

Genauso wenig habe ich mir vorstellen können, in Deutschland zu bleiben – nicht im Traum. Aber als ich dann meinen Mann kennenlernte, wurde mir langsam, recht gleitend klar: Ich bleibe doch in Deutschland.

Ende 1973 haben wir geheiratet und später vier Kinder bekommen, heute haben wir zehn Enkelkinder.

Ich setzte meine wissenschaftliche Laufbahn 1974 an der Medizinischen Hochschule Hannover und ab 1979 an der Universität Hildesheim fort und habe mich in viele Selbstverwaltungsgremien der Universität wählen lassen.

Irgendwann, als ich mich über etwas in der Stadt aufregte, hat mein Mann mir gesagt: „Wenn Du etwas ändern willst, werde Mitglied einer Partei und setze Dich ein!"

Dabei war er selbst gar nicht Mitglied. Aber er hatte natürlich recht und es war uns beiden klar, dass nur die Christdemokraten in Frage kamen. Also wurde ich Ende 1986 Mitglied der CDU. Aber ich habe nicht darüber nachgedacht, für den Stadtrat oder ein Parlament zu kandidieren.

Eineinhalb Jahre später, Anfang 1988, sprach mich meine Nachbarin an. Sie war Landtagsabgeordnete und dort im Wissenschaftsausschuss, so dass wir fachlich viel miteinander zu reden hatten. Ob ich mir vorstellen könnte, „mit der Partei Karriere zu machen?" Ich war völlig verdutzt und muss so verständnislos geschaut haben, dass sie nachlegte: „Na ja, ein Mandat." Das Wort hörte ich bewusst zum ersten Mal, aber spontan rutschte es aus mir heraus: „Wenn, dann für das Europäische Parlament."

Was ich nicht wusste: Die CDU Niedersachsen suchte damals eine Kandidatin für die Europawahl 1989. Drei Monate später nominierte mich der Landesvorstand der Frauen Union mit Zweidrittelmehrheit. Das war für mich der reine Zufall: Natürlich war ich ein neues Gesicht, hatte Familie und Kinder, war berufstätig, aber doch konservativ genug, europäisch von der Familie her – das passte schon alles ganz gut. Nochmals einige Wochen später hat der Bezirksvorstand Hildesheim mich dann auch – sei es mit knapper Mehrheit – nominiert.

Wilfried Hasselmann und Ernst Albrecht, die beiden Großen der CDU Niedersachsens, haben mich auf Anhieb akzeptiert. Für viele war meine Kandidatur und die Unterstützung der beiden dafür überraschend. Die Hannoversche Allgemeine Zeitung thematisierte sogar sechs Jahre später noch in einem Portrait, dass die beiden führenden Protestanten an der Spitze der Niedersachsen-CDU mich als Katholikin damals und seither unterstützt hätten. Mir als gebürtiger Belgierin ist das Besondere daran nie bewusst geworden, da ich die Konfrontation mit einer anderen Konfession nicht kennengelernt hatte, ganz im Gegensatz zu der Situation in Deutschland.

In meiner Wahlheimat Niedersachsen begegnet man als Katholikin ständig der anderen Konfession. Das gab es in Belgien überhaupt nicht.

Es ist wirklich wahr, was ich kürzlich im Scherz dem evangelischen Bischof von Braunschweig sagte: Der erste Evangelische, den ich je in meinem Leben kennen gelernt habe, ist mein Mann geworden.

Aber klar ist: Ich war nicht wirklich die „typische" Frauen Union-Kandidatin, passte in keine Schablone, hatte keine Ochsentour durch alle Gremien hinter mir. Und außerdem war ich eine Seiteneinsteigerin, denn ich war erkennbar Ausländerin und habe meinen Akzent bis heute nicht verloren. Im Harz, wo es damals im Europa-Wahlkampf viele DVU-Plakate gab, fragten einige sogar: „Hat die CDU denn keine von uns?" Kurzum: Die Nominierung auf Platz 3 der Landesliste war als „Quotenfrau" einfach, aber der Europawahlkampf 1989 knochenhart. Da habe ich begonnen, meine persönliche „Ochsentour" nachzuholen, habe mich jahrelang selbst in kleinsten Ortschaften persönlich vorgestellt.

Mandat und Parteiämter

Nach meinen Posten in der Selbstverwaltung der Universitäten hatte ich nun das erste Mal ein politisches Mandat. Und ich war in das Europäische Parlament gewählt, das die meiste meiner Arbeitszeit fortan in Brüssel abforderte, meiner Geburtsstadt. Da hatte ich natürlich Vorteile gegenüber anderen Abgeordneten. Allein die Tatsache, dass ich vier Sprachen fließend spreche, vereinfacht mir vieles.

Viele Frauen kümmern sich um Frauen- und Familienthemen, Sozial- und Kulturpolitik. Zu recht, denn man kann hochgradig politisch tätig sein, indem man sich beim Caritas-Verband oder beim Roten Kreuz engagiert. Gänzlich ohne parlamentarische Erfahrung und mit meiner Ausbildung, die eher als eine „männliche" angesehen wird, habe ich an meine berufliche Tätigkeit angeknüpft: Aus der Forschung kommend, wollte ich mich für die Forschungspolitik einsetzen, also habe ich mich von meiner Fraktion in den Forschungsausschuss schicken lassen. Aus der Universitätsperspektive in die Parlamentssituation – da war meine Sachkenntnis hilfreich.

Sehr schnell stand fest: Gremienarbeit ist doch überall sehr ähnlich, unabhängig von der Institution

Nach zweieinhalb Jahren im Europäischen Parlament wurde ich erste stellvertretende Vorsitzende des Ausschusses für Forschung, Energie und technologische Entwicklung. Ich war Schatten-Berichterstatterin für die EU-Richtlinie „Binnenmarkt für Strom und Gas", ein Vorhaben, das Jahre gedauert hat und nacheinander von drei Kommissaren bearbeitet wurde!

Große Erfolge waren, dass ich als erste und einzige Frau Berichterstatterin des fünften Forschungsrahmenprogramms war (das Forschungsrahmenprogramm legt für mehrere Jahre sowohl die inhaltlichen Schwerpunkte wie auch das Budget fest) und dass ich beim sechsten Forschungsrahmenprogramm Berichterstatterin für die Durchführungsbestimmungen wurde, die vermutlich für die Forschungswelt konkret noch bedeutungsvoller sind.

Manche Staaten werden diesen EU-Forschungsrahmenprogrammen assoziiert, die Schweiz beispielsweise. Das Europäische Parlament muss diesen

Assoziierungsverträgen zustimmen, was in dem besagten Fall nur eine Formsache war.

Einmal allerdings entwickelte sich ein brisantes Politikum daraus: Die erste Assoziierung Israels in den 1990er Jahren, für die ich ebenfalls Berichterstatterin war. In Israel war damals eine konservative Regierung im Amt, die Mehrheit im Europäischen Parlament war dagegen links der Mitte – und diese Mehrheit drohte, den Vertrag zu blockieren!

Es galt daher, auch die Abgeordneten im Europäischen Parlament zu überzeugen und eine Mehrheit zu finden, was mir innerhalb von sechs Wochen gelang. Das war nicht einfach ... Ebenso schwierig war es, die Forderungen der Israelis und der Palästinenser so weit wie möglich in Einklang zu bringen. Sie saßen mehrmals in meinem Büro – allerdings nicht zusammen, das wäre zu viel gewesen – und ich habe mit beiden Klartext geredet. So haben wir für beide Seiten und für die Mehrheit im Europäischen Parlament akzeptable Formulierungen gefunden.

Im Endeffekt habe ich Dankesbriefe von allen Beteiligten bekommen. Kein Wunder: Israel ist das einzige nicht-europäische assoziierte Mitgliedsland und israelische Forschungseinrichtungen arbeiten mit europäischen Partnern an mehr als 600 Forschungsprojekten gemeinsam!

In der Forschungspolitik habe ich somit alles erreicht, was auf europäischer Ebene parlamentarisch zu erreichen ist.

Siebeneinhalb Jahre lang – vom Juni 1999 bis zum Januar 2007 – war ich als Quästor Mitglied des Präsidiums des Europäischen Parlamentes, das ist vergleichbar mit dem Ältestenrat des Bundestages. Als Schaltstelle zwischen den Kollegen und unserer multinationalen Verwaltung habe ich die Arbeitsweise unseres Parlamentes vor und nach der Erweiterung von 2004 maßgeblich mitgestaltet. Eine herausfordernde und sehr lehrreiche Aufgabe, bei der mein bikultureller Hintergrund hilfreich war.

Seit 2004 bin ich Mitglied im Ausschuss für den Außenhandel – ein politisches Feld, das seit dem Vertrag von Lissabon voll in die Kompetenz der EU fällt! Ich bin ständige Berichterstatterin des Ausschusses für die Beziehungen zu Australien und Neuseeland, Sprecherin der EVP-Arbeitsgruppe „Transatlantische Beziehungen" und Vorsitzende der EVP-Delegation in der interparlamentarischen Gruppe „EUROLAT" (EU und Mittel- und Lateinamerika). Darüber hinaus bin ich Mitglied der „steering group" der Parlamentarischen Versammlung bei der Welthandelsorganisation.

Manchmal schließt sich der Kreis: Mein erster Bericht 1989 behandelte die Lagerung von radioaktivem Abfall in Asse und Gorleben, also sehr niedersächsische Themen. 23 Jahre später sind diese, verstärkt durch die Energiewende, wieder im Fokus der Öffentlichkeit.

Das „Frau-Sein" hat sich als vorteilig für mein Fortkommen in der Partei erwiesen: als erste Europaabgeordnete wurde ich von 1990 bis heute in einen

Landesvorstand gewählt, (zuerst auf Vorschlag der FU, seit 1992 des CDU-Bezirksverbandes Hildesheim). Von 1994 bis 2012 war ich – auch als erste Europaabgeordnete – Beisitzerin im Bundesvorstand.

Sicher hat dabei auch ein Überraschungsmoment mitgespielt. Seiteneinsteiger, da ihnen der Stallgeruch fehlt, fallen auf, sie sind „etwas anders". Das kann zunächst positiv mitspielen, aber bleiben tut man nur, wenn man hart arbeitet und sich einsetzt.

Entscheidungsfindung

Es gab arbeitsintensive Herausforderungen im Europäischen Parlament, die ich aber von der Sache, von den Fakten her, eindeutig politisch entscheiden konnte.

Dagegen gibt es Entscheidungen, die in der Öffentlichkeit diskutiert werden und deren Ergebnisse vorweggenommen zu sein scheinen, um so Druck auf die Abgeordneten auszuüben. Das Internet-Zeitalter verstärkt massiv die Einflussmöglichkeiten der organisierten und nicht-organisierten Zivilgesellschaft. Aufgabe ist es dann, sich im Dialog mit der Partei und der Fraktion eine fundierte Meinung zu bilden.

Ich habe beispielsweise gegen den Beitritt Griechenlands in den Euro gestimmt, aus tiefer Überzeugung.

2012 habe ich für ACTA gestimmt, ebenfalls nach sehr gründlichem Studium der Materie und aus voller Überzeugung: Ich habe die Panikmache gegen ACTA durchschaut – die Kritik war substanzlos. Deshalb habe ich mit „Ja" gestimmt – ungeachtet des Mainstreams. Auch in dieser scheinbar „technischen" Frage spielen nicht nur Sachargumente, sondern auch Lebensanschauungen eine Rolle.

Im Bundesvorstand der Frauen Union habe ich unter Rita Süssmuth meine Meinung dargelegt, dass ich gegen das Frauen-Quorum bin. Aber auch, dass ich, wenn eine Mehrheitsentscheidung gefallen sei, diese Mehrheitsmeinung nach außen vertrete werde. Wenn man nicht bereit ist, mit Mehrheit legitimierte Beschlüsse zu vertreten, sollte man ernsthaft über seinen Austritt aus dem entsprechenden Gremium nachdenken.

Ich bin mit dieser Haltung sehr gut gefahren. Als vor einigen Wochen die Abstimmung über eine verbindliche Quote für Frauen in der Wirtschaft freigegeben wurde, habe ich, meiner Überzeugung folgend, dagegen gestimmt. Ich fühle mich frei dabei – aber längst nicht jede schwierige Frage ist eine Gewissensfrage.

Ich vertrete manchmal eine etwas liberalere Meinung zu bio-ethischen Fragen als viele in meiner Partei, was besonders aufgefallen ist, als ich Vorsitzende der Arbeitsgruppe „Bioethik" der CDU auf Bundesebene wurde. Dennoch habe ich auch hier oft die Mehrheitsmeinung mitgetragen. Als ich einmal sehr ernsthaft, aber anders als die meisten CDU-Kollegen abgestimmt habe, kam ein Protestbrief, wie die Partei eine so „gottlose Abgeordnete" in ihren Reihen dulden könne. Ich habe dem Autor sachlich dargelegt, dass ich dies als katholische Kirchgängerin anders sehe als er und warum. Hier spricht mein Gewissen!

Politeia, die Gestaltung der polis, heißt: Wie sehe ich dieses Gemeinwesen?

Als Parteipolitikerin muss ich deshalb dafür sorgen, dass das CDU-Bild, unsere Vision der Gesellschaft, Mehrheiten findet. Bei der Komplexität der Entscheidungen, sowohl was ihre Inhalte als auch ihre Tragweite betrifft, ist es unmöglich, immer Experte zu sein. Und mit der Wissenschaft und ihren Erkenntnissen für die Politik gilt es heutzutage behutsam umzugehen. Natürlich ist es überhaupt nicht verkehrt, wenn Politik Ergebnisse von fundierten wissenschaftlichen Studien zur Kenntnis nimmt. Aber welche Studie ist heute verlässlich? Wir leiden unter dem „Einzelstudiensyndrom", bei dem Journalisten unzuverlässige Studien „hypen", ihnen viel zu viel Aufmerksamkeit schenken – ohne sie wirklich beurteilen zu können. Leider gibt es viel zu viele solcher sich widersprechenden Studien und manchmal genau so viel unseriöse Sensationsberichterstattung darüber.

Viele der strittigen Fragen, die uns derzeit bewegen, können durch Studien nicht eindeutig beantwortet werden: Klimawandel, Biotechnologie und Energieversorgung, um nur einige zu nennen. Lösungsansätze sind nicht nur sachlich, objektiv begründbar, sie tragen eine subjektive (parteiliche) Komponente in sich.

Wie kann man beispielsweise „beweisen", ob die jüdische Auffassung, dass ein Embryo 14 Tage nach der Zeugung, zum Zeitpunkt der Einnistung, zum Mensch wird – oder ob die deutsche, wonach der Zeitpunkt der Befruchtung entscheidend ist, richtig ist? Wo gibt es den eindeutigen Beleg dafür?

Ein weniger verfängliches Beispiel: Über die richtige Deklarierung von Nahrungsmitteln haben wir jüngst lange im Europäischen Parlament gerungen. Das Paradoxe ist: Zu viel Information wird zu Desinformation. Wer zu viel auf eine Verpackung schreibt, bewirkt damit, dass es keiner mehr liest ...

Eine „Ampel", so schlicht und auch irreführend sie ist, könnte in ihrer Reduktion der Komplexität besser sein als „mehr".

Betrachtungen

Gibt es geschlechtsspezifische Unterschiede oder Gemeinsamkeiten? Ich habe merkwürdigerweise fast immer nur mit Männern zusammengearbeitet, ich schätze mich als einen rationalen und mathematisch orientierten Typ ein. In der Forschung habe ich mir keine Gedanken über geschlechtsspezifische Unterschiede gemacht, ich war Forschende.

Forschung ist ein sehr demokratisches Milieu. Selbst jeder Studierende kann Einsteins Theorien widerlegen, wenn er oder sie die neue Theorie darlegen und beweisen kann. Ob ich da als Frau oder Mann gearbeitet habe, ob man jung oder erfahren ist, das ist in den Naturwissenschaften unerheblich.

Als ich in das Europäische Parlament gewählt worden war, wurde ich plötzlich überall gefragt „Wie machen Sie denn das als Frau?" Darüber hatte ich mir bis dahin nie Gedanken gemacht, und da ich damals schon 40 Jahre alt war, beschloss ich, dass ich mir auch künftig darüber nicht den Kopf zerbrechen wollte. Aber das Leben stößt mich doch darauf.

Wir täuschen uns, wenn wir glauben, dass alle Frauen unbedingt nach höchsten Ämtern streben. Ich sehe bei vielen jungen Frauen, dass sie für die Zeit der Familie – und das sind zehn bis fünfzehn Jahre, wenigstens – zwar berufstätig sein, aber nicht auf Biegen und Brechen Karriere machen wollen. Also Karriere in dem Sinne: Ich erstürme alle Gipfel, ich setze mich 200-prozentig ein.

Gibt es deshalb die gläserne Decke vielleicht auch im eigenen Kopf und nicht nur in der Gesellschaft?

Im Beruf muss man doch alles einsetzen, um voran zu kommen und erfolgreich zu sein. Wenn Frauen in der Familienphase freiwillig und vorübergehend den Beruf etwas zurückstecken, finde ich das ganz normal und richtig. Bei Männern übrigens auch. Wir unterschätzen vollkommen, was es für eine Gesellschaft und deren Zukunft bedeutet, wenn sich Familien um ihre Kinder und deren Bildung sorgen.

Die aktuelle Fokussierung auf Väter in der Babyzeit greift meiner Meinung nach viel zu kurz. Es kommt darauf an, dass die Väter später, auch in der Zeit der Pubertät der Kinder, präsent sind. Das ist wenigstens genauso wichtig wie in der „Elternzeit", der Vater ist für das Rollenbild des Kindes in dessen ganzer Entwicklung notwendig und unentbehrlich.

Freilich: Es gibt nicht „die" Frauen. Die Hintergründe bei Frauen sind sehr heterogen, schon die Unterschiede zwischen allein erziehenden Müttern und berufstätigen mit Partnern sind beträchtlich. Männer, denen ich in der Politik begegne, haben dagegen fast typischerweise eine vergleichbare Umgebung. Daher: Wenn man Frauen-Biografien verstehen will, muss man sie viel stärker als bei Männern als Einzelbiografien wahrnehmen – was weibliche Solidarität manchmal erschwert.

Mehr als bei anderen Berufstätigkeiten muss man als Abgeordnete sehr darauf achten, dass Ehepartner und Kinder genug Zeit bekommen. Ich habe mich in Krisensituationen immer für die Familie und vor allem die Kinder entschieden. Und „Krise" kann schon der Elternabend in der Schule sein. Papa geht einmal hin und sagt: „So etwas – nie mehr." Also war es fortan so, dass Mama nachmittags das Flugzeug von Brüssel nahm, zum Elternabend ging und morgens zurückflog ... Ich jedenfalls bin dankbar, dass ich die Unterstützung meiner ganzen Familie hatte.

Ist der Politikstil von Männern und Frauen unterschiedlich?

Ja. Nach meiner Beobachtung stellt sich kein einziger Mann die Frage: Kann ich das? Frauen dagegen, selbst sehr fähige, plagen sich mit Selbstzweifeln und vor allem mit der Frage: Sehe ich auch gut aus? Heutzutage ist es Frauen möglich, Professorin, Ministerin, selbst Kanzlerin, oder Vorstandsvorsitzende zu werden. Und doch: Jüngste Studien sagen, dass 44 Prozent der Britinnen zwischen 18 und 25 lieber schlank als klug sind und 25 Prozent der jungen Amerikanerinnen lieber „America's next Top Model" werden wollen als den Friedensnobelpreis zu gewinnen, oder 5 bis 10 Kilo abnehmen wollen als eine Beförderung am Arbeitsplatz zu bekommen.

Nach wie vor erscheint mir der gesellschaftliche Druck auf Frauen anders und stärker als auf Männern zu lasten.

Es kann auch mal schief gehen. Ja, natürlich: Misserfolge hatte ich auch, und wenn ich es heute überlege, dann waren es fast ausschließlich Vorhaben, bei denen ich nicht im Einklang mit mir und meinen Gefühlen war. Etwa die Kandidatur für den Landesvorsitz der Frauen Union in den 1990er Jahren. Das passte nicht recht zu mir, das habe ich damals lernen müssen. Heute sage ich mir: Ich bin so, wie ich bin. Und ich muss nicht alles erreichen.

Es kommt heute sehr stark darauf an, sich knapp und bündig auszudrücken, obwohl die Welt – und dadurch die politischen Entscheidungen – zunehmend komplexer wird. Die Reduktion der Komplexität ist eine große Aufgabe, und sie ist möglich. Allerdings: Das knappe Ergebnis, das Fehlen von Nuancen oder differenziertem Denken tut mir manchmal weh. Aber wir Politiker wollen, dass die Wähler uns verstehen und mit Durchblick entscheiden können. Das heißt nicht, ihnen nach dem Munde zu reden – wir müssen vielmehr das als wahr Erkannte knapp und klar aussprechen, auch wenn das Publikum es ungerne hört. Auf jeden Fall kann die Kommunikation zwischen Wählern und Gewählten noch verbessert werden.

Es ist irrational, dass es noch im 21. Jahrhundert gelingt, mit einer guten Rede einen Saal „umzudrehen". Auch noch immer eine Enttäuschung für mich: in der Politik ist – anders als in der Physik – 2 und 2 nicht immer 4 …

Jungen Frauen rate ich: Bitte nicht auf die Quote vertrauen, bloß nicht

Erarbeiten Sie sich ein gutes Standbein außerhalb der Politik und lassen Sie sich auf keinen Fall von der Politik abhängig machen. Behalten Sie die innere Freiheit.

Deshalb: Man kann politische Karrieren nicht planen. Vor allem sollte man nicht dem Märchen erliegen, dass es möglich ist, eine Familie zu haben, Kinder zu bekommen, im Beruf erfolgreich zu sein und dazu noch politisch aktiv – und dass das zwischen 25 und 35 alles geht.

Ein Allerletztes: Auch wir Frauen sind keine „Super-Menschen". Perfekt in allem sein zu wollen – eine typisch weibliche Eigenschaft – werden wir nur in seltenen Ausnahmen erreichen!

Ingrid Sehrbrock

Politik gestalten

Geboren am 1. Juni 1948 in Offenbach am Main, verheiratet, 1964–1967 Ausbildung zur Drogistin, 1971 Abitur, 1971–1976 Studium der Anglistik, Politikwissenschaft, Chemie und Pädagogik an der Goethe-Universität Frankfurt am Main, Abschluss: Staatsexamen, 1975 Eintritt in die CDU und in die CDA, 1976 Eintritt in die Gewerkschaft Handel, Banken und Versicherungen (HBV), heute ver.di, 1977–1978 Arbeit in einer Werbeagentur, 1979–1982 Referendariat, 1982–1987 Studienrätin, 1985–1987 Mitglied des Bundesvorstandes der CDA, seit 1987 stellvertretende Bundesvorsitzende der CDA, 1987–1989 persönliche Referentin der Staatssekretärin für Frauenangelegenheiten des Landes Hessen, 1989–1997 Bundesgeschäftsführerin der Frauen Union und Abteilungsleiterin für Frauen- und Familienpolitik der CDU, 1997–1999 Sozialreferentin an den Deutschen Botschaften in Prag und Bratislava, seit 1999 Mitglied des Geschäftsführenden Bundesvorstandes des DGB, seit 2006 stellvertretende Vorsitzende des DGB, seit 2006 Mitglied im General Council (Vorstand) des Internationalen Gewerkschaftsbunds (IGB).

Eine katholische Kindheit

Dass man Politik gestalten kann, brachte mir unser Sozialkundelehrer und Schulleiter, Hartmut Scherzer bei. Wir sollten herausfinden, was gerade kommunalpolitisch auf der Tagesordnung war und was uns interessieren könnte. Was war gerade in der Planung? Kinderspielplätze? Jugendklubs? Recherche war angesagt.

Als katholisches Mädchen (vom Lande) gehörte ich zu den gerade entdeckten Bildungspotenzialen. Ich war neugierig auf Geografie, Kunst, Musik, alles, was mit Natur zusammenhing. Das Leben meiner Mutter und meines Großvaters wollte ich nicht führen. Nur mühsam brachte er sich autodidaktisch die Kenntnisse bei, an denen ihm etwas lag. Meine Mutter, eine hoch motivierte Schülerin, blieb ohne Ausbildung. Aber sie verstand es, aus jeder Tätigkeit, die sie annahm, etwas Gutes zu machen.

Mich in neue Sachverhalte hineinzuarbeiten, mir neue Welten zu erschließen, war für mich immer spannend. Später als Lehrerin konnte ich nie verstehen, dass Schülerinnen und Schüler, denen alle Türen offen standen, so mühsam zu motivieren waren, wenn es um neue Themenfelder ging.

Eine katholische Kindheit prägt. Die Kirchengemeinde hatte einen starken Einfluss. Zwischen (Selbst-)Disziplin und moralischem Rigorismus pendelte der katholische Maßstab für Kindheit und Jugend.

Von der katholischen Jugend zur Jungen Union

Der Schritt von der katholischen Jugend hinein in die Junge Union war leicht. Die Jugendwallfahrt zur Liebfrauenheide im Kreis Offenbach, wo Bischof Ketteler gepredigt hatte, war ein wichtiges Ereignis im Jahr und Ansporn sich mit seinen sozialpolitischen Themen auseinanderzusetzen. Gesellschaftspolitische Fragen wurden in der Kolpingfamilie der Gemeinde diskutiert. Männer führten hier allerdings das Wort.

Das Herz erwärmte eine Veranstaltung, zu der die CDA und die Jesuitenhochschule St. Georgen in Frankfurt einluden. Katholische Soziallehre, vermittelt von Schülern des großen Oswald von Nell-Breuning, entflammte mich für die Auseinandersetzung mit der Materie. Ausschlaggebend war aber die Offenheit, mit der über politische Fragen diskutiert wurde. „Lautes Denken" auf der Suche nach der besten Lösung war möglich, Vielfalt der Meinungen galt nicht als Bedrohung der „Geschlossenheit", Orientierung an Grundsätzlichem war erwünscht. Die Kollegialität, das freundschaftliche „Du", der Umgang miteinander, die Sorge um die Angelegenheiten der kleinen Leute im Betrieb und in der Politik – eine Organisation, die das lebte – da war ich richtig und wurde Mitglied in der CDA.

Als Bildungsreserve im Sinne von Georg Picht und Ralf Dahrendorf nutzte ich die Möglichkeiten des zweiten Bildungswegs. Nach einer Lehre als Drogistin hatte ich den Ehrgeiz, mich mit Biologie und Chemie weiterzuqualifizieren. In der Ausbildung stieg ich tief in die Chemie ein, befasste mich mit Betriebswirtschaftslehre, und war überhaupt der Meinung, dass Mädchen genau das machen können sollten, was man Jungen ganz selbstverständlich zugestand. Mein Bruder machte es mir vor.

Damals begann ich, Dinge zusammenzudenken, die mir bisher so noch nicht zusammengeführt schienen. Sich frei zu machen von gesellschaftlichen Konventionen, die die Weiterentwicklung behinderten, offen zu sein für Aufgaben, die noch nicht oder nur unzureichend von der Politik aufgegriffen worden waren, schien mir reizvoll. Mit Freundinnen und Freunden aus der Jungen Union „die Welt zu verändern" war das unausgesprochene Ziel.

In der CDA ging das. Nachdem ich Mitglied geworden war, erhielt ich Einladungen zur Arbeitsgemeinschaft berufstätiger Frauen und zur Jungen Arbeitnehmerschaft. Die Frauen in der CDA begannen sich gerade neu zu formieren, war ihnen doch die Frauen Union der CDU zu wenig an den Angelegenheiten berufstätiger Frauen interessiert. Ohne Zweifel war es damals für die Karriere einer Frau in der CDU hilfreich, Hausfrau zu sein – wenn man überhaupt Karrieren zuließ. Wer jung, unverheiratet, berufstätig und ohne Kinder war, schien eher suspekt. Als „unser Mädchen" ging ich bei der CDU durch. Die promovierte Juristin Hanna Walz, Bundestagsabgeordnete in unserem Wahlkreis, gab bezeichnenderweise Hausfrau als Beruf an.

Für die Frauen mit Doppelbelastung in Familie und Beruf war das nichts

Bei der neu gegründeten AG Frauen in der CDA (ABF) waren unter Brigitte Zachertz bezahlter Elternurlaub als Lohnersatzleistung wie in Skandinavien auf der Tagesordnung, Anerkennung von Erziehungszeiten in der Rente, eine Umlage für die Lohnfortzahlung im Krankheitsfall für KMUs und bessere Ausbildungs- und Berufschancen für Mädchen und junge Frauen.

Ziemlich schnell war ich im Landesvorstand, später selbst Vorsitzende der ABF. Auf der ersten Bundestagung lernte ich Irmgard Blättel, damals DGB-Vorstandsmitglied kennen, und dort für Frauen zuständig. Trude Rau, Gewerkschafterin durch und durch, knüpfte das, was wir heute Netzwerke nennen. Auch hier überzeugten die Kollegialität und die Ernsthaftigkeit der Debatten.

Ich bin Irmgard Blättel dankbar für die Kontakte zu den hessischen DGB-Frauen, die sie mir, nachdem ich Gewerkschaftsmitglied geworden war, vermittelte. Um Funktionen in der CDA wahrnehmen zu können, wurde ich CDU-Mitglied. Eine Herzensangelegenheit war die Mitgliedschaft in der Partei zunächst nicht.

Zwischen 1967 und 1971 erwarb ich am Abendgymnasium für Berufstätige in Offenbach am Main das Abitur, studierte dann an der Johann Wolfgang Goethe-Universität in Frankfurt Englisch, Politik, einige Semester Chemie und Pädagogik und schloss 1976 mit dem ersten Staatsexamen ab. Nach einem Zwischenspiel in einer Werbeagentur und dem Referendariat folgte 1982 das zweite Staatsexamen.

In einer Zeit, in der Seminarveranstaltungen gesprengt und umfunktioniert wurden, der Marx-Lektürekurs zum Standard gehörte und der Weg vom Mensaeingang bis zur Essensausgabe lang genug war, um zwischen sechs und zehn Flugblätter unterschiedlicher linker (sektiererischer) Gruppen in der Hand zu haben, waren Studenten mit CDU-Nähe an der Frankfurter Universität eher selten, oder sie wagten sich nicht aus der Deckung. Ich nutzte die Gelegenheit, um eine Seminararbeit über die frühen Programme der CDU zu schreiben. Dennoch musste Professor Schell mich bei meinem Vortrag gegen ungläubiges Staunen und echtes Misstrauen in Schutz nehmen. Seit dieser Zeit wusste ich über die Frankfurter und die Kölner Leitsätze, über das Ahlener Programm und die Düsseldorfer Leitsätze der CDU gut Bescheid. Die kurze linke Vergangenheit der CDU versöhnte mich mit manchem, was mir in der Partei nicht gefiel.

Gleichwohl: Gelernt wie Politik wirklich funktioniert, hatte ich an der Frankfurter Universität nicht. Meine Zeit als Kommunalpolitikerin von 1977 bis 1981 war da eine prägende, schmerzhafte, aber nachhaltige Lehre. Wir acht KommunalpolitikerInnen im JU Alter – davon zwei Frauen – lernten erst im zweiten Anlauf, wie man sich bei Haushaltsberatungen durchsetzt, dass der Fraktionsvorstand alle Macht der Welt hat und weitere Ideen den Laden aufhalten.

Frauenpolitisch war ich damals noch kaum sensibilisiert

Das gelang erst Irmgard Blättel, DGB-Bundesvorstandsmitglied und stellvertretende Vorsitzende der CDA. Sie gewann mich für ein Seminar zum Thema: Die Gleichstellung der Frau in Beruf, Familie und Gesellschaft. Offen gesagt, fand ich das Thema „von vorgestern". Es waren dann die Kolleginnen im Seminar, alle erheblich älter als ich, die mir ihre Erfahrungen im Berufsleben und privat nachdrücklich vermittelten: ungleiche Bezahlung, Übergehen bei der Besetzung von Funktionen, Rollenerwartungen, die ihren Überzeugungen nicht entsprachen, keine Rücksichtnahme im Betrieb auf familiäre Verpflichtungen. In Partei- und Gewerkschaftsgremien übersah man ihre Wortmeldungen, für Funktionen, außer der Schriftführerin, sah man sie nicht vor, auf ihre Beiträge wurden nicht eingegangen, oder sie wurden Männern zugeschrieben.

Es schwante mir, dass in einer Reihe von Fällen, an die ich mich erinnerte, verletzende Äußerungen von Männern knallharte Diskriminierung waren. Fortan ließen mich diese Fragen nicht mehr los.

In der CDA Hessen wurde ich stellvertretende Landesvorsitzende – keine einfache Sache. Unter dem Vorwand, man brauche eine Betriebsrätin, zog man eine unerfahrene Kollegin aus dem Hut, die bisher in der CDA nicht aufgefallen war. An der praktizierten Quotenregelung bei den Stellvertreterpositionen sollte zwar nicht gerüttelt werden, aber wenn schon, dann wollten die männlichen Kollegen schon eine aussuchen, die ihnen genehm war. Wir Frauen nannten solche Kandidatinnen die „pflegeleichten", die taten, was man von ihnen erwartete und keine Ansprüche stellten. Wer immer dann die Order gab; schließlich war ich doch die einzige Kandidatin und wurde gewählt.

Frauenförderung war in den 1980er Jahren ein strategisch wichtiges Thema. In Hamburg hatte Eva Rühmkorf Frauenförderrichtlinien etabliert. Institutionelle Frauenförderung schien ein neuer Ansatz zu sein, mit dem man der Gleichberechtigung von Frauen neue Schubkraft verschaffen konnte. Frauen verstanden sich immer weniger allein im Kontext von Familie. Da war es nur logisch, dass Frauenbeauftragte in Kommunen und Landesbehörden etabliert wurden. Ministerien richteten Frauenabteilungen ein und firmierten unter „Familie und Frauen". Aus den USA waren die „affirmative actions" nach Deutschland geschwappt. Dort eher beiläufig im Kontext der Antidiskriminierung von ethnischen Minderheiten in entsprechende Gesetze geraten, hatten sie gleichstellungspolitische Wirkungen.

In Deutschland wurden sie im Bund zum Maßstab genommen, zunächst – in den 1980er Jahren – als Leitfaden zur Gleichstellung. Der Ist-Zustand sollte auf der Basis einer Analyse über die Anteile von Frauen und Männern in den Vergütungsgruppen erfasst werden. „Naming by shaming" war die Idee dahinter und natürlich der Anspruch, etwa bei Ausschreibungen, Frauen Mut zu machen, sich zu bewerben. „Bei gleicher Qualifikation werden Frauen bevorzugt", diesen Text konnte man bei Stellenausschreibungen jetzt häufiger lesen. Auch auf Sprache wurde mehr Wert gelegt. Wie sollten Frauen angesprochen werden, wenn ein Abteilungsleiter gesucht wurde, aber auch Frauen mitgemeint sein sollten? Die Schrägstrich-Lösung oder das große I in BuchhalterIn löste heftige Debatten aus über die Verschandelung der Deutschen Sprache. Heute haben die Kreativen so bemerkenswerte Schreibweisen erfunden, wie etwa ZeitWertKonten, die die heftigen Auseinandersetzungen mit den Sprachschützern – ja es waren vor allem Männer – kaum mehr nachvollziehbar machen.

Während Frauenförderpläne in den USA für Betriebe ab einer bestimmten Größe verpflichtend waren und Voraussetzung dafür, dass diese sich bei Ausschreibungen der Bundesregierung bewerben konnten, blieben alle Versuche in Deutschland, die Wirtschaft gesetzlich zur Gleichstellung zu „zwingen", erfolglos. Bis heute gilt eine von der rot-grünen Bundesregierung mit der Arbeitgeberseite vereinbarte freiwillige Verpflichtung, die weder bei der Entgeltgleichheit, noch bei der Besetzung von Frauen in Vorstands- und Aufsichtsratsfunktionen erkennbar gleichstellungspolitische Wirkung gezeigt hat.

Unter Irmgard Blättels Bundesvorsitz der AG Frauen in der CDA war ich auch Stellvertreterin auf Bundesebene geworden und hatte gerne die Planung der Frauenbildungsarbeit, die Auswahl aktueller Themen und ExpertInnen mitverantwortet. Bei allzu hochfliegenden Plänen waren immer auch RatgeberInnen zur Seite, die mich auf den Boden der Tatsachen zurückbrachten. Unvergessen Waltraut Böttinger aus Hessen, im Alter meiner Mutter, die durch schlichtes Nachfragen zu guten Konzepten und zur Bodenhaftung beitrug.

In der hessischen und der Bundes-CDA gingen wir – von mir initiiert – mit einer frauengerechten Sprache in der Satzung und der Geschäftsordnung voraus. Frauenförderpläne waren aus meiner Sicht dringend vonnöten. Ich erhielt den Auftrag aus dem Bundesvorstand der CDA solche zu erarbeiten. Die wesentlichen Ziele waren damals, Frauen bei Ämtern und Mandaten und bei Delegiertenlisten zu einem Drittel zu berücksichtigen und einen Gleichstellungsbericht für die Organisation zur CDA-Bundestagung herauszugeben.

Hatte in meiner Zeit in Hessen anfangs das Einbringen frauenpolitischer Fragestellungen und Forderungen eher zur Erheiterung bei Kollegen geführt, stellte sich dann doch Wirkung ein. Dass auf jedem dritten Platz des Landesvorstands eine Frau landete, war irgendwann selbstverständlich, zeitweise hatten Frauen sogar 40 Prozent der Plätze im Vorstand der hessischen CDA inne. Für Delegiertenlisten wurde die Drittelquote nicht mehr diskutiert, sondern praktiziert.

Mein Interesse an der damaligen Frauenvereinigung – heute Frauen Union – war eher strategischer Natur

Ohne Unterstützung der Frauen Union hatte man die CDU Frauen gegen sich. Meine Wertschätzung in der Frauen Union aufgrund meiner CDA Mitgliedschaft hielt sich in Grenzen. In meinem Kreisverband wurde ich regelmäßig vorletzte Ersatzdelegierte zu Landesdelegiertentagungen. Umso größer war meine Überraschung, als ich eine Einladung aus dem Konrad-Adenauer-Haus erhielt. Dort war die Position der Bundesgeschäftsführerin der Frauen Union nach dem Weggang von Annette Schavan zu besetzen, und ich war schnell die Kandidatin von Rita Süssmuth. Als stellvertretende Vorsitzende der CDA musste ich mich ein Stück zurücknehmen. Einen Verzicht auf diese Funktion hätte ich jedoch nicht akzeptiert. Dafür war mir die CDA in all den Jahren als politische Heimat zu wichtig geworden. Mit meiner Tätigkeit als Bundesgeschäftsführerin der Frauen Union der CDU wechselte ich von der ehrenamtlichen Arbeit in die hauptamtliche. Aus meiner letzten Berufstätigkeit als Studienrätin für Englisch und Sozialkunde wurde ich beurlaubt.

Wiewohl mein frauenpolitisches Engagement vor allem in ehrenamtlicher Arbeit in den Gremien der CDA stattfand – auch in meinem Sozialkundeunterricht spielten die entsprechenden Themen eine Rolle. Mein Unterrichtsthema im Rahmen des zweiten Staatsexamens war ein Vorschlag von Maria Weber (damals DGB Vize). Sie warb für den Sechsstundentag für Männer und Frauen als Alternative zu Teilzeit- und Vollzeitarbeit. Meine Schülerinnen und Schüler waren begeistert. Wir nahmen uns auch Schulbücher vor, um herauszufinden, ob Rollenklischees verbreitet wurden. Und nicht wirklich überraschend fanden wir sie nicht nur in Lesebüchern, sondern auch im Englischbuch, wo Frauen nur zu einem Drittel in Bildern und Texten auftauchten, Männer zu zwei Dritteln, und wenn, eher in „dienender" Funktion, Männer dagegen in Leitungsaufgaben.

Hauptamtlich Politikerin

Der Wechsel in die hauptamtliche politische Tätigkeit bot andere Möglichkeiten. Die Zusammenarbeit mit Rita Süssmuth, damals neu im Amt als Bundestagspräsidentin, empfand ich als große Chance. In ihren frauenpolitischen Ansätzen war sie für mich und viele andere eine Hoffnungsträgerin, die ich unbedingt unterstützen wollte. Die CDU hatte sich mit dem Essener Parteitag 1985 auf den Weg einer modernen Frauenpolitik begeben. Jüngere Frauen und sogar Frauen mittleren Alters hatten sich von der CDU abgewandt. So sehr die Frauen in der Union dieses bereits seit Jahren konstatiert hatten, so schwer war es ihnen gemacht worden, deren Themen zu besetzen und Frauen in der Partei bessere Chancen einzuräumen. Helga Wex, die langjährige Vorsitzende der Frauenvereinigung, hatte dies nicht mehr erleben dürfen, und Rita Süssmuth war einmal mehr eine von außen gewesen, die sich die Partei (damals Heiner Geißler als Generalsekretär der CDU) hereingeholt hatte, während Frauen, die seit Jahren in und für die Partei geackert hatten, keine Chance hatten. Das frauen- und gleichstellungspolitische Gesicht der Partei zu profilieren und damit auch den Erwartungen jüngerer Frauen gerecht zu werden, war eine schwierige Aufgabe. Die Vielfalt weiblicher Lebensmodelle zu akzeptieren, ohne diejenigen zu diskreditieren, die bisher das konservative Familienmodell gelebt hatten, blieb über Jahre ein Balanceakt in der Frauen Union und der CDU.

Die Arbeitsfelder in der Zeit meiner Geschäftsführung der Frauen Union – von Anfang 1989 bis Mitte 1997 – waren breit abgesteckt: Erziehungszeiten in der Rente, Erziehungsurlaub und Rückkehrgarantie, Gleichstellung der Frauen in der Partei, Gleichstellung in der Gesellschaft, Institutionalisierung der Gleichstellungsfragen durch (kommunale) Frauenbeauftragte, Frauenministerien, Frauenförderpläne und Gleichstellungsgesetze für den öffentlichen Dienst. Dafür musste viel Überzeugungsarbeit geleistet werden, unter den Frauen selbst, aber vor allem in der männlich strukturierten Partei.

Eine meiner ersten Aufgaben war es, einen Gleichstellungsbericht auf dem Parteitag vorzulegen, der die Finger in die Wunden legte, was Ämter in der Partei und in den Vereinigungen betraf, Mandate in Fraktionen und Parlamenten und die Mitgliederstruktur. Im Herbst 1989 lag mein erster Bericht vor. Mittlerweile war eine Quotenregelung für Parteigremien und Parlamente im Bundesvorstand der Frauen Union vereinbart. Unvergessen eine Bundesvorstandssitzung der CDU, in der Helmut Kohl die Konsequenzen einer Drittelquote erläuterte. Auf die Frage eines Vorstandsmitglieds, ob allen Ernstes neben den Listen auch Wahlkreise quotiert werden sollten, erklärte Helmut Kohl sinngemäß: In Rheinland-Pfalz haben wir immer darauf geachtet, dass wir Landwirte, Winzer und Protestanten in ausreichender Zahl als Kandidaten hatten. Und wenn wir keine hatten, haben wir welche gesucht. Und das machen wir jetzt auch für die Frauen.

Mit dem Mauerfall 1989 veränderte sich die Welt, auch frauenpolitisch

Konnte die deutsch-deutsche Frauen Union im Februar 1990 schon gegründet werden, bedurfte die gemeinsame programmatische Ausrichtung einer längeren Zeit. Alles, worauf sich die Frauen Union in jahrelanger Diskussion verständigt hatte, wurde wieder neu aufgerollt, argumentativ gewendet, mit den Erfahrungen beider Seiten verknüpft. Heraus kamen die Bausteine für die Einheit (1991).

Bemerkenswert waren die Schritte, die im Zuge der deutschen Einheit gegangen wurden. Die Angleichung der Regelungen in Ost und West war in den meisten Fällen ein Fortschritt für die alten Bundesländer: Freistellung bei Krankheit der Kinder, Quotenregelungen bei arbeitsmarktpolitischen Maßnahmen, Bundesgleichstellungs- und Bundesgremiengesetz, Ausbau von ABM. Am schwierigsten war eine gesamtdeutsche Regelung zum Schwangerschaftsabbruch, die schließlich doch gelang, gerade auch durch den engagierten Einsatz von Rita Süssmuth, nicht nur zur Freude ihrer Parteikolleginnen und -kollegen.

Ein großer Erfolg war auch die Erweiterung des Artikels 3 GG, durch die der Staat eine Verpflichtung erhielt, die Durchsetzung der Gleichberechtigung aktiv zu betreiben. Eine überparteiliche Initiative von Parlamentarierinnen machte dies möglich.

Nach dem Scheitern einer Quorumslösung für Frauen in der CDU auf dem Karlsruher Parteitag 1995 wurde im zweiten Anlauf die Quorumslösung in Hannover 1996 beschlossen. Ohne Zweifel ist sie besser als nichts. Allerdings bleibt ihr Manko, dass sie allzu leicht umgangen werden kann. Und nach Jahren der Praxis des direkten Einsteigens in den zweiten Wahlgang ist der Effekt auf den unteren Ebenen der Partei nach meiner Einschätzung negativ. Nach Anstrengungen in der Anfangsphase kann und wird sie – ohne Mühe und ohne schlechtes Gewissen – zu oft umgangen.

Erfahrungen als Sozialreferentin an den deutschen Botschaften in Prag und Bratislava

Mit meinem Wechsel an die Deutsche Botschaft in Prag (Hauptsitz) mit Verantwortung auch für die Slowakei schien die Frauenpolitik erst einmal in den Hintergrund gerückt. Schneller als ich gedacht hatte, holte sie mich aber ein. Meine ersten Kontakte knüpfte ich auch mit tschechischen und deutschen Journalisten, die oft in beiden Ländern arbeiteten. Daraus ergaben sich Kontakte zu tschechischen Frauenverbänden und Nichtregierungsorganisationen. In der Zeit des Umbruchs, der den Ländern in Mittel- und Osteuropa erhebliche Anpassungsleistungen abverlangte, etwa in Bezug auf Demokratisierung, Rechtsstaatlichkeit, Marktwirtschaft und die Vorbereitung auf die EU, gerieten Frauen mit ihren spezifischen Anliegen in den Hintergrund. Ein vergleichbares Gremium wie der Deutsche Frauenrat existierte weder in Tschechien noch in der Slowakei. Ein Austausch zwischen „alten" und „neuen" Frauenorganisationen fand nicht statt. So entstand mit der Journalistin Rakusanova die Idee, eine neutrale Plattform in der Deutschen Botschaft für die Frauen anzubieten und ein Stück Erfahrungsaustausch auch mit deutschen Frauenpolitikerinnen zu ermöglichen. Eine erste Konferenz der tschechischen Frauenverbände und -initiativen fand unter Beteiligung der Frau des damaligen Premiers, Livia Klausova, 1998 im

Palais Lobkowicz in Prag statt, die zweite ein Jahr später 1999 – ein absolutes Novum auf diesem Feld. Eine vergleichbare Konferenz für die slowakischen Frauen ließ sich wegen meines Weggangs nicht mehr realisieren.

... und aus dem DGB und den Gewerkschaften

So sehr mich die Frauenpolitik immer beschäftigte, im DGB wollte ich nicht automatisch die „Frauen- und Familienfrau" werden. Man mag dies bedauern, aber wer einseitig mit Gleichstellungs- oder frauenpolitischen Themen identifiziert wird, gerät leicht in den Geruch, er – bzw. meistens sie – könne nichts Anderes. Da die Zuständigkeit bei meiner Kollegin lag, waren die Dinge geregelt. Erst 2006 mit meiner Wahl zur stellvertretenden Vorsitzenden des DGB stellte sich die Frage neu und ich übernahm den Aufgabenbereich Frauen im DGB. Wer nun annimmt, die Gewerkschaften stünden doch immer an der Spitze der Bewegung und müssten das auch in Sachen Frauen sein, wird schnell eines Besseren belehrt. Im Grunde gibt es die gleichen Vorbehalte, wie ich sie auch in der CDU erlebt hatte. Niemand wagt sich in der Sache eine klare Gegenposition zu vertreten, die Vorbehalte bleiben oft diffus, sie machen sich an Formalien fest, es wird taktiert. Was Frauen unter sich verhandelt und vereinbart haben, ist per se suspekt. In der Zusammenarbeit lassen sich allerdings viele Vorbehalte ausräumen, nicht alle.

Schätzen gelernt habe ich auch die hohe Kultur, sich um einen Konsens zu bemühen, was hin und wieder erst den Gewerkschaftsvorsitzenden gelingt, nicht der sogenannten Arbeitsebene. Schätzen gelernt habe ich auch, wie ernst etwa auf Gewerkschaftskongressen die einzelnen Delegierten genommen werden, wie Diskussionen geführt und Kompromisse gesucht werden.

Beispielhaft für konstruktives Zusammenarbeiten war für mich eine Arbeitsgruppe im DGB, die eine Position zum Thema Minijobs erarbeiteten sollte. Alle Gewerkschaften traten „im Doppelpack" (ein Mann/eine Frau) auf, und es erwies sich als hilfreich, dass die Frauen in den Gewerkschaften schon auf umfängliche Vorarbeiten zurückgreifen konnten. Ein gutes Beispiel, das die Sichtweisen, Erfahrungen und Lösungsansätze von Frauen und Männern einbindet. Es könnte Schule machen.

Nie hätte ich gedacht, dass ich die Chance hätte, auch den Kontinent überschreitend die Arbeits- und Lebensbedingungen von Frauen mitzugestalten. Eine Erfahrung, die ich nicht vergesse, war das Zusammenleben mit einer indischen Bauarbeiterin in einem Slum und an ihrem Arbeitsplatz in der Millionenstadt Ahmedabad. Musste ich erst im Rahmen eines „Exposure- und Dialogprogramms" 2005 verstehen lernen, dass informelle Arbeit, die 92 Prozent der Beschäftigten in Indien leisten, prekär ist – also ohne Arbeitsvertrag, soziale Sicherung und bei uns übliche Rechte – ließen mich die große Armut, die fehlende Schulbildung ganzer

Frauengenerationen und die bescheidenen Perspektiven junger Mädchen nicht ruhen. Ein gemeinsames Projekt der Self Employed Women's Association (SEWA) mit dem DGB Bildungswerk erwies sich als Glücksfall. Noch heute unterstützt es das Empowerment von SEWA-Frauen, Bildungs- und Ausbildungswege von Frauen und Mädchen und schließlich auch die Zusammenarbeit mit anderen indischen Gewerkschaften in Sachen Berufsbildung und Soziale Sicherung im Alter.

Dass Frauen keine Macht wollen – wie sie es oft selbst sagen – ist eine Fehlinterpretation

Wer Politik betreibt, braucht Macht, sonst setzt er/sie nichts durch. Zu Recht distanzieren sich Frauen aber vom Machtmissbrauch, der Möglichkeit, Dinge durchzusetzen, in dem man sich Mehrheiten auf unseriöse Art beschafft oder Macht gegenüber anderen ausnutzt. Möglicherweise gehen Frauen verantwortungsvoller mit Macht um. Oft mögen sie sich ihrer Macht nicht voll bewusst sein. Sie gezielt einzusetzen, ist vielen Frauen fremd. Mehrheiten beschaffen sie sich eher über die sachorientierte Debatte, das Einbeziehen anderer, bisher nicht berücksichtigter Aspekte. Dabei spielt das Herauskehren der eigenen Person eine eher geringe oder gar keine Rolle. Hier gibt es nach meiner Einschätzung erhebliche Unterschiede zwischen der Herangehensweise von Frauen und Männern. So genannte „strategische" Überlegungen, die manchmal nicht mehr sind, als Profilierungsversuche über mögliche Sachverhalte, die dann doch nicht eintreten, gibt es unter Frauen selten. Deshalb dauern Sitzungen unter ihrem Vorsitz nicht so lang wie die ihrer Kollegen. Frauen denken ohne Zweifel sehr viel stärker von der Lösung her, und zwar von Anfang an.

Ich habe sehr oft als einzige Frau einem Gremium angehört und hatte nicht selten den Eindruck, „von einem anderen Stern" zu kommen. Männer stellen sich extensiv selbst dar, profilieren sich durch Redebeiträge, die längst Angesprochenes in anderen Worten wiederholen, beschwören potenzielle, aber eher unwahrscheinliche Probleme herauf, produzieren vielfältige strategische Varianten für einfache Sachlagen, untermauern sich abzeichnende politische Entwicklungen mit gewagten Theorien, gelegentlich aber auch mit beeindruckende Analysen. Das alles findet frau eher in männerdominierten Runden. Immer noch klassisch: das Übersehen von Wortmeldungen von Frauen oder die Zuschreibung ihrer guten Beiträge zu Männern, die ihrerseits keine Richtigstellung vornehmen.

Frauen unterstützen sich heute mehr als noch vor zwanzig Jahren

Damals versuchte man allzu oft einen Keil zu treiben zwischen die nervigen Frauenpolitikerinnen aus den eigenen Reihen und die externen, die sich in

Wissenschaft oder Wirtschaft hervorgetan hatten, und von denen man annahm, sie seien ihr Leben lang denjenigen dankbar, die sie in die Politik geholt hatten. Diese Rechnung ging manchmal auf, manchmal aber auch nicht. So manche Frau emanzipierte sich in ihrer neuen Rolle (Rita Süssmuth, Angela Merkel, Ursula von der Leyen, Ursula Lehr, Christine Lieberknecht, Annegret Kramp-Karrenbauer). Inzwischen taugen die Frauen nicht mehr nur für anscheinend aussichtslose Fälle, für die sich kein Mann bereit findet (Otti Geschka als OB von Rüsselsheim, Petra Roth als OB von Frankfurt). Sie füllen ihre Rollen genauso gut oder so schlecht aus, wie die Männer in vergleichbaren Funktionen. Inwieweit Netzwerke für Frauen eine Hilfe waren oder sind, mag man dahin gestellt sein lassen. Mein Eindruck ist eher der, dass Frauen für zusätzliche Termine meist keine Zeit haben, hängt doch die Verantwortung für Familie und Kinder auch an Politikerinnen stärker als an ihren männlichen Kollegen.

Dass Frauen durch den Landtag stöckeln oder durch das Europäische Parlament, war früher eine Nachricht wert. Welche seriöse Zeitung kann sich das heute noch leisten? Ich mag mich täuschen, aber ich habe den Eindruck, dass nicht einmal Frisuren oder Schleifenblusen von Frauen heute Journalisten noch aufregen. Ich kann darin keinen Mangel sehen. Sie sind auch ein Zeichen dafür, dass Frauen in der Politik eine Normalität werden oder schon sind.

Prinzipien

Mein Ziel war und ist eine Politik, die den Lebenswirklichkeiten der Menschen gerecht wird. Deshalb ist Sensibilität und Offenheit für neue gesellschaftliche Entwicklungen nötig. Fehlentwicklungen dürfen nicht ignoriert werden, auch wenn das bedeutet, lieb gewonnene Überzeugungen aufgeben zu müssen. Das ist meine Überzeugung.

Die Katholische Soziallehre ist für mich eine wesentliche Grundlage für politisches Handeln. Das christliche Menschenbild einerseits, Freiheit, Solidarität und Gerechtigkeit andererseits, sind die Grundorientierungen, die für mich wichtig sind und die in jeder historischen Phase neu buchstabiert werden müssen. Als Christin weiß ich, dass gesellschaftspolitisch hier immer nur Annäherungen gelingen, aber sie sind es wert, sich anzustrengen.

Meine christlich-soziale Prägung ist mir im DGB-Umfeld im Laufe der Jahre immer stärker bewusst geworden: der Vorrang des Individuums – seiner Verantwortung und seiner Kompetenz – unterscheidet Christlich-Soziale etwa von einem Großteil der Sozialdemokraten ganz erheblich. Das Subsidiaritätsprinzip der Katholischen Soziallehre zeigt hier seine praktische Relevanz. Die Handelnden der kleinen Einheit (vor Ort) sollen Chance und Verpflichtung haben, ihre Lösungen zu entwickeln und umzusetzen. Gleichwohl muss das Solidaritätsprinzip praktisch werden, wenn Menschen mit einer Aufgabe überfordert sind. Dann sind übergeordnete Institutionen gefragt. Weder darf der einzelne Mensch seine Verantwortung locker beiseite schieben, noch darf der Staat seine Verantwortung bequem auf Einzelne delegieren. Hier die richtige Balance zu finden, ist und bleibt eine schwierige Aufgabe in der Politik.

Respekt habe ich vor denjenigen in der Politik, die sich – ganz gleich in welcher demokratischen Partei – redlich um die Sache mühen, die die Sorgen der Menschen ernst nehmen und nicht ihre Karriere und persönliche Vorteile in den Vordergrund schieben. Mein Eindruck ist, dass Frauen dafür weniger anfällig sind. Möglicherweise ist die kritische Masse von Frauen im politischen Geschäft noch nicht erreicht, die einen anderen Politikstil nachhaltig macht.

Sorge macht mir die wachsende Distanz der Menschen – junger und älterer – zu Politikern und Politik. Insgesamt gesehen sind meine Erfahrungen, was die Gestaltbarkeit von Politik angeht, (wieder) positiv. Durch die Wirtschafts- und Finanzkrise wurde vieles an Überzeugungen der letzten Jahre durchgerüttelt. Grundhaltungen, Werte und Leitideen sind wieder gefragt. So wie der ehrbare Kaufmann in der Wirtschaft wieder an Bedeutung gewinnen soll, der Staat sich auf seine ordnende Funktion offenbar wieder besinnt und der Mensch und seine Arbeitsbedingungen in den Blick geraten, wäre auch ein Wandel in der Politik insgesamt wünschenswert. Es macht mir Sorgen, dass das Vertrauen in Politik und PolitikerInnen – ja in die Demokratie selbst – zunehmend verloren geht. Als Vertreterin einer Generation, die mit politischer Bildung – zum Teil selbst organisiert – groß geworden ist, scheint es mir unverzichtbar, Demokratie als eine Errungenschaft besser zu erklären und gleichzeitig die Beteiligungsmöglichkeiten der Bürgerinnen und Bürger zu erweitern.

Größte Erfolge, Misserfolge und Enttäuschungen

Als Erfolg betrachte ich die gute Schulbildung und berufliche Qualifikation der jungen Frauen, ihr Vordringen in die Hochschule und in viele Arbeitsfelder, die ihnen bisher wenn nicht verschlossen, so doch schwer zugänglich waren. Die gewachsene Selbstverständlichkeit, mit der Frauen heute Vorsitzende verschiedenster (politischer) Gremien sind, ist ein Fortschritt. Von der Schrift führenden Frau in Männergremien zu den Protokoll führenden Männern in gemischten Gremien unter dem Vorsitz einer Frau war es weit. Frauen können sich heute zu fast allen Themen als Expertinnen zu Wort melden, ohne mit Geringschätzigkeit rechnen zu müssen. Sie haben sich Ministerämter in so gut wie allen Bereichen erobert. Keine Frage: Quoten- oder Quorumslösungen haben Frauen die Möglichkeiten eröffnet, zu zeigen, dass sie es können. Noch bleiben aber andere Felder, in denen wieder die alten Fragen nach der Qualifikation der Frau gestellt werden, während diese Aufgaben Männern mit der größten Selbstverständlichkeit der Welt zugetraut werden (Aufsichtsräte, Vorstandspositionen).

Für die nächste Frauengeneration stehen noch genügend begonnene und / oder unerledigte Aufgaben auf der Tagesordnung: die Entgeltgleichheit etwa, die faire Aufteilung von Erwerbsarbeit und Sorgearbeit zwischen Frauen und Männern, eine wirkungsvolle Unterstützung von Familien und zeitliche Freiräume im Lebensverlauf, der Abbau von prekären Beschäftigungsformen und eine bessere Absicherung im Beruf und im Alter durch unmissverständliche Anreize und Signale.

Persönliche Vor- und Nachteile

Gestaltungsmöglichkeiten, Einflussnahme auf Entscheidungen, Weichenstellungen, die mir wichtig waren, sind ohne Zweifel ein Privileg der Arbeit, die ich in all den Jahren leisten durfte. Auch vielen interessanten Persönlichkeiten – aus Politik, Wissenschaft und Verbänden – begegnen zu können und viele Anregungen und Impulse mitzunehmen. Entwicklungen beeinflussen zu können, auch im Ausland, ist eine Chance in politischen Funktionen, wie ich sie inne hatte. Wenn man neugierig ist und bleibt, lernt man täglich dazu und auch, dass manches „alte" Konzept doch nicht so schlecht ist oder war, wie es manche uns weismachen wollen.

Gedanken und Wünsche für einen Ausstieg aus der Politik bzw. aus der CDU

Wer schnelle Erfolge erwartet, hat es in der Politik schwer. Überzeugungsarbeit und Mehrheitsbeschaffung sind mühevoll. Mir persönlich ging und geht vieles zu langsam. Ich lerne immer noch, wie zäh das Geschäft ist und würde mir schnellere und größere Schritte nicht nur in der Gleichstellungspolitik wünschen.

Ich freue mich darüber, dass Christdemokraten den Gewerkschaften mehr (zu)trauen, zuhören und offen diskutieren. Ich freue mich über jeden Schritt, den Partei und Gewerkschaften aufeinander zugehen. Dafür stabile Brücken zu bauen, habe ich als eine wesentliche Aufgabe meiner Arbeit in den letzten Jahren gesehen. Diese Brücken sollten Männer und Frauen gemeinsam begehen. Unsere Gesellschaft kann davon nur profitieren.

Rita Pawelski*

Geht nicht, gibt's nicht

Geboren am 29. Oktober 1948 in Rössing, verheiratet, zwei Kinder, 1964–1967 Ausbildung zur Kontoristin, 1968 Umschulung zur Sparkassenangestellten, 1969–1971 Angestellte der Landeszentralbank, 1971 Eintritt in die CDU und Junge Union, 1971–1975 Sparkassenangestellte, 1971–1975 stellvertretende Kreisvorsitzende der Jungen Union Hannover Land, 1972–1996 Mitglied des Bezirksrates Misburg-Anderten, 1980–1989 freie Journalistin, 1982–1997 Vorsitzende der Frauen Union Hannover, 1986 Mitglied des Landesvorstandes der CDU Niedersachsen, 1990–2002 Mitglied des Landtages von Niedersachsen, 1996 und 2001 Kandidatur für das Amt der Oberbürgermeisterin der Stadt Hannover, 1996–2000 Mitglied des Bundesvorstandes der CDU, 2002–2009 stellvertretende Bezirksvorsitzende der CDU Hannover, seit 2002 Mitglied des Deutschen Bundestages, Mitglied im Vorstand der CDU/CSU-Bundestagsfraktion, seit 2009 Vorsitzende der Gruppe der Frauen der CDU/CSU-Bundestagsfraktion.

Was war für die Entwicklung Ihrer politischen Sozialisation bedeutsam?

Meine Eltern behaupteten, dass ich schon vor der Einschulung politisch interessiert war. Ich habe sehr früh Zeitungen gelesen, nicht den Boulevard-, sondern den politischen Teil. Ich komme aus einem konservativen Elternhaus, das hat mich natürlich geprägt. Aber letztlich war es eine Sendung im Fernsehen, die mich zur Politik gebracht hat: Als ich 14, 15 Jahre war, lief eine Dokumentation über das sogenannte Dritte Reich. Es wurde gezeigt, wie die Kinder im Warschauer Ghetto misshandelt wurden. Ich war entsetzt, wütend und traurig und fragte meine Eltern: „Warum konntet ihr das nicht verhindern?" Wir stritten uns. Plötzlich fragte mich meine Mutter: „Was würdest du denn machen, wenn jetzt so etwas passieren würde? Du engagierst dich doch auch nicht." Da hatte sie Recht. Man muss sich einmischen! An diesem Tag habe ich mir sozusagen selber versprochen, mich dafür einzusetzen, dass so etwas nie wieder passiert.

---

* Das Interview führten Dr. Ulrike Hospes und Ina vom Hofe M. A. am 26.07.2012 in Berlin.

Wie kam es, dass Sie in die CDU und keine andere Partei eingetreten sind?

Konrad Adenauer war ein Mann, den ich sehr bewundert habe. Seine Arbeit hat mir den Weg zur CDU geebnet. Bei der SPD gefiel mir das Wort „Genosse" nicht, es erinnerte mich an die SED – ich habe es mit dem Unrechtsregime in der sogenannten Sowjetzone in Verbindung gebracht. Letztlich hat mich wohl meine konservative Erziehung in die CDU geführt – 1971 bin ich eingetreten, ein Jahr später wurde ich bereits in den Rat der damals selbständigen Stadt Misburg gewählt. Man brauchte eine Alibifrau: Der Rat wurde aufgrund der Änderung der niedersächsischen Gemeindeordnung vergrößert, somit waren ein paar Plätze frei – und da passte es gut, eine junge Frau aufzustellen.

Spielte das „C" eine Rolle bei Ihrem Eintritt in die CDU?

Ja, sicher! Natürlich sind für mich die Grundwerte des Christentums, unser christliches Fundament und eine rücksichtsvolle Toleranz wichtig. Es macht mich wütend, wenn andere Religionsgemeinschaften Menschenrechte z. B. für Frauen einschränken.

Sie haben gesagt, dass Sie in einem sehr konservativen Elternhaus groß geworden sind. Wie würden Sie das Rollenverständnis Ihrer Eltern beschreiben?

Ich habe sieben Schwestern – wir waren acht Mädchen. Mein Vater war der ungekrönte König. Wir haben uns sehr, sehr gut mit ihm verstanden. Aber meine Mutter – und das hat mich bis zu ihrem Ende beeindruckt – war eine sehr starke, durchsetzungsfähige aber liebevolle Frau, die ein strenges Regiment führte. Wir Schwestern verstehen uns sehr gut. Und wir haben gelernt, tolerant zu sein, Verantwortung zu übernehmen und selbständig zu werden. Es gab auch Schattenseiten: Wir waren – selbst in den 1950er Jahren – Außenseiter. Eine Familie mit acht Kindern – wie geht denn das? Ich weiß darum sehr gut, wie es sich „anfühlt", Minderheit zu sein.

Sie haben erst einmal einen Beruf erlernt, ausgeübt und sind dann in die Politik eingestiegen. Hat es Ihnen geholfen, dass Sie immer noch die Möglichkeit gehabt hätten, zurück in Ihren Beruf zu gehen?

Es hat mir grundsätzlich geholfen, zu wissen, wie ein Arbeitstag für einen „normalen" Bürger aussieht und was es heißt, mit jedem Cent zu rechnen. Grundsätzlich lehne ich Politikerkarrieren ab, die nach der Laufbahn „Kreißsaal, Hörsaal,

Plenarsaal" geplant werden. Wir Abgeordneten müssen hart arbeiten, aber wir genießen auch manche Privilegien wie einen Fahrdienst, ein eigenes Büro, das Einkommen ist relativ hoch. Während meiner Berufstätigkeit konnte ich viele Erfahrungen sammeln, die jetzt sehr hilfreich sind. Da ich auch Journalistin war, weiß ich, wie die „andere Seite" tickt – das ist nicht ganz unwichtig.

1986 hätten Sie einen sicheren Listenplatz für den niedersächsischen Landtag gehabt und mussten Ihren Wahlkreis zweimal für einen angehenden Minister räumen?

Das war meine tiefste, auch dunkelste Erfahrung in meiner politischen Laufbahn. Es wurde vom Landesvorstand Niedersachsen – ich war Mitglied des Vorstandes – beschlossen, dass vier Frauen einen sicheren Listenplatz bekommen. Ich gehörte zu den vieren, musste nur noch im Wahlkreis bestätigt werden. Eigentlich war alles klar, die Mitglieder wollten mich. Aber sehr kurzfristig wurde ein Wahlkreis für Birgit Breuel gesucht. Ich wurde gebeten, in einen anderen Wahlkreis zu gehen. Die Art, wie ich „gebeten" wurde, habe ich in sehr schlechter Erinnerung.

Beim zweite Mal waren die Einladungen zur Nominierung gedruckt, aber – wiederum sehr kurzfristig – kam der ehemalige Minister Georg-Berndt Oschatz nach Hannover zurück und brauchte einen Wahlkreis, ausgerechnet den, in dem ich kandidieren wollte. Ich war so verzweifelt, dass ich resignieren wollte. Es waren Frauen, die mich wieder aufgebaut, gestärkt haben. Sie forderten: „Mach' weiter, gib' nicht auf." Nach der Landtagswahl erklärte ich, in meinem Wahlkreis zu kandidieren – es klappte: Ab 1990 war ich im Niedersächsischen Landtag und seit 2002 im Deutschen Bundestag.

Wie hat sich Ihr besonderes Engagement für frauen- und familienpolitische Themen entwickelt?

Sicher auch geprägt durch meine Familie. Ich habe erlebt, was es bedeutet, wenn die Eltern sagen: „Du musst nicht studieren, du heiratest sowieso". Vermutlich hätte ich die Befähigung gehabt, aber das Studium kostete Geld, und das hatten meine Eltern nicht. Ich erlebte hautnah, wie Frauen benachteiligt wurden. Diese Kenntnis brachte mich zur Frauenvereinigung. Mein erster Kontakt lief allerdings ins Leere, der damalige Kreisvorstand passte nicht in meine Welt – ich war halt noch sehr jung.

Im Landtag wurde mir angeboten, frauenpolitische Sprecherin zu werden. Es war seinerzeit kein sehr begehrtes Amt. Doch für mich war es ein Glücksfall, denn es begann eine frauenpolitisch spannende Zeit: Wir führten Debatten um den § 218 StGB, um das Thema Frauenbeauftragte, zum Thema Gleichberechtigung.

Meine erste Rede im Landtag hielt ich zum Thema § 218 StGB. Ich habe es tatsächlich geschafft, eine Rede zu halten, in der sich alle wiedergefunden haben: Man könne ein Kind nicht gegen den Willen einer Mutter schützen. Wenn sie nicht davon überzeugt wird, das Kind anzunehmen, würde sie sich für eine Abtreibung entscheiden, auch wenn es anderen nicht passt und hohe Strafen drohen. Außerdem forderte ich, dass die Gesellschaft kinderfreundlicher wird und dass die Rahmenbedingungen für die Vereinbarkeit von Familie und Beruf verbessert werden. Ich bekam Beifall von allen Mitgliedern des Landtages. Selbst der SPD-Fraktionsvorsitzende gratulierte, was wohl ganz, ganz selten vorkommt. Meine Fraktionsmitglieder umarmten mich. Das war mein Einstieg zum Aufstieg: Man hat gesehen, dass ich auch zu Themen sprechen kann, die sehr kompliziert und sensibel sind.

Das nächste sehr umstrittene Thema im Landtag war das Gleichberechtigungsgesetz. Noch vor der Regierungsfraktion brachten wir als Opposition ein Gleichberechtigungsgesetz ein. Christian Wulff, damals Parteivorsitzender, hat uns sehr unterstützt.

Ein weiteres Highlight durchlebten die Fraktionsfrauen, als die Regierung „Frauenrechte" in der Verfassung verankern wollte. Man brauchte uns, die Opposition. Allerdings wollten unsere Kollegen das nun gar nicht. Sie waren der Meinung, dann könnte man auch „Tierschutz" oder andere Dinge in die Verfassung nehmen. Wir Frauen haben fraktionsübergreifend eine Demonstration im Niedersächsischen Landtag geplant: Alle Frauen trugen einen Buchstaben, zusammen ergaben sie den Satz: „Frauenrechte in die Verfassung". Was folgte, war eine Flut von Beschimpfungen. Einige meiner männlichen Kollegen wollten mich am liebsten aus der Fraktion werfen. Ich war politisch praktisch tot.

Da wir aber die Aktion vorher den Medien gesteckt und sie um ihre Unterstützung gebeten hatten, waren die Berichte dementsprechend positiv: Wir waren die Heldinnen. Am nächsten Tag fanden die Kollegen: „Haben wir das nicht toll gemacht?" Tja! Der Erfolg hat halt viele Väter!

Meine frauenpolitischen Aktivitäten entwickelten sich für mich nicht nachteilig: Meine Wahlergebnisse zum Fraktionsvorstand und zum Landesvorstand wurden besser und besser ... 1994 wurde ich vom neuen Fraktionsvorsitzenden gebeten, seine Stellvertreterin zu werden. Das Angebot habe ich gern angenommen. Ich behielt das Amt bis zum Wechsel nach Berlin.

Meine Landtagszeit war auch geprägt durch zwei Ereignisse: Zweimal habe ich kandidiert, um Oberbürgermeisterin von Hannover zu werden. Bei der ersten Wahl habe ich den sehr bekannten amtierenden Kandidaten in die Stichwahl gezwungen, beim zweiten Mal wurde ich sieben Wochen vor der Wahl „eingewechselt": zu spät, um noch zu gewinnen.

Die Kandidaturen waren problemlos?

Wie Frauen-Kandidaturen halt sind. Der erste OB-Wahlkampf 1996 war hammerhart: Ich musste bis auf das letzte Blatt Papier alles selbst finanzieren und neben all den Wahlkampfterminen fleißig Spenden sammeln. Die Unterstützung der Landes- und Kreispartei fiel mager aus. Ich hörte oft: Du schaffst es doch sowieso nicht. Nur die Bundespolitiker standen hinter mir. Bundeskanzler Helmut Kohl und seine Kabinettsmitglieder kamen nach Hannover und halfen mir. Sie waren großartig!

Die Wahl wurde nicht gewonnen, aber ich habe mich durchgesetzt, meinen Bekanntheitsgrad gesteigert und den seit 24 Jahren amtierenden Oberbürgermeister in eine Stichwahl gezwungen. Das war schon eine Sensation, denn ich war anfangs eine total unbekannte Frau. Helmut Kohl rief mich nach der verlorenen Wahl an, tröstete mich und sagte: „Ich weiß, was man Ihnen zugemutet hat. Ich weiß, dass man Sie wenig unterstützt hat. Und wenn einer der jungen Leute aus Hannover meint, sie abstrafen zu können, sagen Sie Bescheid." Helmut Kohl holte mich in den Bundesvorstand.

Als ich dann 2001 sieben Wochen vor dem Wahltermin wiederum gebeten wurde (der ursprüngliche Kandidat musste aufgeben), als OB-Kandidatin anzutreten, habe ich mir vorher zusichern lassen, dass ich 1. den Wahlkampf nicht selbst finanzieren muss, 2. ein Team zur Seite gestellt bekomme und 3., falls es mit dem Sieg nicht klappt, für den Bundestag kandidieren kann.

Ich hatte im ersten Wahlgang ein besseres Ergebnis als 1996, aber der damalige Oberbürgermeister erreichte 50,1 Prozent – und war damit gewählt!

Würden Sie Helmut Kohl als Unterstützer bezeichnen? Hatten Sie noch weitere Unterstützer?

Ja, das kann ich! Es war wirklich unglaublich, wie mich die Bundespolitik unterstützte. Das war einfach toll. Meine frühere Bundestagsabgeordnete Gerda Dempwolf hat für mich in Bonn die Werbetrommel gerührt. Auch Rita Süssmuth gab mir gute Tipps. Heiner Geißler bestieg für mich sogar Wände in einem Sporthaus. Manfred Kanther, Volker Rühe, Claudia Nolte und, und ... Alle kamen nach Hannover.

Gab es damals besondere Unterstützung durch die Frauen Union?

Ja, Maria Böhmer genauso wie die niedersächsische Landes-Frauen Union. Frauen unterstützen Frauen und helfen sich gegenseitig, das habe ich in meiner politischen Karriere immer wieder erfahren. Bei der OB-Wahl habe ich mehr

Stimmen von Frauen bekommen als von Männern! Überraschend gut wählte mich die jüngere Generation, vor allem die jungen Frauen. Das war wirklich bemerkenswert. Auch als Sprecherin der Gruppe der Frauen im Deutschen Bundestag erlebe ich, dass wir in bestimmten Punkten sehr solidarisch sind.

Auch parteiübergreifend?

Ja. Fraktionsübergreifend bildeten wir die sogenannte Berliner Erklärung – eine Initiative für eine Quote für Frauen in Führungspositionen. Es ist unglaublich, wie solidarisch unsere Gruppe ist. Die „normale" Parteipolitik bleibt vor der Tür. Wir kämpfen für mehr Frauen in Führungspositionen. Darum möchte ich auch aufräumen mit der Mär, dass Frauen sich nicht unterstützen. Das stimmt einfach nicht. Aber trotzdem wird das immer wieder behauptet – vor allem von Männern.

Frauennetzwerke waren Ihnen immer ein Anliegen. Sie haben in den 1980er Jahren den Arbeitskreis „Junge Frauen in der CDU" gegründet?

Rita Süssmuth war damals Vorsitzende, Annette Schavan die Bundesgeschäftsführerin der Frauenvereinigung. Ihr Ziel war es, eine Gruppe junger Frauen aufzubauen, die neue Themen aufnehmen und umsetzen sollten. Wir hatten unglaublich fortschrittliche Ideen: Weniger Verpackungsmüll, damit die Umwelt geschont wird, Frauen in die Bundeswehr und, und, und ... Die Resonanz in den Vorgesprächen war unglaublich positiv, aber jedes Mal wurden wir „zurückgeholt". Es waren die richtigen Themen, aber die falsche Zeit. Rückblickend sehe ich, dass viele Chancen verspielt wurden. Die Frauengruppe hätte als „Seismograph" fungieren und den Boden für neue Themen bereiten können.

Gibt es einen Unterschied in der programmatischen Arbeit zwischen der Frauen Union und der Gruppe der Frauen im Deutschen Bundestag?

Die Gruppe der Frauen beschäftigt sich mehr mit den Themen, die aufgrund des Koalitionsvertrages zu unserem politischen Tagesgeschäft gehören. Wir sind sehr aktuell aufgestellt. In der Frauen Union werden mehr grundsätzlichere Themen angesprochen. Ich gehöre dem Bundesvorstand der Frauen Union kraft Amtes an, wir arbeiten sehr gut zusammen, es gibt keine Differenzen. Im Gegenteil: Wir schieben uns die Bälle zu, spielen über Bande, wenn wir wissen, dass wir an den gleichen Themen arbeiten. Das klappt sehr gut.

Gab es Gewissensentscheidungen, die Sie in Ihrer politischen Tätigkeit treffen mussten?

Ja, zum Beispiel bei der Entscheidung um den § 218 StGB und der Präimplantationsdiagnostik. Da gilt die Gewissenfreiheit. Diese habe ich auch für mich in Anspruch genommen, als es um ein Heroin-Substitutions-Programm ging, das in Hannover sehr positive Ergebnisse erzielt hat. Es war ursprünglich ein Modellprojekt und sollte eingestellt werden. Das kostete schon viel Kraft, in dieser Frage einen eigenen Weg zu gehen und nicht mit der Fraktion zu stimmen. Damals ging es um einige wenige Menschen, die aber aufgrund einer Substitution eine bessere Lebenschance erhielten.

Haben Sie eigene Erfahrungen mit der Quote oder mit der „gläsernen Decke" gemacht?

Bei meiner ersten Ratskandidatur erhielt ich einen der vorderen Listenplätze. Ich war eine Alibifrau: Nett, sympathisch, vielleicht auch gut aussehend, tut keinem weh. Da hat sich wohl mancher geirrt – ich wurde gewählt. In den niedersächsischen Landtag kam ich 1990 ohne Quote. Erst 1994 gab es die Diskussion um die Quote, pardon um das Quorum: Jeder dritte Platz geht an eine Frau. Ich habe positive Erfahrungen damit gemacht, sage aber auch: Die Quote ist kein Dauerschirm oder Schutzprogramm für Frauen. Sie ist ein Türöffner. Die Frauen erhalten die Chance, sich zu beweisen. Wenn sie es nicht können, fliegen sie genauso wie Männer wieder raus. Aber: Sie müssen doch erst einmal eine Chance bekommen, und die haben die meisten ohne Quote gar nicht. Auch, dass wir eine Bundeskanzlerin haben, ist im Grunde der Quote geschuldet. Angela Merkel hat zu Beginn ihrer Karriere vier Quotenvorgaben erfüllt: aus dem Osten, Frau, jung, evangelisch. Und heute weiß jeder: Die Frau ist die mächtigste Frau der Welt. Sie ist einfach großartig.

Gibt es ein unterschiedliches Machtverständnis von Männern und Frauen?

Ja. Männer zweifeln nicht an sich. Sie sind mutiger und melden sich auch spontan, wenn es Positionen zu vergeben gibt. Sie stellen mögliche Unfähigkeiten nicht in Frage. Frauen zögern, zweifeln. Sie sind kritischer, wenn sie Reden halten. Man sollte ihnen mehr Mut zusprechen. Außerdem sind Männer immer noch besser im Kungeln. Wenn es um gute Positionen geht, machen sie das untereinander ab. Die Seilschaften sind bei Männern wesentlich ausgeprägter. Weil das so ist, haben wir in Berlin ein Netzwerk für Frauen gegründet. Das läuft mittlerweile sehr gut – Frauen aus Politik, Wirtschaft, Wissenschaft,

Medien. Wir treffen uns zwei-, dreimal im Jahr, um uns auszutauschen, Verbindungen herzustellen.

Gibt es bei Männern immer noch diese abendlichen Bierrunden, an denen Frauen nicht teilnehmen, weil sie die familiären Verpflichtungen an erste Stelle setzen?

Die Bundestagsabgeordneten leben in der Regel ohne Familie in Berlin – und somit ohne familiäre Verpflichtungen. Die bleiben bei dem Partner, der im Wahlkreis lebt. Nur ganz wenige Abgeordnete nehmen ihre Kinder mit nach Berlin.
  Ich wüsste nicht, dass es reine Männer-Kungelrunden gibt. Aber ich bin sicher, dass es Absprachen gibt. Und darin sind Männer besser als Frauen, das muss ich neidvoll zugestehen.

Haben Sie festgestellt, dass es im Kommunikations- oder Arbeitsstil Veränderungen gibt, wenn Männer und Frauen zusammen an Themen arbeiten?

Vor kurzem habe ich den Telekom-Chef René Obermann auf einem parlamentarischen Abend getroffen. Er sagte in seiner Rede, dass Unternehmen mit Frauen an der Spitze sehr erfolgreich arbeiten und lobte seine 30-Prozent-Quote. Ernst & Young hat dies vor Kurzem bestätigt. Die Unternehmenskultur verändert sich, Abendsitzungen haben nicht mehr ein so starkes Gewicht. Man verlegt die wichtigen Sitzungen häufiger in den Nachmittag. Davon profitieren letztendlich auch die Männer, die in der Regel auch Kinder haben.
  Ich hatte ein sehr gutes Gespräch mit dem damaligen norwegischen Wirtschaftsminister Ansgar Gabrielsen, der in seiner Amtszeit die Frauenquote einführte. Damit die Idee nicht zerredet wurde, hat er das sehr gezielt entwickelt: Er holte sich den besten Journalisten der größten Zeitung, diktierte ihm abends quasi das, womit er am nächsten Morgen ganz Norwegen überraschte: Er fordere eine Quote für Frauen. Am nächsten Morgen um 5.45 Uhr klingelte bei ihm das Telefon, und der norwegische Präsident rief ihn an, um zu fragen, ob er krank oder betrunken gewesen wäre. Acht Monate lang durchlitt er ein Spießrutenlaufen, jetzt ist die Quote ein Erfolg und selbstverständlich.

Ist der Umgang mit Politikerinnen in der Öffentlichkeit ein anderer als mit Politikern?

Ja. Aber mittlerweile wird generell mehr darauf geachtet, ob Männer gepflegt und wie sie angezogen sind. Wenn ich mir die Riege unserer Politiker anschaue, ist keiner mehr dabei – jedenfalls keiner im Kabinett –, der negativ auffällt. Insgesamt hat sich etwas verändert, aber mit Frauen geht man noch kritischer um.

Natürlich kann man als Frau auch ein Stück weit mit einem schicken Kleid, mit einem schicken Outfit kokettieren. Ich versuche, mich im Deutschen Bundestag „geschäftsmäßig" anzuziehen, zu Hause laufe ich natürlich in Jeans und Pulli herum.

Gibt es persönliche Prinzipien und Grundsätze für Ihr politisches Handeln?

Geht nicht gibt's nicht. Wenn eine Tür zugeschlagen worden ist, komm' durch die nächste wieder herein, gib' nicht auf. Diese Zähigkeit hat mir geholfen, mich so lange für Frauen einzusetzen, denn der erste Satz, den sie hören, ist: „Das geht nicht". Wenn alle Frauen beim ersten Problem sagen würden, „wenn es nicht geht, dann mache ich es nicht", hätten wir heute noch kein Wahlrecht. Man muss schon sehr hart bleiben. Aber ich habe ernsthaft versucht, lächelnd hart zu bleiben, um nicht den Eindruck zu vermitteln, eine Zicke zu sein. Außerdem versuche ich, mich in die Person hineinzuversetzen, mit der ich streite. Warum macht sie das? Was steht dahinter? Dann kann ich auch anders auf sie zugehen.

Was sind Ihre größten Erfolge?

Dass ich zwei ganz tolle Töchter habe, eine kleine Enkeltochter, dass ich ein sehr, sehr gutes Verhältnis zu meinen Töchtern habe, obwohl ich in der Politik war. Mein zweiter Mann ist das Beste, war mir passieren konnte, er unterstützt mich. Ich fühle mich endlich in meinem Leben zu Hause. Ich glaube, das ist etwas, was mir so unheimlich viel Kraft gibt, auch wenn es hier und da mal nicht so läuft. Ich kann nach Hause gehen und werde dort wieder aufgebaut. Ich habe ein super Büro. Mir geht es sehr, sehr gut, wenn nicht die kleinen Probleme in der Politik wären.

Gibt es irgendetwas, was Sie rückblickend als Misserfolg oder Enttäuschung bezeichnen würden?

Ja. Die erste Kandidatur für den niedersächsischen Landtag war für mich eine tiefe, tiefe, tiefe Enttäuschung, weil ich nicht gedacht hatte, was man mit „Freunden" machen kann. Ich wurde sehr persönlich angegriffen. Wiederum war es wunderbar zu erleben, wie Frauen mir geholfen haben, dass sie mir einfach zugehört haben, mich angerufen, getröstet haben. Das hat mich wieder aufgebaut.

Gab es persönliche Vor- oder Nachteile Ihrer politischen Aktivität?

Der Nachteil ist, sehr wenig Zeit zu haben. Ich habe immer ein schlechtes Gewissen gegenüber der Familie, ein ganz großes schlechtes Gewissen gegenüber meinen Kindern, meiner Enkeltochter, meinem Mann und Freunden. Die Vorteile sind, dass Sie unglaublich interessante Leute kennenlernen, sich zwangsläufig mit ganz vielen Themen auseinandersetzen müssen, und etwas bewegen können. Sie können nicht das große Rad drehen, aber man kann etwas beeinflussen, ein Stück weit etwas bewegen. Man kann bestimmte Signale setzen. Ich bereue keine Sekunde. Rückblickend würde ich heute einiges anders machen, zum Beispiel selbstbewusster auftreten, mich anders durchsetzen.

Hatten Sie nie den Gedanken, aus der Politik oder aus der CDU auszutreten?

Aus der CDU? Nein! Ich hatte kein Verständnis dafür, dass Mitglieder aufgrund einer einzigen Sache, weil sie zum Beispiel ein bestimmtes Mandat nicht bekommen haben oder weil der Deutsche Bundestag etwas anderes, als sie wollten, beschlossen hat, aus der CDU austreten. Es ist für mich eine Grundsatzentscheidung gewesen, in diese Partei einzutreten. Das hing nicht mit einem Thema zusammen, sondern das war ein großes Feld von Themen. Ich fühlte mich dort aufgehoben, zu Hause. Darum sage ich immer, wer austritt wegen einer einzigen Frage, ist vielleicht aus einer falschen Entscheidung eingetreten. Ich hatte 1986 kurz den Gedanken, aus der Politik auszusteigen, aber sonst eigentlich nicht. Bei mir hat sich so etwas wie ein Trotzverhalten entwickelt.

Sie haben verkündet, dass mit der nächsten Bundestagswahl 2013 Schluss ist und Sie nicht mehr kandidieren?

Ja. Es war für mich eine Entscheidung, die ich vor der letzten Kandidatur getroffen habe. Ich habe sehr viele Kolleginnen und Kollegen erlebt, die sich quasi um ihren eigenen Verdienst gebracht haben, indem sie sich selbst überlebten. Ich wollte immer dann aufhören, wenn die Leute sagen: „Schade, dass du gehst". Das erlebe ich jetzt. Ich weiß, ich werde am Ende todtraurig sein, denn es macht mir wirklich Spaß. Ich bin mit jeder Faser meines Körpers dabei, aber irgendwann kommt die Entscheidung.

Sie haben viele Erfahrungen in der Politik gesammelt. Haben Sie Ratschläge an junge, politisch interessierte Frauen?

Das sind Ratschläge, die gelten nicht nur für die Politik, sondern insgesamt: Tragt den Kopf hoch, strahlt Selbstbewusstsein aus, zeigt, dass ihr Selbstbewusstsein habt und sagt immer „geht nicht, gibt's nicht". Verinnerlicht das. Lasst euch nicht zurückdrängen, wenn einer sagt: „Das geht nicht, dass du die Position bekommst. Das geht nicht, dass du den Job willst." Sondern sagt: „Es geht doch." Ich muss von mir selber überzeugt sein, um andere zu überzeugen. Und ich muss von der Sache überzeugt sein.

Herlind Gundelach

Mein Weg in die Politik – Erfahrungen und Erkenntnisse

Geboren am 28. Februar 1949 in Aalen, verheiratet, ein Kind, 1967 Abitur, 1968–1981 Studium der Politischen Wissenschaft, Geschichte, Philosophie und Staatsrecht an der Rheinischen Friedrich-Wilhelms-Universität Bonn, Abschluss: Dr. phil., 1968 Eintritt in die CDU, 1968–1969 Pressesprecherin der Christlich-Demokratischen Arbeitnehmerschaft (CDA), 1970–1980 wissenschaftliche Mitarbeiterin bei verschiedenen Bundestagsabgeordneten, 1981–1982 Referentin in der Arbeitsgruppe Bildung und Forschung der CDU/CSU-Bundestagsfraktion, 1982–1984 persönliche Referentin des Parlamentarischen Staatssekretärs beim Bundesminister für Bildung und Wissenschaft Anton Pfeifer (CDU), 1984–1987 Geschäftsführerin der Arbeitsgruppe Bildung und Wissenschaft in der CDU/CSU-Bundestagsfraktion, 1988–1998 Referatsleiterin im Bundesministerium für Umwelt, Naturschutz und Reaktorsicherheit, 1999–2004 Staatssekretärin im Landesministerium für Umwelt, Landwirtschaft und Forsten in Hessen, 2004–2008 Staatsrätin der Behörde für Stadtentwicklung und Umwelt in Hamburg, 2008–2011 Senatorin für Wissenschaft und Forschung in Hamburg.

Die Wurzeln meines politischen Interesses

Die Rolle und Stellung von Frauen in Politik, Wirtschaft und Gesellschaft gehören in diesen Tagen wieder einmal zu den heiß diskutierten Themen. Quote und Quorum, Selbstverpflichtung oder Zwang sind die Pole, zwischen denen sich die Diskussion bewegt.

Dies war für mich Anlass, mir in Erinnerung zu rufen, wie ich eigentlich in die Politik gekommen bin, was mich bewogen hat, mich zu engagieren. Die Wurzeln für mein Interesse und mein Engagement liegen zweifellos in meinem Elternhaus. Im Alter von sieben Jahren bin ich mit meiner Familie nach Bonn gezogen, weil mein Vater eine Stellung im damaligen Bundesministerium für Familie und Jugendfragen angetreten hatte. Sowohl mein Vater als auch meine älteren Schwestern waren politisch sehr interessiert. Nachrichten hören und Zeitung lesen gehörten zu den Tagesselbstverständlichkeiten und auch die Diskussion darüber, meistens beim Abendessen in der Familie. Mein Onkel war damals schon in der Bundespolitik engagiert und wurde, wenn er uns besuchte, regelrecht ausgequetscht; beide waren praktisch seit den Anfängen Mitglied in der CDU.

Schon früh war mir klar, dass ich später auf jeden Fall an der Gestaltung von Politik mitwirken wollte. Bei einer Begegnung mit meinen Mitschülerinnen anlässlich unseres 20-jährigen Abiturs erklärten mir diese, während jede von uns berichtete, was sie denn beruflich so mache, das einzige, was mich während unserer gemeinsamen Schulzeit jemals so richtig interessiert und in Fahrt gebracht hätte, sei die Diskussion über Politik und Zeitgeschichte gewesen. Ich hatte das so eindeutig gar nicht in Erinnerung.

Die Studienzeit

1967 habe ich nach zwei Kurzschuljahren mit 18 Jahren Abitur gemacht. Mein Studienwunsch stand schon lange fest: Politische Wissenschaft und Geschichte, obwohl mein Vater gerne gesehen hätte, dass ich Jura studiere: ich hätte solch einen guten analytischen Verstand. In die ersten Jahre meines Studiums fielen zwei Ereignisse, die auf meinen weiteren Lebensweg durchaus prägenden Einfluss hatten, und in denen ich manche Dinge gelernt und erfahren habe, die für mein späteres Leben wichtig und förderlich waren.

Zum einen war dies die Studentenrevolte von 1968, der ich anfangs in ihren Inhalten durchaus aufgeschlossen gegenüberstand; in unserem Land war in der Tat einiges reformbedürftig. Was mich allerdings bald abstieß, war der Absolutheitsanspruch, mit dem die Protagonisten auftraten. Dass Gewalt gegen Sachen und später auch gegen Personen als gerechtfertigt zur Durchsetzung der eigenen Ziele angesehen wurde, leuchtete mir nicht ein und stieß mich ab. Als dann auch noch ein – zugegebenermaßen sehr konservativer – Historiker an der Universität Bonn so sehr attackiert und auch persönlich verunglimpft wurde, dass er darüber starb, war für mich endgültig der Schlusspunkt erreicht und ich engagierte mich auf Seite der Besonnenen, die zwar auch Reformen wollten, aber auf dem Verhandlungs- und damit auf legalem Wege.

Dieses Erlebnis hat mich bis heute geprägt und auch mein Handeln stets bestimmt, auch wenn es mir in dem einen oder anderen Fall mein Handeln nicht einfacher machte. Der Rechtsstaat ist eines der kostbarsten Güter unserer Demokratie, er schützt jeden Bürger gleichermaßen, ob arm oder reich, egal welcher Provenienz und Hautfarbe. Und niemals kann der Zweck die Mittel heiligen, und Rechtsbruch schon gar nicht.

Um finanziell auch etwas freier zu sein – als ich mein Studium begann, studierten gleichzeitig noch meine beiden älteren Schwestern und BAFöG gab es damals noch nicht – nahm ich noch vor Beginn des Studiums und später auch in den Semesterferien einen Job im Bundesarbeitsministerium an, eine Möglichkeit, die es heute so nicht mehr gibt. Als ich nach dem Sommersemester 1968 zum dritten Mal im BMA jobbte, lud uns, d. h. alle Studentenjobber – insgesamt ca. 15 Personen – der damalige Bundesarbeitsminister Hans Katzer zu einem

Gespräch ein und erkundigte sich nach unserer Meinung über die Abläufe in einem Bundesministerium, was darin nicht gut laufe und verbesserungswürdig sei. Meine relativ kurzen Ausführungen müssen ihm wohl so gut gefallen haben, dass er mich ein paar Tage später fragte, ob ich mir vorstellen könnte, als Nachfolgerin von Norbert Blüm Pressesprecherin der Sozialausschüsse und damit auch Redakteurin der Verbandszeitschrift „Soziale Ordnung" zu werden. Meinen Einwand, ich sei doch erst im dritten Semester, ließ er nicht gelten.

Meine Zeit als Pressesprecherin

Die Aufgabe reizte mich und ich sagte zu. In den nächsten zwölf Monaten, von Oktober 1968 bis Oktober 1969, sah ich zwar kaum noch die Universität von innen, aber ich habe unendlich viel über Politik und das damit verbundene politische Handwerk gelernt. Ich habe spannende Menschen getroffen und konnte vertieft Einblick nehmen in einen Teil der Union, der für die programmatische Entwicklung der Partei durchaus Bedeutung hatte, vor allem in einer Zeit, in der die CDU sich anschickte, die unmittelbare Nachkriegszeit zu überwinden und eine moderne Partei zu werden.

1969 beendete ich meine Tätigkeit, weil mir klar war, dass ich so nie Examen machen würde und ohne Examen wollte ich keine berufliche Laufbahn beginnen. Denn in meinem Bekanntenkreis hatte ich zu häufig gesehen, dass Intelligenz und Bildung allein nicht ausreichten, um einen guten und interessanten Job zu bekommen, man musste schon die erforderlichen Papiere zur Hand haben.

Auf der anderen Seite wollte ich auch nicht wieder einfach so ins Studium zurück, denn ich hatte endgültig für die Politik Feuer gefangen. Also bewarb ich mich um eine Mitarbeiterstelle bei einem Bundestagsabgeordneten – diese Funktionen waren gerade erst geschaffen worden – und wurde auch genommen. Damit war ich nahe an der Politik, konnte mir meine Zeit aber so einteilen, dass auch das Studium nicht zu kurz kam. Diese Art der Tätigkeit begleitete mich bis zum Abschluss meiner Promotion, deren Thema unzweifelhaft mit meinem ersten Job zu tun hatte, ja ohne den ich dieses Thema wohl nie gewählt hätte und auch nicht hätte wählen können, weil die Archive aufgrund der üblichen 30-jährigen Sperrfrist noch nicht dafür offen waren. Mein Thema lautete: „Die Sozialausschüsse zwischen CDU und DGB – Selbstverständnis und Rolle 1949 bis 1966". Hans Katzer war so freundlich, mir Zugang zu seinem Archiv und auch dem der Sozialausschüsse und des Deutschen Gewerkschaftsbundes zu ermöglichen.

Das christliche Menschenbild und die damit verbundene Auffassung von der Freiheit des Menschen, die nicht schrankenlos ist und sich stets an der Freiheit des anderen begrenzt, sowie die Leitprinzipien der Solidarität und der Subsidiarität der christlichen Soziallehre waren Themen, die mich von Anfang an fasziniert haben und mit denen ich mich dann im Zuge meiner Dissertation auch wissenschaftlich auseinandergesetzt habe. Sie prägen noch immer mein Denken und auch mein Urteil über Politik, wobei für mich heute zunehmend das Begriffspaar Freiheit und Verantwortung im Vordergrund steht. Die Subsidiarität ist nach meiner Auffassung in den letzten beiden Jahrzehnten gegenüber der Solidarität ins Hintertreffen geraten. Wir dürfen den Sozialstaat, so wie er im Gesellschaftskonzept der Sozialen Marktwirtschaft unter Müller-Armack und Erhard angelegt worden ist, nicht mit dem Wohlfahrtsstaat verwechseln.

Schon in meiner Kindheit hat mein Vater uns die Gewissheit vermittelt, dass Mädchen genau so klug sind wie Jungen und dass sie auch dazu stehen sollten. Deswegen hatte ich auch kaum Probleme, mich in Diskussionen zu melden und klar meine Meinung zu sagen. Und sehr schnell habe ich dabei gemerkt, dass alle anderen auch nur mit Wasser kochen. Noch viel wichtiger aber war für mich die Erkenntnis, dass man als Politiker ein Ziel vor Augen haben muss, und damit meine ich nicht Pöstchen und Macht; beides sind für mich keine Ziele, sondern Mittel, um inhaltliche Ziele zu erreichen. Und ich habe gelernt, dass politische Ziele erläutert und begründet werden müssen und dass in diesem Zusammenhang ein fundierter Wertekanon alles andere als hinderlich ist. Der Politiker Hans Katzer, mit dem ich bis zu seinem Tode im Jahr 1996 verbunden blieb, hat mich mit seiner Gradlinigkeit, seinem Enthusiasmus und seiner Kämpfernatur stark geprägt und beeinflusst.

Die Zeit in der CDU/CSU-Bundestagsfraktion

Nach der Promotion arbeitete ich zunächst in der CDU/CSU-Bundestagsfraktion, dann als Persönliche Referentin im ersten Kabinett von Helmut Kohl, dann wieder in der Fraktion, bis ich schließlich 1987 das Referat für gesellschaftspolitische Grundsatzfragen im damals noch jungen Bundesumweltministerium unter Klaus Töpfer übernahm. In diese acht Jahre fielen auch die Geburt meiner Tochter und damit die Frage, wie sich Familie und Beruf am besten verbinden ließen, auch wenn dieser Wunsch in meiner Familie nicht auf ungeteilte Zustimmung stieß.

Wir haben uns für eine Tagesmutter entschieden – Kindertagesstätten in der heutigen Ausprägung und Vielfalt gab es damals noch nicht – und diese Entscheidung war ein absoluter Glücksgriff. Zwischen den beiden Familien entwickelte sich rasch eine enge Verbindung, die der Tochter eine optimale Betreuung garantierte und mir ein hohes Maß an Flexibilität in meiner Berufstätigkeit. Unsere Tochter hatte fortan zwei Mütter, zwei Väter und einen Bruder. Berufliche Nachteile habe ich nicht erfahren, da ich mit Anton Pfeifer einen zwar fordernden, aber verständnisvollen Chef hatte.

Meine politischen Aktivitäten waren also zunächst primär fachlicher Natur, ich hatte in dieser Zeit keine Mandate und wäre dazu zeitlich auch nicht in der

Lage gewesen. Ich empfand dies aber nicht als Mangel, denn Inhalte und programmatisches Arbeiten waren für mich immer spannender, und da ich genügend Möglichkeiten hatte, meine Inhalte an den Mann oder die Frau zu bringen und einige davon auch durchaus offizielle Politik wurden, sah ich dafür auch keine Notwendigkeit.

Meine intensivsten programmatischen Aktivitäten fielen in die Zeit der Erarbeitung des Grundsatzprogramms der CDU von 1994. Hier sollte zum ersten Mal ein umweltpolitisches Kapitel geschrieben werden und Klaus Töpfer bat mich, mich darum intensiv zu kümmern. Diese Aufgabe habe ich gerne übernommen und Klaus Töpfer ließ mir viel freie Hand. Neben den umweltpolitischen Forderungen war die Entwicklung des Konzepts der Ökologischen und Sozialen Marktwirtschaft der zentrale innovative Ansatz des Programms. In der für die Erarbeitung des Umweltkapitels eingesetzten Arbeitsgruppe war auch der damalige umweltpolitische Sprecher der CDU-Landtagsfraktion Hessen, Roland Koch, Mitglied; er war damals noch ganz junger Abgeordneter und wollte als Jurist bewusst nicht in die Fußstapfen seines Vaters des damaligen hessischen Justizministers treten.

Auch nach der Verabschiedung des Grundsatzprogramms blieb ich mit Roland Koch in lockerer Verbindung. Dennoch war ich sehr überrascht, als er mich 1999 nach gewonnener Wahl anrief und fragte, ob ich als Staatssekretärin für Umwelt in das neu zugeschnittene Ressort „Umwelt und Landwirtschaft" kommen wollte. Er brauche jemanden, der sowohl Verwaltung beherrsche als auch das Fachgebiet Umweltpolitik. Diese Kombination gab es in der CDU seinerzeit sehr selten.

In der Landesregierung war ich die einzige Frau unter den Staatssekretären. Dies war für mich insoweit eine ungewohnte Erfahrung, als ich während meiner beruflichen Aktivitäten anfänglich zwar auch nur mit wenigen Frauen zusammengearbeitet, sich dies aber in den letzten Jahren im BMU deutlich geändert hatte. Hier gab es mehrere Frauen unter den Referats- und auch Unterabteilungsleitern. Auf der Abteilungsleiterebene waren sie allerdings in der Bundesregierung, bis auf das Frauenressort, gar nicht vertreten, ebenso wenig auf der Staatssekretärsebene. Ohnedies ist festzuhalten, dass die beamtete Leitung der Ministerin sehr lange ausschließlich von Männern besetzt war im Gegensatz zur politischen Leitung der Häuser.

Als ich dann 2004 aus den gleichen Gründen nach Hamburg kam – hier wurde die Umweltbehörde mit der Baubehörde zusammengelegt – war ich wiederum die einzige Frau unter den Staatsräten. Dies änderte sich wieder, als ich 2008 Senatorin für Wissenschaft und Forschung wurde; in den letzten knapp vier Monaten in der CDU-Minderheitsregierung übernahm ich zusätzlich die Ämter der Finanzsenatorin und der Senatorin für Stadtentwicklung und Umwelt, eine auch für Hamburg einmalige Konstellation. Und offensichtlich sah auch niemand darin ein Problem, diese Mammutaufgabe einer Frau anzuvertrauen.

Meine Karriere war also ganz überwiegend fachlich begründet

Und fachliche Kompetenz ist für mich auch heute noch unverzichtbarer Bestandteil einer soliden und verlässlichen Karriere. Allerdings reicht Fachlichkeit alleine nicht aus. Man muss auch bereit sein, sich in Diskussionen offensiv einzubringen und argumentativ mit seinem Gegenüber auseinanderzusetzen. Es heißt aber auch, Konflikten nicht aus dem Weg zu gehen und die Auseinandersetzung nicht zu scheuen.

Dabei haben Frauen durchaus von Männern sich unterscheidende Herangehensweisen. Frauen neigen in der Regel dazu, deutlich kürzere Rede- und Diskussionsbeiträge einzubringen, sie sind eher nicht oder weniger polemisch und haben meistens auch nicht den Satz verinnerlicht: Es ist schon alles gesagt, nur noch nicht von mir.

Ich erlebe oft, dass Frauen in der Diskussion untereinander wesentlich lebhafter sind als in gemischten Gruppen. Vermutlich ist hier die Hemmschwelle, sich zu Wort zu melden, niedriger. Daran müssen Frauen arbeiten, sie müssen lernen, auch mal mit großer Selbstverständlichkeit Banalitäten von sich zu geben oder auch mal etwas Unfertiges, das aber trotzdem weiterführende Ansätze enthält.

Auch das Netzwerken von Frauen kam vor allem in den Anfängen, aber oftmals auch heute noch zu kurz, leider häufig aus Zeitmangel, wenn Familie und Beruf unter einen Hut gebracht werden müssen. Neid und Missgunst mögen manchmal ein weiteres Motiv gewesen sein für zu wenig Miteinander und Solidarität untereinander. Vielleicht hilft da manchmal die nüchterne Sichtweise von Männern: Ich muss den andern nicht mögen, ich will ja nur in dem ein oder anderen Punkt mit ihm zusammenarbeiten.

Äußerlichkeiten bei Frauen

Das Gleiche gilt auch für die Beurteilung von Äußerlichkeiten. Gottes Garten ist vielfältig, und mir muss nicht jeder und jede gefallen; auch ich muss nicht jedem gefallen. Entscheidend ist, dass ich weiß, was ich will und weshalb ich es will, und dass ich dies auch nach außen vermittle; Kompromissbereitschaft immer eingeschlossen.

Ich war nie ein Anhänger einer Quotenregelung und bin es auch heute noch nicht, aber zwei Dinge haben mich, obwohl selber nie negativ betroffen, nachdenklich gemacht.

Die Vereinbarkeit von Familie und Beruf wird immer eher ein Frauenthema bleiben als ein allgemeines Thema der Gesellschaft. Vor allem in den ersten und betreuungsintensivsten Jahren im Leben eines Kindes ist die Mutter in der Regel die wesentliche Bezugsperson. Ein Blick zurück in die Zeit hinter dem Eisernen Vorhang zeigt, dass auch dort trotz hoher Beschäftigungsquote der

Frauen die Hauptlast der familiären Arbeit bei ihnen lag. Deshalb können die Möglichkeiten zur Vereinbarung von Familie und Beruf nicht weit und differenziert genug ausgebaut werden, um diese Mehrbelastung so gering wie möglich zu halten. Dass dafür auch eigene Beiträge, auch in finanzieller Hinsicht zu leisten sind, sollte selbstverständlich sein, denn Kinder sind nicht nur eine persönliche Bereicherung, sie sind auch das Fundament unserer Gesellschaft, auf der wir fußen. Wir können die Verantwortung nicht komplett beim Staat abgeben.

Die Diskussion um die Quote

Ein zweiter Begründungsstrang, sei es gegen Quote oder Quorum, stört mich schon seit langem. Die Forderung nach einer Quote beeinträchtige den Ruf von qualifizierten Frauen in verantwortlichen Positionen, Qualität setze sich von alleine durch. Erstens haben die letzten 20 Jahre gezeigt, dass dies ganz offensichtlich trotz optimaler Bildung und Ausbildung nebst hervorragenden Examina von vielen Frauen nicht der Fall ist und zweitens hat diese Begründung auch etwas Pharisäerhaftes an sich, denn sie suggeriert, dass alle Männer, die in Führungspositionen oder in politische Mandate gelangt sind, diese ausschließlich unter dem Aspekt der Qualität erreicht hätten; dies wird wohl ernsthaft niemand behaupten.

Stillschweigende Quoten sind übrigens in der Politik, auch in der CDU, nichts Neues. Kabinette werden nach Länder-, Konfessions- und Geschlechterproporz zusammengesetzt. Die Vereinigungen müssen in den Vorständen angemessen vertreten sein, hier fragt in der Diskussion selten jemand nach Qualität. Es ist deshalb alles andere als verwerflich, eine gleichberechtigte Teilhabe von Frauen an Führungspositionen in Politik, Wirtschaft und Gesellschaft über eine Quotenregelung, und sei es auch nur befristet, sicherzustellen. Rein ökonomisch ist eine solche Vorgehensweise auch durchaus marktwirtschaftskonform, denn Anreizprogramme haben schon mancher technologischen Innovation erfolgreich den Weg bereitet.

Mein Ratschlag an junge Frauen und ihre Mütter

Sorgen Sie dafür, dass Sie bzw. Ihre Töchter die für sie optimale Bildung und Ausbildung erhalten, die es ihnen ermöglicht, ihren späteren Lebensunterhalt auch ohne Hilfe Dritter zu verdienen.

Ermuntern Sie Ihre Töchter, sich frühzeitig in Diskussionen einzubringen und dabei den eigenen Standpunkt zu vertreten.

Erarbeiten Sie sich eigene Standpunkte, seien Sie unbequem. Am besten üben kann man dies in der eigenen Familie, und das sollten Eltern zulassen, ja sie sollten es geradezu herausfordern, auch wenn es anstrengend ist.

Wenn Sie sich benachteiligt fühlen, sagen Sie es, ohne larmoyant zu werden, ruhig und mit guten Argumenten.

Vergessen Sie bei allem nicht, dass Sie eine Frau sind. Sie müssen nicht werden wie Ihr männlicher Kollege. Viele Untersuchungen zeigen, dass gerade die unterschiedlichen Sichtweisen und Lebenserfahrungen von Frauen und Männern für zukunftsfähige und erfolgreiche Entscheidungen von hohem Belang sind.

Lassen Sie sich nicht entmutigen: Der Weg zur Gleichberechtigung von Frauen in Politik, Wirtschaft und Gesellschaft ist nicht aufzuhalten. Mir fällt in diesem Zusammenhang immer der Kampf um die Durchsetzung des allgemeinen, gleichen und geheimen Wahlrechts sein, der auch lange gedauert hat, aber letztlich nicht aufzuhalten und daher siegreich war. Vielleicht wäre manche negative geschichtliche Entwicklung nicht eingetreten, wenn die Zeit des Kampfes etwas kürzer gewesen wäre. „Honi soit qui mal y pense."

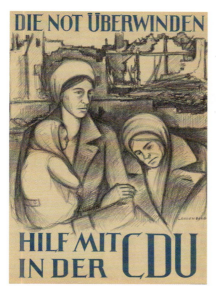

1. Kommunalwahl in Nordrhein-Westfalen 1946
2. Kommunalwahl in Nordrhein-Westfalen 1946

3. Landtags- bzw. Kommunalwahl in der Sowjetischen Besatzungszone 1946

4. Helene Weber (1881–1962) 5. Christine Teusch (1888–1968)

6. Elisabeth Schwarzhaupt (1901–1986)

7. Aenne Brauksiepe während einer Rede auf dem ersten Frauenkongress der CDU 1964 in Bochum

8. Landtagswahl in Niedersachsen 1963   9. Bundestagswahl 1965

10. Bundestagswahl 1972

11. Bundestagswahl 1976   12. Bundestagswahl 1976

13. Wahl des Europäischen Parlaments 1979

14. Landtagswahl in Hessen 1982

15. Roswitha Verhülsdonk, Birgit Breuel, Helga Wex, Renate Hellwig, Hanna-Renate Laurien und Christa Thoben (v. l.) auf dem 33. Bundesparteitag der CDU 1985 in Essen

Frauen organisieren sich

Ohne Frauen ist kein Staat zu machen

Zu lange haben die Frauen in unserer Gesellschaft in der politischen Verantwortung zurückgestanden – mit dem Ergebnis, daß in der DDR ein von Männern dominiertes Gemeinwesen in den Zusammenbruch regiert wurde.

Der vereinte Neubeginn in Deutschland muß so menschlich, friedlich und sozial wie möglich werden. Angesichts der Umbruchsituation dürfen Frauen nicht abwarten. Gerade sie haben in Krisensituationen der Geschichte immer wieder bewiesen, daß sie Herausforderungen mit wachsendem Selbstbewußtsein meistern können. Gemeinsam müssen wir Frauen die großen Fragen einer gesunden Umwelt und einer leistungsfähigen, aber gerechten Wirtschaftsordnung angehen.

Wir wollen die Hauptprobleme der Frauen in der DDR ansprechen:

Aktive Frauenförderung, Sicherheiten für berufstätige Frauen, Unterstützung der Rentnerinnen mit niedrigem Einkommen, die Situation Alleinerziehender, die Instrumente zur Gleichstellung von Frauen.

Wir wollen die Geburtsstunde einer „gemeinsamen Frauen-Union" sein, in der Frauen aus beiden Staaten sich bereits vor der staatlichen Einheit Deutschlands organisieren und als politische, aber parteiübergreifende Kraft formieren.

Wir brauchen die konsequente Mitverantwortung und das breite Engagement der Frauen.

Wir brauchen auch Sie, denn ohne Frauen ist kein Staat zu machen!

Brigitta Kögler, Demokratischer Aufbruch
Karin Lück, Neues Forum
Sylvia Schultz, CDU – Deutsche Demokratische Republik
Prof. Dr. Rita Süssmuth
Vorsitzende Frauen-Union der CDU in der Bundesrepublik Deutschland

Ja, ich mache mit!

Name
Straße
Stadt
Unterschrift

Ich interessiere mich für / bin Mitglied bei

○ DA ○ Neues Forum
○ DSU ○ andere
○ CDU

Coupon bitte an die Allianz für Deutschland, Marienburger Str. 12–13, 1055 Berlin, senden.

16. Gemeinsamer Aufruf der Frauen Union und der Frauen in der „Allianz für Deutschland" 1990

17. Rita Süssmuth, Dorothee Wilms und Sabine Bergmann-Pohl (v. l.) am 18.05.1990, dem Tag der Unterzeichnung des deutsch-deutschen Staatsvertrages in Bonn

18. Gemeinsamer Workshop von Frauen Union und Bundesfachauschuss Frauenpolitik der CDU 1992 in Bonn

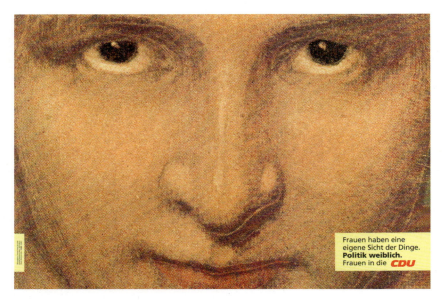

19. Frauen Union 1994

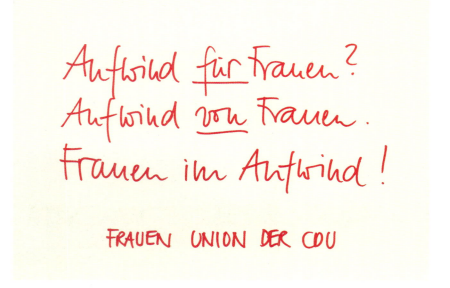

20. Frauen Union 1997

21. Bundestagswahl 2005

22. Angela Merkel und Annette Schavan (v. r.) mit Teilnehmern des Jugendwettbewerbs „Jugend forscht" am 21.09.2011 in Berlin

23. Die Gruppe der Frauen der CDU/CSU-Fraktion im Deutschen Bundestag 2011

24. Maria Böhmer und Kristina Schröder (v. l.) am 09.11.2011 in Berlin

25. Christine Lieberknecht, Angela Merkel und Annegret Kramp-Karrenbauer (v. l.) während des 25. CDU-Bundesparteitages am 04.12.2012 in Hannover

26. Johanna Wanka und Ursula von der Leyen (v. l.) vor Beginn der Kabinettssitzung am 19.02.2013

27. Julia Klöckner auf der Regionalkonferenz der CDU am 19.02.2010 in Bingen

28. Emine Demirbüken-Wegner während einer Rede auf dem 25. Bundesparteitag am 04.12.2012 in Hannover

Maria Böhmer*

Glaubwürdigkeit ist die wichtigste Währung in der Politik

Geboren am 23. April 1950 in Mainz, 1968 Abitur, 1968–1971 Studium der Mathematik, Physik, Politikwissenschaften und Pädagogik an der Johannes Gutenberg-Universität Mainz, 1971–1982 wissenschaftliche Mitarbeiterin bzw. Akademische Rätin an der Johannes Gutenberg-Universität Mainz und an der Universität Augsburg, Forschungsaufenthalte in Cambridge, 1974 Promotion zum Dr. phil., 1982 Habilitation an der Johannes Gutenberg-Universität Mainz, 1982–1990 Landesfrauenbeauftragte in Rheinland-Pfalz, 1985 Eintritt in die CDU, seit 1990 Mitglied des Deutschen Bundestages, seit 1994 Mitglied des Bundesvorstandes der CDU, 2000–2005 stellvertretende Vorsitzende der CDU/CSU-Bundestagsfraktion, seit 2001 Bundesvorsitzende der Frauen Union, seit 2001 Professorin für Pädagogik an der Pädagogischen Hochschule Heidelberg, seit 2005 Staatsministerin bei der Bundeskanzlerin und Beauftragte der Bundesregierung für Migration, Flüchtlinge und Integration, 2006–2009 Mitglied des Präsidiums der CDU.

Wie hat sich Ihre politische Sozialisation entwickelt?

Ich komme aus einem Elternhaus, in dem die Diskussion über Politik eine große Rolle spielte. Dabei habe ich keinen Unterschied in der Erziehung von Jungen und Mädchen erfahren. Es stand nie zur Diskussion, dass ich auf das Gymnasium gehe und ein Studium beginne. Das war eine große Selbstverständlichkeit und auch Wunsch meiner Eltern.

Meine Mutter erlebte den Zweiten Weltkrieg hautnah mit und musste die Erfahrung machen, dass Frauen alleine da standen. Glücklicherweise kam mein Vater aus dem Krieg wieder zurück. Aber meine Großmutter hat ihren Mann ganz früh verloren und musste ihren Sohn zunächst alleine erziehen. Die Botschaft der Frauen in meiner Familie war daher immer: Man muss auf eigenen Füßen stehen können.

Politische Diskussionen waren bei uns immer sehr lebhaft. Das war noch das Vor-Internet-Zeitalter, also die Quellen waren die Tageszeitung, die lokale

---

* Das Interview führten Prof. Dr. Hanns Jürgen Küsters und Dr. Ulrike Hospes am 18.07.2012 in Berlin.

Politik und ganz besonders die Bundespolitik. Während meiner Schulzeit war Peter Altmeier Ministerpräsident in Rheinland-Pfalz. Er wurde von Helmut Kohl und dieser von Bernhard Vogel mit einer begeisternden jungen Mannschaft, inklusive Hanna-Renate Laurien als Kultusministerin, abgelöst. Bernhard Vogel war zuvor schon in dieser Funktion, und dann ging Helmut Kohl 1976 von Rheinland-Pfalz nach Bonn. Das hat uns alle in Rheinland-Pfalz stark bewegt.

Welche Rolle spielte für Ihren Parteieintritt das „C" in der CDU?

Es war nicht so, dass meine Mutter oder mein Vater Mitglied in der CDU waren, aber es war immer klar, wo wir standen. Wenn ich sage „wir", war das auch für mich so. Ich habe in den 1968er Jahren in Mainz studiert und hautnah die Studentenbewegung mitbekommen. Damals wohnte ich im katholischen Studentenwohnheim, und wir haben dort nächtelang diskutiert. Da ich Naturwissenschaften studiert habe, war das sicherlich noch mal etwas anderes als bei den Geisteswissenschaftlern. Aber ich erinnere mich noch gut an so manche Demos und Sit-ins. Die politische Auseinandersetzung war immer eine sehr lebhafte und kritische.

Gab es konkrete Anlässe, um politisch aktiv zu werden und in die CDU einzutreten?

In die CDU bin ich kurz nach dem Essener Bundesparteitag 1985 eingetreten. Prof. Dr. Rita Süssmuth, die damals Direktorin des Instituts Frau und Gesellschaft war und im gleichen Jahr Bundesministerin für Jugend, Familie und Gesundheit wurde, hat mich geworben.

Durch das Angebot der damaligen Staatssekretärin Dr. Maria Herr-Beck wurde ich Landesfrauenbeauftragte in Rheinland-Pfalz, zunächst im Sozialministerium, später dann in der Staatskanzlei. Ich war damals noch parteilos.

Meine Aufgabe war es auch, Frauen immer wieder zu ermutigen, sich politisch zu engagieren und Verantwortung zu übernehmen. Bald war mir klar, dass ich mich selbst fragen musste, wie ich dazu stehe. Es lag dann nahe, in die CDU einzutreten. Sicherlich hat der Essener Bundesparteitag eine große Rolle gespielt, denn es war die gesellschaftspolitische Öffnungsphase der CDU. Ich war bereits frauenpolitisch engagiert und habe die Entwicklung der zweiten Frauenbewegung miterlebt. In Rheinland-Pfalz habe ich in meiner Funktion als Landesfrauenbeauftragte das Programm der CDU-geführten Landesregierung über Wahlfreiheit formulieren können und bin – immer noch nicht in der CDU – in die Vorbereitungsgruppe für den Essener Bundesparteitag der CDU berufen worden. Das war eine fantastische Chance, Politik von innen zu erleben und zu sehen, welche Weichen man stellen kann. Das hat mich nicht mehr losgelassen.

Wo sahen Sie die größten Defizite im Hinblick auf christdemokratische Frauenpolitik?

Für mich stellte sich die Frage, wo man etwas bewegen kann. Ich sah die Möglichkeit, das Thema Gleichberechtigung oben auf der Agenda zu halten. Es gab – nicht nur in der CDU, sondern in der gesamten Gesellschaft – ein fixiertes Rollenbild der Frau, das der Hausfrau und Mutter. Die Öffnung erfolgte in Richtung der Erwerbstätigkeit der Frau. Deshalb war auch der Parteitag in Essen so wichtig. Wir setzten Art. 3 GG wirklich durch. Ich werde nie das große Staunen der anderen Parteien vergessen. Sie waren offensichtlich überzeugt davon, dass sie in der Frauenpolitik das Sagen hätten. Ihnen wurde bewusst, welcher Öffnungsprozess sich in der CDU vollzog. Ich habe damals die EMMA-Herausgeberin Alice Schwarzer kennengelernt. Aber ich hatte auch Voraussetzungen, die es mir wirklich leicht machten, diesen Weg zu gehen. Meine erste Begegnung auf parteipolitischer Ebene war – im engeren Kreis – mit der Frauen Union im Bezirk Rheinhessen-Pfalz, damals von der Bezirksvorsitzenden Dr. Maria Herr-Beck geleitet. Sie hat unwahrscheinlich viel bewegt. Sie war kämpferisch und bahnte Frauen den Weg. Das hat mir gefallen und ich wollte es weiter fortsetzen.

Sind Sie damit auf einer gewissen Ebene Quereinsteigerin gewesen?

Ja, ich bin Quereinsteigerin. Ich habe keine Vergangenheit in der Jungen Union oder beim Ring Christlich-Demokratischer Studenten (RCDS). Für mich war es immer wichtig, eine gute, solide Grundlage im beruflichen Bereich zu haben. Mein Wunsch war sehr deutlich, in der Wissenschaft tätig und Professorin zu werden, was ich auch erreicht habe. Als das Angebot kam, Landesfrauenbeauftragte in Rheinland-Pfalz zu werden, stand ich mitten in der Habilitation. Ich hätte es nicht gemacht, wenn ich die Habilitationsschrift nicht gerade fertig geschrieben hätte und mein Habilitationsbetreuer und Doktorvater sagte: „Ergreifen Sie doch einfach die Chance, ein Jahr in der Regierung zu sein. Lassen Sie sich beurlauben und kommen dann wieder." Aus dem einen Jahr ist ein ganzes Leben geworden.

Sie schilderten gerade diesen Aufbruch, der sich in der CDU 1985 vollzog. Sind die Stichworte der Diskussion nicht bis heute gleich geblieben? Wo sehen Sie dennoch den Fortschritt im Hinblick auf das Frauenbild?

Das Entscheidende ist, dass Frauen nicht mehr auf eine Rolle festgelegt sind, sondern dass es wirklich eine große Bandbreite an Lebensentwürfen gibt. Diese Lebensentwürfe gelten gleichberechtigt. Bis dahin war es ein Prozess, eine große gesellschaftliche Diskussion, die wir in dieser Phase hatten. Ich erinnere mich beispielsweise noch gut an Diskussionen über geschlechtergerechte Sprache. Begrifflichkeiten wurden so gestaltet, dass sich Frauen endlich wiederfanden. Es hieß nicht mehr nur Bürokaufmann, sondern auch Bürokauffrau. Das war nicht zu unterschätzen. Ich selbst habe als Landesfrauenbeauftragte eine Frauenliteratur-Ausstellung gestaltet, die die Leistungen von Frauen aus dem Schatten holte und in den Mittelpunkt rückte. Diese Initiative fand weit über die Grenzen von Rheinland-Pfalz – ja Deutschland – große Resonanz, denn sie gab Frauen eine Plattform.

Der faszinierende Gedanke bei der CDU war der Partnerschaftsgedanke, die Partnerschaftlichkeit. Das hat natürlich auch bedeutet, Männer auf diesem Weg mitzunehmen. Für mich war ein ganz entscheidender Schritt, gar eine Revolution, die Veränderung in der Rentenversicherung.

Die Anerkennung der Erziehungszeiten meinen Sie?

Ja, die Lebensleistung nicht nur in der Erwerbstätigkeit, sondern auch in der Familienleistung zu sehen und widerzuspiegeln. Das andere war 1994 die Ergänzung von Art. 3 GG. Als ich relativ frisch Mitglied im Deutschen Bundestag war, stieß ich mit all meinen Vorstellungen, Ideen und meinem Enthusiasmus auf einen Kollegen, der in der Fraktion in führender Position war und mir sagte: „Das erreichen Sie nie." Da dachte ich: „Jetzt erst recht."

Gibt es Entscheidungen oder Gewissenskonflikte, die Sie persönlich als christliche Demokratin nicht haben mittragen können?

Alle Fragen, die mit dem Anfang und dem Ende des Lebens zusammenhängen, sind für mich die echten Gewissensfragen in der Politik. Wo stehe ich? Wie bin ich in dieser Partei verortet? Wie kann ich überzeugen? Ich bin das erste Mal mit einer solch schwierigen Frage konfrontiert worden, als es um die Ausarbeitung des 1997 verabschiedeten Gesetzes über die Spende, Entnahme und Übertragung von Organen und Geweben im Deutschen Bundestag ging. Ich ging zu jeder Veranstaltung, die angeboten worden ist, um mich kundig zu machen und zu wissen, über was ich entscheide. Das halte ich für ganz wesentlich, gerade wenn es um solche schwierigen Themen geht.

Dann kam 2001/2002 die Stammzellen-Diskussion. Ich habe sehr mit mir gerungen, bin dann aber als stellvertretende Fraktionsvorsitzende gebeten worden, dieses Thema federführend zu betreuen. Gemeinsam mit zwei Kolleginnen, Margot von Renesse (SPD) und Andrea Fischer (Bündnis 90/Die Grünen), habe ich das Stammzellgesetz gestaltet. Die Entscheidung, die ich vorbereitet habe, bedeutet, dass wir das Leben von Anfang an schützen und es nicht zur Disposition stellen. Das ist mein Grundsatz. Mir tat die Entscheidung beim Gesetz zur Regelung der Präimplantationsdiagnostik (PID) 2011 im Deutschen Bundestag, für die eingeschränkte Zulassung der PID, sehr weh. Die hätte ich mir anders gewünscht.

Was hätten Sie sich anders gewünscht?

Niemand hat die Verfügung über ein Leben. Wir haben nur dieses eine. Das gilt am Anfang und das gilt am Ende des Lebens. Es ist mir wichtig, dass man Leben nicht selektieren darf. Den Diskussionen um Leben im Alter in Würde und Umgang mit Demenz müssen wir uns immer wieder stellen. Das Leid gehört auch zum Leben.

Gibt es bei Machtausübungen Ihrer Erfahrung nach Unterschiede zwischen Männern und Frauen?

Ich habe so manchen Kollegen am Anfang meiner Abgeordnetenzeit erlebt, der glaubte, durch Lautstärke Argumente ersetzen zu können. Das bedeutet für uns Frauen, zu lernen wie man damit umgeht. Aber klar ist auch, die Männer müssen sich ändern. Ich halte viel davon, dass wir als Frauen den Politikstil anders prägen. Wir bringen andere Themen ein, weil wir andere Erfahrungsschwerpunkte haben. Mich hat es sehr beeindruckt, als Angela Merkel Generalsekretärin der CDU war und als erstes Thema Familienpolitik auf die Tagesordnung setzte. Aufgrund anderer Entwicklungen ging es etwas unter.

Seit wann verfolgt die Bundeskanzlerin die gezielte Strategie, Frauen in Führungspositionen der Politik zu bringen?

Bereits im ersten Kabinett, jetzt beim zweiten Kabinett ist es für die Bundeskanzlerin eine Selbstverständlichkeit. Man darf nicht vergessen, dass Angela Merkel einmal Frauenministerin war und Naturwissenschaftlerin ist.
 Ich selbst habe als Naturwissenschaftlerin erlebt, eine der wenigen Frauen zu sein. Als ich im höheren Semester in Physik-Vorlesungen saß, waren wir zwei Frauen. Da werden Sie schon nachdenklich, wenn Sie anschließend in der Pädagogik-Vorlesung sind und fast das umgekehrte Zahlen- und Geschlechterverhältnis haben.

Haben Sie ein Patentrezept oder Ideen, wie man Frauen verstärkt in der Politik verankern kann?

Die Zeiten sind vorbei, in denen Frauen auf Familien- oder Frauenpolitik festgelegt wurden. Heute besetzen wir die gesamte Bandbreite. Das ist wichtig: Frauen sind auch beim Thema Finanzpolitik oder Außenpolitik genauso präsent wie in der Familienpolitik. Man sollte umgekehrt sagen, dass die Männer sich stärker in gesellschaftspolitische Themen einbringen sollten.

Der Zugang von Frauen zu Themen ist oft ein anderer. Von daher werbe ich bei jungen Frauen: „Nutzt diese politischen Möglichkeiten, um eure Ideen, eure Vorstellungen, wie wir morgen leben wollen, einzubringen." Das heißt aber auch, Angebot und Nachfrage müssen stimmen. Manch eine sagt mir: „Warum soll ich in eine Partei gehen und mich auseinandersetzen?" Parteien müssen sich heute gegenüber der Bevölkerung öffnen, um Mitglieder zu gewinnen. Wir leben im Internet-Zeitalter und haben damit andere Möglichkeiten, uns einzubringen. Wir brauchen mehr Offenheit für Bürgerinnen- und Bürger-Dialoge. Es muss vor Ort ausgehandelt werden, was passt. Es ist ein Unterschied, ob es sich um eine Großstadt oder eine ländliche Region handelt. Die Offenheit derer, die jetzt in der CDU oder in der Frauen Union sind, gegenüber denjenigen, die neu kommen, ist wichtig. Ich erinnere mich an die erstaunten Blicke beim Stammtisch der Hechtsheimer CDU, als ich meine ersten Schritte in der Politik machte. Da habe ich mir umgekehrt überlegt: Wo haben wir denn Anknüpfungspunkte? Später war das meine beste Basis.

Haben Sie Seilschaften, die eigentlich den Männern immer nachgesagt werden, geknüpft?

Es waren keine Seilschaften in diesem klassischen Sinne. Entscheidend war, wo es gemeinsame Bezugspunkte und Verbündete gibt. Nach kurzer Zeit habe ich mich bereits zur Wahl als Kreisvorsitzende der Frauen Union gestellt, für die damalige Zeit sicherlich etwas ungewöhnlich. Dann habe ich als FU-Kreisvorsitzende sehr schnell ein Bündnis mit der Jungen Union geschlossen. Das hat schon zu Aha-Erlebnissen auf Kreisparteitagen geführt, wenn FU und JU gemeinsam Kandidaten und Kandidatinnen aufgestellt und nicht gegeneinander kandidiert haben.

Sie haben schon von Frau Herr-Beck gesprochen. Sie hat Sie in die Politik geholt und gefördert. In der Frauen Union haben Sie selbst das Programm „Frauen fördern Frauen" aufgelegt, mit dem ganz gezielt Frauen an die Hand genommen und in die verschiedenen Politikbereiche eingeführt werden. Merken Sie, dass das Programm hilft und Netzwerke sich ausweiten, auch nach 10, 20 Jahren fruchten und genutzt werden?

Ich persönlich habe immer sehr positive Erfahrungen in der Zusammenarbeit mit Frauen gemacht. Ich habe so oft gehört, dass Frauen nicht mit Frauen zusammenarbeiten können. Aber ich muss sagen – ob das jetzt Frau Herr-Beck oder im rheinland-pfälzischen Landesverband oder im Deutschen Bundestag war – es war und ist wichtig, dass wir Frauen unsere Schnittmengen zusammentragen und uns wechselseitig unterstützen.

Mentoring ist heute ein großes Thema, nicht nur innerhalb der Politik, sondern auch in der Wirtschaft, in Verbänden und Organisationen. Entscheidend ist für mich, dass wir Vorbilder haben. Ich habe kürzlich mit leitenden Mitarbeitern eines großen deutschen Unternehmens, das international aufgestellt ist, diskutiert. Mir kamen dort noch sehr traditionelle Vorstellungen von Frauen in Führungspositionen entgegen. Mein Gesprächspartner erklärte, dass die Vorbilder auf der Führungsebene fehlen. Deshalb beinhaltet unser Mentoringprogramm, nicht nur jungen Frauen, sondern auch erfahrenen Frauen Starthilfe für den politischen Weg zu geben. Es muss die Möglichkeit geben, sehr vertrauensvoll miteinander zu reden, wenn es Schwierigkeiten gibt. Es geht anfangs oft um ganz praktische Fragen: Wird meine Wortmeldung im Vorstand übergangen? Geht die Diskussion einfach weiter? Wer drängt sich in den Vordergrund? Wie verhalte ich mich?

Hat die Frauen Union nicht trotz alledem ein riesiges Problem, indem der Anteil an CDU-Mitgliedern mit 25 Prozent doch nach wie vor noch relativ gering ist?

Wir sind die stärkste Vereinigung innerhalb der CDU. Dass ich gerne mehr Frauen als Mitglieder in der CDU hätte und auch mehr Frauen für die Politik begeistern möchte, ist keine Frage. Aber es ist heute ein Zögern in unserer Gesellschaft zu beobachten, wenn man sich auf Dauer engagieren und Verantwortung übernehmen soll. Viele sind dafür nur zeitlich begrenzt bereit. Wer heute in die Politik geht, weiß, dass es ein längerfristiges Engagement ist. Es gibt Phasen, in denen man aktiver und weniger aktiv sein kann. Deshalb habe ich eben sehr bewusst gesagt, wir wenden uns nicht nur an die ganz jungen Frauen, sondern auch an Frauen im mittleren Lebensalter. Das beginnt für mich vor Ort im kommunalpolitischen Bereich. Ich verfolge gerade eine Diskussion im Landesverband Baden-Württemberg: Wie sieht es bei der nächsten Kommunalwahl mit der

Listenaufstellung aus? Der Vorschlag ist, Männer und Frauen gleichberechtigt auf die Liste zu setzen. Ich halte das für gut. Das ist ein wichtiges Signal, aber es löst heftige Diskussionen aus.

Wie gehen die Frauen mit dem Thema Quote heute um? Ist es normal, Quotenfrau zu sein?

Ich habe die Scheu vor der Quote oder vor dem Begriff Quotenfrau immer für falsch gehalten. Da lassen wir uns ein falsches Etikett anhängen. Mit Quotenfrau verbindet sich das Bild, man wird nur genommen, weil man Frau ist, und sofort erklären Frauen, die solchen Assoziationen begegnen: „Das will ich doch gar nicht sein. Ich will das doch werden, weil ich es kann." Wir sollten uns von dem Begriff nicht irritieren lassen, sondern offensiv damit umgehen. Natürlich bin ich auch eine Quotenfrau. Ich stehe dafür, dass ich etwas kann, und will meine Erfahrungen einbringen. Dazu bedarf es entsprechender Möglichkeiten. Vergessen wir nicht: Die Männer haben zig Quoten!

Regional, konfessionell?

Beispielsweise deshalb war es meine Überzeugung, als wir noch kein Quorum in der CDU hatten: „Seid vorsichtig, lehnt die Quote nicht ab, wir werden sie brauchen." Und wir brauchen sie bis heute.

Gewisse Ressorts werden nach wie vor von männlichen Kollegen besetzt und nicht von weiblichen, wie beispielsweise das Finanzministerium, Innenministerium oder Außenministerium. Woran liegt das?

Auf Länderebene gab und gibt es sehr wohl Frauen als Innenministerin oder Finanzministerin. Eine Außenministerin ist für mich nur eine Frage der Zeit, aber keine grundsätzliche mehr. Denken Sie beispielsweise an den Landwirtschaftsbereich. Wer hätte früher gedacht, dass es eine Landwirtschaftsministerin gibt? Mit Ilse Aigner haben wir eine Frau und das war früher eine klassische Männer-Domäne.

Unterscheiden sich Konfliktsituationen, die Politikerinnen untereinander haben, von denen, die Politikerinnen und Politiker haben?

Kaum – nach meiner Erfahrung ist das eher personenbezogen.

Wie äußert sich das in der Stimmungslage, z. B. in der Fraktion?

Wortmeldungen kommen allerdings stärker von männlicher als von weiblicher Seite. Frauen sagen oft: „Das habe ich doch jetzt schon drei Mal gehört, da muss ich mich nicht als Vierte zu Wort melden." Trotzdem – gerade als Frauen müssen wir uns rechtzeitig einklinken und unsere Standpunkte vertreten. Wenn ich heute junge Kolleginnen beobachte, die sehr internetaffin sind und twittern, tritt ein ganz anderes Selbstverständnis als bei früheren Generationen auf. Frauen stehen heute alle Positionen offen. Wir müssen bereit sein, diese Möglichkeiten zu ergreifen. Das setzt aber voraus, dass die Parteiarbeit ein Stück anders werden muss.

Ein sehr bekannter Unternehmer berichtete mir einmal: „Ich referierte bei einem großen Frauen-Netzwerk in der Wirtschaft und richtete die Frage in den Saal: Wer will Vorstandsvorsitzende werden? Wenn ich die Männer gefragt hätte, hätten sie scharenweise die Hand gehoben. Die Frauen zögerten." Wenn es bei Frauen eher eine Hemmschwelle gibt, dann müssen wir aber die Bedingungen schaffen, dass Frauen, wenn sie sich einmal entschlossen haben, ihren Weg sehr konsequent gehen können.

Das heißt, sie haben keine Angst vor der Macht, aber sie wissen, welche Verantwortung damit einhergeht?

Ja. Sie wollen aber auch eine andere Art des Zusammenspiels haben. Wir wissen ja inzwischen, dass sich etwas in Diskussionen und im Klima ändert, wenn mehr Frauen dabei sind. Wenn sie die einzige sind oder nur zwei in der großen Männer-Runde, ist das viel schwieriger und sie müssen sich anders behaupten, als wenn mehrere Frauen da sind. Es ist ein anderes Miteinander.

Die grundsätzliche Einstellung nicht nur zur Macht, sondern auch zur Fähigkeit, Dinge zu vermitteln, zu kommunizieren, unterscheidet das Männer und Frauen?

Wir Frauen wollen Menschen mehr mitnehmen, sind oft sehr sachorientiert. Damit kann die Machtfrage ein Stück in den Hintergrund rücken. Bei Männern steht die Machtfrage stärker im Vordergrund. Die Sachfragen kommen oft erst im Anschluss.

Männliches Dominanzverhalten. Ist das nicht in der Vergangenheit zu sehr zu Lasten oder auf Kosten des familiären Lebens gegangen?

Fragen Sie einmal in Politiker-Familien, gerade auch diejenigen, die erfolgreich in Machtpositionen gekommen sind, wie oft die Männer ihre Kinder gesehen, mit ihrer Familie, mit ihrer Frau zusammen waren ... Im Grunde genommen haben in der Regel die Ehefrauen die Kinder fast alleine erzogen und den Männern den Rücken freigehalten. Der Preis war und ist auch für viele Männer hoch.

Heute gehen wir mit dem Thema anders um. Wir haben etliche Kolleginnen, die in ihrer Zeit als Abgeordnete Mutter geworden sind. Das ist eine ganz neue Erfahrung. Das erste Mal ist mit Kristina Schröder eine Bundesministerin Mutter geworden. Trotzdem hört man in Deutschland noch immer Karriere und Familie würden sich ausschließen. Ich halte das für einen Trugschluss.

Merken Sie auch bei Männern, dass sie den Schritt zur Familie machen und bei der Karriere den einen oder anderen Rückschritt in Kauf nehmen?

Auch Männer legen inzwischen mehr Wert, auf die Vereinbarkeit von Familie und Beruf. Rückschritt? Es ist eher ein Verzögern des Karriereschritts. Frauen hingegen mussten beispielsweise die Erfahrung machen, als Oberärztin, die in Teilzeit arbeiten will, zurückgestuft zu werden und nur noch als Assistenzärztin arbeiten zu können. Das sind herbe Erfahrungen. Das wissen wir als Politikerinnen. Deshalb setzen wir uns für weitere Verbesserungen ein. Familie leben zu wollen, darf kein Nachteil sein. Für uns in der Politik ist es allerdings ein Rund-um-die-Uhr-Job, denn wir haben keine Arbeitszeiten im herkömmlichen Sinne. Wer in der Politik ist, muss auch am Wochenende und abends noch präsent sein. Diese Situation gilt es gemeinsam zu meistern.

Was sind Ihre persönlichen Prinzipien und Grundsätze für Ihr politisches Handeln?

Ich bin in die CDU gegangen, weil es eine Partei der Freiheit, der Solidarität, der Sozialen Marktwirtschaft, der christlichen Soziallehre ist. Die katholische Soziallehre und die Gleichberechtigungsdiskussion waren für mich ganz wichtig. Heute ist Integration mein Schwerpunktthema. Auch hier geht es darum, Menschen unabhängig von ihrer Herkunft gleiche Teilhabemöglichkeiten und Chancengleichheit zu geben. Wir müssen immer wieder deutlich machen, wofür wir als CDU grundsätzlich stehen und uns nicht im täglichen Klein-Klein verlieren.

Gibt es etwas, was Sie rückblickend als größten Erfolg oder auch als größte Enttäuschung bezeichnen würden?

Hier nenne ich an erster Stelle das Stammzellengesetz, das bis heute noch außergewöhnlich ist, auch weil es ein Gesetz aus der Mitte des Parlaments ist. Eine herbe Enttäuschung war die Entscheidung in der Frage PID.

Hatten Sie jemals den Gedanken, aus der Politik, aus der CDU auszusteigen?

Nein!

Haben Sie Ratschläge, die Sie jungen Frauen mit auf den Weg geben, die sich für die Politik begeistern und sich engagieren wollen?

Erstens, man muss gerade in der Politik sehr neugierig sein, sollte sich nicht nur auf bestimmte Themen festlegen oder festlegen lassen. Politik ist wie ein Baum, der immer wieder einen neuen Jahresring bekommt, also muss man sich immer wieder ein neues Thema erarbeiten. Die Bandbreite ist wichtig in der Politik. Das Zweite ist, dass wir Netzwerke brauchen. Dafür steht die Frauen Union. Drittens: Vertrauen, d.h. Glaubwürdigkeit ist die wichtigste Währung in der Politik.

Regina Görner

Politik für Union und Gewerkschaft

Geboren am 27. Mai 1950 in Trier, verheiratet, 1966 Eintritt in die Junge Union, 1968 Abitur, 1968 Eintritt in die CDU, 1968–1974 Studium der Geschichte und Sozialwissenschaft an der Ruhr-Universität Bochum, 1974–1978 Promotionsstipendiatin der Konrad-Adenauer-Stiftung, seit 1977 Mitglied des Bundesvorstandes der Christlich-Demokratischen Arbeitnehmerschaft (CDA), 1980–1982 Referendariat, 1984 Promotion zum Dr. phil., 1985–1989 persönliche Referentin der Bundesministerin und Bundestagspräsidentin Prof. Dr. Rita Süssmuth, 1989–1990 Bezirkssekretärin der ÖTV Hessen, 1990–1999 geschäftsführendes Vorstandsmitglied des DGB, 1999–2004 Landesministerin für Frauen, Arbeit, Gesundheit und Soziales im Saarland, seit 2000 Mitglied des Bundesvorstandes der CDU, 2005–2011 geschäftsführendes Vorstandsmitglied der IG Metall.

Vielleicht ist das typisch für Frauen in der Politik: Eigentlich mag ich zu meinen persönlichen Erfahrungen nicht gern Stellung nehmen. Ich finde, das tut nichts zur Sache. Ich sehe seit längerer Zeit mit Skepsis, dass Politik und Medien zunehmend von einer Personalisierung gekennzeichnet werden, hinter der die Probleme und ihre Lösungen einfach verschwinden – wahrscheinlich verschwinden sollen.

Deshalb habe ich gezögert, als ich nach diesem Beitrag gefragt wurde. Was könnte wirklich interessant sein an meinem politischen Leben? Um das zu erfahren, habe ich eine Umfrage unter meinen Social-Media-Kontakten gestartet, was aus deren Sicht über mich berichtenswert wäre. Ich habe interessante Reaktionen bekommen und will versuchen, die mir da gestellten Fragen , die hier im Beitrag als Zwischenüberschriften kenntlich gemacht wurden, zu beantworten – in der Form, die ich selbst auch in facebook benutze, einem eher umgangssprachlichen, informellen Tonfall.

Die „nackten" Fakten

Geboren 1950 in einer eher unpolitischen Familie mit katholischem Background, aber ohne religiösen Druck, 1966 für die Junge Union Essen geworben, 1968 in die CDU eingetreten – und recht bald dort vor Ort in Funktionen, auch in JU, Frauen Union und CDA, in der ich meine politische Heimat finde. Ich bin seit 1977 immer wieder in den CDA-Bundesvorstand gewählt worden, hatte mich, sobald das ging, einer DGB-Gewerkschaft angeschlossen, und erwarb seit Ende der 1960er Jahre Erfahrung in praktischer Parteiarbeit.

Ich habe Geschichte und Sozialwissenschaft studiert, eine Lehrerausbildung absolviert und in Mittelalterlicher Geschichte promoviert. Nach meinem Studium war ich im Mittelbau meiner Universität im Fach Katholische Theologie tätig, ehe ich 1985 aus der Wissenschaft in die Politik gewechselt bin.

Damals holte mich Rita Süssmuth, die damalige Ministerin für Jugend, Familie, Frauen und Gesundheit und spätere Bundestagspräsidentin, in ihr Büro und damit in eine hauptamtliche politische Tätigkeit. 1989 wurde ich Gewerkschaftssekretärin in der Gewerkschaft Öffentliche Dienste, Transport und Verkehr in Hessen. 1990 Wahl in den Geschäftsführenden Bundesvorstand des Deutschen Gewerkschaftsbundes, zuständig für Öffentlichen Dienst/Beamte, Jugend sowie Bildungs- und Kulturpolitik, mehrfach wiedergewählt.

1999 Wechsel in die saarländische Landesregierung unter Peter Müller als Ministerin für Frauen, Arbeit, Gesundheit und Soziales bis zum Ende der Legislaturperiode 2004. 2000 bis heute Mitglied des Bundesvorstandes der CDU. 2005–2011 Geschäftsführendes Bundesvorstandsmitglied der IG Metall, verantwortlich vor allem für Bildung und Qualifizierung sowie den größten politischen Jugendverband in Deutschland, die IG Metall-Jugend, weiterhin für die IG Metall tätig.

2004 Preisträgerin des Preises „Mut 2004" für besondere Verdienste um die Situation von Menschen mit psychischen Erkrankungen, 2010 Preisträgerin des Preises „Soziale Markwirtschaft" der Konrad-Adenauer-Stiftung.

Ich bin mit einem Kunsthistoriker verheiratet, habe keine Kinder. Ich versuche, regelmäßig Zeit zum Chorsingen zu finden, andere Leidenschaften, wie die für meinen Garten, das Kochen oder viele andere Hobbies in Kunst, Kultur und Naturbeobachtung kommen seit langem zu kurz.

„Wie kommt eine Frau zur Politik?"

Eher zufällig – ich jedenfalls. Ich habe mich einfach interessiert und wollte mich engagieren. Ich bin geprägt von der historischen Erfahrung mit dem Nationalsozialismus, nach der bewusst war, dass man die Dinge nicht einfach sich selbst überlassen konnte. Ich war und bin bis heute stolz auf die Demokratie, in der ich leben durfte, und war immer davon überzeugt, dass man sich da auch persönlich beteiligen muss. Der Ausspruch Kennedys: „Frage nicht, was Dein Land für Dich tun kann. Frage Dich, was Du für Dein Land tun kannst!", hat meinem Selbstverständnis sehr entsprochen. Und natürlich habe ich mich als Christin, die geprägt wurde von der Aufbruchstimmung des Zweiten Vatikanum, auch immer in Verantwortung gesehen, mein Teil dazu beizutragen, dass das Reich Gottes auf Erden ein Stück vorankommen konnte.

„Was sind Deine Netzwerke, wer hat Dich gefördert?"

Ich bin immer Menschen begegnet, die mich gefördert haben, schon in der Schule übrigens. Für meine „politische" Sozialisation war z. B. mein CDU-Ortsvorsitzender in Essen-Werden, Hanslothar Kranz, wichtig, der mich auch in innerparteilichen Auseinandersetzungen immer unterstützt hat und der mir gezeigt hat, was ein richtiger Volksvertreter ist. Ich denke in diesem Zusammenhang auch an eine Frau wie Trude Rau, eine CDA-Kollegin mit gewerkschaftlichem Hintergrund, die mich – gegen die allseitigen Absprachen! – erstmals für den Landesvorstand der CDA vorgeschlagen hat (ich bin gewählt worden). Die hat mir was zugetraut und mich viele Male ermutigt. Sie hat mich darin ermuntert, meinen eigenen Weg zu gehen und darauf zu vertrauen, dass man ernst genommen werden kann, auch wenn man aneckt. Von Rita Süssmuth habe ich unendlich viel lernen dürfen, übrigens nicht erst in der Politik, sondern schon als Hochschullehrerin während meines Studiums. Herbert Mai war mein Bezirksvorsitzender in der ÖTV Hessen. Er hat mich in einer Art Schnellkurs auf meine Tätigkeit in der DGB-Spitze vorbereitet und mir zugetraut, dass ich eine richtige Gewerkschafterin werde. Auch Monika Wulf-Mathies verdanke ich viel, ebenso dem ersten DGB-Vorsitzenden Heinz-Werner Meyer. Sie haben mir geholfen, meinen Stil von Gewerkschaftsarbeit zu finden. Und es gibt noch viele andere, von deren Erfahrungen und Unterstützung ich profitieren durfte.

Meine Netzwerke in der Union liegen ganz allgemein in der CDA, aber ich habe immer auch Unterstützung in der Frauenunion gefunden. Und längst gibt es eine ziemlich bunte Gruppe von Menschen in Politik und Gewerkschaften, mit denen mich inhaltlich vieles verbindet. Immer wenn ich alles hinwerfen wollte (was in der Politik immer wieder mal vorkam!), war da jemand, dem ich meine Unterstützung letztlich nicht entziehen wollte. Ich war ja immer eher in Minderheitenrollen – da muss man zusammenhalten. Das lernt man schnell.

„Wie hast Du Deine (relative) Machtposition erworben? Gibt es Aufstiegspatentrezepte? Werden Dir bestimmte Aufgaben durch die Blume zugeschoben und wie wehrst Du Dich dagegen?"

Ich habe sehr davon profitiert, dass es Quoten in der Politik gibt – offene, aber auch eher informelle. Anfangs war ich oft die einzige Frau, die kandidiert hat, aber ich bin auch als Vertreterin der Jugend oder des Ruhrgebiets gewählt worden. Meine Funktionen in den Gewerkschaften verdanke ich einer doppelten Quote – ich habe gleich zwei Minderheiten repräsentiert: die Christlich-Sozialen und die Frauen. Umgekehrt dürfte mein Beisitzerposten im Bundesvorstand auch davon abhängen, dass ich eine nicht unwichtige Funktion in der IG Metall hatte.

Ein Patentrezept für den Aufstieg habe ich nicht, schließlich habe ich auch nicht am Aufstieg „gearbeitet". Der hat sich eher zufällig ergeben, aber ich war immer flexibel genug, mich auf Herausforderungen einzulassen. Bis zu meinem 35. Lebensjahr habe ich nie darüber nachgedacht, mich beruflich mit Politik zu befassen. Da hatte ich immerhin schon 18 Jahre Parteiarbeit an der Basis hinter mir.

„Hast Du Dir Themen und Arbeitsgebiete wählen können oder waren nur bestimmte ‚denkbar'?"

Ich gehöre zwar noch zu einer Generation, in der man Frauen am liebsten in „frauentypischen" Themen sah, aber ich hatte nie den Eindruck, dass mich das eingeschränkt hätte. Allerdings kamen die Anstöße oft von außen: Mein erster inhaltlicher Schwerpunkt war Mitbestimmung – die Diskussion lief damals breit in der CDU. Für Bildungspolitik suchte man in der Jungen Union Essen einen Arbeitskreisleiter; da habe ich mich gemeldet, weil ich es wichtig fand, dass das jemand macht.

Mein Interesse an der Sozialen Marktwirtschaft entspringt einem Seminarauftrag, den ich übernommen habe. In den 1970er Jahren habe ich viel politische Erwachsenenbildung gemacht und mich dafür in viele Problembereiche eingearbeitet. Und wenn ich erst einmal „Blut geleckt" hatte, dann haben mich auch Themen fasziniert, die ich freiwillig vielleicht nie im Sinn hatte.

Frauenpolitik ergab sich aus der Natur der Sache, Familienpolitik habe ich eher gemieden, bis ich zu Rita Süssmuth ging, deren Ansätze ich unterstützen wollte.

Meine gewerkschaftlichen Themen konnte ich nur in meiner kurzen Zeit in Hessen weitgehend frei wählen, danach habe ich als geschäftsführendes Vorstandsmitglied „freiwerdende" Themen aufgreifen müssen. Das hat aber weniger mit meiner Frauenrolle zu tun als mit der Minderheitenrolle, die meine Durchsetzungsmöglichkeiten sehr eingeschränkt hat. Bildungs- und Jugendpolitik, die ich ursprünglich gar nicht machen wollte, sind nichtsdestoweniger meine Leidenschaft geworden. Und wenn ich Querschnittsthemen hatte, habe ich das auch immer als Chance genutzt, meine eigenen Akzente zu setzen.

Jedenfalls habe ich nie darüber nachgedacht, was „zweckmäßige" Themenfelder wären. Ich habe da, wo ich mich entscheiden konnte, oft eher die unzweckmäßigen gewählt, die, die nicht „in" waren, die abseits lagen, die sonst keiner machen wollte. Das hatte jedenfalls den Nebeneffekt, dass ich auffiel, ohne dass ich das explizit bezweckt hatte.

„Wie kommt man ohne Quote in die ‚Hohe' Politik?"

Gar nicht! Auch Männer übrigens nicht. Das wird meist übersehen: Alle PolitikerInnen verdanken ihre Position irgendeiner Quote. Nicht immer allerdings sind das ausgeschriebene, offene Quoten. Da kommt jemand an seinen Listenplatz, weil man einen Mittelständler unter den profilierten Kandidaten sehen will. Andere stehen für eine bestimmte Region oder eine Altersgruppe, wieder andere für eine bestimmte politische Grundüberzeugung, manche für eine Konfession, jemand vertritt die Migranten oder die freien Träger. Alles das ist in einer repräsentativen Demokratie nicht nur selbstverständlich, sondern unverzichtbar.

Niemand steht nur für sich persönlich, sondern alle SpitzenpolitikerInnen repräsentieren immer eine oder mehrere Gruppen, die man vertreten sehen will. Meist wird das ganz selbstverständlich praktiziert, aber es gibt Problemfelder, bei denen nicht gewährleistet ist, dass das flächendeckend passiert. Da braucht man dann formale Quotierungen. Darin liegt überhaupt nichts Peinliches. Im Gegenteil: Wer sich der Gruppe, für die er steht, nicht bewusst ist und deren Anliegen nicht einbringt, wird wahrscheinlich ohnehin kein zweites Mal gewählt. Und das ist gut so.

Es ist idiotisch, einen Gegensatz zwischen „Qualität" und „Quote" zu konstruieren. Die Qualität aller PolitikerInnen liegt nicht zuletzt darin, dass sie die Belange der Gruppe/n, die sie repräsentieren, erfolgreich wahrnehmen. Und wenn sie das können, haben sie längst nachweisen müssen, dass sie politische Kompetenz besitzen. Die ist übrigens unabhängig von den Themenfeldern, in denen man bisher gearbeitet hat.

Das wird leicht übersehen: Qualität von Politikern hängt ganz stark ab von ihren kommunikativen Kompetenzen: wie man zuhören kann und Informationen bewertet und verarbeitet, wie man Meinungsbildungsprozesse organisiert, wie man den rechten Zeitpunkt wählt, wie man Spielräume einschätzen und ggf. ausweiten kann. Darin liegt das Handwerkszeug oder besser noch: die Kunst von Politikern. Ob man das beherrscht, zeigt sich in repräsentativen Funktionen sehr schnell.

„Was bewegt Dich und welche Werte vertrittst Du? Hast Du Visionen für die Zukunft? Wie kann man Mensch bleiben in dem Geschäft?"

Meine Grundüberzeugungen haben viel mit der christlichen Soziallehre zu tun: dass der Mensch auf Freiheit und zugleich Solidarität hin angelegt ist, dass ich die Gesellschaft vom Individuum her denke, aber auch den Staat nicht aus der Pflicht lasse, vernünftige Rahmenbedingungen zu schaffen. Zugleich glaube ich an Vernunft und Aufklärung: dass man gemeinwohltaugliche Ergebnisse bekommt, wenn man Menschen einbezieht und beteiligt.

Der Mensch und sein Recht auf eine menschenwürdige Arbeit, mit der er seine Existenz sichern und in der er sich entfalten kann – das ist eine ganz zentrale Kategorie in meinem politischen Denken. Meine Vision von einer guten Gesellschaft hat hier ihren Ausgangspunkt. Ich werde immer dafür eintreten, dass Menschen in einem umfassenden Sinne menschenwürdige Arbeit haben. Alles andere wird sich dann schon finden.

Gerechtigkeit war für mich seit Kindertagen ein ganz wesentliches Ziel: Ungerechtigkeit und Diskriminierung konnte ich nie ertragen und ich habe mich immer in der Verantwortung gesehen, dagegen zu kämpfen. Die Starken zu verteidigen ist nicht mein Ding. Ich trete für die Schwachen an. Und das ist für mich immer auch so etwas wie ein Stück Mitarbeit an dem, was Christen das Reich Gottes nennen.

Dass ich in einer Demokratie, in einem Rechtsstaat leben darf, halte ich nicht für selbstverständlich. Ich weiß, dass man sich dafür engagieren muss, sonst gehen Freiheit und Solidarität vor die Hunde. Ich identifiziere mich mit dem Konzept einer echten Sozialen Marktwirtschaft, die die positiven Wirkungen von Markt und Wettbewerb nutzt, aber sehr genau weiß, wo deren Grenzen liegen und wo die Verpflichtung zur staatliche Regulierung beginnt. Ich bin davon überzeugt, dass Volksparteien und Einheitsgewerkschaften die sinnvollsten Organisationsformen sind, um dauerhaft die Ziele zu erreichen, die mir wichtig sind.

Wie man Mensch bleiben kann in dem Geschäft – ich nehme an, Du meinst: Politik? Erstens sehe ich nicht, dass das in diesem Geschäft schwieriger wäre als anderswo, in der Wirtschaft, in den Medien, in Vereinen, selbst in der Familie oder im Freundeskreis. Zweitens habe ich vielleicht einfach Glück gehabt, dass mir sehr selten zugemutet wurde, etwas zu tun, das ich mit meinen Überzeugungen nicht vereinbaren konnte. Ich habe aber auch immer von vorn herein deutlich gemacht, dass mit mir bestimmte Dinge einfach nicht gehen. Drittens habe ich immer dafür gesorgt, dass ich von politischen Funktionen nie existentiell abhängig war. Ich habe einen ordentlichen Beruf gelernt und könnte auch eine glückliche Lehrerin oder Museumspädagogin sein. Viertens erwarte ich nicht, dass ich von Rückschlägen oder Niederlagen verschont bleibe. Das gehört nun mal dazu, aber das muss einen nicht entmutigen. Und wenn es einmal wirklich schwierig wird, wenn man verletzt und gekränkt wurde, verraten oder verleumdet, dann lasse ich den Schmerz darüber zu, aber nach einer Weile halte ich mir vor Augen, was von Papst Johannes XXIII. berichtet wurde. Der soll in solchen Situationen gesagt haben: „Giovanni, nimm dich nicht so wichtig!"

„Haben Frauen andere politische Themen?"

Mir scheint, dass sie andere Motive in der Politik haben, nicht so sehr andere Themen. Frauen sind oft nicht um einer Karriere willen in der Politik, sondern weil sie sich engagieren wollen – und dann entscheiden sie sich oft für die Themen, die gerade Lösungen brauchen. Und um die sich vielleicht sonst niemand kümmert.

"Fassen Frauen Probleme z. B. zielorientierter an?"

Ja, das ist durchaus meine Erfahrung. Frauen sind meist nicht so sehr mit sich selbst, mit ihrer eigenen Rolle beschäftigt. Deshalb lassen sie sich tiefer auf Themen ein. Männer nehme ich oft wahr als sehr mit der Frage befasst, ob und wie sich ihr Handeln auf ihr Image, auf ihre Karriereoptionen auswirkt. Frauen setzen sich damit nicht so unter Druck.

"Mich würde interessieren, wie sich der Umgang der männlichen Politiker mit ihren Kolleginnen gewandelt hat?"

Als ich in der CDU anfing, hatte man als Frau eine ziemlich krasse Außenseiterstellung. Man musste damals weniger kämpfen, bekam vieles angetragen. Aber wenn eine zweite Frau auftauchte, stand die von vornherein im Wettbewerb mit der ersten. Zwei Frauen durchzusetzen, war richtig schwierig. Da hat sich, seit es Quoten gibt und Frauen dadurch häufiger vertreten sind, vieles gewandelt. Heute nehmen Männer Frauen ernster, sehen sie nicht mehr vornehmlich als nette Dekoration von Gremien, sondern auch als Gegner oder Konkurrenten. Das ist auf jeden Fall eine positive Entwicklung.

Aber immer noch kenne ich Männer, denen Frauen, die sich politisch durchsetzen können, unheimlich sind. Aber manchmal bin ich auch nicht ganz sicher, ob die Aversionen, die ich da spüre, weniger mit meinem Frausein als damit zu tun haben, dass ich auch für ein anderes in der Union wenig geliebtes Thema stehe: für eine entschiedene Vertretung von Arbeitnehmerinteressen.

"Wie hast Du die lange Zeit mit einem sehr rückständigen Frauen- und Familienbild in Deiner Partei erlebt? Wie hast Du Geschlechterdiskriminierung erlebt und wie haben Männer reagiert, wenn Du das thematisiert hast?"

Ich habe die CDU immer als eine sehr breit aufgestellte Volkspartei wahrgenommen, in der es dominante und weniger dominante Positionen gab, die um Einfluss stritten. Ich war und bin ziemlich häufig in einer Minderheitenposition, bin also gewöhnt, überstimmt zu werden. Ich trage Beschlüsse mit, aber das heißt nicht, dass ich mich dafür innerlich verbiegen muss. Bei der nächsten Gelegenheit arbeite ich weiter an der Veränderung.

Das antiquierte Frauen- und Familienbild der Union hat mich dennoch schon früh wütend gemacht. Aber ich habe das Thema anfangs gemieden, solange ich überhaupt keine Durchsetzungsmöglichkeiten sah. Ende der 1970er gab es dazu eine massive Auseinandersetzung in der CDA, die von Blüms Papier „Die sanfte Macht der Familie" ausgelöst wurde. Ich bin da hineingezogen worden, weil ich die sexistischen Diskriminierungen, denen Frauen ausgesetzt waren, die sich dagegen artikuliert haben, nicht widerspruchslos hinnehmen wollte. Es war übrigens eine der Gelegenheiten, bei denen ich einmal ziemlich fest entschlossen war, die Politik ad acta zu legen. Es waren Männer, die mich damals ermutigt haben, mich davon nicht beeindrucken zu lassen.

Ich persönlich war immer couragiert genug, Ansätze von Diskriminierung mir gegenüber öffentlich zu machen. Meist mache ich das lächerlich, was gewöhnlich entwaffnend wirkt. Deshalb habe ich persönlich eigentlich nicht wirklich unter Diskriminierung zu leiden gehabt. Aber mein Eintreten für die Frauenquote in der CDA 1987 – übrigens der ersten Frauenquote in der Union! – nehmen mir z. B. heute noch einige übel, vor allem, weil ich offen gegen eine Entscheidung meines eigenen Landesverbandes aufgetreten bin und mich auch noch durchgesetzt habe. Unterstützt hat mich damals übrigens der frühere Sozialminister von Niedersachsen, Hermann Schnipkoweit, der mein Großvater hätte sein können. So erlebte ich immer beides: Nicht nur die Diskriminierung, sondern auch die Solidarität mit denen, die diskriminiert wurden.

„Wie hast Du Dich gefühlt nach dem Absägen beim letzten Mal?"

Wie sich jeder fühlt, der „abgesägt" wird: mies. Man muss etwas aufgeben, das einem lieb geworden ist, muss Arbeitsbeziehungen abbrechen und Gewohnheiten ändern. Aber zur politischen Professionalität gehört, dass man persönliche Empfindlichkeiten nicht in den Mittelpunkt stellt. In der Demokratie muss man immer gewählt werden. Zu unterliegen ist überhaupt nicht ehrenrührig und auch kein Beweis dafür, dass man versagt hat. Im Gegenteil, manchmal unterliegt man einfach, weil man mit dem, was man wollte, irgendjemandem im Weg war.

Niederlagen einzustecken und weiterzumachen, gehört zum Alltag in der Demokratie. Nur Diktatoren erwarten, dass sie immer wieder gewählt werden. Ich bin eigentlich dankbar, dass ich Erfahrungen mit Niederlagen schon sehr früh gemacht habe. Deshalb weiß ich auch, dass ich damit umgehen kann und dass sich oft aus den Niederlagen interessante Perspektiven ergeben.

„Wie oft hattest Du das Gefühl, Dich verbiegen zu müssen, weil Du eine Frau warst?"

Nie, denn ich habe mich nicht einschränken lassen. Was von Frauen erwartet wurde, war mir immer ziemlich schnuppe. Es ist eine wesentliche Kraftquelle, wenn man weiß, dass man mit sich selbst im Reinen ist. Dafür kann man schon gelassen ein paar Einschränkungen hinnehmen. Aber natürlich ist es nicht so, dass man die Erwartungen von außen nicht zu spüren bekommt. Ich habe mich jedenfalls schon als kleines Mädchen geärgert, wenn ich irgendetwas nicht durfte, weil ich „nur" ein Mädchen war. Das hat mich eher angetrieben, es doch zu tun.

„Hast Du Solidarität unter Frauen erlebt? Und wie muss die Solidarität aussehen, dass wir nicht in Zickenkrieg verfallen, sondern uns gegenseitig wirklich stützen?"

Ich habe immer sehr gern mit Frauen zusammengearbeitet, weil sie in schwierigen Situationen viel sachbezogener agieren als Männer. Solidarität war da selbstverständlich. Und gewöhnlich ist es so, dass es aus dem Wald so herausschallt, wie man hineinruft. Ich bin jedenfalls nie wirklich von Frauen enttäuscht worden.

Ich glaube, man tut gut daran, die Solidaritätserwartungen andererseits auch nicht überzustrapazieren. Ich hatte immer das Prinzip, gerade für die Minderheitengruppen, die ich repräsentieren durfte, solidarisch einzustehen, ohne dass das zu einer Art „Kadaversolidarität" führen muss. Ich würde Frauen nie nur deshalb unterstützen, weil sie Frauen sind, wenn sie mit meinen politischen Zielen nicht übereinstimmen. Aber wenn nichts entgegensteht, fördere ich Frauen nach Kräften.

Natürlich gibt es auch Auseinandersetzungen mit Frauen. Die führe ich, wo immer das nötig ist. Wir sollten uns jedenfalls nicht daran hindern lassen, weil jemand uns „Zickenkrieg" vorwerfen könnte. In aller Regel ist das nur der Versuch von Männern, sich den Wettbewerb dadurch zu vereinfachen, dass man die Frauen mies macht. Da kann ich übrigens auch mal richtig zickig zu Männern werden.

„Hilft die Quote in der Politik bei der Überwindung von rein männlichen Strukturen, Verhaltensweisen und Kommunikationsmustern hin zu gleichberechtigten Interaktionsmustern?"

Und ob! Die Fortschritte sind gar nicht zu bezweifeln, in welcher Organisation auch immer. In Staat und Gesellschaft, in den Unternehmen, in den Gewerkschaften haben Quoten und nicht zuletzt die Berichtspflichten dazu ihre Wirkung nicht verfehlt. Auch wenn das anfangs immer lächerlich gemacht wird: Irgendwann wird es für jeden Vorsitzenden peinlich, wenn er wieder zugeben muss, dass er das Frauenförderungsziel verfehlt hat. „Name and blame!" nennen das die Amerikaner. Und das wirkt unfehlbar.

„Deine Sicht auf Familienplanung und eigene Kinder?"

Ich mag Kinder sehr, verbringe gern Zeit mit ihnen, aber ich hatte nie das Bedürfnis, mich fortpflanzen zu müssen. Vielleicht, weil meine eigene Mutter ihr erstes Kind erst mit 40 bekommen hat. Ich hatte stets den Eindruck, dass ich mich noch dafür entscheiden könnte, wenn es für mich doch wichtig werden würde. Aber es waren letztlich andere Dinge wichtiger in meinem Leben. Und ich habe im Übrigen vier wunderbare Patenkinder, für die ich nicht viel Zeit, aber immer volle Aufmerksamkeit habe – hoffe ich jedenfalls!

Ich bin mir der Tatsache sehr bewusst, dass ich meinen Weg kaum so hätte gehen können, wenn ich eigene Kinder gehabt hätte. Weder mein Mann noch ich verfügen über finanzielle Ressourcen, die das problemlos ermöglicht hätten. Deshalb fand ich es immer wichtig, die Bedingungen für eine bessere Vereinbarkeit von Familie und Erwerbstätigkeit mitzugestalten, auch wenn ich sie selbst nicht brauchte.

Das ist übrigens eines der Felder, in dem wir trotz aller Bemühungen gar nicht richtig vorangekommen sind. Heute ist es mit all den Anforderungen an höchste Arbeitnehmerflexibilität, mit Arbeitszeiten, die nicht mehr verlässlich sind, und dem Anspruch an volle Verfügbarkeit am Arbeitsplatz nur noch schwieriger geworden als früher, Kinder und Beruf in Übereinstimmung zu bringen. Umso wichtiger ist es, für die richtigen Rahmenbedingungen zu kämpfen. Deshalb habe ich mich als Ministerin z. B. so sehr für die Pflegezeit eingesetzt, denn die familiären Verpflichtungen der Menschen sind mit der Kindererziehung nicht erledigt. Da muss es mehr Optionen geben. Was bisher umgesetzt wurde, ist allenfalls eine kleine Verbesserung, aber Rom wurde auch nicht an einem Tag erbaut. Ich bin gewohnt, dranzubleiben!

„Wie waren Deine Erfahrungen in den Gewerkschaften mit Deinem Parteibuch?"

Nicht schlechter als die in meiner Partei mit meiner Gewerkschaftsarbeit! Nein, im Ernst: Minderheitenrollen sind nicht vergnügungssteuerpflichtig, aber sie haben auch manche Vorteile. Z. B. kann man von Quoten profitieren, und, wie gesagt: Man fällt auf!

Union und Gewerkschaften sind traditionell zwei sehr unterschiedliche Kulturen, die immer noch viel zu wenig über einander wissen. Infolgedessen wird man auf beiden Seiten einigermaßen skeptisch beäugt. Manchmal wird erwartet, dass man besondere Loyalitätsnachweise erbringt, sich z. B. öffentlich von der anderen Seite distanziert. Habe ich sowohl in der Partei als auch in meiner Gewerkschaftsfunktion erlebt! Aber ich habe das immer mit Nachdruck zurückgewiesen. Denn es hätte nicht zuletzt die Rolle gestört, die ich als Vertreterin der jeweils anderen Seite in beiden Organisation spielen wollte: Sachgerechte Informationen transportieren zu können, Zusammenhänge zu erklären, für beide Seiten Ansprechpartnerin zu sein, der vertraut wird, Türen zu öffnen und Verständnis füreinander zu wecken. Meine Weigerung, von der einen oder anderen Seite mit Beschlag belegt zu werden, ist letztlich übrigens immer akzeptiert worden.

Aber das bedeutet natürlich auch, dass man sich selbst zurücknehmen muss: Ich kann auch an Mikrophonen vorbeigehen, die ich ohne diese Doppelrolle vielleicht genutzt hätte! Aber mein Prinzip ist jedenfalls: „Wenn ich zwischen allen Stühlen sitze, sitze ich richtig." Wenn man das weiß, kann man damit gut umgehen.

„Ist das immer noch ein Thema?"

Die besonderen Probleme von Frauen? Ja, leider. Ich hätte mir als junge Frau jedenfalls nicht träumen lassen, dass ich noch am Ende meines beruflichen Lebens für Gleichstellung eintreten müsste. Aber mir ist bewusst, dass gerade junge Frauen, die von dem profitieren können, was Frauen in den letzten 40 Jahren erreicht haben, heute oft sagen: „Was soll das alles? Ich persönlich habe keine Diskriminierung erlebt." Ich sage ihnen: „Haltet die Augen offen und seht auf andere, die durchaus mit Diskriminierung fertig werden müssen. Und wenn Ihr daran nicht arbeitet, werdet Ihr sehr bald erleben, dass sich die Diskriminierung auch gegen Euch selbst wendet."

Auch wenn ich den jungen Frauen wünsche, dass sie ihre Zeit für andere Themen einsetzen können: Meine Erfahrung spricht dafür, dass bis dahin noch viel Zeit vergehen wird. Ich habe in meiner Ministerzeit mal hochrechnen lassen, wie lange es dauern würde, bis man Gleichstellung von Frauen im Beamtenverhältnis erreicht hätte – ohne weitere Fördermaßnahmen, einfach nur aufgrund der Trends in den letzten Jahrzehnten. Das Ergebnis war: bis zum Jahr 2247. Ich hoffe sehr, dass es soooo lange nicht mehr dauert!

Carola Hartfelder*

Das Volk hat ein langes Gedächtnis

Geboren am 4. März 1951 in Berlin, verheiratet, zwei Kinder, 1957–1969 Schulbesuch, 1969 Abitur an der Erweiterten Oberschule Luckau und Abschluss als Chemiefacharbeiterin, 1969–1973 Studium von Sport und Geschichte, Abschluss: Dipl.-Lehrer, 1973–1994 Lehrerin in Berlin, der Prignitz, Drahnsdorf/Niederlausitz und Luckau, 1990 Eintritt in die CDU, 1990–1993 Vorsitzende der CDU-Fraktion des Kreistages Luckau, 1991–1993 stellvertretende Landesvorsitzende der CDU Brandenburg, 1993–1996 Landesvorsitzende der CDU Brandenburg, 1994–2009 Mitglied des Landtages von Brandenburg, 2001–2005 Kreisvorsitzende der CDU Teltow-Fläming, seit 2011 Lehrerin am Gymnasium in Luckau.

Was war für Ihre politische Sozialisation bedeutsam?

Familiär wurde ich stark geprägt. Sowohl die Familie meines Mannes als auch meine Angehörigen waren politisch interessiert. Es war klar, dass Politik für uns eine Rolle spielt. Ich habe Geschichte studiert, mein Mann Geographie. Beides hat etwas mit Politik zu tun.

Sie waren 1961 zehn Jahre alt. Inwieweit hat Sie der Mauerbau geprägt?

Der Mauerbau war für mich ein Ereignis, das nicht nur die Familie getrennt hat, sondern auch die beiden deutschen Staaten. Meine Großeltern lebten in West-Berlin. Wir waren bis dahin mehrmals im Jahr in Berlin und trafen uns mit ihnen. Anfang August kam ich vom Urlaub bei den Großeltern nach Hause zurück. Am 13. August weilten meine Eltern in Hamburg. Da saßen wir, meine Schwester und ich, in der DDR mit Oma und Tante und die Eltern waren auf der anderen Seite der Mauer. Sie entschlossen sich schweren Herzens schnell zurückzukommen, um die Familie zusammenzuhalten. Das hat uns natürlich geprägt.
 Ein anderer Aspekt unserer politischen Prägung ergab sich aus dem Wohnortwechsel der Eltern 1957 von West-Berlin in die DDR zu den Eltern meiner

---

* Das Interview führte Ina vom Hofe M. A. am 01.10.2012 in Berlin.

Mutter. Zu diesem Zeitpunkt war niemandem klar, dass Deutschland durch eine Mauer geteilt werden würde.

Wie war das Rollenverständnis in Ihrem Elternhaus?

Mein Vater war Landarzt mit einer privaten Praxis, meine Mutter arbeitete als „mithelfende Familienangehörige". Für die Kinder blieb wenig Zeit. Das heißt, dass wir Kinder häufig unsere Probleme allein lösen mussten. In meiner Erinnerung bleibt, dass ich mir noch so viel Mühe geben konnte, ich machte nie etwas gut genug. Insgesamt habe ich immer eine Dominanz des Vaters erlebt.

Was ist Ihr Verständnis von christlich-demokratischer Politik, und warum sind Sie 1990 in die CDU und in keine andere Partei eingetreten?

Dafür gibt es drei Gründe. Zum einen ist für mich die CDU die Partei, die 1948/1949 das Grundgesetz gestaltet hat. Das Grundgesetz war 1990 kurz und prägnant, für jeden verständlich. Danach ist es durch zahlreiche Ergänzungen unüberschaubarer geworden. Ich finde die Staats-Ziel-Bestimmungen, die in vielen Landesverfassungen verankert sind und die keine Rechte beinhalten, verwirrend für den einzelnen Menschen. Wenn die Amerikaner das Recht auf Glück in die Verfassung aufnehmen, ist das für sie in Ordnung. Sie nehmen sich selbst und auch ihre Gesetze weniger ernst. Aber die Deutschen sind der Überzeugung, dass das, was im Gesetz steht, auch gültiges Recht ist.
Der zweite Grund ist die christliche Sozialisation. Eines unserer Grundziele, hervorgegangen aus der katholischen Soziallehre, besteht in Hilfeleistungen für Menschen, die sich nicht selbst helfen können. Allerdings ist es das Beste, wenn die Menschen ihr Leben selbst in die Hand nehmen und bestreiten können. Ich wünschte mir, dass Politik sich an diesem Grundsatz orientiert.

Der dritte Grund zum Eintritt in die CDU war für mich die Einstellung der Partei zur Schaffung der Einheit Deutschlands. Beeindruckt war ich von der Weitsicht Helmut Kohls bei der Gestaltung des Weges zu einem gemeinsamen Land. Ein Beispiel dafür ist u. a. das 10-Punkte-Programm der CDU vom Dezember 1989. Die CDU nahm die Forderung der Demonstranten in der DDR „Wir sind ein Volk" auf. Wir hatten darauf 20 Jahre gewartet und gehofft. Mein Mann hat 1985/1986 zu seinen Schülern als Geographielehrer gesagt: „Hier auf der Karte sind die Alpen, da will ich noch mal hin und da komme ich auch noch mal hin." Wir konnten uns diese Vision erfüllen. 1990 bestiegen wir den Großglockner, den höchsten Berg Österreichs.

Also spielte das „C" bei Ihrem Eintritt in die CDU eine Rolle. Sie sind auch in der Vereinigung Christlicher Lehrer engagiert?

Ja, das stimmt. Mein Mann und ich sind seit Mitte der 1980er Jahre Mitglieder der Gemeinschaft Christlicher Lehrer. Wir suchten in diesen Jahren nach gleichgesinnten Kollegen und fanden sie in der evangelischen Kirche.

Ist es als Lehrerin für Geschichte schwierig gewesen, einen Unterricht zu gestalten, dessen Inhalte vorgegeben waren und dessen Lehren den eigenen Ansichten widersprachen?

Seit 1973 war ich Geschichtslehrerin. Natürlich hatte ich Probleme mit den dogmatischen staatlichen Vorgaben jeder einzelnen Unterrichtsstunde. Das Geschichtsbild war ideologisch geprägt und teilweise gefälscht. Demzufolge waren auch die Unterrichtsbücher nach „marxistisch-leninistischen" Gesichtspunkten gestaltet. Ich musste ständig mit mir Konflikte austragen, weil ich viele historische Fakten nicht oder verfälscht vermitteln musste, was ich mit meinem Gewissen kaum vereinbaren konnte. Ich war froh, Mitte der 1980er Jahre dieses interessante Fach nur noch in den Klassenstufen fünf bis acht unterrichten zu müssen. Nach einer Zusatzausbildung konnte ich mehrere Jahre Englisch und mehr Sport erteilen. Dann kam die Wende. Auch die siebte Klasse war heikel; dort ging es um die Veränderungen in der katholischen Kirche zu Beginn der Neuzeit, um Reformation, Gegenreformation und Inquisition. Schüler, die zur Christenlehre gingen, sagten damals zu einer Freundin: „Frau Hartfelder ist nicht so wie die anderen Lehrer, sie macht das anders." Die Schüler spürten, dass ich sachlich Geschichte unterrichtete und nicht nur gegen die Kirche gewettert habe, wie sie es oft an anderer Stelle erfuhren.

1988/89 gab es eine Situation, in der es heikel für mich wurde. Ich hatte eine achte Klasse unterrichtet, die ich am Schuljahresende abgab. Thema war der Erste Weltkrieg und seine Folgen. Mein Nachfolger schrieb in der ersten Stunde nach den Sommerferien mit den Schülern eine Arbeit. Der Kollege kam nicht zu mir, aber die Schüler: „Frau Hartfelder, wir haben eine vier bekommen. Sie haben uns das doch ganz anders erzählt." Das hat wehgetan. Diese Episode zeigte den Spagat, den man gehen musste, wenn man anders dachte, als es die dogmatische Lehrmeinung verlangte. Ich sagte den Schülern damals: „Wisst ihr was? Lernt so, wie der Lehrer das jetzt will, macht es so, ich bin aber anderer Meinung." Die Arbeit befasste sich mit den Folgen des Ersten Weltkrieges und dem Versailler Vertrag. Eines der Ergebnisse, so wurde es in der DDR unterrichtet, war die Gründung der KPD. Das hatte ich im Unterricht nicht so dargestellt.

Diese Episode hatte allerdings auch ein glückliches Ende. Diese Schüler durfte ich anderthalb Jahre später am Gymnasium wieder unterrichten und noch heute habe ich einen guten Kontakt zu ihnen. Im ländlichen Raum verliert man sich oft nicht aus den Augen. So unterrichte ich auch heute die Kinder meiner ehemaligen Schüler.

War die Wiedervereinigung der konkrete Anlass, um in die Politik zu gehen?

Wir haben das System in der DDR abgelehnt und waren uns einig, wenn wir Demokratie bekommen, wenn uns die Einheit Deutschlands geschenkt wird, müssen wir auch etwas dafür tun. Solange sahen wir in einem politischen Engagement keinen Sinn, wir waren in keiner Partei. In der Schule, in der Kirche, in einigen Vereinen und in der Gemeinde arbeiteten wir mit, wenn es um das Allgemeinwohl ging. Wir waren zum Beispiel Mitglieder im Verband der Kleingärtner, Siedler und Kleintierzüchter (VKSK). Wir sind christlich sozialisiert, auch unsere Kinder sind getauft und konfirmiert in einer Zeit, in der es für Lehrer sehr schwer war, sich zum Christentum zu bekennen. In der Schule wurden wir für die Mitgliedschaft in der Kirche ausgelacht. Das tat mehr weh als Sanktionen. Uns war bewusst, dass wir beobachtet werden. Man wusste schon, dass man kontrolliert wird. Die Wende war für uns eine seelische Genugtuung und Erlösung.

Wie erfolgte Ihr Einstieg in die Politik? Von Ochsentour kann nicht gesprochen werden?

Nein. Die Ochsentour haben wir nicht mitmachen müssen. So etwas gab es zu dieser Zeit auch nicht. Wir meldeten uns 1990, sagten, wir machen mit und wurden gewählt. Allerdings sprangen wir so ins Wasser und mussten dann auch gleich schwimmen. Ein Pardon gab es nicht. Worauf ich mich eingelassen hatte, merkte ich immer erst später. Als ich 1991 stellvertretende Landesvorsitzende der CDU Brandenburg wurde, wusste ich nicht, wie mir geschah.

Wie hat man versucht, Anfang der 1990er der brandenburgischen CDU ein Profil zu geben? Es gab immer mal wieder Diskussionen in den Medien über einen möglichen Zerfall.

Es waren Aufbruchjahre. Einerseits war es unheimlich schwer, alles Neue zu erfassen und zu bewältigen, andererseits entschieden wir viele Dinge ohne große Diskussionen. Das sind meine Erinnerungen an den ersten frei gewählten Kreistag, in dem ich Fraktionsvorsitzende der CDU wurde. Ich hatte eine Koalition von FDP und SPD zusammenzuhalten. Es funktionierte in den ersten drei tollen Jahren. Von dieser Spontaneität und Kollegialität wünschte ich mir heute mehr.

Pragmatismus würde unserem Land und unseren Menschen heute sehr wohl tun. Das Wort „Politikverdrossenheit" könnte so seine Bedeutung verlieren.

Die Landtagswahlen fanden am 14. Oktober 1990 statt. Die CDU kam auf gute 29 Prozent. Das waren aber rund 9 Prozent weniger als die SPD. Mit dem Spitzenkandidaten Peter Michael Diestel gelang es nicht, die CDU und die Leute zu mobilisieren. Dass, was wir im Frühjahr 1990 mit der Allianz für Deutschland und Lothar de Maizière geschafft hatten, ist im Herbst nicht mehr gelungen. Lothar de Maizière war als Ministerpräsident der letzten Regierung der DDR – gewählt am 18. März 1990 – in der Bevölkerung sehr anerkannt. Der Spitzenkandidat Manfred Stolpe führte die SPD zum Sieg. Mit diesem Wahlergebnis wurden die Weichen für die Probleme in der CDU Brandenburg gestellt. Ständige Unzufriedenheit und Infragestellung von Personen und Inhalten bestimmten fortan das Bild der Partei. Diese Situation, die wirtschaftliche Lage, d. h. die hohe Arbeitslosigkeit, und die Bevölkerungsstruktur führten wiederum zur absoluten Mehrheit der SPD bei den Wahlen 1994.

Vor Weihnachten 1990 wurde Lothar de Maizière mit dem Decknamen „Czerny", unter dem er beim Ministerium für Staatssicherheit geführt wurde, in Verbindung gebracht und trat vom Landesvorsitz zurück. Ich meine in der Geschichte dieser Monate liegt ein weiterer Grund für die gesamte unglückliche Entwicklung der Partei bis heute. Es folgten Interimsgeschichten, Ulf Fink setzte sich bei den Wahlen zum Landesvorsitzenden gegen Angela Merkel durch. Er übernahm einen sehr konservativen Landesvorstand, dessen Mitglieder sich aus der Fusion von CDU, Demokratischem Aufbruch, Deutscher Sozialer Union und Bauernpartei zusammensetzten. Ulf Fink war geprägt durch eine gewerkschaftliche Vergangenheit; er war noch, während er bei uns Landesvorsitzender war, stellvertretender Bundesvorsitzender des DGB. Es war eine Gratwanderung für die Partei, aber auch für Ulf Fink selbst. Die Situation in der Partei entwickelte sich zur Zerreißprobe zwischen Fraktion und Landesvorstand. Streitpunkt waren u. a. unterschiedliche Ansichten zur Erarbeitung der Brandenburger Landesverfassung, an der auch die CDU-Fraktion mitwirkte. Schnell kam der Ruf auf, wir brauchen jemand anderen an der Spitze. In dieser Zeit wurde ich von verschiedenen Seiten angesprochen, für den Landesvorsitz zu kandidieren.

Sie haben sich besonders im bildungspolitischen Bereich engagiert. Lag das an Ihrer Ausbildung?

Wir hatten im Prinzip 1990 nur zwei Leute an exponierter Stelle, die sich in der Bildung gut auskannten. Das waren Beate Blechinger, spätere Ministerin der Justiz in Brandenburg, und ich. Wir waren die einzigen Lehrer. Beate Blechinger hat 1990 gleich nach den Wahlen ein Schulgesetz erarbeitet, dass ich sehr gut fand. Das erfolgte in Absprache mit den Sachsen, die eine ähnliche Schulstruktur im Gesetz verankerten. Deren Lösung fand ich von Anfang an für unsere ländlichen Regionen richtig: eine gymnasiale Ausbildung auf hohem Niveau und eine Mittelschule. Die Mittelschule bis Klasse zehn sollte aus Haupt- und Realschulklassen bestehen und auch eine Grundschule haben können. Das dreigliedrige Schulsystem finde ich immer noch vernünftig, es muss nur gut gemacht werden, bei rapide sinkenden Schülerzahlen ist es aber nur in Großstädten möglich.

Als Beate Blechinger 1994 aus dem Landtag vorerst ausgeschieden war, habe ich die Bildungspolitik der CDU mit meinen verschiedenen Arbeitskreisen in Partei und Fraktion gestaltet.

Wenn ich eine gute Bildung will, stellt sich auch heute immer noch die Frage: Wie viel Binnendifferenzierung ist in einer Gruppe von 20 bis 30 Schülern möglich? Da ich selber Lehrerin bin, weiß ich, wie weit man mit 26 vorzubereitenden Stunden in der Woche und tausend anderen Aufgaben in der heutigen Zeit binnendifferenzieren kann – so gut wie gar nicht.

Das Wesentlichste und auch Dauerhafteste meiner bildungspolitischen Arbeit liegt in zwei unterschiedlichen Bereichen. Zum einen ist durch meine Arbeit das Fach Religion in Brandenburg nicht ganz verschwunden. Bis hin zu einer Normenkontrolle beim Bundesverfassungsgericht unterstützten mich Helmut Kohl und der damalige Bundesvorstand der CDU, um den Religionsunterricht an Brandenburger Schulen möglich zu machen. Die Einführung der sogenannten Leistungsprofilklassen – meine Erfindung – machen bis heute die Ausbildung besonders begabter Schüler ab der fünften Jahrgangsstufe an ausgewählten dreizügigen Gymnasien möglich. Dieses Modell gibt es heute noch als Leistungs- und Begabungsklassen.

Frauenpolitik und Engagement in der Frauen Union kam für Sie nicht in Frage?

Nein, nicht wirklich. Das liegt an meiner Einstellung zur Frage der Emanzipation. Ich meine, der Mensch, also auch wir Frauen, müssen uns alleine emanzipieren. Emanzipation durch Gesetz oder Statut funktioniert nicht wirklich, jeder Mensch braucht Selbstvertrauen und Selbstbewusstsein, Aufgaben zu bewältigen. Es gibt Frauen, die sich gerne fügen, und es gibt Frauen, die wissen, dass sie ihre Grenzen haben und diese akzeptieren. Es gibt aber auch Frauen, die sehr engagiert und gekonnt ihr Leben selbst gestalten, genau wie die Männer und sich nicht in ihren Lebensentwurf hineinreden lassen wollen. All die sollte die Gesellschaft akzeptieren. In der Ehe funktioniert die Emanzipation gegen den anderen schon gar nicht, nur eine Emanzipation miteinander gelingt wirklich. Jeder Partner muss bereit sein, Kompromisse zu schließen. Das heißt aber häufig, von seinen Wünschen oder von seinem Willen etwas in Frage zu stellen. Das ist mein ganz persönliches Grundverständnis von Ehe und Emanzipation.

Haben Sie selber Erfahrungen mit Quoten gemacht?

In der Partei habe ich das Quorum erlebt, auch die kontroverse Debatte darum. Ich gehe davon aus, wegen meines Engagements und meiner Kenntnisse gewählt worden zu sein.

Von wem wurden Sie unterstützt?

Meine Familie und meine Freunde haben mich sehr unterstützt. Meine Tochter hatte anfänglich wenig Verständnis für mein parteipolitisches Engagement, da ich ständig unterwegs war. Aber sie hat 1994 den Wahlkampf begleitet und ein Tagebuch geschrieben. Nachts um zwei hat sie oft von mir einen Satz verlangt, wenn wir von einer Veranstaltung zurückkamen. Sie hat daraus ein schönes Album erstellt. Am Ende dieses Wahlkampfes meinte sie: „Ich weiß jetzt, was du tust. Ich kritisiere es nie wieder." Heute sind sie und ihr Ehemann auch Mitglieder der CDU.

Zur Kandidatur für den Landesvorsitz wurde ich 1993 von vielen Mitgliedern aufgefordert. Ich habe nicht von mir aus gesagt, dass ich kandidieren will. Zum Beispiel unterstützten mich damals die Bundestagsabgeordneten Manfred Koslowski und Michael Wonneberger. In der Kreispartei hatte ich viel Rückhalt, auch in der Senioren-Union und der Mittelstands- und Wirtschaftsvereinigung (MIT), deren Mitglied ich noch heute bin. Als ich 1996 zurücktrat, hatte ich mit Freunden aus der Kreispartei vorher gesprochen. Ich war mir nicht sicher, ob ich zurücktreten oder einen Machtkampf probieren sollte. Ich spürte, wie Ulf Fink, eine Interimslösung für den damaligen brandenburgischen Generalsekretär der CDU – meinen Generalsekretär – Thomas Klein und andere zu sein.

Es ging 1996 um die Länderfusion von Berlin und Brandenburg. Dieser Zusammenschluss scheiterte am negativen Votum der Brandenburger. Es gelang mir nicht, den zerstrittenen und polarisierten CDU-Vorstand nach der Pleite bei der Volksabstimmung hinter mich zu bringen. Ein guter Freund sagte mir damals: „Überleg dir gut, ob du einen Karren, der dich nicht will, weiterziehen willst." Ich trat am 31. Mai 1996 vom Landesvorsitz zurück.

Hatten Sie Entscheidungen zu treffen, die Sie mit Ihrem Gewissen nur schwer vereinbaren konnten?

Ja, mehrmals. Es waren oft ganz einfache Dinge. Zum Beispiel konnte ich die Unterstützung der Gebühreneinzugszentrale (GEZ) überhaupt nicht nachvollziehen, die Rundfunkstaatsverträge fand ich furchtbar. Ich bin auch heute noch der Überzeugung, dass das öffentlich-rechtliche Fernsehen sparsamer arbeiten könnte und müsste. Ich stelle die Anzahl der Sender in Frage aber auch die Tatsache, dass zum Beispiel bei meinen geliebten Biathlonübertragungen mehrere Moderatoren eingesetzt werden und bei Großveranstaltungen wechselseitig ARD und ZDF übertragen müssen.

Anfang der 1990er Jahre war ich eine Verfechterin des sogenannten Bombodroms, des Truppenübungsplatzes in Wittstock. Wer die Bundeswehr will, muss sie auch üben lassen. Es kam zu Protesten, auch in der Bevölkerung. Aber es gab auch Befürworter. Bis zur letzten Abstimmung im Landtag in Brandenburg, Jahre später, stand ich zu meiner Meinung. Wir waren nur noch zwei Abgeordnete, die einen Truppenübungsplatz befürworteten.

Gott sei Dank, dass ich nicht über den § 218 StGB abzustimmen hatte. An dieser Stelle hätte ich mit meiner DDR-Sozialisation und meinen eigenen christlichen Überzeugungen einen seelischen Konflikt austragen müssen.

Gibt es ein unterschiedliches Machtverständnis von Männern und Frauen in der Politik?

Frauen sind erst seit einer relativ kurzen Zeit auf der politischen Bühne präsent. Männer hingegen machen das seit mehr als 2000 Jahren. Sie haben gelernt, Verbindungen zu knüpfen, sind auf ihre politische Arbeit ausgerichtet und überlassen ihren Frauen die Aufgaben in der Familie. Vielleicht haben wir Frauen einfach noch zu wenig Erfahrung auf dem politischen Parkett. Darüber hinaus bleiben uns Aufgaben zu Hause, die wir nicht wegschieben können oder auch nicht abgeben möchten. Das heißt aber auch, dass wir uns nicht ohne Wenn und Aber auf die politische Karriere konzentrieren.

Meinen Schülern sage ich immer: „Das Volk hat ein ganz langes Gedächtnis." Es sind nicht nur die genetischen Unterschiede, die Männer und Frauen unterscheiden, sondern es ist die unterschiedliche Sozialisation. Männer waren die Jäger, die Personen die außerhalb der Sippe, der Gruppe, der Familie wirkten und die Macht ausübten. Frauen waren diejenigen, die an die Kinder gebunden häusliche Aufgaben übernahmen, die Sippe versorgten und sie kompromissbereit zusammenhielten, um zu überleben. So haben die unterschiedlichen Aufgaben und Stärken doch letztendlich die Menschheit vorangebracht. Einer ohne den anderen bringt weder Sicherheit für Familie noch für die Gesellschaft.

Seit den 1960er Jahren wird diese, meine These in Frage gestellt. Daraus ergeben sich u. a. auch Diskussionen um die steuerliche Gleichstellung von gleichgeschlechtlichen Lebensgemeinschaften usw. Die solche Diskussionen führen, kennen das über Jahrtausende gewachsene Volksgedächtnis nicht oder setzen sich darüber hinweg.

Das heißt überhaupt nicht: Frauen zurück an den Herd. Ich habe mein Leben lang gern gearbeitet und mit meiner Arbeit Geld verdient. Dieses Recht sollen alle Frauen haben. Aber die Übernahme von familiären Aufgaben durch den Staat birgt auch Gefahren für das Selbstbewusstsein der einzelnen Menschen und der Familie. Das betrifft die Kindererziehung genauso wie die Pflege.

Gibt es ein unterschiedliches Verständnis in der Kommunikation, im Arbeitsstil zwischen Männern und Frauen?

Ja, Männer sind rücksichtsloser bei der Durchsetzung ihrer Machtansprüche. Frauen agieren doch noch – bis auf wenige Ausnahmen – vorsichtiger. Sie haben nicht den ausgeprägten Willen zur Macht, wollen zusammenhalten und sind in der Regel kompromissbereiter. Frauen lassen aber auch häufiger die Gefühle sprechen und vernachlässigen rationale Entscheidungswege. Männer können ausgrenzen, Frauen binden ein.

Fehlen die Netzwerke für Frauen?

Netzwerk – das ist so ein moderner Begriff. Früher haben wir gesagt: „Wenn du mal nicht weiter weißt, bildest du einen Arbeitskreis." Mit den Netzwerken ist es genauso. Netzwerke halten immer nur temporär, nicht auf Dauer. Auf Dauer braucht man echte Bindungen und Beziehungen. Da haben wir die Partei mit ihren Grundsätzen. Diese Grundsätze, die sich natürlich verändern können, bringen das gemeinsame Grundverständnis. Die verschiedenen Vereinigungen der CDU, wie auch die Frauen Union, bearbeiten einzelne Themen von speziellem Interesse, aber sie sollten sich nicht vom Grundverständnis wegbewegen. Deshalb stelle ich vor dem Hintergrund sehr geringer Mitgliederzahlen unsere Vereinigungen auf Kreisebene in Frage. Wenige Mitglieder können nicht in jeder Vereinigung präsent sein. Auf Landes- und Bundesebene sind sie insofern gerechtfertigt, dass sie eine umfangreiche und nicht zu unterschätzende Arbeit mit Verbänden, Vereinen und Lobbyisten leisten. Parteien erhoffen sich auch über diese „Klientelpolitik", Sympathisanten zu erreichen und einzubinden.

Haben Sie parteiübergreifende Themen erlebt, bei denen sich Frauen zusammengetan haben?

Ja, sehr intensiv in meiner letzten Landtagsperiode. Von 2004 bis 2009 gab es in Brandenburg eine große Koalition mit der SPD. Fälle von Kindesmissbrauch häuften sich. Gemeinsam mit meiner SPD-Kollegin fuhr ich ins CDU-regierte Saarland. Dort haben wir uns sachkundig gemacht und uns mit anderen Bundesländern verständigt, welche Maßnahmen man ergreifen könnte, um das

Kindeswohl zu schützen. Gemeinsam verabschiedeten wir in Brandenburg ein Maßnahmenpaket. Ich war bei der Wahl der Maßnahmen auch eher auf der Seite der SPD-Abgeordneten als auf der der westlichen CDU-Freunde.

Wie war der Umgang mit Politikerinnen in der Öffentlichkeit? Gab es Unterschiede zwischen Männern und Frauen?

Als ich zurückgetreten bin, wurde im Fernsehen, dem damaligen ORB (heute RBB), ein „Nachruf" gesendet. Im Hintergrund wurden Bilder von mir beim Schminken gezeigt. Frauen werden oft sehr stigmatisiert dargestellt. Warum müssen wir – Angela Merkel macht es zum Glück nicht – zu jedem Ereignis etwas Neues anziehen? Warum müssen Frauen ihr Äußeres so zurechtmachen, dass man ihnen Strapazen nicht ansieht? Tun sie das nicht, sind sie und ihr Äußeres Thema in den Medien und nicht das, was sie zu sagen haben.

Männer ziehen oft den gleichen Anzug an, tragen nicht täglich eine neue Krawatte. Kein Mensch regt sich darüber auf. Mit Männern geht die Öffentlichkeit viel kulanter um.

Gibt es persönliche Prinzipien und Grundsätze, nach denen Sie gehandelt haben?

Ich muss etwas tun, was für die Mehrheit der Menschen vorteilhaft ist. Ich werde es nie allen recht machen, sondern es geht darum, dass mein politisches Handeln und meine Entscheidungen der Gesellschaft nutzen.

Demokratie schließt Gewalt aus. Dazu stehe ich. Auch wenn Demokratie so schwer zu machen ist, wie Winston Churchill es sagte, ist die Diktatur für mich keine Alternative. Deshalb engagiere ich mich nach der Profizeit in der Politik ehrenamtlich in vielen Bereichen auf kommunaler Ebene.

Was waren Ihre größten politischen Erfolge, Misserfolge und Enttäuschungen?

Der größte Erfolg war 1999 der Einzug in die Regierung, in die große Koalition. Aber es gibt auch viele kleine Erfolge, wie die Einführung des 4+8-Schulmodells an damals 46 Schulen in Brandenburg. Die Einführung war schwer, weil nur die Leute aus den „alten" Bundesländern das Modell kannten. Ich bin durch die Gegend gezogen und warb dafür. Die Schulleiter der Gymnasien haben mich gerne in die Schulen geholt, um den Eltern das neue Schulmodell vorzustellen, denn die Gymnasialschulleiter entschieden sich in der Regel für dieses Modell.

Die Einführung des Praxisunterrichtes an Oberschulen für Schüler mit Lernbehinderungen oder Lernschwächen war seit 1992 eines meiner besonderen

Anliegen. Es ging darum, Schülern mit Schwächen in den traditionellen Fächern eine schulische Perspektive über praxisnahes Arbeiten zu eröffnen. Heute ist der Praxisunterricht an den Oberschulen Brandenburgs fester Bestandteil der Schulprofile.

Zwei weitere Bereiche, die Erfolge brachten, nannte ich bereits: die Maßnahmen zur Erkennung von Kindeswohlgefährdung und die Einführung des Religionsunterrichtes.

Die größten Enttäuschungen waren für mich menschliche Enttäuschungen.

Was waren Vor- oder Nachteile Ihrer politischen Aktivität?

Ein großer Nachteil war die wenige Zeit, die noch für die Familie blieb. Auch hatte man sehr wenig Urlaub. Als Landesvorsitzende habe ich es gewagt, mir 14 Tage freizunehmen; es gab weder ein ungestörtes Weihnachts- noch Osterfest. Doch man erlebte auch schöne Stunden. Ich lernte viele interessante Menschen kennen, und mit vielen Problemen umzugehen. Das möchte ich wirklich nicht missen.

Haben Sie jemals darüber nachgedacht, aus der CDU auszusteigen?

Ja, das hatte ich schon, insbesondere aufgrund von zwischenmenschlichen Erfahrungen. Doch ich stellte fest, dass es in anderen Strukturen auch nicht anders ist. Der Mensch bleibt, wie er ist, wir sind keine vollkommenen Lebewesen. Da, wo Machtstrukturen bestehen, ist der Drang des Einzelnen nach mehr Macht groß und die Beziehungen der Menschen zueinander sind im Wesentlichen Zweckgemeinschaften. Sie lösen sich, sobald der Gegenüber beim Wechseln in andere Hierarchien nicht mehr behilflich sein kann. Das Thema: „Wählst du mich, wähl ich dich", spielt in allen Parteien eine große Rolle. Verliert man die vermeintlich wichtigen Positionen, wird man schnell auch aus Ehrentagsverteilern gestrichen.

Allerdings gibt es auch hier, wie überall Ausnahmen. Noch heute, Jahre nach meinem Ausscheiden aus dem Landtag und der Aufgabe aller Parteiposten, erhalte ich einen netten Geburtstagsgruß von Hermann Gröhe, unserem Generalsekretär, und einigen ehemaligen Landtagskollegen.

Zum Ende des letzten Jahrtausends besuchte ich eine Reihe von Veranstaltungen der Offensive für Deutschland. Obwohl ich den Begriff sehr gut fand, konnten die Akteure eben nicht mit Patriotismus überzeugen, so dass ich in der CDU blieb. Solange ich kann, werde ich auch vor Ort unser Gedankengut leben und Mitglied bleiben. Zurzeit halten wir einige wenige Mitstreiter in einer ländlichen Region zusammen. Neue Mitglieder finden wir kaum. Das geht aber auch allen Parteien so. Es tröstet aber überhaupt nicht.

Was würden Sie jungen politisch aktiven Frauen an Ratschlägen, Wünschen mit auf den Weg geben wollen?

Zunächst empfehle ich jedem sich überhaupt zu engagieren. Wer passiv ist, muss Dinge, die ihm nicht gefallen, ertragen. Wer aktiv mitarbeitet, hat zumindest die Möglichkeit, Einfluss zu nehmen und in seinem Sinn zu verändern. Menschen sollen Prinzipien haben und um diese kämpfen. Aber bei allen beruflichen Wünschen und Zielen sollten weder Mann noch Frau die Familie vergessen.

Johanna Wanka*

Nicht mehr versprechen, als man mit gutem Gewissen einhalten kann

Geboren am 1. April 1951 in Rosenfeld, verheiratet, zwei Kinder, 1970–1974 Studium der Mathematik an der Universität Leipzig, 1974–1985 Wissenschaftliche Assistentin an der Technischen Hochschule Merseburg, 1980 Promotion zum Dr. rer. nat., 1985–1993 Wissenschaftliche Oberassistentin an der Technischen Hochschule/Fachhochschule Merseburg, September 1989 Gründungsmitglied im Neuen Forum Merseburg, 1990–1994 Mitglied des Kreistages Merseburg, 1993 Berufung auf die Professur „Ingenieurmathematik" an der Fachhochschule Merseburg, 1994–1998 Vizepräsidentin der Landesrektorenkonferenz Sachsen-Anhalt, 1994–2000 Rektorin der Fachhochschule Merseburg, 1995–1998 stellvertretende Vorsitzende des Beirates für Wissenschaft und Forschung des Landes Sachsen-Anhalt, 1998–2000 Mitglied der Ständigen Kommission für Planung und Organisation der Hochschulrektorenkonferenz, 2000–2009 Landesministerin für Wissenschaft, Forschung und Kultur in Brandenburg, 2001 Eintritt in die CDU, 2010–2013 Landesministerin für Wissenschaft und Kultur in Niedersachsen, seit 2013 Bundesministerin für Bildung und Forschung.

Was hat Sie in Ihrer politischen Sozialisation geprägt?

Meine politische Sozialisation wurde ganz früh durch meine Mutter geprägt. Sie hat entschieden, dass ich nicht zu den „Jungen Pionieren" gehe. Solch eine Entscheidung beinhaltete immer auch eine Außenseiterposition. Da ich aber gute Noten hatte und kommunikativ war, war ich keine Außenseiterin, sondern habe gelernt, mich zu behaupten. Das war schon hart, aber letztendlich eine ganz gute Schule.

Mein Mann und ich hatten viele Freunde und Bekannte, die Pfarrer waren oder im kirchlichen Bereich tätig waren. Hierzu gehörte zum Beispiel Friedrich Schorlemmer, der Studentenpfarrer in Merseburg. Wir haben viele Veranstaltungen besucht, die die Kirche organisiert hat. Das ist ein wichtiger Erfahrungshintergrund.

---

* Das Interview führte Prof. Dr. Hanns Jürgen Küsters am 20.03.2013 in Berlin.

Wie hat sich Ihr politisches Interesse entwickelt?

Mein politisches Interesse resultiert aus den Lebensumständen in der ehemaligen DDR, in der ich lebte. Es herrschte dort ein System vor, mit dem man vom ersten Tag in der Schule konfrontiert war und mit dem ich mich nicht wohlgefühlt habe. Mein Interesse an Politik hat sich daher aus den dortigen Lebensumständen entwickelt.

Ich habe bei der ersten Kommunalwahl 1989 mit selbst gebastelten Plakaten kandidiert. Vier Jahre war ich für das Neue Forum im Parlament tätig. Als ich in der Zwischenzeit Rektorin wurde, war ich dann nicht mehr Kreistagsmitglied.

1994 hatte ich das erste Angebot von den Grünen: Bei der grün-roten Koalition in Sachsen-Anhalt sollte ich Landesministerin für Wissenschaft und Frauen werden. Aber das kam nicht in Frage, denn eine Tolerierung durch die Linken war für mich absolut indiskutabel. Außerdem war ich gerade neue Rektorin der FH Merseburg geworden. Dann war ich 1998 als Parteilose im Schattenkabinett von Christoph Bergner. Die CDU blieb aber in der Opposition, und ich blieb Rektorin. Und dann kam das Jahr 2000 mit dem Angebot von Jörg Schönbohm, Landesministerin in Brandenburg zu werden. Das war völlig überraschend.

Sind Sie in Ihrem Elternhaus politisch erzogen worden?

Kaum.

Wie war das Rollenverständnis zwischen Ihren Eltern?

Meine Mutter kam als arme Vertriebene aus Ostpreußen. Ihr Vater war Gestütwärter und sie sind mit dem Flüchtlingstreck geflohen.

Mein Vater war der einzige Sohn eines damals größeren Bauernhofes mit Milchkühen und fünf, sechs Pferden. Er ist aus sibirischer Kriegsgefangenschaft sehr spät zurückgekommen. Das sind Dinge, die mich beeinflusst und geprägt haben.

Meine Großeltern hätten sich etwas anderes für meinen Vater vorstellen können. Es war daher nicht ganz einfach für meine Mutter, sich in so einer Situation zu behaupten. Dennoch hatte ich insgesamt eine sehr behütete Kindheit. Ich hatte kein Elternhaus mit vielen Büchern und Politik, das hätte ich alles gerne gehabt, gerade mit vielen Büchern. Aber diese konnte ich mir über Bibliotheken, über Lehrer besorgen und ich konnte Politik aktiv erleben.

Ich werde als Kind nie vergessen, wie sie uns den Hof systematisch weggenommen haben. Ich bin 1951 geboren. Als ich sieben oder acht war, habe ich erlebt, wie das Soll, das man an Milch abliefern musste, permanent hoch gesetzt wurde. Es war eine Ausbeutung – und immer mit der Sorge, dass man enteignet oder bestraft wird, wenn man eine bestimmte Zeit das Soll nicht schafft. Ich weiß noch, wie dann Agitationstrupps kamen.

Meine Großmutter war sehr frustriert. Nachdem sie sich politisch geäußert hatte, saß sie ganze Nächte angezogen da, weil sie dachte, jetzt wird sie abgeholt. Sie ist aber nicht abgeholt worden. Durch diesen enormen Arbeitsdruck ging es meiner Mutter sehr schlecht, sie war ganz schmal; sie musste jeden Morgen um drei aufstehen, um die Leistung zu schaffen. Schließlich hat mein Vater die Notbremse gezogen und entschieden, dass das Soll nicht mehr erfüllt werden kann. Die noch verbliebenen sieben oder acht größeren Höfe, die nicht Teile der Landwirtschaftlichen Produktionsgenossenschaft (LPG) waren, sind danach auch alle in die LPG gegangen.

Das war praktisches Erleben von Politik. Aber uns ging es materiell nicht schlecht. Wir hatten zu Essen und zu Trinken. Meine Vorliebe für Schlagsahne und mein Ekel gegenüber Milch mit höheren Fettprozenten rühren wahrscheinlich von damals. Wir mussten immer frische, also lauwarme Milch trinken.

Das sind interessante Voraussetzungen, überhaupt eine Wissenschaftskarriere zu machen. Es ist ein ungewöhnlicher Sprung, den Sie gemacht haben?

Ja, ich bin die erste Generation, die studiert hat.

Gab es so etwas wie ein Engagement für Frauen oder für das Anliegen der Frauen in der damaligen Zeit?

Bei mir gar nicht. In der DDR wurde immer die Illusion von der „Gleichberechtigung" gepredigt. Es gibt Dinge, die diese Illusion verstärkt haben, etwa die hohe Beschäftigung von Frauen. Doch das resultierte aus der wirtschaftlichen Notlage und war keine bewusste Förderung von Frauen.

Hinzu kam die flächendeckende Kinderbetreuung: Wer wollte, konnte arbeiten. Das war geregelt. So wurde die Illusion geweckt, dass es eine Gleichberechtigung gab.

Ich habe mich individuell gebildet, habe u. a. gelesen, dass es in der Partnerschaft ganz wichtig ist, auf eine gleiche Arbeitsverteilung zu setzen, bevor die Kinder kommen. Daraufhin habe ich das mit meinem Mann so exerziert: Wir hatten zusammen ein Internatszimmer von rund 15 Quadratmetern. Das hätte ich in einer halben Stunde sauber gemacht. Ich habe aus Prinzip die Hälfte gemacht und mein Mann die andere Hälfte. Mein Mann war es von Zuhause gewöhnt, dass ihm die Haushaltsarbeit abgenommen wurde. Es war für ihn ein hartes Training. Doch wir sind immer arbeitsteilig vorgegangen. Später, als die Kinder da waren, ist mein Mann mit unserer zweiten Tochter zu Hause geblieben und ich bin arbeiten gegangen. Wäre ich zuhause geblieben, hätte ich weiterhin mein volles Gehalt bekommen. Meinem Mann aber hat man nichts bezahlt. Dazu kam: Wir mussten uns rechtfertigen und uns anhören, dass so etwas nicht ginge. Es war aber auch nicht gesetzlich verboten. Und den Freiraum haben wir genutzt. Sie haben meinen Mann dann zur Reserve eingezogen.

1989/1990 habe ich die Erfahrung gemacht, dass ich immer verbessert wurde, wenn ich gesagt habe, ich sei Oberassistent; es hieße Oberassistentin. Ich habe zuerst gar nicht kapiert, was nun so schlimm daran ist. Das war kein Thema und daraus erwuchs auch eine Arroganz in den ersten Jahren, als ich Rektorin war. Ich glaubte, wenn man als Frau gut ist, setzt man sich durch. Ich sah nur als einzige Bedingung, dass der Staat die Vereinbarkeit von Familie und Beruf organisieren muss. Alles andere ist dann Sache der Frau.

Ich habe aber gelernt, dass das nicht stimmt. Das sieht man bei vielen jungen Frauen, die zum Teil bewusst auf Kinder verzichten, was schade ist, wenn sie sie eigentlich wollen. Ich glaube, dass es die gläserne Decke gibt. Die hat nicht nur etwas mit Vereinbarkeit von Familie und Beruf zu tun, sondern auch mit anderen Mechanismen. Deswegen ist bei mir ein sehr bewusstes und intensives Engagement für die Belange der Gleichstellung – wo immer ich es vertreten konnte – vorhanden.

Haben Sie mit dem Gedanken gespielt, die DDR vor 1989 zu verlassen?

Eine Ausreise vor 1989 kam nie in Frage. Ich wollte nie weg, weil ich sehr heimatverbunden bin. Den 10-Punkte-Plan von Helmut Kohl fand ich großartig; wir hätten im Osten selber etwas schaffen müssen. Doch das hätte nicht funktioniert, weil viele weggegangen wären.

Wie kam es zu Ihrem späten Parteieintritt in die CDU 2001? Sie waren schon eine ganze Weile in der Politik aktiv?

Wir hatten zu DDR-Zeiten unseren engen Freundeskreis, mit dem wir diskutiert haben, in dem wir Bücher heimlich ausgetauscht und versucht haben, intellektuell unabhängig zu sein.

Ein Eintritt in eine Partei wäre deshalb nicht in Frage gekommen, in die SED schon mal gar nicht. Aber ich sah auch überhaupt nicht ein, dass die Ost-CDU oder die Liberalen irgendetwas in dem System bewirken konnten. Sie waren einfach Teil des Blockparteiensystems und der Nationalen Front. Da wollte ich nicht mitspielen. Da gab es überhaupt keine Sympathie, und das hat auch nichts mit christlich oder liberal zu tun. Es hat mich überhaupt nicht interessiert, weil ich die Sinnhaftigkeit nicht gesehen habe.

Nach 1990 war das Neue Forum toll. Lauter Individualisten und chaotische Diskussionen. Wir haben nächtelang diskutiert. Aufgrund meiner Erfahrung mit Parteien wollte ich mir meine Unabhängigkeit bewahren und nicht in eine Partei gehen, mich aber dennoch politisch engagieren. Doch wir brauchten Unterstützung, hatten keine Ahnung, wie Politik gemacht wird. Der katholische Pfarrer Langes, der in den 1950er Jahren aus den alten Bundesländern gekommen war und den ich bewunderte (leider ist er inzwischen gestorben), hat uns einen Kontakt in eine politische Akademie am Biggesee im Sauerland vermittelt. Wir hatten dort ein Wochenendseminar, eine „Schnellbesohlung" in Sachen Kommunalpolitik: Wie organisiert man Abfallentsorgung? Welche Themen gehören in den Kreistag? In dieser „schwarzen Gegend" haben wir in den Veranstaltungen CDU-Leute kennengelernt. Das waren wirklich gute, vernünftige CDU-Politiker. Das hat eine positive Grundstimmung erzeugt.

Als dann die Spendenaffäre kam und die CDU ins Abseits geriet, habe ich mich entschieden, in die Partei einzutreten, weil ich solidarisch sein und etwas beitragen wollte.

Von der Grundhaltung bin ich mit den christdemokratischen Werten viel eher verbunden als mit dem „Staat regelt alles"-Gedanken der SPD.

Welche Rolle spielt die Religion für Sie?

Für mich war Kirche in der DDR in allererster Linie interessant als Ort für ein großes Maß an Unabhängigkeit, an Aufrichtigkeit. Es ging weniger um den Bezug zu Gott, zur klassischen Religiosität. Das ist auch im Verhältnis zur CDU so: Ich bin nicht aus religiöser Motivation in die CDU eingetreten.

Gibt es aus Ihrer Erfahrung heraus unterschiedliche Verhaltensweisen von Frauen und Männern in der Politik?

Ich kann das schlecht klassifizieren. Es gibt so viele unterschiedliche Männer und auch Frauen in der Politik. Zum Beispiel wird immer gesagt, Frauen seien weniger machtbewusst. Das sei oft ein Grund, warum sie sich nicht durchboxen. Aber Frauen in Führungspositionen müssen auch ein gewisses Maß an Ehrgeiz haben, auch eine Freude, mit Macht – nicht negativ besetzt – etwas gestalten zu können. Das ist entscheidend und das würde ich auch vielen Männern in der Politik zugestehen. Ich habe immer davon profitiert, dass ich eine Frau bin, weil ich dadurch leichter erkennbar war. Bei 135 Fachhochschulpräsidenten, unter denen drei Frauen sind, kannte mich sofort jeder. Das war immer ein Vorteil, kein Nachteil.

Was bei Männern sicher ausgeprägter ist, das sind die Netzwerke und das Innehaben von Führungspositionen. Führungseliten rekrutieren aus sich heraus neue Eliten. Da das sehr starke Männerstrukturen sind, ist die Chance, aus diesen Kreisen befördert zu werden, größer.

Ich habe die Erfahrung gemacht, dass man als Frau immer noch ein Stückchen besser sein muss als die Männer, die die gleiche Position bekommen. Ich denke, dass Frauen auch in der Politik häufiger mit der Vereinbarkeit von Familie und Beruf konfrontiert sind.

Aber die Typisierung ist sehr schwierig. Die vielen klugen Männer, die ich kenne, kann man nicht einfach unter diese Stereotype packen. Auch, dass Frauen sich nicht selbst genügend zutrauen, habe ich erlebt. Deswegen versuche ich immer jungen Frauen Mut zu machen, etwas zu riskieren, sich nicht klein zu machen. Das Zweite, zu dem ich rate, ist: von Anfang an Ansprüche zu formulieren.

Gibt es Grundprinzipien, von denen Sie sich bei Ihren politischen Entscheidungen leiten lassen?

Ich versuche, fair und gerecht zu sein. Ich schätze es, dass man Für und Wider abwägt, sehr offen diskutiert. Ich habe es genossen, als ich Ministerin wurde, dass man zum Schluss auch einmal sagen kann: „Okay, jetzt haben wir das so abgewogen, jetzt machen wir es auch so." Das können Sie als Rektorin nicht.

Was ist Ihr Politikstil? Wie würden Sie diesen beschreiben?

Eine Grundlinie ist mir in der Politik ganz wichtig: Nicht mehr versprechen, als man mit gutem Gewissen einhalten kann. Lieber bescheidenere Zusagen machen, aber dafür verlässlich sein. Das halte ich für ganz wichtig, weil viel Enttäuschung durch Rhetorik, durch Versprechungen, die nicht eingehalten werden, entsteht.

Mir ist auch wichtig, dass man weiß, was die Grundlinie des politischen Gegners ist, diesen nicht plump diffamiert, sondern ernsthaft andere Meinungen akzeptiert und versucht, für die eigenen zu werben. Man sollte mit dem politischen Mitbewerber einen fairen Umgang haben.

Politik ist ein hartes Geschäft. Haben Sie zu einem Zeitpunkt in den letzten 20 Jahren gedacht, einmal auszusteigen?

Ich habe einmal in Brandenburg überlegt, den Ministerposten aufzugeben. Es ist fast zehn Jahre her, aber mir noch gut in Erinnerung. Es gab eine Kabinettssitzung bis früh um vier, bei der es darum ging, Geld einzusparen. Dabei war das, was im Kuluretat eingespart werden sollte, an der Grenze dessen, was ich mittragen konnte. Es hat viel Überzeugungsarbeit von zwei Ministern gekostet, dass ich mein Amt nicht niedergelegt habe. Es war eine Situation, bei der ich dachte, das kann ich nicht mehr vertreten, da bin ich nicht mehr glaubwürdig.

Ansonsten finde ich immer, dass es wichtig ist, dass man eine Familie und Freunde hat. In der Politik erlebt jeder Niederlagen und wird auch oft unfair behandelt. Es sind aber andere Dinge im Leben, die viel mehr bedeuten als ein politischer Misserfolg oder eine ungerechte Behandlung. Man darf die Relation nicht verlieren und muss immer wissen, was wichtig ist im Leben. Natürlich gehört es zum Beruf dazu, eine Ungerechtigkeit oder einen Misserfolg zu ertragen, das muss man aushalten. Und da muss man dann auch vielleicht mal – so mache ich das – die Zeitung erst zwei Tage später lesen. Dann ist es schon Vergangenheit.

Außerdem muss eine innere Einstellung dazu kommen, nicht jedermanns Liebling zu sein. Der Wunsch, von allen geliebt zu werden – bei Frauen vielleicht noch ein bisschen ausgeprägter als bei Männern –, ist falsch. Mir ist wichtig, geachtet zu werden von denen, auf deren Meinung ich Wert lege. Man muss versuchen, Gutes zu erreichen, aber man kann sich nicht immer nur von Applaus abhängig machen.

Sie haben immer mal wieder in anderen Interviews gesagt, es sind bisher viel zu wenige Ostdeutsche in Führungspositionen, obwohl beispielsweise zur Zeit der DDR vielmehr Frauen dort berufstätig waren. Woher resultiert diese Tatsache? Und zum Zweiten ist meine Frage: Hat Bundeskanzlerin Angela Merkel durch eine gezielte Frauenförderungspolitik – sei es auf Posten als Ministerpräsidentin oder als Kabinettsmitglieder – nicht schon erhebliche Gegenakzente gesetzt?

Wir brauchten in den neuen Bundesländern nach 1990 dringend Unterstützung aus den alten Bundesländern. Wir waren dankbar für die, die trotz der für sie ungewohnten Bedingungen gekommen sind – Leute wie etwa Kurt Biedenkopf. Wir konnten, wollten und mussten damals viele Stellen mit Personen aus den alten Bundesländern besetzen. Ich habe gedacht, dass sich das Ost-West-Gefälle im Laufe der Zeit normalisiert. Doch als ich kürzlich Zahlen dazu sah, war ich überrascht, dass nach wie vor sehr viele aus den alten in den neuen Bundesländern in Führungspositionen sind. Ich finde es schon erstaunlich, dass sich so wenig in den neuen Bundesländern verändert hat. Ein Grund ist sicherlich, dass Eliten aus ihren eigenen Reihen Leute rekrutieren, die sie schätzen. Ich denke, darüber muss man bewusst an der einen oder anderen Stelle nachdenken. Ich will damit nicht sagen, dass wir eine Quote brauchen. Aber es ist auch für das Selbstbewusstsein vieler aus den neuen Bundesländern gut, Führungspositionen innezuhaben. Ich habe es erlebt, als ich jetzt Bundesministerin wurde, aber auch vorher schon, als ich nach Niedersachsen ging und die Erste aus den neuen Bundesländern war – das wird wahrgenommen! Für die innere Einheit ist es schön, wenn sich das normalisiert.

Frau Merkel macht, was Frauenförderung anbetrifft, das, was sie immer exzellent kann: Sie redet nicht drüber, sie tut es einfach. Das finde ich wirklich genial.

Eva Wybrands

Nur wer seinen eigenen Weg kennt, kann nicht überholt werden *

Geboren am 5. September 1951 in Magdeburg, verheiratet, zwei Kinder, 1971 Abitur, 1971–1976 Studium der Germanistik und Anglistik an der Universität Göttingen, Abschluss: Staatsexamen, 1970–1992 Lehrerin im Emsland, 1973 Eintritt in die CDU und die Frauen Union Emsland, 1992–1997 Vorsitzende der Frauen Union Magdeburg, 1992–2002 Lehrerin am Gymnasium und in der Lehrerfortbildung in Sachsen-Anhalt, seit 1998 Beisitzerin im Kreisvorstand der CDU Magdeburg (mit Unterbrechung), seit 1997 Vorsitzende der Frauen Union Sachsen-Anhalt, seit 1997 Mitglied des Präsidiums der Frauen Union Deutschlands, 2002–2006 Mitglied des Landtages von Sachsen-Anhalt, 2006–2008 Mitglied des Bundesvorstandes der CDU Deutschlands.

„Aber Kind, wenn Du nun einen Buckel hättest!"

Mein Vater saß mir im Büro meiner Eltern gegenüber und streckte mir beschwörend seine Hände entgegen. „Aber so heiratest du doch sowieso und dann brauchst Du kein Abitur!" Ich schaute meinen Vater leicht irritiert an. Ich hatte beschlossen, Abitur zu machen und Meeresbiologin zu werden. Das Problem war nur, dass ich als enorme Spätzünderin die Realschule besuchte und ein Übergang in ein Gymnasium damals nicht möglich war. Ich musste auf ein Sondergymnasium mit Internat, und offensichtlich hatte mein Klassenlehrer ein ernstes Wörtchen mit meinem Vater bezüglich der Anmeldung zur Aufnahmeprüfung gesprochen. Während ich empört Luft holte, um meinem Vater zu erklären, dass ein Ehemann bei mir nicht eingeplant war, fiel mein Blick auf die offene Bürotür. Darin stand die geballte Frauenpower meiner Familie: meine Großmutter, klein, verhutzelt, fast ganz in ihre Ewigkeitsküchenschürze eingehüllt, und daneben meine Mutter, groß, elegant, Fäuste in die Hüften gestemmt. Beider Blicke auf meinen Vater geheftet, steile Falten auf der Stirn. Ich wurde mit knappen Worten aus dem Büro beordert, und die Tür schloss sich. Ich verkrümelte mich und machte demonstrativ meine Hausaufgaben. Nach einiger Zeit erschien meine Mutter, noch leicht in Wallung, und teilte mir mit, dass ich mich am folgenden Tag zur Prüfung anmelden könne.

---

* Ein Zitat von Marlon Brando.

Ohne dass es mir damals klar war, hat mich diese Szene die Notwendigkeit von Frauenpolitik fühlen lassen. Bis dahin hatte ich keine Geschlechterungleichheiten bemerkt. Geboren und aufgewachsen im Geschäftshaushalt meiner Eltern, liebevoll betütchert von Eltern und zweimal Großeltern gleichermaßen, viele Freiheiten, Bandenchefin und frechster Junge in der Straße. Für mich war es von klein auf selbstverständlich, dass beide Eltern und Großeltern arbeiteten. Aus diesem Grund hatte mich die offenbarte Einstellung meines Vaters, die so gar nicht in sein und mein gelebtes Familienbild passte, völlig unvorbereitet getroffen. Ich muss allerdings sagen, nach jenem Tag stand er unverrückbar zu der Entscheidung einer akademischen Laufbahn für mich und hat mir auch durch alle Krisen hindurch immer den Rücken gestärkt. Unnötig zu sagen, dass für meine jüngere Schwester dann alle Türen offen standen.

Die Lebensentwürfe der Einzelnen, die meine Familie bilden, waren sehr unterschiedlich – die Einen waren elsässisch verwurzelt, mehrfach vertrieben und hatten immer wieder ein Neuanfang hingelegt, die Anderen norddeutsch sesshaft seit Generationen. Sie lebten mir aber vor, dass sie sich in Situationen, die nicht mit den üblichen Verhaltensmustern zu bewältigen waren, von einer gewissen inneren Unabhängigkeit von sozialen Schranken und Vorurteilen gegenüber anderen leiten lassen konnten. Und meine engere Familie – mein Mann und meine Kinder, meine Schwester und ihre Familie, Eltern und Schwiegereltern – verstehen mich zwar nicht immer, haben mich aber in eine Liebe eingehüllt, für die ich jeden Tag dankbar bin. Die Familie ist meine Hauptstraße, sie bewahrt mich davor, auf der Nebenstraße „Politische Anerkennung" die Orientierung zu verlieren.

Ich bin aufgewachsen in einem konservativ-christlichen Elternhaus mit einer verinnerlichten Abneigung gegen Politiker. Meine Mutter hatte in der nationalsozialistischen Zeit hautnah beobachtet, wie Führungspersönlichkeiten ohne Rückgrat Menschen ins Unglück stürzten, und mein Vater sezierte mit seinem scharfen Verstand erbarmungslos die Eitelkeiten und Schwächen der uns umgebenden Kommunalpolitiker, was er ihnen auch oft genug mitteilte.

Politik in der Schule

Ich war also mehr als abgeneigt, als ein Zwölftklässler namens Hinderk Wybrands sich für mich Frischling im Gymnasiumsinternat interessierte. Er war bei den Jusos und in der Schülermitverwaltung aktiv und hatte sehr dezidierte politische Ansichten, die ich alle nicht teilte und die mich auch nicht interessierten. Allerdings half er mir einmal aus einer misslichen Lage, und so ging ich halt mal mit ihm aus. Zugegebenermaßen lernte ich in den Gesprächen mit ihm eine andere Welt kennen, und irgendwann musste ich mir dann eingestehen, dass ich „mit ihm ging", was natürlich im Internat nicht unbemerkt blieb.

Im Internatsgymnasium Helmstedt wurde die demokratische Schülerselbstverwaltung von den Lehrern sehr bewusst unterstützt. Das ging so weit, dass wir Schüler im Falle einer Schwangerschaft einer Mitschülerin zu entscheiden hatten, ob der Junge bleiben konnte, während das Mädchen grundsätzlich die Schule verlassen musste. Als eine solche Entscheidung anstand, entschieden wir Mädchen nach einer am Nachmittag sehr intensiv geführten Debatte, dass auch der werdende Vater die Schule verlassen müsse. Heute weiß ich, dass die Zeit für eine Lösung, die beiden die gleichen Startchancen eröffnet hätte, noch nicht reif war.

Daraufhin wurden wir bestürmt von seinen Freunden, und am Abend war auch ich der Ansicht, dass noch einmal abgestimmt werden sollte, obwohl ich persönlich bei meiner Meinung blieb, wohl auch ein bisschen von meiner Abneigung gegen den Jungen geleitet.

Tatsächlich fand eine weitere Abstimmung, diesmal zugunsten des jungen Mannes, statt.

Am nächsten Tag ging mein Freund Hinderk Wybrands ans Mikrophon und teilte mit, dass er alle seine Ämter niederlege, „weil ich nichts mit Leuten zu tun haben will, die offensichtlich kein Rückgrat haben und ihre Meinung sofort ändern, wenn sie belatschert werden".

Natürlich war ich sofort Mittelpunkt im Mädchenlager und wurde böse bezichelt. Ich saß Gott sei Dank neben einer großen Pottpflanze, hinter der ich während der nun folgenden Debatte immer mehr verschwand. Das in solchen Situationen zitierte Mäuschenloch wäre mir noch wie eine Bahnhofshalle vorgekommen.

Dieser Umgang mit Demokratie anhand eines für Jugendliche sehr emotional belegten „Falles" hat mich tief geprägt. Daraus entwickelte sich mittelfristig mein Interesse an Politik – und langfristig eine nunmehr 35-jährige Ehe.

Der Berufseinstieg

Nach Abitur und Studium beschäftigten mich der Berufsanfang als Lehrerin und meine beiden Töchter. Mein Mann und ich machten zwar einen Versuch, in die Politik einzusteigen, indem wir bei den Ortsgruppen aller demokratischer Parteien „schnupperten" – aber die dort stattfindenden Argumentationen und Aktionen rissen uns alle nicht „vom Hocker", und so beließen wir es bei allgemein ehrenamtlichen Taten.

Eines Tages holte ich meinen Mann von der Arbeit ab. In seinem Zimmer saß ein junger Mann, den er mir als seinen neuen Referendar Christian Wulff vorstellte. Er begrüßte mich höflich, betrachtete mich aber etwas nachdenklich. Ein paar Tage später teilte mir mein Mann mit, dass Herr Wulff gern einmal mit mir sprechen möchte. Wir trafen uns, und es stellte sich heraus, dass er als

Stadtrat über einen Ratsbeschluss informiert war, der die Schließung meiner Schule zum Inhalt hatte. Wir stellten fest, dass der Rat davon ausging, dass dies mit den Betroffenen bereits diskutiert worden war, während es Kollegium, Eltern- und Schülerschaft völlig unvorbereitet traf. Wir beratschlagten, wie wir mit der Situation umgehen konnten, und fanden eine Lösung, die zumindest die Taktik „Na dann ignorieren wir mal die Betroffenen" seitens der Schulpolitiker etwas abmilderte. In der Folgezeit führte er mich in die Kommunalpolitik ein, und wir diskutierten heftig über Schulpolitik. Schließlich forderte er mich auf, ein Konzept über Berufsakademien zu entwickeln und kurze Zeit später Thesen zur Orientierungsstufe. Da ich bereits in der Schule Konzepte entwickelt hatte und, unterstützt von meinem Schulleiter, umsetzen durfte, machte ich mich mit Feuereifer daran. Es störte mich auch nicht, dass er die ersten Entwürfe schlichtweg in Grund und Boden stampfte; ich überarbeitete, vertiefte und stellte sie in verschiedenen Gremien zur Diskussion.

Schließlich teilte er mir mit, dass meine Konzepte in einem Ausschuss vorgestellt würden. Wenn ich das selbst machen wollte, würde das allerdings nur Sinn machen, wenn ich den Eintritt in die CDU erwägen könnte. Natürlich konnte ich. Schließlich wollte ich „meine Erstlinge" weiter begleiten.

Also wurde ich in den Ausschuss eingeladen. Ich erhielt ein neues Kostüm, ging zum Friseur und machte mich anschließend auf den Weg. Am Abend würden mich Freunde und Familie erwarten. Da der Ausschuss im Landtag stattfand, wandelte ich hoch erhobenen Hauptes vor imaginären Kameras die große Freitreppe hinauf – natürlich nicht ohne zu stolpern – betrat den Sitzungssaal, erkannte mit Kennerblick den Platz des Vorsitzenden, verkrümelte mich auf die Hinterbank und harrte der Ereignisse. Nach kurzer Zeit setzte sich ein netter älterer Herr neben mich, und die Sitzung begann. Ich saß mitten im Präsidium, und der nette ältere Herr war der Kultusminister. Und dann tauchte ich in eine neue Welt ein, die mich faszinierte. Hier wurden Sachverhalte auf den Prüfstein gestellt, Neuerungen diskutiert, Perspektiven erarbeitet, alles das, was mir im Berufsleben fehlte – der Blick über den Tellerrand. Natürlich hatte ich damals noch kein Gespür für unterschwellige Manipulationsversuche der einzelnen Politiklager. Aber ich wusste eins: wenn ich etwas verändern wollte, dann auf dieser strategischen Ebene.

Allerdings wurde mir auch gleich die Endlichkeit aller politischen Spitzenpositionen eindrucksvoll vor Augen geführt: Zwei Tage später erfuhr ich aus der Zeitung, dass der Kultusminister am nächsten Tag aus seinem politischen Amt abberufen worden war.

Im Übrigen wurde mein Konzept einer Berufsakademie wohlwollend weitergegeben – was immer das hieß – und meine Thesen zur Orientierungsstufe kurze Zeit später als „zu nah an den Grünen" beerdigt.

Ich habe lange überlegt, wie ich meine politische Anfangszeit mit Christian Wulff beschreiben sollte. Ich hätte gern ein paar kluge Worte einfließen lassen, etwa in der Richtung – „damals war schon deutlich" – oder noch besser: „ich kritisierte schon damals". Aber das wäre unehrlich. Christian Wulff initiierte viele sachbezogene Diskussionen, er hörte zu, kritisierte begründet und unterstützte jedwelige selbstständige politische Betätigung seiner Mitstreiter. In der CDU Niedersachsen herrschte eine Atmosphäre der Offenheit, die es auch meiner Schülerin Beate Baumann erleichterte, ihr großes politisches Talent zu entfalten.

Zwei Schlüsselerlebnisse sind mir allerdings im Gedächtnis geblieben: als Christian Wulff von einem CDU-Ratsmitglied belogen worden war, überlegte er, wie er damit umgehen sollte. Schließlich erzählte er uns, dass Christiane, seine spätere Ehefrau, ihm geraten habe, dem Mann unmissverständlich klar zu machen, dass er das Verhalten ablehne, und ihn von dem Moment an zu ignorieren. Und das tat er dann auch: Wenn er jemanden ablehnte, konnte er die Person oder auch ein missglücktes Vorhaben komplett aus seinem Gedächtnis streichen – er erwähnte es nie wieder, es war für ihn einfach nicht mehr da. Ebenso konnte er völlig ausblenden, dass eine Situation für ihn kritisch werden könnte. Ich habe ein solch komplettes Ignorieren von Negativerlebnissen nie wieder bei einem Menschen erlebt. Hat dieses Verhalten zu dem später offenbarten Realitätsverlust geführt? Und – gibt es einen Weg zurück?

Im Gedächtnis geblieben ist mir auch, dass er einmal zu mir sagte: „Frau Wybrands, warum melden Sie sich denn nicht zu Wort, Sie haben doch so gute Vorarbeiten geleistet. Der Unterschied zwischen Ihnen und mir ist, dass ich sofort meinen Claim abstecke, wenn ich irgendwo reinkomme, und Sie erst abwarten, welchen Claim man Ihnen übrig lässt." Wie wahr.

Die deutsche Wiedervereinigung

Durch meinen Eintritt in die CDU gehörte ich in den Bezirksverband Emsland der Frauen Union.

Dort begegnete ich sehr verantwortungsbewussten Frauenpolitikerinnen, und ich lernte die politische Arbeit von der Pike auf. Damit war ich gut gerüstet für meine spätere Arbeit im Kreise der Frauen in Sachsen-Anhalt, denn dieser transparente und sachorientierte Politikstil ist auch heute noch die gemeinsame Basis, auf der sich unsere frauenpolitische Arbeit gründet.

Allerdings war ich mir nicht sicher, ob die Frauenpolitik tatsächlich mein Hauptbetätigungsfeld bleiben würde – irgendwie fehlte mir die Verknüpfung von Politikbereichen.

Und dann kam die Wende. Mein Mann und ich waren fasziniert von der friedlichen Wiedervereinigung. Wir bewunderten die Menschen, die in einer in der Menschheitsgeschichte einmaligen Art und Weise ihre Freiheit durchsetzten. Ich selbst war zu dem Zeitpunkt gerade in England und konnte die anfängliche Abneigung der britischen und französischen Regierungen gegen eine deutsche

Einheit tagtäglich miterleben. Da spürte ich zum ersten Mal so etwas wie Nationalstolz, Deutsche zu sein und eine Nation mit diesen friedfertigen Menschen und ihrer Zivilcourage bilden zu dürfen.

Nach langen Überlegungen beschloss der Familienrat, dass wir unseren Teil zum Aufbau beitragen wollten – mein Mann in der Gerichtsbarkeit und ich in der Fortbildung für Fremdsprachenlehrer, und im Januar 1992 war es soweit: Wir siedelten nach Magdeburg um.

Eines Tages wurde ich zu einem Erfahrungsaustausch von Frauen aus Ost und West in den Landtag eingeladen. Tief betroffen hörte ich, wie die Frauen aus Sachsen-Anhalt über ihre größte Sorge, den Verlust des Arbeitsplatzes, sprachen und sich in ihrem Streben nach einer Berufstätigkeit nicht immer verstanden fühlten, während die Frauen aus Niedersachsen über ihr erfülltes Leben in der Familienarbeit berichteten. Ich verstand beide Seiten sehr gut, und das gegenseitige Nichtverstehen tat mir weh. Ehe ich mich versah, war ich aufgestanden und bemühte mich in einer emotionalen Rede, Brücken zwischen den unterschiedlichen Lebensentwürfen zu bauen und um gegenseitiges Verständnis zu werben.

Dass ich dabei wohl die richtigen Worte gefunden hatte, wurde mir ein paar Tage später deutlich, als ich von einem kleinen Trüppchen Magdeburger Frauen besucht und gefragt wurde, ob ich nicht in der Magdeburger Frauen Union den Vorsitz übernehmen wollte. Ihnen war Ost oder West nicht wichtig; sie wollten Brücken bauen und aus unterschiedlichen Erfahrungen das Beste voranbringen. Für sie war eher ausschlaggebend, dass ich mit meiner Familie nach Sachsen-Anhalt gekommen war.

Ich hatte während der ersten Zeit in Sachsen-Anhalt schon erfahren, dass viele Frauen mit Verwerfungen ihrer Lebensentwürfe zu kämpfen hatten und Unterstützung brauchten. Daher sagte ich zu und wurde kurze Zeit später gewählt.

Wir waren alle „Lernende" im politischen Geschäft, und so mussten wir uns manches erst erschließen, was heute selbstverständlich ist. In unserer ersten Vorstandssitzung beschlossen wir auf meinen Antrag, dass kein Vorstandsmitglied über Fehler, die zweifelsohne in der Aufbauphase unserer gemeinsamen Vorstandsarbeit passieren würden, meckern darf. Das wurde zunächst belächelt, aber dann waren alle darüber froh, denn Fehler machten wir zuhauf: von versandten Einladungen ohne Zeit und Ortsangabe über versemmelte Dokumente bis zu verpassten Terminen – wir lachten darüber und betrachteten es als Teil unserer politischen Ausbildung. Uns half auch, dass die CDU damals ein Machtzentrum in der Landesgeschäftsstelle hatte, in der alle Vereinigungen eine wirkliche politische Heimat hatten.

Trotz unserer unterschiedlichen Erfahrungshorizonte fanden wir viele Themen, die uns alle interessierten. Zentral waren in der ersten Zeit die Veränderungen am Arbeitsmarkt. Alle Frauen hatten eine Ausbildung, die Kinder waren zu 96 Prozent in Kitas, und die berufliche Tätigkeit war auch vom Selbstverständnis der Frauen her ohne Alternative. Auch die Fehlplanungen bei den

Arbeitsmarktmaßnahmen machten den Frauen zu schaffen, denn es war abzusehen, dass die Schaffungen von Überkapazitäten (Floristinnen!) und die ewig nacheinander geschalteten Praktikumsstellen sie wieder in die Arbeitslosigkeit entlassen würden. Ein weiteres brennendes Thema war die Anerkennung von Abschlüssen, denn unterschiedliche Bildungssysteme durften nicht dazu führen, dass Ausbildungen plötzlich keinen Wert mehr haben sollten. Meine Vorschläge, sich mit Themen wie gesunde Ernährung oder Freizeitgestaltung zu beschäftigen, oder gar Mutter und Kind-Aktivitäten ins Leben zu rufen, rangierten daher auf der Prioritätenliste ganz unten. Mein Knowhow über Strukturen und das „Handling" politischer Arbeit wurde begierig aufgenommen. Natürlich gab es auch echte Verständnisschwierigkeiten, die nicht immer ausgeräumt werden konnten. Uns einte dennoch die Auffassung, dass Frauenpolitik als Querschnittsaufgabe alle Lebensbereiche tangiert. Also fassten wir respektlos alle Politikfelder an, die für uns zur damaligen Zeit neu, erklärungs- oder veränderungsbedürftig waren, luden uns ohne Scheu Referenten ein – die gesellschaftliche Welt war noch nicht eingeteilt in VIPs und Fußvolk – und suchten leidenschaftlich nach Lösungen.

Eine Veranstaltung hat mich ganz besonders berührt. Eines Tages offenbarte eine unserer Vorstandsfrauen, dass sie und ihr Kind Opfer häuslicher Gewalt seien. Da saß nun eine von uns – attraktiv, hochkompetent, frauenpolitisch aktiv – und erzählte, wie sie geschlagen worden sei. Und auch das Kind hatte schon mal etwas abbekommen. Sie sprach darüber, wie sie in der zertrümmerten Wohnungseinrichtung versuchte, am nächsten Morgen den Alltag zu bewältigen, zur Arbeit zu gehen und das Kind in die Einrichtung zu bringen, wie sie sich bemühte, niemanden etwas merken zu lassen, immer mit der Angst im Nacken, „er" könne ihr hinter jeder Tür wieder auflauern. Sie machte der Polizei bittere Vorwürfe, dass diese nicht kam, wenn sie merkte, „es ist wieder einmal soweit". Das beschäftigte uns auch. Wir konnten verantwortliche Juristen, Polizisten und Beratungsstellen sowie Opfer an einen Tisch holen und gegenseitig für die Probleme sensibilisieren. Über die Tatsache, dass die Polizei zeitlich gar nicht in der Lage ist, bei einer zu erwartenden Eskalation immer zu kommen – zumal der Täter natürlich warten konnte, bis die Beamten in Uniform und der Streifenwagen wieder weg waren – und dass sie sich in Entsprechung ihrer Aufgaben um den Täter kümmern mussten und nicht in erster Linie um das Opfer – daran konnten wir erst einmal nichts ändern.

Während der Recherchen in Vorbereitung der Diskussionsrunden war ich sehr positiv überrascht über die Offenheit, mit der man uns bei der Polizei begegnete und völlig unbürokratisch zur Hilfe bereit war.

Bei einer dieser Zusammenkünfte fragte uns der Magdeburger Polizeipräsident, ob wir bereit seien, mit der Polizei gemeinsam ein Projekt zu schultern, das es in dieser Form bislang nicht gegeben hat. Es sollte gewährleisten, dass Kids und jungen Menschen rund um die Uhr sehr schnell fachlich kompetente Ansprechpartner zur Verfügung gestellt werden konnten. Wir sollten die Lücken insbesondere an den Wochenenden und nachts schließen, da professionelle Beratung dann nicht zur Verfügung stand. Ich hatte die fehlende Hilfe bei der häuslichen Gewalt immer noch auf meiner privaten To-do-Liste und war sofort einverstanden, wenn das Projekt auch den Bereich der häuslichen Gewalt einbeziehen würde, denn gerade zu diesen Zeiten werden 70 Prozent der häuslichen Probleme akut. Leicht blauäugig beschlossen wir, als Träger dieses Projektes zu arbeiten und änderten die Satzung des Vereins, den wir zur Unterstützung der Jugendarbeit gegründet hatten.

Und damit waren wir in die aufwändige Aufbauarbeit eines Projektes an der Schnittstelle zwischen Polizei und Sozialarbeit in den Polizeirevieren mit ABM-Kräften eingebunden.

Erst dann wurde mir richtig bewusst, was das hieß: Unsere Mitarbeiter und wir würden als Zivilpersonen im Verantwortungsbereich der Polizei agieren. Würden wir über eine längere Zeit diesen Spagat hinbekommen? Wir trugen die Verantwortung, dass unsere Mitarbeiter Menschen in Krisen helfen konnten. Und würden wir unsere Mitarbeiter und uns in gefährlichen Situationen schützen können?

Und dann war es soweit: Wir konnten in allen Polizeirevieren der Stadt Hilfe anbieten. Zwei Beispiele mögen das illustrieren. In dem einen Fall wurden die Polizisten zu einer Situation mit einem gewalttätigen Mann in eine Wohnung gerufen. Die Beamten nahmen unsere diensthabenden Mitarbeiter mit, die in der Wohnung blieben und auch am nächsten Tag auf Wunsch der Frau mit ihr zunächst unauffällig in der Wohnung und später bei notwendig gewordenen Besorgungen zur Seite standen. Am Nachmittag fühlte die Frau sich wieder sicher – zumal der Täter bei der Polizei glaubhaft versichert hatte, dass er sich von seiner Frau fernhalten würde – und sie schloss die Wohnungstür auf. In dem Moment schnellte eine Hand mit einem Messer hinter der Tür vor und stach zu. Sie wurde aufgefangen von unserem Mitarbeiter. Er war während der überaus gründlichen Vorbereitung durch die Polizei auf solche Situationen vorbereitet worden und konnte daher den Mann entwaffnen und die Frau vor weiteren Verletzungen oder gar Schlimmerem bewahren.

In einem anderen Fall rief eine Mutter in höchster Not im Polizeirevier an, weil ein Streit zwischen ihrem Mann und ihrer Tochter eskaliert war und der Vater jeden Moment um sich zu schlagen drohte. Der diensthabende Leiter der Polizei – mittlerweile hatten unsere Mitarbeiter und wir das Vertrauen der Polizisten gewonnen – schickte sofort unser Team los. Sie betraten unauffällig die Wohnung und konnten das Schlimmste verhindern. Wir haben immer wieder die Erfahrung gemacht, dass im Moment der Krise viele Menschen bereit sind, Hilfe anzunehmen und etwas gegen ihre Probleme zu unternehmen. Das war eine der großen Vorteile unseres Projektes: In dem entscheidenden Augenblick da zu sein. In diesem Fall gab das junge Mädchen zu, ihren Vater unaufhörlich und über Tage geärgert zu haben, weil sie im tiefsten Herzen sehr unzufrieden über eine fehlende Lehrstelle war. Und der Vater hatte schließlich nicht mehr gewusst, wie er seine aufsteigende Wut in den Griff bekommen soll. Da unsere Hilfe nach spätestens 72 Stunden endete und wir ein Vertrauensverhältnis zu den langfristigen Beratungsstellen aufgebaut hatten, erhielten unsere Mitarbeiter am nächsten Tag sofort einen Termin bei der Ausbildungsberatung für die Tochter und der Vater ein Angebot für Männer, die lernen müssen, mit ihrer Wut umzugehen.

Da wir immer wieder feststellten, dass neben Angst auch Probleme am Arbeitsplatz versteckte Auslöser für Gewalt sein konnten, erarbeitete ich ein Konzept für eine Mobbing-Hotline, durch die nach ihrer Installierung Menschen, die sich am Arbeitsplatz gemobbt fühlten, Hilfe erhielten. Sie ergänzte unser Hilfsangebot langjährig.

Nach viereinhalb Jahren wurde von externen Evaluatoren als Fazit unserer Arbeit festgehalten, dass mehreren Tausend Menschen geholfen werden konnte. Die professionellen Beratungsstellen hatten ihr Angebot im Laufe der Jahre erweitert, und damit einen Teil der von uns ausgefüllten Lücken dauerhaft geschlossen. Die meisten Polizisten empfanden unsere Arbeit als echte Unterstützung ihrer Tätigkeiten, und nur ein einziges Mal hat ein Opfer unsere Frage, ob sie unsere Hilfe annehmen wollte, mit der jede unserer Aktionen begann, mit nein beantwortet. Wir haben in vielfältiger Weise auf die konkreten Probleme von Menschen in Krisen aufmerksam gemacht. Alle ABM-Kräfte haben sich weiterqualifizieren können und wurden auf den ersten Arbeitsmarkt vermittelt. Unser Projekt lebt noch heute in Sachsen-Anhalt weiter; allerdings gibt es die unmittelbare Hilfe vor Ort für die Opfer nicht mehr.

Von Angela Merkel wurden wir auf dem Bundesparteitag mit dem 3. Preis im Bundeswettbewerb der CDU „Mitten im Leben" ausgezeichnet. Als ich die Stufen zur Preisverleihung hochging, dachte ich nicht an die vielen Stunden, die wir alle gemeinsam – Polizei, Projektleiter und Mitarbeiter und wir Frauen des Trägervereins – für die Arbeit eingesetzt hatten, sondern ich war dankbar, dass wir viereinhalb Jahre jedes Wochenende Menschen in Krisensituationen eine Hilfe hatten anbieten können.

Satzungsgemäß gehörte ich als Kreisvorsitzende dem Landesvorstand der Frauen Union an. Die damalige Landesvorsitzende sorgte in ihrer dynamischen Art dafür, dass ich dort nach kurzer Zeit als vollwertiges Mitglied angenommen wurde. Unter ihrer Leitung erlebte ich eine verantwortungsvolle Frauenpolitik, und die Landesgeschäftsführerin war und ist ein Garant für integres politisches Handeln. Uns Frauen auf Landesebene war eines gemein: Wir hatten eine unbändige Neugier auf die besten Konzepte zur Chancengleichheit, verbunden mit dem festen Willen, den Frauen in unserem Land bei der Verwirklichung ihrer Lebensentwürfe Gestaltungsräume zu eröffnen. Wir entwickelten innovative Handlungskonzepte – zur Vereinbarkeit von Familie und Beruf, auf dem Arbeitsmarkt, im Gesundheitswesen, zur Gestaltung des demografischen Wandels – die heute fester Bestandteil des gesellschaftlichen Lebens in Sachsen- Anhalt sind und manchmal Vorbilder für andere Länder wurden. Denn durch die persönliche Vernetzung mit dem Landtag von Sachsen-Anhalt, mit Bundes- und europäischen Gremien konnten wir Erfahrungen und Anregungen – u. a. zur Arbeitsmarktpolitik, Kinderschutz ohne Grenzen, Förderung von Frauen in Wissenschaft und Forschung – in nationale und europäische Entscheidungsfindungen einspeisen. Umgekehrt konnten wir viele Impulse aus dem Bundesvorstand im Land umsetzen. Für uns war es damals ein ziemlicher Aufstand, an den Sitzungen in Bonn teilzunehmen – wir mussten morgens um 4 Uhr starten; zu dieser Zeit fuhr nur ein transnationaler Zug, in den ich z. B. zu meiner eigenen Sicherheit von den Schaffnern im Abteil eingeschlossen wurde (und erst nach einem erfolglosen Versuch von zwei Männern, mein Abteil aufzubrechen, änderte der Bundesvorstand die Sitzungstermine und wir konnten zu sicheren Tageszeiten fahren) – aber die damalige Bundesvorsitzende, Frau Prof. Dr. Süssmuth, gab uns wertvolle Denkanstöße mit ihrer geradezu visionären Politik. Kein Wunder, dass die Landesgeschäftsführerin und ich nach der ersten Sitzung auf dem Bahnsteig so intensiv diskutierten, dass der Zug ohne uns abfuhr.

Die inhaltliche Arbeit hat mir immer wieder eindringlich vor Augen geführt, warum Frauenpolitik notwendig ist, und motiviert mich auch heute immer wieder, weiter zu machen.

Ich möchte nicht verhehlen, dass es auch Konflikte gab, die sich vor allem um Frauen drehten, die den Landesvorstand als Karriereleiter und nicht als Team benutzen wollten. Die Mehrheit entschied sich nach etlichen Querelen, natürlich einzelne Frauen auf dem Weg zu Platz 1 zu unterstützen, aber auch Rahmen zu setzen, um vielen Frauen die Möglichkeit zu eröffnen, sich weiter zu entwickeln. Und das ist das Motto meiner gesamten Arbeit als Landesvorsitzende geblieben. Während wir aber inhaltlich im Laufe der Jahre viel bewegen konnten, gestaltete sich dieser Teil auch meiner Arbeit als extrem schwierig und ist bis heute mit Rückschlägen behaftet.

Mit der Arbeit im Landesvorstand und insbesondere später als Landesvorsitzende betrat ich auch eine andere politische Bühne: Ich sah mich plötzlich als ehrenamtliche Politikerin einer größeren Öffentlichkeit und einem Fachpublikum gegenüber. Ein unprofessionelles Auftreten würde zukünftig weder parteiintern noch in der Öffentlichkeit vergeben werden.

Aus heutiger Sicht kann ich jeder Frau – es sei denn, sie besitzt eines der seltenen natürlichen Politiktalente – dringend raten, einen solchen Ligaaufstieg mit professioneller Beratung zu begleiten. „Ich kann das nicht", gilt dabei nicht, denn jede Frau kann – genauso wie wir damals – ihre Schwächen ausgleichen und persönliche Stärken aufbauen. Wir nutzten damals Seminare der Konrad-Adenauer-Stiftung, um zu lernen, Stresssituationen zu bewältigen und uns selbst zu überwinden, in Konfliktsituationen angemessen zu reagieren und uns nicht abwimmeln zu lassen. Allerdings achte ich heute bei meinen Mentees darauf, sie in ihrer natürlichen Art zu unterstützen und versuche zu verhindern, dass sie sich an Vorbildern messen, die nicht ihrem Profil entsprechen. Denn das hatte mich am Anfang in meiner Entwicklung behindert: Ich hatte mir große Vorbilder geschaffen, die ich nie erreichen konnte. Erst als ich verstanden hatte, dass ich mein eigenes Profil annehmen und verstärken muss, wurden meine Auftritte authentisch.

Natürlicherweise hat es sich ergeben, dass ich immer mehr europapolitische Themenfelder für die Partei bearbeitete. Ich wurde Vorsitzende des Landesfachausschusses Europa und übernahm in der Europäischen Frauen Union das Amt einer Kommissionsvorsitzenden für Kultur und Erziehung. Mein Engagement für Europa konnte ich allerdings nicht, wie aufgrund meiner langjährigen Tätigkeit auf diesem Gebiet von der Frauen Union geplant, als Europäische Abgeordnete weiterführen, weil ein Mann versorgt werden musste. So setzte ich mein ehrenamtliches Engagement fort

Ein anderer Weg sollte sich eröffnen. Ich wurde nämlich von meinem späteren Ortsvorsitzenden und dem Fraktionsvorsitzenden des Stadtrates vor einer Sitzung schon an der Tür abgefangen und gefragt, ob ich bereit sei, für den Norden Magdeburgs in den Landtag einzuziehen; ich müsste ihnen in drei Tagen eine definitive Zu/Absage geben. Ich war zunächst einmal sprachlos. Sicherlich, ich war durch meine ehrenamtliche Tätigkeit in Magdeburg bekannt, und der OB hatte mir den Titel „Verdienstvolle Einwohnerin Magdeburgs" verliehen. Zuhause tagte der Familienrat drei Tage in Blöcken, und am Ende sagte mir meine Familie ihre volle Unterstützung zu. Also erklärte ich mich zu einer Kandidatur bereit, zumal ich schon etwas stolz auf die Entscheidung der Vorsitzenden für mich war. Mein Wahlkreis war der schwierigste in Magdeburg, aber auch der faszinierendste. Er wurde im Norden begrenzt von 10-Geschossern in schöner Lage (und teilweise ehemals ganz besonderen SED-Mitgliedern vorbehalten), und endete im Süden mit europaweit bekannten Wissenschaftseinrichtungen. Würde ich ihn gewinnen können? Schon lange hatte dort kein CDU – Kandidat mehr die Nase vorn gehabt. Aber nach einem engagierten Wahlkampf, für den ich heute noch meinen Ortsverbänden dankbar bin, konnte ich im April 2002 mein Leben als Abgeordnetenneuling beginnen. Meine Tätigkeit in der Frauen Union hatte mich gut vorbereitet, so dass ich schon bei den ersten Personalentscheidungen meinen Anspruch auf die Position der europapolitische Sprecherin durchsetzen konnte. Ich hatte nun wieder mit den gesellschaftlichen Gruppen zu tun, die ich schon aus meiner ehrenamtlichen Arbeit kannte – allerdings aus der Perspektive „von unten". Das half mir, solide Ansprechpartner von Opportunisten zu unterscheiden, und bewahrte mich vor manchem Reinfall. Eine Enttäuschung war für mich die Zusammenarbeit mit den Frauen aus den anderen Parteien. Parteienzugehörigkeit und damit verbundene Disziplin wurden höher gestellt als ein Konsens in Sachfragen. Erst gegen Ende der Legislatur entstand die Erkenntnis, dass wir gemeinsam mehr hätten bewegen können.

Ein strittiges Thema war die exorbitant hohe Abwanderungsquote junger Mädchen aus Sachsen-Anhalt. Als ich hierzu eine Landtagsbefassung mitinitiieren konnte, rief mir der Wirtschaftsminister im Plenum zu: „Das ist etwas ganz normales – auch Bach ist eingewandert und Händel ausgewandert!" Nur der warnende Blick meines Fraktionsvorsitzenden konnte mich davor bewahren, in aller Öffentlichkeit auf die unpassenden Beispiele hinzuweisen. Erklärungsversuche waren je nach Perspektive der Regierung oder Opposition festgezurrt. Ich wollte es aber genauer wissen. Zumal ich aus meiner Magdeburger Zeit für dieses Thema sensibilisiert war. Ich nutzte meine Möglichkeiten als Abgeordnete und holte Unternehmen, Arbeitsverwaltung, Träger von Arbeitsmarktprojekten und junge Landeskinder – Frauen und Männer – an einen Tisch. Dabei stellte sich heraus, dass viele Unternehmer junge Menschen einstellen würden, aber keine Bewerbungen vorlagen, und einzelne Unternehmer sogar schon wegen fehlender Fachkräfte selbst an Abwanderung dachten; erste Anzeichen des bis dahin in Sachsen-Anhalt noch nicht thematisierten Fachkräftemangels. Und dass junge Frauen keinesfalls nur aus einer Arbeitslosigkeit heraus abwandern, sondern auch aus einer Arbeitsstelle, die ihre Qualifikation nicht nutzt. Die Arbeitsmarktförderung war zu starr und konnte zu wenig auf die Belange von Unternehmern und jungen Leuten eingehen.

Nach vielen Recherchen und unschätzbaren Hinweisen insbesondere einer Unternehmerin, die für uns sehr wertvolle Erfahrung mit Projekten gesammelt hatte, erarbeiteten wir in der Frauen Union ein Arbeitsmarktprojekt, dass einerseits Unternehmern die Möglichkeit gab, für die Lücke in ihrem Betrieb junge Leute qualifizieren zu lassen oder selbst zu qualifizieren und andererseits junge, bereits ausgebildete Leute durch bedarfsgerechte Fortbildung wertvoll für das Unternehmen zu machen. Da die Europäischen Fördergelder für den Arbeitsmarkt in mein Aufgabengebiet gehörten und ich mittlerweile in Detektivarbeit – ich hatte schon gelernt, dass die Ministerien sehr kreativ auf Fragen zu Finanzvolumina antworteten – herausgefunden hatte, dass dem Land entsprechende Gelder zur Verfügung standen, galt es nun, die Landesverwaltung zu überzeugen. Unsere Expertin und ich meldeten uns beim zuständigen Staatssekretär an. Gemeinsam konnten wir alle Bedenken ausräumen, und das Projekt GAJL („Gegen Abwanderung junger Landeskinder" – der Name sollte schließlich für junge Leute attraktiv sein) wurde mit Leben erfüllt. Es wurde sofort angenommen, und nach genau 100 Tagen hatte es 100 Vermittlungen auf den ersten Arbeitsmarkt gegeben. Ich übergab dem Staatssekretär symbolisch den Staffelstab, und GAJL wurde in die Arbeitsmarktstrategie des Landes aufgenommen.

Zehntausend erfolgreiche Vermittlungen auf dem ersten Arbeitsmarkt wurden bei der ersten Evaluierung ermittelt. Hinter dieser Zahl stehen Schicksale von jungen Menschen, die eine berufliche Perspektive erhalten haben. Ich erinnere mich an eine feierliche Überreichung von Arbeitsverträgen durch den Staatssekretär. Am Ende der Feier stand plötzlich eine junge Frau auf, zog den neben ihr sitzenden jungen Mann hoch, schob ihren Umstandspullover nach oben und sagte „Kind, schau Dir das hier an, ohne diese Hilfe wärst du jetzt nicht mehr da!" Und dann erzählte sie, dass sie sich zu diesem Kind entschlossen habe, da nun beide eine gesicherte Existenz hätten.

Später fragte ich mich, warum die Nutzbarmachung von Kompetenzen der Frauen, die diesen politischen Erfolg erst möglich gemacht hat, in der weiteren politischen Arbeit so konsequent verhindert wurde.

In der nächsten Wahlperiode nach 2006 war ich nicht mehr im Landtag vertreten. Ich hatte das Feld – wenn auch ganz knapp – an die Linke abgeben müssen. Ich betrachtete von vornherein meine Abgeordnetenzeit als großes Privileg und war zwar traurig, aber bereit für neue Aufgaben. Diese habe ich aufgrund meiner strategischen Kompetenz in EU-Angelegenheiten im Wirtschaftsministerium gefunden. Meine politischen Erfahrungen mache ich an der Schnittstelle zwischen Ministerium und Parlament sowie für die Arbeit mit dem Bürger nutzbar.

Leider musste nicht nur ich in dieser Zeit politische Verantwortung abgeben, sondern nach einem guten Anfang direkt nach der Wende ging in diesen Jahren der größte Teil der Führungspositionen für Frauen verloren. Natürlich ging dies alles nicht ohne persönliche Verletzungen vonstatten. Und die Tricks, die eingesetzt wurden, um Frauen auszubooten, wurden seitens der Verantwortlichen – und auch von Frauen – stillschweigend geduldet oder als demokratische Prozesse gerechtfertigt. Aber Intrigen im Vorfeld von Wahlen, zahlreiche Anrufe bei Wahlberechtigten zum Nachteil einer Kandidatin, Initiierungen anderer Kandidaturen – vorzugsweise einer Frau – zur Zersplitterung der Wählerstimmen, kurzfristige Aufnahmen von vielen Mitglieder nur für die Wahl – um nur einige dieser Maßnahmen zu nennen, die sowohl mich als auch viele andere Frauen an einer Kandidatur hinderten und die zunehmend eingesetzt wurden – sie alle sind Zeichen eines Defizits beim Demokratieverständnis. Und sie provozieren einen hohen Einsatz von Parteiressourcen. Diese Verschwendung von Humankapital ist angesichts der komplexen politischen Aufgaben, die die CDU zukünftig zu bewältigen haben wird, und der Schnelligkeit, mit der sich politische Handlungsfelder verändern, nicht zu rechtfertigen.

Nachdem ich im politischen Leben mit Frauen aus West und Ost, an der Parteibasis und -spitze arbeiten durfte, kann ich heute resümieren, dass alle parteipolitischen Aktivitäten, die darauf ausgerichtet sind, dass Frauen die Verhaltensweisen und Karrierestrategien der Männer übernehmen, in die falsche Richtung gehen. Eine Frau ist kein verpuppter Mann, aus ihr wird nicht eines Tages ein wunderschöner männlicher Politiker. Da wir die Erfahrung gemacht haben, dass für Frauen Karriere häufig eine persönlich-soziale Dimension hat, bieten wir in der Frauen Union den Frauen, die selbstbewusst eine politische Karriere anstreben, eine Plattform. Jene – und das ist die Mehrzahl –, die für ihr „Coming out" („Ja, ich will politische Macht") Bestätigung und Rückversicherung brauchen, ermutigen wir, ihren eigenen Weg zu gehen. Ich habe erlebt, dass Frauen ohne dieses Feedback lieber verzichteten. Stresssituationen, z. B. wenn familiäre und politische Anforderungen konkurrieren, bewältigen sie oft, indem sie die Politik zurückstellen. Jede Frau, die in der Frauenpolitik Verantwortung trägt, hat schon miterlebt, dass Frauen selbst einen entscheidenden Termin, wie eine Wahlhandlung ausblenden, wenn er mit der zugesagten Betreuung des demenzkranken Nachbarn kollidiert. Das hängt mit der großen Empathiefähigkeit von Frauen zusammen: Weibliche Politikerinnen achten sehr auf das Empfinden der Bürger, versetzen sich gern in die Situation ihres Gegenüber und sind eher um Ausgleich bemüht als an Konfrontation interessiert. Die Partei muss sich für diese Unterschiede öffnen und Rahmen setzen, damit Frauen und Männer ihre Fähigkeiten frei entwickeln können. Eine christdemokratische Partei will als Volkspartei die Eigenständigkeit der Bürger bewahren und ihnen soviel Unterstützung geben, wie sie brauchen, um ein selbstbestimmtes Leben in der Gemeinschaft führen zu können. Das kann bei dem komplexen Alltag, den der und die Einzelne heute zu bewältigen haben, nur gelingen, wenn Männer und Frauen, sich ergänzend, die gesellschaftliche Entwicklung gestalten.

Dazu gehört eine transparente Parteistruktur, in der die spezifischen Fähigkeiten von Frauen und Männern konsequent entsprechend der Anforderungsprofile der Positionen eingesetzt und gefordert werden. Des Weitern eine gezielte Personalpolitik nach klaren und nachvollziehbaren Kriterien, durch die der weibliche und männliche Politikstil nicht als „wichtiger" oder „angemessener" bewertet werden, sondern als „natürlich anders" aber „gleichberechtigt", sowie ein geschlechtergerechtes Auswahlverfahren für die Frauen und Männer, die ein Mandat anstreben, und für die Frauen, die sich im Hintergrund engagieren, die gleichwertige Anerkennung und Förderung ihrer politischer Arbeit (ein Quantensprung nicht nur für Männer, sondern auch für Frauen, die ihren Geschlechtsgenossinnen durchaus nicht immer Verständnis entgegenbringen). Kommunikations- und Arbeitsstrukturen müssen zur Entfaltung der Mitgliederpotenziale flexibel gestaltet werden.

Aber was heißt: „Die Partei muss"? Diese von uns geforderte Veränderung der politischen Kultur kann nur von innen gestaltet werden, und wir Frauen müssen dazu beitragen. Der Landesvorstand der Frauen Union war und ist nach wie vor bereit, die konzeptionellen Vorarbeiten zu leisten.

Da „Gleichstellung" konsequente Personalentwicklung für Männer und Frauen beinhaltet, wollten wir alles Weitere in einem ersten Gespräch mit dem Geschäftsführenden Landesvorstand der CDU absprechen. Es kamen die Männer auf unsere Einladung – waren aber, gelinde gesagt, skeptisch. Mann fragte mich, ob man vielleicht den Wirtschaftsminister – meinen Chef – aus seinem Amt nehmen sollte, damit das von einer Frau übernommen werden könnte. Wer aber, wie ich, je im Gemeinderat eines schönen Dörfchens mit einem Bürgermeister anderer politischer Couleur um die besten kommunalpolitischen Entscheidungen gerungen hat, den kann wirklich nichts mehr erschüttern. Und tatsächlich:

Am Ende einer sehr lebhaften Debatte wurden wir aufgefordert, ein Personalentwicklungskonzept für die ganze Partei zu entwickeln. Klare Aussage, klares Verfahren. Mit dem uns üblichen Feuereifer recherchierten wir, holten uns Experten und schrieben ein Personalentwicklungskonzept, das wir mit allen Entscheidern persönlich und Wort für Wort abstimmten. Alle ihre Änderungsvorschläge wurden eingearbeitet. Schließlich wurde es dem Landesvorstand vorgelegt – um dort beerdigt zu werden. Die Gegner hatten leichtes Spiel, da alle Spitzenpolitiker durch Abwesenheit – gezielt an diesem Tagesordnungspunkt – signalisierten, dass sie hierfür keine Verantwortung übernehmen würden. Es sollte ein Pyrrhussieg für die Partei werden.

Damals diskutierten wir das erste Mal, als Vorstand komplett zurückzutreten. Schließlich hatten wir uns mit konstruktiven Anregungen in die Parteiarbeit eingebracht und nicht destruktiv kritisiert. Ich war trotzdem gegen einen Rücktritt, denn wer draußen ist, kann nicht mehr mitgestalten. Allerdings sprachen sich die Frauen konsequent dagegen aus, die laut Satzung Verantwortlichen in die Pflicht zu nehmen und ihre Rechte innerhalb der dort vorgesehen Strukturen durchzukämpfen.

Im Sommer 2007 suchte die Landespartei einen Kandidaten für den Bundesvorstand der CDU. Ich wurde von einer Frau vorgeschlagen, und der Landesvorstand bestätigte meine Nominierung. Da in den letzten Jahren kein Kandidat aus Sachsen-Anhalt gewählt worden war, hatte ich eher zwiespältige Gefühle, aber ich hatte Lust auf eine neue Aufgabe und wollte meine europa- und frauenpolitische Arbeit auf dieser Ebene fortsetzen.

Also musste ich wieder eine Rede vorbereiten und diese vor 1000 Delegierten halten, die keine Biografien vor sich liegen hatten. Meine Empfehlung für mich selbst, eingedampft auf drei Minuten. Vor mir nur VIPs. Ich war die letzte Rednerin. Und ich musste am selben Abend zu einer Auslandsdienstreise abfahren. Der letzte Tagesordnungspunkt zog sich. Die Wahlen begannen verspätet. Ich saß auf glühenden Kohlen, es wurde immer wahrscheinlicher, dass ich nicht mehr rechtzeitig drankommen würde. Und dann, in den letzten Minuten, wurde ich aufgerufen. Ich hielt meine Rede, stürmte von der Bühne und zum Bahnhof. Dort erreichten mich die ersten Glückwünsche. Ich war im Bundesvorstand der CDU!

Damit war es mir möglich geworden, die Interessen der Menschen in Sachsen-Anhalt unmittelbar in der Machtzentrale der regierungsführenden Partei zu vertreten. Dass dies bereits bei der ersten Sitzung notwendig sein würde, hatte ich allerdings nicht erwartet.

Nachdem ich den Sitzungssaal betreten hatte – diesmal vor realen Kameras – setzte ich mich auf einen Platz, von dem aus ich erst einmal das Ambiente genießen wollte, sprang aber gleich wieder auf, weil Dr. Angela Merkel hinter mir stand und mich begrüßen wollte. Sie eröffnete die Sitzung und bat um Aufmerksamkeit, weil schon heute erste Beschlüsse fallen mussten. Also konzentrierte ich mich. Unter anderem ging es um das Thema Arbeitsmarkt, und ein Beschluss wurde gefordert der uns in Sachsen-Anhalt nicht weitergebracht hätte. Kurz kehrte meine alte Schüchternheit zurück, aber schließlich hatte ich die Interessen meines Landes zu vertreten und meldete mich zu Wort. Ich erntete heftigen Widerspruch, und auf einmal sagte Dr. Merkel: „Das hat Frau Wybrands nicht so gesagt", und machte einen Kompromissvorschlag. Ich war im Bundesvorstand angekommen.

In meiner Zeit im Bundesvorstand setzten wir entscheidende Impulse auf dem Weg in die Bildungsrepublik und für eine Familienpolitik, die auch unter Berücksichtigung des demografischen Wandels die Vereinbarkeit von Familie und Beruf ermöglicht. Auch entwickelten wir neue Perspektiven für die neuen Bundesländer.

Selbst in den hochaktiven politischen Phasen machten sich die außergewöhnlichen Führungsqualitäten der Vorsitzenden bemerkbar. Ihr Führungsstil macht sicherlich manchem, der an dominante männliche Vorsitzende gewöhnt ist, zunächst Schwierigkeiten: Sie lässt grundsätzlich jeden Gesprächspartner zu Wort kommen und hört sehr konzentriert zu, wobei ihr nicht die kleinste Regung ihres Gegenüber entgeht. Darin liegt eine Ursache für ihren Erfolg: Sie respektiert ihren Gesprächspartner. Wenn sie sich anschließend äußert, geschieht dies sehr strukturiert; mit gradliniger Syntax und neutraler Lexik macht sie hochkomplizierte Zusammenhänge verständlich – ein natürlicher Vorteil in Verhandlungen, in denen in fremdsprachlichen Übersetzungen um Entscheidungen gerungen werden. Sie verschließt sich Gegenargumenten nicht und lässt sich von Menschen, denen sie vertraut, auch in kurzer Zeit umstimmen. Kritik äußert sie ebenso deutlich, und man bekommt dann die unglaubliche Energie dieser Frau zu spüren.

Dr. Angela Merkel verbindet in perfekter Weise weibliche und männliche Verhaltensweisen: In einem eher weiblich geprägten Stil, der von dem Willen getragen ist, zu verbinden und zu integrieren, generiert sie neue Ideen und nutzt die Erfahrungen ihrer Gesprächspartner. Ihr kompromisslos männlich-dominanter Politikstil setzt die notwendigen Grenzen.

2009 übernahm der Spitzenkandidat der CDU die Vertretung Sachsen-Anhalts im Bundesvorstand, und nach einem engagierten Wahlkampf konnte die CDU 2011 erneut einer Landesregierung vorstehen.

Dann eskalierte die Situation. Direkt nach der Regierungsübernahme durch die CDU war zunächst keine CDU-Frau mehr in der Führungsspitze. Selbst die Spitzenfrauen, die den Transformationsprozess Sachsen-Anhalts aus einem sozialistischen Staat in eine Demokratie mit soviel Sachkompetenz und Engagement mitgestaltet hatten, blieben unberücksichtigt. Und es fielen Worte von Spitzenpolitikern wie „Eierstockfraktion" und „hormongesteuerte Frau".

Gewählt wurde dann nach erheblichen Protesten schließlich eine Frau, weil, wie ein Fraktionär der Presse unverblümt diskreditierend mitteilte, „die nicht widerspricht".

In solchen Momenten steht die Frage im Raum, ob dies noch mit den Werten der CDU vereinbar ist, und ob man nicht aus der CDU austreten müsse. Wenn ich dann aber in der Frauen Union oder in meinen Ortsverbänden miterlebe, wie sich die Mitglieder uneigennützig für ihre Heimat engagieren, komme ich jedes Mal zu dem Schluss: Wieso sollen ausgerechnet wir austreten? Allerdings lassen mich solche Situationen innerlich nicht unbeteiligt. Ich habe mir daher angewöhnt, grundsätzlich insbesondere in solchen schwierigen Zeiten zunächst konstruktive Vorhaben umzusetzen und dann die notwendigen Schritte zu unternehmen, um die Angriffe abzuwehren. In den allerschlimmsten Zeiten habe ich mir Zeitvorgaben gesetzt, die ich für die unglaubliche Energieverschwendung des Ausgleichs von destruktiven Parteiaktionen einsetzen wollte.

Die Presse legte immer wieder den Finger in die Wunde und forderte Veränderungen. Aber niemand aus der CDU versuchte, die Krise zu managen. Niemand versuchte, die Glaubwürdigkeit der CDU wieder herzustellen, und mein Angebot, gemeinsam ein deutliches Zeichen für die Gleichberechtigung zu setzen, wurde ignoriert.

Einige Vorstandsfrauen forderten, dass der gesamte Vorstand zurücktreten solle. O. K., wenn denn alle bereit waren? Aber ich wollte es von jeder Frau persönlich wissen. Alle Vorstandsmitglieder erhielten die Nachricht, dass sie mir bis zum Abend ihre Bereitschaft zum Rücktritt persönlich mitteilen müssten.

Und dann sitze ich vor dem Telefon und warte. Ich denke an meine Vorstandsmitglieder. Ich habe großen Respekt vor der Lebensleistung dieser Frauen: Die fünfzigjährige Tochter, die neben dem Beruf ihre Eltern pflegt; die junge Frau, die sich beruflich qualifiziert und sich gleichzeitig in die politische Arbeit „einfuchst"; die Geschäftsführerin, die sich ein Unternehmen aufgebaut hat und trotzdem ehrenamtlich tätig ist; die Karrieristin, von der erwartet wird, dass sie uns „befriedet"; die Hausfrau und Mutter, die auf einmal mit viel Elan politische Verantwortung übernahm; die neue Kreisvorsitzende, die mit Feuereifer ihre neue Aufgabe in Angriff genommen hat. Und dann die Frauen, die schon sehr lange an verantwortlicher Stelle in der Kommune und im Landtag hervorragende Aufbauarbeit leisten und die doch so wenig Anerkennung erfahren haben. Und ich trage die Verantwortung, dass unsere gemeinsame ehrenamtliche Politik für sie nicht zur subjektiven oder objektiven Bürde wird. Würde ein Rücktritt ihre Arbeit diskreditieren oder würde die Parteispitze ihre Arbeit endlich anerkennen? Ich erhielt an diesem Abend nur zwei Anrufe. Das Signal meiner Mitstreiterinnen war deutlich: Wir bleiben am Ball.

Am nächsten Tag arbeitete ich ein Grundsatzpapier für „Gemeinsame Schritte für eine Gleichstellung in Sachsen-Anhalt" aus. In den folgenden Abstimmungsprozess brachten sich alle Frauen, die in der CDU Verantwortung trugen, ein; denn angesichts des weiblichen Supergaus waren auch die letzten Rechtfertigungsversuche von Parteimitgliedern, die zwischen persönlichen Schuldzuweisungen und Allgemeinplätzen rangierten, verstummt. Immer uns zur Seite mit Rat und weit über das Maß hinaus, dass wir bislang erlebt hatten, stand die Bundesvorsitzende der Frauen Union, Prof. Maria Böhmer. Sie war uns sprichwörtlich zu jeder Tages- und Nachtzeit eine kompetente Ansprechpartnerin, und auch der Bundesvorstand der Frauen Union stärkte uns den Rücken. Der Landesvorstand der Frauen Union legte das endabgestimmte Grundsatzpapier den Ministerpräsidenten und Landesvorsitzenden der CDU vor, die nach Einarbeitung ihrer Änderungswünsche zustimmten. Eine Stunde später wohnten sie der nächsten Abwahl von Frauen bei.

Ein Samenkorn war dennoch gelegt, und schließlich konnten wir, unterstützt durch den Geschäftsführenden Vorstand und den neuen Landesgeschäftsführer, das Grundsatzpapier beschließen und nachfolgend unser Personalentwicklungskonzept in einem breiten innerparteilichen Diskussionsprozess anreichern. Schließlich wurde es dem Landesvorstand der CDU zu Entscheidung vorgelegt. Für uns Frauen war das ein Déjà-vu-Erlebnis. Nur, dass die Störmanöver diesmal subtiler gewählt waren. So wurden Konzepte vorgelegt, die auf den ersten Blick nicht erkennbare Veränderungen natürlich zuungunsten der Frauenförderung enthielten. Aber auch wir Frauen hatten gelernt: 1. Erstmalig zogen alle Frauen am gleichen Strang. 2. Die Realität hatte die Wichtigkeit unserer Arbeit aufgezeigt. 3. Wir waren wachsam. Und das war auch nötig, denn bis zum Schluss wurden veränderte Konzepte vorgelegt, und so konnte erst in einer furiosen Sitzung des Landesvorstandes der CDU ein Konsenspapier verabschiedet und der Startschuss für eine Neuausrichtung der CDU Sachsen-Anhalts gegeben werden. Erste Erfolge sind zu verzeichnen.

Es bleibt aber den Leserinnen und Lesern überlassen, über die nachhaltigen Erfolge unseres eingeschlagenen Weges zu urteilen.

Mein Fazit nach 22 Jahren Frauenpolitik

Die Frau, deren Leben gerettet werden konnte, das Kind, das geboren wurde, die Frau, die ich darin unterstützen kann, aus dem Schatten zu treten – das sind meine Wege in der Politik, die ich weitergehen werde, weil sie Handlungsräume eröffnen für die Menschen in unserer Heimat. Und auf diesem Weg kann ich nicht überholt werden.

Katharina Landgraf

Das Tor zur Politik

Geboren am 24. Februar 1954 in Kirchengel, verheiratet, vier Kinder, 1972 Abitur, 1972–1976 Studium des Meliorationswesens an der Universität Rostock, Abschluss: Dipl.-Ing., 1976–1979 Ingenieur für Wasserwirtschaft und Umweltschutz im Braunkohlenkombinat Borna, 1980–1990 Mitarbeiterin in der LPG Pflanzenproduktion Wiederau-Zwenkau, 1988 Eintritt in die CDU in der DDR, Vorsitzende des neugegründeten Ortsverbandes Wiederau, 1990 Mitglied der Volkskammer/Mitglied des Deutschen Bundestages, 1991–1999 wissenschaftliche Mitarbeiterin der Konrad-Adenauer-Stiftung in Leipzig, 1999–2004 Mitglied des Sächsischen Landtages, 2005 wissenschaftliche Mitarbeiterin der Konrad-Adenauer-Stiftung, seit 2005 Mitglied des Deutschen Bundestages.

Mein Einstieg in die „große Politik" war spontan und nicht geplant

Das liegt über 22 Jahre zurück, am Beginn des Jahres 1990. Den konkreten Anlass dazu gab mein Ehemann Gerhard. Eigentlich sollte er zu den ersten freien Volkskammerwahlen für die CDU ins Rennen gehen. Aber ausgerechnet in dieser Zeit wählten die Mitglieder der landwirtschaftlichen Produktionsgenossenschaft Wiederau-Zwenkau ihn zum neuen Vorsitzenden. Zuvor hatten sie dem SED-Mann an der Spitze ihrer LPG kurzerhand das Vertrauen entzogen. Das war quasi die kleine friedliche Revolution in unserem Dorf, rund 30 Kilometer vor den Toren Leipzigs.

Niemand wusste damals, wie es mit der Genossenschaft weitergehen sollte. Da ging es uns nicht anders als den staatlichen Behörden in den Gemeinden und Landkreisen. In dieser Ratlosigkeit war uns nur Eines klar: Es gibt ab sofort unendlich viel Neues zu tun. Gerhard kapitulierte, als es darum ging, dass er neben seinem neuen Job noch ein Abgeordnetenmandat gewinnen sollte. „Katharina, das musst Du jetzt machen!" So oder ähnlich lautete damals die Familienmeinung.

Meine Auseinandersetzung mit der Politik

Meine Sensibilisierung für eine aktive Teilhabe an der Politik war damals schon gegeben. Die Leipziger Demonstrationen haben mich wie zehntausende andere

Menschen in ihren Bann gezogen. Bereits zuvor wühlte mich der Exodus von Freunden und Bekannten Richtung Bundesrepublik seelisch auf. Er nahm im Frühjahr 1989 dramatische Dimensionen an.

Der Evangelische Kirchentag der DDR in Leipzig im Juni `89 verstärkte zusehends unseren inneren Druck, tätig zu werden. Gleichzeitig wussten wir nicht, wie das geschehen sollte. Es wurde unendlich viel diskutiert, in der Familie, in der Verwandtschaft und in der Kirchgemeinde – beispielsweise über unsere Umwelt im Braunkohle-Tagebaugebiet rings um Leipzig oder über den Verfall in den Städten und Dörfern.

Politik war nicht erst seit dieser Zeit ein fester Bestandteil meines Alltags. Die permanente Auseinandersetzung mit der Situation in der DDR erlebte ich in unserer Familie von frühen Kindesbeinen an. Das ständige Eingreifen des Staates in unser Leben und unser Schaffen war prägend. Die Zwangskollektivierung unseres Bauernhofes wie auch die atheistische Bildung und Erziehung in der Schule mit all ihren Facetten und das gleichzeitige christliche Leben in Familie und in unserer Kirchgemeinde waren weite Spannungsfelder. Sie bestimmten nachhaltig meine persönliche Sicht auf Politik und Freiheit.

Die internationale Entwicklung zu Beginn der 1980er Jahre, insbesondere die eskalierende Rüstung in Ost und West, blieb nicht ohne Wirkung auf die Themen in unseren Kirchgemeinden. Unsere heftigen Diskussionen in den Familienkreisen um die Einführung des Wehrkundeunterrichts in den Schulen im Jahr 1978 sind mir heute noch tief im Gedächtnis. Die Antwort der evangelischen Christen auf die durchgreifende Militarisierung der DDR-Gesellschaft erhielt mit dem Symbol „Schwerter zu Pflugscharen" ein deutliches Erkennungszeichen, das in besonderer Weise die Friedensgebete in der Nikolaikirche zu Leipzig begleitete.

Immer stärker entfalteten sich die Debatten über den Zusammenhang von Frieden, Umwelt und Entwicklung. Trotz der Isolation, die durch Mauer und Stacheldraht zumindest räumlich und physisch gegeben war, wurden wir Christen aus der DDR-Provinz in die internationale Welt geführt. Das geschah im Jahre 1983 mit der Vollversammlung des Weltkirchenrates im kanadischen Vancouver. Obwohl damals die DDR-Delegation mit ihrem Vorschlag für ein „allgemeines christliches Friedenskonzil" gescheitert war, einigten sich die Teilnehmer dieser ökumenischen Weltversammlung auf den konziliaren Prozess gegenseitiger Verpflichtung auf Gerechtigkeit, Frieden und Bewahrung der Schöpfung. Diese Botschaft wurde zurück nach Deutschland getragen.

Unvergessen ist der Aufruf des Physikers und Philosophen Carl Friedrich von Weizsäcker auf dem Düsseldorfer Evangelischen Kirchentag 1985, ein christliches Friedenskonzil einzuberufen. Zwei Jahre später lud die Arbeitsgemeinschaft Christlicher Kirchen der Bundesrepublik zu einem Forum für Gerechtigkeit, Frieden und Bewahrung der Schöpfung ein. Das hatte es bis dato in der Bundesrepublik noch nicht gegeben. Auch die AG Christlicher Kirchen in der DDR startete im selben Jahr die Vorbereitung einer ökumenischen

Versammlung zum konziliaren Prozess, der zu einem zentralen Thema der traditionellen Friedensdekaden wurde. Kaum noch bekannt ist, dass die Ost-CDU damals ihre Mitglieder ermunterte, aktiv dabei zu sein. In meinem persönlichen Umfeld kannte ich Unionsmitglieder, die ihren christlichen Glauben lebten und sich für die Bewahrung der Schöpfung einsetzten. Das war schlussendlich im Jahre 1988 ein wichtiger Impuls, ebenfalls Mitglied der CDU zu werden und den Ortsverband Wiederau zu gründen.

Ein unerwarteter Wahlsieg und eine Niederlage

Der für viele Menschen in der DDR überraschende Wahlsieg der „Allianz für Deutschland" am 18. März 1990 öffnete für mich das Tor in die völlig neue und fremde Welt der tatsächlichen Demokratie. Die praktische Bedeutung des Wortes Demokratie kannte ich bislang nur in Ansätzen aus meiner evangelischen Kirchengemeinde sowie ein wenig auch aus dem bundesdeutschen Fernsehen. Meine kurzzeitigen Erfahrungen aus den 1980er Jahren im Gemeinderat unseres Dorfes, wo ich mit dem Mandat der Konsumgenossenschaft saß, waren keine Hilfe. Dort hatte ich mich um kommunale Randthemen wie das Schreiben der Dorfchronik, Baumpflanzaktionen und Verschönerungsarbeiten des Dorfes gekümmert. Anderes ließen die SED-Genossen im Ort und der „Rat des Kreises" ohnehin nicht zu.

In der erstmals frei gewählten Volkskammer der DDR begann für mich ein Leben im „Zeitraffer". In einem atemberaubenden Tempo verabschiedeten wir Gesetze und versuchten den Alltag in dem bankrotten Staat zu beherrschen. Die Hektik des Geschehens hatte damals die Menschen in Beschlag genommen. Alle waren höchst sensibilisiert für Veränderungen und für Neuanfänge. Nicht selten wollten sich auch Leistungsträger und Gefolgsleute des bisherigen Systems dieser neuen Situation stellen. Es gab mehr Akteure als Zuschauer, obwohl niemand so richtig wusste, wohin die Fahrt gehen wird. Drehbücher und Erfolgsrezepte für den Systemwechsel hatten wir nicht, auch nicht unsere Berater aus Bonn. Nur eines wurde immer stärkere Gewissheit: Die DDR dürfte bald Geschichte sein.

Als vierfache Mutter -- unser Jüngster war damals neun Jahre alt – war ich in diesen Turbulenzen des Jahres 1990 ganz froh, dass zuhause Gerhard und meine Eltern „alles im Griff" hatten und unsere bewährte, partnerschaftliche Großfamilie mir den Rücken für den neuen Volkskammer-Job frei halten konnte. Ohne einen solchen sprichwörtlichen Rückhalt dürften es „Familien-Frauen" – wie ich mich auch heute noch sehe – in der Politik zu jeder Zeit schwer haben.

So spontan wie mein Einstieg in die Politik erfolgte, so jäh endete meine erste Abgeordneten-Karriere bereits nach rund einem Dreivierteljahr: Zu den ersten Bundestagswahlen im vereinten Deutschland Anfang Dezember 1990 klappte es nicht mit meiner Kandidatur. Die Nominierung gewann für den damaligen

Wahlkreis bei Leipzig ein Mann: Rolf Rau, der damalige sächsische Landes-Vize der Union. Er war bekannter und erfahrener als ich. Damals setzte sich der Wahlkreis aus drei Landkreisen zusammen – mit drei CDU-Kreisverbänden. Jeder hatte natürlich den Ehrgeiz einen eigenen Kandidaten aufzustellen.

In der ersten freigewählten Volkskammer und im Übergangsbundestag saßen wir noch zusammen. Rau zog nun für uns in den Deutschen Bundestag nach Bonn und ich ging zur Konrad-Adenauer-Stiftung, half das Bildungswerk Leipzig aufzubauen. Es folgten acht Jahre des persönlichen Lernens und der politischen Bildung für andere, was mir auch beispielsweise als Stadträtin und ehrenamtliche stellvertretende Bürgermeisterin von Pegau sowie später als CDU-Stadt- und Kreisvorsitzende im Leipziger Land hilfreich war. Die Arbeit in der heimischen CDU waren für mich weder „Mühen der Ebene" noch eine „Ochsentour nach Oben". Es war vielmehr Lernen in der Praxis im besten Sinne. Als eine der stellvertretenden Landesvorsitzenden erlebte ich Kurt Biedenkopf und die Erneuerung der sächsischen Union. Ein Dauerthema und Aktionsfeld war die Frauen Union vor Ort und auf Landesebene – ebenfalls ein persönliches Neuland.

Mein Kapitel „Frauen Union"

Zur Gründung der gesamtdeutschen Frauen Union im Oktober 1991 in Bonn sollte ich als neue sächsische FU-Landes-Chefin binnen drei Minuten meinen wiedererstandenen Freistaat in Wort, Bild und Musik vorstellen. Das war nur im ersten Moment eine schwierige Aufgabe: Meine Wahl fiel auf Leipziger Motive, untermalt mit Musik von Johann Sebastian Bach. Die Fotos hatte mein Vater in der Katharinenstraße im Herzen der Messestadt im Jahre 1989 aufgenommen. Sie zeigten einerseits die sanierten Fassaden der prächtigen Bürgerhäuser und andererseits den sonst nicht sichtbaren Verfall der Rückfassaden und der Hinterhöfe. Das war gewissermaßen symbolisch für unsere damalige Situation in der DDR – für fast alle Lebensbereiche und nicht zuletzt im Blick auf das Thema Frauen in Politik und Gesellschaft.

Überrascht war ich ganz persönlich, dass damals viele West-Politikerinnen der Union in uns Ost-Frauen große Hoffnungen setzten, unsere Erfahrungen und Kenntnisse aus der beruflichen Tätigkeit und unserer Stellung in der Gesellschaft in das vereinte Deutschland einzubringen. Skeptisch hatte ich im Jahre 1990 während einer Tagung der Christlich-Demokratischen Arbeitnehmer auf den Rat der damaligen FU-Bundesgeschäftsführerin Ingrid Sehrbrock reagiert, in den neuen Ländern eine Frauen Union zu gründen. „Brauchen wir so etwas eigentlich?", fragte ich mich. Solche Gliederungen in der CDU des Ostens gab es bislang nicht. Außerdem schienen wir Frauen in der DDR-Gesellschaft besser aufgestellt zu sein. Unsere gefühlte Gleichberechtigung war stark ausgeprägt. Hinzu kam, dass bei den ersten Kontakten mit Akteurinnen der Frauen Union

Themen und Forderungen erörtert wurden, die in meinen Augen bereits als erledigt schienen. Zum Beispiel: die Angebote des Staates für eine umfassende Kinderbetreuung und damit die Vereinbarkeit von Familie und Beruf.

Unsere Position als Frauen in der Gesellschaft war auf den ersten Blick hin durchaus komfortabel: Die Gesetzeslage zur Gleichstellung schien in der auslaufenden DDR bestens zu sein. Eine Vielzahl von Verordnungen sicherte zumindest auf dem Papier unsere Emanzipation. In nahezu allen Unternehmen und staatlichen Einrichtungen hatte es beispielsweise „Frauenförderpläne" gegeben. Über deren Umsetzung musste die „staatliche Leitung" in der Regel einmal im Jahr zum Internationalen Frauentag, bekanntermaßen der 8. März, Rechenschaft ablegen. Dafür sorgten und darüber wachten angeblich die Einheitsgewerkschaft und die SED-Betriebsparteiorganisation.

Die durch den Staat festgelegte Förderung von Frauen brachte mit einem deutlichen „Zwang zum Ziel" scheinbare Ergebnisse: Es gab für Mädchen und Frauen gleiche Chancen beim Lernen, beim Studieren, bei der Berufsausbildung. Es gab für uns verkürzte Wochenarbeitszeiten sowie fünf Jahre früher Rente als für Männer und einen freien „Hausarbeitstag" pro Monat ohne Lohnkürzung.

Die „Gleichstellungs-Fassade" der DDR präsentierte sich ganz gut. Wie sah aber der Alltag dahinter aus? Frauen in Führungspositionen waren eher eine Seltenheit. Und wenn es einmal eine Chefin gab, so war dies zumeist verordnetet beispielsweise von der SED-Bezirksleitung. Die DDR war letztendlich eine staatliche und zentralistisch geregelte Quotengesellschaft. Das zeigte sich beispielsweise bei der Vergabe von Ausbildungs- und Studienplätzen. Die Mehrheit der Bewerber musste aus der Arbeiterschaft stammen. Und der geringere Teil durfte aus akademischen Kreisen kommen. Weitere wesentliche Kriterien für eine Frauen-Karriere waren das Wohlverhalten gegenüber Partei und Staat sowie die Mitgliedschaft in der SED. Wollte man da nicht mitmachen, bedeutete das in den meisten Fällen einen Karriere-Knick auf Lebenszeit.

Nach dem Beschluss der Volkskammer über den Beitritt zum Geltungsbereich des Grundgesetzes konnten wir unsere gewohnte Zwangsgesellschaft in der Vergangenheit zurücklassen. Der Übergang in das vereinte Deutschland schien in Sachen Gleichstellung der Frauen durchaus geglückt zu sein. Immerhin legte der Einigungsvertrag fest, dass der Gesetzgeber den Auftrag erhält, „die Gesetzgebung der Gleichberechtigung von Mann und Frauen weiter auszubauen" und „die Rechtslage unter dem Gesichtspunkt der Vereinbarkeit von Familie und Beruf zu gestalten".

Mit der Verfassungsreform von 1994 gab es einen wichtigen Schritt: Im Artikel 3 des Grundgesetzes hieß es fortan, dass der Staat die „tatsächliche Durchsetzung der Gleichberechtigung von Frauen und Männern" fördert und „auf die Beseitigung bestehender Nachteile" hinwirken soll. Das folgende „zweite Gleichstellungsgesetz", das im selben Jahr in Kraft gesetzt wurde, sicherte den Frauen größere Beschäftigungs- und Aufstiegsmöglichkeiten zu.

Alle diese neuen Regelungen für ganz Deutschland nahm ich mit Genugtuung auf. Bereits im Sommer 1990 war mir allerdings klar geworden: Wir Frauen im Osten sind in einer anderen Gesellschaft angekommen. Allein die neuen Erfahrungen in der veränderten Arbeitswelt und unsere Präsenz in der Politik mahnten tatsächlich zu mehr Frauen-Engagement.

In der Volkskammer stellten wir zwar mit Dr. Sabine Bergmann-Pohl die Präsidentin und zugleich das letzte Staatsoberhaupt der DDR, aber unser Anteil betrug in unserer Fraktion nur wenig über 15 Prozent. Mit knapp zwanzig Prozent waren wir Frauen in der Volkskammer etwas besser vertreten als im 11. Deutschen Bundestag mit knapp 17 Prozent. Unser Anteil in politischen Gremien – und nicht zuletzt innerhalb der Union auch in den neuen Ländern – wie auch unsere Stellung im Alltag ließen einfach zu wünschen übrig. Deshalb waren meine spontanen Bedenken zum Thema „FU" schnell verflogen.

Mit Hilfe von Rita Süssmuth, mit Ingrid Sehrbrock, der heutigen DGB-Vize-Chefin, und beispielsweise mit Annemarie Engelhardt aus Baden-Württemberg konnten wir in kurzer Zeit die Frauen Union auch in Sachsen aufbauen. Das liegt nun schon über zwei Jahrzehnte zurück. Arbeit für und mit den Unionsfrauen gibt es nach wie vor genug: Ungeachtet des geltenden Frauen-Quorums, das keine Erfolgsgarantie ist und lediglich eine „Sicherheitsleine" darstellt, wollen wir für eine stärkere Präsenz der Frauen in Politik und Gesellschaft sorgen. Wir müssen in den Gremien der Union eines besonders klar herausstellen: Starke und kompetente Frauen können Wahlkreise direkt gewinnen. Deshalb sollten wir das Mentoring-Programm der Frauen Union auch vor Ort in den Landesverbänden noch kompakter gestalten und umsetzen.

Nach reichlich sieben Jahren Lernen in der neuen ostdeutschen Praxis lockte mich erneut die Politik als hauptberufliche Aufgabe: Als CDU-Kreis-Chefin warf ich 1999 den Hut in den Ring und gewann die Nominierung für den sächsischen Landtag – gegen eine Abgeordnete, die seit 1990 das Mandat innehatte. Sie kam jedoch über einen guten Listenplatz erneut in das Parlament des Freistaates. Fünf Jahre später verlor ich meinerseits die erneute Nominierung für den Landtag gegen einen jungen Rechtsanwalt, denkbar knapp: 88 zu 89 Stimmen. Das war hart. Wieder einmal Abschied als Berufspolitikerin. Die neuerliche Unterbrechung – diesmal im Bildungswerk Dresden der Konrad-Adenauer-Stiftung – dauerte nicht einmal ein Jahr: Die SPD war Ende Mai 2005 plötzlich regierungsmüde geworden. Vier Wochen später stand die obligatorische Nominierung im Bundestagswahlkreis Leipziger Land auf der Tagesordnung. Das Bewerbungs-Duell mit einem altgedienten Landtagsabgeordneten aus der Großstadt Leipzig ging relativ klar an mich, wahrscheinlich auch wegen des Heimvorteils. Im Stadtkulturhaus von Borna sprachen mir insgesamt 187 Unionsleute das Vertrauen aus. Die beiden Mitbewerber bekamen 68 bzw. 4 Stimmen.

Mein Neuanfang auf Berliner Parkett

Der persönliche Neuanfang im 16. Deutschen Bundestag im Herbst 2005 brachte für mich viel Neues, zugleich spürte ich wieder den alten Handlungsdruck für „Frauen in der Politik". Das Bonner Wasserwerk von 1990 war längst tiefste Geschichte. Unendlich viele neue Gesichter musste ich im Plenarsaal und in den Gremien entdecken. Die Berliner Dimensionen der Bundespolitik sind inhaltlich und methodisch wesentlich anders, vor allem im Blick auf das Zusammenspiel zwischen den Akteuren der Politik und den Machern der öffentlichen Meinung. Beim Umzug vom Rhein an die Spree scheint manches „Stück guter Kultur des Umgangs miteinander" offenbar vergessen worden zu sein. Und: Der politische Alltag dauerte im geeinten Vaterland mittlerweile schon eineinhalb Jahrzehnte. Ostdeutsche waren schon längst keine „Parlaments-Exoten" mehr. Es gab auch nicht mehr solche Bemerkungen wie bei unserem Einzug ins alte Wasserwerk: „Jetzt kommen die Damen und Herren aus dem Katalog!" Die Anspielung auf unsere just beim Otto-Versand erworbene neue Kleidung war sicherlich nur der Versuch eines Scherzes von Abgeordnetenkollegen aus den alten Ländern. Aber es war auch ein Signal dafür, dass Äußerlichkeiten auch zum politischen Geschäft gehören. Unsere männlichen Kollegen fühlen sich nach wie vor – vorsichtig ausgedrückt – nicht so stark an äußerliche Kreativität gebunden. Umso einfallsreicher und rhetorisch blumiger sind oftmals ihre verbalen Äußerungen, auch in Fällen, wenn es eigentlich gar nichts zu sagen gibt. Die Mehrheit der Frauen unter den Abgeordneten spricht und arbeitet zielführender. Nur einige Wenige haben mit der Zeit das Sprachgebaren der männlichen Kollegen angenommen, vor allem in den „gemischten Sitzungsrunden". Das ist eine fraktionsübergreifende Situation. In der Gruppe der Frauen unserer Unionsfraktion gestaltet sich die Arbeit etwas anders – vor allem problemorientierter. Spannungsfelder tun sich da nur zwischen denjenigen auf, die schon mehrere Legislaturperioden das politische Geschäft mitgestaltet haben und dabei ihre ganz persönlichen Erfahrungen sammelten, und denen, die am Anfang einer Karriere stehen. Dass diese Kolleginnen hin und wieder einem jugendlichen Opportunismus verfallen, ist logisch und menschlich verständlich. Eine politische Katastrophe sieht jedoch anders aus.

Ein persönliches Resümee

Sieg und Niederlage sind in der Politik direkte Nachbarn. Das ist eine wesentliche Erfahrung meines Weges durch die Politik. Die Instrumentarien der Demokratie – Machtspiele inklusive – sollte man als Frau genau kennen wie auch bewusst und konsequent anwenden. Keinesfalls darf die innerparteiliche Demokratie unterschätzt werden, so zum Beispiel die Nominierung für ein Abgeordnetenmandat durch die Basis. Fehleinschätzungen können hier binnen Sekunden das Leben verändern. Deshalb sollte die Nominierung stets mit höchster Konzentration absolviert werden. Frauen-Netzwerke sind auch hier hilfreich. Sie können durchaus wirksamer und nachhaltiger sein als ein Quorum oder als irgendwelche andere Quotenregelungen.

In den zurückliegenden zwei Jahrzehnten hat die Politik in Deutschland optisch an Weiblichkeit gewonnen. Dass Spitzenämter in immer mehr Bundesländern von Frauen eingenommen werden, ist eine Tatsache, die schon lange nicht mehr mit Schlagzeilen in den Medien gewürdigt wird. Die Kanzlerschaft von Angela Merkel ist mit anhaltend guten Sympathiewerten in allen landläufigen Umfragen ausgestattet. Auch das ist eine Normalität unserer Tage – in der bisher schwersten Krise zu Friedenszeiten in Europa. Andere Fakten zeigen uns die zweite Seite der Medaille: Nur rund 14 Prozent der Direktmandate der Unionsfraktion haben Frauen inne. Der Frauenanteil in der Unionsfraktion liegt aktuell bei 18,5 Prozent. Im Vergleich zur Bonner Republik hat sich offenbar nicht allzu viel geändert. Die hinlänglich bekannten und alten Konstellationen müssen nachdenklich machen. Frauen für die aktive Mitarbeit in der Politik zu begeistern, scheint nach wie vor eine vordringliche Aufgabe zu sein. Erfolgsrezepte dafür habe ich nicht, zumal meine eigene Reise durch die Welt der Politik eher untypisch sein dürfte.

Den Frauen, die ein politisches Mandat anstreben, muss Eines besonders klar sein: Die Vereinbarkeit von Familie und Beruf ist für eine Politikerin immer eine mehrfache Herausforderung und ebenso schwer hinzubekommen wie in anderen Berufssparten. Es kommt – ohne übertreiben zu wollen – noch ein erschwerender Faktor hinzu: die permanente Öffentlichkeit. Das Dasein von Abgeordneten ist nichts anderes, als öffentliche Verantwortung zu übernehmen – in Vertretung für das Volk. Öffentliche Verantwortung wahrzunehmen und dabei auch noch Macht auszuüben, das ist immer ein Wagnis.

Kaum anderswo steht man so im Rampenlicht wie in einem politischen Amt. Das heißt zugleich, kein traditionelles Privatleben mehr zu haben und sich gegenüber den unterschiedlichsten Leuten zu rechtfertigen, weil Entscheidungen ihnen nicht in den Kram passen oder weil sie sich benachteiligt fühlen. Die eigene Familie muss bereit sein, die öffentlichen Reflektionen der Arbeit im Parlament und im Wahlkreis mitzutragen. In der heutigen Zeit der fast perfekten elektronischen Kommunikation darf man als Politikerin gegenüber unsachlichen verbalen – oftmals anonymen – Mail-Attacken nicht empfindlich sein. Die elektronischen Postsendungen von Privatpersonen und bekannten Internet-Portalen lassen einen erschreckenden Umgangston mit der Politik zu, der nicht selten persönlich verletzt. Frauen und Männer reagieren hier in der Regel verschieden, Erstere eher emotionaler, Letztere mehr rational. Die virtuelle Welt zwischen den Menschen und ihren politischen Vertretern hat es bei meinem ersten Einstieg in die Politik noch nicht gegeben, weil eben noch die technische Basis dafür fehlte. Erst mit der rasanten Entwicklung von „Social Media" und von diversen Internet-Portalen, die sich zumeist selbst zum Bindeglied zwischen Bürger und Politik erklären, bekam die Politikwelt neue Koordinaten der Wahrnehmung und der Transparenz. Wohin dieser Prozess führen wird, ob in Richtung einer tatsächlich bürgernäheren Politik oder zu einer heute noch völlig ungeahnten Situation, ist nicht absehbar.

Ständige Zweifel an der eigenen Arbeit im Parlament stehen so immer mit auf der Tagesordnung: Mache ich es richtig, wenn ich für Entscheidungen stimme, die dann als Bundesgesetze möglicherweise Gewohnheiten und bequeme Dinge unseres bisherigen Lebens abschaffen, weil der Staat dafür kein Geld mehr hat und er eigentlich pleite ist. Viel öfter würde ich lieber nur zuhören, länger über alles nachdenken, mit anderen Menschen über eine und meine Entscheidung sprechen. Doch sehr oft muss ich schnell einen Standpunkt finden, Entscheidungen treffen und diese zumeist noch verteidigen. Die Parlamentsarbeit im Zeichen der anhaltenden Schuldenkrise erreichte bei einigen Beschlüssen, beispielsweise zu Rettungsschirmen, zum Teil schmerzhafte Züge, vor allem, wenn Kritik mit persönlichen Angriffen verknüpft wird.

Für meine Bedenken und für die weniger guten Tage in der Arbeit als Politikerin habe ich einen Gegenpol: Das ist mein Glaube an Gott. Dieser Glaube drängt und bestärkt mich zur Verantwortung für die Gesellschaft, für den Nächsten, den ich zumeist nicht kenne. Zuversicht hole ich mir aus ganz reellen Wurzeln, die vom Glauben an Gott nicht zu trennen sind: Das ist meine Familie und die Kirchgemeinde. Dass ich mich für die Lösung der Probleme von anderen Menschen einsetze, das hat meine Familie immer mitgetragen und gefördert. Es helfen auch jetzt noch meine Eltern, wenn es in Haus und Hof etwas zu tun gibt, was ich selbst nicht leisten kann. Das partnerschaftliche Rollenspiel habe ich von ihnen frühzeitig gelernt, ebenso wie das Interesse für Politik. Die Familie gibt mir Halt. Allen neuen Aufgaben begegne ich deshalb auch aus familienpolitischem Blickwinkel. Die Familie ist letztendlich der Ursprung und das Fundament der Gesellschaft, die eine neue Kultur der Familienfreundlichkeit braucht, um eben diese Gesellschaft zukunftsfähiger machen zu können.

Eva Möllring

Wer kein Ziel hat, erreicht es nie

Geboren am 20. Mai 1955 in Hannover, verheiratet, drei Kinder, 1974 Abitur, 1974–1980 Studium der Rechtswissenschaften an der Georg-August-Universität Göttingen und an der Universität Genf, 1980–1982 Rechtsreferendariat und zweites Staatsexamen, seit 1982 Rechtsanwältin, 1985 Promotion zum Dr. jur., 1989 Eintritt in die CDU, 1991–2005 Mitglied des Kreistages Hildesheim, 1995–2003 stellvertretende Vorsitzende der Frauen Union Niedersachsen, 1996–2005 stellvertretende Fraktionsvorsitzende der Kreistagsfraktion der CDU, seit 1999 Mitglied des Bundesvorstandes der Frauen Union, seit 2001 stellvertretende Bundesvorsitzende der Frauen Union, 2002–2010 Mitglied im Rundfunkrat des NDR, seit 2003 Vorsitzende der Frauen Union Niedersachsen, seit 2003 Mitglied des Landesvorstandes der CDU Niedersachsen, 2005–2009 Mitglied des Landesverbandes der CDU Braunschweig und des Bezirksverbandes der CDU Nordost-Niedersachsen, 2005–2009 Mitglied des Deutschen Bundestages, 2009–2013 Stadtverbandsvorsitzende der CDU Hildesheim , seit 2010 Mitglied im Verwaltungsrat des NDR, seit 2011 Mitglied des Stadtrates Hildesheim.

Das politische Interesse und die 1968er Bewegung

Mein politisches Interesse hat sich aus dem Zeitgeist der 68er Bewegung entwickelt. Ich wuchs in einer Kleinstadt nahe bei Frankfurt auf, und zwar in einer neuen Reihenhaussiedlung, die hauptsächlich von Berufspendlern und ihren Familien bewohnt wurde. Ich besuchte das einzige große Gymnasium im Ort, das eher philologisch als mathematisch-naturwissenschaftlich orientiert war. Die Schulzeiten wurden zum Mittelpunkt der interessierten Jugend. Aus der Schülerschar bildeten sich Freundschaften, Cliquen und auch politisch interessierte Zirkel. Man kannte sich.

Durch die Universität Frankfurt fühlten wir die Studentenbewegung, die sich aufgrund der Großen Koalition 1966 entwickelte, als nahe Welle. Ich war knapp 13 Jahre alt. Der Protest gegen das Establishment, gegen Konformismus, gegen Eltern, die in der Nazizeit gelebt hatten, fand in meiner Generation große Beachtung. Er traf den Nerv unseres Jahrgangs, der sich gegenüber den Eltern und einer konservativ-verkrusteten Lehrerschaft abgrenzen wollte und ein eigenes Selbstbewusstsein (auch ein Modewort aus dieser Zeit) entfaltete. Da kam es gerade recht, dass die Kriegsgeneration plötzlich pauschal als mitschuldig und scheinheilig gebrandmarkt wurde und die Jugend sich als unschuldige, neue Generation nicht mehr an alte Werte gebunden fühlte, stattdessen provozierende Kleidung trug, eigene Maximen entwickelte und rauchte. Das politische Grundthema – nämlich die Außenpolitik der USA und die Innenpolitik der Großen Koalition – nahmen wir zwar wahr, aber wir hatten noch nicht den Hintergrund, um uns damit inhaltlich seriös beschäftigten zu können.

Vielmehr stellten wir fest, dass unsere Lehrer sich durch den Zeitgeist von autoritären Anzugträgern zu echten Gesprächspartnern entwickelten. Die antiautoritäre Pädagogik von Summerhill fesselte uns als krasser Gegenentwurf zu dem kategorischen Schulalltag, den wir kennen gelernt hatten. Erste Schülervertretungen wurden gegründet. Es gab plötzlich Klassensprecher. Wir organisierten eine kleine Demonstration im Ort für eine bessere Unterrichtsversorgung. Und wir begannen, uns in Organisation und Inhalt von Unterricht einzumischen. Das war vorher undenkbar gewesen. Wir hörten Joan Baez und trugen militärische Taschen und Parkas. Wir lehnten Krieg kategorisch ab, entdeckten die Benachteiligung von Frauen und fühlten uns von Massenmedien und Werbung manipuliert. Es war eine hochemotionale Zeit, in der sachliche politische Überlegungen wenig Platz fanden.

Dann kam der 2. April 1968. Im Kaufhaus Schneider auf der Frankfurter Zeil wurden nachts mehrere Brandsätze mit Zeitzünder entzündet. Zwar wurden keine Menschen verletzt, aber Schneider war ein viel besuchtes, großes Stoffgeschäft mit Textilien für den allgemeinen Bedarf. Es handelte sich um eine der ersten politisch motivierten Brandstiftungen von späteren Mitbegründern der RAF. Unmittelbar vorher war der „politische Racheakt" ankündigt worden. Wir hatten alle schon bei Schneider eingekauft und spürten die wahllose Gefahr für unschuldige Mitmenschen. Für mich begann eine Phase der Skepsis und Kritik, die sich durch den beginnenden Drogenhandel an der Schule verstärkte.

Neben grundsätzlichen Auseinandersetzungen beschäftigte uns weniger die Tagespolitik als vielmehr der Einfluss von Massenmedien und Werbung, Konsumorientierung, Materialismus, gruppendynamisches Verhalten, die Benachteiligung von Frauen, die Überwindung von eingerosteten Konventionen und philosophische Fragen. Das zog sich quer durch den Unterricht. In der Abgrenzung gegenüber extremen Mitschülerinnen und Mitschülern wog ich zunehmend unterschiedliche Argumente ab und entwickelte unbekümmert eigene Standpunkte. In unserem Jahrgang musste man „Das Kapital" – möglichst gemeinsam – in Ausschnitten lesen. Aber man konnte das neue kritische Bewusstsein auch in diese Richtung anwenden. So entwickelte ich eine emanzipatorisch-kritische Grundhaltung, die mich auch später in allen meinen politischen Funktionen begleitete, besonders in der Frauenpolitik.

Politik in meinem Elternhaus

Mein Elternhaus beobachtete Politik und wählte wechselnd bürgerlich. Aktives Engagement galt nicht als besonders sinnvoll oder würdevoll. Die berufliche Karriere meines Vaters hatte stets Priorität, gefördert von meiner Mutter, die sich dieser Idee weitgehend unterordnete.

Später sollte sie mir vorwerfen, dass ich mir im Gegensatz zu meinem Mann eine Promotion erlaubt hatte und noch auf dem Sterbebett ermahnte sie mich, meine Ambitionen zurückzuhalten und ihn zu unterstützen, damit sein Stern hell leuchte.

Parteipolitik wandte sich damals nicht an Jugendliche. Lebens- und Berufserfahrung galt als Grundvoraussetzung für politische Autorität. Ich besuchte zwei-, dreimal einen Gesprächskreis junger Liberaler. Ansonsten erlebte ich Parteipolitik in unserer Kleinstadt nur auf Plakaten vor Wahllokalen sowie durch kategorische Diskussionen in Zeitung und Rundfunk. Die CDU war die Partei Alfred Dreggers, der von unserem Lebensgefühl Lichtjahre entfernt war. Das galt aber auch für die anderen Parteien.

Mein erstes politisches Engagement

Nach dem Abitur begann ich 1974 ein Jurastudium und wählte den Studienort Göttingen, wo ich mich sofort wohl fühlte.

Gleich im ersten Semester erlebte ich eine stürmische Begrüßung der neuen Studenten im Audimax durch Vertreter des RCDS, die ihr Programm vorstellten und zu einer Podiumsdiskussion mit Kurt Biedenkopf einluden. Ich war von der Aktivität der Studenten begeistert, schloss mich der Gruppe an und kandidierte kurze Zeit später für mehrere Gremien, in denen Studenten Mitspracherecht hatten. Tatsächlich wurde ich auch gewählt, was mich selber am meisten überraschte. Aber ich war als quirlige junge Frau offenbar aufgefallen und hatte auch zahlreiche Flugblätter verteilt. Insofern hat mir mein Geschlecht an dieser Stelle wohl geholfen. Die anderen Studentenvertreter waren alle männlich.

In den Uni-Gremien wurde ausschließlich Fachschafts- und Hochschulpolitik besprochen, was mich damals auch vorrangig interessierte. Allgemeinpolitische Fragen oder Frauenpolitik spielten kaum eine Rolle. Aber ich hatte durchaus erste Erfahrungen mit Nominierungen, Wahlkämpfen und der Arbeit in Gremien gemacht, in denen ich unbekümmert meine Meinung vertrat. Diese Phase endete nach zwei, drei Jahren mit einem Auslandsstudium und der Examensvorbereitung.

Zwischenzeitlich hatte ich meinen späteren Mann kennen gelernt, der als Nachrücker in den Stadtrat gekommen war. Mit ihm besuchte ich zum ersten Mal kommunalpolitische Aktionen, Wahlkämpfe, Redeveranstaltungen auf dem

Marktplatz, Ortsratssitzungen und kollegiale Abendveranstaltungen. Ich wurde als Anhängsel-Freundin registriert und konnte mich mit diesen Altherrenrunden nicht identifizieren. Verwaltungsrecht hatte mir schon im Studium einen vagen Eindruck gemacht und Lokalpolitik in dieser fremden Stadt erschien mir wie ein Sturm im Wasserglas. Also konzentrierte ich mich lieber auf die Referendarzeit und die anschließende Promotion.

Der Einstieg in die Politik

Mit 31 Jahren erwartete ich mein drittes Kind. Nach der Promotion hatte ich ein eigenes Rechtsanwaltsbüro eröffnet, mit dem ich die Familienzeit sinnvoll überbrücken wollte. Gleichzeitig starteten meine Kommilitonen unabhängig von den Examensergebnissen in größeren Kanzleien mit ausgedehnten Arbeitszeiten und angestammten Mandanten beruflich durch. Bei anderen Müttern brachte mir die Kombination von Familie und Büro Unverständnis ein. Da erschien mir die Forderung der Hausfrauengewerkschaft nach einem Facharbeitergehalt für erziehende Mütter einleuchtend. Ich schloss mich der Gruppe an und erlebte erste politische Veranstaltungen von Frauen – auch einen Redeeinsatz von Birgit Breuel, damals Finanzministerin in Niedersachsen, und einen Besuch beim Europäischen Parlament in Straßburg. Es war sehr inspirierend.

Seit dem Essener Parteitag 1985 äußerte sich zunehmend eine neue Stimme aus den Reihen der CDU: Rita Süssmuth. Ich nahm wahr, dass diese Partei nicht nur aus älteren Herren bestand, sondern – vorsichtig aber bestimmt – nun auch Ansichten und Anliegen von Frauen eine Rolle spielten, u. a. Aufsehen erregende Gedanken zu § 218 StGB. Weihnachten 1989 war es so weit. Ich beschloss in der Weihnachtszeit, in diese Partei einzutreten.

Gleichzeitig engagierte ich mich im Kindergarten und wurde zur Elternsprecherin in der Schule bestimmt.

Warum bin ich nun gerade in die Christlich Demokratische Union eingetreten? Sicherlich nicht auf religiösem Weg. Die spezifische religiöse Einstellung ist für mich individuelle Privatsache und sollte nicht als Monstrum auf der Pflichttagenda einer Partei stehen. Das würde meiner Ansicht nach die Offenheit und Toleranz der Partei eher einschränken. Religiöse Werte sollten sich allerdings im Fundament widerspiegeln und ständig im Diskurs stehen.

Ich dachte, ich würde die Partei wählen, mit der ich mich – trotz kritischer Punkte – noch am ehesten identifizieren könne. Das konnten nicht die Sozialdemokraten sein, weil ich fand, dort schufen sich Funktionäre auf dem Rücken der ärmeren Bevölkerung mit Tränenspuren ein angenehmes Auskommen und öffentliche Ämter. Den Grünen konnte ich nicht beitreten, weil Umwelt und Tiere für mich nicht die erste Rolle spielten, sondern immer die Menschen. Die Freien Demokraten waren mir zu abgehoben. Also blieb die CDU, wenn ich mich denn überhaupt einer Partei anschließen wollte, was kein einfacher Schritt war. Aber der Reiz, in so einer großen, meinungsbildenden Gruppe mitzumachen, überwog.

Später wurde ich mir klar darüber, dass es ein tieferes inneres Bekenntnis zu zwei grundsätzlichen Punkten war: Nämlich zur Leistungsbereitschaft von allen Menschen und im Gegenzug zur Pflicht des Staates, diese Leistung und die individuelle, positive Entfaltung der einzelnen Bürgerinnen und Bürger zu unterstützen. Natürlich im Kontext mit einem gedeihlichen gesellschaftlichen Zusammenleben. Das fühlte ich in der CDU als Glaubensgrundsatz verborgen. Auch wenn ich heute – speziell im Rückblick auf meinen eigenen Lebenslauf – nicht so sicher bin, dass die Partei das noch fortlaufend im Kopf hat und wirklich daran arbeitet, diese Gedanken im Einzelnen umzusetzen.

Ein halbes Jahr später folgte ein neuer Schritt: Ich wurde gefragt, ob ich meinen Namen für die Kreistagsliste „zur Verfügung stellen" wolle. Ich befasste mich mit der Idee, stimmte zu und bekam den aussichtslosen Platz 6. Obwohl die Sache für mich erledigt war, informierte ich mich in einer Frauenrunde über Kommunalpolitik. Bei der Wahl bekam ich so viele Stimmen, dass wir erstmals einen dritten Platz gewannen (meinen). Ich sollte plötzlich in jedem Ausschuss mitarbeiten, verwies aber auf meine drei kleinen Kinder und begnügte mich mit zweien. Die Enttäuschung folgte auf dem Fuß: Ich dachte, mein Mann würde sich nun an der Familienarbeit beteiligen und mich wenigstens stundenweise freistellen. Aber er erklärte, dass dieses Mandat nun wirklich nicht so wichtig wäre wie seine Arbeit. Ich bat die Nachbarkinder um Babysitting. Dafür gab es vom Landkreis immerhin einen Kostenersatz. Allerdings dachten die Nachbarkinder nicht immer an ihren Einsatz und besonders meine vierjährige Tochter maulte gerne mal.

Ich hielt durch, erst beobachtend, dann sicherer. Geholfen haben mir Verabredungen mit den neuen Kolleginnen, uns jeweils zu unterstützen und meine Bereitschaft, die Arbeit zuverlässig auszuführen. Ich betrieb Personal-, Schul-, Kultur-, Sport- und Haushaltspolitik, avancierte zur Ausschussvorsitzenden und zur stellvertretenden Fraktionsvorsitzenden. Die Arbeit begeisterte mich zunehmend, auch weil sie so abwechslungsreich war. Mein Einsatz als Schul- und Kulturausschussvorsitzende führte mich durch den ganzen Landkreis und zu vielen örtlichen Veranstaltungen, und meine Debattenbeiträge gegenüber den anderen Fraktionen wurden geschätzt. Ich blieb 14 Jahre lang Kreistagsabgeordnete und erzielte immer wieder Top-Wahlergebnisse. Jedoch sollte ich mir nicht noch höhere Positionen einbilden, denn mein Mann sei schließlich Fraktionsvorsitzender in der eingemeindeten Stadt Hildesheim. Das bekam ich immer wieder zu hören.

Dann wurde ich gefragt, ob ich für den Landesvorstand der Frauen Union kandidieren wolle (als Stellvertreterin). Das wollte ich eigentlich nicht, aber es war eben ein Feld, wo ich unabhängig von meinem Mann agieren konnte. Also sagte ich zu.

Parlamentarische Politik

2003 übernahm ich den Vorsitz der Frauen Union in Niedersachsen. Dieses Amt hatte ich niemals angestrebt, aber nachdem ich in der allgemeinen Politik immer wieder an die gläserne Decke gestoßen war, griff ich zu. Und es machte mir viel mehr Spaß als erwartet. Es war ein ganz neues, angenehmes Gefühl, die Dinge als Vorsitzende wirklich durchziehen zu können. Ich organisierte zahlreiche Veranstaltungen, entwarf eine Homepage, gründete verschiedene Netzwerke, gab Pressemitteilungen zu diversen Themen heraus, sowie eine Chronik und ein Buch über CDU-Frauen ... Inzwischen war ich auch zur stellvertretenden Vorsitzenden der Bundes-Frauen Union gewählt worden, wo ich mehrere Papiere verfasste.

2005 bot sich mir eine neue Chance. Durch die vorgezogene Bundestagswahl hatte der Nachbarwahlkreis noch keinen Kandidaten gefunden. Ich stellte mich vor und gewann die Zustimmung eines der beiden Kreisverbände, in dem eine Frau Vorsitzende war. Dafür lehnte mich der andere Kreisverband ostentativ ab und stellte drei Konkurrenten auf. Mit viel Kraft, Einsatz und Schlagfertigkeit habe ich die Wahl mit „meinem" Kreisverband in einem riesigen Schützenfestzelt gewonnen. Der andere Verband konnte mir diese Schmach nicht verzeihen, auch nicht nach vier Jahren Einsatz vor Ort im gesamten Wahlkreis. Er ersetzte mich in der nächsten Wahlperiode durch eine örtliche Kandidatin.

Thematisch war ich mir im Bundestag treu geblieben. Ich kämpfte im Ausschuss für die Rechte und Chancen von Frauen und war als zuständige Berichterstatterin eine Protagonistin des Themas „Frauen in Führungspositionen". Das gefiel nicht allen Herren in der Fraktion, noch weniger als das neue Elterngeld und der Ausbau der Krippenplätze. Es gab auch Gewissensentscheidungen, die mir schwer fielen, nämlich alle militärischen Einsätze, über die Jahr für Jahr abgestimmt werden musste. Außerdem konnte ich dem neuen Unterhaltsrecht nicht zustimmen, hatte sogar monatelang für eine andere Regelung für die Frauen gekämpft – leider ohne Erfolg. Sowohl die Bundesgerichte als auch die Medien standen auf der anderen Seite.

Insgesamt wurde nicht unbedingt Wert darauf gelegt, dass „einfache Abgeordnete" bei den aktuellen politischen Fragen mitdachten. Wenn sie es taten, produzierten sie regelmäßig viel Papier für den Abfall. Die Meinungsbildung fand unter den Amtsinhabern statt. Schon mit Informationen ging man untereinander zurückhaltend um.

Auf der neuen Bundestagsliste in Niedersachsen endeten die Frauenplätze vorzeitig. In einer aufgewühlten Listendiskussion setzte ich mich dafür ein, das Quorum über Platz 15 hinaus satzungsgemäß fortzuführen, obwohl es keine weiteren weiblichen Wahlkreiskandidatinnen gab. Alle Kandidaturen wurden abgeschmettert. Leider haben sich die meisten weiblichen Delegierten in dieser Diskussion vornehm zurückgehalten.

Ein neuer Anlauf

Nachdem ich 2009 mein Bundestagsmandat verloren hatte, wollte ich mich erst einmal ausruhen und dann freiberuflich tätig werden. Aber in Hildesheim wurde der Vorsitz des CDU-Stadtverbandes frei. Der ambitionierte Mann stieß auf Vorbehalte. So fragte mich jemand, ob ich Interesse hätte, was mich wirklich überraschte. Denn mein Mann war inzwischen Minister und so gab es auch mir gegenüber Vorbehalte. Vorsichtig streckte ich meine Fühler aus, um herauszufinden, ob ich überhaupt mit Unterstützung rechnen konnte. Es war ein offenes Rennen und mein Konkurrent aktivierte lang vertraute Befürworter, um für ihn zu werben. Tatsächlich ergab sich dann bei der Wahl eine 60-prozentige Mehrheit für mich.

Der unterlegene Kandidat erklärte seine Loyalität, griff mich allerdings zwei Jahre später bei der Wiederwahl prompt wieder an, was sich in der Folgezeit noch verschärfte. Ich hatte viel Freude an der neuen Aufgabe gefunden und spürte auch Zustimmung. Da wir dem Kreisverband unterstehen, haben wir mit 660 Mitgliedern kein eigenes Büro, so dass die gesamte inhaltliche und organisatorische Arbeit auf meinen Schultern ruhte. Ich konzipierte eine aktuelle Homepage, band per Post und Email Mitglieder ein, veranstaltete diverse Diskussionsabende, schrieb in Abstimmung mit interessierten Mitgliedern das Wahlprogramm, besprach die Listenaufstellung mit den Verantwortlichen, organisierte mit einer äußerst aktiven Mitstreiterin den Kommunalwahlkampf, „erfand" ein neues großes Fest und gründete ein Presseteam.

Daneben besuchte ich zahlreiche Treffen vor Ort. Deshalb hörte ich auf meine eigene Einschätzung und bat selbstbewusst um meine Wiederwahl. Der Konkurrent lenkte seinen Widerstand in eine kritische Sachdiskussion gegenüber dem amtierenden Bundestagsabgeordneten um, und ich wurde bestätigt. In dieser Phase erlebte ich nur von wenigen Parteimitgliedern echte Unterstützung, sondern stattdessen war ich plötzlich von „gut meinenden Zweiflern" umgeben.

Die Kommunalwahl war angesichts unserer unsicheren Gesamtsituation ein bemerkenswerter Erfolg, indem wir einen leichten Zugewinn verbuchen konnten. Allerdings wurde dies von keinem anderen Funktionsträger ausdrücklich zur Kenntnis genommen – schon gar nicht durch eine öffentliche Erklärung. Ich war nunmehr Ratsmitglied, übernahm den vakanten stellvertretenden Fraktionsvorsitz und wurde Ausschusssprecherin.

Wenige Monate später erklärte mein Mann den Verzicht auf eine erneute Landtagskandidatur (nach 21 Jahren). Der Stadtverbandsvorstand fragte nach Alternativen und ich erklärte mein Interesse, was in der Sitzung recht positiv bewertet wurde. Doch nach einer Woche schlug mein ehemaliger Gegenkandidat einen befreundeten Ratsherrn vor. Es sei unerträglich, dass eine Ehefrau ihrem Ehemann folge, ihn also beerbe. Ich erfuhr von der Kandidatur durch eine Anfrage der Zeitung, der eine Pressemitteilung vorlag. Mit dem Ratskollegen hatte ich vorher gesprochen und er hatte mich noch um Unterstützung für zwei andere Ämter gebeten, so dass mich die Offensive von hinten ins Mark traf.

Es folgten sechs Wochen der menschlichen Enttäuschungen. Ganz offen wurde erklärt, dass ich sachlich die bessere Kandidatin sei, weit mehr Erfahrung hätte und sicherlich auch einen besseren Listenplatz bekäme. Aber nach den vielen Jahren, in denen mein Mann in Hildesheim seine Macht unvermindert ausgeübt hätte, wolle man nicht auch noch seine Ehefrau – quasi als Verlängerung. Überhaupt erschien vielen eine Frau in diesem hauptamtlichen Feld eher als Zweitbesetzung.

Einige schleuderten mir diese Argumente klar und deutlich entgegen, meist unter dem Deckmantel, dass andere damit an sie herangetreten wären und deshalb mein Wahlerfolg zweifelhaft sei. Andere erklärten mir, ich solle den Kampf um die Kandidatur nicht auf die leichte Schulter nehmen. Sie selber seien natürlich wohlmeinend, aber sie wollten mich warnen, dass andere entschlossen gegen mich mobilisieren würden. Ich bekam ungefragt die unterschiedlichsten, teilweise widersprüchliche Ratschläge, die allesamt bedenklich und negativ formuliert wurden. Nur wenige Parteifreundinnen und noch weniger Parteifreunde verhielten sich konstruktiv oder gar ermutigend.

Meine privaten Freundinnen und Freunde äußerten ihr Unverständnis bzw. verhielten sich gleichgültig gegenüber der Kandidatur. Eine entschuldigte sich für den Abend, da sie an dem Tag an die Ostsee fahren wolle, bat aber um kurzfristige Mitteilung per SMS, damit sie eine Flasche Sekt köpfen könne. Und so sagten viele ab. Mein Mann hatte gleich zu Beginn geunkt, man wisse ja gar nicht, ob mich die Partei aufstelle und dann seinen alltäglichen, politischen „Rund-um-die-Uhr-Einsatz" unverändert fortgeführt, ohne auch nur ein Wort über meinen „Vorwahlkampf" zu verlieren. Auf meine Bitte versprach er zwar, ihm bekannte und befreundete Parteimitglieder anzusprechen. Dies unterblieb aber, selbst als einige sich gegen mich positionierten. Ich habe dann selber zahlreiche Gespräche geführt und um Unterstützung gebeten.

Es war nicht einfach, diesen Nervenstress durchzuhalten und so war ich ganz zufrieden, dass ich am Wahlabend positiv und ruhig gestimmt war. Allerdings erreichte ich dann doch nur 40 Prozent der Stimmen. Die Presse sprach von einer herben Niederlage. Seltsamerweise überfiel mich unverzüglich eine Welle der Befreiung von Pflichten und Erwartungen. Als ob mir ein offener, freier Weg für eine neue selbstbestimmte Aktivität eröffnet worden wäre. Ich war durchströmt von einer neuen Chance, selber zu wählen, wofür ich mich fortan einsetzen wolle und womit ich meine Zeit nicht belasten müsse.

Geschlechtsspezifische Unterschiede

Ehrlich gesagt: Ich glaube nicht, dass Frauen in der Politik strukturell sachlicher agieren oder dass sie mit Macht schonender umgehen würden. Frauen können sich in der heutigen Situation einfach weniger Befindlichkeiten und Eitelkeiten erlauben als Männer, die sich im großen Karpfenteich hervorheben wollen – auch, um für die nächsten Karrierestufen ins Auge zu stechen. Frauen kämpfen heute noch gegen eine übermächtige Konkurrenz um Positionen und anschließend gegen den Abstieg. Nur ganz wenige erklimmen mit eisernem Ehrgeiz höchste Posten. Mehrere werden von Drahtziehern auffällig in Stellung gebracht, allerdings meistens ohne großen Einfluss ausüben zu können und zu sollen. Diese Situation ist nicht auf Politik begrenzt, sondern findet sich in der Wirtschaft und in den Medien verschärft wieder.

Es ist schwer zu beurteilen, wie die Verhaltensweisen sich entwickeln würden, wenn die Frauen in der Mehrheit wären. Allerdings halten sie sich auch in paritätisch besetzten Gremien mit Redebeiträgen eher zurück und formulieren kürzer und vorsichtiger. Auch verzichten sie oft darauf, als Ideengeberin zu firmieren. Damit ein Vorschlag ernst genommen wird, weihen sie manchmal männliche Mitstreiter im Vorfeld ein, so dass dieser den Gedanken ungeniert als eigenes Werk in den Raum stellen kann und durchsetzt. Den Frauen ist in der Regel der Erfolg ihres Anliegens wichtiger als das damit verbundene Ansehen ihrer eigenen Person – was sich natürlich negativ auf die weitere Karriere auswirkt. Anderseits würde ihnen im umgekehrten Fall Angeberei angelastet werden, was sich nicht nur negativ, sondern wahrscheinlich tödlich auswirken würde.

Die politische Kommunikation von Frauen und Männern ist fundamental unterschiedlich. Die Neigung von Frauen, auf staatstragende rhetorische Formulierungen und Gesten zu verzichten und lieber sachlich-konstruktiv zu reden, wird ihnen leicht als Schwäche ausgelegt, auch wenn dies bei weiblichen Zuhörerinnen besser ankommt. In Diskussionen fällt man ihnen gern ins Wort bzw. fordert sie auf, sich kürzer zu fassen, insbesondere nach längeren Beiträgen von männlichen Kollegen. Überhaupt werden ihre Argumente gern übergangen. Regelmäßig ist zu beobachten, dass während ihren Diskussionsbeiträgen – auch wenn sie Sitzungen leiten – ein Quasseln einsetzt. Nur in Ausnahmefällen werden ihre Leistungen lobend hervor gehoben, während die „Kumpels" gern und häufig namentlich erwähnt werden. Die Summe dieser kleinen Differenzen wirkt sich dann bei Nominierungen deutlich aus.

Mentoring und Unterstützung gibt es inzwischen unter Frauen, wenngleich noch zu wenig, zumal auf diese Weise selten kurzfristig schnelle Mehrheiten zu erzielen sind. Oft wägen Frauen dagegen ab, inwieweit es ihrem eigenen Ansehen schadet, wenn sie sich offensiv für Frauen einsetzen – leider nicht ohne Grund. Ein kurzer Rock und charmantes Bierholen kommt bei den meisten Herren meistens besser an – übrigens unabhängig vom Alter.

Parteiübergreifend verstehen sich Frauen oft gar nicht schlecht, zumal sie in ihren Parteien mit ähnlichen Schwierigkeiten zu kämpfen haben. Auch die Themen, die sie weiterhin bevorzugt besetzen und nach vorn treiben, finden manchmal mehr Anklang bei den Konkurrentinnen als bei Parteifreunden.

Trotzdem kommt es dann selten zu überparteilichen Aktivitäten oder gar Mehrheiten, weil das intern als Verrat gewertet würde.

Viele Frauen vermissen in der Politik persönliche Zustimmung und Anerkennung. Das Dilemma besteht darin, dass sie weniger beachtet werden, obwohl ihnen Akzeptanz und freundliches Verhalten noch viel wichtiger sind als den männlichen Mitstreitern. Bei einer persönlichen Würdigung würde eine Frau im Einzelfall durchaus bereit sein, auf ein Amt oder ein Anliegen zu verzichten, während für den Mann nur das Resultat zählt. Der Schmerz über fehlende Empathie erwischt Frauen im politischen Geschäft immer wieder. Anderseits zerschlagen sie auch manchmal Porzellan, indem sie übermäßig kommunizieren, während Männer politische Konstellationen wortlos hinnehmen.

Attraktives Aussehen, gewählte, passende Kleidung und eine gute Frisur werden von Frauen erwartet, von Männern nicht unbedingt. Allerdings bietet das Styling auch eine Chance, sich positiv hervorzuheben – eher Damen als Herren.

Persönliche Lebensbilanz

Ich wünsche mir eine Politik, die gleichberechtigt und mit gleicher Stärke von Frauen und Männern gestaltet wird. So selbstverständlich sich das anhört, so utopisch erscheint es heute noch. Sowohl die politische Agenda als auch der Stil der Debatten würden sich meiner Ansicht nach entscheidend ändern. Da die Medien heute selbstverständlich als Keilriemen und Motor fungieren, wäre allerdings der Einfluss nur gesichert, wenn Frauen auch dort paritätisch mitbestimmen würden. Leider muss ich feststellen, dass dieses urdemokratische Anliegen zurzeit wie ein ermüdeter Dinosaurier am Boden liegt, teilweise als altmodisch belächelt, teilweise als überholt deklariert: „Frauen haben doch heutzutage alle Chancen – die wollen einfach nicht." Und die Kämpferinnen von früher haben resigniert. Obwohl der entscheidende Durchbruch eben zu keinem Zeitpunkt erreicht wurde.

Persönlich habe ich zwei Prinzipien: Ich denke lieber selber, als auf Zeitungsmeldungen aufzuspringen, und ich schmücke mich nicht eloquent mit fremden Federn, sondern sage gern, was ich denke. Beides hört sich edel an, ist aber für den politischen Erfolg grundfalsch. Leider. Das mag auch ein Preis für unser demokratisches, mediales System sein. Wir sind heute mehrheitlich nicht mehr in der Lage, Leistung und Einsatz zu beurteilen und schätzen beides auch nicht mehr angemessen. Es geht nicht mehr um die Fähigkeit, Probleme für alle zu lösen, und Ehrlichkeit im Umgang mit Wählern. Es geht um pauschales Misstrauen in regierende Personen und den verzweifelten Versuch, das Unverständnis durch unbedarfte Mitspieler aufzubrechen, die unkompliziert wirken und nett reden können. So stiegen Piraten in ungeahnte Höhen. Nach dem Riesenjubel um einen jungen Kometen Guttenberg folgte dann der Katzenjammer.

Jungen politisch engagierten Frauen gebe ich den Rat, neben anderen Tätigkeiten dran zu bleiben – in welcher Form auch immer. Gerade frühe Netzwerke sind Gold wert und können sich nicht genug verzweigen. Es lohnt sich für das ganze Leben, gute Kontakte rechtzeitig zu vertiefen und lebendig zu erhalten. Und es ist essentiell, eigene Strategien für ein Jahr, fünf Jahre und zehn Jahre zu entwerfen, selbst wenn man sie immer wieder ändern muss. Wer kein Ziel hat, erreicht es nie. Zufällige Erfolge sind in der Politik äußerst selten.

Christa Reichard[*]

Eine politische Tätigkeit erfordert Opferbereitschaft

Geboren am 20. Mai 1955 in Dresden, verheiratet, drei Kinder, 1961–1969 Besuch der Polytechnischen Oberschule, 1969–1971 Besuch der Erweiterten Oberschule, 1971–1973 Ausbildung als Facharbeiter zur Datenverarbeitung, 1973–1977 Studium an der Ingenieurhochschule in Dresden, Abschluss: Dipl.-Ing., 1979–1985 Arbeit als Entwicklungsingenieur mit Unterbrechung durch Erziehungszeit, 1990 Mitglied des Demokratischen Aufbruchs und der CDU, 1990–1995 stellvertretende Kreisvorsitzende der CDU Dresden, 1991–1993 Mitglied des Bundesvorstandes der Frauen Union, 1992–1996 Mitglied des Bundesvorstandes der CDU, 1992–1994 Referentin im Staatsministerium für Umwelt und Landesentwicklung in Sachsen, 1994–2005 Mitglied des Deutschen Bundestages, 2003–2005 Mitglied des Bundesvorstandes der Ost- und Mitteldeutschen Vereinigung der CDU, seit 2007 stellvertretende Leiterin der Akademie der sächsischen Landesstiftung Natur und Umwelt.

Wie wurde das politische Interesse bei Ihnen geweckt?

Ich bin in einer Familie als zweites von neun Kindern mit Großmutter im Haushalt aufgewachsen. Mein Vater ist ein sehr engagierter Christ und hat von Anfang an gesagt: „Alles, was zu Lüge, Hass und Atheismus erzieht, machen meine Kinder nicht mit." Darauf hat er sich, als es um den Eintritt in die Pionier-Organisation ging, das Statut durchgelesen: „Hass auf den Imperialismus kommt für meine Kinder nicht in Frage. Es stecken immer Menschen dahinter, und ich lasse meine Kinder nicht zum Hass erziehen", war seine Antwort. Wir mussten diese ganz klare Entscheidung meines Vaters natürlich im täglichen Umgang in der Schule mit den Klassenkameraden ausbaden. Ich habe als Kind sehr darunter gelitten. Ich wollte immer mitmachen, aber alles wurde im Rahmen der Pionier-Organisation gemacht, so dass ich aus ganz, ganz vielen Dingen ausgeschlossen worden bin. Ich bin von meinen Klassenkameraden beispielsweise mehrfach vorgeschlagen worden, Gruppenratsvorsitzende zu werden. Da sagte die Lehrerin: „Das geht nicht, sie ist nicht bei den Pionieren." Mit der FDJ ging es später genauso weiter. Dann kam die Jugendweihe, an der ich ebenfalls nicht teilnahm. Wir hatten

---

[*] Das Interview führten Dr. Ulrike Hospes und Ina vom Hofe M. A. am 27.07.2012 in Dresden.

zum Teil verständnisvolle Lehrer, deshalb habe ich den Sprung zur Vorbereitungsklasse der erweiterten Oberschule auch geschafft, ohne Mitglied der FDJ zu sein. Aber dort hatte ich einen Klassenlehrer, der vorher 25 Jahre Offizier bei der Nationalen Volksarmee und nun für Staatsbürgerkunde-Unterricht und Deutsch zuständig war. Er hatte den Ehrgeiz, seine Abitur-Klasse komplett in der FDJ zu haben. Als eine der Jahrgangsbesten habe ich kurz vor dem Abitur in einem Gespräch unter vier Augen von ihm gehört: „Mädel, tritt' ein, dann ist alles gelaufen." Ich entgegnete: „Mache ich nicht." Man hat einen anderen Grund gefunden, der nie bewiesen werden konnte, um mich von der Schule zu entfernen. Also durfte ich das Abitur erst einmal nicht machen. Das sind Geschehnisse, die einen sensibel für Ausgrenzungen und Benachteiligungen machen. Mein Vater hat gekämpft, hat sich dafür eingesetzt, dass ich das Abitur machen darf. Er hat Briefe an alle zuständigen Behörden geschrieben. Aber es hat nichts genutzt.

Wie war das Rollenverständnis in Ihrem Elternhaus?

Das war klassisch. Meine Mutter und meine Oma haben die Hausarbeit gemacht und mein Vater hat das Geld verdient. Er hat allerdings – und deshalb habe ich ihn auch maßlos bewundert – bestimmte Dinge im Haushalt gemacht. Schnitzel gebraten, die Torten, die Butter garniert. Er hat auch gestrickt mit der Strickmaschine, ganz komplizierte Muster. Die Dinge mit Pfiff, die hat mein Vater gemacht. Die Aufgabenverteilung unter den Geschwistern zwischen den Jungen und Mädchen war ebenfalls klar. Die Mädchen machten sauber und die Jungs haben die schweren Sachen erledigt, wie Kohle oder Milch holen. Es war eine sehr klare Aufgabenaufteilung, die nie diskutiert worden ist.

Wurden in der Bildung Unterschiede gemacht?

Ohne viel tun zu müssen, hatten die älteren Geschwister die besten Zensuren. Mit den Jüngeren hat meine Mutter sehr viel mehr lernen müssen. Die ersten Kinder hatten eher die Veranlagung zum Studieren. Eine durfte nicht, die jüngeren hatten kein Interesse daran.

Wie kamen Sie dann doch zu Ihrem Diplomabschluss?

Nachdem ich von der Schule geflogen war, habe ich keine Lehrstelle bekommen und bin schließlich in die FDJ gegangen. Es hieß immer: „Wenn Sie Mitglied wären …!" Zum Studium bin ich gekommen, weil ich eine Lehre als Facharbeiter für Datenverarbeitung bekommen habe und ein großer Bedarf an Ingenieuren in dieser Fachrichtung bestand. Ich wollte Sprachen studieren, aber da wurde mir gesagt: „Du kommst sowieso nie ins Ausland, mach' doch Programmiersprachen." Ich hatte nie großes Interesse an Technik, aber irgendetwas musste ich machen. Während der Lehre bin ich für das Studium geworben worden, weil in den 1970er Jahren sehr viele Leute in der Informationsbranche gesucht wurden. Ich habe meine Lehre verkürzen können, ein Not-Abitur gemacht – das bestand aus Marxismus, Leninismus, Russisch, Mathematik, Elektrotechnik und Physik. Dieses Not-Abitur berechtigte mich, nur an der Ingenieurhochschule in Dresden zu studieren. Während des Studiums war ich in der Studentengemeinde aktiv und hatte nur einmal Probleme im Zusammenhang mit der Selbstverbrennung des Pfarrers Oskar Brüsewitz. Ich hatte mich im Kreise der Mitstudenten kritisch zur Berichterstattung in der Presse geäußert. Daraufhin sollte ich während der Diplomphase von der Hochschule fliegen. Das war eine sehr schwierige Phase, in der ich auch mit unserem Bischof gesprochen habe. In dieser Zeit fanden Gespräche zwischen Repräsentanten der evangelischen Kirche und Erich Honecker statt. Die Politik zwischen Staat und Kirche wurde in manchen Dingen entschärft, woraufhin ich wieder zum Diplom zugelassen worden bin.

Politikerinnen wie Angela Merkel, Katherina Reiche oder Claudia Crawford haben alle eine naturwissenschaftliche bzw. technische Ausbildung. Ist das typisch für Frauen in der DDR?

Generell hatten wir sehr viele Frauen in technischen Berufen. Eine Ursache war sicher die Studienlenkung. Frauen studierten Maschinenbau, Elektrotechnik, Bauwesen – viel mehr Frauen als es im Westen üblich war. Ich könnte mir vorstellen, dass die Berufswahl im Westen stärker durch das Rollenverständnis geprägt war. In der DDR gab es ein unausgesprochenes Rollenverständnis. Faktisch war es so, dass in den Spitzenpositionen überwiegend Männer waren, aber das wurde nicht thematisiert. Deshalb war es für mich nach 1990 völlig unverständlich, warum man sich so mit dem Rollenverständnis der Frau beschäftigt. Es wurden Organisationsstrukturen für Probleme aufgebaut, die wir nicht hatten. Für mich waren das zunächst konstruierte Probleme, doch dann kamen sie. Eine ganz verrückte Erfahrung! Das betraf die Frauen Union, aber auch die Anti-AKW-Bewegung. Zehn Jahre hat es gedauert, ehe man in der ehemaligen DDR ein Protestpotential überhaupt erst einmal aufgebaut hatte. Wir haben hier in Dresden Chemieanlagen mitten in Wohngebieten – ohne Proteste. Kurz und gut: Die Leute sind insgesamt technisch besser gebildet, zum Teil vielleicht auch weniger orientiert auf Risiken, bereit, mehr hinzunehmen, weil sie wissen, dass mit technischer Entwicklung immer Risiken verbunden sind. Ich kann nicht das eine haben wollen und das andere ablehnen. Es gibt ganz viele Bereiche, in denen man sieht, dass die Sozialisierung der ostdeutschen Bevölkerung eine andere ist.

In der Wendezeit haben Sie den Schritt in die Politik gemacht.

Ich bin eher nach vorn geschoben worden. Es ging nicht nur mir so, sondern auch andere Frauen wurden angesprochen, sich politisch zu beteiligen. Der innere Anstoß war für mich, als unser Pfarrer sagte: „Es liegt in unserer Verantwortung, wo wir es können, uns in die Gestaltung der Gesellschaft einzubringen. Nicht nur Tun kann Sünde sein, sondern auch Unterlassen. Wer sollte diese Aufgabe jetzt übernehmen, wenn nicht die, die sich dem System verweigert haben?"

Die äußeren Bedingungen waren so, dass wir ein Haus gekauft hatten. Wir sind 1989 von der einen Elbseite auf die andere umgezogen. Mein Mann war als freiberuflicher Sänger seit 1985 regelmäßig zu Konzertreisen im westlichen Ausland, und ich hatte meine fast komplette Verwandtschaft im Westen, so dass ich die Möglichkeit hatte, ab Mitte der 1980er Jahre in den Westen zu reisen. Aber eine dauerhafte Ausreise in den Westen kam für uns nicht in Frage. Uns war klar: „Wir bleiben hier." Während seiner Konzertreisen war mein Mann viel in Pfarrhäusern. Dadurch sind sehr viele Gedanken der oppositionellen Bewegung auch zu mir gekommen. Ich habe sie mit Interesse zur Kenntnis genommen, aber mich aufgrund meiner drei Kinder und meines Berufs – ich war faktisch fast alleinerziehend, mein Mann war sehr viel unterwegs – erst einmal nicht engagiert. Mit dem Umzug habe ich Ende 1989 meine halbe Stelle, die ich zu diesem Zeitpunkt hatte, gekündigt, da sich die Fahrt vom neuen Wohnort nicht mehr lohnte und es auch zunehmend politische Differenzen gab. Anfang Januar 1990 wurde ich nach einem Konzert meines Mannes von ehemaligen Mitgliedern der Katholischen Studentengemeinde angesprochen. Sie suchten dringend jemanden, der in der Organisation beim Demokratischen Aufbruch half. Mich überzeugten die Personen, die bereits dabei waren und somit entschied ich mich dafür, mich dort zu engagieren. Das Programm habe ich mir erst viel später angeschaut. Ich habe gleich im Januar 1990 angefangen, dort zu arbeiten, und Wahlkampf gemacht, ohne zu wissen, was das ist. Ich hatte gesagt, 15 Stunden in der Woche kann ich mitmachen. Aber es wurden 70, 80 Stunden. Meinem Mann waren durch den Reformwandel die Konzertverpflichtungen weggebrochen, so dass er sich um die Kinder kümmern konnte.

Ein intensiver Knackpunkt war noch einmal der Eintritt in die CDU. Ich hatte damals das Programm von der Ost-CDU gelesen – in diese wäre ich bestimmt nicht eingetreten. Damit konnte ich mich ganz und gar nicht identifizieren. Dann habe ich mich mit der westdeutschen CDU beschäftigt und mich am Ende überzeugen lassen. Mit dem Vereinigungsparteitag im Oktober 1990 bin ich in die CDU eingetreten. Da kam Friederike de Haas, sie war im CDU-Vorstand in Dresden, fragte mich, ob ich mich in der Geschäftsstelle für die Frauenpolitik verantwortlich fühlen könnte. Das war die erste Berührung mit der Frauen Union. Ich hatte kein spezielles Interessengebiet. Ich wusste nicht, was das sein sollte, aber ich sagte zu und habe angefangen, mich mit der Materie zu befassen. 1991 wurde ich auch Mitglied im Bundesvorstand der Frauen Union.

Als Sie in der CDU waren, ging es rasant bergauf: Mitglied im Bundesvorstand Frauen Union, Mitglied im CDU-Bundesvorstand, Mitglied im Deutschen Bundestag. Hatten Sie das Gefühl, dass Sie überall hingetragen wurden?

Teils, teils. Der erste Anschub kam von außen, auch für die Kandidatur für den Deutschen Bundestag. Dann habe ich aber auch selbst gekämpft und mich oft mit Konkurrenten und Konkurrentinnen gemessen.

Wie kam es mit Ihrem Einzug in den Deutschen Bundestag 1994 dazu, dass Sie sich thematisch von der Frauenpolitik abgewandt und der Umwelt- und Verteidigungspolitik zugewandt haben?

Mein innerer Abstand zur Frauen Union und Frauenpolitik ist immer größer geworden. Ich bin innerlich nie richtig warm damit geworden. Meine Vorstellungen waren immer partnerschaftlicher Natur, und in der Frauen Union hatte sich meines Erachtens eher eine Front gegen Männer entwickelt. Das wollte ich nicht mittragen. Ich habe drei Söhne, hatte im Arbeitskollegium überwiegend Männer, bin mit Männern immer gut zurechtgekommen. Wenn ich mich an die Versammlung der Frauengruppe im Deutschen Bundestag erinnere, bin ich dort eher aus Pflichtbewusstsein hingegangen.

Zur Beschäftigung mit der Umweltpolitik kam ich durch das Programm des Demokratischen Aufbruchs. Im Namen der Partei stand der Untertitel: „sozial ökologisch". Das sind Dinge, die mich schon seit den Zeiten der Ökumenischen Versammlung unmittelbar angesprochen haben: das Miteinander von Menschen und die Bewahrung der Schöpfung. Deshalb hat mich auch die Mitarbeit im Umweltausschuss interessiert. Außerdem war ich von der Geschäftsstelle der CDU ins Umweltministerium gegangen. Da war auch für die Sächsische Landesgruppe klar: Ich komme aus dem Umweltministerium, also gehe ich in den Umweltausschuss.

Der Themenwechsel hinsichtlich der Verteidigungspolitik ergab sich dann eher zufällig. Die Arbeitsgruppe Verteidigung stand vor einer Reise in die USA, als jemand ausfiel. Der damalige verteidigungspolitische Sprecher der CDU/CSU-Fraktion, Paul Breuer, trat an mich heran und sagte: „Ich suche eine Frau. Wir haben eine Frau in der Gruppe, und es ist immer gut, wenn mindestens zwei Frauen dabei sind." Ich war zwar nicht im Verteidigungsausschuss, war aber interessiert und bin 14 Tage mit der Gruppe in die USA gereist. Auch ein lokales Thema in Dresden brachte mich der Bundeswehr näher. Als ich noch hier im Staatsministerium für Umwelt und Landesentwicklung gearbeitet habe, sollte unsere Kirche, die Garnisonkirche, verkauft werden. Ich habe mich an Volker Rühe, den Verteidigungsminister, gewandt: „Es darf nicht sein, dass eine Kirche, die den Sozialismus überstanden hat, jetzt unter einer CDU-Regierung ohne Zweckbindung verkauft wird." Parallel dazu hat Volker Rühe durchgesetzt, dass die Offiziersschule des Heeres von Hannover nach Dresden verlegt werden sollte. Ich habe mich im Förderverein für den Erhalt der Garnisonkirche sehr engagiert und dort mehr über das Militär erfahren. Ich war total überrascht, dass viele Mitglieder des Fördervereins Soldaten waren. Das hat mich sehr fasziniert, und ich kann im Nachhinein sagen, dass das eigentlich die intensivste Erfahrung war für die innere Wende in meiner Einstellung zu der Frage, ob es eine Armee braucht, ob der Einsatz von Waffen, das Vorhalten einer Armee sinnvoll und zu unterstützen ist. Letztlich war ich dann mehrere Jahre Vorsitzende der Katholischen Arbeitsgemeinschaft für Soldatenbetreuung.

Hatten Sie jemals das Gefühl, als Frau eine Quote zu erfüllen?

Nein. Ich habe dreimal kandidiert, zweimal hatte ich weibliche Gegenkandidaten, einmal einen Mann. Bei den innerparteilichen Wahlen gab es natürlich Quoten. War der Vorsitzende ein Mann, sollte die Stellvertreterin eine Frau sein. Aber das hat mir kein Problem bereitet. Es wurde auch nicht so ausgesprochen, es war eher eine gefühlte Quote im Sinne von Ausgewogenheit. Das ganze Quotendenken hat in der DDR keine Rolle gespielt, und später in der CDU haben sich die Ostdeutschen immer am energischsten dagegen gewendet. Ich war bei fast allen Bundesparteitagen dabei – die überwiegende Zahl an Ablehnern der Quote kam aus dem Osten.

Gab es in Ihrer Tätigkeit Gewissensentscheidungen, die Sie fällen mussten?

Ja und nein. Ich war ganz neu im Deutschen Bundestag, als die Entscheidung um den § 218 StGB anstand. Ich war noch sehr geprägt von der Frauen Union. Hinzu kam, dass sich die neuen Bundesländer noch in einem Findungsprozess befanden, auch in der Frage: Wie geht die Kirche mit Politik um? Plötzlich sollte ich für andere eine Entscheidung treffen. Das war schon eine Gewissensentscheidung. Ich bin dann einseitig sehr lange von der Frauen Union bearbeitet worden. Auch wenn ich innerlich nicht überzeugt war, hat mich die Masse der Argumente dazu gebracht, mit der Mehrheit der Fraktion zu stimmen. Hinzu kam, dass ich am Abend vor der Abstimmung ein Fax aus dem Dresdner Ordinariat erhielt, in dem ich aufgefordert wurde, nicht zuzustimmen. Da habe ich vielleicht auch aus Trotz – obwohl ich innerlich unsicher war – zugestimmt. Abends vor der Abstimmung lediglich ein Fax zu schicken, ohne dass es noch die Chance gibt, darüber zu reden, fand ich nicht in Ordnung. Diese Entscheidung bedrückt mich bis heute. Ich hätte mit einer anderen Entscheidung nichts an den Mehrheiten geändert, aber ich habe eine Entscheidung getroffen, die ich im Nachhinein gesehen als falsch bewerte, da sie dem Lebensschutz geschadet hat.

Wie haben Sie die Vereinbarkeit von Familie und Beruf geregelt, als Sie plötzlich sehr aktiv im politischen Geschehen waren? Hat die Familie sie unterstützt?

Sie haben es notgedrungen. Es blieb ihnen gar nichts anderes übrig, sie haben von meinem Einkommen gelebt. Für meinen Mann war es sehr schwer, dass er von der Bühne zum Hausmann wechselte und ich von der Hausfrau auf die Bühne. Es war ein Schock für ihn; er, der immer unterwegs war, auf der Bühne stand, beklatscht wurde, plötzlich Hausmann, für Haus und Kinder zuständig. Mein ältester Sohn war im Internat und hat nicht ganz so viel mitbekommen, doch die beiden Kleineren schon. Ich war quasi nur noch Gast zu Hause. Die Kinder sind ihren Weg gegangen. Im Nachhinein, wenn ich jetzt mit den Kindern über diese Zeit rede, muss ich sagen, war vieles nicht optimal organisiert. Ich kann nur dankbar sein, dass meine Söhne eine gute Entwicklung genommen haben. Letztlich ist die Familie aber an meiner politischen Aktivität ein Stück weit zerbrochen. Dabei war mir Familie immer wichtig. Das ist im Nachhinein das größte Opfer, was ich für den Einsatz in der Politik gebracht habe. Allerdings ist mir das erst später bewusst geworden.

Gibt es ein unterschiedliches Machtverständnis zwischen Männern und Frauen?

Ich würde nicht sagen zwischen Männern und Frauen, es ist auch zwischen den Generationen unterschiedlich. Männer können unmöglich sein, wenn sie Macht haben und umgekehrt. Also ich sehe da keine besondere Spezifik.

Sehen Sie einen Unterschied im Kommunikationsstil?

Ich habe mich als einzige Frau in Männergruppen immer wohl gefühlt. Kompliziert wurde es, wenn es mehrere Frauen waren. Fragen Sie mich nicht, warum, es ist einfach so. Als meine Kinder klein waren und ich berufstätig war, hatte ich zunächst nur männliche Kollegen. Sie waren hilfsbereit und haben mich im Notfall entlastet, meine Arbeit übernommen. Da gab es gar keine Diskussion. Sobald die erste Kollegin dazu kam, begannen Auseinandersetzungen z. B. wegen der häufigen Ausfallzeiten wegen Krankheiten der Kinder.

Haben Sie trotzdem erlebt, dass Frauen Netzwerke gegründet haben, um sich gegenseitig zu unterstützen?

Das habe ich erlebt, aber es hat mich zunehmend befremdet. Themenorientierte Netzwerke finde ich wunderbar. Das gehört dazu. Aber es spielt keine Rolle, ob das Frauen oder Männer sind; es geht um ein Thema. Ich finde es auch gut, wenn sich Männernetzwerke öffnen für Frauen. Ich habe zu geschlechterspezifischen Netzwerken immer ein gespaltenes Verhältnis behalten.

Hatten Sie selber so einen Mentor?

Ich hatte in der Dresdner CDU unter den Neuen eine Reihe von Unterstützern, Männer und Frauen, die mir Rückhalt gegeben haben. Ich wäre auch nicht alleine aus eigener Kraft in die Politik gegangen.
 Im Deutschen Bundestag hat dann Renate Hellwig, eine erfahrene Politikerin, so etwas wie eine Mentorenrolle für mich gespielt.

Haben Sie erlebt, dass mit Politikerinnen in der Öffentlichkeit anders umgegangen wurde als mit Politikern?

Persönlich kann ich mich nicht entsinnen. Aber in der allgemeinen veröffentlichten Meinung ist es schon so, dass bei Frauen Äußerlichkeiten eine größere Rolle spielen als bei Männern. Es gibt bestimmte Unterschiede, die das Miteinander prägen. Die kann man zur Kenntnis nehmen und sagen, es ist so und versuchen, das Beste daraus zu machen.
 Aber es hat im Osten weniger eine Rolle gespielt. Es hat auch im Osten weniger Differenzierung im Erscheinungsbild zwischen hochgestellten Persönlichkeiten und dem normalen Volk gegeben. Die Binnendifferenzierung war im äußeren Erscheinungsbild wesentlich geringer als im Westen, weil das Angebot auch gar nicht so viel hergab. Es war alles ein bisschen mehr grau im Osten, aber mehr oder weniger einheitlich. Aber wenn man niemanden hat, der einen berät, kann man angesichts der Medienlandschaft mächtig ins Fettnäpfchen treten. Ich halte diese Äußerlichkeiten für nebensächlich, aber sie prägen leider oft die öffentliche Diskussion.

Gibt es persönliche Prinzipien und Grundsätze für Ihr politisches Handeln?

Ich habe verinnerlicht, was mein Vater damals sagte, dass man Lügen, Hass und Atheismus nicht unterstützen soll. Dahinter verbirgt sich der Versuch, ein glaubwürdiges Leben als Christ zu führen. Ich bemühe mich, auf der Grundlage des Evangeliums im Dienst für andere zu leben. Dass Menschen, die das Potential für Politik haben und gefragt werden, dann auch bereit sind, gehört für mich dazu. Die Tätigkeit in der Politik ist verbunden mit einer hohen Verantwortung. Aus dieser Motivation heraus wollte ich wirksam sein, auch wenn ich es nicht immer geschafft habe. Ein Zweites, was mich dauerhaft geprägt hat, ist die Beschäftigung mit den Themen Familie, Lebensschutz, Nachhaltigkeit und Schöpfungsbewahrung.

Was waren Ihre größten Erfolge?

Als größten Erfolg sehe ich in der Bundestagsarbeit, dass es mir, natürlich nicht allein, gelungen ist, den Aufbau eines Familienbetreuungssystems bei der Bundeswehr maßgeblich voranzutreiben. Das wurde anfangs belächelt. Auslöser war der Auslandseinsatz, aber auch die ganze Pendlerproblematik im Lande ist genauso belastend für die Soldaten und Familien.

Ein weiterer Erfolg ist die Verabschiedung des Bodenschutzgesetzes nach über zehn Jahren Bearbeitungszeit. Im Wahlkreis war der größte Erfolg die Gründung der Hospizstiftung für Dresden „Papillon". Da habe ich sehr viel Kraft, Zeit und Netzwerkarbeit hineingesteckt.

Was waren Ihre größten Misserfolge und Enttäuschungen?

Eine Enttäuschung ist, dass es in der Organisation der Abläufe in der Politik so wenige Möglichkeiten der wirklichen Einflussnahme gibt. Mich hat die Art und Weise, wie Politik gemacht wird, oft sehr unzufrieden gemacht. Ich habe mich mehrfach um die stärkere Nutzung moderner Kommunikationsmittel bemüht, um mehr Menschen in die Entscheidungsfindung einzubeziehen. Aber der Wille dazu war aus meiner Sicht nicht vorhanden. Die wenigen Personen an der Spitze trafen die Entscheidungen und wollten nicht gestört werden – so mein Eindruck. Das hat mich manches Mal schon sehr frustriert.

Eine weitere Enttäuschung war und ist die Entwicklung der CDU in Fragen der Familie und des Lebensschutzes. Es gibt innerhalb der CDU eine Entwicklung, die es mir manchmal schwer macht, in der Partei zu bleiben. Ich sage immer noch, die CDU ist das geringere Übel. Ich finde keine Partei, bei der ich mehr Übereinstimmungen hätte. Aber es gibt Themen und Diskussionen, die mir, in der Art und Weise wie sie geführt werden, wehtun. Ich habe den Eindruck, dass sich Auffassungen aus Zeiten der DDR durch die Hintertür in vielen Bereichen durchgesetzt haben. Es sind Auffassungen wie beispielsweise die Bevorzugung der institutionellen Kinderbetreuung vor der Betreuung durch die Eltern durch die Hintertür gesamtdeutsch geworden. Ich sehe aber auch, dass ich meine Ideale, die ich mit Familie verbinde, selber nicht habe durchgängig leben können.

Hatten Sie Vor- oder Nachteile durch Ihre politische Aktivität?

Vorteile waren sicherlich, dass ich viele Menschen und Themen kennenlernen konnte. Ich bin in andere Länder gereist, habe dort wirklich unglaublich viel erleben dürfen. Negativ war, dass Vieles zu oberflächlich blieb. Nur an wenigen Stellen konnte ich in die Tiefe gehen. Aber das liegt sicher in der Natur der Sache.

Sie haben es angedeutet, dass es Ihnen mitunter schwerfällt, in der CDU zu sein. Gab es Gedanken, aus der CDU auszutreten?

Die gab es immer wieder mal. Ich halte es nicht für ausgeschlossen, dass es irgendwann einmal passiert, denn bei den Themen Familie und Lebensschutz habe ich echte Bedenken. Wenn dort grundlegende Entscheidungen kommen sollten, die ich gar nicht mittragen kann, könnte ich mir vorstellen, einen solchen Schritt zu gehen. Aber ich würde es nicht personenabhängig machen. Viele sind wegen irgendwelcher Personalquerelen ausgetreten. Mit solchen Formen von Austritten kann ich nichts anfangen. Es gibt derzeit für mich keine Alternative zur CDU.

Was sind Ihre Wünsche und Ratschläge an junge Frauen in der Politik?

Man muss diese Aufgabe als eine auf Zeit betrachten. Ich würde niemand empfehlen in der Zeit, in der die Familie beginnt, in der man Kinder bekommt, parallel ein politisches Mandat anzustreben. Die ersten Jahre sollten die Kinder Priorität haben. Wenn die Kinder etwas größer sind, ist Engagement besser möglich. Ich würde die Frauen ermutigen, politisch wirksam zu sein, aber auch sagen, welche Gefahren am Wegesrand stehen und welche Opferbereitschaft zumindest streckenweise nötig ist.

Annette Schavan[*]

Politik ist Marathon mit viel Geduld

Geboren am 10. Juni 1955 in Jüchen, 1974 Abitur, 1974–1980 Studium der Erziehungswissenschaft, Philosophie und Katholischen Theologie an der Rheinischen Friedrich-Wilhelms-Universität Bonn und der Heinrich-Heine-Universität Düsseldorf, Abschluss: Dr. phil., 1975 Eintritt in die CDU, 1975–1984 Kommunalpolitikerin in Neuss, 1980–1984 Referentin bei der Bischöflichen Studienförderung Cusanuswerk, 1982–1984 Stadträtin in Neuss, 1984–1987 Abteilungsleiterin im Generalvikariat in Aachen, 1987–1988 Bundesgeschäftsführerin der Frauen Union, 1988–1991 Geschäftsführerin des Cusanuswerkes, 1991–1995 Leiterin des Cusanuswerkes, 1994–2005 Vizepräsidentin des Zentralkomitees der Deutschen Katholiken , 1995–2005 Landesministerin für Kultus, Jugend und Sport in Baden-Württemberg, 1998–2012 stellvertretende Vorsitzende der CDU Deutschlands, 2001–2005 Mitglied des Landtages von Baden-Württemberg, 2005–2013 Bundesministerin für Bildung und Forschung, seit 2005 Mitglied des Deutschen Bundestages, seit 2008 Honorarprofessorin für Katholische Theologie an der Freien Universität Berlin.

Wie hat sich Ihre politische Sozialisation entwickelt?

Sieben Jahre nach dem Abschluss des Zweiten Vatikanischen Konzils 1965 war die Zeit der Reformen und des Aufbruchs in der Kirche, aber auch in der Christlich Demokratischen Union – ein Aufbruch, der auch mit den Ausläufern der Proteste von 1968 zusammenhing. Ich war von Anfang an überzeugt, dass man Politik nicht nur auf Staatsgläubigkeit und Kirche, nicht nur auf Institutionengläubigkeit aufbauen kann. Sowohl im einen wie im anderen Fall müssen Menschen mit ihren Begabungen, mit ihren Talenten, mit ihren Visionen und mit ihrem Selbstbewusstsein wirken.

Ich erlebte meine Heimatstadt Neuss als Stadt selbstbewusster Bürger. Die Großbürgerfamilien, die es bis heute dort gibt, aber auch die anderen Bürger haben selbstbewusst in dieser Stadt gestaltet. Auch deshalb ist für mich bis heute

---

[*] Das Interview führten Prof. Dr. Hanns Jürgen Küsters und Prof. Dr. Beate Neuss am 10.09.2012 in Berlin.

die Rede von der Modernisierung der CDU kein Fremdkörper; bereits bei der Gründung der CDU wurde hierfür der Grundstein gelegt. Die Gründung war ein großes, konfessionsübergreifendes Integrationsprojekt: Sozialpartnerschaft in der Partei, nicht die Vormachtstellung von Arbeitgebern oder Arbeitnehmern, sondern Verbindungen, Balancen und immer der große Begriff der Freiheit, der über all dem eine Rolle spielte und den Konrad Adenauer in seiner Rede zum 2. Parteitag der CDU der Britischen Zone am 28. August 1948 geprägt hat. Das höchste Gut des Menschen sei die persönliche Freiheit! Die vielen Varianten, in denen Adenauer den Begriff benutzt hat, faszinierten die jungen Menschen und passten in die Lebenssituationen am Ende der Schulzeit, ein paar Jahre später am Ende des Studiums: Wir stehen für die Freiheit, wir kämpfen für die Freiheit, wir stehen auf der Seite der Freiheit gegen die Sklaverei. Es war die Zeit des persönlichen Aufbruchs, der für mich parallel ablief. Es war inspirierend.

Ihr Engagement in der Politik erfolgte bereits in jungen Jahren. Sind Sie durch Ihre berufliche Tätigkeit im Cusanuswerk nicht dennoch eine Seiteneinsteigerin?

Ja. Die Kommunalpolitik war Hobby, Leidenschaft, Interesse – übrigens im Nachhinein auch ein sehr wirksamer Bereich des Politiklernens. Aber für mich war gegen Ende meines Studiums klar, dass ich mich nicht als junge Frau hauptberuflich für die Politik ködern lasse. Ich hatte 15 ganz normale Berufsjahre: viele Jahre beim Cusanuswerk in Bonn, einige Jahre im Ordinariat in Aachen, kurze Zeit als Bundesgeschäftsführerin der Frauen Union. Aus dieser Erfahrung heraus rate ich heute jedem, der studiert oder in der Ausbildung ist und mit Politik seinen Lebensunterhalt bestreiten will, vorher andere Erfahrungen zu sammeln. So kann man sich woanders bewähren, Autorität erwerben und schließlich mit Erfahrung und Autorität hauptberuflich in der Politik wirken.

Ich bin immer mal wieder in einer Arbeitsgruppe gewesen und war, so meine Erinnerung, seit 1976 in allen Kommissionen, die an Grundsatzprogrammen der CDU gearbeitet haben. 1976 durfte ich beispielsweise als junge Delegierte zu einem Kongress nach Berlin, den der spätere Bundespräsident Richard von Weizsäcker leitete. Meine Mitarbeit war jedoch immer nebenberuflich. Hauptberuflich bin ich tatsächlich erst 1995 als Kultusministerin in Baden-Württemberg eingestiegen.

Kommunalpolitik sehen Sie als eine Art Lehr- und Probezeit und auch als wichtige Voraussetzung für höhere politische Ämter?

Ja, für mich war es die politische Lehrzeit. Ich gehöre zu denen, die der Ansicht sind, dass Kommunalpolitik nicht die unterste Stufe von Politik ist, sondern das

Fundament politischer Kultur. Kommunalpolitik hat etwas sehr Unmittelbares. Da kann man nicht so schnell ausweichen. Bürger wollen wissen: Kommt diese Straße oder kommt sie nicht? Kommt da ein Lärmschutzwall oder kommt er nicht? Bleibt diese Schule oder bleibt sie nicht?

Meinen ersten politischen Kampf führte ich gegen einen Schulentwicklungsplan, den die Stadt geschrieben hatte und der die Prognose ausgab, dass es ein Gymnasium zu viel in Neuss gebe – meines, auf dem ich damals Abitur machte. Das Nelly-Sachs-Gymnasium war relativ neu, in den 1950er Jahren gegründet. Daneben gab es die altehrwürdigen: das Quirinus-Gymnasium, die Schule Marienberg, ein Gymnasium in Ordensträgerschaft. Meine Schule war auf dem besagten Schulentwicklungsplan nicht mehr zu finden. Man war der Auffassung, die Zahl der Gymnasiasten werde zurückgehen und dann solle das Gymnasium wieder aufgelöst werden. Das war sozusagen mein emotionaler Einstieg in die Politik. Die Auseinandersetzung fiel in die Zeit meines Abiturs und ich wechselte immer zwischen Abitur und Schulausschussdebatten hin und her. Aber es lohnte sich, wir waren erfolgreich. 2007 konnte ich die Festrede zum 50-jährigen Jubiläum meiner alten Schule halten.

Das ist ein schönes Beispiel für eine sehr konkrete Weise, Politik zu machen. Diese Form verdirbt nicht so schnell wie die Ebene von Politik, in der man von einem Thema zum anderen springt und sich sozusagen durch den politischen Alltag simst. Manchmal neige ich dazu zu sagen: Wer in den Deutschen Bundestag will, muss in der Kommunalpolitik gewesen sein.

Sie waren Stipendiatin der Konrad-Adenauer-Stiftung. Welche Rolle spielt die Begabtenförderung beim politischen Engagement?

Die Konrad-Adenauer-Stiftung hat ermöglicht, ein Netzwerk mit jenen zu knüpfen, die fachlich woanders verortet sind. Sie hat das Gespräch der Studierenden oder Promovenden aus unterschiedlichen Disziplinen gefördert, was ich ungeheuer wertvoll finde. Mein ältester Freundeskreis stammt aus diesen Studienzeiten. Wir waren eine Zeit lang an einer Universität, jedoch in unterschiedlichen Fächern und Fakultäten. Der Austausch war ganz wertvoll. Noch heute treffen wir uns regelmäßig. Es sind Freundschaften entstanden. Zu den Höhepunkten meiner Studien- und Stipendiatenzeit gehört eine Auslandsakademie in Wien mit dem späteren Diplomaten Max Maldacker. Ich lernte dort viele Leute kennen, die engagiert waren und Spaß am Öffentlichen hatten. Von denen sind einige, wenn auch nicht unmittelbar, in die Politik gegangen. Aus meinem Freundeskreis ist überhaupt niemand in der Politik. Sie sind in ganz unterschiedlichen Bereichen, aber dennoch haben sie öffentlich gewirkt.

Das ist auch ein Aspekt, den ich in meinem eigenen Berufsleben stark verfolgt habe: Es muss nicht sofort und nicht unmittelbar parteipolitisches Engagement sein, aber sehr wichtig ist mir Interesse am Öffentlichen, Bereitschaft, nicht nur die eigene Biographie im Blick zu haben, Gespür zu entwickeln für Gemeinwesen und Gemeinwohl. Das hat mich das ganze Berufsleben hindurch beschäftigt und dazu hat ganz gewiss die Zeit in der Konrad-Adenauer-Stiftung, aber auch der Theologe Franz Böckle, der für mich einer der prägendsten Menschen meines Lebens ist, beigetragen.

Welche konkreten Erfahrungen für Ihr heutiges politisches Wirken haben Sie mit Blick auf das Durchsetzen gegen Männer aus Ihrer Zeit in der Kommunalpolitik mitgenommen? Sicherlich war die Neusser Kommunalpolitik in der damaligen Zeit genauso männerdominiert wie alle anderen?

Ja klar, das waren vorwiegend Männer. Aus meiner damaligen Perspektive waren es vorwiegend ältere Männer, das würde ich heute natürlich relativieren. Und es war klar, dass es ein geordneter Club war, für dessen Entscheidungswege die wöchentliche Sitzung des Rotary Clubs zum Beispiel ganz bestimmend war. Gewisse Kreise handelten aus, was für die Stadt relevant war. Ich glaube, es war so, dass der Rotary Club zwischen Fraktions- und Stadtratssitzung tagte. Aber gleichzeitig gab es auch die Einstellung, die nächste Generation für die Politik zu gewinnen, junge Leute, Frauen.

Aber wenn Sie mich fragen, wo ich im beruflichen Alltag am meisten den Umgang mit Männern gelernt habe, so war das nicht in der CDU, sondern in der katholischen Kirche. Ich war im Aachener Ordinariat im zarten Alter von 30 Jahren Abteilungsleiterin. In der Abteilungsleiterkonferenz saßen außer mir nur Männer und bis auf einen einzigen Laien nur Prälaten. Da habe ich gelernt, mir Gehör zu verschaffen und mich als Einzige in einem kulturell stimmigen Milieu, in dem bislang keine Frau vorkam, wiederzufinden. Das war viel zugespitzter als in der CDU, in der man immerhin auch mal auf Frauen traf.

Machen Männer und Frauen anders Politik?

Die Frage ist mir schon so oft gestellt worden – und je länger ich in der Politik bin, umso unsicherer bin ich. Man sagt uns Frauen nach, eine höhere Sachorientierung zu haben, im entscheidenden Moment auch die ausgeprägtere Bereitschaft, Kompromisse zu finden, zu erkennen, wann pragmatisch gehandelt werden muss.

Doch ich bin mir nicht mehr sicher, ob es größere Unterschiede zwischen Männern und Frauen oder größere Unterschiede zwischen den Generationen in der Politik gibt. Wie stark ist die Generationenprägung? Sie ist beispielsweise sehr stark festzumachen an der Generation vor mir, die mit den Erfahrungen des Krieges in die Politik gegangen ist und deren Motivation es war, so etwas nie mehr passieren zu lassen und den Aufbau des Landes voranzutreiben. Also das war eine sehr klare generationenspezifische Prägung. Ich glaube schon, dass es nach wie vor Generationenprägungen gibt: Wann kommt wer in die Politik? Wer geht mit welcher Motivation in die Politik? Vielleicht ist es nach wie vor so, dass Frauen in der Regel vielleicht unspektakulärer wirken. Aber meine Meinung dazu ist, dass dies vermutlich eine generationenspezifische Prägung ist, die stärker als der Unterschied Mann/Frau wirkt.

Solange nur eine Frau im Kreise von 20 Männern agiert, stellt sich natürlich die Frage, wie die Männer auf eine Frau in ihren Kreisen reagieren. Das ist unter Männern auch wieder sehr unterschiedlich, so dass eine Analyse des Kreises immer notwendig ist, bevor ich überhaupt agieren kann, weil ich sonst überrascht sein werde. Wenn es aber wie jetzt ein Kabinett mit einer Bundeskanzlerin und fünf Ministerinnen gibt, dann ist es eine andere Situation. Sollte ich jetzt alle Frauen des Kabinetts und alle Männer des Kabinetts in zwei Gruppen teilen und sagen, wie die/der eine sich von der/dem anderen unterscheidet, könnte ich das nicht. Sowohl bei den Frauen als auch bei den Männern ist eine große Bandbreite vorhanden.

Gibt es einen unterschiedlichen Kommunikations-, Arbeits- und Diskussionsstil bei Männern und Frauen?

Rheinisch gesprochen: Das Höchstmaß an Aufplustern und das ganze Drumherum bei der Inszenierung eines Auftritts ist wahrscheinlich eher bei Männern gegeben. Allerdings muss man auch sagen, wenn man sich nur einmal die Geschichte des politischen Aschermittwochs in Bayern vor Augen führt und an die Auftritte denkt, die der damalige Ministerpräsident Franz Josef Strauß inszeniert hat und die noch dem späteren Ministerpräsidenten Edmund Stoiber einigermaßen gelungen sind, so wären diese heute gar nicht mehr vorstellbar.

Wir handeln in einer sehr viel beruhigteren politischen Atmosphäre. In der Regel sind die Bürger von niemandem mehr fasziniert oder überzeugt, der besonders zuschlägt oder polarisiert. Das Polarisieren kann mal interessant sein, zum Beispiel im Wahlkampf. Aber die viel häufigere Erfahrung ist doch, dass die Leute von uns erwarten, Probleme zu erkennen, zu lösen, uns zu einigen. Ideologische Debatten interessieren nicht, sondern überzeugende Problemlösungen.

Braucht die CDU eigentlich noch die Frauen Union?

Sie braucht sie, solange es Vereinigungen gibt.

Aber eine Männer Union gibt es auch nicht?

Diese Diskussion wurde schon öfter geführt. Man kann sich natürlich auch anstelle von Vereinigungen eine andere Ordnung vorstellen. Man kann immer sagen, dass es bestimmte Gruppen in der Gesellschaft gibt, die uns eigentlich jetzt noch einmal mehr interessieren sollten, als das, was wir haben. Andererseits haben alle Vereinigungen bislang immer ihren Beitrag geleistet. Ich hätte überhaupt kein Problem damit, bei der Analyse einer Partei zu überlegen, was andere Strukturen sein könnten. Aber es müsste sich die Partei darin wiederfinden – und in den Vereinigungen können sich alle aufgehoben fühlen. Interessant sind im Übrigen auch die Verbindungen der einen und der anderen Vereinigung bei bestimmten Themen oder bei Wahlen. Also für mich ist es eine pragmatische Struktur, um in einer großen Volkspartei bestimmte Themen voranzubringen.

Ist die Frauen Union ein nützliches Netzwerk für Frauen in der Partei?

Da gehen die Meinungen auseinander. Ich fand, dass die Frauen Union es sein kann, vor allen Dingen, wenn es darum geht, Frauen für die Politik zu interessieren. Dazu muss sie eine interessante Bandbreite an Themen anbieten. Sie darf nicht den Eindruck erwecken, sich auf die klassischen Frauenthemen zu konzentrieren. Natürlich gibt es auch diejenigen, die sagen, das haben wir alles nie gebraucht. Dabei darf man jedoch nicht unterschätzen, dass für viele Frauen die Frauen Union eine erste Möglichkeit bietet, in die Politik zu schnuppern und sich zu vergewissern, welche Frauen dort mitmischen und sich zu überlegen, ob man sich damit identifizieren kann.

Welche Grundprinzipien liegen Ihrem Politikstil zugrunde?

Ich bin in all den Jahren zum Leidwesen mancher eine ziemlich sture Sachpolitikerin geblieben, mittlerweile mit viel Erfahrung. Die Verbindung von Lauterkeit und List ist eine politisch gute Verbindung. Ein Satz, den ich auch oft im Büro sage, lautet: Politik ist Marathon mit viel Geduld. Man muss ein Gespür für den richtigen Moment entwickeln. Alles, was zu früh oder zu spät kommt, ist zum Scheitern verurteilt.

Was würden Sie persönlich als Ihre größten Erfolge und auch Misserfolge und Enttäuschungen ansehen?

Eine offenkundige Enttäuschung meines politischen Lebens, obwohl ich das heute irgendwie gut gelaunt erzählen kann, ist mein Versuch, Ministerpräsidentin in Baden-Württemberg zu werden. Ich habe, nachdem ich neun Jahre Kultusministerin war, damit die Machtfrage gestellt. Wenn Frauen die Machtfrage stellen, bekommen sie eine ungemütliche Atmosphäre zu spüren. Die Erfahrung habe ich damals gemacht. Meine Mutter hat zwei, drei Jahre später einmal zu mir gesagt: „Ach, das war gar nicht so schlecht. Man muss auch mal vor die Wand flitzen und nicht zum Ziel kommen, das hat dich nur stärker gemacht." Das war schon eine außergewöhnliche Situation, weil sie anders war; sonst sehe ich mich an der Sache orientiert. Ich empfinde es nicht als die größte Niederlage meines Lebens, aber dass ich da etwas, was ich angestrebt habe und gerne getan hätte, nicht erreicht habe, ist offenkundig.

Als positiv verbuche ich, dass ich in der Zeit als Kultusministerin sehr konsequent Reformpolitik betrieben und die Internationalisierung gefördert habe. Die Einführung der Fremdsprache ab der ersten Klasse gehört zu den Dingen, an denen ich bis heute Spaß habe. Auch das Abitur nach zwölf Jahren, ein Thema, das jetzt gerade in Verruf geraten ist, habe ich gefördert, weil ich der Auffassung bin, dass junge Leute selbst entscheiden sollten, was sie im 13. Jahr tun und lassen wollen. Wenn jemand um die 18 Jahre ist, muss er selbst entscheiden, was er noch lernen will. Ob er irgendwo ins Ausland geht, ein ökologisches oder soziales Jahr macht, direkt ins Studium geht, ist seine Entscheidung.

Ich habe versucht, Bildungspolitik zu betreiben, nicht nur auf Institutionen gerichtet, sondern stark orientiert an Kindern und Jugendlichen, um für deren Welt, in der sie heute leben, die wirklich richtige Verfassung unseres Bildungssystems zu schaffen.

Ob nun die große Debatte um das Kopftuch ein Sieg ist, kann ich nicht beurteilen. Aber sie entstand Ende der 1990er Jahre zu einem Zeitpunkt, als noch nicht viel über Integration gesprochen wurde. Es spielten Fragen der Religionsfreiheit eine zentrale Rolle. Es war also eine der schwierigsten Debatten für mich überhaupt. Aber es hat auch etwas ausgelöst und zu einer sehr viel bewussteren Gestaltung von Integration durch die CDU geführt.

Der Forschungsstandort Deutschland war noch nie so attraktiv wie heute. Dazu leistet eine Ministerin immer nur einen Beitrag, aber ohne den würde es, glaube ich, auch nicht gehen. Christlich Demokratische Union heißt, wirklich auf Menschen zu setzen, ihnen etwas zuzutrauen und immer wieder die Frage zu stellen: Was ist notwendig für die Zukunftschancen der jungen Generation? Das ist das politische Thema meines Lebens.

Ingrid Fischbach

Vieles erreicht, noch lange nicht am Ziel

Geboren am 27. Juni 1957 in Wanne-Eickel, verheiratet, ein Kind, 1976 Abitur, 1976–1983 Studium der Germanistik und Geschichte an der Pädagogischen Hochschule Dortmund, Abschluss: Staatsexamen, 1983–1998 Tätigkeit als Lehrerin, 1990 Eintritt in die CDU, 1994–1998 Mitglied des Stadtrates Herne, 1998–2007 Kreisvorsitzende der CDU Herne, seit 1998 Mitglied des Deutschen Bundestages, 2001–2011 stellvertretende Vorsitzende der Frauen Union Nordrhein-Westfalen, 2003–2011 Präsidentin des Katholischen Deutschen Frauenbundes, seit 2009 stellvertretende Vorsitzende der CDU/CSU-Bundestagsfraktion, seit 2011 Vorsitzende der Frauen Union Nordrhein-Westfalen.

Aufgewachsen im Ruhrgebiet

Geboren wurde ich 1957 in Wanne-Eickel, einer Stadt im Herzen des Ruhrgebietes, hier liegen meine Wurzeln. Die Region zwischen Emscher und Ruhr ist sozialdemokratisches Kernland, man spricht auch gern von der „Herzkammer der SPD". Das macht deutlich, dass mein Weg hin zur CDU nicht auf den ersten Blick vorgezeichnet war. Für mich spielten private Beweggründe eine große Rolle.

Entscheidend für den Beginn meines politischen Interesses war die Situation in meinem Elternhaus. Als mittleres Kind zwischen einem „großen Bruder" und einer „kleinen Schwester" wurde mir schnell klar, dass ich eine besondere Rolle einnahm: zum einen nicht alt genug – in Abgrenzung zu meinem Bruder; zum anderen zu alt in Bezug zu meiner Schwester. Also musste ich schon früh argumentativ stärker sein, um mich durchzusetzen.

Ausschlaggebend für meine persönliche Entwicklung war mein Vater

Er prägte mich mit seiner Einstellung zu aktuellen gesellschaftlichen Fragen. Er vertrat oft Standpunkte, die sich nicht mit den Positionen deckten, welche ich auf der Straße hörte oder in der einzigen lokalen Tageszeitung lesen konnte. Seine Standpunkte waren geprägt von der katholischen Soziallehre, den festen Vorstellungen einer gerechten Ordnung des gesellschaftlichen Zusammenlebens. Namen wie Adolph Kolping oder Joseph Kardinal Höffner sind untrennbar mit seiner Betrachtungsweise der menschlichen Gemeinschaft verbunden. Von klein auf war ich daher daran gewöhnt, die Verhältnisse in meinem Umfeld kritisch zu hinterfragen, gleichzeitig aber gesellschaftliche Missstände nicht automatisch durch bloße Umverteilungstheorien lösen zu wollen.

Diese Entwicklung setzte sich in meiner Schulzeit fort. Als Klassen- und Schülersprecherin trat ich für die Belange meiner Mitschüler ein. Hierbei galt es, gut zu moderieren und Mehrheiten zu finden, um den Interessen der Mitschülerinnen und Mitschüler gebührenden Raum zu verschaffen. Nach dem Abitur im Jahre 1976 begann ich mein Studium an der Pädagogischen Hochschule in Dortmund; mein Ziel war die Befähigung zum Lehramt für die Sekundarstufe I, meine Fächerwahl fiel auf Deutsch und Geschichte. Mein großer Traum war es immer schon, Lehrerin zu werden, eigentlich von der Volksschule an. Ich wollte Kinder auf ihrem Weg ins Leben begleiten, sie unterrichten und auf das Leben vorbereiten. Deshalb ganz bewusst die Entscheidung für die Sekundarstufe I.

Nach dem Zweiten Staatsexamen gestaltete es sich mit der Kombination Deutsch/Geschichte allerdings schwierig, eine entsprechende Planstelle an einer allgemeinbildenden Schule zu erhalten. Daher unterrichtete ich fast 13 Jahre lang an der Polizeischule Selm/Bork – diese Jahre möchte ich in meinem Lebenslauf nicht missen. Ich habe viele wertvolle Erfahrungen dort gesammelt. Nie habe ich aber aufgehört, mich weiterhin für den öffentlichen Schuldienst zu bewerben, obwohl es nicht gern gesehen wurde. Mir wurde mehrfach nahegelegt, meine Bewerbungen zu lassen, da ich wenig Aussicht auf Erfolg hätte. Aber bereits damals habe ich festgestellt, man muss „dran bleiben", wenn man etwas erreichen will, von dem man überzeugt ist. Und im Jahre 1995 ergab sich dann für mich endlich die Möglichkeit, an die Erich-Fried-Gesamtschule in meiner Heimatstadt zu wechseln. Seit meinem Einzug in den Deutschen Bundestag im Jahre 1998 bin ich von dieser Tätigkeit beurlaubt.

Meine ersten politischen Schritte: Die Junge Union

Erste persönliche Berührungspunkte mit der Arbeit in politischen Gremien machte ich in der Jungen Union. Das christliche Menschenbild als Grundlage für die gesellschaftliche Arbeit war auch hier der Antrieb, der uns in dieser Gemeinschaft einte. Seinerzeit waren Frauen im politischen Raum, insbesondere bei der CDU, allerdings noch die große Ausnahme. Auch deren Belange standen nicht unbedingt weit oben auf der damaligen politischen Agenda. Dieser Stellenwert lässt sich deutlich am Ressortzuschnitt der Bundesministerien ablesen. Erst im Jahre 1986 wurde auf Initiative der damaligen Ministerin Prof. Dr. Rita Süssmuth die Frauenpolitik zentral in das neu gegliederte Ministerium für Jugend, Familie, Frauen und Gesundheit mit aufgenommen. Ein wichtiger Schritt, denn zuvor fristete dieses Thema in den jeweiligen Fachressorts ein entsprechendes Nischendasein. Rita Süssmuth war nicht nur in dieser Zeit ein

Vorbild für mich, sie ist es auch heute noch. Ihr couragiertes Eintreten für die Belange von Frauen und Familien, oft auch gegen Widerstände aus den eigenen Reihen, machte mir Mut.

Die Gründe, die mich zu meinem politischen Engagement bewogen haben, sind in meinen persönlichen Erfahrungen bei der Vereinbarkeit von Familie und Beruf zu finden. Nach der Geburt unserer Tochter stand für mich schnell fest, dass ich gerne wieder als Lehrerin arbeiten wollte. An ein ausreichendes Angebot an Kinderbetreuungsplätzen war aber zu dieser Zeit nicht einmal annähernd zu denken. Die Organisation des Tagesablaufs wurde daher für mich zu einer logistischen Herausforderung, ohne die Unterstützung meiner Familie hätte ich diese nicht bewältigen können. Ich begann, die Missstände beim Namen zu nennen und machte meinem Unmut oft Luft. Mein Mann gab mir damals die Empfehlung, ich solle doch selbst Verantwortung übernehmen und auf diese Weise dafür sorgen, dass sich die Verhältnisse für junge Familien in unserer Stadt zum Besseren wenden könnten. Das war für mich Anlass und Auslöser, 1990 in die CDU einzutreten.

Mit einigen Mitstreiterinnen machte ich mich daraufhin ans Werk und im Jahr 1993 konnten wir die Gründung des Vereins „Herner Tageseltern" feiern. Einfach war dies nicht, von vielen Seiten schlug uns damals Skepsis entgegen. Es mangelte an Geld und den nötigen Netzwerken, nur Engagement war reichlich vorhanden. Wir fanden aber einen Kinderarzt, der die Ausbildung der Tagesmütter mittrug und einen Bäckereibetrieb, der uns ebenfalls finanziell tatkräftig unterstützte. Nachdem auch die Vertreter der Stadt Herne ihre anfänglichen Vorbehalte abgelegt hatten – vielleicht weil wir eine starke SPD-Frau in den Vorstand gewählt hatten? – konnten wir in der Folge auf die Unterstützung der verantwortlichen Dezernenten bauen. Diese Entwicklung machte mir Mut, merkte ich doch, dass man mit vereinten Kräften und viel Tatendrang die Dinge ins Rollen bringen kann.

Im Jahr 1994 wurde ich als Vertreterin der CDU in den Rat der Stadt Herne gewählt. Dieses Mandat behielt ich bis zum Einzug in den Deutschen Bundestag. Thematisch konnte ich an das Engagement im vorpolitischen Raum nahtlos anknüpfen, ich wurde unter anderem Mitglied im Ausschuss für Soziales, Gesundheit und Familie. Schnell wurde mir klar, dass dieser Ausschuss, der bei vielen Ratsmitgliedern wegen der sogenannten weichen Themen oft belächelt wurde, über eine enorme Kompetenzfülle verfügte. Hier konnte ich, nachdem ich die Gestaltungsspielräume ausgelotet hatte, wirklich etwas bewegen. Auch innerhalb der Kreispartei und auf Bezirksebene arbeitete ich zunehmend in verantwortlichen Positionen. Den Vorsitz der Herner Frauen Union übernahm ich 1995 und im selben Jahr wurde ich zur stellvertretenden Kreisvorsitzenden der Herner CDU gewählt. Ein Jahr zuvor zog ich als Mitglied in den Vorstand der Frauen Union im Bezirk Ruhrgebiet ein. Ich stellte schnell fest, dass „Frau" bereit sein muss, Verantwortung zu übernehmen, wenn es sein muss, auch einen Vorsitz.

Die Verabschiedung des Frauenquorums

Dann geschah etwas auf Bundesebene, was für meine weitere politische Laufbahn mitentscheidend sein sollte. Auf dem Bundesparteitag der CDU 1996 in Hannover wurde das Frauenquorum, zunächst für fünf Jahre befristet, beschlossen. Alle Gremien innerhalb der CDU sind seither verpflichtet, die rechtliche und tatsächliche Gleichstellung von Frauen und Männern in ihrem jeweiligen Geltungsbereich durchzusetzen. Bei der Aufstellung von Listen für Kommunal- und Landtagswahlen, für die Wahlen zum Deutschen Bundestag und zum Europäischen Parlament soll das vorschlagsberechtigte Gremium unter drei aufeinander folgenden Listenplätzen jeweils mindestens eine Frau vorschlagen.

Als der Kreisvorsitzende der Herner CDU mich im folgenden Jahr fragte, ob ich mir eine Bundestagskandidatur vorstellen könnte, sah ich die Erringung eines entsprechenden Mandates überhaupt nicht als realistisch an. Trotzdem sagte ich zu und mit 96,7 Prozent der Stimmen wurde ich im August 1997 zur Kandidatin der CDU für den damaligen Bundeswahlkreis Herne/Bochum III gewählt. Da wegen der bereits zu Beginn beschriebenen politischen Großwetterlage im Ruhrgebiet eine Direktwahl nicht zu erwarten war, musste eine gute Platzierung bei den anstehenden Listenparteitagen dieses Manko wettmachen. Auf dem Bezirksparteitag der CDU Ruhrgebiet in Witten schlug mich die Findungskommission für den Platz 10 auf der Bezirksliste vor, damit war ein weiterer wichtiger Schritt in Richtung Mandat gemacht. Auf der anschließenden Landesdelegiertenversammlung im Februar 1998 wurde ich auf Platz 21 der Landesliste der CDU Nordrhein-Westfalen gewählt. Aufgrund des zwei Jahre zuvor beschlossenen Quorums waren nun neun Frauen unter den ersten 30 Plätzen der Landesliste vertreten.

Gestärkt durch dieses Ergebnis machte ich mich an meinen ersten Bundestagswahlkampf. Dieser war bestimmt durch die Wechselstimmung, die in der Bevölkerung vorherrschte. Nach 16 Jahren der Kanzlerschaft von Helmut Kohl war es schwer, etwas den eingängigen Parolen der SPD und ihres Herausforderers, des niedersächsischen Ministerpräsidenten Gerhard Schröder, wirkungsvoll entgegenzusetzen. Diese Ausgangssituation durfte mich allerdings nicht abschrecken; in den kommenden Wochen und Monaten standen jede Menge Termine in meinem Kalender, die ich als Bundestagskandidatin nicht versäumen konnte. Hatte ich mich zuvor bereits in den verschiedenen Gremien der örtlichen CDU vorgestellt, kamen nun Diskussionsrunden mit den Kandidaten der anderen Parteien sowie eine Vielzahl anderer Veranstaltungen hinzu. Deren Bandbreite erstreckte sich von Betriebsbesichtigungen über Pfarrfeste hin zu Fußballturnieren und Wettbewerben von Schäferhundzüchtern. Auch hier war eine Unterstützung durch die Kreispartei unverzichtbar, so konnten Bundespolitiker für gemeinsame Auftritte im Wahlkreis gewonnen und viele Veranstaltungen in den Ortsverbänden und Vereinigungen organisiert werden. Dankbar bin ich bis heute für die Unterstützung durch erfahrene Kolleginnen, die mir stets mit Rat und Tat zur Seite standen. So war die damalige Staatssekretärin beim Bundesminister der Finanzen und Landesvorsitzende der Frauen Union Nordrhein-Westfalen, Irmgard Karwatzki, mir eine solche Mentorin; von ihr habe ich viel lernen können.

Während dieses Wahlkampfes wurde ich gefragt, ob ich mich als Frau in der Politik benachteiligt fühlen würde. Ich habe geantwortet, dass sich die Politik bereits erste Gedanken gemacht habe und auf das Quorum in der Union verwiesen. Mein Fazit von damals lautete: „Die weibliche Bevölkerung bildet mehr als die Hälfte der Gesellschaft. Da sollte man auch versuchen, Frauen verstärkt in die Politik zu bekommen. Das geht jedoch nur, wenn man das ganze Umfeld verändert und eine Frau beispielsweise bei der Erziehung der Kinder stärker entlastet." Nach 14 Jahren im Deutschen Bundestag muss ich feststellen, dass trotz vieler Fortschritte diese Aussage auch heute noch nichts von ihrer Aktualität eingebüßt hat.

Die Wahlen am 27. September 1998 führten zum Machtverlust für die damalige Bundesregierung unter Helmut Kohl, für mich aber begann mit diesem Tag die Arbeit als Abgeordnete des Deutschen Bundestages. Zwar erhielt ich nur 24,5 Prozent der Erststimmen in meinem Wahlkreis, der Listenplatz 21 sorgte jedoch für einen sicheren Einzug ins Parlament. Ohne das Quorum wäre dieses Ergebnis mit Sicherheit so nicht möglich gewesen. Als mir klar wurde, dass ich nun sehr wahrscheinlich für die nächsten vier Jahre als Abgeordnete in Bonn bzw. Berlin tätig sein würde, zögerte ich für einen kurzen Moment. Meine Tochter ging noch zur Schule und mir wurde deutlich, dass die gemeinsame Zeit zuhause ab jetzt zu einem kostbaren Gut werden würde. Hätte ich mit dieser Entscheidung nicht vielleicht doch noch vier Jahre warten sollen? Meine Tochter überzeugte mich vom Gegenteil, ihren beherzten Kommentar „Wenn Du jetzt einen Rückzieher machst, dann werden sie Dich bei der nächsten Wahl bestimmt nicht noch einmal fragen!" hatte ich noch im Ohr, als ich meine erste Fahrt in die damalige Bundeshauptstadt Bonn antrat.

Als Mitglied des Deutschen Bundestages wird die Vereinbarkeit von Familie und Beruf zur Herausforderung. Der eng getaktete Zeitplan einer Sitzungswoche lässt Termine außer der Reihe nur in Ausnahmefällen zu, über 20 Wochen im Jahr ist man de facto nicht bei seiner Familie. Die Entscheidung für den Umzug des Parlaments nach Berlin aus dem Jahr 1991 machte diese Aufgabe nicht leichter. War es aus Bonn noch gut möglich, nach einem Abendtermin den Zug nach Hause ins Ruhrgebiet zu erreichen und trotzdem am nächsten Morgen wieder im Plenum oder im Ausschuss anwesend zu sein, so zerschlug sich diese Variante der spontanen Heimfahrten mit dem Umzug des Bundestages an die Spree im Jahr 1999. In Berlin pendele ich zwischen dem Büro im Jakob-Kaiser-Haus, meiner Wohnung und einzelnen Ministerien oder Veranstaltungsorten hin und her, ein Privatleben findet nicht statt. Lebensmittelpunkt ist für mich in all den Jahren meine Heimatstadt geblieben, hier wohnen Familie und Freunde, hier tanke ich Kraft.

Die Arbeit im Deutschen Bundestag stärkte jedoch meine Position in den Gliederungen der CDU vor Ort in Nordrhein-Westfalen. So wählte man mich im Jahr 1999 zur Kreisvorsitzenden der Herner CDU; dieses Amt hatte ich bis zum Jahr 2007 inne, dann war es mit der Arbeit in Berlin nicht mehr zu vereinbaren. Im Jahr 2001 wurde ich zu einer der stellvertretenden Vorsitzenden der Frauen Union in Nordrhein-Westfalen gewählt. Dieser Landesverband ist mit mehr als 40.000 Mitgliedern der größte in Deutschland.

Die Suche nach dem Fachausschuss

Eine der ersten Aufgaben als neugewählte Abgeordnete ist die Suche nach einem Sitz im passenden Fachausschuss. Als Parlamentsneuling hat man keine freie Auswahl, vielmehr werden die Mitglieder von den Fraktionen benannt. Wünsche auf Mitgliedschaften in einem bestimmten Ausschuss melden die Abgeordneten daher dort an. Ich hatte Glück und meinem Wunsch wurde entsprochen, so konnte ich als Mitglied des Ausschusses für Familie, Senioren, Frauen und Jugend meine parlamentarische Arbeit beginnen. Auch hier habe ich wieder deutlich beobachtet, was ich zuletzt bei der Arbeit im Rat der Stadt Herne bemerkt hatte: Die Arbeit in den Ausschüssen mit den sogenannten weichen Themen ist nicht sonderlich begehrt, insbesondere bei den männlichen Kollegen. Ein Sitz im Ausschuss für Verteidigung, Auswärtiges oder gar im Haushaltsausschuss wird eher angestrebt und gilt als Machtbeweis für dessen Inhaber. Für mich war diese Einteilung nicht wichtig, ich habe mich damals bewusst für den Ausschuss für Familie, Senioren, Frauen und Jugend entschieden. Zusätzlich zur Arbeit im Ausschuss wurde ich Mitglied der Kinderkommission des Deutschen Bundestages, deren Vorsitz habe ich turnusgemäß das erste Mal im Dezember 1999 übernommen. Als Vertreterin der CDU/CSU-Fraktion im Deutschen Bundestag blieb ich ordentliches Mitglied der Kinderkommission bis zum Ende der 15. Legislaturperiode im Jahr 2005.

Zu Beginn meiner Abgeordnetentätigkeit erhielt ich folgenden Ratschlag von einem altgedienten Kollegen: „Erst nach drei Legislaturperioden kannst Du hier etwas bewegen. In den ersten vier Jahren lernst Du, in den zweiten vier Jahren knüpfst Du Netzwerke und in der dritten Legislaturperiode hast du dann die Möglichkeit, mit Deinem Wissen und den notwendigen Beziehungen Mehrheiten zu organisieren." Damit sollte er Recht behalten. Als Mitglied einer Fraktion in Regierungsverantwortung sind viele Aufgaben lösbarer als aus der Opposition heraus, diese Erfahrung musste ich zwischen 1998 und 2005 machen. Viele gute Vorschläge und sauber erarbeitete Anträge hatten einfach keine Chance auf Umsetzung, weil die Mehrheiten nicht vorhanden waren. Glücklicherweise fiel meine dritte Legislaturperiode im Jahr 2005 mit dem Regierungsantritt von Bundeskanzlerin Dr. Angela Merkel zusammen.

Auch verbesserte sich meine Position auf der Landesliste der CDU Nordrhein-Westfalen im Laufe der Zeit. Startete ich 1998 noch auf Listenplatz 21, so wurde ich 2002 und 2005 bereits auf Listenplatz neun gewählt. Neben der Ausschussarbeit wurde ich mit weiteren Aufgaben innerhalb der CDU/CSU-Fraktion im Deutschen Bundestag betraut. Im Jahr 2006 ernannte mich der Fraktionsvorsitzende Volker Kauder zur Beauftragten für Kirchen und Religionsgemeinschaften, knapp zwei Jahre später wurde ich zur Vorsitzenden der Gruppe der Frauen gewählt.

Für die Frauen in der CDU/CSU-Fraktion des Deutschen Bundestages ist die Gruppe der Frauen seit 1980 so etwas wie ihre Hausmacht, jede weibliche Abgeordnete ist dort automatisch Mitglied. Selbstverständlich handelt es sich hierbei nicht um einen homogenen Block, vielmehr sind unterschiedlichste Positionen vertreten. Aber für die Arbeit der Frauen innerhalb der Fraktion ist diese Gruppe von entscheidender Bedeutung. In der laufenden Legislaturperiode steht die Arbeit unter dem Motto: „Informieren, Diskutieren, Vernetzen". Die Gruppe der Frauen zeigt mit diesem Querschnittsansatz auf, dass es nahezu kein Thema gibt, das Frauen nicht betrifft, und deshalb überall die Meinung von Frauen gehört und mit in die Entscheidungsfindung einfließen muss. Meistens lassen sich Fragen besser beantworten und Probleme nachhaltiger lösen, wenn auch die weibliche Sicht der Dinge in die Überlegungen mit einbezogen wird. Diese Vernetzung untereinander ist notwendig, daran besteht kein Zweifel. Bei den männlichen Kollegen ist sie bereits seit Jahrzehnten gang und gäbe. Funktionierende Netzwerke sind und bleiben Grundvoraussetzung für die Organisation von Mehrheiten, diese Erfahrung konnte ich bereits bei der Gründung der Herner Tageseltern machen, sie hat nichts von ihrer Aktualität verloren.

Im Jahr 2009 konnte ich einen weiteren Schritt nach vorn machen, meine Ausgangsposition für die Bundestagswahlen war nun der Listenplatz sechs auf der Landesliste der CDU Nordrhein-Westfalen. Nach den Wahlen wurde ich von den Mitgliedern der CDU/CSU-Fraktion im Deutschen Bundestag zur Stellvertretenden Fraktionsvorsitzenden gewählt. Meine Aufgabenbereiche sind auch hier wieder die Themenfelder Familie, Senioren, Frauen und Jugend sowie zusätzlich die Bereiche Arbeit und Soziales, Arbeitnehmer und Kirchen. Hierbei übe ich eine Doppelfunktion aus: auf der einen Seite vertrete ich den Fraktionsvorsitzenden in den o. g. Themenfeldern, auf der anderen Seite verschaffe ich aktuellen Fragen aus „meinen Bereichen" das nötige Gehör in der Fraktionsführung. Dabei ist oft Fingerspitzengefühl gefordert. Bei vielen spezifischen Fragen herrschen unter uns Frauen parteiübergreifend viele Gemeinsamkeiten, auch über Koalitionsgrenzen hinweg. Ich nenne an dieser Stelle nur die Stichworte „Entgeltgleichheit" oder „Frauen in Führungspositionen".

Aber nicht nur wir Frauen untereinander müssen uns einig sein, auch müssen wir die Männer mit ins Boot holen. Diese Fragen können wir, Frauen und Männer, nicht gegeneinander, sondern nur miteinander lösen. Ich möchte an dieser Stelle Rita Süssmuth zitieren. Sie wusste bereits im Jahre 1999, wie es das Plenarprotokoll der Sitzung vom 7. September dokumentiert, dass es „eine Erfahrung von Erweiterung und Bereicherung ist, wenn Frauen und Männer gemeinsam an diesem Thema arbeiten". Gleichzeitig stellte sie aber auch fest: „Wir brauchen wirklich partnerschaftliche Strukturen, in denen die Leistungen der Frauen sichtbar werden und in denen auch die Macht geteilt wird. (...) Heute ist es an der Zeit, die Strukturen zu verändern und uns Frauen wirklich jenen Gestaltungseinfluss zu geben, den wir brauchen, wenn wir die Welt verändern wollen."

Bei der Stärkung dieser Themenschwerpunkte baue ich auch auf die Unterstützung der Frauen Union, seit 2011 bin ich nun Vorsitzende des Landesverbands Nordrhein-Westfalen. Die Frauen Union legt einen besonderen Schwerpunkt auf die Nachwuchsarbeit. So treffe ich bei meinen Besuchen in den Kreis- und Bezirksverbänden von Aachen bis Münster auf viele jüngere Frauen, die ihre Fähigkeiten in den Dienst der Frauen Union stellen möchten; diese Begegnungen machen Mut. Seit mehreren Jahren laufen auf Bundes- sowie auf Landesebene Mentoringprogramme. Die Mentees werden hierbei von erfahrenen Mentorinnen betreut und erhalten Gelegenheit, sich deren Arbeit vor Ort anzuschauen und Ideen und Anregungen für die eigene politische Laufbahn mitzunehmen. Ich bin überzeugt davon, dass es auf diese Weise gelingen kann, mehr jungen Frauen den Weg in die Politik zu ebnen. Auch in meinem Bundestagsbüro sind Frauen, die sich im politischen Bereich engagieren möchten, immer gern gesehene Gäste.

Die politische Arbeit von Frauen

In der Gesamtschau stelle ich fest, dass die politische Arbeit von Frauen anders betrachtet wird als noch vor einigen Jahren. Dies liegt sicherlich zum einen an der Tatsache, dass sich der Frauenanteil im Parlament stetig erhöht hat; so gab es zu Beginn der 1. Wahlperiode im Deutschen Bundestag nur 28 weibliche Abgeordnete, heute in der 17. Wahlperiode sind es mittlerweile 204. Zum anderen hat die Kanzlerschaft von Angela Merkel viel zu dieser veränderten Betrachtungsweise beigetragen. Sie hat seit 2005 allen Kritikern eindrucksvoll bewiesen, was es heißt, erfolgreiche Regierungsarbeit zu leisten. Niemand würde heute noch einer Frau die Fähigkeit zur Führung eines Amtes absprechen, nur weil sie eine Frau ist. Diese Tatsache zeigt mir, dass wir in Deutschland gleichstellungspolitisch auf dem richtigen Weg sind. Zwar liegt noch ein Großteil der Strecke vor uns, die Richtung aber stimmt!

Wenn ich für meine persönliche Arbeit der letzten Jahre eine Zwischenbilanz ziehe, dann sehe ich viele Positionen auf der Aktivseite. Insbesondere in den Jahren ab 2005, als Mitglied einer Fraktion in Regierungsverantwortung, konnte ich vieles mit umsetzen, was die Stellung von Frauen und Familien in unserem Land gestärkt hat. Die Einführung des Elterngeldes im Jahr 2007 war so ein Meilenstein, hierdurch konnten erstmals alle Eltern von staatlicher Förderung für die Erziehung ihrer Kinder profitieren. Das Elterngeld hat die Einkommen von Familien nach der Geburt erhöht und dazu geführt, dass die Erwerbsbeteiligung von Müttern mit Kindern im zweiten Lebensjahr gestiegen ist. Es hat die Väterbeteiligung an der Kinderbetreuung in der ersten Zeit nach der Geburt eines Kindes gestärkt und entfaltet damit die ihm vom Gesetzgeber zugedachten Wirkungen. Aber auch das Mindestelterngeld, die verbesserte steuerliche Absetzbarkeit von Kinderbetreuungskosten und der Ausbau haushaltsnaher Dienstleistungen sind einige wenige Punkte, die ich positiv mitgestalten konnte.

Auch bei der Betreuungsinfrastruktur für Kinder in unserem Land haben wir große Fortschritte machen können. Der auf dem „Krippengipfel" im Jahr 2007 beschlossene Ausbau der Kinderbetreuung für Kinder unter drei Jahren ist beispiellos in unserem Land. An dem diesen Ausbau flankierenden Kinderförderungsgesetz (KiföG) habe ich intensiv mitgearbeitet.

Aber auch die Tatsache, einer Fraktion in Regierungsverantwortung anzugehören, führt nicht automatisch dazu, dass man alle Entscheidungen, die im Parlament getroffen werden, als eigene Erfolge ansieht. So habe ich in Fragen des Lebensschutzes oft Standpunkte vertreten, die nicht der Mehrheitsmeinung des Parlamentes entsprachen. Im Jahr 2011 diskutierte der Deutsche Bundestag über die Zulassung der Präimplantationsdiagnostik (PID). Bei der PID werden Embryonen, die durch künstliche Befruchtung entstanden sind, vor der Einpflanzung in die Gebärmutter auf etwaige Krankheiten untersucht und eventuell verworfen. Ich habe mich stets gegen die Zulassung dieser Methode ausgesprochen, weil ich darin eine Entscheidung zwischen wertem und unwertem Leben sehe. Die Entscheidung des Parlaments, die PID in begrenztem Umfang zuzulassen, halte ich auch heute noch für ein fatales Signal, insbesondere für jene Menschen, die trotz ihrer Behinderung ein glückliches und erfülltes Leben führen können.

Diese Haltung entstammt meinem christlichen Glauben, er ist für mich Maßstab, Richtschnur und Orientierung in privaten und politischen Entscheidungsprozessen – auch und gerade bei ethisch schwierigen politischen Themen. Den Glauben empfinde ich als Auftrag und Motivation, mich für eine gerechte Gestaltung unserer Gesellschaft einzusetzen. Deshalb sehe ich in der CDU meine politische Heimat. In den unterschiedlichsten Politikfeldern spielt das ‚C' für mich eine Rolle. So wie es mir in bioethischen Fragestellungen wichtig ist, die uneingeschränkte Menschenwürde zu gewährleisten, gilt dies auch für die Arbeitswelt. Alle arbeitsmarktpolitischen Entscheidungen müssen den Menschen im Blick haben, ihn und seine Würde. Auch die Belange der Familien und Kinder sind mir immer noch ein großes Anliegen: Ich möchte meine Stimme für sie erheben, verbesserte Rahmenbedingungen schaffen und ihnen die Teilhabe in der Gesellschaft ermöglichen. Und nicht zuletzt sehe ich in der Schöpfung des Menschen als Mann und Frau – beide gleichermaßen aufgerufen zur Gestaltung unserer Gesellschaft – meine Motivation für eine Gleichstellungspolitik, die für Männer und Frauen gerechte Chancen schafft.

In all diesen Politikbereichen liefert der christliche Glaube zwar nicht direkt und auf Knopfdruck konkrete Antworten auf die schwierigen und komplexen Fragestellungen. Doch stellt er grundlegende und wegweisende Leitlinien zur Verfügung. So bin ich überzeugt, dass der christliche Glaube uns vor dem Hintergrund des demographischen Wandels, einer immer globaleren, zunehmend ineinander verwobenen Welt und der aktuellen Finanzkrise wertvoller Kompass sein kann, der uns zu nachhaltigen und gerechten Entscheidungen befähigt. Diese sind Voraussetzungen für eine verantwortungsbewusste und umsichtige Politik, die sich an den Menschen in seiner ganzen Würde richtet.

Während meiner Amtszeit als Präsidentin des Katholischen Deutschen Frauenbundes von 2003 bis 2011 habe ich eindrucksvoll erfahren, wie Frauen, die unterschiedlichste persönliche und politische Sozialisationen aufzuweisen hatten, durch den Glauben verbunden, gemeinsame Ziele verfolgt haben. Auch als Mitglied des Zentralkomitees der deutschen Katholiken habe ich in dieser Zeit gespürt, welche Bindungswirkung der gemeinsame Glaube in unserer Gesellschaft entfaltet und wie daraus gesellschaftspolitisches Engagement erwächst.

Solange ich diese Motivation auch zukünftig verspüre, möchte ich mich weiterhin politisch und gesellschaftlich für die Gemeinschaft in unserem Land einsetzen. Veränderungen möchte ich erreichen, dort, wo sie notwendig sind, Ziele möchte ich neu definieren, dort, wo die bisherigen erreicht wurden. Zugleich richte ich den dringenden Appell an alle jungen, politisch engagierten Frauen, sich weiterhin couragiert in die Entscheidungsprozesse unseres Landes mit einzubringen. Noch nie war die Chance für eine erfolgreiche Gleichstellungspolitik für uns Frauen in Deutschland größer, noch nie waren die Rahmenbedingungen besser; diese Entwicklung müssen wir weiter vorantragen. Dafür brauchen wir kreative Köpfe und Frauen, die mutig sind, diesen nicht immer leichten Weg zu gehen.

Christine Lieberknecht*

Ich bin in die Politik gegangen,
weil ich „Ermöglicherin" sein möchte

Geboren am 7. Mai 1958 in Weimar, verheiratet, zwei Kinder, 1976 Abitur, 1976–1984 Studium der Evangelischen Theologie an der Friedrich-Schiller Universität Jena, 1981 Eintritt in die CDU der DDR, 1982 erstes theologisches Examen und Vikariat in der Ev.-Luth. Kirche in Thüringen, 1984 zweites theologisches Examen, 1984–1990 Pastorin im Kirchenkreis Weimar, 1990–1992 stellvertretende und später kommissarische Landesvorsitzende der CDU Thüringen, 1990–1992 Landesministerin für Kultur in Thüringen, seit 1991 Mitglied des Landtages von Thüringen, 1992–1994 Landesministerin für Bundes- und Europaangelegenheiten in Thüringen, 1994–1999 Landesministerin für Bundesangelegenheiten in Thüringen, 1999–2004 Präsidentin des Landtages von Thüringen, 2004–2008 Vorsitzende der CDU-Fraktion des Landtages von Thüringen, 2008–2009 Landesministerin für Soziales, Familie und Gesundheit in Thüringen, seit 2009 Ministerpräsidentin von Thüringen.

Wie hat sich Ihre politische Sozialisation entwickelt? Welche Faktoren haben Sie beeinflusst, in die Politik zu gehen? Wurde das Interesse bereits in Ihrem Elternhaus geweckt? Oder entwickelte es sich erst während Ihrer Studienzeit? Für Sie als „Gewächs der DDR" ist es sicherlich noch einmal anders als für Ihre westdeutschen Kolleginnen?

Die DDR war für mich ein Staatswesen, das seine Bürger ständig politisch-ideologisch belehrte, manipulierte, unter Druck setzte und danach strebte, möglichst alle in den Griff zu bekommen. DDR-Politik habe ich nicht nur aus der offiziellen Perspektive erlebt, sondern aus der Perspektive eines jungen Menschen, der sich zum DDR-Staat in Distanz befindet. Ich bin in dörflicher Umgebung aufgewachsen, das ermöglichte ein gewisses Nischendasein. Ein evangelisches Pfarrhaus wie das unsere war eine andere Welt, eine Gegenwelt zu der, die staatlich und ideologisch erwünscht und vorgesehen war. Staatlich verordnetes Denken und Handeln gab es in unserer Familie nicht. Aber politisch diskutiert

---

* Das Interview führten Prof. Dr. Hanns Jürgen Küsters und Prof. Dr. Beate Neuss am 13.06.2012 in Erfurt.

wurde bei uns häufig, manchmal ärgerlich, manchmal lustvoll, aber immer ernsthaft. Diese Diskussionen drehten sich häufig um unsere Beziehungen zur Verwandtschaft, die im „Westen" beheimatet war. Durch das Pfarramt meines Vaters und durch die westliche Verwandtschaft wurden wir neben anderen kleinen Wohltaten mit Büchern versorgt und hatten damit einen großzügigen Zugang zu westlicher Literatur. Als Jugendliche schmökerten wir auch in den klassischen westlichen Zeitschriften wie „Spiegel" oder „Stern". So bin ich durchaus politisiert aufgewachsen, kritisch aber auch als jemand, der die DDR als Lebensraum akzeptierte und mitzumischen versuchte. Nicht in dem Sinne, dass ich unbedingt alles unterstützen wollte, aber dass mir bewusst war: Wenn man etwas verändern will, muss man sich einbringen. Ich galt in der Schule als interessiert aber nicht als karriereverdächtig, obwohl ich gute „Olympiade"-Ergebnisse in den naturwissenschaftlichen Fächern vorweisen konnte.

Obwohl ich nicht Mitglied der „Jungen Pioniere", der Kinderorganisation in der DDR war, und auch nicht zur staatlich verordneten „Jugendweihe" ging, trat ich doch als Halbwüchsige in den sozialistischen Jugendverband Freie Deutsche Jugend (FDJ) ein, weil ich glaubte, dort Interessen vertreten zu können – meine eigenen und die meiner Mitschüler. Es gab ja keine andere Jugendorganisation an der Schule. Gleichzeitig nahm ich in meiner Freizeit an der evangelischen Schülerarbeit, an „Bibelrüstzeiten" teil, in denen wir nach tragfähigen Antworten auf die existenziellen Fragen unseres Lebens suchten. Wir setzten uns mit verschiedenen Themenkreisen auseinander. Wichtig waren für uns die Friedensdekaden, die Aufarbeitung von Geschichte, die 1968er, neue pädagogische Formen – Stichwort „antiautoritäre Erziehung" –, die in den 1960er und 1970er Jahren im Westen groß propagiert wurden.

Dieses Engagement hat dazu geführt, dass ich noch zu DDR-Zeiten in die CDU eingetreten bin. Meine Absicht war, bestimmte Zustände in der Gesellschaft zu verändern. Ich glaubte, etwas für die Gesellschaft tun zu müssen. Dabei befand ich mich in einer Dorf-Situation, in der ich im Wesentlichen nur mit den Leuten ins Gespräch kam, die sonntags die Gottesdienste besuchten. Ich war der festen Überzeugung: Wenn ich etwas verändern will, muss ich mit denen reden, die Verantwortung haben. Das waren damals der Vorsitzende der LPG, der damaligen Landwirtschaftlichen Produktionsgenossenschaft, der Bürgermeister und auch die jeweiligen Parteisekretäre der SED. Ich brauchte also eine Plattform, die mir die Möglichkeit bot, mit denen zu reden, die der Kirche fern standen. Ich stand meiner Partei, der CDU, kritisch gegenüber und hatte das unbestimmte Gefühl, dass das gleichgeschaltete System des Blocks der Nationalen Front vielleicht doch nicht ewigen Bestand haben würde. In den 1980er Jahren formulierte ich diese vage Ahnung oder auch Hoffnung mit den Worten: „Es kann sein, es kommt der Zeitpunkt, da ist es gut, dass wir, die CDU-Mitglieder, da sind." In mir steckte eine vage Ahnung von einer demokratischen Alternative, ohne dass ich die näher hätte beschreiben können. Deshalb bin ich in der CDU geblieben.

Hatten Sie von vornherein eine Art indirekte Widerstandsrolle inne in Anbetracht der Gesamtsituation, dass die Ost-CDU als Blockflötenpartei verschrien war?

Nein, das zu behaupten, wäre sicher übertrieben. Aber kritisch war ich schon. Ich bin ja gerade in die CDU eingetreten, weil ich den verordneten politischen Kurs nicht hinnehmen wollte, sondern weil ich davon überzeugt war, dass man die politischen Verhältnisse ändern kann und muss. Ich hatte durch die Kirche und die Schülerarbeit die Möglichkeit, außerhalb der staatlichen Strukturen und Parteistrukturen auf der menschlichen Ebene Einfluss zu nehmen. Das war mir aber nicht genug: Ich hatte das Gefühl, dass es möglich sein müsse, das System von innen her zu verändern. Ich war nicht der Auffassung und hatte nie die Illusion, die DDR abschaffen zu können. Aber ich hatte den Anspruch, dazu beizutragen, dass mein Lebensumfeld, das eben die DDR war, demokratischer wird. Was sich allerdings als Illusion erwies.

Von wem haben Sie den kritischen Geist geerbt? War dieser durch das Elternhaus geprägt?

Ein evangelisch-lutherisches Pfarrhaus stellt man sich eher konservativ vor, geistig eng und stark reglementiert. Das trifft auf mein Elternhaus jedenfalls nicht zu. Wir wuchsen tolerant und durchaus liberal auf. Als Älteste von vier Geschwistern – ich hatte zwei Schwestern und einen kleinen Bruder – war ich immer „die Große" und hatte den Eindruck, mir alles selbst erkämpfen zu müssen. Glücklicherweise haben wir von zu Hause einen wachen Geist mitbekommen. Ich lernte auch, dass man auf der Suche nach Problemlösungen nicht jeden Streit vermeiden kann und soll. Man muss bereit sein, Gegensätze zu erkennen, zu benennen und, wenn nötig, Meinungsverschiedenheiten auszutragen. Sicher war ich als Kind und Jugendliche nicht leicht biegbar. Ich hatte „meinen eigenen Kopf" und wollte viel erreichen, zunächst auf dem Gebiet der Naturwissenschaften, dann auch im Zusammenhang mit den gärenden, gesellschaftlichen Prozessen. Es gab viel zu entdecken. Die Entdeckerfreude und Kreativität haben eine große Rolle in der häuslichen Erziehung gespielt. Ich habe sehr intensiv die Welt unseres Pfarrhauses und des Pfarrgartens genossen. Das hat mich zutiefst geprägt. Dadurch, dass wir irgendwie anders aufwuchsen als andere Kinder im Dorf, habe ich möglicherweise auch vieles kritischer hinterfragt als andere. Ich bin einfach eigenständig meinen Weg gegangen und übernahm bei den spielerischen Aktionen der Kindergruppen im Dorf auch gern einmal die Führung. In unserem dörflichen Pfarrhaus ging es ziemlich freimütig zu. Meine Eltern und besonders mein Vater, waren offen für die Arbeit mit Kindern und Jugendlichen. Es gab damals kaum staatliche Ferienbetreuung. Also hat mein Vater zur Förderung der Jungen Gemeinde, der Konfirmanden, sein privates Geld eingesetzt. Allerdings – das muss ich noch hinzufügen – ging mein Vater einem Nebenerwerb nach. Er kopierte nämlich Dias für die Nationalen Forschungs- und Gedenkstätten der klassischen deutschen Literatur in Weimar (NFG), heute Stiftung Weimarer Klassik. Noch eine andere Aktion möchte ich würdigen: Die Weimarer Pfarrer spendeten im Bruderkreis von ihren schmalen Gehältern ein Zehntel, um die Jugendarbeit der Pastoren im Weimarer Land zu finanzieren. Obwohl alle Pastoren junge Familien hatten und die Frauen sich um die Gemeinde und um ein geordnetes Zuhause kümmerten, haben sie diesen biblischen „Zehnten" geopfert. In einem solchen Geist bin ich aufgewachsen.

Hat es bei Ihnen ein Schlüsselerlebnis gegeben, das zu Ihrer politischen Aktivität geführt hat? Oder sind Sie, so hört es sich an, über Ihr politisches, gesellschaftliches, theologisches Engagement hineingewachsen?

Ein latentes gesellschaftliches Interesse hatte ich wohl, wobei die Naturwissenschaften im Vordergrund standen. Ich besitze heute noch ein großes Buch „Physik selbst erlebt". Wir haben in der Kinder- und Jugendzeit mit Prismen herumgespielt, geschnitzt, gebaut und gebastelt. Geprägt durch die Erfahrung als Älteste von drei Geschwistern, habe ich einen „Kümmer-Instinkt" entwickelt, der wahrscheinlich Ursache für meinen Wunsch war, Lehrerin zu werden.

Als ich durch Kampf und persönliche Intervention meiner Eltern an die Erweiterte Oberschule kam, merkte ich nach den ersten zwei Jahren, dass der Lehrerberuf wahrscheinlich nicht das Geeignete für meine Zukunft ist. Zwar glaubte ich, mit Schülern gut zurechtzukommen, aber ich sah natürlich auch die negativen Seiten. Wir hatten nämlich einen unerbittlichen Direktor, der auch Lehrerkollegen, die sich bei ihren Schülern großer Sympathie erfreuten, von der Schule verwies. Wer da nach Ansicht des Direktors nicht hineinpasste, flog kurzerhand raus. Ich ahnte, dass ich mit der Schulleitung aufgrund meiner Einstellungen, meiner Selbständigkeit, meiner eigenen Ideen viel mehr Ärger bekommen würde, als ich es im Sinne meiner Vorstellungen von Lebensqualität für gut hielt. Deswegen habe ich gesagt: „Lehrer werden geht für mich nicht". Ich war, wie ich schon sagte, naturwissenschaftlich interessiert. Mathematik, Chemie, Physik waren meine Lieblingsfächer. Ein Beruf in der Forschung wäre sicherlich möglich gewesen. Dann hatte ich die Idee, ein Studium der Medizin aufzunehmen. Ich absolvierte ein Praktikum im Krankenhaus und war schnell um eine Erfahrung reicher, nämlich es nicht zu tun. Nach wie vor hatte ich aber den Wunsch, zusammen mit anderen Menschen etwas zustande zu bringen. Was blieb war eine ungestillte, geistige Neugier. Mich interessierten mehr und mehr die existenziellen Fragen der Menschheit und besonders die Frage, welche Verantwortung der einzelne Mensch und die Menschheit als Ganzes für die Gesellschaft hat. Ich fühlte, dass ich mit dem Studium der Theologie Antworten finden kann. Ich will nicht behaupten, dass ich damals besonders fromm gewesen wäre, aber ich kannte Pfarrer auch außerhalb des Bekannten- und Freundeskreises meiner Eltern, denen ich ernsthaft vertraute, bei denen ich mir sagte: Wenn die das machen, dann muss doch etwas dran sein.

Wann haben Sie das Thema der Interessenvertretung der Frau für sich entdeckt?

Bis zu der staatlichen Funktionsübernahme als Ministerin war das kaum ein Thema. Zu Hause waren wir, ehe unser Bruder geboren wurde, drei Mädchen. Es schien das Normalste von der Welt, dass unser Vater seinen flügge gewordenen Töchtern „harten Männerskat" beibrachte, schon im eigenen Interesse. Skatspielen, das ist für mich eine lustvolle Beschäftigung. Als Schülerin war ich dafür immer zu haben. Wir spielten unter der Schulbank und auch in den Pausen, nicht immer zur Freude des Lehrpersonals.

Das zweite große Spiel, das mit herkömmlicher Mädchenhaftigkeit nicht viel zu tun hatte, war Monopoly. Wir hatten ein Zuhause, in dem religiöse Traditionen gepflegt wurden. Andachten gehörten zur Tagesordnung, aber dennoch gab es zwischen meinen Schwestern und mir oft nicht immer vornehme verbale Attacken über die Ergebnisse unserer Monopoly-Spiele. Vielleicht gehörte das in die Familientradition, denn mein Vater war, ehe er Theologie studierte, Kaufmann in Hannover gewesen und mein Urgroßvater führte dereinst ein Teppichgeschäft. Sein Sohn allerdings war Kunstmaler, so dass mein Vater – streng genommen – aus einem Künstlerhaushalt stammt.

In welcher Situation haben Sie die Chance ergriffen und sind in die Politik gegangen? Wie haben Sie die Einheit empfunden?

In die Politik bin ich anfangs aus meiner Sicht eher geschoben worden als aus eigenem Antrieb. Ich habe die deutsche Einheit als großes Geschenk empfunden. Dass die SED-Führung von den demonstrierenden Massen gezwungen wurde, die Mauer zu öffnen, und damit der Weg zur Einheit frei war, erlebte ich als glückliches Jahrhundertereignis. Allerdings: Die innere Freiheit zu erringen, war noch etwas ganz anderes und gehörte zu den Ideen, die mir wichtig waren. Leitmotiv dabei war für mich als lutherische Theologin die „Freiheit des Christenmenschen". Mit dem Fall der Mauer stellten sich aber zuerst die dringenden Fragen nach der politischen Ordnung und der staatlichen Organisation des Alltags. Im Dezember 1989 wurde nach der Wahl von Lothar de Maizière zum CDU-Parteivorsitzenden ein neuer Parteivorstand gewählt. Im Jahre 1990 hat sich in meinem persönlichen Leben und in Bezug auf die Familie viel verändert, ich übernahm verschiedene politische Ämter. In meinem Denken, Fühlen und Glauben ist aber aus meiner Sicht alles stabil geblieben. Das christliche Wertegerüst gibt mir Kraft, auch in schwierigen Situationen Entscheidungen zu treffen.

Im Sommer 1990 trat Uwe Ehrlich von seinem Vorsitz der am 20. Januar 1990 wieder gegründeten CDU Thüringen zurück. Wir waren als CDU Thüringen mit einem Mal führungslos. Ich übernahm als stellvertretende Landesvorsitzende in Thüringen die kommissarische Parteiführung. Im Vordergrund meiner Arbeit stand die unmittelbare Vorbereitung auf die Landtagswahlen. Es waren komplizierte Entscheidungen zu treffen, beispielsweise bei Listenaufstellungen, bei den Fusionsverfahren mit dem „Demokratischen Aufbruch" und der Demokratischen Bauernpartei Deutschlands. Es war schon erstaunlich, wer alles meinte, politische Positionen einnehmen zu müssen! Im Sommer 1990 bekam ich Anrufe von früh um sieben bis abends um 23 Uhr. Ich wurde gedrängt, aus dem CDU-Kontingent Plätze für die Bauernpartei und den Demokratischen Aufbruch freizuhalten. Solche Probleme angemessen zu lösen, war schwierig. Irgendwann habe ich gesagt: „Wisst Ihr was? Macht Euer Ding alleine! Ich begleite diesen Übergang noch bis zum nächsten Parteitag, dann gehe ich zurück in mein Pfarramt."

Das war meine feste Absicht. Doch auf dem sehr chaotischen Parteitag am 25. August 1990 wurde spontan der Ruf laut, Christine Lieberknecht solle im Parteivorstand bleiben. Ich bin der drängenden Bitte gefolgt, für das Amt der stellvertretenden Landesvorsitzenden zur Verfügung zu stehen. Als ich die Entscheidung getroffen hatte, ins Pfarramt zurückzukehren, habe ich Volker Sklenar von der Demokratischen Bauernpartei werben können für eine Landtagskandidatur. Ihm „übergab" ich mein Mandat unter der Maßgabe, dass er in die CDU eintritt. Damit war ich „draußen". Allerdings zog ich später über die „Liste" doch noch in den Thüringer Landtag ein.

Auf dem CDU-Vereinigungsparteitag am 1. und 2. Oktober 1990 in Hamburg habe ich den Beitritt der CDU Thüringens zur Christlich Demokratischen Union Deutschlands erklärt. Dieses überraschende, mediale Ereignis machte mich in der Bundespartei und in den Medien bekannt. Als die Thüringer Landesregierung sich konstituierte, war ich 32 Jahre alt und zweifelte an meiner fachlichen Kompetenz. Ich fühlte mich noch nicht qualifiziert genug, ein Ministerium zu übernehmen. Doch dann habe ich mir gedacht: „Wenn Ihr alle mitmacht, dann bin ich auch dabei." Die damaligen Prognosen waren alles andere als günstig. Manche bezeichneten uns als „Laienspielgruppe", der man nicht einmal zutraute, bis Weihnachten mit „learning by doing" durchzuhalten. Daraus sind jetzt über zwei Jahrzehnte Politik geworden.

Bis sich 1989 die Dinge veränderten, konnten Sie als Pastorin in der CDU etwas bewirken?

Durchaus. Ich habe versucht, die kirchliche, pädagogische Methodik, wie sie in Seminararbeit und kirchlichen Friedensdekaden praktiziert wurde, auf die politische Bildungsarbeit in der CDU zu übertragen. Ich war damals zwar nur eine Art Basis-Mitglied, hatte nie eine Funktion in der CDU gehabt, aber die Funktionsträger im Dorf waren froh, dass jemand überhaupt etwas machte. Ich schien also freies Feld vor mir zu haben. Aber das war ein Irrtum. Mir wurde sehr schnell beigebracht, dass sich die von mir in Szene gesetzten Aktionen im DDR-Staat nicht gehörten. Aber ich hatte es zumindest versucht.

Gibt es Themen, die Ihnen besonders am Herzen liegen?

Das Thema „Freiheit des Menschen" ist mir wichtig. Ich bin in die Politik gegangen, weil ich „Ermöglicherin" sein möchte. Meine Leitvorstellung besteht nicht darin, den Menschen einen bestimmten Lebensentwurf aufzudrücken. Ich möchte die Kräfte, die in dieser Gesellschaft wirken, so eingesetzt wissen, dass sie dazu beitragen, den Menschen ein möglichst gutes und niveauvolles Leben zu ermöglichen. Manche wundern sich, dass auch hart sein kann. Ja, ich kann auch unangenehm werden, aber ich neige nicht dazu, bestimmte Ansätze von vornherein einzugrenzen. Ich stoppe Vorgänge in der Regel erst dann, wenn es sich herausstellt, dass ein gewisser „Zenit" überschritten ist.

Als Themen, die mir besonders am Herzen liegen, möchte ich nennen: die Kulturpolitik in Thüringen in ihrer ganzen Vielfalt, die Bildung der Schuljugend, die Energiepolitik und die Bekämpfung von Arbeitslosigkeit und Armut im Lande. Aber: Ich trage Verantwortung für alles, was in Thüringen geschieht. Ich setze mich ein für eine gesunde Lebensgrundlage vor allem der Kinder, für das wirtschaftliche Gedeihen des Landes und für die Freiheit des Einzelnen in einer freiheitlich-demokratischen Gesellschaft.

Haben Männer und Frauen unterschiedliche politische Grundansätze? Betreiben Frauen oder Männer unterschiedliche Arten von Politik? Wenn ja, worin unterscheiden sie sich?

Nach meinen Erfahrungen agieren Männer und Frauen, was die politischen Führungsstile betrifft, in unterschiedlicher Weise. Ich möchte diese Hypothese nicht verallgemeinern. Nach meinen Beobachtungen versuchen Frauen wohl häufiger, ein Miteinander zu schaffen, sind, wie mir scheint, integrativer als Männer. Ich glaube auch, dass Frauen schneller in der Lage sind, den entscheidenden Punkt eines Problems zu treffen. Frauen sind, das ist meine Erfahrung, in politischen Konfliktsituationen belastbarer als Männer.

Haben Frauen ein anderes Verständnis zur Macht?

Ich kann Ihnen gern mein Verhältnis zur Macht erklären, aber ich weiß nicht, wie repräsentativ meine Aussage ist. Der Politikwissenschaftler und Journalist Dolf Sternberger hat einmal geschrieben, die CDU sei als Organisation nicht vordergründig „zur Erringung von Macht" gegründet worden, sondern als „Identifikationsplattform für die geistig-moralische Wiederfindung oder Neufindung des Volkes nach 1945". Nicht Macht oder Machtdemonstrationen bringen Deutschland einen ehrenvollen Platz in der Weltöffentlichkeit ein, sondern Geist und Umsetzung christlicher Gesinnung. Wir müssen viel mehr tun, um der Jugend diesen Geist tatsächlich zu vermitteln und ihn zu festigen. Manche von uns meinen, dass wir die Macht erringen müssen, um gestalten zu können. Aber die Macht, die ich meine, entsteht dadurch, dass man auf der Grundlage demokratischer Prinzipien einen Gestaltungsauftrag zur Aufrechterhaltung der äußeren Ordnung formuliert. Dadurch gewinnt man Vertrauen und den Auftrag des Wählers, Macht zu übernehmen und zu gestalten. Das ist mein Politikverständnis. Ich bin nie mit irgendwelchen persönlich motivierten Machtansprüchen angetreten. Ich habe nie gedacht oder mich in der Richtung geäußert, dass ich mir vorstellen kann, in 10 oder 20 Jahren Ministerpräsidentin des Freistaates Thüringen zu sein. Ich glaube aber, mir ist dieses hohe, verantwortungsvolle Amt übergeben worden, weil ich es gerade nicht anstrebte. Ich erinnere an mein oft beschriebenes Treffen mit der damaligen Thüringer Finanzministerin Birgit Diezel. Ich ging mit dem festen Vorsatz zu ihr, sie davon zu überzeugen, dass sie sich der Wahl zur Ministerpräsidentin stellen solle. Am Ende einer mit großer Ernsthaftigkeit geführten Diskussion musste ich mich anders entscheiden und warf schließlich selbst meinen Hut „in den Ring".

Wie haben Sie Christdemokratinnen aus der West-CDU in den Anfangsjahren nach 1990 empfunden? Gab es für Sie Unterschiede zu den ostdeutschen Christlichen Demokratinnen? Wenn ja, worin bestanden diese?

Ich will nicht leugnen, dass es auf beiden Seiten Skepsis gab und dass es gewisse Vorurteile hier und da auch noch gibt. Aber ist das nicht eine schöne menschliche Herausforderung? Ist das nicht eine Frage auch des Erreichens der „inneren Einheit", die uns allen so am Herzen liegt? Vor zwanzig Jahren schienen uns die Politikerinnen aus den westlichen Bundesländern wesentlich besser angezogen, redegewandter, bestimmter im Auftreten und überhaupt selbstbewusster zu sein. Wir Frauen aus dem Osten kamen uns dagegen recht pragmatisch vor, auf die aktuellen Bedürfnisse und die Bewältigung des Alltags ausgerichtet. Wir wollten dazu beitragen, die demokratische Gesinnung in den östlichen Bundesländern zu stärken und unser Gemeinwesen politisch neu zu organisieren. Wir waren Handelnde aber auch Beobachter und Lernende. Wir waren auf dem Weg in ein einheitliches Deutschland, das als Ideal vor uns stand und dem wir in unserem Denken und Tun gewachsen sein wollten. Wir hatten nicht viel Zeit. Manche unserer führenden „Ostfrauen" schienen kaum Schwierigkeiten beim Hineinwachsen in das einheitliche Deutschland zu haben. Aber das waren wohl eher Ausnahmen. Die „normalen Ostfrauen" stellten sich einem demokratischen Lern- und Handlungsprozess, wie er in so kurzer Zeit wohl nur selten geleistet wurde. Aber wir fühlten uns nicht nur im „Nachtrab". Wir hatten, das war unsere Überzeugung, den Christdemokratinnen in den westlichen Bundesländern etwas voraus: Für uns gab es kein Problem mit der Gleichberechtigung von Mann und Frau.

Emanzipierter?

Emanzipation war einfach nicht unser Thema, wir handelten einfach pragmatisch, entsprechend der „Forderung des Tages", wie Goethe gesagt hätte. Wir haben wenig problematisiert, hatten fast alle Familie mit Kindern, die damals noch klein waren, und fragten einfach: Was muss jetzt getan werden? Unsere Kolleginnen aus den alten Bundesländern hatten jahrelange Kämpfe um das Rollenverständnis als Frau in der Gesellschaft hinter sich. Auf dem Bundesparteitag vom 20. bis 22. März 1985 in Essen kam es zwar zur Verabschiedung der Leitsätze der CDU für eine neue Partnerschaft zwischen Mann und Frau, doch in der Praxis wollte es nicht recht vorwärts gehen. Für die Frauen in der alten Bundesrepublik waren das brennende Probleme. Ich habe den Landesverband der Frauen Union gemeinsam mit der ehemaligen Thüringer Landtagsabgeordneten Johanna Arenhövel aus Solidarität gegründet. Es gehörte einfach zur Parteiarbeit, dass auch die Frauen als weibliches Element der Gesellschaft sich versammelten und sich zu den politischen Angelegenheiten positionierten. Schnell wurde die Frage nach der Quote in der CDU aufgeworfen. Man einigte sich auf das Quorum. Die Thüringer Frauen stellten sich gegen die Quote und gegen das Quorum. Wir selber sind alle ohne Quoten in die Ämter gekommen. Doch wenn Frauen unter anderen Bedingungen ihr halbes Leben schon dafür gekämpft und nicht wirklich einen Durchbruch erreicht haben, dann verdienen sie Solidarität und dass wir ihnen nicht in den Rücken fallen. Wir haben in Thüringen dafür gesorgt, dass ein großer Teil der weiblichen Mitglieder für das Quorum in der CDU gestimmt hat; nicht aus purer Überzeugung, sondern als eine Geste der Solidarität. Inzwischen meine ich, dass es gut ist, dass wir dieses Quorum haben. Ich saß in der ersten Legislaturperiode als einzige Frau am Kabinettstisch. In der zweiten Periode waren wir schon zwei Frauen. Und, was nicht allen schmeckte: Das Präsidium des Thüringer Landtags bestand nur aus Frauen. Meine erste Veranstaltung als Ministerin für Bundes- und Europaangelegenheiten trug den Titel „Frauen in Europa".

Haben Sie in der Politik Hemmnisse aufgrund der Tatsache bemerkt, dass Sie eine Frau sind? Wurden Sie weniger wahrgenommen? Haben Sie sich als kompetent präsentieren können?

Es gab schon Situationen, in denen die Männerkollegen ganz gern unter sich waren. Ich habe das akzeptiert und mich nie in irgendwelche „Runden" hineingedrängt.

Müssen Frauen härter arbeiten als Männer?

Ich habe, wie viele Frauen, die Erfahrung gemacht, dass Frauen im Berufsleben mindestens genauso gut, vielleicht sogar besser sein müssen als Männer. Aber das ist für mich keine neue Erfahrung. Pfarrerskinder in der DDR mussten schulisch grundsätzlich besser sein als die anderen, um ihre unerwünschte „soziale Herkunft" und womöglich „mangelnde gesellschaftspolitische Arbeit" wettzumachen. Darin lag sogar ein Ansporn für diejenigen, die etwas erreichen wollten.

Haben Frauen nur eine Chance, in der Politik aufzusteigen, wenn die Männer, die vorgesehen waren, versagen?

Es heißt wohl, Frauen befragten sich zunächst erst einmal selbst kritisch, ob sie für ein Amt kompetent sind, während ein ehrgeiziger Mann viel schneller zusagt: „Klar mache ich das." Das gehört wohl heute zu den gängigen Vorurteilen. In den entscheidenden Momenten sind jedoch Frauen – ich zähle mich selber dazu – ebenso risikobereit. Als Beispiel fällt mir die langjährige Frankfurter Oberbürgermeisterin Petra Roth ein. Sie wurde in ihr Amt in einer schier aussichtslosen Situation gewählt. Oder auch die saarländische Ministerpräsidentin Annegret Kramp-Karrenbauer. Mit viel Mut erarbeitete sie sich eine Mehrheit im Saarland. Politik braucht Eindeutigkeit. Wähler brauchen Eindeutigkeit. Wenn man politische Verantwortung übernommen hat, muss man sich ihr im Dienste der Wahrhaftigkeit mit ganzer Überzeugung stellen.

Was sind persönliche Prinzipien und Grundsätze für Ihr politisches Handeln?

Ich nehme den Würde- und den Freiheitsbegriff des Menschen, auch mit Blick auf den politischen Gegner oder Mitbewerber sehr ernst. Ein wichtiger Grundsatz politischen Handelns ist Vertrauen. Vertrauen hat man nicht einfach. Man muss sich Vertrauen alltäglich erwerben, keinesfalls gegen andere auftrumpfend. Ich bin nicht der Meinung, dass man den politisch Andersdenkenden über den Tisch ziehen muss, um kurzfristig Vorteile zu ergattern. Ich gehe in politischen Auseinandersetzungen so offen wie möglich auf andere Leute zu. Mit dem Manipulieren der Wahrheit ist der Freiheit nicht gedient. Mit dieser Einstellung habe ich gute Erfahrungen gemacht.

Was haben Sie bisher als größte persönliche Niederlage empfunden?

Ich finde es bedauerlich, dass es in der Politik Leute gibt, die sich mehr um ihren eigenen Vorteil kümmern als um das Erringen von Vertrauen und um die aufopferungsvolle Arbeit an einer besseren Perspektive für die Menschen in unserem Lande. Das finde ich schade und habe da auch im persönlichen Umgang Enttäuschungen erlebt.

Was war Ihr bisheriger größter Erfolg?

Das Zustandekommen dieser Koalition im Jahre 2009. Zwanzig Jahre zuvor, 1989, war es der „Brief aus Weimar", der von mir und drei weiteren, im Kirchendienst tätigen CDU-Mitgliedern verfasst und an den Hauptvorstand, die Bezirks- und Kreisvorstände unserer Partei versandt wurde. Andere wurden gefragt und haben nicht mitgemacht. Ich freue mich, dass wir das, was wir damals mit dem „Brief aus Weimar" erreichen wollten, nun in der CDU- Führung und in der Koalition für den Freistaat Thüringen realisieren können.

Gab es Gedanken und Motive für einen Ausstieg aus der Politik, aus der CDU?

Meine wechselnden Gefühle mit meiner CDU-Mitgliedschaft in den 1980er Jahren in der DDR hatte ich bereits geschildert. Wichtig in den vergangenen zwei Jahrzehnten war mein Rücktritt vom Amt der Kultusministerin im Jahr 1992. Es war damals in der gesamten Landesregierung eine Stimmung des Misstrauens. Sicher waren dabei die enormen Anstrengungen der Umbruchsituation aus der ehemaligen DDR hin zu einem neuen demokratischen Gemeinwesen nicht ganz spurlos an uns allen vorbei gegangen. Jedenfalls spürte ich einen deutlichen

Glaubwürdigkeitsverlust, wenn ich mich davon nicht deutlich distanzieren würde. In dieser Situation stellte ich das mir übertragene Amt als Kultusministerin zur Verfügung und trat zurück. Ich wollte einfach frei sein – auch von den damaligen Auseinandersetzungen unter den handelnden Akteuren in der Partei, in der Landtagsfraktion und am Kabinettstisch.

Weil Sie wichtige Prinzipien verletzt sahen?

Genau. Wenn Vertrauen zerbricht und es nur noch um die reine Machterhaltung geht, mache ich nicht mit. Hinzu kam, dass meine politische Tätigkeit bis dahin unter dem Begriff „Ausflug in die Politik" lief. Ich habe mich nie von der Politik abhängig gemacht. Deswegen war ich auch nicht erpicht darauf, an allen „Runden" teilzunehmen. Ich sah mich als „Teamplayer". Dort, wo mich der jeweilige Ministerpräsident brauchte, habe ich die mir gestellte Aufgabe wahrgenommen.

Was sind Ihre Wünsche oder Ratschläge an junge, politisch interessierte Frauen aufgrund Ihrer bisherigen Lebenserfahrung?

Meinen Geschlechtsgenossinnen, die politisch interessiert sind und ein politisches Amt anstreben, wünsche ich einen klaren, „gewissen" Geist, gesunden Menschenverstand, die Fähigkeit, zur rechten Zeit und mit selbstverständlichem Fleiß das Rechte mit hoher sozialer und fachlicher Kompetenz zu tun. Ich wünsche ihnen Aufgeschlossenheit allen Problemen des Landes und der Menschen in diesem Lande gegenüber, unabhängiges Denken und die Fähigkeit, Verbiegungsversuchen zu widerstehen.
    Politik zum Beruf zu machen, bedeutet, Willenskraft mobilisieren zu können und sein ganzes Wollen und Können für das Wohl des Staates einzusetzen. Ich wünsche politisch interessierten Frauen, dass es ihnen gelingt, sich selbst treu zu bleiben. Sicher ist politischer Alltag Mühe und Arbeit, vor allem wenn er erfolgreich sein soll. Und noch etwas: Sicher macht das Erscheinungsbild als Frau einiges aus, aber ich meine, eine Politikerin muss einfach auf sympathische Weise ihre Arbeit mit hoher Qualität tun.

Hildigund Neubert

Zur Freiheit befreit

Geboren am 26. Juni 1960 in Quedlinburg, verheiratet, vier Kinder, 1979 Abitur, 1979–1984 Gesangsstudium an der Hochschule für Musik Franz-Liszt Weimar, 1979–1987 Engagement im Friedenskreis der Weimarer Evangelischen Studentengemeinde, 1983–1987 Mitglied des Chors des Nationaltheaters Weimar, 1989 Mitbegründung des Demokratischen Aufbruchs, 1996 Eintritt in die CDU, 1997–2003 Mitarbeiterin des „Bürgerbüro e. V. – Verein zur Aufarbeitung von Folgeschäden der SED-Diktatur", seit 2003 Landesbeauftragte von Thüringen für die Unterlagen des Staatssicherheitsdienstes der ehemaligen Deutschen Demokratischen Republik, seit 2011 stellvertretende Vorsitzende der Konrad-Adenauer-Stiftung.

Christliche Kindheit in der DDR

Ich kann es nicht verleugnen, wie so viele Neueinsteiger in das politische Geschäft nach der Friedlichen Revolution komme auch ich aus einem evangelischen Pfarrerhaus aus dem Osten. Dass ich später in die Politik gehen würde, war mir nicht in die Wiege gelegt. Es fing auch ganz und gar unpolitisch an. Meine Kindheit verlebte ich in Gnadau. Mein Vater leitete eine Ausbildungseinrichtung der Kirche. Meine Mutter war Hausfrau und hatte mit fünf Kindern unter den materiell sehr begrenzten Bedingungen des DDR-Pfarrergehalts keine leichte Aufgabe, übernahm aber zusätzlich die Stelle als Gemeindeschwester, womit sie ihren erlernten Beruf wieder aufnahm. Dass ihr ein Medizinstudium verweigert worden war, weil sie den Anforderungen an einen kommunistischen Kader nicht genügte, habe ich erst später realisiert.

Das Dorf in der Magdeburger Börde war eine Gründung der Herrnhuter Brüdergemeine im 18. Jahrhundert, eine christliche Oase mitten im Sozialismus. Die Mitarbeiter einer kirchlichen Ausbildungseinrichtung und viele Bauernfamilien, obwohl sie längst in die LPG gezwungen waren, standen fest in der Tradition der Brüderunität. Sie prägten den Alltag und das Lebensgefühl im Rahmen der schlichten architektonischen und musikalischen Ästhetik des Ortes. Erfahrungen mit Diskriminierung machte ich in dieser Geborgenheit zunächst nicht.

Doch das sollte anders werden. Der politische Zugriff des SED-Staates erreichte mich in der Schule. Manchen Zumutungen, wie dem verlangten Eintritt in die Pionierorganisation, konnten wir Kinder noch ausweichen, auch wenn klar war, dass dies für unsere Zukunft nichts Gutes verhieß. Mit dem Umzug als Jugendliche nach Erfurt, lernte ich die Diaspora der Christen in der DDR kennen. Auch die wenigen christlichen Mitschüler in der neuen Klasse waren „selbstverständlich" bei den Pionieren und gingen nun in die FDJ-Organisation. Sie hatten noch nie davon gehört, dass es möglich sei, da nicht dabei zu sein. Auf Diskussionen ließ sich der hiesige Staatsbürgerkundelehrer nicht ein, sie wurden sofort mit dem Totschlagsargument „Du bist wohl nicht für den Frieden?!" niedergemacht.

Zwischen der sozialistischen Welt der Schule und der Welt von Familie und Kirche spürte ich unüberbrückbare Gräben. Mit den zuhause als schlüssig erscheinenden Argumenten konnte ich oft in der Schule das geschlossene Ideologie-System der Lehrer nicht „knacken", und die Mitschüler, die mir in der Pause auf die Schulter klopften, schwiegen im Unterricht. Es waren immer wieder Situationen der Peinlichkeit und Gefühle der Niederlage, die nach solchen Versuchen zurückblieben.

Zuhause wurde etwa Martin Luther King als Christ und Vorbild in der Nächstenliebe wahrgenommen, und wir freuten uns, dass die Rassentrennung in den USA allmählich aufgehoben wurde. Der friedliche Protest der dortigen Bürgerrechtler hatte mich fasziniert. Ich war aber die einzige in der Klasse, die davon wusste. Das passte wohl nicht zum Klassenkampf. In der Schule kam King nur als Klassenkämpfer vor, der wegen seiner „religiösen Bindung" letztlich gescheitert wäre, denn das System des amerikanischen Imperialismus wurde ja damit nicht abgeschafft. Es gab zuhause viele Themen, die in der Schule tabu waren. Wir sprachen über den 17. Juni 1953, den 13. August 1961 und den Einmarsch des Warschauer Paktes 1968 in der ČSSR. Gesprochen wurde über meine Patentante, die nach 1945 durch Denunziation nach Buchenwald gekommen war und nur knapp überlebt hatte.

Trotz der bedrückenden Enge stand aber für meine Eltern fest, in der DDR zu bleiben. Die Großeltern sowie ihre sämtlichen Geschwister lebten im Westen. Meine Eltern hatten sich, nachdem beide auch schon im Westen gelebt hatten, dennoch in den 1950er Jahren bewusst für ein Leben in der DDR entschieden. Hierher habe Gott sie gestellt und sie dürften die Brüder und Schwestern nicht allein lassen. Für mich und meine Geschwister bedeute dies, Einschränkungen hinzunehmen.

Dennoch erhaschte ich manchen Freiheitsfunken auch zu Hause. Mein Vater hatte als Kirchenleitender Kontakt zu vielen ausländischen Besuchern. Politiker und Gäste aus der weltweiten Ökumene wohnten bei uns. Einmal – bevor er Bundespräsident wurde – besuchte uns Richard von Weizsäcker auf einer Reise, bei der er sich noch einen letzten unmittelbaren Eindruck von der DDR verschaffen wollte, bevor sein Staatsamt ihn in diplomatische Zwänge setzen würde. Solche Gespräche waren für uns Jugendliche ertragreich, wir konnten unseren Horizont erweitern.

Weimar: christliches Engagement und Opposition ohne Politik

Die Anfänge meines politischen Engagements begannen mit meiner Studienzeit. Trotz meines sehr guten Abiturs konnte ich nur in einer politischen Nische studieren. So machte ich mein intensiv betriebenes Hobby zum Beruf, die Musik. Ich konnte an der Musikhochschule „Franz Liszt" in Weimar Gesang studieren. Nachdem es mir im zweiten Studienjahr endlich gelungen war, eine Studentenbude zu ergattern (ein Zimmer zur Untermiete mit gemeinsamer Toilette und einem Wasserhahn im Flur), musste ich nicht mehr mit der Reichsbahn pendeln und entdeckte die Evangelische Studentengemeinde (ESG) für mich. Dort gab es mittwochs Vorträge zu Themen aus Kunst und Wissenschaft, die das schmalbrüstige Angebot der offiziellen Lehre ergänzten. Dienstags trafen sich Arbeitskreise zu unterschiedlichen Themen: Frieden, Ökologie, Militarisierung des Alltags. Es gab auch offene Runden, wo wir uns mit der Solidarnosc und der Einführung des Kriegsrechtes in Polen, mit Problemen im Zusammenhang mit der paramilitärischen Zivilverteidigungsausbildung, die für die Frauen zu jedem Studium gehörte, und dem Militärdienst der Männer und vielen anderen Themen beschäftigten. Besonders in diesen Dienstagskreisen fand das statt, was später als oppositionelle Arbeit bezeichnet wurde.

Man konnte ja nicht einfach öffentliche Veranstaltungen organisieren, auf der Straße Flugblätter verteilen oder zu Wahlen antreten – eben das tun, was man heute „Politik machen" nennt. Zunächst einmal konnten wir in diesem kleinen Kreis die Probleme beschreiben, unsere Sorgen um den Frieden, um die aktive Meinungs- und Religionsfreiheit artikulieren und darüber ins Gespräch kommen. Die Offenheit und Ernsthaftigkeit dieser Gesprächskreise war eine Erholung von der ständigen Vorsicht und Bevormundung im Studien-Alltag, zu dem natürlich auch im Musikstudium der Marxismus-Unterricht gehörte. Wir kamen aus der Vereinzelung in den „Seminargruppen" (eine Art Klassen im Studienbetrieb), aus dem verordneten Schweigen der sozialistisch-monolithischen Öffentlichkeit. Aber auch in der ESG konnte es Stasi-Spitzel geben. In den kirchlichen Gruppen versuchten wir deshalb, eine besondere Kultur des verantwortlichen Redens zu entwickeln. Auch in diesem (scheinbar) geschützten Raum wollten wir so reden, dass wir das, was wir sagten, jederzeit öffentlich verantworten könnten. Im Grunde ist damit jede jugendliche Gruppe überfordert, und es entstand ein gewisser ethischer Überdruck.

Wirkliches Handeln war kaum möglich. Umso wichtiger waren die Friedensgottesdienste – die einzige große Form der öffentlichen Äußerung, die wir hatten. Mehrere Jahre hintereinander hat die ESG zusammen mit der Offenen Jugendarbeit in Weimar große Friedensgottesdienste veranstaltet – unter den Augen der Staatssicherheit in der größten Kirche der Stadt, der „Herderkirche". Aufwändig wurden Bibeltexte in wirksame Bilder gesetzt: In dem Gottesdienst unter dem Motto „Wo Gerechtigkeit und Frieden sich küssen" (Ps 85) begegnete ein Zug des Lebens in Blumengewändern und lieblicher Musik dem Zug des Todes in Schwarz mit Trommeln und Tröten. Die Bibeltexte sprachen damals ganz direkt zu uns. 1989 haben wir erlebt, wie diese Texte viele kirchenferne Menschen ergriffen haben. Die Auseinandersetzungen, die davor und danach zu bestehen waren, konnten wir damals nicht alle als stasi-gesteuert erkennen. Heute wissen wir, dass unter den Weimarer Kirchenleitenden inoffizielle Stasi-Mitarbeiter waren.

Auch nach Abschluss meines Studiums, ich arbeitete im Chor des Weimarer Nationaltheaters, führte ich mit anderen ehemaligen ESG-Mitgliedern eine kleine Gruppe weiter, die sich darum bemühte, die Prinzipien des „konziliaren Prozesses für Gerechtigkeit, Frieden und Bewahrung der Schöpfung" in Lebenspraxis umzusetzen. Wir warben für den Abschluss „persönlicher Friedensverträge", in denen sich Menschen auf beiden Seiten des Eisernen Vorhangs zusicherten, in keinem Fall gegeneinander Aggressionen auszuüben, sondern vielmehr das friedliche Miteinander zu befördern. Auch hierbei handelte es sich um rein symbolische Akte, aber die Staatssicherheit fand das doch so gefährlich, dass die Gruppe in einer OPK („operative Personenkontrolle") „Basis" erfasst wurde.

Bis dahin war bei uns das Politische durch unsere ethische und religiöse Sprache überdeckt. Als wir mit unserer inzwischen vierköpfigen Familie im November 1987 nach Berlin umzogen, wurde das allmählich anders. Die politischen Auseinandersetzungen nahmen an Schärfe zu. Wenige Tage nach dem Umzug verhaftete die Staatssicherheit in der nahen Zionskirche Mitarbeiter und Jugendliche der „Umweltbibliothek" und beschlagnahmte die Druckmaschinen. Eine Protestwelle setzte ein, in der Kirche hielt eine Mahnwache aus, täglich fanden Andachten statt. Ich lud Thermoskannen mit Tee und Essbares in den Kinderwagen, nahm den Dreijährigen an die Hand und stapfte durch die unbekannten Straßen, durch das Stasispalier in den Grünanlagen mit klopfendem Herzen zur Zionskirche.

Seit 1988 war uns und vielen Freunden klar, dass es nun darauf ankam, die politischen Zustände offen anzusprechen und Verantwortung zu übernehmen.

Berlin: Revolution und Politikerfahrungen

Ab dem Mai 1989 und über den Sommer vertiefte sich die Krise in der DDR. Erste organisatorische Schritte wurden unternommen, die direkt in die Friedliche Revolution einmündeten. Ich hatte zwar mit den Kindern alle Hände voll zu tun. Aber ich wollte mich der Herausforderung auch nicht entziehen.

Es kamen die spannenden Monate der Friedlichen Revolution. In unserem Fall war das vor allem die Gründung des Demokratischen Aufbruchs und die Organisation von dessen Politik. Wir waren entschlossen, nach all den Jahren des Redens und Verständigens deutlicher politische Ansprüche anzumelden.

Am Anfang hatte ich noch Angst, besser Sorgen um die Kinder. In gefährlichen Situationen suchte ich mit den Kindern das Weite. Der Gedanke, sie könnten bei unser beider Verhaftung ins Kinderheim kommen, war uns unerträglich. Wir hatten zwar vorsorglich Erklärungen hinterlegt, welche Verwandten die Kinder in diesem Falle aufnehmen sollten, aber wir wussten nicht, ob der Staatssicherheitsdienst sich an so etwas halten würde.

Eine solche Situation trat ein, als am 1. Oktober 1989 in unserer Wohnung in Berlin der „Demokratische Aufbruch" gegründet werden sollte. Mit einem saalartigen Doppel-Wohnzimmer bot sie genügend Platz, lag verkehrsgünstig dicht beim Alexanderplatz, hatte ein Telefon und rechtlich genügend Unabhängigkeit von kirchlichen Einrichtungen. In einem ausgeklügelten Verfahren sollte der Ort bis zur Minute des Zusammentreffens geheim gehalten werden, was der Mitbegründer des DA, Wolfgang Schnur, für uns damals nicht sichtbar, durchbrach. Ich verließ die Wohnung schon am Vormittag mit den Kindern. Als ich abends gegen 10 Uhr wiederkam, stand noch immer der Polizei-Mannschaftswagen vor der Tür und man ließ mich nur nach Ausweiskontrolle durch.

Von da an war unsere Wohnung eine Kommunikationszentrale des „DA". Fast täglich kamen Leute aus der ganzen DDR, um Papiere und Informationen zu holen, Gespräche zu führen, meinen Mann in ihre Friedensgebete einzuladen. Nicht selten brauchten sie ein Bett oder wenigstens einen Schlafplatz, eigentlich immer auch eine Mahlzeit. Die großen Töpfe waren immer in Gebrauch. Im Kinderzimmer übten die beiden „Großen" Demonstration: „Ohne Edon Denz in den nästen Lenz", krähte der Dreijährige. „Ohne Egon Krenz in den nächsten Lenz", verbesserte der Fünfjährige. Erst ab November hatten wir das Gefühl, dass die SED-Macht soweit zurück gedrängt war, dass wir es wagten, mit den Kindern zur Demo zu gehen.

Nach der ordentlichen Gründung des DA am 29. Oktober 1989 wurde ich stellvertretende Vorsitzende des Berliner Verbandes des Demokratischen Aufbruches. Angesichts der Misere des DDR-Staats, der wirtschaftlich und politisch kollabierte, fragten die Menschen nach Programmen und Orientierung. Die Interessierten und Mitglieder mussten eingeladen, Versammlungen organisiert werden. Es gab immer wieder Interviews und hochoffizielle Termine. So hatte ich eine Einladung in die Botschaft der USA wahrzunehmen. Weil kein Babysitter erreichbar war, musste ich den Jüngsten mitnehmen, der mit einem Jahr ja auch schon ziemlich mobil war. Ich erinnere mich vor allem an die Irritation des Diplomaten und wahrscheinlich war das Gespräch nicht von staatstragender Bedeutung.

Der 9. November 1989 begann mit einem Schreck am Morgen: Am Tag zuvor war der erste Geburtstag des jüngsten Sohns gewesen und wir hatten ihn einfach vergessen. Eine Kerze, ein Segenslied und das schon lange vorher besorgte Geschenk erfüllten aber die rituellen Mindestanforderungen. Denn auch heute war nicht viel Zeit zum Feiern. Am Abend saß eine Gruppe französischer

Reformkommunisten bei uns. Einige Freunde von Demokratie Jetzt, der SDP und dem Neuen Forum waren gekommen, um den europäischen Kontakt aufzunehmen. Die Franzosen erklärten uns begeistert, dass wir nun hier die Chance nicht verpassen dürften, den wahren, wirklich gerechten und demokratischen Kommunismus aufzubauen und sie wussten auch, wie das geht. In der Küche lief wie immer das Radio mit dem Deutschlandfunk. Jemand hatte die Nachrichten gehört und sagte: „Die sagen, die Mauer ist auf." Auf der Straße vor dem Haus entwickelte sich eine Wanderungsbewegung Richtung Invalidenstraße, wo ein Grenzübergang war. Die deutschen Freunde verschwanden nach und nach unauffällig. Unsere französischen Gäste fanden das nicht so wichtig, wie den zukünftigen Kommunismus. Als sie endlich gingen, fielen wir ins Bett. Erst Tage später führte mich ein Interview bei Radio Glasnost zum ersten Mal nach West-Berlin.

Einige Male habe ich im Dezember als stellvertretende Berliner DA-Vorsitzende am Runden Tisch der Stadt Berlin (respektive Ost-Berlin) teilgenommen. Die zusammenbrechende Wirtschaft schuf in allen Lebensbereichen große Probleme. Der Magistrat suchte das Versagen der Verwaltung auf die Opposition am Runden Tisch abzuwälzen. Wir Vertreter der Opposition mussten uns der Geschäftsordnungstricks und der Verschleierungstaktik des Magistrats erwehren. Auch bei der Stasi-Frage waren wir uns einig: Das MfS sollte seine Arbeit einstellen. Ein Thema waren die Bedingungen für die oppositionellen Organisationen. Die SED musste ihr Haus in der Friedrichstraße räumen. Es wurde als Haus der Demokratie der Sitz der oppositionellen Gruppen und Parteien.

Bei einem Parteitag des DA im Dezember klärte sich die politische Ausrichtung immer mehr. Der Abschied von allen sozialistischen Vokabeln und Zugeständnissen und das Bekenntnis, auch die deutsche Einheit als legitimes politisches Ziel zu betrachten, führten dazu, dass einige Freunde zur SDP wechselten. Andere aus dem Neuen Forum kamen genau deswegen zum Demokratischen Aufbruch, der sich nun auch als verbindliche Partei verstand.

Aus dem Westen bemühten sich jetzt die großen Volksparteien um Partner. Der DA wurde von der CDU umworben. Norbert Blüm hatte schon früher Kontakte zu Rainer Eppelmann gehabt, Rita Süssmuth bemühte sich um uns. Die Ost-CDU hatte trotz deutlicher Absetzbemühungen aus der Nationalen Front nicht wirklich den Charme der revolutionären Bewegung.

Vor allem musste die junge Partei Demokratischer Aufbruch organisiert werden. In vielen Städten entstanden Gruppen, die sich anschlossen und Anleitung haben wollten.

Da nun am Zentralen Runden Tisch Wahlen verabredet worden waren, wurden Absprachen getroffen und Bündnisse verabredet. Helmut Kohl lud die Ost-CDU, die DSU (Gründung im Januar 1990 in Anlehnung an die Bayerische CSU) und den DA zu Gesprächen über eine „Allianz für Deutschland" ein. Damals schon stellte sich auch die Frage, ob und wie die neuen Politiker auf MfS-Mitarbeit überprüft werden müssten. Das unterblieb – ob durch die Geschwindigkeit der Ereignisse oder aus Kalkül.

Neu für uns war nach der anfänglichen Eintracht, dass die politischen Differenzen im DA immer größer wurden. Erst nachträglich kann man das als notwendigen Sortierungsprozess verstehen. Nachdem es in den Herbsttagen 1989 oft vom Zufall abhängig gewesen war, wer sich in welcher Bewegung zuerst engagierte, sortierten sich die Menschen nun nach politischen Zielen und Stilen. Damals war es für uns eine Zerreißprobe, ob die kleine organisationsschwache Partei überhaupt Einfluss haben und ob die klare Absage an SED, Staatssozialismus und Staatssicherheit durchgehalten würde. Etliche Gründungsmitglieder verließen den DA und neue Leute kamen dazu. Zu diesen gehörte Angela Merkel, die als Pressesprecherin dem DA in der Öffentlichkeit ein ehrbares Ansehen verschaffte. Der Demokratische Aufbruch arbeitete inzwischen vor allem in Thüringen, aber auch in Sachsen politisch effektiv.

Wir arbeiteten in dieser Zeit bis zum Umfallen. Trotzdem gehört diese Zeit zu meinen eindrücklichsten politischen und menschlichen Lebenserfahrungen. Aber für uns als ehemalige Oppositionelle, die auf die neuen Anforderungen der Politik nicht vorbereitet waren, stellten sich auch Zweifel ein. Der neue Politikbetrieb war pragmatisch geworden und große Menschheitsverbesserungsträume griffen nicht mehr. Die Zweifel und Belastungen überstiegen Ende Januar schließlich unsere psychische und physische Kraft. Anfang Februar, als die Allianz für Deutschland verkündet wurde, verschwanden wir in den Harz und entzogen uns auf Wochen der politischen Arbeit. Mit Entsetzen verfolgten wir die Enttarnung von Wolfgang Schnur als Stasi-Mitarbeiter eine Woche vor der Volkskammer-Wahl am 18. März 1990. Zum Glück gewann die Allianz für Deutschland allen Prognosen zum Trotz: Die DDR-Bürger hatten damit die deutsche Einheit gewählt.

Wir engagierten uns nun im vorpolitischen Bereich, in der Kirche und in einem „Komitee freies Baltikum", das für die Unabhängigkeit dieser Republiken von der UdSSR eintrat. Regelmäßig demonstrierten wir vor der sowjetischen Botschaft für die Freigabe der baltischen Staaten und den Abzug der Sowjetarmee. Ein junger Deserteur wohnte für Monate bei uns.

Als in der DDR-Opposition Engagierte wurden wir und unsere Freunde Ansprechpartner für ehemals vom SED-Staat Verfolgte. Mit der Friedlichen Revolution und der Wiedervereinigung verbanden viele große Hoffnungen, dass nun die Verurteilung der Täter, eine umfassende Rehabilitierung und ein gründlicher Elitenwechsel in allen öffentlichen Bereichen stattfinden würden. Aber die Prozesse gegen SED- und Staats-Funktionäre waren langwierig und enttäuschend erfolglos. Die nach und nach verabschiedeten Rehabilitierungsgesetze reichten offensichtlich nicht aus. Die aufgeblähten staatlichen Verwaltungen der DDR wurden praktisch vollständig übernommen, so dass sie auf Jahre hin viel zu groß waren und Personal abbauen mussten. Chancen für bisher

Benachteiligte als Quereinsteiger gab es viel zu wenig. Nach einigen Jahren des kalkulierten Stillhaltens formierten sich auch die DDR-Systemträger wieder neu, was besonders in Berlin zu spüren war. Plakate mit FDJlern und DDR-Uniformen warben für „Ostalgie"-Partys.

Ich hatte das Gefühl, dass das Eine mit dem Anderen verbunden sei: das Empfinden der Opfer der SED-Diktatur nicht gewürdigt und von Seilschaften ausgebootet zu werden und die neue Frechheit der Altkader. Dagegen wollten wir etwas unternehmen. Am 17. Juni 1996 wurde mit Helmut Kohl, Bärbel Bohley, Jürgen Fuchs und Wolf Biermann das „Bürgerbüro e. V. – Verein zur Aufarbeitung von Folgeschäden der SED-Diktatur" gegründet, das den politisch Verfolgten Hilfe anbieten und im vorpolitischen Raum Lobby-Arbeit betreiben würde. Sofort wurde das Büro mit hunderten Anliegen Betroffener überschüttet. Anfangs ehrenamtlich und später halbtags, stieg ich in die Arbeit des Büros ein. Ich lernte mich in den mehrstufigen Rehabilitierungsgesetzen zu orientieren, die Grundregeln der Pressearbeit, die Mechanismen und Zuständigkeiten des Bundestages zu verstehen. Später konnte ich mit einer Zeitzeugenbefragung und Archivstudien an einer Broschüre über die Zwangsarbeit in DDR-Haft mitarbeiten.

Im Dezember 1996 trat ich gemeinsam mit einigen Freunden aus der Kategorie „Bürgerrechtler" (wir hatten uns früher selbst so nicht bezeichnet, auch wenn es die Intention ganz gut trifft) der CDU bei. Eine Auseinandersetzung mit der Frage der Mitwirkung als Blockpartei in der DDR hatte in der CDU glaubwürdig begonnen. Die Partei setzte sich für eine offene Aufarbeitung der SED-Diktatur und des MfS ein. Wichtig war mir auch, dass die CDU politisch nicht mit den SED-Nachfolgern zusammenarbeitete, wie das inzwischen bei der SPD der Fall war. Als Christin lag mir auch die Berufung auf das christliche Menschenbild nahe, das den Menschen mit seinen Schwächen und Hoffnungen wahrnimmt. So gab ich meine parteipolitische Enthaltsamkeit auf, die ja auch etwas Bequemes haben kann. Das hat im Freundes- und Bekanntenkreis ziemliche Überraschung ausgelöst, aber nur wenige haben uns wegen dieses Schrittes die Freundschaft gekündigt.

Die ersten Parteierfahrungen in Berlin, ich gehörte zum Ortsverband Alexanderplatz, waren eher ernüchternd. Die Hoffnung, als Parteimitglied schneller politische Informationen zu bekommen oder in der CDU, die den Senat führte, Einfluss zu haben, war eine Illusion. Ich traf einige bekannte Gesichter aus DA-Zeiten, aber auch langjährige Ost-CDU-Mitglieder und viele Zuzügler aus dem Westen. Insofern war der Verband Berlin Mitte ein kleines Abbild des Berliner „Schmelztiegels der deutschen Einheit". Wenn ich mich recht erinnere, 1999 wurde ich auf Vorschlag meines Kreisverbandes Berlin Mitte zum ersten Mal in den CDU-Landesvorstand gewählt. Dort lernte ich die Zwänge der großen Koalition kennen, in denen Eberhard Diepgen steckte. Die Ost-Berliner Verbände waren im Vergleich zu den West-Berlinern nach wie vor mitgliederschwach und konnten auch nur wenig zu Wahlerfolgen der CDU beitragen. Nach meiner Wahrnehmung spielten nur wenige Frauen in der Berliner CDU eine wesentliche Rolle. Es gab eine ziemlich geschlossene Gruppe nicht mehr ganz so jugendfrischer (West-Berliner) Männer, die sogenannte „Betonriege", die die Politik der Partei in nicht sehr transparenter Weise bestimmte. Bald schon brach über die wohl inzwischen etwas machtverwöhnte CDU Berlin der Skandal um die Berliner Bank herein, in dem wichtige Männer der CDU-Führung angezählt wurden. Vorsichtige Anfragen einer Neuen im Landesvorstand nach Klarheit und Wahrheit fanden wenig Beachtung. Der politische Schaden war enorm.

2001 standen Wahlen zum Abgeordnetenhaus an. Auch die Ost-Berliner CDU wollte flächendeckend Direktkandidaten aufstellen. Ich ließ mich für einen Wahlkreis in Lichtenberg rund um Erich Mielkes ehemalige Stasi-Zentrale nominieren. Den gewann Gesine Lötzsch von der PDS seit Jahren direkt, weil die „Genossen der bewaffneten Organe der DDR" alle noch dort wohnten. Den Wahlkampf mit den wenigen Mitgliedern in Lichtenberg zu organisieren, war ein Abenteuer. Beim Plakate Aufhängen wurde man angepöbelt, die Plakate beschädigt und runtergerissen, offene Diskussionsforen der Kandidaten fanden nicht statt, die örtliche Presse kannte nur eine Kandidatin in Lichtenberg. Die CDU Ortsgruppe war fast vollständig entchristianisiert. Nur mit Mühe konnte ich die gutgemeinte Wahlkampfaktion „Ostereiersuchen am Gründonnerstag" abbiegen. Gern habe ich die Gespräche am Straßenstand geführt, wo die Leute ungeschützt ihre Meinung sagten und ihre Frustrationen äußerten. Der Höhepunkt war ein Wahlkampfauftritt mit dem damaligen Ministerpräsidenten des Freistaates Thüringen, Bernhard Vogel, der den Lichtenbergern die Kandidatin anpries. Ich erzielte einen winzig kleinen Achtungserfolg: 13 Pozent für die Kandidatin der CDU, 11 Prozent für die Partei – immerhin. Und ich gewann wichtige Erfahrungen.

Wieder in Thüringen

Eine neue Qualität bekam mein politisches Engagement, als mich 2003 der Nachfolger von Bernhard Vogel, Dieter Althaus, zur Wahl als Landesbeauftragte für die Unterlagen des Staatssicherheitsdienstes der ehemaligen DDR des Freistaats Thüringen vorschlug. Im Oktober wurde ich vom Landtag in das Amt gewählt. Die Behörde mit dem langen Namen berät zur Akteneinsicht in die Stasi-Unterlagen, hilft ehemals politisch Verfolgten in den Rehabilitierungs- und Wiedergutmachungsverfahren, unterstützt Arbeitgeber und andere Berechtigte bei der Überprüfung ihrer Mitarbeiter auf frühere Stasi-Tätigkeiten, betreibt und befördert regionalhistorische Forschungen zur DDR-Zeit und leistet politisch-historische Bildungsarbeit. Ein breites und spannendes Feld, in dem man mit Menschen aller Generationen umgeht, zuweilen auch streitbar Stellung beziehen muss und vor allem selber viel Neues erfährt und lernt. Eine gewisse

Konfliktfähigkeit gehört dabei zu dem Amt, das ich als Parteinahme des Freistaats für die Opfer der kommunistischen Diktatur verstehe.

Nach 14 Jahren kam ich also nach Thüringen zurück und erlebte ein Land, das aufgeblüht war. Am Ende der DDR-Zeit waren die Städte mit ihrer alten Bausubstanz vom Verfall bedroht, großflächig wurde abgerissen. In Erfurt hatten die Bürger in der Friedlichen Revolution den Abriss ganzer Altstadtviertel im letzten Moment verhindert. Nun ist fast alles wieder aufgebaut, das Leben brummt in den Städten, die meisten Dörfer haben sich herausgeputzt: Ein ganz anderer Aufschwung als der Glas-Beton-Kult des Berliner Baubooms, sympathischer, kleinteiliger.

Noch etwas ist in Thüringen anders: Frauen spielen hier eine wichtige Rolle in der Politik. Derzeit wird Thüringen von zwei Frauen geführt: Christine Lieberknecht, 2003 Landtagspräsidentin und damit meine Vorgesetzte in Dienstfragen, ist heute Ministerpräsidentin. Als Landtagspräsidentin folgten ihr Dagmar Schipanski und dann Birgit Diezel. Auch wenn die Frauenquoten in der CDU-Fraktion, Landesvorstand und Regierung höher sein könnten, ist es doch nichts Exotisches, wenn eine Frau ein wichtiges politisches Amt erhält.

Bei aller Neutralität, die mir die Amtsführung auferlegt, wollte ich aber auch die politische Arbeit nicht ganz lassen. So kam ich auch in Thüringen bald wieder in den Landesvorstand der CDU. Das Diskussionsklima ist hier deutlich offener als in Berlin, ohne dass daraus persönliche Aversionen entstehen müssen.

Dass ich im letzten Jahr zu einer der stellvertretenden Vorsitzenden der Konrad-Adenauer-Stiftung gewählt wurde, gibt mir die Chance, die Fülle der positiven Erfahrungen, die ich mit der Freiheit und der Demokratie machen durfte, weiter zu geben, über die eigene Generation hinaus und bis in die internationale Arbeit hinein.

Ein vorläufiges Resümee

Wenn ich auf diese politischen Aspekte meines bisherigen Lebens zurückblicke, eingeschlossen aller Schwierigkeiten, fällt mir mein Konfirmationsspruch ein, der mein Lebensgefühl immer noch ausdrückt: „Zur Freiheit hat euch Christus befreit. So steht nun fest und lasst euch nicht wieder unter das knechtische Joch fangen." (Gal 5,1). Eine Zusage – aber auch eine Aufgabe: Lasst euch nicht wieder fangen! Freiheit und fest stehen. Der Grund, auf dem ich stehen kann und darf, ist unverfügbar und gerade darum verlässlich in den sehr unterschiedlichen Zeiten. Deswegen bleibt für mich das kirchliche Engagement eine Konstante, in der Gemeinde und in der Kirchenmusik.

Durch politisches und bürgerschaftliches Engagement die 1989 so schwer errungene Freiheit zu sichern und Verantwortung zu übernehmen dafür, wie unser Gemeinwesen funktioniert, scheint mir daraus eine zwingende Schlussfolgerung.

Das ist nur manchmal ein Vergnügen. Die demokratischen Prozesse sind oft zäh. Politische Projekte können scheitern oder es setzt sich nur die „zweitbeste" Lösung durch. Dass man (frau) mit der eigenen Partei nicht immer in allen Punkten einverstanden ist, ist ein wohltuender Unterschied zur DDR-Zeit der „Ewigen Wahrheiten". Der Druck zu einem einheitlichen Auftreten, der auch von den Medien ausgeht, die parteiinterne Auseinandersetzungen skandalisieren, steht dem oft zu sehr entgegen. Es wäre wichtig, dass eine (Volks-)Partei das aushält und am besten fruchtbar macht.

Aber auch das Vergnügen an Politik kommt vor, selbst wenn nicht gerade Revolution zu machen ist. Etwa, wenn es möglich war, einem ehemaligen politischen Gefangenen zu seinem Recht zu verhelfen. Wenn in unserem Dorf durch gemeinsame Arbeit bei der Kirchenrenovierung eine neue Gemeinschaft entsteht, wo früher ideologische Grenzen die Bevölkerung teilten. Oder wenn Menschen, die ihren politischen Weg 1989 begannen, heute von Mehrheiten getragen ganz Deutschland repräsentieren.

Im Rückblick erfüllt mich auch Dankbarkeit: für meine Familie und die guten Fügungen in meiner beruflichen und politischen Biografie. Ich konnte solange die Kinder klein waren zuhause bleiben und habe mich in dieser Zeit ehrenamtlich engagiert. Aus diesem Engagement sind dann ganz neue berufliche Chancen erwachsen, in denen ich persönliche Intentionen verwirklichen kann. Und immer habe ich noch Lust, meine Kraft für unser Land, für die Freiheit einzusetzen.

Emine Demirbüken-Wegner*

In der Politik muss sich jeder freikämpfen

Geboren am 7. September 1961 in Kilis/Türkei, verheiratet, zwei Kinder, 1979 Abitur, 1980–1986 Studium der Germanistik/Publizistik an der Technischen Universität Berlin, Abschluss: Diplom, 1982–1988 Sozialarbeiterin im Berufsausbildungszentrum Berlin-Neukölln und bei der Arbeiterwohlfahrt Kreuzberg; Deutschlehrerin im Internationalen Bund und im Jugendsozialwerk, 1988–2001 Ausländer-/Integrationsbeauftragte im Bezirksamt Schöneberg von Berlin, 1995 Eintritt in die CDU, 2001–2006 Integrationsbeauftragte im fusionierten Bezirk Tempelhof-Schöneberg von Berlin (derzeit freigestellt), seit 2002 Mitglied des Landesvorstandes der CDU Berlin, seit 2004 Mitglied des Bundesvorstandes der CDU, 2006–2011 Mitglied des Berliner Abgeordnetenhauses und CDU-Fraktionssprecherin für Jugend und Familie sowie Beisitzerin im Fraktionsvorstand, seit 2011 Staatssekretärin für Gesundheit in der Senatsverwaltung für Gesundheit und Soziales in Berlin.

Wie hat sich Ihre politische Sozialisation entwickelt? Welche Rolle spielte das Aufwachsen mit zwei Kulturen?

Im Jahr 1977 planten meine Eltern die Rückkehr in die Türkei. Ich war so eine Art „Voraus-Kommando". Vor dem Militärputsch 1980 herrschte in der Türkei politisches Chaos mit teilweise bürgerkriegsähnlichen Zuständen. Mir war nicht klar, wie Menschen untereinander sich so bekriegen konnten. Mit 16 Jahren fing ich also an, mir diese politischen Strömungen in der Türkei anzuschauen. Das Interesse für Politik war geweckt. Als ich 1980 nach Deutschland zurückkehrte – der Plan meiner Eltern zerschlug sich angesichts der eben geschilderten Umstände – setzte sich dieses Interesse fort: Familienpolitik, Gleichstellungspolitik, Integrationspolitik, Bildungschancen, Bildungsgerechtigkeit für Menschen mit Migrationshintergrund. Natürlich spielen meine Wurzeln eine Rolle, aber auch meine Gedanken über die eigene wie die Zukunft meiner drei jüngeren Geschwister.

Ich habe parallel zu meinem Studium angefangen, mich in Nichtregierungsorganisationen (NGO) zu betätigen. Das währte rund 20 Jahre.

---

* Das Interview führten Dr. Ulrike Hospes und Ina vom Hofe M. A. am 11.06.2012 in Berlin.

Sie waren in Ihrer Klasse in Deutschland die einzige Türkin. Das ist eine ungewöhnliche Situation, damit muss man sich erst einmal arrangieren. Sprachen Sie darüber mit Ihren Eltern?

Nein. Es gab zwar jede Menge Probleme, aber die zweite Generation der Einwanderer ist in meinen Augen die eigentlich vergessene Generation, weil wir uns „automatisch" integrieren mussten. Wie wir das bewerkstelligten, hat weder das Elternhaus noch die deutsche Seite beschäftigt. Seitens der Eltern gab es die Vorgabe: „Genieße eine gute Bildung, werde etwas Vernünftiges!" Mit den Welten, die aufeinander prallten, wurde die zweite Generation total alleine gelassen. Man war in der Klasse die Exotin. Es war ganz normal, dass man über die Türken damals Witze riss, man sich über sie ausließ, aber es hieß dann immer: „DU bist damit nicht gemeint."

Eine nachhaltige Auseinandersetzung mit dem Thema hat es damals weder von der deutschen noch von der türkischen Seite gegeben. „Gastarbeiter" waren eben Gäste, die wieder gehen werden. Es hat beispielsweise für die Kinder der zweiten Generation keine Eingliederungskurse oder überhaupt dergleichen gegeben. Ich wurde in der Grundschule in die Klasse gesteckt und war in den ersten drei Monaten vollkommen aufgeschmissen, weil ich nichts verstand. Das, was ich sah, konnte ich mir nicht erklären, nicht rekonstruieren und eben auch nicht besprechen. Mein Elternhaus war darauf bedacht, dass ich in der Schule erfolgreich bin. Aber wie das mit den deutlich schwereren Eingangsbedingungen gelingen soll, dazu gab es keine Anleitung. Und das Schulsystem war wie die Gesellschaft überhaupt nicht darauf eingerichtet, dass wir für immer hier blieben. Wir waren das vorübergehende Phänomen, auf das man sich nicht einlassen wollte. Wir haben uns irgendwie selbst integriert. Zum Gelingen gehörte Mut, Fleiß, Geduld – und es hinterließ im Inneren eines Menschen auch Zerrissenheit.

Hatten Sie in der Familie eine besondere Rolle als ältere Schwester inne?

Jede/Jeder „Erstgeborene" ist ein „Weg frei Kämpfer"! Und sicherlich waren die vom Elternhaus gesetzten Grenzen nicht in allen Dingen mit dem kompatibel, was so in der Gesellschaft passierte. Ich habe mich dafür eingesetzt, dass bei meinen Geschwistern die Grenzen weiter gefasst wurden. Im deutschen Schulsystem wollte ich sie nicht alleine lassen. Ich habe die ganze Schullaufbahn meiner Geschwister begleitet.

Welches Rollenverständnis herrschte bei Ihnen im Elternhaus vor?

Ich habe das ganz große Glück, dass wir sehr gleichberechtigt erzogen worden sind. Da bin ich sehr stolz auf meine Eltern. Wir sind zwei Jungs, zwei Mädchen, und die Aufgabenteilung war: Wenn eine Woche jemand das Haus gesaugt hat, hat der andere eine Woche abgewaschen. Da gab es nicht Mädchen – Junge, was eigentlich sehr untypisch für die erste Generation ist. Wir mussten alle anpacken.

Wie kam es zum Parteieintritt in die CDU?

Irgendwann wollte ich dem Kind meiner Arbeit im vorpolitischen Raum, die farblos, parteiungebunden war, eine „Farbe" geben. Ich wollte mehr Verantwortung, für Dinge gerade stehen, die passieren in der Stadt, die man mitbewegen möchte. In NGOs kann man ganz vieles fordern, aber das nachher wirklich am Verhandlungstisch aushandeln zu müssen, politisch umzusetzen, dafür dann gerade zu stehen, das ist eine andere Qualität der gesellschaftlichen Arbeit. Ich wollte die Veränderungsprozesse, die ich gefordert habe, nun mitgestalten, mitverantworten. Das konnte man nur in politischen Gremien und in politischen Parteien. Ich bin in die Partei eingetreten, weil mein Weltbild konservativ, meine Lebensphilosophie liberal aufgestellt ist und damit meine Werte-Koordinaten denen der Union am nächsten waren und sind.

Welche Rolle und Funktion spielt für Sie das „C" in der CDU?

Das Christentum ist eine anerkannte Religion im Koran, der Prophet Jesus ist ein anerkannter Prophet im Koran, und es ist eine monotheistische Religion mit abrahamitischen Wurzeln. Es gibt viel mehr Gemeinsames als Trennendes, und die zehn Gebote der Bibel sind deckungsgleich mit den 33 Geboten im Koran. Insofern fand ich das Christliche für mich sehr nah, was meine religiösen Wurzeln angeht. Ich habe das Verbindende als eine integrierende Kraft verstanden und schüttele heute noch den Kopf über Menschen, die das Negative gegenüberstellen. Ich bin goldrichtig mit meinem Hintergrund als Muslima in der CDU.

War für Sie von vorneherein aufgrund Ihrer Sozialisation und vorherigen beruflichen Tätigkeit klar, dass Sie die Integrationspolitik als Ihr Thema in der CDU wählen?

Nein, gar nicht. Das Thema Integration ist meine Berufung, nicht einmal mein Beruf. Bei Betrachtung des Themas Integration werden Sie schnell feststellen, dass das kein alleinstehendes Statut ist. Integration ist eine themenübergreifende Querschnittsaufgabe. Wie will man erfolgreich Integrationspolitik betreiben, wenn man nicht bei Bildung und Familie ansetzt? Deshalb habe ich mich parallel zur Integration im Feld der Bildungs- und Familienpolitik engagiert. In meiner Zeit als Journalistin, als Integrationsbeauftragte und dann auch im Abgeordnetenhaus von Berlin war das so. Daher war ich nicht die integrationspolitische, sondern die jugend- und familienpolitische Sprecherin der Fraktion. In allen Bereichen spielt Integration eine Rolle, auch jetzt im Rahmen meiner Tätigkeit als Staatssekretärin für Gesundheit: Wie öffnen sich die Krankenhäuser? Wie werden die Patienten behandelt? Wie reagieren die Pflegeheime? Wie gut international bestückt sind wir? Ich wehre mich heute mehr denn je dagegen, Integration für sich alleine stehen zu lassen. Es wäre wünschenswert, wenn diese sich in allen Arbeitsbereichen wiederfände. Deshalb war ich auch diejenige, die im CDU-Bundesfachausschuss für Familie dafür plädiert hat, kein Sonderstatut für Integration zu formulieren, sondern in allen Bereichen das Thema Integration zu behandeln. Als die dienstälteste Integrationsbeauftragte in Deutschland ist das Thema mein Schwerpunkt, es ist mein Handwerkszeug. Aber ich habe es nie alleinstehend, sondern immer weitgefasst gesehen.

Inwiefern ist es sinnvoll, ein Integrationsministerium zu haben, wie es in Nordrhein-Westfalen unter der Regierung Jürgen Rüttgers etabliert wurde?

Ich wiederhole: Integration ist ein Arbeitsfeld, das mit anderen politischen Handlungsfelder wirken muss. Aber nicht im Sinne von „mit diesem Arbeitsbereich haben wir nichts zu tun, hier ist Integration, dort ist Soziales, Gesundheit etc." Daher ist es kurzsichtig, wie beispielsweise in Baden-Württemberg Integration als „Solitär" im Kabinett zu etablieren. Integration ist eine Querschnittsaufgabe. Ich fand und finde es beispielgebend, dass seinerzeit der nordrhein-westfälische Ministerpräsident Dr. Jürgen Rüttgers ein Ministerium für Generationen, Familie, Frauen und Integration mit Armin Laschet an der Spitze geschaffen hat. Er hat mit diesem Zuschnitt den Menschen einen Stellenwert gegeben. Und im Übrigen gezeigt, das wir, die Union, dieses Thema besser „können"!

Sie haben den Einstieg in die Politik über die Junge Union gewählt. Es gibt auch Frauen, die über die Frauen Union (FU) den Einstieg in die CDU wählen. Warum war das für Sie kein Thema?

Wenn Sie als ein Kind der zweiten Generation in Deutschland aufwachsen, kämpfen Sie nicht für Ihr Selbstverständnis als Frau. Sie kämpfen um Ihr Selbstverständnis als ein Mensch mit Migrationshintergrund. Sie versuchen vom Stempel

„Ausländer" wegzukommen. Insofern ist das „Frau sein" zunächst einmal für mich nicht in den Vordergrund getreten. Ich wusste nur: Du bist eine „Ausländerin". Frau dazu, aber erst mal eine Ausländerin. Daher war mein Bemühen, auf gleicher Augenhöhe – egal, ob mit Mann oder Frau – Gespräche zu führen. Das „Frau sein" kam irgendwann, als ich merkte: Du bist nicht nur ein Mensch mit Migrationshintergrund, Du bist in der politischen Auseinandersetzung auch Frau. Daher bin ich heute der FU sehr verbunden.

Wie wurde in Ihrem Umfeld die politische Tätigkeit Ihrerseits aufgenommen? Haben Sie Unterstützung erfahren?

Es war nicht der Wunschtraum meiner Eltern, dass ich Politikerin werde. Es war auch nicht der Wunschtraum meiner Eltern, dass ich Germanistik und Publizistik studiere und einen Beruf mit unregelmäßigen Arbeitszeiten ausübe. Sie hatten sehr klassische Vorstellungen von meiner Berufswahl: Lehrerin oder Erzieherin, das hätte ihnen gefallen. Dieses ständige Hin und Her, erst Journalismus, später Verwaltung, dann Politik, das verursachte Unbehagen. Sie wollten für uns alle eine gute Bildung, unabhängig vom Geschlecht. Wir wurden alle gepusht, gut zu sein, aber eben „vernünftige" Berufe zu lernen. Da kam die „Experimentierfreudigkeit" in meiner Person, und es gab einige Diskussionen.

Wie wurden Sie in der Jungen Union und in der CDU aufgenommen? Wurde das Thema dankbar aufgegriffen? Wurde es für wichtig erachtet? Oder mussten Sie sich den Weg auch dort freikämpfen?

In der Politik muss sich jeder freikämpfen. In der Jungen Union war das nicht so schwierig, weil es ein freundschaftlicher, kameradschaftlicher Umgang damals war. Das Thema Integration spielte zunächst keine Rolle. Aber ich muss gestehen: Ich habe immer daran geglaubt, dass wir die einzige Partei sind, die die Integrationspolitik richtig anpackt, weil wir mit dem Thema sehr ehrlich umgehen. Wir zeigen die Möglichkeiten und die Grenzen des Machbaren. Das war mir in der Union immer sehr sympathisch, im Verhältnis zu anderen Parteien, die 50 Jahre lang immer etwas versprochen und nie etwas bewegt haben. Ich wusste allerdings, dass innerhalb der eigenen Reihen gewisse Themen ihren Reifeprozess brauchen – so wie im Elternhaus. Ich musste meine Eltern auch mitnehmen und überlegen, wann man etwas einbringen kann. Es galt, ein bisschen taktisch und strategisch vorzugehen, wenn man mit den Eltern nicht ständige Diskussionen haben wollte. In der Partei war – und ist – es nicht anders. Ein von mir sehr geschätzter Parteiveteran sagte kurz nach meinem Parteieintritt: „Emine, mit Dir gewinnen wir vielleicht 100 Türken, aber wir verlieren 1000 Deutsche!" Am Anfang war es sicherlich schwierig. Es wurde zugehört, aber richtig Bewegung ist erst in den letzten zehn Jahren hineingekommen.

Haben Sie in Ihrer Tätigkeit Erfahrungen mit der sogenannten gläsernen Decke oder mit der Quote gemacht, unabhängig von der Quote als Frau, sondern auch mit der Quote als Mensch mit Migrationshintergrund?

Wir haben in unserer Partei die sogenannte Frauenquote. Die hat mir nicht geholfen, weil in meinem Kreisverband es viele gute und qualifizierte Frauen gab und gibt. Da zählt Qualität! Und dafür will ich stehen, unabhängig von Geschlecht und Herkunft.

Wenn man sich rückblickend einige Stationen anschaut – Abgeordnetenhaus Berlin, CDU-Bundesvorstand, jetzt Staatssekretärin – ist das schon eine nicht alltägliche Karriere. Hatten Sie Förderer, die gezielt den nächsten Schritt mit Ihnen gegangen sind?

Mein erster wirklicher Förderer war Dr. Frank Steffel, damals Mitglied des Abgeordnetenhauses von Berlin und Vorsitzender der CDU-Fraktion, heute MdB und mein Kreischef. Steffel holte mich nach der Abwahl des Regierenden Bürgermeisters Eberhard Diepgen 2001 in sein „Schattenkabinett" und hat damit mir und der Partei Wege geöffnet, die vorher in der Berliner CDU nicht möglich waren. Das war ein wichtiger Schritt in meiner politischen Laufbahn. Dort lernte ich auch unseren jetzigen Landesvorsitzenden Frank Henkel kennen, den ich in diesem Zusammenhang nicht vergessen möchte. Die Wahl ging verloren und die klassische „Ochsentour" begann. Eine „steile" Karriere sieht anders aus. Und ohne das klassische „Klinkenputzen" in meinem Wahlkreis hätte ich in diesem eher SPD-typischen Stadtmilieu nicht mit knapp 5 Pozent Vorsprung das Mandat geholt. Und auch jetzt als Staatssekretärin bin ich regelmäßig „draußen" beim Bürger, aber auch „drinnen" bei der Partei. Nach „oben" zu kommen sollte nicht bedeuten, die Basis zu vergessen.

Gab es Gewissensentscheidungen, die Ihnen in Ihrer parteipolitischen Tätigkeit schwergefallen sind?

Ich glaube, die große Zeit der politischen Gewissensentscheidungen war in den 1950er und 1960er Jahren. Wir haben es da heute leichter! Insoweit beschwerte und beschwert mich nichts!

Gibt es ein anderes Machtverständnis bei Männern und Frauen?

Es gibt dieses Subtile, wenn Männer und Frauen sich auf gleicher Ebene begegnen, der Blick noch nicht neutral ist und gewisse Bereiche den Frauen in Führungspositionen nicht so leicht zugesprochen werden. Das naturbedingte Selbstverständnis, dass eine Frau genauso führen kann wie ein Mann, ist noch nicht so verbreitet und verfestigt – auch wenn wir eine Bundeskanzlerin und tolle Frauen an der Spitze unseres Landes haben. Es kommt nicht von ungefähr, dass ein Streit bei Männern in Führungsetagen als Meinungsunterschied deklariert, während er bei den Frauen als Zickenkrieg tituliert wird. Diese andersartige Formulierung zeigt den Blick des Mannes in Richtung der Frau. Alles, was Entscheidungskompetenzen angeht, hat gerne noch der Mann in der Hand und traut es der Frau noch nicht so hundertprozentig zu, obwohl wir das mindestens genauso gut können.

Gibt es einen Unterschied im Arbeits- und Kommunikationsstil zwischen Mann und Frau?

Ja. Frauen sind in ihrem Leben strategisch langfristiger angelegt als Männer. Um nachhaltig Erfolg zu haben, gehen sie einfühlsamer in schwierige Themenkomplexe hinein und versuchen, den Kompromiss auszuhandeln und die Menschen mitzunehmen. Langfristig streben sie immer nach dem einmal erklärten Ziel. Wobei das natürlich sehr klischeehaft ist, was ich sage. Ich bitte daher bereits jetzt die Männerwelt um Nachsicht!

Man sagt den Männern nach, dass sie ihre eigentlichen Geschäfte gerne beim Feierabend-Bier nach der Sitzung machen. Ist es heute noch so, dass Frauen in diese Kreise nicht hinein können oder wollen, weil sie sich familiären Verpflichtungen widmen?

Ich kann das für die Männerwelt nicht sagen. Aber ich weiß, dass ich jede freie Minute, die ich abends habe, nach Hause renne, um meine Familie zu genießen. Das bevorzuge ich und das nenne ich Vereinbarkeit von Beruf und Familie.

Mir ist bewusst, dass diese Stammtische entscheidend sein können. Man kann diesen auch nicht in Gänze fern bleiben, gar keine Frage. Aber ich bin der Meinung, dass man sie nicht immer als stetigen Kalendertermin haben muss.

Wie gut funktionieren die Netzwerke unter Frauen?

Sie funktionieren gut. Was die Bundesvorsitzende der Frauen Union und Integrationsbeauftragte der Bundesregierung Prof. Dr. Maria Böhmer macht, ist hervorragend. Sie hat ein tolles Netzwerk aufgebaut mit gut funktionierenden Strukturen innerhalb der Frauen Union. Wenn es darauf ankommt, sind die Frauen schnell mit einer Stimme zusammen.

Wie ist der Umgang mit Politikerinnen in der Öffentlichkeit? Welche Rolle spielen das Aussehen, die Frisur, der Kleidungsstil?

Mein Eindruck ist: In der heutigen Zeit schaut man mitunter mehr hin, wie die Männer gekleidet sind. Erinnern wir uns an die Haarfarbe-Diskussion um Gerhard Schröder oder die Stil-Diskussion rund um Karl-Theodor zu Guttenberg, als er noch ein Medienliebling war. Vielleicht schaut man bei einer Frau mehr hin, ob ihr Kleid ein Stück zu kurz, zu eng, zu plakativ ist. Wenn man eine Person der Öffentlichkeit ist, wird immer hingeschaut.

Gab es Situationen, in denen über Ihre andere Kultur und andere Heimat geschrieben bzw. diskutiert wurde, die Ihres Erachtens nicht angemessen waren?

Dafür gibt es durchaus Beispiele. Dies „aufzudröseln", dafür fehlt mir teilweise die Erinnerung, und an manches will ich mich auch nicht mehr erinnern! Mich ärgerte und ärgert immer Undifferenziertheit! Gerade Kulturen, Sprachen und Religionen eignen sich in der Betrachtung und im anschließenden Diskurs nicht für Holzschnittartiges, Boulevardeskes. Solche Herangehensweise endet immer in Unangemessenheit bei jedweder Auseinandersetzung.

Wie haben Sie versucht, Sensibilität für das Thema zu wecken?

Ich habe selber viel geschrieben und viel gesprochen. Aber das Pauschale lässt sich nun mal gut verkaufen. Man darf nicht vergessen: Das Differenzierte ist eine Herausforderung sowohl für die Gesellschaft als auch für die Politik, für die Medienwelt. Eine differenzierte Sichtweise bedeutet auch eine Auseinandersetzung mit den eigenen Wertemaßstäben. Ich praktiziere das seit Kindesbeinen an, indem ich die deutsche Gesellschaft immer differenziert betrachtet und gesagt habe: Wie viel von dem kannst Du zulassen? Wo ist Deine Grenze?

Bundeskanzlerin Dr. Angela Merkel hat mit Blick auf die Integrationsdebatte gesagt: „Wir sind eine Schicksalsgemeinschaft in einer Zukunftswerkstatt, wo wir gemeinsam noch die Koordinaten aushandeln müssen." Das bedeutet nicht, dass wir neue Koordinaten vorfinden. Aber sie müssen hinterfragt, gegebenenfalls weiter gefasst und angereichert werden. Genau da liegt mein Punkt, in jeder Diskussion, in jedem Gespräch.

Was sind Ihre persönlichen Prinzipien und Grundsätze für Ihr politisches Handeln?

Alle preußischen Tugenden sind meine Prinzipien. Ich lebe in dieser Gesellschaft, bin ein Teil dieser Gesellschaft und muss auch meine Verantwortung für diese Gesellschaft leisten, in der ich nicht nur Geschwister erzogen habe, sondern auch zwei Kinder erziehe und einen Gesellschaftsauftrag habe, den ich erfüllen möchte.

Was sind Ihre größten Erfolge?

Erfolg, wie groß er auch immer sein mag, braucht eine Basis. Meine Familie, meine Kinder, mein Ehemann, das ist meine Basis. Erfolg wird vorübergehen, die Basis aber wird bleiben.

Gibt es Niederlagen oder Enttäuschungen, die Sie während Ihrer politischen Tätigkeit erfahren haben?

Klar. Wenn man für eine Sache kämpft und nicht die Mehrheiten dafür bekommt, wenn man Niederlagen bei Wahlabstimmungen einstecken muss. Aber das gehört dazu. Das finde ich schmerzlich, aber normal. Das gehört zur Politik: Manchmal bekommt man für ein Thema, für das man gekämpft hat, die Mehrheit, manchmal nicht.

Waren mit den Enttäuschungen oder Niederlagen auch Verletzungen verbunden? Oder hatten Sie das Gefühl, sachlich diskutieren zu können?

Es waren selbstverständlich auch menschliche Verletzungen da. Aber meine persönliche Erfahrung lehrt mich eines: hartnäckig sein, langen Atem zu haben. Mein Leben besteht aus Überzeugungsarbeit. Wenn man als „Gastarbeiterkind" in Deutschland aufwächst, fängt man schon in der Grundschule an, zu erklären, warum man anders ist. Es ist ganz normal, dass man auf unterschiedlichen Ebenen immer wieder gebetsmühlenartig die Themen auf die Agenda setzt. Altbundeskanzler Helmut Kohl hat gesagt: „Entscheidend ist, was hinten rauskommt." Da hat er Recht! Und ich nehme die Politik nicht persönlich! Dafür bin ich bekannt. Ich diskutiere sehr gerne offen über alles Mögliche, solange es auf dem Niveau eines sachlichen Austauschs stattfindet.

Hatten Sie jemals den Gedanken aus der Politik, aus der CDU auszusteigen?

Nein. Auch in der Politik gibt es Ebenen, auf denen man sagt: „Oh Gott, muss das sein?" Aber das gehört dazu. Wer nicht bereit ist, dieses auf sich zu nehmen, darf keine Politik machen.

Sie engagieren sich als Mentorin für junge Politikerinnen. Welche Ratschläge geben Sie in diesem Zusammenhang?

Ich habe drei solcher Mädchen. Sie begleiten mich, und ich begleite sie. Das ist wunderbar. Ich gebe ihnen viele Ratschläge. In der Politik gibt es viele Niederlagen – wie im Leben. Da bekommt man auch schlechte Noten und muss damit klar kommen. Aber wenn man einen jungen Menschen vor sich hat, der voller Ideale ist, kann man solche Menschen nur unterstützen. Wenn jeder Politiker einen jungen Menschen an die Hand nähme, täte es unserem Land gut. Ich gehe davon aus, dass das viele machen. Ich mache es jedenfalls.

Monika Grütters

Eine Frau, die so gut sein will wie ein Mann, hat einfach nicht genug Ehrgeiz

Geboren am 9. Januar 1962 in Münster, 1981 Abitur, 1981–1982 Soziales Jahr im St. Franziskus-Hospital, 1982–1989 Studium der Germanistik, Kunstgeschichte und Politikwissenschaft an der Westfälischen Wilhelms-Universität Münster und der Rheinischen Friedrich-Wilhelms-Universität Bonn, Abschluss: Magister Artium, 1982 Eintritt in die Jungen Union und CDU, 1990–1991 Öffentlichkeitsarbeit am Museum für Verkehr und Technik, 1991–1992 Öffentlichkeitsarbeit für die Berliner Verlags- und Buchhandelsgesellschaft Bouvier, 1991–1999 Lehrbeauftragte für Kulturmanagement an der Hochschule für Musik „Hanns Eisler", 1992–1995 Pressesprecherin in der Senatsverwaltung für Wissenschaft und Forschung in Berlin, 1995–2005 Mitglied des Abgeordnetenhauses von Berlin, wissenschafts- und kulturpolitische Sprecherin der CDU-Fraktion, stellvertretende Fraktionsvorsitzende, Mitglied des Landesvorstandes, 1995–2006 Unternehmenskommunikation, Kunstsammlung bei der Bankgesellschaft Berlin AG, seit 1998 Vorstand der Stiftung „Brandenburger Tor" der Landesbank Berlin Holding AG, seit 1999 Honorarprofessorin für Kulturmanagement an der Hochschule für Musik „Hanns Eisler" und an der Freien Universität Berlin, seit 2005 Mitglied des Deutschen Bundestages, seit 2008 Erste stellvertretende Landesvorsitzende der CDU Berlin, seit 2009 Vorsitzende des Ausschusses für Kultur und Medien und Beisitzerin im Vorstand der CDU/CSU-Bundestagsfraktion.

Eine Frau, die so gut sein will wie ein Mann, hat einfach nicht genug Ehrgeiz

Diese Bemerkung ist so wahr wie ihre vermuteten (männlichen) Urheber zahlreich sind. Mir jedenfalls ist sie zum fröhlichen Motto meiner politischen Laufbahn geworden. Dabei bin ich weniger von einem übertriebenen Ehrgeiz besessen als von Lust und Leidenschaft, die Gesellschaft mitgestalten zu wollen, in der wir alle leben.

Das haben mir schon meine Eltern vorgelebt, wenn auch nicht in der Politik, sondern ganz einfach und selbstverständlich in ihren Berufen – als Arzt und Familientherapeutin waren beide im Sozialen engagiert, sehr engagiert sogar, weit über das übliche Maß hinaus. Das hat mich ähnlich beeindruckt wie ihre undogmatische Haltung, mit der sie uns fünf Kindern ihre Glaubensüberzeugungen vermittelt haben. In dem durch und durch katholischen Milieu meiner Heimatstadt Münster bin ich immer wieder glaubwürdigen Priestern und vor allem Ordensleuten begegnet, die deutliche Spuren in meinem Leben hinterlassen haben. Eine solche Prägung lässt niemanden gleichgültig zurück, sondern sie ermuntert und verpflichtet zum Glaubens- und Lebenszeugnis, auch ohne ausdrücklichen Plan. So war es jedenfalls bei mir, die im Bischöflichen Mädchengymnasium in der Ordensschwester und Schuldirektorin Angelika Welzenberg ein Vorbild erleben durfte, das bis heute nachwirkt: Sie war so mutig, sich gegen allzu enge Personalentscheidungen des Bistums zu wehren, mit den Schülerinnen über ihre Probleme lieber zu diskutieren als Verbote auszusprechen und Mädchen aus den höheren Klassen persönlich zu bitten, für ganz kleines Geld denjenigen Nachhilfe zu erteilen, deren Eltern eben auch nur ganz kleine Honorare zahlen konnten.

Auch die Zeit im Sozialen Jahr im St. Franziskus-Hospital möchte ich nicht missen – hat sie mir doch Seiten im Leben offenbart, die in meinen später eingeschlagenen Weg einfach nicht hineingehörten. Auch diese Seiten des Daseins, die man im Krankenhaus und besonders in den Nachtwachen erlebt, gehören ja zu uns – selbst wenn dann ein Kunstgeschichte- und Germanistikstudium samt einer Berufskarriere in der schönen heilen Welt der Kultur folgen.

Aber all das war noch immer kein Anstoß für die aktive Politik. Der kam erst im Studium, als ich an den Wahlen zum Studentenparlament an der Uni Bonn im Fachbereich Germanistik teilnehmen wollte, und sage und schreibe nur die Linke Liste und der Marxistische Studentenbund Spartakus dort kandidierten. Mitglied der JU und inzwischen auch der CDU war ich zwar, hatte meinen Kandidaten in Münster bei ihren Wahlkämpfen geholfen und auch sonst einige Parteiveranstaltungen miterlebt und mitgestaltet – aber eine eigene Karriere hatte ich nach wie vor nicht im Sinn.

Bis eben die Uni Bonn nichts als Links bot, und das war definitiv zu wenig. Mit einigen Kommilitoninnen (!) vor allem haben wir AUGe gegründet, den Arbeitskreis Unabhängiger Germanisten – und auf Anhieb so viele Mandate errungen, dass wir kaum alle Positionen in den Fachschaftsräten besetzen konnten. Und dann gab es das „Westfalenteam", das den Kandidaten Kurt Biedenkopf im Wahlkampf in NRW unterstützte, Bernhard Worms hat damals vielen jungen Leuten einfach nicht gefallen. Ähnlich ernsthaft war die Aufregung um Heiner Geißler: Als Helmut Kohl seinen Generalsekretär absetzte, war ich nicht die einzige, die aus Protest beinahe aus der CDU ausgetreten wäre. In einer solchen Stimmung werden selbst Kulturfrauen wie ich politisch, was in den geisteswissenschaftlichen Fachbereichen an der Uni nicht einfach war für ein CDU-Mitglied. An manche Debatte in der berühmt-berüchtigten „Schumannklause" in der Bonner Altstadt kann ich mich noch gut erinnern. Man wunderte sich, dass sich eine wie ich in dieses Loch traute, dessen Wände mit Anti-Strauß-Plakaten geschmückt waren.

Auch diese Erfahrungen haben mich geprägt, ähnlich wie mein Elternhaus. Und immer wieder waren es vorbildliche Frauen, die unaufgeregt Beispiel gaben für gelungene weibliche Lebenswege: meine Mutter, meine Schuldirektorin, Kommilitoninnen bei AUGe, später dann nicht zuletzt Hanna-Renate Laurien.

Von der Kultur mitten in die Politik

Nach einigen Stationen in der Kultur, dort vor allem in der Öffentlichkeitsarbeit an der Oper, im Museum, in einem Verlag, bin ich endlich mitten in der Politik gelandet als Pressesprecherin des Senators für Wissenschaft und Forschung in Berlin.

Die erste Legislaturperiode eines Gesamtberliner Parlaments nach dem Fall der Mauer musste ein politisches Naturell wie mich natürlich euphorisieren, zumal „mein" Senator Manfred Ehrhardt mir einen politischen Stil vorlebte, der von Sachkunde und einem großen Respekt vor dem Parlament geprägt war. Eine bessere Mitgift für den Wechsel auf eben diese andere Seite vom Regierungsstab ins Abgeordnetenhaus von Berlin hätte ich nicht bekommen können.

Zehn Jahre dort als kultur- und als wissenschaftspolitische Sprecherin, dann als Stellvertretende Fraktionsvorsitzende und Mitglied in vielen Gremien, u. a. dem Rundfunkrat des SFB, waren eine gute Vorbereitung für den Bundestag, dem ich seit 2005 angehöre. Meine Leidenschaft für Kultur, für Bildung und Wissenschaft kann ich auch dort in praktische Politik umsetzen, flankiert von den Erfahrungen, die ich als Vorstand der Stiftung „Brandenburger Tor" der LBB in eben diesen wichtigen gesellschaftlichen Feldern beruflich mache.

Ich bin lieber eine berufstätige Politikerin als eine Berufspolitikerin

Es ist mir wichtig, mich nicht allein abhängig zu machen von der Politik und ihren sehr typischen Mechanismen. Deshalb gibt die Arbeit in der Stiftung, im Kulturleben und an einem so signifikanten Ort wie dem Pariser Platz in Berlin mir Halt und ist ein echter seelischer Ausgleich zu den Anforderungen in der anderen Welt.

Als Frau habe ich dabei sehr unterschiedliche Erfahrungen gemacht – sowohl mit männlichen wie mit weiblichen Parteifreunden. Eine Kampfhenne bin ich darüber nicht geworden, die die (politische) Welt in Mann und Frau einteilte. Aber dass Frauen, die genauso gut sein wollen wie Männer, einfach nicht genug Ehrgeiz haben, das stimmt: Frauen müssen ein ganzes Quantum mehr an Leidenschaft, Wissen, Fleiß und Einsatz mitbringen, um mit den in der CDU doch arg überzähligen Männern mithalten zu können. Sonst setzt man sich schnell dem Veracht aus, den ein oder anderen Job nur deshalb bekommen zu haben, weil man halt ein Kostümchen trägt oder weil man wegen des Seltenheitswerts als Frau oben in der Parteispitze einfach genommen werden musste, damit es wenigstens gute Bilder gibt ... Das widerlegt man am besten durch Leistung, durch überzeugendes Auftreten, durch ein gesundes Selbstbewusstsein – und eben durch Unabhängigkeit.

Ganz abgesehen von Einzelfällen wie meinem Weg sprechen ganz generell handfeste wirtschaftliche Gründe für eine deutliche Erhöhung des Anteils von Frauen in Führungspositionen: Studien belegen eindeutig, dass Unternehmen mit einem höheren Frauenanteil in verantwortlichen Positionen ein signifikant besseres Unternehmensergebnis erzielen als solche, die glauben, ohne Frauen auskommen zu können.

Frauen können zum Beispiel häufiger als Männer Talente wie Vermittlungsfähigkeit, Zuhören, Geduld und Organisationskompetenz in die Arbeit einbringen. Wir wissen, dass die Produktivität in gemischten Teams steigt. Sicher, die Gründe für den geringen Anteil von Frauen in Führungspositionen, auch in der CDU, sind vielfältig. Nach wie vor gelten gewisse Rollenzuschreibungen und Vorurteile, die sich allesamt negativ auf die Beschäftigungsbilanz auswirken. Hinzu kommen außerdem Faktoren wie etwa die Berufswahl von Frauen, wie die Unterbrechung der Karriere wegen Kindererziehung, dann die Schwierigkeiten beim beruflichen Wiedereinstieg und nicht zuletzt die schwierige Vereinbarkeit von Familie und Beruf.

Vereinbarkeit von Beruf und Familie

Dem müssen wir mit einer klugen Familien- und Bildungspolitik begegnen wie wir sie zuletzt mit Elterngeld und Verbesserung der Kinderbetreuung so erfolgreich gestartet haben.

Aber das reicht nicht, denn verstärkt durch den demografischen Wandel sinkt die Zahl geeigneter Bewerber für eine Führungsposition. Und gerade aufgrund dieser demografischen Entwicklung können wir es uns auch gar nicht länger leisten, auf die Potentiale der Frauen zu verzichten. Was in der Wirtschaft gilt, ist umso signifikanter auch für so zentrale Orte der gesellschaftlichen Meinungsbildung wie für unsere Partei.

Ich selber hatte zum Glück viele weibliche Vorbilder, und ich bin im Beruf immer wieder von Männern gefördert worden. Das aber gilt offenbar nicht für viele Frauen bei uns. Und da, wo die berühmte Freiwilligkeit keinerlei Wirkung zeigt, sollten wir dann doch mit Druck über eine Quote den Frauen, der Partei, der Wirtschaft und so der Gesellschaft insgesamt zu ihrem Glück verhelfen.

Das setzt aber gar nicht in erster Linie ein Umdenken bei den Frauen voraus, sondern viel eher müssen die Männer flexibler werden, denn schon Konrad Adenauer soll gesagt haben: „Die Männer sind natürlich alle dafür, dass mehr

Frauen in der Politik tätig sein sollen. Vorausgesetzt natürlich, es handelt sich nicht um die eigene Frau."* Einige prominente Beispiele, auch aus den anderen Parteien, sind der beste Beweis dafür, dass sich auch hier die Zeiten geändert haben.

„Einmal mehr aufstehen als hinfallen" – diese Empfehlung gibt Rita Süssmuth uns Kolleginnen gern. Das finde ich wunderbar, und sie selber ist das beste Beispiel für diese Ermutigung.

---

* Das Zitat findet sich in Hermann Otto Bolesch: Adenauer für alle Lebenslagen. München 1969, S. 24. Ob es tatsächlich so gesagt worden ist, lässt sich an keiner anderen Quelle belegen.

Annegret Kramp-Karrenbauer[*]

Man darf sich bei Rückschlägen nicht entmutigen lassen

Geboren am 9. August 1962 in Völklingen, verheiratet, drei Kinder, 1981 Eintritt in die CDU und Junge Union, 1982 Abitur, 1984–1990 Studium der Politik- und Rechtswissenschaften an den Universitäten Trier und des Saarlandes, Abschluss: M. A., 1984–2011 Mitglied des Stadtrates Püttlingen, 1985–1988 Landesvorstand der Jungen Union Saar, 1989–1994 und 1999–2000 Beigeordnete der Stadt Püttlingen, 1991–1998 Grundsatz- und Planungsreferentin der CDU Saar, 1998 Mitglied des Deutschen Bundestages, 1999–2000 persönliche Referentin des Vorsitzenden der CDU-Landtagsfraktion Peter Müller, 1999–2000 Parlamentarische Geschäftsführerin der CDU-Landtagsfraktion, seit 1999 Mitglied des Landtages des Saarlands und Landesvorsitzende der Frauen Union Saar, 2000–2004 Landesministerin für Inneres und Sport im Saarland, seit 2001 stellvertretende Bundesvorsitzende der Frauen Union, 2003–2011 stellvertretende Landesvorsitzende der CDU Saar, 2004–2007 Landesministerin für Inneres, Familie, Frauen und Sport im Saarland, 2007–2009 Landesministerin für Bildung, Familie, Frauen und Kultur im Saarland, 2009–2011 Landesministerin für Arbeit, Familie, Soziales, Prävention und Sport im Saarland, seit 2010 Mitglied des Präsidiums der CDU, seit 2011 Landesvorsitzende der CDU Saar, seit 2011 Ministerpräsidentin des Saarlandes.

Wie hat sich Ihr politisches Interesse entwickelt?

Mein politisches Interesse ist durch mein Elternhaus geprägt worden. Mein Vater war Mitglied der CDU, allerdings nie parteipolitisch besonders aktiv. Dennoch ist immer sehr viel über Politik diskutiert, kommentiert und auch gestritten worden.

Das hat dazu geführt, dass ich mich mit Politik beschäftigt habe und mich dafür interessierte. Während meiner Schulzeit habe ich Politik als Leistungskurs gewählt und im Anschluss Politikwissenschaften studiert.

---

[*] Das Interview führten Prof. Dr. Hanns Jürgen Küsters und Ina vom Hofe M. A. am 11.04.2013 in Königswinter.

Wie war das Rollenverständnis in Ihrem Elternhaus? Hat Sie die dortige Rollenverteilung geprägt?

Ja und nein. Meine Mutter hatte zuerst einmal die klassische Hausfrauenrolle mit sechs Kindern inne. Mein Vater war als Lehrer der Alleinernährer der Familie. Dennoch war mein Vater jemand, der sich sehr stark in die Familie mit eingebracht hat – sowohl was die Kinderbetreuung, als auch die Hausarbeit anbelangt. Insofern gab es gewisse Bereiche, in denen sich beide engagiert haben. Das Gleiche galt auch für uns Kinder: Wir waren drei Mädchen und drei Jungen. Es gab zwar Unterschiede zwischen Geschirrspülen und Gartenarbeit. Aber vor den häuslichen Pflichten konnte sich niemand drücken. Doch im Allgemeinen war es sicherlich ein sehr konservatives Rollenbild.

Dieses konservative Rollenbild haben Sie in Ihrer Partnerschaft – wie man öffentlich weiß – nicht in dieser Form wahrgenommen. Woher kam dieser Wandel?

Für mich war immer klar, dass ich mich nicht zwischen Familie und Beruf entscheiden, sondern gerne beides miteinander vereinbaren möchte. Gerade nach dem Abitur, zu Beginn des Studiums, ist mir selbst deutlich geworden, dass Frauen zu Beginn der 1980er Jahre vor andere Entscheidungen gestellt wurden, als ihre männlichen Mitkommilitonen. Ich wollte mich nicht zwischen Familie und Beruf entscheiden, sondern beides haben. Begünstigt wurde diese Vereinbarkeit eindeutig durch meinen Mann. Er kommt ebenfalls aus einer großen Familie, ist sehr familienorientiert und sehr kinderlieb. Er hat für sich sehr früh schon entschieden, dass er auf keinen Fall um jeden Preis Karriere machen möchte, sondern für ihn die Balance zwischen privatem und beruflichem Engagement bedeutend wichtiger ist.

Daher haben wir eine ganz nüchterne Vereinbarung getroffen und festgelegt, der, der am meisten verdient, geht Vollzeit arbeiten. Der andere reduziert seine Stundenzahl und kümmert sich stärker um die Familie. Am Anfang war es zunächst mein Mann, der Vollzeit gearbeitet hat. Doch durch die Übernahme von politischen Ämtern meinerseits hat ein Rollentausch stattgefunden. Aber solch eine Aufteilung funktioniert natürlich nur dann – und das war bei uns gegeben –, wenn es ein großes Einvernehmen zwischen beiden Partnern gibt.

Eine interessante Erfahrung war, dass insbesondere zu Beginn der Tätigkeit, wenn fast alles ehrenamtlich ist, diese durchaus auf Widerstand zu Hause stoßen kann. Doch in dem Moment, in dem man in einer bezahlten politischen Funktion ist, verändert sich die Wahrnehmung. Aber während des ehrenamtlichen Starts hat das politische Engagement schon einige Diskussionen mit sich gebracht.

Sie haben Ihr politisches Engagement in der Jungen Union 1981 mit 19 Jahren aufgenommen. Zu dieser Zeit war die CDU durch die Förderung der politischen Partizipation von Frauen nicht besonders in Erscheinung getreten. Warum haben Sie sich für einen Eintritt in die Union entschieden?

Das hat mit meinem Elternhaus und weniger mit Frauenpolitik zu tun. Zu diesem Zeitpunkt war die Frauenfrage für mich nicht alleine entscheidend, sondern ist erst im Zuge meiner eigenen Entwicklung und sicherlich auch mit dem Essener Bundesparteitag 1985 stärker ins Bewusstsein gerückt. Aber bei meinem Eintritt in die CDU waren die Werte und die Grundansichten ausschlaggebend, so dass ich zu dem Entschluss gekommen bin, diese Partei passt am besten zu mir. Besonders prägend war dabei die außenpolitische Haltung der CDU zu den Vorgängen im Ostblock, zu der Entstehung von Solidarnosc. Die CDU war diesbezüglich viel unterstützender als die sozialliberale Koalition. Des Weiteren war die Haltung zum NATO-Doppelbeschluss, die ich für absolut richtig gehalten habe, für den Eintritt von Bedeutung.

Haben Sie sich bei Ihrem Eintritt bewusst für die Junge Union und nicht für die Frauenvereinigung entschieden?

Das war damals gar nicht relevant. Ich bin über die JU zuerst einmal kontaktiert worden. Zwischen der damaligen Frauenvereinigung und der Jungen Union lagen Welten und meine erste Debatte, bzw. mein erstes politisches Streitgespräch hatte ich auf einem Kreisparteitag mit der Kreisvorsitzenden der Frauenvereinigung. Da ging es um das Thema Quote. Sie war dafür, ich war dagegen. Anhand dessen sieht man gut, wie sich Positionen im Laufe des Lebens ändern können. Ich finde es heute umso beachtlicher, dass wir mittlerweile durchaus viele jüngere Frauen haben, die in der Jungen Union und der Frauen Union aktiv sind.

Sie sind den klassischen Weg der Ochsentour über die Kommunalpolitik, Landespolitik und zum Teil Bundespolitik gegangen. Welche Vor- und Nachteile hat ein solcher Weg?

Ein Nachteil ist sicherlich, dass dieser Weg sehr lange dauert, sehr mühsam ist. Hinzukommt, dass man auf diesem Weg viele nicht mitnimmt, die als Quereinsteiger in eine Partei hineinkommen und die von ihrer Einstellung und der Zeit gar nicht die Möglichkeit haben, diese Tour zu machen.

Der Vorteil liegt darin, dass man das politische Handwerk wirklich von der Pieke auf lernt. Ich hatte aus meiner Sicht wirklich das Glück, mein Hobby zum Beruf machen zu können. Ich habe die theoretischen Grundlagen im Studium und die Anwendung in der Praxis gelernt. Dabei habe ich sehr schnell gemerkt, dass das eine oder andere oft relativ wenig miteinander zu tun hat. Ich habe viele Erfahrungen, auch Frusterlebnisse, gesammelt. Aber ich habe gelernt, mich durchzubeißen. Die Ochsentour bietet die Möglichkeit, ein Handwerk – und Politik ist zu einem Teil Handwerk – ordentlich lernen zu können.

Auf Ihrem Weg bis zur Ministerpräsidentin mussten Sie sich in erster Linie gegen männliche Konkurrenz durchsetzen. Welche Erfahrungen haben Sie dabei gemacht?

Auf der einen Seite habe ich von Anfang an ein Umfeld erlebt, in dem Frauen relativ dünn gesät waren. Und wenn Frauen in der Fraktion vorhanden waren, dann waren sie meistens auf die klassischen Themenfelder festgelegt. Insofern war das eine Umgebung mit sehr vielen Alpha-Tieren, Kommunalpolitiker, gestandene Beigeordnete, die seit 30 Jahren das Geschäft machen und mit allen Wassern gewaschen sind. Auf der anderen Seite habe ich auch zu Beginn bereits erlebt, dass der wirklich arrivierte und engagierte Bürgermeister ein Förderer war. Es wäre daher sicherlich zu schematisch zu sagen, da gab es immer die, die versucht haben, einen abzublocken. Es gab eben auch immer Förderer.

Dennoch ist man bei manchen Themen innerhalb der CDU an Grenzen gestoßen. Ich kann mich beispielsweise an eine Debatte vor Ort erinnern, als es darum ging, ob es neben den klassischen Kindergärten auch eine Kindertagesstätte geben soll, die bereits Kinder ab Null Jahren aufnimmt. Die klassische Haltung in der CDU vor Ort war: So etwas brauchen wir nicht. Unsere Frauen sind auch zu Hause bei den Kindern. So gehört sich das und alles andere ist Hexenwerk. Diese Einstellung hat dazu geführt, dass die SPD das Thema aufgegriffen und sich eine SPD-nahe Initiative gegründet hat. Heute ist die Kindertagesstätte überhaupt nicht mehr wegzudenken.

Sie haben vorhin erwähnt, dass sich Ihre Meinung zur Quotenfrage gewandelt hat. Gab es ein konkretes Ereignis, weshalb Sie Ihre Einstellung dazu geändert haben?

Es war weniger ein konkretes Ereignis, als vielmehr die Erfahrungen, die sich verdichtet haben. Obwohl Frauen mindestens genauso gut ausgebildet sind, ist irgendwann ein Punkt erreicht, an dem man zwischen Beruf/politischer Funktion oder Familie abwägen muss.

Ich gehöre nicht zu denjenigen, die die Quote als Allheilmittel sehen und glauben, dass sich damit alle Probleme für die Frauen lösen lassen. Aber die Quote ist auch kein Untergang des Abendlandes. Sie ist nichts anderes als das

Einräumen einer Chance. Man muss diese Chance auch nutzen. Wenn man sie nicht nutzt, ist man schnell wieder von der Liste verschwunden und sein Mandat los. Quote muss in der Diskussion entmystifiziert werden, sowohl im Negativen wie im Positiven. Die Quote baut Druck bei denjenigen auf, die für die Personalauswahl verantwortlich sind. Sie müssen den Blick weiten. Das ist die Erfahrung, die wir in der Partei gemacht haben. Sie können, nachdem wir das Quorum haben, sich nicht einfach vor die Versammlung stellen und sagen: „Wir haben keine Frauen gefunden."

Machen Frauen anders Politik als Männer?

Jede Frau und jeder Mann macht zuerst einmal sehr individuell Politik. Dabei spielen das eigene Temperament und die persönliche Erfahrungen eine Rolle.

Ich kenne Kolleginnen, die sind bestimmter und härter als männliche Kollegen, aber trotzdem gibt es Züge, von denen ich den Eindruck habe, dass sie bei fast allen Frauen zu finden sind.

Das ist zum einen die Haltung, Politik aus der praktischen Erfahrung heraus zu machen, indem ich die eigene Lebensumwelt nehme und diese in politische Forderungen und Lösungsvorschläge übersetze. Solch eine Vorgehensweise hängt sicherlich auch damit zusammen, dass viele Frauen den Weg in die Politik gerade aus dem bürgerschaftlichen, ehrenamtlichen Engagement nehmen.

Frauen neigen weniger dazu diese typische Basta-Politik zu machen, getreu dem Motto: Das machen wir jetzt so und Schluss aus! Ich glaube, Frauen sind vielmehr so gestrickt, dass sie sich Meinungen einholen und sich ihre eigene in einem Diskussionsprozess bilden.

Ist das Machtverständnis zwischen Männern und Frauen ein anderes?

Teilweise ja. Ich bin der Auffassung, dass Männer leichter ihr Ziel formulieren und sich dafür auch einsetzen. Frauen fällt es schwerer, deutlich zu sagen, was sie wollen. Es mag mit der Erziehung zusammenhängen, in der manchmal noch die Prämisse galt: Frauen halten sich vornehm zurück.

Am Ende des Tages sind immer noch mehr Männer bereit, auch wirklich alles einzusetzen, um dieses Ziel zu erreichen, als das bei Frauen der Fall ist.

Hinzukommt, dass Frauen aus meiner Sicht ein anderes Verhältnis zu sichtbaren Zeichen der Macht haben. Ich kann mich gut erinnern, als ich parlamentarische Geschäftsführerin wurde, ging es um die Frage der Büroverteilung. Ich hatte vorher als Mitarbeiterin von Peter Müller ein kleines Büro, das mir gut gefallen hat und in dem ich mich sehr wohl gefühlt habe. Ich wollte eigentlich dort bleiben. Doch es kam damals ein wirklich sehr erfahrener Kollege auf mich zu und sagte: „Das geht überhaupt nicht. Du bist jetzt quasi Chefin in der Fraktion und musst im großen Büro mit dem großen Schreibtisch sitzen!"

Inwieweit spielt Netzwerkbildung eine Rolle?

Es spielt eine große Rolle. Wir Frauen können dabei von Männern unglaublich viel lernen. Männer haben schon seit sehr viel längerer Zeit Netzwerke gegründet, die sehr zielgerichtet zum gegenseitigen Vorteil sind. In diesen Runden sind bis zu einem gewissen Grad Rivalitäten geduldet, die dann im Endspurt auch zu finalen Entscheidungen führen.

Während Frauen sich schwerer mit Rivalitäten tun. Ich glaube aber, dass Frauen in den letzten Jahren massiv aufgeholt und auch gelernt haben, Netzwerke zu knüpfen, zum Beispiel über Mentorenprogramme.

Welche Funktion übernehmen die Medien in der Darstellung von geschlechtsspezifischen Unterschieden oder Gemeinsamkeiten? Gibt es unterschiedliche Darstellungen von Männern und Frauen in der Öffentlichkeit?

Absolut! Bei meiner ersten Kandidatur für den Deutschen Bundestag gab es eine große Veranstaltung im Adenauerhaus in Bonn, bei der die Frauen, die einen einigermaßen aussichtsreichen Listenplatz erhalten hatten, sich gemeinsam in der Pressekonferenz präsentiert haben. Am nächsten Tag hat sich eine arrivierte Zeitung in dem Artikel darüber mit der Frage beschäftigt, was die Frauen anhatten. Ich konnte mir einfach nicht vorstellen, dass bei einer ähnlichen Veranstaltung von jungen, aufstrebenden Kandidaten die Kleidung thematisiert worden wäre.

Auch bei Konflikten zwischen Frauen ist die Wahrnehmung in der Presse eine ganz andere. Bei Männern wird das Ringen um Macht und Einfluss als klassischer Konkurrenzkampf hingenommen. Bei Frauen, etwa bei den inhaltlichen Diskussionen zwischen Kristina Schröder und Ursula von der Leyen, wurde dies als Zickenkrieg tituliert.

Sie sind in den letzten Jahren einen anderen Weg gegangen und haben sich durch Ihre Beteiligung am Karneval der Öffentlichkeit nochmals anders präsentiert. Welche Zielrichtung verbirgt sich dahinter?

Dahinter steht keine strategische Zielrichtung, sondern die Lust, auf der Bühne zu stehen und im Karneval mitzumachen. Das habe ich schon immer gerne gemacht, früher eher im tänzerischen Bereich, jetzt als Büttenrednerin. Ich mag politischen Karneval, politisches Kabarett. Ich bin der Auffassung, dass es wichtig ist, sich selbst als Politikerin und auch sein Umfeld auf den Arm zu nehmen.

Es ist eine bewusste Entscheidung, diese Rolle als Putzfrau beispielsweise einzunehmen und den Politikbetrieb aus einer ganz anderen Perspektive zu betrachten. Ein Teil meiner Bekanntheit außerhalb des Saarlandes rührt in einem hohen Maße von diesen Auftritten. Die Menschen werden durch diese Aufführungen neugierig auf die Politikerin. Insofern ist das aus meiner Sicht durchaus eine Win-Win-Situation, zumal es mir einfach sehr viel Spaß macht. Schon in meiner Kindheit haben wir mit der ganzen Familie „Mainz bleibt Mainz" geschaut. Das Duo „Frau Struppisch und Frau Babbisch" hat mich immer fasziniert. Teilweise rührt sicherlich meine Begeisterung für die Figur der Putzfrau auch von diesen Auftritten. Aber solche Aufführungen sind natürlich auch ein bewusstes Statement etwa gegen die Generation der Lafontaines & Co., die die saarländischen Bühnen als Napoleon betreten haben.

Gab es bisher in Ihrer politischen Tätigkeit Gewissensentscheidungen, die Ihnen schwergefallen sind?

Ja. Das waren insbesondere in meiner Tätigkeit als Innenministerin Entscheidungen rund um das Asylrecht, wenn es um ganz konkrete Abschiebeentscheidungen ging, die ich zu treffen hatte. In einem Land wie dem Saarland kommt es da schon mal vor, dass man im Zweifel die Menschen, die abgeschoben werden, auch persönlich kennt, weiß, wie sie aussehen. Das waren immer ganz schwierige Situationen.

Inwieweit war die Entscheidung, die Regierungskoalition mit der FDP aufzukündigen, eine Gewissensentscheidung?

Das war eine sehr schwierige Entscheidung. Es war natürlich eine Entscheidung, die zuerst einmal die Frage gestellt hat: Bin ich bereit, meine persönliche Karriere und das Amt, das ich erst seit Kurzem habe, aufs Spiel zu setzen, um aus meiner Sicht im Interesse des Landes für stabile politische Verhältnisse zu sorgen?

Das hat mich sehr umgetrieben. Ich habe es gemeinsam mit meinem Mann diskutiert. In dem Moment, in dem diese Frage zwischen uns und für mich persönlich geklärt war, war es eine logische Entscheidung. Allerdings war das in der konkreten Situation dennoch schwer, weil natürlich keine Pappkameraden auf der anderen Seite betroffen sind, sondern Menschen aus Fleisch und Blut, mit denen ich zum Teil über Jahre gut zusammengearbeitet habe.

Es war sicherlich auch ein politischer Schachzug, diese Entscheidung genau am 6. Januar zu verkünden, als die FDP ihr Dreikönigstreffen hatte.

Es ranken sich Legenden um diesen Termin. Aber das sind alles nur Legenden und die entbehren wirklich jeder Grundlage. Es war in der Tat ein Zufall. Die Situation hat sich massiv zugespitzt und der 6. Januar ist im Saarland kein Feiertag. Das heißt, dieser Tag ist auch im öffentlichen Bewusstsein überhaupt nicht als solcher präsent. Vielmehr haben sich die Abläufe an dem Morgen so beschleunigt, dass wir für alles einen Blick hatten, aber nicht für die Frage, betritt Philipp Rösler jetzt beim Dreikönigstreffen die Bühne.
Ich habe im Vorfeld natürlich mit der Kanzlerin Kontakt gehabt. Aus ihrer Sicht als Bundesvorsitzende hat sie vor diesem Schritt gewarnt, weil er risikoreich war. Es hätte dazu kommen können, dass die CDU die Regierungsmehrheit verliert. Ich kann das auch aus ihrer Perspektive als Bundesvorsitzende absolut nachvollziehen. Trotzdem hatte ich in dem Moment die Entscheidung als Ministerpräsidentin des Saarlandes zu treffen. Das war eine schwierige Abwägung. Ich habe mich gegen ihren Ratschlag entschieden. Was in dieser Situation sehr geholfen hat, war die unglaubliche Geschlossenheit der CDU Saar hinter dieser Entscheidung. Das war im Übrigen auch etwas, was viele außerhalb des Landes nicht im Kalkül hatten und was sie auch gar nicht nachvollziehen konnten. Es gab sicherlich kaum jemanden in der Bundesrepublik, der zum damaligen Zeitpunkt der Meinung war, die Saarländer, die CDU Saar, die wissen, was sie tun.

Was hat die Kanzlerin dazu beigetragen, dass Sie Ministerpräsidentin geworden sind?

Sie hat durch ihr persönliches Beispiel dazu beigetragen. Etwa als sie den sicherlich persönlich schmerzhaften, aber sehr klugen Schachzug vollzogen hat, Edmund Stoiber den Vortritt zu lassen. Es ist manchmal gut, bereit zu sein, auch einen Schritt zurückzutreten und dennoch später umso besser ans Ziel kommen zu können. Das war sehr ermutigend und das hat mir in manchen Entscheidungen sehr geholfen.

Ist es einem veränderten Zeitgeist zuzuschreiben, dass heute eher Frauen in Führungspositionen hineinkommen, als das vor 20 oder 30 Jahren noch der Fall war?

Heute gibt es per se mehr Frauen, die in Führungspositionen hineinwachsen. Das hat sicherlich auch etwas damit zu tun, dass die Eigenschaften, die ich

Frauen zugeschrieben habe, zurzeit eine gewisse Konjunktur haben. Ich sage bewusst Konjunktur, weil ich die Erfahrung gemacht habe, auch in der Politik gibt es immer gewisse Moden und Wellen. Es mag durchaus sein, dass wir in fünf Jahren wieder in einer Zeit leben, in der die Bürgerinnen und Bürger nach dem großen Zampano und nach der Basta-Politik rufen.

Dass wir im Moment eine Situation mit einer Kanzlerin und vier Ministerpräsidentinnen haben, ist eine Momentaufnahme, die sich sehr schnell wieder komplett verändern kann. Deswegen wäre es verkürzt, daraus abzuleiten, der Durchbruch ist geschafft.

Von welchen Grundsätzen oder Prinzipien lassen Sie sich bei Ihrem Politikstil leiten?

Ich lasse mich von dem einfachen Prinzip leiten, die Menschen so zu behandeln, wie ich gerne selber behandelt werden möchte: Mit Respekt, mit dem Gefühl, dass die Sorgen, die mich umtreiben, auch ernst genommen werden. Ich halte es für eine unglaubliche Arroganz von kleinen und großen Leuten oder von kleiner und großer Politik zu reden. Es gibt für mich nur gute und schlechte Politik.

Was würden Sie als Ihre größten Erfolge und Misserfolge bezeichnen?

In der persönlichen Karriere ist es der größte Erfolg, dort zu sein, wo ich im Moment bin. Nicht nur Ministerpräsidentin geworden zu sein, sondern auch andere schwierige Ministerämter erfolgreich gemanagt zu haben. Es gibt viele Kollegen, die nicht unbedingt sieben Jahre Innenminister geblieben sind. Es gibt eine ganze Reihe von landespolitischen Fragestellungen, die wir durchsetzen konnten, die aus meiner Sicht auch meine Handschrift tragen. Auf der Bundesebene ist der Einsatz für das Thema Mütterrente auf zwei Parteitagen, bis jetzt zu der Zusage, dass das Thema nicht nur ins Wahlprogramm, sondern auch ins Regierungsprogramm aufgenommen wird, ein Erfolg. Ein weiterer ist vielleicht, dass ich Themen schon früher als andere gesetzt habe, wie beispielsweise den Mindestlohn.

Misserfolge gab es ebenfalls einige. Landespolitisch sind dies sicherlich die Vorgänge um den Museumsneubau „Vierter Pavillon". Hierbei bin ich mit mir selbst nicht zufrieden, dass ich die Probleme als Ministerin nicht besser gehändelt habe bzw. früher erkannt habe. Aber auch auf der Bundesebene bin ich mit der einen oder anderen Position baden gegangen, aber das gehört mit dazu.

Hatten Sie jemals den Gedanken, aus der Politik, aus der CDU, auszutreten?

Den Gedanken, mich aus der aktiven Politik zurückzuziehen, hatte ich schon, gerade wenn man an Grenzen stößt. Es gab einmal in meiner bisherigen Biographie die Situation, in der ich am eigenen Leib erlebt habe, wie eine gewisse Männerrunde die Weichen bei Personalfragen schon zuvor gestellt hatte. Ich hatte überhaupt nicht die Chance, daran mitzuwirken. Das war sehr frustrierend. Ich habe ernsthaft mit dem Gedanken gespielt, die Brocken hinzuschmeißen. Aus heutiger Sicht habe ich mich glücklicherweise dagegen entschieden.

Über einen Austritt aus der CDU habe ich noch nie nachgedacht. Das kommt für mich nicht in Frage. Das Gleiche gilt im Übrigen auch für meine Mitgliedschaft in der katholischen Kirche. Ich bin der Auffassung – egal in welcher Organisation man sich bewegt –, dass es immer Situationen gibt, die einem nicht so passen. Es gibt immer Streitpunkte, aber trotzdem verlässt man seine Familie, seine Kirche und seine Partei nicht so einfach.

Was sind Wünsche oder Ratschläge, die Sie jungen, politisch motivierten Frauen mit auf den Weg geben möchten?

Das erste ist vor allen Dingen Selbstbewusstsein. Sicherlich ist jeder, der in der Partei relativ jung begonnen hat, egal ob Mann oder Frau, damit konfrontiert worden, dass er bei seinem ersten Vorschlag, den er gemacht hat, einen im Saal hatte, der sagte: Das machen wir seit 30 Jahren so, das muss man jetzt nicht ändern. In solchen Situationen muss man das Selbstbewusstsein haben, zu erwidern: Wir bringen den unverstellten Blick mit in eine Partei. Wir bringen andere Lebenserfahrungen mit, wir sind gerade als junge Frauen die bestausgebildete Frauengeneration, die es jemals gab. Wir brauchen unser Licht nicht unter den Scheffel zu stellen.

Das Zweite ist, den Mut zu haben, von den vorgegebenen Rollenbildern abzuweichen. Bei allem persönlichen Interesse für Bildungsfragen, kulturelle oder soziale Fragen, sich bewusst auch mal mit einem Feld zu befassen, bei dem anfänglich nicht der Interessenschwerpunkt lag, wie beispielsweise die klassische Finanzpolitik. Man darf sich bei Rückschlägen nicht entmutigen lassen, sondern muss sich immer bewusst machen – auch all die Männer, die angeblich schon so lange und so erfolgreich Politik machen – kochen am Ende des Tages auch nur mit Wasser. Ich glaube, da ist es zu Beginn ganz gut, wenn sich gerade jüngere Frauen mit anderen zusammenschließen und sich unterstützen lassen.

Elisabeth Winkelmeier-Becker[*]

Nicht das Licht unter den Scheffel stellen

Geboren am 15. September 1962 in Troisdorf, verheiratet, drei volljährige Kinder, 1981 Abitur, 1981 Eintritt in die Junge Union und in die CDU, 1981–1986 Studium der Rechtswissenschaften an der Rheinischen Friedrich-Wilhelms-Universität Bonn, 1986–1992 Mitglied des Landesvorstandes der Jungen Union Nordrhein-Westfalen, 1988–1992 Referendariat, Abschluss: Zweites Staatsexamen, seit 1992 Richterin, seit 2002 Mitglied des Kreisvorstands der CDU Rhein-Sieg, seit 2005 Mitglied des Deutschen Bundestages, seit 2010 Kreisvorsitzende der CDU Rhein-Sieg, seit 2012 stellvertretende Landesvorsitzende der CDU Nordrhein-Westfalen.

Was war in Ihrer politischen Sozialisation wichtig?

Mein Elternhaus war CDU-orientiert. Mein Vater ist seit langem Mitglied; meine Mutter ist es später auch geworden. Insgesamt war meine Familie politisch interessiert, aber nicht immer ohne Konflikt, sondern auch geprägt davon, dass meine älteste Schwester zeitweise sehr links ausgerichtet war. Ich selbst habe dann den Zugang zur Jungen Union gefunden, wobei auch die persönlichen Kontakte, die Freundschaften, die sich entwickelten, mit ausschlaggebend waren.

Wie würden Sie das Rollenverständnis in Ihrem Elternhaus beschreiben?

Es war ganz klassisch. Mein Vater war berufstätig: Lehrer – und später als Schulrat im Kirchendienst im Erzbistum Köln. Meine Mutter war Hausfrau mit fünf Töchtern. Ich war die vierte. Die Kirche, die Gemeinde St. Josef in Siegburg, war auch in der Freizeit ein wichtiger Lebensmittelpunkt.

Haben Religion, Glaube eine Rolle in der Erziehung gespielt?

Eindeutig.

---

[*] Das Interview führten Prof. Dr. Hanns Jürgen Küsters und Ina vom Hofe M.A. am 18.12.2012 in Sankt Augustin.

Was ist Ihr heutiges Verständnis von christlich-demokratischer Politik?

Ich finde es in dem folgenden Satz gut auf den Punkt gebracht: „Wir nehmen den Menschen, wie er geht und steht." Es geht nicht darum, etwas schönzufärben oder so auszurichten, wie man es gerne hätte, sondern einfach jeden so zu nehmen, wie er ist, mit seinem Geltungsanspruch, seiner Würde, seinem Anspruch auf gleiche Teilhabe und Respekt. Das ist für mich der Ausgangspunkt von Politik. Das sind die Menschen, für die ich Politik machen will, sprich Regeln aufstellen, Verteilungsfragen lösen, so dass sie gerecht sind und jeden mit in den Blick nehmen.

Wie sich das in den einzelnen Sachfragen auswirkt, darüber kann man diskutieren und streiten. Ich bin der Auffassung, dass man die klassischen Fragen auch immer wieder neu beantworten muss, so zum Beispiel die Rolle der Frau oder die Aufgabenverteilung in der Familie.

Als Sie mit 19 Jahren in die CDU eingetreten sind, hat das „C" dabei eine Rolle gespielt oder war die Abgrenzung zur linksorientierten Schwester ausschlaggebend?

Bei der CDU hat das Gesamtpaket für mich gestimmt. Des Weiteren war es ganz konkret die Siegburger Politik, die Junge Union, die sehr ernst genommen wurde in der CDU. Mich hat die Erfahrung geprägt, dass von uns erarbeitete Konzepte auch Chancen hatten, angenommen und umgesetzt zu werden. Das war sehr motivierend.

Gab es einen konkreten Anlass für Ihren Parteieintritt?

Ganz konkret war die Planung der Stadt für mich wichtig. Wir hatten damals eine neue Fußgängerzone und man konnte bei uns wirklich überlegen: Wo kommen jetzt Kinderspielplätze hin? Wo werden Bäume gepflanzt? Wie viel Geld ist uns das Schwimmbad wert? Welche Tarife oder welche Struktur setzen wir fest? Das waren die Dinge, die mich zur Politik gebracht haben. Die theoretischen Überlegungen dazu – wie verhält sich unser Grundsatzprogramm zu dem anderer Parteien – kamen erst später. Aber ich fand es immer in Ordnung und war zufrieden mit dem, was ich von der Grundsatzprogrammatik kennen gelernt habe. Von daher hat es keinen Konflikt gegeben, sondern meine vorher vielleicht aus anderen Gründen getroffene Entscheidung immer bestätigt.

Die 1970er Jahre waren sozialliberal geprägt. Da waren christdemokratische, konservative Ansichten entweder sehr stark katholisch-religiös oder aus der Jugendarbeit in der Kirche geprägt?

Das stimmt. Aber die SPD hätte mich emotional niemals angesprochen, damals wie heute nicht. Themen, die für mich auch im Rückblick sehr kritisch gewesen wären, wie z. B. Frauenpolitik, standen in den konkreten Diskussionsthemen, um die ich mich damals gekümmert habe, nicht im Mittelpunkt. Das war vielleicht für mich das Glück. Wenn es damals vor allem schon um Familienpolitik gegangen wäre, weiß ich nicht, ob es mich nicht doch von der CDU abgeschreckt hätte.

Sie haben mit Ihrer beruflichen Tätigkeit als Richterin einen ziemlich vielfältigen Eindruck in die Gesellschaft. Inwieweit war das für Ihre politische Tätigkeit von Bedeutung?

Für meine weitere politische Tätigkeit hat es eine Rolle gespielt. Als Zivilrichterin lernt man in der Tat sehr viel an Lebenssachverhalten, auch wirtschaftliche Zusammenhänge kennen. Das hat mir einige Erkenntnisse für das politische Engagement gebracht. In meiner Zeit als Familienrichterin wurde ich damit konfrontiert, dass es nicht nur die heile Welt gibt, sondern dass die Realität von Familien oft anders aussieht. Ich habe sehr viel über die Situation von Alleinerziehenden oder von Familien, die mit deutlich weniger Geld auskommen müssen, gelernt. Auch die Erziehungsproblematik, Erziehungskompetenz war ein Thema. Also all die Werte, die vielleicht im Familienverständnis gerade einer konservativen Partei hochgehalten werden, sind nicht unbedingt in dem Maße Realität, wie man sich das schön denken will. Das war für mich natürlich ein Blick in Lebensverhältnisse, den ich sonst in meinem Umfeld nicht unbedingt hatte. Das Schöne daran aber für meine politische Arbeit ist vor allem, dass ich das auch sehr glaubwürdig und glaubhaft Kollegen erklären kann. Wenn diese von einer Sozialdemokratin hören, Alleinerziehenden geht es schlecht, sie können nichts dafür, sie brauchen dies und jenes, dann wird das viel leichter abgetan. Wenn ich das aus meiner Position heraus erklären kann, dann ist die Chance größer, dass der Kollege es nachvollzieht und die Argumente auch gehört werden.

Wie kam es, dass Sie in der Frauen Union nicht aktiv geworden sind? Ist Ihre politische Heimat die Junge Union?

Ja. In der Jungen Union habe ich mein „höchstes Amt" erreicht. Dort war ich sechs Jahre im Landesvorstand. Die Frauen Union, so wie sie sich damals präsentiert hat, hat mich einfach nicht interessiert. Ich wollte mitgestalten und mich nicht auf die Themen reduzieren lassen, die der Frauenvereinigung klassischerweise vorbehalten waren. So sehr ich deren Arbeit, gerade im ganzen sozialen Bereich wertschätze, hätte ich mich nicht darauf einlassen wollen. Ich wollte die Stadt mitgestalten.

Haben Sie selber Erfahrungen mit der Quote gemacht?

Ja, einmal, und zwar bei der Listenaufstellung für meine erste Bundestagskandidatur 2005. Ich habe mich gewundert, dass ich vor vielen etablierten und langjährigen Abgeordneten auf der Liste platziert wurde. Der Grund war das Quorum; mindestens jeder dritte Platz wurde mit einer Frau, die direkt kandidiert, besetzt. Aber bei dem vorherigen und wichtigeren Schritt, nämlich bei der Nominierung, hatte ich nicht den Eindruck, dass das Geschlecht ein Vorteil war.

2005 sind Sie in den Deutschen Bundestag eingezogen. Sie haben drei Kinder. Wie organisiert man den Alltag, wenn man politisch aktiv ist und noch eine Familie hat?

Das war schon nicht einfach. Ich musste mich von meinen häuslichen Aufgaben „freikaufen" und habe eine Haushälterin eingestellt. Aber meine Kinder waren nicht mehr ganz klein. Die jüngste war elfeinhalb. Die Haushälterin kam gut mit den Kindern und die Kinder mit ihr zurecht. Sie hat den ganzen Haushalt übernommen und war für die Kinder als Ansprechpartnerin mittags da. Mein Mann kam abends. Ich hatte die ganze Zeit davor meine Berufstätigkeit auf eine halbe Stelle reduziert, war aber zu dem Zeitpunkt auch dabei, meine Stelle wieder aufzustocken. Ich habe also vorher meine beruflichen Ambitionen zurückgestellt, um das mit der Familie zu vereinbaren. Es war für die Beteiligten in Ordnung, dass es dann 2005 anders herum war und mein Mann mehr Aufgaben für die Familie übernommen hat. Aber es war trotzdem auch für die Kinder sicherlich eine Umstellung, dass ich immer wochenweise weg bin. Zu Kindergeburtstagen bin ich in der Sitzungswoche nach Hause geflogen und am nächsten Tag wieder hin. Besondere Gelegenheiten habe ich also wahrgenommen. Aber ich habe beispielsweise kaum Reisen, die sonst eigentlich üblicherweise zur politischen Tätigkeit dazugehören, gemacht. Alle zusätzlichen Abwesenheitszeiten habe ich, so gut es ging, reduziert.

Hat irgendeine Figur in der CDU Sie besonders beeindruckt?

Drei Personen, die für mich für ein positives CDU-Bild stehen, sind Rita Süssmuth, Heiner Geißler und Norbert Blüm.

Was ist Ihr Machtverständnis?

Keine Angst vor Macht.

Sind Sie machtbewusst?

Meine Macht ist begrenzt.

Hat nicht jeder Macht in seinem Bereich?

Ich habe kein Problem damit, Macht, soweit ich sie habe, auszuüben und bin mit mir im Reinen, das sehr sachorientiert zu machen, um Dinge zu ändern. Den persönlichen Effekt, dass es auch Spaß macht, Macht auszuüben oder zu gestalten, würde ich nicht negieren, aber er steht mit Sicherheit nicht im Vordergrund.

Ich erlebe, dass viele sehr kompetente Leute trotzdem nicht Zugang zu noch größerer Macht bekommen und dass es manchmal von ganz anderen Dingen abhängt. So gesehen gehe ich das mit einer gewissen Gelassenheit an. Ich würde es immer nehmen, wie es kommt. Ich würde mich durchaus bemühen, aber nicht besonders verbissen darum kämpfen.

Haben Sie den Eindruck, dass es ein unterschiedliches Machtverständnis zwischen Männern und Frauen gibt?

Ja.

Können Sie das konkretisieren?

Für Männer ist es in der Regel wichtig, eine Position zu haben. Das ist ein wichtiges Ziel, und dem wird alles untergeordnet. Gedanken wie „Ich muss zum Kindergeburtstag zu Hause sein" haben eine geringere Bedeutung. Männer empfinden es in der Regel als normal, dass ihnen zu Hause der Rücken freigehalten wird. Sie haben damit eine ganz andere Lebenssituation, die sie als selbstverständlich voraussetzen. Im Vergleich dazu sind Frauen zurückhaltender.

Unterstützen sich Frauen gegenseitig?

Es gibt beides, sowohl die Unterstützung als auch das Gegeneinander. Es gibt einige Kolleginnen, die sich unterstützen, aber man kann nicht automatisch eine Solidarität aller Frauen erwarten, weil auch nicht alle Frauen immer gleich denken.

Für eine zunehmende gegenseitige Unterstützung sind Frauenthemen prädestiniert. Gerade bei solchen Themen ist das immer mal möglich, aber es wird nicht in die Alltagspolitik eingehen. Bei der Berliner Erklärung zur Quote von Frauen in Führungspositionen sieht man zum Beispiel auch, dass nicht alle mitgemacht haben.

Wenn Sie überlegen, wer Sie im Laufe Ihrer Karriere gefördert hat, würden Sie sagen, das waren eher Männer oder Frauen?

Wer soll das gewesen sein? Jemand, der mich wirklich gepusht oder gefördert hätte, gab es nicht.

Dann stellt sich die Frage: Wie erklären Sie sich, dass Sie in diese Position hineingekommen sind?

Nicht dadurch, dass mich jemand gezielt gefördert hätte. Es kam mir sicherlich zugute, dass die Nominierung 2005 sehr plötzlich erfolgen musste. Wenn die Nominierung – wie eigentlich vorgesehen – ein Jahr später gewesen wäre, dann weiß ich nicht, ob ich nominiert worden wäre. Es gab Stimmen aus meinem Heimatverband, aus Siegburg, von Leuten an der Basis, die meine Kandidatur sehr befürworteten, und ich muss sagen, ich habe mich nicht lange bitten lassen, sondern gesagt: „Okay, ich kann das ja mal versuchen. Etwas einzubringen hätte ich."

Auf der einen Seite gab es die verbandsinterne Konstellation. Gab es auf der anderen Seite vielleicht auch noch einen anderen Faktor, dass man mittlerweile eher geneigt ist, einer Frau eine Chance zu geben, wo man früher auf Männer zurückgegriffen hätte?

Es hat sicherlich ein Umdenken stattgefunden. Das Bild von Politikern war gerade in unseren Kreisen ganz klar männlich geprägt. Wahrscheinlich haben auch die Essener Leitsätze ein bisschen nachgewirkt, die für mich wichtig waren. Aber ich kann ausschließen, dass ich gerade deshalb nominiert worden bin, weil ich eine Frau bin. Ich konnte immerhin sagen, ich habe zwei ziemlich gute

Examina, die zum Richteramt befähigten, 13 Jahre Berufserfahrung plus drei Kinder. Trotzdem wurde mir auch immer die Frage gestellt: „Wie wollen Sie das denn vereinbaren?" Meine beiden männlichen Konkurrenten hatten genau wie ich auch Kinder, allerdings wurden sie nicht nach der Vereinbarkeit gefragt.

Würden Sie sagen, dass es einen Unterschied in der Öffentlichkeit, insbesondere in den Medien, im Umgang mit Politikerinnen und Politikern gibt?

Ja. Wenn man Reportagen über Frauen hat, enthalten diese oft deutlich mehr Beschreibungen über ihr Äußeres. Der private Hintergrund interessiert einfach mehr. Wie hat sie das geschafft? Bei einem Mann wird der normale Background sozusagen vorausgesetzt.

Kann man mit den weiblichen Attributen Macht oder politischen Einfluss ausüben?

Inwiefern?

Das Erscheinungsbild von Frauen wirkt auch auf eine männerbezogene Welt. Wenn Frauen politisch etwas erreichen wollen, meinen Sie, dass es ein wichtiger Faktor ist, was ich anhabe oder nicht anhabe?

Wahrscheinlich spielt es schon eine Rolle, alles andere wäre unrealistisch. Alle Zwischentöne der menschlichen Kommunikation sind von Bedeutung. Kommunikation ist eine der wichtigsten Eigenschaften. Das läuft in der Fraktion auch nicht anders als in jedem anderen Verein. Mit einer sympathischen Ausdrucksweise – das gilt genauso für Männer und Frauen – erreicht man mehr, als wenn man sehr schroff daherkommt.

Gerade bei Frauenthemen oder gesellschaftspolitischen Themen kann man aufgrund der eigenen Erfahrung heraus anders argumentieren. Man kann für sich eine Glaubhaftigkeit in Anspruch nehmen, wenn man bestimmte Zusammenhänge schildert. Wenn man das nicht aggressiv verpackt, hat man auch Chancen, eine Aussage gut zu platzieren.

Als Frau ist die Bandbreite sicherlich größer. Ansonsten aber gilt das, was in jeder Kommunikation auch gilt: Wo es eine sympathiegetragene Basis gibt, ist man immer bereit, besser zuzuhören. Aber es ist nicht geschlechtsspezifisch.

Welche Prinzipien und Grundsätzen prägen Ihr politisches Handeln?

Das ist schwierig zu beurteilen und das sollten vielleicht eher Leute tun, die mich von außen betrachten. Mein Anspruch ist immer: dort wo meine Unterschrift drunter steht, ist auch meine Meinung enthalten. Da mache ich mir sehr viel Mühe, z. B. bei Bürgerzuschriften und Antworten. Ich gebe mich sehr selten mit Standardantworten zufrieden. Ich bin durchaus bereit zu Kompromissen, aber bringe schon zu Beginn immer meine Meinung ein und habe den Anspruch, rational an die Dinge heranzugehen. Aber ich bin auch nicht frei von Emotionen. Die Kraft der Argumente ist für mich immer wichtig und bei manchen Punkten, die mir wichtig sind, bin ich bereit, gegen den Strom zu schwimmen.

Mussten Sie mal eine Entscheidung fällen, die Sie mit Ihrem Gewissen nicht vereinbaren konnten?

Ich habe mich bei der Abstimmung zum Betreuungsgeld im Parlament enthalten. In der Fraktion habe ich dagegen gestimmt, aber in der namentlichen Abstimmung war mir die Hürde, mit der Opposition zu stimmen, zu hoch.

Bei der Frage der steuerlichen Gleichstellung von gleichgeschlechtlichen Lebenspartnerschaften bin ich auch anderer Meinung als meine Fraktion. Aber das ist nicht meine „Mission", für die ich in die Politik gegangen bin. Allerdings ist es ein Thema, bei dem ich mich aus einer rationalen Überlegung heraus festgelegt habe. So wie es jetzt ist, passen Rechte und Pflichten einfach nicht zueinander, das ist völlig inkonsistent.

Ein anderes Thema war einmal – das war aber keine namentliche, nur offene Abstimmung im Plenum – die Verwendung von Diamorphinen in der Behandlung von Drogenabhängigen.

Das Thema Fluglärm hat im Rheinland eine große Bedeutung; da setze ich mit für eine bessere Berücksichtigung der gesundheitlichen Risiken und Belastungen der Betroffenen gegenüber den wirtschaftlichen Interessen ein.

Man kann sicher an all diesen Punkten durchweg sehen, dass es keine Positionen sind, mit denen man sich in der Fraktion beliebt macht. Mir ist auch klar, dass man das nicht übertreiben darf.

Es ist fast der Regelfall, dass in jedem Gesetz ein Punkt ist, den man gerne anders regeln würde. Aber in der großen Linie hatte ich ansonsten das Glück, dass mich die Fraktionsmeinung überzeugt hat. Ich bin nicht umsonst in dieser Fraktion, sondern halte die Ergebnisse, zu denen wir kommen, auch in der Regel für die richtigen Entscheidungen.

Was ist Ihr bisher größter Erfolg gewesen?

Was gesellschaftspolitisch die größte Auswirkung hatte, war sicherlich die Kombination Elterngeld und Betreuungsausbau U3. Da gab es in der Fraktion viele Probleme, sich damit anzufreunden. Da wurde immer gesagt: „Wechseln wir jetzt komplett unsere Familienpolitik aus?" Es gab Kollegen von der Schwäbischen Alb, die sagten: „Das kommt bei mir zu Hause überhaupt nicht an, weder bei den Männern noch bei Frauen, wieso sollen wir das eigentlich machen?" Aus meiner beruflichen Erfahrung heraus konnte ich dann erklären, wie die Realität außerhalb der Schwäbischen Alb aussieht und dass wir wirklich zu einem Paradigmenwechsel kommen müssen. Genau in dem Zusammenhang habe ich als hilfreich erlebt, sagen zu können, was mein Hintergrund und meine berufliche Lebenserfahrung ist.

Was sind Enttäuschungen oder Niederlagen, die Sie erfahren haben?

Einmal habe ich ohne Erfolg um eine Sprecherposition kandidiert. Das ist sicherlich eine Niederlage. Inhaltlich sind alle diese Punkte, bei denen ich mich anders entschieden habe als meine Fraktion, und sie nicht die Mehrheit gefunden haben, zu nennen.

Haben Sie darüber nachgedacht, aus der Politik oder aus der CDU auszusteigen?

Wenn sich Themen häufen, bei denen ich anderer Meinung als die Mehrheit der Fraktion bin – was phasenweise schon mal vorkommt –, dann frage ich mich durchaus, bist du eigentlich in der richtigen Partei? Ich wurde auch kürzlich von einem Journalisten gefragt, ob ich in der richtigen Partei sei. Aber wenn ich an die Alternativen denke, dann frage ich mich, bei wem ich mich denn besser aufgehoben fühlen würde. Dazu fällt mir wenig ein. Ich sehe einfach, wie kompetent, wie geerdet, wie vernünftig und sympathisch viele Kollegen sind, und deshalb fühle ich mich in dem Kreis meiner Fraktion auf jeden Fall gut aufgehoben.

Was würden Sie jungen Frauen mit auf den Weg geben wollen, die in die Politik gehen möchten?

Dass sie sehr mutig gehen und sich auf keinen Fall einreden lassen sollen, dass die anderen besser sind: Überall wird nur mit Wasser gekocht. Jeder, der mit Engagement, wachem Geist, guten social skills und allem, was dazu gehört, in die Politik geht, hat dort seine Daseinsberechtigung und auch Erfolgsaussichten. Ich ermutige immer dazu, nicht das Licht unter den Scheffel zu stellen. Dazu neigen Frauen nach wie vor. Da sage ich dann: „Das hast du überhaupt nicht nötig."

Andrea Milz

Das Leben ist schön

Geboren am 11. April 1963 in Bonn, 1979–1981 Ausbildung zur Fremdsprachenkorrespondentin an der höheren Handelsschule, 1981 Eintritt in die CDU, 1981–1990 Sekretärin und Sachbearbeiterin im Bereich der Dokumentation in der CDU-Bundesgeschäftsstelle, 1989–2004 Mitglied des Stadtrates Königswinter, 1989–2002 Geschäftsführerin und Pressesprecherin der CDU-Fraktion, 1990–1995 Sachbearbeiterin im Bereich der Dokumentation in der Pressestelle im Bundesministerium für Post und Telekommunikation, 1994–1999 stellvertretende CDU-Fraktionsvorsitzende im Stadtrat Königswinter, 1995–2000 Referentin und kommissarische Abteilungsleiterin in der Abteilung Politik bei der Deutschen Post AG, 1996–2006 Vorsitzende der kommunalpolitischen Vereinigung der CDU des Rhein-Sieg-Kreises, 1996–2000 jugendpolitische Sprecherin der CDU-Kreistagsfraktion im Rhein-Sieg-Kreis, seit 2000 Mitglied des Landtages von Nordrhein-Westfalen, seit 2003 Vorsitzende des Stadtverbandes der CDU Königswinter, seit 2010 stellvertretende Fraktionsvorsitzende der CDU Landtagsfraktion Nordrhein-Westfalen.

„Wir haben doch schon eine Frau"

Das bekam ich zu hören, als ich 1989 erstmals für den Stadtrat Königswinter kandidieren wollte. Dass es schon eine Frau im Stadtrat gab – sie war die Sekretärin des damaligen Landtagsabgeordneten – war mir durchaus bewusst. Unbeirrt davon, ob und warum eine weitere Stadträtin hinderlich sein sollte, steuerte ich auf meine erste Kampfkandidatur gegen einen jungen Handwerksmeister zu. Am Tag der Wahl wurde meine Mutter CDU-Mitglied und ich gewann die Abstimmung mit zwei Stimmen Vorsprung. Als Wahlkreis bekam ich dann denjenigen, den sonst keiner wollte. Einige Kollegen gaben unumwunden zu, dass sie „dort" nie antreten würden, weil ihnen die Menschen so fremd seien. Es handelte sich um die höchsten Wohnhäuser der Stadt Königswinter im Ortsteil Dollendorf, deren Wohnungen durch die örtliche Wohnungsbaugesellschaft belegt wurden. Wie lernt man Leute kennen, die ihrerseits eher nicht am gesellschaftlichen Leben teilnehmen? Man geht zu ihnen hin. Und so begann ich an jeder Haustür zu klingeln, um mich vorzustellen. Von Ablehnung bis Zustimmung – ich erlebte alle Schattierungen. Einige Kontakte von damals bestehen heute noch und sind sehr wertvoll. Den Wahlkreis gewann ich dann tatsächlich mit einer Stimme Mehrheit!

15 Jahre lang habe ich in diesem Wahlkreis gearbeitet; bei der ersten Wiederwahl bekam ich 6,5 Prozent mehr Stimmen, nach 10 Jahren waren es 13 Prozent mehr. Die Menschen dort wurden mir so vertraut wie meine Nachbarn, und wir haben einiges gemeinsam erreicht in diesen Jahren: Obwohl im Wohnpark 120 Kinder unter 18 Jahren aus allen Nationen wohnten, gab es weder einen Spielplatz, noch einen Kindergarten. Für den Spielplatz wurde schnell eine geeignete Fläche gefunden. Einmal auf die Idee gebracht, haben sich die Leute mit mehr oder weniger Einsatz beteiligt, um für ihre Jugendlichen etwas zu schaffen; örtliche Handwerker waren behilflich, sobald sie angesprochen wurden. Eine positive Erfahrung für mich und die Akteure! Derart beflügelt, wurde auch der Wunsch nach einem Platz für kleine Kinder und Mütter, der möglichst zentral und gut sichtbar gelegen sein sollte, angepackt: Heute gibt es im Innenkreis der Wohnanlage diesen Platz mit Sandkasten und Kleinspielgeräten. Einige Jahre später ging dann noch die Bastelstube an den Start. Im Keller des gegenüber liegenden Hauses für Aussiedler räumte die Wohnungsbaugesellschaft Räume frei, damit sich dort Kinder und Jugendliche zum Basteln, Kicker spielen und Chillen treffen konnten; organisiert wurde das Ganze wiederum von den Nachbarn, die in den Sommerferien auch noch Ausflüge organisierten, für die wir Spenden sammelten. Nie vergessen werde ich den Bazar zur Weihnachtszeit mit köstlichen selbst gebackenen Plätzchen und gebastelten Adventskränzen!

Größte Herausforderung war die Gründung des Kindergartens Schneckenhaus. In der Stadt Königswinter gibt es keine städtischen, sondern konfessionelle und freie Kindergärten, die mit viel Einsatz betrieben werden! Niemand hat anfangs für möglich gehalten, dass sich sieben Eltern im Wohnpark finden würden, die einen Verein und eine Elterninitiative gründen, um dem Ziel einer wohnortnahen Kita näher zu kommen. Als das dann nach intensiven Beratungen des damals noch zuständigen Kreisjugendamtes doch gelang, wurde eine Wohnung zur Verfügung gestellt, in der sich die inzwischen deutlich gewachsene Einrichtung noch heute befindet und schon Jubiläum gefeiert hat! Gerne gehe ich weiter dort hin, z. B. zum Vorlesetag oder zu Festen.

Meine politische Sozialisation

Mein politisches Interesse wurde bereits durch den Politikunterricht in der Schule geweckt. Wir sprachen über Menschenrechtsverletzungen in aller Welt und was man als Einzelner dagegen tun kann (Amnesty International [AI] etc.). Mit Hilfe des Lehrers haben wir uns per Brief an Vertreter der Bundesregierung an Aktionen von AI beteiligt, um z. B. Freiheit für politische Gefangene zu erkämpfen oder die Situation in Gefängnissen zu verbessern. Meine Motivation war sehr hoch, insbesondere weil diese Schicksale mit Gesichtern verbunden waren.

Mit 18 Jahren (1981) arbeitete ich in den Ferien in der damals noch in Bad Honnef befindlichen Marmeladenfabrik Brassel. Da die Mittagspausen sehr verregnet waren, saß ich mit den anderen Ferienkräften zusammen, die genau wie ich ihr Taschengeld aufbessern wollten. Einige von ihnen waren Mitglieder der Jungen Union. Dies hatte zur Folge, dass man um das eine oder andere politische Thema nicht umher kam. Ich war neugierig und wollte mitreden. So fing ich an, mir über meine eigenen Standpunkte Gedanken zu machen. Mal war ich für, mal gegen etwas, manchmal hatte ich überhaupt keine Meinung – es kam immer auf das Thema und auf meinen diesbezüglichen Informationsstand an. Irgendwann in dieser Phase besorgte ich mir die Grundsatzprogramme der Parteien. Ich verglich sie und stellte fest, dass die CDU zu etwa 70 Prozent passte. Das war für mich genug, um im Herbst 1981 in die Partei einzutreten. Wichtig war mir die Grundrichtung: Werte verbunden mit Innovation. Schnell übernahm ich neue Aufgaben in der CDU: Mitglied des Stadtverbandsvorstandes, Pressesprecherin, Leiterin des Teams für die Kommunalwahlen. Alle diese Tätigkeiten standen mir ohne Probleme offen – sie waren ja auch noch nicht mit wirklichem Einfluss verbunden.

Ochsentour oder Seiteneinstieg

Dieser Weg in die Politik wird oft mit „Ochsentour" bezeichnet, und man kann die Frage stellen, ob nicht ein Seiteneinstieg besser ist. Ich glaube, dass man mit 18 Jahren diesen Weg automatisch geht, weil das Kennenlernen der Parteimitglieder über die Jahre gesehen sehr umfassend möglich ist; die Netzwerke bilden sich da fast von selbst, wenn man überall dabei ist und keine persönlichen Auszeiten nimmt. Man empfindet es auch nicht als mühsam, es macht schließlich Spaß, mitreden und gestalten zu können! Und wie aufregend ist das, wenn man plötzlich im Wahlkampf einem Minister die Hand schüttelt, und am nächsten Tag ein Foto in der Zeitung ist. Keines dieser Jahre, keines dieser Ämter möchte ich missen. Der Quereinsteiger ist nicht 18 Jahre alt, sondern hat durch Beruf oder andere Lebenserfahrungen seinen Weg zur Politik gefunden; wenn sie oder er dann auf die etablierten Netzwerke stößt, gibt es manche Hürden und Fettnäpfchen. Andererseits bringen die Neulinge einen Blick von außen auf die Partei mit, der oft hilfreich ist, um den Boden nicht zu verlieren; sie wissen sehr gut, wie Menschen außerhalb der Politik Dinge einschätzen und kommentieren. Fügen sich beide, die alten Hasen und die Frischlinge, zu einer Truppe zusammen, gewinnen beide Seiten.

In meinem Elternhaus gab es keine Bezüge zur Politik. Sowohl meine Mutter als auch mein Vater waren von meinem Interesse für Politik sowie von meinem Parteieintritt relativ unbeeindruckt. Keiner hatte etwas dagegen, meiner Familie war jedes Engagement willkommen. Hier herrschte ansonsten die klassische

Rollenteilung: Vater arbeitete auf dem LKW, Mutter war Hausfrau und versorgte die zwei Kinder. Das war übrigens nicht nur bei meinen Eltern so, sondern in der gesamten Verwandtschaft. Was die Erziehung angeht, so wurden mein Bruder und ich völlig gleich behandelt. Jeder hatte seine Hobbies, die frei gewählt wurden. Niemand redete uns ein, dass Politik besser ist als Sport oder der Mannschaftsgeist wichtiger als ein Einzelerfolg. Es gab keine ideologischen Einschränkungen. Lediglich finanzielle Grenzen waren vorhanden – bedingt durch ein relativ geringes Elterneinkommen. Mein Taschengeld – wöchentlich vier Mark – bekam ich erst ab dem 16. Lebensjahr. Da ich schon damals gerne strickte, konnte ich mir Kleidung selbst machen. Ein Nähkurs bei der Volkshochschule ergänzte das Ganze. Als dann von einer Firma Strickaufträge ausgeschrieben wurden, habe ich mich beworben und Modelle gearbeitet. So konnte ich dann meine erste Armbanduhr selbst finanzieren, ohne das Budget der Eltern zu belasten.

Als ich dann mit 17 Jahren das erste Mal alleine verreisen wollte (Familienurlaube gab es zwar, aber nur mit dem Fahrrad in die nähere Umgebung als Tagestouren, da ein Auto nicht vorhanden war), sollte es gleich Malaysia sein. Natürlich keine Pauschalreise mit Koffer, sondern ein Abenteuer mit dem Rucksack. Das in der Marmeladenfabrik verdiente Geld machte es möglich. Während ich der Reise entgegenfieberte, stand das ganze Dorf Kopf. Überraschenderweise waren nur meine Eltern fest davon überzeugt, dass ich natürlich gesund – und inzwischen dann 18 Jahre alt – nach Hause kommen würde. So haben wir es bis zu Vaters Tod gehalten: Ich schaue mir die Welt an, meine Eltern warten auf mich am Flughafen!

Der Eintritt in das Berufsleben

Nach meiner ersten Reise ging es abenteuerlich weiter – nämlich mit dem Eintritt in den Beruf. Als Sekretärin in der Abteilung Innenpolitik der CDU Bundesgeschäftsstelle in Bonn startete ich im Herbst 1981 in die „richtige" politische Welt: Deutschland stand noch vor der Regierungsübernahme durch Helmut Kohl, so dass ich ein spannendes Jahr bis zu seiner Kanzlerschaft als Nachwuchskraft erleben konnte. Nicht nur tagsüber im Konrad-Adenauer-Haus, sondern auch abends an den Stammtischen der Partei ging es hochpolitisch zu!

Trotz Abenteuerreisen – die ich heute noch mache – und der Berufstätigkeit hätte ich die ehrenamtliche politische Arbeit nicht missen wollen: Zur Vorbereitung auf die Kommunalwahl besuchte ich die vier Seminare der KAS zum Thema Kommunalpolitik. Hierfür habe ich Bildungs- und privaten Urlaub investiert. Aus heutiger Sicht wünschte ich mir, dass dies viel mehr Einsteiger tun würden. Denn von diesen Grundlagen profitiert man lebenslänglich. Dies gilt auch für Rhetorik-Kurse etc. Ich persönlich hätte sonst nie gewusst bzw.

gelernt, wie wichtig Hausbesuche für einen Politiker sind – übrigens auch für Landtags- oder Bundestagskandidaten. An den Haustüren trifft man Menschen, die nie an einem Informationsstand stehenbleiben oder zu einer Versammlung kommen würden. Noch heute als Mitglied des Landtages gehe ich von Tür zu Tür. Und das mache ich wirklich gerne. Früher konnte ich den gesamten kommunalen Wahlkreis – also jede Haustür – schaffen, heute muss ich mich auf 3.000 bis 4.000 Haushalte beschränken, je nachdem wie viel Zeit bleibt. Auch wenn die Möglichkeiten der neuen Medien immer größer werden (ohne sie wäre der Politikalltag kaum mehr vorstellbar!): Kein Brief, keine E-Mail und keine Internetseite ersetzen das persönliche Gespräch mit den Menschen.

Im Laufe der Zeit wurde ich erfahrener, sicherer und übernahm neue Aufgaben. So geht es vermutlich den meisten Menschen, die ein Interesse für etwas entwickeln: Ein Sportler trainiert aus Spaß an der Sache und verbessert damit die Chancen auf einen Erfolg. Ich hingegen nehme mit großer Freude (und vermutlich mit ähnlicher Ausdauer wie der Sportler) an verschiedensten Sitzungen politischer Gremien teil. Relativ schnell übernahm ich die Geschäftsführung der CDU-Fraktion Königswinter und gleichzeitig das Amt der Pressesprecherin. Die Protokolle schrieb ich mit einem Laptop auf dem Tisch und dem Strickzeug in der Hand, Mund auf zum Reden – wo ist das Problem? So haben mich die Leute als 26-Jährige kennengelernt und sich daran gewöhnt, dass es auch anders als klassisch geht. Im Jahr 1994 wurde ich stellvertretende Fraktionsvorsitzende in Königswinter, kurze Zeit später als sachkundige Bürgerin Sprecherin der CDU-Fraktion im Jugendausschuss des Rhein-Sieg-Kreises. Später – 1996 – wurde ich zur Vorsitzenden der Kommunalpolitischen Vereinigung (KPV) des Rhein-Sieg-Kreis gewählt. Natürlich habe ich auch mal für Positionen kandidiert, die ich dann nicht bekommen habe. Egal! Heute weiß ich, dass keine dieser Positionen zu mir gepasst hätte und es gut so war, dass ich nicht gewählt wurde. Auch habe ich mich nie der Hilfe der Frauen Union bedient; mein Verhältnis zu dieser Vereinigung war stets neutral.

Alle Politikfelder sind für Frauen relevant

Das heißt nicht, dass mich sogenannt Frauenthemen nicht interessiert hätten; alle Politikfelder sind für Frauen relevant. Kommunal kam ich erstmals mit einem Frauenzentrum in Berührung, welches von Bad Honnef aus auch Frauen aus Königswinter betreut sowie weitere Gemeinden in der Umgebung. Ich konnte mir erst gar nicht vorstellen, was „Essstörungen" sind oder warum Frauen nur von Frauen beraten werden wollen; im Laufe der Zeit habe ich die Arbeit schätzen gelernt und musste feststellen, dass es bei den kommunalen Haushaltsberatungen gar nicht leicht war, Gelder für die Einrichtung zu bekommen. Die Überzahl der männlichen Ratskollegen war der Meinung, wenn auch oft unausgesprochen vor meinen Ohren, dass man „sowas" doch nicht braucht. Hier hat sich ein Wandel vollzogen, nicht zuletzt durch die wachsende Zahl weiblicher Ratsmitglieder, und Sinn und Zweck von Frauenberatungsstellen oder Frauenhäusern werden nicht mehr infrage gestellt. Gleiches gilt auch für die Betreuung von Kindern unter drei Jahren in Tageseinrichtungen oder die Übermittagbetreuung. Noch vor 15 Jahren – ich werde es nie vergessen – sagte ein Ratskollege:„Wenn die Frauen daheim bleiben würden, bräuchte man das alles nicht." Inzwischen haben diese Ratsherren erwachsene Töchter und Enkel und erkennen, warum man das braucht; die Ratsfrauen haben viel dazu beigetragen, in den Räten den Boden für Investitionen und Akzeptanz der Ganztagsbetreuung und der Kleinkindbetreuung zu schaffen.

Neben den Ehrenämtern, die ich innehatte, war ich stets in Vollzeit berufstätig: zunächst als Sekretärin in der Bundesgeschäftsstelle der CDU, später als Sachbearbeiterin für die Informationsdatenbank der CDU – etwas ganz Neues und Innovatives Mitte der 1980er Jahre. Im Jahr 1991 stellte ich mich einer neuen Herausforderung im Bundespostministerium. In der Abteilung Öffentlichkeitsarbeit betreute ich die Fachdatenbank für Post und Telekommunikation. Später folgte ein Wechsel zur Deutschen Post Postdienst, noch später zur Deutschen Post AG. Dort arbeitete ich als Referentin in der Abteilung Unternehmensverbindungen und leitete diese Abteilung anschließend kommissarisch bis zum Ausscheiden aus dem Unternehmen, welcher durch meinen Einzug in den Landtag im Jahr 2000 erfolgte.

Vor- und Nachteile eines politischen Lebens

Wenn man sich politisch engagiert oder gar den Weg des Berufspolitikers einschlägt, gibt es viele Vor- und Nachteile: Man lernt unheimlich viele interessante Menschen samt ihren Schicksalen kennen und kann auf bestimmte Dinge aktiv Einfluss nehmen, etwas bewegen oder verändern. Das ist nicht nur erfüllend, sondern auch wahnsinnig motivierend. Wer kennt das nicht? Erreicht man etwas und bekommt möglicherweise (sagen wir mal im Idealfall) Lob, Anerkennung und Zuspruch, packt man am liebsten direkt weitere, bevorstehende Aufgaben an. Es ergeben sich zahlreiche Möglichkeiten, zu helfen und Lösungen für Probleme zu finden. Nach 30 Jahren CDU kennt man einfach die richtigen Leute oder weiß, wen man fragen muss. Im Laufe einer politischen Karriere wächst auch das öffentliche Interesse – darunter Anerkennung, Bewunderung oder aber genau das Gegenteil. Und da wären wir auch schon bei den Nachteilen, die ein solches Leben mit sich bringt: Das dicke Fell, welches jeder, der in der Öffentlichkeit steht, braucht, wächst nicht ohne Schmerzen. Nicht jeder, der nett zu Dir ist, mag Dich. Nicht jeder ist uneigennützig nett und nicht jeder ist auch dann noch zu Dir nett, wenn es politisch mal nicht so gut läuft für Dich oder Deine Partei.

Die Suche nach dem richtigen Weg, wenn unterschiedliche Interessen erbittert vertreten werden, zerrt an den Nerven und kostet Kraft. Da bleiben blaue Flecken nicht aus. Negative Kritik ist seltsamerweise immer lauter als positive – ganz egal, wie das Endergebnis auch sein mag. Und dennoch ist Haltung bewahren in jeder Situation ein Muss. Als Frau soll man zudem auch noch immer prima aussehen … Und dann hat jede von uns ja auch noch ein Privatleben: Auch da fliegen mal die Fetzen – aber bitte nicht nach außen –, und nicht jeder Partner kann mit einer öffentlichen Frau umgehen. Neue Bekanntschaften unvoreingenommen zu beginnen, ist fast unmöglich: Man ist immer die Abgeordnete und irgendwie immer im Dienst. Was hilft? Sich selbst treu bleiben, egal was kommt.

Sich treu bleiben sollte man auch bei der Auswahl der Themen, mit denen man sich beschäftigt: Ich werde nie eine Schulpolitikerin sein, auch wenn viele Frauen gerade über dieses Thema den Einstieg in die Politik finden. Ich wollte nie eine Art „Ein-Thema-Politikerin" sein und habe mich lieber vielseitig interessiert: Im Rat standen nicht nur Kinder, Jugend, Familie und Soziales auf der Tagesordnung, sondern auch 15 Jahre Planungs- und Umweltausschuss. Die thematische Breite wurde im Aufsichtsrat der Wirtschaftsförderungs- und Wohnungsbaugesellschaft noch weiter gedehnt. Als ich im Jahr 2000 Mitglied des Landtages NRW wurde (nach erneuter CDU-interner Kampfkandidatur bei der Kandidatenkür gegen zwei Männer und eine Frau in der ersten Urwahl für den Landtag der CDU im Rhein-Sieg-Kreis), versuchte ich die Themenvielfalt beizubehalten. Heute blicke ich auf zehn Jahre Wirtschaftsausschuss sowie den Ausschuss für Kinder und Jugend zurück (beide 2000–2010) und auf fünf Jahre als Vorsitzende des Ausschusses für Generationen, Familie und Integration (2005–2010). Seit 2010 bin ich stellvertretende Fraktionsvorsitzende, wo ich die Ausschüsse Familie, Kinder, Jugend und Integration besetze und im Fraktionsvorstand die Bereiche Emanzipation, Integration, Sport und Europa betreue.

So perfekt die Vereinbarkeit von Hobby und Beruf auch klingen mag, rate ich jedem, nicht alles auf eine Karte zu setzen. Denn ganz egal welches Amt man gerade innehat, ob Pressesprecherin ehrenamtlich, ein Landtagsmandat oder den Fraktionsvorsitz, irgendwann – mal früher, mal später, mal geplant, mal nicht, – wird man aus seinem Amt ausscheiden. Ich bin daher sehr glücklich, dass es mir während der letzten sieben Jahre gelungen ist, neben meiner politischen Tätigkeit eine Trainerkarriere im Sport aufzubauen. Klingt vielleicht zunächst ungewöhnlich, aber ich bin Abgeordnete und zugleich erfolgreiche Fitnesstrainerin für Kraft-Ausdauer, Zumba-Fitness, Indoor-Cycling, Rehabilitations- und Präventionssport.

Diese Kombination sorgt sicher öfter für Verwunderung als die z. B. gängigere Kombination Abgeordneter und gleichzeitig Freiberufler im Büro, aber die Reaktionen in meinem Umfeld sind überwiegend positiv. Und das wichtigste: Ich fühle mich damit wohl! Ich verbinde gleich zwei Hobbies mit zwei Berufen und habe so immer ein zweites Standbein.

Natürlich kostet das zweite Standbein auch Zeit. Einerseits sagt jeder, „Du musst einen Plan-B haben, wenn es bei der Wahl mal nicht reicht" – wenn ich dann einen habe und deswegen einen Termin absagen muss, ist es auch wieder nicht Recht. Das Umfeld sagt immer zu allem etwas, was man tut. Da kann man bereits fünf Veranstaltungen am Wochenende besucht haben und bekommt dennoch zu hören „Wie, Du gehst jetzt zum Sport?" Mein Tipp: gar nicht hinhören, einfach zum Sport gehen! Mensch bleiben.

Die gläserne Decke noch nicht gespürt

Die Kraft, die daraus entsteht, reicht dann auch, um mit dem Kopf durch die gläserne Decke zu kommen, die man im frauenpolitischen Jargon des Öfteren vernimmt: Ich habe sie noch nicht gespürt. Wahrscheinlich habe ich sie mehrfach durchbrochen und es gar nicht gemerkt. Als ich bei der Kommunalwahl den ersten Listenplatz wollte, hat man mir geraten, doch mit einem der Plätze 1 bis 3 zufrieden zu sein. Meine Kandidatur für Platz 1 hat mir dann 11 Prozent an Nein-Stimmen eingebracht – na und? Seit 2003 bin ich Parteivorsitzende der CDU Königswinter.

Old-Boys-Network contra Sachlichkeit – so würde ich die Unterschiede von Männer und Frauen in drei Worten beschreiben. Jemand sagte mal zu mir: „Das klingt männerfeindlich", so ist es aber nicht (gemeint). Es ist vielmehr eine Feststellung als eine Wertung. Jahrhunderte alte Traditionen und Rollenmuster haben die Menschen nun mal geprägt. Die Folgen? Noch heute wollen die meisten Frauen geliebt und gebraucht werden, Männer gefürchtet und bewundert. Frauen haben nichts gegen Schriftführerpositionen mit Unterlagen auf den Knien, Männer nehmen sich den ganzen Tisch. Frauen wollen 100 Prozent geben und meinen, 120 Prozent wären noch besser; Männer wissen, dass Halbwissen in der Regel auch reicht. Wenn Frauen laut reden, sind sie hysterisch; bei Männern heißt das dynamisch.

Diese Unterschiede zwischen Männern und Frauen brechen langsam auf. Die Betonung liegt aber ganz klar auf langsam. Es wäre naiv zu glauben, dass wir innerhalb von einigen Jahren oder auch Jahrzehnten Verhaltensmuster beseitigen könnten, die um ein Vielfaches älter sind. Das schafft sicher keine Bundes- und auch keine Landesregierung.

Gut ist, dass diese von mir zugegebenermaßen relativ platt formulierten Unterschiede zwischen Frauen und Männern langsam aufbrechen. Erste Veränderungen zum Besseren sind aber spürbar und auch ganz deutlich greifbar: Frauen dürfen wählen, Frauen arbeiten, haben politische Ämter inne – und dabei oft ein schlechtes Gewissen. Immer scheint da jemand zu sein, der betreut und umsorgt sein will oder der auch beim Knöpfe annähen unsere Hilfe braucht. Diese widerstreitenden Bedürfnisse scheinen kaum in eine Balance zu bringen zu sein. Jedenfalls nicht von Frauen. Von Männern schon. Nach 30 Jahren Erfahrung, in denen ich viele habe kommen und gehen sehen, denke ich, dass man durchaus gut überlegen muss, wohin die persönliche Reise gehen soll; habe ich mich entschieden, sollte ich jedoch ohne Zögern anfangen! Und dann vielleicht feststellen, dass es für viele Probleme eine Lösung gibt und sich plötzlich immer wieder Wege auftun, die ich durch ständiges Grübeln und zehn Jahre im Voraus planen nie gefunden hätte.

Die Akzeptanz anderer Rollenverteilungen in Familien, sei es Patchwork oder die berufstätige Alleinerziehende, wächst zunehmend. Kleinkinder in der Ganztagsbetreuung können kaum jemanden mehr schocken und man spricht wie selbstverständlich von dem Wunsch nach einer gelingenden Vereinbarkeit von Familie und Beruf. Derartige Veränderungen waren auch für die CDU als Partei keine leichten. Viele der heute so selbstverständlich in der Diskussion befindlichen Themen gehörten damals, 1981, zu denjenigen, bei denen ich nicht mit der CDU einverstanden war. Viele Frauen haben in den letzten Jahrzehnten dazu beigetragen, der CDU ein anderes Gesicht zu geben und sie für neue Wähler attraktiv zu machen. Wir sind noch nicht am Ende dieses Weges und können auch auf die Frauen von heute nicht verzichten!

Auch die Sicht von Frauen auf Frauen hat sich verändert: Heute gibt es überall Mentoring-Programme, verschiedene Netzwerke und gegenseitige Unterstützungsangebote. Noch vor 15 Jahren hatte ich den Eindruck, man wünschte sich gegenseitig Pickel, Haarausfall und 20 kg Übergewicht! Sogar in den einzelnen Parteien spüre ich eine stärkere Kooperationsbereitschaft mit den Frauen anderer Parteien als noch vor einigen Jahren. Und manchmal ist es befremdlich, wenn eine parteiübergreifende Initiative zur Frauenpolitik allein an der Zustimmung der Männer innerhalb der eigenen Reihen scheitert. Schade, dass am Ende dann doch die parteipolitische Disziplin über das Fraueninteresse siegt.

Mein Fazit nach 30 Jahren CDU

Das Staunen ist groß, die Neugierde auch, meinen Namen nenne ich nur einmal. Nach einer halben Stunde Diskussion ist das Aussehen für den Gesprächspartner Nebensache, nach drei Monaten bemerkt er es nicht mal mehr und nach drei Jahren fragt er besorgt: „Ist was mit Oma", wenn ich mich an dunkle Kleidung wage! Und wenn der NRW-Landtag über einen Dresscode streitet, mit dem mehr Seriosität ins hohe Hause einkehren solle, bleibe ich recht gelassen. Ob mit buntem Haarschmuck oder ohne: Es zählt doch, was jemand im und nicht auf dem Kopf trägt. Im Parlament werden Gesetze gemacht. Wäre es nicht ehrlicher, sich mehr auf die Inhalte und weniger auf die Verpackung zu konzentrieren?

Was mich wirklich ärgert ist, dass das Thema „Aussehen" praktisch nur bei Frauen eine Rolle spielt. Wenn Männer sauber sind und einen Anzug tragen, ist das genug. Warum eigentlich? Guckt man genauer hin, kann man viele Indizien für ungesundes Leben, mangelnden Respekt vor dem Gegenüber oder fehlende Manieren finden. Scheint ja egal zu sein, solange der äußere Schein gewahrt wird. Betritt eine Frau den Raum, reichen „sauber und Kostüm" lange nicht: die anwesenden Männer und Frauen schauen auf die Schuhe, die Qualität der Beine, die Rocklänge, die Körpermaße, die Frisur, das Make-up, den Schmuck ... immer wieder schön, wenn etwas gefunden wird, das zu viel, zu kurz, zu dick, zu auffällig, zu plump, zu jugendlich, zu schrill ist: das Getuschel weckt den Saal! Ich muss das wissen, denn ich erlebe das seit Betreten der politischen Bühne – und bin dabei immer stärker und gelassener geworden.

Sich selbst treu bleiben. Keine Lügen. Carpe diem. Mit diesen Worten würde ich mein bisheriges Leben zusammenfassen. Ich bin Teil der Gesellschaft, kein eingeladener Gast, der immer in der ersten Reihe sitzt. Ob mit oder ohne Make-up, ob in bunten Kleidern oder im Sportdress: das bin immer ich. Ein Ausstieg aus der CDU ist für mich unvorstellbar, der Ausstieg aus der Politik wird sicher irgendwann kommen. Im dann „dritten Leben" könnte sich alles um Sport drehen.

Wenn ich jungen Frauen einen Rat geben sollte: Testet Grenzen, akzeptiert keine vermeintlichen don'ts! Es geht viel mehr, als man denkt oder man Euch glauben machen will! Seid unbequem, nehmt Euch Euren Anteil! Gegenkandidaten sind kein Ärgernis und auch keine persönliche Beleidigung, sondern Ausdruck von Demokratie und Zeichen für die Attraktivität der Position! Und ganz besonders wichtig: Das Leben ist schön!

Ursula Heinen-Esser[*]

Solidarität und Freiheit sind für mein Handeln ausschlaggebend

Geboren am 7. Oktober 1965 in Köln, verheiratet, ein Kind, 1983 Eintritt in die CDU und Junge Union, 1984 Abitur, 1984–1990 Engagement und Vorsitzende beim Ring Christlich-Demokratischer Studenten an der Universität zu Köln, 1984–1990 Studium der Volkswirtschaftslehre an der Universität zu Köln, Abschluss: Dipl.-Volkswirtin, 1987–1990 Freie Mitarbeiterin der Wirtschaftsredaktion der Kölnischen Rundschau, 1990–1994 Redakteurin der Wirtschaftszeitung AKTIV, 1994–1998 Leiterin der Abteilung Wirtschafts-, Sozial- und Gesellschaftspolitik der CDU-Bundesgeschäftsstelle, seit 1998 Mitglied des Deutschen Bundestages, 1998–2002 Sprecherin der Jungen Gruppe der CDU/CSU-Bundestagsfraktion, 2003–2012 stellvertretende Vorsitzende der CDU Nordrhein-Westfalen, 2005–2007 Vorsitzende der Gruppe der Frauen der CDU/CSU-Bundestagsfraktion, 2006–2012 Mitglied des Bundesvorstandes der CDU, 2007–2009 Parlamentarische Staatssekretärin beim Bundesminister für Ernährung, Landwirtschaft und Verbraucherschutz, seit 2009 Parlamentarische Staatssekretärin beim Bundesminister für Umwelt, Naturschutz und Reaktorsicherheit.

Wie hat sich Ihre politische Sozialisation entwickelt? Welche Faktoren haben Sie beeinflusst, in die Politik zu gehen? Wurde das Interesse bereits in Ihrem Elternhaus geweckt?

Ich komme aus einem politischen Elternhaus. Mein Vater ist seit vielen Jahrzehnten CDU-Mitglied. Da er auch Professor für Geschichte an der Universität zu Köln war, wurden historische Themen, aber auch politische Entwicklungen bei uns zu Hause häufig besprochen. Aktiv in die Politik bin ich allerdings erst 1982 gekommen. Wir diskutierten in der Oberstufe kontrovers den Nato-Doppelbeschluss. Ich besuchte ein Erzbischöfliches Gymnasium und mir hat die Position der CDU, insbesondere von Heribert Blens, damals CDU-Ratsmitglied in Köln und ab 1983 Bundestagsabgeordneter, am meisten zugesagt. Daher bin ich in die CDU eingetreten. Während des Studiums war ich aktiv im RCDS.

---

[*] Das Interview führten Dr. Ulrike Hospes und Ina vom Hofe M. A. am 06.09.2012 in Köln.

Wie war das Rollenverständnis in Ihrem Elternhaus?

Meine Mutter war immer berufstätig, abgesehen von den ersten Jahren meines Lebens, als ihre eigene Mutter schwer krank war und sie einen Teil der Pflegeleistung erbracht hat. Aber mit meiner Grundschulzeit war sie wieder berufstätig, und da mein Vater sich die Zeit etwas freier einteilen konnte, war er für meine Erziehung verantwortlich.

Gab es neben der Haltung der CDU zum Nato-Doppelbeschluss auch andere Themen aus dem Parteiprogramm, die Sie zum Beitritt in die CDU bewogen?

Erst einmal ging es besonders um die Frage der Außen-, Verteidigungs- und Sicherheitspolitik. Es war ganz besonders spannend, mich mit einem Themenfeld auseinanderzusetzen, das nicht in meinem schulischen Umfeld verortet war. Andere Themen kamen erst später dazu. Zum Beispiel habe ich immer noch den Bundesparteitag der CDU 1985 in Essen in herausragender Erinnerung. Das war ein absolutes politisches Highlight, weil sich die CDU mit frauenpolitischen Themen so deutlich öffentlich positioniert hat.

Spielte das „C" eine Rolle beim Eintritt in die CDU?

Nein, vielleicht war es unterbewusst relevant, weil ich in einem christlichen Umfeld groß geworden, auf einer katholischen Schule war. Ausschlaggebend war es aber mit Sicherheit nicht.

Hätten Sie sich auch für eine andere Partei entscheiden können?

Nein! Die Themen anderer Parteien, bei der SPD und FDP, waren so weit von meinem Lebensumfeld entfernt – das wäre nicht gegangen. Die Grünen fingen gerade erst an und waren völlig aus meinem Blickfeld.

Wo haben Sie Ihre ersten politischen Erfahrungen gesammelt? In der CDU, JU, im RCDS?

Im Jahr vor meinem Abitur begann ich, politisch aktiv zu werden – in der Jungen Union und CDU. Aber die Junge Union hat mir nicht ganz so zugesagt. Ich bin deshalb während des Studiums sofort in den RCDS eingetreten. Die Zeit im Studentenparlament hat mich unglaublich gut für mein späteres parlamentarisches

Leben vorbereitet. Die Auseinandersetzung mit Studenten, die anderer Meinung waren, war sehr lehrreich. Erfahrungen in der Hochschulpolitik sind sicher eine Vorstufe zu einer Tätigkeit in einem Parlament.

Eine Tätigkeit in der Frauen Union kam für Sie nicht in Frage?

Zunächst nicht. Der Vorteil meines Besuchs einer reinen Mädchenschule – damals war die Schule noch eine reine Mädchenschule – war, dass wir als Mädchen, junge Frauen sehr viel Selbstbewusstsein erlernt haben. Es hat gewisse Vorteile, nicht koedukativ zu erziehen, jedenfalls, was diesen Aspekt angeht. Zur Frauen Union bin ich erst ganz spät gekommen, nämlich nachdem ich 1998 das erste Mal in den Deutschen Bundestag gewählt wurde. Bis dahin hatte ich zwar Berührung mit Frauen- und Familienthemen, aber es war für mich überhaupt nicht von Interesse, zur Frauen Union zu gehen.

Wie kam der Sinneswandel? Sie wurden 2005 ja auch Vorsitzende der Gruppe der Frauen der CDU/CSU.

Im Studium, im Beruf als Journalistin, in den Anfängen meines politischen Lebens habe ich schon gemerkt, dass es klare Benachteiligungen von Frauen gibt und dass die Welt nicht so einfach ist, wie ich sie aus meinem Elternhaus, der Selbstverständlichkeit des gleichberechtigten Haushalts dort, meiner schulischen Entwicklung erlebt habe. Darüber bin ich zur Frauen Union gekommen.
  Die Zeit als Vorsitzende der Gruppe der Frauen der CDU/CSU zählt zu meinen schönsten in der Politik. Es ist eine hochmotivierte Gruppe von Frauen im Deutschen Bundestag und wir vertreten spannende Themen.

Wie gut kann man in diesem Amt in die Fraktion hineinwirken?

Es ist schwer, denn die Gruppe der Frauen ist im Grunde nur eine kleine Gruppe. Es gibt trotz Quorum leider immer noch wenige Frauen, denn die Direktmandate werden immer wichtiger aufgrund der Stimmenverhältnisse. Die Listenmandate ziehen nicht mehr so. Die Frauen haben aber über das Quorum nur die Chance, über die Liste abgesichert zu werden. Die NRW-CDU macht das seit ihrem ehemaligen Landesvorsitzenden Norbert Blüm hervorragend, also auch schon bevor das Quorum in der CDU bundesweit eingeführt wurde. Hier wurde immer darauf geachtet, wirklich genug Frauen abzusichern. Im Endeffekt hatten wir zwar jeden dritten Listenplatz mit einer Frau besetzt, aber im Deutschen Bundestag sind wir nur acht Frauen von 46 Abgeordneten in der NRW-Landesgruppe.

Das spiegelt sich in der gesamten Bundestagsfraktion wieder. Auch bei den Niedersachsen, die tendenziell sehr frauenstark sind, ist es ähnlich. Das führt natürlich dazu, dass die Sensibilität für frauen- oder familienpolitische Themen nicht immer ausreichend vorhanden ist.

Schließen sich denn diese wenigen weiblichen Abgeordneten alle der Gruppe der Frauen an?

Ja, alle. Auch die Bundeskanzlerin hält regelmäßig Kontakt zur Gruppe der Frauen und trifft diese regelmäßig.

Gibt es eine Zusammenarbeit mit der Frauen Union?

Sie war immer sehr eng. Die Vorsitzende der Frauengruppe ist im Bundesvorstand der Frauen Union kooptiert und Maria Böhmer, als aktuelle Bundesvorsitzende der Frauen Union, nimmt selbstverständlich regelmäßig an den Sitzungen der Gruppe der Frauen teil, so dass ein Austausch gewährleistet ist. Die politischen Ziele werden eins zu eins vertreten. Da gibt es keine Dissenspunkte.

Sie waren, bevor Sie Verantwortung in der Gruppe der Frauen übernahmen, Sprecherin der Jungen Gruppe. Welche thematischen Unterschiede gab es?

Generationengerechtigkeit zu erreichen, ist das politische Leitmotiv der Jungen Gruppe.

Ich bin übrigens als Sprecherin gewählt worden, weil 1998 zum ersten Mal, wahrscheinlich auch zum letzten Mal in der Geschichte, gleichviele Männer und Frauen in dieser Gruppe waren. Die Kollegen kannten sich allesamt aus der Jungen Union und hatten schon viele Jahre miteinander verbracht. Dieses Männernetzwerk darf Frau nicht unterschätzen. Sie hatten beschlossen, dass ein Mann aus ihren Reihen Vorsitzender der Jungen Gruppe werden sollte. Eine Kollegin sagte damals: „Das können wir uns nicht gefallen lassen. Wir sind genauso viele und wir schließen uns auch zusammen. Wir sind sieben Frauen und es wäre doch gelacht, wenn wir nicht wenigstens einen bei den Männern 'rausbrechen könnten, der eine Frau wählt." Und so war es dann auch. Ich bin schließlich mit 10:4 Stimmen gewählt worden.

Ist es ohne Netzwerke unmöglich, die gläserne Decke zu durchstoßen?

Die Frauen haben nicht im gleichen Maße wie Männer Netzwerke. Das liegt auch daran, dass Frauen, wenn sie berufstätig sind, zusehen, dass sie nach der Arbeit nach Hause kommen und ihr Leben dort organisieren – einkaufen, Kinder abholen und versorgen. Männer trennen sich manchmal schwerer von der Arbeit, auch wenn sie nichts mehr zu tun haben, getreu dem Motto: „Lassen wir den Bildschirm etwas länger an, damit jeder sieht, wie hart ich arbeite." Wenn sie sich entschließen zu gehen, sind sie oft viel eher als Frauen bereit, nach der Arbeit noch einmal ein Bier mit Kollegen zu trinken. Und dabei werden Netzwerke gebildet.

Dadurch kommt ein Stück weit diese gläserne Decke zustande. Ich bin eine Anhängerin der Quote. Es kann reichen, jetzt erst einmal die Quote in den Aufsichtsräten einzuführen und dann über das Personalbesetzungsrecht der Aufsichtsräte die Möglichkeit zu verstärken, weibliche Vorstände zu besetzen.

Hatten Sie selbst Förderer, die Sie dahin gebracht haben, wo Sie jetzt sind?

Ja, Peter Hintze war mein Förderer. Das ist bis heute so. Er ist für mich der wichtigste politische Freund. Er hat mir geholfen, in der Politik Fuß zu fassen, meine Meinungen zu bilden und politisches Verständnis zu entwickeln. Ein Mann – aber einer, der die Frauen immer unterstützt hat.

Werden Sie bei der Vereinbarung von Beruf und Familie unterstützt?

Die Vereinbarung ist sehr schwer. Ich habe ein hervorragendes Hilfesystem, natürlich meinen Mann und zusätzlich ein Au-Pair-Mädchen, das bei uns zu Hause lebt. Meine Eltern sind auch in der Nähe und können einspringen, wenn es nötig ist. Und es gibt Freundinnen, die Kinder im selben Alter haben. Aber ich muss extrem netzwerken, um immer jemanden zu haben, der ggf. mal die Kleine von der Schule mitnehmen kann.

Gibt es Unterschiede im Machtverständnis und in Lösungsansätzen von Männern und Frauen?

Das Machtverständnis selbst würde ich als identisch bezeichnen. Auch Frauen sind Machtmenschen. Der Unterschied liegt aber in der äußeren Darstellung des Machtverständnisses. Frauen sind viel zurückhaltender und ruhiger. Es ist für sie kein Attribut, das sie nach außen zeigen müssen, während es bei Männern oftmals auch ein Demonstrationsobjekt zur Charaktereigenschaft ist.

Gibt es ein unterschiedliches Kommunikationsverständnis bei Männern und Frauen?

Erheblich. Frauen sind in der Regel kurz und präzise, Männer sind wesentlich länger in den Darstellungen.

Haben Sie erlebt, dass Frauen parteiübergreifende, fraktionsübergreifende Themen gemeinsam durchgeboxt haben?

Nein. Viele Frauen aus allen Fraktionen haben zwar identische Auffassungen zum Thema Quote beispielsweise, aber davor steht immer auch die Fraktionsdisziplin. Das ist eine schwierige Gradwanderung, gerade bei solchen Themen.

Mussten Sie selber Entscheidungen treffen, die Sie mit Ihrem Gewissen nur schwer vereinbaren konnten?

Grundsätzlich muss man mit der Bezeichnung Gewissensentscheidungen sehr vorsichtig sein. Bei Steuergesetzgebungen oder Entscheidungen zum Euro bin ich nicht der Meinung, dass es wirkliche Gewissensentscheidungen sind. Ich habe einmal gegen die Fraktion gestimmt, weil ich die Heroinabgabe für Schwerstdrogenabhängige aufgrund meiner Kölner Wahrnehmung anders sehe. Mit dem Modellversuch hat die Stadt Köln exzellente Erfahrungen gemacht. Gemeinsam mit der heutigen Vorsitzenden der Gruppe der Frauen der CDU/CSU, Rita Pawelski, gehörte ich zu den wenigen, acht oder neun in der Fraktion, die gegen die eigene Fraktion gestimmt haben.

Eine wirkliche Gewissensentscheidung war meine erste Abstimmung über einen Auslandseinsatz bei der Bundeswehr. Ansonsten, das sage ich ganz offen, gibt es Entscheidungen, die ich nicht unbedingt nachvollziehen kann, die aber für mich keine Gewissensentscheidungen sind. Derzeit betrifft das sicherlich die Diskussionen um das Betreuungsgeld und die Quote.

Gibt es einen Unterschied im Umgang mit Politikerinnen in der Öffentlichkeit im Vergleich zu männlichen Politikern?

Nein, heute eigentlich nicht mehr. Die Männer sind mittlerweile genauso betroffen wie Frauen auch.

Was sind Ihre persönlichen Prinzipien und Grundsätze, nach denen Sie in der Politik handeln?

Es sind zwei Prinzipien, die die CDU wirklich ganz stark prägen. Es ist auf der einen Seite der Freiheitsgedanke und auf der anderen Seite die Solidarität. Die Werte sind für mich im persönlichen politischen Handeln ausschlaggebend. Sie müssen dem Einzelnen die Freiheit geben, sich so zu entwickeln, wie es ihm tatsächlich entspricht, haben aber als Staat gleichzeitig die Aufgabe, die Rahmenbedingungen so zu setzen, dass er das auch kann. Bei der Vereinbarkeitsfrage von Beruf und Familie ist das ein ganz entscheidender Punkt. Der Staat setzt die Rahmenbedingungen immer noch nicht so, dass Frauen tatsächlich die Wahlfreiheit haben.

Der Solidaritätsgedanke erkennt an, dass es Menschen gibt, denen es nicht so gut im Leben geht, aus welchen Gründen auch immer. Unsere Anforderung an eine Gesellschaft ist es, diese Gesellschaft zusammenzuhalten und den Schwächeren zu helfen.

Was waren bisher Ihre größten Erfolge?

Ich habe eine Reihe von Gesetzesvorhaben mitbestimmt. Das fängt beim Verbraucherinformationsgesetz an und geht bis zu vielen energiepolitischen Themen. Auch frauenpolitische Fragen habe ich immer aktiv begleitet und werde das auch nach wie vor weiter tun.

Was waren die größten Misserfolge oder auch Enttäuschungen, die Sie erlebt haben?

Richtige politische Misserfolge habe ich noch nicht erlebt, außer der NRW-Landtagswahl 2012, die für mich persönlich auch ein echter Misserfolg war. Auch bei persönlichen Enttäuschungen kann ich keine nennen. Ich erlebe die Bundestagsfraktion als ein schönes kollegiales Miteinander. Ich fühle mich unglaublich wohl – und manche Themen mit unterschiedlichen Auffassungen müssen eben ausgefochten werden.

Gibt es persönliche Vor- oder Nachteile durch Ihre politische Aktivität?

Ein Riesendefizit ist, die Familie zu selten sehen zu können. Das lässt mich sehr mit dem Beruf hadern. Ein Vorteil ist sicherlich, dass man sich in verschiedene Themen einarbeiten und etwas erreichen kann.

Haben Sie jemals darüber nachgedacht, aus der Politik auszusteigen, etwas anderes zu machen?

Ich habe diese Frage für mich entschieden. Für den nächsten Deutschen Bundestag werde ich nicht mehr kandidieren, da meine Tochter unter meiner ständigen Abwesenheit leidet.

Hätten Sie Angst davor, etwas Neues zu beginnen?

Gar nicht. Als Politiker ist man es gewöhnt, sich in andere Themen einzuarbeiten. Ich habe das Selbstbewusstsein, mir das zu zutrauen.

Wäre ein Ausstieg aus der Politik auch mit einem Ausstieg aus der CDU verbunden?

Nein, die CDU ist meine politische Heimat.

Was sind Ihre Wünsche und Ratschläge an junge Frauen in der Politik?

Zunächst muss jede aus ihrer Situation heraus überlegen, ob sie aktiv in die Politik will, was und auf welcher Ebene sie etwas erreichen möchte. Sollen vor der Tür und zu Hause die Schulbedingungen, die Verkehrssituation besser werden? Reizen im Landtag oder Deutschen Bundestag landes- bzw. bundespolitische Themen?

Ich empfehle allen, sich auch an die Frauen in der CDU zu halten. Ganz wichtig ist es, den Mut zu haben, früh Verantwortung zu übernehmen, Ortsverbandsvorsitzende zu werden und sich nicht auf Dauer mit Stellvertreter- oder Schriftführerposten zufriedenzugeben. Ganz entscheidend sind Netzwerke, Netzwerke, Netzwerke.

Claudia Crawford*

Das Gegenteil von Macht ist Ohnmacht

Geboren am 7. Februar 1966 in Rostock, verheiratet, ein Kind, 1982–1985 Lehre zur Elektronikfacharbeiterin in Schiffselektronik, 1985 Abitur und Abschluss als Facharbeiterin, 1985–1990 Studium der Ingenieurwissenschaften im Bereich Automatisierungstechnik und Kybernetik an der Technischen Hochschule Ilmenau, Abschluss: Dipl.-Ing., 1989 Mitarbeit beim Neuen Forum in der DDR, 1990 wissenschaftliche Mitarbeiterin an der TH Ilmenau, 1990 Eintritt in die CDU, 1990 Mitglied der ersten frei gewählten Volkskammer der DDR, 1990–2005 Mitglied des Deutschen Bundestages, 1992–1994 Mitglied des Landesvorstandes der CDU Thüringen, 1994 Leitung des EU-Ministerrats, 1994–1998 Bundesministerin für Familie, Senioren, Frauen und Jugend, 1996–2000 Mitglied des Präsidiums der CDU, 2005–2010 Leitung des Auslandsbüros der Konrad-Adenauer-Stiftung in Belgrad, 2010–2013 Leitung des Auslandsbüros der Konrad-Adenauer-Stiftung in London, seit 2013 Leiterin des Auslandsbüros der Konrad-Adenauer-Stiftung in Moskau.

Wie kam Ihr politisches Interesse für Politik zustande? War das bereits zu DDR-Zeiten ausgeprägt?

Ich war schon früh ein politischer Mensch. Dazu hatte die DDR beigetragen. Das damalige System führte zwangsläufig dazu, Dinge zu hinterfragen. Ich habe mich beispielsweise bewusst für ein technisches Studium entschieden, um Gewissenskonflikte oder Bekenntnisse, die ich nicht abgeben mochte, zu umgehen. Ich bin während des Studiums in der katholischen Studentengemeinde aktiv gewesen. Wir hatten einen sehr politischen Studentenpfarrer. Ihm habe ich es zu verdanken, dass ich mich frühzeitig mit der Frage auseinandersetzte, wie man mit diesem DDR-Staat als Christ umgehen kann und muss. Er versorgte uns mit Literatur aus seinem „Giftschrank"; so nannte er einen Schrank, in dem sich Bücher befanden, die für Leute in der DDR verboten waren. Dabei waren solche Sachen wie z. B. Wolfgang Leonhard „Die Revolution entlässt ihre Kinder", das für mich ein sehr einprägsames Buch war. Als ich es 1987

---

* Das Interview führten Prof. Dr. Hanns Jürgen Küsters und Prof. Dr. Beate Neuss am 17.07.2012 in Berlin.

gelesen hatte, war ich zum ersten Mal wirklich wütend auf das DDR-System. Die richtige Politisierung begann mit der Kommunalwahl im Mai 1989. Es gab die Tradition in der katholischen Studentengemeinde am 1. Mai früh in den Wald zu gehen und ein großes Feuer anzuzünden. Im Anschluss besuchten wir die Kirche und schauten zu, wie die anderen demonstrierten. Zum ersten Mal bekamen wir mit, dass wir ganztägig observiert wurden. Das sollte wohl auch die Strategie sein. Ich gebe zu, mir hat es Angst gemacht. Ich wusste auch, warum wir observiert wurden, denn fünf Tage später waren Kommunalwahlen, und das System wollte präventiv wirken.

Ich habe durch Zufall – Freunde und ich waren in Bulgarien im Juli/August 1989 – vom „Paneuropäische Frühstück" bei Sopron in Ungarn an der Grenze zu Österreich gehört. Wir haben überlegt, ob wir in Ungarn aussteigen, um das Event zu nutzen, nach Österreich zu gelangen. Wir haben uns aber dagegen entschieden. Einmal, wegen unserer Eltern und Geschwister, aber auch aus der Frage heraus, was aus dem Land wird, wenn alle gehen. Anfang September haben wir angefangen, Veranstaltungen vom Neuen Forum zu besuchen und Demonstrationen vorzubereiten. Für mich war das eine hohe Politisierung, die damals viel mit Angst und Aufregung verbunden war, die jedoch in das bewusste politische Engagement beim Neuen Forum mündete. Im November 1989 fing das Neue Forum in Berlin an, über die reformierbare DDR zu diskutieren. Ich glaubte nicht an die Reformierbarkeit der DDR. So war für mich klar, das hier nicht meine politische Heimat lag. Ich hatte eigentlich gedacht, das war es für mich mit dem Ausflug in die Politik.

Doch es kam anders: Anfang Januar 1990 bin ich angesprochen worden, ob ich nicht bei der Volkskammerwahl am 18. März für die CDU kandidieren wolle. Ich gebe ehrlich zu, die Vorstellung, in eine Partei einzutreten, war für mich unglaublich schwer. Partei war für mich total verknüpft mit der SED, das war praktisch eins. Ich habe mich lange dagegen gesperrt. Ich konnte mir nicht vorstellen, in eine Partei einzutreten und für die Volkskammer zu kandidieren. Zudem war ich noch sehr jung. Glücklicherweise war ich gerade in der Diplomphase. So hatte ich Zeit für die Demonstrationen und die Revolution. Dadurch kannte man mich in Ilmenau, einer Stadt mit rund 30.000 Einwohnern. Deswegen wurde ich wegen der Kandidatur angesprochen. Es war eine sehr schwierige Entscheidung für mich, einzuwilligen. Es gab zwei Faktoren, die mich schließlich überzeugt haben: Einerseits habe ich immer Mitsprache gefordert und mich immer daran gestoßen, im DDR-System nichts gestalten zu können. Als ich angefragt wurde, durfte ich nicht kneifen. Wenn andere mir das zutrauten, sollte ich auch den Mut haben. Andererseits lag die CDU bei Wahlumfragen bei rund 11 Prozent. Die Wahrscheinlichkeit gewählt zu werden, war also nicht sonderlich groß. Es kam dann alles anders.

Spielte es eine Rolle, dass Ihr Vater in der CDU war?

Dieser Umstand war eher hinderlich. Ich hatte mit meinem Vater mehrfach Auseinandersetzungen, weil ich nicht verstand, wie man in der DDR Mitglied in einer Partei sein konnte. In Gesprächen merkte ich, dass mein Vater dem Thema auswich. Er sprach nicht gern darüber. Erzählt hat er jedoch, dass sein Vater nach dem Ende des Zweiten Weltkrieges zusammen mit Jakob Kaiser in die CDU ging. Er wohnte damals in Berlin. Sie haben wirklich an einen anderen Weg geglaubt, waren überzeugt von einem sozialen Staat, hatten ein Stück weit die Hoffnung, dass in einem sozialistischen Staat diese Komponente eine Rolle spielen würde und sie dort etwas bewegen könnten. Mein Vater wiederum war von dieser Grundüberzeugung sicherlich durch seinen Vater mitgeprägt worden, auch in dem Bemühen, eine menschliche Gesellschaft aufzubauen. Bestimmt hat auch eine Rolle gespielt, dass mein Vater seine Wissenschaft unglaublich geliebt hat – und er hätte nicht ohne Parteimitgliedschaft wissenschaftlich arbeiten können. Es war für ihn immer eine Zwangssituation. Alles, was ich bei meinem Vater bezüglich der CDU erlebt hatte, habe ich immer so gedeutet, dass er nicht wirklich frei, nicht wirklich glücklich mit den Umständen war, sonst wäre er mir nicht so ausgewichen.

Wie ist in Ihrem Elternhaus das Rollenverständnis insbesondere der Frau gewesen?

Für uns Kinder war die Mutter das Zentrum für Diskussionen, für Fragestellungen, die das Leben sehr massiv tangiert haben – viel mehr als der Vater. In meinen Erinnerungen waren die Samstage und Sonntage nach dem Mittagessen sehr diskussionsreich. Während Vater seinen Mittagsschlaf machte, saßen wir Kinder mit der Mutter in der Küche und diskutierten über Gott und die Welt.

Außerdem bin ich von klein auf mit dem Duft der Maschinenhalle groß geworden, weil meine Mutter mich jeden Morgen durch die Maschinenhalle zum Betriebskindergarten gebracht hat. Meine Mutter war ohne Angst inmitten dieser großen Diesel-Motoren. Das hat mich sehr geprägt, ohne dass ich sagen würde, damit ist mir ein bestimmtes Rollenbild oder Rollenverständnis vermittelt worden. Es hat keine Auseinandersetzungen über die Emanzipation, die Rolle der Frau oder Streit über Aufgabenverteilungen gegeben. Meine Mutter war immer berufstätig. Sie war immer die zentrale Ansprechpartnerin, wenn man intellektuelle Fragen hatte. Zu DDR-Zeiten war es sowieso vollkommen üblich, dass Frauen erwerbstätig waren, dagegen sprach überhaupt nichts. Das war eine gewisse Normalität, ein Selbstverständnis – als Frau bin ich mein eigener Mann.

Gibt es nicht einen gewissen Widerspruch zwischen der Rolle der Frau in der katholisch geprägten Familie einerseits, die sich insbesondere früher in der allgemeinen Wahrnehmung nicht durch Emanzipation und Selbstbewusstsein ausgezeichnet hat, und dem, was Sie persönlich als Erziehung im Hause genossen haben?

Ich habe meine Kirche zu DDR-Zeiten oder auch danach nie als eine solche empfunden, die den Frauen ein gewisses Lebensbild nahegelegt hat. Es war klar, Frauen können keine Priester werden. Aber ich wüsste nicht, dass mir in meiner Kirche gesagt worden ist: „Bitteschön, als Frau musst du vor allen Dingen Mutter sein, zu Hause bleiben und dich darum kümmern, dass es dem Mann und den Kindern gut geht." Das waren nicht unsere Themen. Unsere Themen waren andere, vor allem politische, die sich aus unserer Situation in der DDR ergaben.

Hatten Sie in der Ost-CDU Probleme mit Ihrer Rolle als Frau, Mutter und Politikerin?

In der Ost-CDU waren diese verschiedenen Rollen selbstverständlich. Ich wurde bewusst für die Volkskammerkandidatur angefragt. Erstens wollte der Ilmenauer CDU-Kreisverband Kandidaten haben, die nicht vor der Wende in der Ost-CDU waren, denen man nicht eine Vergangenheit vorwerfen konnte, zweitens wollten sie junge Leute haben, und drittens brauchten sie dringend Frauen. Für die Verantwortlichen im Osten war es vollkommen verständlich, dass die CDU auch Frauen haben muss. Dass ich aktiv als Frau Politik gemacht habe, war kein Problem. Ich habe auch meinen Sohn überallhin mitgenommen. Das fanden die Leute immer schön.

Wie sind Sie dann Bundesministerin geworden?

Ich vermute, Helmut Kohl wollte vor allem die neuen Länder einbinden. 1994 war die Situation noch nicht so viel anders als 1990. Man musste schauen, wen man wie einbinden kann. Bestimmte Ministerämter bedurften des Wissens und der Erfahrung im Westen. D. h. die Auswahl war sowohl personell als auch thematisch nicht sehr groß. Helmut Kohl hatte ein sehr gutes Gespür für die Partei, kannte sie wie kaum ein zweiter und wusste viel über Landes- und Kreisverbände. Ich habe in den ersten Jahren sehr viel Wahlkreisarbeit gemacht. Das mag ihm aufgefallen sein. Was sonst noch den Ausschlag gegeben hat, mich zu fragen, weiß ich nicht. Ich war jedenfalls ziemlich überrascht und habe gefragt, ob ich mir das erst einmal überlegen dürfte. Welchen Sinn mochte das Angebot haben? Durch die vierjährige Tätigkeit als Abgeordnete im Deutschen Bundestag hatte ich glücklicherweise schon ein bisschen Erfahrung. Allerdings war ich immer noch relativ jung. Dieses Risiko war mir sehr bewusst. Ich hatte weniger Angst vor der thematischen Auseinandersetzung, denn mit den Themen hatte ich mich in den vier Jahren zuvor bereits intensiv beschäftigt. Aber für mich stellte sich die Frage, wie ich in meinem Alter ein Ministerium übernehmen kann, so dass man sagt, sie versteht ihr Geschäft. Ich hatte noch nie eine Behörde geleitet! Wenn man plötzlich 450 Mitarbeiterinnen und Mitarbeiter hat, braucht man auch Verwaltungskenntnisse, die ich nicht hatte. Ich hatte das Glück einen Staatssekretär zu haben, der mir in vielen Fragen, die für mich fremd und neu waren, helfen konnte. Auch die Öffentlichkeitsarbeit war in dieser Dimension neu. Für die Medien aber auch allgemein die Öffentlichkeit war es interessant, wie ich mich als junge Ministerin machte. Ich wurde für viele Veranstaltungen angefragt – und jedes Mal hatte ich das Gefühl, all die Leute kommen nur, weil sie sehen wollen, ob ich überhaupt reden kann. Ich habe immer ein bisschen in mich hinein geschmunzelt. Die Sachen haben mir nämlich ziemlich schnell viel Spaß gemacht.

Was sind Ihre Erfahrungen mit der Quote?

Meine Erfahrungen mit der Quote stammten zunächst aus der DDR-Zeit. Man hat auf Biegen und Brechen versucht, Frauen in technische Berufe zu bekommen. Aber viele so „gelenkte" Frauen haben sich nicht wirklich für die Technik interessiert. In den wirklichen Machtzirkeln der DDR waren die Frauen trotz Quote nicht vertreten. Vor diesem Hintergrund hielt sich meine Begeisterung sehr in Grenzen, als dann in der neu gewonnenen Freiheit plötzlich über Quoten diskutiert wurde.

Ich habe aber für die Einführung der Quote in der CDU gestimmt, um zu vermeiden, dass man die Frauen in der CDU auseinanderdividiert und auch um diesem Ansatz eine Chance zu geben. Ich weiß nicht, welche Wirkung die Quote in der CDU erzielt hat, aber dafür gibt es Statistiken, die man sich anschauen kann. Ich weiß nur, in meinem Orts- und Kreisverband werden bei den Vorstandswahlen erst einmal alle Frauen angekreuzt, egal, wer sie sind, um einen zweiten Wahlgang zu vermeiden. Der Rest wird auf die Männer verteilt.

Ich finde in der Tat, dass Frauen mehr Förderung brauchen. Bei der Besetzung interessanter und einflussreicher Positionen werden sie bis heute ausgebootet oder übersehen – aus unterschiedlichsten Gründen. Dass ich die Chance hatte, ins Kabinett zu gehen, habe ich Helmut Kohl zu verdanken. Ich fand es grandios, dass er dieses Risiko, eine 28-Jährige ins Kabinett zu nehmen, eingegangen ist und mir das Amt zugetraut hat. Irgendwie war das auch eine Art Quote. Ich hätte nach vier Jahren im Deutschen Bundestag gar nicht erwarten dürfen, gefragt zu werden. Aber ebenso wird bei Listenaufstellungen immer darauf geachtet, dass Vertreter der CDA, der MIT, der Senioren- und der Jungen Union berücksichtigt sind, bis hin zum regionalen Proporz. Aufgrund der Tatsache, dass wir so viele versteckte Quoten haben, verstehe ich nicht, warum das bei Frauen plötzlich etwas Anrüchiges hat. Ich bin also nicht mehr so skeptisch wie in den Anfangszeiten.

Ich habe mir allerdings immer vorgestellt, dass man ohne Probleme Auswahlgremien verpflichtend 50/50 besetzen könnte. Das wäre dann eine Quote, die die Chancengerechtigkeit verbessern kann und keine Quote, die das Ergebnis festlegt.

Gab es Gewissensentscheidungen, die Sie in Ihrer politischen Tätigkeit treffen mussten?

Ja, natürlich. Da gehörten sowohl die Entscheidungen zum § 218 StGB, als auch medizin-ethische Fragestellungen wie die Zlassung der (Präimplantationsdiagnostik (PID) dazu. Die Entscheidungen waren nicht einfach, was vor allem die zum § 218 StGB-Kompromiss betraf. Ich hatte für mich damals Entscheidungen getroffen, welche Kompromisse ich mittragen könnte und welche nicht. Daran habe ich mich bei den Abstimmungen auch gehalten. Ich fand es richtig, dass diese Gewissensentscheidungen bewusst in die Hand jedes Einzelnen gelegt wurden und es keine Festlegung auf Fraktionsebene gab. Aber mich hat die Aggressivität, mit der manchmal die Diskussionen geführt wurden, sehr bedrückt. Auch das Gefühl zu haben, dass man mir unterstellt, mit meiner Haltung über andere zu urteilen.

Meine Haltung zur Abtreibung war sicherlich auch durch die DDR-Zeiten geprägt, in der ich die gesetzliche Regelung für untragbar hielt. Nach meiner Auffassung wurde das Gesetz in der DDR damals nur gemacht, um die angebliche Fortschrittlichkeit des DDR-Staates zu betonen.

Gibt es ein unterschiedliches Machtverständnis zwischen Männern und Frauen?

Ich fand Macht immer etwas Gutes. Für mich war immer klar, das Gegenteil von Macht ist Ohnmacht. Möchte jemand ohnmächtig sein? Nein. Ich möchte Entscheidungen treffen, beeinflussen, gestalten können, und das können Sie nur mit Macht. Für mich ist entscheidend, wie diese Macht genutzt wird. Das kann von beiden Seiten – Mann oder Frau – in guter und in schlechter Weise passieren. Ich denke, es gibt viele gute Beispiele, in denen Männer und/oder Frauen verantwortungsvoll Macht ausüben. Ich fürchte, es gibt ebenfalls schlechte Beispiele, sowohl bei Männern und als auch bei Frauen.

Ich glaube schon, dass es unterschiedliche Mechanismen gibt, wie man mit Macht umgeht. Für mich selber ist ein teamorientierter Ansatz normal und typisch, selbst wenn ich eine Führungsposition habe. Das ist wohl eher bei Frauen als bei Männern zu finden. Ich glaube allerdings, dass Männer frühzeitiger gelernt haben, Seilschaften, oder – positiver formuliert – Netzwerke zu nutzen. Es gibt so viele Verbindungen! Ich hatte bei Personalvorschlägen immer das Gefühl, Männer wissen viel eher Namensvorschläge. Frauen mussten viel länger darüber nachdenken. Frauen haben auch eher gezögert, ob sie so eine Anfrage annehmen oder nicht. Das heißt, Frauen stellen häufiger ihre Kompetenz selbst in Frage und überlegen auch immer gleich mit, ob die neue Aufgabe mit ihrer Familie in Einklang zu bringen ist.

Aber ich tue mich grundsätzlich ein bisschen schwer in dieser geschlechtsspezifischen Beurteilung, denn nicht aufgrund seines Geschlechts hat jemand bessere oder schlechtere Qualifikationen.

Fallen bei Personalvorschlägen Männern auch eher Männer ein als Frauen?

Mein Eindruck ist JA. Soweit es um Entscheidungsebenen, um Machtebenen, geht, habe ich noch nicht so häufig erlebt, dass Männer Frauen für bestimmte Positionen vorschlagen. Männer kennen erst einmal Männer. Sie kennen sich in einigen Teilen schon vom Studium – und was wichtig ist: Sie halten diese Kontakte.

Kann es auch damit zusammenhängen, dass es Frauen auf gleicher Ebene noch nicht allzu zahlreich in den vergangenen Jahren gegeben hat?

Für mich ist das eine interessante Fragestellung, denn über lange Jahre war es sicherlich so. Für bestimmte Positionen war der Pool, aus dem sie Experten gewinnen konnten, bei den Frauen deutlich kleiner als bei den Männern. Für die DAX-30-Unternehmen beispielsweise braucht man aber Frauen, die aus dem Bereich kommen und Erfahrungen haben. Wir kommen aber einer Zeit entgegen, in der das nicht mehr so unbedingt gilt. Heute hängt es oft auch einfach nur vom Willen ab.

Allerdings gilt immer noch, dass Frauen wesentlich bessere Qualität zeigen müssen als Männer, um anerkannt zu werden. Bis Frauen wahrgenommen als Expertin werden, als Profis in ihrem Job, müssen sie wesentlich mehr Leistung erbringen. Sie dürfen sich nicht so viele Fehler leisten. Sie müssen immer präsent sein. Mir ist das beim Studium schon aufgefallen. Ich war sicherlich gut im Studium, aber ich war nicht der Typ, der von früh bis spät nichts anderes im Kopf hatte als Computer, Transistoren und Verstärker. Ich hatte noch ein paar andere Interessen: Kino, lesen, Freunde treffen, stricken. Mir ist damals aufgefallen, dass meine männlichen Studienkollegen sehr wohl den ganzen Tag über Rechner und neue Programme reden konnten. Sicherlich gab es im Bereich

Kybernetik und Automatisierungstechnik eine ganze Reihe von Männern, die deutlich besser waren als ich, einfach weil sie nichts anderes gemacht haben. Wie gleicht man das aus? Dann kommt irgendwann die Familienphase, in der man jeder Frau nur wünschen kann, dass sie die Zeit auskostet, Zeit für das Kind hat, vielleicht auch für zwei oder drei Kinder. Aber wie bekommt so eine Frau diese Zeit wieder aufgeholt? Währenddessen machen Männer Karriere.

Es muss Belohnungsstrategien dafür geben, dass jemand breiter aufgestellt ist, über andere Kompetenzen, auch über die soziale Komponente verfügt. Das ganze Betriebsklima ändert sich, sobald Frauen dazwischen sind. Wie kann man so etwas fördern? Wie kann man Frauen helfen, dass sie trotz Familienzeiten und ohne ihr gesamtes Leben gnadenlos der Karriere unterordnen zu müssen Führungspositionen erreichen? Modelle, wie Telearbeit, Kontakt halten während der Elternzeit und mehr Männer, die in Elternzeit gehen, sind wichtige Schritte. Ich glaube aber, wir haben noch nicht genügend Strategien.

Wie haben Sie im Deutschen Bundestag das Verhältnis zu anderen Frauen empfunden?

Ähnlich wie zu meinen männlichen Kollegen; es gab mit vielen ein kollegiales Verhältnis. Aber manchmal war das Miteinander durch Konkurrenz geprägt. Allerdings hatte ich in den letzten Jahren im Bundestag einen engen Freundeskreis, der fast ausschließlich mit Kolleginnen besetzt war. Der ist mir sehr gut bekommen. Überhaupt muss ich zugeben, dass ich lieber mit Frauen zusammenarbeite, je älter ich werde. Die Gründe kenne ich nicht. In der Regel interessieren mich Frauen einfach mehr.

Gab es im Kabinett unter den Frauen einen engen Zusammenhalt?

Ich habe mit Angela Merkel immer einen sehr kameradschaftlichen Umgang gehabt. Wir hatten von Anfang an miteinander zu tun. Sie war Frauenministerin, als ich frauenpolitische Sprecherin war. Wir hatten regelmäßige Treffen in ihrem Ministerium, um Dinge vorzubereiten und abzusprechen. Ich habe mit ihr gern zusammengearbeitet, wobei es später im Kabinett keine inhaltlichen Überschneidungen gab. Das Gleiche galt für Justizministerin Sabine Leutheusser-Schnarrenberger. Wir haben gemeinsam das Sorgerecht reformiert, wobei die Federführung in ihrem Ministerium lag. Das war eine sehr angenehme Zusammenarbeit. Vielleicht lag dies auch daran, dass wir inhaltlich auf einer Linie waren. Wir wollten beide das gemeinsame Sorgerecht stärken, als etwas Normales etablieren. Heute ist das glücklicherweise der Fall. Ich finde es toll, dass das durch politische Reformen möglich wurde.

Hatte es eine Familienministerin oder grundsätzlich eine Ministerin in der CDU bis zur Regierung Angela Merkel besonders schwer?

Familienpolitik wird in der CDU traditionell geschätzt und als wichtig angesehen. Deshalb kamen meines Erachtens von daher keine besonderen Schwierigkeiten. Der Bundeskanzler, der das Ministerium als „Ministerium für Familie und anderes Gedöns" abgetan hatte, war kein Bundeskanzler der CDU.

Familienpolitik ist aber, ich glaube ähnlich wie Bildungspolitik, in anderer Hinsicht in einer schwierigen Lage. Jeder glaubt, Experte zu sein, weil jeder eine Familie hat und in der Schule war. Sie können es niemandem recht machen, weil natürlich jeder andere Erfahrungen und Präferenzen hat. Sie kommen in einer Gesellschaft, die so pluralistisch ist, sofort an Grenzen. Eigene Wertvorstellungen in Politik zu gießen, ist problematisch, weil sie mit anderen Lebenskonzepten, mit anderen Wertvorstellungen kollidieren. Außerdem hat dieses Ministerium wie kaum ein anderes Bundesministerium viele Ansprechpartner, die den Minister oder die Ministerin sprechen oder zu Veranstaltungen einladen möchten: hunderte von Frauen-, Jugend-, Familien- und Seniorenverbänden, nicht nur auf Bundesebene, sondern auch auf Landesebene.

Haben es gerade aus der CDU kommende Frauen besonders schwer als Frauen- und Familienministerin?

Frauen, die in Frauenverbänden engagiert sind, sehen sich selbst oft als progressiv. Damit stehen sie nicht selten mit CDU-Frauen in einem Spannungsverhältnis, weil sie ihnen per se zu konservativ sind. Sie stellen aber auch nicht den Durchschnitt der Frauen in Deutschland dar. Als Frauenministerin sind Sie Ministerin für die Frauen und nicht ausschließlich Ministerin für die Frauenverbände. Als 1998 der Regierungswechsel war, habe ich beobachtet, wie sich die Sozialdemokratinnen verhielten. Es sollte alles anders werden. Doch siehe da: Auch sie haben nur mit Wasser gekocht.

Wie haben Sie die Rolle der Frauen Union empfunden?

Als ich im Amt war, hatten wir eine sehr enge thematische Abstimmung. Ich hatte immer das Gefühl, dass sie mich in meinen Themenschwerpunkten unterstützt hat. Der Vorteil der Frauen Union ist, dass sie geerdet ist und sich nicht nur mit den klassischen frauenpolitischen Themen beschäftigt, sondern auch mit den Alltagsthemen für Frauen. Ich vermute beispielsweise, dass das Wort Gendermainstream nicht zur Alltagssprache der Frauen in Deutschland gehört.

Das Gute an der Frauen Union ist zudem, dass immer jemand am Tisch sitzt, der die Fraueninteressen vertritt und die wichtigen Frauen-Themen einbringt.

Wäre ohne die Frauen Union das Leben einer Frauenministerin schwieriger gewesen in einer männerdominierten Welt?

Ich denke schon, da sie einem den Rücken stärkt. Ich finde sie auch bedeutend dafür, Frauen gezielt anzusprechen und für politische Arbeit zu interessieren. Für die CDU ist es immer noch schwer, Interesse bei Frauen zu wecken. Ich habe nie verstanden, warum der CDU immer noch dieses alte konservative Frauenbild „Frauen an den Herd" anhaftet. Das hat mit der CDU heute überhaupt nichts mehr zu tun. Das sind wir nicht. Vielleicht wird dieses Bild durch ein paar unnütze Debatten aufrechterhalten, die in der Regel nur von einem kleinen Teil innerhalb der Partei geführt werden. Umso wichtiger ist es, dass durch die Frauen Union Frauen angesprochen werden, die sonst nicht den Weg zu einer Partei finden würden.

Haben Sie erlebt, dass mit Politikerinnen in der Öffentlichkeit anders umgegangen wurde als mit Politikern?

Ja, das schon. Frauen wurden anders angeschaut. Wenn ich mich als Frau ein bisschen schicker mache, ist es gleich ein positives Zeichen. Wenn ich mich nicht darum kümmere, wird es mir negativ ausgelegt. Frauen bekommen auch oft Fragen gestellt, die man einen Mann nicht fragen würde, zum Beispiel wie man die Anforderungen in der Politik mit den Familienaufgaben verbunden bekommt.

Was sind persönliche Prinzipien und Grundsätze für Ihr politisches Handeln?

Meine Prinzipien ergeben sich aus dem Wertegerüst, mit dem ich groß geworden bin. Ich habe mich mit der CDU-Programmatik immer identifizieren können, weil eine sehr große Schnittmenge mit meinen persönlichen Wertvorstellungen existiert. Ich bin katholisch und mir bedeuten die christlichen Werte sehr viel. Sie waren prägend auf meinem Lebensweg. Bis heute hat sich nicht groß etwas daran geändert. Zu DDR-Zeiten war die Kirche unser Freiraum schlechthin. Vielleicht verdankt man diesem System sogar anachronistischer Weise, dass man sich viel intensiver mit seiner Religion auseinandergesetzt hat. Die ganze Welt um einen herum hat gesagt: „Bist du denn bescheuert? Wieso gehst du in die Kirche und glaubst an den lieben Gott?" Dadurch fing ich natürlich frühzeitig an, darüber nachzudenken, warum ich das eigentlich tue.

Was würden Sie als Ihre größten Erfolge und Misserfolge bezeichnen?

Der größte Misserfolg ist, dass ich 2005 nicht wieder gewählt worden bin. Das hat mir sehr wehgetan. Heute würde ich auch sagen, es war keine sehr kluge Idee, mich bei der Vereidigung 1994 so zu kleiden, wie ich mich gekleidet habe. Es gibt eine Geschichte dahinter, aber die Rüschenbluse haftete mir dauerhaft an.

Die Erfolge, an denen ich mitgewirkt habe, waren mit Sicherheit der Familienleistungsausgleich. Hilfreich war hierbei mein gutes Verhältnis zu Finanzminister Theo Waigel. Die vierte Weltfrauenkonferenz 1995 in Peking war sicherlich ebenfalls ein Erfolg. Ich glaube, das war der politische Durchbruch für mich. Ich bekam Respekt auch aus anderen politischen Lagern. Nach Peking lud mich beispielsweise Waltraud Schoppe von Bündnis 90/Die Grünen, die damals im Auswärtigen Ausschuss war, in den Ausschuss ein, um zu berichten. Stolz bin ich auch auf die Reform des Sorgerechts, des Kindschaftsrechts. Ich habe nie verstanden, warum man bei einer Trennung eine Entscheidung treffen muss, wer das Sorgerecht für die Kinder hat. Eltern bleiben Eltern, auch wenn sie nicht mehr zusammenleben. Wenn heute die Mehrheit der Eltern gemeinsam Sorge nach einer Scheidung trägt – früher waren es 35 Prozent – ist auch nachhaltig gesellschaftlich etwas verändert worden. Das sind Sachen, auf die ich gern zurückschaue.

Gab es Gedanken und Motive für einen Ausstieg aus der Politik, aus der CDU?

Für mich gibt es keine Frage, dass die CDU meine politische Heimat ist. Wobei für mich klar ist, zu einer Parteienmitgliedschaft gehört auch Loyalität. Man muss akzeptieren, dass auch in unserer Partei Pluralität in vielen Fragen herrscht. Was mich im Moment sehr beschäftigt, sind die Entwicklungen in Europa. Die CDU hat dadurch, dass sie die Regierung stellt, eine sehr große Verantwortung. Ich denke, dass sie diese sehr gut wahrnimmt.

Was sind Ihre Wünsche oder Ratschläge an junge, politisch interessierte Frauen?

Vor allem, dass sie ihr Interesse an Politik nicht aufgeben, sondern in aktives politisches Engagement ummünzen, auch wenn sie nicht gleich Erfolg haben. Sie müssen das politische Handwerkzeug lernen: Gute Argumente haben, Dinge so präsentieren, dass sie nachvollziehbar, akzeptabel sind. Dazu gehört auch eine gewisse Rationalität. Natürlich muss man anfangen, Strippen zu ziehen. Wenn ich in einen Vorstand oder in eine Versammlung gehe, tue ich das nicht, ohne das Ergebnis vorher zu wissen.

Ich kann nicht erwarten, dass Frauen in der Politik erfolgreich sind, wenn sich Frauen nicht für Politik interessieren. Wenn Sie sich die Umfragen anschauen, ist es immer noch so, dass unter den jungen Menschen doppelt so viele Männer den Politikteil der Zeitung lesen wie Frauen. Frauen werden oft aktiv, wenn es um ihre Kinder geht. Aber die anderen Themen verdienen genauso Beachtung, beispielsweise wie der Haushalt aufgestellt wird, wie sich Deutschland außen- und verteidigungspolitisch positioniert. Diese werden meines Erachtens noch von zu wenigen Frauen als interessante Politikfelder gesehen. Und man darf nicht verschweigen, dass das politische Geschäft mühsam ist.

Hildegard Müller[*]

**Man ist nicht nur verantwortlich für das, was man tut,
sondern auch für das, was man nicht tut**

Geboren am 29. Juni 1967 in Rheine, ein Kind, 1983 Eintritt in die Junge Union, 1986 Eintritt in die CDU, 1986 Abitur, 1987–1989 Ausbildung zur Bankkauffrau bei der Dresdner Bank in Düsseldorf, 1989–1994 Studium der Betriebswirtschaftslehre an der Heinrich-Heine-Universität Düsseldorf, Abschluss: Dipl.-Kauffrau, 1995–2005 Abteilungsdirektorin bei der Dresdner Bank, 1998–2002 Bundesvorsitzende der Jungen Union, 1998–2008 Mitglied des Bundesvorstandes der CDU, 2000–2008 Mitglied des Präsidiums der CDU , 2001–2008 Mitglied des Bundesvorstandes der Mittelstands- und Wirtschaftsvereinigung der CDU/CSU, 2002–2008 Mitglied des Deutschen Bundestages, 2003–2008 Mitglied des Landesvorstandes der CDU Nordrhein-Westfalen, 2005–2008 Staatsministerin im Bundeskanzleramt, seit 2008 Hauptgeschäftsführerin des Bundesverbands der Energie- und Wasserwirtschaft.

Welche Faktoren haben Sie in Ihrer politischen Sozialisation beeinflusst?

1982/1983 bin ich mit 15 Jahren in der sogenannten Wendezeit in die Politik geraten. Ein politisches Elternhaus hatte ich nicht. Meine Eltern sind immer zur Wahl gegangen, aber Politik war bei uns kein Tagesthema. Ich war es, die dann die Politik in die Familie gebracht hat.

In der Schule hatten wir damals viel über den Nato-Doppelbeschluss diskutiert. Dabei ist mir ein Physiklehrer des katholischen Gymnasiums ganz besonders in Erinnerung geblieben, der oft sagte: „Wir leben in einer Demokratie. Das heißt nicht nur zugucken, sondern mitmachen." Mit meiner Freundin bin ich also während der Wahlkampfzeit losgezogen, habe mir die Jugendorganisationen der Parteien angeschaut und deren Programme gelesen. Letztlich habe ich mich für die Junge Union entschieden, bin 1983 dort und 1986 dann auch in die CDU eingetreten. Im Laufe der Jahre hat sich bestätigt, dass diese Entscheidung richtig war.

Es fing alles zunächst unspektakulär an. Ein klassischer Ortsverband im Düsseldorfer Norden, wo wir das erste Mal „die Welt gerettet" haben. Ich habe viel

---

[*] Das Interview führten Dr. Ulrike Hospes und Ina vom Hofe M. A. am 28.08.2012 in Berlin.

Kommunalpolitik gemacht, aber beschäftigt haben mich immer ganz besonders die großen bundespolitischen Themen. Ich wollte zum Beispiel nie in den Stadtrat. Mir war zwar wichtig, zu wissen, was in Düsseldorf politisch wichtig war, aber mich haben eigentlich immer eher die bundespolitischen Inhalte angesprochen.

In meinem politischen Engagement habe ich mich sehr viel mit deutscher Geschichte und der deutschen Teilung auseinandergesetzt. Auch die Beziehung zum Staat Israel war damals schon ein Thema für mich, und ist es heute noch immer.

Welches Rollenbild wurde Ihnen im Elternhaus vorgelebt?

Gelebt wurde das klassische Rollenbild. Meine Mutter war nicht voll berufstätig – sie hat ihren Beruf aufgegeben, als mein älterer Bruder geboren wurde. Sie hat aber in einer Nebentätigkeit noch etwas Geld dazu verdient. Bei uns war es nie ein Thema, dass ein Mädchen etwas nicht kann oder soll. Die witzigen Szenen waren immer, wenn meine bei uns wohnende Großmutter meinte, mein Bruder müsse nicht abtrocknen. Da hat sich die familiäre weibliche Front von zwei Schwestern gnadenlos durchgesetzt.

Ich war die erste, die nach einer Ausbildung dann an einer Universität studierte. Mein Bruder hat ein Fachhochschulstudium in Kombination mit einer Ausbildung gemacht. Meine Schwester absolvierte erst eine Ausbildung zur Erzieherin und hat dann später über den zweiten Bildungsweg studiert – was mich heute immer noch sehr beeindruckt. Meine Eltern haben gesagt: „Ihr müsst euren Weg finden". Sie haben uns dabei immer begleitet.

Spielte bei Ihrem Eintritt in JU und CDU das „C" eine Rolle? Oder war das zu früh mit 15, 16 Jahren?

Ich war schon längst in der katholischen Kirche stark engagiert, sicher einer der Gründe, warum ich die CDU interessant fand. Dennoch kann man mit christlichen Werten natürlich auch in eine andere Partei gehen. Aber ich teile die Politik der CDU, die auf dem christlichen Menschenbild basiert: Stärken und Schwächen der Menschen berücksichtigen, nicht über- und nicht unterfordern, aber den Menschen herausfordern. Und selbst Verantwortung für sich zu übernehmen, aber auch in der Gemeinschaft zu agieren. Diese Haltung fand ich gerade in Fragen der Wirtschaftsordnung, der Sozialen Marktwirtschaft sehr in der CDU verortet. Es waren letztlich wirtschaftspolitische Punkte, die mich damals in die CDU gezogen haben. Doch auch die Außenpolitik hat eine Rolle gespielt. Ich war beispielsweise für die Nachrüstung, weil ich geglaubt habe, dass man eine bessere Verhandlungsposition hat, wenn man auf Augenhöhe ist.

Gab es für Sie einen konkreten Anlass, um in die CDU einzutreten?

Das waren die Abwahl von Helmut Schmidt und die Wahl Helmut Kohls zum Bundeskanzler, der darauf folgende Wahlkampf und die Möglichkeiten, die sich in Düsseldorf boten, ein großes politisches Angebot wahrzunehmen.

Sie haben dann die sogenannte Ochsentour mitgemacht, bis Sie mit 31 Jahren Bundesvorsitzende der Jungen Union wurden. Ist das ein guter Weg in die Politik?

Es ist einer von vielen Wegen, aber mir hat dieser Weg sehr geholfen, die Partei zu verstehen. Gute Führung in einer Partei zeichnet sich dadurch aus, dass man sie auch mit ihren Strukturen liebt. Das hört sich übertrieben an, aber man muss verstehen, wie die Partei sich sozialisiert. Wir haben in Deutschland nicht nur diese Aufrüstbarkeit für Wahlkämpfe wie in anderen Ländern, wir haben Programmparteien. Wir haben einen Willensbildungsprozess, und über diesen Beteiligungsprozess holt man sich gute Ideen ab, aber auch Verständnis auf den verschiedenen Ebenen. Das kennenzulernen und im Rahmen dessen zu interagieren, fand ich sehr wichtig. Über diesen Weg habe ich sowohl in der eigenen Partei als auch in Jugendorganisationen anderer Parteien ganz verschiedene Menschen kennengelernt. Es gibt generative Fragen, die überparteilich eine Rolle spielen wie zum Beispiel die demographische Entwicklung. Sie einte damals alle Jungen in den Parteien. Wir waren der Meinung, unsere Mutterparteien seien zu langsam bei diesem Thema. Mir war von Anfang an wichtig, auf andere im demokratischen Spektrum zuzugehen. Demokraten müssen sich untereinander und miteinander unterhalten können.

1994 bin ich eher „zufällig" im Bundesvorstand gelandet. Ich wollte eigentlich für den Landesvorstand der Jungen Union in NRW kandidieren. Dann wurde plötzlich eine „weibliche Rheinländerin" gesucht. Es gab bereits zwei männliche Westfalen im Bundesvorstand und Nordrhein-Westfalen hatte insgesamt drei Plätze. Da habe ich zugepackt, und es war eine goldrichtige Entscheidung. 1998 wurde ich dann die erste weibliche Bundesvorsitzende der Jungen Union Deutschlands – zu einer Zeit, in der die Christdemokratie vor fundamentalen Änderungen stand. Zum einen aufgrund der Niederlage bei der Bundestagswahl 1998. Zum anderen machten SPD und Bündnis 90/Die Grünen in der Bundesregierung sehr viele handwerkliche Fehler. Viele in der Union waren der Auffassung, ihre Wahl sei ein Irrtum der Geschichte. Bei der nächsten Wahl werde das alles wieder bereinigt. In den unionsgeführten Ländern kam damals eine große Garde junger Fraktionsvorsitzender. Wir gewannen wieder Landtagswahlen, und viele hatten das Gefühl, wir bräuchten nichts für eine Erneuerung zu tun. Ich habe von Anfang an darauf hingewiesen, dass unsere Fundamentalwerte schlecht sind. In Umfragen wurde uns die Lösungskompetenz für wichtige Themen nicht zugesprochen. Ich forderte immer, dass wir an uns arbeiten müssten. Mit der Spendenaffäre 1999/2000 brach in der Union dramatisch viel auf. Ich habe nie im Zweifel gelassen, dass ich die Verdienste von Helmut Kohl sehr schätze und nach wie vor froh bin, dass wir ihn als Bundeskanzler der Einheit und der Zeit wichtiger europäischer Fragestellungen hatten. Seine Verdienste sind unbestritten. Aber diese Spendenaffäre bedurfte eines klaren Wortes der Partei. Ein Ehrenwort, das über dem Gesetz steht, ist für mich kein Ehrenwort, gerade für eine Partei der Rechtsstaatlichkeit. Ich habe zu denen gehört, die eine Modernisierung der innerparteilichen Strukturen und des Inhalts als unabdingbar ansahen.

Welche Schwerpunktthemen haben Sie gesetzt oder zugewiesen bekommen? Man verbindet Sie mit Wirtschaft, Finanzen, Energiepolitik.

Die Energiepolitik habe ich zunächst gar nicht verfolgt. Die hat mich erst mit meinem Wechsel in die Energiewirtschaft im Oktober 2008 erreicht. Wirtschaftsthemen hatte ich klar auf der Agenda, aber ich habe als Wirtschaftspolitikerin auch immer Sozialpolitik gemacht. In der Jungen Union habe ich den wirtschafts- und sozialpolitischen Arbeitskreis zusammengeführt. Ich habe die Themen soziale Sicherungssysteme und demographische Veränderungen als Schwerpunktthemen gehabt. Auch der Außenpolitik habe ich mich immer gewidmet, weil ich der Auffassung bin, dass es nicht reicht, sich ausschließlich mit nationalen Themen zu befassen.

Typische Frauenthemen standen nicht so sehr im Fokus?

Wir haben damals in der Jungen Union einen Arbeitskreis Junge Frauen gegründet, der über lange Jahre der aktivste Arbeitskreis in der gesamten Jungen Union Düsseldorf war. Da spielte Frauenpolitik natürlich eine Rolle, aber nicht als einzelnes Thema, sondern bereits bei der Entstehung der Themen. Also zum Beispiel: Wie mache ich Wirtschaftspolitik und berücksichtige dabei die Belange von Frauen?

Mit der Geburt Ihrer Tochter standen Sie 2006 vor der Frage, wie Sie Beruf und Familie vereinbaren. Welche Unterstützung haben Sie privat oder beruflich erhalten?

Als ich wusste, dass ich schwanger bin, bin ich, nachdem meine Familie informiert war, zunächst zu Bundeskanzlerin Angela Merkel gegangen und habe sie informiert und gesagt: „Ich hoffe, dass das alles gut geht. Ich habe ein Mandat, einen Wahlkreis in Düsseldorf, mein Mann lebt in Heidelberg, ich bin oft in Berlin, und ich weiß nicht, ob ich von Anfang an die Zeit aufbringen kann, die für einen Staatsministerposten notwendig ist. Ich weiß nicht, ob es dann beispielsweise noch möglich sein wird, nachts um drei Uhr einen wichtigen Anruf entgegen zu nehmen." Ich habe meinen Rücktritt angeboten, aber Frau Merkel hat dazu sehr deutliche Worte gefunden und gesagt: „Lass uns mal überlegen, wie wir das hinkriegen." In der deutschen Gesetzgebung ist es „nicht vorgesehen", dass Staatsminister und -ministerinnen Kinder bekommen, jedenfalls nicht aktiv. Bundesministerin Kristina Schröder hat auch ordentlichen Mut bewiesen. Es war für mich immer völlig klar, dass ich mein Bundestagsmandat und die ganzen Parteifunktionen fortführe. Aber ich habe mich dazu entschieden, vorübergehend aus dieser wirklich sehr zeitintensiven Tätigkeit im Bundeskanzleramt auszusteigen. Am Ende wurde mit einem verständnisvollen Bundespräsidenten ein ruhendes Amt ausgemacht. In dieser Zeit habe ich natürlich auf alle Ansprüche verzichtet. Meine Aufgabe im Bundeskanzleramt hat ein Staatssekretär übernommen, der bei meiner Rückkehr wieder in seine ursprüngliche Funktion zurückgekehrt ist.

Durch meine Tätigkeit im Bundeskanzleramt hatte sich mein Themenspektrum enorm erweitert, weil ich unter anderem die Bund-Länder-Koordination betreut hatte und in allen Abstimmungsrunden dabei war. Ich war tief in den Themen der großen Koalition und habe beispielsweise die Gesundheitsreform mit Bundesministerin Ulla Schmidt verhandelt. Am 30. September abends habe ich den letzten Punkt der Gesundheitsreform verhandelt und bin am 1. Oktober in Mutterschutz gegangen. Ich hatte gedacht, dann noch ein bisschen mehr Zeit zu haben, da meine Tochter etwas später ausgerechnet war. Aber sie kam bereits am 7. Oktober auf die Welt. Am 1. Januar 2008 bin ich als Staatsministerin zurück ins Amt gekehrt.

Beruf und Familie zu vereinbaren, habe ich natürlich nur geschafft mit Hilfe meines Mannes, meiner Familie und unseres Freundeskreises. Anfangs habe ich die Kleine ins Büro mitgenommen und später in die Kita gebracht. Ich habe mir angewöhnt, immer den nächsten Schritt anzugehen, wenn er ansteht, und mich nicht schon mit dem übernächsten Schritt verrückt zu machen. Die Vereinbarkeit erfordert aber auch eine große Kraftanstrengung, das will ich an dieser Stelle ausdrücklich betonen. Ich glaube, dass sich hier in unserem Land noch viel verbessern muss.

Dann kam der Ruf, sich anders zu orientieren?

Eine Fülle von Gründen hat mich bewogen, etwas anderes zu machen. Zudem ist die Übernahme der Geschäftsführung beim Bundesverband der Energie- und

Wasserwirtschaft ein sehr interessantes Angebot gewesen. Für mich war immer klar, dass ich nicht „auf Lebenszeit" nur Politik machen will, sondern auch mit allem, was ich in meiner Ausbildung und im Studium gelernt habe, arbeiten möchte. Ich habe Politik als Mandat auf Zeit verstanden und wollte auch nicht zu denen gehören, die früh anfangen und dann irgendwann im Parlament sitzen und sagen: „Wir haben das früher aber ganz anders gemacht". Ich wollte den Zeitpunkt des Ausstiegs selbst bestimmen. Es war ein ideales Angebot, und nach hartem Ringen mit mir und sehr guten Gesprächen mit meiner Familie und Angela Merkel habe ich mich dazu entschlossen, mich aus der Politik zurückzuziehen. Mir war dabei immer klar, dass es ein vollständiger Rückzug wird. Dass ich nach wie vor mit großer Begeisterung im Vorstand der Konrad-Adenauer-Stiftung bin, ist für mich kein politisches Amt. Ich habe auch noch einen Delegiertenposten, aber ansonsten bin ich von allen Ämtern und Funktionen zurückgetreten. Ich habe mich nicht einfachen Herzens aus der Politik zurückgezogen, da ich ein sehr politischer Mensch bin. Dass es jetzt so spannend wird in der Energiepolitik, konnte man damals nicht ahnen.

Bleibt man zwischen den Stühlen? Oder kommt man ganz auf der einen Seite an?

Ich weiß nicht, wie viele Gespräche mit „Sie kennen doch Angela Merkel" beginnen. Aber ich glaube, dass ich mit meinem Wechsel auch beweisen kann, dass die Ebenen Wirtschaft und Politik mehr miteinander sprechen, auch wechselseitig verstehen müssen, was für den jeweils anderen wichtig ist. Mir hilft mein politisches Verständnis. Mein Anliegen ist es, die Welten ein Stück zusammenzubringen. Die Energiewende ist ein Gesellschaftsprojekt und ein Wirtschaftsprojekt, das mindestens 30 Jahre dauern wird. Wenn es dabei nicht gelingt, die Ebenen in ein enges Gespräch miteinander zu bringen, wird das Projekt scheitern. Deshalb helfen mir die Fähigkeiten, die ich sowohl in der Wirtschaft als auch in der Politik erworben habe, meine aktuelle Aufgabe gut zu meistern.

Haben Sie persönlich Erfahrungen mit der Quote gemacht?

Ich habe mich sehr früh für ein Quorum in der Partei ausgesprochen, gegen den dezidierten Willen meiner eigenen Jugendorganisation und anfangs gegen Mehrheiten in der Partei. Aber ehrlich betrachtet: Die Union setzt sich aus einer Fülle von Quoten zusammen. Das ist bei einer Volkspartei auch nötig. Damit meine ich nicht, dass man immer versucht, die „schlechtesten Leute auf einen guten Posten zu bringen", sondern dass man als Volkspartei auch darauf achten muss, in einer Balance zu sein. Keiner sagt etwas, wenn Ämter zwischen Wirtschaftsflügel und CDA austariert werden oder dass Nordrhein-Westfalen acht Bezirksverbände hat, die sich in einer gewissen Reihenfolge auf den Landeslisten wiederfinden. Sobald das Thema Frauen kam, wurde entgegnet: „Aber doch nur gute."

Ich glaube, dass Frauenförderung über die Breite wachsen muss, aber auch Führungsaufgabe ist. Ich würde mir wünschen, dass Frauenförderung in der deutschen Wirtschaft ohne Quote passiert. Ich habe mich nun allerdings für die von Kristina Schröder vorgeschlagene Flexi-Quote ausgesprochen, weil ich in der Tat glaube, dass es Handlungsbedarf gibt, aber eine starre Quote die Realitäten der Wirtschaft zu wenig aufnehmen würde. Es gibt bestimmte Branchen und Bereiche, die noch einen weiten Weg vor sich haben. Übrigens auch mit Blick auf unsere demographischen Veränderungen werden wir uns um gute Köpfe bemühen müssen. Die Flexi-Quote nimmt gleichzeitig Rücksicht darauf, dass es Besonderheiten in den jeweiligen Branchen gibt, formuliert aber den Anspruch, das Thema ernst zu nehmen. Es ist ein erster Schritt, mit dem Wirtschaft und Gesellschaft zeigen können, dass sie es ernst meinen.

Es ist schade, dass man 2012 immer noch über so ein Instrument diskutieren muss. Dass die Männer davon teilweise nicht begeistert sind, ist klar. Sie müssen aber als sogenannte Quotenfrau auch sehr schnell beweisen, ob sie ihren Job im Griff haben oder nicht. Es geht um Konkurrenz, um Wettbewerb und um Chancengleichheit. Ich bin davon überzeugt, dass Diversifikation einem Unternehmen immer gut tut. Genauso wie es gut wäre, wenn wir mehr männliche Erzieher hätten oder Lehrer in Grundschulen, könnte auch die deutsche Wirtschaft mehr Frauen in den Top-Etagen brauchen.

Hatten Sie in Ihrer politischen Tätigkeit Entscheidungen zu fällen, die Sie schwer mit Ihrem Gewissen vereinbaren konnten?

Ganz sicher. Bei allen Fragen zum Lebensschutz handelt es sich um Gewissensentscheidungen. Ebenso z. B. wie bei der Entscheidung zum Einsatz von Soldaten. Sie übernehmen damit politische Verantwortung für das Leben von Menschen. Insofern gibt es viele Fragen, die Sie mit Ihrem Gewissen ausmachen müssen. Aber es gibt auch Themen, die über dem Parteienansatz stehen. Wenn Sie bei jeder Frage allerdings auf Distanz zu Ihrer Partei gehen müssen, sollten Sie überlegen, ob Sie in der richtigen Partei sind.

Gibt es Unterschiede im Machtverständnis und in Lösungsansätzen von Männern und Frauen?

In der Politik oder auch in der Wirtschaft trifft man in Top-Positionen auf männliche und weibliche Alphatiere, die vor Macht nicht zurückscheuen. Dabei geht es nicht darum, dass sie Macht als Möglichkeit sehen, andere zu unterdrücken, sondern sie wissen, dass für eine gute Führung Entscheidungen notwendig sind. Bei aller guten Strukturierung und Erarbeitung von Beschlüssen, von Themen und Meinungen muss am Ende auch entschieden werden, ohne die Konsequenzen zu scheuen.

Frauen haben inzwischen sicher viel stärker die Wahl zwischen verschiedenen Lebensstilen, die gesellschaftlich akzeptiert sind, als Männer. Wir haben zwar mit dem Elterngeld die Betreuungsmonate für Männer eingeführt, sehen aber immer noch zu oft hochgezogene Augenbrauen, wenn ein Mann sagt: „Meine Frau hat den besseren Job, und jetzt kümmere ich mich mal ums Kind". Ich kenne viele junge Männer, die ihr Kind häufiger sehen möchten. Wir haben in Berlin, wo ich beruflich tätig bin, immer noch ein gutes öffentliches Betreuungsangebot. Aber in Düsseldorf, wo ich herkomme, suchen Freunde verzweifelt nach einer frühen Betreuung für Kinder, die auch bezahlbar ist. Auch die Tatsache, dass Kinderbetreuungskosten steuerlich nur sehr begrenzt absetzbar sind, ist ein Unding und muss dringend geändert werden. Sehr viele Frauen scheuen den nächsten Karriereschritt, weil sie dann so viel an Betreuungsleistung kaufen müssen, dass sie netto weniger haben. Das ist aber falsch: Wer den nächsten Schritt nicht macht, macht auch den übernächsten Schritt nicht. Auch sollten Frauen auch nicht nur erwarten, dass die eigene Brillanz erkannt wird, sondern ab einem gewissen Zeitpunkt sagen „Warum nicht ich?" Frauen müssen für ihre Sache eintreten, die eigene Qualifikation herausstellen und zugreifen – genau wie Männer.

Haben Sie Erfahrungen mit Frauennetzwerken und Mentoring-Programmen gemacht?

Ich selber hatte zwar keine Vorbilder, aber immer einige Frauen, die ich anrufen und mir einen Rat geben lassen konnte. Ich habe mir aber auch Rat von männlichen Kollegen geholt. Ich habe mich auch aktiv an Mentoring-Programmen für Nachwuchsführungskräfte beteiligt, sowohl speziell für Frauen als auch für gemischte Programme. Ich schaue eher darauf, was das es für ein Mensch ist, um zu gewährleisten, dass es auch passt.

Aber insgesamt gibt es noch immer zu wenige Netzwerke von Frauen. Wenn ich meinen eigenen Arbeitsalltag sehe, ist es manchmal zeitlich sehr schwierig, Netzwerkpflege zu betreiben, aber man tut gut daran, sich seine Fäden quer durch die verschiedenen Bereiche zu knüpfen. Und ich ermuntere junge Frauen ausdrücklich, in solche Netzwerke zu gehen.

In der Medienlandschaft ist auffällig, dass gerade in der Politik Frauennetzwerke kritisch wahrgenommen werden und mitunter Girls-Camps im Bundeskanzleramt vermutet werden. Aber wenn die männliche SPD-Troika durch die Reihen läuft, ist es normal.

Ja, es war für viele ein Kulturschock, dass Frauen völlig entspannt miteinander umgegangen sind. Bei Männern sind es immer kräftige, kluge, machtpolitische Entscheidungen – bei Frauen hingegen heißt es, jetzt sitzen die Weiber hier zusammen. Damit müssen wir leben. Ich rate zum selbstbewussten Umgang damit.

Gab es parteiübergreifende Zusammenarbeiten, die speziell auf Frauenthemen gesetzt haben?

Mir war es generell wichtig, parteiübergreifende Themen zu finden, nicht nur frauenspezifische. Themen wie die demographische Entwicklung, aber auch Fragen nach dem Lebensschutz und die Gestaltung unserer Gesellschaft waren mir immer parteiübergreifend wichtig. Es ist generell sinnvoll, miteinander im Gespräch zu bleiben.

Nach welchen persönlichen Prinzipien und Grundsätzen haben Sie in der Politik gehandelt?

Zuerst einmal versuche ich mich sehr genau mit den Sachverhalten auseinanderzusetzen, diese zu analysieren und die Probleme und Fehler zu entdecken. Dann überlege ich, welche Instrumente zur Behebung tauglich sind. Wenn ich wirklich der Überzeugung bin, eine gute Lösung gefunden zu haben, dann streite ich dafür. Das Ziel und die Gesellschaft zu überzeugen ist natürlich wesentlich. Große politische Leitentscheidungen der Bundesrepublik sind getroffen worden, ohne dass die Bevölkerung im gesellschaftlichen Diskurs schon so weit war, beispielsweise in den Fragen Wiederbewaffnung, deutsche Einheit oder EU-Osterweiterung. Sie waren vielleicht auf den ersten Blick gegen den Willen der Bevölkerung, aber das hat auch manchmal etwas mit dem Nichtbefassen in der Bevölkerung zu tun. Dabei auch die Gesellschaft zu überzeugen, ist natürlich wesentlich. Wichtig ist, das, was man für richtig erkannt hat, versucht umzusetzen. Aber als Demokratin muss ich auch akzeptieren, dass ich immer eine Stimme Mehrheit brauche.

Gab es Situationen, die Sie als Erfolg, Misserfolg oder Enttäuschung beschreiben würden?

Ich glaube schon, dass es gelungen ist, die Generationenfrage und daraus notwendige politische Konsequenzen auf dem Leipziger Bundesparteitag der CDU 2003 fundamental, kraftvoll, richtig zu verorten und in die Partei hineinzubringen. Das ist sicherlich einer der Höhepunkte.

Ein entgegengesetztes Thema war die Rentenkommission 1997 unter der Leitung von Norbert Blüm. Ich bin der Meinung, dass lange Jahre vertändelt worden sind, in denen man die Rente viel langsamer, konsequent, und für den Menschen verträglicher hätte anpassen können. Mich ärgert immer, wenn die Rede davon ist, die beitragspflichtige Rente zu schützen. Nein, mein Ziel ist es, die Altersarmut zu verhindern. Da müssen Instrumente angepasst werden, gerade auch, weil wir in einer globalisierten Welt leben und nationale Instrumente nicht mehr so wirken oder weil eine Rente, die einen Generationenvertrag beinhaltet, aber Kindererziehungsleistungen nicht anpreist, vielleicht auch nie ein richtiges Instrument gewesen ist. Ich merke, dass manchmal Leute ihre Ziele vergessen, weil sie Instrumente schützen. Immer, wenn ich an solchen Stellen gescheitert bin, gehört das sicherlich zu den Niederlagen. Mich hat es sehr geärgert, dass es beim CDU-Parteitag 1997 nicht gelungen war, mehr zu erreichen. Man hätte spätestens damals eine behutsame Veränderung beginnen können. Jedes Jahr, das man bei der Reform der Sozialsysteme verliert, bedeutet die Maßnahme von immer drastischeren Schritten, aber trotzdem müssen wir im Interesse der Generationengerechtigkeit und gerade auch im Interesse der sozial Schwachen den Weg gehen – und das am besten so schnell wie möglich.

Welche Vor- und Nachteile haben Sie in Ihrer Tätigkeit wahrgenommen, als Sie noch voll in der Politik aktiv waren und gar nicht absehen konnten, dass Sie mal einen anderen Weg einschlagen?

Politik beschäftigt einen mit Haut und Haaren. Man muss aufpassen, dass man diese politische Welt nicht für die ausschließliche, in diesem Land existierende Welt hält. Das heißt, dass man auch Aufgeregtheiten manchmal relativieren muss. Als meine Tochter gerade geboren war und ich nicht mehr wie zuvor ständig am Newsticker hing, habe ich mir manchmal erst nachmittags das Handy genommen und 120 SMS-Nachrichten vorgefunden. Ich weiß ganz genau: Wenn ich verantwortlich gewesen wäre, hätte ich nach der ein oder anderen SMS sofort große Aktionen gestartet, wir hätten sofort etwas unternommen. Manche SMS später hat übrigens gezeigt, dass Hektik oft der falsche Weg war, da ein Thema sich als nichtig oder sogar als falsch herausgestellt hat. Politik fordert sehr viel, fordert sieben Tage die Woche, gerade wenn man in einer leitenden Funktion ist.

Bundeskanzleramt bedeutete auch, fast die komplette Woche in Berlin zu sein, auch in Nichtsitzungswochen. Am Wochenende habe ich dennoch versucht, ganz viele Termine im Wahlkreis wahrzunehmen. Das hat mir alles viel Spaß gemacht, aber in der Summe des Tages ist es natürlich sehr intensiv. Die Frage ist, ob ausreichend Zeit bleibt, um die Gedanken schweifen zu lassen und zu reflektieren. Dazu bedarf es einer guten Organisation. In Top-Führungspositionen ist das nicht anders. Ich verteidige deshalb leidenschaftlich nach wie vor Politiker vor denen, die von einer faulen Bande reden. Ich habe noch immer hohe Achtung vor der politischen Klasse.

Normalerweise stellen wir an der Stelle die Frage nach Gedanken oder Motiven, um aus der Politik auszusteigen. Sie sind schon ausgestiegen. Könnten Sie sich auch vorstellen, aus der CDU komplett auszusteigen?

Jeder hadert mal mit seiner Partei. Ich war immer diejenige, die hier und da auf Handlungsbedarf hingewiesen hat. Man muss natürlich ein Grundgerüst haben und wissen, dass man aus einer CDU keine SPD macht und umgekehrt. Aber wenn die Grundorientierung stimmt, kann man auch fröhlich über bestimmte Punkte streiten. Im praktischen Tagesgeschäft gibt es auch für mich immer wieder Dinge, die mich stören. Aber es gab noch keinen Tag, an dem die CDU nicht mehr meine Partei war.

Wenn ich etwas für richtig halte, gebe ich nicht einfach auf und überlasse anderen das Feld. Natürlich akzeptiere ich, wenn ich keine politische Mehrheit finde, aber ich lasse mich nicht einfach abschrecken oder einschüchtern. Der Grad der Hartnäckigkeit führt auch dazu, dass in meinen Augen die Idee der Christdemokratie mehr wert ist als das jeweilige handelnde Personal. Im Jahr 2000 war die Zeit, in der die großen christdemokratischen Parteien auseinanderbrachen und die CDU ihren Weg neu finden musste. Franz Müntefering, mit dem ich hinterher, als er Vizekanzler in der großen Koalition war, gut zusammengearbeitet habe, sagte, die Christdemokratie habe das moralische Recht verwirkt, Politik zu machen. Da habe ich deutlich widersprochen: Es gibt Menschen, die Fehler gemacht haben, aber die Christdemokratie als Gedanke geht weit über das hinaus, was vielleicht auch mal an Fehlern gemacht wird. Für diese Idee streite ich gerne.

Ich bin zurzeit nicht aktiv politisch tätig, aber ich lese zum Beispiel immer noch speziell die Artikel über demographische Fragen oder den Streit über die Rente und natürlich befasse ich mich mit den aktuellen politischen Themen. In dem Sinne bin ich auch aktiver Staatsbürger mit politischer Auffassung. Aber man muss sich auch von den jeweiligen Aufgaben trennen können und um die Grenzen des Amtes, der Funktion oder jetzt meines Berufes wissen.

Ich habe ganz viele scheitern sehen, weil sie so auf ihren Karriereweg fixiert waren, dass sie die Chancen rechts und links nicht gesehen haben. Man muss einfach Chancen ergreifen, seine Grenzen immer weiter stecken. Ich fühle mich sehr wohl mit dem, was ich heute mache. Die Energiewende zu gestalten, ist eines der spannendsten Projekte unserer Generation, und ich kann mit dem BDEW viel bewirken. Ich weiß aber auch, dass es keine leichte Zeit in der Politik ist, und ich habe großes Verständnis und Mitgefühl für die Kollegen, die versuchen bei all den aktuellen Herausforderungen, unser Land positiv zu entwickeln.

Halten Sie einen Wechsel von der Wirtschaft in die Politik für leichter als den von der Politik in die Wirtschaft?

Jeder Bereich hat seine eigenen Rituale. Man tut gut daran, sie kennenzulernen, sich darauf einzulassen. Ich bin aber der festen Überzeugung, ein stetiger Wechsel, ein Stück mehr Normalität, ein Stück mehr Politik auf Zeit würden diesem Land gut tun. In anderen Ländern kommen Sie gar nicht weiter, wenn Sie nicht zwischen den Welten wechseln. Dieses Verständnis täte Deutschland gut, denn wir wollen Parlamente, die Spiegelbild der verschiedenen Lebensrealitäten sind.

Wenn ich dreimal in der Woche nachmittags eine Ratssitzung habe, kann ich als Frau berufstätig sein. Wenn ich aber keine Kinderbetreuung habe, bin ich genauso aus der Politik wie aus dem Beruf ausgeschlossen. Ich glaube, dass wir deshalb unsere Strukturen generell überprüfen müssen, insbesondere um qualifizierte Leute nicht abzuhängen.

In meinen Augen muss die CDU ihre Nachwuchsrekrutierung verbessern und überlegen, wie sie junge Menschen für Politik begeistern kann. Generell müssen wir überlegen, wie wir einer jungen Generation, die in stabilen demokratischen Verhältnissen aufwächst, verdeutlichen, dass das nicht selbstverständlich ist, sondern dass jede Generation sich ihre Demokratie wieder selbst erarbeiten muss. Ich glaube, hierbei müssen sich alle mehr Gedanken machen. Oder zum Beispiel Wachstum und Wohlstand in unserer Gesellschaft zu erhalten, ist eine große Herausforderung.

Was sind Ihre Wünsche und Ratschläge an junge Frauen in der Politik?

Ich habe immer festgestellt, dass man durch Engagement Dinge gestalten und verändern kann. Ich kenne eine Fülle von Abstimmungsniederlagen, eine Fülle von Frustrationen, aber ich kann auch von der Kraft berichten, die man für sich persönlich gewinnt, wenn man es schafft, seine Grenzen weiter zu stecken: Wenn man sich einbringt, wenn man lernt, für seine Ideen zu werben und Visionen umsetzt. Das ist eine wertvolle Lebenserfahrung. Ich glaube, dass unser demokratisches System das bietet. Mein Motto als JU-Vorsitzende war: „Man ist nicht nur verantwortlich für das, was man tut, sondern auch für das, was man nicht tut." Wir haben in Deutschland die große und nicht selbstverständliche Chance, unser Land mitzugestalten – also müssen wir uns dieser Aufgabe auch stellen.

Aygül Özkan

Politische Aktivität ist sehr zeitintensiv

Geboren am 27. August 1971 in Hamburg, verheiratet, ein Kind, 1990 Abitur, 1990–1995 Studium der Rechtswissenschaften an der Universität Hamburg, 1995–1997 Rechtsreferendariat am Oberlandesgericht Celle und zweites Staatsexamen, 1998–2004 Bereichsleiterin bei der Deutschen Telekom AG, 2004 Eintritt in die CDU, 2004–2008 Deputierte der CDU in der Deputation der Behörde für Wirtschaft und Arbeit der Hansestadt Hamburg, 2004–2010 Mitglied des Integrationsbeirates der Hansestadt Hamburg, 2005–2010 Niederlassungsleiterin bei der TNT Post, 2008–2010 Mitglied der Hamburgischen Bürgerschaft und stellvertretende Landesvorsitzende der CDU Hamburg, 2010–2013 Landesministerin für Soziales, Frauen, Familie, Gesundheit und Integration in Niedersachsen.

Die Sozialisation und Entwicklung des politischen Interesses

Ich war über zehn Jahre ehrenamtlich in Verbänden und Stiftungen tätig und hatte dadurch häufig Kontakt mit Politikern und Mandatsträgern. Irgendwann trifft man für sich die Entscheidung: Willst du nur meckern, was nichts bringt, oder willst du mitmischen und mitgestalten. Dann habe ich mir sehr genau die Inhalte der Parteien angeschaut und mich für die CDU entschieden.

Mein Vater war selbstständig, meine Mutter immer berufstätig. Meine Eltern lebten mir das Rollenbild vor, das ich auch heute mit meinem Mann lebe. Die Mutter muss nicht den ganzen Tag zu Hause sein, um die Kinder gut zu fördern.

Nach meinem Studium habe ich mich sehr intensiv ehrenamtlich engagiert, dabei habe ich viele engagierte Politikerinnen und Politiker kennengelernt, die – oft neben ihrer eigentlichen Berufstätigkeit – unglaublich viel Zeit und Kraft in die politische Arbeit vor Ort investiert haben. Das hat mich sehr beeindruckt und mich zusätzlich motiviert, ebenfalls politisch aktiv zu werden.

Interessenvertretung der Frau

Meine Erfahrung ist, dass Frauen, die sich engagieren, gerade wenn sie Familie haben, oft noch eine Zwei- bis Dreifachbelastung schultern müssen. Deshalb wünsche ich mir, dass die Gesellschaft diese Leistungen stärker respektiert.

Persönlich habe ich sehr gute Erfahrungen mit Netzwerken, gerade mit Frauennetzwerken, gesammelt. Daher würde ich jeder Frau raten, sich einer solchen Interessenvertretung, ob politisch oder beruflich, anzuschließen. Frauen, die schon eine bestimmte Position erreicht haben, können und sollten ihren Einfluss nutzen, um jüngeren Frauen den Weg zu erleichtern.

Mein Einstieg in die Politik, in die CDU

Ich bin ganz bewusst in die CDU eingetreten, weil diese Partei Werte vermittelt, für die ich auch stehe. Werte wie Familie, Solidarität und Nächstenliebe. Ich bin wertebewusst und weltoffen, das finde ich in der CDU. Ich habe mich für den politischen Weg entschieden, weil ich etwas bewegen wollte, nicht weil ich das Amt der Ministerin vor Augen hatte. Ich habe selbst früh erfahren, dass Migranten sich nicht ausklinken sollten aus der Gesellschaft, sondern dass sie sich mit ihren Erfahrungen einbringen können. Zum Beispiel in die politische Arbeit. Ich war lange Vorsitzende eines Verbandes von Unternehmern mit Migrationshintergrund, die ich dafür gewinnen konnte, Jugendliche auszubilden. Die Erwartung war also: Vorbild sein.

Ich habe mich erst relativ spät für die Politik entschieden, nämlich mit 35 Jahren, und das ganz bewusst, um Dinge zu verändern. Für mich war dieser Weg richtig. Meine Zahlenorientierung ist eine Seite, die andere Seite ist die, dass ich gut mit Menschen umgehen kann. Eine Ministerin muss darüber hinaus führen, sie muss zusammenführen, sie muss Visionen aufzeigen, sie muss entscheidungsfähig sein. Da gibt es viele Parallelen zu einer Führungskraft in der Wirtschaft. Entscheidend sind inhaltliche Kompetenz und politische Vision. Ob man diese Eigenschaften im beruflichen Alltag schärft oder sich für die sogenannte Ochsentour entscheidet, ist dabei meines Erachtens zweitrangig. Auf jeden Fall halte ich es für hilfreich, politisches Gespür durch ein längeres Engagement an der Basis zu entwickeln, das kann aber auch ein Ehrenamt sein.

Es gibt eine gewisse Tradition in der Politik in Deutschland, zwischen sogenannten „harten" und „weichen" Themen zu unterscheiden. Wenn man, wie ich zum Beispiel, ursprünglich aus dem wirtschaftlichen Bereich kommt, erntet man als Frau schon ein paar erstaunte Blicke. Aber ich bin überzeugt davon, dass sich diese Einteilungen allmählich auflösen.

Ohne Unterstützung geht es nicht

Auch wenn ich meine ersten politischen Schritte in einem Politikfeld unternommen habe, das traditionell eher männerdominiert ist, bin ich in der Frauen Union sehr herzlich aufgenommen worden. Die Unterstützung von Frauen und durch Frauen ist mir sehr wichtig, denn nur gemeinsam sind wir stark.

In meinem privaten Umfeld erfahre ich eine breite Unterstützung. Meine Mutter und meine Schwiegermutter waren zeitlebens berufstätig und sind durch meine Ernennung bestärkt worden, dass dies der richtige Weg ist. Sie bestärken mich ebenso wie mein Mann, ohne den der Spagat von Beruf und Familie nicht zu schaffen wäre. Ohne seine Unterstützung, den Halt, den er mir gibt, hätte ich meinen beruflichen Weg so nicht gehen können.

Als Frauenministerin empfinde ich es als frustrierend, dass wir die Gleichstellung von Frauen trotz guter Bildungsabschlüsse von Frauen in der Praxis noch nicht erreicht haben. Das ist zutiefst unbefriedigend.

Wir brauchen eine flexiblere Arbeitswelt. Rita Süssmuth hat einmal zu Recht festgestellt: „Wer keine Frauenquote will, muss die Frauen wollen." In diesem Sinne kann ich mir als Ultima Ratio eine Quote vorstellen.

Noch gab es keine Gewissensentscheidungen zu treffen

Wie hat Goethe so treffend gesagt: „Auch aus Steinen, die in den Weg gelegt werden, kann man Schönes bauen." Natürlich gibt es im politischen Alltag immer mal wieder Situationen, wo man – bildlich gesprochen – mit den Zähnen knirscht, zum Beispiel, wenn man überzeugt ist, eine gute Idee zu haben, und sich dann mit einem Kompromiss zufrieden geben muss, damit sie mehrheitsfähig wird. Aber zum Glück stand ich noch nie vor der Herausforderung, eine Entscheidung mittragen zu müssen, die ich nicht mit meinem Gewissen vereinbaren konnte.

Geschlechtsspezifisches Machtverständnis?

Ich habe den Eindruck, dass Frauen sich auch heute noch mit dem Machtbegriff schwertun. Wer offensiv nach Macht strebt, wird, interessanterweise auch von Frauen, rasch als unweiblich eingestuft. Erinnern wir uns etwa an Margaret Thatcher, deren Spitzname „eiserne Lady" nicht nur schmeichelhaft gemeint war. Nach der klassischen Definition von Max Weber bedeutet Macht: „Jede Chance, innerhalb einer sozialen Beziehung den eigenen Willen auch gegen Widerstreben durchzusetzen, gleichviel worauf diese Chance beruht." Wenn wir uns diese Definition zu Eigen machen, ist Macht zunächst einmal weder gut noch schlecht. Entscheidend ist vielmehr, was man daraus macht. Wer mitgestalten möchte, wer etwas verändern will oder seine Ziele durchsetzen, der oder die braucht Macht. Wobei sich auch beobachten lässt, dass Frauen ihre Macht weniger nach außen tragen. Frauen schreien seltener oder schlagen erst recht nicht mit der Faust auf den Tisch, sondern versuchen, die anderen durch Argumente „ins Boot zu holen." Politische Macht ist in aller Regel nur für einen begrenzten Zeitraum gegeben und mir scheint, dass Frauen weniger Probleme damit haben, danach wieder in ihren beruflichen und familiären Alltag zurückzukehren.

Meine Beobachtung ist, dass Frauen vielfach einen anderen Stil pflegen, vor allem sachorientiert diskutieren und besonders bei den sogenannten soft skills den Männern überlegen sind. Das wirkt sich positiv auf die Debattenkultur aus.

Gegenseitige Unterstützung oder Behinderung von Frauen?

Meine Erfahrung ist, dass Frauen oftmals das Knüpfen von Netzwerken nicht wichtig genug nehmen, sondern sich gleich in die Sachthemen stürzen. Aber zielgerichtetes Netzwerken ist unheimlich wichtig für den Erfolg. Auf einen kurzen Nenner gebracht: Man kennt sich, man hilft sich, man nützt sich. Hier haben Frauen noch Nachholbedarf.

Frauen machen oft die Erfahrung, dass sie es der Gesellschaft nur schwer recht machen können. Entscheiden sie sich dafür, Beruf und Familie zu vereinbaren, werden sie als Rabenmutter beschimpft, andere, die zu Hause bleiben, werden als „Heimchen am Herd" bezeichnet. Und wer sich, aus welchen Gründen auch immer, gegen eine Familie entscheidet, gilt als egoistisches „Karriereweib". Auch Machtbewusstsein wird bei Frauen oft negativ eingestuft. Fast jede Frau kann zu diesen Themen eine Geschichte erzählen, das schweißt ein Stück weit zusammen, auch über ideologische Grenzen hinweg.

Frauen, die in der Öffentlichkeit stehen, werden sehr kritisch gemustert. Übrigens von Männern und Frauen. Kommentare wie: „Wie zieht die sich denn an?" oder „Die hat ja bloß Erfolg, weil sie gut aussieht", würde man bei einem Mann nie hören. Abgesehen davon ist meine Erfahrung, wenn eine Frau selbstbewusst ist, ohne dabei verbohrt zu sein, strahlt sie das auch aus. Vorurteile gegen Frauen sind vor allem eine Frage der Bildung und weniger der Kultur oder der politischen Richtung.

Meine persönlichen Grundsätze

Ich bin sehr analytisch. Das kommt auch aus dem Jurastudium. Da wägt man ab, für und wider. Meine analytische Herangehensweise ist eine gute Voraussetzung. Die Hauptqualifikation ist aber, hinzuhören, wo der Schuh drückt und mit Menschen umgehen zu können. Das bringe ich mit. Aufgrund meiner eigenen Erfahrungen sehe ich es zudem als meine Aufgabe, den vielen Menschen mit Migrationshintergrund, die Deutschland mitgestalten wollen, Vertrauen zu vermitteln. Da gibt es viele, auch junge gut ausgebildete Menschen, die angesichts mancher Debattenbeiträge nicht wissen, ob sie wirklich willkommen sind.

Natürlich gab es auch Misserfolge oder Enttäuschungen, manchmal bin ich zudem ungeduldig, wenn ich den Eindruck habe, es geht zu langsam voran. Aber meine Devise ist, man darf dann nicht erstarren oder schmollen. Neugierde ist wichtig, Hilfe in Anspruch nehmen können ist wichtig. Mentoren, Begleiter in verschiedenen Lebensphasen sind wichtig. Und: Immer eine Nacht darüber schlafen. Meist sieht es am nächsten Tag gar nicht mehr so schwarz aus. Insgesamt kann ich sagen: Ich bereue nichts. Auch aus Fehlern kann man lernen. Das wichtigste ist: Jeden Tag in den Spiegel schauen zu können.

Es ist modern geworden, von der Work-Life-Balance zu sprechen. Politische Aktivität ist, gerade wenn man ein Amt oder ein Mandat inne hat, sehr zeitintensiv. Ich bin zum Glück sehr gut organisiert und verfüge über ein gutes Zeitmanagement, dennoch wünsche ich mir bisweilen mehr Zeit für die Familie oder für private Belange wie Sport, Reisen oder Treffen mit Freunden. Andererseits ist man sehr privilegiert, man lernt zum Beispiel unglaublich viele faszinierende Menschen kennen. Als größten Vorteil empfinde ich es, dass ich gestalten kann, dass ich durch mein Handeln unmittelbar dazu beitragen kann, Missstände abzubauen und – etwa im frauenpolitischen Bereich – etwas Positives zu erreichen.

Ich habe Gestaltungswillen. Die Politik macht mir Spaß, insofern denke ich noch nicht über das Thema Ausstieg nach.

Ratschläge an junge, politisch engagierte Frauen

Zunächst einmal freue ich mich über jede Frau, gleich welchen Alters, die sich für ein politisches Engagement entscheidet. Nur gemeinsam können wir dazu beitragen, dass der weibliche Blickwinkel im politischen Alltag noch stärker Berücksichtigung findet. Junge Frauen, die erst über ein Engagement nachdenken, möchte ich dazu aufrufen, nicht zu „blauäugig" an dieses Ziel heranzugehen. Man muss sich der Tatsache bewusst sein, dass gerade höhere politische Ämter sehr zeitintensiv sind. Wer schon früh weiß, dass er bzw. sie in die Politik gehen möchte, sollte dies zum Beispiel bei der Berufswahl berücksichtigen. Und man muss auch frühzeitig mit dem Partner oder der Partnerin darüber diskutieren, wie die Arbeit in der Familie aufgeteilt werden soll.

Julia Klöckner*

Zukunft statt Vergangenheit

Geboren am 16. Dezember 1972 in Bad Kreuznach, 1992 Abitur, 1992–1998 Studium der Theologie, Politikwissenschaft und Pädagogik, Abschluss: Staatsexamen und Magister Artium, 1994–1998 Religionslehrerin an der Pestalozzi-Schule Wiesbaden-Biebrich (mit Sonderregelung nach der Zwischenprüfung), 1997 Eintritt in die Junge Union, Frauen Union und CDU, 1998–2000 Journalistisches Volontariat beim Meininger Verlag/Neustadt, 1998–2002 freie Mitarbeiterin beim SWR-Fernsehen Mainz, 2000–2002 Redakteurin Zeitschrift „weinwelt", 2001–2009 Entwicklung der Zeitschrift „Sommelier-Magazin", Chefredakteurin, 2002–2011 Mitglied des Deutschen Bundestages, 2009–2011 Parlamentarische Staatssekretärin im Bundesministerium für Ernährung, Landwirtschaft und Verbraucherschutz, seit 2010 Landesvorsitzende der CDU Rheinland-Pfalz, seit 2010 Mitglied des Präsidiums der CDU, seit 2011 Mitglied und Fraktionsvorsitzende der CDU im Landtag von Rheinland-Pfalz, seit 2012 stellvertretende Bundesvorsitzende der CDU.

Wie hat sich Ihr Interesse für Politik entwickelt?

Ich komme aus einem landwirtschaftlichen Elternhaus. Da liegt es auf der Hand, dass daheim viel über den Hof und den Jahrgang des Rieslings gesprochen wurde. Gleichwohl ist meine Familie christlich geprägt, d. h., ich war sehr frühzeitig in der Kirche aktiv, aber auch im Musik-, Tischtennis- und Karnevalsverein. Gesellschaftspolitische Themen haben bei uns immer eine große Rolle gespielt: Wie lebt man das Leben, um ordentlich und aufrecht dadurch zu gehen? Mein Elternhaus war nicht parteipolitisch geprägt. Niemand war Mitglied einer Partei. Allerdings war mein Urgroßvater Bürgermeister und es bestand aufgrund der Landwirtschaft durchaus eine Nähe zur CDU. Parteipolitisch sozialisiert wurde ich durch die Junge Union. Auch bei den jungen europäischen Föderalisten der Europa-Union war ich Mitglied. Die Intensivierung der Auseinandersetzung mit Politik hat mein Studium mit sich gebracht. Bei Prof. Jürgen Falter, Parteienforscher in Mainz, sollten wir die Grundsatzprogramme der Parteien

---

* Das Interview führten Prof. Dr. Hanns Jürgen Küsters und Dr. Ulrike Hospes am 24.05.2012 in Mainz.

miteinander vergleichen und das Menschen- und Gesellschaftsbild herausarbeiten. Eine spannende Aufgabe, zumal ich die PDS mit der CDU vergleichen sollte. In der Kurzformel: Die PDS hat mich in die Arme der CDU „getrieben". Da ich parallel Theologie studierte und den Vorlesungszyklus „Christliche Soziallehre – die drei Säulen Personalität, Subsidiarität, Solidarität" besuchte, wurde mir klar, dass Christsein gesellschaftspolitische Aktivitäten verlangt. Ich setze auf Subsidiarität: Die Gesellschaft wächst von unten nach oben. Erst, wenn der Mensch die Freiheit hat, sich zu dem zu entwickeln, wozu er angelegt ist, dann kann eine Gesellschaft ein Bund werden, dann herrscht nicht der eine über den anderen. Bei der PDS war es umgekehrt: „Oben" wird definiert und die Hecke nach unten gerade geschnitten. Daraufhin bin ich in die CDU eingetreten.

Warum entschieden Sie sich für das Studium der Politikwissenschaft?

Bei zwei richtig guten Lehrern mit gradlinigen Sichtweisen am Gymnasium in Bad Kreuznach, mein Sozialkunde- und mein Religionslehrer, habe ich gelernt, zu diskutieren und das Menschenbild zu reflektieren. Die beiden hatte ich als Vorbild; ich wollte Gymnasiallehrerin werden. Bereits während meines Studiums war ich durch eine Sondermission Religionslehrerin an einer Grundschule in Wiesbaden. Das hat erste Berufserfahrung gebracht, und Geld für mein Hauptstudium habe ich dabei auch verdient. Beruflich habe ich mich aber dann doch umentschieden und mein Studium um den Magister-Studiengang erweitert. Schön war die Erkenntnis, dass Theologie und Politikwissenschaft immer mehr zusammengewachsen sind. Wenn du das Christsein richtig verstehst, verhältst du dich nicht für dich selbst, sondern für eine Gesellschaftsordnung.

Kommen wir zu Ihrem beruflichen Werdegang. Sie sind zunächst fernab von der Politik in den Journalismus gegangen – SWR, Redakteurin bei der „weinwelt", Chefredakteurin des „Sommelier-Magazin". Bringt Ihnen diese Berufserfahrung ein gewisses Stück Unabhängigkeit?

Definitiv, denn ich weiß, was es heißt, mit recht wenig Geld als Volontärin über die Runden zu kommen und hochzurechnen, ob die Tankrechnung zu bezahlen ist. Ich habe gelernt, erste Gehaltsverhandlungen mit dem Chef zu führen, aber auch verantwortlich zu sein, weil ich eine Zeitschrift entwickelt und geführt habe, die immer rechtzeitig erscheinen musste. Ich freue mich, dass es sie noch immer gibt und die Redaktionsmitarbeiter noch immer Arbeit haben.

Ist diese berufliche Erfahrung eine Voraussetzung für gute Politik?

Sie kann nicht schaden. Aber man kann es nicht pauschal sagen. Es gibt junge Politiker, die direkt vom Abi ins Parlament kommen. Das kann zu einem Problem persönlicher Natur werden. Sie sind zum Teil abhängiger als jemand, der nebenbei noch arbeitet oder andere Berufserfahrung hat. Sie sind abhängig von der Partei und akzeptieren wahrscheinlich viel mehr, weil die Alternativen für einen anderen Beruf übersichtlich sind. Andererseits: Was hilft es, wenn Sie jemanden haben mit großer beruflicher Vorerfahrung, der kein lauteres Herz und nur Lobbyinteressen hat? Dann ist jemand, der klug und integer direkt von der Uni kommt, besser für die Politik. Mich persönlich lässt die Erfahrung gerader und aufrechter gehen, ganz klar. Auch kann ich besser nachvollziehen, wie es anderen geht im beruflichen Dasein, insbesondere bei Selbständigkeit, wo man nicht automatisch Einkommen auf dem Konto hat. Ich weiß, was es als Landwirt heißt, wenn man von der Witterung abhängig ist, im Frühjahr plötzlich eine Frostnacht kommt und alles hinfällig ist. Gerade als Agrar-Staatssekretärin musste ich den Landwirten nicht viel erklären. Ich hatte sozusagen einen Bonus. Kurzum: Ich finde es gut, wenn jemand, bevor er in die Politik geht, mal etwas anderes gesehen und gemacht hat.

Wie vollzog sich ihr Einstieg in die aktive Politik?

Ich kam von der Seite herein, wurde gefragt – auf dem goldenen Tablett, das war nicht nur ein silbernes –, ob ich mit einem festen Listenplatz für den Deutschen Bundestag kandidieren würde. Wann passiert schon so etwas? Das Frauenquorum war der Grund. Aber ich habe zunächst abgesagt – weil ich ja im festen Beruf als Journalistin war. Nach zwei Wochen wurde ich erneut gefragt, habe noch mal überlegt und ich sagte doch zu.

Mit der Kandidatur stolperten Sie in die Politik hinein und hatten wahrscheinlich keine Netzwerke wie andere, die beispielsweise in der Jungen Union groß geworden sind. Ist das ein Vorteil oder ein Nachteil für Ihre heutige Position?

Für die heutige Position spielt das keine Rolle. Für den Einstieg war es schwer und gut zugleich. Man hat keine verbrannte Erde, auf der man hineingeht, aber auf der anderen Seite muss man an wichtigen Netzwerken arbeiten, um Themen und Strukturen zu verstehen. Unter dem Strich hat mir dieser Weg viel Erfahrung für die heutige Arbeit gebracht. In den Anfangsjahren durfte ich lernen und wohlwollend auch mal Fehler machen.

Fühlten Sie sich damals als Quotenfrau?

Die Quote hat mir geholfen, natürlich. Die Herren wären nie auf mich gekommen, wenn es nicht um einen Listenplatz gegangen wäre, der für eine Frau reserviert war. Mein Wahlkreis Bad Kreuznach-Birkenfeld war nicht zu gewinnen für einen CDUler. Die entscheidenden Herren haben damals verstanden, dass sie nur über den sicheren Frauenlistenplatz nach 50 Jahren wieder einen eigenen Bundestagsabgeordneten vorzeigen konnten. Das Frauen-Quorum ist eine notwendige Krücke, um zur Normalität zu kommen. Ich lag 2002 sieben Prozent hinter dem SPD-Kandidaten, kam aber über die Liste in den Deutschen Bundestag. 2005 habe ich erstmalig gewonnen – mit einem Prozent, und 2009 hatte ich beim gleichen Gegenkandidaten 18 Prozent Vorsprung. Das zeigt: Manchmal braucht Frau erst die Chance. Ich unterstütze die Flexi-Quote der Bundesministerin für Familie, Frauen, Senioren und Jugend, Kristina Schröder. Ich halte nichts davon, dass der Staat pauschal die Quote festlegt. Das soll jede Branche selbst entscheiden. Die Gesellschaft besteht zur Hälfte aus Frauen, aber im Parlament sitzen und entscheiden rund 70 Prozent Männer. Männer verstehen unter Sicherheit laut Umfragen Terrorabwehr und Polizeipräsenz. Stimmt, wichtig. Aber junge Frauen, Familien, Mütter verstehen darunter auch eher Lebensmittelsicherheit. Das ist ein Teilaspekt – nicht besser, nicht mehr, aber komplementär. Also brauchen wir auch Frauen, selbstverständlich nicht ausschließlich. Es geht nicht darum, hervorragende Männer durch schlecht qualifizierte Frauen zu ersetzen. Doch erst wenn schlechte und mittelgute Frauen auch in Führungspositionen sind, haben wir Gleichberechtigung, denn wir haben auch nicht nur die besten Männer oben.

Als Bundestagsabgeordnete und Staatssekretärin wurden Sie zurück nach Rheinland-Pfalz gerufen, um Spitzenkandidatin bei der Landtagswahl 2011 zu werden. Wie schwer fiel Ihnen der Abschied von der Bundespolitik?

Für mich stand fest: Wenn ich einen Landtagswahlkampf mache mit sehr reduziertem Schlafeinsatz und hohem körperlichen, geistigen, mentalen Einsatz, mein Alterungsprozess voranschreitet, dann muss ich wissen, wofür ich das mache. Ansonsten hätte ich einen schönen Sommer und ein schönes Frühjahr gehabt, bliebe weiterhin Staatssekretärin und ließe mich durch das Land kutschieren. Ich habe erlebt, wie es ist, gleichzeitig Parlamentarische Staatssekretärin, Bundestagsabgeordnete, Landesvorsitzende, Spitzenkandidatin und Kandidatin für einen Wahlkreis im Landtag zu sein. In dieser Komplexität wird man niemandem gerecht. Auch habe ich nie etwas von Doppelmandaten gehalten. Die Entscheidung für das Land war also eine ganze. Deshalb habe ich das Staatssekretärsamt vor der Wahl niedergelegt, auf Gehalt, Dienstwagen und Status verzichtet. Das hatte in meinem Alter etwas sehr Befreiendes. Natürlich habe ich zwei, drei

Nächte gerungen, mich mit ganz engen Freunden unterhalten. Manche warnten vor einer Rückkehr in die sogenannte Provinz. Da sagte ich mir: Leute, Provinz kann die große Welt sein. Berlin kann auch eine Provinz sein.

Die Bundeskanzlerin und CDU-Vorsitzende Angela Merkel wusste bereits im Jahr davor, dass ich als Spitzenkandidatin das Staatssekretärsamt niederlegen werde und nicht halbherzig nach Rheinland-Pfalz in den Landtag wechsle. Das war zwischen uns klar und wurde sonst nirgendwo verbreitet. Es kam lange gar nicht heraus, wer die Spitzenkandidatin sein wird. In der rheinland-pfälzischen Staatskanzlei herrschte dann Schockstarre, weil sie sich auf vieles eingestellt hatten, aber eben nicht darauf, dass ich mein Staatssekretärsamt niederlege und wirklich unabhängig des Wahlausgangs nach Rheinland-Pfalz in den Landtag wechsle. Als weiteres Zeichen war es wichtig, dass ich den Landesvorsitz vor der Wahl annehme. Mit meinem Versprechen, voll und ganz Politik für Rheinland-Pfalz zu machen, konnte ich natürlich auch Bedingungen stellen. So habe ich mir ausbedungen, dass ich mich nicht in der Fraktion für ein Jahr zur Vorsitzenden wählen und dann bestätigen lasse, sondern gleich für die gesamte Legislaturperiode von fünf Jahren.

Am Anfang mussten die Sachen geklärt werden. Langsam ist das Vertrauen gewachsen. Ich glaube, die Partei war selbst erstaunt, wie wir miteinander eine solche Euphorie entwickeln und erhalten konnten. Die alten Lagerkämpfe in der CDU Rheinland-Pfalz sind weg. In der Vergangenheit herrschte der Gedanke vor: Was ist, wenn wir verlieren? Welches Lager kommt zum Zug? Das kostet Energie; man schaut nicht zum Gegenkandidaten der anderen Partei, sondern ist zu sehr auf sich selbst im Wahlkampf konzentriert. Bei mir wusste jeder: Klöckner kommt von außen, ist aus keiner der Strömungen und bleibt auf jeden Fall im Land. Da blieb ganz viel Konzentration und Kraft für den Wahlkampf.

War Ihre Kandidatur auch ein Generationenwechsel? Ein neues Gesicht für die CDU? CDU und Zukunft ist nicht unmittelbar immer direkt konnotiert.

Das ist ein guter Punkt, ja. Unser Wahlspruch lautete „Zukunft statt Vergangenheit". Wenn man vom Ministerpräsidenten immer wieder hörte: „Das haben wir 1993 schon besprochen", merkt man, wie sehr die Regierung an der Vergangenheit hängt.

Sind Frauen in der Politik weniger konfliktbereit?

Mit Blick auf die Bundeskanzlerin oder – auf Landesebene – bei der Ministerpräsidentin des Saarlandes, Annegret Kramp-Karrenbauer, oder in Thüringen bei Christine Lieberknecht würde ich das nicht so sagen. Es sind starke Frauen, die keinen Konflikt, wenn es um die Sache geht, scheuen müssen.

Führen Frauen den Konflikt anders?

Konflikte zwischen Frauen werden leider häufig als Zickenkrieg abgetan, bei Männern heißt es Auseinandersetzung. Ich denke, dass Frauen nicht immer die ultimativen Entscheidungsfragen als solche formulieren, sondern manchmal analytischer und zusammenführender vorgehen. Aber das ist eine Typenfrage. Frauen neigen dazu, dass sie lösungsorientierter sind, wenn zwei Züge aufeinander zurollen. Frauen haben gelernt, lieber strategisch zu agieren, weniger laut zu werden, damit sie nicht automatisch in den Strudel „Zicke, hohe Stimmlage, nicht souverän" geraten, so ist mein Eindruck.

Sind Frauen eher an Sachthemen und Lösungen orientiert? Entscheiden Männer mehr aus dem Bauch heraus?

Das wäre zu pauschal. Natürlich sind Frauen anders als Männer. Jeder, der egalisieren will, wird dem Menschen, in seiner Individualität nicht gerecht. Was ungleich ist, muss nicht gleich geformt werden.

Aber ich erlebe zumindest Tendenzen. Vorweg: Die Frauen, die in den oberen Etagen ankommen, sind meist durchsetzungsstarke und klug aufgestellte Frauen. Wortmeldungen von Männern in verschiedensten Gremien sind häufig sehr allgemein oder wiederholen, was schon gesagt wurde. Wenn sich Frauen melden, haben sie strukturiert etwas vorbereitet, legen beispielsweise ein Papier vor. Ich gebe zu, das ist holzschnittartig. Aber Tendenzen sieht man schon. Gilt natürlich nicht für alle. Bei Frauen gibt es oft eine ausgeprägtere Struktur der Effizienz, der Effektivität. Sofern das klassische Rollenbild gelebt wird, müssen Männer abends nicht bei den Kindern zu Hause sein, sich um den Haushalt kümmern, die Mülltonnen herausstellen. Ganz banale Dinge, die alle organisiert werden müssen. Männer können durchaus nach den Sitzungen beim Bier zusammenhocken und die eigentlichen – häufig personalpolitischen – Entscheidungen fällen, während Frauen sich höflich verabschieden.

Welche Funktion hat die Frauen Union für Sie?

Sie ist wichtig. Es kommt natürlich immer darauf an, welche Frauen vor Ort aktiv sind. Die Frauen Union wurde zwar häufig verspottet, aber unterschätzt. Ich fand es damals nicht glücklich, dass es Frauen waren, die gegen die heutige Parlamentarische Staatssekretärin beim Bundesminister für Umwelt, Naturschutz und Reaktorsicherheit, Katherina Reiche, Stimmung gemacht haben, nur weil sie nicht verheiratet, aber schwanger war und ins Kompetenzteam berufen wurde. Würde man das bei einem jungen Mann machen? Andererseits habe ich die

Frauen Union auch als Verbündete wahrgenommen. In Rheinland-Pfalz haben wir eine hervorragende Mischung von Frauen älterer und jüngerer Generationen. In der Frauen Union hat sich einiges getan. Ich erlebe eine große Unterstützung, Grundsympathie für Frauen in der Politik.

Der Modernisierungsprozess der CDU unter der Vorsitzenden Angela Merkel geht auch auf gesellschaftliche Veränderungen ein und spiegelt das neue Rollenbild der Frau wider. Wird die CDU bereits damit identifiziert?

Der Weg, der Prozess ist manchmal auch das Ziel. Meine These ist, dass die CDU mit all ihren Personen im Alltag viel moderner ist als ihr Image.

Ist das ein Kommunikationsproblem?

Es ist ein Wahrnehmungsproblem, ein „Nichtwahrnehmenwollen" der anderen. In der Troika der SPD beispielsweise gibt es nur Männer. Wir stellen seit 2005 mit Angela Merkel die Bundeskanzlerin, mit Annegret Kramp-Karrenbauer im Saarland und Christine Lieberknecht in Thüringen, zwei Ministerpräsidentinnen. Die SPD stützt sich auf ihre Programmatik und Theorie, bei uns gibt es die Macht des Faktischen und die Praxis des Lebens. Da hinkt die SPD hinterher.

Klar kommt es auch darauf an, die Sprache der Leute zu sprechen, glaubwürdig zu sein.

Ein anderes Beispiel: Herr Beck sagte im Wahlkampf zu mir: „Ich behandle Sie wie einen Mann, fair und sachlich." Da habe ich zu ihm gesagt: „Ich werde Sie nicht wie eine Frau behandeln." So wurde diese Absurdität endlich einmal klar. Als ich im Landtag ans Mikrofon trat, sagte Herr Beck „Ausgerechnet diese Tante." Der Sprachgebrauch verrät viel über die innere Einstellung. Mir ist es lieber, das Sein ist authentisch als ein Bewusstsein zu kreieren, das nicht authentisch zum Sein passt. Also theoretische Positionen sind nichts wert, wenn die Praxis dem nicht folgt. Kurzum: Angela Merkel hat mit ihrer Art Politik zu machen, mehr für uns Frauen gemacht, als Herr Gabriel mit seiner Boygroup.

Spielen Äußerlichkeiten bei Frauen eine besondere Rolle?

Ja, Sie können hilfreich sein, aber auch schaden. Bei Männern spielen sie keine solche Rolle. Aber Frauen werden auch von Frauen anders beäugt, also dürfen wir uns gar nicht beschweren, ehrlich gesagt. Ich bekomme so viele Zuschriften, über Outfit, Frisur und Haarfarbe. Würde man bei einem Mann über den grauen CDU-Mann sprechen? Mittlerweile habe ich gelernt, mich nicht darüber zu ärgern. Wenn man keinen Wert auf sein Äußeres legt, dann heißt es: „Sie sehen aber fertig aus." Soll heißen: Ist sie dem Amt nicht gewachsen? Doch wenn Politikerinnen sich zurechtmachen, ein Kostüm anhaben, dann heißt es: „Frauen halt." So oder so – es ist schwierig.

Instrumentalisieren?

Das Paradebeispiel ist die Bundeskanzlerin. Sie tritt gut auf, hat ihren eigenen Stil, verzichtet auf „verspieltes Zeug" und gibt so keinen Anlass, nicht auf ihre Worte zu hören. Sie wurde öfter mit Häme überzogen, zu unrecht. Unter dem Strich ist eine Beständigkeit im Stil, eine Beständigkeit im Unaufgeregten von Vorteil. Dabei muss man auch in diesem Bereich authentisch bleiben.

Frauen gibt es nicht nur in der CDU, sondern auch in den anderen Parteien. Gibt es eine verstärkte Kooperation zwischen Frauen bei parteiübergreifenden Themen?

Das ist themenabhängig. Alles andere fände ich unprofessionell. Es geht um die Sache. Sicherlich können Themen zusammenkommen, die speziell mit Frauen etwas zu tun haben und eine parteiübergreifende Initiativen erfordern.

Gibt es eine Tendenz, dass Frauen sich nicht mehr nur den traditionellen frauenspezifischen Themen wie Familie, Bildung zuwenden, sondern auch den vermeintlich härteren Themen wie Sicherheitspolitik, Außenpolitik?

Ja. Dass Annegret Kramp-Karrenbauer die erste Innenministerin war und bewusst Wert darauf gelegt hat, wieder eine Frau zur Innenministerin zu machen, hat einen Grund: Der Hinweis, Frauen können auch. Warum haben wir keinen Mann als Familienminister? Symbolische Politik war es auch, als in Spanien mit Carme Chacón i Piqueras eine schwangere Frau Verteidigungsministerin wurde. Irritationen gab es. Ja, gut so!
 Ich habe mich von Anfang an der unbeliebten Verbraucherpolitik gewidmet. Aber mit den Themen wie Internetabzocke, Datenschutz wurde es spannend und berührte die Rechtspolitik. Auch die Finanzmarktpolitik ist von uns Verbraucherpolitikern damals angetrieben worden. Frauen können solche weichen Themen versuchen herüberzuziehen in harte Themen.

Wie gehen Frauen mit Macht um?

In Bezug auf die Kanzlerin habe ich häufig die Frage gestellt bekommen: „Hat sich die Kanzlerin den Verhaltensweisen der Männer angepasst?" Ich frage zurück: „Wie kommen Sie darauf?" – „Weil sie an der Spitze ist, Leute entlässt, hoch auf der Imageskala steht, etc." Man sollte sich fragen, ob nicht ein solches Amt gewisse Verhaltensweisen oder Fähigkeiten erfordert, unabhängig von der Geschlechterfrage. Das Warmherzige, Mütterliche auf der einen Seite, der auf den Tisch hauende Vater auf der anderen – die traditionelle Rollenverteilung wird den heutigen Situationen nicht gerecht. Alles eine Frage der Gewohnheit.

Man muss sich bewusst sein, dass Macht zur Politik dazu gehört. Keiner gerät in eine Position, der nicht Macht hat, der sich nicht gegen einen Gegenspieler oder eine Gegenspielerin durchgesetzt hat. Ich würde mich beispielsweise komplett lächerlich machen als Fraktions- und Landesvorsitzende, wenn ich meine Fraktion oder meinen Landesverband nicht zusammenbekommen würde und eine Abstimmung nicht gewinnen würde. Ich brauche natürlich Macht, um Ziele durchsetzen zu können.

Wie würden Sie Ihren Politikstil charakterisieren?

Kommunikativ. Aber in den wichtigsten Entscheidungsfindungen, will ich klar wissen und sagen, wo es hingeht. Wo schnelle Führung angesagt ist, bespreche ich vieles im kleinen Kreis. Es gibt Themen, die man nicht zerreden sollte.

Sie geben die Richtung vor?

Ja, in vielen Dingen schon. Ich hole mir in kleinen Abgeordneten- und Mitarbeiterrunden Feedback. Meinungsverschiedenheiten müssen möglich sein. Verbündetsein aufgrund persönlicher Sympathie kann nicht jede Entscheidung rechtfertigen. Je nach Themenlage müssen Dinge offen angesprochen werden.

Haben Sie goldene Regeln?

Ja. Ich könnte mich jetzt des Kant'schen Imperativs bedienen, aber das wäre mir hier zu hoch gegriffen. Humor ist wichtig, d.h. heiter auf die Welt zu schauen, nicht verbissen, sondern verbindlich sein. Das ist ein Gemüt, das man hat oder eben nicht. Mir hilft es wirklich sehr. Wenn man eine Führungsperson ist, muss man immer die erste sein, die versucht, Wege zueinander zu finden. Natürlich darf man auch Stress haben, keine Frage, aber man darf das nicht persönlich nehmen. Das musste ich lernen. Es ist sehr prägend, einen Landtagswahlkampf zu machen: Man kann dabei gar nicht alles an sich heranlassen. Wichtig sind Freundschaften, intensive Freundschaften außerhalb der Politik. Ich habe in meinem Wahlkampf von ganz engen Freunden fast die rote Karte gezeigt bekommen, weil sie sagten: „Du bist jetzt gar nicht mehr Du und nicht mehr da." Daraufhin habe ich einen Tag alle Termine abgesagt, mich mit ihnen getroffen und einiges geändert.

Eine andere goldene Regel lautet immer gut vorbereitet sein – früh aufstehen, spät ins Bett gehen, mehr lesen als die anderen. Nur mit Arbeit und Fachwissen kann ich auf die Kraft der Argumente setzen.

Was war für Sie bisher die größte Enttäuschung in der Politik?

Bisher kann ich keine persönlichen Enttäuschungen benennen. Ich fand es auch nicht erschütternd, dass uns bei der Landtagswahl 2011 nur 8.000 Stimmen gefehlt haben. Trotz der Atomkatastrophe von Fukushima haben wir so hervorragend abgeschnitten!

Aber bei einer politischen Entscheidung gelangte ich mal an einen Tiefpunkt an. Es ging um die Bioethik-Debatte, um embryonale Stammzellen. Auf dem Parteitag der CDU im November 2006 in Dresden führten wir diese Debatte spät am ersten Abend. Ich war gegen die Aufweichung der Regeln. Wir haben einmal mit diesem „Halbschwanger sein" den Sündenfall beim Import der Stammzellen gemacht. Doch eine geringe Mehrheit wollte eine Lockerung. Das hatte mich sehr enttäuscht

Gab es andere Gewissensentscheidungen, die Sie erlebt haben?

Ich habe einmal gegen die Gesundheitsreform gestimmt, zusammen mit einigen Abgeordneten aus der Jungen Gruppe. Wir waren der festen Überzeugung, dass sie nicht generationengerecht ist. Die Ankündigung, entgegen der Fraktionsmeinung abzustimmen, führte zu einer interessanten und harten Woche!

Wenn wir bei den Enttäuschungen waren – was ist denn der schönste Erfolg, den Sie bisher erzielt haben?

2005 den Wahlkreis das erste Mal für die CDU zu gewinnen. Ich saß mit meiner Mitarbeiterin im Auto, wechselte gerade von der A 61 auf die A 60, unterwegs Richtung Mainz, weil ich zum SWR musste. Vorher hatte ich daheim im Wahlkreis bei uns auf dem Weingut alle Helfer eingeladen. Die Auszählungsergebnisse gingen hin und her. Alle hatten mitgefiebert, angerufen, aber wir hatten immer noch keine Klarheit. Wir wussten nur, es wird so knapp werden wie nie zuvor. Auf einmal bekommen wir im Auto den Anruf, geschafft. Das Auto – der Käfer Beetle – war für diese große Freude in diesem Moment fast zu klein!

Eine sehr hypothetische Frage: Was müsste passieren, dass Sie sagen würden: „Ich steige aus der Politik aus"?

Es müsste ein Abschnitt zu Ende gehen. Es wären vielleicht verschiedene Varianten, die passieren könnten: Dass ich Fehler mache und meine Partei nicht mehr zufrieden ist. Oder, dass es private Gründe für eine solche Entscheidung gibt. Besuche von Headhuntern hatte ich im Übrigen nach der Landtagswahl genug, finanziell höchst interessante Angebote. Aber ich habe mein Brot und meine Aufgabe. Mich abwerben zu lassen, wäre unanständig. Die Partei setzt darauf, dass wir unsere Arbeit in Kontinuität auch an der Spitze fortsetzen.

Sie haben eine große Moralität.

Na ja. Es hat in erster Linie etwas mit mir zu tun. Ich käme mit diesem Gefühl nicht zurecht, meine Leute im Stich zu lassen.

Geradlinigkeit und Bauchgefühl? Sind das wichtige Komponenten?

Ja, aber wenn das Bauchgefühl immer trügt, ist es auch schlecht, man muss den Kopf dazu nehmen.
Empathie ist ganz wichtig. Das habe ich bei meinen Bürgersprechstunden gelernt. Wer kommt in eine Bürgersprechstunde? Nicht der Professor, der intellektuelle Gespräche führen will, sondern Rentner, die eine Beratung für ihre Rente wollen, Hartz-IV-Empfänger, denen der Arbeitsplatz weggebrochen ist, die sich Sorgen um das Kind machen. Natürlich kommen auch solche, die ein neues Baugesetz brauchen, weil sie ihren Balkon anders haben wollen. Diese ganz normale, ganz große Alltagsrealität! Es geht nicht um die politischen Scheidewege wie den Euro in einer solchen Sprechstunde.
Diese Empathie, dieses Bauchgefühl kann man am besten von unten her lernen und bei den Leuten.

Damit verkürzt man den besagten Abstand zwischen Politik und den Wählern.

Es würde übrigens auch einigen Wählern gut anstehen, sich nicht nur in der eigenen Klientel zu bewegen. Es gibt wenige Berufe z. B. Ärzte, die wirklich mit der Bandbreite der Gesellschaft zu tun haben. Politiker haben diese Bandbreite, wenn sie einen Wahlkreis haben und wieder gewählt werden wollen, dann können Sie es sich nicht leisten, in Elfenbeintürmen zu leben.

Was würden Sie aufgrund Ihrer bisherigen politischen Erfahrungen jüngeren Frauen raten?

Ratschläge sind schwierig, manchmal mehr Schlag als Rat.

Vielleicht als Empfehlung verstanden?

Jede Situation ist einzig. Was kann man Frauen raten? Ich würde eher sagen: Was kann man jüngeren Leuten raten? Ich würde nicht zwischen Frauen und Männern unterscheiden.

Am Anfang sollte man sich nicht so sehr nur auf die Netzwerke verlassen. Netzwerke können helfen, sicherlich. Über Wasser gehen können wir alle nicht, da kann dieses Eis schon helfen. Aber es kann auch so dünn sein, wenn es Konkurrenz gibt.

Man sollte sich ein Fach oder einen Teilbereich heraussuchen, in dem man Spezialist wird. Man kann nie alles machen. Wichtig ist, für einen Bereich Experte zu werden, richtig gut und glaubwürdig zu sein. Es schadet nicht, im Kleinen anzufangen. Seid nicht zu schade, mal einen Tisch abzuräumen, seid nicht zu schade, mal etwas anderes zu machen.

Wichtig ist auch, die eigenen Ziele und Überzeugungen zu verfolgen und nicht gleich einzuknicken. Man darf Wahlen verlieren. Demokratie heißt, wir brauchen Auswahl. Wenn man Auswahl hat, gibt es automatisch Gewinner und Verlierer. Doch nicht jedes Verlieren ist gleich eine Niederlage. Wer verliert, hat wieder etwas gelernt. Und das kann wiederum der Anfang eines neuen Erfolgsweges werden. Wichtig ist ja, was hinten rauskommt.

Katherina Reiche*

Man muss seinen Weg finden

Geboren am 16. Juli 1973 in Luckenwalde, verheiratet, drei Kinder, 1992 Abitur, 1992–1997 Studium der Chemie an der Universität Potsdam, Abschluss: Dipl.-Chemikerin, 1995–1996 Studienaufenthalt an der Clarkson Universität, New York, 1996 Eintritt in die CDU, 1997 Forschungsaufenthalt an der Universität Turku, Finnland, 1997–1998 wissenschaftliche Mitarbeiterin an der Universität Potsdam, seit 1998 Mitglied des Deutschen Bundestages, 2002–2005 Vorsitzende der Arbeitsgruppe Bildung und Forschung in der CDU/CSU-Bundestagsfraktion, 2005–2009 stellvertretende Vorsitzende der CDU/CSU-Bundestagsfraktion, seit 2009 Parlamentarische Staatssekretärin beim Bundesminister für Umwelt, Naturschutz und Reaktorsicherheit.

Wie hat sich Ihr politisches Interesse entwickelt?

Mein politisches Interesse begann – in der DDR aufgewachsen – während der Wendezeit. Im privaten Umfeld, das auch kirchlich geprägt war, wurde besonders kritisch diskutiert. Dankbar bin ich meinen Eltern, dass sie mich ermutigt haben, zur Christenlehre und zur Konfirmation zu gehen. In der Gemeinde gehörten wir sicherlich nicht zu denen, die man zum Widerstand zählt. Unsere Diskussionen, gerade in der Jugendgruppe, waren im geschützten kirchlichen Raum immer sehr kritisch. Auch waren sie von der Frage bestimmt: „Vielleicht sind wir die Letzten, die hier bleiben." Es war eine Mischung aus Aufbruch, Hoffnung und einem Stück Angst, die Freiheit nicht mehr erlangen zu können. Die Wiedervereinigung habe ich als wahre Befreiung erlebt. Für die ganze Familie ist die Wiedervereinigung mit einem tiefen Gefühl des Glücks verbunden. Mein Großvater bekam sein enteignetes Unternehmen zurück. Ich selbst verbinde mit der Wiedervereinigung Soziale Marktwirtschaft, Helmut Kohl, einen wirklichen Aufbruch und einen enormen Freiheitsgewinn. Das hat mich politisiert, am Ende auch zum politischen Engagement, zunächst in der Jungen Union und dann in der CDU, gebracht.

---

* Das Interview führten Dr. Ulrike Hospes und Ina vom Hofe M. A. am 28.08.2012 in Potsdam.

Bevor wir in die aktive politische Kariere einsteigen: Wie war das Rollenverständnis in Ihrem Elternhaus?

Mein Vater ist Diplom-Ingenieur, meine Mutter promovierte Physikochemikerin. Sie hat immer gearbeitet; beide Eltern in leitenden Positionen. Sie waren jedoch nie Mitglied der SED.

Warum haben Sie sich für die CDU und keine andere Partei entschieden?

Für mich gab es zur CDU keine Alternativen. Von den Sozialdemokraten hatte ich einen schlechten Eindruck und die Grünen haben keine Rolle gespielt, bevor die Bündnis-Leute zu ihnen gegangen sind. Auch bei der ersten freien Wahl 1990 war für meinen Großvater und für meine Eltern – ich durfte mit 17 Jahren noch nicht wählen – völlig klar, die CDU zu wählen. Wir haben offen darüber gesprochen, was die ganze Familie wählt. Da gab es keinen Zweifel.

Gab es einen konkreten Anlass, dass Sie zunächst in die Junge Union und dann in die CDU eingetreten sind?

Halb zog es sie, halb sank sie hin. Ich war in einem Chor, und in diesem Chor war wiederum eine Menge engagierter junger Leute, die schon 1990 die Junge Union in Brandenburg gründeten. Die Jugendorganisationen der Parteien waren in der ehemaligen DDR verboten, um bewusst alle in die FDJ zu zwingen. 1992 bin ich in die Junge Union eingetreten. Damals ging es in Luckenwalde darum, wie das künftige Gymnasium, damals noch Erweiterte Oberschule, heißen soll. Für das frühere Friedrich-Gymnasium, 1977 umbenannt in Lenin-Schule, konnte der Name wohl kaum so bleiben. Manche wollten den alten Namen Friedrich-Gymnasium wieder, andere eine Rudi-Dutschke-Schule. Rudi Dutschke stammte zwar aus Luckenwalde und war für die deutsche Einheit eingetreten, aber das ging mir dann doch etwas zu weit. Ich schloss mich der JU an, weil ich hoffte, dort etwas bewegen zu können.

Schließlich waren meine Eltern 1990 in die Kommunalpolitik gegangen. Mein Vater war ehrenamtlicher stellvertretender Bürgermeister in Luckenwalde, meine Mutter Kreistagsmitglied. Mein Vater ist zeitlebens parteilos geblieben, wenn auch CDU-nah. Meine Mutter ist Mitte der 1990er Jahre in die CDU eingetreten und war über viele Jahre Fraktionsvorsitzende im Kreistag.

Sie arbeiteten als wissenschaftliche Mitarbeiterin, wollten promovieren. Warum entschieden Sie sich für den Schritt in die Politik?

Ich hatte nicht geplant oder gar erwartet, dass ein politischer Werdegang, eine politische Karriere, und dann auch noch im Deutschen Bundestag, tatsächlich möglich wäre. Der alte Karl-Liebknecht-Wahlkreis war 1998 unbesetzt, und die CDU-Kreisvorsitzenden von Potsdam und Potsdam-Mittelmark baten mich, die Alternative zum damaligen PDS-Bewerber Rolf Kutzmutz zu bieten. Rolf Kutzmutz flog 1997 als Stasi-Spitzel auf und kommentierte seine aufgetauchte Akte mit den Worten: „Ich habe eine Vergangenheit", sozusagen als Akt der Rechtfertigung. Dem haben wir den Slogan entgegengesetzt: „Wir haben eine Zukunft". Ich habe mich gegen zwei weitere Mitbewerber im Wahlkreis durchgesetzt, anschließend auch auf der Landesliste. Das war wichtig, weil Brandenburg keine Direktmandate hatte, und Potsdam ein Wahlkreis ist, der nur schwer zu gewinnen ist. Ich bin damals durch die Delegiertenversammlung auf den 4. Listenplatz gewählt worden. 1998 zog ich dann tatsächlich in den Deutschen Bundestag, noch in Bonn, ein. Aber zuvor habe ich eine wissenschaftliche Karriere mit Ernst verfolgt, das Studium mit großer Geschwindigkeit, Ernsthaftigkeit und Konsequenz durchgezogen. Nach neun Semestern schloss ich mit 1,0 ab und hatte Promotionsangebote, auch international. Eigentlich hatte ich nur mit einem halben Jahr Ausfall für den Wahlkampf gerechnet. Es kam dann anders.

Welche Themen haben Sie als Neueinsteigerin im Deutschen Bundestag zugewiesen bekommen? Konnten Sie auch selbst welche aussuchen?

Ich habe in zwei Ausschüssen begonnen, dem Petitionsausschuss sowie dem Ausschuss für Angelegenheiten der neuen Länder. Der letztgenannte Ausschuss war ein Ausschuss, den die damalige Opposition (CDU/CSU) eingerichtet hat, um der SPD, die im Wahlkampf eher durch Abträgliches über die neuen Länder aufgefallen war, etwas entgegenzusetzen. Aber es war kein Ausschuss, der im Zentrum stand. Fraktionschef Friedrich Merz bat mich, das Thema Beziehungen zur Republik Polen zu bearbeiten. Das habe ich gemacht. Er hat mich außerdem gefördert und mit dem Fachgebiet Bio- und Gentechnologie beauftragt. Als Naturwissenschaftlerin lag das auch nahe. Das hat mir erstmals auch Konfliktthemen beschert, an denen ich arbeiten konnte. Dafür bin ich nach wie vor dankbar.

Frauen- und Familienpolitik war kein Thema für Sie?

Ich habe es nicht im Fachausschuss bearbeitet, das Thema kam dennoch zu mir. 1998 bin ich in den Deutschen Bundestag gewählt worden, 1999 habe ich das erste Kind bekommen. Das war für die damalige Fraktion nicht der Alltag. Es hat erstaunte Blicke gegeben, vor allem als 2002 das nächste „hinterher-purzelte". Ich war die Erste aus der Fraktion, die in der Legislaturperiode zwei Kinder bekam und in der nächsten Legislaturperiode noch ein drittes. Damit stellte sich auch die Frage der Betreuung. Ich hielt es für sehr praktisch, die Kinder in der Betriebs-Kita des Deutschen Bundestages unterzubringen, zumal im Rahmen des Umzugs von Bonn nach Berlin eine neue Kita gleich neben dem Reichstag eingerichtet wurde. Die Einrichtung geriet im Berliner Boulevard enorm unter Beschuss. Es hieß, man hätte sich dort eine Luxus-Kita hingebaut. Allerdings war das eine Betriebs-Kita, Abgeordneten-Kinder durften dort nicht hinein. Ich habe mir eine Auseinandersetzung mit Wolfgang Thierse, dem Präsidenten des Deutschen Bundestages, geliefert, der mir unmissverständlich zu verstehen gab, ich solle mir etwas anderes für meine Kinder suchen. Mit Hilfe der Kinderkommission und massivem Einsatz habe ich dann durchgedrückt, dass die Bundestags-Kita auch für Kinder von Abgeordneten geöffnet wurde. Ähnlich das Thema Wickelräume. Im Bundestag war alles da, nur kein Wickelraum, lediglich eine Ecke in der Asservatenkammer. Auch das konnte ich ändern.

Kurz und gut: Ich habe das Thema eher von der praktischen Seite erlernt. Gleichwohl wurde mein Blick auf Frauen- und Familienthemen umso kritischer, je mehr Erfahrung ich sammelte. Man kann noch so sehr von Gleichberechtigung schreiben, doch wenn ich bei Freundinnen, die alle qualifiziert sind, sehe, auf welche Widerstände sie stoßen, und wie sich die Widerstände potenzieren, wenn das erste Kind unterwegs ist, werde ich angespornt, mehr für Vereinbarkeit von Familie und Beruf zu tun. Manches begegnet mir als Abgeordneter tatsächlich nicht so. Da bin ich ohne Zweifel in einer privilegierten Situation.

Welche Unterschiede sehen Sie im Rollenverständnis der Frauen aus der DDR und der alten Bundesrepublik?

Das Rollenverständnis ist sicherlich unterschiedlich gewesen, aber man darf die Ursache nicht vergessen. Die hohe Frauen-Erwerbstätigkeit gründete zumindest zu Beginn nicht auf Freiwilligkeit, sondern war das „Muss der schieren Not", am Ende auch Zwang. So wie man in der Bundesrepublik eher das klassische Familienbild des Einversorger-Haushaltes mit einer klassischen Rollentrennung befürwortete, hatte die DDR die Frauen-Erwerbstätigkeit durch Zwang pervertiert. Diejenigen Frauen, die sich ihrer Familie widmen wollten, hatten große Schwierigkeiten. Zur Zeit der Wiedervereinigung gab es zwei Extreme. Ich bin ein Befürworter der Wahlfreiheit und bin überzeugt, auch wenn dieses Wort mittlerweile manchmal überdehnt interpretiert wird, dass es der Freiheit am nächsten kommt. Natürlich war es im Verlauf der Jahre so, dass die Frauen in der DDR sehr selbstbewusst gearbeitet haben. Für meine Mutter wie für mich bestand überhaupt kein Zweifel daran, Kinder haben und arbeiten zu wollen.

Wie schaffen Sie es, Familie und Beruf miteinander zu vereinbaren? Haben Sie besondere Unterstützung im privaten Bereich?

Als Politiker hat man es hinsichtlich struktureller und finanzieller Voraussetzungen sicherlich einfacher. Ich wehre mich darum auch, wenn ich als Rollenmodell vorgezeigt werden soll. Wir lösen die Betreuung über ein Familiennetzwerk mit den Großeltern und über Kinderbetreuungs-Angebote. Ich mag nicht von meiner Situation auf andere schließen. Das wäre ungerecht den Frauen gegenüber, die mehr kämpfen müssen.

Hatten Sie während Ihrer politischen Karriere Unterstützung durch die Frauen Union?

Die Frauen Union hat in ihrer Geschichte enorm viel bewegt. Ohne eine Vorsitzende wie Rita Süssmuth beispielsweise wäre die Modernisierung unserer Familienpolitik überhaupt nicht denkbar gewesen. Aber auch andere, wie Peter Hintze, als Staatssekretär bei Rita Süssmuth, aber auch als Generalsekretär, haben sich immer für ein Frauen-Quorum stark gemacht. Die Frauen Union ist nach wie vor diejenige, die diese Themen vorantreibt. Bisweilen ist das unangenehm, wie jetzt beim Betreuungsgeld, bei der Frage einer Besserstellung bei der Rente von Frauen, die vor 1992 Kinder bekommen haben. Die Frauen leisten auch weiterhin eine ganz wichtige gesellschaftspolitische Arbeit. Auch ich bin Mitglied der Frauen Union.

Haben Sie selbst Erfahrungen mit der Quote gemacht? Oder ging es 1998 wirklich nur darum, dem PDS-Kandidaten Rolf Kutzmutz ein junges Gesicht gegenüberzustellen?

Im Wahlkreis ging es sicherlich darum, ein junges, weibliches Gesicht mit Zukunft zu haben. Auf der Landesliste habe ich natürlich auch vom Quorum profitiert. Allerdings muss man trotzdem beweisen, dass man über die Straße auch läuft, wenn die Ampel auf grün steht. Vieles ist erreicht, aber wir sind längst nicht über den Berg. Nach wie vor fällt es schwer, für kommunale Mandate Frauen zu gewinnen. Das trifft auch für die Wahlkreise zu. Man muss sich nur die Bundestagsfraktion anschauen. Wir waren schon mal weiblicher!

Hatten Sie in Ihrer bisherigen Tätigkeit Entscheidungen zu fällen, die Sie schwer mit Ihrem Gewissen vereinbaren konnten?

Ja, eine ganze Reihe. Die ganze Biopolitik gehört dazu, in der ich trotz dezidierter Meinung weiß, dass man stets auch Kompromisse braucht. PID ist so ein Thema, bei dem es ein starkes Für und Wider gibt, gerade aus der Sicht der Frau. Die Entscheidung habe ich mir nicht leicht gemacht. Bei der Abtreibungsdebatte war ich damals noch nicht dabei. Auch das ist ein klassisches, konfliktbeladenes Thema.

Bei so manchem im familienpolitischen Bereich habe ich gedacht: Müssen wir das jetzt tatsächlich so machen?

Haben Sie die Erfahrung gemacht, dass Männer und Frauen ein unterschiedliches Machtverständnis haben?

Ohne ein gewisses Machtverständnis in der Politik, auch einen gewissen Machtwillen, Durchsetzungsvermögen, Zähigkeit geht es gar nicht. Man sagt unserer Kanzlerin nach, sie sei konsensorientiert, würde sich in kleinen Schritten bewegen. Das wird dann leider mit dem Attribut Zaudern beschrieben. Dafür ist sie erfolgreicher als manch anderer. Es scheint eine unterschiedliche Komponente zu geben: Manche Männer neigen zum großen Auftritt, zu Wortgewalt und Attitüde. Da sind Frauen sicherlich dezenter und zurückhaltender. Ob man das verallgemeinern kann, weiß ich nicht, man trifft diese Eigenschaften aber häufig genug an. Übrigens, auch wir Frauen sind nicht alle gleich.

Wurden Sie von Männern und Frauen gefördert?

Über die Frauen Union haben wir schon gesprochen. Ich habe immer auch von Männern Unterstützung erfahren, von Friedrich Merz oder dem bayerischen Ministerpräsident, Edmund Stoiber. Überall stand geschrieben, Stoiber hätte mir mitten im Bundestagswahlkampf 2002 die Kompetenz für die Familienpolitik entzogen, weil der Widerstand, insbesondere aus dem katholischen, klerikalen Milieu groß war. Das stimmt eben nicht. Edmund Stoiber stand vor mir und hinter mir. Er hat mich stets verteidigt. Das war bestimmt nicht selbstverständlich.

Gibt es eine unterschiedliche Beurteilung der Familienbilder von männlichen und weiblichen Politikern in der Öffentlichkeit?

Frauen sind nach wie vor unter genauer Beobachtung. Es vergehen selten familienpolitische Diskussionen, in denen ich nicht gefragt werde: „Wie machen

Sie denn das?" Ich entgegne dann immer: „Meinen Mann hätten Sie das nicht gefragt." Es bleibt die Frage: „Wie schaffen Sie das alles?" Niemand würde Kollegen, die zwei, drei Kinder haben, fragen, wie er es schafft, denn es wird unterstellt, dass eine Frau im Hintergrund „das Ganze" managt.

Ich habe häufig das Gefühl, dass Frauen doppelt leisten müssen. Sie haben eine gute Ausbildung, haben oft die Nase vorn durch erfolgreiche Abschlüsse, aber danach? Sicherlich treffen einige die bewusste Entscheidung, auch der Familie wegen kürzer zu treten. Das habe ich gar nicht zu bewerten, aber dann beginnen irgendwann die Einkommen auseinanderzuklaffen und die Karrieren der Frauen abzuknicken. Es gibt also nach wie vor Unterschiede. Frauen sind auch oft unter einem größeren Rechtfertigungsdruck als Männer. Die, die sich zunehmend entscheiden, ein halbes oder ein Jahr zu Hause zu bleiben, werden im Kollegenkreis leider oft milde belächelt und müssen diese Freiheit, die ihnen ausdrücklich das Gesetz zugesteht, rechtfertigen. Schade. Ich hoffe nur, dass sich das bald auch hierzulande ändert.

Gibt es parteiübergreifende Themen von Frauen, bei denen man sich im Deutschen Bundestag zusammenschließt?

Themen der gerechten Bezahlung, Renten und Anerkennung von Familienleistungen, Unterhaltsrecht waren sicherlich solche, die Frauen aus den verschiedenen Parteien zusammengebracht haben. Dazu zählt auch die Vereinbarkeit von Familie und Beruf. Ich kenne keinen, der heutzutage noch gegen Kitas wäre – auch ein Fortschritt, den verschiedene Familienministerinnen angelegt, forciert und ausgebaut haben.

Wie empfinden Sie den Umgang mit Politikerinnen in der Öffentlichkeit?

Ich kann verstehen, dass neben der politischen Position natürlich auch die Öffentlichkeit daran interessiert ist, welcher Mensch dahintersteckt. Wer ist das? Was hat er gerne? Wovor fürchtet er sich? Wie macht er das? Gerade aber bei familienpolitischen Themen finde ich es schwierig, denn das ist meine ganz private Entscheidung. Jeder Kollege geht damit anders um. Wir haben Kollegen, die sehr offen mit ihrem Privatleben sind. Ich bin zurückhaltender. Homestories haben wir nie gemacht. Das möchte ich nicht, weil schnell ein Identifizierungsdruck gegeben ist. Bei jeder sich bietenden Gelegenheit sage ich, dass mein Leben, meine Entscheidungen nicht maßgeblich sein dürfen für politische Entscheidungen oder für eine Vorliebe. Man kann politische Entscheidungen schlecht treffen bzw. begründen, wenn es nur um das persönliche Erleben geht. Das wird bei Frauen – um auf die vorhergehende Frage noch mal zu kommen – viel, viel heftiger diskutiert als bei Männern. Bei der Bundesministerin für Familie, Frauen, Senioren und Jugend, Kristina Schröder, wurde während ihrer Schwangerschaft diskutiert: Wie wird das, wenn das Kind da ist? Kann sie dann arbeiten? Wie macht sie das mit ihrem Mann? Ihr Mann Ole Schröder musste sich sicherlich nicht rechtfertigen. Dieser Erwartungsdruck ist in Deutschland ein Phänomen. Das Beobachtetwerden ist sicherlich noch mal stärker bei Frauen als bei Männern.

Nach welchen persönlichen Prinzipien und Grundsätzen handeln Sie in der Politik?

Mir ist Verlässlichkeit wichtig. Mir ist auch wichtig, gut und nachvollziehbar begründen zu können, eine Auseinandersetzung mit Tiefe, mit Sachlichkeit. Ich glaube, dass eine gewisse Prinzipien-Festigkeit wichtig ist, die nicht in Starre umschlagen darf. Ich für meinen Teil habe Prioritäten gesetzt. Für mich persönlich kommt die Familie an oberster Stelle. Das ist Quell meiner Kraft und Rückzugsort. Ohne ein stabiles Umfeld zu Hause wüsste ich gar nicht, ob ich Belastungen im Beruf so abfedern könnte. Insofern ist für mich eine glückliche, funktionierende Familie Maxime, um auch erfolgreich arbeiten zu können.

Was waren Ihre bisherigen größten Erfolge oder auch Misserfolge und Enttäuschungen?

Ich glaube, dass die Diskussion über meine Person im Wahlkampf 2002 in der Debatte um das Familienbild noch mal viel in Bewegung gebracht hat. Ich will nicht behaupten, eine Vorbildfunktion zu haben. Nach mir kamen mit etwas Abstand in der darauffolgenden Legislaturperiode einige Abgeordnete, die gesagt haben, wenn sie das hinkriegt, dann traue ich mich auch. So haben es mir einige zumindest erzählt.

Politik macht mir sehr viel Spaß. Es ist ein Feld, in dem ich wirklich begeistert arbeite. Einen Erfolg kann ich nicht benennen. Ihn erringt man auch nie allein. Man ist vielleicht Initiator, auch dann braucht man die Gruppe, die einen trägt und eine Mehrheit im Parlament sucht.

Enttäuschungen kann ich auch nicht wirklich nennen. Ich bin kein Typ, der lange zurückblickt. Ich mache einen Haken und gehe weiter. Ich versuche aufzustehen, einen anderen Weg zu suchen oder noch einmal neu anzusetzen. Mit Niederlagen halte ich mich nicht lange auf, ich bin eher so ein Stehaufmännchen.

Was sind persönliche Vor- oder Nachteile Ihrer politischen Aktivität?

Ein Nachteil ist sicherlich die enorme zeitliche Beanspruchung. Bei allen Freiheiten, die ich als positiv beschrieben habe, steht man natürlich vor gewaltigen Anforderungen. Die Präsenz bis in die späten Abendstunden hinein, an Samstagen und an Sonntagen, die alles andere als familienfreundlich ist, gehört dazu. Wir müssen auch darauf achten, dass wir es hoffentlich in den Schulen der Kinder gut hinbekommen, dass sie nicht auf ihre politisch aktiven Eltern in einer Weise angesprochen werden, die für sie unangenehm ist. Ich bin erschrocken, wenn ich jetzt in Biographien von Kindern früherer Politiker lese, wie sehr sie das belastet hat. Mein Mann und ich hoffen und beten, arbeiten daran, dass das nicht passiert. Ausschließen kann ich es nie. Aber das ist sicherlich kein Vorteil, schon gar nicht für die Kinder.

Daneben gibt es auch eine Menge Möglichkeiten. Ich kann gesellschaftliche Dinge ansprechen, Sprachrohr sein, Veränderungen mitbewirken, was ich sonst vielleicht über einen Verband oder über eine Nicht-Regierungs-Organisation nicht könnte. In keinem anderen Berufsfeld, Lebensbereich kann man so unmittelbar an Veränderungen mitwirken, die auch gesellschaftlich bedeutend sind.

Haben Sie in den rund 20 Jahren, die Sie jetzt politisch aktiv sind, jemals daran gedacht, aus der Politik, aus der CDU auszusteigen?

Aus der CDU natürlich nicht. Aber es gibt Tage, da bin ich auch sauer auf meinen Beruf wie alle. Ein Ausstieg kommt nicht infrage. Wir wissen aber, dass wir auf vier Jahre und zeitlich begrenzt unser Amt ausüben. Dann heißt es, sich wieder neu zu bewähren. Politisch aber bleibe ich, ganz sicher.

Welche Ratschläge könnten Sie an junge engagierte Frauen geben?

Es gibt kein Patentrezept. Man muss seinen Weg finden. Wenn ich gefragt werde, sage ich: „Mischt euch überhaupt erst einmal ein. Lasst nicht alles an euch vorüberziehen. Habt den Mut, aufzustehen und die Meinung zu sagen. Überlasst das nicht anderen. Wenn Ihr nicht mitmacht, wird mit euch etwas gemacht. Wer draußen ist, mit dem wird gespielt, aber der spielt nicht mit." Die größte Hürde sind oft Selbstzweifel. Bin ich die Richtige? Kann ich das überhaupt? Da sind Frauen anders und hinterfragen sich viel stärker. In Seminaren, Gesprächsrunden, Mentoring-Programmen mache ich Mut, bestätige und ermuntere Frauen, nicht nachzulassen. Auf diese Art und Weise positiv zu netzwerken, finde ich richtig. Dabei geht es nicht darum, gegen Männer zu arbeiten. Aber wir müssen schon auch unsere Netzwerke haben und uns darauf verlassen können.

Kristina Schröder*

Entweder man macht Politik, oder sie wird mit einem gemacht

Geboren am 3. August 1977 in Wiesbaden, verheiratet, ein Kind, 1991 Eintritt in die Junge Union, seit 1992 Mitglied des Kreisvorstandes der Jungen Union Wiesbaden, 1994 Eintritt in die CDU, seit 1995 Mitglied des Bezirksvorstandes der CDU Westhessen und Mitglied des Vorstandes der Frauen Union Wiesbaden, 1997 Abitur, 1997–2002 Studium der Soziologie, Politikwissenschaft, Mittleren und Neueren Geschichte und Philosophie an der Johannes Gutenberg-Universität Mainz, 1997–2002 Mitarbeiterin der Landtagsabgeordneten Birgit Zeimetz-Lorz, 1997–2003 Kreisvorsitzende der Jungen Union Wiesbaden, 1998–2002 wissenschaftliche Hilfskraft am Institut für Soziologie an der Johannes Gutenberg-Universität Mainz, 2000–2001 Stadtverordnete in Wiesbaden, seit 2002 Mitglied des Landesvorstandes der CDU Hessen, seit 2002 Mitglied des Deutschen Bundestages, 2009 Promotion zum Dr. phil., seit 2009 Bundesministerin für Familie, Senioren, Frauen und Jugend.

Die Wiedervereinigung war für meine politische Sozialisation prägend

Bei mir war die Wiedervereinigung die Initialzündung. Ich bin Jahrgang 1977. 1989, als die Berliner Mauer fiel, war ich zwölf Jahre alt. Ich habe in den Monaten davor erstmals Interesse an Nachrichtensendungen entwickelt, weil ja täglich so viel Neues passierte. Die Bilder vom 9. November 1989, das weiß ich noch ganz genau, habe ich damals mit VHS-Videokassetten aufgenommen, weil ich dachte, das ist es wert, für die Zukunft aufgehoben zu werden. Diese VHS-Kassetten habe ich heute noch. Ich habe gespürt, dass etwas ganz Bewegendes hier stattfindet. In der Folge habe ich begonnen, regelmäßig Zeitungen zu lesen, Nachrichten zu schauen und auch in der Schule immer mehr über Politik zu reden. Wenn ich mir heute eine Zwölfjährige anschaue, denke ich: Wahnsinn, dass ich das Glück hatte, über dieses Weltereignis mein politisches Interesse zu entdecken!

Mir kam das damals gar nicht besonders vor, weil meine beste Freundin ebenfalls anfing, sich für Politik zu interessieren. Allerdings war sie immer

---

* Das Interview führten Prof. Dr. Hanns Jürgen Küsters und Ina vom Hofe M. A. am 25.05.2012 in Berlin.

Anhängerin der Grünen. Ich habe mich mit der ganzen Begeisterungsfähigkeit einer 12-Jährigen in das Thema hineingestürzt und an die Junge Union geschrieben, dass ich gerne Mitglied werden möchte. Daraufhin hat mir die Junge Union zurückgeschrieben, ich sei noch viel zu jung und müsse warten, bis ich 14 sei. Ich bin an meinem 14. Geburtstag eingetreten und hatte das Glück, in der Jungen Union Wiesbaden gleich einigermaßen ernst genommen zu werden und eine stark inhaltliche Arbeit vorzufinden. Es gibt auch Junge Union-Kreisverbände, die mehr Wert auf Feiern und Bier trinken legen. Da hätte ich mich sicher nicht wohl gefühlt.

Was sind die wirklichen christlich-demokratischen Kernthemen gewesen, sofern so etwas schon ausgeprägt war?

Ich hatte zum Beispiel schon immer das Gefühl, dass linke Ideologien – ich verallgemeinere hier bei allen Differenzierungen, die da angebracht sind, ein Stück weit – a) eher kollektivistisch denken und b) eher den Menschen umerziehen wollen. Beides habe ich noch nie gemocht und lehnte ich inhaltlich ab. Ein Staat, der versucht, den neuen Menschen zu schaffen, war nie einer, mit dem ich glücklich geworden wäre. Ich lehne es bis heute ab, Menschen in ihre privatesten Entscheidungen hereinzureden. Das habe ich damals schon so gesehen, und das war einer der Gründe, warum ich mich bei der CDU wohl gefühlt habe.

Gab es weitere Gründe für die Zuwendung hin zur CDU und nicht zu einer anderen Partei?

Meine Eltern haben CDU gewählt. Das hat mich sicherlich beeinflusst. Sie sind zwar politisch interessiert, aber nicht so weitgehend, dass sie Mitglied in einer Partei waren. Aber vor allen Dingen war klar: Wenn man sich für die Wiedervereinigung begeistert, geht man nicht zu Oskar Lafontaine, der damals der Kanzler-Kandidat der SPD war.

Wann ist Ihnen dieser immense Unterschied zwischen politischer Theorie – alles das, was man an der Universität politikwissenschaftlich lehrt und lernt – und der praktischen Politik bewusst geworden? Wie erfolgte Ihr Einstieg in die Politik?

Mir wurde der Unterschied auf der kommunalpolitischen Ebene bewusst. Ich war kurz im Stadtparlament und von „wir als Junge Union fassen einen Beschluss zur Gründung eines Jugend-Parlaments" über „es soll in Wiesbaden ein Jugend-Parlament geben" bis hin zu der tatsächlichen Entstehung eines Jugend-Parlaments, habe ich erfahren, wie langsam die Mühlen mahlen. Mir wurde dabei deutlich, wie schwer es ist, Mehrheiten zu bekommen und wie oft man Kompromisse schließen muss. Das war meine Schule.

Profitieren Sie heute noch von diesen kommunalpolitischen Erfahrungen?

Ja, absolut, denn das sind Mechanismen, Funktionalitäten von Politik, die teilweise auch auf Bundesebene wirken. Deswegen ärgere ich mich immer, wenn uns zum Beispiel Leute aus der Wirtschaft erzählen wollen, man müsse Politik so organisieren wie ein Unternehmen, dann liefe es auch. Politik hat ihre eigenen Funktionalitäten, und die muss man lernen. Die lernt man nicht im Studium der Politikwissenschaften. Das braucht man nicht unbedingt für die praktische Politik. Man kann die Mechanismen natürlich auch anders lernen, aber über die Junge Union und über die Kommunalpolitik zu lernen, ist schon eine sehr gute Schiene.

Welche Prinzipien haben Sie dort gelernt?

Wie man Entscheidungen hinbekommt, wie man sich um Mehrheiten kümmert, dass man natürlich auch zu Kompromissen bereit sein muss und dass man vor allen Dingen mit sehr unterschiedlichen Leuten reden sollte. Das war schwierig gerade als junge Frau, die am Anfang des Studiums stand. Natürlich nimmt der eine oder andere Stadtbezirksgruppenvorsitzende einen nicht ernst, sondern sagt: „Das junge Ding, was kann die mir schon erzählen?" Sich dennoch durchzusetzen ist nicht einfach.

Für welche Themen haben Sie sich besonders engagiert?

Ich glaube, wie bei vielen, die so früh einsteigen, sind die ersten selbst gewählten Themen gleich die ganz großen weltanschaulichen. Nicht die Sperrstunde in Wiesbaden, sondern der Irak-Krieg, oder grundsätzliche Fragen wie die nach dem Schulsystem. Das lag bei mir aufgrund des Alters natürlich auch nahe.

Wann haben Sie angefangen, sich mit der Interessenvertretung der Frau auseinanderzusetzen?

Die Interessenvertretung für junge Frauen hat mich erst angefangen mit 19, 20 zu interessieren.

Das heißt, mit der persönlichen Entwicklung kam die Akzentsetzung für spezifische Themen?

Ja, die hat sich mit der Zeit gewandelt. Wobei ich mich bereits früher kritisch mit der Quote auseinandergesetzt und mit der Zeit dem Quorum zugestimmt habe, denn die CDU hat sich hier selbst eine Quote gegeben. Das ist etwas anderes als eine Vorgabe durch den Staat.

Welche Rolle spielte für Ihren politischen Werdegang Ihre Einbindung in die Frauen Union Wiesbaden?

Als ich mit 17 Jahren in die CDU eintrat, war ich automatisch Mitglied der Frauen Union. Ich war dort im Kreisvorstand, auch weil ich mich dort wohl gefühlt habe, nicht zuletzt, weil wir damals mit Birgit Zeimetz-Lorz eine sehr junge Kreisvorsitzende der Frauen Union hatten. Sie war mir persönlich sehr nahe. Frau Zeimetz-Lorz war der Grund, warum ich mich in der Frauen Union engagiert habe. Allerdings war die Junge Union immer mein Hauptstandort. Ich war in der JU Kreisvorsitzende und habe mich, bis ich Mitte 20 war, sehr in der JU engagiert.

Wer waren, abgesehen von Altbundeskanzler Helmut Kohl, für Sie Vorbilder in der CDU, die Sie mitgeprägt haben?

Anders als gerne berichtet habe ich auch bei Helmut Kohl nie gesagt: „Ich will so werden wie Helmut Kohl." Ich fand jedoch, dass Helmut Kohl ein großartiger Staatsmann war. Auch den damaligen Hessischen Ministerpräsidenten Roland Koch habe ich schnell sehr geschätzt, als ich noch im Hessischen Landtag gearbeitet und hautnah mitbekommen habe, was er für eine rhetorische und analytische Brillanz besitzt und wie er verstand, Dinge umzusetzen. So wie ich ihn kennengelernt habe, ist er ein liberal denkender Mensch. Das wurde nach außen nicht so deutlich, weil er in einem bestimmten Zerrbild gezeichnet wurde. Aber es gibt kaum jemanden, der gegenüber neuem Denken intellektuell so aufgeschlossen ist, wie Roland Koch.

Dann habe ich auch die Spenden-Affäre als Mitarbeiterin im Landtag in Hessen mitbekommen und was es für eine Herausforderung war, so eine Affäre öffentlich zu bewältigen. Sein Standvermögen und sein taktisches Geschick haben mich beeindruckt.

Gab es oder gibt es Gewissensentscheidungen, bei denen Ihnen die Stimmabgabe aufgrund der parteipolitischen Zugehörigkeit schwergefallen ist?

Ehrlich gesagt, ist das eine schwierige Frage. Es fällt mir schwer, darauf im Moment zu antworten.

Wie haben Sie versucht, als Frau Überzeugungsarbeit zu leisten?

Ich wollte mich vom Stil her nie meinen männlichen Kollegen angleichen, um durchzukommen. Schon immer habe ich gesagt: „Ich trete gerne weiblich auf." Ich glaube, dass das sowohl Vorteile als auch Nachteile hat, aber letztlich kann man das sowieso nicht kalkulieren. Ich mache es einfach aus einem inneren Impuls heraus, so aufzutreten, wie ich mich wohl fühle.

Machen Frauen eine andere Politik als Männer? Haben sie einen anderen Politikstil?

Ja, das glaube ich schon. Nach wie vor unterscheiden sich die politischen Schwerpunkte bei Männern und Frauen. Davon habe ich übrigens sehr stark profitiert. Als ich von 2003–2006 Mitglied im Innenausschuss war, waren wir dort nur zwei Frauen. Auch zu meiner Zeit von 2006–2009 als Mitglied im BND-Untersuchungsausschuss war ich die erste Frau in der Geschichte des Parlaments, die Obfrau der CDU wurde. Das waren bis dahin klassisch männliche Felder. Allerdings habe ich mich zumindest innerhalb des Innenausschusses auf die gesellschaftspolitischen Themen gestürzt, auf die Integrationspolitik, auf die Extremismusbekämpfung, auf die Religionsangelegenheiten. Das hat mich interessiert. Ich weiß aber nicht, ob das daran lag, dass ich die einzige Frau unter Männern oder dass ich die einzige Soziologin unter lauter Juristen war. Wahrscheinlich war es beides.

Wie unterscheiden sich die Arten von Männern und Frauen Politik zu machen?

Frauen, auch wenn sie in einer politischen Führungsfunktion sind, arbeiten oft mehr mit einem Team, dem sie vertrauen und dessen Hierarchien keine große Rolle spielen. Das ist bestimmt einerseits ein Vorteil, weil man damit eine ehrliche Rückspiegelung um sich herum hat. Andererseits – das habe ich gelernt mit der Zeit – nimmt man Nachteile in Kauf, wenn man als Frau zu wenig auf Hierarchien achtet. Bei Veranstaltungen als Bundestagsabgeordnete im Wahlkreis bin ich zum Beispiel immer alleine aufgelaufen, weil ich es völlig übertrieben fand, mich von einem Mitarbeiter begleiten zu lassen. Wenn ich heute wieder ausschließlich Abgeordnete wäre, würde ich das nicht mehr machen, weil man sich damit auch ein bisschen beliebig macht. Man sollte nicht mit einem Gefolge auflaufen, aber einen Mitarbeiter als Abgeordneter dabei zu haben, ist angemessen. Das sind Gesten, Signale, die man erst mit der Zeit versteht und wahrnimmt und die man in gewissem Maße beachten sollte.

Frauen arbeiten in der Regel effizienter, auch in der Politik, in der viele zu langen ritualisierten Sitzungen neigen. Das Effizienz-Interesse von Frauen hat meist einen ganz praktischen Grund: So gut wie jede Frau, erst recht mit Kindern, hat ihre „To-do-Listen" ständig im Hinterkopf. Viele Frauen haben zwar Partner, aber keinen, der sie von sich aus entlastet, sondern bestenfalls auf eine SMS reagiert: „Bitte bring' Milch mit." Bei Frauen ist auch deshalb oft eine Ungeduld da, wenn sich gerade in der Politik die Sitzungen ewig in die Abendstunden ziehen und man nicht effizient nach vorne kommt.

Ist das ein Grund, warum möglicherweise weniger Frauen in der Politik sind?

Bestimmt auch. Wie geht Politik denn los? Ehrenamtlich. Das findet nun mal in den Abendstunden und am Wochenende statt. Einerseits kann man sagen, das ist gut, dadurch ist es mit einem Beruf vereinbar, aber es ist auch die Familienzeit, die dafür drauf geht. Deshalb ist frau vielleicht bereit für eine effiziente Ein-Stunden-Sitzung, aber für eine langatmige Drei-Stunden-Sitzung wirklich nicht.

Wie gehen Frauen in der Politik mit Kritik um?

Ich weiß nicht, wie Frauen generell damit umgehen. Die Reaktion beispielsweise auf mein Buch „Danke, emanzipiert sind wir selber! Abschied vom Diktat der Rollenbilder" war heftig. Ich hatte natürlich grundsätzlich damit gerechnet. Dass sie aber vielfach sehr aggressiv und persönlich herabwürdigend ausfiel, hätte ich nicht gedacht. Das lag sicherlich auch daran, dass wir, als der Erscheinungstermin ein halbes Jahr zuvor festgelegt wurde, nicht den direkten zeitlichen Zusammenhang zur Betreuungsgeld-Debatte vorhersehen konnten. Mir persönlich hilft es sehr, möglichst stark Privates und Politisches zu trennen. Daher bin ich mit meinem Privatleben öffentlich so zurückhaltend. Ganz praktisch vollziehe ich das auch. Nehmen wir mal an, ich fahre abends nach Hause, habe aber noch vier Telefonate zu führen und bin schon vor dem Haus angekommen, dann gehe ich nicht hinein und führe sie dort, sondern bleibe noch im Auto sitzen. Das Auto gehört für mich zum dienstlichen Bereich, sobald ich zur Haustür hereingehe, will ich möglichst privat sein. Natürlich ist das Handy immer an, wenn etwas Dringendes ist, aber diese strikte Trennung hilft mir sehr, zu Hause abschalten zu können.

Wenn ich mehr Privates öffentlich machen würde, hätte das zwei negative Konsequenzen: Wenn man private Dinge erst einmal für Journalisten geöffnet hat, kann man sich danach nicht beschweren, wenn das immer wieder und immer intensiver eingefordert wird, auch wenn man es nicht will. Das fände ich furchtbar. Zweitens wäre es politisch falsch. Kein Mensch würde den Unterschied zwischen der Ehefrau und Mutter sowie der Ministerin Kristina Schröder machen. Mein Lebensstil würde als Frauenleitbild verstanden. Da ich gerade die Vielfalt akzeptieren will, hätte es auch politisch negative Konsequenzen.

Wie hat sich das Rollenbild der Frau gewandelt? Gibt es eine Strategie, wie man die CDU von Seiten der Frauen modernisieren kann?

Das Rollenbild der Frau ist eines der großen Themen der Politik der letzten Jahre. Damit ist ein immenser Wandel verbunden. Deutschland hat zum Beispiel beim Thema Kinderbetreuung jahrzehntelang hinterhergehinkt. Es war lange Zeit gerade die Union, die gebremst hat. Wenn man sich das 1994er-Grundsatzprogramm durchliest, hat man zwischen den Zeilen die Wertung, dass die Frau mindestens in den ersten drei Jahren zu Hause zum Kind gehört. Dass wir uns von diesem derzeitigen Rollenbild verabschiedet haben, ist ein großer Verdienst. Der Kita-Ausbau ist die praktische Seite dieses Verabschiedens: Ohne den Kita-Ausbau haben wir keine Wahlfreiheit. Lange hatte die Union dieses einseitige Bild „Frau gehört nach Hause". Dann gab es in der Tat eine Gegenbewegung. Echte Wahlfreiheit haben wir aber erst dann, wenn wir von staatlicher Seite sicherstellen, dass unterschiedliche Lebensentwürfe gleichermaßen gelebt werden können. Jede Entscheidung bedeutet Verzicht auf anderes – deshalb ist es richtig, über die Folgen bestimmter Schritte auch von staatlicher Seite aus aufzuklären, aber anschließend müssen wir auch bereit sein, aus tiefstem Herzen die Freiheit der Menschen zu akzeptieren, sich selber zu entscheiden.

Ich befürworte die Freiheit im Verfahren und bin nicht fixiert auf irgendeine bestimmte Quote im Ergebnis.

Was sind persönliche Prinzipien und Grundsätze für Ihr politisches Handeln?

Ein Menschenbild, das die Freiheit des Menschen anerkennt, wohl wissend um all die Restriktionen von Freiheit, die es gibt, um all die Bedingtheit von Freiheit, und dennoch ist für mich der Mensch erst einmal ein freier Mensch. Mir ist vollkommen bewusst, dass ich durch eine bestimmte Brille auf den Menschen schaue, und jede Brille hat ihre blinden Flecken. Aber es ist gut, wenn man sich der eigenen Brille bewusst ist und nicht so tut, als sei die eigene Sicht die objektive. Daraus resultiert auch, dass man sehr sorgfältig unterscheiden muss, wo die Politik sich einzumischen hat, wo es legitim, vielleicht sogar gut ist und wo nicht.

Den Kernbereich des Privaten sehe ich in der Frage nach der Rollenverteilung von zwei Menschen, einem Paar. Das ist für mich eine ganz private Frage. Da ist es Aufgabe der Politik, darauf hinzuweisen, welche Entscheidungen evtl. welche negativen Konsequenzen haben. Wenn sich jemand entscheidet, fünf Jahre aus dem Beruf auszuscheiden, um sich um seine Kinder zu kümmern, hat das negative Folgen für die Altersversorgung und für die Karriere. Dann ist es auch Aufgabe der Politik, zu versuchen, solche negativen Konsequenzen zu mindern. Aber wenn eine Frau sagt: „Ich habe mich nach aller Abwägung dafür entschieden unter Inkaufnahme der Risiken, wohl wissend, dass auch jede dritte Ehe scheitert und dass dies auch meine sein kann. Aber dennoch sagt mir mein Gefühl, ich will das so, denn die wenigsten Menschen haben auf dem Sterbebett bedauert, zu wenig Zeit im Büro verbracht zu haben" – dann haben wir das zu respektieren und zu unterstützen, statt diesen Frauen zu erklären, sie seien jetzt in die Familienfalle getappt.

In der Familienpolitik ist es leider oft so, dass jeder sein persönliches Idealmodell hat – in der Regel das, was man selbst lebt. Das wird dann als das Richtige angesehen und viele Politiker versuchen, die Menschen in ihre Richtung zu drängen. Vorschreiben kann man es in einem freien Staat nicht, aber zumindest versucht man, dahin zu drängen, und genau darin sehe ich meine Aufgabe als Familienministerin nicht.

Was würden Sie Mädchen oder jungen Frauen raten, die in die Politik gehen wollen?

Macht es. Es ist ein unglaublich interessantes Feld. Man entwickelt sich dort auch persönlich sehr stark weiter. Auch wenn es nicht in einer Karriere endet, ist es auf jeden Fall etwas, wovon man wahnsinnig profitiert. Politik gemacht zu haben, ist eine großartige Erweiterung des eigenen Horizonts und eine großartige Möglichkeit, Einfluss zu nehmen. Im Grunde hat man nur zwei Möglichkeiten: Entweder man macht Politik, oder sie wird mit einem gemacht.

Personenregister

A

Adenauer, Konrad   18, 20, 25, 56, 76, 83, 183, 222, 279, 345, 430, 556, 610
Aigner, Ilse   468
Albrecht, Ernst   40f., 109, 210, 212, 214, 407
Altekamp, Heinrich   253
Althaus, Dieter   593
Altmeier, Peter   55f., 462
Arenhövel, Johanna   581
Arnold, Gottfried   351
Arouet, François-Marie   324
Augustin, Anneliese   188
Axtmann, Heinz   178
Azzola, Axel   327

B

Bach, Johann Sebastian   526
Baez, Joan   534
Baganz, Jens   256
Bangemann, Martin   393
Barzel, Rainer   81
Baumann, Beate   509
Bebel, August   78
Beck, Kurt   687
Beermann, Johannes   110
Bender, Traugott   171, 176
Bendixen, Peter   383
Benedikt XVI.   376
Benedix-Engler, Ursula   185f., 188
Bergmann, Christine   111
Bergmann-Pohl, Sabine   20, 60, 92, 189, 528
Bergner, Christoph   498
Bergsdorf, Wolfgang   104
Beust, Ole von   370
Beyer, Wolf-Dieter   331
Bickel, Johannes   667

Biedenkopf, Kurt   81, 178, 253, 258, 339, 503, 526, 535, 608
Biermann, Wolf   592
Bismarck, Philipp von   51
Blättel, Irmgard   417–419
Blechinger, Beate   489f.
Blens, Heribert   643
Blüm, Norbert   62, 239, 443, 479, 590, 626, 645, 672
Böckle, Franz   558
Bohley, Bärbel   592
Böhm, Loni   67
Böhm, Rudi   292
Böhmer, Maria   176, 433, 522, 604, 646
Böhmer, Wolfgang   336
Bojaxhiu, Anjezë Gonxhe   232
Borm, William   27
Börner, Weert   361
Böttinger, Waltraut   419
Brandes, Bruno   37
Brando, Marlon   505
Brandt, Willy   273, 337
Brauksiepe, Aenne   15, 78, 82–84, 131f., 235, 259
Braun, Gerhard   107
Braun, Volker   337
Brentano, Heinrich von   26
Breuel, Birgit   14, 17, 431, 536
Breuel, Ernst Jürgen   207–209
Breuer, Paul   549
Brody, Elaine M.   101
Brüning, Heinrich   98
Brüsewitz, Oskar   547
Buchda, Gerhard   323

C

Caesar, Manfred   158f.
Carstens, Karl   39

Chacón i Piqueras, Carme 688
Chory, Werner 107, 201
Churchill, Winston 28, 494
Cohn-Bendit, Daniel 347f.
Crawford, Claudia 111, 189f., 312, 433, 547
Czaja, Herbert 293

D

Dahrendorf, Ralf 416
Dallmann, Siegfried 325
Daul, Joseph 266
Dehm, Diether 288
Dellmann, Hansjörg 361
Delors, Jacques 393
Dempwolf, Gertrud 433
Diepgen, Eberhard 592, 602
Diestel, Peter Michael 489
Diezel, Birgit 580, 594
Dirks, Walter 100, 196
Dörpinghaus, Bruno 100
Dregger, Alfred 264, 273, 284, 535
Dreyer, Malu 621
Dutschke, Rudi 347f., 694

E

Ehrhardt, Manfred 609
Ehrlich, Uwe 578
Eigen, Manfred 406
Engelhardt, Annemarie 172, 528
Engels, Friedrich 78
Engler, Arthur 37f., 41
Eppelmann, Rainer 329, 331f., 590
Erhard, Ludwig 30, 279, 444
Erwin, Joachim 349
Eser, Albin 203

F

Falk, Bettina 315
Falk, Charlotte 315
Falter, Jürgen 681
Faltlhauser, Kurt 397

Feilcke, Jochen 361
Feller, Karl 153–155
Fels, Orla-Maria 172
Ferdinand, Horst 28
Ferrang, Werner 263
Filbinger, Hans 237
Fink, Ulf 489, 491
Fischer, Andrea 464
Fischer, Dirk 370
Fischer, Leni 253
Flynn, Padraigh 393
Focke, Katharina 103
Fontaine, Nicole 375
Fresenius, Wilhelm 273f.
Fuchs, Anke 114
Fuchs, Jürgen 592

G

Gabriel, Sigmar 687
Gabrielsen, Ansgar 436
Gaddum, Johann Wilhelm 237
Galen, Clemens August Kardinal von 98
Gandhi, Mohandas Karamchand (Mahatma) 246
Gantenberg, Mathilde 26
Gasperi, Alcide De 25
Gauck, Joachim 116, 163
Gebhardt, Wolfgang 296
Geisler, Hans 339
Geißler, Heiner 56, 70, 85, 105, 187, 198, 201f., 238–240, 352, 373, 421, 433, 608, 626
Geschka, Otti 425
Glotz, Peter 289
Goerdeler, Ulrich 37
Goethe, Johann Wolfgang von 581, 677
Gorbatschow, Michail 158–160, 359
Göring-Eckardt, Katrin 373
Götting, Gerald 160f.

Gottzmann (Professor) 49
Gratz, Gabriele 349
Griesinger, Annemarie 176
Gröhe, Hermann 495
Guttenberg, Karl-Theodor zu 542, 604

H
Haas, Friederike de 548
Habermas, Jürgen 375
Hahn, Wilhelm 235f.
Hämmerle, Gerlinde 176
Haney, Gerhard 323
Hardt, Heinz 349, 351
Hasselfeldt, Gerda 114
Hasselmann, Wilfried 407
Haub, Erivan Karl 279
Hauptmann, Gerhart 292
Havemann, Robert 154
Heath, Edward 239
Heck, Bruno 441
Heitmann, Steffen 203
Hellbrücke, Theodor 103
Hellwig, Fritz 78
Hellwig, Renate 186
Henkel, Frank 602
Hennig, Ottfried 383, 386
Henrichs, Bernard 351
Henze, Maria 37
Hermans, Susanne 61, 67
Herr-Beck, Maria 18, 462f., 467
Heyl zu Herrnsheim, Cornelius Wilhelm von 24
Heyl zu Herrnsheim, Ludwig Cornelius Freiherr von 24, 26
Hintze, Peter 312, 399, 647, 697
Hitler, Adolf 53, 98, 233
Hoffmann, Ingeborg 188
Höffner, Joseph Kardinal 197, 563
Höhler, Gertrud 108
Hölters, Maria 349, 352
Holzamer, Karl 101
Honecker, Erich 91f., 547
Honecker, Margot 164
Hörster, Joachim 402
Hupka, Herbert 293

J
Jacoby, Peter 265
Jagoda, Bernhard 288
Jenninger, Philipp 264
Jentsch, Hans-Joachim 273
Johannes XXIII. 55, 478
Jolowicz, Friedrich 166
Juncker, Jean Claude 394
Jung, Friedrich 152–154

K
Kaiser, Jakob 567, 653
Kalinke, Margot 37f., 57
Kaltenbrunner, Gerd-Klaus 373
Kant, Immanuel 292, 689
Kanther, Manfred 433
Karwatzki, Irmgard 86, 188, 350, 567
Katzer, Hans 103, 442–444
Kauder, Volker 293, 317, 386, 569
Kautsky, Karl 78
Kennedy, John Fitzgerald 474
Ketteler, Wilhelm Emmanuel von 416
Kiesinger, Kurt Georg 30, 59
King, Martin Luther 586
Klausova, Livia 422
Klee, Eugen 23, 25f.
Klein, Thomas 491
Klepsch, Egon 56f., 393
Klinke, Rainer 229
Klöckner, Julia 19
Koch, Karl-Heinz 445
Koch, Roland 445, 706
Kogon, Eugen 100
Kohl, Hannelore 57

Kohl, Helmut 30f., 50, 57f., 60f.,
63, 67f., 81f., 85, 88–92, 106,
108, 111, 113, 187, 191, 201f.,
212, 238f., 250, 264f., 275, 277f.,
291, 301, 309, 311, 324, 330, 333,
337, 363, 367, 384, 386, 396, 421,
433, 444, 462, 486, 490, 500,
566f., 590, 592, 605, 608, 636,
654f., 665f., 693, 706
Kohl, Walter 61
Kolping, Adolph 563
Köppler, Heinrich 82
Korenke, Hans-Ulrich 287
Koschyk, Hartmut 288
Koslowski, Manfred 491
Kraenzlein, Ursa 239
Kraft, Hannelore 621
Kramp-Karrenbauer, Annegret 19,
425, 582, 685, 687f.
Kranz, Hanslothar 475
Krasney, Otto Ernst 332
Krause, Günther 189
Krenz, Egon 589
Kruse, Andreas 115
Kumpfmiller, Helga 89
Künast, Renate 373
Kürten, Josef 350
Kutzmutz, Rolf 695, 697

L
Lafontaine, Oskar 619, 704
Lambsdorff, Otto Graf 250
Landgraf, Gerhard 523, 525
Langes (Pfarrer) 501
Laschet, Armin 600
Latussek, Paul 292
Laurien, Hanna-Renate 69, 82,
360, 462, 609
Lehmann, Karl Kardinal 279
Lehr, Helmut 100f.
Lehr, Ursula 20, 88, 424
Leipold, Georg Josef 97–99

Leipold, Gertrud 97f.
Lenski, Arno von 325
Lenz, Carl Otto 130
Lenz, Marieliese 130
Lenz, Marlene 83
Lenz, Otto 129–131
Leonhard, Wolfgang 651
Leutheusser-Schnarrenberger, Sabine 658
Leyen, Ursula von der 40, 109,
317, 425, 618
Lieberknecht, Christine 425, 594,
621, 685, 687
Liebknecht, Karl 695
Linke, Dietmar 157f.
Löffler, Alfred 105
Lötzsch, Gesine 593
Luxemburg, Rosa 78

M
Maeyer, Leo de 406
Mahler, Gustav 292
Mai, Herbert 475
Maizière, Lothar de 60, 92,
161–163, 361, 363, 489, 577
Maldacker, Max 557
Marcuse, Herbert 348
Martin, Michael 102
Marx, Gisela 103
Marx, Karl 78
Mazowiecki, Tadeusz 111
Meinhof, Ulrike 327
Meisner, Joachim Kardinal 255
Menzinger, Toni 243
Merkel, Angela 18f., 21, 40, 60,
114, 116, 176, 189, 204, 213, 229,
247, 255, 277, 291, 311f., 316f.,
330, 377, 385f., 425, 435, 465,
489, 494, 503f., 513, 519f., 530,
547, 569f., 591, 604, 620f., 658f.,
666–668, 685, 687f.
Merz, Friedrich 315, 695, 698

Metzmacher, Georg 350
Meves, Christa 103f.
Meyer, Heinz-Werner 475
Mielke, Erich 593
Milz, Andrea 16
Möllring, Hartmut 535, 537, 539f.
Mugay, Peter 361
Mühlemeier, Josef 350
Müller, Peter 265, 474, 613, 617
Müller-Armack, Alfred 444
Münchmeyer, Alwin 208
Münchmeyer, Gertrud 208
Müntefering, Franz 316, 673
Münter, Helmut 349
Mutter Teresa *s. Bojaxhiu, Anjezë Gonxhe*

N

Nell-Breuning, Oswald 178, 416
Neubert, Ehrhart 329, 589
Neubert, Hildigund 21
Neumeister, Hanna 188
Niggemeier, Adolf 361
Nolte, Claudia *s. Crawford, Claudia*

O

Obermann, Emil 103
Obermann, René 436
Oertzen, Peter von 38
Oettinger, Günther 244
Orbàn, Viktor 267
Oschatz, Georg-Berndt 431

P

Pack, Doris 18
Panke, Rudi 329
Papier, Hans-Jürgen 332
Pawelski, Rita 19, 188, 203, 648
Pechstein, Johannes 108
Peiner, Wolfgang 370
Petke, Sven 701

Pfeffermann, Gerhard 108
Pfeifer, Anton 89, 107, 441, 444
Piaf, Edith 245
Picht, Georg 416
Probst, Albert 41
Probst, Maria 131
Prokop, Otto 164, 357

R

Rakusanova, Ludmilla 422
Rapoport, Samuel Mitja 153
Rau, Rolf 526
Rau, Trude 417, 475
Reding, Viviane 266
Reiche, Katherina 386, 547, 686
Renesse, Margot von 464
Renger, Annemarie 142
Rey, Jean 129, 131
Richter, Edelbert 329f.
Riege, Gerhard 324f.
Ries, Werner 109
Riesenhuber, Heinz 221
Rivarol, Antoine de 376
Röder, Franz-Josef 263
Rohwedder, Detlev 212f.
Rönsch, Claus 272f., 280
Rönsch, Hannelore 63, 110f., 113f.
Rönsch, Viola 272, 280
Rosenbaum, Winnie 349
Rösler, Philipp 620
Roth, Claudia 373
Roth, Petra 425, 582
Rudolphi, Caroline 372
Rühe, Volker 331, 360, 369–371, 433, 549f.
Rühmkorf, Eva 418
Rüttgers, Jürgen 252, 600

S

Saenger, Hartmut 292
Sager, Krista 373
Sandys, Duncan 28

Santer, Jacques 394
Sauerbruch, Ferdinand 160
Schabowski, Günter 359
Schacht, Günther 265
Schäfer, Alfons 170
Schäfer-Wiegand, Barbara 19
Scharping, Rudolf 225
Scharrenbroich, Heribert 239
Schäuble, Wolfgang 242, 247, 264, 278f., 386, 402
Schavan, Annette 40, 420, 434
Schell (Professor) 417
Scherer, Werner 264f.
Schiller, Friedrich von 75
Schipanski, Dagmar 594
Schleicher (Referatsleiterin) 110
Schmalstieg, Herbert 432f.
Schmidt, Gerhard 361
Schmidt, Harald 190
Schmidt, Helmut 88, 392, 665
Schmidt, Renate 111, 316
Schmidt, Ulla 189, 667
Schmidt, Ute 189
Schmitz, Carl-Hinderich 252
Schnipkoweit, Hermann 186, 480
Schnur, Wolfgang 329–331, 589, 591
Schöbel, Wilhelm 289
Schönbohm, Jörg 498
Schönherr, Albrecht 157f.
Schoppe, Waltraud 661
Schorlemmer, Friedrich 329f., 497
Schröder, Gerhard (CDU) 30
Schröder, Gerhard (SPD) 214, 230, 316, 566, 604, 659
Schröder, Horst 185
Schröder, Kristina 470, 618, 667, 669, 684, 700
Schröder, Ole 700
Schulte, Werner 349
Schulz, Jörg 109
Schuman, Robert 25

Schüßler, Hille 349
Schüßler, Willi 349
Schwarzer, Alice 451
Schwarzhaupt, Elisabeth 15, 240
Schweitzer, Albert 306
Schweitzer, Carl-Christoph 332
Seehofer, Horst 365
Sehrbrock, Ingrid 526, 528
Seidel, Konrad 340
Silva, Anibal Cavaco 394
Simonsohn, Berthold 348
Sklenar, Volker 576
Sneh, Ephraim 226
Solar, Lola 131
Späth, Lothar 105f., 172, 176, 236, 238
Spitz, René 349
Sprung, Rudolf 185
Starlinger, Ursula 67
Steffel, Frank 602
Steinbach, Manfred 113
Steinbrück, Peer 389
Sternberger, Dolf 580
Stetten, Wolfgang von 191
Stiefvater, Alois 105
Stödter, Helga 256
Stoiber, Edmund 559, 620, 698
Stolpe, Manfred 489
Stoltenberg, Gerhard 399
Stommel, Maria 86
Strauß, Franz Josef 41, 61, 83, 291, 559
Strauß, Marianne 61
Stresemann, Gustav 24
Strobel, Käthe 103
Struye, Paul 28
Süssmuth, Hans 197
Süssmuth, Rita 18, 40, 62, 88, 105, 107, 174, 176, 222, 228, 239–242, 286, 350, 352, 373, 410, 420–422, 425, 433f., 462,

473–476, 514, 528, 536, 564, 570, 590, 611, 626, 677, 697
Süssmuth-Dyckerhoff, Claudia   197
Süsterhenn, Adolf   56

T

Terbuyken, Willi   350
Teufel, Erwin   172, 176, 244
Teusch, Christine   15
Thatcher, Margaret   239, 677
Thierse, Wolfgang   696
Thomae, Hans   101, 104
Tölg, Arnold   292
Töpfer, Klaus   221, 238, 247, 251f., 444f.
Tusk, Donald   293

U

Ulbricht, Walter   324
Uldall, Gunnar   370
Ulrich, Anton   351
Urban, Thomas   291

V

Veil, Simone   375
Verheugen, Günter   395
Verhülsdonk, Eduard   55
Vogel, Bernhard   20, 30, 56, 70, 299, 462, 593
Vogel, Friedrich   59
Vogel, Hans-Jochen   392
Voigt, Hans-Peter   185
Voltaire   s. Arouet, François-Marie

W

Waffenschmidt, Horst   191
Waigel, Theo   661
Wallmann, Walter   287
Walz, Hanna   417
Weber, Helene   15, 83, 131
Weber, Juliane   106

Weber, Maria   420
Weber, Max   677
Wechsung, Gerd   328
Weizsäcker, Carl Friedrich von   524
Weizsäcker, Richard von   30, 56, 361, 556, 586
Welzenberg, Angelika   608
Werner, Walter   328
Wex, Helga   15, 40, 58f., 82, 84f., 88, 103, 186, 237, 239, 350, 421
Wilms, Dorothee   20, 50, 107, 116, 239, 309, 350
Wilms, Lieselotte   73f.
Wilms, Lorenz   73
Wolf, Erika   138f.
Woll, Rudolf   53f., 56
Wonneberger, Michael   91
Worms, Bernhard   608
Wortman, Lydia   350
Wulf-Mathies, Monika   475
Wulff, Arne   384
Wulff, Christian   432, 507–509
Wulff, Christiane   509
Wybrands, Hinderk   506f., 509

Y

Yogev, Suzi   226

Z

Zehetmair, Hans   121
Zeimetz-Lorz, Birgit   703, 706

HANS-GERT PÖTTERING (HG.)
POLITIK IST DIENST
FESTSCHRIFT FÜR BERNHARD VOGEL
ZUM 80. GEBURTSTAG
ZUSAMMENGESTELLT UND BEARBEITET
VON MICHAEL BORCHARD
UND HANNS JÜRGEN KÜSTERS

Immer wieder hat Bernhard Vogel sich in die Pflicht nehmen lassen. Jeden Dienst, zu dem er sich verpflichten ließ, hat er in außerordentlichem Maß erfüllt. »Politik ist Dienst« gilt für Bernhard Vogel in besonders treffender Weise. Politik ist für ihn Dienst – Dienst für die Menschen, Dienst für das Gemeinwohl, Dienst aus Überzeugung für das Wohl der Menschen. In Reden hat Bernhard Vogel gerne und häufig Zitate verwandt, die – zusammen mit seinen eigenen Bonmots – Ausgangspunkt der Beiträge von über fünfzig Autoren dieser Festschrift sind.
Jeder Beitragende hat zu einem ausgesuchten Zitat seine Gedanken zu Papier gebracht und damit einen persönlichen Bezug zum Jubilar hergestellt.
Mit Beiträgen von Angela Merkel, Norbert Lammert, Uwe Tellkamp, Klaus Naumann, Roman Herzog, Kurt Biedenkopf, Rita Süssmuth u. a.

2012. 320 S. GB. MIT SU. 155 X 230 MM | ISBN 978-3-412-21087-8

BÖHLAU VERLAG, URSULAPLATZ 1, D-50668 KÖLN, T:+49 221 913 90-0
INFO@BOEHLAU-VERLAG.COM, WWW.BOEHLAU-VERLAG.COM | WIEN KÖLN WEIMAR

böhlau

HISTORISCH-POLITISCHE MITTEILUNGEN

ARCHIV FÜR CHRISTLICH-DEMOKRATISCHE POLITIK

IM AUFTRAG DER
KONRAD-ADENAUER-STIFTUNG E.V.
HERAUSGEGEBEN VON GÜNTER BUCHSTAB,
HANS-OTTO KLEINMANN
UND HANNS JÜRGEN KÜSTERS

Die »Historisch-Politischen Mitteilungen« der Konrad-Adenauer-Stiftung bieten ein Forum für Forschungen und Darstellungen zur Geschichte der christlich-demokratischen Bewegungen und Parteien und ihrer Vorgeschichte im Kontext der geistigen, politischen und sozialen Entwicklungen des 19. und 20. Jahrhunderts. Der thematische Schwerpunkt liegt auf Deutschland und Europa. Doch sollen auch andere Erdteile – insbesondere Lateinamerika – Berücksichtigung finden.

BAND 20 (2013)
2013. CA. 320 S. GB.
ISBN 978-3-412-22197-3

BAND 19 (2012)
2012. V, 356 S. 9 S/W ABB. GB.
ISBN 978-3-412-21008-3

ERSCHEINUNGSWEISE: JÄHRLICH
ISSN 0943-691X
JAHRGANG: € 19,50 [D] | € 20,10 [A]

ERSCHEINT SEIT 1994

BÖHLAU VERLAG, URSULAPLATZ 1, D-50668 KÖLN, T:+49 221 913 90-0
INFO@BOEHLAU-VERLAG.COM, WWW.BOEHLAU-VERLAG.COM | WIEN KÖLN WEIMAR